DICTIONNAIRE ÉTYMOLOGIQUE
DE LA
LANGUE FRANÇAISE

PRÉSENTANT,

PAR FAMILLES DE MOTS ET PAR ORDRE ALPHABÉTIQUE,

Conformément au premier plan du Dictionnaire de l'Académie (1694),

L'ORIGINE ET L'HISTOIRE DE TOUS LES MOTS,
LEURS ÉTYMOLOGIES, LEURS RAPPORTS AVEC LES LANGUES TANT ANCIENNES QUE MODERNES,
LEURS RADICAUX ET LEURS DÉRIVÉS ;

Par M. MORAND, Professeur,

MEMBRE DE L'UNIVERSITÉ ET DE PLUSIEURS SOCIÉTÉS SAVANTES.

OUVRAGE ENTIÈREMENT NOUVEAU ET JUSQU'A CE JOUR SANS ANALOGUE.

Trois Volumes grand in-8° raisin
publiés en 120 Livraisons à 25 centimes.

PARIS,
LIBRAIRIE ADMINISTRATIVE ET CLASSIQUE DE PAUL DUPONT,
Rue de Grenelle-Saint-Honoré, 45.
1861

ABRÉVIATIONS

DU

DICTIONNAIRE ÉTYMOLOGIQUE DE LA LANGUE FRANÇAISE.

A *signifie* Actif.
Acad. — Académie.
Adj. — Adjectif.
Adj. et S. — Adjectif et Substantif.
Adv. — Adverbe *ou* Adverbiale.
Agric. — Agriculture.
Alchim. — Alchimie.
Alg. — Algèbre.
All. — Allemand.
Amér. — Amérique.
Anat. — Anatomie.
Anc. — Ancien.
Anc. Scand. — Ancien Scandinave.
Angl. — Anglais.
Anglos. — Anglosaxon *ou* Anglo-Saxon.
Antiq. — D'antiquité.
Aphér. — Aphérèse.
Ar. — Arabe.
Archéolog. — Archéologie.
Archit. — Architecture.
Arith. — Arithmétique.
Arm. — Arménien.
Armor. — Armoricain.
Art milit. — Art militaire.
Ascét. — Ascétique.
Assim. — Assimilation.
Astr. — Astronomie.
Astrol. — Astrologie.
Att. — Attique.
Auv. — Auvergnat.
B.-All. — Bas-Allemand.
B.-arts. — Beaux-arts.
B.-bret. — Bas-breton.
B.-emp. — Bas-empire.
B.-lim. — Bas-limousin.
Basq. — Basque.
Berry. — Berrichon.
Blas. — Blason.
Boh. — Bohème.
Bol. — Bolonais.
Bor. — Borelle.
Bret. — Breton.
Bull. *ou* B. — Bullet.
C.-à-d. — C'est-à-dire.
C. *ou* Charp. — Charpentier.
Cas. — Caseneuve.
Cat. — Catalan.
Cat. — Caton.
Celt. — Celtique.
Chald. — Chaldaïque.
Cham. — Chamoiserie.
Champ. — Champenois.
Charp. — Charpentier.
Chass. — Chasse.
Chim. — Chimie.
Chin. — Chinois.
Chir. *ou* Chirurg. — Chirurgie.
Chron. — Chronologie.
Cic. — Cicéron.
Clout. — Cloutier.
Comm. — Commerce.
Comt. — Comtois.
Confis. — Confiserie.
Conj. — Conjonction *ou* Conjonctive.
Constr. — Construction.
Cord. — Cordier.
Cordon. — Cordonnier.
Corn. — Cornique.
Corr. — Corroyeur.
Corrupt. — Corruption.
Cout. — Couture.
Crit. — Critique.
Culin. — Culinaire.
Dan. — Danois.
Dénig. — Dénigrement.
Dép. — Département.
Dict. — Dictionnaire.
Didact. — Didactique.

Dim. — Diminutif.
Diplom. — Diplomatique.
Doed. — Doederlein.
Dor. — Dorien.
Dr. — Droit.
Dyn. — Dynamique.
E. — Est.
Ebén. — Ebéniste.
Ecclés. — Ecclésiastique.
Econ. — Economie.
Ecoss. — Ecossais.
Egypt. — Egyptien.
Eol. — Eolien.
Equit. — Equitation.
Escr. — Escrime.
Esp. — Espagnol.
Est. *ou* Et. — Estienne *ou* Etienne.
Esth. — Esthonien.
Esth. — Esthétique.
Etrusq. — Etrusque.
Etym. — Etymologie.
Expr. — Expression.
F. — Féminin.
Fam. — Familier.
Fauc. — Fauconnerie.
Féod. — Féodalité.
Fest. — Festus.
Fig. — Figurément.
Fin. — Financier.
Finn. — Finnois.
Flam. — Flamand.
Fleur. — Fleuriste.
Fond. — Fonderie.
Forcell. — Forcellini.
Fr. — Français.
Fréq. — Fréquentatif.
Fris. — Frison.
Fung. — Fungerus.
Furet. — Furetière.
Gall. — Gallois.
Gatt. — Gattel.
Gaul. — Gaulois.
Geb. *ou* G. — Court de Gébelin.
Géo. — Géographie.
Géol. — Géologie.
Géom. — Géométrie.
Germ. — Germanique.
Gesen. *ou* Ges. — Gesenius.
G. *ou* Gr. — Grec.
Goth. — Gothique.
Gramm. — Grammaire.
Grav. — Graveur.
Guich. — Guichard.
H. n. *ou* Hn. — Histoire naturelle.
H. all. anc. — Haut allemand ancien.
Hébr. — Hébreu *ou* hébraïque.
Héroïq. — Héroïque *ou* héroïques.
Herm. — Hermétique.
Hibern. — Hibernien.
Hind. — Hindoustan.
Hist. — Histoire.
Holl. — Hollandais.
Hongr. — Hongrois.
Horlog. — Horlogerie.
Hortic. — Horticulture.
Hyb. — Hybride.
Hydr. — Hydraulique.
Impr. — Imprimerie.
Inchoat. — Inchoatif.
Ind. — Indien.
Indéf. — Indéfini.
Inj. — Injurieux.
Interj. — Interjection.
Inus. — Inusité.
Ion. — Ionien.
Irl. — Irlandais.
Iron. — Ironique.
Isl. — Islandais.

It. *ou* ital. — Italien.
Jard. — Jardinage.
J.-C. — Jésus-Christ.
Jauffr. — Jauffret.
Jurispr. — Jurisprudence.
L. *ou* Lat. — Latin.
L. *ou* lat.-b. — Latin barbare *ou* bas-latin.
L. des Troub. — Langue des troubadours.
L. des Trouv. — Langue des trouvères.
Lap. — Lapidaire.
Lav. — Lavaux.
Législ. — Législation.
Lett. — Lettonien.
Libr. — Librairie.
Ling. — Linguistique.
Lith. — Lithuanien.
Littér. — Littéralement.
Liturg. — Liturgie.
Liv. — Livonien.
Loc. — Locution.
Log. — Logique.
Maç. — Maçon.
Macéd. — Macédonien.
Man. *ou* Manég. — Manége.
Manuf. — Manufacture.
Mar. — Marine.
Maréch. — Maréchalerie.
Mart. — Matthias Martinius.
Math. — Mathématiques.
Méc. *ou* Mécan. — Mécanique.
Méd. — Médecine.
Médit. — Méditerranée.
M. *ou* Mén. — Ménage.
Menuis. — Menuisier.
Mépr. — Mépris.
Mérid. — Méridional.
Métaphys. — Métaphysique.
Mét. — Métiers.
Métath. — Métathèse.
Métrol. — Métrologie.
Milit. — Tenue militaire.
Minér. — Minéralogie.
Mod. — Moderne.
Mœsogoth. — Mœsogothique.
Mon. — Monastique.
Monn. — Monnaies.
Moy. âge. — Moyen âge.
Mus. — Musique.
N. — Nord.
N. — Neutre *ou* nom *ou* naturelle.
N. et C. — Noël et Charpentier.
Nap. — Napolitain.
Néol. — Néologique.
N. et C. — Noël et Carpentier.
Nic. — Nicot.
Norm. — Normand.
Norw. — Norwégien.
Num. — Numéral.
Numism. — Numismatique.
O. — Ouest.
Opt. — Optique.
Or. — Oriental.
P. *ou* Part. — Participe passé.
Paléogr. — Paléographie.
Papet. — Papeterie.
Par ext. — Par extension.
Pasq. — Pasquier.
Patr. *ou* Patron. — Patronymique.
Pêch. — Pêche.
Peint. — Peinture.
Pers. — Persan.
Pers. — Personnel.
Perspect. — Perspective.
P. et ch. — Ponts et chaussées.
Pharm. — Pharmacie.
Philol. — Philologie.

Philos. — Philosophie.
Phys. — Physique.
Pic. — Picard.
Piém. — Piémontais.
Pl. — Pluriel.
Plat. — Platon.
Plâtre. — Plâtrier.
Plomb. — Plombier.
Poët. — Poétiquement.
Pol. — Polonais.
Polém. — Polémique.
Polit. — Politique.
Pop. — Populairement *ou* f. populaire.
Port. — Portugais.
Poss. — Possessif.
Pr. — Proprement *ou* propre.
Prat. — Pratique.
Prép. — Préposition.
Pr. *ou* pron. — Pronom ou pronominal.
Pros. — Prosodie.
Prov. — Provençal.
Prov. — Proverbe *ou* proverbialement.
Pruss. — Prussien.
Pun. — Punique.
Q. et Dav. — Quicherat et Daveluy.
Rédupl. — Réduplication.
Rel. — Relieur.
Relat. — Relation.
Rhét. — Rhétorique.
Roq. — Roquefort.
Rur. — Rural *ou* rurale.
S. — Sud.
S. m. *ou* Sm. — Substantif masculin.
S. f. *ou* Sf. — Substantif féminin.
Sal. — Salines.
Sanscr. — Sanscrit.
Sav. — Savoisien.
Sax. — Saxon.
Scal. — Scaliger.
Scap. — Scapula.
Sicil. — Sicilien.
Sing. *ou* S. — Singulier.
Slav. — Slave.
Snéd. — Suédois.
Suiogoth. — Suiogothique.
Syr. — Syriaque.
Tabl. — Tabletier.
Tann. — Tanneur.
Techn. — Technologie.
Tar. — Tartare.
Teint. — Teinturier.
Teut. — Teuton.
Théol. — Théologie.
Tiss. — Tisseur *ou* Tisserand.
Tosc. — Toscan.
Toul. — Toulousin.
Trév. — Dictionnaire de Trévoux.
Trip. — Tripartitum.
Typ. *ou* Typogr. — Typographie.
V. a. *ou* Va. — Verbe actif.
V. n. *ou* Vn. — Verbe neutre.
V. a. *ou* Va. pr. — Verbe actif pronominal.
V. n. *ou* Vn pr. — Verbe neutre pronominal.
Varr. — Varron.
Vén. — Vénerie.
Vénit. — Vénitien.
Vers. *ou* Versif. — Versification.
Vét. — Vétérinaire.
Vi. — Vieux.
Virg. — Virgile.
Voss. — Vossius.
Vulg. — Vulgaire.
Wacht. — Wachter.
Zool. — Zoologie.

NOTA. — Les dernières livraisons comprendront une table alphabétique, qui pourra servir comme dictionnaire ordinaire en même temps qu'elle indiquera la famille de chaque mot.

ÉTYMOLOGICON UNIVERSEL DE LA LANGUE FRANÇAISE

OU

DICTIONNAIRE FRANÇAIS NATUREL

DANS L'ORDRE DES MOTS

PAR M. MORAND

Prix de la livraison : 50 centimes

(2ᵉ *Livraison*)

A PARIS

CHEZ L'AUTEUR, RUE DES GRANDS-DEGRÉS, N° 3

CHEZ LES PRINCIPAUX LIBRAIRES

Et dans tous les Dépôts de Publications Illustrées

Imp. W. REMQUET et Cᵉ, rue Garancière, 5.

SOUS PRESSE AUSSITÔT QUE LA FONTE DES CARACTÈRES SERA TERMINÉE

ÉTYMOLOGICON UNIVERSEL DE LA LANGUE FRANÇAISE,
ou
DICTIONNAIRE FRANÇAIS NATUREL;

DIVISÉ EN QUATRE MILLE PETITS DICTIONNAIRES OU FAMILLES DE MOTS

Ouvrage complet, étymologique, comparatif et polyglotte, conséquent à tout ce qui a été fait ;
Précédé d'un Résumé, d'une Série de citations justificatives,
d'une Théorie, d'un Mécanisme, d'une Application du Résumé aux langues néo-latines ;
et suivi d'une Table alphabétique de 50000 mots ;

PAR

B. MORAND

MEMBRE DE L'UNIVERSITÉ ET DE PLUSIEURS SOCIÉTÉS SAVANTES.

D'après les conseils de deux excellents amis, M. Allié et M. Atrux, l'auteur a divisé sa propriété en 400 actions. Il en cède 200 pour les frais d'impression. Chaque action est de 100 fr. payables par 10 fr. à la fois, à mesure que l'impression avancera d'un dixième. Cette dépense est précise et invariable, vu que l'imprimeur, M. Meyrueis, s'y conforme à forfait et à la condition que tous les caractères seront neufs, fondus exprès ; et que les premiers 10 fr. seront versés à l'avance dans ses mains, ce qui allégera la charge dispendieuse d'une si grande masse de caractères sortant de la fonte.

Il reste à peu près le cinquième des actions à céder. Chaque actionnaire peut encore en prendre autant que bon lui semble. Jusqu'ici, tous les actionnaires sont des amis ou des connaissances de l'auteur. Ils sont et seront tous, eux et leurs héritiers, copropriétaires de l'ouvrage pendant la vie de l'auteur, et jusqu'à la trentième année après sa mort. Leurs noms seront imprimés à la tête du livre par ordre alphabétique, sous le titre de Fondateurs du *Dictionnaire Français naturel*. Aussitôt que l'ouvrage sera imprimé, chaque actionnaire sera libre de céder à son tour son action ou ses actions ; mais son titre de fondateur est incessible, et restera ineffaçable dans toutes les éditions suivantes. A la fin de l'impression, tout actionnaire aura le droit de rentrer immédiatement dans ses déboursés, en prenant des livres selon sa dépense, et en jouissant de la même remise qui sera accordée aux libraires ; et cela sans rien perdre de son dividende, qui sera environ de 30 à 40 pour cent, et qui augmentera de plus en plus, à proportion du nombre de volumes tirés à la fois.

Tous les actionnaires peuvent lire la préface, qui ne sera imprimée qu'à la fin ; et le manuscrit, qui a 7000 pages et a coûté 25 ans de travaux.

Jeudi 25 juin, au Bureau central du *Dictionnaire Français naturel*, rue Suger, n° 11, convocation des actionnaires à 7 heures du soir. Dans cette séance, explications, éclaircissements, distribution des actions imprimées et signées, nomination des membres du conseil de surveillance et d'économie, etc.

Paris. — Typ. de Ch. Meyrueis et Cⁱᵉ, rue des Grès, 11. — 1857.

1857

ÉTYMOLOGICON UNIVERSEL DE LA LANGUE FRANÇAISE,

OU

DICTIONNAIRE FRANÇAIS NATUREL

DANS L'ORDRE DES MOTS,

DIVISÉ EN QUATRE MILLE PETITS DICTIONNAIRES OU FAMILLES DE MOTS,

OUVRAGE COMPLET,

étymologique, comparatif et polyglotte, conséquent à tout ce qui a été fait ;
précédé d'un Résumé, d'une Série de citations justificatives,
d'une Théorie, d'un Mécanisme, d'une Application du Résumé aux langues
néo-latines ; et suivi d'une Table alphabétique :

PAR M. MORAND, PROFESSEUR,

MEMBRE DE L'UNIVERSITÉ ET DE PLUSIEURS SOCIÉTÉS SAVANTES.

Observations. Ce prospectus doit donner une idée de l'ensemble de l'ouvrage, et empêcher qu'on ne juge du tout d'après la 1re livraison. Le manuscrit est achevé ; MM. les abonnés ont le droit de l'examiner chez l'auteur, rue des Grands-Degrés, 3. — Chaque livraison sera régulièrement distribuée tous les lundis ou mardis ; la 2e seule est exposée à un retard de quelques jours. — Ce Dictionnaire formera trois gros volumes, très-grand in-8°. — L'impression commence par le 2e, parce que les noms des abonnés seront imprimés à la tête du 1er, et que ce 1er volume se terminera par la Table alphabétique. — Les non-abonnés paieront l'ouvrage entier 10 fr. de plus. — L'abrégé sera vendu au plus bas prix possible. — Prix de la livraison : 50 centimes.

PROSPECTUS.

Ce nouveau Dictionnaire est destiné à remplir une grande lacune que présente encore l'étude du français :
Il contient sept parties :
La 1re est un Résumé, en dix pages, de tout le latin et des dix-huit vingtièmes du français et des autres langues néo-latines ; ce résumé est un dictionnaire vivant, n'étant pas une liste alphabétique, mais un récit intitulé : Aventures d'Énée. Il est composé, sans répétitions, de toutes les racines de la latinité.
La 2e est une série de citations puisées dans les auteurs romains ; son objet est de justifier l'emploi des mots du Récit.
La 3e, une Théorie étymologique, exposée en 500 principes formulés.
La 4e, un Mécanisme étymologique appliqué au français et aux autres langues.
La 5e, une Application du Texte ou Récit au français, au latin, à l'italien, à l'espagnol, au portugais, au grec, etc.
La 6e est précisément le Dictionnaire naturel de la langue française. Il est ainsi nommé parce que tous les mots y sont naturellement classés par familles. Chaque famille a son caractère particulier, et présente d'ordinaire, au résumé, une des racines qui composent le Récit. Ces racines reparaissant comme chefs à la tête de leurs familles, y sont accompagnées de dissertations, de discussions étymologiques, de citations d'auteurs, de comparaisons, de rapprochements de mots tirés de toutes les langues.
La 7e est une Table alphabétique des mots français. Elle prête à ce livre la commodité des dictionnaires ordinaires ; elle fait retrouver promptement un mot quelconque, à la page, dans la famille dont il fait partie.

Nature et usage du Récit ou Texte : 1re partie.

Le Récit placé au commencement de cet ouvrage comme fondement naturel, peut, en raison de son usage et de son utilité, s'appeler également Texte, Sommaire, Abrégé, Répertoire, Condensation, Concentration, Synthèse complète, Tout implicite, Base, Première assise, Clef, Introduction, etc. C'est un acheminement certain au français, au latin, au grec, aux langues néo-latines, aux langues indo-européennes. C'est, pour ainsi dire, le français, le latin, etc., en miniature. Ce Récit est purgé de tout archaïsme et de tout néologisme, de tout mot inusité ou insolite, et renferme toutes les racines de la pure latinité, plus 462 racines réputées non classiques, et dont il est question dans la deuxième partie, où l'emploi de ces mots est justifié par des exemples tirés des auteurs romains. Outre les racines, comme on

1859

les appelle, ce Texte renferme des mots jouant le rôle de formes fondamentales et remplaçant les racines inusitées, ou douteuses, ou inconnues; tels sont les suivants : *abdomen, abies, aboleo, accipiter, acerbus, actutum, adminiculum, æsculus, æstimo, alucinor, augustus, balaustium, compesco, compilo, concinnus, congruo, convicium, defendo, delubra, deterior, effingo, elementum, emungo, examen, excetra, exemplum, exploro, exsilium, cœstinguo, interpres, oblittero, perennis, perperam, prosapia, protervus, simpuvium, specto, transtrum,* etc. Un grand nombre d'autres mots latins y sont employés aussi comme primitifs, bien que leurs racines appartiennent au grec et à d'autres langues; tels sont : *abacus, absinthium, achras, acroama, adamas, acta, adytum, æther, alcyon, agaricum, aloe, ambrosia, amiantus, ammoniacum, amomum, amygdala, andron, asbestos, asylum,* etc. Plusieurs noms propres, venus de diverses langues, y sont également admis comme formes fondamentales : *Acheron, Achilles, Achivi, Adonis, Ægyptus, Æneas, Æolus, Æsculapius, Ætna, Amazones, Anchisiades* de *Anchises, Aphrodita, Assaracus, Ausonia, Bacchus, Belus,* etc. Par le concours de ces trois espèces de mots, tout le latin et les dix-huit vingtièmes du français se rattachent au Texte ou Récit. Une foule de mots français provenus des langues germaniques et d'autres s'y ramènent indirectement, en vertu d'une origine commune.

En corrigeant et simplifiant ce texte, j'eusse été forcément systématique, si j'avais diminué outre mesure le nombre des mots radicaux qui le composent. Ce n'est qu'à l'aide d'un système commode, mais téméraire et trompeur, que l'on peut pratiquer, dans une langue quelconque, une extrême diminution de racines, et conséquemment de familles de mots. Dans une tentative de ce genre, j'aurais paru n'avoir qu'un seul but, montrer de l'esprit. Les vrais philologues conviennent heureusement que les systèmes imaginés sur les langues sont tous faux, à cause de la trop grande universalité de leurs mesures et de leurs applications.

Si donc j'avais systématisé, qu'en serait-il résulté? Le voici : 1° l'oubli des écrits d'innombrables savants, ou l'obligation fréquente de prendre parti contre les uns ou contre les autres, alors même que plusieurs d'entre eux diffèrent, sur une racine ou sur un dérivé, avec des évidences égales ou balancées ; 2° un enseignement paradoxal, anarchique, inévitablement contraire à la vérité, la vérité étant ici l'œuvre de tout le monde ; 3° le désordre, la confusion, le vague, la fausseté dans l'esprit du lecteur ; 4° l'annulation des travaux de plusieurs milliers d'étymologistes, travaux tellement précieux qu'un homme est absolument ncapable à lui seul de remonter, sans se tromper, aux vrais primitifs des signes mêmes d'une seule langue.

Plus on négligerait les leçons communes des luinguistes, plus on augmenterait ou diminuerait sans mesure le nombre des radicaux et celui de leurs familles. Leur trop grande augmentation serait un mal moins grave qu'une excessive réduction. De ce dernier excès la conséquence infaillible serait de s'engager dans un système personnel, refuge de paresse et d'ignorance, et de ne bâtir qu'en rêve pour n'offrir qu'un roman.

Le mot à mot et le français, qui accompagnent ce Texte, en facilitent l'intelligence à ceux qui l'étudient par cœur et à ceux qui ne font que le lire. A leur tour les radicaux du Texte, se remontrant un à un à la tête de leurs familles respectives, font faire connaissance avec elles et leur servent de résumés. Après l'étude ou la simple lecture de ce récit, il suffit de lire les quatre parties suivantes : Série de citations justificatives, Théorie étymologique, Mécanisme étymologique, Applications du Texte, Dictionnaire français naturel.

Usage et nature du Dictionnaire naturel. 6ᵉ partie.

La 6ᵉ partie peut être lue d'un bout à l'autre, ou simplement consultée comme un dictionnaire ordinaire. Elle montre tous les mots français rangés par familles et expliqués de la même manière que dans tous les autres dictionnaires, par leur sens propre et leurs diverses acceptions. C'est là que chaque racine du Texte reparaît comme chef de famille, et subit une discussion étymologique où sont rapportées les différentes opinions des auteurs. A la suite de ces sortes de discussions, la même racine est ordinairement confrontée avec des mots similaires extraits des autres langues. Ces mots identiques, ainsi rapprochés, sont autant de comparaisons, autant d'initiations aux langues auxquelles ils appartiennent, et utiles même à ceux qui ne tiennent qu'à bien savoir le français : car aucune langue ne s'explique par elle-même. Ces quatre mille familles environ renferment tous les mots de notre langue, et peuvent être considérées, soit comme de petits dictionnaires formant des touts distincts, soit comme de véritables monographies. Aucun mot n'y est privé d'étymologie. Aucun renvoi n'y incommode le lecteur. Tous les verbes y sont suivis de leurs participes. Tous ceux qu'on appelle pronominaux y sont désignés, ou comme actifs ou comme neutres. Tous les mots y sont orthographiés d'après l'Académie. Presque aucun n'y est accompagné d'exemples ou phrases transcrites. Certainement, ces phrases sont utilement citées dans les dictionnaires ordinaires ; leur seul défaut c'est leur trop petit nombre : il expose ceux qui ne lisent pas les auteurs, à croire illégitime toute expression non conforme à l'un de ces exemples, et favorise certaine uniformité de style froid et banal. Ces sortes de phrases transcrites auraient stérilement encombré ce livre-ci, où tout doit être lié, important, complet, suivi et enseigné à fond ; où logiquement il ne convient d'admettre que des citations et des exemples relatifs à la connaissance de l'origine, de la valeur primitive et essentielle des mots, ainsi qu'à la connaissance de leur enchaînement.

Dans ce Dictionnaire, je n'ai point changé les lettres des mots pour en peindre la prononciation.

M. Génin résout brièvement cette question :

« Quant à vouloir noter la prononciation, c'est une puérilité qui ne soutient pas l'examen. En vertu de quelle règle y procéderez-vous? En quoi *kotizacion, Bourgoignie, élelipece,* sont-ils plus exacts que *cotisation, Bourgogne,* et *ellipse?* Convention pour convention, j'aurai encore plus tôt fait d'apprendre la valeur de l'orthographe publique, que d'étudier l'orthographe privée qui ne me dispensera pas de l'autre. »

Distinction de H muet et de H aspiré.

Ces deux lettres différentes étant représentées par la même figure et embarrassant tout le monde, j'ai superposé l'esprit doux des Grecs à l'*h* muet, '*h* ; et leur esprit rude à l'*h* aspiré, '*h* ; et pour rendre ces nouveaux caractères cursifs, de part et d'autre j'ai uni les deux éléments, de cette manière : ẖ comme dans *homme*, et ḥ comme dans *héros*. J'abandonne cette petite innovation à qui voudra l'utiliser. Pour le moment, je ne m'en sers que pour la langue française et seulement au commencement des mots.

Ce Dictionnaire renferme tous les mots du Dictionnaire de l'Académie et au moins trente mille de plus.

L'Académie me semble sage et judicieuse de ne point se hâter d'augmenter le nombre des mots de son Dictionnaire, tant que personne encore n'est réputé les savoir tous, que la plupart des lettrés en ignorent près de la moitié, et que le vulgaire en connaît à peine un vingtième. D'autre part, l'Académie est réellement riche en mots, si l'on tient compte de son Complément. Il semble même désirable qu'elle détache de son Dictionnaire, pour les introduire dans son Complément, les espèces de mots qui suivent : *abdalas, abraxas, abracadabra, aldébaran, atémadoulet, ayan, bairam, barcalon, bezestan, caïmacan, caratch, chiaoux, colao, colir, fetfa, icoglan, kabak, kurtchis, naïre, ouaiche, staroste, traban,* etc.

D'après une petite brochure que j'ai sous les yeux, l'Académie devrait bannir les mots suivants : *accordailles, bedaine, bégueule, bordel, caca, carogne, charogne, chier, chieur, ieuse, cocu, cocuage, coïon, coïonner, coïonnerie, coït, cul, dada, dégobiller, dogaresse,* à *écorche-cul, épousailles, escogriffe, fessu, flandrin, foire* (cours de ventre)*, foireux, euse, ganache, gaupe, gouine, goujat, goulu, marjolet, masturbation, se masturber, merde, merdeux, mirmidon, paillard, patineur, pénil, pet, péter, pubis, putain, putanisme, putassier, salope, salopement, soûl, sperme, testicule, têtasse, torche-cul, trousse-pète, vérole,* etc. »

A mesure que les mœurs se corrompent et que le goût s'épure, de tels mots se mettent hors d'usage. Ceux qui sont indiqués par ces deux listes déparent et gâtent le Dictionnaire de l'Académie. Sans doute, ils devraient être relégués dans son Complément plutôt que ceux-ci : *adhésif, admissibilité, adverbialiser, acculement, achalandage, acété, aciculaire, aggravement, agressif, allégateur, allongeable, alluvial, alluvien, aluminière, amarescent, amblant, annulabilité, annulable, antécédence, précédence, apiétrir, appendice, apportage, apprêtage, apprivoisement, approbativement, approfondissement, arabisant, indianiste, sinologue, arabisme, arborescence, archaïque, archangélique, archiducal, argental, argenton, aristocratiser, articuleux, artistique, aspergerie, assaisonneur, asservissable, assimilable, astringence, athéistique, attirage, attisage, attisoir, ausculter, avalement,* s'*avarier,* etc., etc., etc.

Quant aux trente mille mots environ admis en sus dans ce Dictionnaire français naturel, je les ai accueillis sans inconvénient : ils n'augmentent pas le nombre des familles ; étant notés par des astérisques, ils n'induisent point le lecteur en erreur. A cela on peut ajouter qu'il n'en coûte guère plus de retenir dans sa mémoire une grande famille de mots qu'une petite. Assurément, quelques-uns d'entre eux seront rejetés à jamais par le Dictionnaire de l'Académie, et les autres adoptés tôt ou tard. Nul n'est assez puissant pour augmenter ou diminuer à son gré le nombre des mots, ni pour s'opposer au cours de leurs changements, de leurs admissions, de leurs suppressions. Dans ce Dictionnaire-ci, lorsqu'une famille de mots est étrangère au Dictionnaire de l'Académie, elle ne l'est point à son Complément, ni au Texte ou Récit mentionné ci-dessus.

Noms propres admis dans ce Dictionnaire.

Plusieurs familles ou petits dictionnaires s'y terminent par une liste de noms propres. Mais ces noms occupent fort peu d'espace. Plusieurs d'entre eux tirent de la place même qu'ils occupent une grande utilité pour la science de leur orthographe, ainsi que pour l'étude de l'histoire, de la chronologie, de la géographie, etc.

Comment ce Dictionnaire naturel pourrait, jusqu'à un certain point, faire autorité.

Dans un livre destiné à l'instruction du lecteur, personne, bien certainement, ne peut, sans afficher une extrême déraison, se permettre d'adopter la première étymologie venue, ou de sauter, ou de sabrer les difficultés étymologiques, ou de ramener une langue à quelques mots, à quelques syllabes, à quelques lettres ; à moins que ce ne soit pour amusement ou pour mnémonique, comme on peut le voir, par exemple, dans mon système étymologique manuscrit, où j'ai osé résumer toute la langue latine par quatorze lettres de l'alphabet hébreu. Cette hypocrisie de la science, ces sortes d'expédients, ne doivent pas s'offrir au public d'une manière sérieuse. Hors de la méthode point de salut ; sans doute, nous dit M. Schleicher, « on peut lancer des jeux de mots, des comparaisons arbitraires, des déductions captieuses, mais qu'on n'ose jamais nous présenter ces fantaisies comme de la science. » Les difficultés étymologiques doivent être affrontées et non laissées de côté. C'est pourquoi, dans ce Dictionnaire, à chaque pas je discute, je compare, je reproduis mes diverses investigations, je montre les différents terrains où je me suis placé après tant d'autres, et cela, non par timidité, mais par circonspection et méthode. Rarement je me suis fixé à une seule enquête faite dans un seul auteur. Ce livre pourra donc, en quelque sorte, faire autorité, en ce qu'il est basé avec réserve sur les élucubrations d'autrui et que je compte pour peu ce que j'ai fourni moi-même. Les termes *je, me, moi,* employés ici avec une extrême répugnance, ne reviennent nulle part dans cet ouvrage, excepté quelquefois sous la plume d'autrui. Indépendamment des maximes que j'ai suivies, je n'ai point séparé, dans chaque pensée, ce qui est à moi de ce que je dois à un autre. Si parfois je ne cite pas un auteur étranger, c'est surtout quand il est difficile à comprendre, même pour ses compatriotes. Mon silence alors provient de la crainte de lui faire dire ce qu'il n'a point dit. Si j'oublie de citer un auteur, je l'en cite un pour un autre plus ancien; cet oubli et cette erreur, sont réparables. Je ne fais mention des auteurs et des lexicographes que quand il est question d'étymologies. A l'égard de l'explication des mots, je la dois très-souvent aux autres dictionnaires, notamment à ceux de l'Académie, mais je ne les cite presque jamais ; je le déclare ici une fois pour toutes. Si, dans mes citations, je traduis en français ou modifie ce que je rapporte, c'est en vue de la précision, de la clarté, et surtout de la commodité du lecteur. Lorsque je ne puis faire ressortir tout l'esprit et toute la science de tels ou tels auteurs, la réparation est facile en ce qu'on peut lire leurs propres ouvrages.

Ce livre est à la portée de tous, même des illettrés.

Il est à la portée de toutes les intelligences, parce que, dans tous les débats et les exemples, dans toutes les étymologies et les comparaisons, j'ai écrit en lettres françaises ordinaires les mots des anciens et ceux des étrangers qui s'y rencontrent à chaque instant. De cette façon, je ne me suis pas permis de supposer chez mes lecteurs la connaissance des alphabets de toutes les langues. Il suit de là que toute personne pourra comprendre et comparer par elle-même tous les mots mis en rapport, et apercevoir l'évidence, l'analogie, la probabilité, le doute, l'incertitude, lorsque je les signale ou non, et voir quel parti je tire des différentes opinions. Cet ouvrage, par là même, ne sera point perfectionné, j'ai lieu de l'espérer, par les savants seuls qui ont diversement pénétré dans les principes des langues, mais encore par des lecteurs restés jusqu'à ce jour étrangers à la linguistique.

Principes d'après lesquels sont classés, dans ce Dictionnaire, tous les mots français par familles.

Pour effectuer ces sortes de classifications, dans un livre grave comme celui-ci, il faut absolument connaître soi-même et faire connaître au lecteur l'origine des mots. C'est à quoi j'ai apporté les soins les plus minutieux et la plus grande attention. L'étymologie, jointe à la comparaison des mots, constitue essentiellement la base de ces classifications. Toutes les difficultés sont là. Il en est autrement en histoire naturelle, où tous les êtres se classent d'après des caractères toujours certains, tombant sous nos sens, et peu sujets à contestation. Aussi, afin de diminuer les difficultés étymologiques et l'obscurité que quelques-unes répandent encore, j'ai considéré les signes sous cinq aspects différents : ceux dont l'origine ou la dérivation est évidente pour tout le monde ; ceux sur lesquels la grande majorité s'accorde ; ceux où il n'y a que probabilité et analogie ; ceux sur lesquels peu sont d'accord ; ceux sur lesquels les auteurs sont incertains ou s'abstiennent de prononcer ; ce qui peut se résumer ainsi : évidence, autorité, induction, mésaccord, incertitude.

Dans ce Dictionnaire, l'étymologie n'est pas seulement utile pour y classer les mots par familles. Les jugements qui suivent ont été, en grande partie, exprimés ou indiqués par les savants, depuis Platon.

La science étymologique donne la notion du vrai sens, de la force et de la juste signification des mots, dans leur forme originelle ; empêche qu'on leur fasse sonner tout ce que l'on veut ; fait apercevoir la liaison qui gît dans la filiation des mots, la cessation de cette liaison lorsqu'elle a lieu, et le développement de leur nature qu'ils tiennent de leur racine ; elle s'éclaire et étend la science des idées ; nous fournit le moyen de rapporter à leurs racines respectives tous les mots dérivés ou composés, et de saisir d'un coup d'œil tous les membres d'une même famille de mots ; procure à la raison des jouissances durables, non suivies de cette satiété plus ou moins prompte que produisent les arts de pur agrément ; elle est nécessaire pour bien savoir notre langue, pour parler juste et bien entendre ce que l'on dit.

Cette science, féconde en déductions rationnelles, a des règles certaines qu'on ne viole pas sans compromettre son jugement. Elle est aussi régulière que les autres ; elle a ses principes reconnus et sa méthode. Elle puise à des sources aussi limpides et aussi accessibles que celles des autres sciences ; arrête et répare le travail de décomposition qui s'opère dans notre langue et qui finirait insensiblement par la détruire ; ranime le sentiment des mots, lorsqu'il en est venu à s'éteindre dans l'esprit du peuple ; fait connaître la cause des divergences qui existent entre la prononciation et l'écriture du même mot ; signale les causes et les effets de l'adoucissement, de l'affaiblissement, de la suppression, de la permutation, de la transposition des lettres ; sépare les éléments hétérogènes des mots ; les débrouille de ce qui les déguise ; les ramène à la simplicité qu'ils ont dans leur origine ; en cherche cette origine ; fixe leur valeur et les caractères qui les représentent ; nous fait arriver à leur connaissance en les dépouillant de leurs éléments de dérivation, de composition, et de leurs formes grammaticales ; fait passer les termes usuels, dont on songe si rarement à pénétrer le sens, du rôle de muets symboles à celui de manifestation intellectuelle ; aide à suppléer à ce que les définitions et les explications des mots laissent à désirer ; fait ressortir les nuances distinctives de ceux qu'on appelle synonymes ; nous sert d'auxiliaire dans le choix des mots, et diminue le nombre des incertitudes concernant leur signification propre ; découvre à nos yeux les ressemblances qui sont l'œuvre du hasard et celles qui sont de la parenté ; nous explique nettement les termes des sciences, fraternise avec elles, les aide et en est aidée ; leur emprunte une lumière qu'elle répand à son tour sur l'origine et la migration des arts, dont les nouvelles nations ont souvent adopté les termes avec les manœuvres qu'ils expliquent ; nous rend capables de décomposer nos idées par la décomposition des mots qui les expriment ; nous fait remonter aux premières traces de nos opinions, et reconnaître les préjugés et les erreurs que nous avons nous-mêmes portés dans les autres sciences ; nous apprend à connaître la propriété même de certaines choses, dont le nom, s'il est bien imposé, doit être un compendium de la définition, et comme une courte description de la chose nommée.

Elle nous introduit aux langues étrangères et aux anciennes, aux langues particulières des sciences, des arts, des métiers ; nous montre dans les langues les éléments de leurs radicaux, les combinaisons de ces éléments, et les divers systèmes de la permutation des lettres ; nous fait comparer les idiomes d'une manière correcte, rationnelle, d'après leur structure grammaticale ; elle constate les rapports ou les différences du langage d'un peuple avec les idiomes voisins ; nous fait observer comment les mots altèrent leur première signification et passent du propre au figuré, comment ce figuré, dans la suite, devient lui-même le fondement d'une nouvelle métaphore ; elle nous fait sentir l'harmonie lexicale et grammaticale du français, du latin, des langues néo-latines, des langues de même souche ; nous découvre comment les nations se prêtent un secours mutuel ; comment, faisant entre elles plus de commerce de mots que de toute autre chose, chaque peuple, pour augmenter l'étendue de ses idées combinées, a profité des idées et des sons originels de son voisin, en les détournant par des dérivations conformes à sa propre manière de penser et d'articuler ; nous fait remonter le fleuve d'une langue jusqu'à sa source, pour y reconnaître sa formation, sa signification primordiale, et lorsque cela ne peut se faire, pour ébaucher son image primitive d'après ses analogues avec d'autres langues.

Dans le juste emploi des mots, dans la distinction des homonymes et des synonymes, elle supplée à l'insuffisance des simples exemples ou des phrases copiées dans les auteurs. Cette science est indispensable pour bien observer les causes et les effets des variations de l'orthographe ; pour décider quand l'orthographe est bonne et quand elle est mauvaise ; pour la corriger et la perfectionner ; pour apprendre et comprendre tous les mots ; pour les distinguer aussi bien que pour les classer ; pour les graver profondément dans la mémoire et l'intelligence ; pour saisir la suite et l'enchaînement des idées qui ont présidé à la suite et à l'enchaînement des mots ; pour ramener les dérivés aux racines, et suivre la marche des idées à travers la transformation des mots ; pour connaître ceux-ci sous toutes leurs formes, dans toutes leurs fonctions, dans toutes leurs combinaisons et dans toutes leurs acceptions ; pour garantir des malentendus celui qui parle ou écrit aussi bien que l'auditeur ou le lecteur ; pour accélérer, sinon l'anéantissement, du moins la diminution de tant d'inconséquences qui déparent notre belle langue, et de tant de disputes et de procès qui naissent et tirent leur aliment de la méprise sur la valeur des expressions.

Elle tient à l'histoire politique et morale de la nation, renferme le secret de notre langue ; nous fait comparer les mœurs des temps reculés avec celles du siècle où nous vivons ; nous fait parvenir à l'intelligence des monuments écrits des vieilles nations ; nous initie au secret de leurs idées sociales, de leurs opinions religieuses ou philosophiques ; nous fait pénétrer la force des termes qui composent la loi, et nous fait entrer dans la pensée et l'intention du législateur. Elle nous dirige dans l'étude des rites religieux et des migrations des anciens peuples, de leurs navigations, des colonies qu'ils ont portées en des climats éloignés. Elle concourt à l'éclaircissement du chaos de la mythologie, et recueille dans les traditions du passé, sur les traces de l'homme qui meurt et des générations qui sont mortes, les éléments dont se compose l'histoire de l'humanité qui ne meurt pas ; nous aide à étudier l'histoire de l'esprit humain et des diverses révolutions qu'il a subies, en raison des diverses choses qui se sont succédé dans le monde. Elle va chercher partout la raison véritable et originaire des notions, des idées attachées à chaque terme, à chaque expression ; tire des preuves d'antiquité des vestiges qui se conservent et des indices qui subsistent encore dans l'usage présent, en le comparant avec celui des siècles passés ; nous met sur la trace de certains ordres d'idées qui ont fait place à d'autres ; nous exhibe le mécanisme des langues antiques ; nous dévoile la marche secrète du langage, la cause cachée de ses variations, de ses métamorphoses, de ses progrès, de sa décadence. Elle conduit les mots qui se sont déguisés sur la route ; marque les changements qui leur sont arrivés ; développe nos facultés intellectuelles ; nous fait assister au grand spectacle de l'élaboration et des transformations de notre langue.

Ce Dictionnaire français naturel ne pouvait présenter les mots classés par familles, sans être en même temps étymologique, et réciproquement.

Voici à ce sujet comment s'exprime l'académicien Daunou : « La première condition à remplir dans le dictionnaire étymologique d'une langue, est d'y classer les mots par familles, de telle sorte qu'on aperçoive d'abord, dans cette langue même, l'origine immédiate de tous ceux de ses mots qui sont dérivés ou composés. Nous ne dirons pas que cette disposition conviendrait mieux que l'ordre purement alphabétique à tous les vocabulaires ou inventaires des éléments d'un idiome ; mais l'Académie française en avait jugé ainsi en 1694, et ce plan recommande encore aujourd'hui la première édition de son Dictionnaire. »

« Toute langue, dit M. Reiff, a ses mots primitifs ou radicaux, et ses mots dérivés. Le nombre des dérivés, dans tout idiome, est beaucoup plus considérable que celui des primitifs. Il suit de là que, pour apprendre fondamentalement une langue, la voie la plus sûre, la plus courte et la plus facile, c'est de remonter d'abord aux mots radicaux et à leur signification primitive, et de passer ensuite aux dérivés dont les acceptions ne sont que des nuances de la signification des premiers. Présenter ainsi tous les mots d'une langue en les ramenant à leur forme radicale, faire connaître leur filiation et leur descendance en les classant par familles, c'est offrir en même temps et le moyen de les mieux graver dans la mémoire en ce qu'on les aura mieux compris, et celui de donner à de nouveaux dérivés toute la régularité qu'exige une langue bien faite. »

Ce Dictionnaire est diversement utile et s'adresse à toutes les classes de la société, et même à l'enseignement.

D'après les explications précédentes et les suivantes, il est évident : 1° que ce Dictionnaire naturel servira, dans sa moindre utilité, comme les Dictionnaires ordinaires ; 2° qu'il doit être assez instructif et intéressant pour qu'on le lise d'un bout à l'autre, car il présente fréquemment de l'histoire, des recherches, des discussions, des comparaisons, des catégories offrant plus ou moins d'attraits ; 3° qu'il intéresse les étrangers désireux de prendre possession de la langue française ; 4° qu'il peut être introduit dans l'enseignement supérieur avec d'autant plus d'opportunité, qu'en philosophie, par exemple, classe la plus importante, les quatre cinquièmes des élèves perdent ordinairement leur temps et s'ennuient, ne sachant pas et ne comprenant pas la langue philosophique ; 5° que l'Abrégé de ce Dictionnaire servira aux élèves des classes inférieures, et aux personnes qui n'ont pas assez de temps et d'argent pour acheter et lire des ouvrages volumineux. En général, les gens du monde, les étrangers, les professeurs, les écoliers, n'ont eu en mains que des dictionnaires purement alphabétiques et quelques auteurs. Mais les mots français peuvent-ils être bien connus, totalement appris et compris par les seuls secours des dictionnaires ordinaires, de nos tristes grammaires, des analyses fausses, superficielles, incomplètes, et par l'étude des auteurs dont aucun ne présente un tout, sans qu'on y consume péniblement un grand nombre d'années ? Instruit par mon expérience, je dis hautement non. Avec moi disent de même tous les savants qui ont approfondi cette question si importante pour les plus grands et les plus nobles intérêts de l'individu, de la famille, de la nation. Je cite en première ligne le baron de Mérian : « Assembler des mots de même son, mais de sens différents, comme dans les dictionnaires ordinaires, c'est occuper la mémoire seule : l'esprit n'y est pour rien. Mais si, au contraire, on forme d'amples recueils de mots ayant la même origine, l'intelligence met en jeu le jugement ou la faculté de comparer et de distinguer. La mémoire, à son tour, s'appuyant sur une base plus solide, se repose ; elle semble avoir trouvé un guide, un moniteur secret auquel elle s'abandonne, et qui l'avertit à propos. Aussi est-elle capable d'embrasser, de retenir et de savoir beaucoup plus que lorsqu'elle est bornée à ses moyens propres et chétifs. On se figure difficilement tout ce dont est capable une mémoire, même médiocre, lorsqu'elle est soutenue par l'intelligence. »

Nodier consacre la même opinion : « Par quel étrange hasard le raisonnement et la méthode ont-ils tardé jusqu'à nous de s'introduire dans le premier, dans le plus essentiel de nos enseignements ? Il reste encore quelque chose à faire dans les langues, non pas quelque chose de nouveau, le ciel nous en garde ; mais quelque chose de conséquent à ce qui a été fait. »

C'est ce besoin d'un tout méthodique, c'est cette insuffisance de livres élémentaires qui a provoqué, jusqu'à l'injustice, la mauvaise humeur de Malte-Brun, lorsqu'il a écrit : « Les pitoyables livres élémentaires approuvés par je ne sais combien de conseils, sont quelque chose de plus que du commerce, c'est un impôt clandestin levé sur la jeunesse ; c'est aussi une défense indirecte à ceux qui pourraient faire mieux, d'oser se mêler de ces entreprises privilégiées. »

A ceux qui croient pourvoir à cette insuffisance par la collaboration, le général Bardin adresse ces paroles un peu sévères : « Nous sommes au contraire convaincu qu'un seul homme peut seul bien faire, et qu'il n'y a si peu de bons dictionnaires que parce que tant d'écrivains irresponsables y mettent incognito la main, et y concourent sans mission, en stipendiaires de la librairie. »

Fausses étymologies, étymologies vraies.

On a condamné avec raison certaines étymologies fausses. Cependant, pour être juste envers les auteurs, on aurait dû tenir compte de celles qui sont vraies. Dans la science étymologique, comme dans d'autres, se sont exercés quelques esprits superficiels qui n'y ont vu que des ressemblances ; des esprits faux qui n'y ont aperçu que des différences ; des simples qui ont tout cru ; des distraits qui ont pris des jeux de mots pour des étymologies ; des sceptiques qui ont tout rejeté. Mais il y a autant d'ignorance à tout rejeter qu'à tout croire. Toutes les sciences ont commencé par des hypothèses ; et aucune n'éprouve le moindre dommage, ni ne perd son utilité, lorsqu'on y traite un objet conjectural comme tel.

Les vaines objections ne nous apprennent rien, sinon qu'il existe certains esprits faux ou prévenus. Les critiques sérieuses et bien fondées peuvent seules nous instruire et nous corriger. « L'indulgence est plus près de la justice que la sévérité. La fausse critique nuit et veut nuire ; elle est l'ennemie des talents, dont la vraie critique est l'auxiliaire » : Chénier. « N'est-il pas plus juste d'admettre l'étymologie comme un art certain par les exemples assurés que l'on en donne, que de le nier sur ceux dont on ne peut rendre raison » : De Brosses. « Une bonne étymologie est comme un passe-partout, qui ouvre sans la moindre difficulté toutes les portes d'une maison, grandes et petites » : M. Génin. L'académicien Falconnet traite ainsi cette question : « Quelle vaste carrière, d'ailleurs, les recherches de l'origine des mots n'ouvrent-elles pas à la vraie critique, qu'on doit regarder comme l'exercice de ce même esprit ? Quelle finesse, quelle sagacité à employer pour ne pas se laisser séduire par de fausses ressemblances, pour rapprocher les choses en apparence les plus éloignées, pour ramener enfin à son vrai principe ce que l'addition, le retranchement et je ne sais combien d'autres altérations semblent avoir dénaturé ! Mais tout cet art merveilleux, ne manquera-t-on pas de dire, n'est fondé très-souvent que sur des conjectures ; et c'est précisément dans les justes inductions qu'on fait résulter de la combinaison des conjectures que consiste la plus grande gloire de l'esprit humain. Je dis plus, la conservation de l'homme en général, dans ce qui regarde le moral et le physique, ne dépend presque entièrement que de l'art de savoir conjecturer ; la nature des choses même ne permet pas que la plus grande partie de ce qui est utile à l'homme soit susceptible de démonstration. L'art étymologique ne peut donc être méprisé, ni par rapport à son objet qui se trouve lié avec la connaissance de l'homme, ni par rapport aux conjectures qui lui sont des moyens communs avec les arts les plus nécessaires à la vie ; et les minuties grammaticales qui semblent l'avilir sont ennoblies, j'ose le dire, par l'esprit philosophique qui doit y résider. »

Varron disait aux Romains : « La forme primitive disparaît ; de sorte que, en perdant une ou plusieurs lettres qui le composaient, un mot devient méconnaissable, et ne permet plus de retrouver, sous ses ruines, les traces de son origine. Il ne faut donc pas blâmer ceux qui, pour éclairer la signification cachée du mot, y ajoutent ou en retranchent des lettres ; de même que, pour aider les yeux à voir plus distinctement les ouvrages de myrmécies, on les entoure extérieurement de soies noires. Cependant, malgré les efforts des grammairiens pour réparer ce que le temps a détruit, les mots d'une origine obscure ne laissent pas d'être très-nombreux. Si les poëtes, qui ont conservé beaucoup de mots anciens, en avaient expliqué la signification primitive, la lecture de leurs ouvrages serait infiniment plus utile ; mais, en vers comme en prose, il n'est pas possible de rendre raison de tous les mots ; et même en lisant beaucoup, si la lecture n'est pas accompagnée d'une profonde étude de la grammaire, on ne doit pas espérer de faire de grandes découvertes... Il faut donc, dans le jugement qu'on porte des étymologistes, voir plutôt ce qu'ils ont fait que ce qu'ils n'ont pas fait, leur savoir gré de ce qu'ils ont découvert, sans leur faire un reproche de ce qu'ils n'ont pu découvrir, puisqu'ils sont les premiers à déclarer qu'il n'est pas possible de rendre raison de tous les mots, dont, en effet, l'étymologie n'est pas toujours aussi claire que celle de *medecina*, médecine. Quoique je ne voie pas les racines du poirier, je puis dire néanmoins que la poire vient de la branche, la branche de l'arbre, l'arbre des racines. Ainsi, l'étymologiste qui, sans savoir d'où vient *equus*, cheval, enseigne que *equitatus*, équitation, cavalerie, vient de *equites*, cavaliers, *equites* de *eques*, cavalier, *eques* de *equus*, ne laissera pas d'avoir fait beaucoup pour la science, et de mériter qu'on lui sache gré de son travail. »

Plus que toute autre, la science étymologique est encore obscurcie par toutes sortes de suppositions et de systèmes. C'est en procédant d'une manière analogue à celle des autres sciences que j'ai établi, comme primitifs ou chefs de famille, les mots dont l'origine étymologique est encore inconnue, et la plupart de ceux qui ont donné lieu à des sentiments divers, et quelques-uns de ceux dont l'emploi comme dérivés aurait produit de la confusion et des difficultés. Plus il y a d'étymologies sur un mot, plus on est en droit de le regarder comme primitif ou racine. Lorsque je cite divers sentiments sur l'origine d'un signe, le lecteur peut être certain, ou qu'ils sont tous faux, ou qu'un seul est vrai. Mais il peut remarquer en même temps que la plupart sont utiles à être connus, par la raison, entre autres, qu'en attribuant une étymologie à un mot, l'on découvre ordinairement une des manières d'être de la chose. Chaque chose n'a été nommée que sous un point de vue ou d'après une seule qualité qui a frappé dans le moment. Il n'est donc pas étonnant si des esprits supérieurs se sont trompés plus ou moins souvent dans la science étymologique. Toutefois, leurs erreurs mêmes nous instruisent, quand elles contribuent à nous faire mieux connaître, sinon le mot, du moins la chose.

A quels étymologistes j'ai accordé le plus de confiance, aux anciens ou aux modernes ?

J'ai consulté les uns et les autres sans prédilection, sans dédain ; mais je me suis continuellement tenu en garde contre les théories irréfléchies et mal conçues ; contre l'opinion de ceux qui s'imaginent retrouver toutes les langues dans une seule ; contre la manie de ceux dont la théorie étymologique se borne à un seul principe, par exemple, à une idée générale, ou à la simple ressemblance des mots, ou à l'onomatopée. Dans ce dernier cas, M. Chavée fait observer que « la plupart des verbes nés de l'imitation d'un bruit se reconnaissent si facilement que les linguistes les moins profonds se sont rarement trompés sur leur véritable origine ; que seulement on a trop étendu le principe de leur formation, en prétendant l'appliquer, sans preuves aucunes, à tous les mots du langage. » Je me suis défié des hypothèses ou suppositions d'un fait donné, par lequel on prétend expliquer tous les autres ; et, pareillement, de la critique moderne qui, fuyant l'extrême crédulité des anciens, risque de tomber dans l'excès contraire, et de rejeter le vrai mélangé de faux, pour s'épargner la peine, comme le dit M. Salverte, de séparer l'un de l'autre. Lorsque j'ai donné la préférence à une langue, à un étymologiste, je ne l'ai fait qu'après mûr examen. Quand la balance paraissait égale entre les opinions des anciens et celles des modernes, j'ai plus d'une fois déféré à l'avis des premiers, par les motifs suivants : dès qu'on a imposé à un mot une origine qui, notoirement, a obtenu l'adhésion des contemporains, il ne rend plus que des idées relatives à l'étymologie. Si quelquefois cette étymologie est fausse, ce mot n'en est pas moins prêté à l'origine étymologique qui lui a été attribuée ; tel il a servi à la pensée et à la parole. Il est devenu le support de certaines idées qui ne lui appartiendraient pas si on l'avait soumis à une autre dérivation. Il résulte alors que ce signe et ses dérivés se sont identifiés avec un primitif vrai ou faux. Les écrivains, acceptant ces termes sous le rapport de l'origine adoptée, se sont succédé jusqu'à nous en les employant d'une manière analogue. Quelques étymologies de cette espèce se trouvent ainsi sanctionnées par l'assentiment des auteurs de l'époque, et par un usage successif, conforme et suivi.

Utilité spéciale du texte ou récit, 1re partie, sous le rapport de l'intelligence des mots de la langue française.

Dans la question du latin considéré comme la clef du français, le marquis de Fortia s'énonce de la sorte : « Dans les langues qui dérivent du latin, tous les mots semblent avoir reçu, du hasard ou du caprice de ceux qui les ont employés les premiers, la signification qui leur est propre, de manière que, pour le vulgaire qui ne sait pas le latin, il n'existe pas de raison autre que le hasard pour que le mot *révolution*, par exemple, soit devenu l'expression du mouvement d'une planète, plutôt que celui de *contribution*. Il n'en était pas ainsi pour les Romains, de qui nous avons emprunté ces mots : *re-volu-tio* et *con-tribu-tio* ; chacune de leurs syllabes faisait naître, dans l'âme de celui qui l'écoutait, une idée particulière quoique imparfaite, et la réunion de toutes ces idées, pour ainsi dire partielles, formait l'idée parfaite et composée qui devait être exprimée. Ainsi *re-volu-tio* signifiait une action (*tio*) par laquelle un objet fait un mouvement de rotation (*volu*), au moyen duquel il revient au point d'où il est parti (*re*) ; *con-tribu-tio* exprimait l'idée d'une action (*tio*), par laquelle plusieurs se réunissent (*con*) pour prendre part à une certaine dépense (*tribu*). » « Notre langue, dit M. Ampère, est une langue latine. » M. Wey développe ainsi cette proposition : « Maintenant, si l'on reconnaît avec nous que notre parler est d'une nature foncièrement latine, et qu'aucune langue, sauf le latin, n'a régné et ne s'est décomposée dans la Gaule depuis la conquête romaine, on est conduit à considérer ce que nous appelons le français comme le résultat de cette antique décomposition. En redescendant les échelons du temps jusqu'à nos jours, nous voyons cet idiome, toujours fidèle à son origine, se modifier, se préciser, s'orner, s'agrandir, mais sans altérer son caractère essentiel. » La lecture de la cinquième partie de cet ouvrage rendra cette vérité tout à fait palpable.

Je dois dire pourquoi la 1re partie de ce livre, intitulée Aventures d'Énée, laquelle renferme implicitement, comme il est dit plus haut, tout le latin et les dix-huit vingtièmes du français, roule sur un sujet appartenant au paganisme et non au christianisme.

1° Notre religion n'a pas besoin d'écrits nouveaux pour être enseignée ; 2° aucun ecclésiastique n'a encore trouvé mauvais ni le sujet ni la morale de cette partie fondamentale de mon livre ; 3° je me suis servi des divinités et des croyances païennes dans ce Récit, parce qu'elles appartiennent au latin de la belle époque. Cette langue est à la fois ancienne et universelle ; l'enseigner sans la dénaturer, sans la moderniser, ni détruire ses fables et ses antiquités caractéristiques, est en même temps naturel et logique. J'ai donc dû traiter préférablement d'une matière connue des anciens et des modernes, et immortalisée par le poëte de Mantoue. « L'étude de la fable, dit Rollin, quand elle est faite avec la précaution et la sagesse que demande et inspire la religion, peut être d'une grande utilité pour les jeunes gens. Il est impossible d'entendre les livres que les Saints Pères et tous les apologistes de la religion chrétienne ont composés sur le paganisme, sans avoir quelque connaissance des fables..... L'étude des auteurs païens a été quelquefois blâmée au nom de la religion catholique. Mais ce blâme n'est qu'une erreur grossière ou un véritable blasphème. » « Nous voyons, dit Bacon, que plusieurs des anciens évêques et des Pères de l'Eglise étaient très-versés dans les sciences des païens, même à ce point que l'édit de l'empereur Julien, qui défendait aux chrétiens les écoles et les études, fut regardé comme un instrument plus redoutable contre la foi que les persécutions sanguinaires de ses prédécesseurs. Ce fut l'Église chrétienne qui, au milieu des invasions des Scythes venus du nord-ouest, et des Sarrasins venus de l'est, conserva dans son sein les restes de la science profane, qui, sans cela, eussent été entièrement perdus. » Origène a écrit : « Puisqu'on voit la religion chrétienne inviter et encourager les hommes à l'étude, ceux-là méritent une sévère réprimande, qui cherchent à excuser leur ignorance en parlant de manière à détourner les autres de leur application à s'instruire. » On lit dans saint Grégoire : « Il ne faut pas blâmer l'érudition, parce qu'il plaît à quelques hommes d'agir ainsi ; au contraire, on doit considérer ces hommes comme des sots et des ignorants, qui voudraient que tous les autres leur ressemblassent, afin de pouvoir eux-mêmes se cacher dans la foule et dérober à tout le monde leur manque d'érudition. » Saint Jérôme, déjà cité, traite durement ceux qui prennent l'ignorance pour la sainteté. Dans l'enseignement, ce qu'on ne doit jamais oublier concernant les fables et surtout les immoralités des anciens et des modernes, ce sont les précautions et la sagesse recommandées par Rollin et tous les savants vertueux.

Observations sur l'utilité des quatre mille petits dictionnaires ou familles de mots qui remplissent la 6ᵉ partie de cet ouvrage.

Si l'on disait, par exemple, aux zoologistes, aux botanistes, etc. : Détruisez vos classifications, vos familles, et bornez vos études à celle des individus ; ils trouveraient, sans doute, un tel conseil assez étrange. Tout le monde comprend que le même conseil ne serait pas moins étrange et irrationnel relativement au classement des mots par familles. L'esprit humain n'acquiert de connaissances durables qu'en associant ses idées, et ne trouve sa force que dans l'ensemble.

Dans ce dictionnaire naturel, les mots *acerbe*, *acerbité*, sont suivis de *exacerbation* et non de *acérer*, comme dans les dictionnaires ordinaires : *agraire* est suivi de *agreste* et non de *agrandir* ; *aigu* de *aiguiser* et non de *aiguade*, etc., etc., etc. Dans les dictionnaires purement alphabétiques, les mots sont généralement isolés ; chacun d'eux semble tombé du ciel, comme le dit Gébelin. La connaissance de l'un est nulle pour l'intelligence des autres. On dirait qu'on a prémédité d'y faire perdre à notre langue le sentiment de son origine. Les mots les plus divers y sont rapprochés, et les plus semblables pour le sens et l'origine y sont éloignés. Cet ordre purement alphabétique présente aux yeux et à l'esprit, non des classifications, des groupes, des familles, mais des mots éparpillés, déclassés, désassortis, des individus violemment expulsés de leurs familles et dispersés çà et là, loin du foyer paternel, hors du sol natal, et comme tels fort difficiles et fort longs à être connus, même superficiellement. Aucune argutie ne saurait être soutenue contre cette vérité.

Je me suis gardé, dans ce Dictionnaire naturel, de confondre, dans un seul et même article, des mots d'origine différente, bien qu'ils soient écrits avec les mêmes lettres. Ces sortes d'erreurs sont au nombre des plus graves, et existent encore malheureusement dans tous ou presque tous les dictionnaires, soit français, soit étrangers. Dans ce dictionnaire-ci, *bourdon*, long bâton, et *bourdon*, genre d'insectes, appartiennent à deux familles et à deux articles différents ; il en est de même de *métrographe*, qui écrit sur les poids et mesures, et de *métrographe*, auteur d'une description de la matrice, de *canette*, mesure de liquide, et de *canette*, petite canne ; de *brunir*, rendre de couleur brune, et de *brunir*, naviguer, et de *cingler*, frapper avec quelque chose de délié, de *pliant*, de *fumer*, étendre la fumée, et de *fumer*, épandre du fumier sur une terre cultivée ; de *peler*, ôter le poil, et de *peler*, ôter la peau ; de *métromanie*, manie de faire des vers, et titre d'une comédie de Piron, et de *métromanie*, fureur utérine ; de *queux*, cuisinier, et de *queux*, pierre à aiguiser ; de *sable*, graver réuni en tas, et de *sable* (blas.), nom de la couleur noire ; de *sidérique*, qui vient des astres, et de *sidérique*, relatif au fer, etc., etc.

Divers avantages que les lecteurs retireront de ce livre.

Par là même que la méthode de ce livre est synthétique et analytique, naturelle et rationnelle, elle imprime aisément dans l'esprit la double connaissance des mots et des idées, donne en même temps de la profondeur et de l'étendue à cette connaissance, et communique, aux intelligences même ordinaires, le pouvoir et la facilité d'embrasser et de retenir, pour toujours et d'une manière exacte, des masses infinies de mots associés entre eux, ainsi que les idées attachées à ces mots et analogiquement associées entre elles. Pour celui qui étudie le Texte ou le Récit, tout le latin classique et les dix-huit vingtièmes du français se trouvent réduits en quelque sorte à l'unité. Pour celui qui se contente de lire ce Texte ainsi que la suite de cet ouvrage, chacune de ces langues est réduite à peu près à quatre mille unités. Pour celui qui n'ouvre ce livre que pour le consulter, le mot qu'il cherche et la famille dont ce mot fait partie sont encore faciles à être rapidement appris, et ne sont point susceptibles d'être oubliés aussitôt que le livre est fermé. Mais pour celui qui se borne aux dictionnaires ordinaires, chaque mot français est environ un soixante-millième.

Perfectibilité de ce livre.

Tout en conservant sa forme actuelle, il se prêtera toujours facilement aux suppressions, aux augmentations, aux corrections, sans qu'il soit rigoureusement nécessaire de retoucher à la partie la plus délicate, intitulée *Aventures d'Énée* ; car ce récit est composé en une langue fixée, immuable, impérissable, mère de la nôtre, dépositaire de notre sainte religion.

Paris, le 22 septembre 1859

PARIS. — IMP. DE W. REMQUET ET Cⁱᵉ, RUE GARANCIÈRE, 5.

DICTIONNAIRE ÉTYMOLOGIQUE

DE

LA LANGUE FRANÇAISE

PAR FAMILLES DE MOTS ET PAR ORDRE ALPHABÉTIQUE

A, préposition qui marque la tendance ou la direction vers un lieu ou un objet. Elle désigne aussi la distance, l'intervalle ; l'endroit où est, ou se fait une chose ; le temps, l'époque ; l'appartenance ; la posture, l'attitude, le geste ; la qualité, le mode, la manière, la mode ; la quantité ; le prix ; le poids ; la mesure ; le motif, la cause ; l'état. [Cette particule vient du latin *ad*, dont elle a gardé la signification tout en rejetant le *d* final. 1° Plusieurs étymologistes modernes dérivent le latin *ad* du sanscrit *adhi*, sur. 2° Martinius, Guichard et Vossius la font venir de l'hébreu *had*, jusque, pendant que, avant, à jamais. *H* à la tête des mots s'ajoute et se retranche souvent. Ici elle figure le *ayin* des Hébreux. 3° Constancio tire le latin *ad* de l'égyptien *hathé*, formé du verbe *hati*, émaner, écouler, courir, en parlant d'un liquide. 4° Un autre auteur a demandé l'origine de *ad* au latin *actum*, supin de *ago*, j'agis. 5° Un autre, au grec *kata*, qui marque en général un mouvement de haut en bas. 6° Gébelin soutient que du mot *a*, marquant la possession, se formèrent les deux prépositions latines *ab* et *ad*, qui se rapportent, dit-il, l'une au temps futur, l'autre au temps passé. En gallois *at*, à, basque *at*, gaël *adh*, gothique et anglais *at*, italien *a*, *ad*, espagnol *à*, à, vers. En bourguignon *ai*, auvergnat et patois de l'est *à*, a. Le mot *ad* se reconnaît dans à peu près 480 mots français dérivés du latin. Par euphonie, elle assimile souvent sa consonne finale à la consonne initiale des mots où elle entre en composition. Ainsi *accroître, affaire, alléger, approuver, arriver, assister, attendre*, sont pour *adcroître, adfaire, adléger, adprouver, adriver, adsister, adtendre*. D'autres fois elle perd cette consonne : *aviser* est pour *adviser, apercevoir* pour *adpercevoir*, etc.]

Au, article composé, pour *à le*. (Dans la langue d'oïl, antérieure au 12ᵉ s., *al* s'employait pour *à le* et *à la*.)

Aux, article composé, pour *à les*.

*__AB__, *à*. Cette préposition latine subsiste dans plus de deux cents mots français, où elle indique l'ablation, le manque, l'enlèvement, le mouvement à partir d'un point donné. [Sous sa forme *ab*, elle a perdu une voyelle finale ; contractée en *à* elle a perdu sa consonne labiale. Dans ce dernier état elle n'est jamais suivie d'une consonne. 1° M. Delatre la fait venir du sanscrit *a* privatif et *pâ*, faire, mettre ; 2° et M. Constancio, de l'égyptien *ape*, tête, sommet. Quoi qu'il en soit de son origine étymologique, elle se retrouve dans presque toutes les langues indo-européennes. En zend et en sanscrit *apa*, grec *apo* et *ap'*, allemand *ab*, ancien gothique *ab* et *af*, lithuanien *ap*, suédois *af*, danois *af*, ancien scandinave *af*, hollandais *af*, anglais *of*, breton *heb* et *hep*, etc.] (Voyez les mots *ab-latif, ab-lution, ab-soudre, a-rant*, etc.)

Ab hoc et ab hac, loc. adv. fam. À tort et à travers, sans raison, confusément. (Lat. *ab*, de, *hoc*, celui-ci, et *hác*, celle-là.

ABAQUE, s. m. archit. Partie supérieure ou couronnement du chapiteau de la colonne. [Les antiques formes finales des mots, si abondantes et si multipliées, font place à un nombre restreint de quelques formes prépondérantes. C'est ainsi que le français *abaque* répond au latin *abacus, abaci, abaco, abacum*, qui signifie abaque, planche dont les anciens se servaient pour compter ; table de cuisine ; comptoir ; banc, banquette, canapé, siège ; table de marbre ; damier, échiquier. Le latin *abacus* lui-même répond au grec *abax, abakos*, dont la signification est à peu près la même. L'origine étymologique de ce mot est encore difficile à découvrir. 1° Forcellini pense qu'il vient directement de la réunion des trois lettres *a, b, c* [d'où aussi *abécédaire*] ; parce que les Étrusques, les Hébreux, les Grecs et autres peuples comptaient avec les lettres de l'alphabet. 2° Benfey rapporte *abaque* au préfixe sanscrit *sa*, dont le corrélatif grec est *a-*, et au verbe sanscrit *bhng*, rompre, courber ; 3° de Joannes Cléricus, au phénicien *abak*, poussière ; parce que l'abaque était une table où l'on étendait de la poussière, où les mathématiciens traçaient leurs figures. C'est l'hébreu *âbaq*, poussière, fait du verbe *ábaq*, il a brisé, frappé, broyé, mot que Gesenius regarde comme une onomatopée. 4° Guichard veut que *abaque* vienne de l'hébreu *âhak*, dans le sens de : il fut élevé ; la vraie signification de *âhak* est : il fut enveloppé, embarrassé. 5° Gail le forme du grec *bakō*, pour *baō*, je marche ; et Sylburgius, du grec *bō, bainō*, je marche. 6° Suidas, Matthias, Martinius et Constancio, le composent du grec *a* privatif, et de *basis*, base, pied. 7° Gébelin affirme que le grec *abax, abakos*, vient de *bac*, famille celtique, suivant lui, et qui aurait fourni nombre de mots à la langue française et à la latine, relatifs aux idées de petitesse, d'enfance, de contenance, de rondeur, etc. En italien *abaco*, abaque ; portugais *abaco*, table, plateau, espèce de cabaret.]

ABC, s. m. Petit livret pour enseigner à lire aux enfants ; figurément et familièrement, commencement d'un art, d'une science, d'une affaire. [Ce mot est la réunion des trois premières lettres de l'alphabet.]

Abécédaire, adj. Qui concerne l'alphabet.

Abécédaire, s.m. *Abc,* livre dans lequel on apprend à lire.

ABDALAS, s.m.p. Nom que les Persans donnent à leurs moines. [M. Pihan dit que *abdal,* pluriel arabe, ne doit pas prendre d's. Les étymologistes qui l'ont traduit par serviteurs de Dieu n'ont pas compris le sens de ce mot. Il faut aussi, ajoute-t-il, se garder d'écrire *abdalas,* où l'on trouve une autre terminaison plurielle que rien n'autorise. Le singulier de *abdal* est *badti,* qui ne se dit pas en français et qui signifie remplaçant, mis à la place de.]

ABDOMEN, s.m. Partie du bas-ventre qui renferme les intestins, le foie, la rate, les reins, la vessie, etc.; t. d'entomologie, partie postérieure du corps des insectes. [Du latin *abdomen, inis,* ventre, basventre, partie inférieure du ventre de la truie ou du thon; gloutonnerie, gourmandise. (1° D'après Doederlein, ce mot viendrait du grec *héphthômai,* fait de *héphthoó,* je fais cuire; 2° ou du grec *démos,* graisse, proprement celle qui enveloppe les intestins. 3° Selon Vossius, il aurait été formé du latin *abdo,* je cache, dont on aurait tait d'abord *abdumen,* comme de *lego, legumen.* Dans un ancien glossaire on trouve *abdumen.* O et u se permutent facilement. 4° MM. Quicherat et Daveluy le composent du latin *abdo,* je cache, et *omentum,* épiploon, viscère, boyau, graisse. 5° M. Theil dit que c'est peut-être une corruption d'*adipomen,* d'*adeps,* graisse.]

Abdominal, e, adj. Qui appartient à l'abdomen.
***Abdominoscopie,** s.f. méd. Exploration de l'abdomen, pour juger de l'état des parties qu'il renferme. (Du lat. *abdomen,* et du grec *skopia,* observation)
***Abdominoscopique,** adj. Qui concerne l'abdominoscopie.
***Postabdomen,** s.m.h.n. Queue des crustacés, partie postérieure du corps des trilobites; ensemble des cinq derniers anneaux de l'abdomen des insectes.
***Préabdomen,** s.m.h.n. Ensemble des cinq premiers segments de l'abdomen des crustacés.
***Subabdominal, ale,** adj.h.n. Qui se rapproche des abdominaux.
***Subabdominaux,** s.m.pl.h.n. Famille de poissons.

ABEILLE, s.f. Sorte de mouche qui a un aiguillon fort piquant, et qui fait le miel et la cire. [Du latin *apicula,* petite abeille, diminutif de *apis,* abeille. On a hasardé diverses étymologies sur le mot *apis.* 1° La plus simple et la moins violente paraît être le copte *af,* chair, mouche, abeille, scarabée; ou *aaf,* mouche, abeille, scarabée; en dialecte sahidique ou thébaïque *ab,* chair, mouche, abeille, scarabée. Les labiales *b, f, p,* se substituent souvent les unes aux autres. Ce qui favorise cette étymologie, c'est que ces mots *ab, aaf, af,* jouissent d'une plénitude de significations qu'on ne saurait trouver dans les mots correspondants des langues européennes, et qui annonce d'ordinaire la priorité originelle d'un mot. 2° On pourrait encore dériver *apis,* de l'arabe *naip,* abeille, par le retranchement de l'*n* initial 3° L'abeille se nomme en sanscrit *madhu-pa,* buveuse de miel, mot dont les Latins, suivant M. Delatre, ont reproduit le sens dans *a-p-is,* pour *ad pi,* et les Germains dans *pi-an, bi-ene, bee,* etc. Cette étymologie suppose à la fois que nous devons aux Indiens le mot abeille, que ce peuple a nommé le miel avant de nommer l'espèce de mouche qui le produit, qu'en la nommant ils avaient acquis l'expérience qu'elle boit le miel, et qu'en outre le latin *apis* aurait reçu une s finale et perdu plusieurs lettres initiales. 4° Doederlein rattache le latin *apis* au grec *empis,* moucheron, cousin, mot qu'il dérive du mot *pétomai,* je voltige, d'où le grec *ips,* nom d'un insecte qui ronge le bois. 5° Un autre le fait venir de l'hébreu inusité *zâbub,* il s'est agité dans l'air, en parlant des insectes; d'où l'hébreu *zeboub,* mouche. 6° Comme les jeunes abeilles s'attachent les unes aux autres, formant une pyramide renversée, lorsqu'elles veulent se séparer des vieilles, César Scaliger, Martinius et Vossius, pensent que *apis* vient du vieux latin *apio,* j'attache, je lie. C'est ainsi que l'hébreu *débôrá,* abeille, essaim, a été fait de l'hébreu *dâbar,* il a lié, attaché, conduit. 7° Comme aussi on vit du miel de l'abeille, Gébelin rapporte *apis* à *be,* prétendant que c'est un mot qui offrit dans les langues celtiques la signification de vivre et de se nourrir. 8° D'après L. F. Jauffret, il serait bien plus naturel de voir dans le mot *apis,* formé d'une labiale et d'une sifflante, un *mimologisme* qui peint le bourdonnement de cet insecte laborieux. En ancien germanique *oppich,* abeille; dans la langue des troubadours *abelha,* abeille; ital. *ape;* e-p. *abej i;* catal. *abella;* portug. *abeilha;* patois de Castres *abeilho* et *abelio,* abeille; en picard *eps;* langue des trouvères *ewette,* abeille; anc. fr. *abuile* et *abaille.* En bas-e latinité *abollagium,* v. fr *aboilage, abeillage,* droit des seigneurs sur les abeilles.]

***Apiaire,** adj.h.n. Qui ressemble à une abeille; qui dévore les abeilles.
***Apiaires,** s.m.pl.h.n. Nom générique de diverses espèces d'abeilles.
***Apiculteur,** s.m. Qui élève des abeilles. [Lat. *apis,* abeille; *cultor,* qui cultive, qui soigne.]
***Apiculture,** s.f. Education des abeilles.
***Apié, e, et Apide,** adj.h.n. Voyez *Apiaire.*
***Apifère,** adj didact. Qui porte des abeilles.
***Apiforme,** adj. De la forme d'une abeille.
***Apis,** s f, ou **Abeille.** t. d'astron. Petite constellation de l'hémisphère méridional.
***Apivore,** adj. Qui dévore les abeilles.

***ABIÉTIN, ine,** adj.bot. Se dit des plantes qui, par la disposition de leurs parties, imitent une feuille de sapin. [Du latin *abietinus* pour *abignus,* de sapin, fait de *abies,* sapin. 1° Matthias, Martinius, Isidore, Vossius, Honnorat, J. Henricus et autres forment ce mot du verbe latin *abire, abeo,* s'en aller; parce que cet arbre s'élève au-dessus des autres. À l'appui de cette étymologie on peut citer le grec *élaté,* sapin, dérivé du grec *éluó,* je pousse en avant; et le germanique *thanne,* sapin, fait du verbe *thaenen,* étendre, tendre; c'est le haut allemand ancien *thenan, denan,* étendre. 2° Guichard fait venir *abies* du grec *abin,* sapin, mot qui se trouve dans Hesychius. 3° Gébelin le rattache à la même famille que le latin *ebenus,* ébénier, ainsi que le grec *apéné,* chariot, et le gaulois et latin *benna,* charrette. 4° Constancio dérive *abies* de l'égyptien *oubasch,* branche, fait lui-même de *sche,* pièce, bois, arbre, Dans la langue des troubadours *abiet,* sapin; patois de Castres *abet;* it. *abeto;* esp. *abeto;* catalan *abet;* port. *abete,* sapin.]
***Abiétiné, e,** adj.bot. Qui ressemble au sapin.
***Abiétinées,** s.f.pl.bot. Famille de plantes conifères.
***Abiétique,** adj.m.chim. Se dit d'un acide qu'on trouve dans la résine du sapin.
***Abiétine,** s.f. chim. Substance résineuse qu'on extrait de la térébenthine de Strasbourg.

ABÎME, s.m. Gouffre très-profond; l'enfer; la masse des eaux formée en même temps que la terre; le réservoir immense qu'on supposait exister sous la terre ou dans son intérieur; le réservoir qui s'ouvrit pour produire le déluge universel; cavité généralement verticale, sorte de puits naturel, dont l'ouverture est à la surface du sol, et dont le fond n'est pas connu; immense profondeur; fig., tout ce qui est extrême; tout ce qui est impénétrable à la raison; ruine, malheur. [Du grec *abussos*, sans fond, sans fin; *abussos* et *abusson*, l'abîme, l'enfer; d'où le latin *abyssus*, abîme, gouffre, dans saint Avit; enfer, dans saint Prudence. Le grec *abussos* est fait lui-même du grec *bussos*, pour *buthos*, fond, et de *a* privatif. 1° Gésenius rapporte le grec *buthos*, *bussos*, fond, à l'hébreu *tabah*, s'enfoncer, s'engloutir. 2° Ogério, à l'hébreu *bous*, fouler aux pieds. 3° Martinius, tout simplement au grec *bathos*, profond. Les deux mots grecs *buthos* ou *bussos*, fond, et *bathus*, profond, appartiennent évidemment à la même racine. 4° M Chavée lie le grec *bathus*, profond, au sanscrit *badh*, courber, être concave, creuser. En ital. *abisso*, abîme; anc. cat. *abis*; langue des troubadours *abis*, abîme; anc. fr. *abysme*, *abisme*, abîme.]

Abîmer, v.a. Précipiter dans un abîme; faire disparaître d'un seul coup en précipitant; fig., ruiner entièrement; gâter, détruire.

Abîmer, v.n. Tomber en ruine; fig., périr.

S'abîmer, v.a.pr. Se perdre, se ruiner; s'abandonner à. *Abîmé, ée*, part.

Abyme, abymer, voy. *Abîme, abîmer*.

ABLATIF, s.m. gramm. Sixième cas des déclinaisons latines. [Du lat. *ablativus*, ablatif, fait de *ablatus*, emporté, enlevé; r. *ab*, de, hors de, et *latus*, porté. L'ablatif, dit Gébelin, indique les causes par lesquelles on est transporté. En français, la labiale *v* se remplace par la labiale *f* à la fin des mots : c'est ainsi que le latin *ablativus* y est devenu ablatif, comme *brevis*, bref; *gravis*, grief; *bovis*, *bovem*, bœuf; *navis*, nef; *novem*, neuf; *novus*, neuf; *ovum*, œuf; *activus*, actif; *captivus*, captif, etc. 1° Gébelin trouve trois racines différentes dans le verbe *fero* des Latins : *fero* pour le présent, *tollo* pour les prétérits, *latus* pour les participes et le supin. 2° Doederlein forme le latin *latus*, de l'ancien latin *stlatus*, porté, en grec, *tlêtos*. 3° Ailleurs il le dérive du latin *levare*, soulever, élever. 4° D'après Bullet, le latin *latum*, *latus*, viendrait du celtique *lath*, *lati*, porter. A la rigueur et d'après l'opinion de plusieurs étymologistes, on peut rapporter *latum*, *latus*, au latin *tollo* et au grec *talaô* ou *tlaô*, supporter; mais ici, comme dans d'autres cas semblables, il vaut mieux établir deux familles de mots qu'une seule; afin d'éviter le vague et la confusion. Le latin *latus*, au reste, n'est pas étranger aux langues du Nord : l'allemand a le verbe *leiden*, supporter, souffrir; en haut all. ancien *leiden*, *leidon*, danois *lide*, suédois et ancien scandinave *lida*, supporter, souffrir; en ital. *latore*, porteur.]

*****Ablateur**, s.m.t. de méd. vét. Instrument avec lequel on abat la queue des brebis.

Ablation, s. f. chir. Action de retrancher une partie du corps.

Ablativo, adv. pop. En un tas, avec confusion.

Collation, s. f. Léger repas que font les catholiques les jours de jeûne, au lieu de souper. (Ce terme, d'après M. Génin, nous vient des coutumes ecclésiastiques. Dans les monastères on faisait, après le souper, qui avait lieu de bonne heure, une lecture de l'Écriture sainte ou des Pères. Les moines échangeaient leurs observations sur le texte; les uns faisaient des objections, d'autres y répondaient. Cet exercice que nous appelons une conférence, ils l'appelaient *collatio*; de *collatum*, porter. Au sortir de là, on prenait quelques légers rafraîchissements, et l'on s'allait coucher. « Le cinquième repas était le repas de la nuit, que les gens du monde ont pris de nous et appellent, comme nous, la *collation*, bien qu'ils n'y fassent pas, comme nous, la collation des Écritures et des livres théologiques : Monteil. »)

Collation, s.f. Droit de conférer un bénéfice; la provision du collateur; action de conférer la copie d'un écrit avec l'original, ou deux écrits ensemble. (Lat. *collatio*, action de conférer, de comparer.)

*****Collation**, s.f. t.d'hist. rom. Tribut, redevance.

Collataire, s.m. Celui à qui l'on a conféré un bénéfice.

Collateur, s. m. Qui a droit de conférer un bénéfice.

Collatif, ive, adj. Qui se confère.

Collationner, v.n. Faire le repas appelé collation.

Collationner, v.a. Conférer un écrit avec l'original; conférer deux écrits ensemble; examiner si un livre est entier. *Collationné, ée*, part.

*****Collationnage**, s.m. libr. et impr. Action de collationner un livre; admin., action de collationner des pièces.

Délai, s. m. Prolongation de temps, remise, retardement. (Lat. *dilatio*, délai, remise, ajournement, sursis; *dilatus*, temporiseur, qui diffère, qui remet; *dilatus*, différé, remis, de *dis-*, part. augm. et de *latus*, porté, prolongé. En ital. *dilazione*, anc. fr. *dilaiement*, *delaiance*, *dilation*, délai; en breton *dalé*, gaël écossais *dail*, délai.)

Dilatoire, adj. Qui tend à prolonger un procès.

*****Dilatoirement**, adv. D'une manière dilatoire, avec des délais ou retards.

Délayer, v.n. vi. User de remise.

Délayer, v.a. Différer, remettre à un autre temps. (Anc. fr. *delaier*, *delayer*, *dilaier*, différer, retarder.) *Délayé, ée*, part.

Délateur, trice, s. Celui, celle qui fait un rapport, accusateur, qui dénonce en secret. (Lat. *delator*, délateur.)

*****Illatif, ive**, adj. t. d'anc. log. Par où l'on infère, dont on infère. (Lat. *illativus*, qui conclut, conclusif, fait lui-même de *illatus*, apporté dans, racine *in*, dans, et *latus*, porté. Par euphonie, *n* de *in*, dans, et de *in* privatif, s'assimile presque toujours à l'*l* qui la suit immédiatement. Ainsi *illatif* est pour *inlatif*, comme le latin *illativus* est pour *inlativus*. Il en est de même de *illégal* pour *inlégal*, *illimité* pour *inlimité*, *illusion* pour *inlusion*, etc.)

*****Illation**, s.f. t. d'anc. log. Conséquence.

*****Illation**, s.f. Translation des reliques.

*****Illation**, s. f. t. de lithurg. Il se dit, dans la messe mozarabique, de la prière que le prêtre dit à haute voix, entre la secrète et le canon : c'est ce que nous nommons *préface*.

Oblat, s.m. Laïque, ordinairement homme de guerre invalide, qui était logé, nourri et entretenu dans une abbaye. (Du latin *oblatus*, offert, présenté, qui s'est offert; donné, fourni; r. *ob*, devant, *latus*, porté. Autrefois oblat était un enfant qu'on offrait à Dieu pour le rendre religieux dans une abbaye : *Oblatus religiosæ familiæ*. Oblat s'est dit ensuite pour frère convers, ou frère lai. *Oblat, Oblate*, était aussi un personne séculière qui donnait sa personne et ses biens à un monastère.)

*****Oblates**, s.f.pl. Petits pains sans levain, très-minces, dont une partie servait à faire des hosties consacrées, tandis que l'autre se distribuait au peuple comme le pain bénit.

* **Oblateur,** s.m. Celui qui fait une oblation.

Oblation, s. f. Offrande, action d'offrir quelque chose à Dieu.

* **Oblation,** s.f.t. d'anc. cout. Droit que les seigneurs levaient en certaines occasions.

* **Oblation,** s.f. antiq. rom. Une des trois sortes d'impositions que payaient les habitants des provinces.

* **Oblationnaire,** s.m.hist.eccl. Prêtre qui vivait d'offrandes; diacre ou sous-diacre chargé de recevoir les offrandes ou oblations; officier du pape qui apportait du palais les oblations, c'est-à-dire, le pain et le vin, et les donnait à l'archidiacre dans l'endroit où Sa Sainteté devait officier.

* **Oblatoire,** s.m. hist. eccl. Espèce de fer à gauffrer où l'on cuisait les oblates.

Oublie, s. f. Sorte de pâtisserie fort mince, cuite entre deux fers. [1º Selon De Laurière, *oblata* et *oublies*, originairement et d'usage primitif, étaient des pains ainsi appelés, parce qu'ils étaient offerts et présentés aux seigneurs, ou parce qu'ils représentaient, en la forme, ceux qui étaient offerts à l'Église. L'origine des oublies, dit Barny de Romanet, est sacrée, puisqu'elle nous vient des pains offerts à l'Église et destinés à faire des hosties. On en servait jadis à certains jours de l'année, dans quelques églises, aux chanoines et aux prêtres, et de là on appela cette pâtisserie *oblati*. Les laïques voulurent en avoir aussi, et l'on vit figurer autrefois cette friandise parmi les redevances seigneuriales, sous le nom de droit d'oubliage, et nos rois l'exigèrent comme les autres seigneurs. Trévoux dit que le mot *oublie* vient par corruption d'*oblaye*, qui a été fait du latin *oblata*, dont les écrivains des derniers temps se sont servis pour désigner une hostie non consacrée. L'oublie s'appelait autrefois *oblée* et *oblaye*, et les oublieurs *oblayeurs*. 2º Quelques-uns dérivent *oublie* du latin *obolia, parce que, disent-ils, cette pâtisserie ne se vendait qu'une *obole*. 3º Roquefort et Casaubon prétendent qu'*oublie* vient du latin *obelias, pâtisserie longue, étroite et légère, que les anciens servaient à la fin du repas, et qu'ils trempaient dans du vin cuit; ce serait par extension que l'on donna le nom d'*oublies* aux hosties ou pains à chanter, et que les prêtres consacrent à l'autel. 4º « Du fr. *oublier*, parce que véritablement ces gâteaux sont si légers, qu'un moment après qu'on les a mangés, on ne s'en souvient plus, on les oublie : Monteil. » La première étymologie est la seule bonne, comme Ménage l'a fort bien prouvé. M.P. Paris dit : « *Oublie*, anc. fr. l'*oublée*, l'hostie offerte, *oblata*; de là nos oublies ou plaisirs. » En b. lat. *oblia*, oublie, *oblatæ*, oublies. Portugais *obrea*, *obreia*, anc. fr. *oblaye*, *oblie*, oublie.]

Oublieur, s.m. Garçon pâtissier qui allait le soir par les rues crier des oublies.

Prélat, s.m. Prêtre revêtu d'une dignité considérable dans l'Église, avec juridiction spirituelle. [Du latin *prælatus*, porté en avant, r. *præ*, devant, *latus*, porté. Les évêques adoptèrent, dès le 17º s., pour la cérémonie de leur intronisation, l'usage de se faire porter sur les épaules des principaux seigneurs du royaume, auxquels ils inféodèrent des terres sous cette condition expresse; et c'est de là qu'ils auraient pris le nom de prélat. Mais, d'après M. Tarbé, ce mot vient simplement du latin *prælatus*, dans le sens de préféré, élu parmi les autres.]

***Prélat,** s.m. hist. Titre que l'on donnait pendant le moyen âge à quelques rois d'Irlande.

Se prélasser, v.a.pron. Affecter un air de gravité, de dignité, de morgue. (Vieux fr. *se prélater*. La Fontaine a renouvelé ce verbe qui se retrouve dans Rabelais et dans d'autres anciens écrivains.) *Prélassé, ée*, part.

***Prélatifié,** adj.m. Devenu prélat : Scarron.

Prélation, s.f. Droit par lequel les enfants sont maintenus par préférence dans les charges que leurs pères ont possédées. (Lat. *prælatio*, préférence.)

***Prélation,** s.f. anc. jurispr. Droit de quelques seigneurs de fiefs, de prendre les fonds qui se vendaient dans leurs directes, à charge d'en payer le fonds à l'acquéreur.

Prélature, s.f. Dignité de prélat.

***Prolation,** s.f. t. d'anc. musique. Manière de déterminer la valeur des notes demi-brèves sur celle de la brève, ou des minimes sur la demi-brève. (Du lat. *prolatio*, action de produire, de proférer, d'énoncer, r. *pro*, devant, *latus*, porté.)

Relater, v.a. Rapporter, mentionner. (Du lat. *relatus*, rapporté; r. *re-*, particule insép. qui marque rétrogradation, réduplication, retour, renouvellement, augmentation, et *latus*, porté.) *Relaté, ée*, part.

***Relateur,** s.m. Qui raconte; auteur d'une relation.

Relatif, ive, adj. Qui a relation, rapport à.

***Relatif,** s.m. t. de philos. Il se dit de ce qui n'existe que sous certaines conditions; l'opposé de absolu.

***Relatifs,** s.m.pl. philos. Dans Aristote, les êtres qui sont dits d'autres êtres; les choses réciproques; les choses dont l'existence se confond avec leur rapport quelconque à une autre chose.

Relation, s.f. Rapport d'une chose à une autre; commerce, liaison, correspondance; récit, narration de ce qui s'est passé, de ce qu'on a vu, entendu. (Lat. *relatio*.)

***Relation,** s.f. théol. Se dit des perfections par lesquelles les personnes divines sont rapportées l'une à l'autre, et distinguées l'une de l'autre.

***Relation,** s.f. mus. Rapport des sons, intervalle.

***Relation,** s.f. philos. Le rapport qui est entre deux personnes, entre deux choses que l'on considère ensemble et respectivement l'une à l'autre; dans Aristote, relation s'entend, ou du double par rapport à la moitié, du triple par rapport au tiers, et en général du multiple par rapport au sous-multiple, du plus par rapport au moins; ou c'est le rapport de ce qui échauffe à ce qui est échauffé, de ce qui coupe à ce qui est coupé, de ce qui est actif à ce qui est passif, du commensurable à la mesure, de ce qui peut être su à la science, du sensible à la sensation.

***Relation des jugements.** Se dit en philos. de la propriété qu'ont les jugements d'être catégoriques, hypothétiques ou disjonctifs.

Relativement, adv. D'une manière relative, par rapport.

***Relativité,** s.f. log. Qualité de ce qui est relatif.

Corrélatif, ive, adj. Qui marque une relation réciproque entre deux choses; qui va ensemble, qui indique une certaine relation. (Lat. *cum*, avec.)

Corrélation, s.f. Relation réciproque entre deux choses.

Superlatif, ive, adj. et s.m. gram. Qui exprime la qualité bonne ou mauvaise *portée* au plus haut degré. (Du lat. *superlativus*, r. *super*, sur, et *latus*.)

Superlativement, adv. t. fam. Au superlatif.

Translater, v.a. vi. Transporter, traduire d'une langue en une autre. (Lat. *trans*, au delà.) *Translaté, ée*, part.

Translateur, s.m.vi. Traducteur.

***Translatice**, adj.ant.rom. Se disait des édits

qu'un préteur empruntait à ses prédécesseurs. (Lat. *translatitius*, emprunté, traditionnel, usité, consacré; r. *trans*, au delà, après, et *latus*, porté.]

Translatif, ive, adj. t. de droit. Par lequel on transporte, on cède une chose à quelqu'un.

Translation, s.f. Transport, action de transférer d'un lieu à un autre, d'un état à un autre, d'un jour à un autre.

***Translation de legs,** jurispr. Déclaration par laquelle un testateur transfère un legs d'une personne à une autre.

***Point de translation,** t. d'anc. mus. Point marquant le transport de la valeur d'une note à une autre.

ABOLIR, v.a. Annuler, supprimer, mettre à néant. *Aboli, ie,* part. [Du latin *abolere, eo, es, evi* et q.q.fois *ui, itum,* abolir, détruire, faire disparaître, affaiblir; fig. effacer. 1° Doederlein forme le latin *abolere*, du grec *apolésai*, aoriste infinitif de *apollumi*, perdre, détruire, anéantir; comme le latin *delere*, du grec *diolésai, diollumi*, perdre, ruiner, faire périr; et Gail, du grec *apoléō*, f. d'*apollumi*, je détruis; ce qui revient au même. 2° Gébelin lie le verbe *aboleo* au latin *adoleo*, je fais monter la vapeur des sacrifices. 3° Forcellini, après d'autres, le dérive du latin *oleo*, j'ai ou je répands une odeur. 4° MM. Quicherat et Davoluy lui donnent pour racine le latin *alo*, je fais grandir, je fais croître, ou *olo, pour *oleo*, j'ai ou je répands une odeur. 5° Vossius veut qu'il ait été fait du latin *oleo*, dans le sens de perdre, et *oleo*, lui-même, du grec *oleó ou *ollumi*, je ruine, je détruis. Le même tire ensuite *aboleo* du latin *oleo, dans le sens de croître. M. Honnorat compose *aboleo* du latin *ab*, de, par, et *olere*, répandre une odeur, dans le sens d'ôter jusqu'à l'odeur. 6° M. Constancio soutient que *aboleo* provient du latin *ab*, hors de, et de *luere*, laver; et non du latin *oleo*. M. Theil estime que *aboleo* a pour racine *olo, et qu'il signifie propr. arrêter dans la croissance, ne pas laisser venir. En ital. *abolire;* langue des troubadours, esp., catal. et portug. *abolir*, provençal *aboulir*, abolir. En rouchi *abolir*, rouer de coups.]

S'abolir, v.a. pron. Cesser d'être en usage.

Abolissement, s.m. Action d'abolir.

Abolition, s.f. Anéantissement, extinction, suppression, rémission d'une peine.

***Abolissable,** adj. De nature à être aboli, qu'on peut ou qu'on doit abolir.

***Abolitioniste,** s.m. Aux États-Unis, partisan de l'abolition de l'esclavage.

***Inaboli, ie,** adj. Qui n'est pas aboli.

ABOYER, v.n. Il se dit des cris des chiens lorsqu'ils sont en colère, lorsqu'ils menacent, lorsqu'ils poursuivent; fig. crier après quelqu'un, le presser, le poursuivre d'une manière importune; médire avec acharnement. *Aboyé,* p. [Lucrèce a employé le latin *baubari*, aboyer; hurler. Le fr. *aboyer*, ainsi que le latin *baubari*, est une onomatopée formée du cri *bau, bau,* que font entendre les chiens. C'est le grec *bauzó*, j'aboie. Cette même onomatopée se retrouve aussi dans d'autres langues. En wolof *baw*, aboyer, japper; en bambara *wowo*, japper. Martinius, Vossius, Forcellini, Nodier, et presque tous les étymologistes, ont reconnu cette onomatopée et l'identité de *baubari* et de *bauzéin*. Quelques-uns forment le fr. *aboyer* du latin *ad baubari;* M. Tarbé le dérive simplement du bas latin *baubare*, aboyer, dont on a fait aussi, suivant lui, les verbes *bauer, bauier, baier, bailler*. M. Delatre rapporte le latin *baubari* et le fr. *aboyer* à la racine sanscrite *pû*, battre, souffrir; et ailleurs à la racine sanscrite *bhâ, bhás, bhan,* faire voir, parler; d'où selon lui le fr. *bay-er*, qui se prononçait aussi *boy-er*; et de là *a-boy-er*. En ital. *abbajare*, angl. *to bay*, anc. fr. *abaier*, dans Rabelais *abayer*, aboyer. En anc. fr. *aboyant* a signifié plaideur, avocat, criard. M. Tarbé dit qu'on nommait à Rheims *abaie-mort* la cloche des trépassés. Dans la langue des trouvères, *abai*, cri, aboiement.]

Aboyant, ante, adj. Qui aboie.

Aboyeur, s.m. t. de chasse. Chien qui aboie à la vue du sanglier, sans en approcher; fig. celui qui persécute les autres par des calomnies, par des médisances, par des injures; celui qui court avec ardeur après une chose.

Aboi, s.m. Bruit que fait le chien en aboyant.

Aboiement ou **Aboîment,** s.m. Aboi, cri du chien.

Abois, s.m.pl. Dernière extrémité où les chasseurs réduisent le cerf, qui, n'en pouvant plus, est contraint de se rendre, et auquel les chiens *aboient* de toutes parts. (L'ancien mot français *abay* était également pris des cris des chiens qui aboient autour du cerf forcé, avant de se jeter sur lui. Henri Estienne dit : « Il ne faut pas douter que cette façon de parler, *tenir quelqu'un en abboy* ou *en abbay*, ne soit aussi venue de la vénerie; mais il y a apparence que ce sont des bêtes noires plutôt que des autres, comme quand un sanglier se laisse abbayer par les chiens perdant leur peine. »)

ABRICOT, s.m Sorte de fruit à noyau. [L'abricot est originaire de Perse comme la pêche, la prune et l'amande. *Barqoug* ou *berqouq* est le nom arabe de l'abricot en Asie, et celui de la prune en Afrique, où le premier fruit s'appelle *mischmisch*. En ajoutant à *barqouq* l'article *al* les Espagnols ont formé leur mot *albaricoque*, et les Portugais *albricoque*. M. Breulier dit : « La racine arabe *baraqa* signifie briller ou brûler ; la qualité d'être brillant ou brûlant convient à une infinité d'objets ; on a tiré de la racine *baraqa* des dérivés qui, à première vue, paraissent n'avoir rien de commun entre eux ; ainsi *baraqoun* est le bélier, *barqoun* est la foudre, *barqouq* est l'abricot. Évidemment, aux yeux de bien des gens, il ne saurait y avoir rien de commun entre ces trois mots ; mais, aux yeux aux doigts du linguiste profond, ces mots renferment la même idée primitive de brûler et de briller ; *baraqoun* est l'animal chaud, le mâle ; *barqoun* est le fluide qui brûle et qui éclaire, *barqouq* est le fruit brillant, au teint jaune et vermeil. » L'arabe *baraqa* se retrouve dans les mots hébreux *báraq*, il a foudroyé, il a lancé des éclairs ; *bárâq*, éclair, brillant, lame d'un instrument tranchant ; *bareketh*, diamant. En arabe nous avons aussi *bariqa*, flamboyant, tranchant ; *baryq*, nuée foudroyante, glaive flamboyant. En berbère *berk*, éclair, au pl. *berouk*. Chez les Carthaginois, *barca*, qui était le nom de la famille d'Annibal, signifie la foudre. Il a laissé des traces dans les noms propres espagnols *Barcias* et *Garcias*. Amilcar fit jeter les fondements d'une ville ou d'un comptoir carthaginois, depuis célèbre, qui de son nom de *Barca* fut appelé *Barchino*, d'où *Barcelone*. S'il est vrai que la fondation ou du moins le renouvellement de *Barcelone* fut l'ouvrage d'Annibal, l'étymologie est encore la même, puisque ce grand capitaine était de la famille des *Barca*. L'arabe *baraqa*, briller, brûler, semble se retrouver aussi bien dans les langues indo-européennes que dans les sémitiques ; car en sanscrit nous avons *barghas*, splendeur, lumière ; *bharg'atai*, il brille, il brûle ; *bargha*, la cuisson ; en grec *phrugó*, je torréfie ; *phrukteuó*, j'allume ;

j'enflamme; en latin *frigo*, je fris; en gaël *bruichidh*, rôtir, faire bouillir. Voyez *Frire*.]

Abricotier, s.m. Arbre qui porte les abricots.

Abricot-pêche, s.m. Sorte d'abricot dont le goût se rapproche de celui de la pêche.

*****Abricoté**, s.m. t. de confis. Bonbon fait d'un morceau d'abricot entouré de sucre.

ABSINTHE, s.f. Plante amère, aromatique, et toujours verte; liqueur de table faite avec l'absinthe. [Du latin *absinthium*, absinthe, dérivé lui-même du grec *absinthion*, absinthe, comme *obsonium* de *opsónion*, *absis* de *apsis*. Les labiales *p* et *b* se permutent souvent. Quant au grec *apsinthion*, 1°M. Éloy Johanneau le compose du grec *aps*, en arrière, de nouveau, une seconde fois, et *anthos*, fleur; et 2° Trévoux, du grec *a*, priv. et *psinthos*, plaisir, amusement, à cause de l'amertume qui rend cette plante désagréable; 3° Gébelin rattache le grec *apsinthion* au grec *sinó*, nuire, blesser, offenser; et à l'oriental *schan*, mordre, déchirer, et *tshén*, mauvaise odeur. C'est peut-être l'hébreu *schén*, dent, et l'hébreu inusité *tsahan*, ou *tsachan*, il a pué, il fut puant, qu'il a voulu dire. 4° Selon Martinius, Vossius, H. Et. et Forcellini, le nom de cette plante a pu être pris du nom d'une ville de Thrace appelée *Apsinthos*, parce que ce végétal croissait en abondance dans les environs de cette cité. En persan, turc et arabe *essentin*, absinthe. Langue des troubadours *absens*, *absinti*, *ascens*, *eyssens*, absinthe; ital. *assenzio*; esp. *axenjo*, absinthe; en patois de Castres, *axinto*.]

*****Absinthate**, s.m.chim. Sel résultant de la combinaison de l'acide absintique avec une base salifiable.

*****Absinthé, ée**, adj. pharm. Qui contient de l'absinthe.

*****Absinthine**, s.f.chim. Substance qui est la source de l'amertume de l'absinthe.

*****Absinthique**, adj.m.chim. Se dit d'un acide particulier qui existe dans l'absinthe.

ABSTERGER, v.a.chir. Nettoyer. *Abstergé, ée*, p. [Anc. fr. *terdre*, *terser*, frotter, essuyer; lat. *abstergere*, essuyer, nettoyer; du latin *tergere*, *tergo*, *is*, *tersi*, *tersum*, frotter, nettoyer, polir, essuyer, chasser, balayer; fig. polir, corriger. Étym. 1° « Un thème sanscrit *terga* ou *terca*, frotté, essuyé, a donné le verbe *tergere*, frotter, essuyer, *abstergere*, etc. : M. Chavée. » 2° Du sanscrit *drákh*, sécher, essuyer; d'où le grec *trugéó*, l'all. *trokne*, l'anglais *to drain*, sécher, égoutter, vider, mettre à sec : M. Eichhoff. 3° De l'hébreu *táhér*, il fut brillant, il fut net, il fut pur : un hébraïsant. 4° « Du gall. *ter*, nettoyé, nettoyer, purifié, pur : Bullet.» « Du celt. *ter*, nettoyer, purifier : Gébelin.» 5° De la même origine que le suiogoth. *terig*, pur. 6° Du lat. *tero*, broyer, frotter, polir : Scaliger. 7° De l'éolien *tersó*, pour *téiró*, user en frottant. Du grec *trugó*, sécher, dessécher, par métathèse : Doederlein et la Tripartitum. 9° Du grec *tersó*, sécher, essuyer. En lat. *tersi dies* a signifié les jours secs et sereins. Dans Festus : *tersum diem pro sereno dictum ab antiquis Verrius ait* : Vossius. Edwards unit le holl. *droogen*; angl. *to dry*, sécher, le gaël écoss. *tiorannaich*, desséché, et le gaël irl. *tioraím*, desséché, au lat. *abstergo*. En angl. *terse*, poli, clair, net, élégant. Ital. et esp. *terso*, essuyé, net, poli. Et ital. *tergere*, langue des troubad. *terger*, terser, nettoyer, torcher. Langue des trouv. *tersi*, essuya; *ters*, nettoyé. Gloss. champ. de M. T. *ters*, nettoyé.]

Abstergent, ente, adj. Qui sert à nettoyer les plaies.

Abstergent, s.m.chir. Remède abstergent.

Abstersif, ive, adj.chir. Propre à nettoyer.

Abstersion, s f.chir. Action d'absterger.

Déterger, v.a.méd. Nettoyer, mondifier. *Détergé, ée*, part.

Détergent, ente, adj.méd. Syn. de Détersif.

Détersif, ive, adj.méd. Qui nettoie, mondifie.

Détersif, s.m. Remède détersif.

Détersion, s.f.méd. Action de déterger.

Retersage, s.m. Action de reterser; le résultat.

Reterser, v.a. Donner un second labour à la vigne pour détruire les herbes. (Du lat. *retergere*, *retersum*, nettoyer, déblayer; selon quelques-uns, du fr. *re*, particule itérative, et du verbe *terser* ou *tercer*, donner un troisième labour à la vigne: V. *Trois*.] *Retersé, ée*, part.

ACAJOU, s.m. Arbre des Indes, de l'Amérique et du Brésil, dont le bois est blanc; sorte de bois rougeâtre qu'on emploie dans l'ébénisterie. [Ce mot a été fait par corruption du malais *kayou*, que l'on transcrit aussi par *caju* et *cazou*, mots qui, dans les langues de racine malaise, désignent simplement le bois de tout arbre employé à la charpente ou à la menuiserie; d'où vinrent les noms de *caju areng*, sorte de bois d'ébène, *caju radja*, le caneficier, et *caju ular* qui est un vomiquier employé contre la morsure des serpents. Selon M. Reiff, *acajou* viendrait simplement du brésilien *acajaba*. On retrouve dans la langue madécasse, mais avec une aspiration qui les défigure un peu, les noms de *cazou* et de *case*, pris dans la même acception qu'en malais. En brésilien *kaa* désigne toutes sortes de bois et de forêts. En caraïbe *huehué*, kamakan *haoue*, tagala *kahouy*, maghindanao *kahoé*, Motore *haë*, bois : Amérique. En javanais *kayu*, baza-krama *kajang*, bois.]

ACCABLER, v.a. Faire tomber une chose pesante sur une autre, qui l'oblige à succomber sous un poids excessif; faire succomber sous le poids; abattre par l'excès d'un poids, par la force des coups; en bonne part, combler; abattre, renverser, ruiner entièrement. *Accablé, ée*, part. [1° Selon M. Diez, de l'anc. fr. *caable*, *chaable*, syncope de *cadable*, bois qui tombe, fait du latin *cadere*, tomber, choir. En lat. barb. *chadabula*, prov. *calabre*. Dans Charpentier, *caables*, bois qui *chiet* par *avanture*. M. P. Paris cite l'anc. fr. *li chaples*, ou l'action d'abattre. Dans les plus anciens textes, *chable*, *chaple* ou *caple*, se prend pour abattis de grands arbres. De là, dit-il, vient certainement notre mot *accabler*. 2° Selon M. Pihan, *accabler* vient de l'arabe *kabala*, charger de liens, d'entraves; mettre les fers aux pieds d'un captif. 3° M. Roquefort dérive *accabler* du fr. *câble*, et dit que accabler c'est tomber sous le poids d'un câble. 4° Cambden, cité par Ménage et par Trévoux, le fait venir du breton *cablà*, opprimer. 5° Casaubon le forme du grec *kataballó*, jeter de haut en bas; jeter à terre; abattre sous ses coups, terrasser, abattre, renverser. 6° Du Cange et Caseneuve le dérivent de l'anc. fr. *cable*, machine de guerre; 7° et d'autres, du latin, *cumulare*, entasser, accumuler, combler. En anc. fr. *cabloier*, courber, terrasser, écraser, accabler; et *chaable*, machine de guerre pour jeter de grosses pierres, b. lat. *cabulus*; et *caable*, l'action d'abattre et de jeter par terre, b. lat. *cabulus*; et *cable*, *caable*, arbre, ou branche abattue et rompue par le vent ou autrement, b. lat. *cabulus*. En patois de Castres, *acapla*, accabler.]

Accablant, ante, adj. Qui accable, importun, incommode.

Accablement, s.m. État d'une personne accablée

par la maladie ou par l'affliction ; surcharge d'affaires, embarras énorme.

***ACCIPITRES**, s.m.pl h.n. Groupe de la classe des oiseaux, qui renferme les oiseaux de proie. [Du latin *accipiter, accipitris*, nom général des oiseaux de proie : épervier, faucon ; fig. voleur. 4° D'après Doederlein et M. Bopp, le latin *accipiter* serait un dérivé du grec *ôkuptéros*, qui a des ailes rapides, r. *ôkus*, rapide, et *ptéron*, aile ; en sanscrit *açu*, vite, promptement. 2° Plusieurs étymologistes forment *accipiter* du latin *accipere, acceptum*, prendre, recevoir ; parce que les accipitres reçoivent très-mal les autres oiseaux, ils les prennent, les serrent dans leurs griffes et les déchirent à coups de bec. Une analogie pourrait prêter son appui à cette dernière étymologie, c'est que l'all. *habicht*, épervier, se rattache à l'all. *haben*, tenir dans sa main. Schœbel unit l'all. *habicht* au sanscrit *kas'* et au grec *koptéin*, frapper, fendre. Du latin *accipiter*, les Portugais ont fait, par corruption, *açor*, autour, oiseau de proie plus grand que l'épervier et qui lui ressemble.]

*Accipitrin, ine**, adj.h.n. Se dit des animaux ou des parties d'animaux qui ont des rapports avec un oiseau de proie, quant à leur configuration.

*Accipitrine**, s.m.bot. Synonyme de épervière.

*Açores**, s.f pl. géogr. Iles portugaises de l'océan Atlantique. (Ainsi nommées de la quantité de vautours qu'on y trouva.)

ACCON, s.f. t. de mar. Petit bateau à fond plat, dont on se sert pour aller sur les vases, lorsque la mer est retirée. [1° Du latin *act-uarius*, léger, vite, d'où *actuaria navis*, ou simplement *actuaria*, bâtiment léger. Le double c de *accon* annonce l'assimilation du t au c qui le précède. *Act-uarius* est un dérivé du latin *ago, is, actum, ere*, conduire un vaisseau, etc. L'all. *iacht*, yacht, a été fait pareillement de l'all. *iagen*, conduire. 2° Un autre croit que *accon* se rapporte au grec *akatos*, brigantin, barque, bateau à voile ; grand vase en forme de gondole ; mot dont l'origine est encore incertaine et qui paraît étranger à la langue grecque ; à moins qu'il ne doive sa naissance au verbe grec *agô* ; de la même manière que le lat. *act-uaria*, au verbe *ago* ; et que l'all. *iacht*, au verbe *iagen*.]

ACCORE, s.m.t. de mar. Étai pour soutenir les vaisseaux en construction ou dans les bassins ; pièce de bois placée sous ou contre un objet, pour le soutenir ou le maintenir dans une position donnée. [1° Ce mot semble avoir été fait, par corruption, du latin *eschara*, base d'une machine, mot employé par Vitruve, et qui est le même que le grec *eschara*, chantier sur lequel on pose le vaisseau que l'on construit. 2° Roquefort rattache le mot *accore* au latin *cor, cordis*, cœur, estomac. 3° Un autre, au grec *cheir*, main, bras, force, puissance. 4° Le Brigant, au celtique *a-ke-run* signifiant mot à mot *enceinte élevée* ou *qui est enceinte élevée*. 5° Un autre, au portugais *accorrer* ou *acorrer*, accourir, secourir, en latin *accurrere* ; un autre au prov. *accorre*, défendre, secourir, venir en aide. 6° Constancio soutient que le fr. *accore* a été formé de l'anc. fr. *escaras*, bois, solive. bâton sec et rendu pointu, cloué en terre pour différents usages, mot qu'il compose du latin *asser, asseris*, solive, chevron, pieu, bâton, bras pour porter une litière, et de *ora*, bord, extrémité ; de là, ajoute-t-il, le portugais *escora*, accore. 7° M. Jal le dérive simplement du breton *skôr*, soutien, appui, d'où la vi. fr. *escore*, accore, et le fr.

mod. *accore*, qui a été repris par les Bretons sous la forme de *akord*.]

*Accorage**, s.m. t. de mar. Dispositions faites pour accorer.

*Accorer**, v.a. t. de mar. Étayer, soutenir avec des accores un objet quelconque. *Accoré, ée*, part.

ACCOUTRER, v.a.vi. Parer d'habits ; habiller, orner, parer d'une manière extraordinaire et ridicule. *Accoutré, ée*, part. [Ce verbe était déjà noté comme vieux dans le siècle passé. On lui a donné diverses étymologies : 1° selon Diez, il vient du latin *consuere*, coudre, d'où le fr. *couture, couturière* ; et l'ital. *cucire, cuscire*, coudre ; et l'ital. *sdrucire*, découdre ; et selon Skinner, du latin *adconsutare*, fréquentatif de *adconsuere*, coudre ; 2° selon Gattel et Roquefort, du latin *cultura*, culture, au pr. et au fig., précédé de l'augm. *ad* ; 3° selon Trévoux, de l'ancien mot *coutre*, le sacristain ou officier qui a soin de parer l'église ou l'autel ; en all. *kuster*, marguillier, sacristain, mot que Schuster rattache au latin *custos*, gardien, d'où le latin du moyen âge *custuarius*. Chastelain dérive aussi l'all. *kuster* de *custos* ; mais Trévoux, sans donner aucune preuve, soutient que *kuster* est un mot purement teutonique et franc, et peut-être aussi celtique, signifiant celui qui orne, qui pare : voyez *Cuistre*. 4° Le P. Lobineau juge qu'*accoutrer*, en anc. fr. *accoustrer*, pourrait bien venir de l'anc. mot breton *cost*, dépens. Le P. Lobineau aurait dû établir comment *cost*, signifiant dépens, a pu produire *accoutrer*, parer, orner, et à quelle marque il a reconnu *cost* pour un mot primitivement breton. 5° Bullet dit : « En b. breton *accoutri, accoutriff*, vêtir, orner, parer ; du celtique *cot*, qui a signifié tout ce qui cache, tout ce qui renferme ; d'où *haricot*, légume à *gousse* ou enveloppe » Il aurait pu ajouter *cosse, écosser, cotte, cotillon*, etc. 6° Caseneuve dit : « Comme du latin *culter* nous avons fait le mot *coultre*, coutre ; de même de *cultellare* nous avons formé le verbe *accoutrer* : car, en matière d'habits, *cultellare*, en latin barbare, signifie plisser les habits, parce que les plis, ayant été bien pressés, représentent le tranchant d'un couteau, etc. » En anc. fr. *acoutrer, accoustrer*, langue des troubadours *acotrar*, accoutrer.]

Accoutrement, s.m. Habillement, parure.

Raccoutrer, v.a.vi. Raccommoder, recoudre ; t. badin et de mépris. *Raccoutré, ée*, part.

Raccoutrement, s.m. Action de raccoutrer, résultat de cette action.

***ACÉRACÉ, ée**, et **Acériné, ée**, adj bot. Qui ressemble à l'érable. [Du latin *acer, eris*, s.n. érable. 1° M. Doederlein pense que *acer* a été fait du grec *acherdos*, sorte d'épine qui servait à faire des haies ; ? poirier sauvage ; comme le latin *cor, cordis*, cœur, du grec *kardia*, cœur. 2° Martinius et Vossius forment le mot *acer* du latin *acer, acris, acre*, âcre, fort ; à cause de la dureté du bois de l'érable. Gébelin s'est conformé à cette étymologie. 3° De Théis soutient que *acer* est dérivé du celtique *ac*, pointe, à cause de l'extrême dureté de son bois, qui était recherché pour la fabrication des piques, des lances, etc. Les auteurs du Tripartitum lient l'allemand *ahorn* et le slave *gawor*, érable, au latin *acer*.]

*Acéracées**, s.f.pl.bot. Famille de plantes.

*Acérique**, adj.m.chim. Se dit d'un acide qui existe dans la sève de l'érable.

Érable, s.m. Genre d'arbres d'un bois fort dur, qui croissent naturellement dans les régions tempérées, et dont plusieurs espèces fournissent une liqueur qui peut être convertie en sucre, au moyen de l'évaporation. [M. Eloi Johanneau forme ce mot du latin *acer*, érable, et *album*, blanc, comme *able* et *ablette*, du latin *alba*, blanche. Un autre le dérive de la basse latinité *acera alba*, érable blanc. Ce qui revient au même. Dans Polyhistor, on trouve *acer album*, érable blanc. Plusieurs dictionnaires ont conservé l'expression *érable blanc*. Elle renferme un pléonasme comme tant d'autres. 2° M. Diez compose le fr. *érable* du latin *acer arbor*. Elle ne diffère de la première qu'en ce qu'il y a *arbor* à la place d'*album*. 3° Bullet croit que *érable* vient de *rablen*, mot bas breton, selon lui, et qui signifie érable, et fait au pl. *rabl*.]

***Érablet**, s.m. Variété d'orme.

ACERBE, adj. Qui est d'un goût âpre, qui a de la verdeur ; fig.sévère, dur, amer, grossier. [Du latin *acerbus, a, um*, acerbe, âpre au goût ; cruel, sévère, fâcheux. On a donné diverses étymologies sur ce mot. 1° Vossius le dérive du grec *akis*, pointe, piquant ; 2° Martinius, du latin *acceo*, j'aigris ; 3° Gébelin, du celtique *ac*, acide, âpre ; 4° un autre, du grec *skéraphos*, injure, outrage ; 5° un autre, du grec *karphô*, dessécher, rendre sec, ou dur, ou terne ; en hébreu *chârab, charéb*, il fut desséché, il fut dévasté, ravagé. 6° Ihre ne doute pas que *acerbus* ait une origine commune avec le suigothique *kerf*, insipide. 7° Bullet lui donne pour racine l'irlandais *searb*, aigre, acide, âpre. 8° M. Theil estime que *acerbus* a été fait du latin *acer*, comme *superbus* de *super*. 9° M. Schœbel unit le latin *acerbus* à l'all. *herbe*, acerbe, âpre aigre, et au sanscrit *s'ri*, percer, corroder.]

Acerbité, s.f. peu usité. Qualité de ce qui est acerbe.

Exacerbation, s.f. Paroxysme ; augmentation d'un paroxysme.

***ACERRE**, s.f. antiq. rom. Vase où l'on faisait brûler l'encens dans les sacrifices ; on le mettait aussi aux pieds des morts pendant qu'ils étaient étendus à la porte, comme on y met aujourd'hui un bénitier. [Du latin *acerra*, acerre. 1° Martinius pense que *acerra* a été fait du latin *acernus, acerna, acernum*, d'érable, r. *acer, eris*, érable ; de même que le grec *puxis*, boîte, tire son origine du grec *puxos*, buis. Ainsi, selon lui, *acerra* serait pour *acerna*, par assimilation de *n* à *r*. 2° Vossius conjecture que *acerra*, pour *arcella, arcula*, est un dérivé du lat. *arca*, coffre ; 3° ou bien que *acerra* est une corruption du grec *eschara*, vase contenant du feu, brasier, réchaud ; 4° ou bien encore un mot tiré, par métathèse, de l'hébreu *chârar*, il a brûlé.]

***ACERVULAIRE**, s.f.h.n. Genre de polypiers. [La racine de ce mot se trouve dans le latin *acervus*, monceau, amas. Les étymologies que l'on a données au latin *acervus* sont plus ou moins vagues et obscures. 1° Doederlein le lie à l'all. *garbe* et au haut all. anc. *garba*, gerbe, et le dérive du grec *ageirein*, assembler, rassembler, réunir, amasser. Mathias, Martinius, Vossius, Joannes Clérius et Périzonius dérivent aussi *acervus* du grec *ageirein* ; et presque tous font venir *ageirein* de l'hébreu *âgar*, il a rassemblé, il a entassé, amoncelé, amassé. 2° D'autres le forment du latin *acus, aceris*, la paille du grain, du blé, de l'avoine, etc., en grec *achuron*. 3° Gébelin le tire de *crah, creh*, primitif désignant ce qui est haut, élevé, tout ce qui croît. Ces sortes de primitifs peuvent être commodes pour ceux qui les inventent ou s'en servent, mais ils ne sauraient être ni clairs ni instructifs pour les lecteurs. L'étymologie de Doederlein convient parfaitement à la chose. Les polypiers, ou habitations des polypes, sont réunis et fixés comme à un tronc commun, et s'amoncellent d'une manière prodigieuse.]

***ACHATE**, s.m.myth. Fidèle compagnon d'Énée. [Du latin *Achates* dérivé du grec *Achatés*, Achate, fait du grec *achos*, soin, selon Noël et autres. Dans ce sens assez philosophique, Achate, suivant Servius, ne serait qu'un personnage allégorique, qui exprime les inquiétudes, compagnes inséparables des rois. 2° Quelques-uns pensent que ce nom est de la même origine que le grec *Achatés*, nom d'une rivière de Sicile ; et *achatés*, agathe, pierre précieuse, aurait donné son nom à ce fleuve, et ne l'aurait pas, comme on l'a cru, reçu de lui.]

ACHE, s.f. Herbe qui ressemble au persil. [Du vi. fr. *apche*, ache, dérivé du latin *apium*, d'après M. Hase, M. Delatre, M. Diez, M. Roquefort et autres. Les groupes latins *piu, pia*, sont souvent représentés par *che* en français, par suite du changement de l'*i* en *j* (qui égale *ch*) et par la suppression du *p*, dit M. Delatre. C'est ainsi que le fr. *sèche* vient du latin *sepia*, *sache* de *sapiam*, *proche* de *propius*, *crèche* de la basse latinité *grepia*, etc. 1° Le latin *apium* vient simplement du grec *apion* qui a la même signification, selon M. Benfey et M. Delatre. Ce dernier pense que *apion* est le neutre de *apios*, et qu'il signifie *humide, succulent*, ou aimant l'humidité. C'est sous ce dernier point de vue que Bullet et, après lui, MM. Spach et Fée ont tiré le latin *apium* du celtique *apon, apion*, eau. 2° D'autres ont cru que *apium* avait pour racine le latin *apis*, abeille, parce que les abeilles aiment la fleur de cette plante. 3° Gébelin soutient que *apium* est descendu du chaldaïque *aben*, pierre ; à cause de son autre nom latin *petroselinum*. 4° Isidore pense que *apium* tire son origine du latin *apex*, dans le sens de sommet, de cime, de tête ; parce que, dit-il, on couronnait d'ache les anciens triomphateurs. Cela est vrai, mais ne suffit pas. La première étymologie est la seule bonne. En ital. *apio*, ache ; port. *aipo*, langue des troubadours *api*, ache, céleri.]

***ACHÉEN**, enne, adj. Qui est né en Achaïe ; qui concerne l'Achaïe ou ses habitants. [Du latin *Achivus, a, um*, Grec, de Grèce ; dérivé du grec *Achaios*, Achéen, Grec. 1° D'après M. Benfey, ce mot serait un composé du grec *a*, lettre qui est quelquefois augmentative, et du grec *chaios*, noble, mot à mot : très-noble. *Chaios* semble tenir au sanscrit *khyâtâ* et au grec *agathos*, pour *achatos*, probe, bon, estimable, honnête, brave, courageux ; à l'all. *gut*, bon ; à l'anc. goth. *goths* ; à l'anglo-saxon *god, good* ; à l'isl. scandinavo *god* ; au suédois et au danois *god*, bon. 2° Quelques hellénistes font venir *Achaios* du grec *achos*, douleur, parce que l'Achaïe était sujette à de fréquentes inondations ; 3° D'autres, du grec *aigialos*, rivage de la mer ; 4° un autre de l'hébreu *achou*, lieu humide, marécageux ; 5° Gébelin, du primitif celtique *aq, ach*, eau ; 6° Scrieck, du scythique celtique *ac, hag, ach*, bois, forêts, *haech heid, haecheit*, pays boisé, pays plein de bois et de forêts ; 7° un autre, de *Achéus*, fils d'Hellen et petit-fils de Deucalion, qui, chassé de Thessalie, s'empara du Péloponèse. Cette étymologie est la plus probable avec celle de Benfey. Claude Duret dit : Xuthus, fils d'Éole, ayant épousé Créuse, fille d'Érechthée, en eut deux fils, *Ion* et *Achœus*. *Achœus*, coupable du meurtre des siens, se retira chez les Thessaliens, dont il devint roi, et qui de son nom furent appelés *Achœi*. Pausanias, à son tour, vient à l'appui de cette dernière étymologie; il nous apprend que les fils d'Achæus, fils de Xuthus, ayant obtenu quelque autorité à Argos et à Lacédémone, le nom d'*Achéens* prévalut dans ces deux villes, et devint leur nom commun; mais les Argiens conservèrent en outre celui de Danaens. 8° Poinsinet de Sivry tire ce nom du tudesque *asché*, cendre : peuple *askhanite* ou incendié.]

*Achaïe, s.f.géogr.anc. Petite contrée au nord du Péloponèse.

*Achæus, s.pr.m. temps héroïques. Fils de Xuthus, donna son nom aux habitants de la Laconie.

*Achaïcus, hist. rom. Surnom de L. Mummius.

*Ligue achéenne, hist. anc. Ancien gouvernement confédératif des villes de l'Achaïe.

ACHÉRON, s.pr.m.mythol. Fleuve des enfers; poét. l'enfer, la mort. [Du latin *Acheron, ontis*, dérivé du grec *Achérôn, ontos*, Achéron. L'origine étymologique de ce mot est encore incertaine. 1° Le nom de l'Achéron viendrait de l'hébreu ou de l'égyptien *Achoucherron*, et signifierait lieux marécageux, de *Charon* ou *Caron*, d'après l'hist. de l'Acad. 2° Un hébraïsant le forme de l'hébreu *acharón*, dernier, postérieur, et cite Diodore de Sicile, qui nous apprend que la sépulture commune des Égyptiens était au dela du fleuve *Achérusie*. 3° Saumaise soutient que le mot Achéron vient certainement du grec *achéôn*, triste, affligé, *achos*, douleur; et non de l'hébreu *acharón*, dernier. Plusieurs hellénistes composent le grec *Achérôn* du grec *achos*, douleur, *rhoos*, fleuve, c'est-à-dire fleuve de la douleur; 4° et d'autres, du grec *a* priv. et *chaírein*, se réjouir. 5° Gébelin donne au nom de l'*Achéron*, rivière de l'Épire, la racine celtique *a, ac, aig*, eau. 6° Scrieck compose le mot *Achéron* de trois mots : du scythique *hach*, bois, forêt; de *ar* ou *er*, signifiant sable dans les idiomes scythiques ou celtiques; et du scythique *ho*, élevé : littéral. sable de haut bocage. 7° Un auteur allemand rattache le nom de ce fleuve à la grande famille dont le latin *aqua*, eau, fait partie. Cette étymologie s'accorde avec celle de Gébelin. 8° Voici l'opinion de Le Brigant : « Personne, dit-il, ne doute qu'*achéron*, en latin, ne doive être prononcé *akéron*, et l'on sait que bien des gens prononcent *akeron* dans notre langue, quoique la prononciation la plus générale soit *achéron*. Or, les mots celtiques *a-ke-run* veulent dire, mot à mot, *qui est enceinte*, élevée. Aussi le mot *akeron* ou *Achéron*, qui ne réveille aujourd'hui que l'idée du fleuve qui sépare la terre des enfers, indique-t-il par ses racines des eaux *enkaissées*, resserrées entre des bords escarpés et élevés, qui deviennent la *haie*, le rempart, l'enceinte qui met obstacle au passage de la terre aux enfers, et au retour des enfers à la terre.» La première étymologie est la plus probable.]

*Achérontien, adj., et **Achérontique**, adj. t. de mythol. et d'hist. Qui a rapport à l'Achéron.

[***ACHILLE**, s.pr.m. Fils de Thétis et de Pélée, illustre guerrier grec, né à Phthie, en Thessalie; il eut pour maître le centaure Chiron. Caché par sa mère dans l'île de Scyros, à la cour de Lycomède, il fut découvert par Ulysse, qui l'emmena au siége de Troie; il tua Hector, et tomba lui-même sous les coups de Pâris. [Du lat. *Achilles*, dérivé du grec *Achilleus*. Il y a diverses étymologies sur ce nom : 1° Benfey le rapporte au grec *achos*, douleur, peine, affliction ; au sanscrit et au zend *aka*, mal, tort, injure, outrage, douleur, souffrance, malheur, accident; au goth. *ogan*, craindre, redouter; *agló*, calamité, misère, détresse. 2° D'autres le forment simplement du grec *achos luéin*, délivrer de la douleur. 3° Nazianzenus, cité par Fungerus, du grec *a* priv., *chîlos*, nourriture ou bouillie; parce que Chiron ne le nourrit que de moelle de cerf. Eustathe indique aussi cette étymologie. 4°D'autres, du grec *a* priv., *cheílos*, lèvre : qui n'a point pris le sein. 5° D'autres, du grec *achos ballón*, qui va porter la douleur aux ennemis. 6° Un autre, du grec *achos liéon*, fléau des Troyens. Dans les monuments étrusques, le nom d'Achille est écrit *Acile* et *Achle*.]

Achillée, s.f. bot. Genre de plantes à fleurs radiées et disposées en corymbe. [1° du latin *achillea*, *achilleis* et *achilleos*, mille-feuilles, plante dont Achille fit, dit-on, usage le premier, pour guérir les plaies et les ulcères. À l'appui de cette étymologie citée tant de fois, on peut mentionner les paroles de Pline; il dit : « Achille, élève de Chiron, a lui-même découvert une plante propre à guérir les blessures, et qui porte son nom, *achilleos*. 2° Cependant Constancio regarde cette étymologie comme une chose absurde et chimérique, et forme le mot *achillée*, en portugais *achilleia*, du latin *aquilegia*]

*Achillées, s f.pl.antiq. Fêtes en l'honneur d'*Achille*, qui se célébraient à Brasies ou Prasies.

*Achilléide, s.f. Poëme de Stace en l'honneur d'Achille.

ACHIT, s.m. Espèce de vigne sauvage qui croît dans l'île de Madagascar. [D'après de Flacourt, cette plante est appelée *achith* par les naturels du pays, et le fruit *vouchit*. Dans le dictionnaire madécasse de Dumont-d'Urville, se trouvent les mots *voakhits*, espèce de raisin de la grosseur et du goût du verjus; et *ait, ahitch*, herbe. Cette plante, dit de Flacourt, produit beaucoup; sa feuille ronde et point chiquetée est semblable à la feuille du lierre; son bois est toujours vert, et ne meurt point l'hiver.]

ACHORES, s.m.pl.méd. Croûtes de lait; ulcérations superficielles qu'on observe à la tête et aux joues; ulcères de la tête qui s'étendent toujours, perçant la peau de plusieurs petits trous, d'où il sort une ordure visqueuse. [Du grec *achór, achóros*, ulcère de la tête; mot que Trévoux et Roquefort composent du grec *a* privatif et *chóros*, lieu, espace, parce que chaque ulcère en particulier n'occupe qu'un très-petit espace; mais ils se joignent plusieurs ensemble. 2° Constancio forme le grec *achór* du grec *a* particule congrégative, et *chórein*, s'étendre; parce que c'est une espèce de teigne, ce sont des ulcères qui s'étendent toujours. 3° Suidas, de même que Scapula, dérive le grec *achór* du grec *achné*, pour *achnór*, balle de blé, petite paille, parcelle, écume, mousse, etc. 4° Planche lui donne pour racine le grec *ichór*, sérosité, humeur, sanie, pus. 5° Benfey rapporte le latin *acus, aceris*, et le grec *achuron*, la tige et l'épi du blé, et *achné*, balle, fétu, brin de paille, ainsi que le grec *achór, achóros*, au sanscrit *aksh*, aiguiser, affûter, rendre raboteux, piquer, rendre pointu. L'opinion de Doederlein peut se concilier avec celle de Benfey et celle de Suidas, puisqu'il dérive le lat. *acus, aceris*, du grec *achuron*. Il en est de même de ce que dit Pline : « Quand on monde l'épi seul, les petites pailles qui s'en détachent s'appellent des *aiguilles*, *acus*. En lithuan. *akotais*, la paille pointue de l'orge; lett. *akkots*, les pointes des épis de l'orge. Voyez *Aigu*.]

*ACHRAS, s.m.bot. Nom grec de la poire sauvage. [En lat. *achras, ados* ou *adis*, s f., poirier sauvage; dérivé du grec *achras-ados*, s.f , poirier sauvage; poire sauvage. 1° M. Benfey lie ce mot au grec ochné et onchné, és, s.f., poirier sauvage; poire. 2° De Théis soutient que le grec achras a pour radical ac, pointe, en celtique, à cause des fortes épines de cet arbre. 3° Martinius pense que achras, pour agras, a été fait du grec agréios, sauvage. 4° Le même auteur dérive ensuite achras du grec achréios, inutile; parce que, dit-il, le fruit du poirier sauvage est inutile. L'étymologie de Gébelin est la même que celle de De Théis.]

ACIDE, adj. Où l'acide domine, qui a une saveur aigre. [Du latin acidus, acide, aigre; acesco, devenir aigre, fait lui-même du vieux latin acco, être acide, aigre. Tous les étymologistes lient ces mots au grec oxus, pour ok-sus, aigre, acide. En ital. et en esp. acido; langue des troubadours aci, acide; en angl. acid; rouchi aique, acide, aigre. En portug. acido, acide; acescénte, acescent, et acéto, vinaigre distillé.]

Acide, s.m. Substance solide, ou liquide, ou gazeuse, qui se fait distinguer par sa saveur acide plus ou moins analogue à celle du vinaigre.

*Acidifère, adj. t. de minér. Il se dit des substances minérales composées d'une base unie à un acide. (Du lat. fero, je porte.)

*Acidifiable, adj.chim. Qui peut se convertir en acide.

*Acidifiant, ante, adj. Qui acidifie.

*Acidification, s.f.chim. Conversion en acide, passage à l'état d'acide.

*Acidifier, v.a.chim. Rendre acide. (Lat. acidificare.) *Acidifié, ée, part.

*Désacidifier, v.a.chim. Détruire l'état d'acidité d'une substance. *Désacidifié, ée, part.

*Désacidification, s.f.chim. Action de désacidifier.

Acidité, s.f. Qualité de ce qui est acide.

Acidule, adj.dim. Légèrement acide.

Aciduler, v.a. Rendre une substance acidule. Acidulé, ée, part.

*Antiacide, adj. et s.m. méd. Se dit des substances propres à neutraliser les acides dans l'estomac.

Acescent, ente, adj Qui devient acide, qui s'aigrit.

Acescence, s f. Disposition à l'acidité.

Acétique, adj.m. Se dit de l'acide qui fait la base du vinaigre. (Lat. acetum, vinaigre.)

Acétate, s.m. Sels produits par la combinaison de l'acide acétique avec une base quelconque.

Acéteux, euse, adj. Qui tient du vinaigre.

*Acétabule, s.m.antiq.rom. Vase à mettre du vinaigre, vinaigrier; trompe de polype; concavité où s'emboîtent les os; calice des fleurs; gobelet d'escamoteur; mesure qui contenait le quart de l'hémine. (Du lat. acetabulum, id.; fait du latin acetum, vinaigre; r. acesco, j'aigris, de *aceo, inusité.)

*Acétabulaire, s.f.h.n. Genre de polypiers qui ont la forme d'un parapluie ouvert. (Lat. acetabulum, vase à mettre du vinaigre; trompe de polypier.)

*Acétabularié, ée, adj.h.n. Ressemblant à une acétabulaire.

*Acétabularisées, s.f.pl. Famille de plantes.

*Acétabulé, ée, adj.bot. En forme de coupe.

*Acétabuleux, euse, adj.h.n. En forme de vase ou de coupe.

*Acétabuliforme, adj.h.n. Qui a la forme d'un gobelet, d'une coupe ou d'un bocal.

*Acète, et Acétite, s.m.chim. Anciens noms des acétates.

*Acété, ée, adj. Devenu acidulé, aigrelet.

*S'acétifier, v.a. pron.chim. Se transformer en acide acétique. *Acétifié, ée, part.

*Acétification, s.f.chim. Conversion en vinaigre, formation ou production naturelle de l'acide acétique.

*Acétimètre, s.m.chim. Instrument à mesurer la force du vinaigre. (Du lat. acetum, vinaigre, et du grec métron, mesure.)

*Acétol, s.m.pharm. Vinaigre ordinaire.

*Acétolature, s.f pharm. Vinaigre médicinal préparé par infusion ou par macération.

*Acétolé, s.m.pharm. Vinaigre médicinal préparé par solution.

*Acétolique, adj.pharm. Se dit des médicaments constitués par le vinaigre tenant en dissolution un principe médicamenteux quelconque.

*Acétolotif, s.m.pharm. Vinaigre médicinal propre à un usage externe.

*Acétomel, s.m.pharm. Sirop de vinaigre préparé avec du miel. (Lat. mel, mellis, miel.)

*Acétomellé, s.m.pharm. Médicament où il entre de l'acétomel.

*Acétosellé, ée, adj bot. Qui ressemble à l'oseille pour l'acidité ou pour la forme.

*Acétosellées, s.f.pl.bot. Famille de plantes.

Oxeille, s.f. Plante potagère d'un goût acide. (Du lat. ox-alis, ox-alidis, dérivé du grec ox-alis, ox-alidos, vin aigri, espèce d'oseille; r. ox-us, pour ok-sus, acide, mot que tous les étymologistes, ou presque tous, rattachent à la même souche que le latin *ac-eo, ac-esco, aigrir, ac-idus, acide.)

*Oxacide, s.m.chim. Acide résultant de la combinaison d'un corps simple avec l'oxygène. (Du grec oxus, acide, aigre, et du latin acidus.)

*Oxalate, s.m.chim. Sel formé par la combinaison de l'acide oxalique avec différentes bases.

*Oxalaté, ée, adj.chim. Se dit d'une base qui est convertie en oxalate.

*Oxalhydrique, adj.m.chim. Se dit d'un acide produit par l'action de l'acide nitrique sur diverses substances végétales.(Gr.oxus, acide, et hudor, eau.)

*Oxalhydrate, s.m.chim. Sel produit par la combinaison de l'acide oxalhydrique avec une base.

*Oxalide, s.f.bot. Genre de plantes géraniacées, acides comme l'oseille.

*Oxalidées, s.f.pl.bot. Famille de plantes.

*Oxalique, adj.m.chim. Se dit d'un acide qui se trouve dans les oxalides.

*Oxaméthane, s.f.chim. Oxalate anhydre d'ammoniaque et de bicarbure d'hydrogène.

*Oxaméthylane, s.f.chim. Oxalate de méthylène et d'ammoniaque.

*Oxamide, s.m chim. Corps particulier produit par la distillation de l'oxalate d'ammoniaque.

*Oxéol, s.m.pharm. Le vinaigre considéré comme excipient.

*Oxéolat, s.m.pharm. Vinaigre distillé.

*Oxéolé, s.m.pharm. Vinaigre médicinal.

*Oxéolique, adj.ph. Qui a le caractère d'un oxéolé.

*Oxurate, s.m.chim. Genre de sels produits par l'acide oxurique.

*Oxure, s.m.chim. Oxyde qui ne jouit pas des propriétés acides.

*Oxurique, adj.m.chim. Se dit de l'acide urique oxygéné.

*Oxybase, s.f.chim. Oxyde qui joue le rôle de base dans une combinaison.

*Oxybasique, adj.m.chim. Se dit de certains sels qui contiennent une oxybase.

*Oxycarbique, adj.chim. Qui contient de l'oxygène et du carbone. *Oxycarburé, ée, adj. id.

*Oxychlorate, s.m.chim. Genre de sels produits par l'acide oxychlorique.

*Oxychloride, s.m.chim. Chloride combiné avec de l'oxygène.

*Oxychlorique, adj.m.chim. Se dit des acides que le chlore produit avec l'oxygène.

*Oxychlorure, s.m chim. Combinaison de *chlore* et d'un *oxyde*.

Oxycrat, s.m. Boisson qui se fait avec de l'eau, du vinaigre et du sucre. (Du gr. *oxos*, vinaigre, *oxus*, acide, et *kérannumi*, je mêle.)

*Oxycrater, v.a anc.pharm. Dissoudre dans du vinaigre. *Oxycraté, ée*, part.

*Oxycyanure, s m.chim. Combinaison de cyanogène et d'un oxyde.

Oxydable, adj. Qui peut s'oxyder.

*Oxydabilité, s.f.chim. Faculté de se combiner avec l'oxygène.

Oxydation, s.f.chim. Action d'oxyder; état de ce qui est oxydé.

*Oxydoïde, s.m.chim. Oxyde qui n'est ni base ni acide. (Gr. *oxus*, acide, *éidos*, apparence.)

Oxyde, s.m. Résultat de la combinaison de l'oxygène avec une autre substance.

Oxyder, v.a. Réduire à l'état d'oxyde, combiner avec l'oxygène. *Oxydé, ée*, part.

*Oxydule, s.m.chim. Dim. d'oxyde, premier degré d'oxydation d'un corps.

*Oxydulé, ée, adj.chim. Converti à l'état d'*oxydule*.

*Oxyfluorure, s.m.chim. Combinaison d'un *fluorure* avec un oxysel.

Oxygène, s.m.chim. Principe acidifiant ou générateur de l'acide; base de l'air vital. (Du grec *oxus*, acide, *gennaô*, j'engendre. L'oxygène a été découvert en 1774 par Priestley, qui le nomma *air vital*.)

Oxygénation, s.f chim. Action d'oxygéner; état de ce qui est oxygéné.

Oxygéner, v.a.chim. Combiner avec l'oxygène. *Oxygéné, ée*, part.

*Oxygénable, adj.chim. Qui peut se combiner avec l'oxygène.

*Oxymanganate, s.m.chim. Genre de sels produits par l'acide ou oxyde *oxymanganique*.

*Oxymanganique, adj.chim. Se dit de celui des oxydes du *manganèse* qui contient le plus d'oxygène.

Oxymel, s m. Boisson faite avec du vinaigre, du miel et de l'eau. (Gr. *oxuméli*, fait d'*oxos*, vinaigre, *méli*, miel.)

*Oxyque, s.m.chim. Composé où l'oxygène entre comme élément négatif.

*Oxyregmie, s.f.méd. Rapport aigre, aigreur d'estomac. (Gr. *oxuregmia*, de *oxus*, acide, *ereugmos*, éructation.)

*Oxyrhodin, s.m. pharm. Liniment de vinaigre rosat et d'huile rosat. (Gr. *rhodon*, rose.)

*Oxysaccharum, s.m.pharm. Sirop de vinaigre.

*Oxysel, s.m.chim. Sel dans la base et l'acide duquel il entre de l'oxygène.

*Oxyséléniure, s m.chim. Combinaison d'un *séléniure* avec un *oxyde*.

*Oxysulfocyanure, s.m.chim. Combinaison d'un *sulfocyanure* avec un oxyde.

*Oxysulfosel, s.m.chim. Combinaison d'un *sulfosel* avec un oxyde.

*Oxysulfure, s.m.chim. Combinaison d'un *sulfure* avec un oxyde.

*Oxytartre, s.m.chim. Acétate de potasse.

*Bioxalate, s.m.chim. Sel contenant deux fois autant d'acide oxalique que le sel neutre correspondant. (Lat. *bis*, deux fois, et gr. *oxos*, vinaigre.)

*Bioxalhydrate, s.m.chim. Sel contenant deux fois autant d'acide *oxalhydrique* que le sel neutre correspondant.

*Bioxyde, s.m.chim. Oxyde au deuxième degré d'oxydation.

Désoxyder, v.a.chim. Priver un corps, en tout ou en partie, de l'oxygène qui s'y était fixé dans la combustion. *Désoxydé, ée*, part.

Désoxydation, s.f.chim. Action de désoxyder; résultat de cette action.

Désoxygénation, s f.chim. Désoxydation.

Désoxygéner, v.a. Désoxyder. *Désoxygéné, ée*, p.

*Désoxygénèse, s.f.méd. Maladie causée par la perte de l'oxygène.

*Deutoxyde, s m.chim. Prop. *Deuxième oxyde*. Deuxième degré d'oxydation d'un corps qui peut se combiner en plusieurs proportions diverses avec l'oxygène.

Peroxyde, s.m. Nom des oxydes qui contiennent la plus grande quantité possible d'oxygène.

*Peroxydé, ée, adj.chim. Qui contient la plus grande quantité possible d'oxygène.

Protoxyde, s.m.chim. Oxyde au minimum; *premier oxyde* qu'un corps peut former. (Grec *prôtos*, premier.)

*Suroxalate,s.m.chim. Oxalate avec excès d'acide.

*Suroxyde, s.m.chim. Oxyde au maximum d'oxydation.

*Suroxygénation, s m.chim. Oxygénation au plus haut degré.

*Suroxygéné, ée, adj.chim. Qui est au plus haut degré d'oxygénation.

*Suroxygénèse, s.f.méd. Maladie causée par un excès d'oxygène.

Tritoxyde, s.m.chim. Troisième oxyde d'un métal [Gr. *tritos*, troisième.]

---

*ACINACE, s,m.ant. Sorte de pique ou de sabre en usage chez les Perses et chez les Scythes. [Du latin *acinaces, is*, dérivé lui-même du grec *akinakés*, acinace. 1° Planche dit que ce mot est persan; 2° Doederlein le dérive du grec *kainô*, le tue; 3° ci Martinius, du grec *aké*, pointe; Lavaux, du grec *akis*, pointe. 4° Benfey conjecture que ce mot se rapporte au zend *anhi*, glaive, en sanscrit *asi*, glaive. 5° Guichard dérive le gr. *akinakés*, et *axiné*, l'all. et le fr. *hache*, de l'hébreu *hotsen*, armes.]

*Acinace, s.m.myth.anc. Nom d'une divinité scythe. C'était une lame de sabre élevée sur une quille de bois.

*Acinacée, s.f.h.n. Poisson de la mer Atlantique.

*Acinaciforme, adj.bot. En forme de sabre.

*ACINE, s.m.bot. Fruit mou qui n'a qu'une seule loge, et qui ressemble à un grain de raisin. [Du lat. *acinum*, s.n. ou *acinus*, s.m. grain de tout fruit à grappe, pépin; dérivé lui-même du grec *akinos*, grain de raisin; plante de l'espèe du basilic. 1° Guichard soutient que ce mot vient de l'hébreu *charetsan*, grappes acides, non mûres, en ôtant *r* du milieu; 2° et Le Bel, que ce mot a été composé du latin *a* privatif et de *cano*, je chante; parce que, ajoute-t-il, les fruits en grappe ne font point de bruit en tombant. Ce qui lui a suggéré cette étrange étymologie, c'est que le même verbe *cano* a donné naissance à *fidicina*, *tibicina*. L'opinion de Guichard n'est guère plus raisonnable. Du latin *acinum* les Portugais ont fait *acinôso*, signifiant composé de baies, en grappe; et les Bas-Limousins, *azéno*, désignant ce qui reste du raisin quand on l'a pressé pour en tirer le suc.]

*Acinaire, adj. Ressemblant à un grain de raisin.

*Acineux, euse, adj. Arrondi en forme de grain de raisin.

*Acinier, s.m.bot. Un des noms vulgaires de l'aubépine.

*Aciniforme, adj. En forme de grain de raisin.

*Acinodendre, adj.bot. A fruits disposés en grappe. (Du gr. *akinos*, grain de raisin, et *dendron*, arbre.)

ACOLYTE, s.m. Clerc promu à l'un des quatre ordres mineurs, et dont l'office est de porter les cierges, de préparer le feu, l'encensoir, le vin et l'eau, et de servir à l'autel le prêtre, le diacre et le sous-diacre; il se dit familièrement, et en plaisantant, d'une personne qui en accompagne une autre. [D'après cette définition qui est celle de l'Académie, il est évident que *acolyte* est pour *acolythe*, et qu'il provient du grec *akolouthos*, acolythe, disciple, adhérent, partisan, et non du grec *akólutos*, libre, non prohibé. 1° M. Planche forme le grec *akolouthos* du grec *a* cop. et de *kéleuthos*, chemin, route, sentier, carrière, voie. M. Benfey assure que le grec *a* copulatif répond à *sa* du sanscrit, et que le lithuanien *kelas*, voie, chemin, ainsi que le lat. *callis*, chemin, sentier, se lie au grec *kéleuthos*. Le dictionnaire de Trévoux écrit également *acolythe* et *acolyte*. En ital. esp. et port. *acolito*, catal. et langue des troubadours *acolit*, acolyte.]

Anacoluthe, s.f. Ellipse consistant à omettre le mot qui est le corrélatif ordinaire de l'un des mots exprimés. (Du grec *anakolouthon*, fait de *a* priv. et de *kolouthos*, adhérent, compagnon.)

*****Archiacolythe**, s.m.hist.eccl. Chef des acolythes.

ACOMAS ou **Acomat**, s.m.bot. Arbre des Antilles dont le bois est propre à construire des navires. (« Du caraïbe *acoma* : Godeau. »)

ACOUSTIQUE, s.f. Science qui traite des sons. [1° En latin *açroama*, tout ce qu'on entend avec plaisir; concert, symphonie; joueur d'instruments; grec *akroama*, id , et *akroamai*, écouter, entendre; mot que tous les étymologistes, excepté M. Chavée, rattachent au grec *akoué*, *akoé*, ouïe, audition ; *akouó*, ouïr, écouter, entendre, d'où le grec *akroustikos*, fait pour écouter ou entendre, qui entend ou écoute. Le participe passé zend *çrutó*, de *çruta*, est bien connu pour un dérivé du radical *çru*, entendre: Eugène Burnouf. M. Benfey estime que *akroa*, de *akroamai* est identique à *akoué*. 2° M. Chavée lie le grec *akroamai* au grec *krouó*, je fais résonner, au grec *kluó*, j'entends, j'écoute, et au latin *clueo*, *cluo*, être célèbre, tous mots qu'il rapporte au sanscrit *kru* (*çru*), crier, retentir, entendre. 3° Schulter rattache le grec *akoué*, *akroé*, j'entends, j'écoute, au syriaque *qeha*, il a crié, et à l'hébreu *qârá*, il a crié, il a appelé. 4° D'après ce que dit Gesenius, on pourrait croire aussi que le grec *akoé*, ouïe, oreille, *akouazomai* et *akroamai*, entendre, écouter, se rapportent au grec *aké*, pointe; comme l'hébreu *ôzén*, oreille, à l'hébreu *dzan*, il fut pointu, aigu. La première étymologie est encore la plus simple. En portugais *acroama*, chant, etc., agréable à l'oreille.]

Acoustique, adj. Qui sert à produire, à augmenter, à modifier ou à percevoir les sons.

*****Acoumètre**, s.m.phys. Instrument à mesurer l'étendue du sens de l'ouïe chez l'homme. (Gr. *akouó*, j'entends, *métron*, mesure.

*****Acousmate**, s.m.hist. Ce que l'on entend; phénomène d'un bruit de voix humaines qu'on prétendait avoir entendu à Ansacq.

*****Acousmatique**, adj. et s hist.anc.Se disait des disciples de Pythagore qui n'avaient pas encore mérité de voir le maître face à face, et qui écoutaient ses leçons derrière le voile.

Catacoustique, s.f.phys. Partie de l'acoustique qui a pour objet les propriétés des échos. (Du grec *kata* contre, *akoué*, j'entends.)

*****Catacoustique**, adj.phys. Qui appartient à la catacoustique, qui concerne les sons réfléchis.

*****Diacoustique**, s.f. phys. Connaissance des sons et de leur réfraction. (Gr. *dia*, par, à travers.)

*****Dysécie** ou **Dysécoïe**, s.f.méd. Dureté de l'ouïe. (Du grec *dus*, avec peine, *akouó*, j'entends.)

*****Hypécoon**, s.m.bot. Genre de plantes papavéracées. (Du gr. *hupékoon*, plante à fleurs penchées, de *hupakoos*, qui écoute avec attention, docile, soumis.)

*****Paracuse**, s.f et **Paracousie**, s.f.méd. Perception confuse des sons. (Gr. *para*, mal, *akouó*, j'entends.)

*****Polyacoustique**, adj didact.Qui multiplie les sons. (Gr. *polu*, plusieurs, *akouó*, j'entends.)

*****Acroamatique**, adj.hist. Se disait des leçons qu'on entendait de la bouche même des philosophes, et, en particulier, de celles où Aristote traitait des questions les plus élevées de la philosophie. On donnait aussi ce nom à ceux de leurs ouvrages qu'on ne pouvait comprendre, s'ils n'en donnaient pas eux-mêmes l'explication. (Du grec *akroama*, *atos*, ce que l'on écoute avec attention, ce que l'on entend ou voit avec plaisir, leçon. chant, etc.; fait du grec *akouó*, j'entends ou j'écoute.)

*****Acroatique**, adj. Voy. *Acroamatique*.

*****ACRATIE**, s.f.méd. Faiblesse, débilité, impuissance. [Du grec *a* priv. et *kratos*, force, puissance. D'après Bopp, la racine du grec *kratos* est le sanscrit *kri*, agir, faire, effectuer, exercer; d'où le sanscrit *kratu*, sacrifice; celui qui achève ou perfectionne; force, puissance; d'où le latin *creo*, *creare*, *creatum*, créer, engendrer, produire, selon le même auteur. *Tu*, du sanscrit *kratu*, est un suffixe. Voy. *Créer*.]

*****Acratée**, s.f.méd. Voyez *Acratie*.

Autocrate, s.m. Souverain absolu, titre de l'empereur de Russie. (Ce mot a été pris du grec *autocratés*, maître absolu, r. *autos*, même, tout à fait, et *kratos*, puissance. Chez les Perses, *carda* désignait une action de force et de courage; ce mot, dit Anquetil, signifie : qui est fait, et vient de *kardan*, faire. Selon Théophylacte Simocatta, au commencement du 7ᵉ s., *cardarigan*, formé de *kerdcar*, dérivé de *kardan*, était un nom de dignité. En all. *kraftig*, plein de force, puissant.)

Autocratie, s.f. Gouvernement où l'autorité du monarque n'est limitée par aucune loi.

*****Anacréon**, n.pr.m.ant. Poëte grec qui a chanté les ris, les jeux et les amours. (Du grec *ana*, en, dans, sur, entre, et *kréión*, roi, puissant, chef, maître; mot que l'on rapporte généralement à la même origine que le grec *kratos*, force, puissance.)

Anacréontique, adj. Qui est dans le genre des odes d'Anacréon.

ÂCRE, adj. Piquant, corrosif, mordicant, qui fait une impression désagréable au goût, comme les pommes, les poires, les fruits sauvages, surtout quand ils ne sont pas mûrs; fig. se dit d'un homme dont les manières sont rudes et choquantes, qui est aigre et mordicant dans ses expressions. [Du latin *acer*, *acris*, *acre*, qui agit fortement sur les sens, âcre au goût, vif à l'œil, bruyant; fort, grand, véhément; actif, pénétrant, vif, en parlant des sens, de l'intelligence ; actif, brave, énergique, vigoureux, irascible, fougueux, terrible; âpre, dur, sévère, cruel ; dans Pline, aigre au goût. 1° Doederlein rapporte le latin *acer* au grec *ôkus*, vite, prompt, agile, leste, vif, rapide; 2° Géhelin, au celtique *acen*, pointe, piquant; et *ac*, acide, âcre; 3° Benfey, au sanscrit, *dçu*, rapide, vif, précipité; 4° Martinius, au latin *acuo*, aiguiser, rendre pointu, exciter; 5° Vossius, au grec *akis*, pointe, piquant, aiguillon ; 6° un anonyme, au grec *oxus*, et au latin *acidus*, acide, aigre.

En valaque *akru*, âcre et *acru*, acide, aigre. En ital. *acre*, esp. *acre*, âcre, âpre. En toulousain *agrus*, anc. fr. *agret*, *aigret*, *egret*, verjus. En portug. *agro*, prov. *agro*, auvergnat, *aïgre*, aigre ; langue des troubadours, *agre*, cat. et anc. esp. *agre*, esp. mod. *agrio*, port. *agro*, aigre.]

Acrement, adv. Avec âcreté.
Acreté, s.f. Qualité mordicante et piquante.
Acrimonie, s.f. Âcreté, au pr. et au fig.
Acrimonieux, euse, adj. Qui a de l'acrimonie.
Aigre, adj. Acide, piquant au goût ; fig. piquant, choquant, mordant, fâcheux. (Du latin *acer*, *acris*, *acre*, âcre au goût ; et dans Pline, aigre au goût. En vi. fr. *aigreté*, âcreté.)
*****Aigre**, s.m. Ce qui a quelque aigreur.
Aigre-doux, ouce, adj. Qui a un goût mêlé d'aigre et de doux. (Nous devons ce mot à Baïf, qui a fait aussi *élégie* et *épigramme*.)
Aigrelet, ette, adj dim. Un peu aigre.
Aigrement, adv. D'une manière aigre.
Aigret, ette, adj. dim. Un peu aigre.
Aigreur, s.f. Qualité de ce qui est aigre ; fig. disposition qui porte à offenser les autres par des paroles piquantes.
Aigreurs, s.f.pl. Rapports que causent les aliments mal digérés.
*****Aigrière**, s.f. Petit lait aigri, qu'on mêle avec du son, et qu'on donne aux cochons.
*****Aigriette**, s.f. Sorte de cerise aigre.
Aigrir, v.a. Rendre aigre ; fig. irriter. *Aigri, ie*, p.
S'aigrir, v.a.pron. Perdre son goût naturel, se gâter ; fig. s'irriter. (Langue des trouvères *agrir*, aigrir.)
*****Agriote**, s.f. Espèce de cerise sauvage. (Ce mot est propr. un dimin. de *aigre*. En prov. *agrueta*, *agriota*, griotte, mots que M. Honnorat dérive du grec *agrios*, sauvage, champêtre, parce qu'on donne, dit-il, plus particulièrement ce nom aux cerises aigres cu sauvages. Dans le gloss. champ. de M.Tarbé, *griotte*, cerise aigre. En romano-castrais *grito*, griotte, dans Couzinié.)
Griotte, s.f. Espèce de cerise. (Pour *agriote*.)
Griotte, s.f. Marbre tacheté de rouge et de brun, à peu près comme la cerise appelée griotte.
Griottier, s.m. Arbre qui porte les griottes.
Besaigre, adj. et s. Qui s'aigrit.
*****Inaigri, ie**, adj Qui n'est point devenu aigre.

*****ACTIUM**, s.m.géogr.anc. Port d'Épire, où Antoine fut vaincu par Octave. [Le lat. *acta*, côte, rivage, et le grec *akté*, rivage, côte, bord de la mer, grève, falaise, se retrouvent dans quelques noms géographiques appliqués à des lieux situés sur le bord de la mer. Ainsi, sans parler d'*Actium*, le grec *akté* se retrouve dans *Akté*, Acté, ancien nom de l'*Attique*, mot qui signifie rivage, à cause des rivages qui la bornent de tous côtés, et parce qu'on y abordait de toutes parts avec beaucoup de facilité. Une ancienne petite ville de la Grèce, située sur le golfe de Larta, était aussi appelée *Actium*. On a fait diverses conjectures sur l'origine étymologique du grec *akté*, en latin *acta*, rivage. 1° La plupart des hellénistes pensent qu'il vient du grec *agnumi*, briser, parce que l'eau brise le rivage et vient s'y briser. M. Régnier dit que la terminaison *té* de *ak-té*, qu'il forme d'*ag-numi*, est un suffixe qui se combine avec des thèmes verbaux, pour former des substantifs abstraits. 2° Cependant un orientaliste tire *akté* de l'arabe *'aïq*, *'aïqat*, le bord de la mer, rivage. Dans Kieffer et Bianchi l'arabe *aqtar*, rivages, pays, est le pluriel de *gouthour*. 3° Gesenius, ainsi que Guichard, le fait venir de l'hébreu *gaddah*, rivage, r. *gâdâh*, il a coupé, arraché ; 4° Bullet, du celtique *ac*, rivière, et *ta*, bord ; 5° un autre, du zend *hacha*, ou du sanscrit *katchha*, bord du fleuve, par aphérèse, comme *amo*, du sanscrit *kam*, aimer ; 6° Bullet, déjà cité, du gallois *acé* et du bas-breton *acé*, rivage ; 7° Gébelin, du grec *aké*, pointe ; 8° Scrieck, du scythique *at* ou *acth-yck*, rivage postérieur.]
*****Attique**, s.f.géogr.anc. Contrée de la Grèce au sud de la Béotie. (De son ancien nom *Akté*, qui signifie propr. rivage. L'usage, toujours favorable à la plus douce prononciation, établit qu'on dirait *Attique* au lieu d'*Actique*, d'après Étienne de Byzance, Harparation et autres. Hermolaüs Barbarus reprend Pline d'avoir dit *Attica antiquitus Atte*: il faut, dit-il, écrire *Acte*, selon les anciens écrits. Lycophron nomme *Actéens* les Athéniens.)
Attique, adj. Qui a rapport à la manière et au goût des anciens habitants de l'Attique, des anciens Athéniens.
Attique, s.m. Petit étage au-dessus de la corniche supérieure d'un édifice. (On prétend qu'il a été inventé par les Athéniens.)
Attiquement, adv. Dans le dialecte attique.
Atticisme, s.m. Forme de langage particulière aux anciens habitants de l'Attique.
Atticiste, s.m. Nom donné aux auteurs qui se sont étudiés à imiter le style des écrivains attiques.

*****ADAM**, s.pr.m. Nom du premier homme. [De l'hébreu *âdam*, homme, l'espèce humaine. On a fait subir à ce mot diverses dérivations. 1° La plupart des hébraïsants le dérivent simplement de l'hébreu *âdam*, il fut rouge, à cause de sa couleur. « Le principe mâle, symbolisé par le feu ardent, dut être représenté de couleur rouge, et le principe femelle, s'identifiant à l'idée de lumière, dut être peint de couleur jaune. Le Pimandre nous donne ainsi l'explication de ce fait singulier que, sur les monuments égyptiens, les hommes ont la chair rouge, et les femmes la carnation jaune, etc. : M. Portal. » 2° D'autres forment ce nom de l'hébreu *addmâ*, terre, et soutiennent que le latin *homo*, homme, a été lui-même formé du latin *humus*, terre. 3° Un hébraïsant soutient que le nom *Adam* signifie le beau, parce que Dieu créa l'homme à son image. Il est vrai que le mot Adam, qui en hébreu signifie simplement : il fut rouge, a dans une partie de l'Arabie et en Éthiopie la signification de beau. 4° Bergier veut que le nom d'Adam ait pour racine *dam*, *dom*, mot usité dans toutes les langues, selon lui, pour signifier maître et seigneur. 5° Jones croit qu'il vient du sanscrit *adim*, signifiant le premier. 6° Nodier rapporte que Le Brigant disait sérieusement que « le premier homme, ayant failli s'étrangler avec un quartier de la pomme fatale, s'était écrié en bas-breton : *A tam!* Quel morceau ! et que la première femme lui avait répondu dans la même langue : *Ev.* Bois. Il était évident, ajoutait Le Brigant, que c'est de là que viennent leurs noms. » 7° Cluvérius est d'avis que le nom *Adam* est de la même origine que l'anc. germ. *mon*, homme, et que le lat. *mas*, mâle. 8° Scrieck le tire du scythique *ad-am*, signifiant l'être conjoint. 9° Cavanagh le compose des quatre mots « *ea*, *im*, *ea*, *id*, signifiant : terre fait, de terre fait. » En ar. et en turc *âdem*, *âdam*, Adam : homme.]

Préadamites, s.m.pl. Sectaires qui prétendaient qu'avant *Adam* il y avait eu d'autres hommes.
*****Macadam**, s.m. Méthode de pavage inventée par un Anglais nommé *Mac-Adam*. (Les noms propres *Mac-Adam* et *Adam*-son ont été faits du n. pr. *Adam* et de *mac*, fils ; *son fils* : ils signifient fils d'*Adam*.)
*****Macadamiser**, v.ac. Faire, suivant cette méthode,

un chemin, une chaussée, une rue. *Macadamisé, ée, part.

ADATIS, s.m. Mousseline ou toile de coton très-fine et très-claire qui vient des Indes orientales. [«Du sanscrit *atis*, léger, de *at*, s'élancer : Godeau. Le sanscrit *at, ath, ētum*, dans le sens de aller, appartient à une grande famille de mots dont fait partie le latin, *eo, is, itum, ire*, aller, s'avancer ; d'où le latin *aditus*, action d'aller, accès. Voyez *Itinéraire*. On dit aussi *Adatais*.]

ADIANTE, s.f. bot. Plante capillaire bonne pour les maux de poitrine. [Du grec *adianton*, adiante, d'où le mot latin *adiantum*, employé par Pline. Tous les étymologistes forment le grec *adianton* de *a* privatif et *diainô*, j'humecte, je trempe, je mouille ; parce que l'eau des pluies ne s'arrête jamais sur ses feuilles et que cette plante paraît toujours sèche, après avoir été arrosée ou plongée dans l'eau. Quant à l'origine du grec *diainô*, MM. Benfey et Chavée l'attribuent au sanscrit *dih*, arroser, humecter, souiller ; d'où l'anc. latin *dingua*, puis le latin *lingua*, langue ; parce que la langue répand la salive sur les aliments, les humecte dans l'acte de la mastication. En haut all. anc. *digna*, s'humecter, s'imbiber. Le *d* s'est changé plus d'une fois en *l* : *Ulysse* est le grec *Odusseus*, larme, lat. *lacrima* est le grec *dakruma*, larme. Voyez *Langue* et le verbe *Lécher*.]

ADIPEUX, euse, adj. anat. De nature graisseuse, qui contient de la graisse. [Du lat. *adeps, adipis*, graisse. 1° Comme *d* et *l* se permutent quelquefois, on pourrait, avec M. Benfey, lier le latin *adeps, adipis*, au grec *aléipho*, enduire, oindre, graisser. 2° Martinius forme *adeps* du v. lat. *apo* et de la prép. *ad*, je saisis, je joins, je comprends ; 3° puis du grec *adén hépsein*, cuire tout à fait ; 4° ensuite du gr. *adén pios*, tout à fait gras. 5° D'autres le font dériver du lat. *adipisci*, acquérir ; 6° d'autres, du lat. *ad* et de *daps*, aliment, nourriture ; 7° Vossius, du chaldaïque *atpesch*, engraisser. 8° Gébelin dit qu'*adeps* vient de l'oriental *taps*, graisse, d'où le chald. *ataps*, engraisser. 9° Doederlein pense que c'est le latin *daps*, repas magnifique, *dapsilis*, abondant, riche, grec *dapsilés* ; ou le grec *aléiphô*, oindre, graisser, qui a donné naissance au latin *adeps*. 10° M. Delatre rattache *adeps* à la racine sanscrite *áp*, obtenir, atteindre, avoir, posséder. En ital. *adiposo*, gras, replet, dodu ; langue des troubadours, *adeps*, graisse.]

Adipocire, s.f. Substance particulière, analogue la graisse et à la cire.

*Adipide, s.f. chim. Genre des principes immédiats des corps organisés qui se rapprochent de la graisse par leurs propriétés.

ADIRER, v.a. jurispr. Perdre, égarer. [1° Trévoux dit que quelques-uns dérivent ce verbe du latin *aderrare*, qui a signifié autrefois s'égarer, errer loin de la route, *aberrare à viâ*: M. Chevallet dérive aussi *adirer* du latin *aderrare*, errer, aller çà et là sans savoir où l'on va. En langue d'oïl, avant le 12ᵉ s., *endirez, andirez*, égaré, fourvoyé. Dans ces deux derniers mots, dit-il, l'n est venu se placer devant le *d* par attraction, comme dans rendre, de *reddere*, etc. 2° Selon Daunou, *adirer* viendrait d'une ancienne locution française, *se trouver à dire*, pour manquer ou être perdu, égaré, annulé. On écrivait qu'après un compte tel nombre d'effets, de marchandises, s'était trouvé *à dire* ; et l'on aurait formé de là l'adjectif *adiré*, puis le verbe *adirer* ; il serait même arrivé qu'après en avoir oublié l'origine, on y aurait quelquefois ajouté la lettre *h* avant l'*i, adhiré*. Mais peut-être, dit Trévoux, *trouver à dire* vient-il lui-même d'*adirer*. Nublé, cité par Ménage, dérive aussi *adirer* de *trouver à dire*. 3° Du Cange forme *adirer* du latin *adærare*, propr. chose perdue dont on évalue le prix ; 4° puis de l'ital. *adirato*, irrité, parce que ceux qui sont fâchés contre quelqu'un s'en éloignent ; 5° du latin *a-dextratus, adistratus*, de *dextra*, main, propr. : qui ne se trouve point sous la main. 6° Bullet soutient que le b. lat. *adirare*, adirer, égarer, a été fait du celtique *a*, paragogique, et *dyrys*, embarrassé, brouillé, entrelacé, couvert de buissons ou de broussailles. 7° Le même auteur dit ailleurs que *adiré* vient du gallois *didirio*, être exilé. 8° Lantin de Damerey forme *adiré*, participe de *adirer*, dans le sens de prié, conjuré, du latin *adjurare*, prier, adjurer. De toutes ces étymologies, la première paraît être la seule naturelle et satisfaisante. On pourrait objecter que *adiré*, dans le Roman de la rose, signifie prié ou conjuré, et que dans le département de la Marne *adirer* signifie détruire, perdre ; et que, dans le Roman de la rose, *adiré* signifie encore maltraité. Oui ; mais on pourrait répondre aussi que le fr. actuel *adirer, adiré*, est conforme au latin *aderrare*, errer autour ; et qu'en anc. fr. *adirer* signifiait égarer, perdre, tout comme aujourd'hui, et que dans la langue des trouvères *adirée* signifie égarée. Voyez *Errer*.] *Adiré, ée*, part.

ADMINICULE, s.m. jurispr. Ce qui contribue à faire preuve, commencement de preuve ou preuve imparfaite. [Du latin *adminiculum, i*, étai, étançon, échalas, aide, appui, secours ; au pl. *adminicula*, ressources à la guerre. 1° Vossius pense que ce mot a été fait du latin *manus*, main, de même que le grec *prochréia*, ce qu'on met en réserve pour le besoin, ressource, a été fait du grec *pro*, pour, et *chréia*, utilité, r. *chéir*, main. 2° Doederlein rattache *adminiculum* au latin *manus*, main, et *minister*, serviteur. 3° Bullet le dérive du celtique *addwyn* ou *ad myn*, porter ; 4° et dans un autre passage, du b. breton *minichi, minihi, minthi*, asyle, refuge, franchise, abri contre ses ennemis, assister les affligés. Vossius fait remarquer qu'à l'époque malheureuse de saint Isidore, *adminiculum* était devenu *miniculum*, par corruption.]

*Adminicule, s.m. bot. Soutien d'une plante.

*Adminicule, s.m.h.n. Couronne de petites dents qui garnit le ventre des nymphes souterraines et les aide à sortir de terre.

*Adminicules, s.m.pl. Ornements qui entourent la figure sur une médaille ; ornements avec lesquels Junon est représentée sur les médailles.

ADONIS, s.m. Jeune homme qui fait le beau. [Ce nom est fait par antonomase du latin *Adonis*, nom d'un beau jeune homme, fils de Cinyre et de Myrrha, qui fut aimé de Vénus, tué par un sanglier, et changé en anémone, selon la fable. C'est le grec *Adónis*, l'étrusque *Atumis* et l'hébreu *Tamouz*, Adonis. 1° Selon l'abbé Mignot, Adonis était un mortel à qui sa qualité de roi d'Assyrie a fait donner ce nom, qui, dans la langue du pays et dans celle des Phéniciens, signifiait seigneur ou maître ; ses sujets lui déférèrent dans la suite les honneurs de la divinité. Les Lacédémoniens, qui adoptèrent son culte, le nommèrent dans leur langue *kiris* ou *kuris*, nom dérivé du grec ordinaire *kurios*, qui signifie également maître, seigneur. Bochart observe que les Phéniciens appelaient Adonis *Adonai*, mot qui signifie maître, et les Grecs *Kuris* ou *Kurios*, mot qui a la même signification. Athénée et Pollux disent que

Adonis est un mot phénicien, que c'est un de ceux que le peuple de Phénicie a donnés à *Adonis*. Adonis était pour les Phéniciens un dieu soleil, mais un soleil du printemps, dont la mort, causée par Mars ou par le sanglier de Mars, offrait une image emblématique des fleurs et des fruits de la terre détruits par les ardeurs de la canicule. 2° Bochart a écrit que le nom d'*Adonis* vient de son nom phénicien *Adoni*; et ailleurs il dérive ce nom, ainsi que celui de *Athéné*, nom grec de Minerve, de l'hébreu *adônai*, seigneur, maître. 3° Gébelin affirme que *Athena*, Minerve, est le féminin d'Adon's, qu'il signifie la lune, comme *Adonis* le soleil. 4° Rudbeck prétend qu'*Adonis* est le même que l'*Odin* ou *Attin* des Scandinaves. 5° De Brosses soutient qu'on retrouve en plusieurs langues, dans les différents pays que les navigateurs phéniciens ont parcourus, *A-don*, le seigneur. C'est le même, ajoute-t-il, que *Dan, Dana* ou *Danaüs*, nom d'un roi venu de l'Orient, et qui signifiait juge, vieillard. 6° Un hébraïsant dérive le nom d'*Adonis* de l'hébreu *hédén*, délices, plaisir, volupté.]

Adonis, s m. Nom d'une fleur qui approche de la renoncule. (Il a été fait par allusion à la fable, d'après laquelle la fleur nommée anémone naquit du sang d'Adonis, tué par un sanglier.)

*****Adoniade**, s.f.myth.gr Surnom de Vénus.

*****Adonidie**, s.f.antiq.gr. Nom d'un hymne de deuil consacré à la mémoire d'Adonis.

Adonien ou **Adonique**, adj. et s.m. Se dit d'un vers composé de dactyle et d'un spondée. (Du nom d'*Adonis*, dans les fêtes duquel cette espèce de vers était fort usitée, et non du gr. *adô*, je chante.)

Adoniser, v.a. Parer avec un extrême soin. *Adonisé, ée*, part.

*****Adoniseur**. s.m néol. Celui qui adonise.

*****ADORÉA**, s f.antiq.rom. Récompense en b'é donnée au vainqueur ; myth., fête où l'on offrait à Dieu des gâteaux salés faits de pur froment. [Du latin *adorea*, toutes les productions de la terre, *adorea*, par ext., gloire militaire ; sacrifice ; fait du latin *ador, adoris*, blé. Il règne, dit Fée, sur l'*ador*, le *far*, le *siligo*, une extrême confusion d'idées. Columelle est de tous nos auteurs latins celui dont le texte donne le plus de notions positives sur ces céréales. Les opinions sur l'origine du mot *ador* sont nombreuses et diverses. 1° Festus forme *ador* pour *edor*, du latin *edere*, manger, parce que l'*ador* était une nourriture fort usitée ; 2° un autre, du latin *adurere*, brûler, dont on aurait fait d'abord *adur*, puis *ador*, parce qu'on brûlait, torréfiait le blé pour les sacrifices ; 3° Priscien, du latin *adorare*, adorer, parce que ce blé était employé dans les sacrifices ; 4° Martinius, du grec *aithér*, épi, barbe de blé ; 5° Karkerus, cité par Forcellini, du grec *athara*, orge ou froment mondé ; 6° puis du grec *hadrrô*, mûrir ; 7° un autre du grec *olura*, sorte de blé ou d'épeautre, en supposant qu'*ador* est pour *alor*; 8° Bullet, du celtique *adis*, fait de *ad, ed*, froment, et de *is*, terminaison latine ; 9° Gébelin, du celtique *der*, beaucoup ; *dor. tor*, élévation.]

ADOUBER, v.a. Au trictrac, toucher une pièce pour l'arranger, non pour la jouer. [En anc.fr. *adouber, adoubir*, réparer, radouber ; armer, équiper. 1° Covarruvias, Skinner, Noël et Carpentier, Roquefort, Boiste, etc., forment ce verbe du latin *adaptare*, adapter, ajuster. Cette étymologie convient d'une manière satisfaisante au mot et à la chose. 2° D'après Du Cange, le mot all. *daube*, douve d'un tonneau, a donné naissance au latin barbare *adobare*, parer, orner, et à l'italien *addobare*, id., et au fr. *adouver*

ou *adouber*, ajuster les ais d'un tonneau, principalement les ais des navires, chose qui se fait avec beaucoup de soin. Wachter dit à peu près la même chose et donne la même étymologie. 3° M. Diez dérive l'anc. fr. *adouber*, l'ital. *addobare* et le prov. *adobar*, de l'anglo-saxon *dubban*. 4° M. Honnorat dérive les mêmes mots du latin *ad operari*, travailler à ; puis du celtique *adobare*, armer. 5° Ménage dérive *adouber* de l'ital. *adoppiare*, donner de l'opium, sans en dire la raison. 6° Denina dit : « En esp. *adobar* signifie assaisonner. On disait autrefois bœuf, dindon à l'*adube*. Métaphoriquement on s'en est servi ensuite en parlant d'habillement. » Il est vrai qu'en ancien français, *adouber* a signifié vêtir, habiller ; il a signifié aussi faire chevalier , donner l'accolade, équiper, armer de toutes pièces. On a même dit *douber, doubber*. Et cela ne rend pas son étymologie plus claire. Selon M. Jal, le terme de marine *adoub* est un dérivé du catal. *adob*, réparation, radoub, mot qu'il suppose avoir été fait du lat. *ad opus*, pour le besoin. Cette étymologie convient également à *adouber* et à *radouber*. En breton *addober*, refaire, faire une seconde fois. En ital. *addobare*, adouber ; catal., esp. *adobar* ; langue des troubadours *adobar*, adouber ; langue des trouvères *aduber*, arranger, raccommoder, et *adoubs*, vêtement, armure ; patois de Castres *adoua*, rhabiller, et *a louba*, adouber, ajuster.]

Radouber, v.a Donner le radoub à un vaisseau, y faire des réparations. (Du v.f. *adouber*, réparer, et non du latin *stupa*, étoupe, comme l'a cru Ménage, bien qu'on emploie de l'étoupe dans ce travail) *Radoubé, ée*, part.

Radoub, s.m. Travail que l'on fait pour rajuster, réparer un vaisseau, les voiles.

ADULER, v.a. Flatter bassement. *Adulé, ée*, p. [Du lat. *adulari*, caresser; fig. flatter. Voici les diverses étymologies qui ont été données au latin *adulari*: 1°Festus le compose du lat.*ad.à*, vers, et *ludo*, je joue; 2° Perottus et d'autres le forment du lat. *ad* et *aula*, cour; parce que les caresses et les flatteries infestèrent de tout temps les cours des souverains ; 3° Valla, César Scaliger, Wachter, Becman, Constancio, Doederlein et autres, du grec *a* préfixe, et de *doulos* esclave; parce que l'adulation est le vice d'un homme servile; 4° Nunnésius et quelques autres le font venir du grec *hédulizô*, dorien *adulizô*, flatter, cajoler, aduler. 5° Dans un autre ouvrage, Doederlein, déjà cité, conjecture que *adulari* provient du latin *adorare*, adorer, comme *pullus*, poulain, du latin *puer*. 6° Un autre a cru que *adulari* a été formé du latin *ad*, à, vers, auprès, et du grec *oura*, queue, par allusion à l'habitude des chiens qui caressent en remuant la queue. La quatrième étymologie, celle de Nunnésius, paraît être la plus simple et la plus naturelle ; aussi elle a reçu l'adhésion à Martinius, à Gébelin et autres. D'après Eustathe, Ménandre a employé le mot dorien *adulizô*. En port. *adular*, valaque *adula*, aduler. Latin *adulator*, ital. *adulatore*, esp., port. et cat. *adulador*, flatteur. Langue des troubadours *adulatio*, adulation ; ital. *adulazione*.]

Adulateur, s.m. Celui qui loue tout, qui fait l'apologie du mauvais, et ose prodiguer des applaudissements au ridicule.

Adulation, s.f. Flatterie basse.

*****ÆRUMNA**, s.pr.f.myth.rom. L'inquiétude, fille de la Nuit, que le chagrin et la douleur accompagnent. [Du latin *ærumna*, fatigue, inquiétude ; misère, malheur, revers, adversité. douleur, affliction. 1° *Ær* d'*ær-umna* pourrait venir, par le changement assez fréquent de *s* en *r*, du sanscrit *dyása*, ærumna ; comme *æs*, *æris*, du sanscrit *ayas*, fer. 2° Doederlein le fait dériver du grec *airoméné*, participe du verbe *airomai*, dans le sens de porter, se charger de, r. *airó*, lever, soulever. 3° Vossius, par aphérèse, du grec *mérimna*, souci, soin, préoccupation. Ce mot semble le même que le sanscrit *smarana*, souci, chagrin. 4°Quelques-uns dérivent *ærumna* du lat. *æs*, *æris*, airain, cuivre monnaie, argent ; parce que l'argent est pénible à gagner, ou parce que les travailleurs ont beaucoup de peine à extraire le cuivre des mines. 5° Creuser le forme du grec *aró*, j'élève ; 6° Le Bel, du latin *eruo omnia*, propr., j'arrache tout, et, par extension, usage, peine, chagrin, travail considérable ; 7° Un hébraïsant, du chald. inusité *kera*, il a éprouvé de la douleur, par aphérèse. 8° Par contraction. du lat. *ægrimonia*, de *æger*, malade : M. Theil. Le latin *ærumna* n'est pas sans quelque analogie avec le basque *errea*, chagrin; et surtout avec l'ancien scandinave *hoerm*, chagrin cuisant; en anglo-saxon *hearm*, dommage, affliction, calamité, malheur; all. *harm*, chagrin cuisant, angl., suédois et danois *harm*, affliction.]

AÉTITE, s.f. min. Sorte de géode ferrugineuse, qu'on a nommée aussi *pierre d'aigle*, d'après la fausse croyance que les aigles en portaient dans leurs nids pour faciliter leur ponte [Pour *aétithe*, du gr. *aëthos*, aigle, et *lithos*, pierre. Le grec *aétos*, ainsi que son dérivé *aétôma*, a reçu aussi la signification de faîte, comble. Ce que nous appelons comble à pignon, ou à dos d'âne, parut aux Grecs avoir la forme d'un aigle tenant ses ailes déployées et penchées. 4" D'après Guichard et Génésius, le grec *aétos* dérive de l'hébreu *haït*, bête rapace, oiseau de proie, fait du verbe *haït*, fondre sur, se jeter sur. Cette étymologie convient parfaitement au mot et à la chose. On sait avec quelle rapidité ce roi des airs s'abat de très-haut sur sa proie, surtout sur les serpents qui rampent sur les rochers ou dans la plaine. 2° H. Estienne forme *aétos* du grec *aémi*, je souffle. 3° Quelques indianistes rapportent le grec *aétos*, aigle, et le latin *avis*, oiseau, au sanscrit *vi* ou *vayas*, oiseau, de *vy*, aller.]

*AFRICUS, s.pr.m.myth lat. Vent personnifié qui souffle de l'Afrique ; il est du sud-ouest pour l'Italie. [Du latin *Africus*, id. ; et *Afer*, Africain, *Africa*, Afrique. Du couchant au midi, l'Africus est nommé *Libs* par les Grecs chez qui l'Afrique était appelée *Libya* ; d'où son nom actuel de *Lébèche* dans la navigation de la Méditerranée. Les différentes étymologies qu'on a imposées au nom de l'Afrique sont aussi nombreuses qu'incertaines. 1° Constancio et Eloy Johanneau le forment du grec *a* augmentatif et de *phrugó*, torréfier, dessécher, enflammer ; 2° et non du grec *a* priv. et *phriké*, froid, comme l'ont cru plusieurs hellénistes. 2° Selon Wachter, il viendrait du phrygien *af*, singe, guenon, et de *rice*, pays, contrée : pays des singes ; selon Denina, du germanique ou gétique *affe*, singe, et *reich*, royaume, pays : pays des singes. 3° Jacquet le dérive du grec *aithra*, ciel serein, par le changement de *th* en *f*; 4° un autre, du latin *regio aprica*, région exposée au soleil ; 5° Mentelle, de l'oriental *phré*, c'est-à-dire le soleil dans sa force, ou le midi ; ce nom, ajoute-t-il, convient parfaitement à cette partie du monde ; 6° un autre, de l'arabe *téphrik*, fait du verbe *faraka*, il a divisé ou séparé ; parce que cette partie de la terre est séparée de toutes les autres, soit par la mer, soit par le Nil ; 7° un autre, de l'hébreu *haphar*, poussière ; 8° Bernard d'Aldrete et de Brosses ont cherché l'origine du mot Afrique dans le phénicien où *apher* signifie sable ; 9° d'autres, dans le nom *Ophir*. Le fameux *Ophir*, dit Malte-Brun, n'est autre chose que la terre de cendre, la terre poudreuse ; enfin, *Afer*, et, dans la forme d'adjectif latin, *Africa*. 10° Bochart soutient que ce nom vient de *pharak*, qui, en syriaque et en arabe, signifie frotter ; et d'où se serait formé le mot *pheruk* ou *pherik*, épi de blé, parce que ce pays était fertile en blé, abondant en épis 11° Les auteurs du Tripartitum conjecturent que *Africa* est de la même origine que le mot *afel*, inflammable. 12° Suidas le fait dériver de *Africa*, qui a été, dit-il, le nom de Carthage. 13° Les savants berbères, au rapport du Tunisien Ibn-Khaldoun, font descendre leur nation d'un certain Berr, fils de Kéis, fils d'Aïlan, fils de Modhar, et la font venir de Syrie à la suite d'un roi *Afrikis*, qui envahit avec eux l'Afrique propre, à laquelle il donna son nom. 14° Suivant un auteur, *Ophre*, fils de Mandane, et petit-fils d'Abraham, s'empara de la Libye, et ses descendants la possédèrent et la nommèrent *Afrique*. 15° Cléodomus, cité par Polyhistor, prétendait que, parmi les enfants qu'Abraham avait eus de Céthura, il y en avait un nommé *Apher* et un autre, nommé *Aphran*, que l'un avait donné son nom à la ville d'*Afra*, et l'autre à l'*Afrique*. 16° Solin et Cédrénus soutiennent que le nom d'*Afrique* dérive de celui d'*Afer*, fils d'Hercule ; d'autres veulent qu'il vienne d'*Ophir*, fils de Jectan, ou de l'autre *Ophir* dont parle l'Ecriture. 17° Un autre veut que l'Afrique ait reçu son nom d'une tribu africaine, appelée *Ifuraces*. 18" Scrieck croit que *Africa* est venu du mot scythique et celtique *afferyc*, signifiant le rivage séparé ou la côte séparée ; parce que l'Afrique est séparée de l'Europe par la Méditerranée. En portug. *Africo*, t. poétique, l'autan, vent du midi ; et *Africa*, Afrique, *Afro*, Africain]

*Africain, caine, adj. et s. Né en Afrique ; propre à l'Afrique ou à ses habitants.

*Africanisme, s.m.philol. Se dit des locutions barbares dont se sont servis quelques écrivains latins nés en Afrique.

AGA, s.m. Titre qu'on donne en Turquie aux chefs militaires. [1° Selon d'Herbelot, *aga* signifie, dans la langue des Mogols et dans celle des Khovarezmiens, un homme puissant, un seigneur, un commandant. Les Turcs ont emprunté ce mot ou bien l'ont trouvé dans leur langue pour signifier absolument un commandant. 2° Quelques-uns veulent néanmoins que ce mot dans son origine signifie un bâton de commandement, et, par métaphore, celui qui le porte. 3° Les auteurs du Tripartitum lient le mot *aga* au grec *agôgeus*, conducteur, guide, r. *agó*, je conduis. En ce cas, le mot *aga* viendrait du grec *agó*, comme *rex* de *rego*, *dux* de *duco*, etc.]

AGACE, s.f. Nom donné à la pie. [Les étymologies attribuées à ce mot sont nombreuses et diverses. 1° Selon Huet, ce nom aurait été fait du mot *agasse*, que l'on disait autrefois pour *Agathe*, comme *Macieu* pour Mathieu, et *Macé* pour Mathias. On aurait ainsi nommé la pie *Agathe* ou *Margot*, comme le geai *Richard*, l'étourneau *Sansonnet*, l'âne *Henri*, *Martin*, *Baudet*. 2° M. Diez le dérive simplement du haut all. anc. *agalstra*, pie; en all. *elster*. 3° M. Honnorat le forme du grec *agaô*, regarder avec admiration, faisant allusion au regard attentif avec lequel la pie examine les objets. 4° Bullet lui donne pour racine le celtique *ag*, qui pique, parce que la pie pique le bois et troue les arbres avec son bec pour faire son nid. 5° Bochart le fait venir de l'hébreu inusité *hágar*, il a tourné en rond; d'où l'hébreu *hágour*, épithète de l'hirondelle qui vole en rond. 6° Quelques-uns pensent que c'est une onomatopée du bruit ou des cris que font les pies lorsqu'elles aperçoivent quelque animal qu'elles n'ont point coutume de voir. C'est sous ce point de vue que d'autres rattachent le nom *agace* au verbe *jacasser*. 7° Ménage croit que *agace* vient du latin barbare *acaciare*, agacer, parce que les pies sont colères. D'autres disent plus simplement que *agace* vient du fr. *agacer*, parce que cet oiseau est facile à agacer. Des auteurs graves pensent, au contraire, que *agacer* vient de *agace*. Le mot arabe et persan *'aq'aq*, pie, qu'on transcrit plus commodément par *akak*, semble offrir quelque analogie avec le fr. *agace*, que les Picards prononcent *agache* et les Alsaciens *aiquiaisse*, dans leurs patois. En anc. fr. *agache*, patois du dépt. de la Marne *agache*, *agasse*, pie; en ital. *gazza*, langue des troubadours *gacha*, *guacha*, *agassa*, pie; provençal *agassa*, *ageassa*, *ajassa*, *jassa*, *aygassa*, pie; patois de Valence *ayasso*; patois de Castres *agaço*, pie; bas-breton *agacz*, wallon *aguess*, poitevin *ajace*, berrichon *ageasse*, montois *agace*, et en basse latinité *aigatia*, *agazia*, pie.]

AGACER, v.a. Attaquer, irriter, picoter, provoquer quelqu'un doucement à quelque dispute ou querelle, causer une irritation légère; animer; causer aux dents une sensation désagréable qui les empêche de mordre et qui provient de l'effet des fruits verts et acides. *Agacé, ée*, part. [1° M. Quatremère pense que ce verbe vient du fr. *agace*, qui désigne un genre de pie. 2° Selon M. Pihan, *agacer* viendrait de l'arabe *hassa*, exciter, irriter. C'est une onomatopée, dit-il, qui se dit en fr. au pr. et au fig. Comme le nom de l'*agace* paraît être lui-même une corruption de l'ital. *gazza*, pie, la racine arabe, ajoute-t-il, est plus exacte. 3° D'après M. Diez, *agacer* proviendrait du haut all. anc. *hazjan*; all. mod. *hetzen*, poursuivre, tourmenter, exciter, agacer; par le changement de h en g. 4° Constancio, Couzinié et Jauffret, forment le fr. *agacer* du grec *akizein*, aiguiser, tailler en pointe, r. *akis* ou *aké*, pointe. A l'appui de l'étymologie de Constancio, on pourrait citer les deux mots picards *agu*, aigu, et *aguchier*, agacer; et l'opinion d'Éloy Johanneau, qui forme *agacer* du latin *acuere*, aiguiser, irriter, animer. 5° Trévoux le dérive de *hegace*, vieux mot celtique et bas-breton qui signifie agacer, où *hegasus* signifie aussi contentieux. 6° Lancelot, Gébelin et autres tirent le fr. *agacer* du latin *acere*, *acescere*, aigrir. 8° Selon Nodier, *agacement* et *agacer* seraient des onomatopées du son dont on se sert pour irriter ou *agacer* les animaux, ou bien du bruit que produit sous les dents un fruit acide ou un fruit qui n'est point à sa maturité, et dont l'effet est d'*agacer* les dents. En portug. *agastar*, agacer, irriter, provoquer. Dans le Glossaire champenois de M. Tarbé, *égasser*, agacer, et *gences*, dents agacées. En breton *hegaczi*, savoisien *agaci*, angl. *to hag*, agacer; anc. fr. *esgasser*, *esgacer*, *agazer*, *agasser*, agacer, et *égaz*, discussion.]

Agaçant, ante, adj. Qui agace, qui excite.
Agacement, s.m. Sensation désagréable; légère irritation.
Agacerie, s.f.fam. Petites manières dont se sert une femme pour s'attirer l'attention.

AGAMI, s.m. Oiseau de l'Amérique méridionale, très-facile à apprivoiser. [Il doit son nom au bruit qu'il fait. Dans la langue des Indiens de la Guyane française, il est appelé *agami*. Il reçoit le même nom au Para et dans l'île de Cayenne, tandis que les Espagnols, dans la province de Maynas, le nomment *trompétero*. Barrère dit qu'il est appelé *agami* à Cayenne; et, selon Dutertre, cet oiseau a reçu le nom de *caracara* aux Antilles.]

AGAPE, s.f. Repas des premiers chrétiens dans les églises. [Du grec *agapé*, tendresse, amour; marque d'amitié; baiser, caresse; fait du verbe *agapaô*, ou *agapazô*, aimer, chérir. 1° Parmi les hébraïsants, Cléricus et Gésenius, et autres, dérivent simplement le grec *agapé*, *agapaô*, de l'hébreu *hágab*, il a aimé. 2° Parmi les indianistes, Benfey et Chavée forment ces mots de l'adverbe grec *agan*, beaucoup; et *spaô*, je tends, je tire: en sanscrit *spa*, tendre, étendre, croître. 3° Gattel compose le mot *agape* de deux mots grecs, *agan*, beaucoup, et *paô*, vieux verbe signifiant goûter, manger, se nourrir. 4° Sylburgius le forme du grec *agan poiotéta échein*, ce qui signifie avoir une qualité admirable, ou avoir beaucoup de qualités. Cependant il est clair que le grec *agapé*, amour, tendresse, *agapaô*, aimer, chérir, et l'hébreu *hágab*, il a aimé, ainsi que l'hébreu *ahab* et *ahéb*, il a désiré, il a aimé, et même l'arabe *hagaba*, plaire, offrent une très-grande analogie entre eux. En polonais *agapy*, agapes.]

Agapètes, s.f.pl. Filles qui vivaient en communauté sans faire de vœux.
*****Agapète**, s.m.hist.eccl. Membre d'une secte de gnostiques, qui existait à la fin du 4° s.

AGARIC, s.m.bot. Genre de champignons dont le dessous du chapeau est garni de lames. [Du latin *agaricon, i*, s.n. Sorte de champignon qui croît sur le tronc du mélèze; dérivé du grec *agarikon*, agaric, amadou. Le mot agaric a servi longtemps à désigner un champignon dont l'hyménium est poreux, et dont on faisait un grand usage comme purgatif; c'est le bolet du mélèze, *boletus purgans* de Persoon, ou agaric des pharmaciens. Dioscoride a employé le mot *agarikon*. Pline dit : *Datur obolis quatuor contritum cum binis cyathis aceti mulsi*, On prescrit l'agaric à la dose de quatre oboles, et pilé dans deux cyathes de vinaigre miellé. Plus tard, le nom d'agaric a été donné à une autre espèce de bolet qui croît sur le chêne et sur d'autres arbres. Pline, déjà cité, a dit aussi : Ce sont surtout les arbres glandifères de la Gaule qui produisent l'agaric. 1° Martinius et Daléchamp pensent que l'agaric a pris son nom de celui d'*Agaria*, région de la Sarmatie où il en croissait beaucoup, selon Dioscoride; 2° ou bien du nom d'une ville et d'une rivière de Sarmatie, qui s'appelle *Agar*, selon Ptolémée. Saumaise a dissipé les doutes qu'on avait élevés sur l'existence de la contrée appelée *Agaria*; et c'est de ce nom que l'on dérive généralement celui de l'*agaric*. 3° Cependant Gébelin forme le grec *agarikon*, agaric, ainsi que le grec *agéiros*, peuplier, du celtique *gar*, l'arbre élevé. 4° On pourrait supposer aussi que l'agaric est un nom de l'hébreu *hágour*, pirouettant, se roulant, *àgar*, id., inusité; parce que l'agaric est plutôt rond qu'élevé. En persan *ghartqoun*, arabe *garikun*, gaël écossais *agairg*, gaël irlandais *agairy*, ital. et esp. *agarico*, prov. *agaric*, agaric.]

*****Agaricé, ée**, adj.bot. Qui ressemble à l'agaric.
*****Agaricées**, s.f.pl.bot. Groupe de champignons renfermant l'agaric.
*****Agaricicole**, adj.h.n. Se dit des insectes qui vivent sur les agarics. (Du lat. *agaricum*, et *colo*, j'habite.)
*****Agaricie**, s.f.h.n. Genre de polypiers.
*****Agariciforme**, adj.bot. Qui a la forme d'un agaric.

*Agaricin, ine, adj.h.n. Qui ressemble à un agaric; qui croît sur les agarics; qui vit dans les agarics.
*Agaricite, s.f. Polypier fossile.
*Agaricoïde, adj.bot. Qui ressemble à un agaric.

AGATE, s.f.h.n. Pierre précieuse demi-lucide; outil à brunir l'or. [Du latin *achates, æ;* dérivé lui-même du grec *achatés*, agate, pierre précieuse. L'origine étymologique du grec *achatés* est encore inconnue. 1° La plupart des étymologistes le dérivent de *Achates*, nom d'une rivière de Sicile, célèbre par l'agate qu'on y trouva pour la première fois. 2° Bochart soutient que c'est, au contraire, cette pierre qui donna son nom à cette rivière, et que ce nom vient de l'hébreu *hágód*, marqueté, rayé. 3° Un autre hébraïsant croit que l'agate doit son nom à l'hébreu *ache-lámá*, nom de gemme, ordinairement améthyste; agate; fait de l'hébreu *chálam*, il a rêvé; parce que cette pierre procurait des songes à ceux qui la portaient; de même que l'améthyste chassait l'ivresse. 4° Nodier tire ce mot du grec *akanthos*, plante épineuse; parce que, dit-il, la plupart des agates paraissent contenir des plantes de cette espèce. 5° Gébelin soutient que *gad* est un mot oriental et primitif signifiant bon, et qu'on en forma le teuton *god*, bon, le bon Dieu; ainsi que le grec *agathos*, bon, excellent, et le grec *achatés*, agate, pierre précieuse. En all. *achat*, géorgien *agagi*, holl. *achaat*, angl. *agate*, valaque *agat*, agate; ital. esp. cat. port. *agata*, langue des troubadours *achates*, agate: en madécasse *angath*.]
*Agaté, ée, adj. minér. Se dit d'une substance minérale qui est interrompue par des portions d'agate.
*S'agatifier, v.a.pron. Se transformer en agate.
*Agatifié, ée, part.
*Agatifère, adj.minér. Qui renferme de l'agate.
*Agatin, ine, adj.h.n. Qui a la teinte ou la couleur de l'agate.
*Agatiser, v.a.Transformer en agate.*Agatisé,ée,p.
*Agatoïde, adj. Qui ressemble à l'agate.
*Agatoïque, adj. min. Qui a l'apparence de l'agate.

AGAVÉ, s.m.bot. Bel arbre, originaire d'Amérique. [Le peu d'étymologistes qui se sont occupés de ce nom s'accordent à le dériver du grec *agauos*, admirable, parce que cet arbre est remarquable par sa beauté. De Theis, qui suit aussi cette étymologie, dit qu'en effet l'agavé est admirable par sa forme, sa grandeur et la beauté de ses fleurs. En mythologie *Agavé* est le nom d'une des Néréides. Une fille de Danaüs, une fille de Cadmus et d'Harmonie, portèrent le nom d'*Agavé*. Dans l'Iliade, Agavus (Agauos), fils de Priam, est représenté comme un agile danseur et un habile voleur de troupeaux. Les Latins donnaient le nom d'*Agavi* et les Grecs d'*Agauoi*, à un peuple scythique dont les cavaliers étaient très-agiles. 1° D'après un indianiste la racine sanscrite *g'va*, *g'u*, bouillir, bouillonner, aurait donné naissance au grec *gaió*, se réjouir, être fier, orgueilleux, au grec *géthéo*, et au latin *gaudeo*, se réjouir; ainsi qu'au grec *agauos*, admirable, magnifique, a d'*agauos* serait un augmentatif. 2° Un antre indianiste dérive le grec *gaió*, du sanscrit *g'i*, vaincre. 3° Gébelin rapporte le grec *agauos*, et *auxó*, augmenter, à *ag*, *og*, *aug*, mot celtique et primitif, suivant lui, et qui désigne toute idée relative à la propriété de s'agrandir, de s'accroître.]

AGE, s.m. Durée naturelle des choses; durée ordinaire de la vie; temps qu'il y a qu'on est en vie; vieillesse; certain nombre de siècles. [Du v. fr. *cdet*, *eded*, *edage*, *aé*, *aë*, *ae*, *œ*, *ée*, *eage*, *eaige*, *aige*, fait du latin *œtaticum*, âge, dérivé lui-même du latin *œtas*, *œtatis*, âge; d'après l'évêque de la Ravalière, Paulin Paris, Génin, Jauffret, etc. Quant à l'origine du latin *œtas*, 1° après Varron et Martinius, Doederlein l'a cherchée dans le latin *œvum*, durée, siècle, époque, âge; 2° un hébraïsant dans l'hébreu *adi*, âge ; 3° un autre dans l'hébreu *aththa* ou *atta*, temps; 4° Eichhoff dans le sanscrit *ayatis*, durée, d'*ayus*, temps, fait du v. *ay*, aller, passer. 5° Un auteur allemand lie le latin *œtas*, âge, *vetus*, vieux, et le grec *étos*, an, année, à l'arabe *qadym*, ancien. 6° Les auteurs du Tripartitum rattachent le latin *œtas* et *œternitas* au grec *étos* et au germanique *zeit*, temps. En latin barbare *eagium*, *aagium*, âge; langue des Troubadours *etat*, *edat*, *atge*, âge; ital. *età*, *etate*, *edad*, *etade*; esp. *edad*, cat. *edat*, port. *idade*, âge; anc. prov. *aed;* langue des trouvères *aez*, *eez*, *aé*, *ée*, *eé*, *hé*, *heez*, âge; basque *adina*, breton *oad*, gaël écossais *aois*, gaël irl. *aois*, auvergnat *adze*, rouchi *ache*, prov. *aita*, *agi*, âge. Horris, Maron, Villon et autres écrivaient *eage*; et Ganeau ainsi que Furetière *aage*.]

Agé, ée, adj. Qui a un certain âge; absol., qui a beaucoup d'âge.

D'âge en âge, loc.adv. Successivement, de siècle en siècle, de génération en génération.

*AGÉNORIDES, s.pr.m.pl. temps hér. Descendants d'Agénor; les Carthaginois. [Du lat. *Agenoridæ, arum*, id.; mot employé par Silius Italicus; ce nom est un dérivé patronymique de celui d'*Agénor*, fils de Bélus, roi de Phénicie, père de Cadmus et d'Europe. En 1640, Agénor ayant passé d'Afrique en Asie, s'établit sur la côte de Phénicie; ce prince y fonda, près de Sidon, la ville de Tyr, qui fut longtemps le centre du commerce. En grec *Agénôr*, Agénor. 1° Suidas dit que le nom grec *Agénôr* signifie très-fort, ou remarquable par sa force; ainsi appelé, selon lui, parce que ce prince se servait bien de sa force, de l'ionien *énoréé*, courage viril, valeur guerrière. Le dorien *anoréa* signifie la même chose. 2° Eustathe forme ce nom du grec *agan*, beaucoup, ou *agó*, je conduis, et du même mot *énoréé*; 3° puis du grec *agó*, je conduis, et *anér*, homme. Poinsinet de Ivry et Noël ont adopté cette dernière étymologie. 4° Fungérus tire le nom d'Agénor de l'hébreu *aggan-or*, coupe, vase de lumière, nom donné, suivant lui, par les Phéniciens au patriarche Noé qui, après le déluge, rendit au monde nouveau les lettres, les sciences, les arts, tous les biens. Volney dit: En grec *Agénôr* est le fort, qualité spéciale d'Hercule, bien reconnu pour être le *soleil*, et aussi pour être le dieu qui régnait à Tyr. En phénicien *nour* est la lumière; *ag* n'offre pas de sens connu; mais il a pu en avoir un qui s'y adaptait. 5° Scriek prétend que, le nom d'Agénor est fait du scythique *hagen-or*, signifiant l'ultérieur du bois. Il aurait pu autoriser son étymologie de la grande quantité de bois qui couvraient la Phénicie.]

*Agénoride, n. patronymique des descendants d'Agénor, et particulièrement de Cadmus et d'Europe.
*Agénoria, s.f.myth. Déesse de l'industrie et de l'activité.
*Agénor fut le nom 1° d'un fils de Jasus, père d'Argus Panoptès; 2° d'un fils de Neptune et de Libya; 3° d'un fils d'Ægyptus, qui fut tué par sa femme Cléopâtre; 4° d'un fils de Pleuron et de Xantippe; 5° d'un fils de Triopas, frère de Jasus; 6° d'un fils d'Amphion et de Niobé; 7° d'un fils de Phégée, roi de Psophis en Arcadie; 8° d'un fils du Troyen Anténor et de Théano.

AGIR, v.n. Faire, causer, produire quelque effet, faire quelque chose ; prendre du mouvement ; opérer ; négocier, s'employer dans une affaire ; poursuivre en justice ; se conduire, se comporter. *Agi*, part. [Du latin *ago, is, egi, actum, agere*, pousser, conduire, emmener, faire avancer, aller, venir, croître ; poursuivre, chasser, agiter, attirer ; pousser dehors, contraindre ; enfoncer, précipiter, lancer ; faire, agir ; agir, rouler dans son esprit, méditer ; passer le temps, s'écouler, vivre ; plaider, accuser, juger ; agir, traiter ; administrer, débiter, jouer, représenter, se conduire. Le latin *ago* et le grec *agô*, fut. *axô*, aor. *êgagon*, parf. *êcha*, diffèrent peu dans la plupart de leurs significations. En sanscrit *ag* ou *ag'*, mouvoir, darder, jeter, aller. En gaël irl. *eacht*; basque *eguitea*, agir ; prov. *agir*, agir. Les significations du latin *ago*, ainsi que celles des mots corrélatifs des autres langues, s'appliquent également aux actes physiques et aux actes moraux ou intellectuels.]

Acte, s.m. Action d'un agent, résultat de l'action d'une puissance, résultat d'une action, l'action dépouillée du geste. (Du latin *actus, ûs*, acte, action, r. *ago, actum :* c=g.)

Acte, s.m. Partie essentielle et principale d'une pièce de théâtre.

*****Acte,** s.m.phil. C'est la réalisation ; c'est la fin du mouvement, et aussi le mouvement lui-même : Aristote.

*****Actes,** s.m.pl.ant.rom. Recueils où l'on publiait tout ce qui intéressait l'État ou les particuliers.

Acteur, trice, s. Celui, celle qui prend part à une action quelconque ; qui joue la comédie.

Actif, ive, adj. Qui agit, qui a la vertu d'agir ; t.de gramm., se dit des verbes qui marquent une action.

Actif, s.m. Les sommes dont on est créancier.

Action, s.f. Manifestation de la puissance ; tout ce qu'on fait, toute manière d'agir ; combat ; véhémence ; les gestes de l'orateur ; poursuite en justice ; la part qu'on a dans une entreprise commerciale ou industrielle.

*****Action,** s.f.rhét. L'éloquence du corps ; elle comprend la voix ou la prononciation, le geste et la mémoire : Aristote.

*****Action,** s.f.philos. des Hindous. L'action consiste dans la motion ou le mouvement, et, comme la qualité, elle réside dans la substance seule ; elle est la cause de la disjonction comme de la conjonction ; elle est transitoire et privée de qualité.

*****Action,** s.f. droit rom. Ordre donné par le préteur à un juge de vérifier l'existence d'un fait, et, selon que ce fait sera reconnu vrai ou faux, de prononcer telle ou telle décision.

*****Action plutonique,** géol. Influence qu'exercent la chaleur vulcanique et les autres causes souterraines, sous une certaine pression.

Actionnaire, s. Qui a une action de commerce.

Actionner, v.a. Intenter une action en justice. *Actionné, ée,* part.

*****S'actionner,** v.a.pron. Faire avec action.

Activement, adv. D'une manière active.

*****Activer,** v.a. Mettre en activité, accélérer. *Activé, ée,* part.

Activité, s.f. Faculté active ; promptitude, vivacité dans le travail.

*****Activité,** s.f.philos. Propriété de l'âme considérée dans ses manières d'agir, dans l'exercice de ses facultés, dans ses opérations, dans les produits de ces opérations ; c'est la force pensante en action ; c'est le principe des mouvements du corps et des fonctions des organes ; le principe des opérations de l'esprit ; en général, le pouvoir d'être cause.

*****Actuaire,** s.m.ant.rom. Bâtiment léger. (Du latin *actuarius*, léger, vite, r. *ago, actum*.)

Actuaire, s.m.antiq.rom. Scribe, greffier ; secrétaire, commis.

*****Actuariole,** s.m.antiq.rom. Esquif, félouque.

*****Actualisation,** s.f.néol. Action d'actualiser, résultat de cette action.

*****Actualiser,** v.a. Rendre actuel. *Actualisé, ée,* part.

*****Actualité,** s.f. Qualité de ce qui est actuel.

Actuel, elle, adj. Effectif, réel, présent.

Actuellement, adv. Présentement.

Agence, s.f. Charge d'agent.

Agenda, s.m. Petit livret où l'on écrit les choses qu'on doit faire. (Lat. *agenda*, r. *ago*.)

Agent, s.m. Tout ce qui agit, tout ce qui opère ; celui qui fait les affaires d'autrui.

Agent de change. Celui qui est dûment autorisé à s'entremettre entre les négociants.

*****Agent,** s.m.philos. L'être qui possède la faculté de se déterminer ; et quelquefois l'intermédiaire entre la cause première et l'effet.

Agile, adj. Qui a une grande facilité à agir ; léger, dispos. (Lat. *agilis*, qui se meut facilement, comme *facilis* de *facio, docilis* de *doceo, utilis* de *utor*, etc. ; et non de l'arabe *'agil*, qui se hâte, qui se dépêche. Ces deux mots n'ont qu'un rapport de son, comme le dit M. Quatremère.)

Agilement, adv. Avec agilité.

Agilité, s.f. Grande facilité à se mouvoir.

Agissant, ante, adj. Qui agit, qui se donne beaucoup de mouvement.

Agiter, v.a. Ebranler, secouer, remuer en divers sens ; porter à la violence ; discuter. (Lat. *agitare*, fréq. d'*agere*.) *Agité, ée,* part.

Agitateur, s.m. Qui excite du trouble, de la fermentation dans le public.

Agitation, s.f. Ebranlement prolongé, mouvement en sens opposés ; fig. trouble ; inquiétude.

*****Agitato,** adv. musique. Mot.ital. Avec une expression vague et agitée.

*****Inagitable,** adj. Qui ne peut être agité.

*****Inagité, ée.** Non agité, calme.

*****Abigeat,** s.m.jurispr. Larcin d'un troupeau de bétail. (Latin *abigere*, emmener, r. *ab*, de, hors de, et *agere*, pousser, conduire.)

Adage, s.m. Proverbe renfermant une maxime. (Du latin *adagium*, r. *ad*, à, vers, et *ago*, agir, pousser, méditer, parler, dire, d'après tous les étymologistes, excepté Doederlein qui dérive *adagium* du grec *thégein*, aiguiser, et explique *adagium* par : *acute dictum*, chose dite finement. Son étymologie est trop forcée et peu vraisemblable. D'ailleurs l'idée renfermée dans *dictum*, terme de sa glose, n'est nullement renfermée dans le grec *thégo*; tandis que le lat. *ago* signifie lui-même dire, parler, aussi bien que penser, méditer, conduire, pousser, agir, etc. De plus les proverbes, notamment les proverbes populaires, n'ont jamais affecté la finesse. Les Grecs employaient le terme *paroima*, pour signifier adage, proverbe ; mot composé de *para*, près, auprès, et *oiô*, penser. Or, *paroima* est parfaitement analogue au latin *adagium* ou *adagio*, adage.)

Ambages, s.f.pl. Circuit et embarras de paroles. (Lat. *ambages*, détours, r. *am-, amb-,* autour, et *ago*, j'agis, je conduis, je dis, je pense.)

Ambigu, uë, adj. Qui présente deux sens. (Lat. *ambiguus*, ambigu : qui peut être conduit, poussé en deux côtés différents, fait lui-même de *ambigo*, je balance, je doute, je suis incertain, r. *amb-*, autour, des deux côtés, et *ago*.)

Ambigu, s.m. Repas où l'on sert à la fois la viande et les fruits.

***Ambigu,** s.m. Sorte de jeu de cartes qui réunit plusieurs manières de jouer propres à divers jeux.
***Ambiguïforme,** adj.bot. Se dit d'un assemblage de fleurs dont les corolles ont une forme ambiguë.
Ambiguïté, s.f. Défaut d'un discours ambigu.
Ambigument, adv. D'une manière ambiguë.
Auto-da-fé, s.m. Exécution d'un jugement de l'inquisition qui condamnait aux flammes. (De l'esp. *auto,* acte, *da, de, fé,* foi.)
Cailler, v.a. Epaissir par coagulation. (Tous les étymologistes dérivent ce verbe du latin *coagulare,* coaguler, cailler, excepté deux celtisants : Bullet et Gébelin. Le premier forme *cailler* du celtique *ceulo, geulo,* cailler, durcir. Le second rattache à la fois le bas-breton *caletatt,* cailler, et le latin *coagulare,* au celtique *cal,* dur, rond. Cailler se dit en breton *kaouledi,* et caillé, *kaouled* et *kaloued,* mots qui paraissent au contraire avoir été faits eux-mêmes du latin *coagulare,* cailler, et *coagulum,* présure, lait caillé. Cela est d'autant plus probable que nous devons l'agriculture aux Romains ; et que, de toute antiquité, l'Italie a élevé de nombreux troupeaux, a fait cailler le lait, en a tiré de fromage et du beurre. Le latin *coagulare* vient lui-même du latin *cogo, is, coegi, coactum, cogere,* pousser, rassembler, réunir, condenser, épaissir ; r.*cum,* avec, et *ago,* j'agis, je pousse, je conduis, etc. Cette étymologie, qui est suivie par tous les latinistes, convient parfaitement au mot et à la chose. En bas-limousin *collia,* coaguler, cailler, figer, épaissir.)
Se cailler, v.a.pron. Se coaguler, s'épaissir. *Caillé, ée,* part.
Caillé, s.m. Lait caillé.
Caillebotte, s.f. Masse de lait caillé.
Se caillebotter, v.a.pron. Se former en caillots. *Caillebotté, ée,* part.
Caille-lait, s.m. Plante qui fait cailler le lait.
Caillement, s.m.Etat de ce qui se caille ou est caillé.
Caillette, s.f.La partie d'un chevreau, d'un agneau, d'un veau, qui contient la présure à cailler le lait.
Caillet, s.m.bot. Plante servant à faire cailler le lait.
Caillot, s.m. Grumeau ou petite masse de sang caillé.
***Coagulant, ante,** adj. Qui caille, qui coagule.
Coagulation, s.f. Etat d'une chose coagulée, ou l'action par laquelle elle se caille ou se coagule.
Coaguler, v.a. Cailler, figer. *Coagulé, ée,* p.
Coagulum, s.m.chim. Coagulation résultant du mélange de quelques liqueurs.
***Décoaguler,** v.a.phys. Faire cesser l'état de coagulation. *Décoagulé, ée,* part.
Coactif, ive, adj.didact. Qui a droit ou pouvoir de contraindre. (Du latin *cogo, coactum, cogere,* pousser, contraindre, forcer ; r. *cum* et *ago.*)
Coaction, s.f.t.dogm. Contrainte, violence qui ôte la liberté du choix.
***Coacteur,** s.m.antiq.rom. Officier public qui recevait l'argent provenu des ventes à l'encan ; collecteur des revenus publics.
***Coactivité,** s.f.didact. Qualité d'une loi, d'une puissance, d'une force coactive.
***Cogitation,** s.f.vi. Pensée. (Ce mot, qu'on lit dans Montaigne, vient du latin *cogitatio,* pensée, r. *cum,* avec, *ago,* j'agis, je médite, je roule dans mon esprit.)
***Excogitation,** s.f.vi. renouvelé. Méditation, pensée.
***Excogiter,** v.a. et n.vi. Penser, imaginer. *Excogité, ée,* part.
***Cuider,** v.a.vi. Croire, penser. (Ce mot, encore employé dans le style naïf, se lit dans Marot et dans La Fontaine. Il vient du latin *cogitare,* penser, r. *cum,* et *ago,* par l'adoucissement du *t* en *d,* comme dans *gond* de *contus, courge* de *cucurbita, godet* de *guttus,* etc. En port. *cuidar,* anc. fr. *cuidier, quider,* penser, croire.)
Outrecuidance, s.f.vi. Présomption ridicule, témérité. (Du lat. *ultra,* outre, et de la basse latinité *cogitantia,* pensée. Dans la langue des troubadours *cogitar,* penser ; et *cuidar, cuiar,* penser, croire, imaginer ; ital. *cogitare,* anc. esp. et anc. cat. *cogitar,* anc. fr. *cogiter,* penser.)
Outrecuidant, ante, adj.vi. Présomptueux, téméraire.
Outrecuidé, ée, adj.vi. Présomptueux, téméraire.
Entr'acte, s.m. Intervalle entre deux actes d'une pièce de théâtre ; chant, danse entre ces deux actes.
Exact, acte, adj. Régulier, soigneux, qui fait son devoir, qui tient sa parole. (Lat. *exactus,* exact ; r. *ex,* de, et *actus,* part. de *ago,* j'agis, je conduis.)
Exactement, adv. D'une manière exacte.
Exactitude, s.f. Application à ne rien négliger, à ne rien omettre concernant l'objet qu'on se propose ; précision, justesse. (Ce mot était nouveau du temps du P. Bouhours.)
Inexact, acte, adj. Sans exactitude. (*In* priv.)
Inexactement, adv. D'une manière inexacte.
Inexactitude, s.f. Manque d'exactitude.
Exacteur, s.m. Qui commet une exaction, des exactions. (Lat. *exactor,* r. *ex, ago, actum.*)
Exaction, s.f. Action par laquelle un comptable, un officier public exige plus qu'il n'est dû ou ce qui n'est pas dû.
***Exacteur,** s.m.ant.rom. Officier qui hâtait le recouvrement de l'impôt ; esclave chargé d'effectuer le recouvrement des sommes dues à son maître.
***Exacteur,** s.m.ant.rom. Officier qui accompagnait les condamnés au supplice.
Exiger, v.a. Demander par droit ou par force ; obliger à de certaines choses, astreindre à de certains devoirs. (Lat. *exigere,* r. *ex, agere* ; litt. : pousser, conduire hors de.) *Exigé, ée,* part.
Exigeant, ante, adj. Qui a l'habitude d'exiger trop de déférence, d'attention, de concessions, etc.
Exigence, s.f. Action d'exiger, caractère de celui qui se montre exigeant ; ce qu'exigent les circonstances.
Exigible, adj. Qui peut être exigé.
***Exigibilité,** s.f. Qualité, état de ce qui est exigible.
*** Exiguer,** v.a. et n. droit. cout. Demander la résolution du droit à cheptel ; faire le partage des bestiaux à cheptel. (Lat. *exigere,* mettre ou conduire hors de, renvoyer, rejeter, exécuter entièrement, r. *ex,* et *agere.*) *Exigué, ée,* part.
*** Exigué,** s.f.droit.cout. Bail à cheptel.
Exigu, uë, adj. Resserré sur soi-même, borné, étroit, insuffisant, fort petit, modique. (Lat. *exiguus,* exigu, fait de *exigo, exigere, exactum,* r. *ex,* et *ago.*)
Exiguïté, s.f. Petitesse, mendicité.
*** Inexigé, ée,** adj. Qui n'est point exigé.
*** Inexigibilité,** s.f.jurisp. Qualité de ce qui est inexigible.
Inexigible, adj. Qui n'est pas encore exigible.
Inactif, ive, adj. Qui n'a point d'activité.
Inaction, s.f. Cessation de toute action. (Ce mot était nouveau en 1700.)
*** Inactivement,** adv. D'une manière inactive.
Prodige, s.m. Effet surprenant qui arrive contre le cours ordinaire des choses ; par exagération, personne, chose qui excelle dans son genre. (Du latin *prodigium,* prodige, événement prodigieux, miracle, présage, monstre, fléau ; fait lui-même du latin *pro* ou *porro,* au loin, loin, et *ago,* je pousse, j'agis, parce qu'il fallait, d'après les préjugés des païens, s'efforcer d'éloigner ou de détourner l'accomplissement de ces fâcheux présages ; ou simplement parce

qu'un prodige dépasse les choses ordinaires : Nonius, Vossius, Quich. et Daveluy, Bond et Honnorat ont suivi cette étymologie, ainsi que la plupart des autres philologues. 2° Cependant Cicéron, Festus, Roquefort, composent le latin *prodigium*, de *pro* et de *dico*, parce que les prodiges étaient des indices pour l'avenir. A quoi Vossius répond : « Verùm si *prodigium* quasi *prodictum diceretur, secunda produci deberet*. Mais, parce que cela n'a point lieu, poursuit-il, il convient mieux, avec Pomponius, de former *prodigium* de *pro* ou *porro ago*, comme *adagium* de *ad* et *ago*, *aquagium* de *aqua* et *ago*, *prodire* de *pro* et *ire*, *redire* de *re* et *ire*. Le *d* s'intercalle très-souvent pour éviter les hiatus. « Un prodige est ce qui est mis au jour, ce qui fait spectacle, ce qui va plus avant, plus loin, au-dessus; c'est un phénomène éclatant qui sort du cours ordinaire des choses. »)

Prodigieusement, adv. D'une manière prodigieuse.

Prodigieux, euse, adj. Qui tient du prodige, extraordinaire en bien comme en mal.

Prodige, adj. Qui prodigue, dissipe son bien en folles et excessives dépenses. (Lat. *prodigus*, prodigue, fait du verbe *prodigo, prodigere*, pousser devant soi, faire aller ; fig. prodiguer.)

Prodiguer, v.a. Donner avec profusion. *Prodigué, ée*, part.

Prodigalité. Caractère, habitude du prodige; profusion.

*****Prodigalement**, adv. Avec profusion.

*****Prodigueur**, s.m. néol. Celui qui prodigue.

Réactif, ive, adj. Qui réagit, qui a de la réaction.

Réaction, s.f. Résistance du corps frappé à l'action du corps qui le frappe; vengeance d'un parti opprimé lorsqu'il devient le plus fort.

*****Réacteur, trice**, adj. Qui réagit, qui fait une réaction.

*****Réactionnaire**, adj. Qui opère une réaction.

Réagir, v.n. Agir sur un corps dont on a éprouvé l'action; se dit au moral. *Réagi*, part.

Rédiger, v.a. Mettre en ordre et par écrit ce qui a été délibéré, résolu ou prononcé dans une assemblée ; résumer, mettre en peu de mots. (Lat. *redigere*, réduire, fait de *re* et d'*agere*.) *Rédigé, ée*, part.

Rédacteur, s.m. Celui qui rédige.

Rédaction, s.f. Action de rédiger, résultat de cette action.

Rétroactif, ive, adj. Qui agit sur le passé. (Lat. *retro*, en arrière, *activus*, qui agit.)

Rétroactivement, adv. D'une manière rétroactive.

Rétroaction, s.f. Effet de ce qui est rétroactif.

Rétroactivité, s.f. Qualité de ce qui est rétroactif.

Rétroagir, v.n. Agir, opérer rétroactivement; avoir une force rétroactive. *Rétroagi*, part.

Transiger, v.n. Passer un acte pour accommoder un procès (Latin *transigere*, transiger; propr.: pousser au delà, à travers; r. *trans*, au delà, et *agere*.) *Transigé*, part.

Transaction, s.f. Acte par lequel on transige sur une affaire, sur un différend, sur un procès.

*****Transactionnel, elle**, adj. Qui contient une transaction.

*****Agogé**, s.f. mus. Conduite, subdivision de l'ancienne mélopée. (Du grec *agogé*, conduite, marche.)

*****Anagoge**, s.f. Évacuation par le haut, vomissement. (Du gr. *ana*, en haut, *agô*, je pousse.)

*****Anagogie**, s.f. théol. Élévation de l'âme vers les choses célestes; philol. interprétation par laquelle on s'élève à un sens spirituel et mystique.

Anagogique, adj. *Interprétation anagogique*, est une interprétation qu'on tire d'un sens littéral, pour s'élever à un sens mystique.

*****Anagogique**, adj. phil. Se dit d'une doctrine mystérieuse, réservée aux disciples intimes.

*****Antanagoge**, s.f. littérat. Figure de rhétorique, plus connue sous le nom de récrimination. (Du gr. *anti*, contre, *ana* et *agô*, je repousse.)

*****Apagoge**, s.f. tact. gr. Évolution qui répond à la manœuvre de notre infanterie, désignée par l'expression : mettre des files en arrière, (Du gr. *apogé*, action d'amener ou d'emmener ; éloignement, r. *apó*, de, loin de, hors de, et *agô*, je conduis.)

*****Apagogie**, s.f. logique. Démonstration d'une proposition par l'absurdité qui lui est contraire.

*****Catacmatique**, adj. Se disait, chez les Grecs, des médicaments propres à souder les os brisés. (Du grec *kata*, *agnumi*, je brise, je romps, r. *agô*.)

*****Catagme**, s.f. ant. gr. Toute espèce de fracture.

*****Catagogies**, s.f. pl. ant. gr. Fête par laquelle les marins célébraient leur retour. La fête du départ s'appelait *Anagogies*. (Gr. *kata*, *ana*, *agô*.)

*****Copragogue**, adj. méd. Purgatif. (Gr. *kopros*, ordure, *agô*, je pousse.)

*****Dysanagogie**, s.f. méd. Difficulté de l'expectoration. (Du gr. *dus*, difficilement, *ana*, en haut, et *agô*.)

*****Dysanagogue**, adj. méd. Difficile à expectorer.

Épacte, s.f. Supplément de jours ajoutés à l'année lunaire, pour l'égaler à l'année solaire, et connaître l'âge de la lune. (Du grec *épagô*, j'ajoute, r. *épi*, à, et *agô*, je mène.)

*****Épactal, ale**, adj. astron. Qui se rapporte à l'épacte.

*****Épagoge**, s.m. ant. gr. Magistrat à Athènes, qui jugeait les causes commerciales les plus pressées et les rixes peu importantes. (Du grec *épagô*, je conduis dans, je dirige vers, j'applique, r. *épi*, *agô*.)

*****Épagogique**, adj. Qui se rapporte à l'épagogue.

*****Épagomène**, adj. m. chronol. propr. Ajouté. Se dit des cinq jours que les anciens Égyptiens et les Chaldéens ajoutaient aux 360 jours de leur année vague. (Du grec *épagô*, j'ajoute.)

Exégèse, s.f. Explication, interprétation. (Du gr. *ex*, de, *hégéomai*, je conduis, je dirige, de *agô*.)

Exégétique, adj. Servant à expliquer, à interpréter.

*****Exégète**, s.m. ant. gr. Se dit des prêtres athéniens chargés d'expliquer les lois.

*****Hégémaque**, adj. f. myth. gr. propr. Celle qui conduit au combat, surnom de Diane. (Gr. *hégéomai*, je sers de guide, je marche devant, r. *agô*, je conduis, je gouverne, etc.)

*****Hégémonies**, s.f. pl. Fête arcadienne en l'honneur de Diane.

*****Hégémonie**, s.f. ant. gr. Se dit de la prééminence qu'exercèrent alternativement en Grèce, pendant des époques inégales, les villes d'Athènes, de Sparte et de Thèbes.

*****Hégumène** ou **Hégoumène**, s.m. Nom que les Grecs donnaient à l'abbé, au supérieur d'un monastère.

*****Panchymagogue**, adj. et s.m. méd. Capable d'expulser toutes les humeurs. (Du gr. *pan*, tout, *chumos*, humeur, *agô*, je pousse, je chasse.)

*****Pantagogue**, voy. *Panchymagogue*.

*****Paragoge**, s.f. chir. Réduction d'une fracture ou d'une luxation. (Gr. *para*, à côté, *agô*, je mène.)

Paragoge, s.f. t. de gram. Addition d'une syllabe à la fin d'un mot.

Paragogique, adj. gram. Se dit de la lettre ou de la syllabe ajoutée à la fin d'un mot.

Pédagogue, s.m. t. ironique. Celui qui enseigne les enfants, qui a soin de leur éducation. (Du gr. *païs*, *païdos*, enfant, *agô*, je conduis : voy. *Pédant*.)

Pédagogie, s.f. Instruction, éducation des enfants; établissement public d'éducation.

Pédagogique, adj. De l'éducation des enfants, qui s'y rapporte.

*Pédagogiquement, adv. A la manière d'un pédagogue.

*Pedagogium ou Pædagogium, s.m.ant.rom. Lieu d'une maison où l'on élevait les enfants des esclaves quand ils étaient destinés à des emplois libéraux.

*Proégumène, adj. et s.m. méd. Se dit de la cause éloignée ou prédisposante d'une maladie. (Gr. *proêgoumai*, je précède, de *pro*, devant, *hêgoumai*, je conduis, r. *agó*.)

Stratagème, s.m. Ruse de guerre; fig. finesse, subtilité, ruse. (Gr. *stratos*, armée, *hêgeomai*, je conduis, r. *agó*.)

*Stratégat, s.m. Dignité du stratége.

*Stratégue, ou Stratége, s.m. hist. gr. Général en chef, chez les Athéniens; chef de la ligue achéenne; nom que les Grecs donnaient aux officiers supérieurs de l'armée des Perses. (Gr. *stratos*, armée, *agó*, je conduis.)

Stratégie, s.f. Science des mouvements d'une armée en campagne.

Stratégique, adj. De la stratégie.

Stratégiste, s.m. Qui connaît la stratégie.

*Archistratége, s.m. Premier stratége.

*Archistratégie, s.f. Pouvoir, dignité d'un stratége.

Synagogue, s.f. Lieu où les Juifs s'assemblent pour l'exercice public de leur religion. (Gr. *sunagogê*, assemblée, congrégation, r. *sun*, avec, *agó*, je conduis.)

*Archisynagogue, s.m. Chef de la synagogue; assesseur du patriarche grec. (Grec *archos*, chef.)

*Synaxe, s.f. hist. eccl. Assemblée des premiers chrétiens. (Gr. *sunaxis*, de *sunagó*, r. *sun*, avec, ensemble, et *agó*, je conduis, au fut. *axó*.)

*Synaxaire et Synaxarion, s.m. phil. Livre de la religion grecque, qui contient en abrégé la vie des saints.

Noms propres grecs dont la racine se retrouve dans le grec *agó*, je pousse, je conduis, d'où le grec *agnumi*, je brise, je romps; *hêgeomai*, je conduis, etc.:
*Agésandre, Agésidame, Agésilas, Agésipolis, Agésistrata, Agésistrate, Agis, Hégéloque, Hégémaque, Hégémon, Hégésagoras, Hégésias, Hégésibule, Hégésigone, Hégésiloque, Hégésinoüs, Hégésippe, Hégésipyle, Hégésis, Oaxès, Périégète, Périégètes, etc.

AGNEAU, s.m. Petit d'une brebis qui n'a pas un an ; fig. personne ou bête très-douce. (Du latin *agnellus*, dim. de *agnus*, agneau. L'origine de ce mot a été cherchée dans plusieurs langues. 1° M. Eichhoff rapporte *agnus* au sanscrit *ag* ou *aj*, mouvoir, darder ; 2° M. Benfey, au sanscrit *avi*, brebis, d'où le grec *amnos*, agneau, selon lui; 3° Festus, au grec *hagnos*, chaste, pur, parce que l'agneau était une victime pure et innocente; 4° le même au grec *amnos*, agneau; 5° un autre, au grec *arnos*, génitif de *arsên*, agneau, par le changement de *r* en *g*; 6° Fungerus, à l'hébr. *chág* ou *hág*, chág-fest, victime, fait du verbe *chágag*, il a sauté, dansé; il a célébré une fête, parce qu'on offrait, dans les jours de fête, des agneaux à la divinité; 8° Guichard, au même mot hébreu *chág* ou *hág* ; puis au chald. *hana*, brebis; 9° Varron, au latin *agnatus*, agnat, parent, fait du verbe *ágnasci*, naître auprès ; parce que ce petit animal appartient aux troupeaux de brebis ; 10° Gébelin, au latin *annus*, an, année, parce que l'agneau est né dans l'année. 11° Un anonyme lie *agnus* au grec *amnos*, agneau; comme *lepus*, lièvre, au grec *lagós*; comme *facundus*, au grec *phêmi*; comme le grec *okos*, *ops*, au grec *omma*; ailleurs il rattache *agnus* au chinois *yang*. 12° Doederlein tire le latin *agnus* du gr. *gonos*, génération. En ital. *agnello*, agneau; ancien catal. *agnel*, anc. fr. *agniel*, *aignel*, *agnel*, portug. *a'gno*, polon. *jagnie*, langue des troubadours *agnel* et *anhel*, prov. *agnéou*, bourguignon *aignea*, savoisien *agné*, auvergnat *agnê*, agneau ; patois de Castres *agnel*, patois de Champagne *ogniô*, *ogniau*, *agné*, picard *aignieu*, agneau.)

Agnel, s.m. Ancienne monnaie d'or de France. (Le type de cette monnaie était un agneau pascal.)

Agneler, v.n. se dit de la brebis qui met bas.

Agnelet, s.m. Petit agneau. (Certain nombre de mots latins, ayant déjà une terminaison diminutive en *-llus* ou *-llum*, reçurent par surcroît, en basse latinité, la terminaison diminutive *-etus* : *agnellus*, *agnelletus*, agnelet ; *annellus*, *annelletus*, annelet; *cerebellum*, *cerebelletum*, cervelet, etc.)

Agneline, adj.f. Se dit de la laine qui vient des agneaux.

Agnus, s.m. Agneau de cire bénit par le pape ; figure d'un agneau sur la cire ou en broderie.

*Agnèlement ou Agnellement, s.m. méd. vétér. Action de mettre bas, en parlant d'une brebis.

*Agnelin, s.m. mégisserie. Peau d'agneau mégissée, à laquelle on a laissé la laine.

*Agnus Dei, s.m. liturg. Endroit de la messe où le prêtre, se frappant la poitrine, répète trois fois à haute voix une prière qui commence par ces mots : *Agnus Dei*.

*Ambiègne ou Ambègne, s.f. antiq. rom. Brebis qui avait mis bas deux agneaux d'une seule portée et qui était sacrifiée à Junon. (Du latin *ambo*, deux, *agni*, agneaux.)

De là le nom de MM. Agnellet.

AGNÈS, s.f. Jeune fille très-innocente. [Du grec *hagnos*, *hayné*, pur, pure, chaste, innocent, saint, sacré, vénérable; en celtique *agnor*, *agné*. De là le nom de sainte *Agnès*, dont parle saint Jérôme, et dont la chasteté et la sainteté sont devenues célèbres parmi toutes les nations. 1° Quelques indianistes font venir le grec *hagnos*, *agnos*, du sanscrit *agnis*, feu, élément qui purifie; 2° Gésenius forme le grec *hagnos*, pur, chaste, innocent, saint, et le grec *hagios*, saint, pur, de l'hébreu *zâká*, il fut pur. 3° Bopp rapporte le grec *hagios*, saint, pur, et *hazó*, respecter, révérer, au sanscrit *yag*', respecter, révérer les dieux; sacrifier, offrir des sacrifices.]

Agnus-Castus, s.m. bot. Espèce de gatilier, arbrisseau de moyenne grandeur, à fleur monopétale, qui croît dans les lieux humides du midi de la France, et dont la semence est rafraîchissante. (L'étymologie de ce nom tient aux antiquités grecques. Il vient du grec *hagnos*, pur, chaste, saint, subst. *vitex* ou *agnus-castus*, attique *agnos*, id. Comme nous l'apprend Pline, les dames athéniennes, pendant les Thesmophories, couvraient leur lit des feuilles de cet arbrisseau pour garder leur chasteté.)

AGONIE, s.f. La dernière lutte de la vie contre la mort; fig. extrême angoisse, grande peine d'esprit. [Du grec *agônia*, fait d'*agôn*, combat, lutte, dérivé lui-même du sanscrit *âg'is*, mouvement, lutte. 1° M. Eichhoff lie le grec *agôn* au sanscrit *dg'is*, *ang'as*, mouvement, lutte; au sanscrit *ang'is*, moteur; et au sanscrit *ag* ou *ag'*, mouvoir, darder; d'où le grec *agó* et le latin *ago*, j'agis, je pousse, etc. 2° Un autre indianiste compose le grec *agon*, *agônia*, du sanscrit *ga*, aller, et de la particule *a*, signifiant réunion, rencontre, concours, d'où le sanscrit *sanga*, réunion, meeting. En gaël écossais *agh*, gaël irlandais *agh*, combat. Le fr. *action* signifie aussi combat, et peut contribuer à justifier l'étymologie de M. Eichhoff.]

Agonisant, ante, adj. et s. Qui est à l'agonie.

Agoniser, v.n. Être à l'agonie. *Agonisé*, part.
Agonistique, s.f. Partie de la gymnastique où les athlètes luttaient tout armés.
Agonothète, s.m.ant.gr. Officier qui présidait aux jeux sacrés. (Gr. *tithêmi*, j'établis.)
*****Agon** et **Agone,** s.m.antiq.gr. Combat, jeu public, jeu solennel.
*****Agonal, ale,** adj.antiq. Qui concerne les jeux.
*****Agonien, enne,** adj.myth. Épithète de Jupiter, de Neptune, de Mercure, et généralement des dieux qui présidaient aux luttes gymniques.
*****Agonistarque,** s.m.antiq. Officier qui présidait aux combats des athlètes.
*****Agonistique,** adj.antiq. Qui concerne l'art athlétique.
*****Agonographie,** s.f.hist. Description des jeux solennels des anciens. (Gr. *graphô*, j'écris.)
Antagoniste, s.m. Celui qui soutient une lutte. (Gr. *anti*, contre, *agonizomai*, je combats.)
Antagoniste, adj. et s.anat. Se dit des muscles attachés à la même partie et qui la tirent en sens inverse.
Antagonisme, s.m.anat. Action des muscles qui agissent en sens inverse.
*****Antagonisme,** s.m.néol. Lutte, opposition.
Protagoniste, s.m. Le personnage principal d'une pièce de théâtre.

AGOUTI, s.m. t.d'hist.nat. Quadrupède de l'ordre des rongeurs, qui a la physionomie et les habitudes du lapin. [Ce nom est caraïbe; il a été fait d'après le cri de cet animal. Dans la langue des Indiens de la Guyane, *agouti*, agouti.]

AGRAIRE, adj.jurispr. et hist.rom. Se dit des lois qui avaient pour objet la distribution des terres conquises entre les citoyens et les soldats. [Du lat. *agraria*, fait du lat. *ager*, dérivé du grec *agros*, champ. Il est difficile de se prononcer avec précision sur la langue qui a donné naissance à cette famille de mots. 1° M. Chavée en a demandé l'origine au sanscrit *arv.*, rompre, labourer; *arvati*, il rompt, il fend; 2° un autre indianiste, au sanscrit *vag*, dans le sens de incliner; 3° J. Clericus, ainsi que d'autres hébraïsants, à l'hébreu *âkar*, il a foui; d'où l'hébreu *ikkar*, laboureur, agriculteur; 4° Doederlein, au latin *gerere*, porter, produire, nourrir, gérer; 5° Constancio, au grec *gaia*, terre, et *éruô*, traîner, tirer, garder; 6° puis à l'égyptien *iohi*, champ, et *cri*, creuser; 7° Donatus, après Varron, au grec *agô*, parce qu'il y a beaucoup à faire dans les champs; 8° Martinius, au grec *aroô*, labourer, en insérant le *g*; 9° Vossius, à l'hébreu *âgar*, il a amassé, il a rassemblé; parce que c'est de là qu'on retire les fruits; 10° Gébelin, au primitif celtique *car*, incision, labour. Le même auteur dit ailleurs que de la lettre *q*, hache, couteau, vint la famille *car*, *cr*, coupen, fendre, sillonner, d'où *ager*, etc. Quoi qu'il en soit du type primitif du latin *ager*, champ, il n'en est pas moins évident que ce mot se retrouve dans plusieurs langues. D'abord il répond au grec *agros*, comme *Antipater* au gr. *Antipatros*, *Menander* à *Ménandros*, *Teucer* à *Teukros*, etc. En arménien *agarak*, champ; all. *acker*, champ; haut all. anc. *ahhar* et *achar*; anc. goth. *akrs*; anglosaxon *aecr*, *aeccer*, *acer*, *acyr*, *aecyr*, *ecer*, *aecer*, champ; angl. *acre*, holl. *akker*, danois *ager*, *aager*, anc. scandinave *akr*, *ekra*, lapon *aker*, champ. En berbère *ekrez*, labourer. En portug. *agro*, champ, terrain.]

Agreste, adj. Rustique, sauvage.
*****Agreste,** adj.myth. Épithète commune à tous les dieux champêtres.

Agricole, adj. Adonné à l'agriculture. (Lat. *ager*, champ, *colo*, je cultive.)
*****Agricole,** adj. Qui vit dans les champs.
Agriculteur, s.m. Qui cultive la terre.
Agriculture, s.f. L'art de cultiver les terres.
Agrie, s.f.méd. L'Académie dit que c'est un nom donné par quelques auteurs à la dartre rongeante. (Boiste le dérive du grec *agrios*, malin, envenimé. Le grec *agrios*, *agria*, *ayrion*, est un dérivé du grec *agros*, champ, campagne, et signifie sauvage, farouche, violent, féroce, tenace, acharné, envenimé, rustique, grossier.)
Agronome, s.m. Homme versé dans la théorie de l'agriculture. (Gr. *agros*, champ, *nomos*, loi, règle.)
Agronomie, s.f. Théorie de l'agriculture.
Agronomique, adj. Relatif à l'agriculture.
Acre, s.m. Mesure de terre. (Skinner veut que du latin *ager* aient été faits le fr. *acre*, l'angl. *aker* et l'anglosaxon *acere*, *œcer*, le belge et le teuton *acker*; acre. Bullet lie le lat. *ager* et le fr. *acre* au celtique *acra*, champ de terre, et *acra*, journal de terre. Schulter rattache le fr. *acre* et le latin *ager* au teuton *achre*, *achro*, *champ*, d'où le teuton *acra*, champ, et certaine partie mesurée qui varie selon les pays; d'où *acripennus* et *agripennus*, champ mesuré; d'où *arpent*, selon lui : voyez Arpent. Il est clair que le mot *acre* et le latin *ager*, *agri*, sont de la même origine sans que l'un vienne de l'autre. En basse latinité *acer*, *acra*, acre, certaine portion de terre mesurée. En basse latinité *acer*, *ager*, *acri*, *agri*, mesure d'un champ, dans Du Cange. En angl. *acre*, arpent.)
*****Agromane,** s.f.néol. Qui a la manie de l'agriculture.
*****Agromanie,** s.f. Manie de l'agriculture.
*****Agronome,** s.m.antiq.gr. Magistrat qui était chargé de l'administration de la banlieue à Athènes.
*****Agronomie,** s.f.antiq.gr. Dignité d'agronome.
*****Agrostemme,** s.m.bot. Genre de plantes caryophyllées d'Europe. (Gr. *agróstis*, gramen, herbe, gazon, et *stemma*, couronne.)
*****Agrostide,** s.f.bot. Genre de plantes graminées qui abondent dans les moissons.
*****Agrostidé, ée,** adj. Qui ressemble à une agrostide.
*****Agrostidées,** s.f.pl.bot. Famille des plantes graminées.
*****Agrostographe,** s.m. Botaniste adonné à l'étude des graminées. (Gr. *agros*, champ; d'où *agróstis*, gramen, herbe, gazon, et *graphô*, je décris.)
*****Agrostographie,** s.f. Histoire descriptive des graminées.
*****Agrostographique,** adj. Qui a rapport à l'agrostographie.
*****Agrostologie,** s.f. Traité de la famille des graminées. (Gr. *logos*, discours.)
*****Péragration,** s.f.didact. Voyage; pèlerinage; astron., temps que la lune met à parcourir le zodiaque. (Lat. *peragratio*; r. *per*, par, à travers, et *agros*, les champs; d'où le lat. *peregrinus*, voyageur.)
Pérégrination, s.f. Voyage fait dans des pays éloignés.
Pérégrinité, s.f. État de celui qui est étranger dans un pays.
*****Pérégrinomane,** s. et adj. Qui a la manie de voyager.
*****Pérégrinomanie,** s.f. Manie de faire des voyages.
Pèlerin, ine, s. Qui fait un voyage par dévotion; voyageur; fam. homme, femme qui a de la finesse, de la dissimulation. (Du lat. *peregrinus*, par l'adoucissement de *r* en *l*. En ital. *pellegrino*, cat. *peregri* et *pelegri*; langue des troubadours *pellegrin*, *pelegrin*, *pelegri*, *pellegri*, *pelleri*, *peleri*, étranger, pèlerin.

La Fontaine a employé *pèlerin* dans le sens primitif de voyageur.)

Pèlerinage, s.m. Voyage que fait un pèlerin; lieu où un pèlerin va en dévotion.

Pèlerine, s.f. Grande collerette de femme, semblable à la cape des pèlerins.

***Pèlerin**, s.m.h.n. Se dit quelquefois des oiseaux de passage; grand squale des mers du Nord.

***Pèlerine**, s.f.astrol. Se dit d'une planète qui est en un lieu où elle n'a ni dignité ni disgrâce; nom d'une perle très-grosse, qui fut achetée, en 1574, par Philippe II, roi d'Espagne.

De là les n. pr. : *Évagre, Pérégrinus, Agellus, Agellius, Agricola, Poliagre, Polyagre*, etc. Le lat. *ager*, territoire, nous a donné aussi -*argue*, -*ergue*, finales communes à plusieurs dénominations géographiques, ex. : *Aymargues, Baillargue, Bouillargue, Camargue, Candillargue, Émargue, Gallargue, Massilargue, Rouergue*, etc., noms faits de *Massilii ager, Emari ager, Galli ager, roborum ager*, etc.

AGRÈS, s.m.pl. Tout ce qui est nécessaire pour équiper un navire. [1° Selon M. Jal, ce mot viendrait simplement du latin *aggregare*, assembler. *Agréer* un navire, ajoute-t-il, c'est assembler en effet sa mâture, ses manœuvres, ses voiles, c'est réunir toutes les parties de la machine agissante pour en faire une machine unique. On a remplacé les mots *agréer* et *agréement* dans le dictionnaire maritime par *gréement* et *gréer*, pour éviter, dit le même auteur, l'homonymie. 2° D'après Pougens et De Chevallet, *agrès* et *gréer* sont des mots d'origine germanique; ils sont composés de la préposition latine *ad* et du primitif germanique qui a fourni le verbe *gréer*. M. Jal, plus tard, a formé *agrès, agréer, gréer*, du v. fr. *arréer*, préparer, équiper, armer, qu'il dérive de l'anglo-saxon *rœd, hrœd, hrad*, prompt, prêt, préparer ; d'où l'ital. *arredare*, préparer, prêt; d'où le b. lat. *arraiare*; d'où le v. fr. *arroy* ou *array*, et le port. *arreó*. Voyez *Arroi*. En tudesque *gereiten*, préparer, apprêter, mot composé du préfixe *ge*, et de *reiten*, préparer, apprêter; gothique *rathian*, anglosaxon *gerœdian* et *rœdian*, anc. scandinave *greeda* et *reida*; suéd. *reda*, holl. *gereed* et *reed*, prêt, et *reeden*, préparer; all. *bereit, bereiten*, prêt, et *bereiten*, préparer.]

Agréer, v.a.mar.vi. Gréer. *Agréé, ée*, part.

Agréeur, s.m. Celui qui fournit, qui prépare les agrès d'un bâtiment.

Gréement, Grément, s.m.mar. Réunion de toutes les choses nécessaires pour gréer un navire.

Gréer, v.a. Garnir un bâtiment de toutes les voiles, manœuvres, poulies, etc., dont il a besoin. *Gréé, ée*, part.

Gréeur, s.m. Qui fait métier de gréer les navires.

***Congréage**, s.m.t. de mar. Ligne tournée en hélice pour fortifier le hauban.

***Congréer**, v.a.t. de mar. Faire le congréage.

***Dégréement**, s.m.t. de mar. Action d'ôter le gréement d'un navire; perte accidentelle d'une partie du gréement.

Dégréer, v.a.mar. Oter les agrès. *Dégréé, ééé*, part.

Désagréer, v.a. vi. Oter les agrès; perdre ses agrès. *Désagréé, ééé*, part.

Ragréer, v.a.t. d'arts. Mettre la dernière main à une construction, remettre un édifice à neuf. *Ragréé, ééé*, part.

Se Ragréer, v.a.pron. Se réparer, se pourvoir de ce qui manque.

Ragrément, s.m. Action de ragréer; le résultat.

AH, interj. Ce mot, selon la manière dont il est prononcé, exprime l'admiration, la douleur, le plaisir, la tristesse, la joie, la crainte, le dégoût, et presque tous les sentiments de l'âme. [Cette interjection est une onomatopée qui se retrouve dans toutes les langues. Cette espèce de mots est celle qui a le moins varié. C'est le cri de la nature, un cri poussé spontanément, involontairement, sans être précédé de la volonté ni de la réflexion. En latin *ah!* cri de douleur; *ai*, cri de douleur; *ha*, interj. pour dissuader, ah! oh! *ha ha he* ou *hahahe*, autre onomatopée; elle exprime le rire ah, ah, ah! En gr. *ai*, interj. de douleur, quelquefois d'étonnement, aïe! ah! hélas!; *ha* et *a*, ah! *ha, ha, ha, ha!*; et *aa, ah!* En sanscrit *aha*, ah!, ha! et *aho*, interj. de douleur et de surprise. En hébreu *ǎch, ahǎhh*, interj. de douleur; d'où l'hébreu *ǎchach*, il a gémi, il a hurlé; et *ǎch*, grande chaudière, ainsi nommée du bruit qu'elle fait en bouillant. En persan *akh*, hélas!; persan et turc *âvé, avvé*, ah!; arabe, persan et turc *ah*, interjection de douleur, ah! En turc *aïa*, oh! oh! En all. *ach*, ah!, d'où l'all. *ächzen*, pousser des gémissements. En holl. *ach, ag, aai*, ah! Dans la langue des Tchouvaches *ahh*, ah! En pol. *ah*, valaque *ah, a*, ah!; ital. *ah*, esp. *ah, ay*, ah! Toulousain *ay*, ah! Bas-limousin *aï*, s.m. crampe.]

Ahan, s.m. Peine de corps, grand effort. (C'est une onomatopée d'après Jauffret, Nodier, etc. On a, dit Nodier, fait venir ce mot du grec *ad* et du latin *anhelare*. C'est l'opinion de Du Cange. Ménage en a cherché l'étymologie dans l'ital. *affanno*, peine, douleur. On aurait pu le retrouver tout entier dans le Dictionnaire des Caraïbes et dans beaucoup d'autres, puisqu'il est tiré du dictionnaire de la nature. C'est la plus évidente des onomatopées. Pasquier et Nicod ne s'y sont pas trompés. En basque *auhena*, soupir. En champenois *ahan*, peine, fatigue, douleur, soupir; langue des trouvères *ahan*, anc. fr. *ahan*, peine.)

Ahaner, v.n. Avoir bien de la peine en faisant quelque chose. *Ahané*, part.

Ahi, interjection de douleur.

Aï, s.m.h.n. Quadrupède appelé aussi paresseux, à cause de son extrême lenteur à se mouvoir. (Il articule les syllabes dont on a formé son nom. Les Indiens de la Guyane le nomment *aï, aï*. Le P. Kirker dit qu'il est nommé *heut* en Amérique, à cause des tons *ha, ha, ha*, qu'il répète la nuit.)

Aïe, interj. de douleur. (M. Ampère et M. Diez forment cette interjection du fr. *à l'aide*, aider, recourir.)

Eh, interj. d'admiration, de surprise.

Eh bien, locution interjective d'admiration, de surprise.

Ha, interj. de surprise; d'étonnement.

Haha, s.m. Fossé profond, sans mur de hauteur, au bout d'une allée, ce qui étonne et fait crier *ha! ha!* (On prétend que c'est Monseigneur, fils de Louis XIV, qui a inventé ce terme en se promenant dans le jardin de Meudon.)

Hahé, interj. dont on se sert pour arrêter les chiens qui prennent le change ou qui s'emportent trop.

Haïe, interj. Cri que font les charretiers pour animer leurs chevaux.

Hallali, interj. Cri de chasse annonçant que le cerf est sur ses fins.

Han, interj. pop. Cri sourd et guttural d'un homme de peine qui frappe un coup avec effort. (Cette onomatopée est une nuance du mot *ahan*, qui signifie peine de corps, grand effort; et du gallois *anal*, respiration.)

AHURIR, v.a.fam. Étourdir, troubler, interdire, jeter dans le trouble. *Ahuri, ie,* part. [Selon M. Pihan, l'origine de ce mot est arabe; c'est un dérivé de l'ar. *haïer*, stupéfait, troublé, interdit; dérivé lui-même du verbe *har*, être troublé, stupéfait. Les Arabes, dit-il, pour donner plus de force à cette expression, la font suivre de *baïr*, qui se perd, dérivé de *bar*, se perdre. Ces deux mots rapprochés ainsi l'un de l'autre *haïer, baïer*, semblent offrir une grande analogie avec le fr. *hurluberlu*, dont le sens est le même, et qui peut-être nous a été transmis par les Turcs sous la forme *hourlouhourlou*, troublé, perdu. En anc. fr. *harier, aheurir,* ahurir; esp. *aburrir;* langue des troubadours *aburar,* ahurir; patois de Champagne *ahurir,* étourdir, rendre fou, assommer.]

Ahuri, ie, s.pop. Celui qui est stupéfait, qui agit sans réflexion, brouillon.

Hurluberlu, s.m.fam. Inconsidéré, étourdi, brusque. (1° D'après l'opinion de M. Pihan, de l'ar. *haïer baïer*, troublé, stupéfait, et perdu; expression qui nous aurait été transmise par les Turcs sous la forme *hourlouhourlou*, troublé, perdu. 2° M. Eloi Johanneau compose *hurluberlu* des mots français *hurler* et *berlue*, ou des trois mots *hure* ou *hurle, loup, berlue*. Le même savant rejette l'étymologie de ceux qui tirent *hurluberlu* de l'all. *ehrlich, warlich*. 3° L'abbé Tuet croit que c'est une onomatopée; 4° Bullet soutient qu'il vient du celtique *hurlu burlu*, pêle-mêle; il faudrait savoir si *hurlu burlu* est du celtique. Le sentiment de M. Pihan paraît être le plus plausible. En prov. *turuburlu*, picard *heurlu-berlu*, étourdi, hurluberlu; Gloss. champenois de M. Tarbé *hustuberlu*, étourdi.)

AIDER, v.a. Donner secours, prêter assistance, seconder, servir. *Aidé, ée,* part. [Du latin *adjutare,* aider; fréquentatif de *adjuvare, adjutum*, aider, seconder; r. *ad,* à, vers; et *juvare, jutum,* aider, secourir, servir. M. de Chevallet dit : En langue d'oïl antérieure au 12ᵉ s., *adjudha. adjuirie,* aide; ce mot devint *ajude, ajue, aiue,* aide; en prov. *ajuda,* lital. *aiuta.* Tous ces substantifs, ajoute le même auteur, dérivent du verbe latin *adjuvare.* On trouve *adjutus* avec le sens de *aide* dans Macrobe. MM. Corblet, Hécart, Tarbé, Jal, Ampère, Diez, Honnorat, et presque tous les étymologistes, dérivent *aide, aider*, du latin *adjutare, adjuvare, adjutum,* aider. Dans une épitaphe chrétienne du 5ᵉ s., on trouve *aiutit*; le mot *ajudha,* aide, se trouve dans le fameux serment de 842; la forme *ajue* ou *aiue* est dans les sermons de saint Bernard ; enfin l'on rencontre *ajude* ou *aiude* dans la chanson de Roland : Bibl. des Arch. Raynouard retrouve dans le *Serment du peuple français* le mot roman *ajudha,* aide, au lieu du lat. *adjutorium.* La transmutation de ce mot, dit-il, était jusqu'à présent inaperçue, comme celle de *salvatio* en *salvament.* M. l'abbé de Corblet donne la même dérivation. *Aide* vient du latin *adjutus*, ou *adjutorium,* aide, secours, et *aider* de *adjutare*, par l'adoucissement du *t* en *d*, comme *soudain* de *subitaneus, boudin* de *botulus,* etc. M. Pihan pense que le fr. *aide* vient de l'arabe *aiada*, force, puissance, vigueur, dérivé de *aiyed*, puissant, fort, dérivé lui-même de l'arabe *aid*, main. Ce mot est le même que l'hébreu *yad* de le chald. ou chaldaïque *yad*, main. Mais il est évident que l'étymologie latine est la seule bonne, et que l'étymologie arabe ne sourit qu'au premier coup d'œil. Le *t* du latin *adjutare, adjutus,* n'a pas été partout ni toujours adouci en *d*; car en provençal on trouve *aita* et *ajuda,* aidé, et en ital. *aitare, aiutare,* aider; et en anglais *aid,* aide, *to aid,* aider, mot que Skinner dérive, ainsi que Johnson, du latin *adjutare*. 4° Quant à l'origine du latin *juvare, adjuvare, adjutare,* Bopp l'a cherchée dans le sanscrit *yu,* joindre, attacher, comme qui dirait se joindre, s'adjoindre à quelqu'un. 2° On pourrait tout aussi bien la chercher dans le chinois *yeou,* aider, secourir, seconder. 3° Un hébraïsant fait venir *juvare, adjuvare, adjutare*, de l'hébreu *houth*, secourir, aider; 4° un autre de *Jéhovah,* nom de Dieu en hébreu; comme qui dirait être aidé de Dieu; 5° un autre de *Jovis,* Jupiter. En ital. *ajuto,* aide, secours, esp. *ayuda,* cat. et langue des troubadours *ajuta,* langue des trouvères *eyt*, toulousain *ajudo,* valaque *ajuta,* picard *aïute,* rouchi *aite* et *aïte,* vaudois *ajgiud,* berrichon *aide,* aide, bourguignon *eide,* aide. En vi. fr. *aidier,* aider; *se m'aist Dieu,* si Dieu m'aide; *ait,* qu'il aide. En bas-limousin *eida, odzuda,* aider.)

S'Aider, v.a.pron. Se servir d'une chose.

Aide, s.f. Secours, assistance; celui dont on reçoit du secours; t. ecclés. succursale d'une église.

Aides, s.f.pl. Se disait de quelques impôts; t. de manége, moyens que le cavalier emploie pour bien manier son cheval.

A l'aide, loc.ellipt. Venez à mon secours.

Aide, s.m. Qui aide à un autre, le seconde.

*Aidant, e, adj.m. Qui aide, ex. : Dieu aidant.

*Aideau, s.m. Outil de charpentier.

*Aider, v.n. Donner du secours; t. de manége, donner les aides.

S'entr'aider, v.a.pron. S'aider mutuellement.

Sous-aide, s m. Celui qui est subordonné à l'aide dans les mêmes fonctions.

*Inaidé, ée, adj. Qui n'est point aidé.

Adjudant, s.m. Officier ou sous-officier d'état-major. (Il aide, il seconde les chefs dans le commandement.)

*Adjuvant, adj. et s.m. Se dit d'un médicament auxiliaire.

*Adjutante, s.f.hist.eccl. La seconde supérieure de la congrégation des Dimesses à Venise.

Coadjuteur, s.m. Ecclésiastique adjoint à un prélat pour l'aider à remplir ses fonctions.

*Coadjuteur, s.m. Celui qui assiste un fonctionnaire momentanément placé dans l'impossibilité de remplir ses fonctions.

Coadjutorerie, s.f. Charge de coadjuteur ou de coadjutrice.

Coadjutrice, s.f. Religieuse adjointe à une abbesse ou prieure pour les fonctions de sa place.

AIGLE, s.m. Le plus grand et le plus fort des oiseaux de proie, connus dans l'ancien monde ; fig. homme d'un génie supérieur; pupitre d'église. [Du latin *aquila,* aigle, comme *égal* du latin *æqualis,* *aigue du lat. *aqua,* etc. 1° Bopp et Pott rattachent le latin *aquila* au sanscrit *aç, açu,* rapide; 2° Angelus Caninius, Petrus Nunnésius et Vossius, au mot *agor* qui aurait été le nom de cet oiseau dans l'ile de Chypre, d'après Hésychius. 3° Selon Martinius, Festus et Doederlein, *aquila* serait simplement le féminin du latin *aquilus,* brun, noir. 4° Constancio et Gébelin composent le mot *aquila* du lat. *acus,* pointe, et *ales* oiseau; mot à mot : oiseau pointu, au bec crochu. 5° Un autre le dérive du latin *acies,* pointe, à cause de la vue perçante de cet oiseau ; Karcher, de *ago,* mot latin, selon lui, et qui aurait signifié proprement oiseau. 6° Doederlein, déjà cité, lie le latin *aquila* au grec *kelainos,* noir, obscur, sombre; 7° et Bullet, au celtique *cyl,* ténèbres, obscur, *acilus,* noir, brun, d'où le latin *aquilus,* noir, brun, et *aquilo,* vent du nord, selon lui. En italien *aquila,* aigle ; anc. cat. *aigla,* esp. *aguila,* port. *águia,* langue des troubadours *aigla,* langue des trouvères *ai-*

gliau, aigle. En gaël écossais et irlandais *acuil*; prov. *aiglo*, rouchi *aique*, auvergnat *ailla*, aigle.]

Aigle, s.f.t. d'armoiries et de devises : l'aigle impériale, l'aigle romaine.

Grand aigle, papier du plus grand format.

Aiglette, s.f.t. de blason. Aiglon sans bec ni pieds.

Aiglon, s.f. Le petit de l'aigle.

*__Aiglure__, s.f. fauc. Taches rousses semées sur le corps d'un oiseau.

Aigrefin, s.m.t. de mépris, fam. Homme vivant d'industrie, fripon, escroc. (Suivant Le Duchat, Gattel, Roquefort et autres, de *aigrefin*, monnaie d'or de bas aloi, fait par le changement de *l* en *r*, d'*aiglefin*, monnaie impériale d'or très-*fin*, qui portait l'empreinte d'un *aigle*; puis on donna le nom d'*aigrefin* à une monnaie d'or de bas aloi ou usée. Selon Bullet, en celtique *eglefin* ou *egrefin* est le nom d'un poisson, nom qu'il forme de *egl*, aigle, et de *fin*, extrémité, bec; parce que, dit-il, ce poisson a un bec *aquilin*, la tête grosse et la gueule grande.)

Ancolie, s.f. bot. Plante à très-belles fleurs, garnie de cinq nectaires en forme de cornets recourbés et alternant avec les pétales. (C'est le lat. *aquilegia* de Linné. Ce mot a été fait par corruption d'*aquilina*, r. *aquila*, aigle ; parce qu'on a comparé les cornets des fleurs de l'ancolie aux serres d'un aigle. On la nommait autrefois colombine, à cause d'une prétendue ressemblance de ces cornets avec le bec d'un pigeon : Spach, Mén. Trév., Gatt., Roq., etc. De là l'ital. *aquilegia* et l'angl. *aglei*.)

*__Aquilaire__, s.f. bot. Arbre des Indes qui fournit le bois d'aigle.

*__Aquilariné__, ée, adj. bot. Ressemblant à l'aquilaire.

*__Aquilarinées__, s.f.pl. Famille de plantes.

*__Aquilien__, enne, adj. Qui a rapport avec l'aigle.

*__Aquiliens__, s.m.pl. Famille d'oiseaux.

*__Aquilifère__, s.m. art milit. Légionnaire qui portait l'aigle, porte-enseigne.

Aquilin, adj.m. Se dit d'un nez courbé en bec d'aigle.

*__Aquilins__, s.m.pl. Famille d'oiseaux qui renferme l'aigle.

Aquilon, s.m. Vent du nord. (Proprement le vent aigle, le vent rapide comme l'aigle, qui souffle avec la même rapidité que vole l'aigle. (Du lat. *aquilo*, r. *aquila* : Festus, Martinius, Gébelin, Roquefort, etc. Le latin *vulturnus*, vulturne, vent du sud-ouest, paraît avoir été fait de la même manière de *vultur*, vautour, oiseau de proie.)

*__Aquilonaire__, adj. D'aquilon, boréal.

AÏEUL, s.m. Grand-père. [De la basse latinité *avulus*, *avolus*, *aviolus*, dimin. du latin *avus*, grand-père, aïeul ; par la suppression du *v*, comme dans *ouaille* de *ovis*, *oiseau* de *avis*, *peur* de *pavor*, *nacelle* de *navicella*, etc. 1° Le latin *av-us* se retrouve dans plusieurs langues; ce qui, joint à la simplicité de sa forme, a donné à penser que c'est une onomatopée du dictionnaire de l'enfance. La forme la plus simple, la plus naturelle, que la presque totalité des linguistes ont adoptée comme racine de cette famille est l'hébreu *áb* ou *áv*, selon les rabbins. L'hébreu *áv* ou *áb* signifie père, grand-père, aïeul, chef, inventeur, maître. Martinius, Vossius, Gébelin, Huet, Trévoux, Guichard, les auteurs du Tripartitum, etc., ont adopté cette étymologie. 2° Cependant M. Delatre fait venir *avus* du sanscrit *a-va*, de, de loin ; parce que aïeul est le plus éloigné ; 3° Doederlein, du grec *aei*, toujours ; 4° Festus, du grec *pappos*, aïeul, grand-père ; 5° un autre, de l'hébreu *atta* ou *tata*, papa ; 6° Isidore, du latin *œvum*, âge, temps ; 7° un autre, du latin *addo*, ajouter ; parce que c'est un père ajouté à un père ; 8° un autre, du grec *auos*, sec, desséché ; parce que tel est l'état de la vieillesse ; 9° un autre, du grec *auō*, crier, retentir ; parce que la vieillesse est conteuse. L'étymologie hébraïque, rapportée ci-dessus, est la seule qui convienne parfaitement au mot et à la chose. Le chald. *av* ou *ab* est le même mot que l'hébreu *áv* ou *áb*, père, grand-père, chef, maître. Il en est de même du syriaque *aba* et de l'arabe *abou*, père. Le sanscrit *dhava*, père de famille, ne paraît pas étranger au latin *avus* ni à l'hébreu *áv* ou *áb*. En copte *abbas*, père, vieillard ; *apas*, ancien, vieux ; et *apa*, père, vieillard, abbé. En turc *aba*, pères, ancêtres ; *eb*, *ebou*, père. Langue du Bournou *aba*, père. En syriaque et en éthiopien *aba* ou *anba*, père. En langue de Talenga *abba*, père. En tatare calmouk *abagai*, père ; tatare mogol et calmouk *abaga*, aïeul. En hongrois *apa*, père. En gaël irl. et écos. *ab*, père. Langue des trouvères *aive*, *aviol*, aïeul. En ital. *avo*, grand-père, aïeul, esp. *abuelo*, cat. *avi*, port. *avó*, langue des troubadours *avi*, *aviol*, anc. fr. *aiol*, grand-père, aïeul.]

Aïeule, s.f. Grand'mère. (B. l. *ava*, *avia*.)

Aïeux, s.m.pl. Les personnes dont on descend ; ceux qui ont vécu avant nos pères.

Bisaïeul, s.m. Père de l'aïeul ou de l'aïeule.

Bisaïeule, s.f. Mère de l'aïeul ou de l'aïeule.

*__Quadrisaïeul__, eule, s. Le grand-père, la grand'-mère du bisaïeul ou de la bisaïeule.

*__Trisaïeul__, eule, s. Le père, la mère du bisaïeul ou de la bisaïeule.

*__Avunculaire__, adj. Qui se rapporte, qui appartient à un oncle, à une tante. (Lat. *avunculus*, oncle, dim. de *avus*.)

Oncle, s.m. Le frère du père ou de la mère. (Du latin *avunculus*, comme *ongle* de *unguiculus*. Le mot *onole* a perdu la racine *av* de *av-unculus*.)

Oncle à la mode de Bretagne, c'est le cousin germain du père ou de la mère.

Grand-oncle, frère du grand-père ou de la grand'-mère.

Abbé, s.m. Supérieur d'un monastère ; celui qui possède une abbaye ; par ext., un ecclésiastique. (Du syriaque *abba*, père, en hébreu *áb* ou *áv*, père, aïeul, chef, maître ; mots auxquels la plupart des étymologistes rattachent le latin *avus*, aïeul.)

Abbatial, ale, adj. Appartenant à l'abbé ou à l'abbesse, ou à l'abbaye.

Abbaye, s.f. Monastère d'hommes ou de filles, qui a pour supérieur un abbé ou une abbesse.

Abbesse, s.f. Supérieure d'un couvent de filles.

Abracadabra, s.m. Mot auquel on attribuait des vertus magiques. (De l'hébreu *áb* ou *áv*, père, *rouach*, esprit, *dâbár*, verbe, parole. D'après cette étymologie, *abracadabra* est un ancien monument de la croyance antique à une Trinité renfermant le Père, le Verbe et l'Esprit.)

Abraxas, s.m. Pierre précieuse où étaient gravés des signes hiéroglyphiques, et qu'on portait comme amulette. (Ce mot paraît être une corruption du précédent. *Abraxas* ou *Abraca* a été le nom qu'on donnait au plus ancien des dieux.)

Le mot arabe *abou*, père, se retrouve dans les noms propres : *Abou-Bekr*, *Abou-lféda*, *Abou-lfaradj*, *Abou-lmah*, etc.

Le mot hébreu *áb* ou *áv*, père, a formé un grand nombre de noms propres ; ex. : *Abia*, *Abiam*, *Abiathar*; *Abida*, *Abidan*, *Abiel*, *Abigaïl*, *Abimaël*, *Abimelech*, *Abiézer*, *Abinadab*, *Abiram*, *Abiron*, *Abisay*, *Abisaï*, *Abiu*, *Abner*, *Absalon*, *Isbaab*, *Moab*, *Moabites*, *Phahat-Moab*, *Sennaab*, etc.

Le nom d'*Abraham* est composé de l'hébreu *áb*, père, *rám*, élevé, *hám*, multitude : le père élevé de la multitude. Son premier nom *Abram* signifiait simplement père élevé.

La tradition arabe a altéré et même défiguré plusieurs noms bibliques : ainsi *Abraham* est devenu *Ibrâhîm* dans le Coran.

L'hébreu *ăb* ou *ăv*, père, chef, aïeul, d'où *abbé*, se reconnaît aussi dans plusieurs noms géographiques ; ex. : *Abbasabad*, *Abbeville*, *Abawi*, *Appenzel*, etc.

AIGU, uë, adj. Terminé en pointe, ou en tranchant, propre à piquer, à percer ou à fendre; fig., clair, perçant; fig., vif, piquant. [Cette famille de mots est très-nombreuse dans les langues indo-européennes. En latin *aculeus*, aiguillon, pointe, dard d'une abeille; *acuo*, j'aiguise, j'affile, je rends pointu; *acutus*, aigu, pointu; *acus*, aiguille; *acicula*, épingle de tête; *acies*, pointe, tranchant, épée; ligne de soldats, armée, bataille, choc, combat; *acumen*, pointe. En grec *aké*, pointe, tranchant; *akmé*, pointe, tranchant; *aichmé*, pointe, dard, javelot; *akantha*, épine, acanthe, piquant, arête; *oxus*, aigu, pointu; *akôn*, dard; *akros*, extrémité, cime, bout, le point extrême. En sanscrit *açris*, pointe d'une épée; *aç* ou *anç*, traverser, pénétrer; *açu*, aiguiser, rendre pointu, affiler; *agra*, pointe, sommet, cime. En all. *ecke*, pointe, tranchant, angle saillant, coin, arête; haut all. ancien *eche*, tranchant, fil; anglosaxon *ecg*, *ecge*, pointe, tranchant, coin; flamand *hoek*, extrémité, bout, coin; suéd. *egge*, tranchant, pointe; dan. *eg*, et ancien scandin. *egg*, tranchant, pointe. En ital. *acuto*, aigu; esp. et port. *agudo*, cat. *agud*, aigu, pointu, piquant. Langue des troubadours *agut*, aigu, pointu; *aguilen*, églantier, et *aiglentina*, buisson, églantier. Langue des trouvères *agus*, aigu, pointu; picard *agu*, vi. fr. *agu*, aigu, pointu. En gall. *awçus*, aigu; gaël écoss. et irl. *achiar*, aigu.]

Aiguiser, v.a. Rendre aigu, piquant, rendre plus tranchant. *Aiguisé, ée,* p.

*****Aiguisage,** s.m. Action d'aiguiser un instrument de fer.

Aiguisement, s.m. Action d'aiguiser.

*****Aiguiseur,** s.m. Ouvrier qui aiguise.

*****Aiguité,** s.f. maçonn. État d'un angle qui est aigu.

*****Acuïté,** s.f. mus. Modification du son qui est aigu ou haut, par rapport à d'autres sons qu'on nomme graves ou bas.

*****Acutilobé, ée,** adj. bot. Partagé en *lobes aigus*.

Acuminé, ée, adj bot. Se dit des feuilles dont l'extrémité offre une pointe allongée et très-aiguë.

*****Acumineux, euse,** adj. bot. Qui se prolonge en une pointe peu aiguë.

*****Acuminifère,** adj. bot. Qui porte de petits tubercules pointus.

Acuponcture, s.f. chir. Piqûre faite dans une partie saine ou malade avec une aiguille d'or, ou d'argent. (Lat. *acus*, aiguille, *pungo*, je pique.)

*****Acuponcturer,** v.a. chir. Pratiquer l'acuponcture. *Acuponcturé, ée,* part.

*****Acuponctureur,** s.m. chir. Qui pratique l'acuponcture.

Aiguillade, s.f. Gaule pour piquer les bœufs.

Aiguillat, s.m. Espèce de chien de mer qui a une pointe ou épine cornée au-devant des nageoires dorsales.

Aiguille, s.f. Outil d'acier ou d'autre métal, long et pointu, à tête percée ou non, pour coudre, tricoter, etc. (Lat. *acula*, aiguille; *acicula*, épingle de tête; *aculeus*, aiguillon; valaque *ak*, aiguille, rouchi *ewile*, patois de Valence *agulio*, roman du midi *agullia*, roman du nord *aguilhe*, patois de Champagne *agueil*; aiguille. Greening retrouva, en 1560, le procédé de la fabrication des aiguilles, dû, quelques années avant lui, à un Indien. On s'était servi jusqu'alors d'arêtes de poisson et d'épines en guise d'aiguilles et d'épingles.)

Aiguille, s.f. Espèce de clochers en pyramide ; obélisque antique ; nom de plusieurs espèces de poissons de mer.

*****Aiguille,** s.f. mar. Se dit de plusieurs pièces de bois placées les unes sur les autres, en avant de l'étrave, pour former l'éperon ; appareil mécanique servant à faire passer un train de chemin de fer d'une voie sur une autre ; géogr. sommet d'une montagne, lorsqu'il est prismatique ou anguleux.

Aiguillée, s.f. Longueur de fil pour travailler à l'aiguille.

*****Aiguillé, ée,** adj. h.n. En forme d'aiguille ou de pointe longue et mince.

Aiguiller, v.a. Ôter la cataracte de l'œil avec une aiguille faite exprès. *Aiguillé, ée,* p.

Aiguilletage, s.m. Action d'aiguilleter, le résultat.

Aiguilleter, v.a. Attacher ses chausses à son pourpoint avec des aiguillettes. *Aiguilleté, ée,* p.

Aiguillette, s.f. Cordon, ruban garni de métal en pointe par le bout ; long morceau de chair ou de peau ; pêche, sorte de verge de fer terminée par une espèce de bouton, et qui sert à tirer du sable certains coquillages.

Aiguilletier, s.m. Artisan qui ferre les aiguillettes et les lacets.

Aiguillier, s.m. Petit étui pour les aiguilles.

*****Aiguillier,** s.m. Qui fabrique et vend des aiguilles.

*****Aiguillière,** s.f. Filet pour la pêche.

*****Aiguilleur,** s.m. Employé qui fait mouvoir l'aiguille, au passage des trains.

Aiguillon, s.m. Pointe de fer au bout d'un long bâton, et dont on pique les bœufs; petit dard des abeilles; fig. tout ce qui pique, incite.

*****Aiguillon,** s.m. chasse. Pointe qui termine les fumées ou fientes des bêtes fauves ; technol. fausse direction du diamant à rabot sur une glace.

Aiguillonner, v.a. Piquer un bœuf avec l'aiguillon. *Aiguillonné, ée,* part.

*****Aiguillonné, ée,** adj. h.n. Muni d'aiguillons ; chass. se dit des fientes ou des fumées terminées en aiguillons.

*****Aiguillonneux, euse,** adj. bot. Muni d'aiguillons.

Besaiguë, s.f. Outil taillant par les deux bouts. (Du latin *bis*, deux fois, *acuta*, aiguë. En patois de Champagne *besaigue*, hache à deux tranchants. Bas-limousin *bego*, savoisien *bega*, sorte de houe à deux fourchons pointus, pour fouir la terre.)

*****Besaiguë,** s.f. Outil de cordonnier ; marteau de vitrier.

*****Besaiguë** ou **Besague,** s.f. anc.t.milit. Arme de deux à trois mètres de long, semblable à une faux, accompagnée de crochets.

*****Inaiguisé, ée,** adj. Qui n'a pas été aiguisé.

*****Ranguillon,** s.m. Petit crochet pointu qui fait partie d'un hameçon ; petite pointe de fer qui avance sur le tympan d'une presse typographique, et qui fait la pointure.

Suraigu, uë, adj. mus. Fort aigu.

Acacia, s.m. Nom d'arbres à piquants. (Lat. *acacia*, arbre épineux; *acus*, pointe, aiguille; grec *aké*, dorien *aka*, pointe. Ital., esp., port. et lang. des troubadours *acassia*, acacia.)

*****Acane,** s.m. bot. Plante à épines. (Grec *akanion*, épine, de *aké*, pointe, dorien *aka*.)

*****Acanacé, ée,** adj. bot. Garni de piquants comme un chardon.

*****Acanacées,** s.f.pl. Famille de plantes à fleurs composées.

Acanthe, s.f. Plante épineuse, remarquable par ses belles feuilles découpées ; ornement d'architecture imité de l'acanthe. (Grec *akantha,* acanthe, de *aké,* pointe.)

*Acanthacé, ée, adj.bot. Qui ressemble à l'acanthe.

*Acanthacées, s.f.pl. Famille de plantes.

*Acanthe, s.f.myth.gr. Nymphe aimée d'Apollon et métamorphosée en acanthe.

*Acanthe, s.m.myth.gr. Fils d'Antinoüs et d'Hippodamie : il fut métamorphosé en acanthide.

*Acanthide, s.pr.f.myth.gr. Sœur d'Acanthe, qui fut, comme son frère, métamorphosée en acanthide.

*Acanthide, s.f.h.n. Nom grec d'un oiseau qu'on croit être le chardonneret.

*Acanthide, adj. Ressemblant à une acanthie.

*Acanthides, s.f.pl. Famille d'insectes hémiptères.

*Acanthie, s.f. Genre d'insectes hémiptères.

*Acanthine, s.f.h.n. Genre de coquilles.

*Acanthinion, s.m.h.n. Genre de poissons des mers exotiques.

*Acanthocarpe, adj.bot. Se dit d'une plante à fruits épineux. (Grec *akantha,* épine, chardon, ronce, acanthe, piquant, de *aké,* pointe, et *karpos,* fruit.)

*Acanthocin, s.m.h.n. Genre d'insectes coléoptères.

*Acanthoclade, adj.bot. Se dit des plantes à rameaux chargés d'épines. (Gr. *klados,* rameau.)

*Acanthoïde, adj.bot. Qui a l'apparence de l'acanthe.

*Acanthopome, adj.h.n. Se dit des poissons à opercules garnis de dentelures ou d'épines.(Gr. *akantha,* épine, *pôma,* opercule.)

*Acanthoptère, adj.h.n. Ailes ou nageoires armées de pointes. (Gr. *ptéron,* aile.)

*Acanthorhine, adj.h.n. Se dit des poissons qui ont, entre les yeux, un appendice en forme de nez, et armé d'aiguillons. (Gr. *rhis, rhinos,* nez.)

*Acanthure, adj.h.n. A queue épineuse. (Gr. *oura,* queue.)

*Décacanthe, adj.h.n. Qui porte dix épines. (Gr. *déka,* dix, *akantha,* épine.)

*Diacanthe, adj.h.n. Qui porte deux épines ; genre de poissons ; bot. genre de plantes à fleurs composées.

*Myriacanthe, adj.bot. Qui a de nombreuses épines.

*Pentacanthe, adj.h.n. Qui porte cinq épines. (Gr. *penté,* cinq.)

*Polyacanthe, adj.bot. Garni de nombreuses épines.(Gr. *polus,* plusieurs.)

*Hexacanthe, adj.h.n. et bot. A six épines ou aiguillons.

*Aciculaire, adj.h.n.Mince et allongé en forme d'aiguille. (Lat. *acicula,* épingle de tête ; *aculeus,* aiguillon.)

*Acicole, adj bot. Qui croît sur les feuilles pointues des pins. (Lat. *colo,* j'habite.)

*Acicule, s.m.h.n. Soie rare et fort aiguë que l'on observe sur les côtés du corps de plusieurs annélides.

*Aciculé, ée, adj.h n. Se dit de corps qui ont la forme d'une aiguille, ou dont la surface offre des raies fines qui semblent avoir été faites avec la pointe d'une aiguille.

*Aciculiforme, adj.h.n. En forme de petite aiguille.

*Acidote, adj.h.n. Terminé en pointe.

*Aciforme, adj.didact. En forme d'aiguille.

Acier, s.m. Fer affiné et purifié par la trempe. (Dans le siècle de Pline, les Romains appelaient l'acier *acies,* d'où l'on forma le mot *aciarium,* qui le désigna dans le moyen âge, et qui a produit évidemment le mot français. M. Diez dérive directement *acier* du latin *acies,* pointe, tranchant, épée, armée, combat. *Acies* tient également au latin *aculeus,* aiguillon, *acus,* aiguille, et au grec *aké,* pointe. En teuton *ekke,* acier, dans Schulter. En sanscrit *açris,* pointe, d'où le grec *akra* et l'ionien *akris,* sommet, pointe.)

Aciérer, v.a. Convertir du fer en acier. *Aciéré, ée,* part.

*Aciération, s.f. Action d'aciérer ; formation de l'acier.

*Aciéreux, adj.m. Converti en acier.

Aciérie, s.f. Usine où l'on fabrique l'acier.

*Désaciérer, v.a. Détruire l'état d'aciération du fer. **Désaciéré, ée,* part.

*Acipenser, s.m.antiq. Nom latin d'un poisson que l'on croit être l'esturgeon. (Ce mot, dit Gébelin, est donc composé de ces trois, *ac,* pointe, *cap,* tête, changé en *cip,* dans les composés, et *pen,* aile, nageoire. En latin *acus, acies, caput* et *penna.*)

*Acérain, e, adj. Qui tient de la nature de l'acier.

Acérer, v.a. Garnir d'acier un outil de fer. (Il n'est pas improbable, dit le général Bardin, que le latin *acieris,* hache, aura produit l'adjectif français *acéré,* et qu'il est analogue au substantif *acier.*) *Acéré, ée,* part.

*Acérellé, ée, bot. Qui se termine en une petite pointe peu aiguë.

*Acéreux, euse, adj.bot. Se dit des feuilles pointues, longues, minces et résistantes.

*Acérure, s.f.serrur. Morceau d'acier pour acérer les outils de fer.

*Acontias, s.m.h.n. Serpent fabuleux qui s'élance sur les hommes avec la vitesse d'un javelot. (Gr. *akontias,* fait de *akón,* javelot, dard, r. *aké,* pointe ; lat. *acus,* aiguille, *aculeus,* aiguillon.)

*Acontismologie, s.f. Art de tirer de l'arc, de lancer des armes à pointe. (Gr. *akontismos,* action de darder, de lancer des traits, et *logos,* discours.)

Acrobate, s.m.f. Danseur, danseuse de corde. (Du gr. *akrobatéin,* marcher sur la pointe du pied, de *akron,* pointe, extrémité, sommet, r. *aké,* pointe ; et de *bainô,* je marche.)

*Acrocérauniens, adj. et s.m.pl.géogr.anc. Hautes montagnes d'Épire, dont le sommet est souvent frappé de la foudre. (Gr. *akron,* sommet, cime, pointe, extrémité, r. *aké,* pointe ; et *kéraunos,* foudre.)

Acrostiche, s.m. et adj. Sorte de petit poëme où les premières lettres de chaque vers, réunies, forment un mot ou un sens complet, et dont *Epicharme* paraît l'inventeur. (Gr. *akros,* et *stichos,* file, rang, rangée ; ligne d'écriture ; littér. le bout, l'extrémité des lignes.)

Acrotère, s.m.archit. Espèce de piédestal que l'on met d'espace en espace dans les balustrades. (Gr. *akrôtérion,* cime, faîte, pointe, de *akros,* r. *aké.*)

Églantier, s.m. Sorte de rosier sauvage. (En vi. fr. *aiglent,* églantier. Don, que M. Diez rapporte au fr. *aiguille* et au latin *aculeatus,* orné de pointes, d'aiguilles ; et M. de Théis au primitif *aiq,* dérivé d'*ac,* pointe, ce qui revient au même ; et Périon, au grec *akanka,* épine, pointe ; ce qui revient encore au même. Cet arbuste est hérissé d'aiguillons. Dans la langue des troubadours *œguilen,* églantier.)

Églantine, s.f. Fleur de l'églantier.

*Églantine d'argent. Un des prix qui se distribuent dans les jeux floraux, à Toulouse.

*Monacanthe, adj. Qui n'a qu'une seule épine. (Gr. *monos,* seul.)

*Monacanthe, s.m. Genre de poissons.

*Oxyacanthe, adj.bot. Garni de nombreux aiguillons. (Du gr. *oxus,* aigu, pointu, tranchant, et *akantha,* épine, plante épineuse quelconque. Oxus = oksus, mot identique au latin *ac-uleus, ac-umen,* pointe, *ac-us,* aiguille, ardillon. De même, le grec *oxus,* pour

ok-sus, acide, et le latin *ac-idus*, acide, sont identiques. *A* et *o* se permutent fréquemment.)

**Oxyadène, adj.bot. Qui a des glandes pointues. (Gr. *oxus*, pointu, et *adèn*, glande.)

**Oxyanthe, s.m.bot. Arbuste d'Afrique. (Gr. *anthos*, fleur.)

**Oxybèle, s.m.antiq.mil. Catapulte qui lançait des traits avec rapidité. (Gr. *oxus*, pointu, et *bélos*, trait.)

**Oxybractété, ée, adj.bot. Qui a des *bractées* très-pointues.

**Oxycarpe, adj.bot. A fruits pointus. (Gr. *karpos*, fruit.)

**Oxyclade, adj.bot. A rameaux aigus. (Gr. *klados*, rameau.)

**Oxygone, adj.géom. Triangle oxygone, est un triangle dont tous les angles sont aigus. (Gr. *oxus*, aigu, *gônia*, angle.)

**Oxypétale, adj.bot. A *pétales* aiguës.

**Oxyrhynque, adj.h.n. A bec pointu. (Du gr. *oxus*, pointu, *rhugchos*, groin, bec.)

**Oxyrhynque, s.m.h.n. Genre d'insectes coléoptères; genre d'oiseaux d'Amérique.

**Oxyrhynchide, adj.h.n. Qui ressemble à un oxyrhynque.

**Oxyrhynchides, s.m.pl. Famille d'insectes coléoptères.

Paroxysme, s.m. Accès, redoublement ou malignité d'une maladie. (Gr. *paroxusmos*, action d'animer, de stimuler, irritation, exaspération; paroxysme, fait du gr. *para*, qui marque l'excès, et *oxunô*, irriter, r. *oxus*, aigu, pointu, perçant.)

**Paroxyntique, adj. Qui tient du paroxysme; méd., se dit d'un jour marqué par l'apparition d'un accès de fièvre.

De là les noms propres : *Acanthe*, *Acanthio*, *Acaste*, *Acis*, *Aculéo*, *Oxyderce*, *Oxydraque*, *Oxynius*, *Oxyorus*, *Oxyponus*, *Oxyrrhinès*, *Oxythémisas*.

Selon Chorier, De la Roque et autres, la racine *accum*, *acus*, ac, signifiant pointe ou qui demeure en pointe, se retrouve dans plusieurs n. géogr., comme : *Rouci*, lat. *Rouciacum*, *Albiac*, *Marcillac*, *Canillac*, *Cardaillac*, *Polignac*, *Genouillac*, *Vaillac*, *Florensac*, *Musillac*, *Riberac*, *Jonsac*, *Champagnac*, *Cugnac*, *Naillac*, *Basusac*, *Estissac*, *Asserac*, *Ginac*, *Bergerac*, *Cosnac*, *Sordeac*, *Lesnerac*. Mais, dit De la Roque, cette terminaison peut aussi bien venir de *lac* ou *lacus*, qui se prend pour un cours d'eau ou de rivière.

AIL, s.m. Espèce d'oignon d'une odeur et d'un goût très-forts. [Du latin *allium*, ail. On a donné plusieurs étymologies au latin *allium*. 1° Vossius le dérive du grec *aglis*, ail, *aglidion*, petite gousse d'ail; mot qui semble venir lui-même du sanscrit *agara*, poison, venin; l'ail a toujours passé pour sain et bon à la santé, et comme préservatif contre la morsure des serpents. 2° Un autre fait venir *allium* du grec *allas*, saucisse; parce qu'on met de l'ail dans les saucisses; 3° De Théis déduit du celtique *all*, chaud, âcre, brûlant, le latin *allium*, ail, et le grec *hals*, sel et *aloé*, aloès. M. Benfey rattache à une origine commune le grec *aloé*, aloès, et *aglis*, tête d'ail. 4° Du prétendu primitif celtique *al*, élevé, Gébelin forme le latin *allium*, ail, *alumen*, alun, et *alga*, algue. 5° Martinius cite un auteur qui tire *allium* du grec *hallesthai*, sauter, *quod exsiliendo crescat*. 6° J. Henricus rattache *allium* au latin *halare*, répandre une odeur, à cause de la forte odeur que l'ail exhale; 7° et Constancio, au grec *oulon*, gencive. 7° Isidore prend l'origine de *allium* dans le latin *oleo*, je répands une odeur. 9° Martinius préfère lier *allium* au grec *aglis*, *aglidion*. C'est aussi ce que fait Vossius, ainsi que d'autres linguistes. La double *ll* de *allium* annonce l'assimilation d'une lettre à une autre; de plus, la terminaison *um* des Latins répond à celle des Grecs en *on*; ce qui favorise singulièrement le rapprochement du grec *aglidion* et du latin *allium*. Trévoux tire *allium* du grec *aglithes*, têtes d'ail. Suidas a employé ce mot. Le grec d'Hésychius donne aussi *aglidia*, ails ou aulx; mot qui serait dorien selon quelques-uns. En ital. *aglio*, ail; esp. *ajo*; anc. cat. *ayl*, cat. mod. *all*, port. *alho*, patois de Castres *al*, prov. *ailhet*; anc. fr. *alz*, *aillie*, ail.)

Aillade, s.f. Sauce à l'ail.

Alliacé, ée, adj. Qui tient de l'ail.

**Alliacé, ée, bot. Ressemblant à l'ail.

**Alliacées, s.f.pl.bot. Groupe de plantes.

Alliaire, s.f.bot. Plante à odeur d'ail.

**Alliaire, adj.h.n. Qui a l'odeur de l'ail; qui se nourrit habituellement de l'ail.

**Aillolis, s.m.cuis. Coulis d'ail finement trituré avec de l'huile d'olive.

AILE, s.f. Partie du corps des oiseaux, de quelques mammifères et d'un grand nombre d'insectes, qui leur sert à voler; par analogie, on dit les *ailes* d'un moulin, d'un édifice, d'une armée. [Du lat. *ala*, aile. La plupart des étymologistes s'accordent à dire que le latin *ala*, aile, aisselle, épaule, et *axilla*. aisselle, sont de la même origine ; de même que le latin *palus* et *paxillus*, *mala* et *maxilla*, Cependant Cicéron dérive *ala* de *axilla*; mais Gébelin, Quich. et Davel. et Constancio, pensent, au contraire, que *axilla* est le dim. de *ala*. Benfey, de même que Gébelin et autres, attribue une origine commune au grec *maschalé*, aisselle, etc., et *malé*, aisselle, et au latin *axilla* et *ala*. Doed. croit, de son côté, que *ala* et *axilla* tirent tous deux leur origine du grec *échein*, porter, transporter. 1° Vossius dérive simplement le mot latin *ala* de l'hébreu *âlâ*, il est monté; 2° ou de l'hébreu *êl*, fort, robuste; parce que la principale force des oiseaux est dans leurs ailes; 3° un autre, du grec *ilé*, troupe; parce que *ala* signifie aussi troupe; 4° Martinius, du latin *volare*, voler; parce que les Grecs ont fait *ptéra*, aile, de *hiptamai*, je vole; 5° un autre, du grec *aella*, coup de vent, à cause de la rapidité du vol des oiseaux; 6° un autre, du grec *aléa*, moyen d'éviter, refuge; parce que les ailes servent aux oiseaux à s'enfuir, à se mettre en sûreté. Toutes ces étymologies n'empêchent nullement encore de continuer à regarder *ala* et *axilla* comme étant de la même souche. Les auteurs du Tripartitum rattachent *ala* et *axilla* à l'hébreu *adsil* et à l'all. *achsel*. Trévoux dit que *ala* et *axilla* sont la même chose, comme Cicéron lui-même l'a marqué. Les mots coptes *halai*, voler, *halat* et *halet*, *halaaté*, oiseaux, ne semblent pas étrangers aux mots latins *ala*, *axilla*. Le breton *askel* se dit de l'aile des oiseaux et de quelques insectes. En ital., esp., cat., port. *ala*, aile ; langue des troubadours *ala*, langue des trouvères *hele*, bas-limousin *alo*, rouchi *ele*, aile.]

**Trialié, ée, adj.h.n. Pourvu de trois ailes.

Ailé, ée, adj. Qui a des ailes.

Aileron, s.m. Extrémité de l'aile d'un oiseau ; nageoires de quelques poissons; petits ais sur lesquels tombe l'eau qui fait tourner la roue d'un moulin.

**Aile, s.f.bot. Expansion membraneuse qui borde les graines de certaines plantes; t. de pêche, bande de filet qu'on ajoute aux côtés d'un filet à manche ; t. de manége, pièce de bois que l'on met au côté de la lance pour la charger vers la poignée; technol. branche d'un volant de sonnerie; partie de la lardoire où l'on met le lardon.

*Aileron, s.m.archit. Petite console dont on décore les lucarnes ; t. de mer, planche clouée momentanément sur le safran du gouvernail ; arts et mét., petit bord d'étoffe qu'on mettait aux pourpoints.

*Ailette, s.f.archit. Avant-corps ajouté à un corps de bâtiment et plus petit qu'une aile.

*Alaire, adj.h.n. Qui se rapporte aux ailes ; tecnol., inséré dans l'angle de deux parties.

*Alares, s.m.pl.ant.rom. Cavaliers auxiliaires, cavalerie des alliés. (Latin *alaris*, qui appartient aux ailes d'une armée, r. *ala*, aile.)

*Alas, s.m pêche. Partie des *ailes* d'un filet, appelée aussi *boulier*.

Alation, s.f.h.n. Manière dont les ailes d'un animal sont configurées ou disposées.

*Alette, s.f.t.de mer. Prolongation des bordages de l'arrière. (Ital. *aletta*, petite aile.)

*Alifère, adj.h.n. Qui porte des ailes.

*Aliforme, adj.h.n. Qui a la forme d'une aile.

*Aligère, adj.m.myth.rom. Qui porte des ailes. Surnom de Cupidon et de Mercure.

*Alipède, adj.m.myth.rom. Surnom de Mercure qui a des ailes aux pieds.

*Alipède, adj. et s.m.h.h.n. Dont les pattes sont transformées en ailes.

*Sous-aile, s.f.anc.archit. Bas-côté, nef latérale d'une église.

*Subalaire, adj.h.n. Qui occupe le dessous de l'aile.

Aisselle, s.f. Partie creuse sous l'épaule, à la jonction du bras. (Lat. *axilla*, aisselle, épaule, mot de la même origine que *ala*, aile, aisselle. Il en est de même du latin *paxillus* et *palus*, *maxilla* et *mala*; du grec *maschalê*, aisselle, et *malê*, aisselle. En all. *achsel*, aisselle, épaule; anglosaxon *eaxl*, *cawla*, *ehsle* ; holl. *axel*, *oxel*, *oksel*, aisselle ; suéd. *axel*, anc. scandin. *oexel*, *axla*, aisselle ; ital. *ascella*, cat. *axella*, langue des troub. *aissala*, aisselle ; basse lat. *axella*, *assellia*, *asella*, *ascilla*, *ascella*, aisselle.)

Axillaire, adj. Qui appartient à l'aisselle.

*Axillibarbu, ue, adj.bot. Qui porte des poils dans l'aisselle.

*Axilliflore, adj.bot. A fleurs axillaires.

*Extra-axillaire, adj.anat. Placé en dehors de l'aisselle.

*Sous-axillaire, adj.bot. Inséré au-dessous d'une partie axillaire.

*Subaxillaire, adj. anat. Qui est presque placé à l'aisselle.

*Superaxillaire, adj.bot. Placé au-dessus de l'aisselle.

AILE, s.f. Bière faite sans houblon. [De l'anglais *ale*, aile, bière, dérivé lui-même du saxon *eale*, aile, bière.]

Godailler, v.n.pop. Boire avec excès et à plusieurs reprises. (1° D'après MM. Lorin, Arthur Dinaux, Honnorat, Paulin Paris, De Chevallet, etc., *godailler* est un mot d'origine germanique. En anc. fr. *yodale*, *goudale*, sorte de bière de bonne qualité. De *godale* on fit *godailler*, qui nous est resté, comme de *cidre* on fit *cidrailler*. En anglosaxon *god*, bon, *eale*, bière ; ancien scandinave *godur*, bon, et *aul*, bière ; dan. *god*, bon, et *œl*, bière ; suéd. *god*, bon, et *œhl*, bière ; angl. *good*, bon, et *ale*, aile, bière. 2° M. l'abbé Corblet soutient que *godailler* vient du celto-breton *godal*, débauché ; 3° et Bullet, du celtique *go*, petit, et du mot *ale*, aile ; bière ; 4° M. Tarbé de l'anc. fr. *gode*, verre, gobelet. En basse latinité *godala*, mot teuton signifiant une espèce de bière ; d'où l'anc. fr. *goudale*, bière, et *goudalier*, brasseur.) *Godaillé*, p.

AILLEURS, adv.de lieu. En un autre lieu ; dans un autre passage, en parlant d'un livre. [De l'anc. fr. *aillors*, langue des troubadours *alhors*, ailleurs ; mot que Raynouard compose du latin *alia hora*, dans une autre heure ; et Eloy Johanneau, du latin *alio loco*, dans un autre lieu. D'autres le font venir simplement du latin *aliorsum* ou *aliorsus*, vers un autre lieu ; dans un autre but, d'une autre manière. On a dit aussi *alioversum* et *alioversus*, r. *alio*, et *verto*, *versum*, tourner. La racine latine *alius*, autre, à un comparatif qui est *alter*, autre ; il en est de même du grec *allos*, autre, et *allotrios*, autre ; du sanscrit *anyas*, autre, et *anyatara*, autre. En zend *anyô*, autre. Le latin *alius* et le grec *allos*, autre, se correspondent, comme le latin *folium* et le grec *phullon*, feuille ; comme le latin *salio* et le grec *hallomai*, je saute. En basque *elkar*, l'un, l'autre. Dans la langue des troubadours *al*, autre ; langue des trouvères *el*, autre chose, *aliud*. En anc. esp. *al*, anc. fr. *al*, autre. En gall. *all*, bret. *all*, *eil*, autre.]

D'ailleurs, loc. adv. D'un autre côté, d'une autre cause, d'un autre motif, par un autre motif.

Alibi, s.m. Présence dans un lieu autre que celui qui est indiqué. (Lat. *alibi*, ailleurs, r. *alius*, autre.) M. Delatre considère les adverbes latins *ubi*, *ibi*, *alibi*, comme des noms au datif.)

Alibiforain, s.m.fam. Propos qui n'a point de rapport à la chose dont il est question. (Du latin *alibi*, ailleurs, et *foras*, dehors.)

Aliboron, s.m.fam. Maître Aliboron, homme ignorant, ridicule. (D'après Huet, cité par plusieurs étymologistes, ce terme, né au barreau, fut originairement un sobriquet donné à un avocat qui, plaidant en latin, selon l'ancien usage, et voulant détourner les juges d'admettre les *alibi* allégués par sa partie adverse, s'était écrié sottement : *Non habenda est ratio istorum aliborum*, On ne doit pas tenir compte de ces alibi ; comme si *alibi* était déclinable. 2° De l'all. *albern*, sot, niais ; 3° de *al*, article arabe et *n*, et du substantif *bo'ran*, âne, bête de somme. 4° Suivant Le Duchat, du nom d'*Albert le Grand*, alchimiste et magicien, on aurait fait le mot *aliboron*. Cet Albert serait le prototype d'*Albéron*, *Auberon* ou *Oberon*, et d'*Alberon* serait venu *aliboron*. 5° M. Quitard, qui cite ces deux étymologies, en rapporte une autre qui forme le mot *aliboron* du patois *aribourou*, francisé avec le changement du r en l ; et composé de *ari*, va, et de *bourrou*, baudet : va, baudet. Mais l'étymologie de Huet est la plus simple, la plus naturelle, et la plus suivie, la moins forcée. Elle est même confirmée par le mot *maître* qui accompagne celui d'*Aliboron*, quand on dit *maître Aliboron*. Or le titre de *maître* se donne encore aux avocats, et aucun de ces messieurs ne rejette cette étymologie personnelle. M. Honnorat dit que le mot *aliboron* désignait anciennement un homme subtil pour trouver des *alibi*. Nos anciens poètes ayant donné ce nom à l'âne, sa signification est changée. M. Génin dit : *galbanon*, *aliboron*, *rogaton*, *dicton*, *toton*, sont les mots latins *galbanum*, *aliorum* [barbarement *aliboron*], *rogatum*, *dictum*, *totum*.]

Aliéner, v.a. Transférer à un autre la propriété d'un bien qu'on lui vend, dont on le rend maître d'une manière ou d'une autre. (Du latin *alienare*, rendre autre, aliéner, r. *alius*, autre.) *Aliéné*, *ée*, p.

Aliéné, **ée**, adj. et s. Fou, folle.

Aliénable, adj. Qui se peut aliéner.

Aliénation, s.f. Action d'aliéner, le résultat ; aversion, haine ; folie.

*Aliénateur, s.prat. Celui, celle qui aliène.

*Aliénateur, trice, s.prat. Celui, celle qui aliène.

*Abaliéner, v.a.droit rom. Consentir une aliénation. *Abaliéné*, *ée*, p.

Abaliénation, s.f. droit rom. Aliénation des choses dites *mancipi*.

Inaliéné, ée, adj. Qui n'a pas été aliéné.

Inaliénable, adj. Qui ne peut s'aliéner.

Inaliénabilité, s.f. Qualité de ce qui est inaliénable.

Alaterne, s.m. bot. Arbrisseau toujours vert, à feuilles *alternes*. (Du latin *alaternus*, alaterne, mot employé par Pline. De Théis dit qu'*alaternus* est dérivé du latin *alternus*, alterne, selon plusieurs auteurs; parce que ses feuilles sont *alternes*, ce qui les distingue de celles des *phylirea* qui sont opposées. Gattel et autres font observer aussi que les feuilles de cet arbrisseau sont rangées alternativement le long de ses branches. Cependant Doederlein rattache ce mot au grec *élaté*, sapin. Voyez le mot *élatère*. *Alternus* est un dérivé du latin *alter*, autre, r. *alius*.)

Altérer, v.a. Rendre autre, changer l'état d'une chose; détériorer, corrompre, falsifier; causer la soif. (Latin *alter*, autre, différent, changé; comparatif de *alius*, autre. En ital. *altro*, valaque *altul*, rouchi *aute*, auvergnat *aoutre*, autre; anc. esp. *altro*, esp. mod. *otro*, port. *outro*, langue des troubadours *altre*, picard *aute*, patois de Castres *aoutre*, anc. fr. *atre*, *aute*, autre.) *Altéré, ée*, p.

S'altérer, v.a. pron. Se changer, se modifier.

Altérable, adj. Qui peut être altéré.

Altérant, ante, adj. Qui altère; qui cause la soif.

Altérant, s.m. Remède qui change les humeurs, et dont l'action est insensible.

*Altérateur, trice, adj. et s. Celui, celle qui altère.

*Altératif, ive, adj. Qui altère.

Altération, s.f. Changement, agitation intérieure; falsification; grande soif.

Altercat, s.m. Altercation.

Altercation, s.f. Débat entre l'un et l'autre, ou entre plusieurs; dispute où se mêle de l'aigreur. (Lat. *altercatio*.)

Alterner, v.n. Faire l'un après l'autre, faire successivement, tour à tour; se succéder tour à tour et avec régularité. *Alterné, ée*, p.

Alternat, s.m. Action ou droit d'alterner.

Alternatif, ive, adj. Se dit de deux choses agissant l'une après l'autre.

Alternative, s.f. Succession de deux choses qui reviennent tour à tour; option entre deux choses; choix; balancement de crainte et d'espérance.

Alternativement, adv. L'un après l'autre, tour à tour.

Alterne, adj. géom. Se dit des angles formés par une ligne qui coupe deux parallèles.

*Alternati-penné, adj. bot. Se dit des feuilles pennées dont les folioles sont *alternes* sur le pétiole commun.

*Alterner, v.n. hist. Jouir du privilège qu'on appelait alternat.

Autre, adj. et pron. indéfini. Ce mot marque la distinction, la différence entre les personnes ou les choses; il signifie aussi supérieur en mérite, plus important, plus considérable; il indique encore, dans le sens de second, la ressemblance, la conformité l'égalité entre deux personnes. (Latin *alter*, autre, r. *alius*, autre.)

Autrement, adv. D'une autre façon; sinon, sans quoi.

Autrui, s.m. Les autres personnes, le prochain. (M. Wey compose ce mot de l'adjectif *autre* et du substantif *homme*: *autre-hum*, *autre-hus*. Dans le 17e s., le mot autrui faillit périr; on voulait le remplacer par *autres*. Il fut sauvé par Vaugelas dont les réclamations furent écoutées par l'Académie.)

Adultère, adj. et s. Qui viole la foi conjugale. (Lat. *adulter*, adultère; amant; se dit aussi des animaux qui s'accouplent hors de leur espèce; celui qui altère, qui falsifie; du lat. *ad*, à, vers, et *alter*, autre; qui va à un autre. Tous les étymologistes ont suivi cette dérivation, excepté Doederlein qui rapporte *adulter* au grec *tholoó*, souiller, tacher, polluer, salir; et Constancio, au latin *dolus*, dol, fourberie.)

Adultère, s.m. Violation de la foi conjugale.

Adultérer, v.a. Altérer, falsifier. *Adultéré, ée*, p.

Adultération, s.f. jurisp. Action d'altérer, de gâter ce qui est pur.

Adultérin, ine, adj. et s. Né d'adultère.

Désaltérer, v.a. Apaiser la soif. *Désaltéré, ée*, p.

Désaltérant, ante, adj. Qui désaltère.

Entr'autres, loc. adv. Parmi d'autres.

Inaltérable, adj. Qui ne peut être altéré.

*Inaltérabilité, s.f. Qualité, état de ce qui est inaltérable.

*Inaltéré, ée, adj. Qui n'a subi aucune altération.

Sesquialtère, adj. mathém. Se dit de deux quantités dont l'une contient l'autre une fois et demie. (Lat. *sesqui*, de *semisque*, et une et demie; et *alter*, autre, r. *alius*.)

*Sesquialtère, adj. et s.f. anc. mus. Se disait de différentes mesures en trois temps.

Subalterne, adj. Qui est sous un autre, subordonné, inférieur, secondaire.

Subalterne, s.m. Celui qui obéit à un autre qui est son chef.

*Subalternement, adv. En subalterne.

*Subalterniser, v.a. Mettre dans une position subalterne; placer au-dessous. *Subalternisé, ée*, p.

*Subalternité, s.f. État de ce qui est inférieur.

Allégorie, s.f. Représentation d'un objet intellectuel par un autre objet qui est sensible; sorte de portrait que l'on voit avec les yeux de l'esprit, et dont l'analogie fait la ressemblance. (Du grec *allégoria*, allégorie, r. *allos*, autre, en latin *alius*, et *agoreuó*, je harangue, je parle, je dis.)

Allégorie, s.f rhét. Fig. de mots qui n'est proprement qu'une métaphore continuée, qui, sous le voile d'un sens propre, cache un autre sens purement figuré.

Allégorique, adj. Qui tient de l'allégorie, qui appartient à l'allégorie.

Allégoriquement, adv. D'une manière allégorique.

Allégoriser, v.a. Expliquer selon le sens allégorique; donner un sens allégorique; se servir d'allégories. *Allégorisé, ée*, part.

*Allégoriser, v.a. philol. Expliquer tous les mythes anciens par des allégories.

Allégoriseur, s.m. Qui allégorise, qui donne un sens allégorique à toutes choses.

Allégorisme, s.m. Métaphore prolongée différant de l'allégorie, en ce qu'elle n'offre qu'un seul objet à l'esprit, ne donne à entendre qu'un seul et même sens.

Allégoriste, s.m. Qui explique dans un sens allégorique; qui explique les allégories.

*Allégoriste, s.m. philol. Qui explique tous les mythes anciens par des allégories.

*Inallégorique, adj. Qui n'est pas allégorique.

*Allélomachie, s.f. scol. Conflit entre deux choses, contradiction. (Gr. *allélomachia*, action de combattre les uns contre les autres, de *allélón*, l'un de l'autre, les uns des autres, r. *allos*, autre, latin *alius*, et *maché*, combats.)

*Alléluchie, s.f. scol. Accord entre deux choses, connexion mutuelle. (Gr. *allélouchia*, de *allélón*, et *échomai*, j'ai, je tiens.)

*Allocarpe, s.m. bot. Genre de plantes à fleurs composées. (Gr. *allos*, autre, *karpos*, fruit.)

***Allochroé**, ée, adj.h.n. Sujet à changer de couleur; qui n'offre pas la même couleur partout. (Gr. *allos* [lat. *alius*, autre], et *chroa*, couleur.)

***Allochroïsme**, s.m.h.n. Changement ou diversité de couleur.

*****Allochroïte**, s.f.minéral. Variété de grenat d'un blanc rougeâtre ou verdâtre.

*****Allogone**, adj.minéral. Se dit des cristaux qui, à la forme d'un noyau, réunissent celle d'un décaèdre à triangles scalènes, dont chacun a son angle obtus égal à la plus grande incidence des faces du noyau. (Gr. *allos*, et *gónia*, angle.)

*****Alloprosallos**, adj.myth.gr. Inconstant, qui va de l'un à l'autre. Surnom de Mars.

*****Alloptère**, s.m.h.n. Se dit de la nageoire pectorale des poissons. (Gr. *allos*, autre, *ptéron*, aile.)

*****Allotrète**, adj.h.n. A corps allongé et percé à ses bouts d'une bouche à l'autre. (Gr. *allos*, autre, *trêtos*, percé.)

*****Diallage**, s.f.minér. Pierre lamelleuse à joints différents. (Gr. *diallagé*, différence; de *dia*, par, à travers, et *allassó*, je rends autre, je change; r. *allos*, autre, latin *alius*.)

*****Diallagique**, adj.minér. Qui contient de la diallage.

*****Diallèle**, s.m.log.anc. Pétition de principe; cercle vicieux. (Gr. *dia*, et *allélôn*, l'un de l'autre.)

Enallage, s.f. Figure de grammaire qui consiste dans le changement des temps. (Gr. *en*, dans, *allassó*, je rends autre, je change, r. *allos*.)

*****Enallostège**, adj.h.n. Qui offre des loges disposées sur plusieurs axes différents. (Gr. *en*, dans, sur, *allos*, autre, *stégé*, toit, maison, chambre.)

Hypallage, s.f.gram. Inversion des mots. (Gr. *hupo*, sous, *allagé*, changement, r. *allos*, autre, lat. *alius*.) Cette figure applique à certains mots d'une phrase ce qui ne convient réellement qu'à d'autres. Elle est plus propre aux langues anciennes qu'aux modernes.)

Parallaxe, s.f.astron. Changement qui s'opère dans la position d'un astre quand on l'observe d'un point qui ne correspond pas au centre de son mouvement; angle formé au centre d'un astre par deux lignes droites menées de ce point, l'une au centre de la terre, l'autre au point de la surface terrestre où se fait une observation. (Gr. *parallaxis*, changement, variation ; de *para*, contre, à côté, et *allassó*, je rends autre, je change, r. *allos*, autre.)

Parallactique, adj.astron. Se dit de l'angle de la parallaxe.

Parallaxe, s.f.méd. Raccourcissement d'un membre fracturé, lorsque les fragments de l'os chevauchent l'un sur l'autre.

Parallèle, adj. Se dit d'une ligne ou d'une surface, également distante d'une autre, dans toute son étendue. (Gr. *parallélos*, de *para*, à côté, et *allos*, autre, lat. *alius*.)

Parallèle, s.f. Ligne parallèle à une autre.

Parallèle, s.m. Se dit des cercles parallèles à l'équateur, tirés par tous les degrés du méridien terrestre. Littér. Comparaison de deux êtres.

*****Parallèle**, adj.philol. Renfermant un parallèle, classé, rédigé de manière à produire un parallèle.

Parallélipipède, s.m.géom. Corps solide terminé par six parallélogrammes dont les opposés sont parallèles entre eux. (Pour *parallélépipède*, du grec *para*, à côté, *allélos*, l'un l'autre, de *allos*, autre, *épi*, sur, *pous*, *podos*, pied.)

*****Parallélique**, adj.h.n. Se dit d'une partie qui est parallèle à une autre.

*****Antiparallèle**, adj.géom. Se dit des lignes qui font avec deux autres des sections contraires.

Parallélisme, s.m.géom. État de deux lignes, de deux plans parallèles.

Demi-parallèle, s.f.art.milit. Ouvrage construit entre deux parallèles d'un siége.

Parallélogramme, s.m.géom. Figure plane, à côtés opposés parallèles. (Gr. *parallélos*, parallèle, *grammé*, ligne.)

*****Parallélogrammatique**, adj.géom. Qui a la forme d'un parallélogramme.

*****Parallélographie**, s.f.géom. Art de tirer des lignes parallèles. (Gr. *graphó*, j'écris.)

*****Parallélographe**, s.m.géom. Instrument à tracer des lignes parallèles.

*****Parallélographique**, adj.géom. Qui appartient à la parallélographie.

*****Parallélopleuron**, s.m.anc.géom. Carré imparfait. (Gr. *pleuron*, côté.)

Synallagmatique, adj. Se dit des contrats qui contiennent obligation réciproque entre les parties. (Gr. *sun*, avec, *allassó*, je rends autre, je change, r. *allos*, autre, latin *alius*.)

AIMANT, s.m. Minéral qui a la vertu d'attirer le fer; corps qui possède cette propriété naturellement, ou auquel l'art l'a communiquée; fig. appât, attrait. Suivant Collin de Bar, ce sont les Hindous qui ont découvert les premiers la propriété de l'aimant. Cette importante découverte est attribuée à l'Hindou Sarsdana, et remonte, d'après la chronologie incertaine de l'Inde, au règne de Kichanaha Vaigour, 1740 avant J.-C. [Du latin *adamas, adamantis*, fer, tout ce qu'il y a de plus solide, de plus dur; diamant, pierre précieuse; dérivé lui-même du grec *adamas*, acier ou cuivre le plus dur; diamant chez les modernes. Du Cange dérive l'anc. fr. *aimant*, diamant, et le mot *diamant*, du latin *adamas*. Dès que la vertu directrice de l'*aimant* fut découverte, on l'attribua aussitôt, dit Falconnet, au *diamant*, comme un apanage dû à la qualité attractive qu'on lui avait déjà supposée. Cette erreur a donné l'origine au nom de l'*aimant* dans notre langue. Les Français l'appelaient autrefois *magnete*, et ils appelaient le diamant *aimant*, par la contraction du latin *adamas, adamantis*; mais quand on crut avoir reconnu que la vertu directrice du *magnete*, aussi bien que l'attractive, convenait à l'*adamas* appelé alors *aimant*, le nom de la plus noble pierre passa à l'autre, leur fut commun à tous deux pendant quelque temps. Ensuite, par une bizarrerie de la langue, le *magnete* retint seul le nom de l'*aimant*, et l'*adamas* le perdit pour prendre celui de *diamant*. Les Mém. des antiq. de Norm. donnent une explication semblable. 1° À l'égard du grec *adamas*, un grand nombre d'étymologistes le forment du grec *a* privatif et *damaó*, je dompte, propr. invincible; par allusion à la grande dureté de cette substance. 2° D'autres le dérivent de l'ar. *diama*, durer; 3° Guichard prétend qu'il vient de l'hébreu *ádm*, il fut rouge; car, dit-il, à peine se trouve-t-il un seul nom en hébreu, d'entre ceux qui sont donnés aux pierres, qui ne se soit interprété de diverses espèces, et même de pierres de couleur toute diverse. En ar., en persan et en turc *elmás*, diamant. Ihro dit que le suiogothique *demant* et le fr. *diamant* ont tous deux pour origine le gr. *adamas*. En all. *diamant, demant*, diamant, angl. *adamant*, lapon *demant*, ital., anc. esp. *adamante*, anc.cat. *adamant*, lang. des troub. *adamas, adiman, aziman*, auvergnat *diamant*, anc. fr. *adamant*, diamant. Langue des trouv. *adamas, aziman, ayman*, aimant, cat., esp. et port. *iman*, aimant.]

Aimanter, v.a. Communiquer la propriété de l'aimant. *Aimanté, ée*, part.

***Aimantaire**, adj.minér. Se dit d'une mine de fer qui constitue l'aimant naturel.

Aimantin, ine, adj.vi. Qui appartient à l'aimant.

***Adamantin**, adj.minér. Se dit des minéraux qui ont la dureté ou l'éclat du diamant.

Diamant, s.m. Pierre précieuse la plus dure et la plus brillante de toutes; outil de vitrier/on pointe de diamant pour couper le verre et les glaces. (L'*aimant* et le *diamant* ont été appelés tous les deux *aiman* en anc. fr.)

Diamantaire, s.m. Ouvrier qui taille les diamants et en fait trafic.

***Diamanter**, v.a. Orner, couvrir de diamants; convertir en diamant. **Diamanté, ée*, part.

***Diamantaire**, adj. Se dit de l'éclat des pierres précieuses, quand il se rapproche de celui du diamant.

***Pseudamant**, s.f. Pierre fausse, stras, etc. (Gr. *pseudés*, faux, *adamas*, diamant.)

AIMER, v.a. Avoir de l'attachement par goût ou par sentiment; avoir de l'affection; avoir un goût vif pour certaines choses ou pour certains animaux; trouver agréable, à son goût. [Du latin *amare, o, as, avi, atum*, aimer. L'*a* initial des mots latins devient souvent *ai* en français, et l'*a* final presque toujours *e*. On a publié bien des étymologies sur le latin *amare*. 1° M. Bopp le rapporte au sanscrit *kam*, aimer. Cette étymologie est assez plausible, vu qu'aucun mot ne commence naturellement par une voyelle. 2° Un hébraïsant en a cherché l'origine dans l'hébreu *káma*, il a désiré ardemment, il a soupiré après, il a langui; 3° un autre dans l'hébreu *châmad*, il a désiré. Ces trois étymologies peuvent se concilier parfaitement, en ce que l'on ne peut aimer sans désirer, ni désirer sans aimer. C'est d'après ce principe que le latin *libido*, violente envie, vif désir, ainsi que *libet*, il plaît, correspond à l'all. *lieben*, aimer, au holl. *lieven*, et à l'angl. *to love*, aimer. Au sanscrit *kam*, aimer, *kamas*, amour, répondent aussi le persan *kâm*, volonté, désir, et le sanscrit lui-même *kamayati*, il désire, il aime. 4° Un autre hébraïsant forme *amare* de l'hébreu *am*, mère; 5° un autre, de l'hébreu *hemm*, être chaud; 6° M. Eichhoff, du sanscrit *am*, honorer, respecter, *amat*, honorant. 7° Bergier soutient que les mots latins *amo, amor, hamus*, et le fr. *jumeau*, viennent de l'hébreu *em*, *amah*, assemblée, multitude. 8° Rob. Ét., J. Harm., Pougens, Gail et autres, composent *amare* du grec *a* intensitif, et *maó*, je désire ardemment. 9° M. Delatre rattache au sanscrit *am*, aller, soigner, honorer; 10° et Bullet, au celtique *ma*, bon; et ailleurs, au celtique *amad*, qui aurait été dit pour *mad*, bon, bien fait, beau. 11° M. Jeantin forme ainsi de l'hébreu le verbe aimer : « *A*, frère; *Aim*, les frères. *Aimer* c'est fraterniser. » *Hamo*, envie, désir, dans la langue de Tonga; et *amouran*, aimer, dans celle du tartaremantchoux, ne sont apparemment que des analogies fortuites. En basque *amodia*, amour, *amodiosa*, amoureux. En ital. *amare*, aimer; esp. port. cat. et langue des troubadours *amar*, aimer; langue des trouvères *amer*, aimer; provençal *amar*, patois de Castres *ayma*, patois de Champagne *umay*, savoisien *ama*, auvergnat *aima*, anc. fr. *aamer, amer*, aimer.] *Aimé, ée*, part.

Aimable, adj. Digne d'être aimé, qui mérite d'être aimé, qui plaît. (Anc. fr. *amiaule*, aimable.)

***Aimablement**, adv. D'une manière aimable.

Amabilité, s.f. Caractère d'une personne aimable. (Ce mot fut employé par Mme de Sévigné le 7 octobre 1676. Il paraît qu'il n'existait pas encore auparavant.)

Aimant, ante, adj. Porté à aimer.

Amant, ante, s. Celui, celle qui témoigne son amour à l'objet de sa flamme, et qui en est payé de retour; celui, celle qui aime ouvertement au su de tout le monde, et qui prend telle personne pour objet de son amour.

Amateur, s.m. Qui aime les beaux-arts sans les exercer; qui juge d'après l'impression qu'il éprouve.

Amé, ée, adj.vi. Aimé. (Lat. *Amatus*.)

Bien-aimé, ée, adj. et s. Fort chéri, aimé de préférence.

Ami, ie, s. Celui, celle avec qui l'on est lié par une affection réciproque; par ext. celui, celle avec qui on a des liaisons familières; se dit aussi des animaux; qui sympathise avec.

Ami, ie, adj. Propice, favorable. (Lat. *amicus*.)

Bon ami, bonne amie. Amant, maîtresse.

M'amie. Abréviation de *ma amie*.

Mie. Abréviation de amie. (*M'amie* s'est dit en anc. fr. pour *ma amie*, mon amie; de même qu'on disait *m'amour* pour *mon amour*. *Ma mie* est irrationnel et parfaitement ridicule : Ampère. C'est ainsi que nous disons *la Pouille* pour *l'Apouille*.)

Amiable, adj. Doux, gracieux, honnête.

A l'amiable, loc.adv. Par voie de douceur et de conciliation.

Amiablement, adv. D'une manière amiable.

Amical, ale, adj. Qui part de l'amitié, qui annonce de l'amitié.

Amicalement, adv. D'une manière amicale.

Amitié, s.f. Attachement mutuel de deux amis; affection de certains animaux pour les hommes; échange de bons offices; ménagement réciproque; t. de morale, certaine bienveillance mutuelle et réciproque entre deux ou plusieurs personnes. (Lat. *amicitia*, r. *amo*.)

*__Amitié__, s.f.comm. Sorte de moiteur onctueuse à laquelle les marchands de blé reconnaissent le bon grain; peint. se disait de la convenance et de l'harmonie des couleurs.

*__Amitié__, s.f.myth. Divinité fille de la nuit et de l'Erèbe, selon Hygin, cité par d'autres.

Amitiés, s.f.pl. Caresses, paroles obligeantes.

*__Amoroso__, adv.mus. Ce mot indique un mouvement un peu lent, mais gracieux, et une expression tendre.

Amour, s.m. Attachement à ce qui est ou paraît aimable; l'objet même de l'affection; dans le sens universel du mot, c'est le principe créateur de toutes choses, la source de la vie, la loi des intelligences, le lien sacré qui unit toutes les créatures du ciel et de la terre. (Du Lat. *amor*, r. *amo*. Ce mot est demeuré féminin depuis l'origine de la langue jusqu'au 17e s. Il est féminin dans la langue des troubadours.)

Amour, s.m.myth. Cupidon, divinité païenne.

Amours, s.f.pl. Objet de l'amour.

Amour de soi, s.m. Sentiment qui attache chaque homme à ce qui lui est personnel; sentiment qui est en nous comme une sentinelle vigilante qui veille à notre conservation, et qui nous pousse à nous élever au-dessus des autres.

Amour de soi, philos. Besoin de se conserver et de s'améliorer, de donner le plus possible de développement à son activité, par conséquent, d'arriver au bien; cet amour est excellent pourvu qu'il soit pur.

Amour-propre, s.m. Excès et abus de l'amour de soi. Dans le langage usuel l'amour propre est synonyme de vanité, d'orgueil, de présomption; il est souvent employé aussi comme synonyme d'amour de soi.

*__M'amour__, s.m.t. de caresse, pour *mon amour*.

Amouracher, v.a. Engager dans de folles amours. *Amouraché, ée*, part.

S'Amouracher, v.a. pron. fam. Prendre une passion folle.

Amourette, s.f.dim.fam. Amour de pur amusement.

Amourettes, s.f.pl. Moelle cuite des reins du veau ou du mouton; parties délicates qu'on détache de quelques os de la viande.

Amoureux, euse, adj. Qui aime par amour; enclin à l'amour; qui a une grande passion pour une chose.

Amoureux, Amoureuse, s. Amant, maîtresse.

*Guerre des amoureux, hist. Guerre civile de 1579. Elle fut l'effet des intrigues conduites par les femmes à la cour de Henri de Navarre et à celle de Catherine de Médicis.

Amoureusement, adv. Avec amour.

*Désaimer, v.a.vi. Cesser d'aimer.

*Désaimé, ée, p. *Désamour, s.f. Cessation de l'amour.

*Enamourer, v.a.vi. Rendre amoureux, remplir d'amour. *Énamouré, ée, p. (Enamouré vient de l'esp. *enamorado*, dont Molière a composé *désenamouré*. Ce mot se retrouve souvent dans nos vieux auteurs; aujourd'hui on ne l'emploie plus, et sa perte se fait sentir, car aucun mot ne l'a remplacé : B.)

*Désenamourer, v.a. Guérir de l'amour. *Désenamouré, ée, part.

*Se désenamourer, v.a. pron. Cesser d'aimer.

Ennemi, ie, s. Qui hait quelqu'un; avec qui l'on est en guerre; qui a de l'aversion pour, qui est nuisible. (Lat. *inimicus*, r. *in* priv., et *amo*, j'aime. En langue d'oïl, avant le 12ᵉ s., *inimi*, ennemi.)

S'Entr'aimer, v.a.pron. S'aimer l'un l'autre. *Entr'aimé, ée*, p.

*Inaimable, adj. Qui n'est point aimable.

*Inaimer, v.a. et n. Ne point aimer. *Inaimé, ée, p.

*Inamabilité, s.f. Défaut d'amabilité.

*Inamical, ale, adj. Qui n'est pas amical.

*Inamicalement, adv. D'une manière non amicale.

*Inamoureux, euse, adj. Qui n'est pas amoureux.

Inimitié, s.f. Haine, malveillance, aversion pour quelqu'un; par ext., antipathie naturelle entre certains animaux.

Mourre, s.f. Sorte de jeu qu'on joue en montrant une certaine quantité de doigts élevés à son adversaire, qui fait la même chose de son côté. On accuse tous deux un nombre en même temps, et celui-là gagne qui devine le nombre de doigts qui lui sont représentés. (Esm., El. Johann., N. et C., et autres, dérivent ce mot du latin *amor*, amour; propr. : jeu de l'*amour*. Les Italiens et les Français ont souvent retranché l'*a* initial des noms. *La mourre* est pour l'*amourre*. Dans Duez, *giuocare alla mora*, jouer à la mourre ou à l'amour. C'est en effet un jeu muet des amants. Polydore et Ange de Rocca appellent ce jeu un jeu de fous, et tirent son nom du grec *môros*, fou, ou *môria*, folie. M. Delatre lie le fr. *mourre* au grec *mauros, amauros*, brun, obscur, au lat. *Maurus*, au fr. *Maure* et *Mauritanie*. Il dit : « Les Italiens appellent *giuoco della mora* un jeu importé d'Orient, et que nous appelons *mourre*. » Mais ce qui confirme la première étymologie, c'est que Nonnus fait jouer l'Amour et l'Hyménée à un jeu semblable à celui de la mourre. Ovide y fait jouer, dans un repas, une femme, en présence de son mari, avec son amant. Les anciens attribuaient l'invention de ce jeu à la belle Hélène. En esp. *amorra*, anc. fr. *morre*, mourre.)

*Raimer, v.a.fam. Aimer de nouveau. *Raimé, ée, p.

De là les n.pr. : *Amable, Amant, Amantius, Amat, Amata*, etc.

AIR, s.m. Fluide élastique qui entoure la terre; température, qualité de l'air; tout fluide élastique et invisible; vent. [Du latin *aer, aeris*, air; vent, odeur d'une plume, en t. de chasse; cime, en parl. d'un arbre; brouillard, nuage. En grec *aér*, air; *aésis*, souffle; *aémi*, je souffle. Lat. *aura*, vent doux, souffle léger, brise; vent, air, souffle, haleine, vent, bruit, l'âme, la vie; odeur, éclat. En grec *aura*, air, brise, évaporation. En arabe *haóa*, air; basque *airea*, valaque *aer*, copte *aer*, dalmatien *aer*, croatien *aier*, géorgien *haëri*, épirote *here*, alban, *er*, langue des troubadours *aer*, air, et *aura*, vent, souffle; langue des trouvères *aure, ore, oré, orez*, vent, *orée*, vent favorable. En ital. *aura*, esp. port. *aura*, anc. fr. *aure*, vent, souffle. En polon. *aura*, air. En celtobreton *aëzen, ëzen*, vapeur, exhalaisons, zéphyr, vent doux et agréable; breton *aër*, air; hors de Léon *er*; en Galles *aouer*, air, et *aura*, vent. En prov. *air, èr*, air et *aura*, vent. En bourg. *ar*, savoisien et auvergnat *air*, bas limousin *a-ïr*, air.]

En l'air, loc.adv.fam. Inutilement, sans fondement.

Aérer, v.a. Donner de l'air. *Aéré, ée*, part.

*Aérage, s.m. Renouvellement de l'air dans l'intérieur d'une mine.

*Aération, s.f. Action de donner de l'air.

*Aéricole, adj. Se dit d'une plante ou d'un animal qui vit dans l'air. (Lat. *colo*, j'habite.)

*Aéride, s.f.bot. Genre de plantes parasites qui croissent sous les tropiques. (Elles pendent en l'air aux branches des arbres.)

*Aériducte, s.m.h.n. Organe respiratoire que l'on voit sur diverses parties du corps de certaines larves aquatiques d'insectes. (Lat. *aer*, air, *duco*, je conduis.)

Aérien, ienne, adj. D'air, qui appartient à l'air.

*Aérien, ienne, adj. peint. Se dit de cette partie de la perspective dont les effets résultent de l'interposition de l'air entre l'objet et l'œil du spectateur.

Aérifère, adj. Qui porte, qui conduit l'air.

*Aérification, s.f.chim. Conversion d'un corps en fluide élastique. (Lat. *facio*, je fais.)

Aériforme, adj. Comme l'air, qui en a la propriété.

Aérique, adj.minér. Se dit de certains minéraux qui sont placés sous l'influence spéciale de l'air.

*Aériser, v.a.phys. Réduire à l'état d'air ou de gaz. *Aérisé, ée, part.

*Aérite, adj et s.m.h.n. Se dit des animaux qui vivent exclusivement d'air.

*Aérivore, adj.h.n. Qui vit ou se nourrit d'air.

*Aérodynamique, s.f.phys. Partie de la physique qui recherche les lois de la pression exercée par l'air, ou celles des mouvements des gaz. (Gr. *aér*, air, et *dunamai*, pouvoir, être fort.)

Aérographie, s.f. Description, théorie de l'air.

*Aérogastre, adj. et s.m.bot. Se dit de certains champignons charnus qui croissent à la surface de la terre. (Gr. *gastér*, ventre.)

*Aérognosie, s.f.phys. Science des propriétés de l'air et du rôle qu'il joue dans la nature. (Gr. *aér*, air, *gnôsis*, connaissance, science.)

*Aérohydre, adj.minér. Se dit d'un corps creux renfermant un liquide et une bulle d'air. (Gr. *hudôr*, eau.)

Aérolithe, s.m. Pierre tombée du ciel. (Gr. *lithos*, pierre.)

Aérologie, s.f. Traité sur l'air. (Gr. *logos*, traité.)

Aéromancie, s.f. Divination par l'air. (Gr. *manteia*, divination.)

*Aéromètre, s.m. Instrument pour mesurer la densité de l'air. (Gr. métron, mesure.)

Aérométrie, s.f. Art de mesurer l'air, science de l'air.

Aéronaute, s. Celui, celle qui parcourt les airs dans un aérostat. (Gr. nautês, navigateur.)

*Aérophobe, adj.méd. Qui a horreur du contact de l'air. (Gr. phobos, crainte.)

*Aérophobie, s.f.méd. Crainte de l'air.

*Aérophone, adj.h.n. Qui a une voix retentissante. (Gr. phonê, voix.)

*Aérophones, s.m.pl.h.n. Famille d'oiseaux.

*Aérophore, adj.h.n. Se dit des vaisseaux qui portent l'air dans l'intérieur. (Gr. phéró, je porte.)

*Aérophyte, s.m.bot. Plante qui croit dans l'air. (Gr. aér, air, et phuton, plante.)

Aérostat, s.m. Ballon s'élevant dans l'air. (Gr. histamai, je me tiens.)

Aérostation, s.f. Art de faire et d'employer les aérostats.

Aérostatique, adj. De l'aérostation.

*Aérostatique, s.f.phys. Partie de la physique qui recherche les lois de l'équilibre des gaz.

*Aérostier, s.m. Celui qui dirige un aérostat.

*Aérostier, s.m.art milit. Se dit d'un corps d'ingénieurs qui fut créé et attaché aux armées pendant la révolution.

*Aérotone, s.m.art. mil. Nom d'une sorte de fusil à vent. (Cr. aér, air, tonos, tension, force, ton.)

*Aérozoé, adj. et s.m. Se dit des animaux à qui l'air est indispensable. (Gr. zóé, vie.)

*Airage, s.m.didact. Renouvellement de l'air dans l'intérieur d'une mine.

Air, s.m.mus. Suite de notes qui composent un chant. (De l'ital. aria, air de musique, fait de l'ital. aria, air, fluide, vent, dérivé lui-même du lat. aer, air, vent; grec aér, air. Et non du lat. œra, chiffre, calcul.)

Ariette, s.f.mus. Air léger et détaché à la manière des Italiens.

Essor, s.m. Action d'un oiseau qui part librement pour s'élever fort haut dans les airs; fig. élévation, hardiesse et liberté en commençant, en débutant. (De la basse latinité exaurum, essorum, essor, fait du latin aura, air; et non du latin ex sortiri, ni du grec ôkus, ni du grec oruó, ni du grec aissó, ni du latin ruo, ni de l'hébreu sor; d'après Nicot, Ménage, Gattel, Roquefort, etc. Cette étymologie, dit Ménage, est indubitable. Au mot roman aura, vent, souffle, et au latin aura, vent, souffle, air, Raynouard rattache les mots romans eisaurar, yssaurar, essaureiar, essorer, élever, et Honnorat, le provençal eissaurar, essorer, exposer à l'air.)

*Essorant, ante, adj.blas. Se dit d'un oiseau représenté les ailes à demi ouvertes et regardant le soleil.

Essorer, v.ac. Exposer à l'air pour faire sécher. Essoré, ée, part.

*S'Essorer, v.a.pron.fauconn. Se dit des oiseaux sujets à prendre un trop grand essor.

*Essoré, ée, part. et adj. Libre, sans règle.

Météore, s.m. Phénomène atmosphérique.(Du gr. aer, air, atmosphère, méta, au-dessus de.)

Météorique, adj. Des météores.

*Météorique, adj.h.n. Se dit des pierres qui tombent du ciel et des eaux pluviales; bot., se dit des fleurs sur lesquelles l'air, la chaleur, l'humidité et surtout la lumière agissent d'une manière bien marquée.

*Se Météoriser, v.a.pron.méd. Se distendre, se gonfler par l'effet d'une accumulation de gaz.

Météorisé, ée, adj. Enflé et tendu par des flatuosités.

*Météorisme, s.m.méd. Distension de l'abdomen par un gaz.

*Météorite, s.m.h.n. Masse pierreuse qui tombe du ciel.

*Météognosie, s.f.didact. Connaissance de l'histoire des météores. (Gr. gnôsis, science.)

*Météorographie, s.f.didact. Description des météores. (Gr. aér, air, graphó, je décris.)

*Météorographe, s.m. Celui qui s'occupe de météorographie; instrument employé dans les observations météorologiques.

*Météorographique, adj.didact. Qui appartient à la météorographie.

*Météorolithe, s.m.phys. S'est dit quelquefois pour météorite et aérolithe.

Météorologie, s.f. Traité des météores et des variations de l'atmosphère. (Gr. logos, traité.)

Météorologique, adj. Qui concerne les météores et les variations atmosphériques.

*Météorologiste ou Météorologue, didact. Celui qui écrit sur les météores.

*Météoromancie, s.f. Divination par les météores, par le tonnerre et les éclairs. (Gr. mantéia, divination.)

*Météoromancien, ienne, adj. et s. Qui concerne la météoromancie; celui, celle qui pratique la météoromancie.

*Météoronomie, s.f.didact. Recherche des lois qui président à la production des météores. (Gr. nomos, loi.)

*Météoronomique, adj. De la météoronomie.

*Météoroscope, s.m.astron. Ancien nom de l'astrolabe planisphère. (Gr. skeptomai, j'observe.)

*Météoroscopie, s.f.didact. Observation des météores.

Orage, s.m. Tempête, vent impétueux, grosse pluie de peu de durée, et quelquefois accompagnée de vent, de grêle, d'éclairs et de tonnerre; fig. malheur dont on est menacé; disgrâces qui surviennent tout à coup; reproches, emportements essuyés de la part de ses supérieurs; tumulte de la société, agitation du cœur humain. (Du b. lat. ora, pour aura, dérivé du latin aura, vent doux, air, vent en général; d'après Ménage, DuCange, Roquefort, Letronne, Diez, Jal, etc.; et non du lat. hora, heure; ni du gr. ouranos, ciel; ni du gall. or, rivière; ni par onomatopée. En b. lat. orago, orage; ital. aura, ora, prov. aura, romano-castrais ouraxe, ouratge, orage; anc. cat. oratge, grand vent; picard aurée, orée, averse, orage; langue des trouvères oré, vent, orage; orre, vent.)

Orageux, euse, adj. Qui cause de l'orage; sujet aux orages; troublé par l'orage; au pr. et au fig.

Asthme, s.m. Respiration fréquente et très-pénible, causée par l'obstruction d'un poumon ou des poumons. (Du gr. asthma, essoufflement, asthme, fait du grec aazó, aó, aémi, je souffle, je respire; d'où le grec aér, souffle, vent, air.)

Asthmatique, adj. Sujet à l'asthme.

*Asthmé, ée, adj.fauconn. Se dit d'un oiseau pantois, attaqué de l'asthme.

Atmosphère, s.f. La sphère d'air respirable qui entoure la terre. (Du grec atmos, souffle, vapeur, exhalaison; et sphaira, sphère, ou simplement phéró, je porte. Le grec atmos tient au grec aétos, exposé au vent, aazó, aó, aémi, je souffle, aér, air, vapeur, brouillard; et au latin aer, air, vent, brouillard, nuage. En sanscrit atasa, air, vent; vayus, vent; átman, souffle, respiration.)

Atmosphérique, adj. Qui appartient, qui a rapport à l'atmosphère.

AIR, s.m. Manière, façon; la simple apparence. [D'après Schuster et De Chevallet, du tudesque *art*, manière d'être; naturel, nature, complexion, caractère. L'all. *art* signifie la même chose; de plus espèce, race, sorte. En suéd., dan. et anc. scandin. *art*, espèce, sorte; en flamand *aart* et *aard*, naturel, humeur, complexion, instinct; nature, propriété essentielle de quelque chose. Et non du latin *aer*, air, vent; ni du latin *ire*, aller. De là, dit M. De Chevallet, l'anc. fr. *aire*, le naturel, la nature propre d'une personne, sa manière d'être, ses dispositions, son caractère, son humeur; d'où, selon lui, *mal aire*, de *put aire*, de mauvais naturel, et de *bon aire*, de bon naturel. Voyez *Débonnaire*.]

Avoir l'air. Sembler, paraître.

Air, s.m. manége. Mouvement des jambes d'un cheval, avec une cadence, une liberté naturelle, qui le fait manier avec justesse. (1° Du tudesque *art*, naturel, complexion, disposition naturelle. Quand on dit : le cheval prend l'*air* des courbettes, il se présente bien à l'*air* des cabrioles; c'est pour dire qu'il a des dispositions naturelles à ces sortes d'*airs*. 2° Du fr. *erre*, train, allure, selon Barbazan et Quitard.)

Mésair ou **Mézair,** s.m. Allure d'un cheval qui tient le milieu entre le terre à terre et les courbettes.)

AIRAIN, s.m. Métal composé de cuivre jaune, de zinc, d'étain et d'une petite quantité d'antimoine. [Du latin *œramen*, airain, par le changement assez fréquent de *m* en *n*, comme dans *mairrain* de *materiamen*, *changer* de *cambire*, *solennel* de *solemnel*, etc. La racine de *œramen* est *œs*, *œris*, airain. Ce mot se retrouve dans un grand nombre de langues. Ce n'est point étonnant s'il a tantôt perdu *s*, tantôt remplacé *s* par *h* et *r*; et s'il a désigné successivement le cuivre, l'airain, le bronze, le fer. En effet, *s* se change souvent en *h*, et souvent aussi en *r*; les instruments et les armes ont été faits de tous ces métaux. Comme le fer est plus difficile à travailler que l'airain, il a dû être en usage le dernier; et le même mot qui avait désigné l'airain désigna le fer. Les Grecs, les Romains, les Péruviens, donnaient au cuivre une trempe pareille à celle que reçoit l'acier. Dans le combat de Caxamalca, les Espagnols prirent aux Péruviens des haches de cuivre dont la dureté égalait presque celle des anciennes armes de cuivre employées par les Grecs et les Romains. Selon Pausanias, Rhæcus et Théodore, chez les Samiens, ont inventé l'art de forger et de tremper l'airain. En sanscrit *ayas*, zend *ayô*, airain. En persan *âhen*, fer. All. *eisen*, fer; haut all. anc. *isan*, *isen*, *isin*, fer; anc. goth. *eisarn*; anglosaxon *iren*, *yren*, *erene*, *ysen*, *isen*, fer; angl. *iron*, prononcez *aïron*, fer; holl. *yzer*, suéd. *jern*, dan. *jaern*, *jern*, *ese*, *yse*, fer; anc. scandin. *jarn*, *earn*, fer. En haut all. anc. *ar*, *er*, airain, bronze; anc. goth. *aiz*, airain, et *ais*, argent. Anglosaxon *ar*, *aer*, *oro*, *ore*, airain; angl. *ore*, airain. Anc. scandin. *eyr*, métal. En valaque *aramë*, anc. esp. *arambre*, esp. mod. *alambre*, port. *aram*, cat. id. et langue des troubadours *aram*, prov. *aram*, airain. En basse latinité *aramen* et *arainum*, airain.]

Erugineux, euse, adj. Qui tient de la rouille du cuivre ou qui y ressemble. (Lat. *œruginosus*, r. *œs, œris*, airain, cuivre, bronze.)

Obérer, v.a. Endetter. (Lat. *obœratus*, endetté, obéré, r. *ob*, à cause de, pour, et *œs, œris*, airain, cuivre, monnaie, argent.) *Obéré, ée*, part.

*****Ænéateur,** s.m. antiq. rom. Trompette de cavalerie chez les Romains. (Lat. *œneator*, r. *œs, œris*,

airain. Dacier fait observer que du mot *œs, œris*, airain, on a formé en latin *œrineus*, par syncope *œneus* en séparant la diphthongue *aëneus*, et en ajoutant l'aspirée *aheneus*, d'airain.)

Landier, s.m. Grand chenet de fer servant à la cuisine. (Ce mot, dit M. De Chevallet, est d'origine germanique. On disait autrefois *andier*, encore usité dans le patois bressan. L'*l* a été ajoutée comme dans *lierre*, *loriot*, *luette*. En basse latinité *anderia*, chenet, landier; angl. *andiron*, chenet, landier; dérivé par aphérèse, suivant le même auteur, de l'anglosaxon *brandiren*, chenet, trépied; anglais *brandiron*, trépied; anc. all. *brandüser*, chenet, landier; all. mod. *brand-eisen*; holl. *brandijzer*, landier. Ces mots, ajoute-t-il, sont composés de deux radicaux, dont le premier signifie *tison*, et le second *fer*. En anglosaxon *brand*, tison, et *iron*, fer. En all. *brand* et *eisen*, dan. et suéd. *brand* et *iern*. Nicot dérive simplement *landier* de l'angl. *andiron*, landier. Les mots *iron*, *iern*, *eisen*, *iren*, *ise*, fer, sont apparemment de la même famille que le latin *œs, œris*, airain, bronze, cuivre; et que le sanscrit *ayas*, zend *ayô*, airain. Cependant Skinner assure que *iren* est pris de l'esp. *hierro*, fer.)

Ère, s.f. chron. Certaine époque, point fixe servant de point de départ pour supputer les années; la suite même des années que l'on compte depuis un point fixe; se dit quelquefois, dans le style élevé, d'une époque très-remarquable où un nouvel ordre de choses s'établit, commence. (Du latin ancien *œra*, nombre, chiffre, époque. 1° L'opinion commune des anciens et des modernes est que ce mot a été fait du latin *œs, œris*, airain, bronze, cuivre, fer, acier, tout ce qui est fait de ces métaux; parce que, chez les anciens, on marquait les années avec des clous d'airain; ou, comme le disent quelques auteurs, à cause de la pièce d'argent que l'empereur Auguste imposa par tête sur tous les sujets de l'empire; ou plutôt, comme le dit Gébelin, l'ère fut ainsi nommée, parce que ces époques se gravaient sur des tables de cuivre, et que *œra* signifiait aussi nombre mis sur la monnaie pour en indiquer la valeur; nombre ainsi appelé de la pièce de cuivre sur laquelle il était gravé; et que *œra*, enfin, désignait les chiffres particuliers de chaque article de compte; ce qui a trait à l'ère, à l'époque ou aux tables de cuivre sur lesquelles on avait chiffré. 2° Vossius rejette l'opinion de Christmann qui dérivait le latin *œra*, époque, de l'arabe *arack*, supputer, compter, d'où l'arabe *tarich*, ère, supputation, calcul; le mot latin *œra*, dit-il, avait été adopté en Espagne plusieurs années avant l'arrivée des Arabes dans ce pays. 3° M. Pihan dérive le fr. *ère*, non du lat. *œra*, mais de l'ar. *arkhah*, date, époque fixe, de *arkh*, dater, ou de l'ar. *ahras*, siècles, pl. de *hars*. 4° Quelques-uns ont cru que le latin *œra* se composait des lettres initiales *A ER*, de *Annus ERat Augusti*, mots que l'on mettait dans les actes publics. 5° D'autres disent que *œra* s'est dit pour *hera*, de *herus*, maître, seigneur, et qu'il aurait été pris pour signifier la domination d'un prince. La première étymologie est encore la plus simple, la plus naturelle, la mieux établie, la plus convenable au mot et à la chose. En gaël écoss. et irl. *eiris*, ère.)

AIRE, s.f. Place unie pour battre le blé; toute surface plane; géom. et archit. place, étendue, surface, espace terminé par des lignes; mar. espace marqué dans la boussole pour chacun des trente-deux vents. [Du latin *area*, surface, aire géométrique, emplacement; place publique, cour de la maison; aire à battre le blé; carreau de jardin; marais, champ; fig. carrière, théâtre; espace de temps, âge; alopécie, pelade, maladie. On a hasardé diverses étymologies sur le latin *area*, aire. 1° Varron le forme du latin *aresco*, se dessécher, se durcir; parce que le blé coupé est battu et sèche dans l'aire. Doederlein lie *area* au latin *arere*, être desséché. 2° Quelques-uns le rattachent au grec *aloá*, aire, par le changement de *l* en *r*. 3° Un autre le tire du punique *arha*, le sol; 4° un autre, de l'hébreu *érets*, terre; 5° Gébelin le rapporte au latin *terra*, terre; puis, dans un autre passage, au grec *aloá*, aire; 6° un autre, au copte *oureh*, espace, aire; 7° un autre, à l'hébreu *hárá*, lieu nu, privé d'arbres, privé d'herbe; 8° Constancio, au latin *arare*, labourer. 9° Edwards fait rapporter le latin *area* au gaël écossais *ire* et au gaël irlandais *ire*, terre. Ce rapprochement paraît un peu vague et hasardé. En basse latinité *area venti*, aire de vent; et *ira*, aire, cour. En valaque *arie*, aire; ital. *aia*, esp. cat. *era*, port. et langue des troubadours *eira*, aire à battre le blé; prov. *iero*; rouchi *airie*, *erie*, aire, grange; patois de Champagne *airée*, *airault*, aire à battre le blé, et *aire*, champ, place, terrain; anc. fr. *yre*, aire, cour. L'aire de vent était l'espace étendu, le champ du ciel, *area coeli*. Le ciel ou l'horizon avait d'abord été partagé en quatre parties, en quatre quartiers ou aires.]

Airée, s.f. Quantité de gerbes que l'on met en une fois dans l'aire.

*****Aire**, s.f. Dessus d'une grosse enclume.

*****Aréa**, s.f.méd. Partie du crâne dépouillée de cheveux et couverte de croûtes.

Are, s.f. Mesure de superficie pour les terrains; elle contient cent mètres carrés. (Du lat. *area*, aire, surface, aire géométrique.)

*****Aréage**, s.m. Action de mesurer les superficies.

Aréole, s.f. Petite superficie; cercle coloré qui se forme autour des boutons de la vaccine. (Du latin *areola*, petite aire, dim. de *area*.)

*****Aréolaire**, adj. Rempli d'aréoles.

*****Aréolé, ée**, adj. Qui offre des aréoles.

Centiare, s.m. Centième partie de l'are.

*****Déciare**, s.m. Dixième partie de l'are.

*****Milliare**, s.m. Millième partie de l'are.

*****Décare**, s.m. Dix ares. (Gr. *déka*, dix.)

Hectare, s.m. Cent ares. (Gr. *hékaton*, cent.)

*****Kiliare**, s.m. Mille ares. (Gr. *kilioi*, mille.)

*****Myriare**, s.m. Dix mille ares. (Gr. *murioi*, dix mille.)

AIRE, s.f. Nid des oiseaux de proie. [1° Du latin *area*, surface unie; parce que ces oiseaux nichent ordinairement sur un espace plat et découvert. 2° De l'all. *aar*, aigle, d'après le Tripartitum. 3° Du basque *arria*, pierre, rocher; en écossais *ari*, montagne; parce qu'ils établissent leur nid sur les rochers. En basse latinité *œra*, *aerea*, *aeria*, *aria*, aire. En angl. *aery*, aire, nid.]

Airer, v.n. Faire son nid, en parlant de certains oiseaux de proie. *Airé*, part.

AIRELLE, s.f. Sous-arbrisseau à fleurs rougeâtres, qui produit une baie bleue légèrement acide. [*Airelle*, pour *aigrelle*, pourrait bien être un diminutif corrompu du fr. *aigre*, soit parce que le français supprime très-souvent le *g* dans l'intérieur des mots, soit parce que le fruit de l'*airelle* est *aigrelet*. D'ailleurs le mot rouchi *airun*, airelle, est lui-même, selon M. Hécart, une syncope du rouchi *aigrun* qui signifie toutes sortes d'herbes et de fruits aigres. Le provençal *agreno*, prune sauvage, ressemble beaucoup au mot rouchi *aigrun*; et la prune sauvage a aussi une saveur aigrelette. 2° Cependant quelques-uns forment le mot *airelle* du latin *areo*, je suis sec; parce que, disent-ils, cette plante paraît desséchée. Cette étymologie est peu sérieuse. Dans les Pyrénées, on nomme *abajera* l'airelle rouge, et un petit arbuste de la famille des éricacées, qu'on trouve dans les bois élevés. D'après M. Honnorat, le mot *abajera* est composé de *a*, de *baie*, et de *era*, et signifie littéralement : qui produit des baies. Mais ce mot *abajera* ressemble peu au mot airelle. En patois de Castres *ayre*, *adrest*, airelle; en bas-breton de Bullet, *aeron*, fruits, fruits d'été, comme prunes, noix, etc., et *man*, *aeron*, toutes sortes de menus fruits. En portugais *airella*, airelle.]

AIS, s.m. Planche de bois. [Du latin *asser*, *asseris*, solive, chevron, pieu; bâton, bras pour porter une litière; ais, planche. L'origine du mot latin *asser* a été l'objet de différentes recherches. 1° D'après Doederlein, le latin *asser*, pour *assis*, pour *axis*, aurait été formé du grec *xein*, gratter, racler, raboter; de même que le grec *axones*, tables de bois, du grec *xainó*, gratter, déchirer. 2° Gébelin ramène à une source commune le latin *asser*, ais, *ascia*, hache, et *axis*, essieu, ainsi que le grec *axiné*, hache, le syriaque *hatsina*, hache, et l'hébreu *hátsád*, il a coupé avec la hache. 3° Festus déduit *asser* du latin *assidere*, asseoir; parce que les planches tiennent aux murs et aux poutres. 4° A ce sujet, Forcellini assure que tout estomac ne pourrait pas digérer l'étymologie de Festus, et préfère celle de Kärcher qui fait venir *asser* du grec *agnumi*, je romps, d'où, suivant lui, le grec *axón*, essieu, axe. Vossius suit à peu près la même étymologie. 5° Guichard le rattache à l'hébreu *áchaz*, il a saisi, il a tenu, il a emboîté, il a couvert, il a garni, il a bordé. L'hébreu *áchaz* paraît être le même que l'éthiopien *ehús*, qui est pris et qui tient. En ital. *asse*, basse latinité *assa*, rouchi *asiau*, anc. fr. *acis*, *ès*, ais, planche.]

*****Ais**, s.m. Sorte de planchette à l'usage des relieurs; établi de boucher; outil de fondeur en sable.

*****Aisselier**, s.m. Pièce de bois pour cintrer; bras saillant d'une roue.

*****Asser**, s.m. antiq.lat. Poutre servant de bélier sur mer.

*****Esseau**, s.m. Petit ais employé dans la couverture des maisons.

*****Esselier**, s.m. charp. Lien qui joint l'arbalètrier à l'entrait; technol., pièce de faux fond d'une cuve de brasseur.

AISE, s.m. Contentement, joie, émotion douce et agréable causée par la possession d'un bien; commodité. [1° Borel et Perceval forment ce mot du vi. fr. *aesier*, réjouir. 2° D'autres pensent qu'il est d'origine germanique, et le rattachent au gothique *asetz*, facile, aisé; MM. Ampère, Diez et De Chevallot suivent cette opinion. 3° Éloi Johanneau dit que *aise* vient du latin *otium*, loisir, aise; d'où *hait*, *dehait*, souhait, selon lui. 4° Leibnitz croit que *aise* tire son origine du latin *otium*; ou du grec *iasis*, guérison. 5° Selon Ménage, *aise* a été fait de *asia*, aise, mot qui se trouve dans un glossaire français-latin; de *asia* l'on fit *asiatim*, qui se trouve dans le Concile de Basle, session 24; et *asia* de l'ital. *agio*, aise, dérivé lui-même du latin *otium*. C'est, ajoute-t-il, la véritable étymologie du mot *aise*. 6° Périon le tire du grec *aisios*, heureux, favorable, de bon augure; 7° Charles de Bovelles, ainsi que Caseneuve, du latin *est*, il est ou elle est; 8° un autre, du latin *ago*, j'agis, je fais, comme *facile* du latin *facio*. 9° Un autre le fait dériver du latin *asylum*, asyle. 10° Un autre, du grec *hésuchos*, tranquille, calme, paisible.

Ce qu'il y a de certain, c'est que l'origine étymologique du mot *aise* n'est pas encore facile à découvrir, et que ce mot semble se retrouver dans bien des langues différentes. En basque *aisia*, repos ; *aisia*, loisir ; et *aisequi*, aisément. En persan *âsan*, facile, commodité, aisé ; arabe *hazz*, plaisir, contentement, goût pour ; turc *açan*, facile, et *dçani*, facilité ; tartare mantchoux *aisi*, avantage quelconque ; richesses, biens, intérêt d'argent prêté ; angl. *ease*, aise ; basse latinité *asianzia*, *aasentia*, *aasantia*, *aaisientia*, aisance ; breton *eaç*, calme, aisance ; et *éaz*, aisé, *éaz*, aise, aisance ; gaël irl. *aisiughaim*, alléger ; anc. cat. *aise*, *aize*, it. mod. *agio*, aise, agrément ; langue des troubadours *ais*, aise, agrément ; et *aizi*, demeure, maison, asyle ; bas-limousin *aise*, contentement, commodité, aise ; rouchi *asse*, aise ; patois de Castres *ayze*, aise ; patois de Champagne *auge*, *aige*, *iaise*, aise ; anc. fr. *aisiée*, *aèse*, aise, facilité.]

Aise, adj. Content, joyeux.
Aisance, s.f. Facilité, liberté d'action ; état de fortune suffisant.
Aisances, s.f.pl. Lieux d'aisances, latrines.
Aisé, ée, adj. Facile, commode ; à son aise ; où l'on est à son aise.
Aisement, s.m.vi. Commodité.
Aisément, adv. Facilement, commodément.
Aises, s.f.pl. Commodités de la vie ; ces mille choses que recherchent les gens voluptueux, délicats ou valétudinaires.
Adagio, adv.mus. Lentement. (De l'ital. *ad*, à, *agio*, l'aise ; mot de la même origine que le fr. *aise*, et que l'ancien gothique *azets*, facile, *azetizo*, plus facile.)
A l'aise, loc.adv. Commodément, facilement.
Alèze, s.f.méd. Drap servant à soulever les malades et les tenir propres et à l'aise.
Malaise, s.m. État incommode, au pr. et au fig. ; mal positif, ennemi de l'aise ou du bien-être.
Malaisé, ée, adj. Difficile, incommode, à l'étroit.
Malaisément, adv. Difficilement, avec peine.
Mésaise, s.m. Incommodité, simple privation d'aise ou de bien-être.

---

*AIUS LOCUTIUS, s.pr.myth.rom. La voix déifiée, le dieu de la parole. [Une voix surnaturelle ayant annoncé l'approche des Gaulois, les magistrats de Rome ordonnèrent que cette voix fût déifiée sous le nom de *Aius*. On disait aussi *Aius locutius*, *Aius loquens*. *Aius* a pour racine en latin *aio*, je dis, j'affirme ; et *locutius*, *loquor*, je parle. 1° D'après Benfey et Chavée, le latin *aio* proviendrait du sanscrit *akhyami*, je dis ; 2° selon Martinius et Vossius, il viendrait de l'hébreu *hâid*, il fut, il est, il sera ; 3° selon ce dernier, il pourrait venir aussi du grec *phaô*, je dis, je parle ; 4° d'autres dérivent *aio* du grec *aô*, *aèmi*, je souffle, je respire. 5° Doederlein prend la racine de *aio* dans le grec *ainéin*, dire ; 6° puis dans le grec *échein*, rendre un son. 7° Ihre lie ce mot au suiogothique *ja*, particule qui affirme simplement. 8° Le P. Pezron dérive le latin *aio* et *ita* du celtique *ia*, oui. Le persan *aouaza*, *awaz*, et le basque *oihuança*, voix, n'offrent apparemment qu'une analogie fortuite avec le latin *aio*.]

*AJAX, s.m.myth.gr. Fils de Télamon, le plus vaillant des Grecs après Achille ; fils d'Oïlée, roi des Locriens ; il concourut à la prise de Troie. C'est pour le punir de l'outrage fait à sa prêtresse et à son temple que Minerve le foudroya, lorsqu'il revenait dans sa patrie. [Latin *Ajax*, grec *Aias*, Ajax. Étym. : 1° Du grec *aïetès*, *aïetós*, le même que *aétos*, impétueux comme le vent : Benfey. 2° Du grec *aiazéin*, déplorer, gémir, de *ai*, cri de douleur : H. Est. et Noël. Les poètes prétendent que *ai* est tracé sur la fleur en laquelle Ajax fut métamorphosé. 3° Poinsinet de Sivry prétend que *Ajax* était un descendant d'*Æaque*, et que *Ajax* et *Æaque*, en grec *Aias* et *Aiachos*, sont un même nom. 4° Scrieck soutient que le nom d'*Ajax* vient du celtique *ae-hachs*, signifiant : forêt aquatique.]

ALBATRE, s.m. Espèce de marbre fort blanc, transparent et veiné. [Du latin *alabaster*, *alabastrum*, vase d'albâtre où l'on conservait les parfums ; mots dérivés eux-mêmes du grec *alabastros*, sorte d'albâtre, vase d'albâtre ; sorte de pierre ou de marbre ; vase à parfums ; bouton de rose. Ce mot a été l'objet de diverses étymologies. 1° Wachter et Benfey lient le grec *alabastros* au grec *alphos*, blanc ; et Bullet le compose du celtique *alab*, blanche, et *ter*, *tre*, pierre. 2° Chavée rapporte le grec *labé*, charbon, suie, encre, et le grec *alabastros*, albâtre, au sanscrit *glauk'ayati*, il brille, il luit. 3° Honnorat le forme du grec *a* priv. et *lambanô*, je saisis, je prends ; parce que les vases d'albâtre étant très-polis et sans anses, ne pouvaient être saisis qu'avec peine. C'est par la même raison que d'autres le forment du grec *a* priv. et *labé*, anse. 4° Saumaise et autres le dérivent du grec *anabastazô*, soulever, mettre sur les épaules, porter. 5° D'après Gébelin, le grec *alabastros* viendrait de l'oriental *butz*, blanc ; d'où le grec *bussos* et le latin *byssus*, sorte de lin très-fin. C'est apparemment l'hébreu inusité *bouts*, il fut blanc, qu'il a voulu dire. En ital. *alabastro*, albâtre ; esp. et portug. *alabastro*, cat. *alabastre*, langue des troubadours *alabaustre*, albâtre ; teut. *alabast*, angl. *alabaster*.]

*Alabastrin, ine, adj.minér. Qui a la nature ou les qualités de l'albâtre.

ALBINOS, s.m. Homme qui a la peau d'un blanc blafard, les cheveux et le poil presque blancs, et les yeux d'un gris pâle ou rougeâtre. [Du latin *albus*, *a*, *um*, blanc ; d'où le mot *albineus*, blanchâtre, employé par Palladius. En portugais *negros-brancos*, nègres-blancs, albinos. On a donné sur le latin *albus* des étymologies bien différentes. 1° Benfey le rapporte ainsi que le grec *alphos*, blanc, au sanscrit *abhra*, air, nuage, or, argent : l = r ; 2° et Chavée au sanscrit *rag'ata*, brillant, blanc, fait de la racine *rag'*, briller, être ardent, blanc. 3° Wachter et Denina le forment du grec *phalos*, clair, poli, luisant, blanc, par le changement de *ph* en *b*, et par la transposition des consonnes. 4° Un autre le fait venir de l'hébr. *châlâb*, lait, par la suppression du *ch* initial. 5° La moins forcée de toutes les étymologies attribuées au latin *albus* et la plus suivie en même temps est celle qui dérive ce mot ainsi que le grec *alphos*, blanc, de l'hébreu *lâban*, il a été blanc, à la troisième conjugaison *hilbin*, il fut blanc ; d'où l'hébreu *libné*, peuplier blanc ; *lebônâ*, encens, dont la meilleure qualité est blanche, et *lebânôn*, le mont Liban, dont le côté oriental est toujours couvert de neige. Du grec *alphos*, blanc, a été fait le grec *alphiton*, farine ; comme le gallois *cann*, fleur de farine de froment, du celtique *can*, blanc. De même le lithuanien *kwétys*, froment, correspond au sanscrit *cvéta*, blanc. Le celtique *alb* signifie à la fois blanc et élevé ; d'où *Alb-in*, puis *Albion*, de *innis*, île, selon Thierry. Gébelin dit que *alpus*, blanc, mot sabin, est l'*albus* des Latins, l'*alp* des Celtes, qui signifie blanc, que de là vient le nom des *Alpes*, qui signifie également montagne élevée. Il n'y a que les montagnes élevées qui soient en toute saison blanchies par la neige. En valaque *alb*, anc. all. *alp*, blanc. En anc. scandin. *alft*, cygne; all. *albe*, peuplier blanc. Ital. esp. langue des troubadours et catal. *albo*, port. *alvo*, blanc. Le mot caraïbe *alou*, blanc, n'offre sans doute qu'une analogie tout à fait fortuite ave le latin *albus*, blanc.]

Able, s.m. ou **Ablette**, s.f. Petit poisson à ventre très-blanc. Les écailles de ce petit poisson argenté servent à faire l'essence d'Orient, employée à la fabrication des fausses perles. (De la basse latinité *abula*, able; fait du latin *albulus*, *albula*, blanc, dimin. de *albus*, blanc. Rondelet et J. Henricus disent que son nom latin *alburnus*, able, ablette, vient du latin *albus*, blanc, à cause de sa blancheur. Aux environs du lac de Côme on l'appelle *albur*.)

Ableret, s.m. pêche. Filet carré à prendre des ables. (En b. lat. *ableia*, germ. *albin*, *albuten*, dans Adelung.)

*****Albification**, s.f.vi. Blanchîment, déalbation.

*****Albinisme**, s.m.méd. Anomalie de l'organisation animale et végétale, caractérisée par la couleur blanche de l'enveloppe extérieure.

*****Albitarse**, adj.h.n. Qui a les tarses blancs.

*****Albite**, s.f.minér. C'est le schorl blanc.

Albuginé, ée, ad.janat. Se dit de certaines membranes dont la couleur est blanche.

Albugineux, euse, adj.ant. Formé par la fibre albuginée.

Albugo, s.f.méd. Tache blanche sur l'œil.

Album, s.m. Livre où les voyageurs consignent ce qu'ils ont vu de remarquable; recueil de toutes sortes de dessins, de morceaux de musique, etc. (Chez les Romains, *album* désignait un tableau enduit de blanc où s'écrivaient les délibérations du préteur.)

Albumine, s.f. Blanc d'œuf, substance de même nature que l'on trouve dans quelques matières animales et végétales. (Latin *albumen*, blanc d'œuf.)

*****Albumen**, s.m.bot. Corps accessoire de l'embryon, qu'on trouve dans certaines graines.

*****Albuminé**, adj.m.bot. Se dit d'un embryon végétal qui est muni d'un albumen.

Albumineux, euse, adj. Qui contient de l'albumine.

*****Albunée**, s.pr.f.myth.lat. Divinité adorée à Tibur, la même que Leucothoé chez les Grecs.

*****Inalbuminé**, ée, adj.bot. Qui n'a point d'albumen ou de périsperme.

Alevin, s.m. Menu poisson qui sert à peupler les étangs. (De l'anc.fr. *alvin*, semence de toute sorte de petits poissons blancs, pour peupler un étang ; 1° d'après Roquefort, qui rattache ce mot au latin *albus*, blanc. De *albus* on fit en latin *album*, blanc de l'œuf. Les Portugais en firent du *alvo*, blanc. Dans le midi de l'Europe on change souvent *b* en *v* et *v* en *b*. 2° Boiste et Gattel disent que *alvin* ou *alevin* a été fait par corruption du fr. *levain*; 3° et Honnorat, après Trévoux et Furetière, forme *alevin* ou *alvin* du grec *halieus*, pêcheur, *hals*, la mer. En prov. *alevin*, *aluin*, alevin.)

Alevinage, s.m. Menu poisson que les pêcheurs rejettent dans l'eau. (Pour *alvinage* : Roq.)

Aleviner, v.a. Jeter de l'alevin, peupler un étang de petits poissons blancs. (Pour *alviner*, de *albus* : Roq.) *Alviné, ée,* part.

*****Alpes**, s.m.pl. Montagnes intérieures qui coupent les continents; géogr. montagnes qui séparent la France et l'Italie. (Festus dit que le nom des *Alpes* peut venir de leur blancheur; en grec *alphos*, blanc, latin *albus*. Les Sabins, ajoute-t-il, avaient cependant dit *alpus*, blanc. Pezron fait venir le grec *al-phos* du celt. *alp*, blanc. De là, dit-il, est venu *Alpes*, nom de montagnes qui sont toujours blanches, à cause de leurs neiges. C'est ainsi que dans l'île de Crète on appelait *leuka* les sommets de l'Ida ou d'une montagne voisine de l'Ida, où la neige ne manque jamais. Le Liban tire aussi son nom de sa blancheur, en hébreu *lâban*, il fut blanc. De même le nom du *Cantal* vient du celtique *can*, blanc, et *tal*, élevé. Comme on a dit *alpus* et *albus*, on a dit également *Alpeia oré* et *Albia*, selon les différents dialectes, d'après l'observation de Strabon, d'Étienne et d'Eustathe. Le mot *Alpes*, dit Bochart, ne fut pas particulier aux Gaulois, puisque les Sabins et les Grecs l'ont employé. Nous n'appelons plus *Alpes*, observe De Brosses, que la chaîne de montagnes d'où sortent le Rhin et l'Éridan; quoique ce fût un nom appellatif général de toutes les montagnes perpétuellement couvertes de neige. *Alpes* signifie à la letttre les blanches, comme *Albion*. En celtique *alb*, le même que *alp*, montagne, blanc, dans Bullet. Scrieck soutient que *Alpes* vient du celtique *al-oppen* signifiant les tout hauts. M. de Belloguet pense que c'est un mot d'origine gauloise. Il cite le kymrique *alp*, rocher; l'erse *albainn*, Haute-Écosse, *alp*, montagne, *ailbhe*, rocher; etc.)

Alpestre, adj. Qui a rapport, ou est propre, ou appartient aux Alpes.

*****Alpigène**, adj.bot. Qui croît dans les Alpes ou sur les hautes montagnes.

Alpine, adj.f.bot. Se dit des plantes qui croissent sur les hautes montagnes.

*****Alpique**, adj.géogr. Qui appartient aux Alpes.

*****Subalpin, ine**, adj. Situé au bas des Alpes.

Cisalpin, ine, adj. Qui est en deçà des Alpes.

Transalpin, ine, adj. Qui est au delà des Alpes.

*****Alphitédon**, s.m.chir. Fracture du crâne dans lequel les os sont comme réduits en farine. (Gr. *alphiton*, farine, de *alphos*, blanc.)

*****Alphitomancie**, s.f. Divination par la farine.

*****Alphitomancien, enne**, adj.antiq.gr. Qui pratiquait l'alphitomancie. (Gr. *mantéia*, divination.)

Aube, s.f. Point du jour. (Lat. *alba*, blanche.)

Aubade, s.f. Concert donné vers l'*aube* du jour, en plein air, sous les fenêtres d'une personne.

Aube, s.m. Vêtement ecclésiastique, fait de toile blanche. (Langue des trouvères *alb*, aube.)

Aubépine, s.f. Arbrisseau épineux à fleurs blanches. (Lat. *alba*, blanche, *spina*, épine.)

Aubier, s.m. Bois blanchâtre et tendre entre l'écorce et le cœur de l'arbre. (Du latin *alburnum*, aubier, fait du latin *albus*, blanc. De *alburnum* on a fait, par corruption, *laburnum*. De là le prov. *albar*, l'anc. fr. *aubors*, *aubourc*, aubier; d'après de Théis, l'Evêque de la Ravalière, Diez, etc., etc.)

*****Aubours**, s.m.bot. Couche située entre l'écorce et le bois d'un arbre ; nom vulgaire d'une espèce de viorne et de cytise.

*****Laburnum**, *****Laburne**, s.m. Le faux ébénier, que l'on appelle aussi *aubours*. Pline dit que le *laburnum*, indigène des Alpes, est peu connu et a un bois blanc et dur.

Aubifoin, s.m.bot. Variété du bleuet; c'est une petite fleur blanchâtre qui vient parmi le blé. (Du lat. *album*, blanc, *fœnum*, foin.)

*****Déalbation**, s.f.didact. Action de blanchir.

De là les n. pr. : *Albanie*, *Albanais*, *Albe*, *Albinus*, *Albion*, *Albucius*, *Albula*, *Albuna*, etc.

ALCALI, s.m. La plante marine qui fournit la soude; produit salin de l'incinération de ce végétal. [De l'ar. *al*, la, *qali*, soude. Se dit, en général, de toutes les substances salifiables qui ont la puissance de changer en vert les couleurs bleues végétales. On nomme *alcali fixe* celui qui demeure solide, et *alcali volatil* celui qui se vaporise à une température peu élevée : M. Pihan. Du Cange dit que les Arabes ont nommé *qali* les cendres tirées de la salicorne et d'autres herbes semblables. De Théis, Bochart, Olaüs, Celsus et autres disent que l'arabe *qali* signifie une chose brûlée, parce qu'on brûle cette plante pour en obtenir la soude. Le terrain de la plaine du côté de Jéricho est couvert de sel et produit en abondance la plante *qali*, dont les Arabes font de la cendre pour la fabrication du verre et du savon. En b. lat. *alcali*, alcali. De là le port. et catal. *alkali*, ital., esp. et langue des troubadours *alcali*, alcali.]

Alcalin, ine, adj. Qui a quelques propriétés des alcalis; qui appartient à la classe des alcalis; qui a rapport aux alcalis.

Alcaliser, v.a.chim. Dégager l'alcali des sels neutres. *Alcalisé, ée,* part.

Alcalescent, ente, adj.chim. Se dit d'une substance où les propriétés alcalines se développent.

Alcalescence, s.f.chim. État d'un corps alcalescent.

*Alcalifiable, adj.chim. Susceptible de se convertir en alcali.

*Alcalifiant, ante, adj.chim. Qui provoque des propriétés alcalines.

*Alcaligène, adj chim. Qui produit et fait naître des alcalis. (Gr. *généa*, génération.)

*Alcalimètre, s.m. Instrument pour mesurer la quantité d'alcali.

*Alcalimétrique, adj. Qui a rapport à l'alcalimètre.

*Alcalinité, s.f. Qualité d'une substance possédant les propriétés des alcalis.

*Alcalinule, adj.m.chim. Se dit d'un sel alcalin contenant un léger excès d'alcali.

*Alcalisation, s.f.chim. Opération naturelle par laquelle l'alcalescence se développe.

*Alcaloïde, s.m.chim. Alcali organique, rivalisant avec les alcalis minéraux pour les propriétés basiques.

Kali, s.m. Espèce de soude.

---

*ALCANTARA, s.m.géo. Nom d'un pont magnifique construit sur le Tage, en Espagne, par l'empereur Trajan. Les Maures l'appelèrent dans leur langue *Alcantara*, le pont. Selon de Vairac, cité par Bruzen, les Maures, à cause de la commodité de ce pont, bâtirent en ce lieu une ville qu'ils nommèrent pareillement *Alcantara*. [De l'arabe *al*, le, *qant'ara*, pont, mot qui semble dériver lui-même de l'arabe *qatre*, voûte. Un grand nombre de villes, de villages, de hameaux, de rivières, portent encore des noms arabes en Espagne et en Portugal. Tels sont : *Alcantara, Guadalquivir, Guadiana, Albarazin, Alcanisca, Alcarez, Almedina* ou *Elmedina*, etc. Tous ces noms furent donnés à ces lieux par les Maures. En basse latinité *alcantara* ou *alcantera*, esp. *alcantara*, pont de pierre, de l'ar. *kant'ara*, pont voûté, dans Du Cange.]

Alcantara, s.m. Ordre militaire d'Espagne, institué en 1170. (De *Alcantara*, nom de la ville dont il vient d'être fait mention, et qui fut prise sur les Maures en 1212 par Alphonse IX, roi de Castille, qui la remit deux ans après aux chevaliers du Poirier. Ceux-ci ne furent pas plutôt en possession de la ville d'Alcantara qu'ils se firent appeler chevaliers d'*Alcantara*.)

ALCARAZAS ou **Alcarrazas,** s.m. Vase de terre très-poreux pour rafraîchir l'eau. [Ce nom est espagnol; les Espagnols eux-mêmes l'ont emprunté de l'arabe. De là le polon. *alkarazas*, id.]

---

*ALCIDE, s.p.m.mythol. Hercule. [Du latin *Alcides*, dérivé du grec *Alkéidés*, Alcide, nom fait lui-même du grec *alké*, force, vigueur, vaillance, protection. 1º Bopp forme le grec *alké* du sanscrit *raks*, conserver, garder, défendre, régir, commander; et Martinius de l'hébreu *chaïl*, vigueur, force, courage, vertu; 2º un autre, de l'hébreu *êl*, fort, robuste, héros; force, puissance, Dieu; en basque *al, ahal*, puissant. 3º Gébelin croit que la première syllabe d'*Alcide* est un article, et la seconde un dérivé du primitif *ké* ou *qué*, force, puissance, d'où, selon lui, le latin *queo*, le fr. *quai*, et le *Cid* en esp., nom illustré par Corneille. 4º D'autres pensent que Hercule fut appelé *Alcide* du nom d'*Alcée*, père d'Amphitryon. 5º P. J. J. Bacon soutient que les Grecs empruntèrent ce nom aux Celtes, et qu'en celtique *Al-kid* ou *Al-cid* signifie le maître, le seigneur. Ainsi, d'après ces cinq étymologistes, les Grecs, au lieu de se servir de leur propre langue, auraient eu recours ou aux Indiens; ou aux Hébreux, ou aux Arabes, ou aux Celtes, pour donner un nom à Hercule, fils d'Alcée. *Alcide* est un nom patronymique signifiant, dans les temps héroïques, descendant d'*Alcée*; il désigne particulièrement Amphitryon, et surtout Hercule. *Alcide* ou *Alcidès* était aussi, selon Hésychius, le nom que l'on donnait, à Sparte, à certaines divinités subalternes. *Alcide*, s.pr.f., fut une fille d'Antipène; ce fut aussi le surnom de Minerve chez les Macédoniens, au rapport de Tite-Live.]

*Alcée, s.pr.m.mythol. 1º père d'Hercule ou Alcide ; 2º fils d'Hercule; 3º poëte grec.

Alcaïque, adj. Se dit d'une sorte de vers ou mètre grec, inventé par *Alcée*, poëte grec.

Alcée, s.f.bot. Genre de plantes de la famille des malvacées. (M. Fée dit : « Le peu d'action qu'elle exerce sur l'économie vivante justifie peu son étymologie qui dérive du grec *alké*, force. » C'est bien; mais les choses n'ont pas été nommées toujours d'après leurs propriétés.)

*Alcide, s.m.h.n. Espèce de grand scarabée.

*Analcime, s.m.géol. Zéolithe dur, peu électrique; minéral de la classe des substances terreuses. (Du gr. *a*, priv., *alkimos*, force.)

De là les n. pr. grecs : *Alcé, Alceste, Alcidice* ou *Alcidique, Alcimaque, Alcime, Alciméne, Alcinoé, Alcinoüs, Alcippe, Alcis, Alcithoé, Alcmaon, Alcmène, Alcménor, Alcméon, Alcméonide, Alcoménée, Antalcidas, Bialcon, Evalcès*, etc.

ALCOOL, s.m.chim. Liquide obtenu par la distillation des substances sucrées qui ont subi la fermentation. [De l'arabe *kohl*, poudre d'antimoine dont les femmes de l'Orient se servent pour frotter leurs paupières, et rendre ainsi leurs yeux plus brillants. Ce mot a été adopté par la chimie pour désigner l'esprit de vin. Constancio prétend que ce mot paraît composé du grec *alké*, force, et *élaô*, chasser, repousser. En persan *khoull*, collyre dont les Orientaux se frottent les yeux ; et en arabe *al-ko'hl*, le collyre.]

Alcoolique, adj. Qui contient de l'alcool.

Alcooliser, v.a. Réduire à l'état d'alcool; mêler de l'alcool à un liquide. *Alcoolisé, ée,* part.

*Alcoolate, s.m.chim. Combinaison d'alcool et de sel, l'un et l'autre anhydres.

*Alcoolature, s.f.pharm. Médicament alcoolique préparé par infusion.

*Alcoolé, s.m.pharm. Médicament alcoolique préparé par dissolution.

***Alcoolides**, s.m.pl.chim. Famille de composés organiques renfermant de l'alcool.
***Alcoolime**, s.m.chim. Alcool pur.
***Alcoolisation**, s.f. Action d'alcooliser.
***Alcoolomètre**, s.m. Instrument pour déterminer la quantité d'alcool contenu dans les esprits-de-vin et les eaux-de-vie.
***Alcoolatif**, s.m.pharm. Médicament alcoolique destiné à l'usage externe.

ALCOVE, s.f. Enfoncement réservé dans une chambre à coucher pour y placer un lit. [1° Selon Bochart, Ménage, Gousset, Muratori, Furetière, Roquefort, De Mas-Latrie, Constancio, Reiff, Pihan, etc., ce mot est d'origine arabe. Il est composé de l'arabe *al*, la, *qoubbat*, voûte, coupole, tente, dérivé du verbe *qoubba*, couper; à la deuxième forme, voûter, cintrer. Il s'est introduit d'abord dans la langue espagnole, qui l'a transmis au français. 2° M. Diez incline à voir dans *alcóve*, non pas *qoubbat*, coupole, dôme, voûte, tente; mais le gothique *chovo*. Les auteurs du Tripartitum lient le fr. *cage, couvée, alcóve*, au latin *cavea*, cage, ainsi qu'à l'arabe *al qoubbat*. En hébreu *qubbá*, chambre à coucher, alcove; fait du verbe *qâbab*, *nâqab*, il a creusé, il a voûté; *qâbab*, il fut creux.]

ALCYON, s.m. Oiseau de mer. [Du latin *alcyon*, dérivé du grec *halkuón*, alcyon. Les anciens avaient donné ce nom, qui rappelle la fable de Ceyx et d'Alcyone, à un oiseau de mer qui nous est inconnu et dont les naturalistes modernes ignorent l'espèce; les uns veulent que ce soit le pétrel; les autres, l'hirondelle salangane. Aujourd'hui le nom d'Alcyon désigne en ornithologie le martin-pêcheur d'Europe. On a fait diverses conjectures sur l'origine du grec *halkuón*, alcyon. 1° Les uns l'ont composé du grec *hals*, la mer, et *kuó*, j'enfante; parce que les anciens croyaient que cet oiseau plaçait son nid sur la mer. Le plus grand nombre des philologues ont adopté cette étymologie. Martinius soutient que ce mot vient certainement du grec. 2° Scrieck soutient au contraire qu'il vient du scythique *halig-hon*, signifiant l'extrémité d'en haut. En italien *alcione*, port. *alcyon*, esp. et langue des troubadours *alcion*. En dan. *alke*, dans le Tripartitum. En angl. *halcyon*, adj., paisible, tranquille, heureux.]

Alcyonien, adj.m. Se dit des sept jours qui précèdent le solstice d'hiver et des sept jours suivants, pendant lesquels, dit-on, l'alcyon fait son nid, et la mer est ordinairement tranquille.
***Alcyon**, s.m. Genre de polypiers marins.
***Alcyone**, s.f.astron. Nom de l'étoile γ de la constellation des Pléiades.
***Alcyoné**, ée, adj.h.n. Qui ressemble à un alcyon.
***Alcyonés**, s.m.pl. Famille d'oiseaux, et famille de zoophytes.
***Alcyonelle**, s.f.h.n. Polypier qu'on trouve dans des étangs d'Europe.
***Alcyonellin**, ine, adj.h.n. Qui ressemble à une alcyonelle.
***Alcyonellins**, s.m.pl. Famille de zoophytes.
***Alcyonidée**, s.f.bot. Genre de plantes marines.
***Alcyonidié**, ée, adj.bot. Ressemblant à une alcyonidie.

De là les n.pr.mythol. : *Alcyone, Alcyonée, Alcyonides*.

ALDÉBARAN, s.m.astron. Étoile fixe de la première grandeur, dans l'œil du Taureau. [De l'arabe *aldebaran*, l'œil du Taureau. Ce mot ressemble à l'arabe *burhan*, signe brillant, éclat, splendeur, titre d'honneur donné aux princes. Constancio soutient que *aldébaran* est le mot arabe *addebran*, composé de l'article *al*, le, de *daneb*, queue, ou de *bad*, après, et d'*arra*, venir. En portugais *aldebaran, aldebara, aldebran*; pol. *aldebaran, aldébaran*.]

ALDÉE, s.f.géo. Ce nom sert à désigner les bourgs et les villages en Afrique et dans les Indes. [De l'arabe *aldaiá*, habitation, peuplade, ville, village, fait lui-même de l'arabe *al*, le, et *diar*, village, habitation. En portugais *aldea*, hameau, village; basque *aldea*, village, esp. *aldea*, basse latinité *aldea*, hameau. *Aldée* est aussi le nom que les Brésiliens donnent à quatre ou cinq cabanes situées dans un même canton. D. Francisco de S. Luiz fait observer que le port. *aldea* est un mot arabe, mais d'origine persane.]

ALÉATOIRE, adj. Se dit d'une convention qui repose sur un événement incertain. [Du latin *aleatorius*, qui concerne les jeux de hasard ou les joueurs; fait lui-même du latin *alea*, jeu de dés, tout jeu de hasard. L'origine étymologique du mot *alea* n'est pas encore connue. 1° Vossius et Gébelin le dérivent du grec *alaos*, aveugle, sombre; *alaomai*, je suis errant. 2° Doederlein le fait venir, par aphérèse, du grec *sélia* ou *télia*, planche sur laquelle on jouait aux dés.]
*Aléatoirement, adv. D'une manière aléatoire.

*ALECTO, s.pr.f.myth. Une des trois furies, fille de l'Achéron et de la Nuit. [Du latin *Alecto* ou *Allecto*, dérivé du gr. *Alektó*, Alecto. 1° Benfey rapporte à une origine commune le nom d'*Alecto*, le grec *alastór*, vengeur ou vengeresse du crime, et le latin *uleiscor*, venger. 2° Planche le forme du grec *a*, privatif, et *légó*, cesser, finir : celle qui ne cesse de poursuivre les coupables. Noël et autres donnent aussi cette étymologie.]
*Alecto, s.m.h.n. Genre de serpents; genre de polypiers fossiles. (Ce terme d'hist. naturelle a été fait par allusion aux serpents des Furies. Eschyle fut le premier qui fit paraître les Furies sur la scène. Elles figuraient au nombre de cinquante, les cheveux en désordre et entrelacés de serpents, couverts de tuniques noires et flottantes, auxquelles étaient suspendues des vipères.)

ALÈGRE et **ALLÈGRE**, adj. Dispos, agile, gai. [Du latin *alacer, alacris, alacre*, dispos, agile, léger, prompt, gai; par le changement de *c* en *g*, comme dans *aigre* de *acer*, *fougère* de *filicaria*, *gaillet* de *cailler*, *fougasse, fougue*, de *focus*, etc. On a cherché sur le latin *alacer* bien des étymologies différentes. 1° Doederlein le lie au grec *alké*, force, ardeur; *alektór*, coq; et à l'all. *lachen*, rire aux éclats. 2° Vossius et Donat pensent que *alacer* vient du grec *adakrus*, qui ne pleure point, r. *a* priv. *dakrus*, larme. 3° Gébelin lui donne pour origine le latin *ala*, aile, et *ger*, qui porte; 4° un autre le forme du latin *alis*, ailes, *acer*, actif; 5° un autre, du latin *lacer*, coupé, blessé, et *a* privatif; 6° un autre, du latin *salio*, je saute, dont on aurait fait d'abord *saliacris*, enfin *alacer*. 7° Fungérus prétend que le fr. *gaillard* et *gai*, le latin *agilis* et *alacer*, et le grec *agalliaó*, proviennent de l'hébreu *gfl*, il a sauté, il a dansé, il a tressailli de joie. 8° Suivant M. Theil, *alacer* a de l'analogie avec le grec *alaomai*, être errant, *hallomai*, sauter. En ital. *allegro*, cat. esp. port. et langue des troubadours *alegre*, allègre, joyeux, gai.]

Alègrement, Allègrement, adv. D'une manière allègre.

Alégresse, Allégresse, s f. Joie qui éclate au dehors; joie publique.

Allégretto, adv.mus. Dim. d'*allégro*.
Allégro, adv.mus. Gaiement.
Allégro, s.m.mus. Air vif et gai.
*****Alacrité,** s.f.néol. Gaieté d'humeur.

ALÊNE, s.f. Outil de cordonnier pour percer le cuir. [MM. les cordonniers des différents pays ont tellement corrompu ce mot qu'on a de la peine à lui assigner une origine étymologique. 1° Après M. Diez, M. De Chevallet soutient qu'il est d'origine germanique et le rattache au tudesque *alansa*, *aelsene*, alène, au holl. *els* et *elssen*, alène, etc. 2° Wachter le rapporte au suédois *syl*, alène, fait du verbe *syl*, coudre, et au latin *suo*, et au grec *kassuó*, je couds; de même que le latin *subulum*, alène, au lat. *suo*, je couds. 3° Selon Bochart, *alêne* viendrait de l'ar. *alsenna*, fait du verbe *sanna*, rendre pointu. C'est de là que provient apparemment le berbère *asennan*, épine. 4° Ménage tire le mot *alêne* du latin *aculeus*, aiguillon; 5° Leibnitz, du germanique *aal*, anguille; 6° un autre du latin *linea*, ligne; 7° un autre, de l'hébreu *álach*, il a aiguisé; 8° et Bullet, du bas-breton *lem*, aigu, coupant. En anc. scandinave *alz*, alène, anglosaxon *ale* et *eal*, angl. *awl*, alène; basse-latinité *aleona* et *alenna*, *lesina*, *lexena*, alène; ital. *lesina*, esp. *alesna*, cat. *alena*, prov. *alesna*, *alena* et *lesna*, *lezena*, alène; patois de Castres *alzeno*, savoisien *aléna*, anc. fr. *alesne*, alène.]

*****Alène,** s.f.anc.t.milit. Flèche dont se servaient les archers.

*****Aléné, ée,** adj. bot. Se dit des parties dures, étroites et terminées en pointe, comme une alène.

Alênier, s.m. Qui fait et vend des alènes.

Alénois, adj.m. Se dit d'une plante à feuilles découpées en alène, et d'une saveur piquante. Les feuilles inférieures du *cresson alénois* ont en quelque sorte la forme d'une alène.

Lésine, s.f. Épargne sordide et raffinée jusque dans les moindres choses. (M. Génin observe qu'on devrait dire *alésine*, l'*alésine*; le *lésine* est la même faute que la *Natolie*, la *Quitaine*, ma *mie*. *Alesina*, ajoute le même auteur, est, en italien, une alène de cordonnier. On y a mis du beurre avec une *alêne*, est une expression populaire qui veut dire qu'un cuisinier a été avare de beurre dans un ragoût. À la fin du 16ᵉ s., Viardi composa une satire de l'avarice et des avares, intitulée la Compagnie de l'*Alêne*, la *Compagnia* dell' *Alesina*. Ce livre, qui obtint un grand succès, fut traduit en français en 1604, et fit éclore une foule d'imitations : *les Noces de la Lésine*, la *Contre-Lésine*, etc. Le mot, dit le même auteur, ne remonte donc pas plus haut que le 16ᵉ s.)

Lésiner, v.n. User de lésine. *Lésiné*, part.

Lésinerie, s.f. Trait de lésine; habitude vicieuse de celui qui lésine.

ALÉRION, s.m.blas. Petit aiglon qu'on représente les ailes étendues et sans pieds ni bec. [1° Selon Roquefort, Chapsal et autres, de la b. l. *alario*, contraction d'*aquilario*, augmentatif du latin *aquila*, aigle. 2° Selon d'autres, du latin *ala*, aile, d'où le lat. *alaris* et *alarius*, qui appartient aux ailes d'une armée. 3° Selon le Laboureur et Carpentier, *alérion* vient peut-être de l'all. *alder*, aigle, mot que Adelung fait dériver de l'all. *adel*, *edel*, noble, et *aar*; ce qui signifierait noble oiseau de proie. Le même auteur dit qu'en Bretagne le mot *er* s'applique encore à toute espèce de grands oiseaux de proie.]

ALEXIPHARMAQUE, adj.méd. Se dit des remèdes qui détruisent l'effet du poison. [Du grec *alexó*, j'écarte, j'éloigne, je repousse, et *pharmakon*, remède, poison. 1° M. Bopp dérive du sanscrit *raksh*, écarter, éloigner, le grec *arkéó*, suffire, secourir, protéger, et le latin *arceo*, éloigner, écarter, par transposition de lettres; et le grec *alké*, force, vigueur, et *alexó*, écarter, éloigner, repousser, par l'adoucissement de *r* en *l*. 2° H. Estienne forme le grec *alexó* du grec *alké*, force, vigueur, appui, protection, en intercalant un *é*. Cette étymologie, dit-il, est très-simple. En effet, *alké* a produit en grec **alkó*, d'où *alalkéin*, en ionien, et *alalkéménai*, infin. aor. r. d'*alexó*; et **alalkón*, part. aor. 2. poét. d'*alexó*. Voyez *Alcide*.]

*****Alexipharmaceutique,** adj. Qui appartient à l'art de guérir au moyen des médicaments.

*****Alexipyrétique,** adj. et s.m.méd. Fébrifuge. (Gr. *purétos*, fièvre.)

Alexistère, adj.méd. Se dit des contre-poisons. (Gr. *alexétér*, qui chasse, repousse.)

De là les n.pr. *Alexanémias*, *Alexamène*, *Alexanor*, *Alexarque*, *Alexiacus*, *Alexiade*, *Alexiare*, *Alexicacus*, *Alexiclès*, *Alexinus*, *Alexion*, *Alexippe*, *Alexirhoé*, *Alexis*, *Alexothoé*, etc.

ALEZAN, ane, adj. Bai, roux, fauve; se dit en parlant des chevaux. [Ce mot ne vient pas de l'ar. *al hhazan*, étalon, cheval entier; ni de l'ar. *al*, article, et *aza*, couleur de fumée; ni du latin *ala*, aile, bien que les chevaux de ce poil aillent si vite, qu'ils semblent avoir des ailes; ni du grec *alazón*, glorieux, fanfaron, fastueux; mais de l'esp. *alazan* ou du portug. *alazaó*, dérivés eux-mêmes de l'ar. *al-hasan*, d'après Constancio, Ménage et autres. M. Pihan forme l'arabe *alhasan* de l'art *al*, le, et *hasan*, beau, de bonne race. La signification du mot français est, il faut l'avouer, dit-il, bien éloignée du sens propre de sa racine; cependant c'est de là que vient *alezan*. Le proverbe espagnol *alezan plutôt mort que lassé* peut contribuer à rendre compte de cette signification, puisqu'il montre que cette couleur est celle d'un bon cheval.]

Alezan, s.m. Cheval de poil alezan.

Balzan, adj.m. Se dit d'un cheval noir ou bai, marqué de blanc à un des pieds. (Ce mot désigne propr. la marque blanche placée aux pieds de certains chevaux. 1° Il vient de l'ar. *be*, avec, *al*, le, *hasan*, beau, selon M. Pihan. 2° M. De Chevallet dérive *balzan* du bret. *bal* [*l* mouillée], tache blanche au front des animaux; animal marqué de cette tache; 3° et M. Delatre le rattache à l'ital. *balzano*, qui a une bordure, qui a une marque, un signe; *balza*, bordure, mots qu'il forme de l'ital. *balteo*, ceinture, en lat. *balteus*, baudrier. 4° Bullet le dérive du celt. *bal*, extrémité, et *zan*, pour *can*, blanc.)

Balzane, s.f. Marque blanche aux pieds d'un cheval.

ALGALIE, s.f.chir. Sorte de sonde creuse. [1° Ce mot est arabe, dit l'Académie. 2° Constancio veut que ce mot ait été formé de l'article arabe *al*, et du latin *galla*, signifiant alène de cordonnier. En bonne latinité *galla* veut dire noix de galle. 3° Ménage croit que *algalie* est un dérivé du grec *argaléion*, dit pour *ergaléion*, instrument, ustensile, outil, fait du verbe *ergazomai*, je travaille, d'où le fr. *orgue*, *organe*, etc. En portug. *algalia*, algalie.]

ALGARADE, s.f.fam. Insulte faite avec un certain éclat, sans sujet, et avec bravade. [Ce mot, dit M. Pihan, désignait primitivement une attaque subite, tentée par un corps de troupes, dans l'intention de répandre l'alarme. Il vient de l'esp. *algarada*, formé de l'arabe *al*, le, la, et de *garat*, nom d'action, de *gara*, faire une incursion. L'arabe *gara* ressemble beaucoup à l'hébreu *gârâ*, il a été rude, il s'est livré à la colère, et *gêrâ*, il a excité une dispute, il a provoqué. En arabe *gharet*, excursion, invasion de la cavalerie, pillage, dévastation. En portugais *algara*, incursion de troupes à cheval dans un pays, pour piller, voler, faire des prisonniers.]

ALGÈBRE, s.f. Calcul des grandeurs représentées par des lettres de l'alphabet. [1° Selon M. Pihan, de l'arabe *al*, la, *giabre* ou *djabre* ou *gabre*, consolidation, restitution. Le radical arabe signifie proprement consolider les différentes parties d'une chose brisée, par exemple, d'un os. Ainsi, le sens figuré du mot algebre est, comme on voit, en rapport exact avec sa racine, puisqu'il indique l'art de représenter avec peu de signes des opérations différentes dont chacune peut demander un assez grand nombre de chiffres en arithmétique. M. Ampère dit que l'arabe *djabara*, réduire, se dit à la fois, comme le mot français, d'une opération mathématique et d'une opération chirurgicale : *réduire* des quantités, *réduire* uno fracture. Les Arabes passent pour avoir cultivé l'algèbre avec succès. Selon quelques indices, ils étaient parvenus à résoudre les questions du 3e et quelquefois du 4° degré. 2° M. Eliçagaray s'exprime ainsi : « Quoique la création de cette science soit attribuée au géomètre Diophante de l'école d'Alexandrie, la gloire en revient au Maure *Algeber*, qui transporta en Europe la science des nombres, nommée plus tard algèbre en son honneur. La tour de la Giralda à Séville servait aux observations du savant Maure.»]

Algébrique, adj. Qui appartient à l'algèbre.
Algébriste, s.m. Celui qui sait l'algèbre.

ALGIDE, adj. Qui fait éprouver une sensation de froid glacial. [Du latin *algidus*, froid, glacé; r. *algeo*, avoir froid, geler, être gelé; mot que Festus dérive simplement du grec *algéô*, sentir de la douleur; dérivation suivie aujourd'hui par la plupart des étymologistes, favorisée surtout, soit par la ressemblance des mots, soit par un des principes étymologiques, si souvent applicables, et qui nous montre qu'un grand nombre de mots étendent ou restreignent leur signification en passant d'une langue à une autre. Tout le monde le sait, la sensation que nous cause le froid est plus ou moins douloureuse. Martinius, Vossius et Fungérus ont également proposé cette étymologie. Un savant moderne de l'Allemagne rattache *algeo* au grec *algos*, douleur, *algunô*, faire souffrir, etc. Gébelin dit, à sa manière, que « *alg*, *als*, fut une onomatopée peignant la sensation désagréable du froid; cette impression douloureuse qui fait trembler et frissonner, qui transit, d'où le latin *algeo*, avoir froid, geler, et le grec *algos*, douleur. 2°Parmi les indianistes, M. Benfey rapporte les mots latins *frigeo*, *rigeo*, et *algeo* pour *halgeo*, au sanscrit *hrish*, dans le sens de être raide, engourdi. M. Chavée dit presque la même chose.]

*****Algide**, h.n. Se dit des plantes qui croissent et des animaux qui vivent dans les contrées glacées du Nord.

Nostalgie, s.f. Mélancolie causée par le désir de retourner dans sa patrie. (Du grec *nostos*, retour, *algos*, douleur.)

ALGUAZIL, s.m.t. de mépris. Homme chargé par la police ou la justice de faire des arrestations. [Ce mot vient des Arabes, qui l'ont donné aux Espagnols; de l'Espagne il est venu en France. 1° Jean de Souza, cité par M. Pihan, rapporte ce mot à l'ar. *alouazir*, le ministre, l'aide. Constancio, Covarruvias et le Dict. de la Conv. donnent la même étymologie. 2° D'autres le forment de l'ar. *algazi*, le guerrier, le soldat. 3° Un autre prend la racine de ce mot dans l'hébreu *gârâl*, il a enlevé, il a pris, il a saisi; parce que les alguazils prennent les coupables et les conduisent en prison. En espagnol, *alguazil* a le sens de huissier, exempt de police civile et militaire. En b. lat. *alguazilus*, *alguazirus*, *algatzarius*, *algatzerius*, alguazil. En v. fr. *algouzan*, alguazil.]

Argousin, s.m. Bas-officier des bagnes qui est chargé de veiller sur les forçats. (Ménage dit : Nous appelons ainsi, par corruption, un sergent de galère, au lieu d'*alguazil*, qui est un mot espagnol, qui signifie sergent. Roquefort et autres disent aussi qu'*argousin* vient pour *alguazil*. M. Honnorat, qui donne aussi cette étymologie, pense que *argousin* pourrait encore venir du latin *arguere*, reprendre, accuser; ou du grec *ergastérion*, prison. M. Jal pense que l'anc. fr. *algouzan*, alguazil, a fait le fr. moins ancien *algouzin*, d'où *argousin*.)

ALGUE, s.f. Sorte d'herbe qui croit dans la mer. [Du latin *alga*, algue. 1° Servius, Isidore, Honnorat et autres ont cherché l'origine du latin *alga* dans le latin *alligare*, attacher, lier; parce qu'elle s'attache à ceux qui nagent ou qui plongent dans la mer, et les enveloppe; 2° Isidore l'a cherchée dans le latin *algor aquæ*, le froid de l'eau; 3° Vossius, dans le latin *uligo*, humidité, *udus*, humide, *ulva*, algue; 4° ensuite dans le latin *alluo*, je baigne, je mouille; 5° Gébelin, dans le grec *hals*, la mer; 6° Doederlein, dans le grec *lachanon*, légume; 7° puis dans le grec *halikos*, *haliké*, marin, maritime. 8° Un celtisant, dans le celt. *al*, eau, et *gau*, go, herbe. Les Latins entendaient par *algæ* toutes les herbes aquatiques qui, vivant dans les eaux, sont rejetées sur les rivages. Telles sont, pour les eaux douces, les conferves, les potamogétons, les naïades, etc.; et pour les eaux salées, les débris de plantes marines, et notamment de fucus. On a remarqué, dit M. Fée, l'identité réelle des deux mots latins *alga* et *ulva*, qui ne sont que deux prononciations différentes d'un seul type dont la forme et le sens primitifs peuvent fournir matière à discussion, mais dont l'existence est certaine. En ital. port. cat. *alga*, prov. *alga*, *auga*, *bouga*, algue, dans Honnorat.]

*****Algacé, ée**, adj.bot. Qui ressemble à une algue.
*****Algacées**, s.f.pl. Famille de plantes marines, les algues.
*****Algoïde**, adj.bot. Qui a l'apparence d'une algue. (Gr. *eidos*, forme, ressemblance.)
*****Algologie**, s.f.bot. Traité des algues.
*****Algologue**, s.m.bot. Botaniste adonné à l'étude des algues. (Gr. *logos*, discours.)
*****Algologique**, adj.bot. De l'algologie.

*****ALICA**, s.f.antiq.rom. Espèce d'orge dont les Romains faisaient une boisson qu'ils appelaient également *alica*. [Du latin *alica*, épeautre. *Alica*, dit M. Fée, est un mot à trois significations, car il veut dire boisson, bouillie, gruau. Pline dit : L'*alica* se prend en crème, ou dans de l'eau miellée, ou en bouillie. 1° Selon Doederlein, *alica* serait propr. un adj. dérivé du grec *oulai*, en attique *olai*, grains d'orge rôtis entiers ou grossièrement moulus qu'on jetait entre les cornes de la victime et sur l'autel; d'où le grec *oulochutai*, grains d'orge qu'on jetait sur la victime. 2° Selon M. Fée, l'*alica* est le *chondros* d'Hippocrate; et son nom latin lui vient de ses propriétés nourrissantes; du latin *alo*, je nourris, parce qu'elle nourrit le corps; *quod alit corpus*, comme dit Festus. C'est pourquoi elle convenait à la consomption, c'est-à-dire pour rétablir les forces après de longues maladies. Velleius Longus, Gébelin, Martinius et Vossius donnent aussi cette étymologie de Festus.]

*Alicaire, s.f.ant.rom. Se disait des femmes publiques de la Campanie, parce qu'elles se tenaient habituellement aux environs des moulins où l'on faisait moudre l'espèce d'orge appelée *alica*.

ALIDADE, s.f. Règle mobile tournant sur le centre d'un instrument avec lequel on prend la mesure des angles. [De l'arabe *al-héda,* le chemin droit. De là le portugais *alidada, alidade,* alidade ; et la basse latinité *alidada* et *alhidada,* alidade.]

ALIMENT, s.m. Tout ce qui nourrit, entretient et conserve le corps; par ext., suc qui fait croître et conserve les arbres, les plantes. [Du latin *alimentum,* fait de *alo, alis, alui, alitum* et *altum,* faire grandir, faire croître, nourrir, entretenir, produire, soutenir. On a émis diverses opinions sur l'origine du latin *alo.* 1º M. Chavée rapporte ce mot, avec beaucoup d'autres, au sanscrit *arthas,* cause; *urdhwa,* élevé, haut; *rhaudati,* il croît, il s'élève, etc. 2º M. Eichhoff le rapporte aussi au sanscrit, mais c'est aux mots *al,* occuper, remplir ; *alitas,* accru ; *allan,* beaucoup ; *âlis,* excessif; 3º M. Benfey, ainsi que M. Bopp, au sanscrit *ridh,* s'augmenter, s'accroître, s'élever; par le changement de *r* en *l;* 4º Pougens, à l'arabe *ala,* il a nourri; le P. Thomassin, à l'hébreu *élam,* engraisser; 5º Gésenius, à l'hébreu *hâlâ,* il est monté; 6º Bullet, au celtique *al,* aliment, et au basque *alea,* grain, et *alha,* qui fait paître; 7º Gébelin à *al,* mot qu'il donne comme primitif et signifiant aile, liquide, voile, bras, coude. Le latin *alo, alitum* et *altum* ne paraît pas étranger au grec *aldainô,* faire croître, augmenter; ni au lithuanien *éliau, élsu, élti,* croître, en parl. des arbres; ni à l'ancien scandinave *el,* engendrer, nourrir; et *ala,* nourrir, élever. En moesogothique *alida,* engraissé; suiogothique *ala* et teuton *alen,* nourrir, engraisser. En ital. *alimento,* esp. *alimento,* aliment. En esp. *almo,* prov. *alm, alma,* nourricier, nourricière.]

Aliments, s.m.pl. Ce qu'il faut pour nourrir et entretenir quelqu'un.

Alimentaire, adj. Propre à servir d'aliment; destiné pour les aliments.

Alimenter, v.a. Nourrir, fournir d'aliments. *Alimenté, ée,* part.

Alimentation, s.f. Action d'alimenter.

Alimenteux, euse, adj.méd. Qui nourrit.

Alibile, adj.méd. Propre à nourrir.

Adolescent, ente, adj.et. Qui est dans l'âge de l'adolescence. (Lat. *adolescens,* d'*adolesco,* je crois, r. *ad,* auprès, et *olesco* pour *alesco,* je crois, j'augmente, r. *alo,* je fais grandir, je fais croître, je nouris.)

Adolescence, s.f. L'âge qui suit l'enfance jusqu'à l'âge viril.

Adulte, adj. Parvenu à l'adolescence. (Latin *adolesco, adultum,* croître, grandir, grossir.)

Adulte, s. Celui, celle qui est adulte.

*Adulte, adj.anc.jurispr. Se disait des personnes pubères, qui étaient mineures de vingt-cinq ans.

*Adulte, adj.myth. Surnom de Jupiter et de Junon.

Se Coaliser, v.a.pron. Se liguer, former une coalition. (Lat. *coalescere,* croître avec, se fortifier; de *cum,* avec, *alescere,* prendre de la nourriture, r. *alo.* Selon le général Bardin , du bas latin *coalligatio,* coalition, r. *cum,* avec; *ad,* à, et *ligare,* lier, d'où *allié.* Voy. Lier.) *Coalisé, ée,* part.

*Coalescence, s.f.h.n. Adhérence, soudure de deux parties.

*Coalescent, ente, adj.h.n. Se dit d'une partie soudée avec une autre.

Coalition, s.f. Réunion de plusieurs parties, ligue de plusieurs puissances.

*Coalition, s.f.h.n. Réunion de parties jusqu'alors séparées.

*Se Coalitionner, v.a.pron. Former une coalition. (Ce mot est de Mirabeau.) **Coalitionné, ée,* part.

Prolétaire, s.m.antiq.rom. Citoyen pauvre, utile seulement à la république par les enfants qu'il engendrait; par ext., dans les États modernes, celui qui n'a ni fortune ni profession suffisamment lucrative. (Lat. *proletarius,* de *proles,* race, lignée, enfants, famille, postérité, fait de *pro,* en avant, pour, et do **olesco,* croître, r. *alo.*)

*Prolétariat, s.m. Classe, état des prolétaires.

Prolifère, adj.bot. Se dit de certaines fleurs qui dans leur centre engendrent d'autres fleurs. (Lat. *proles,* race, et *fero,* je porte.)

Prolifique, adj. Qui a la vertu d'engendrer.

*Prolifération, s.f.bot. Apparition d'un bouton ou d'une fleur sur une partie qui n'en porte pas ordinairement.

*Proliféricorne, adj.h.n. Qui a des antennes prolifères. (Lat. *proles, fero;* et *cornu,* antenne.)

*Prolification, s.f.h.n. État des parties prolifères.

*Proligère, adj.bot. Qui produit des corpuscules reproducteurs. (Lat. *gero,* je porte.)

ALIZE, s.f.bot. Sorte de fruit aigrelet, de la grosseur d'une petite cerise. [Selon M. De Chevallet, ce mot est d'origine germanique. En anc. all. *œlschepyr,* alize; all. *else-beere,* dan. *axel-bœr,* alize. Nous n'avons gardé, dit le même auteur, que le premier des deux mots dont se compose le substantif germanique; le second *pyr, beere, bœr,* signifie baie. 2º D'après Roq. Et De Théis, de la basse latinité *alisaria,* et *aria. Aria* paraît être un nom de lieu : quantité de pays portaient autrefois le nom de *Aria.* 3º D'après Ménage et Couzinié, de *aria,* qui aurait été le nom latin de cet arbre. 4º D'après M. Paulin Paris, en anc. fr. *alise* a signifié peau douce et polie; de là, selon lui, le nom de l'*alizier.* En provençal *aliga, alie, alies,* alize. Dans la langue des trouvères *alie, alis, alize,* fruit de l'alizier; patois de Champagne *ailoche, alise,* alize; anc. fr. *alie, alida,* alize; patois de Castres *alie,* alizier.]

Alizier, s.m. Arbre qui produit les alizes.

ALIZÉ, adj.m.t. de mer. Se dit de certains vents réguliers, spécialement de ceux qui règnent entre les deux tropiques, et qui soufflent de l'est à l'ouest. [1º Suivant les uns, de l'ital. *alito,* fait du lat. *halitus,* souffle, vent doux. Voy. Halo, Haleine. 2º Suivant d'autres, c'est une corruption d'*élizien,* qui, chez les anciens, désignait les vents d'est, qui soufflaient constamment pendant un certain temps de l'année. 3º Suivant un autre, du vi. fr. *alis,* égal, uni, mot exprimant aussi l'uniformité : R. 4º L'abbé de Choisy et autres dérivent ce mot du latin *venti electi,* vents choisis, comme qui dirait *élisés ;* parce que, étant toujours les mêmes, on peut compter sur eux; et que sans eux les longues navigations seraient impossibles. 5º D'autres, dit Trévoux, le dérivent du fr. *lisière,* comme qui dirait : qui viennent des côtes ou lisières des terres. 6º Selon M. Jal, ce mot, d'origine encore inconnue, ne vient pas d'*electi,* choisis; ni du fr. *lisière,* ni d'*elysii* ; il vient, peut-être, du mot méridional *alizar,* unir, polir; ou du breton *avel-eleiz,* le vent en plein. En valaque *alizeu,* alizé.]

AKLÉKENGE, s.m.bot. Herbe à cloches; s.f. plante monopétale à graine antinéphrétique, antihydropique, diurétique. [Do l'ar. *al*, le, *kœkœng*, alkékenge, employé par Ibn-Beithar, médecin arabe qui mourut l'an 1248 de J. C. En syr. *kand*, id. Comme les Arabes ont été depuis longtemps en relation avec les Malais, on pourrait avec beaucoup de vraisemblance tirer le nom de cette plante du malais *kintching*, uriner, urine, parce que la graine de cette plante est diurétique et très-propre à déterminer un flux abondant d'urine. En gr. *halikakabon*, plante semblable à l'*alkékenge* ou coqueret. En bas-breton *alcanges*, coquerct; gallois *alkakengi*, vésicaire, plante, dans Bullet.]

ALLAH, s.pr.m. Nom de Dieu chez les Mahométans; c'est aussi leur exclamation ordinaire de joie, de surprise, de crainte. [Les Turcs ont pris ce nom, comme tant d'autres mots, de l'arabe ou de l'Alcoran. En hébreu *Éloah*, *Éloïm*, Dieu; ar. *Ilah*, Dieu, *iláhi*, divin. En berbère *Allah*, Dieu, mot d'origine arabe.]

ALLÉCHER, v.a. Attirer doucement, gagner par l'attrait du plaisir; attirer par quelque appât. *Alléché, ée,* part. [Du latin *allicere,* attirer, inviter, exciter, charmer, mot composé de *ad,* à, et de l'ancien verbe **lacere,* attirer, faire tomber dans un piège; d'où le fréquentatif *lacessere,* harceler, attaquer, au pr. et au fig.; frapper, nuire, provoquer, exciter, susciter, irriter; d'où aussi l'anc. lat. **lax,* fraude, tromperie; *lactare,* caresser, séduire, leurrer [verbe qu'il ne faut pas confondre avec *lactare,* allaiter]; d'où aussi le latin *delectare,* attirer, allécher, délecter, charmer, amuser; et *deliciæ,* délices; et *illecebræ,* charmes, attraits, douceur; et *illicere,* attirer, charmer. Martinius désapprouve Perottus, qui dérive *lacessere* du latin *lacerare,* briser, déchirer; et préfère le sentiment de Festus, qui le forme du lat. *lacere*; et il ajoute que **lacere* renferme aussi le sens de provoquer, et que *lacessere* se prend en bonne et en mauvaise part, soit dans le sens de haine, soit dans le sens d'amour, d'amitié. Vossius rejette aussi l'opinion de Charisius, de Phocas et de Scaliger, qui, de même que Perottus, tirent *lacessere* de *lacerare.* Il donne également raison à Festus et dit que *lacessere* a été fait de **lacere,* comme *capessere* de *capere, facessere* de *facere,* etc. Dacier dit de même que *lacessere* est un fréquentatif de **lacere,* et signifie propr. importuner, demander avec importunité, comme un homme qui revient souvent à la charge. Doederlein tient pareillement que *lacessere* se rapporte à **lacere* et à *illicere. *Lacere* se lie très-bien au grec *lakizô,* je flatte; et non au grec *lakizô,* je déchire. En all. *locken,* appâter, allécher, agacer, attirer, attraire; haut all. anc. *locken,* anc. scandin. et suéd. *locka,* dan. *lokke,* holl. *lokken,* attirer, allécher, attraire. En gall. *loc' hi,* breton, *likaoui,* attirer par des caresses; enjôler, cajoler, flatter, tromper.]

Allèchement, s.f.vi. Moyen par lequel on allèche.

Délecter, v.a. Réjouir, donner du plaisir à, charmer. (Lat. *delectare,* attirer, engager, allécher, fréq. de *delicire,* attirer, amadouer; r. *de,* hors, et **lacere,* d'où le fréq. *lacessere.*) *Délecté, ée,* part.

Se délecter, v.a.pron. Prendre beaucoup de plaisir à.

Délectable, adj. Qui plaît aux sens et flatte la mollesse; qui excite le goût, attache à la jouissance, nous fait prolonger le plaisir avec mollesse.

Délectation, s.f. Plaisir que l'on goûte, que l'on savoure avec sensualité.

Délicat, ate, adj. Agréable au goût; douillet; faible, frêle; difficile à contenter; fin, délié; fait, travaillé, façonné avec adresse et légèreté; fait ou exprimé d'une manière ingénieuse et détournée; subtil; difficile, embarrassant; facile à offenser, susceptible, scrupuleux; conforme à la probité, à la morale; se dit aussi d'un esprit adroit, qui surprend agréablement, par des voies secrètes de bienveillance ou d'honnêteté. (Du lat. *delicatus,* mou, tendre, délicat, doux au pr. et au fig.; efféminé, voluptueux, galant; fait lui-même du lat. *deliciæ,* délices; et non du lat. *deligare,* attacher, lier.)

Délicatement, adv. D'une manière délicate, avec délicatesse.

Délicater, v.a.vi. Traiter avec délicatesse; accoutumer à la mollesse. *Délicaté, ée,* part.

Se délicater, v.a.pron.vi. Avoir trop de petits soins pour soi.

Délicatesse, s.f. Qualité de ce qui est délicat, fin, délié; adresse, légèreté, soin; faiblesse, sensibilité; transparence de la peau; finesse dans l'esprit, justesse, subtilité; sentiment vif et habituel des convenances que tout le monde ne sent pas; perception vive et rapide du résultat des combinaisons.

***Délicatesse,** s.f.rhét. Délicatesse du sentiment, expression qui imite la délicatesse du sentiment ou la ménage.

***Délicatissime,** adj.néol. Très-délicat.

Indélicat, ate, adj. Qui manque de délicatesse dans les sentiments.

Indélicatesse, s.f. Manque de délicatesse dans les sentiments; procédé indélicat.

Délices, s.f.pl. et **Délice,** s.m. Plaisir, volupté, épanouissement du goût. (Du latin *deliciæ,* délices, douceurs, agrément, jouissances, plaisirs; luxe, délicatesse, mollesse, affection, libertinage; fait du verbe *delicere,* attirer, amadouer; r. *de,* et **lacere,* d'où *lacessere.*)

Délicieux, euse, adj. Très-agréable, délectable, qui donne les jouissances les plus douces; qui a un caractère particulier de suavité, de délicatesse.

Délicieusement, adv. Avec délices, d'une manière délicieuse.

***Illécèbre,** s.m.bot. Genre de plantes. (Sous le nom d'*illecebrum,* Pline désigne l'*andrachné agria* des Grecs.) Autrefois, comme aujourd'hui, les plantes auxquelles on a donné ce nom, n'ont rien eu qui le justifiât. (Le lat. *illecebræ* signifie appât des oiseaux; charmes; attraits; de *illicere,* charmer, attirer, r. *in,* dans, et **lacere,* d'où *lacessere.*.)

***Illécébré, ée,** adj.bot. Qui ressemble à un illécèbre.

***Illécébrées,** s.f.pl.bot. Famille de plantes.

ALLEU, s.m.jurisp.féodale. **Franc-alleu** signifie bien libre, franc de tous droits seigneuriaux. [1° *Alleu* est d'origine germanique; M. De Chevallet le forme du tudesque *al,* tout, et *od, ot,* propriété. En anglosaxon *œth, ailh;* anc. scandin. *od, audr,* propriété. 2° Thierry le forme du tudesque *al-od,* tout bien, ou *los,* sort; 3° un autre du teuton *los, sort*; parce que les Francs tirèrent au sort les terres conquises; 4° Roquefort, du gr. *éleuthéros,* libre; 5° Barbazan, du lat. *allocatio,* action de placer; 6° un autre, de *a* privatif et du latin *lodium,* impôts, vasselage; 7° un autre, des mots septentrionaux *alt,* vieux, ancêtres; et *lod, lot,* héritage; 8° un autre, du haut all. anc. *al,* tout, et *liute, liude,* peuple, parce que ces terres furent possédées par tout le peuple vainqueur; 9° Budée, du latin *laudare,* louer, énoncer, nommer; 10° Rhenanus, ainsi que Vadianus, du germanique *anlodt, aen* et *lodt*; 11° Bignon du germanique *ald,* ancien, antique; 12° un autre, du germanique *ohn leiden*, sans sujétion ; 13° Spelman, du saxon *léod*, populaire ; 14° un autre, du gaulois *alauda* ; 15° un autre, du germanique *alder*, pour dire bien apporté par les ancêtres ; 16° Chifflet, de *aet*, légitime, et de *lod*, fardeau, charge ; 17° Wendelin, du germanique *luden*, enlever, emporter ; 18° Bullet, du celtique *allout* ou *alloud*, avoir la pleine disposition, être le maître ; 19° Lippe, de *Aleudi*, île d'Allemagne ; 20° Borelli, du grec *alutos*, indissoluble ; 21° un autre, de l'hébreu *halal*, louer, *quasi possessionem laudatam* ; 22° Bodin, du mot *aldius* ou *aldia*, qui, dans les lois lombardes, signifie un affranchi ; 23° un autre, des mots germaniques *al*, tout, et *ód*, bon ; d'où *alód* signifierait *mere proprium*. La 14° étymologie est du P. Ménestrier ; il soutient que ce mot gaulois a signifié libre. La plus probable de toutes est la première, celle qu'a adoptée M. De Chevallet, ainsi que M. Thierry, après Schulter, Grim, Ihre, etc. En basse latinité *allodium*, alleu.]

Allodial, ale, adj. En franc-alleu.

Allodialité, s.f. Qualité de ce qui est allodial.

ALLOBROGE, s.m. Nom d'un peuple ancien. Voltaire et quelques autres écrivains se sont servis familièrement de ce nom pour désigner un homme grossier, un rustre, ou un homme qui a le sens de travers. [Les Allobroges, anciens peuples de la Gaule narbonnaise, dont ils occupaient la partie située entre le Rhône et l'Isère, depuis Valence jusqu'au lac Léman, étaient puissants et belliqueux. Ils aidèrent Annibal dans ses conquêtes : après la bataille de Cannes, il reconnut leur supériorité et avoua qu'ils avaient beaucoup contribué au gain de cette bataille. Leur nom en latin est *Allobroges*, et en grec *Allobroges*. Bien des savants ont cherché l'origine de ce nom. 1° Amédée Thierry le dérive du gaulois *all*, haut, *bruig, braig, brog*, lieu habité, village : hommes du haut pays. 2° Scrieck le dérive du celtique *hael-op-brogt*, et *hael-opbryng*, lieu de la collation des conquêtes ; parce que, ajoute-t-il, les Allobroges étaient des conquérants renommés. 3° Bruzen le forme du grec *areios*, belliqueux, et du gaulois *brig*, nation ; 4° Bochart, de l'hébreu *hal*, haut, et de *bro*, champ, terre ; 5° Barlet, du gaulois *allos*, autre, et *brotos*, mortel ; 6° Picard, du grec *allos*, autre, et *bruéin*, sourdre, être en mouvement, parce que les Allobroges étaient remuants et aimaient le changement. 7° De Sivry pense que ce nom est dû au premier incendie, et cite le mot *brightt*, enflammé, mot qui appartient au vi. saxon ; 8° M. de Belloguet admet que ce nom est gaulois, et qu'il a été formé de *alla*, autre, et *brogæ*, champ, pays. Il cite le kymrique *all*, autre, et *bró*, pays, contrée ; l'irl. *all*, autre, étranger, et *bri*, champ, plaine, *bru*, contrée, etc. 9° D'après Petit-Radel, les Allobroges furent des détachements des *Briges*, colonie des peuples Thraces, partie des contrées voisines de la Macédoine. Selon lui, *briga*, affixe celtique et ancien espagnol, signifie ville et non pas pont, comme Cluvier et Wesseling l'ont cru : ce *briga* est le *bría* des Thraces dont les Celtes n'étaient qu'une division.]

ALLUCHON, s.m. Dent d'une roue fixée solidement sur la circonférence et servant à communiquer le mouvement à une autre roue. [Du vieux français « *allucer, aleicher, alluahier, alucher, aluchier*, placer, mettre, planter, semer, cultiver, allécher, ou allumer, dans le Glossaire de S. Palaye. » Ces différents verbes et ces diverses significations font naturellement supposer les racines latines *ad*, *al*, en fr. *à*, *al*, et *locus*, lieu, d'où *locare*, placer ; *lux, lucis*, lumière, d'où *lucere*, briller ; *lingere*, li-

gurire, lécher ; en grec *leichéin*, anglais *to lick*, allemand *lecken*, lécher. En anc. fr. *allochon, alleuchon*, mots qu'un auteur explique par : le bout ou la dent d'un hérisson. Dans Trévoux *alluchon*, le bout d'un hérisson, qui est une espèce de dent ou de pointe, qui entre dans les fuseaux ou la lanterne des moulins et autres machines qui se meuvent par roues et pignons. Dans le Glossaire champenois de M. Tarbé, *alluchon, ailechon*, noyau d'une pelote de laine.]

ALMANACH, s.m. Calendrier. [1° Scaliger dit que ce mot a été fait de l'article arabe *al*, et du grec *mén*, mois. Sur le *Culex* de Virgile, il prétend que les Arabes l'ont pris du grec *ménaios* ou *manakos*, d'un mois, qui dure un mois, qui concerne les lunes, les mois, en préposant leur article, comme dans *alambic, almageste, alchimie*. M. Delatre dit que du grec *mén*, mois, a pu venir un adjectif *ménikos*, dont les Arabes s'emparèrent pour en faire le substantif *al-man-ach*, table des mois, calendrier. 2° Selon Chastelain, almanach vient de l'hébreu *minchá*, don, présent. Et Gélius dit que, presque dans tout l'Orient, les sujets font des présents aux rois, au commencement de l'année, et entre autres les astrologues, qui leur donnent les éphémérides de l'année ; d'où il suit, dit Trévoux, que ces éphémérides ont été nommées *almanha*, c'est-à-dire étrennes. On croit assez généralement, dit M. Pihan, que *almanach* vient du verbe arabe *manh*, offrir, et non *compter*, comme disent les dictionnaires. Castel, cité par le même auteur, écrit *manch*, calendrier, éphémérides, et place ce mot à la suite de la racine sus-mentionnée. L'arabe *manh*, offrir, donner, et le latin *munus*, don, présent, semblent se rapporter tous les deux à l'hébreu *manach*, il a donné, *mincha*, don, présent. 3° Saumaise et autres dérivent *almanach* de l'hébreu *mánâ*, il a compté ; en chald. *méná*, il a compté. 4° M. Lenormand le fait venir du copte *al*, petit caillou, et *men*, mémoire, dont on aurait fait *almmeneg*, caillou pour la mémoire. Trévoux parle des auteurs qui croient que ce mot vient des Egyptiens, longtemps avant les Arabes. 5° Werstegan le forme de l'ancien franç. *al-monaght*, fait par contraction du vi. saxon *al-moon-held*, qui signifie contenant toutes les lunes. Cornélius Kiliam croit que *almanach* est un mot all. 7° Ménage estime que c'est le persan *salmaha*, période lunaire, et *sakanan*, paroles, discours. Les almanachs ne sont connus en France que depuis le 15° siècle.]

ALOÈS, s.m. Plante dont on tire une résine fort amère ; arbre des Indes à bois odoriférant. [Du lat. *aloe*, aloès, dérivé lui-même du grec *aloé*, aloès. 1° Plusieurs savants pensent que les deux mots latins *allium*, ail, et *aloe*, aloès, sont de la même origine, en ce qu'ils se ressemblent beaucoup et qu'ils s'appliquent à deux plantes qui ont la propriété commune d'avoir beaucoup de force, de vertu, et de répandre une odeur très-forte. 2° Cependant Tournefort dérive le grec *aloé*, du grec *hals*, mer ; parce que l'aloès croît près des bords de la mer. Trévoux dit la même chose. 3° Dans les *Rech. As.*, il est dit que : comme les Hindous et les habitants de l'Yémen formaient deux nations commerçantes, à une époque très-reculée, ils furent probablement les premiers qui portèrent dans l'Occident l'or, l'ivoire et les parfums de l'Inde, aussi bien que le bois odoriférant appelé *aloùà* en arabe, et *agurou* en sanscrit, et qui atteint sa plus grande perfection en Cochinchine. A ce sujet, Langlès fait observer que *aloùd* n'est point un mot arabe, mais persan. L'hébreu *ahálim* et le grec *agallochon*, aloès, tirent tous les deux leur nom d'une plante indienne appelée *aghil*, en sanscrit *agarou*. Primitivement les Lusitaniens rendaient, par erreur, le mot *aghil* par *aquilœ lignum*, bois d'aigle, d'après la remarque de Gésenius. En malais *aloua*, aloès, turc *álva*, ital. *aloè*, anc. esp. et anc. cat. *aloes*, esp. mod. et port. *aloe*, langue des troubadours *aloa*, aloès.]

Aloétique, adj.pharm. Se dit des préparations dont le suc d'aloès est un des principaux ingrédients.

*Aloïne, s.f.chim.Alcali d'existence douteuse qu'on a admis dans l'aloès.

*Aloïné, ée, adj.bot. Qui ressemble à l'aloès.

*Aloïnées, s.f.pl. Groupe de plantes.

*Aloïque, adj.chim. Se dit d'un acide obtenu en traitant l'aloès par l'acide sulfurique.

ALOUETTE, s.f. Oiseau qui chante agréablement, vit de grains, et fait son nid à terre dans la campagne. [Du latin *alauda*, alouette, mot employé par Pline. Cet auteur nous apprend que le mot *galerita* a été le premier nom latin du cochevis, qu'on lui a changé ce nom en celui d'*alauda*, par conformité à celui que César, au rapport de Suétone, donna à une légion gauloise, qui servait dans ses armées, et qu'il nomma *Alauda*, parce que les soldats de cette légion avaient comme des capuchons de moines, qui, dit Belon, s'élevaient sur leur tête, à la manière de la crête des cochevis. Le marquis de Fortia et autres font la même citation. Le fr. *alouette* est le diminutif qui a survécu au v. fr. *aloue*, comme *berceau*, de *bercel*, à *berc*, comme *hameau*, de *hamel*, à *ham*, comme *ramel*, de *ramel*, à *ram*, comme *ruisseau*, fait de *ruissel*, à *ruis*; comme *masure* à *mas*, habitation, etc. 1° Bullet dit que *alauda* vient du celtique *alauda*, alouette, fait du celtique *al*, article, et *auda*, qui s'élève. Ce mot, dit M. de Fortia, est naturellement gaulois. En breton *alc'houeëdez*, *alc'houeder*, alouette; l'article *al* paraît avoir été introduit dans ces mots aussi bien que dans *alauda*, car on trouve en breton *c'houedez*, *c'houeder*, avec la même signification, dit M. De Chevallet. 2° M. de Belloguet dérive le mot *alauda* du kymrique *hédydd*, *uchedydd*, noms qui indiquent simplement l'idée de vol, de vol élevé, comme *hawd* celle de mouvement rapide, dernier mot dont on voit, dit-il, qu'est dérivé, avec l'intensitif *al*, le nom armoricain de cet oiseau, *alchoueder* ou *alchouëdez*, etc. Schulter dit que le teuton *allaud*, *alleud*, alouette, est un ancien mot celtique ou gaulois. 3° Cependant Pougens croit que l'on peut retrouver la racine de ce mot dans les mots qui, chez les septentrionaux, expriment l'idée de chant, de mélodie. 4° D'après Benfey, le nom de cet oiseau serait de la même origine que le sanscrit *rud*, hurler, bruire (*l=r*), et que le grec *ôdé*, chant, et *érôdios*, héron. 5° D'autres rattachent *alauda* à l'hébreu *idád*, il a loué, il a célébré, et au grec *aéidó*, je chante. En langue d'oïl, avant le 12° s., *aloe*, *aloue*, alouette; ital. *allodola*, anc. ital. *aloeta*, esp. *alondra* et *alauda*, prov. *aloueta*, *aloueta*, langue des troubadours *alauza*, langue des trouvères *aloe*, patois de Valence *alovetto*; montois *alou*, savoisien *alouetta*, alouette.]

*Farlouse, s.f.h.n. Espèce d'alouette qui fait son nid dans les prés. (Du latin *prati alauda*, alouette de pré; par métathèse et par le chang. de *p* en *f*.)

ALOYAU, s.m.cuisin. Pièce de bœuf coupée le long du dos, qui fait partie de la hanche, qui est le meilleur morceau de l'animal. [1° Les uns forment ce mot du latin *ad*, à, vers, et de *longus*, long, d'où *longe*, autre t. de cuisine, et de plus *lanière*. 2° Le J. de la langue fr. dit que *aloyau* vient de *al*, le; *oyau*, joyau : *le joyau* du bœuf. 3° Roquefort soutient que l'étymologie de Vatier, rapportée par Ménage, et celle de ce savant, sont ridicules. 4° Gébelin pense que ce mot a dû se prononcer *alloyal*, venant d'*allodial*, qui signifie noble. C'est cette dernière dérivation que Roquefort préfère. 5° Du latin *lumbus*, *lumbi*, les reins, dans l'homme et les animaux, échine, dos, longe, râble, filet; d'où l'angl. *loin*, longe, aloyau, *loins*, reins. En prov. *alouyeou*, aloyau.]

ALPAGA, s.m. Grosse étoffe de laine. [Cette étoffe a reçu ce nom, parce qu'elle est faite de la laine de l'*alpaga* ou *alpaca*, animal qui ne se trouve qu'en Amérique, et qui a reçu ce nom dans le pays. Il est couvert d'une épaisse toison, dont les poils, raides et soyeux, ont jusqu'à un pied de longueur. L'alpaga, animal du Pérou, est nommé aussi *alpaco*, *alpague*. Constancio dit qu'en portugais *alpaco* est le nom d'un quadrupède du Pérou, semblable au lama, mais d'un poil plus long.]

ALPHA, s.m. Première lettre de l'alphabet grec; fig. premier, commencement. [Du grec *alpha*, d'où le lat. *alpha*. 1° Le nom de cette lettre est d'origine phénicienne et signifie bœuf: Gésenius. C'est l'*aleph* des Hébreux. D'après le même et autres, l'hébreu *allouph*, ami, compagnon ; doux, apprivoisé, bœuf, aurait été fait de l'hébreu *éleph*, bœuf. 2° « Le taureau était, d'après Horapollon, le signe de l'idée *fort*, *puissant*, *viril*. Sur les monuments égyptiens, le taureau désigne, en effet, la force et la puissance, et M. Champollion lui reconnaît la signification de mari. Le nom du bœuf ou du taureau *éleph* ou *allouph* est formé de la racine *al*, fort, puissant, héros. C'est par ce motif que le nom hébreu du taureau *allouph* signifie de plus un *chef*, un *prince*. Sur l'obélisque de Paris, le taureau porte cette signification que lui donne l'hébreu. Cet animal était de plus le symbole de la *virilité*, de la force génératrice de la nature, et, comme tel, représentait le Nil, agent de la fécondité de l'Egypte: Portal. » 3° « Le nom *alpha* est originairement hébreu, et vient du verbe *álaph*, apprendre, d'où s'est formé *allouph*, chef, premier d'une troupe, celui qui la conduit. C'est dans ce sens que les Hébreux ont appelé leur première lettre *aleph*. Les autres peuples lui ont donné le même nom. Les Chaldéens le nomment *alpha*, les Syriens *olaph*, les Arabes *eliph*, et les Grecs *alpha* : Trévoux. »]

Alphabet, s.m. Disposition par ordre des lettres d'une langue. (Du grec *alpha* et *béta*, *a* et *b*. Dans Tertullien, *alphabetum*, alphabet.)

Alphabétique, adj. De l'alphabet, selon l'ordre de l'alphabet.

Alphabétiquement, adv. Dans l'ordre alphabétique.

ALPISTE, s.m.bot.Genre de plantes graminées. [Balbi dit que ce mot est arabe, et Ménage veut qu'il soit indien.]

ALSINE, s.f.bot. Synonyme de morgeline. Cette plante porte des feuilles qui imitent l'oreille d'une souris, ce qui lui a fait donner le troisième nom qui est myosotis. [Cette plante se plaît dans les lieux couverts, dans les bois-taillis, dans les bosquets touffus ; d'où lui est venu le nom grec *alsiné*, d'où le français *alsine*. *Alsiné* vient lui-même du grec *alsos*, bois sacré, bocage, bois en général. Au lieu d'*alsos* on a dit aussi en grec *altis*. 1° D'après Benfey, on peut lier l'all. *wald*, bois, forêt, au grec *altis*, *alsos*, bois, forêt, et *aldó*, *aldainó*, faire croître, au sanscrit *vridhti*, accroissement, par le changement de *r* en *l*. 2º Selon Schulter, le grec *aldó*, *aldainô*, est venu de l'hébreu *iâlad*, il a engendré, il a produit. 3º Un hébraïsant fait dériver le grec *alsos* de l'hébreu *éschél*, tamarix, bruyère, arbre quelconque, verger, bois.]

ALTESSE, s.f. Titre d'honneur des princes. [De l'italien *altezza*, dérivé du latin *altus*, *alta*, *altum*, haut, élevé, considérable; puissant, noble, grand, sublime; fier, hautain; reculé, antique, illustre; dissimulé. 1º La plupart des latinistes pensent que cet adjectif est tout simplement le participe *altus* ou *alitus*, du verbe *alo*, nourrir, développer. Cette étymologie fût-elle certaine, qu'il serait encore, utile pour la clarté et la facilité, de séparer les dérivés de l'adj. *altus* de ceux du verbe *alo* et de son participe *altus* ou *alitus*. 2º Wachter et autres lient le latin *altus* au germanique *alt*, vieux, ancien, etc.; d'où, selon lui, le germanique *alt*, noble. La forme et la signification de ces mots favorisent ce rapprochement. 3º Doederlein conjecture que *altus* est un dérivé du grec *althô*, ou un mot fait par syncope, du grec *élatos*, ductile. 4º Les auteurs du Tripartitum rattachent *altus* à l'hébreu *hal*; à l'arabe *hala*; au persan *al*; et au mongol *ola*, montagne. 5º Un indianiste rapporte le gothique *alds*, ancien, et latin *altus*, haut, élevé, antique, au sanscrit *ridh*, croître, augmenter. *Altus* se lierait plus aisément avec le sanscrit *alitas*, accru; en gothique *aliths*. 6º Vossius et autres dérivent *altus* de l'hébreu *âl* ou *hâl*, haut, élevé; *al*, sur, au-dessus. 7º Un hébraïsant croit que *altus* vient de l'hébreu *dâlal*, il fut suspendu. 8º Un helléniste, du grec *aipus*, haut, élevé, profond. Si l'on ne tenait compte que de *al*, première partie du mot latin *altus*, on pourrait lui adjoindre des analogues nombreux qui sont répandus dans toutes les parties du monde. Ainsi, outre l'hébreu *âl*, *hâl*, haut, élevé, nous avons l'ar. *ali*, haut, élevé; *'al* partie élevée; *'ala*, hauteur, élévation; le berbère *âlai*, haut, élevé; le lapon *allak* ou *allok*, haut, élevé; l'égyptien *al*, *ol*, *el*, lever, élever, etc., etc. Le latin *altus*, exprime haut et profond, parce que la hauteur et la profondeur sont également la distance des deux extrémités considérées en ligne perpendiculaire. *Altus* est devenu en ital. *alto*; en esp. et en port. *alto*; en cat. et dans la langue des troubadours *alt*; dans la langue des trouvères *halt*; en anc. fr. *alt* et *halt*; en valaque *œnalt*; en prov. *haut*, *hauto*; en champenois *halt* dans le Gloss. de M. Tarbé; en bourguignon *hau*.]

*__Altesse__, s.f. hist. Titre particulier que prenaient les évêques sous les rois de France des deux premières dynasties, et que portèrent nos rois aux 13ᵉ, 14ᵉ et 15ᵉ s.

Altier, ère, adj. Superbe, fier, qui affecte une hauteur décidée, prédominante.

*__Altièrement__, adv. D'une manière altière.

*__Altitude__, s.f. géogr. Elévation d'un lieu au-dessus de la mer.

Alto, s.m. mus. Sorte de violon plus grand que les violons ordinaires. Il est monté à la quinte en dessous du violon.

*__Alto-basso__, s.m. mus. Instrument de percussion à cordes, fait en forme de caisse carrée.

Autan, s.m. poét. Vent du Midi, vent violent qui vient de la haute mer. (Du latin *altanus*, vent de mer, *ab alto*; et non du sanscrit *ava-tara*, vent du Midi. Dans la langue méridionale *aoutan*; langue des troubadours *autan*, autan.)

Autel, s.m. Sorte de piédestal ou de table de pierre élevée, et destinée principalement à l'usage des sacrifices; chez les catholiques, espèce de table où l'on célèbre la messe; fig. la religion, le culte. (Du latin *altare*, autel; r. *altus*, haut, ou *alta ara*, autel élevé; en basque *aldarea*; bourguignon *autai*, *autel*.)

Contralto, s.m. mus. La plus grave des voix de femme.

Exalter, v.a. Élever par le discours, louer avec excès, vanter avec enthousiasme. (Lat. *exaltare*.)

Exalté, ée, part.

*__Exaltant, ante__, adj. Qui exalte.

Exaltation, s.f. Action d'exalter; élévation du pape au pontificat; fête de l'année qu'on nomme l'*exaltation de la sainte Croix*; chim. action de purifier une substance pour en augmenter l'énergie; fig. fougue d'imagination, sorte de transport, de délire.

Halte, s.f. Station, pause des gens de guerre; repas pendant cette pause; lieu où l'on s'arrête. (Du vieux fr. *halt*, haut, latin *altus*, haut, et non pas de l'all. *halt*, action de s'arrêter, temps d'arrêt, marche, comme plusieurs l'ont cru, et parmi eux lieu M. Diez. A l'appui de cette dernière étymologie on a cité ce passage de Tite-Live : *erigit totam aciem*, il fit faire halte à toute son armée. Mais cette citation est précisément contraire à la dernière étymologie et favorable à la première. En effet, le verbe *erigo* signifie élever, dresser, ériger, lever; et non s'arrêter. Sur cette matière, peu d'auteurs sont aussi compétents que M. le général Bardin; il dit : « On a écrit *alte* avant *halte*, et cette manière de l'écrire était conforme aux expressions italiennes *alto*, *alto legno*, bois haut; *spontone alto*, pique haute; parce qu'en s'arrêtant le soldat dressait l'arme, la pique; ainsi les Italiens disaient *fare alto*, et les Espagnols *hazer alto*; ce qui, d'une part, signifiait tenir droit le bois d'hast; ce qui, d'autre part, enjoignait de suspendre la marche. En français, le commandement analogue à ceux-là s'exprimait par les mots : *haut le bois*. Gébelin prétend qu'on a écrit *halte* avant d'écrire *alte*; tandis que, militairement parlant, c'est le contraire, et il dérive *halte* de l'all. *halten*, s'arrêter; cette dérivation a de la ressemblance, mais elle ne repose pas sur un fait avéré. » « *Halte* ou *alte*, dit ailleurs M. Bardin, ne vient pas de l'all. *halten*, s'arrêter, ni du latin *halitus*, haleine, comme l'a cru Potier; mais simplement du latin *altus*, haut. Les vieux mots *halt*, *haltz*, *hault*, *haulx*, que cite Roquefort, sont une pure tradition du latin et expriment stationnement. Au temps où le bois d'hast, le gros bois, le long bois, c'est-à-dire la pique ou les armes de longueur qui y étaient analogues, étaient le principal instrument des aventuriers à pied que guidaient les condottieri, cette troupe d'infanterie marchait en couchant le bois [le bois couchié], c'est-à-dire en tenant la pique sur l'une ou l'autre épaule, dans une obliquité telle qu'elle ne gênât pas les rangs postérieurs, et que la troupe passât aisément sous des branchages, sous des portes de villes, dans des rues étroites; car il eût été impossible à des soldats d'infanterie d'y cheminer, s'ils eussent porté verticalement une hampe dont le fer eût excédé de quatre à cinq mètres la hauteur de la taille ordinaire des hommes. Quand la troupe en marche s'arrêtait, c'était dans des espaces libres où la pique pouvait tenir debout; à l'instant où elle suspendait sa marche, les rangs, ordinairement très-ouverts, se serraient à la pointe de l'épée; nécessairement ils redressaient la pique, soit pour faciliter la compression des rangs, soit pour exécuter ce qu'on appelle maintenant le port d'armes, soit pour être prêts à se servir de leur arme contre l'ennemi, en la pointant en avant. Le commandement propre à relever ou à redresser la pique, s'exprimait par l'infinitif : *far alto legno*, faire haut le bois; et de ce qu'un stationnement était la conséquence de ce temps de maniement d'armes, il résulta qu'on s'habitua à prendre comme synonymes les locutions : rester de pied ferme ou *faire haut la pique*; de là aussi il arriva que les Français traduisirent le *far alto* des aventuriers et des condottieri italiens par *faire halte, faire haut le bois*. Une considération, dit aussi le même auteur, peut faire pencher pour l'origine italienne et latine; c'est que l'allemand n'a fourni aux Français presque aucun terme militaire de la langue moderne. Considérée comme interjection, l'expression a pris une application particulière depuis l'emploi de la locution *halte-là!* M. Allou rappelle à ce sujet que, du temps de Henri Estienne, le mot *halte!* se disait pour de *hault le bois* (de la lance).

Hausse, s.f. Ce qui sert à hausser; fig. augmentation de la valeur des effets publics. (Du latin *altus*, haut; l'italien a fait *alzare*, hausser; l'esp. et le prov. *alsar*, hausser. En bas-limousin *aousso*, hausse; langue des Trouvères *halcet*, élevé, et *auser*, hausser, élever; basse latinité *haucire*, hausser; rouchi *auche*, hausse; *aucher*, hausser, élever en l'air, *aucher*, enchérir; anc. fr. *haulcer, haucher, haulser*, hausser.)

Hausse-col, s.m. Petite plaque de cuivre doré que les officiers d'infanterie portent au-dessous du *cou* lorsqu'ils sont de service.

***Hausse-col**, s.m.h.n. Espèce de colibri, de fourmilier, de guêpier, d'alouette, de merle, de pie.

Haussement, s.m. Action de hausser; le résultat.

***Hausse-queue**, s.f.h.n. Nom vulgaire de la bergeronnette et d'une coquille univalve.

Hausser, v.a. Elever, exhausser, rendre plus haut; augmenter. *Haussé, ée*, part.

Hausser, v.n. Devenir ou être plus haut, plus élevé; augmenter de prix.

***Haussier**, s.m. Spéculateur jouant à la hausse sur les fonds publics, ou cherchant à en faire monter le cours.

***Hausser**, v.a.mar. *Hausser un vaisseau*, c'est s'en approcher pour le reconnaître.

Haussière, Aussière, Hansière, s.f. mar. Cordage qui s'emploie pour le touage, l'évitage et l'amarrage des navires; il sert aussi aux chaloupes ou bâtiments qui veulent venir à bord d'un autre.

***Haussoir**, s.m. Clôture mobile d'une écluse.

Exhausser, v.a. Elever plus haut, donner plus de hauteur; se dit en parlant de construction. *Exhaussé, ée*, part.

Exhaussement, s.m. Elévation d'un bâtiment.

Rehausser, v.a. Hausser davantage; augmenter; fig., faire paraître davantage; vanter excessivement. *Rehaussé, ée*, p.

Rehaussement, s.m. Action de surhausser.

***Haulte**, s.f.anc.t.milit. Hampe, bois de lance.

Haut, haute, adj. Elevé; levé, relevé; éloigné; qui s'élève au-dessus de l'horizon; profond; aigu; sonore; éclatant; grand, supérieur, éminent, distingué. (Du latin *altus*, haut. La lettre h s'ajoute ou se retranche souvent à la tête des mots.)

***Haut, haute**, adj. *Haut du devant, haut du derrière*, manég. Avis que donne le maître d'équitation pour avertir l'élève de faire lever la tête ou la croupe de son cheval.

***Haut**, s.m. Mesure de longueur en usage dans l'Inde.

***Haut et bas**, loc.adv.anc. prat. Entièrement.

***Hauts**, s.m.pl.mar. Partie d'un bâtiment qui s'élève au-dessus de l'eau.

Haut, s.m. Elévation, hauteur, faîte, sommet.

Haut, adv. Dans la partie haute, à la partie supérieure; à haute voix, fort.

Haut-à-bas, s.m.vi. Porte-balle, petit mercier qui porte sur son dos une balle où sont ses marchandises.

Haut-à-haut, s.m. Cri de chasse que l'on fait pour appeler son camarade.

Haut-le-pied, s.m. Homme qui a le pied levé, qui est prêt à disparaître, qui ne tient à rien.

Hautain, aine, adj. Qui a une hauteur apparente, affectée, odieuse, vaniteuse.

***Hautain, aine**, adj.fauc. Se dit d'un faucon à belles ailes, et qui vole très-haut.

Hautainement, adv. D'une manière hautaine.

Hautbois, s.m. Instrument à vent et à anche, dont le ton haut est fort clair; celui qui joue du hautbois.

Haut-de-chausse, ou **Haut-de-chausses**, s.m. Partie du vêtement de l'homme, depuis la ceinture jusqu'aux genoux.

***Haut-dessus**, s.m.mus.vi. Premier dessus.

***Haute-bonté**, s.f.agr. Variété de pomme.

***Hautée**, s.f.pêche. Filet plus grand que la bastude.

Hautement, adv. Hardiment, résolûment, avec hauteur; à force ouverte.

Hautesse, s.f. Titre qu'on donne au sultan.

Haute-taille, s.f.mus. Voix moyenne entre la taille et la haute-contre.

Hauteur, s.f. Etendue en élévation; mesure comparative de l'élévation; éminence; profondeur; colline; fig. ce qui est supérieur, éminent; fermeté; fig. fierté, arrogance.

Hauteurs, s.m.pl. Actions, paroles arrogantes.

Haut-fond, s.m.mar. Place où il y a peu d'eau.

Haut-le-corps, s.m. manég. Saut, bond d'un cheval; fig. fam. premiers mouvements d'un homme surpris ou révolté par certaines propositions.

***Haut-le-pied**, s.m.hist.milit. Commis des vivres; conducteur des transports militaires.

Hauturier, s.m. Pilote qui observe en pleine mer les hauteurs des astres.

Hautier, ière, ad.mar. En pleine mer.

En contre-haut, loc.adv. archit. De bas en haut.

***Rehaut**, s.m. Blanc, hachure blanche dans la gravure.

Rehauts, s.m.pl.peint. Retouches brillantes servant à faire ressortir, à donner du relief.

ALTHÆA, s.m.bot. Espèce de guimauve. [Du latin de Pline *althæa*, mauve; dérivé du grec *althaia*, mauve sauvage, *altæa*, guimauve, plante médicinale; dérivé lui-même du grec *althainô, althéô, althô*, je guéris; plante salutaire, la guérisseuse : Dioscoride, Gébelin, Benfey, etc. Martinius dérive *althæa* de l'arabe *hâlâ*, chauffer, bouillonner, fermenter. Pline a écrit : « Parmi les mauves sauvages, celle qui a les feuilles grandes et les racines blanches s'appelle *althæa*, à cause de ses effets salutaires. »]

***Althéine**, s.f.chim. Base salifiable, que l'on suppose exister dans la guimauve.

ALUN, s.m. Sel de saveur austère et astringente. [Du latin *alumen, aluminis*, alun. 1° Ihre a cherché la racine du latin *alumen* dans le grec *halmé*, salure, sel, saumure; parce que Pline appelle l'alun *salsaginem* terræ; 2° Honnorat, dans le grec *hals*, sel; puis dans le latin *lumen*, lumière, clarté, éclat; à cause de la vivacité que l'alun donne aux couleurs. Isidore avait donné cette étymologie. 3° Vossius dérive *alumen*, du grec *hals*, sel; puis du grec *aleimma*, onction, friction, fait du verbe *aléiphó*, enduire, oindre. En suiogothique *alun*, all. *alaun*, angl. *alun*, belge *alun*, ital. *allume*, esp. *alumbre*, cat. *alum*, valaque *alaun*, prov. *alun*, patois de Castres *alun*, langue des Troubadours *alum*, alun. En gallois *alym*, alun, dans Bullet.]

Alumine, s.f.chim. Sorte de terre qui fait la base de l'alun, terre argileuse.

*****Aluminaire**, adj.minér. Se dit des pierres volcaniques qui contiennent de l'alun tout formé.

*****Aluminate**, s.m.chim. Sel où l'alumine joue le rôle d'un acide combiné avec une base.

*****Aluminé, ée**, adj.minér. Qui contient de l'alumine; qui a les caractères de l'alumine.

Alumineux, euse, adj. Imprégné d'alun, de la nature de l'alun; qui contient de l'alun.

*****Aluminière**, s.f. Mine ou fabrique d'alun.

*****Aluminifère**, adj.minér. Qui renferme de l'alumine.

*****Aluminique**, adj.chim. Se dit des sels ou l'alumine joue le rôle de base.

*****Aluminite**, s.f.minér. Alumine pure native.

*****Aluminites**, s.m.pl.minér. Famille de minéraux qui comprennent ceux dont l'alumine fait la base.

*****Aluminium**, s.m.chim. Métal produisant l'alumine par sa combinaison avec l'oxygène; nouveau métal, brillant, inoxydable, qui se trouve en abondance dans les argiles.

Alunage, s.m. Action d'aluner, de tremper une étoffe dans une dissolution d'alun.

Alunation, s.f.chim. Opération par laquelle on forme l'alun.

Aluner, v.a. Tremper dans une dissolution d'alun, imprégner d'alun. *Aluné, ée*, part.

Alunière, s.f. Lieu d'où l'on tire l'alun.

*****Alunifère**, adj.minér. Qui contient de l'alun.

*****Alunique**, adj.minér. Contenant de l'alun tout formé.

*****Alunite**, s.f.minér. Minerai d'alun naturel.

*****Trialuminique**, adj.chim. Se dit d'un sel contenant trois fois autant d'alumine que le sel neutre-correspondant.

Alude, s.f. Basane colorée dont on couvre les livres. (Du latin *aluta*, peau passée à l'alun et mise en couleur, fait *d'aluminata*, r. *alumen*; et non du grec *aléiphó*, comme l'a proposé Vossius; ni simplement de la lettre *l*, comme l'a cru Gébelin. En ital. *alluda*, basse latinité *alluda, aluda, aluta*, alude; cat. *aluda*, prov. et langue des Troubadours *aluda*, alude.)

ALVÉOLE, s.m. Chaque petite cellule où les abeilles déposent leurs œufs et leur miel; cavité de l'os maxillaire; intérieur de l'oreille. [Du latin *alveolus*, dimin. de *alveus*, lit d'un fleuve ou d'une rivière; fosse, bassin, canal; vase à laver, baignoire, sébile, auge; fond de cale; barque, nacelle; cavité; ruche; essaim; échiquier, damier; jeu d'échecs. *Alveus* est fait lui-même de *alvus*, ventre, estomac, déjections; sein maternel, ruche. On a diversement cherché l'origine des mots *alveus, alvus*. 1° Bopp, Eichhoff et Pott, l'ont cherchée dans le sanscrit *ulva*, trou, cavité, caverne, ventre. 2° Doederlein dérive *alvus*, du grec *éiluó*, envelopper, cacher; 3° Reiff, du grec *éileos*, repaire, tannière, volvulus; 4° Festus, du latin *alo*, parce que le ventre reçoit la nourriture; 5° Vossius, du latin *abluo*, parce que le ventre donne passage aux humeurs, à ce qu'il y a d'impur dans le corps. 6° Martinius trouve que *alvus* a de l'affinité avec le grec *aulón*, ravin, défilé, gorge, lit d'une rivière, canal, fossé, souterrain. 7° Gébelin assigne une origine commune au latin *olla*, marmite, pot, *aula*, tente, salle, cour, *alvus* et *alveus*; parce que l'idée commune à toutes ces expressions est celle de contenir, de renfermer. En sanscrit *ulvan*, sein; en russe *oulei*, ruche; valaque *uleiu*, ruche; grec *alué*, bois dans lequel entre le manche de la charrue. En ital. *alveo*, esp. *alveo*, lit de rivière. En ital. *alveare, alveario*, ruche, et *alveolo*, petite auge.]

*****Alvée**, s.f.antiq. Sorte de barque faite d'un tronc d'arbre. (Lat. *alveus*.)

Alvéolaire, adj. Qui appartient aux alvéoles.

*****Alvéolariforme**, adj.h.n. Qui a la *forme* des alvéoles d'une ruche d'abeilles.

*****Alvéolé, ée**, adj.h.n. Qui a des alvéoles, ou fossettes placées symétriquement les unes à côté des autres.

*****Alvéolifère**, adj.h.n. Qui porte des alvéoles.

*****Alvéoliforme**, adj. Qui a la forme d'un alvéole d'une ruche d'abeilles.

*****Alvéolithe**, s.m.h.n. Polypier pierreux à cellules alvéolaires. (Gr. *lithos*, pierre.)

Alvin, ine, adj. Qui a rapport au bas-ventre.

Auge, s.f. Pierre ou bois creusé servant à donner à boire et à manger aux animaux, ou à délayer du plâtre. (Du latin *alveus*, auge, comme *cage* de *cavea*, *gaine* de *vagina*, *gui* de *viscum*, *goupillon* et *goupil* de *vulpes*, *guêpe* de *vespa*, *berger* de *vervex*, *gâter* de *vastare*, *gué* de *vadum*, etc. *Al* se change fréquemment en *au*, comme dans *aube* de *alba*, *aune* de *alnus*, etc.; et comme dans *chevaux* pl. de *cheval*, *animaux* pl. *d'animal*, etc.)

*****Auge**, s.f. vase placé au bout du moule où le plombier coule les tables de plomb avant de les laminer; art. vét., partie inférieure de la ganache du cheval.

Augée, s.f. Ce que peut contenir une auge.

*****Augelot**, s.m.salines. Cuillère de fer qui sert à ôter l'écume du sel.

*****Auger**, v.a. Creuser en auget. *Augé, ée*, p.

Auget, s.m. Sorte de petite auge où l'on met le manger des oiseaux; petit vaisseau attaché aux roues hydrauliques; extrémité de la trémie d'un moulin.

*****Auget**, s.m. Petite excavation où l'on sème les graines délicates qui ont besoin d'être arrosées dans leur jeunesse.

AMADIS, s.m. Bout de manche qui se boutonne sur le poignet. [Ainsi nommé de ce que dans l'opéra d'*Amadis*, représenté sous Louis XVI, tous les acteurs portaient de ces sortes de manches.]

AMADOU, s.m. Espèce de mèche faite avec de l'agaric de chêne, dont on se sert pour avoir du feu, et qui est extrêmement douce au toucher. [1° Du latin *manus*, main, et *dulcis*, doux; ou plus simplement du fr. *main* et de l'adjectif *doux*, d'après Gébelin, Boiste, Honnorat, Roquefort, Jauffret, et autres. 2° M. Delatre demande si l'on peut considérer *am-ad-ou* comme un dérivé du latin *med-ulla*, moelle, d'où le fr.

moelleux ? La réponse ne paraît pas facile. 3° M. Honnorat dérive *amadou*, du latin *amator*, amoureux du feu, qui le prend facilement. 4° Selon M. Léveillé, le mot *amadou* appartient à la langue française. Le traducteur du traité de mathématiques de Wolf écrit *amadoue*, s. f., et non *amadou*, s. m.)

Amadouer, v.a.fam. Flatter, caresser de la main ; caresser quelqu'un pour le disposer à ce qu'on veut de lui ; dire des douceurs pour gagner l'affection ou pour apaiser quelqu'un. (Gébelin et Roquefort rattachent ce verbe au fr. *amadou* qu'ils forment de *main* et de *doux*. M. Delatre dit qu'*amadouer*, c'est amorcer comme l'*amadou* amorce le feu, que c'est flatter. M. Honnorat assure qu'*amadouer* c'est rendre souple, doux comme l'amadou. 2° Puis il dérive ce même verbe du fr. *matou*, chat ; caresser comme le chat, faire patte de velours. 3° Bullet rattache *amadouer* au gallois *mâd*, bon, bien, bienfait, beau ; et au b. breton *mâd*, *mât*, bon bien, bienfait, abondant, fin, rusé, madré ; puis au celtique *mad*, *amad*, bon. 4° M. Diez se rapporte à l'ancien septentrional *mata*, dan. *made*, mordre, ronger, goth. *matjan*, ronger. C'est ainsi que les Italiens ont formé leur verbe *ad-escare*. *Mata*, *made*, *matjan*, tiennent sans doute au latin *mando*, je mange. Il est croyable qu'*amadou* est un ancien mot gaulois, et qu'il a donné naissance à *amadouer* comme il est dit plus haut.) *Amadoué*, *ée*, p.

AMANDE, s.f. Fruit de l'amandier ; toute la partie d'une graine mûre et parfaite, contenue dans la cavité de l'épisperme. [De la basse latinité *amandala*, corruption du latin *amygdala*, amande, amandier, dérivé lui-même du grec *amugdalé*, amande, *amugdaléé*, amandier. 1° D'après De Théis, le grec *amugdalé* aurait été fait du grec *amuché*, déchirure, écorchure, coupure, à cause de son fruit strié ou gercé ; le grec *amuktikos*, qui déchire, et le latin *amycticus*, qui cautérise, ainsi que *amugdalé*, amande, se dérivent du grec *amussô* déchirer, égratigner, blesser. La plupart des linguistes suivent cette étymologie ; 2° excepté un hébraïsant qui dérive le grec *amugdalé*, de l'hébreu *schâqéd*, amandier. Quant au verbe grec *amussó*, Snidas le forme du grec *haima*, sang, parce que les déchirures, les coupures, les égratignures, font sortir le sang ; et un hébraïsant le fait venir de l'hébreu *mâtstsa*, rixe. Ce mot *mâtstsa* vient lui-même de l'hébreu *nâtsá*, il a eu une rixe. D'autres croient que *amugdalé*, pour *amisgdalé*, est venu de l'hébreu *misqd*, fait de *schâqéd*, amandier, venu lui-même de l'hébreu *schâgad*, il a été prompt à faire ; parce que l'amandier fleurit le premier. En basse latinité on a dit aussi *amandola* et *amendula*, amande ; en ital. *mandorla*, esp. *almendra*, amande ; port. *amendoa*, langue des Troubadours *amandola*, prov. *amendo*, toulous. *amêllo*, amande ; patois de Castres *amellie*, amandier. En valaque *migdale*, polon. *migdal*, suiogothique *mandel*, anc. scandin. *mandola*, belge *amandel*, auvergnat *aminta*, amande. Pline dit qu'il est douteux que l'amandier fût en Italie du temps de Caton.]

Amandé, s.m. Sorte de boisson faite avec du lait et des amandes broyées et passées.

Amandier, s.m. Arbre qui porte les amandes.

Amygdale et non **Amigdale**, s. f. anat. Chacune des deux glandes situées aux deux côtés de la gorge. (Leur forme a été comparée à celle d'une amande.)

***Amygdalaire**, adj. minér. Se dit des roches qui contiennent des noyaux en forme d'amandes.

***Amygdalé, ée**, adj. bot. Ressemblant à un amandier.

***Amygdalées**, s.f.pl. Famille de plantes.

***Amygdalifère**, adj.h.n. Qui porte des amandes.

***Amygdalin, ine**, adj. Fait avec des amandes.

***Amygdaline**, s.f.chim. Substance extraite des amandes amères.

***Amygdalite**, s. f. méd. Inflammation des glandes amygdales.

Amygdaloïde, s.f. minér. Pierre qui renferme d'autres parties ayant la forme d'une amande.

AMARRE, s.f. Cordage servant à attacher un navire ou ses agrès. [Il n'est pas encore aisé de dire à quelle langue appartient la racine véritable de ce mot. On l'a cherchée : 1° dans l'ar. *marar*, sorte de corde, d'où l'ar. *mereset*, corde, câble ; d'où aussi le berbère *amrar*, corde de chanvre ou de crin ; 2° dans le sanscrit *mú*, lier, attacher, d'où le sanscrit *muta*, lié, attaché, mot qui semble avoir produit le latin *mutus*, muet, qui a la langue liée, attachée ; 3° dans l'égyptien *mêr*, *môr*, ceindre, attacher, prendre ; 4° dans le sanscrit *murvámi*, je lie, j'attache, je couds, *murámi*, je rassemble, j'entoure, je revêts ; d'où le grec *mermis*, corde, ficelle, fil, cordon ; *mérinthos*, corde, ficelle ; *méruó*, dévider, pelotonner, rouler, plier ; chez Homère *méruó histia*, ferler, serrer une voile et l'attacher en paquet tout le long de sa vergue ; 5° dans l'arménien *amour*, ferme, solide ; 6° dans le basque *amarra*, attache, *amarratcea*, s'attacher ; 7° dans le maltais *amara*, séjour de la maison ; 8° dans le grec *hama*, ensemble ; 9° dans le lat. *ad mare*, ce qui fixe à la mer ; 10° dans le haut all. anc. *marrjan*, arrêter, retenir, empêcher ; 11° dans la préposition germanique *an*, correspondant au latin *ad*, et dans le tudesque *merran* ou *marrian*, retenir, attacher ; anglosaxon *mearrjan*, *merran*, retenir, attacher, et *maree*, corde, câble ; 12° dans le latin *morari*, tarder, demeurer, *mora*, demeure, station, relâche, qu'on retrouve dans l'ital. *moraggine*, retard, et dans le vénitien *moraggio*, mouillage. En flamand *maaren*, *meeren*, amarrer ; basse latinité, *amarrare*, esp. et port. *amarrar*, amarrer ; breton *amar*, gaël écossais *amar*, amarre.]

Amarrer, v.a. Attacher avec une amarre. *Amarrée*, *ée*, p.

Amarrage, s.m.mar. Action d'amarrer un bâtiment ; la jonction de deux cordages par un autre plus petit.

Démarrage, s.m.mar. Action d'ôter les amarres ; déplacement d'un navire.

Démarrer, v.a.mar. Détacher ce qui est amarré.

Démarrer, v.n.mar. Quitter l'amarrage, partir ; famil. quitter une place, un lieu. *Démarrée*, *ée*, p.

AMAZONE, s.f.antiq. Femme guerrière de Cappadoce ; par ext. femme d'un courage mâle et guerrier ; vêtement de femme pour monter à cheval. [Du latin *amazon*, *onis*, amazone, dérivé lui-même du grec *amazôn*, id. 1° Plusieurs hellénistes forment ce nom du grec *a* priv. et *mazos*, mamelle ; parce que, selon les uns, les Amazones n'allaitaient point leurs enfants et ne les nourrissaient pas de lait de jument ; ou parce que, selon les autres, elles se coupaient ou se brûlaient la mamelle droite, afin de tirer de l'arc avec plus d'aisance; ou bien, comme le pense Hippocrate, afin de donner plus de force au bras droit. D'autres, parmi ceux qui ont adopté cette étymologie, considèrent l'*a* non comme privatif, mais comme signe de l'unité. C'est d'après cette croyance, que Tatianus appelle les Amazones *unimammœ*. Petit soutient que les Amazones ne se brûlaient point la mamelle droite; et Quintus de Smyrne parle d'une Amazone blessée à la mamelle droite. Aucun auteur, avant Hippocrate, n'avait parlé de cette prétendue extirpation de mamelle. Une foule de monuments représentent des Amazones dont les deux mamelles sont très-apparentes. Winkelman dit en plusieurs endroits qu'on ne voit aucune statue d'Amazone privée de la mamelle gauche. Il en est qui ne se bornent pas à une mamelle en moins, et qui croient que les Amazones n'ont jamais existé. Les témoignages qui déposent contre ces derniers sont trop nombreux pour être cités. Sans parler des poètes, en ne tenant compte que des historiens, on peut citer Quinte-Curce, qui dit : « Atropates, satrape de Médie, amena à Alexandre cent femmes barbares, habiles à monter à cheval, et armées de peltes et de haches; d'où quelques-uns crurent que c'étaient des restes de la nation des Amazones. » Visconti et autres pensent judicieusement que le mot *amazón* est un de ces noms de peuples que les Grecs, suivant leur usage constant, ont dénaturé pour le rendre moins choquant à leurs oreilles délicates. L'origine étymologique de ce nom célèbre est encore incertaine. 2° Le sanscrit *manuchia*, homme, que les Indianistes forment du sanscrit *man*, réfléchir, penser, fait en zend *machya*, homme, dit M. Delatre, d'où *amachya*, sans homme, mot qui, selon lui, aurait donné naissance au grec *amazón*, pour *a-maz-ón*. 3° D'après M. Eus. Salverte, le nom des Amazones aurait été formé du pehlvi, *am*, mère, et par extension les femmes d'une peuplade, comme *matres* en latin, et de *Azons* ou *Ases*, nom de peuple; ainsi *Amazones* signifierait les femmes des Ases. 4° Fréret soupçonne que l'épithète *antianéirai*, égales aux hommes, donnée par Homère aux Amazones, faisait allusion au sens du mot Amazones dans la langue de ces femmes guerrières; et, suivant cette conjecture, il tire ce nom de deux mots calmouks *emé* ou *aëmé*, femme et *tzaïne*, prononcé *saïne*, dans le dialecte mandchou, signifiant la perfection d'une chose, son excellence; ainsi *Amazón* selon la prononciation grecque, et *Aëmétzaine*, suivant celle des Tartares, peut signifier une héroïne. 5° Selon Wachter, ce nom aurait pour racines les mots sorabiques *mecz*, épée, glaive, et *zona*, femme. 6° Suivant Périzonius, Lefèvre de Villebrune et le comte de Fortia, le mot Amazone serait un dérivé de l'hébreu *améts*, il fut actif, il fut ferme, il fut courageux, il fut fort, robuste. 7° De Brosse tire ce nom de celui d'*Alazonius*, fleuve d'Albanie, près duquel elles vinrent habiter, au rapport de Métrodore et d'Hippocrate. 8° Gudlingius le compose du gothique *miot*, marais, et *kona*, sorabique *zona*, femme; parce que, dit-il, elles habitaient près du Palus-Méotide; mais Wachter soutient que *miot*, marais, n'est point gothique. 9° Scrieck prétend que le nom *Amazones* vient du scythique *am-as-wonen*, gens demeurant près des eaux ou des marais. 10° Wesseling apporte le témoignage de l'auteur des Origines hongroises, qui affirme que sur la frontière de Hongrie, le mot *Amazone* signifie une femme forte et robuste. 11° Servius le compose du grec *hama*, ensemble, et *zaó*, vivre; parce que ces femmes belliqueuses vivaient ensemble et sans hommes; 12° un autre, du grec *hama*, ensemble, et *zóné*, ceinture, parce qu'elles portaient une ceinture et des armes comme les hommes; 13° un autre, du grec *a* privatif, et *maza*, pain, parce qu'elles ne mangeaient pas de pain; 14° un autre, du nom d'*Amazonde*, fille de Samornas, ou de celui d'*Amazone*, une des prêtresses de Diane. En polonais *amazonka*, valaque *amazoane*, provençal *amazouno*, amazone.]

*__Amazone__, s.f. manég. Nom que prennent les dames lorsqu'elles montent à cheval.

*__Amazone__, s.f.h.n. Se dit des perroquets qui ont le fouet de l'aile garni de plumes rouges.

*__Amazonique__, adj.h.n. Qui a rapport aux Amazones. Delà les n. pr. : *Amazonien, Amazonia, Amazonium, Amazónius*, etc.

__AMBASSADEUR__, s.m. Celui qui est envoyé en ambassade; membre d'une députation. [1° M. Pihan a cherché l'origine de ce mot dans l'arabe *anbias*, nom d'action de la septième forme de *baas*, envoyer; 2° M. Delatre, dans le sanscrit *bhaj*, aller, honorer, devenu *bah* dans les langues germaniques, comme dans le gothique *and-bah-ts*, affaire, occupation, soin, souci.; ital. *am-ba-scia*, souci; *am-ba-sci are*, occuper; *am-ba-sci-ata*, occupation, commission, mission; la particule *and* est identique au grec *anti*, et au sanscrit *anti, antika*, près, proche; 3° Schulter, dans le teuton *ambacht*, action de regarder autour, vigilance, soin réfléchi; et *obacht*, soin, office, *ambaht*, attention, mots qu'il rapporte à *amb*, ancien mot celtique signifiant avec, autour; 4° Huot, dans le mandchou *amban*, grand seigneur, ministre, *ambaki*, majesté, dans le francique et dans l'islandais *ambath* et *ambathman*, délégué royal, ambassadeur; 5° Doederlein, dans l'ancien germanique *ambaht*, serviteur, domestique, valet; 6° Constancio, dans le latin barbare *ambactus*, mot germanique signifiant esclave; 7° Johnson, dans l'hébreu *básar*, il fut joyeux d'avoir reçu une bonne nouvelle, d'où l'hébreu *bissar*, il a apporté une bonne nouvelle, etc.; 8° Gébelin, dans la syllabe *bac*, mot celtique, suivant lui, qui signifie *jeune*, et dont il forme aussi le nom de *Bacchus*, et le mot latin *bacca*, baie, fruit; 9° Bullet, dans l'ancien breton *ambact*, serviteur, mot qu'il compose de *an*, article, et de *gwas* ou *was*, qui en gallois et en breton signifie serviteur; 10° Albertus Acharisius, dans le latin *ambulare*, se promener, aller. 11° Saumaise et Ménage forment ce mot du latin *am*, autour, et *agere*, agir, conduire; 12° le P. Thom. et Huet de l'hébreu *hambasér*, messager; 13° d'autres, de l'arabe *mubaschir*, messager. 14° Dacier soutient que *ambactus*, cité par César, est un mot romain; et Oberlin prétend prouver qu'il est celtique; Scaliger, Saumaise, Vulcanius, Spelmann, et autres, disent que *ambactus* est un mot gaulois. 15° Lindenbrogius, Paulus Merula et Wendelinus, le dérivent du germanique *ambacht*, soins, travaux, peines; 16° un autre, de l'irlandais et écossais *anbhochd*, très-pauvre; 17° M. Zeuss, du kymrique *amaeth*, laboureur, *amaethu*, labourer. Pelloutier dit qu'on appelait *ambactos* les clients que les grands seigneurs gaulois avaient à leur suite. *Ambassadeur* est un dérivé de la basse-latinité, *ambasciator, ambascicator*, ou, comme le dit Du Cange, d'*ambascia*, dont l'italien a fait *ambasciadore*, et qui serait en rapport avec les anciens *ambactes*. *Ambactes* est un nom donné, dans la basse-latinité, à des affranchis, à des hommes de résolution, à des nobles, qui s'attachaient aux princes dans la milice gauloise. M. De Belloguet fait voir que *ambactus* signifie esclave, d'après Festus; mercenaire dans le Gloss. de Philoxène; serviteur militaire dans César. « La parenté du mot d'Ennius, à laquelle appartient sans doute l'*ambascia*, fonction, service, mission, du lat. de la loi salique et de la loi bourguignonne, d'où le fr. *ambassade*, se reconnaît mieux dans les langues germaniques, depuis le goth. *andbaht*, serviteur, et le scandinave *ambâtt*, servante, jusqu'au hollandais et au flamand *ambacht*, à la fois corps de métier et seigneurie, id. » Ce dernier sentiment s'accorde avec celui de Doederlein. Dans la langue des Troubadours, *ambassador*, *embaichador*, ambassadeur; cat. et esp. *embaxador*, port. *embaixador*.)

Ambassadrice, sf. Femme d'un ambassadeur.

Ambassade, s.f. Emploi, fonction d'un ambassadeur, d'un envoyé; députation; hôtel et bureau d'un ambassadeur.

AMBE, s.m. Deux numéros de loterie pris ou sortis ensemble; au loto, la sortie de deux numéros placés sur la même ligne horizontale. [Du latin *ambo*, tous deux, tous les deux; en grec *amphô*, les deux, tous deux, tous les deux; en sanscrit *ubha* ou *ubhau*, lithuanien *abbu*, russe *oba*, pali *oubho*, les deux, tous deux, tous les deux; en ital. *ambo*, *ambe*, esp. et port. *ambos*, langue des Troubadours *ambs*, *ams*, l'un et l'autre, les deux; langue des Trouvères *ambes*, deux ; anc. prov. *ambos*, *ambas*, les deux, tous les deux; anc. fr. *ambedeus*, *ambedui*, les deux, tous deux.]

Ambesas, s.m. Au trictrac. *Deux as* amenés par le joueur.

AMBLE, s.m. Allure d'un cheval qui avance à la fois et alternativement les deux jambes d'un même côté; se dit aussi de l'âne, du mulet. [Du latin *ambulo*, *as*, *atum*, *are*, aller et venir, se promener, aller, marcher. On a donné diverses étymologies sur ce verbe. 1° M. Doederlein soutient que, *ambulare*, pour *ambiulare*, est un diminutif du latin *ambire*, aller autour, de même que *postulare* est le diminutif de *poscere*, demander. 2° M. Chavée prétend que *ambulare* a été formé de *am*, autour, et de *ulare*, contracté de *volare*, tourner, se mouvoir en rond. *Volare* est apparemment employé ici pour *volutare*. 3° Un indianiste le dérive du sanscrit *amb*, aller, se mouvoir; 4° un hébraïsant, de l'hébreu *iâbal*, il a coulé, il est allé, il s'est avancé, en chald. *iebal*; 5° un helléniste, du grec *ampoléō*, pour *anapoléō*, je tourne; 6° un autre, du grec *ambainō*, pour *anabainō*, je monte; 7° un autre, du grec *ameibō*, je change; 8° un celtisant, du celtique *bal*, se promener, promenade, en y associant *am*, autour. C'est évidemment le breton *balea*, *bala*, aller, se promener, qu'il a voulu dire. En ital. *ambiare*, anc. cat., anc. esp. et langue des Troubadours *amblar*, aller l'amble, ambler; langue des Trouvères *embler*, aller l'amble, le pas du cheval, et *amblant*, allant à l'amble; anc. fr. *ambler*, aller l'amble; prov. *amblo*, amble.]

Ambler, v.n.vi. Aller l'amble. *Amblé*, p.

Amblant, *ante*, adj. manég. Se dit d'un cheval qui va l'amble.

Ambleur, s.m. manég. Autrefois officier de la petite écurie du roi.

Ambleur, s.m. Cerf chez qui la trace du pied de derrière surpasse celle du pied de devant.

Amblier, adj. et s.m. manég. Se dit d'un cheval qui va l'amble.

Ambulacre, s.m.h.n. Tentacule des zoophytes pour marcher; trou par où ces parties sortent. (Du latin *ambulare*, marcher.)

Ambulacraire, adj.h.n. Qui a les caractères d'un ambulacre.

Ambulacriforme, adj.h.n. Qui a la forme d'un ambulacre.

Ambulance, s.f. Petit hôpital militaire approprié au service de campagne, et formant momentanément dépôt et détachement. (Du latin *ambulare*, aller de côté et d'autre. Le mot *ambulance* est introduit depuis la Révolution française.)

Ambulant, ante, adj. Non fixé, qui va et vient sans cesse.

Ambulant, s.m.anc. législ. Commis qui allait par la ville et la campagne pour découvrir si l'on ne fraudait pas les droits du roi.

Ambulatoire, adj. Se disait d'une juridiction dont le siége n'était pas fixe.

Ambulatoire, adj.h.n. Se dit des pattes qui sont spécialement propres à la marche.

Ambulipède, adj.h.n. A pattes conformées pour la marche.

Déambulation, s.f. Action de se promener.

Déambulatoire, adj. employé par Charron, pour : incertain, chancelant.

Pérambulation, s.f.anc. admin. et pratique. Visite d'une forêt; arpentage d'un terrain.

Préambule, s.m. Espèce d'exorde ou d'avant-propos; exorde ennuyeux ou ridicule.

Aller, v.n. Se mouvoir, se transporter d'un lieu à un autre; marcher; être dans le bon chemin; conduire, aboutir; être égal, pareil; s'adresser à; être sur le point de; couler, s'écouler; s'adapter à, s'ajuster à; faire ses nécessités naturelles. (Tous les étymologistes, sauf un très-petit nombre, dérivent ce verbe du latin *ambulare*, aller et venir, se promener, aller, marcher. *Aller*, dit M. de Chevallet, vient du latin *ambulare*, employé pour *aller* dans Plaute et dans les auteurs de la basse latinité. On se servit longtemps de la forme moins syncopée *ambler*, que nous avons conservée en parlant d'une certaine allure du cheval, du mulet, etc. *Ambulare*, continue le même auteur, a également donné, par une syncope toute différente, le provençal *anar*, aller, dans lequel l'*m* s'est changée en *n*. L'ital. *andare* et l'esp. *andar* ont la même signification. Le *d* est venu se joindre à l'*n* comme dans *tendre* de *tener*, *gendre* de *gener*. *Al-l-er* est pour *am-l-er*, *ll* pour *ml*, dit M. Delatre. Skinner et le général Bardin, Ménage, Le Duchat, Casenueve, dérivent également *aller*, par corruption, du latin *ambulare*. Denina dit : « L'italien fit *andare* que la plupart des étymologistes tirent de *ambulare*, *amblare*, *andlare*, *andare*. Le provençal, le napolitain, qui changent régulièrement le *d* en *n* lorsqu'il est précédé de cette consonne nazale, au lieu d'*andare* ont fait *annare* et *anar*; le français, le picard et le normand changèrent l'*n* en *l* et firent *aller*. Wachter, ainsi que H. Ottius, rattachent le fr. *aller*, à l'ancien germanique *wallen*, aller, sortir, se promener; et Schülter lie le latin *ambulare* au teuton *wallen*, et *ambulavit* au teuton *walagota*. Les verbes latins *eo*, *vado*, *ambulo*, étaient devenus synonymes au 6e s. Dans la langue des Trouvères *alere*, aller, et *alout*, il allait; langue d'oïl, antérieurement au 12e s., *aler*, aller; en patois de Champagne *haller*, aller, et *alleil*, aller, allé; en bourguignon *alai*, savoisien *alla*, rouchi

aller, aller. Du temps de Henri Estienne, on commençait à prononcer *allait, Français, tenait*, etc., comme nous le faisons aujourd'hui.) *Allé, ée*, p.
Allant, ante, adj. Qui aime à aller, à courir.
Allant, s.m. Celui qui va, celui qui va et vient.
Allée, s.f. Lieu par où l'on va, passage ; lieu propre à se promener, sentier d'un jardin. (Du verbe *aller*, selon tous les étymologistes, excepté Du Cange qui, dans la dernière signification, le fait dériver de deux mots *la lée*, qui, en vieux fr. a signifié une route coupée dans une forêt ; mais *laye* signifiait bois, forêt, et non route coupée dans une forêt. Cette observation est de Roquefort. Ménage avait dit que l'étymologie de Du Cange était plutôt spécieuse que véritable.).
Allées, s.f.pl. Action d'aller.
Allées et venues. Pas et démarches dans une affaire.
Allure, s.f. Façon de marcher, l'ensemble et les ports du corps ; manière dont quelqu'un se conduit dans une affaire ; tournure que prend une affaire.
Allures, sf.pl. Façons de se conduire ; intrigue.
Contre-allée, s.f. Allée latérale et parallèle à une allée principale.
Préalable, adj. Qui doit être dit, ou être fait avant que l'on aille outre.
Au préalable, loc.adv. Auparavant, avant tout.
Préalablement, adv. Au préalable.
Sur-aller, v. n. véner. Se dit du chien qui passe sur la voie sans crier. *Sur-allé, ée*, part.

AMBRE, s.m. Substance résineuse, odorante, inflammable ; t. de doreur, bitume pour le vernis. [L'ambre est un fossile qu'on trouve sur presque toutes les côtes de l'Archipel indien, sur les côtes orientales de l'Afrique, sur presque toutes les grandes étendues de côtes ; et sur le littoral de l'Europe, de l'Amérique et des îles du sud de l'Asie. Larcher pense qu'Hérodote, en nommant l'Eridan, sur les bords duquel on trouvait l'ambre, voulait parler de la Rhodaune ou Rhoden, qui se jette dans la Vistule, et près de laquelle, dans la mer Baltique, on pêche en effet de l'ambre, substance que l'on n'a d'ailleurs jamais trouvée dans les régions arrosées par le Pô. 1° Wachter soutient que le mot *ambre* ne vient point de l'arabe, mais du germanique *amberen, anbernen*, ou *ambrennen*, brûler. Le même auteur et Skinner assurent que le nom et la chose ont passé des Germains chez les Arabes ; et que le mot *ambrosia*, ambroisie, vient de là. Denina dit : l'ambre est une production végétale que les anciens ont crue minérale, et ont appelée chose à brûler, *an-brennen ;* parce qu'elle brûle effectivement. Les Germains, ajoute-t-il, trouvant cette matière dure et solide, l'ont prise pour de la pierre ; et comme elle brûlait, ils l'appelèrent *bren-stein*, pierre à brûler, *steine-en-brennen*, puis transportant l'*r*, ils en ont fait *bernstein*. Le même savant dit encore qu'il est probable que d'une partie du premier nom *stein-en-brennen* est venu le nom *ambre*. Dans les idiomes sortis du latin et du germanique ou du celtique, c'est l'*r* que le plus souvent on transpose. 2° Selon Bochart et de Théis, le mot *ambre* serait venu de l'arabe *a'nbar*, mot désignant un poisson du genre des baleines, et qui passe pour produire cette substance. Ceci ne doit s'entendre que de l'ambre gris. L'ambre jaune n'a de commun avec celui-ci que d'être également recueilli sur les bords de la mer. Martinius croit que *ambre* vient de l'éthiopien *hanbar*, baleine, parce qu'on a cru vulgairement que c'était de la semence de baleine. On a cru aussi que c'était son excrément. Au rapport de Léon l'Africain, les habitants des côtes d'Afrique disent que c'est le poisson appelé *ambara* ou *ambare* qui jette l'ambre. Chez les Orientaux *anbar* désigne exclusivement l'ambre gris. 3° Constancio veut que le mot ambre vienne de l'arabe *âmbar, ânbàr*, formé de l'arabe *abra*, anse, rade, mouillage, baie, mot fait lui-même du verbe arabe *'abadr*, entrer dedans ; parce que l'ambre se trouve sur les bords de la mer. 4° Gébelin compose le mot *ambre* du celtique *am*, eau, et de *bar*, porter ; mot à mot, production des eaux. 5° Un hébraïsant le dérive de l'hébreu *chémâr*, bitume ; parce que, dit-il, cette substance est bitumineuse. En arabe *'amber*, ambre ; basse latinité *ambar, ambra ; ambrum*, ambre ; gaël écossais *ombra ;* gaël irlandais *ombra, omar, omra*, ambre ; anglais *amber*, polon. *ambra*, mandingue *lambre*, langue des Troubadours et italien *ambra ;* esp. et portugais *ambar*, ambre.]
Ambrer, v.a. Parfumer d'ambre. *Ambré, ée*, p.
Ambrette, s.f. Petite fleur qui sent l'ambre.
***Ambréade**, s.f. comm. Ambre faux ou factice.
***Ambréate**, s.m.chim. Sel résultant de la combinaison de l'acide ambréique avec une base.
***Ambréine**, s.f.chim. Substance propre à l'ambre gris.
***Ambréique**, adj.chim. Se dit de l'acide de l'ambre gris.
***Ambrésin, ine**, adj.chim. D'ambre.

AMBROISIE, s.f. Suivant la fable, nourriture d'un goût et d'un parfum délicieux qui était destinée aux divinités de l'Olympe, et qui donnait l'immortalité à ceux qui en goûtaient. [Du latin *ambrosia*, dérivé lui-même du grec *ambrosia*, ambroisie. 1° Tous les indianistes composent ce mot du sanscrit *a* priv. et *mri*, mourir, périr. En sanscrit, *amrda* ou *amrita* est le nom d'un breuvage céleste qui ressemble beaucoup à l'ambroisie des anciens. Ce mot est formé du sanscrit *a* privatif et *mrita*, mortel. Longtemps avant l'ère chrétienne, les Chinois, les Tibétains, les Perses, les Scythes, cherchaient avec obstination la composition de ce breuvage, auquel ils croyaient que leurs dieux devaient leur immortalité. Dans l'Inde, nous retrouvons l'*amrita*, cette boisson immortelle que l'agitation du serpent Sécha fit sortir de la mer de lait. Vichnou la distribua aux seuls Devas, ou bons génies. Ce dieu trancha la tête du mauvais génie Râhou, lorsque, après avoir obtenu la production de l'*amrita*, les souras, ou dieux, et les asouras, ou mauvais génies, combattirent entre eux à qui en aurait la possession. Le sanscrit *mri*, périr, mourir paraît être la racine primitive du latin *mori*, mourir, *mors*, la mort, et du grec *brotos*, mortel, homme. 2° Wachter et Skinner prétendent que le mot *ambroisie* dérive de l'ancien germanique *amberen, anbernen*, ou *ambrennen*, brûler. 3° Un hébraïsant soutient, au contraire, qu'il vient de l'hébreu *chémêr*, vin, mot qui se trouve aussi en arabe et en syriaque. La première étymologie est généralement préférée. En polon. *ambrozya*, valaque *ambrosie*, ancien fr. *ambroise*, all., angl., ital. et esp. *ambrosia*, ambroisie.]
*****Ambroise**, s.pr.m. Nom d'un des Pères de l'Eglise.
Ambrosien, ienne, adj. *Chant ambrosien*, chant de l'office divin. (Le chant *ambrosien* était fort et haut, le chant romain était plus doux et plus réglé. Ce mot a été fait du nom de saint *Ambroise*, évêque de Milan.)
*****Ambrosie**, s.f. bot. Genre de plantes à

fleurs composées. (L'antiquité a cru qu'elle était recherchée des dieux à cause de son odeur.)

*Ambrosiacé, ée, adj.bot. Qui ressemble à la plante appelée ambrosie.

Aurone, s.f.bot. Espèce d'armoise. (Latin *abrotonus*, du gr. *abrotonon*, aurone, r. *a* privatif, et *brotos*, mortel : propr. l'immortelle, soit parce qu'elle est toujours verte, soit parce que les médecins la donnaient aux malades pour les préserver de la mort : d'après Martinius, Gébelin, Trévoux, etc. En ital. *abrotono*, aurone; esp. *abrotano*, bret. *afron* et *avron*, aurone; picard *avrogne*, anc. fr. *abrone*, aurone.)

*AMBUBAIES, s. f. pl. ant. rom. Joueuses de flûte, courtisanes. [Du latin *ambubaiæ*, ambubaies. 1° Un auteur dit : De deux *b* l'un se change quelquefois en *m*, comme dans les mots *ambubaia* et *sambuca*, que Bochart dérive du syriaque *abbuba*, *sabbeka*. Sabbeka est le chald. *sabbekâ*, qui se trouve dans Daniel 3, 5. et v. 7.10, et qui se retrouve en grec sous la forme *sambukê*, d'où le latin *sambuca*, sambuque, espèce de harpe. Gésénius conjecture que *sabbekâ* est un dérivé lui-même de l'hébreu *sebâk*, branches entrelacées, buisson; r. *sâbak*, il a entrelacé, il a embarrassé; parce que les cordes de la sambuque étaient entrelacées. Voyez *Sambuque*. 2° Bochart dit que *ambubaiæ* vient du syriaque *abuba*, flûte. Vossius donne la même étymologie et ajoute que les Arabes ont tiré de là leur mot *anbub*, flûte, en le nasalant par une *n*. 3° Turnèbe soutient que *ambubaiæ* a été fait du latin *ambu*, autour, et *Baiæ*, ville de Campanie; bains, thermes; parce que ces femmes impudiques se promenaient dans ces lieux.]

*Abub, s.m.mus. Instrument à vent dont les anciens Hébreux se servaient dans les sacrifices.

AME, s. f. Principe de la vie dans les êtres vivants; la pensée intime, et la conscience; cœur et sentiment; une personne, soit homme, soit femme; philos. c'est l'esprit, le moi, le principe pensant; c'est une force intelligente qui se connaît elle-même; c'est la substance simple, immatérielle, impérissable, qui pense. Dans Aristote, c'est l'essence d'un corps formé par la nature, et ayant en lui le principe du mouvement et du repos; c'est le principe des quatre facultés : la nutrition, la sensibilité, la pensée et le mouvement; c'est le principe par lequel nous vivons, sentons et pensons; c'est la cause et le principe du corps vivant; tout ce qui est; entéléchie première d'un corps naturel organique. [Du latin *anima*, âme, *animus*, souffle de vie, vie, âme, esprit. Que gagnerait-on, dit le savant Denina, à nous apprendre, quand même cela serait vrai, que *âme* dérive du mot primitif *am*, qui, suivant certains auteurs, devait signifier union? Tandis qu'en montrant sa dérivation du latin *anima* ils nous auraient appris au moins que ce qu'on appelle âme en français est *anima* en latin. *Animus* et *anima* tiennent au grec *anémos*, souffle, respiration; au sanscrit *an*, souffler, respirer, vivre; *ânas*, *anilas*, souffle, vent. En arabe *anus*, âme, et *anof*, respiration, signe que le corps est animé. En hébreu *ânaph*, propr. il a soufflé, il a respiré, et par extension, il s'est mis en colère, il fut en colère. En chinois *han*, souffle, âme. En breton *éné*, âme; en Tréguier *iné*, en Vannes *inéan* et *inanv*, anciennement *énef*, en Galles *énaid* ou *éned*, en gaël écossais *anam*, âme; en ital. *alma*, âme; basque *alimatcea* et *arima*, âme; esp. et port. *alma*, langue des Troubadours *anma*, *arma*, langue des Trouvères *arme*, *alme*, anc. cat. *arma*, savoisien *arma*, anc. fr. *arme*, âme; patois de Castres *amo*, âme; en langue d'oïl antérieure au douzième s., *anima*, *aneme*, et *anme*, âme; livre des Rois *aneme*, âme.)

*Ame, sf. Trou conique dans le corps d'une fusée volante.

*Ame, s.f. Bâton autour duquel le tabac cardé est monté; nom de petites feuilles qui remplissent le dedans des andouilles de tabac.

Animadversion, s.f. Improbation, censure, blâme, correction en paroles seulement. (Latin *animadversio*, attention; animadversion, de *anima*, esprit, *vertere*, tourner.)

*Animadversion, s.f.philol. Remarque faite sur le texte d'un auteur.

Animal, s.m. Etre organisé, doué de la vie et de la sensibilité; fig. personne stupide et grossière. (Lat. *animal*, fait de *anima*, vie, âme.)

Animal, ale, adj. De l'animal; sensuel, charnel.
Animalcule, sm. Animal extrêmement petit.
*Animalculisme, s.m.phys. Système où l'on suppose l'embryon animal produit par des animalcules spermatiques seuls.

*Animalculiste, s.m.phys. Partisan de l'animalculisme.

*Animalculovisme, s.m.phys. Système où l'on suppose l'embryon animal produit par le concours des animalcules spermatiques et de l'œuf de la femelle. (Lat. *animal*, et *ovum*, œuf.)

*Animalculoviste, s.m. Partisan de l'animalculovisme.

S'Animaliser, v.a.pron. S'assimiler à la propre substance animale; acquérir les qualités des substances animales. Animalisé, ée, p.

Animalisation, s.f.méd. Changement des aliments en la substance de l'animal.

*Animalifère, adj.phys. Qui porte des animaux.

*Animalisme, s.m.phys. Système où l'on suppose que l'embryon existe tout formé dans le sperme du mâle.

*Animaliste, s.m.phys. Partisan de l'animalisme.

Animalité, s.f.h.n. Ce qui constitue l'animal.
*Animateur, s.f.phys. Qui donne la vie.
Animation, s.f. Action d'animer; union de l'âme au corps; instant de cette union.

*Animation, s.f.alchim. Fermentation.
*Anime, s.f.anc.t.milit. Ancienne cuirasse qu'on a aussi appelée *garde-cœur*.

Animer, v.a. Mettre le principe de la vie dans un corps organisé; donner de l'activité, exciter, encourager; pousser à l'action déjà commencée, et tâcher d'en empêcher le ralentissement; inspirer une nouvelle activité; donner de la chaleur; irriter; donner une couleur vive. Animé, ée, p.

*Animé, s.m.pharm. Sorte de résine qu'on tire des Indes.

*Animelles, s.f.pl. Mets composé de parties détachées d'une pièce principale, telles que abatis, fraise, foie, etc., et particulièrement des testicules de l'animal.

*Animine, s.f.chim. Base salifiable existant dans l'huile animale de Dippel.

*Animique, adj.chim. Se dit des sels qui ont pour base l'animine.

*Animisme, s.m. Système où l'on attribue tous les actes de l'organisme à un principe immatériel.

*Animiste, s.m. Partisan de l'animisme.
Animosité, s.f. Sentiment de dépit, de haine contre quelqu'un; chaleur excessive, violence dans un débat.

Aumailles, s.f.pl. Se disait des animaux à

cornes, comme bœufs, vaches, taureaux. (Selon Ampère, Diez, de Chevallet, et autres, du latin *animalia*, animaux, bêtes; r. *animus*, souffle de vie, vie, âme, esprit; et non pas du latin *armentum*, troupeau de gros bétail; ni de *alo*, je nourris. En langue d'oïl, antérieure au 12ᵉ s. *almail* signifiait une bête de gros bétail, un bœuf, une vache, un cheval, un âne. *Almaille*, dit M. de Chevallet, vient de l'adjectif latin *animalis*, comme *bétail* de *bestialis*, en sous-entendant un mot signifiant richesse, bien, avoir. On trouve en ce sens dans Ulpien, *res animales*. L'n d'*animalis* s'est changée en *l*, comme dans *orphelin* de *orphanus*, *licorne* de *unicornis*. N s'est également changée en *l* dans l'ital., l'esp. et le port. *alma*, âme; en *l* et en *r* dans *alme*, *arme* [âme], mots de la langue des Trouvères.)

*Désanimer, v.a. Cesser d'animer. *Désanimé, ée, p.

*Inanimation, s.f. Nature, état des êtres inanimés.

Inanimé, ée, adj. Non animé, qui a cessé de l'être.

*Longanime, adj. Qui a de la longanimité. (Lat. *longanimis*, r. *longus*, long, grand, et *animus*, esprit.)

*Longanimement, adv. D'une manière longanime.

Longanimité, s.f. Patience de Dieu qui est long à punir; patience d'un souverain, d'un supérieur contre les injures, par bonté et grandeur d'âme; patience, courage dans le malheur.

Magnanime, adj. et s. Qui a l'âme grande, qui a des sentiments élevés. (L. *magnus*, grand.)

Magnanimement, adj. D'une manière magnanime.

Magnanimité, s.f. Vertu de celui qui est magnanime.

Pusillanime, adj. Qui a l'âme faible, lâche. (Lat. *pusillus*, petit, et *animus*, esprit, âme.)

*Pusillanimement, adv. D'une manière pusillanime.

Pusillanimité, sf. Excessive timidité, lâcheté.

Ranimer, v.a. Rendre la vie, redonner la vie; redonner de la vigueur et du mouvement; fig. redonner du courage; exciter. *Ranimé, ée*, p.

*Transanimation, s.f. Passage de l'âme dans un autre corps, métempsychose.

Unanime, adj. Qui réunit tous les suffrages, qui est d'un commun accord. (Lat. *unus*, un seul, *animus*, esprit.)

Unanimement, adv. D'une manière unanime.

Unanimité, s.f. Accord de tous les suffrages entre plusieurs personnes, conformité de sentiments.

*Anémobate, s.m.antiq. Bateleur qui voltigeait en l'air sur une corde ou à l'aide d'une machine. (Grec *anémos*, vent, et *bainô*, je marche.)

*Anémocète, s.m. Se dit de certains magiciens de Corinthe auxquels on attribuait le pouvoir d'apaiser les vents. (Grec *koitzô*, mettre au lit, coucher, et *anemos*, vent, souffle; latin *animus*, souffle de vie.)

*Anémocorde, s.m.mus. Espèce de clavecin à *cordes* mues par le vent.

*Anémodrome, s.m. Nom que Lucien donne aux guerriers de la constellation de l'Ourse, alliés d'Endymion, roi de la lune. (G. *dromos*, course.)

*Anémographie, s.f. Description des vents.

Anémomètre, s.m. Instrument pour mesurer la force du vent. (Grec *métron*, mesure.)

*Anémométrie, s.f. Art de mesurer la vitesse et de connaître la direction des vents.

*Anémométrographe, s.m. Instrument à produire sur le papier un tracé indiquant la durée et la vitesse du vent.

*Anémoscope, s.m. Instrument pour connaître les variations et la direction des vents. (Grec *anémos*, et *skeptomai*, j'observe.)

*Barosanème, s.m. Instrument pour connaître la force d'impulsion du vent. (Grec *baros*, poids).

*AMELLE, s.m.bot. Genre de plantes à fleurs composées. [Du latin *amellus*, amelle, fleur, mot employé par Virgile. Etym. du lat. *amellus* : 1° selon Servius, Vossius, Martinius, Forcellini, et autres, du nom de *Mella*, rivière de la Gaule Cisalpine, sur les bords de laquelle cette plante croissait abondamment; 2° selon Doederlein, du latin *mel, mellis*, miel, comme *mélisse*, de *mel, mellis*, miel. Quant au nom propre *Mella*, beaucoup de fleuves et de rivières semblent avoir reçu ce nom du grec *mélas*, noir; à cause de la lenteur de leurs eaux qui les faisaient paraître noires. C'est ainsi qu'un fleuve de l'Arcadie était appelé *Mélas*; il y en avait un aussi en Béotie, un autre dans la Cappadoce, un autre dans l'Ionie, près de Smyrne, un autre en Macédoine, en Pamphilie, en Thessalie, en Thrace, etc. En ital. *amello*, amelle.]

*Amelloïdé, ée, adj.bot. Semblable à un amelle.

*Amelloïdées, s.f.plur. Famille de plantes renfermant les amelles.

AMEN, expression hébraïque signifiant véritablement, certainement, que cela arrive, ainsi soit-il. [De l'hébreu *amén*, certainement, assurément, que cela arrive, ainsi soit-il, fait du verbe *âman*, il a soutenu, il a affermi; neutr., il a été ferme, inébranlable; métaphor., il a confiance, il a cru. Le mot *amen* paraît avoir été commun aux Israélites, aux Syriens, aux Égyptiens, aux Indiens et à d'autres peuples. Le P. Paulin de Saint-Barthélemi dit : « La particule sanscrite *om* sert, suivant le dictionnaire intitulé *Amarasinha*, à exprimer le consentement, la volonté, la similitude. Ainsi *ôm* ou *évam* peut se traduire par entièrement, oui, je le veux, ainsi soit-il. Au lieu de *ôm*, les Malabars écrivent *am*, qui a la même signification que le sanscrit *ôm*; l'une et l'autre de ces particules sont la réponse de l'interrogative *houm*, que les Malabars prononcent *amô*. » D'après Jablonski, Jones et Langlès, le sanscrit *ôm* se lierait fort bien au copte *voein* ou *oein*, le soleil, la lumière; d'où, par syncope, l'hébreu *an, ón*, la ville du soleil, Héliopolis. M. Charma dit au sujet du mot *amen* : « Du Dieu suprême qu'aucune intelligence ne peut comprendre, qu'aucune langue ne peut nommer, naît d'abord son Verbe, la parole créatrice, l'esprit qui pénètre tout, l'âme du monde, *knéph*, qu'on appelle encore *amoun, amon, amen* (*amen*, c'est-à-dire, qu'il soit.). A l'hébreu *amén* Bocchart rattache le grec *omnuô*, je jure, ainsi que la particule *amen*. En arabe *âmîn*, amen, ainsi soit-il ; copte *hamén*, amen. En syriaque *ammin*, amen; et *aman*, il fut vrai, il fut sûr, il fut fidèle; en valaque *amin*, amen; en berbère *amen*, avoir confiance, croire.] De là les n. pr. de la Bible : *Amana, Amnon, Amon*.

AMÉNITÉ, s.f. Ce qui fait qu'une chose est agréable; douceur mêlée d'agréments, et restreinte à un petit nombre d'objets. [Du latin *amœnitas*, agrément, plaisir, fait lui-même de *amœnus, a, um*, agréable, riant. On a cherché dans différentes langues le type primitif du latin *amœnus* : 1° M. Delatre rapporte également le latin *amo*, *amita*, *amœnus*, à la racine sanscrite *am*, aller, soigner, honorer. 2° Vossius dérive *amœnus*, du latin *mænia*, murailles, remparts ; parce que ces lieux étaient ordinairement plantés d'arbres, ce qui leur donnait beaucoup d'agrément. 3° Gébelin le dérive de *men*, mot celtique, suivant lui, et qui signifierait agréable. 4° Quelques-uns le forment, par métathèse, de l'hébreu *nahêm*, il fut agréable. C'est le même que l'arabe *nem*, lui fut agréable. 5° Fungérus le fait venir du grec *éiaméné*, fond d'une vallée, pré, prairie ; 6° un autre, du copte *ouem*, beau ; 7° Kreuzer, du grec *ménos*, vie, âme ; 8° Constancio, du grec *ménô*, demeurer ; 9° Bullet, du gall. *men*, agréable, joyeux ; 10° puis du celtique *anen*, beau ; 11° Doederlein, du latin *munis*, bon, obligeant, serviable. La syllabe finale de *a-mœ-nus* n'a qu'une analogie fortuite avec les monosyllabes chinois *nouén*, *nouen*, *no*, *neou*, sons vocaux particulièrement adaptés aux mots exprimant la douceur, la tendresse, la mollesse, la délicatesse, etc. En italien *ameno*, agréable ; anc. fr. *amène*, agréable, flatteur.]

AMENTACÉES, s.f.pl.bot. Famille de plantes. [Du latin *amentum*, lien, courroie ; parce que dans ces plantes les fleurs mâles sont disposées autour d'un axe ou filet particulier, appelé chaton. 1° Le latin *amentum* paraît venir lui-même du grec *hamma*, lien, courroie, r. *haptô*, j'attache. 2° D'autres le dérivent du grec *himas*, *himantos*, courroie, lanière, corde. 3° Gébelin de forme de *am*, mot primitif signifiant amas, ensemble, union, selon lui ; 4° et ailleurs il le tire du mot *band*, lien.]

AMER, ÈRE, adj. Qui a de l'amertume, une saveur rude, désagréable ; fig. triste, douloureux, aigre, dur, offensant. [Du latin *amarus*, *a*, *um*, amer. 1° M. Delatre rattache le latin *amarus* au sanscrit *amadhuras*, non doux, fait de *a* priv. et *madhuras*, doux ; 2° un autre, au sanscrit *amlas*, amer : r = l ; 3° un autre, au chald. *amrar*, devenir amer. 4° M. Eichhoff le rattache au grec *éméô*, je vomis, et au sanscrit *am*, souffrir, vomir, *amatus*, malade, et *amlas*, amer ; 5° Bullet, au bas breton *mar*, âpre au goût ; 6° un autre, à l'hébreu *mârâhs*, amer, en ar. *murr*, amer, berbère *merzagh*, amer. En ital. *amaro*, esp. *amargo*, auvergnat *amar*, amer ; langue des Troubadours *amar*, port. *amargo*, cat. *amarg*, patois de Castres *amar*, amer.]

Amer, s.m. Chose amère, remède amer, fiel de quelques animaux, des poissons.

Amèrement, adv. Avec amertume.

Amertume, s.f. Saveur, qualité amère ; fig. affliction ; ce qu'il y a d'offensant dans un discours.

*****Amarescent, ente**, adj. Légèrement amer.

Amarine, s.f.chim. Substance particulière à laquelle on attribue la saveur amère des corps.

*****Marasca**, s.f.bot. Espèce de petite cerise amère et acide. (De l'ital. *amarasca*, et *marasca*, cerise d'une saveur amère et aigre.)

Marasquin, s.m. Sorte de liqueur spiritueuse faite avec la petite cerise nommée *marasca*.

AMIANTE, s.m. Espèce de pierre filamenteuse dont on fait de la toile et des mèches incombustibles. Les anciens possédaient l'art de filer et de tisser cette pierre. Avec cette toile d'amiante ils fabriquaient des linceuls, dans lesquels on enveloppait les corps des personnages dont on voulait recueillir les cendres et les conserver sans mélange. La même toile servait à faire des draps et des nappes, qu'il suffisait de jetter au feu, lorsqu'ils étaient sales, pour leur rendre leur premier éclat. Del. : [Du l. *amiantus*, incorruptible, inaltérable, inviolable, pur ; fait du g. *a* priv. *miainô*, teindre, colorer, tacher, salir, gâter, souiller, polluer ; verbe de la même origine que le g. *homichlé*, nuage obscur, brouillard, efflorescence, moisi. En g. nous avons aussi *miasma*, *miachos*, tache, souillure, *omichô*, uriner, *moichos*, adultère. Tous ces mots sont apparemment de la même origine que le sanscrit *mih*, pour *migh*, humecter, mouiller, arroser. Voy. *mœchus*, *mingere*. Ital. et esp. *amianto*, amiante.]

*****Amiantacé, ée**, adj.minér. Qui ressemble à l'amiante.

*****Amiantinite**, s.f.h.n. Variété d'actinote.

*****Amiantoïde**, adj.m. Qui a l'apparence de l'amiante.

Miasmes, s.m.pl. Emanations contagieuses, morbifiques ; exhalaisons que répandent les matières animales ou végétales en décomposition, les marais. (Gr. *miasma*, tache, souillure.)

*****Miasmatique**, adj. Qui contient, qui produit des miasmes.

*****AMINÉEN**, s.m.antiq.rom. Nom d'un vin que l'on recueillait à *Aminée*, canton voisin de Falerne. [Du latin *aminæus*, *amineus*, ou *amineus*, *a*, *um*, adj. d'Aminée, canton d'Italie renommé par ses vins ; nom de la vigne qui le produisait. En grec *aminaios* et *aminéios*, d'Aminée. Virgile distingue les vins de Falerne de ceux d'A-minée. Philargyre dit, d'après Aristote, que les *Aminéens* étaient un peuple de Thessalie, qui transportèrent en Italie des plants de leur vigne ; et que *aminæus* ou *amineus* ne vient pas de *a* privatif et *minium*, vermillon.]

AMIRAL, s.m. Chef suprême des forces navales d'un état ; officier qui commandait une armée navale ; titre du grade le plus élevé dans la marine militaire ; vaisseau monté par un amiral ; principal vaisseau d'une flotte, d'une escadre. [De l'ar. *amir al bah'r*, chef de la mer, avec retranchement du dernier mot *bah'r*, mer, dans lequel résidait précisément le sens donné au mot amiral. L'ar. *amir*, *émir*, commandant, a été fait du verbe *amara*, commander. En berbère *amer*, commander, *amara*, flotte, *amr*, ordre. La racine de ces mots se retrouve dans l'hébreu *ámar*, il a dit, il a appelé, il a commandé, il a ordonné ; et dans le chald. *amar*, il a dit, il a commandé, il a ordonné. L'arabe *amir* ou *émir*, commandant, seigneur, général, a donné naissance aux mots grecs et bysantins *almura*, *almuras*, *almuros*, *ameras*, *ameralios*. Cette expression passa chez les Génois et les Siciliens. A l'exemple des Sarrasins, les Siciliens et les Génois donnèrent au chef de flotte le titre d'*amiral*. Primitivement en France on appela *amiraux* les capitaines de terre, les barons, les seigneurs ; et l'on donna le titre de *amiracle*, *amirafles*, *amiraill*, *amurafles*, *amiral*, *amirant*, *amiré*, aux princes, aux gouverneurs de villes ou de provinces, aux amiraux. Les Troubadours donnaient le titre de *almiran* aux rois arabes de l'Espagne ; et les Trouvères appelaient *admirans*, *admirauls*, *amiré*, un amiral, un émir, un chef. En anc. fr. *amirant*, émir, amiral, roi arabe. Dans la langue des Troubadours *amiran*, *amirar*, émir ; b. bret. *aminal*, amiral.]

Amiral, s.m.h.n. Joli coquillage univalve des côtes de la mer des Indes.

*Amiral, s.m.h.n. Beau papillon dont parlent Aldrovande, Goedard, Hofnagel, Lister, Mouffet, Réaumur, etc.

*Amirale, s.f.anc.mar. Galère que montait l'amiral des galères; auj. bâtiment à bord duquel se rendent et s'exécutent les jugements dans les ports; femme d'un amiral.

*Amiral ou Grand-amiral, s.m.hist. La quatrième dignité de l'ordre de Malte.

*Amirante, s.m.hist. Amiral chez les Espagnols.

Amirauté, s.f. Etat et office d'amiral; siége de la juridiction de l'amiral; administration de la marine.

Contre-amiral, s.m. Troisième officier supérieur d'une armée navale; son vaisseau.

Vice-amiral, s.m. Officier de marine après l'amiral; deuxième vaisseau d'une armée navale.

Vice-amirauté, s.f. Charge, grade de vice-amiral.

Émir, s.m. Titre de dignité donné par les Mahométans à ceux qui sont de la race de Mahomet.

*Miramolin, s.m. Titre que les Arabes donnent à leur calife. (De l'ar. *amir*, chef, *almoumenin*, des croyants.)

*Miri, adj. et s.m. Chez les Persans, princier, appartenant à l'émir; mot employé aussi comme substantif chez les Turcs, dans le sens de trésor royal. (Du persan *miry*, princier, pris de l'arabe *amir*, prince, émir.)

*Mirmiran, s.m. Titre donné aux gouverneurs de provinces qui ont le rang de pachas à deux queues. (Mot persan fait, par corruption, de l'ar. *amîr aloûmérâ*, chef des chefs.)

*Mirza, s.m. Titre d'honneur en Perse et en Tartarie; quand il précède le nom propre il équivaut au fr. monsieur; placé après, il signifie fils de prince. (De l'ar. *amîr*, prince, émir, et du persan *zadeh*, fils.)

AMMI, s.m.bot. Genre de plantes, dont la graine très-aromatique est au nombre des quatre semences chaudes. [Du grec *ammi* fait du grec *ammion*, vermillon naturel, trouvé en forme de sable, fait lui-même du grec *ammos*, sable; parce que cette plante, qui diffère peu de la carotte, a un fruit rouge comme à peu près la carotte ou le vermillon. De Théis dit que le nom de l'*ammi* vient du grec *ammos*, sable; parce que l'ammi croît aux lieux sablonneux. De là le latin *ammi* et *ammium*, sorte de cumin : mot employé par Pline.]

*Amminé, ée, adj.bot. Qui ressemble à l'ammi.

*Amminées, s.f.pl.bot. Groupe de plantes ombellifères.

*Ammocète, s.m.h.n. Genre de poissons qui s'enfoncent dans le sable. (Gr. *koité*, lit, couche, gîte d'un animal.)

*Ammochosie, s.f.méd. Bain de sable. (Gr. *chôsis*, action de faire des levées de terre.)

*Ammodyte, adj.h.n. Se dit des plantes et des animaux qui vivent dans le sable. (Gr. *ammos*, sable, et *dunô*, je plonge).

AMMONIAQUE, s.f.chim. L'alcali volatil. [Du latin *ammoniacum*, ammoniaque ; dérivé lui-même du grec *ammôniakon*, ammoniaque, sel commun ou sel gemme qu'on achetait en Afrique; gomme d'une plante ombellifère. 1° Quant au grec *ammôniakon*, la plupart des savants lui donnent pour origine le nom de Jupiter *Ammon ;* parce que son temple était entouré de plantes qui produisaient la gomme ammoniaque, et que dans ces mêmes lieux se recueillait l'ammoniaque ou sel gemme qu'on allait acheter en Afrique. 2° D'autres dérivent le grec *ammôniakon*, du grec *ammos*, sable; parce que ces deux substances étaient recueillies dans des endroits sablonneux. Un auteur dit : « Le sel ammoniac des anciens était un sel naturel, ainsi nommé du grec *ammos*, sable, parce qu'on le trouvait sur le sable. On le tirait principalement de l'Arménie, ce qui lui avait fait donner le nom d'*armeniacum*. Quelques-uns ont cru que le nom lui-même de Jupiter *Ammon* venait du grec *ammos*, sable; parce qu'en effet son temple était au milieu des sables brûlants de la Libye. Mais Plutarque assure que le nom d'*Ammon* est égyptien, et non grec, étant beaucoup plus ancien que la langue grecque en Afrique. Vossius pense que Jupiter *Ammon* est *Cham* ou *Hham*, fils de Noé, dont la postérité peupla l'Afrique et adora *Hham* sous le nom d'*Ammon*. En effet l'Egypte est appelée Terre de *Cham*, dans l'Ecriture. Bochart dit que les Egyptiens ont appelé une brebis *haman*, comme les Arabes le font encore; que de là est venu le nom d'*Ammon*, parce que ce fut un bélier qui l'indiqua, ou le fit connaître, ainsi que le rapporte Hyginus, d'après Germanicus, sur Arétus et Athénagore. Fuller soutient que Jupiter *Ammon* était le soleil que les Hébreux appellent *chamah*, de *chamam*, être chaud, brûler; que les cornes, avec lesquelles on le représentait, en sont une preuve, n'étant autre chose que les rayons du soleil; parce qu'en hébreu *qéren* signifie corne et rayon. Selon Bunsen, le nom égyptien *amoun* était celui de l'Etre-Suprême. Un Hébraïsant croit que le mot *Ammon* vient de l'hébreu *hâman*, il a rassemblé, réuni, caché. Les Egyptiens appelaient la capitale de la Thébaïde *Naamoun*, la ville consacrée à *Amon*, ou simplement *Amoun*. Dans la Bible cette ville est nommée No-*Amoun* ou *Na-Amoun*. Ammon était le Jupiter des Ethiopiens, des Libyens, des Egyptiens, des Cyrénéens, des Augiles, des Maurusiens, des Atlantes. La Libye tout entière prit le nom de terre d'*Ammon* ou d'*Ammonia*.]

Ammoniac, *ammoniaque*, adj.chim. Se dit du sel neutre formé par la combinaison de l'acide marin avec l'alcali volatil.

Ammoniacal, ale, adj. Qui a rapport à l'ammoniaque, qui en contient.

*Ammoniacé, ée, adj.chim. Contenant de l'ammoniaque.

*Ammoniate, s.m.chim. Combinaison d'ammoniaque et d'un oxyde métallique.

*Ammonique, adj.m.chim. Se dit des sels résultant de la combinaison de l'ammoniaque avec les acides renfermant de l'eau.

*Ammonium, s.m.chim. Base métallique hypothétique de l'ammoniaque.

*Ammoniure, s.m.chim. Combinaison de l'ammoniaque avec un oxyde métallique.

*Triammonique, adj.chim. Se dit d'un sel contenant trois fois autant d'ammoniaque que le sel neutre correspondant.

*Ammon, s.p.m.myth. Divinité égyptienne; le soleil en conjonction avec le signe du Bélier. (Il est dit plus haut que ce nom a donné naissance à celui de l'*ammoniaque*, substance qu'on recueillait auprès du temple de Jupiter *Ammon*, et que les marchands allaient acheter en Afrique.)

Ammonite, s.f.h.n. Genre de coquilles fossiles qui ressemblent à des cornes de bélier. (Du nom d'*Ammon*, parce que Jupiter *Ammon* était ordinairement représenté sous la figure d'un bélier. Il existe des médailles où Jupiter *Ammon* est représenté sous une forme humaine, ayant seulement deux cornes de bélier, qui naissent au-dessus des oreilles, et se recourbent tout autour.)

*Ammonacé, ée, adj.h.n. Semblable à une corne d'Ammon.

*Ammonacés, s.m.pl. Famille de mollusques renfermant les ammonites, ou cornes d'Ammon.

*Ammonéen, enne, adj.géol. Se dit d'un terrain où se trouvent des ammonites.

*Ammoniade, s.f.antiq.gr. Vaisseau sacré qui portait, d'Athènes au temple de Jupiter Ammon, des présents et des victimes.

*Ammonien, ienne, adj.myth. Qui se rapporte à Ammon.

*Ammonienne, s.f. Surnom de Junon chez les Eléens.

*AMNICOLE, adj.h.n. Qui vit sur le bord des rivières. [Du latin *amnis*, fleuve, rivière, et *colo*, j'habite. 1° D'après MM. Bopp et Eichhoff, ce mot serait venu du sanscrit *apnas*, eau; 2° d'après un autre, du latin *am*, autour, et *no*, nager, rouler, flotter; 3° d'après Doederlein, du latin *manare*, couler; 4° d'après Varron, du latin *ambitus*, circuit; 5° d'après Baxter et Bullet, de l'antique gaulois *am*, eau, rivière. 6° M. C. Schœbel unit le lat. *amnis* au grec *ombros*, averse, pluie, à l'all. *aue*, rivière, plaine parcourue par une rivière, et au sanscrit *ab*, mouvoir. L'ancien germanique *am* a signifié fleuve. Et c'est de là qu'un auteur tire les noms de fleuves suivants : *Emme* en Suisse, latin, *Amma*; *Emmer*, en Westphalie, latin *Ambra*; *Ems*, latin *Amisia*; *Sambre*, lat. *Samara*, d'où *Ambrones*. En gaël écossais *amhain*, *abhaina*, rivière; et *abh*, *amh*, eau; gaël irl. *amhain*, rivière, et *amh*, *abh*, eau; gallois *afon*, *avon*, cornique *avan*, bret. *aven*, rivière.]

AMNIOS, s.f.anat. Deuxième membrane qui enveloppe immédiatement tout le fœtus. [Du gr. *amnion*, placenta; mot que la plupart des hellénistes rattachent au grec *Amnias*, surnom d'Ilithye, qui présidait aux accouchements, et au grec *amnos*, agneau. 2° Constancio et Gattel forment le mot *amnios*, du grec *hama*, ensemble, et *éinai*, être. En port. *amnios*, amnios.]

AMOME, s.m.bot. Genre de plantes d'une saveur piquante et aromatique, presque toutes originaires des contrées chaudes de l'Asie. [Du latin *amomum*, amome, plante odoriférante, parfum exquis; dérivé lui-même du grec *amômon*, amome. Que l'*arbre mystique* de nos sculptures assyriennes ait servi de modèle pour le *hom* des monuments persépolitains, c'est ce que l'on ne saurait révoquer en doute, dit Raoul Rochette. Que le *hom* des Perses soit aussi l'*arbre sacré* dont il est fait mention sous le nom d'*omómi*, dans Plutarque; et que le nom zend, dont la vraie forme est *haoma*, ait produit le grec *amômon*, c'est encore ici ce qui peut être admis en toute assurance, malgré la peine que se sont donnée les critiques modernes, pour trouver à ces mots une origine purement grecque. Il existait chez les Perses un *arbre de vie*, nommé *hom*, qu'on croit être l'amome, dit de Brière. Parmi cent vingt mille espèces de plantes, les anciens Perses distinguaient le chef des arbres, le *hom* qui fécondait, suivant eux, les femelles des animaux, préservait des maladies et donnait l'immortalité. Le *hom* est l'*amómon* des Grecs, l'*amomum* des Latins et l'*hamamah* des Arabes. Les qualités que Dioscoride donne à l'*amómon* répondent à celles que le *hom* a dans les livres zends, et à l'usage que les Perses en font actuellement. L'*amome* et le *cinnamome*, vainement revendiqués pour l'Arabie sur la foi des Grecs, abondaient anciennement dans l'Inde. Ainsi l'*amómon* des Grecs, l'*omómi* dont parle Plutarque, le *hom* des Perses, le *haoma* du zend, le *hamama* des Arabes, sont tous identiques; et aucun d'eux ne dérive du grec *a* priv. et *momos*, blâme, reproche; ni du grec *auchméô*, être desséché par la chaleur; ni du mot arabe mentionné par Garsée et Daléchamp; ni du grec *aémi*, je souffle, comme l'a cru Bergier. En copte *amiaono*, amome; polon. *amom*, all. *amome*, angl. *amomum*, ital. *amomo*, esp. *amom*, amome. En rouchi *agamémon*, amomum des jardins.]

*Amomé, ée, adj.bot. Semblable à l'amome.

Amomées, s.f.pl. Famille de plantes renfermant l'amome.

Cardamome, s.m.bot. Graine médicinale et aromatique; plante qui produit des graines aromatiques. (Du grec *kardamômon*, fait du grec *amômon*, amome, et de *kard* qui répond au sanscrit *kh'ard*, ouvrir en rompant, d'où le grec *skorodon*, ail, dont il faut rompre les gousses; *kard* pourrait aussi se rapporter à l'égyptien *kardh*, silice; mais non au grec *kardia*, cœur. Plusieurs hellénistes forment ce mot du grec *kardamon*, cresson alénois, et de *amômon*, amome. Pline dit que le *cardamome* ressemble à l'*amome* et à l'*amomide* par son nom et par sa figure. En turc *qardimené*, cardamome, graine médicinale; ital. esp. et port. *cardamomo*, langue des Troubadours *cardamomi*, cardamome.)

Cinnamome, s.m. Sorte d'aromate. (Mot à mot : *amomum* de la Chine. En grec *kinnamômon* et *kinnamon*, mot que les dictionnaires traduisent par cannellier, cannelle. En hébreu *qinnamón*, cinnamome. Gesénius conjecture que la première partie du mot hébreu *qinn-*, a été faite de l'hébreu *qané*, canne, roseau : canne aromatique. La cannelle exhale une odeur aromatique, que l'on a comparée, disent Olaüs et de Théis, à celle de l'*amomum*; et les Arabes, qui l'ont fait connaître aux Grecs, ont supposé qu'elle est originaire de la Chine, quoiqu'elle appartienne exclusivement à l'île de Ceylan.)

*Cinnamome, s.m.bot. Ancien nom de la cannelle.

*Cinnamomifère, adj. Qui produit le cinnamome.

*AMPHITRITE, s.pr.f.myth. Fille de Nérée et de Doris, femme de Neptune, déesse de la mer; fig. la mer. [Du latin *Amphitrite*, id. ; dérivé lui-même du grec *Amphitrité*, épouse de Neptune, déesse de la mer Méditerranée; la mer elle-même. La préposition grecque *amphi* est un des éléments de ce nom et de beaucoup d'autres; elle signifie autour, aux environs, auprès; etc.; employée comme adverbe elle veut dire à l'entour, tout autour. 1° Un hébraïsant la dérive de l'hébreu *áphaph*, il a environné, il a entouré. 2° M. Eichhoff l'a déduit ainsi que le latin *apud*, chez, auprès, du sanscrit *abhitas*, à l'entour, dérivé lui-même du verbe *ab* ou *amb*, aller, mouvoir; d'où le grec *épi*, *opisô* et *opithen*, selon lui.]

*Amphitrite, s.f.h.n. Genre de vers marins à sang rouge.

*Amphitrité, ée, adj.h.n. Ressemblant à l'amphitrite.

*Amphitrités, s.m.pl. Famille de vers à sang rouge.

Amphictyons, s.m.pl. antiq. gr. Députés des villes grecques confédérées. (Du grec *amphiktuones* qui a le même sens que *amphiktiones*, voisins; et plus généralement amphictyons; r. *amphi*, autour de, des deux côtés, aux environs, et *ktizo*, fonder, établir, ou *titusko*, *tituskomai*, faire, préparer, méditer. Anaximène, cité par Harpocration, Androtion cité par Pausanias, et Strabon, assurent que les Amphictyons n'ont été ainsi appelés, que parce qu'ils habitaient aux environs de la ville de Delphes. Mais le même Pausanias, Théopompe cité par Harpocration, et Denys d'Halicarnasse, disent que *Amphictyon*, roi d'Athènes et fils de Deucalion, fut le premier qui institua cette célèbre assemblée; qui en dressa les statuts; qui régla jusqu'où s'étendrait leurs pouvoirs, et qui désigna les villes qui devaient y être admises; de là le nom des *Amphictyons*. Selon les marbres de Paros, Amphictyon régnait à Athènes 1522 ans av. J.-C. Suivant les occurrences le tribunal des Amphictyons se tenait tantôt à Delphes, tantôt aux Thermopyles. Quelle certitude avons-nous, dit Gébelin, qu'un prince de ce nom en fut le fondateur, puisque les Grecs eux-mêmes n'en étaient pas assurés, et que plusieurs étaient persuadés que c'était un mot composé, dans lequel entrait la préposition *amphi*, autour, aux environs? L'élément *c* qui précède *tyon* est l'altération du grec *gé*, terre, contrée; mot à mot, ceux qui protégeaient le pays d'alentour, ceux qui veillaient sur les terres considérées autour du temple de Delphes. Ces trois opinions différentes n'empêchent pas de reconnaître le mot grec *amphi* dans le nom d'*Amphictyon*, et dans celui des *Amphictyons*. Scrieck même eût-il raison d'assurer que *Amphictyones* ou *Amphictiones* vient du scythique *am-by-tic-hohnen*, signifiant, selon lui, les tout voisins des hauteurs, que l'étymologie ne perdrait rien de son évidence.)

***Amphictyonat**, s.m.hist.gr. Qualité d'Amphictyon.

Amphictyonide, adj.f.hist.gr. Se dit des villes de la Grèce qui avaient le droit d'amphictyonie.

***Amphictyonide**, s.f.mith.gr. Surnom de Cérès qui avait un temple à Anthéla, résidence de la diète amphictyonique.

Amphictyonique, adj. Qui a rapport au conseil des Amphictyons.

***Amphitryon**, s.pr.m.temps hér. Roi de Thèbes, fils d'Alcée, et époux d'Alcmène. (Du gr. *amphitruōn*, fait du grec *amphi*, des deux côtés, autour, et de *truōn*, brisant.)

Amphitryon, s.m.fam. Le maître d'une maison où l'on dîne. (Du nom d'Amphitryon, roi de Thèbes. C'est Molière qui, sans y penser, a été l'auteur de ce mot : car depuis qu'il a fait dire à Sosie que le véritable Amphitryon est celui chez qui l'on dîne, nous demandons qui est-ce qui est l'amphitryon? Ou bien nous disons M. un tel est l'amphitryon, pour dire c'est lui qui traite ou qui paye : Trév.)

Amphigouri, s.m. Discours burlesque et inintelligible ; pièce de vers dont les mots ne présentent que des idées sans ordre et n'ont aucun sens déterminé. (Du grec *amphi*, des deux côtés, autour, aux environs, et de *guros*, cercle ; parce que les mots semblent offrir deux sens différents, ou parce qu'ils tournent autour des pensées sans les énoncer clairement : Morin, Gattel, Roquefort, etc.)

Amphigourique, adj. Qui a le caractère de l'amphigouri.

***Amphigouriquement**, adv.fam. D'une manière amphigourique.

***Amphianacte**, s.m.antiq.gr. Nom que les Grecs donnaient aux poètes dithyrambiques, à cause des mots *amphi moi anax*, début ordinaire de leurs chants : Compl. de l'Acad.

***Amphibraque**, adj. et s.m. Pied de vers formé de trois syllabes, dont une longue entre deux brèves. (Du gr. *amphibrachus*, r. *amphi*, et *brachus*, bref.)

Amphicarpe, adj.bot. Se dit des plantes dont les fruits sont de deux formes, ou mûrissent à des époques différentes. (Gr. *amphi*, des deux côtés, autour de, aux environs, et *karpos*, fruit.)

***Amphicarpe**, s.f.bot. Genre de plantes légumineuses.

***Amphictène**, s.m.h.n. Genre de vers à sang rouge. (Gr. *amphi*, autour, et *kténos*, possession, bête de somme, bétail.)

***Amphide**, adj.chim. Se dit des sels produits par la combinaison de composés résultant eux-mêmes de l'union de corps amphigènes. (Gr. *amphis*, de deux côtés, tout autour.)

***Amphigastre**, s.m.bot. Assemblage de stipules qui recouvrent et embrassent la tige de certaines plantes. (Gr. *gastēr*, ventre.)

***Amphigastrié, ée**, adj.bot. Muni d'un amphigastre.

***Amphimacre**, adj. et s.m. versif. Pied formé de trois syllabes, dont une brève entre deux longues. (Gr. *makros*, long.)

***Amphimalle**, s.m.antiq.rom. Espèce de manteau d'une étoffe velue des deux côtés. (Grec *amphi*, des deux côtés, *mallos*, toison.)

***Amphimimétique**, adj.minér. Se dit des substances dont les cristaux offrent, dans leur forme, une double imitation de celle des autres cristaux. (Gr. *mimos*, mime.)

***Amphinome**, s.m.h.n. Genre de vers à sang rouge. (Gr. *amphi*, et *nomos*, loi.)

***Amphinomé, ée**, adj.h.n. Ressemblant à un amphinome.

***Amphinomés**, s.m.pl. Famille de vers à sang rouge.

***Amphion**, s.pr.m. Fils de Jupiter et d'Antiope. Il bâtit Thèbes au son de sa lyre ; nom de plusieurs autres personnages. (Du grec *amphi*, des deux côtés, et *hodos*, route.)

***Amphion**, s.m.h.n. Espèce de papillon.

***Amphismèle**, s.f.chir. Scalpel à deux tranchants. (Gr. *amphi mêlé*, sonde à deux tranches, r. *amphi*, et *mêlé*, sonde.)

***Amphistome**, adj.h.n. Qui entoure, qui borde la bouche ou l'ouverture. (Gr. *amphi*, autour, et *stoma*, bouche.)

***Amphistome**, s.m.h.n. Genre de vers intestinaux.

***Amphistome**, s.m.tact.gr. Phalange disposée de manière à faire front devant et derrière.

La racine grecque *amphi* se reconnaît aussi dans les noms propres suivants : *Amphialus, Amphianax, Amphiaraäde, Amphiaraüs, Amphiarées, Amphidamas, Amphidromie, Amphidique, Amphiète, Amphiloque, Amphimaque, Amphimare, Amphiméon, Amphinée, Amphipole, Amphipolis, Amphirhoé, Amphissa, Amphistrate, Amphissus, Amphithéa, Amphithémis, Amphithoé, Amphius*, etc.

AMPLE, adj. Etendu en longueur et en largeur au-delà de la mesure ordinaire et commune. [Du latin *amplus, a, um*, ample, spacieux, étendu ; considérable, important ; grand, noble, illustre. 1° M. Chavée forme le latin *amplus*, de *am*, *amb*, autour, et de *plus* : rempli tout autour, ample. 2° D'autres le dérivent du grec *empléos*, *compléis*, plein, rempli : 3° Klaproth le lie au mandchou *amba*, grand. 4° Doederlein dit que c'est un diminutif fait du grec *amphi*, autour, aux environs, auprès; 5° puis il le dérive du grec *mala*, beaucoup, extrêmement; ailleurs il dit que *amplus* vient de *ambi*, comme *circulus* de *circum*. 6° Constancio soutient que *amplus* n'est pas formé de *am*, autour, et de *plus*, plus; mais du grec *pléos*, plein, ou de *polus*, plusieurs. 7° D'autres pensent que *amplus* est composé du gr. *ana*, en haut, et de *pléó*, je navigue; d'où le grec *anapléó*, j'avance en haute mer monté sur un navire; d'où *anaploos*, *anaplous*, sortie du port, navigation en pleine mer. 8° Bullet prétend que *amplus* provient du celtique *aml*, abondant, fécond, fertile, fréquent, nombreux, ample, spacieux, large, le *p* ou le *b* s'insérant aisément entre l'*m* et l'*l*. En ital. *ampio*, port et esp. *amplo*, ample; cat. et langue des Troubadours *ample*, ample.]

Amplement, adv. D'une manière ample.
Ampleur, sf. Etendue de ce qui est ample.
Ampliatif, ive, adj. Qui augmente, ajoute, étend.
Ampliation, sf. fin. et admin. Double d'un acte.
*****Amplié, ée**, adj. didact. Elargi dans un point quelconque de son étendue.
Amplifier, v.a. Etendre, augmenter par le discours. *Amplifié, ée* part.
Amplificateur, sm. iron. Celui qui amplifie.
Amplification, s.f. Art, manière d'étendre le sujet que l'on traite, d'établir les moyens, de traiter les preuves; discours d'un écolier sur un sujet donné.
Amplissime, adj. fam. Très-ample; titre d'honneur qu'on donnait autrefois au recteur de l'université de Paris.
Amplitude, s.f. géom. Ligne droite comprise entre les deux extrémités de l'arc d'une parabole; arc compris entre le point *est* et le point *ouest* de l'horizon, et le point où un astre se lève ou se couche à jour donné.
Ampoule, s.f. Fiole où l'on conservait l'huile pour oindre les rois de France; chim. sorte de vase à gros ventre; tumeur, enflure pleine de sérosité. [Du latin *ampulla*, sorte de vase ou de fiole à ventre ample, large, gros; dérivé lui-même du latin *amplus*, ample, vaste, large, d'après Martinius, Vossius, Delatre, etc. *Ampulla*, vase à grosse panse, vase à ventre ample, vient du latin *amplus*, dit Doederlein, et non du latin *bulla*. De là le basque *ampola*, prov. *ampoulo*, ampoule; ital., esp., anc. port., cat. *ampolla*, langue des Troubadours *ampola*, ampoule; anc. fr. *ampoule*, bouteille, flacon.]
Ampoulé, ée, adj. Enflé, plein d'enflure.
*****Ampoulette**, s.f. art. mil. Cylindre de bois pour fermer l'œil d'un projectile creux, et pour en contenir la fusée.
*****Ampoulettes**, s.f. pl. mar. Deux petites fioles opposées l'une à l'autre pour leur orifice, et formant un sablier qui sert à mesurer la durée d'une demi-minute.
*****Ampullacé, ée**, adj. h.n. De la forme d'une ampoule, d'une vessie ou d'une bouteille.
*****Ampullaire**, adj. De la forme d'une petite bouteille.
*****Ampullaire**, s.f. h.n. Genre de coquilles univalves.
*****Ampullarié, ée**, adj. h.n. Semblable à une ampullaire.
*****Ampullariés**, s.m. pl. Famille de mollusques.

AMULETTE, s.f. Nom donné aux remèdes, figures ou caractères auxquels on accorde des propriétés merveilleuses, et que l'on porte sur soi comme préservatif. [Du latin *amuletum*, amulette, talisman, préservatif; mot employé par Pline, et que 1° Martinius, Vossius, Gébelin, Alfred Maury, Ménage, Gattel, Doederlein, Constancio, Delatre, etc., forment du latin *amoliri*, *amolitum*, enlever, détourner, écarter, éloigner. Gébelin dit que *amuletum* signifie, mot à mot, qui éloigne le mal. 2° Selon M. Pihan, l'origine étymologique de ce mot serait l'ar. *hamalat*, objet porté, fait lui-même de l'ar. *hamal*, porter. Un autre auteur tire aussi ce mot de l'arabe. 3° Un anonyme estime qu'*amulette* vient de *talisman*, par un renversement de la position des lettres. En port. *amuleto*, amulette. Le concile de Laodicée défend aux ecclésiastiques de porter des phylactères ou amulettes, sous peine d'être dégradés.]

AMURER, v.a. mar. Tendre, roidir les cordages, l'amure d'une voile, afin de la présenter selon l'angle qu'elle doit former avec le vent. [1° Roquefort rattache ce mot au fr. *murer*, *mur* : *Amurer*, dit-il, c'est tendre un cordage ou une voile et la rendre forte comme un mur. 2° Un autre le dérive du sanscrit *mú*, lier, attacher. 3° Constancio tire ce verbe du basque *amarratcea*, virer, tourner; 4° et un celtisant, du b. breton *amura*, amurer. 5° Selon Jal, *amure* a été fait de *a*, qui s'y est acculé, et de *mura*, mot ital., esp., port., basq. et maltais, signifiant *amure*, et dérivé, non de l'arabe, mais du latin *mora*, retard, *morari*, arrêter, retenir; et non du latin *murus*, mur, d'où l'ital. *muro*, quoique l'une des amures principales porte le point de la voile à la muraille du navire. En port. *amurar*, amurer.] *Amuré, ée*, p.

Amure, s.f. mar. Manœuvre, cordage servant à fixer le coin d'une basse voile; nom donné aux cordages qui, étant frappés sur les points des différentes voiles, servent à les tendre et à les fixer; se dit aussi des trous pour amurer.

*****AMYCLÉE**, s.pr.f. géogr. anc. Ville du Péloponèse, dans la Laconie, au S. de Sparte, sur l'Eurotas. [Latin *Amyclæ, arum*, Amyclée; *amycleus, a, um*, d'Amyclée. Selon Strabon, cette ville était située au bas du mont Taygète, aussi bien que Sparte ou Lacédémone. C'était une des cent villes des Lacédémoniens. On dérive son nom de celui d'*Amyclus*, fils de Lacédémon, ou de celui de son fondateur. En grec *Amuklai*, Amyclée.]
*****Amycléen, enne**, adj. et s.géo.anc. Né à Amyclée; qui se rapporte à cette ville ou à ses habitants.
*****Amyclée**, s.pr.m. myth.gr. Surnom d'Apollon qui avait une statue colossale à Amyclée.
*****Amyclas**, s.pr.m. temps hér. Fils de Lacédémon et de Sparta, fondateur d'Amyclée; père de Léanire; père de Daphné.
*****Amycla**, s.pr.f. temps hér. Fille de Niobé et d'Amphion.
*****Amycléus**, s.pr.m. temps hér. Père de Cyparisse.

AN, s.m. Désignation de l'année sous le rapport de sa durée et de son étendue indivisible; temps que le soleil met à parcourir le zodiaque, et qui comprend douze mois. [Du latin *annus*, cercle; an, année. En Egypte l'année était représentée par un serpent qui formait un cercle en se mordant la queue. 1° D'après Macrobe, Atéius Capiton pensait que le mot année signifie circuit du temps; car les anciens employèrent *an* pour *cir-*

cum. Ainsi Caton dit *an terminum* pour *circum terminum,* autour de la limite; et *ambire,* pour *circum ire,* aller autour. Varron dérive *annus,* de *anus,* cercle, dont le diminutif est *annulus,* anneau; parce que le soleil décrit une espèce de cercle pour revenir au solstice d'hiver, c'est-à-dire à son point de départ. 2° Selon Chavée, la racine sanscrite *ag* ou *ang,* recourber, comprimer, saisir, aurait donné naissance au latin *angere,* comprimer; au latin *angulus,* angle; au latin *annus,* cercle, année, pour *agnus,* ainsi qu'au latin *annulus,* anneau, pour *agnulus.* 3° Selon Bopp, l'origine du latin *annus* serait le sanscrit *am,* aller, par le changement de *m* en *n.* De *am* vint le sanscrit *amati,* temps. 4° Un autre dérive *annus,* du sanscrit *háyana,* an, année, de *hay,* aller; 5° un autre, du sanscrit *samâ,* an, année; 6° un hébraïsant, de l'hébreu *schenot, schánâ,* an, année; 7° le P. Pezron, du celtique *henn,* vieux, ancien. 8° Gébelin soutient que *on, oen, ain,* fut un mot primitif dont la figure peignait un cercle de même que sa prononciation, et qu'il devint le nom de l'œil, du soleil et du cercle. En grec *énos, ennos, hennos,* an, année. En tartare mandchou *ania,* an, année. Sur le Caucase *ans,* ind. *anda,* ossète *anz,* an, année. En gaël écossais *ann,* gaël irlandais *annaid,* cercle, dans Edwards. En ital. *anno,* port. *anno,* esp. *ano,* an, année. Anc. cat., langue des Troubadours, prov., valaque, auvergnat, toulousain, savoisien, bourguignon, *an,* an, année. En patois de champagne *anneye, ennée,* année; et *agnot, enai,* anneau. En bas limousin *udzan,* cette année.]

Année, s.f. Durée déterminée et divisible de l'an; l'an considéré comme divisé en jours, en mois, en saisons. (Du lat. *annus;* d'où la basse latinité *annato,* année.)

Annaire, adj.hist.rom. Se dit d'une loi qui, chez les anciens Romains, fixait le nombre d'années que l'on devait avoir pour exercer une magistrature.

Annal, ale, adj.jurispr. Qui ne dure qu'un an.

Annales, sf.pl. Chroniques divisées par années.

Annaliste, s.m. Qui écrit des annales.

Annate, s.f. Revenu d'une année que paient ceux qui ont obtenu des bénéfices.

Anniversaire, adj. Qui a lieu d'année en année le même jour. (Lat. *annus,* et *verto,* je tourne.)

Anniversaire, s.m. Fête annuelle; service annuel pour un mort.

Annion, sm.anc.jurispr. Espace d'une année.

Annuaire, s.m. Livre publié tous les ans; table de distribution de l'année; calendrier.

Annualité, s.f. Qualité de ce qui est annuel.

Annuel, elle, adj. Qui dure, qui vit un an; qui se fait tous les ans.

Annuel, s.m. Messe dite pour un mort tous les jours pendant une année.

Annuel, s.m.anc.législ. Droit que certains officiers payaient annuellement au roi pour conserver leurs charges à leurs héritiers; droit que payaient les marchands de vin.

Annuellement, adv. Chaque année.

Annuelle, adj.f.bot. Se dit des racines des plantes qui, dans l'espace d'une année, se développent, fructifient et meurent.

Annuité, s.f. Remboursement annuel d'une partie du capital, ajouté aux intérêts; rente annuelle.

Antan, s.m.vi. L'année qui précède celle qui court. (Du latin *ante,* avant, *annus,* an.)

Antannaire, adj.fauc. Se dit du pennage d'un faucon qui, n'ayant pas mué, a encore celui de l'année précédente.

Antannier, ère, adj.fauc. Se dit d'un oiseau de l'année précédente.

Biennal, ale, adj. Qui dure deux ans. (L.*bis.*)

Bisannuel, elle, adj.bot. Qui périt après avoir subsisté deux années.

Bisannuel, elle, adj. Qui dure deux ans, qui revient tous les deux ans.

Bisannualité, s.f. Etat, qualité de ce qui est bisannuel.

Décennal, ale, adj. Qui dure dix ans, qui revient tous les dix ans. (Lat. *decem,* dix.)

Décennales, s.f.pl.antiq.rom. Fêtes qu'Auguste fit célébrer tous les dix ans, pendant la durée de son règne, lorsqu'on lui prorogeait les pouvoirs dont il était revêtu; ces fêtes célébrées par ses successeurs tous les dix ans, à partir de leur avènement.

Quadriennal ou **Quatriennal, ale,** adj. Se dit d'un office, d'une charge, qui s'exerce de quatre années l'une. (Lat. *quatuor,* quatre.)

Quatriennal, s.m. Cet office, cette charge.

Quadriennium, s.m.ant.rom. Espace de quatre années.

Quinquennal, ale, adj. Qui dure cinq ans; qui se fait de cinq ans en cinq ans.

Quinquennium, s.m.vi. Cours d'étude de cinq ans.

Quinquennium, s.m.ant.rom. Espace de cinq ans qui s'écoulaient entre la célébration des jeux quinquennaux, ou pendant l'exercice d'une magistrature.

Septennal, ale, adj. Qui arrive, qui est renouvelé tous les sept ans. (Lat. *septem,* sept.)

Septennalité, s.f. Assemblée politique dont la durée est de sept ans.

Sexennal, ale, adj. Qui a lieu tous les six ans.

Sexennalité, s.f. Qualité de ce qui revient tous les six ans.

Suranner, v.n. Avoir plus d'une année de date. (Du lat. *super,* sur, au-delà, et *annus,* an.)

Suranné, ée, part.et adj. Dont l'année ou le temps est expiré et qui ne peut plus avoir d'effet; vieux, qui n'est plus d'usage.

Surannation, s.f. Cessation de l'effet d'un acte qui est suranné.

Triennal, ale, adj. De trente ans. (Lat. *triceni,* trente, *annus,* an.)

Triennal, ale, adj. Qui dure trois ans; qui est conféré pour trois ans; qui est élu pour trois ans. (Lat. *tres,* trois, et *annus.*)

Tiéran, s.m.véner. Troisième année.

Triennalité, s.f. Emploi, charge, dignité, dont l'exercice dure trois ans.

Triennat, s.m. Espace, exercice de trois ans.

Trisannuel, elle, adj.bot. Qui vit trois ans.

Vicennal, ale, adj. Qui est de vingt ans, qui se fait après vingt ans. (Lat. *viceni,* vingt.)

Vicennal, ale, adj.antiq.rom. Se dit des jeux qui avaient lieu la vingtième année du règne d'un prince.

Vicennales, s.f.pl.ant.rom. Fête funèbre célébrée vingt jours après la mort.

Anneau, s.m. Cercle d'or, d'argent ou d'autre métal, qu'on porte au doigt; cercle de métal servant à attacher quelque chose, boucle de cheveux; bague; h.n. saillie, marque ou rangée circulaire. (Du latin *annulus,* petit cercle, anneau, diminutif de *annus,* cercle, an, année.)

Anneler, va.Former en anneaux. *Annelé, ésp.*

Anneler, v.a. Se dit de l'action de passer un anneau au groin des cochons, pour les empêcher de fouiller la terre; ou à la vulve des juments, pour qu'elles ne puissent être saillies.

Annelé, ée, adj.anc.t.milit. Se disait des cuirasses faites de mailles ou d'anneaux.

Annelet, s.m. Petit anneau.

Annélides, s.m.pl. Classe d'animaux dont le corps est annelé transversalement.

Annelure, sf. Frisure de cheveux en boucles.

Annulaire, adj. Semblable à un anneau; propre à recevoir un anneau.

*****Annulifère,** adj.h.n. Qui porte des anneaux colorés. (Lat. *annulus*, et *fero*, je porte.)

*****Annuligère,** adj.h.n. Qui porte des anneaux colorés. (Lat. *gero*, je porte.)

*****Ambiannulaire,** adj. minér. Se dit des substances cristalisées en prismes dont chaque base est entourée d'un anneau de facettes.

*****Triannulaire,** adj. Qui présente trois anneaux.

Annonaire, adj.hist.rom. Se dit des provinces et des villes d'Italie qui étaient obligées de fournir à Rome une certaine quantité de denrées. (Du latin *annona*, récolte de l'année, provisions, denrées, fait du latin *annus*, an, année, saison, récolte, selon presque tous les étymologistes. Si le latin *annona* venait du sanscrit *annam*, nourriture, blé, fait du participe *anna*, pour *adna*, mangé, r. *ad*, manger, d'où le sanscrit *annâ*, nourriture, pour *adnâ*, et *adanam*, aliment, nourriture, il appartiendrait à la famille de *edo*, d'où *comestible*. Voyez *comestible*. Mais la première étymologie est encore la plus simple et la plus suivie.)

*****ANA,** s.m. Recueil de pensées, traits d'esprit, bons mots d'un homme célèbre. [De la finale latine *ana*, que l'on ajoute au nom, comme dans *Ménagiana*, *Casauboniana*, *Scaligeriana*, *Sévigniana*. Ce mot *ana* ne signifie rien, attendu que ce n'est qu'une terminaison latine de noms adjectifs et neutres pluriels. Mais on en a fait des titres de livres en *ana*, comme ceux qui sont mentionnés ci-dessus. Les premiers *ana* ont paru vers 1666 et 1669.]

*****ANA,** prépos. grecque employée dans les ordonnances de médecine, où elle signifie parties égales. [Du grec *ana*, prépos. par, à travers, entre, parmi, en, dans, sur, pendant, durant, selon, conformément. Le grec *ana*, employé adverbialement en composition, a le même sens que *anô*, et signifie en haut, de nouveau, de rechef. M. Eichhoff rapporte le grec *ana* au sanscrit *ana*, sur, qu'il forme du verbe *an*, mouvoir, vivre; d'où le sanscrit *anu*, après. En goth. *ana*, all. *an*, angl. *an*, gaélique *ann*, à, près de, contre, sur, entre, environ.]

Anachorète, s.m. Religieux vivant seul dans un désert. (Du grec *anachôrétès*, solitaire, fait de *ana*, en arrière, *chôréô*, je vais, je marche, je passe.)

*****Anacréon,** sub.pr.m. Poète grec qui a chanté les ris, les jeux et les amours. (Du grec *ana*, et *kriéin*, commander. Scrieck forme le nom d'Anacréon, du scythique *an*, près, *ackear*, champ, *hon*, élevé : celui qui est près du champ élevé.)

Anacréontique, adj. Qui est dans le genre des odes d'Anacréon.

*****Anacréontisme,** sm. Manière de vivre semblable à celle d'Anacréon; locution propre à Anacréon.

Anagallis, s.m.bot. Mouron. (1° Du grec *ana*, et de *agullis*, glaïeul : Planche. 2° Du grec *anagélaô*, je ris : De Théis. Cette plante passait pour exciter la gaieté, en détruisant les obstructions du foie qui causent la tristesse. Pline dit que l'anagallis excite l'enjouement, et Dioscoride a écrit que cette plante est bonne contre les maladies du foie.)

Anévrisme, sm.méd. Tumeur contre-nature, causée par la dilatation d'une artère; par ext., lésion d'une artère, d'une veine; dilatation morbide du cœur. (G. *aneurusma*, dilatation; de *ana*, par, à travers, et *eurus*, large. En sanscrit *uru*, zend *urvâ*, *uru*, large.)

Anévrismal, ale, adj.méd. Qui tient de l'anévrisme.

*****Anévrismatique,** adj.méd. Qui offre les caractères de l'anévrisme.

Epanorthose, s.f.rhét. Figure par laquelle, en feignant de rétracter ce qu'on a dit, comme trop faible, on ajoute quelque chose de plus fort. (Du grec *épanorthôsis*, correction; dérivé du grec *épanorthoô*, je corrige, je redresse; r. *épi*, sur; *ana*, de nouveau, de rechef; *orthos*, droit.)

ANANAS, s.m.bot. Plante originaire du Pérou; fruit délicieux qui a la forme d'une pomme de pin; sorte de grosse fraise. [C'est don Gonzale Hernandez de Oviedo, gouverneur de Saint-Domingue en 1535, qui fit connaître cet excellent fruit aux botanistes d'Europe. Il fut apporté de Santa-Cruz aux Indes occidentales, et transporté ensuite aux Indes orientales, et en Chine, où il était connu en 1578. 1° Selon Balbi, *ananas* serait un mot tiré des langues brésiliennes. 2° Selon Thev., ce serait un mot altéré de *nanas*, nom que donnent à cette plante les naturels de la Guyane. Margrave l'écrit *nana*. 3° D'autres croient que le nom de ce fruit est composé de l'arabe *ain-anas*, l'œil humain, parce que les boutons dont la surface de la pomme d'ananas est régulièrement couverte ont la forme de cet organe. 4° Suivant quelques-uns, les habitants de l'Hindoustan nomment ce fruit *a'n-annâs*, mot fait de l'arabe et du persan *an*, de, *a'nâ*, il a produit, *al*, le, *nousch*, pin: la production du pin; parce que la ressemblance du fruit de l'ananas avec la pomme de pin a frappé les anciens botanistes. *L'ananan seira* est l'ananas des Indes orientales, et ne diffère pas de celui d'Amérique et d'Afrique. Dans la langue des indiens de la Guyane *nano*, madécasse *manass*, langue des Papous de Waigiou *raïnassi*, iolof *ananas*, foula *annanas*, polon, *ananas*, ananas.]

ANATIFE, sm.hn. Genre de coquillage univalve, dont on a cru longtemps qu'il pouvait naître des canards. [Du latin *anas*, *anatis*, canard, cane. Le mot *anatif* dérive de *anatifère*, signifiant qui porte un canard ou ses œufs; d'où l'expression *conc a anatifera*, conque anatifère, c'est-à-dire coquille qui porte un canard. C'est de là, dit d'Argenville, qu'est venue la fable qui se lit dans plusieurs auteurs, et dont on fait encore le récit en divers endroits, en disant que la bernacle ou bernache, espèce d'oiseau marin, croît dans la conque anatifère. Le poisson contenu dans la coquille de l'anatife est presque le même que celui des vraies conques anatifères. Quant à l'étymologie du latin *anas*, *anatis*, canard, M. Chavée l'a cherchée dans le sanscrit *sna* ou *snâ*, baigner, humecter, d'où le grec *notiaô*, être humide, selon lui; 2° Doederlein, J. Henricus, Varron, l'ont cherchée dans le latin *nare*, *natare*, nager; 3° Angélus Caninius, Petrus Nunnesius, Wachter, Forcellini, dans le grec *nêtta*, canard, italien *nêssa*; 4° De Brosses prétend que le mot *anas* vient du mot arabe ou punique *hanaza*, se cacher; parce que cet oiseau plonge et reparait; 5° Bullet, par la même raison, veut que *anas* ait été fait du celtique *a*, eau, *nach* ou *nas*, cacher. 6° D'après M. Schœbel, le latin *anas* et le grec *nêtta*, l'all. *ente*, proviendraient du sanscrit *und*, mouiller.

Denina fait observer que rien n'est plus ordinaire dans l'usage des langues que de supprimer les voyelles intermédiaires, ni rien de plus fréquent dans l'idiome allemand que de changer l'*a* en *e*; que c'est ainsi que du latin *anate* il a fait en *e*; tandis que l'Italien, insérant son *r* favorite, a fait *anitra*, canard. En haut all. anc. *aneta*, canard; anglosaxon *anet, enid, aened*, canard; dan. *and*, suéd. *and*, holl. *eend, end, ent*. canard. Anc. cat., langue des Troubadours *anet*; anc. fr. *ane, anez*, canard.]

*Anatide, adj.h.n. Semblable au canard.

*Anatides, s.m.pl. Famille d'oiseaux.

*Anatifé et Anatiféracé, ée, adj.h.n. Qui ressemble à un anatife.

*Anatiféracés, s.m.pl. Famille de mollusques.

*Anatifère, adj. et sf. Se dit d'une coquille qu'on a crue longtemps donner naissance aux canards sauvages.

*Anatifériforme, adj.hn. De la forme d'une anatifère.

*Anatin, ine, adj.hn. Qui a quelques rapports avec le canard.

*Anatine, s.f.hn. Genre de coquilles bivalves.

*Anatipède, adj.h.n. Semblable à une patte de canard.

*ANCÈLE, sf.vi. Servante. [Du latin *ancilla*, servante. 1° M. Chavée, ainsi que M. Benfey, dérive le latin *ancilla*, servante. et le nom tudesque *encho*, serviteur, du sanscrit *an'k'*, courber. s'incliner, vénérer, comme *famulus* du sanscrit *bhag'*, courber, s'incliner, vénérer; 2° Wachter le rattache au grec *konéó*, se hâter, être actif, servir, être domestique; *egkonéó*, se hâter dans un service; *egkonis*, servante; et à l'ancien latin *ancus*, servante; 3° et Kreuzer, au suédois *anna*, faire un ouvrage rustique; 4° Constancio, au grec *kelló* ou *kéló*, commander, ordonner; 5° Bullet, au basque *anchuala*, laquais, suivant d'une dame; 6° et ailleurs, à l'irl. *cil*, port, habitation, demeure; comme qui dirait : ce qui dans la maison, qui y demeure; 7° Gébelin, au latin *anculare*, servir, être attaché au labourage, et *anculare* lui-même, au latin *accola*, qui habite près d'un lieu. 8° Festus forme le latin *ancilla* du nom de *Ancus* Marcius; parce que ce prince fit un grand nombre de prisonnières dans la guerre et les réduisit à l'état de servitude; ou bien du verbe latin *anculare*, servir. 9° Forcellini adopte l'opinion de ceux qui pensent que *ancilla*, pour *anicilla*, est un diminutif du latin *anus*, vieille femme. En ancien germanique *enke*, serviteur; ital. et langue des Troubadours *ancella*, servante; langue des Trouvères *ancele*, servante; prov. *acella*, anc. fr. *ancille, ancele*, servante.]

*Ancelette s.f.vi. Petite servante.

*Ancillariole, s.m. Amoureux des servantes.

*Ancules, s.pl.m. et f.myth. Dieux et déesses qui, dans la hiérarchie divine, font l'office de servants; divinités tutélaires des esclaves suivant quelques mythologues.

*ANCHISE, s.pr.m.temps hér. Fils de Capys et de Thémis fille d'Ilus; et père d'Enée qu'il eut de Vénus. [Du latin *Anchises*, dérivé du grec *Agchisés*, Anchise. 1° Le nom grec *Agchisés* semble dérivé du grec *agchizó*, pour *eggizó*, faire approcher; v.n. être près ou voisin, s'approcher, arriver. 2° Scrieck forme ce nom propre du scytique *hanch-is*, signifiant l'île pendante.]

*Anchisiade, s.pr.n. Surnom d'Enée, fils d'Anchise. (Le suffixe grec-*ides,-adés,-iadés*, sert à former des noms patronymiques. Ainsi *Anchi*-*siades* veut dire fils d'Anchise, *Péléidés*, fils de Pélée, *Kronidés* fils de *Kronos* ou Saturne, etc.)

ANCHOIS, s.m. Petit poisson de mer, gros et long au plus comme le doigt, que l'on pêche en différents endroits, entre autres près de Gênes et sur les côtes de Provence. [1° Selon De Chevallet, ce mot est d'origine germanique. 2° Quelques-uns le dérivent du latin *apua*, en grec *aphué*; 3° d'autres, du grec *egkrasicholos*, anchois. 4° Skinner le forme de l'ital. *ancino, uncino*, crochet; parce que, d'après la plupart des naturalistes, les anchois nagent en rangs très-épais et si serrés, et tournés en manière de crochets, qu'ils arrêtent les navires; 5° suivant un autre, *anchois* vient de l'ital. *anchoia*, anchois, et *anchoia* lui-même du lat. *halecula*, anchois, par corruption, comme l'ital. *chiavicchio*, cheville, du latin *clavicula*. Ce qui pourrait donner quelque faveur à cette dernière étymologie, c'est que les Italiens ont la fureur de supprimer la lettre *l* dans une foule de mots; et que, dans certains endroits de la Provence, on dit encore *alencada* ou *halencada* pour anchois. M. Diez dérive anchois du grec *aphué*, d'où le latin *apya*, dont on aurait fait, en y joignant la terminaison *uga*, l'italien *acciuga*, pour *apy-uga*, anchois. En holl. *antsouwe*, angl. *anchovy*, dan. *antjoser*, all. *anschove*, esp. *anchoua*, patois de Castres *anxoyo*, turc *ancha* ou *anchà balighi*, anchois.]

*Anchoïté, ée. adj.technol. Se dit des sardines que l'on prépare à la manière des anchois.

ANCILE, s.m.antiq.rom. Nom d'un bouclier sacré que les Romains croyaient tombé du ciel. [Du latin *ancile*, au pl. *ancilia*, bouclier échancré, petit bouclier; anciles, boucliers sacrés; d'où le grec *agkulia* pour *agkilia* selon Coray. Ces boucliers sacrés appartenaient aux prêtres romains appelés Saliens. Ils ne formaient pas un rond parfait, ni un demi-rond comme la pelte; leur contour était tortueux; les extrémités en étaient reculées, se rejoignant par le haut dans leur épaisseur, et formant une figure courbe et échancrée. 1° Doederlein dérive *ancile* du grec *agkas, agkalé*, bras; 2° Varron, du latin *ambecisus, ancisus*, coupé autour, parce que ces boucliers sont échancrés des deux côtés; 3° Constancio, du latin *axilla*, aisselle; 4° un autre, du grec *agkón*, coude, pli du bras, angle, courbure, coin; 5° un autre, du grec *akesis*, guérison, salut; 6° un autre, du grec *agkulos*, recourbé, crochu, tortu; 7° Bullet, du celtique *am*, le, *cile*, ce qui cache; ce qui couvre.]

ANCRE, s.f. Instrument de fer à double crochet qu'on jette dans le fond de la mer ou des rivières, pour arrêter ou fixer les navires ou les bateaux, dans les endroits où l'on veut rester; grosse barre de fer pour maintenir un mur. [Du latin *ancora* ou *anchora*, ancre, dérivé lui-même du grec *agkura*, ancre. A l'égard de l'origine étymologique du grec *agkura*, les linguistes diffèrent entre eux. 1° Bopp lie le latin *angulus*, angle, au grec *agkura*, et *agkura* lui-même au grec *agké, agkos, agkon, agkulos*, et rapporte tous ces mots au sanscrit *vank*, aller d'une manière courbée, recourbée, sinueuse, tortueuse. 2° Doederlein soutient que le grec *agkura*, ancre, est une syncope du grec *anguros, anakurtos*, recourbé; 3° ou, un dérivé du grec *agkai*, bras. 4° Vossius forme *agkura*, du grec *ogké*, courbure, croc, crochet, angle, masse, volume. 5° Martinius le dérive du grec *agkulos*, recourbé, crochu; tortu; 6° et Fungerus, de l'hébreu *hiqéb*, il a retardé, parce que l'ancre retarde la course d'un navire; 7° un autre, de l'hébreu *échar*, il a retardé, il a arrêté quelqu'un. En all. *anker*, ancre, valaque *ankore*, *angire*, anglo-saxon *ancor*, angl. *anchor*, holl. *anker*. suéd. *ankar*. gaël irl. *accair*, gaël écoss. *acair*; alban, *angurre*, ancre; ital., esp., cat., port. et langue des Troubadours *ancora*, prov. *ancro*, russe, *iakore*, rouchi *anque*, ancre.]

Ancrer, v.a. Jeter l'ancre; affermir au moyen d'une ancre. *Ancré, ée*, p.

Ancré, ée, adj. Qui a un ancre.

Ancrage, s.m. Lieu où l'on peut jeter l'ancre.

*****Ancré, ée**, adj.blas. Se dit des croix et des sautoirs dont les bouts sont divisés et tournés comme les pattes d'une ancre.

*****Ancreur**, adj.m.h.n. Se dit des palpes de quelques arachnides qui font l'office d'ancres.

*****Ancrure**, s.f. Pli au drap que l'on tond.

Désancrer, v.n.Lever l'ancre. *Désancré*, p.

*****Ancyroïde**, adj.anat. De la forme d'un crochet.

*****Ancyra**, s.pr.f.géogr. Ville de la Turquie d'Asie. Ce nom ancien nom est *Ancyra*, en grec *Agkura*, latin *Ancyra*. Ce nom signifie une ancre. *L'ancre* a été le symbole de la ville d'Ancyre, de Postum, de Tuder, du royaume de Syrie,sous les Séleucides. *L'ancre* indique aussi les victoires navales. D'après Hoffmann et Forcellini, *Ancyra*, ville de la Galatie et voisine de la Grande Phrygie, avait reçu ce nom de ce que Mithridate lui avait enlevé les ancres de ses navires; et ces ancres elle les avait reçues de Ptolémée, roi d'Egypte. *Ancyra*, ville de Phrygie et *Ancyra*, ville de Galatie, battaient des pièces de monnaie où une ancre était représentée. Pausanias dit : « Les Gaulois s'établirent dans la contrée située au-delà du fleuve Sangarius, après avoir pris aux Phrygiens *Ancyre*, ville fondée jadis par Midas fils de Gordius; l'ancre trouvée par Midas se voyait encore de mon temps, dans le temple de Jupiter. » Les Turcs appellent *Angara*, et les gens du commun *Engour*, l'ancienne *Ancyre*. On dit aussi *Angouri, Anguri, Angori, Angar, Angora*.)

Angora, adj. Se dit des chats, des chèvres et des lapins qui sont originaires d'*Angora*, ville de la Turquie d'Asie. (Les chèvres et autres animaux de ce pays ont un poil long et soyeux.)

Angora, s.m. Se dit d'un chat : un bel angora.

ANDAIN, s.m. L'étendue de pré qu'un faucheur peut faucher à chaque pas qu'il fait. [En provençal *andan, endan, andana, andalhau, andanoun*, andain, mots de la même origine que l'ital. *andare*, aller, marcher. 1° Du Chevallet dit que le latin *ambulare* a donné, par syncope, le provençal *anar*, aller, dans lequel l'*n* s'est changée en *n*; et que l'italien *andare* et l'esp. *andar* ont la même origine et la même signification. Denina forme l'italien *andare*, du latin *ambulare* en changeant *bl* en *d*, et *m* en *n*. 2° Cependant M. Diez rapporte l'ital. *andare*, l'esp. et le port. *andar*, aller, à l'all. *wenden*, tourner, diriger, et *wandern*, marcher, aller, voyager; voyez *Vandale*. 3° Schulter rattache les mêmes mots *andare, andar*, etc., au teuton *ande, ante, ant*, au grec *anti*, et au latin *ante*, devant. D'après Ihre, Peringskiol et Bruce, *andare* serait venu du gothique *andra*, se promener, aller. 4° On pourrait aussi bien dériver *andare* et *andar*, du sanscrit *anth*, aller.En b.l. *andena*, andain, mot que Du Cange forme de l'ital. *andare*, aller, marcher. En rouchi *andame*, andain.]

Andanté, adv.mus. D'un pas modéré, par un mouvement modéré.

Andanté, s.m.mus. Morceau de musique dans ce mouvement.

*****Andantino**, adv.mus. Par un mouvement un peu moins lent que l'andanté.

ANDELLE, s. f. Bois à brûler, presque tout de hêtre. [Il prend son nom de la rivière d'*Andelle* qui tombe dans la Seine. L'*Andelle*, en latin *Andella* ou *Andeleius fluvius* est une rivière de la haute Normandie. Elle entre dans la Seine à peu près à neuf lieues de sa source, après avoir reçu cinq petites rivières ou ruisseaux. On fait flotter sur cette rivière du bois à brûler, coupé dans la forêt de Lyons, depuis Noléval jusqu'à Charleval; et c'est à Pitre qu'on le charge sur de grands bateaux, pour le faire remonter sur la Seine jusqu'à Paris. L'étymologie du nom *Andelle, Andella*, est encore inconnue. Ce nom vient-il du tudesque *anden*, aller? Ou du Kymrique *andwyaw*, ruiner, détruire? Ou de la particule irlandaise *int*, à laquelle M. Zeuss donne le sens de mouvement parti d'une chose, ou vers une chose? Sa racine se retrouve-t-elle dans les noms géographiques, *Andaie, Ande* ou *Andécave, Andilly, Anduze*, les *Andes*, l'*Andes* de Virgile, etc.?]

ANDOUILLE, s.f. Mets que les charcutiers préparent avec des boyaux de cochon enfermés dans un autre boyau qui s'appelle pour cet effet la robe de l'andouille; chair de porc hachée et assaisonnée. [L'étymologie de ce mot est encore incertaine 1° Diez le dérive du latin *inductilis* fait du lat. *induco*, j'introduis; d'où le latin *inductilitis*, qu'on peut étendre sur, ou appliquer; 2° Ménage, du latin *indusium*, chemise, de *induo*, vêtir, revêtir; 3° Huet, du latin *edulium*, aliment, r. *edo*, je mange; 4° Skinner, du lat. *annulus*, anneau, à cause de la forme orbiculaire des andouilles; 5° Delatre, du mot esp. *bandujo*, tripes, qu'il dérive du sanscrit *bandha*, lié, ainsi *andouille* serait pour *bandouille*; 6° Trévoux, de *andouiller* vieux mot celtique ou bas-breton signifiant la même chose; 7° Bullet, du basque *andoïla*, andouille. 8° Anciennement, dit Le Duchat, on prononçait *andoille*; et en Lorraine *redoiller*, c'est redoubler; ainsi, poursuit-il, Rabelais pourrait bien avoir dérivé *andouille*, du latin *in*, dans, en, et *duplum*, double. Les andouilles sont doublées de plusieurs boyaux, et elles se redoublent comme les boudins. Si l'étymologie de M. Delatre n'est pas la meilleure, elle est du moins très-ingénieuse. Elle n'offre qu'une difficulté c'est la suppression de la labiale initiale *b*. Cependant, si le mot et la chose étaient venus d'Espagne, on pourrait bien admettre, qu'en passant chez les Basques *bandujo* aurait pris la forme *andoïla*; et que le même pays, qui nous a donné *Andalousie* pour *Vandalousie*, peut encore nous avoir transmis *andouille* pour *bandouilles*. De temps immémorial les Basques dirent *on, one, onde*, bon; tandis que les Romains disaient, *bonus, bona*, et que nous disons : *bon, bonne*. Comme aucun mot, rigoureusement parlant, ne commence naturellement pour une consonne, il faut que *on* ait perdu le *b* ou une autre consonne. En patois de Champagne, *adouille*, andouille.]

Andouillette, s.f.dim. Petite andouille.

Andouiller, s.m. Petite corne qui vient au bois du cerf. (Ainsi dite par analogie : Roquefort. 1° Skinner et Ménage disent aussi que les *andouillers* ont reçu ce nom à cause de leur forme. 2° Phébus de Foix appelle *antoiller* l'andouiller, ce qui, dit Ménage, a fait conclure à Caseneuve que ce mot vient du latin *ante*, avant, devant; l'andouiller étant la première corne du bois du cerf. Constancio suit cette dernière étymologie.)

Sur-andouiller, s.m. Andouiller plus grand que les autres, au-dessus des cors.

***ANDRON**, s.m.archéol. Appartement des hommes, dans la maison des anciens Grecs et des anciens Romains. Chez Festus, partie de la maison opposée au gynécée; chez Vitruve, corridor; chez Pline, ruelle, allée; dans les églises grecques, côté réservé aux hommes. [En latin *andron*, *onis*, id. En grec *andrôn*, *andrônos*, appartement des hommes, chez les Grecs; salle de festin ou de conversation où les hommes seuls étaient admis; andron; fait du grec *anér*, *andros*, homme, homme fait, mari, époux, amant; homme de cœur, *vir*; guerrier, soldat; de là le grec *anthrôpos*, homme, pour *andrôpos*. 1° M. Bopp rapporte le grec *anér*, *andros* et *anthrôpos*, homme, au sanscrit *nri*, homme, en préposant un *a*; d'où le sanscrit *nripa*, qui gouverne les hommes; *nripati*, maître des hommes, seigneur, roi. 2° Selon M. Chavée, le type primitif du grec *anér* serait le sanscrit *an*, respirer, vivre; 3° selon un hébraïsant, ce serait l'hébreu *nahar*, enfant; 4° selon Guichard, ce serait l'hébreu *énésch*, homme; et selon Ogerio, l'hébreu *énosch*, homme, cela revient au même; 5° selon Martinius, ce serait l'hébreu *ôn*, puissances, forces, vigueur; 6° M. Schoebel unit le grec *anér* au grec *nuos*, au lat. *nurus*, à l'all. *schnur*, bru, belle-fille, et au sanscrit *nri*, homme fait, homme marié.]

*Andrachne, s.m.bot. Genre de plantes euphorbiacées. (Du grec *anér*, *andros*, homme, et *achné*, duvet; d'où le latin *adrachne*, arbrisseau sauvage semblable à l'arbousier, dans Pline.)

*Andranatomie, s.f. Anatomie de l'homme.

*Andrapodocapèle, s.m.h.anc. Marchand d'esclaves et d'eunuques. (Du grec *andrapodon*, esclave, r. *anér*, homme, *pous*, pied, et *kapélos*, marchand.)

*Andrée, s.f.bot. Genre de mousses. (Du gr. *andréios*, *andréia*, viril, virile.)

*Andréion, sm.antiq.gr. Nom des repas publics en Crète. (Gr. *andréion*, réunion d'hommes.)

*Andrène, sf.hn.Genre d'insectes hyménoptères.(G.*anér*, *andros*, homme; d'où le n.pr. *André*.)

*Andrénète, adj.h.n. Semblable à une andrène.

*Andrénètes, s.m.pl. Famille d'insectes hyménoptères.

*Andrénoïde, adj.h.n. Se dit de certains insectes qui ressemblent aux andrènes.

*Andréoïde, adj.bot. Semblable à une andrée.

*Andréoïdes, s.f.pl.bot. Groupe de plantes de la famille des mousses. (Gr. *eidos*, apparence.)

*Andréolithe, s.f.minér. Un des noms de l'harmotome. (Gr. *lithos*, pierre.)

*Andringe ou Andriague, s.m. Animal fabuleux qui servait de monture aux héros des anciens romans. (Gr. *anér*, homme, *agô*, je conduis.)

*Androdamas, s.m.ant.rom. Sorte de pierre précieuse à laquelle on attribuait la vertu de garantir de toute attaque. (Gr. *damaô*, dompter.)

*Androdyname, adj.bot. Se dit des plantes dont les étamines prennent un grand développement. (G. *anér*, homme, *dunamis*, force, vigueur.)

*Androglosse, s.m.h.n. Genre d'oiseaux. (Gr. *glôssa*, langue.)

*Androgyne, s.m. Personne qui réunit les deux sexes. (Gr. *anér*, homme, *guné*, femme.)

*Androgyne, adj.bot. Qui a des fleurs mâles et des fleurs femelles sur le même réceptacle.

*Androgynaire, adj.bot. Se dit des fleurs doubles dont les pétales surnuméraires sont dus à la transformation des organes sexuels.

*Androgynette, s.f.bot. Genre de mousse.

*Androgynie, s.f.anat. Monstruosité caractérisée par la réunion sur un même individu d'organes appartenant à des sexes différents.

*Androgyniflore, adj.bot. Dont toutes les fleurs sont hermaphrodites.

*Androgynique, adj.bot. Qui a les caractères de l'androgyne.

*Androgynisme, s.m.anat. Etat de l'androgyne.

*Androïde, s.m.Automate. (Gr.*eidos*, forme.)

*Andromachie, s.f.bot. Genre de plantes à fleurs composées. (Gr. *maché*, combat.)

*Andromanie, s.f.méd. Nymphomanie, fureur utérine. (Gr. *mania*, manie.)

*Andromède, s.pr.f.temps hér. Fille de Céphée et de Cassiopée. Elle fut, à cause de l'orgueil de sa mère, exposée à un monstre marin dont elle fut délivrée par Persée. (Gr. *anér*, homme, *médos*, recherche: qui aime les hommes.)

Andromède, s.f.astron. Constellation de l'hémisphère septentrional.

*Andromède, s.f.bot. Genre de plantes de la famille des bruyères.

*Andromède, s.f.h.n. Genre de coquilles semblables aux nautiles.

*Andronitide, s.f.antiq.gr. Appartement des hommes.

*Andropétalaire, adj.bot. A fleurs doubles où les étamines sont changées en pétales.

*Androphobe, s. Qui craint les hommes.

*Androphobie, s.f. Aversion pour les hommes. (Gr. *phobéô*, je crains.)

*Androphore, s.m.bot. Nom donné à la réunion des filets en un ou plusieurs corps. (Gr. *phérô*, je porte.)

*Andropogon, s.m.bot. Genre de graminées.

*Andropogoné, ée, adj.bot. Semblable à un andropogon. (Gr. *pôgôn*, barbe.)

*Androsacé, s.m.bot. Genre de plantes alpines. (Gr. *anér*, homme, *akos*, remède.)

*Androsème, s.m.bot. Espèce de millepertuis.

*Androsème, adj.bot. Se dit des plantes à fruits renfermant un suc rouge comme celui du sang. (Gr. *séma*, signe, marque.)

*Androsémifolié, ée, adj.bot. A feuilles semblables à celles de l'androsème.

*Androsphinx, s.m. antiq. égypt. Sphinx égyptien à tête d'homme.

Androtome, adj.et s.bot. A étamines divisées en deux parties par une sorte d'articulation.

*Androtomie, s.f. Dissection d'un corps d'homme. (Gr. *tomé*, incision, coupure.)

*Adénandre, s.f.bot. Genre de plantes à anthères glanduleuses; elles croissent au Cap de Bonne-Espérance. (Gr. *adén*, glande.)

*Alexandre, s.pr.m. temps hér. Fils de Priam, le même que Pâris; hist.gr. fils de Philippe, roi de Macédoine; tyran de Phères; etc. etc. (Du grec *alexô*, écarter, éloigner, repousser, préserver, secourir, et *anér*, *andros*, homme, mot à mot: guerrier protecteur. On prétend que Pâris fut surnommé *Alexandre*, à cause du courage qu'il fit paraître en défendant ses troupeaux dans la condition de berger où il passa ses premières années.)

*Alexandrie, s.pr.f.géo. Ville d'Egypte fondée par Alexandre-le-Grand.

*Alexandrin, adj.et s.m.Se dit des vers fran-

çais de douze syllabes. (1° Du nom d'Alexandre-le-Grand, dont les anciens poètes ont chanté les exploits en vers alexandrins. 2° De celui d'Alexandre de Paris, poète du 12° s., premier inventeur de ces vers.)
*Alexandrin, ine, adj.et s.géo. Qui est né à Alexandrie; propre à Alexandrie.)
*Alexandrine, s.f. Sorte de danse en usage dans le Montferrat.
*Alexandrinisme, s.m.phil. Système philosophique de l'école d'Alexandrie.
*Anandre, adj.bot. A fleurs privées d'organes mâles. (Gr. *aneu*, sans.)
*Anandraire, adj.bot. Se dit d'une fleur double où les étamines se sont transformées en pétales.
*Calycandrie, s.f.bot. Classe de plantes à étamines insérées au *calice*.
Décandrie, sf.bot. Dixième classe de plantes dont les fleurs ont dix étamines : Linné.
*Décandrique, adj.bot. De la décandrie.
*Diandrie, s.f.bot. Deuxième classe renfermant les plantes dont les fleurs ont *deux* étamines : Linné.
*Diandrique, adj.bot. De la diandrie.
*Disandre, s.f.bot. Genre de plantes.
*Dodécandre, adj.bot. A douze étamines.
*Dodécandrie, s.f.bot. Onzième classe, renfermant les plantes dont les fleurs ont de onze à vingt étamines : Linné.
*Dodécandrique, adj.bot. De la dodécandrie.
*Endécandre, adj.bot. A onze étamines.
*Endécandrie, s.f.bot. Classe du système de Linné, qui renferme les plantes à onze étamines. (Gr. *hendéka*, onze.)
*Endécandrique, adj.bot. De l'endécandrie.
*Endiandre, s.m.bot. Arbre de la Nouvelle-Hollande.
Ennéandrie, s.f.bot. Neuvième classe renfermant des plantes dont les fleurs ont neuf étamines : Linné.
*Ennéandrique, adj.bot. De l'ennéandrie.
*Euryandre, s.f.bot. Plante de la Nouvelle-Calédonie. (Gr. *eurus*, large.)
*Gynandre, adj.bot. A étamines attachées au pistil.
Gynandrie, s.f.bot. Vingtième classe, renfermant les plantes dont les étamines sont soudées avec le pistil, ex. : l'aristoloche, les orchys : Linné. (Du gr. *guné*, femme.)
*Gynandrique, adj.bot. De la gynandrie.
*Hendécandre, *Hendécandrie, *Hendécandrique, voyez *endécandre*, *endécandrie*, *endécandrique*, ci-dessus.
*Heptandre, adj.bot. A sept étamines.
Heptandrie, s.f.bot. Septième classe, renfermant les plantes dont les fleurs ont *sept* étamines : Linné.
*Heptandrique, adj.bot. De l'heptandrie.
Hexandrie, s.f.bot. Sixième classe, renfermant les plantes dont les fleurs ont *six* étamines : Linné.
*Hexandrique, adj.bot. De l'hexandrie.
*Hystérandrie, s.f.bot. Classe de plantes ayant plus de dix étamines insérées sur un ovaire infère. (Gr. *hustera*, matrice.)
*Hystérandrique, adj.bot. De l'hystérandrie.
*Icosandrie, s.f.bot. Vingtième classe renfermant les plantes dont les fleurs ont plus de vingt étamines insérées sur le calice : Linné. (Gr. *éikosi*, vingt.)

*Icosandrique, adj.bot. De l'icosandrie.
*Mélandre, s.m.h.n. Petit poisson de la Méditerranée. (Gr. *mélas*, noir, *anér*, homme.)
*Monandre, *Diandre, *Triandre, *Tétrandre, *Pentandre, *Hexandre, *Heptandre, *Octandre, *Ennéandre, *Décandre, *Dodécandre, *Icosandre, *Polyandre, adj.bot. Se dit des fleurs à une étamine, à deux, trois, quatre, cinq, six, sept, huit, neuf, dix, douze, vingt, plusieurs étamines.
Monandrie, s.f.bot. Première classe, renfermant toutes les plantes dont les fleurs n'ont qu'une seule étamine : Linné. (Gr. *monos*, seul, *anér*, homme.)
*Monandrique, adj.bot. De la monandrie.
Octandrie, s.f.bot. Huitième classe, renfermant les plantes dont les fleurs ont huit étamines. (Gr. *oktô*, huit.)
*Octandrique, adj.bot. De l'octandrie.
Pentandrie, s.f.bot. Cinquième classe, renfermant les plantes dont les fleurs ont cinq étamines. (G. *penté*, cinq, *anér*, homme.)
*Pentandrique, adj.bot. De la pentandrie
*Périandrique, adj.bot. Placé autour des étamines. (Gr. *péri*, autour.)
*Phellandre, s.m.bot. Ciguë aquatique. (Gr. *phellos*, liège, *anér*, homme.)
*Phellandrologie, s.f.bot. Traité sur le phellandre. (Gr. *logos*, discours.)
Polyandrie, s.f.bot. Treizième classe, renfermant les plantes dont les fleurs ont de vingt à cent étamines, insérées sous l'ovaire : Linné. (Gr. *polus*, plusieurs.)
*Polyandrique, adj.bot. De la polyandrie.
*Polyandrie, s.f. Etat d'une femme qui est mariée à plusieurs hommes.
*Symphysandrie, s.f.bot. Classe de plantes dont les étamines sont soudées par les anthères. (Gr. *sun*, avec, *phusis*, nature.)
Tétrandrie, s.f.bot. Quatrième classe, renfermant les plantes dont les fleurs ont quatre étamines. (Gr. *tétra*, quatre.)
*Tétrandrique, adj.bot. De la tétrandrie.
Triandrie, s.f.bot. Troisième classe, renfermant les plantes dont les fleurs ont trois étamines : Linné. (Gr. *treis*, trois.)
Triandrique, adj.bot. De la triandrie.
Anthropologie, s.f. Histoire naturelle de l'homme; étude de l'homme; discours figuré où l'on attribue à Dieu des actions, des affections humaines. (Du gr. *logos*, discours, et *anthrôpos*, homme. 1° Les étymologistes s'accordent aujourd'hui à admettre une origine commune au grec *anér*, *andros*, et *anthrôpos*. 1° D'après Planche, Pott, Benfey, etc., *anthrôpos*, pour *andrôpos*, a été fait du gr. *anér*, *andros*, homme, et de *ôps*, *ôpos*, œil, visage, regard; mot à mot : l'homme ayant la faculté de regarder, d'examiner. Bopp dérive *anthrôpos*, homme, du sanscrit, *nripati*, maître des hommes, seigneur, roi, *nripa*, qui gouverne les hommes, prince; par la même raison qu'il dérive *nripati* et *nripa*, du sanscrit *nara*, *nri*, homme, dont il forme le grec *anér*, *andros*, homme, en préposant un *a*. 2° Scapula compose le grec *anthrôpos*, du grec *anô*, en haut, et *athréin*, regarder; 3° et Gébelin, du grec *anô*, en haut, et *trépô*, je tourne : tourné en haut, l'homme étant le seul des animaux dont le regard se tourne vers le ciel.)
*Anthropiatrie, s.f.méd. Médecine qui s'exerce sur les hommes. (Gr. *iatréia*, guérison, cure.)
*Anthropochimie, s.f.h.n. Science des

phénomènes *chimiques* qui ont lieu dans le corps de l'homme.

*__Anthropogénie__, s.f.h.n. Science de la génération de l'homme.

*__Anthropographe__, s.m. Qui écrit sur l'homme.

*__Anthropographie__, s.f. Description de l'homme.

*__Anthropographique__, adj. De l'anthropographie.

*__Anthropolâtrie__, s.f. Adoration d'un Dieu sous forme humaine. (Gr. *latréia*, adoration.)

*__Anthropolithe__, s.f.h.n. Pétrification humaine ; débris fossile de l'espèce humaine. (Gr. *lithos*, pierre.)

*__Anthropomagnétisme__, s.m. Magnétisme animal.

*__Anthropomancie__, s.f.antiq. Divination par l'inspection des entrailles des victimes humaines et par l'apparition des morts. (Gr. *mantéia*, divination.)

*__Anthropomancien, enne__, adj. et s. antiq. Qui pratique l'anthropomancie.

*__Anthropométrie__, s.f. Espèce d'anatomie qui s'occupe des proportions du corps. (Gr. *métron*, mesure.)

*__Anthropophage__, adj. et s. Homme qui mange la chair humaine. (Gr. *phagéin*, manger.)

*__Anthropophagie__, s.f. Habitude de manger de la chair humaine.

*__Anthropomorphe__, adj. Qui a la forme d'un homme. (Gr. *morphé*, forme.)

*__Anthropomorphique__, adj. Qui a le caractère de l'anthropomorphisme ; qui représente des figures d'homme.

*__Anthropomorphisme__, s.m. Doctrine des anthropomorphites.

*__Anthropomorphite__, s. Qui attribue à Dieu une figure humaine.

*__Anthropophobie__, s.m. Etat de celui qui a les hommes en horreur. (Gr. *phobeó*, craindre.)

*__Anthroposophie__, s.f. Connaissance de la nature de l'homme. (Gr. *sophia*, science.)

*__Anthropothéisme__, s.m. Représentation de Dieu sous la forme et les attributs de l'homme. (Gr. *anthrôpos*, homme, *Théos*, Dieu.)

*__Anthropotomie__, s.f.anat. Dissection d'un cadavre humain. (Gr. *tomé*, coupure, incision.)

*__Apanthropie__, s.f.méd. Penchant à s'éloigner des lieux habités par les hommes ; phil., passage de la condition humaine à un état inférieur ou supérieur. (Gr. *apo*, loin de, de, hors de ; *anthrôpos*, homme.)

*__Exanthropie__, s.f. Aversion pour les hommes. (En composition le gr. *ek, ex*, marque séparation, exclusion.)

*__Exanthropique__, adj. Relatif à l'exanthropie.

__Misanthrope__, s. et adj. Qui hait les hommes ; homme bourru, chagrin. (Gr. *misó*, je hais.)

*__Misanthrope__, s.m. Nom donné à une espèce de voiture étroite, appelée aussi Désobligeante ; espèce de jeu nommé le Solitaire.

__Misanthropie__, sf. Haine des hommes ; éloignement pour la société ; humeur chagrine, bourrue.

__Misanthropique__, adj. Qui naît de la misanthropie ; qui en a le caractère.

__Philanthrope__, s.m. Ami des hommes. (Gr. *philó*, j'aime.)

__Philanthropie__, s.f. Amour de l'humanité.

__Philanthropique__, adj. Inspiré par la philanthropie, qui a rapport à la philanthropie.

*__Philanthropisme__, s.m. Système des philanthropes.

*__Philanthropomane__, adj. et s. Qui affecte un amour excessif pour l'humanité. (Gr.*mania*, manie.)

*__Philanthropomanie__, s.f. Amour affecté de l'humanité.

La racine grecque *anér, andros*, homme, se reconnaît dans les noms propres suivants : *Andragathus, Andragoras, André, Andrémon, Andréus, Andrienne, Andrinople, Andro, Andriscus, Androbius, Androclée, Androclès, Androclide, Androcrate, Androctasies, Androcyde, Androdamus, Androgée, Androgéonies, Androgyne, Andromachus, Andromaque, Andron, Andronic, Andronique, Androphone, Andros, Andropompe, Andrus, Androsthène, Acésandre, Anaxandre, Anaxandride, Antander, Auténor, Léandre, Lysandre, Lysandries, Terpandre*, etc.

__ANE__, s.m. Bête de somme à longues oreilles ; fig. et fam. ignorant, esprit lourd et grossier, qui n'a rien appris et se montre incapable d'apprendre. [Du latin *asinus*, âne ; fig. âne, homme stupide. L'origine étymologique du latin *asinus* a donné lieu à diverses recherches. 1° D'après M. Benfey, *asinus* se rapporterait au grec *onos*, âne, pour *osinos* ou *osnos*, pour *otinos* ou *otnos* ; et *onos* à l'hébreu *âthôn*, ânesse : *s* et *th* se permutent souvent. 2° Comme cet animal est venu de l'orient en occident, Wachter et Helvigius forment son nom latin *asinus*, de l'hébreu *azel*, paresseux, lâche ; et le nom de cet animal aurait donné aux Grecs l'idée de former leur mot *aselgés*, lascif ; parce que la paresse et la lasciveté sont parents et que ces deux vices habitent dans l'âne comme dans une demeure commune. 3° Gébelin et beaucoup d'autres dérivent *asinus*, de l'hébreu *ozén*, oreille ; à cause de la longueur des oreilles de ce quadrupède. 4° Doederlein le fait venir du grec *sinos*, dommage, préjudice, ce qui nuit ; 5° Pougens, de l'ancien persan *asn*, oreille ; 6° le P. Pezron, du celtique *asen*, âne. 7° Selon Adelung, *ass, oss*, signifiait originairement tout grand animal. 8° Heinsius et Faivre pensent que *asinus* est venu du grec *asinés*, inoffensif, innocent ; parce que tel est le caractère de cet animal. 9° Isidore tire les mots *asinus, asellus*, du latin *sedeo*, s'arrêter, tarder, quasi *assedus*, à cause de la lenteur de cet animal ; 10° un autre, de l'hébreu *hátsel*, paresseux ; un autre, de l'hébreu *hátsal*, il fut oisif. 11° Plusieurs croient que *asinus* provient de l'hébreu *áthan*, il s'est arrêté, il a tardé, d'où l'hébreu *áthón*, ânesse. 12° D'autres pensent que *asinus* a été fait du grec *onos*, âne, par l'insertion d'une *s* à la manière des anciens, comme dans *casno* pour *cano, dusmus* pour *dumus, pœsna* pour *pœna*. 13° Le Bel soutient que la lettre *a* a donné naissance aux mots latins *asinus, onager, onus, ovis, ovum* ; parce que, dit-il, les anciens employaient cette lettre seule pour marquer une rondeur ou un corps de forme ronde. 14° Le sens des mots passant fréquemment d'un genre à un autre, *asinus, asellus*, âne, pourrait encore se rapporter au sanscrit *asvah*, prâkrit *asso* et *assó*, cheval. Mais de toutes ces étymologies celle de M. Benfey paraît être la meilleure. En all. *esel*, âne ; haut all. anc. *esil*, anc. goth. *asilus*, slave *osel*, anglo-saxon *asal, esel, easol, esul, eosul*, âne ; angl. *ass*, holl. *esel* et *ezel*, dan. *asel*, ancien scandin. *asni, ess*, bête de somme, âne ; bohêm. *osel*, polon. *osiel*, illyr. *osal*, russe *oséll*, valaque *asin*, ital. *asino*, esp. et port. *asno*, cat. *ase*, langue des Troubadours *asne, axe*, âne ; langue des Trouvères *asnele*, ânesse ; anc. prov. *azes*, âne, patois de

Castres *axe*, basque *astoa*, breton *axen*, gaël irl. et écoss. *asel*, gall. *asyn*, savoisien *âno*, bas limousin *ase*, anc. fr. *asne*, patois de Champagne *aine*, *one*, âne.]

Anée, s.f. La charge d'un âne.

Anerie, s.f. Grande ignorance de ce qu'on devrait savoir; faute commise par l'effet de cette ignorance.

Anesse, s.f. Femelle de l'âne.

Anier, ière, s.f. Qui conduit des ânes. (Lat. *asinarius*, b. lat. *asnerius*, ânier.)

Anon, s.m. Le petit d'une ânesse.

*__Anonner__, v.n. Mettre bas, en parlant d'une ânesse.

Anonner, v.n. et act. Lire en âne qui ne sait rien; ne lire, ne réciter, ou ne répondre qu'avec peine, qu'en hésitant. (Du mot *ânon;* ou, par imitation, du bruit que font ceux qui ânonnent. La première étymologie est la seule bonne.) *Anonné, ée.* p.

Anonnement, s.m. Action d'ânonner.

*__Asellation__, s.f. Exercice pris sur un âne.

*__Aselle__, s.m.h.n. Genre de crustacés voisins du cloporte. (Du lat. *asellus*, petit âne, ânon, âne, *asella*, ânesse; diminutifs de *asinus*.)

*__Asellide__, adj.h.n. Ressemblant à un aselle.

*__Asellides__, s.m.pl. Famille de crustacés : Laveaux.

*__Asellotes__, s.f.pl. Famille d'insectes qui avec celle des cloportides compose le genre *oniscus* de Linné.

*__Asile__, s.m.h.n. Genre d'insectes diptères qui sucent les animaux. (Du latin *asilus*, taon qui pique, suce et fait fuir les ânes et autres bêtes de somme, dérivé lui-même du latin *asellus, asinus*, âne. Meidinger et autres suivent cette étymologie. C'est ainsi que les Turcs ont formé leur expression *èschek sinégui*, taon, de *èschek*, âne, et *sinégui*, mouche.)

*__Asilide__, adj.f. Semblable à un asile.

*__Asilides__, s.m.pl. Famille d'insectes diptères.

*__Asiliforme__, adj.h.n. De la forme d'un asile.

*__Asiloïde__, adj.h.n. Qui ressemble à un asile.

Asine, adj.f. *Bête asine*, ou ânesse.

Onagre, s.m. Ane sauvage. (Gr. *agrios*, sauvage, *onos*, âne. Les uns rattachent *asinus* à *onos*, en y insérant une *s* à la manière des anciens, comme dans *casno* pour *cano*, *dusmus*, pour *dumus*, *pœsna* pour *pœna*. D'autres lient *asinus* à *onos*, pour *osnos*, en disant que *asinus* et *onos*, sont de la même origine. Gébelin soutient que le grec *onos*, âne, et le latin *onus*, charge, viennent de *on*, mot primitif, suivant lui, et qui signifierait charge, poids, élévation, utilité.)

Pas d'âne, bot. Nom vulgaire du tussilage, à cause de la forme de ses feuilles.

De là les n.pr. : *Asella, Asellion, Asellius, Asellus, Asina, Asinius, Asello*.

ANÉMONE, s.f. Plante printanière; sa fleur, qui porte le même nom, est inodore, mais se fait remarquer par l'éclat et la variété de ses couleurs. [Du gr. *anémôné*, anémone; d'où le lat. *anemona* et *anemone*, dans Pline. Quant à l'origine étymologique de ce nom, 1° presque tous les philologues, soit anciens, soit modernes, l'ont cherchée dans le grec *anémos*, souffle, vent, d'où le latin *animus*, souffle, vie, âme; de ce que sa fleur ne s'ouvre que par le vent, comme dit Pline; ou plutôt de ce que la plupart des plantes de ce genre croissent aux lieux élevés et battus des vents, comme dit de Théis. 2° M. Pihan l'a cherchée dans l'arabe *ennoman*, dérivé de *nem*, être agréable. Ce mot est identique à l'hébreu *nahem*, il fut agréable, *amœnus fuit*. 3° On pourrait encore la chercher dans l'égyptien *neman*, pavot, vu que, dans un grand nombre de noms de plantes et d'animaux, le nom du genre a été souvent substitué à celui de l'espèce, et réciproquement. 4° Gébelin soutient que le grec *anémôné*, anémone, a été composé de *an*, cercle, œil, rondeur, et *haima*, sang. Cette plante, dit-il, est de couleur de sang; aussi la disait-on née du sang d'Adonis; elle est de forme ronde comme un œil; ces deux rapports frappants, ajoute-t-il, durent donc présider à son nom. En ital. *anemone*, esp. *anemone*, port. *anemona*, anémone.]

*__Anémoné, ée__, adj. bot. Qui ressemble à l'anémone.

*__Anémonées__, s.f.pl. Familles de plantes.

*__Anémonofolié, ée__, adj.bot. Dont les feuilles ressemblent à celles de l'anémone.

*__Anémonine__, s.f.chim. Sorte de camphre qu'on obtient en distillant l'anémone.

*__Anémonique__, adj.m.chim. Se dit d'un acide particulier qui se trouve dans l'anémone.

*__Anémonoïde__, adj.bot. Qui a l'apparence d'une anémone.

ANETH, s.m.bot. Plante ombellifère, d'une odeur forte, et dont les fleurs sont comptées au nombre des quatre fleurs carminatives. [Du latin *anethun*, aneth, dérivé lui-même du grec *anéthon*, anis, fenouil. Le latin *anethum* et le grec *anéthon* se lient fort bien au copte *anison*, aneth; à l'arabe *ánysùn*, anis, et au persan *nisoun*, anis; plutôt qu'au sanscrit *gandha*, odeur, parfum ; qu'au grec *anthos*, fleur; qu'au grec *aithô*, je brûle; qu'au grec *anô théein*, courir en haut; et qu'au grec *anikéton*, invincible. En ital. *aneto*, aneth; esp. *eneldo*, cat. et langue des Troubadours *anet*, aneth.]

Anis, s.m.bot. Plante ombellifère et odorante, dont la graine, de même nom, sert en médecine, et s'emploie dans de petites dragées, dans l'anisette. (Cette plante est venue de l'Egypte. En latin *anethum*, copte *anison*, aneth. En ar. *ánysùn*, anis; persan, *nisoun*, anis. Ce sont les Grecs qui ont tiré les premiers l'anis de l'Egypte.)

Aniser, v.a. Mettre une couche d'anis, donner à une chose le goût de l'anis. *Anisé, ée*, p.

Anisette, s.f. Liqueur spiritueuse faite avec de l'anis.

ANGE, s.m. Créature purement spirituelle ; esprit céleste qui annonce les ordres de Dieu ; fig. personne d'une piété ou d'une douceur extrême ; artill. deux boulets ou deux moitiés de boulets de canon attachés ensemble par une chaîne ou une barre de fer. [Du latin *angelus*, ange, dérivé du grec *aggélos*, messager, envoyé ; nouvelle, rapport ; ange ; fait du verbe *aggelló*, j'annonce une nouvelle, je notifie, je fais savoir. 1° D'après MM. Benfey et Chavée, le grec *aggelló* se rattache au sanscrit *gírnami*, j'annonce une nouvelle, *gírnati*, il annonce ; *girati*, il annonce, il crie ; par le changement de *r* en *l*. M. Chavée rattache à la même souche le grec *géruó*, faire entendre sa voix, crier ; ainsi que le latin *garrio*, je crie, je babille. 2° Schulter rapporte le grec *aggelló*, j'annonce, et *aggaros*, estafette, courrier, au perse *ungar*, courrier, estafette. 3° Périzonius dérive *aggelló*, de l'hébreu *gàlà*, il a révélé. 5° Gébelin le ratache à l'ir. *calan*, un héraut ; 6° et Bullet, au gallois *coel*, augure, présage, nouvelle ; 7° un autre, au germanique *Ged*, Dieu. En all. *engel*, ange ;

angl. *angel*, holl. *engel*, dan. *engel*, ital. *angelo*, rouchi *anche*, anc. fr. *angle, angel,* ange.]
Ange de mer, Poisson du genre des squales.
Angélique, adj. Propre à l'ange; fig. excellent.
Angélique. s.f.bot. Plante, ainsi appelée par allusion aux vertus médicales qu'on prêtait à l'une de ses espèces.
*****Angélicé, ée,** adj.bot. Semblable à l'angélique.
*****Angélicées,** s.f.pl. Groupe de plantes ombellifères.
*****Angélique,** s.f.antiq.gr. Danse des anciens Grecs, dans laquelle les danseurs étaient vêtus en messagers. **Angéliquement,** adv. d'une manière angélique.
*****Angéliser,** v.a. Assimiler aux anges. *Angélisé, ée,* p.
*****Angélolâtrie,** s.f. Culte des anges.
Angelot, s.m. Fromage de Normandie sur lequel était empreinte la figure d'un ange; ancienne monnaie.
Angélus, s.m. Prière des catholiques qui se fait le matin, à midi et le soir, en mémoire de la salutation angélique.
Archange, s.m. Ange d'un ordre supérieur.
*****Archangélique,** adj. Qui a rapport à un archange. (Gr. *archos,* chef; *aggellos,* ange.)
Évangile, s.f. La bonne nouvelle, loi, doctrine, histoire du Christ; les livres qui les contiennent; partie de l'Évangile. (Latin *evangelium,* du grec *eu,* bien, *aggellô.* j'annonce.)
Évangélique, adj. De l'Évangile, selon l'Évangile; de la religion réformée.
Évangéliquement, adv. D'une manière évangélique.
Évangéliser, v.a. Prêcher l'Évangile.
Évangélisé, ée, p.
*****Évangélisme,** s.m.hist.eccl. Nom grec de la fête de l'Annonciation.
Évangéliste, s.m. Nom donné aux quatre écrivains sacrés qui ont écrit l'Évangile.
*****Évangéliste,** s.m. Prêtre qui chante l'Évangile.
*****Évangélistère,** s.m. Livre contenant les Évangiles.
*****Évangile,** s.m. Vérification d'une procédure.
*****Antiévangélique,** adj. Contraire à l'Évangile.
*****Protévangile,** s.m. Livre attribué à saint Jacques, où il est parlé de la naissance de la Vierge et de J.-C. (Gr. *prôtos,* premier.) De là les n.pr. *Evangélide, Evangélies, Evangélus, Angélion, Angélique, etc.*

ANGINE, s. f. Esquinancie; maladie inflammatoire de la gorge qui rétrécit le larynx et le pharynx. [Du latin *angina,* angine, esquinancie, suffocation ; fait du latin *ango, angis, anxi, angere,* serrer, étrangler, suffoquer. Cette famille de mots s'est propagée dans les langues sémitiques et surtout dans les langues indo-européennes. En grec *agchô,* serrer, étreindre, étrangler, suffoquer, resserrer; fig. serrer le cœur; *agchi,* près, auprès, proche; *anagkè,* nécessité, contrainte. En sanscrit *ag* ou *ang,* approcher, saisir, comprimer, resserrer. En hébreu inusité *chánaq,* il a étranglé; *hánaq,* il a mis, attaché autour du cou, il a ceint à la manière d'un collier; *chinêq,* il a étranglé, il a suffoqué. En arabe *'anq,* action d'embrasser, de serrer dans ses bras. En grec *agchistinoi,* serrés, pressés les uns contre les autres ; en lat. *angustus,* serré, étroit; en all. *enge,* étroit; haut all. anc. *aggwu,* anc. scand. *oengr,* étroit. En latin *anxietas, angor,* all. *angst,* angoisse, anxiété ; haut all. anc. *angista,* holl. *angst,* dan. *angest,* anc. scandin. *oengur,* anxiété. En gall. *ing,* lieu étroit, étroitesse, détresse; et *anghen,* détresse. En celto-breton *anken,* angoisse, et *ankénia,* affliger. Ital. et esp. *ansia,* anxiété ; langue des Troubadours *angustia,* angoisse.]
Angineux, euse, adj. méd. Accompagné d'angine.
Anche, s. f. Partie d'un instrument à vent, faite de deux pièces de canne, jointes de si près, qu'elles ne laissent qu'un espace très-ressorré pour le souffle. (Ce mot, dit Trévoux, vient du grec *agchéin,* serrer, suffoquer ; parce que l'anche fait une espèce de suffocation de voix. M. Honnorat dit qu'il vient du grec *agchos,* suffocation, formé de *agchô,* je serre, j'étrangle, ce qui est le principal office de l'anche. Nodier dit qu'il trouve une onomatopée grecque absolument semblable à celle-ci, qui exprime l'idée que nous rendons par notre verbe suffoquer. Le mot grec dont il parle est sans doute le grec *agchô,* je serre, je suffoque. 2° Le général Bardin pense que *anche* vient du latin *lingula,* bec de pince, biseau d'instrument à vent, tuyau plus étroit par un bout ; mot d'abord traduit par *linche,* et *lanche.* La racine de *lingula* est *lingua,* langue. Rabelais a employé le mot *louche* dans le sens de cuiller et de bec; le latin *lingula, ligula* a aussi ces deux significations. 3° Borel croit que *anche* vient du mot *écho.* En provençal *ancha, inche, enche,* anche.)
Anche, s. f. Conduit étroit par lequel la farine coule dans la huche.
*****Ancher,** v. n. Mettre une anche à un instrument. *Anché, ée,* p.
*****Désancher,** v.a.mus. Oter l'anche d'un instrument à vent. *Désanché, ée,* p.
Angoisse, s.f. Anxiété extrême; grande affliction, état de détresse, douleur amère. (De l'it. *angoscia,* fait du latin *angustia,* angoisse, r. *ango.*)
*****Angoisser,** v.a. Causer de l'angoisse.
*****Angoissé, ée,** p.
*****Angoisseux, euse,** vi. Qui cause des angoisses, douloureux; inquiet, tourmenté, fatigué.
*****Angone,** s.f. méd. Sentiment de strangulation avec imminence de suffocation.
*****Angustation,** s.f. méd. Rétrécissement, constriction.
Angusticlave, s.m. Tunique ou bande de pourpre. (Lat. *angustia,* petite bande, r.*ango,* et *clavus,* clou.)
Augustié, ée, adj.vi. Etroit, serré, resserré.
*****Angusture,** sf.bot. Arbre des bords de l'Oronoque, dont l'écorce s'emploie comme fébrifuge.
*****Anchuse,** s.f. bot. Orcanette, plante tinctoriale. (G. *agchousa,* de *agchô,* je serre, je suffoque.)
*****Anchusate,** s.m.chim. Sel résultant de l'acide anchusique avec une base.
*****Anchusine,** s.f.chim. Principe colorant rouge de l'orcanette ou anchuse.
*****Anchusique,** adj.chim.Se dit d'un acide qui constitue le principe colorant de l'anchuse.
Anxiété, s.f. Tourment d'esprit, grande inquiétude, perplexité; méd. grand malaise. (Lat. *anxietas,* r: *ango.*)
*****Anxieux, euse,** adj.méd. Du caractère de l'anxiété; qui marque l'anxiété.
*****Episynanche,** s.f.méd.Spasme du pharynx. (Gr. *épi,* sur; *sun,* avec; *agchô,* je serre.)
Squinancie, s.f. et **Esquinancie,** s.f. Resserrement, inflammation violente du gosier. (Gr. *sun,* avec, *agchô,* je serre.)

***Limanchie,** sf.méd. Jeûne excessif. (Gr. *li-mos*, faim, *agchō*, j'étrangle, je suffoque.)
***Paracynancie,** s.f.méd. Inflammation des muscles extérieurs du larynx. (Du gr. *para*, qui indique une comparaison, *kuōn*, chien, et *agchō*, j'étrangle, je suffoque; parce que cette maladie gêne la respiration et fait tirer la langue à la manière des chiens.)
***Angénone,** s.pr.f.myth. Déesse invoquée par les Romains contre l'esquinancie.

***ANGLAIS, AISE,** adj. et s.géogr. Né en Angleterre; propre à l'Angleterre ou à ses habitants. [1º Goropius et Bécan font dériver ce mot de l'all. *angeln*, pêcher à la ligne, prendre à l'hameçon; parce que les *Angles*, c'est-à-dire les anciens Anglais, habitaient le bord de la mer. Malte-Brun dit que les *Angli*, c'est-à-dire les peuples *qui pêchent à l'hameçon*, ont pu demeurer en même temps dans le Lauenbourg actuel, où Ptolémée les connaît, et dans le district d'*Angeln*, au nord de la ville de Sleswick, d'où ils partirent pour donner leur nom à l'Angleterre. 2º Quelques-uns tirent ce mot du teuton *eng*, étroit, serré, d'où *Engeland*, petit pays qu'occupèrent les Saxons avant d'aller dans l'île de Bretagne. 3º Wachter le fait venir de *enke*, mot très-ancien signifiant jeunes gens; parce que les Angles étaient une race issue des Suèves, peuples de l'ancienne Germanie; mot à mot, peuple nouveau; et c'est par une raison opposée qu'on fit le nom des *Sénonais*, du vieux saxon *senones*, anciens, latin *senes*: les Allemands ont encore le mot *enkel*, petit-fils, descendant. 4º La Tour d'Auvergne le dérive du celto-gallois *ing*, breton *eng*, étroit, resserré, et de *land*, terre; parce que l'Angleterre est resserrée au nord et à l'ouest. 5º Hickes dit que la partie qui reconnut pour maître *Angul*, prince scandinave, s'appela *Angulia*, d'où *Anglia*. 6º D'autres croient qu'il vient du latin *angelus* ou du belge *enghel*, ange; à cause de la beauté de la race anglaise. En angl. *England*, Angleterre; et *English*, Anglais.]
***Angle,** s. et adj.géo.anc. Nom d'un peuple saxon, établi au nord de la Germanie et au sud de la Chersonèse cimbrique.
***Angleterre,** s.f.géogr. Le plus considérable des royaumes qui forment la Grande-Bretagne. (Mot à mot, *terre des Angles*.)
Anglaise, s.f. Contredanse anglaise; air sur lequel on la danse; écriture anglaise.
Angliser, v.a. Couper la queue d'un cheval à l'anglaise. *Anglisé, ée*, p.
Anglican, ane, adj. Qui a rapport à la religion dominante en Angleterre.
Anglican, s.m. Protestant d'Angleterre.
***Anglicanisme,** sm. Religion des Anglicans.
Anglicisme, s.m. Façon de parler propre à la langue anglaise.
Anglomane, adj. Imitateur ou admirateur outré des Anglais. (Du gr. *mania*, manie.)
Anglomanie, s.f.Affectation à imiter, à admirer les Anglais.
***Anglosaxon, Anglo-Saxon, onne,** adj. et s. Nom donné aux Saxons qui s'établirent dans le pays appelé auj. Angleterre; parce que les Angles étaient une de leurs principales tribus.
***Anglosaxon, Anglo-Saxon,** s.m. Ancien idiome germanique formé du mélange des idiomes que parlaient les Angles, les Saxons, les Jutes.

ANGLE, s.m.géom. Ouverture de deux lignes qui se rencontrent en un point commun; coin formé par deux choses qui se joignent en pointe; union d'un objet et de sa réfraction. [Du latin *angulus*, angle, coin, lieu écarté, retiré, désert. En grec *agkulos*, recourbé; crochu, tortu; *agkōn*, coude, pli du bras, pli, courbure; *agkai*, *agkas*, bras. En hébreu *hāgal*, il a tordu ou tourné, il a tourné ou rendu tortu. En sanscrit *ak*, aller en serpentant, aller d'une manière sinueuse ou tortueuse. En ital. *anglo*, esp. et port. *anglo*, anc. cat. et langue des Troubadours *angle*, breton *ank*, gallois *ong*, *ongyl*, angle, coin, recoin.]
***Angler,** v.a. Donner la forme d'un angle.
***Angler,** v.a. Former exactement les moulures dans les petits angles du contour d'une tabatière en métal. *Anglé, ée*, p.
***Anglé, ée,** adj.blas. Se dit d'une croix en sautoir, avec figures mouvantes qui sortent des angles.
Anglet, s.m.archit. Petite cavité à angles droits entre les bossages.
Angleux, euse, adj. Se dit des noix dont la substance tient fortement dans de petits angles ou coins.
***Angloir,** s.m. Instrument pour prendre toutes sortes d'angles.
Angulaire, adj. Qui a un ou plusieurs angles; qui est à l'angle, à l'encoignure d'un édifice.
***Angulaire,** adj. et s.m. Une des pièces élémentaires de la mâchoire inférieure.
***Angulairement,** adv. En forme d'angle.
***Angulé, ée,** adj. Pourvu d'angles.
***Angulée,** adj.f.bot. Se dit de la tige, lorsqu'elle est marquée d'angles ou de lignes saillantes longitudinales dont le nombre est déterminé.
***Anguleux, euse,** adj. Dont la surface a plusieurs angles.
***Anguleux,** adj.m.bot. Se dit du calice, quand il offre un grand nombre d'angles saillants et longitudinaux.
***Anguleuse,** adj.f.bot. Se dit des tiges, lorsque le nombre de leurs angles est très-considérable, ou que l'on ne veut pas le déterminer avec précision.
Acutangle, adj.géom. Se dit d'un triangle dont les trois angles sont aigus. (Lat. *acutus*, aigu.)
***Acutangulaire,** adj.géom. Qui fait un angle aigu.
***Acutangulé, ée,** adj.h.n. Qui a des angles aigus.
Equiangle, adj. Se dit d'une figure dont tous les angles sont égaux entre eux; ou d'une figure qui a ses angles égaux à ceux d'une autre. (Lat. *æquus*, égal.)
***Heptangulaire,** adj.géom. Qui a *sept* angles.
***Inangulé, ée,** adj. Qui n'a point d'angles.
***Multangulaire,** adj.géom. Se dit d'une figure ou d'un corps qui a beaucoup d'angles. (Lat. *multus*, plusieurs.)
***Multangulé, ée,** adj.didact. Qui a beaucoup d'angles.
Obtusangle, adj.géom. Se dit d'un triangle qui a un angle *obtus*.
***Obtusangulé, ée,** adj.bot. Qui a des angles *obtus*.
Quadrangulaire, adj. Qui a quatre angles.
***Quadrangulaire,** adj.f.bot. Se dit des tiges à quatre angles et quatre faces.
***Quadrangulée,** adj.f.bot. Se dit des feuilles qui offrent quatre angles saillants.
***Quinqangulaire,** adj. A *cinq* angles.
***Quinquangulé, ée,** adj. A cinq angles saillants.
***Quinquanguleux, euse,** adj. A cinq angles.
Rectangle, adj.géom. Se dit d'un triangle

qui a un angle droit; et d'un parallélogramme qui a quatre angles droits. (Lat. *rectus*, droit.)

Rectangle, s.m.géom. Parallélogramme qui a ses quatre angles droits.

Rectangulaire, adj.géom. Se dit d'une figure qui a quatre angles droits, et d'un triangle qui a un angle droit.

***Septangulé, ée**, adj.bot. A sept angles.

***Sexangle**, adj. Qui a six angles.

***Sexangulaire**, adj. A six angles.

***Sexangulé, ée**, adj. Muni de six angles.

***Triangulaire**, adj.f.bot. Se dit des tiges qui ont trois angles.

***Triangulairement**, adv. En forme de triangle.

***Triangulée**, adj.f.bot. Se dit des feuilles qui offrent trois angles saillants.

Triangle, s.m. Figure qui a trois côtés et trois angles; ce qui est fait en forme de triangle; astron. constellation; instrument de musique.

Triangulaire, adj. Qui a trois angles.

Triangulation, s.f. Action de faire les opérations trigonométriques nécessaires pour lever le plan d'un terrain; le résultat de cette action.

Ankylose, s.f.méd. Union des deux os articulés et soudés ensemble par le suc osseux, au point de ne plus faire qu'une seule et même pièce; privation du mouvement dans les articulations, dans les jointures. (Du grec *agkulos*, recourbé, crochu, tortu; parce que le membre demeure pour l'ordinaire courbé à son articulation; et *agkulé*, ankylose.)

***Ankyloblépharon**, s.m.méd. Maladie des yeux dans laquelle les paupières sont jointes ensemble, ou adhérentes à la conjonctive ou à la cornée. (Du grec *agkulos*, crochu, recourbé; d'où le grec *agkulé*, coude, jarret, cordon, lacet, ankylose; et de *blépharon*, paupière.)

***Ankyloglosse**, s.m.méd. Adhérence de la langue au bord des gencives. (Gr. *glôssa*, langue.)

***Ankylomèle**, s.f.chir. Sonde recourbée. (Gr. *mélé*, sonde.)

***Ankylomérisme**, s.m.méd. Jonction, adhérence contre nature d'une partie à une autre. (Gr. *mérisma*, portion.)

***Ankylotome**, s.m.chir. Bistouri ou couteau à lame recourbée. (Gr. *tomé*, coupe, taille.)

ANGUILLE, s.f. Poisson d'eau douce et d'eau salée, de la forme d'un serpent. [Du latin *anguilla*, anguille, r. *anguis*, serpent, couleuvre, dragon; le Dragon, l'Hydre, constellation. En grec *échis*, vipère; *échion*, vipérine, plante; *échidna*, vipère femelle; *egchélion*, petite anguille. En sanscrit *ahis*, serpent, reptile; lithuanien *angis*, serpent, reptile. En lithuanien *ungurys*, russe *ugorj*, ital. *anguilla*, anguille; esp. *anguila*, port. *anguia*, langue des Troubadours *anguila* et *enguila*, bas limousin *enguiato*, dauphinois *arguen*, patois de Champagne *oguille*, auvergnat *anguille*, anguille. En turc *enguérek*, vipère.

Anguillade, s.f. Coup de peau d'anguille, coup de fouet. (On fouettait avec une peau d'anguille les jeunes gentilshommes romains qui étaient en faute. De là le nom d'*anguille* donné dans nos écoles à certaine courroie dont anciennement on frappait les jeunes gens qui avaient manqué à leur devoir. On joue encore à l'*anguille* ou à l'*anguillade*, dans les collèges : El. Johanneau.)

***Anguicide**, adj. Qui a la propriété de faire périr les serpents. (Lat. *cædo*, je tue.)

***Anguidé, ée**, adj.h.n. Semblable à un orvet.

***Anguidés**, s.m.pl.h.n. Famille de reptiles sauriens.

***Anguiforme**, adj. De la forme d'une anguille ou d'un serpent.

***Anguillaire**, adj. Semblable à une anguille.

***Anguillard**, adj. et s.m.h.n. Se dit de plusieurs poissons, et d'autres animaux qui ressemblent à des anguilles.

***Anguille**, s.f.mar. Se dit de longues pièces de bois faisant partie du ber d'un bâtiment en construction.

***Anguille**, s.f. Bourrelet qui se forme quelquefois aux étoffes de laine quand on les foule.

***Anguillé, ée**, adj.h.n. Semblable à l'anguille.

***Anguilles**, s.m.pl. Famille de poissons.

***Anguilliforme**, adj.h.n. Se dit des poissons qui ont la forme d'une anguille.

***Anguilloïde**, adj.h.n. Semblable à une anguille.

***Anguin, ine**, adj.h.n. Qui a quelque ressemblance avec une anguille.

***Anguins**, s.m.pl. Famille de reptiles.

***Anguinée**, s.f.géom. Se dit d'une hyperbole du troisième degré qui, ayant des points d'inflexion, coupe son asymptote, et s'étend vers les deux côtés opposés. (Du latin *anguis*, serpent; parce que cette courbe serpente autour de son asymptote.)

***Anguinoïdes**, s.m.pl. Famille de reptiles sauriens.

***Anguipède**, adj.myth. A jambes tortueuses comme le corps d'un serpent, en parl. de Typhon, des Géants et de quelques autres divinités.

***Echidé**, s.m.h.n. Genre de serpents. (Gr. *échis*, vipère; en lat. *anguis*, serpent : g = ch.)

***Echidna**, s.m.h.n. Coquille univalve fossile. (Du gr. *échidna*, vipère.)

***Echidné**, s.m.h.n. Genre de serpents; genre de poissons.

***Echie**, s.m. Famille de reptiles comprenant les serpents armés de crochets à venin.

***Echioïde**, s.f.bot. Genre de plantes borraginées. (On a comparé la forme de leur semence à celle d'une vipère.)

***Enchélyde**, s.f.h.n. Genre d'animalcules infusoires. (Ils ressemblent à de petites anguilles.)

***Enchélyes**, s.m.pl. Famille d'animalcules infusoires.

***Enchélyoïde**, adj.h.n. Semblable à une anguille.

***Enchélyoïdes**, s.m.pl. Famille de poissons.

***Enchélyope**, s.m.h.n. Genre de poissons.

***Enchélysome**, adj.h.n. Se dit des poissons dont le corps est long et cylindrique, comme celui de l'anguille. (Gr. *sôma*, corps.)

***ANIL**, s.m.bot. Plante dont on tire l'indigo. (De *anil*, id. mot persan et arabe : D. Francisco de S. Luiz. De son nom arabe *annil*, *âlnyl*, selon Jean de Souza, Forskahl l'écrit *nileh*, *nyleh*. D'après Bruce, cité par de Théis, ce mot *nil* signifie bleu vers le Sennaar, et il désignerait alors la couleur que l'on tire de cette plante.)

***ANNA**, s.f. Fille de Bélus et sœur de Didon. (Du latin *Anna*, id. Ce nom phénicien se lie à l'hébreu *channâ*, grâce, miséricorde; *chên*, grâce, faveur, bienveillance; *Channa*, Hanna, mère de Samuel; *hannoun*, miséricordieux, bon, bienveillant; *hanna*, il s'est penché, il s'est incliné; métaphoriquement il a été favorable, propice. Les gutturales *h*, *ch*, s'ajoutent et se suppriment souvent à la tête des mots. En provençal *Annó*, *Nanoun*, *Nanetto*, nom de femme. En persan *hên*, grâce, faveur.)

*De là les noms propres : *Anne, Annibal* (m. à m., la grâce de Baal) ; *Hannon*, etc.
*De là le mot *hosanna*, fait de l'hébr. *hosidhna*, sauvez-nous de grâce, sauvez-nous.
*De là, les noms de femme, en Provence : *Anno, Nanoun, Nanetto.*
*De là le nom français *Jean* et le nom latin *Joannes*, en hébr. *Johanan*, ou *Johhanan*, composé de *Jehowa*, n. pr. de Dieu, et de *chanan*, gratifié : grâce de Dieu, don de Dieu, Dieu accorde.

*ANODIN, INE, adj. méd. Se dit des remèdes adoucissants ; fig. fade, faible, sans sel, insignifiant. (Du lat. *anodynus*, fait du gr. *a* priv., *oduné*, douleur ; en éolien *éduné*, douleur ; en sanscrit *védana*. En ital. *anodino*, anodin.)
***Anodinie** et mieux ***Anodynie**, s.f. Insensibilité, absence du sentiment de la douleur.

ANSE, s.f. Courbure, partie faite en arc ou en demi-cercle, partie par laquelle on prend certains vases. [Du latin *ansa*, anse, poignée, prise. 1° Ce mot pourrait bien se rattacher au latin *auris*, anc. latin *ausis*, oreille ; puisque l'arabe *ezn* désigne une oreille et une anse. En arabe on trouve *ezan, azan*, oreilles, anses, dans Méninski. De même en chinois, *eulh* signifie oreille, entendre, et anse. 2° Cependant Doederlein dérive *ansa*, du grec *aimnnai*, prendre, saisir ; 3° puis du grec *chandanéin*, tenir, porter. 4° D'après Ihre, le lat. *ansa*, pour *hansa*, se rapporterait au suiogothique *hænta* ou *hænda*, prendre, saisir, comme le grec *labén*, au grec *lambanéin*, prendre, saisir. Le même auteur rattache à la même souche le germ. *hand*, main, et le latin *hendo* de *prehendo*. En patois de Castres *anso*, anse d'un vase.]

Anse, s.f. mar. Courbure de rivage, bras de mer qui se jette entre deux pointes de terre, et y forme un enfoncement, une très petite baie. (La plupart dérivent ce mot du latin *ansa*, anse, poignée, prise, anneau ; soit parce que cette petite baie semble se détacher de la mer et en former une toute petite partie, comme une anse d'un pot, d'un vase, d'un panier, etc., semble aussi adhérer faiblement au pot, au vase, au panier, etc.; soit que cette petite baie présente ordinairement la forme d'une courbure ou d'un demi-cercle, qui l'aura fait comparer à l'*anse* d'un vase. 2° Selon Denina, anse viendrait du portugais *enseada*, golfe, mot tiré du latin *in sinus* [maris], dont la basse latinité aurait pu faire *insineata*.)

***Anser**, va. Garnir d'une anse. *Ansé, ée*, p.
***Croix ansée**, croix environnée d'un cercle et suspendue à une anse.
Ganse, s.f. Cordonnet de soie, d'or, d'argent, etc., qui sert ordinairement à attacher quelque chose. (Selon Roquefort, Ménage, Gattel, Couzinié, etc., du latin *ansa*, anse, poignée, prise, boucle, à cause de sa ressemblance avec l'anse d'un pot. Un autre le tire du gr. *gampsos*, courbure. En romano-castrais *ganso*, ganse. En ital. *gancio*, port. *gancho*, ganse.

ANSÉRIDE, et **ANSÉRIEN, ENNE**, adj. hn. Qui ressemble à l'oie. [Du latin *anser, eris*, oie. 1° Selon Varron et J. Henricus, cet oiseau aurait reçu son nom de son cri. 2° Selon Doederlein, ce serait le masculin du latin *anas*, canard. 3° Selon Wachter, *anser*, pour *canser*, se rapporterait au latin *canus* et au celtique *can*, blanc. 4° D'après M. Schœbel, le primitif du lat. *anser*, du gr. *chén* et de l'all. *gans*, oie, serait le sanscrit *has*, ouvrir la bouche, crier. 5° Pour trouver le type primitif de *anser* ainsi que les mots de sa parenté qui sont très reconnaissables dans les autres langues, il ne faut pas perdre de vue que *h* du sanscrit est souvent supprimé en latin, et remplacé par *g* dans les idiomes germaniques et dans le celtique, et par *ch* ou *k* en grec et dans d'autres langues. En sanscrit *hansa*, oie, malais *gansa*, ang-*sa*, oie ; en grec *chén*, *chénos*, égyptien *keni*, oie. En all. *gans*, haut all. anc. *ganza, kans*, holl. *gans, ganz, goes*, ital. *gansa*, esp. *ganzo*, basque *anzara*, oie. En basse latinité *ganta, gantua*, oie sauvage ; anc. fr. *gante, gente*, canard ou oie. La nasale *n* du sanscrit *hansa* a disparu dans les mots suivants : Anc. scandin. *gas, gaes*, oie ; anglosaxon *gos, goes*, dan. *gaas*, russe *gouse*, polon. *ges*, persan *kas*, tartare *kas*, lapon *gas*, sur le Caucase *gass*, angl. *goose*, gall. *gwyz, goaz*, breton *goas, goaz*, oie.]

***Ansérides**, s.m.pl.h.n. Famille d'oiseaux.
***Ansérine**, s.f. bot. Genre de plantes nombreux en espèces. (On a dit aussi la patte d'oie, à cause de la feuille qui a été comparée au pied d'une oie.)
***Ansérine**, adj.f. méd. Se dit de la peau, quand elle est chargée de petites aspérités comme celle d'une oie déplumée.
***Chénéros**, s.m.h.n. Espèce d'oie sauvage dont parle Pline. (Gr. *chén, chénos*, oie.)
***Chénisque**, s.m.ant.gr. Extrémité de la poupe d'un vaisseau. (Elle représentait un cou d'oie ou de cygne.)
***Chénocolymbes**, s.m.pl.h.n. Famille d'oiseaux. (Gr. *chén*, oie, *kolumbos*, plongeon.)
***Chénocopros**, s.m.pharm.anc. Fiente du canard employée alors en pharmacie. (Gr. *chén, chénos*, oie, *kopros*, fiente.)
***Chénopode**, s.m. bot. Genre de plantes atriplicées ; vulgairt. pattes d'oie. (Gr. *pous*, pied.)
***Chénopodié, ée**, et **Chénopodié, ée**, adj. bot. Semblable à un chénopode.
***Chénopodées**, s.f.pl. Famille de plantes.
***Chénoramphe**, s.m.h.n. Oiseau des Indes-Orientales.(G.*chén*,et *rhamphé*,poignard courbe.)
***Chénotrique**, adj. bot. Qui a la gorge de sa corolle velue. (Gr. *thrix*, poil.)
***Genséric**, s.pr.m. Nom d'un roi des Vandales, né en 406, m. en 477. (Ce nom signifie roi des oies, ou riche en oies, ou puissant sur les oies, ou conducteur d'oies.)

ANSPECT, s.m.mar. Barre de bois, en forme de pince, servant à remuer des fardeaux ; levier de ce genre servant à la manœuvre des canons. [Du holl. *handspaak*, anspect, composé de *hand*, main, et de *spaak*, barre. En angl. *hanspike*, dan. *haandspage, haandspæger*, anspect ; suéd. *hanspak*, id. esp. et port. *espegne*, levier de bois.]

Hampe, s.f. Bois d'une hallebarde, d'une pertuisane, d'un épieu, etc.; bot. tige herbacée, sans feuilles ni rameaux. (Gébelin dérive ce mot de l'all. *hand*, main. Le Dict. de la Convers. dit que *hampe* ou *hante*, vient de l'all. *hand-habe*, avoir à la main, ou ce qu'on tient à la main ; et aurait donné naissance au verbe *hanser*, prendre les armes. En anc. fr. *hante, hampte*, hampe ; et *hanteleure, hantelure*, manche d'un fléau à battre le blé ; et *hancère*, la poignée d'une épée. Tous ces mots, dit M. De Chevallet, dérivent d'un primitif germanique signifiant main. Le latin *manus* a pareillement fourni *manubrium, manicula*, l'ital. *manico*, ainsi que le fr. *manche, manivelle*. En all. *hand*, main, haut all. anc. *hant*, anc. goth. *handus*, anc. scandin. *hand, hœnd*, anglosaxon *hand*, *hond*, main; anc. saxon, angl., holl., suéd., dan. *hand*, main. Roquefort a cru que *hampe* venait du latin *ames*, perche; et Ménage ainsi que Vaugelas, du latin *antenna*, antenne.)

*Hampé, ée, adj. Muni d'une hampe.

Hanter, v.a. Fréquenter, visiter souvent et familièrement. (Ce mot, dit M. De Chevallet, est germanique; il signifiait anciennement traiter les affaires, exercer une profession, un métier, faire un trafic, un commerce. *Hanter* se prit ensuite dans le sens de fréquenter. Le substantif commerce et l'expression avoir commerce avec ont passé du propre au figuré dans des conditions toutes semblables. En tudesque *hantalôn*, manier, toucher, traiter, exercer, gouverner; de *hant*, main. En anglosaxon *handelian*, traiter, négocier, trafiquer, commercer; pr. manier les affaires, dérivé de *hand*, main.) *Hanté, ée,* p.

Hantise, s.f.vi.fam. Fréquentation, commerce familier avec quelqu'un.

ANTENNE, s.f.mar. Longue vergue mobile qui soutient les voiles. [Du latin *antenna*, antenne, vergue. 1° Doederl. dérive le latin *antenna*, du gr. *ana*, sur, en haut, et du latin *tendere*, tendre, par l'assimilation du *d* à l'*n*; 2° Servius, après Varron et Festus, du nom de *Antemna* ou *Antemnæ*, ville des Sabins; 3° Ludovicus Carrio, cité par Vossius, du latin *am*, autour, et *teneo*, je tiens; parce que César s'est servi de *teneo, destineo*, en parl. de l'antenne; 4° Gébelin, ainsi que Vossius, du latin *am*, autour, et *tennere*, pour *tendere*, tendre; 5° Bullet, du celtique *and*, *ant*, bois, d'où, selon lui, le fr. *andelle*, bois à brûler. 6° Jal soupçonne que *antenna* vient du grec *aneinô*, pour *anateinô*, j'étends, je déploie la voile en avant. Pline dit que c'est Dédale qui imagina le mât et l'antenne. Dans Méninski le mot turc *artemna*, antenne, fait de *artan*, ce qui surabonde, dépasse, ce qui reste, offre de la ressemblance avec le latin *antenna*. En valaque *antène*. ital. et langue des Troubadours *antenna*, catal. *antena*, esp. *entena*, port. *entenna*, antenne.]

Antennes, s.f.pl. Filaments que les insectes portent sur la tête; ornement; organe auxiliaire du tact; agent extérieur de l'organe auditif. Ce sont des cornes articulées dont la tête des insectes est constamment pourvue.

*Antenné, ée, adj.h.n. Muni d'antennes.

*Antennaire, adj.h.n. Qui a rapport aux antennes des insectes.

*Antennaire, s.f.bot. Genre de plantes à fleurs composées.

*Antennarié, ée, adj.bot. Semblable à une antenne.

*Antennariées, s.f.pl.bot. Groupe de plantes à fleurs composées.

*Antennifère, adj.h.n. Qui porte des antennes.

*Antenniforme, adj.h.n. En forme d'antenne.

*Antennulaire, s.f.h.n. Genre de polypiers.

*Antennule, s.f.h.n. Antenne courte et petite.

*Antenolle, s.f.mar.dim. Petite antenne.

*Exantenné, ée, adj.h.n. Qui n'a pas d'antennes. (Lat. *ex*, marquant la privation.)

*Interantennaire, adj.h.n. Placé entre les antennes.

ANTÉRIEUR, EURE, adj. Qui est avant, qui précède. [Lat. *anterior*, qui est avant, le premier, plus ancien, comparatif de *ante*, devant, en avant, avant. En gr. *anta*, en face, vis-à-vis, en présence, contre; et *anti*, à la place, au lieu, en échange de. En copte *éthé*, avant, devant, auparavant, au-delà. Sanscrit *auta*, bout, extrémité; *anti*, de l'autre côté, en face, vis-à-vis. En ital. *anzi*, devant, auparavant; anc. ital. *ante*, esp. *antes*, port. *antes*, cat. *ans* et *ante*, langue des Troubadours *ant, ans, anz*, avant, auparavant; langue des Trouvères *ainz*, avant, auparavant. Dans le roman de la Rose *ainz*, avant, auparavant.]

Antérieurement, adv. Précédemment.

Antériorité, s.f. Priorité de temps.

Antanaclase, s.f. Répétition d'un même mot pris en différents sens. (Gr. *antanaklasis*, de *anti*, à la place de, en échange de, et *anaklaô*, briser ou se replier, réfractor.)

*Antarès, s.m.astron. Etoile fixe dans le cœur du Scorpion. (Gr. *anti*, vis-à-vis; *arès*, Mars.)

*Antécanis, s.m.astron. L'étoile Procyon.

Anti, prép. Elle s'emploie dans plusieurs noms composés pour marquer opposition, antériorité. (Du gr. *anti*.)

Antichrèse, s.f. Convention par laquelle on abandonne les fruits d'un bien pour les intérêts d'un emprunt. (Gr. *anti*, au lieu de, *chrèsis*, jouissance.)

*Antichrésite, s.m. Qui contracte une antichrèse.

*Antie, s.f.h.n. Bouquet de plumes en forme de corne, qui garnit de chaque côté le front de certains oiseaux. (Lat. *antiæ*, cheveux de devant, tombant sur le front. Grec *antios*, qui est devant, qui est contre, opposé.)

*Antilobe, s.m.méd. L'une des éminences du pavillon de l'oreille. (Gr. *lobos*, lobe.)

*Antiloimique, adj. et s.m.méd. Se dit des remèdes contre la peste. (Gr. *loïmos*, peste.)

*Antiloimotechnie, s.f.méd. Art de chasser ou de détruire la peste. (Gr. *techné*, art.)

*Antistichon, s.m. Changement d'une lettre en une autre. (Gr. *antistoichos*, opposé, parallèle, correspondant; de *anti*, à la place de, en échange de, en face, contre, et de *stoichos*, rang, rangée.)

*Antistique, adj.minér. A cristaux offrant plusieurs rangées de facettes tournées en sens inverse.

*Antistome, adj.art.milit. Se dit des manœuvres de la phalange grecque. (Gr. *anti*, et *stoma*, bouche, pointe, front.)

Ains, conj.vi. Mais, au contraire. (De l'italien *anzi*, qui a été fait de *ante*, selon Ménage. D'autres le dérivent du grec *anti*; ce qui revient au même. Langue des Trouvères *ains, ainz*, avant.)

Ancêtres, s.m.pl. Ceux qui ont vécu avant nos aïeux; ceux dont on descend; tous ceux qui nous ont devancés. (De l'anc. fr. *ancestres*, dérivé du latin *antecessores*, r. *ante*, devant, avant, et *cedo, cessum, cedere*, marcher, aller. En anc. fr. on a dit aussi *ancessors, ancesors*, ancêtres; et au sing. *ancessor*, prédécesseur; et *ancesserie*, ancienneté, antiquité.)

Ancien, enne, adj. Qui est depuis longtemps; qui n'existe plus. (Du latin barbare *antianus*, par le changement de *t* en *c*, comme dans *noce* de *nuptiæ, negoce* de *negotium* : M. Delatre. *Antianus* vient du latin *ante*, avant, devant. Dans la langue des Trouvères *anceis, anceiz*, avant, auparavant.)

Anciennement, adv. Autrefois, jadis.

Ancienneté, s.f. Etat, qualité de ce qui est ancien.

Avant, prép. Elle marque priorité de temps, d'ordre, de situation. (De la basse latinité *abante*, r. *ab*, et *ante*. Dans le 4ᵉ s., le *b* avait fléchi et se confondait avec le *v* dans la prononciation du vulgaire. *Ab ante*, prononcé *av ante* a produit le fr. *avant*. En patois de Castres *abant*, avant; anc.

prov. *abans, ans, enans,* avant; bourguignon *aivan,* avant.)

Avant, adv. Qui marque mouvement et progrès.

Avant, s.m.mar. La moitié de la longueur d'un bâtiment, depuis le grand mât jusqu'à la proue.

Avant-bec, s.m. Angle, éperon de chaque pile d'un pont.

Avant que, loc.conj. Qui régit le subjonctif.

D'Avant, loc. prép. de temps.

En avant, loc.adv. Au-delà du lieu où l'on est; ensuite, après.

Avance, s.f. Saillie, partie du bâtiment qui anticipe sur une rue, sur une cour; espace de chemin que l'on a parcouru avant quelqu'un; ce qui se trouve déjà de fait ou de préparé; paiement anticipé, temps anticipé; première recherche, première démarche pour amener une réconciliation, ou pour former une liaison.

D'Avance, loc.adv. Par avance, à l'avance, par anticipation, avant le temps.

*****Avançage,** s.m.adm. Permission donnée à des voitures publiques de stationner au-delà du terrain qui leur est réservé; lieu où des voitures publiques stationnent en vertu de cette permission.

*****Avancé,** s.m.prat. Ordonnance du président, ayant pour objet de faire passer un procès avant son tour de rôle.

Avancée, s.f. Corps de garde avancé.

Avancement, s.m. Progrès, action d'avancer, de monter en grade.

Avancement d'hoirie, Ce qui se donne par avance à un héritier.

Avancer, v.a. Porter en avant; faire du progrès; prévenir le temps où une chose doit avoir lieu; payer par avance; débourser; fournir à crédit; émettre; procurer de l'avancement; accélérer l'accroissement; disposer à la perfection. *Avancé, ée,* p.

Avancer, v.n. Aller en avant; approcher de; anticiper; sortir de l'alignement; aller trop vite; faire des progrès; monter en grade.

*****Avançon,** s.m.pêche. Petite allonge mise à une ligne de pêche pour y étalinguer les haims.

Avantage, s.m. Ce qui est utile et profitable; supériorité; ce qu'on donne au-delà de la part exigible; ce qu'on donne à un joueur pour égaliser la partie; au jeu de paume, le coup qui gagne quand les joueurs ont chacun trente; succès militaire, victoire.

*****Avantage,** s.m.prat. Jugement par défaut.

Avantager, v.a. Donner des avantages à quelqu'un. *Avantagé, ée,* p.

Avantageusement, adv. D'une manière avantageuse.

Avantageux, euse, adj. Qui produit de l'avantage; confiant, présomptueux, qui agit comme s'il était quelque chose.

Davantage, adv. Plus; plus longtemps; de plus. (Du lat. *de, ab, ante,* d'où *devant.*)

Désavantage, s.m. Infériorité; préjudice; dommage.

*****Désavantager,** v.a. Faire subir un désavantage; jurispr., causer de la perte. *Désavantagé, ée,* p.

Désavantageusement, adv. D'une manière désavantageuse.

Désavantageux, euse, adj. Qui cause ou peut causer du désavantage.

Devant, prép. Vis-à-vis, en face, à l'opposite, en présence de. (Du latin *de, ab, ante.*)

Devant, adv. Précédemment.

Devant, s.m. Le côté opposé à celui de derrière, partie antérieure.

Devancer, v.a. Aller en avant, devant, avant; prendre les devants; gagner le devant; avoir le pas sur un autre; venir, paraître, avoir lieu avant; précéder; surpasser, avoir l'avantage. *Devancé, ée.* p.

Devancier, ière, s. Prédécesseur; au pl. ancêtres.

Devantier, s.m.vi.fam. Tablier de femme.

Devantière, s.f. Long tablier ou jupe fendue par derrière que portent les femmes pour monter à cheval à la manière des hommes.

Devanture, s.f. Tous les ouvrages de menuiserie, de serrurerie, etc., qui se trouvent dans la partie antérieure d'une maison; face antérieure.

Au-devant de, loc. prép. A la rencontre de.

Au-devant. loc.adv. Devant, en avant.

Ci-devant, loc.adv. Précédemment, autrefois.

Par-devant, loc.adv. Sur la partie antérieure.

Auparavant, adv. Premièrement, avant toute chose.

Le mot gr. *anti* se retrouve dans plusieurs noms propres grecs : *Antiade, Antianire, Antias, Antiale, Anticyre, Anticyréus, Antigone, Antigonies, Antiléon, Anti-Liban, Antiloque, Antimachie, Antimaque, Antinoé, Antinoës, Antinoüs, Antioche, Antiochide, Antiochus, Antion, Antipaphus, Antipène, Antipénide, Antiphante, Antiphate, Antiphonus, Antiphus, Antippus, Antithée,* etc.

—————

*****ANTHÉE,** s.pr.antiq.gr. Un des compagnons d'Enée. [Du latin *Antheus,* Anthée, dérivé du grec *anthé, anthos,* fleur, comme les noms propres *Flora, Flore, Florus, Fleuri,* du latin *flos, floris,* fleur; comme les n. pr. *Bloemen* et *Bloemard,* du holl. *blom, bloem,* fleur; comme en hébreu *tsits,* fleur, aile, et nom propre de ville. Un hébraïsant dérive le grec *anthos,* fleur, de l'hébreu *nouts,* briller; *hénéts,* il a fleuri.]

*****Anthèle,** s.f.bot. Grappe de fleurs dont les rameaux sont longs et étalés. (Du grec *anthélé,* fleuraison, corolle, aigrette plumeuse; r. *anthos, anthé,* fleur.)

*****Anthémidé, ée,** adj.bot. Semblable à la camomille. (Grec *anthémis,* petite fleur.)

*****Anthémidées,** s.f.pl.bot. Groupe de plantes à fleurs composées.

Anthère, s.f.bot. Sommet des étamines dans les fleurs. (Gr. *anthéros,* fleuri, de *anthos,* fleur; parce que les anthères ne paraissent que lorsque la fleur est éclose. L'anthère renferme dans son intérieur la substance propre à déterminer la fécondation ou le pollen.)

*****Anthéral, ale,** adj.bot. Qui a rapport aux anthères.

*****Anthérifère,** adj.bot. Qui porte des anthères.

*****Anthériforme,** adj.bot. En forme d'anthère.

*****Anthérin, ine,** adj.h.n. Se dit d'insectes qui vivent sur les fleurs.

*****Anthérique,** adj.bot. Qui a rapport aux anthères.

*****Anthérogène,** adj.bot. Se dit des fleurs doubles où les anthères sont transformées en pétales.

*****Anthèse,** s.f.bot. L'ensemble des phénomènes qui se manifestent au moment où toutes les parties d'une fleur, ayant acquis leur entier développement, s'ouvrent, s'écartent et s'épanouissent. (Du grec *anthéô,* fleurir, *anthos,* fleur.)

*****Anthesphories,** s.f.pl.ant.gr. Fêtes des fleurs en l'honneur de Proserpine qui fut enlevée pendant qu'elle cueillait des fleurs. (Gr. *anthos,* fleur, *phérô,* je porte.)

*****Anthobranche,** adj.h.n. A *branchies* ressemblant à des bouquets de fleurs.

*Anthocéphale, adj.h.n. A tête en forme de fleurs. (Gr. *képhalé*, tête.)
*Anthocéros, s.m.bot. Genre de plantes hépatiques. (Gr. *kéras*, corne.)
*Anthocorynion, s.m.bot. Sorte de bractée en forme de massue. (Gr. *koruné*, massue.)
*Anthodion, s.m.bot. Fleur produite par l'agrégation de plusieurs petites fleurs dans une enveloppe commune.
*Anthographie, s.f. Art d'exprimer sa pensée par le moyen des fleurs.
*Antholobe, s.m.bot. Genre de plantes de la Nouvelle-Hollande. (Gr. *lobos*, lobe.)
*Anthologe, s.m.liturg. Recueil des principaux offices usités dans l'Église grecque. (Gr. *anthos*, fleur, *légô*, je cueille.)
Anthologie, s.f. Collection de fleurs; recueil de petites pièces de poésies choisies.
*Anthologue, s.m. Auteur d'anthologie.
*Anthomydes, s.f.pl. Famille d'insectes diptères vivant sur les fleurs. (Gr. *muïa*, mouche.)
*Anthomaze, adj.h.n. Qui suce le suc sucré des fleurs. (Gr. *muzô*, je suce; hébreu *mâtsá*, il a sucé.)
*Anthomyzes, s.m.pl. Famille d'oiseaux.
*Anthophage, adj.h.n. Qui vit de fleurs. (Gr. *anthos*, fleurs, *phagéin*, manger.)
*Anthophile, adj.h.n. Qui s'attache aux fleurs et en fait sa nourriture. (Gr. *philéô*, j'aime.)
*Anthophore, adj.bot. Qui porte une ou plusieurs fleurs. (Gr. *phérô*, je porte.)
*Anthophore, s.f. Genre d'apiaires.
*Anthophyllite, s.m.minér. Minéral de Norvége et du Groënland. (Gr. *phullon*, feuille.)
*Anthosperme, s.m.bot. Agglomération de globules reproducteurs de certaines plantes marines; genre de plantes rubiacées. (Gr. *sperma*, semence.)
*Anthospermé, ée, adj.bot. Semblable à un anthosperme.
*Anthospermées, s.f.pl. Groupe de plantes de la famille des rubiacées.
*Anthospermique, adj.bot. Qui a rapport aux corpuscules nommés anthospermes.
*Anthostome, adj.h.n. Dont la bouche est entourée d'appendices ayant l'apparence d'une fleur. (Gr. *stoma*, bouche.)
*Anthoxanthé, ée, adj.bot. Ressemblant à la flouve. (Gr. *xanthos*, blond, jaune, fauve.)
*Anthoxanthées, s.f.pl.bot. Groupe de plantes de la famille des graminées.
*Anthozoaire, adj.h.n. Se dit d'animaux qui ressemblent à des fleurs. (Gr. *zôarion*, petit animal.)
*Anthozuzie, s.f.bot. Transformation des feuilles en fleurs.
*Achyranthe, s.m.bot. Genre de plantes des Deux-Indes. (Gr. *achuron*, tuyau, tige.)
*Achyranthoïde, adj.bot. Semblable à un achyranthe.
*Acisanthère, s.f.bot. Plante qui croît à la Jamaïque. (Gr. *akis*, pointe, aiguillon.)
*Adénanthe, adj.bot. Dont les fleurs naissent d'organes glanduleux. (Gr. *adén*, glande.)
*Adénanthère, s.f.bot. Genre de plantes.
*Amphanthe, s.m.bot. Dilatation d'un pédoncule portant plusieurs fleurs. (Gr. *amphi*, autour.)
*Anisanthe, adj.bot. Dont les fleurs sont de formes diverses. (Gr. *anisos*, inégal.)
*Apanthisme, s.m.didact. Défloration. (Gr. *apo*, de, loin de, *anthizô*, je fleuris.)
*Apérianthacé, ée, adj.bot. Qui n'a pas de périanthe. (Gr. *a*, priv. *péri*, autour, *anthos*, fleur.)

*Aphyllanthe, s.m.bot. Petite plante du midi de la France. (Gr. *a*, priv. *phullon*, feuille.)
*Aphyllanthé, ée, adj.bot. Semblable à l'aphyllanthe.
*Aphyllanthées, s.f.pl. Famille de plantes.
*Apodanthe, s.m.bot. Genre de mousse.
*Argyranthème, adj.bot. A fleurs d'un blanc éclatant. (Gr. *arguros*, argent.)
*Caucanthe, s.m.bot. Arbrisseau d'Arabie. (Gr. *kaukos*, espèce de légume; espèce d'oiseau.)
*Céranthe ou Chionanthe, s.m.bot. Genre de plantes.
*Céranthère, s.m.bot. Genre de plantes.
*Chrysanthe, adj.bot. A fleurs jaunes. (Gr. *chrusos*, or.)
*Chrysanthelle, s.f.bot. Plante d'Amérique.
*Chrysanthème, adj.bot. A fleurs jaunes.
*Chrysanthème, s.m.bot. Genre de plantes à fleurs composées.
*Chrisanthémé, ée, adj.bot. Semblable à un chrysantème.
*Chrysanthémées, s.f.pl. Famille de plantes à fleurs composées.
*Chrysanthémoïde, adj.bot. Qui a l'apparence d'un chrysanthème.
*Chrysanthin, s.f. Sorte de bourre de soie.
*Dianthe, adj.bot. Qui porte deux fleurs, qui se compose de deux fleurs. (Gr. *dis*, en deux.)
*Dianthé, ée, adj.bot. Semblable à l'œillet.
*Dianthère, adj.bot. A étamines portant deux anthères.
*Dianthon, s.m.pharm. Préparation où entraient plusieurs plantes aromatiques.
*Diphytanthe, adj.bot. A fleurs différentes sur des pieds divers. (Gr: *dis*, en deux; *phuton*, plante; *anthos*, fleur.)
*Épanthe, adj.bot. Qui croît sur les fleurs. (Gr. *épi*, sur.)
*Épicarpanthe, adj.bot. A fleur supportée par l'ovaire. (Gr. *épi*, sur, *karpos*, fruit, semence, et *anthos*, fleur.)
*Eranthème, s.m.bot. Arbrisseau de l'île de Ténériffe. (Gr. *éra*, terre; et *anthos*, fleur. Cet arbrisseau s'élève peu au-dessus de la terre.)
*Eranthide, s.f.bot. Jolie petite plante indigène d'Europe.
*Erianthe, adj.bot. A fleurs velues. (Gr. *érion*, laine, poil.)
*Érianthe, s.f. Genre de plantes graminées.
*Exanthème, s.m.bot. Toute sorte d'éruption à la peau. (Gr. *exanthéma*, efflorescence, de *ex*, hors de, *anthos*, fleur.)
*Exanthémateux, euse, et Exanthématique, adj.méd. De la nature de l'exanthème.
*Exanthématologie, s.f.méd. Traité sur les maladies de la peau. (Gr. *logos*, discours.)
*Exanthématologique, adj.méd. Qui a rapport à l'exanthématologie.
*Exanthémoïde, adj.méd. Qui a l'apparence d'une pustule. (Gr. *eidos*, apparence.)
*Hémanthe, s.m.bot. Genre de plantes du cap de Bonne-Espérance. (Gr. *haima*, sang, *anthos*, fleur.)
*Homoïanthe, s.m.bot. Genre de plantes à fleurs composées. (Gr. *homoïos*, semblable.)
*Hypéranthe, s.f.bot. Genre de plantes légumineuses. (Gr. *huper*, sur, *anthéros*, fleuri.)
*Lysianthe, s.m.bot. Genre de plantes gentianées. (Gr. *lusis*, action de délivrer.)
*Mélananthe, adj.bot. A fleurs noires ou d'un pourpre noirâtre. (Gr. *mélas*, noir.)
*Mélanthe, s.m.bot. Genre de plantes qui se rapprochent du colchique.

***Mélanthère**, adj.bot. A anthères noires.
***Mélanthère**, s.f.bot. Genre de plantes d'Amérique.
***Mélanthérite**, s.f.minér. Schiste noir servant à dessiner.
***Mélanthiacé, ée**, adj.bot. Semblable à un mélanthe.
***Monanthe**, adj.bot. A une seule fleur; à fleurs solitaires.
***Monanthème**, adj.bot. A fleurs solitaires.
***Monanthère**, adj.bot. Se dit d'une étamine qui ne porte qu'une seule anthère.
***Myrianthe**, adj.bot. Qui porte un grand nombre de fleurs.
***Octanthère**, adj.bot. A huit anthères ou huit étamines.
***Paranthine**, sf.minér. Substance minérale, ainsi nommée par Haüy, à cause de sa disposition à perdre son éclat, à défleurir. (Gr. *paranthéô*, je défleuris; de *para*, qui marque destruction, *anthos*, fleur.)
***Pentanthe**, adj.bot. Qui porte cinq fleurs.
***Pentanthère**, adj.bot. A cinq anthères.
***Périanthe**, s.m.bot. Enveloppe extérieure de la fleur; l'ensemble des enveloppes florales qui entourent les organes sexuels. (Gr. *péri*, autour.)
***Philanthe**, adj.h.n. Qui aime les fleurs.
*Philanthe, s.m.h.n. Genre d'insectes hyménoptères. (Gr. *philéô*, j'aime.)
*Polyanthe, adj.bot. Qui porte ou renferme beaucoup de fleurs. (Gr. *polus*, plusieurs.)
*Polyanthéa, s.m. Recueil de lieux communs où vont puiser certains orateurs.
*Polyanthème, adj.bot. Qui porte un grand nombre de fleurs.
*Polyanthéré, ée, adj.bot. Qui a beaucoup d'étamines.
*Prénanthe, sm. Genre de plantes d'Europe.
*Synanthe, adj.bot. Dont les fleurs et les feuilles paraissent ensemble. (Gr. *sun*, avec.)
*Synanthéré, ée, bot. A étamines soudées par les anthères.
*Synanthérées, s.f.pl. Famille de plantes.
*Synanthérie, s.f. Classe de plantes à étamines soudées par les anthères.
*Synanthérographe, s.m. Qui s'occupe des synanthérées. (Gr. *graphô*, je décris.)
*Synanthérographie, s.f. Description des synanthérées.
*Synanthérographique, adj. Qui a rapport à la synanthérographie.
*Synanthérologie, s.f. Traité des plantes synanthérées. (Gr. *logos*, discours.)
*Synanthérologique, adj. Qui a rapport à la synanthérologie.
*Synanthéronomie, s.f. Exposition des lois de l'organisation des synanthérées.
*Synanthéronomique, adj. Qui appartient à la synanthéronomie. (Gr. *nomos*, loi.)
*Synanthérotechnie, s.f. Explication des termes relatifs aux synanthérées.
*Synanthérotechnique, adj.bot. Qui appartient à la synanthérotechnie. (Gr. *techné*, art.)
*Trianthe, adj.bot. A pédoncules portant trois fleurs. (Gr. *treis*, trois.)
*Trianthème, s.m.bot. Genre de plantes des deux Indes.
*Xéranthème, s.m.bot. Genre de plantes à fleurs composées. (Gr. *xénos*, sec.)
*Xéranthémé, ée, adj.bot. Ressemblant à un xéranthème.
*Xéranthémées, s.f.pl. Famille de plantes synanthérées.

Le grec *anthé, anthos*, fleur, se retrouve aussi dans les n.pr. suivants : *Anthas, Anthan, Anthé, Anthéa, Anthédon, Anthée, Anthéide, Anthès, Anthia, Anthius, Erymanthe, Erymanthide, Evanthe, Evanthius, Hesperanthus, Mélanthe, Mélanthée, Mélanthide, Mélanthie, Mélanthius, Mélantho, Mélanthus*, etc.

ANTILOPE, s.f.h.n. Genre de mammifères de l'ordre des ruminants, caractérisé par des cornes creuses, généralement longues. (Du copte *nautolôbs*; d'où le grec *anthalôps*, espèce de cerf; d'où par corruption, *antilope*. Eustathe emploie le mot *antholops*, pour désigner un animal à longues cornes, dentelées en scie. C'est Pallas qui, séparant ce genre de celui des chèvres, lui applique le nom d'*antilope*, connu depuis longtemps dans l'art héraldique, et dont se sert Ray pour désigner l'espèce connue sous le nom d'*antilope des Indes*. En basse latinité *antalops*, nom d'un animal, dans Du Cange.)

ANTIQUE, adj. Fort ancien, fait il y a fort longtemps; dont l'usage ou le goût est passé depuis longtemps; t. de railler. avancé en âge; t. de louange, beau comme les ouvrages de l'antiquité. (Du latin *antiquus*, antique. En hébreu *hâthaq*, il est parvenu à un âge avancé; il a vieilli. En chald. *hatt'q*, vieux, vieillard. En valaque *antiq*. polon *antyk*, ital. *antico*, antique; esp. *antiguo*, cat. *antig*, port. *antigo*, antique; langue des Troubadours *antic*, langue des Trouvères *antis*, anc. fr. *antie*, prov. *antique, antiquo*, antique. En madécasse *antitch*, ancien, vieux.)
Antique, s.m. Ce qui nous est resté des anciens en productions d'art.
Antique, s.f. Monument curieux de l'antiquité, comme médaille, statue, agate, vase, etc.
Antiquaille, s.f. Chose antique, usée et de peu de valeur.
Antiquaire, s.m. Savant dans la connaissance des monuments antiques; archéologue.
*Antiquaire, s.m.Bas-Emp. Officier d'administration attaché aux archives de la mémoire.
*Antiquaire, s.m.paléogr. Copiste qui écrivait en lettres capitales antiques.
*Antiquariat, s.m.philol.vi. Connaissance des monuments antiques, tels que manuscrits, inscriptions, statues, médailles, etc.
*Antiquer, v.a.relieur. Relier à la manière antique; vieillir un maroquin, une dorure, pour se rapprocher du goût des relieurs anciens; enjoliver la tranche d'un livre de figures de diverses couleurs.
Antiquité, s.f. Ancienneté très-reculée; ceux qui ont vécu dans des siècles fort éloignés du nôtre; les siècles les plus reculés; monument des arts qui nous reste de l'antiquité.
A l'antique, loc.adv. A la manière antique.
*Utique, s.f.géo.anc. Ville d'Afrique, plus ancienne que Carthage. (Du punique *hathiqâ*, ancienne: Bochart et Hofmann. En hébreu *hâthaq*, il est devenu vieux; chald. *hattiq*, vieux.)

ANTRE, s.m. Grande caverne ou creux souterrain naturel; caverne, grotte naturelle. (Du latin *antrum*, antre; dérivé lui-même du gr. *antron*, antre. 1° Selon Doederlein, *antron* aurait été fait, par syncope, du grec *éneroi*, ceux qui sont sous terre, les morts; 2° selon Constancio, du grec *entos*, dans, et *éruein*, protéger, garder, ou *orous*, latin, *irruo*; 3° selon Eichhoff, du gr. *entéron*, dérivé lui-même du sanscrit *antaran*, *antran*, intérieur, *antar*, entre; 4° selon la conjecture d'un autre indianiste, du sanscrit *randhra*, grotte; 5° selon Bullet, du bas breton *antre*, orifice, entrée, embouchure, qui forme un port; 6° selon Gébelin, du celtique *tar*, piquer, percer; 7° selon Ambrosius, cité par Vossius, du latin *atrum*, noir; parce qu'un antre est noir; 8° et selon Guichard, le grec *antron* aurait été fait de l'hébreu *châthar*, il a creusé, il a enfoncé, il a fait un trou. En ital. *antro*, esp. *antro*, langue des Troubadours *antre*, antre.]

*Antriades, adj.et s.m.pl. Famille d'oiseaux qui se plaisent dans les cavernes. De là les n.pr. *Antronianus, Antronie*.

APALACHINE, s.f.bot. Arbrisseau de l'Amérique septentrionale, dont les feuilles se prennent en infusion comme le thé. [Ainsi nommé parce qu'il croît particulièrement sur les monts *Apalaches*. Corneille et Rochefort donnent le nom d'*Apalache* à un pays de l'Amérique septentrionale, dont ils appellent les habitants *Apalachites*. *Apalache* est le nom d'une nation jadis puissante, qui donna son nom à la grande chaîne des *Apalaches* dans les Etats-Unis.]

*APER, s.m.h.n. Nom latin du sanglier. [Du latin *aper*, *apri*, sanglier, laie; espèce de poisson, sanglier, enseigne romaine. 1° Varron pense que ce mot vient du latin *asper*, âpre, rude; 2° ou du grec *kapros*, sanglier, verrat. La gutturale *k* s'ajoute et se retranche souvent à la tête des mots. 3° Reiff lie le latin *aper* au grec *kapros*, à l'all. *eber*, au sanscrit *varâha*, et au russe *vepri*, sanglier. 4° Schulter le lie au teuton *ber*, nom général des grands animaux, en celtique *eber*. 5° Wachter pense que *aper* signifie porc des bois extrêmement féroce; il le rattache au germanique *eber*, sanglier, en anglosaxon *eafor*. 6° Isidore le dérive du latin *fera*, bête sauvage; 7° et Bullet, du celtique *aberea*, bête, animal, troupeau, féroce. 8° Gébelin veut que *porcus* tienne à la même famille que *aper*, et Doederlein soutient que *aper* est le radical de *porcus*. 9° Guichard rapporte le latin *aper* à l'hébreu *bikrá*, chameau femelle. L'arabe *'yfr*, porc, pourceau, sanglier, homme dangereux, terrible, méchant, ressemble assez au latin *aper*, *apri*. Les Arabes rejettent la labiale *p*. En anc.fr. *aper*, sanglier.]
De là les n.pr.rom.: *Aper, Apronius*.

*APEX, s.m.ant.rom. Baguette enveloppée de laine que les Flamines portaient à l'extrémité de leur bonnet; bonnet des Flamines. [Du latin *apex*, *apicis*, apex; bonnet sacerdotal; sommet, cime, pointe, crête, aigrette; fig. faîte, grandeur. 1° M. Chavée rattache le latin *apex*, pour *capex*, au sanscrit *ka*, courber, être convexe, être concave; *kapalas, kapalan*, crâne, etc. 2° Constancio dérive *apex*, du grec *apos*, difficulté, obstacle, et *oxus*, aigu, r. *aké*, pointe; 3° puis de l'égyptien *apè*, tête; 4° enfin, de l'égyptien *pé*, ciel. 5° Doederlein le forme du grec *pagos*, froid glacial, gelée, glace; 6° puis, du grec *aipos*, élévation, sommet. 7° Martinius le dérive du vieux latin *apio*, j'attache, je lie. 8° *Apex* semble se rapporter au copte *apé, aphé*, tête, prince, sommet; *aperek, aprek*, incliner la tête; *apé*, tête; et *apéou*, les notables.]

*Apical, ale, adj. Qui a rapport au sommet d'une chose; dont le sommet offre quelque particularité notable.

*Apical, s.m.h.n Kirby donne ce nom aux aréoles qui se terminent à la pointe de l'aile des insectes, ou près de cette pointe.

*Apicé, ée, adj.bot. Qui se termine par un sommet fort apparent.

*Apicicourbe, adj. Recourbé à l'extrémité.
*Apiciflore, adj.bot. A fleurs terminales.
*Apicilaire, adj.bot. Situé au sommet d'un organe.
*Apicule, s.m.et f.h.n. Petite pointe peu consistante.
*Apiculé, ée, adj.bot. Muni d'une petite pointe.
*Apicius, s.pr.m.h.rom. Romain fameux par sa gourmandise.
*Postapical, ale, adj.h.n. Placé en arrière du sommet.
*Préapicial, ale, adj. Qui est en avant du sommet.

*APHRODITE, s.pr.f.mythol. Surnom de Vénus, née de l'écume de la mer. [Du latin *Aphrodita*, dérivé lui-même du grec *Aphrodité*, Vénus. 1° Presque tous les étymologistes dérivent le gr. *Aphrodité*, du grec *aphros*, écume; parce que, d'après la fable, cette déesse naquit de l'écume de la mer. C'est pourquoi elle était surnommée *Pontia*, marine, dans le territoire de Corinthe. Platon convient avec Hésiode que cette déesse doit le nom à l'écume de la mer *aphros*, d'où elle naquit. D'après Macrobe, Saturne ayant coupé les parties naturelles de son père Cœlus, et les ayant jetées dans la mer, Vénus en fut procréée; et du nom de l'écume dont elle fut formée, elle prit le nom d'Aphrodite. Le nom grec de Vénus, regardée comme planète, est *Aphrodité*. Selon la fable, cette déesse naquit de l'écume de la mer; ce mythe est en harmonie avec ce que Ptolémée dit de la faculté de la planète Vénus d'attirer à elle les exhalaisons et les eaux terrestres. D'après Ovide, ce qui fit croire aux anciens que Vénus était sortie de l'écume de la mer près de Cythère, d'où lui vint le nom d'*Aphrodite*, c'est que le culte de cette déesse fut porté dans la Grèce des îles de la mer Méditerranée, où le commerce des Phéniciens l'avait d'abord établi. Aristote dérive simplement le nom *Aphrodité*, du grec *aphros*, écume; parce que la semence est écumeuse. Benfey le compose du grec *aphros*, écume, et de *ité*, ancien mot qui répond à *itum*, aller des Latins, et à *i*, aller du sanscrit. Bopp dérive *aphros*, du sanscrit *ap*, eau. M. Delatre dit que l'ionien *aph-u-ô*, blanchir (comme l'eau agitée), a fait *aph-u-é*, petit poisson blanc qui était consacré à Vénus (lat. *ap-ua*), et *aphros*, écume de la mer, d'où *Aph-ro-d-i-té*, déesse sortie de l'écume de la mer, dont sa peau égalait la blancheur. 2° Cluvérius rattache à une origine commune le grec *Aphrodité*, le latin *procari* et *aprilis*, ainsi que le germanique *Frea* ou *Fricca*, Vénus. Il aurait pu citer les expressions germaniques *Frey day*, *Friday* Vendredi, ou le jour de Vénus. C'est au zend *fri* ainsi que le sanscrit *pri*, aimer. 3° Gébelin considère *Aphrodite* comme déesse des fruits, et rapporte ce surnom à la même origine que *verger, paradis, papier, poire*, etc.; ce qui est un peu vague. 4° Pluche prétend que *Aphrodité* est un composé de l'hébreu *am*, mère, et *pherudoth*, grains; mère des grains: étymologie trop forcée. Le grec *aphros*, écume, et l'ancien norvégien *fraudh, frodha*, écume, paraissent identiques. Dans Hésiode *Aphrogenia*, surnom de Vénus, mot à mot: née de l'écume.]

Aphrodisiaque, adj. De Vénus, qui excite à l'amour.

Aphrodisiaque, s.m. Philtre excitant à l'amour.

***Aphrodisiasme**, s.m. Union charnelle des deux sexes.
***Aphrodisiens**, s.m.pl. Famille d'annélides.
***Aphrodisies**, s.f.pl.ant.gr. Fêtes de Vénus.
***Aphrodisiographie**, sf.méd. Description des maladies vénériennes. (G. *graphô*, j'écris.)
***Aphrodisiographique**, adj.méd. Qui a rapport à l'aphrodisiographie.
***Aphrodite**, s.f.h.n. Genre de la classe des annélides ; genre de papillons.
***Aphrodite**, adj.bot. Se dit des plantes dont les corps reproducteurs ne sont pas le produit du concours des sexes.
***Aphrodité, ée**, et ***Aphroditien, enne**, adj.h.n. Semblable à une aphrodite.
***Aphroditiens**, s.m.pl. Famille d'annélides.
***Aphroditographie**, s.f.astron. Description de la planète de Vénus. (G. *graphô*, je décris.)
***Aphroditographique**, adj.astron. Qui a rapport à l'aphroditographie.
***Anaphrodisie**, s.f.méd. Suppression de l'appétit vénérien. (Gr. *a* privatif.)
***Anaphrodite**, adj. Impuissant.
***Anaphroditique**, adj.h.n. Se dit des corps organisés qui se développent sans le concours des sexes.
***Antiaphrodisiaque**, adj. et s.m.méd. Se dit des substances qui calment l'amour. (Gr. *anti*, contre.)
***Hermaphrodite**, s.pr.m.myth. Fils de Mercure et de Vénus. (Du grec *Aphrodité*, Vénus. *Hermés*, Mercure. La nymphe Salmacis, n'ayant pu s'en faire aimer, obtint des dieux que son corps et celui d'Hermaphrodite fussent réunis en un seul être possédant les deux sexes.)
Hermaphrodite, s.m. Personne qui a les deux sexes.
Hermaphrodite, adj. et s. Se dit des animaux ; se dit aussi d'une fleur, quand les étamines et le pistil s'y trouvent réunis.
Hermaphrodisme, s.m. Réunion des deux sexes dans un seul individu.
***Hermaphrodisme**, sm.bot. Réunion des deux organes de la reproduction dans une même fleur.
***Aphrite**, s.f.h.n. Variété d'écume de mer.
***Aphrite**, s.m.h.n. Genre d'insectes diptères.
***Aphrogale**, s.m. Lait réduit en une écume mousseuse. (Gr. *gala*, lait.)
***Aphronille**, s.f.bot. Plante diurétique.
***Aphronitre**, sm.ch. Ecume subtile du nitre.
***Aphrophore**, s.m.h.n. Genre d'insectes hémiptères. (Gr. *aphros*, écume, *phérô*, porter.)
***Aphye**, s.f.h.n. Petit poisson ; poisson de la Méditerranée, blanc et mince avec de grands yeux, que l'on croyait né de l'écume de la mer, et qui était consacré à Vénus. (Du gr. *aphué*, mot de la même racine que *aphros*.)
De là les n.pr. *Epaphras, Epaphrodite*.

APHTHE, s.m. Petit ulcère qui vient dans la bouche ; méd. au pl. éruption pustuleuse à l'intérieur de la bouche, du pharynx, du tube intestinal. (Du gr. *aphtai*, aphthes, fait du grec *haptô*, allumer, enflammer.)
***Aphtheux, euse**, adj.méd. Qui a rapport aux apthes, ou qui en est compliqué.

API, s.m. Petite pomme rouge et blanche. [C'est le latin *appiana mala*, employé par Pline, et que l'on traduit par *pommes d'api*. Pline dit : « Nous avons des pommes dites, en mémoire de leur créateur, pommes de *Matius*, de *Gestius*, de *Man-lius*, de *Scandius* : sur ces dernières *Appius Claudius* greffa le coignassier, et de lui est venu le nom de *pommes appiennes*. *Appianus* a été fait lui-même du latin *Appius*, nom d'un Romain qui obtint ces pommes par la greffe, selon Noël et Carpentier. Quant au nom même d'*Appius* les uns le dérivent du latin *apis*, abeille ; parce qu'on lit dans Varron : « *Præterea meum erat non tuum, eas novisse volucres*; « à cela près, il appartient à moi, bien plus qu'à vous, de connaître à fond les habitudes (des abeilles) de cette race ailée. » *Appius* en prononçant ces mots fait allusion à son nom qui vient de *apis*, abeille. Les noms de beaucoup d'autres animaux ont servi à former des noms propres ; comme *Vespasien* de *vespa*, guêpe, comme aussi *Aper, Merula, Scrofa, Verres*, etc., etc. D'autres forment le nom d'*Appius*, du latin *apii corona, couronne d'ache;* parce que L. Appius avait remporté cette couronne dans les jeux Néméens. Doederlein dérive le nom d'*Appius* Claudius, du grec *appa, apphus*, papa, mot enfantin. 2° De Théis dit : « Les Grecs nommaient le fruit du poirier *apios*, de *api*, pomme ou fruit analogue, en langue celtique ; ce mot *api* s'est même conservé en français pour désigner une espèce de pomme ; et les Anglais en ont fait *appl*, les All. *apfel*. 3° M. Honnorat trouve que Nodier fait dériver avec beaucoup de vraisemblance le mot *api*, du grec *apikros*, sans amertume. 4° Un philologue fait venir le nom de cette pomme de l'indien *api*, feu ; parce que ces pommes sont couleur de feu. En breton *av-al*, pomme, cornique *av-al*, gaël irl. *abh-al*, gaël écoss. *abh-al*, pomme.]

***APINAIRE**, s.m.ant.rom. Bouffon, farceur de profession, grimacier, faiseur de tours. [Du latin *apinarius*, apinaire, fait de *apinæ, arum*, bagatelles. 1° La plupart forment le mot de *Apina*, nom d'une bicoque de l'Apulie. 2° Doederlein le lie au grec *apataô*, tromper, séduire ; et à l'all. *affen*, contrefaire, jouer, berner, se moquer. 3° Voici comment Gébelin s'explique : « De *phen*, lumineux, beau, prononcé *pin*, vint le celte *pin*, beau, agréable, et le latin *apinæ*. »

***APLUSTRE**, s.m.ant.rom. Espèce d'ornement qui se plaçait à la poupe des navires ; un des attributs de Neptune. [Cet ornement que Cicéron appelle *aplustra* et Juvénal *aplustre*, terminait la partie la plus élevée de la poupe des vaisseaux de guerre : l'ornement de la proue se nommait *acrostolium*. C'étaient le plus souvent des figures de bois, représentant un Triton ou quelques autres divinités des flots. Le latin *aplustre* vient lui-même du grec *aphlaston*, aplustre. En basse latinité *aplustre, amplustre*, gouvernail de navire, dans Du Cange.]

APOLLON, s.pr.m.myth. Dieu du Parnasse, qui présidait aux beaux arts, et particulièrement à la poésie. [Du latin *Apollo, inis*, dérivé du grec *Apollôn, ônos*, Apollon. L'origine étymologique de ce nom a beaucoup exercé les étymologistes, et le problème ne paraît pas encore résolu. 1° Il semble avoir été fait, par corruption, du sanscrit *gôpâla*, berger, soit parce que ce dieu garda les troupeaux d'Admète, soit parce que dans la Grèce il fut surnommé *Nomios*, pastoral. 2° D'après Buttmann, Gésénius, et autres hébraïsants, ce nom serait de la même origine que l'hébreu *ioubal*, Jubal, fils de Lamech, inventeur de la musique ; parce qu'Apollon était le dieu de la musique. 3° Saint Clément d'Alexandrie nous apprend que le sens mystique du nom d'Apollon est : un seul Dieu ; et conséquemment il suit l'étymologie de Plutarque qui tire ce nom du grec *a* privatif, et *pollôn*, plusieurs, génitif pluriel de *polus*, beaucoup. 4° D'autres forment ce nom du grec *apolluei*, il détruit ; parce qu'Apollon est le dieu qui perd et ressuscite, le dieu qui détruisit Python l'auteur des maladies contagieuses ; ou parce qu'il est le même que l'ange exterminateur. 5° Platon considérant ce dieu comme médecin forme son nom du grec *apolouei*, il lave. Benfey adopte cette dernière conjecture, et l'appuie par l'analogie en dérivant le latin *laurus*, arbre consacré à ce dieu, du grec *louô*, je lave ; et le gr. *daphné*, laurier, du grec *déphô*, dans le sens de mouiller, arroser, tremper. 6° Platon dérive aussi *Apollôn*, du grec *apoluôn*, qui délivre des maux du corps et des maux de l'âme ; 7° puis, du grec *aploun*, le vrai et le simple, à l'égard de la divination, et vu que les Thessaliens appelaient ce dieu Haplôn ; 8° puis, du grec *aei ballôn*, dieu qui atteint toujours au but ; 9° enfin, du grec *homopolôn*, dirigeant à la fois la révolution du ciel et l'harmonie dans le chant ; 10° il le dérive aussi du grec *aei palléin tas aktinas*, lancer continuellement des rayons. 11° Cornificius croit que ce nom vient du grec *anapoléin*, retourner en sens inverse ; parce que le soleil, lancé par son mouvement naturel dans les limites du cercle du monde, que les Grecs appelaient *poloi*, pôles, est toujours ramené au point d'où il est parti. 12° On a dérivé aussi *Apollôn* du grec *apélaunô tas nosous*, chasser les maladies. 13° Speusippe dit que le nom d'Apollon signifie que c'est par la diversité et la quantité de ses feux, *apo pollôn ousiôn puros*, qu'est produite sa force, *autou sunestôlos*. 14° Cléanthe pense que ce nom signifie que le point du lever du soleil est variable, *ap'allôn kai allôn tas anatolas poioumenou*. 15° Constancio dérive ce nom du grec *apollumi*, détruire ; puis, du grec *apo*, d'en haut, et *hélé*, éclat du soleil. 16° Les auteurs du Tripartitum lient le grec *A-pollôn* au germanique *bolan-d*, *folan-d*, *valan-d*, *valan-t* ; au breton *Volan*, *Belan*, *Belen*, et au latin *Belenus*. *Belenus* ainsi que *Belinus* était un dieu de l'Illyrie, de la Norique, et vraisemblablement de certaines localités de la Gaule et de l'île de Bretagne. On le prend en général pour le soleil, et on l'assimile à Apollon. 17° Selon J.J. Bacon, le nom d'Apollon serait un composé de *ab*, signifiant père en nombre de langues, et du grec *helios*, soleil. 18° Avec La Tour d'Auvergne, le même auteur dérive encore ce nom du breton *apell* ou *bell*, de loin ; parce que le soleil darde ses rayons sur la terre d'une distance incalculable ; il soutient qu'en celtique comme en égyptien, un des noms du soleil était *on* ; et que nous retrouvons aussi ce même *on* dans l'*Apollôn* des Grecs. 19° Macrobe dit que, quand nous disons *Apollon*, il faut entendre *aspellens mala*, repoussant les maux. 20° Scrieck prétend que *Apollo* vient du scythique *aph-hol-ho*, signifiant la descente de la creuse hauteur. En anc.latin *Appello*, étrusque *Apolufe*, *Aplu*, valaque *Apolon*, Apollon.]

*Apollon, s.m.astron. Nom donné à l'étoile *a* des Gémeaux.

*Apollinaire, adj. Se dit des jeux annuels qu'on célébrait à Rome en l'honneur d'Apollon.

*Apollonien, enne, adj.astron. Se dit des hyperboles et paraboles du 2e degré. (Du nom d'*Apollonius*, ancien géomètre de Pamphilie, de qui nous avons un traité fort étendu des sections coniques.)

*Apollinariste, s.m.h.ecclés. Disciple d'Apollinaire, évêque de Laodicée.

*Apollonies, sf.pl. Fêtes qu'on célébrait à Egialée en l'honneur d'Apollon et de Diane. De là les n.pr.: *Apollonéates*, *Apolloniate*, *Apollodore*, *Apollonius*, *Apollophane*, etc. Grand nombre de villes ont été nommées *Apollonie* à cause de quelque temple d'*Apollon*, qui en était le lieu le plus près.

APPELER, v.a. Nommer une personne ou une chose, la désigner ; dire le nom d'une personne ou d'une chose ; prononcer à haute voix les noms de ceux qui doivent se trouver présents ; crier à son aide, invoquer le secours ; mander, faire venir ; convoquer, exciter ; nécessiter, réclamer, exiger ; faire choix, désigner pour une fonction ou une action importante. *Appelé, ée*, p. [Du latin *appello, as, avi, atum, are*, adresser la parole ; entretenir, haranguer, engager, solliciter à, appeler à son secours ; sommer un débiteur de payer, réclamer ; appeler, faire un appel en justice ; nommer, proclamer, citer, mentionner ; prendre à témoin ; prononcer. Le primitif du latin *appellare*, *compellare*, *interpellare*, est le verbe inusité *pello*, *pellas*, *pellare*, parler ; mot dont l'origine est très-obscure. 1° M. Delatre rapporte le latin *appellare*, appeler, *pellere*, pousser, et le grec *pélô*, se mouvoir, exister. *polémos*, combat, etc., au sanscrit *pêl*, *pal*, aller, *pil*, jeter. 2° Ihre rapporte à une origine commune l'anc. latin *pellare*, parler ; le suiogothique *spjâla*, parler, raconter ; l'anc. goth. *spillon*, et l'anglo-saxon *spellan*, parler, raconter. 3° Doederlein lie *appellare*, *compellare*, *interpellare*, à l'anglo-saxon *spellan*, parler, raconter ; à l'all. *spielen*, primit. parler, discourir ; accept. usuelle, faire parler un instrument, jouer ; et au grec *psallô*, jouer d'un instrument, faire vibrer, faire retentir. 4° Gébelin prétend que *ap-pellare* signifie propr. faire signe de la main, et rattache ce verbe au latin *palpare*, caresser, *palma*, main. 5° Constancio le dérive du grec *pélas*, proche. 6° Martinius s'est demandé, comme tant d'autres, si *pellare signifie proprement pousser des paroles de sa bouche, et si par conséquent ce verbe vient du latin *pellere*, pousser. Mais il préfère le faire dériver du grec *pélad*, *pélazô*, approcher, faire approcher. 7° Becman et d'autres hébraïsants ont cherché la racine de *pellare, *appellare*, dans l'hébreu *pâlal*, il a jugé, verbe inusité à la forme *kal*. En ital. *appellare*, nommer, appeler ; esp. *apelar*, port. et langue des Troubadours *appellar*, cat. *apellar*, appeler. En bas breton *apell*, appel, dans Bullet.]

Appeler, v.n. Recourir à un tribunal supérieur.

Appeau, s.m. Sifflet avec lequel on contrefait la voix des oiseaux ; oiseau dressé à en attirer d'autres dans un piége. (*Appeau* et *rampeau, du fr. *appel*, *rappel* : Eloi Johanneau. En anc. fr. *appeau*, appel ; dénomination, nom. Patois de Champagne *appiaus*, appel, cri, appeaux.)

*Appeau, s.m.horlog. Petit timbre qui sonne les quarts et les demi-heures.

Appel, s.m. Action d'appeler ; signal fait avec le tambour ou la trompette ; recours à un tribunal supérieur pour la révision d'un jugement ; défi, provocation, cartel ; escrime, attaque qui se fait d'un simple battement du pied à la même place.

*Appel, s.m. chasse. Manière de sonner du cor pour animer les chiens.

Appelant, ante, adj. et s. Qui appelle d'un jugement.

Appelant, s.m. Oiseau servant à appeler les autres pour les faire venir dans les filets.

*Appeler, v.n. chasse et manége. Donner un appel.

***Appeler**, v.n. jeux. Jouer au jeu du quadrille avec le roi appelé.
Appellatif, adj.gramm. Se dit d'un nom qui convient à toute une espèce.
Appellation, s.f. Action d'appeler, de nommer; prat., appel d'un jugement.
***Contre-appel**, s.m.t.milit. Moyen de constater si un appel a été régulièrement fait.
***Contre-appel**, s.m. escrime. Mouvement opposé à l'appel de l'adversaire.
***Compellatif, ive**, adj.gramm. Qui indique qu'on adresse la parole à quelqu'un. (Du latin *compellare*, adresser la parole, apostropher, l'*cum*, et **pellare*, parler, nommer, d'où *appellare*.)
***Compellatif**, s.m.gramm. La proposition qui sert à appeler l'attention de ceux à qui s'adresse le discours.
***Compellation**, s.f.anc.législ. des Pays-Bas. Interrogatoire sur faits et articles.
S'entr'appeler, v.a.pron. S'appeler l'un l'autre, *Entr'appelé, ée*, part.
Inappelé, ée, adj. Qui n'est pas appelé.
Interpeller, v.a.t. de palais. Requérir, sommer; sommer de répondre, de s'expliquer. (Lat. *interpellare*, couper la parole à quelqu'un, interrompre, importuner; sommer un débiteur; rarement, adresser la parole à; r. *inter*, **pellare*.) *Interpellé, ée*, p.
***Interpellateur, trice**, adj. et s. Qui interpelle.
Interpellation, sf. Sommation, interrogation.
***Interpellation**, s.f. Demande adressée à une partie ou à un témoin, pour en obtenir des explications sur un fait.
Rappeler, v.a. Appeler de nouveau; faire revenir une personne qui s'en va; faire revenir quelqu'un d'un lieu où on l'avait envoyé pour y exercer une fonction; révoquer; faire revenir un exilé, un disgracié; fig. faire revenir dans la mémoire; battre le tambour d'une certaine manière pour assembler des soldats. *Rappelé, ée*, p.
***Rappel**, s.m. Action par laquelle on rappelle; t. milit., signal du tambour pour rassembler des soldats; paie d'une portion d'appointement restée en suspens.
***Rappel**, s.m. psychol. La mémoire volontaire ou active.
***Rappelant, ante**, adj.néol. Qui rappelle, qui frappe la mémoire.
Réappel, s.m. Second appel, appel qui se fait après le premier.
Réappeler, v.a. Faire un second appel, recommencer l'appel. *Réappelé, ée*, p.

APRE, adj. Qui a des aspérités, des inégalités rudes et incommodes, rude, raboteux, incommode; qui imprime au palais un goût qui ne nous laisse que de l'âcreté; fig. ardent, avide; disposé à; dont les manières sont choquantes et rudes. (Du latin *asper, era, um*, âpre. 1° Doederlein a cherché l'origine du latin *asper*, dans le grec *aspairô*, être agité; 2° le même, ainsi que Constancio, dans le grec *sparassô*, je déchire; 3° Bullet, dans le gallois *ger*, broche; 4° Gébelin, dans le prétendu primitif *per*, broche; 5° Vossius, ainsi que Scaliger et Martinius, dans le grec *asporos*, non ensemencé, stérile. En valaque *aspru*, ital. *aspro*, âpre; esp. et port. *aspero*, cat. et langue des Troubadours *aspre*, âpre; langue romano-castraise *ispre*, prov. *aspre*, bas limousin *ispre*, savoisien *apro*, âpre. En vi. fr. *aspresse*, âpreté.)
***Apre-à-la-proie**, fauc. Se dit d'un oiseau qui se sert courageusement du bec et des ongles.
Aprement, adv. Avec âpreté, d'une manière âpre.
Apreté, s.f. Qualité de ce qui est âpre.
*** Aspérelliné, ée**, adj.bot. Un peu rude au toucher.
*** Aspérellinées**, s.f.pl. Famille de plantes graminées.
Aspérité, s.f. Rudesse; qualité de ce qui est rude, raboteux, inégal; au pr. et au fig.
*** Aspérule**, s.f.bot. Genre de plantes presque toutes originaires de l'Europe. (Du lat. *asper*, d'où *asperugo, asperula*. Ces plantes sont moins rudes que le gratéron.)
*** Aspérulé, ée**, adj.bot. Qui ressemble à une aspérule.
§*** Aspérulées**, s.f.pl. Groupe de plantes de la famille des rubiacées.
*** Asprelle**, s.f. arts et mét. Plante dont les ébénistes emploient la tige pour polir leurs ouvrages.
Presle ou **Prêle**, s.f.bot. Plante à tiges striées et rudes au toucher; elle sert à polir le bois. (De l'anc. fr. *esprelle*, en ital. *asperella*, prêle. On a dit aussi *aspérèlle*. Du latin *asper*.)
*** Prêler**, v.a. Polir avec de la prêle. **Prêlé, ée*, p.
Exaspérer, v.a. Aigrir, irriter à l'excès. (Du latin *exasperare*, rendre rude, âpre, raboteux, irriter, exaspérer; r. *ex*, et *asper*.) *Exaspéré, ée*, p.
Exaspération, s.f. Action d'exaspérer; état de ce qui est exaspéré.

APTE, adj. Propre à. [Du latin *aptus*, propre à, de *aptus*, participe du v. *apiscor*, atteindre, acquérir, attraper, attaquer, comprendre, fait lui-même du vieux verbe *apio*, id. En grec *haptos*, tactile, tangible, palpable; *haptô*, nouer, attacher, fixer, accrocher; *haptomai*, s'attacher, toucher, s'attaquer à; *hapsis*, attouchement, toucher; liaison, voûte, arcade. En sanscrit *âp*, atteindre, obtenir, acquérir, posséder; *âpayami*, j'atteins, j'obtiens; *âptas*, tenu, joint; *âptis*, contact; *âptus*, membre; *âpatti*, acquisition, obtention. « Dans les langues aryennes *ip* exprime l'idée d'acquérir. » En égyptien *op*, adapter. En all. *heften*, attacher, lier; haut all. anc. *haftan, heftan*, suéd. *haefta*, dan. *haefte*, anc. scandin. *hefta*, attacher, lier; f=p. En irl. *abachd*, gain. En ital. *atto*, apte; esp. et port. *apto*, cat. et langue des Troubadours *apte*, apte; gaël irl. *ap*, apte.]
Aptitude, s.f. Disposition à.
*** Aptitude**, s.f. Habileté, capacité à posséder un emploi, à recevoir un don, un leg.
*** Aptumisme**, s.m. Condition d'une personne propre à tout.
*** Aptumiste**, s. Propre, apte à tout.
Attitude, s.f. Disposition et situation qu'on se donne, ou qu'on donne aux figures qu'on représente; manière d'être convenable du corps, de la tête. (Pour aptitude.)
Adapter, v.a. Appliquer, ajuster une chose à une autre; faire cadrer; archit. approprier un ornement, une saillie. (Lat. *adaptare, r. ad, apiscor*.) *Adapté, ée*, p.
Adaptation, s.f. Action d'adapter.
Adepte, s.m. et f. Celui qui croyait être parvenu au grand œuvre; celui qui est initié dans les mystères d'une secte, ou dans les secrets d'une science. (Lat. *adeptus, d'adipiscor*, j'acquiers; r. *ad, apiscor*.)
*** Coadapter**, v.a. Adapter deux choses l'une à l'autre. **Coadapté, ée*, p.
*** Coaptation**, s.f.chir. Action de remettre à sa place un os luxé, ou de réunir les deux frag-

ments d'un os fracturé. (Lat. *coadaptare*, adapter, r. *cum*, *ad*, et *apiscor*, *aptus*.)

*****Inapte**, adj. Qui manque d'aptitude.

Inaptitude, s.f. Défaut d'aptitude pour.

Inepte, adj. Sans aptitude; impertinent, absurde.

Ineptement, adv. D'une manière inepte.

Ineptie, s.f. Caractère de ce qui est inepte.

*****Périapte**, s.m. antiq. gr. Amulette, talisman que l'on portait au cou. (Gr. *péri*, autour, *haptó*, nouer, attacher, fixer.)

Abside, s.f. archit. Voûte, niche, partie circulaire; sanctuaire d'une église. (Du grec *hapsis*, attouchement; *hapsis*, liaison, et *hapsis*, voûte, arcade; r. *haptó*, lier.)

*****Abside**, s.f. Châsse où l'on mettait les reliques des saints; oratoire secret.

Absides, s.m.pl. astron. Les deux points de l'orbite d'un astre, le plus rapproché et le plus éloigné. (Gr. *hapsis*, liaison, voûte; apside de l'ellipse en géométrie; r. *haptó*.)

ARA, s.f. astron. Constellation plus communément appelée l'*Autel*. [Du latin *ara*, autel; endroit élevé; astron. l'Autel, constellation. 1° Selon Varron et Macrobe, les autels *ara*, s'appelaient anciennement *asæ*, anses; parce qu'il fallait qu'ils fussent tenus par ceux qui offraient des sacrifices, de la même façon qu'on tient les vases par les anses. D'*asa* en aurait fait *ara*, comme de *Valesius*, *Valerius*, de *Fusius*, *Furius*, etc. 2° Le mot *ara*, dit Falconnet, est parallèle du grec *bômos*. *Ara* primitivement signifie lieu élevé, ainsi que le grec *bômos* et *bounos*. Joseph Scaliger l'avait remarqué. Ce mot, ajoute-t-il, vient manifestement du celtique *ar*, ou du moins de l'ancien armorique *ar*, sur, dans Boxhornius. 3° Le P. Pezron dérive le latin *ara*, du celtique *ara*, terre; 4° et Bullet du gallois *ar*, pierre, roc; d'où *hern*, pierre, dans la langue des Marses. 5° Constancio, Doederlein, Quicherat et Daveluy, après Vossius, le dérivent du grec *airó*, lever, élever, exhausser. 6° Les auteurs du Tripartitum le lient au germanique *herd*, feu, maison. 7° Isidore le forme du latin *ardere*, brûler, à cause du feu que l'on faisait sur les autels pour les sacrifices; 8° c'est par la même raison que plusieurs hébraïsants le dérivent de l'hébreu *ará*, il a brûlé. 9° Un autre hébraïsant le dérive de l'hébreu *árar*, il a maudit, il a exécré. 10° Quelques hellénistes croient que *ara* vient du grec *ara*, prière, supplication, vœu. En ital. *ara*, esp., port., cat. et langue des Troubadours *ara*, autel.]

ARA, s.m.h.n. Gros perroquet à longue queue, et dont le plumage est fort beau. [La plupart des auteurs ont distingué sous ce nom d'*aras* les grandes espèces de perroquets du Nouveau-Monde. Ce nom est une imitation des cris rauques de ces oiseaux. Nodier a inséré cette onomatopée dans son dictionnaire où il dit : « Ce nom a été tiré du cri qu'il semble articuler, *ara*, d'un ton rauque, grasseyant, et si fort qu'il offense l'oreille. » *Araraca*, s.m. est le nom que les naturels du Paraguay donnent aux *aras*. *Arara*, s.m. est le nom vulgaire de l'ara rouge, que les Brésiliens nomment *araracanga*.]

Ararauna, s.m. est le nom que les Brésiliens donnent à l'ara bleu.

Haras, s.m.h.n. Synonyme de *ara*.

*****ARABE**, s.m. Nom propre d'un peuple originaire d'Asie, entre l'Egypte, la Chaldée, la Syrie et la Palestine. [Du latin *Arabs*, *bis*, dérivé du gr. *Araps*, Arabe. 1° D'après Gébelin, Leusden, et autres, ce nom vient de l'hébreu *héreb*, le soir, de *hárab*, le soleil s'est couché, verbe également syriaque et éthiopien. Les Arabes auraient reçu ce nom, parce qu'ils habitaient à l'occident de l'Asie. Strabon appelle *Arabes* les peuples qui habitaient le long des côtes occidentales du golfe Arabique. On les appelait aussi Troglodytes, parce qu'ils habitaient dans les cavernes et les trous des rochers. 2° Gésénius et autres forment le nom des *Arabes* de l'hébreu *hárab*, il fut aride, il fut sec. Comme l'Arabie et surtout l'Arabie-Pétrée est sèche et aride, il faudrait vérifier si au contraire on ne s'est pas servi de son nom pour désigner en général ce qui est sec et aride. Ce n'est guère qu'à cette condition que l'étymologie de Gébelin, de Bochart, de Leurden et autres, peut être définitivement préférée. Volney, qui partage le sentiment de Gésénius, nous dit : « De même que *bédoui*, d'où *Bédouin*, signifie homme du désert, de même son synonyme, le terme *Arab*, d'où *Arabes*, désigne propr. une solitude, un désert. A cette analogie alléguée par Volney, on pourrait opposer un passage d'Homère, où ce poète appelle les Arabes *Erembous*. Ce dernier nom a pour racine en grec *érébos*, l'enfer, l'obscurité, les ténèbres, et en hébreu *hárab*, le soleil s'est couché. De plus *Erembois* est le même peuple que les Troglodytes et que les *Arabes* dont parle Strabon, lesquels habitaient le long des côtes occidentales du golfe Arabique. D. Francisco de S. Luiz dit que l'hébreu *hárab*, le soleil s'est couché, *héréb*, le soir, s'écrit selon les différents dialectes *hharb*, *warb*, *garb*, *hherb*, *hhéreb*, et *heurope*, mots signifiant la nuit, le soir, le coucher du soleil, l'occident, occidental, et que ces noms furent appliqués d'abord à la partie occidentale des pays occupés par les Arabes, puis à la partie occidentale de l'Afrique, puis à l'*Europe* en général, mais particulièrement aux régions occidentales de l'Europe et de l'Afrique. Voyez *Europe*. Les Arabes de l'Afrique septentrionale étaient appelés Arabes du *Gharb*, parce qu'ils étaient au couchant par rapport aux Arabes d'Egypte. *Arabe* en berbère se dit *àarab*. Chez les Arabes eux-mêmes, *àreb* désigne le peuple arabe, surtout celui des villes, comme *àrab* est le nom donné aux habitants des déserts; et *magárbe*, pluriel de *magrebi*, signifie hommes du *gharb*, ou couchant, ce sont nos Barbaresques.]

Arabe, s.m.fam. Usurier; ou homme qui vend excessivement cher.

Arabe, adj. Se dit des chiffres en usage dans notre système de numération. (Nous avons reçu ces chiffres des *Arabes*, comme eux-mêmes les avaient reçus de l'Inde.)

*****Arabie**, s.pr.f.géogr. Région où la langue et les caractères arabes sont en usage depuis un temps immémorial.

Arabesque, adj. Se dit d'un genre d'architecture introduit par les Arabes en Europe au moyen-âge.

Arabesques, s.f.pl. Sorte d'ornements dont on attribue l'invention aux Arabes.

Arabique, adj. Qui est d'Arabie.

*****Arabesse**, adj. et s.f. Femme née en Arabie.

*****Arabine**, s.f.chim. Portion soluble dans l'eau de la gomme arabique.

*****Arabisant**, s.m. Celui qui a fait une étude particulière de l'arabe, et qui possède cette langue.

*****Arabiser**, v.a. Donner une forme arabe à un mot étranger à cette langue. *Arabisé,ée*, p.

*****Arabiser**, v.n. S'occuper d'Arabe.

*****Arabisme**, s.m. Locution propre à l'Arabe.

-**Mostarabe**, et non **Mozarabe** ni **Musarabe**, ad. Se dit d'un étranger devenu pour ainsi dire Arabe par un long séjour dans le pays. On appelle ainsi, chez nous, les Chrétiens d'Afrique et d'Espagne issus du sang arabe ou maure. (De l'ar. *mostarabe*, assimilé aux Arabes. Cette orthographe, dit M. Pihan, est la seule qui puisse faire reconnaître la racine du mot français.)

ARABLE, adj. Labourable, qu'on peut labourer. [Du latin *arabilis*, fait du verbe *aro*, *aras*, *aravi*, *aratum*, *arare*, labourer. En grec *aroô*, je cultive; *aroura*, terre labourable ou labourée, guérets, champ, terre, mesure agraire de cent coudées. Latin *arvum*, terré labourée, champ, terroir, sol. Sanscrit *arv*, rompre, fendre, labourer. En hébreu, chald. et éthiopien *charasch*, labourer; syriaque *charat*, labourer. En arabe *harousa*, *ers*, labourer. En étrusque *arfer*, labourage, ar. *ard*. En turc *erts*, cultivateur; ar. *hâris*, agriculture. Lithuanien *aru*, je laboure; lett. *arru*, russe, *oriu*, polon. *orze*, je laboure. Teuton *aren*, labourer, anglosaxon *erian*, frank *eren*, *erren*, goth. *arian*, labourer. Latin *aratrum*, charrue, gallois *arad*, breton *arar*, anc. fr. *aroy*, charrue. Ital. *arare*, labourer; anc. cat., esp., port. et langue des Troubadours *arar*, langue des Trouvères *arer*, labourer. Irl. *air*, labouré, *ar*, labour; savoisien *ara*, sillon de la charrue.]

*Araire, s.m. Charrue sans avant-train.

*Araires, s.m.pl.anc.cout. Tous les instruments aratoires.

*Aratoire, adj. Qui sert, qui appartient à l'agriculture.

*Aratriforme, adj. De la forme d'une charrue.

*Arviculture, s.f. Science des travaux relatifs à la culture des céréales.

*Arvicole, adj.h.n. Qui habite les champs couverts de blé. (Lat. *arvum*, champ, r. *aro*, et *colo*, j'habite.)

*Arvien, enne, adj. Qui vit dans les guérets.

*Ambarvale, adj.ant.rom. Se disait de la victime qu'on immolait tous les ans pour obtenir une abondante récolte. (Du latin *ambarvalis hostia*, victime qu'on promenait autour des champs avant de l'immoler, de *amb*, autour, *arva*, champs.)

*Ambarvales, s.f.pl.ant.rom. Sorte de procession religieuse qui se faisait autour des champs avant la moisson.

*Redarator, s.pr.m. Dieu romain qui présidait à la seconde façon que l'on donnait à la terre.

ARACK ou **RACK**, s.m. Liqueur spiritueuse distillée de différentes substances, qui varient selon les pays où elle est fabriquée. [1° D'après La Loubère, Constancio, Reiff, Pihan, ce mot est d'origine ar. 2° D'autres disent que *arack*, ou *rak*, est d'origine indienne, ou d'origine asiatique. 3° Un autre le dérive du gr. *rhax*, *rhagos*, grain, grain de raisin; 4° un autre, du phénicien *harak*, brûler, égyptien *rokh*, brûler. 5° D. Francisco de S. Luiz soutient que ce mot vient de la Perse. Les Indiens avec du vin de palmier et une liqueur nommée chez eux *arach*, qui n'est autre chose qu'un esprit de sucre, font une teinture dorée, un peu amère, admirable pour fortifier l'estomac, et pour guérir l'épilepsie causée par le vice du ventricule: J. des Sav.p. 536, année 1702. Du riz les Siamois font d'abord de la bière, dont ils ne boivent point; mais ils la convertissent en eau-de-vie qu'ils appellent *laou*, et les Portugais *arak*. De la bière de riz ils font aussi du vinaigre: La Loubère. En russe *raka* désigne le premier esprit d'eau-de-vie de grain: M. Reiff. Les Kalmouks appellent *araka* l'eau-de-vie, qu'ils tirent, par la distillation, du lait de jument aigri. Sir Archibald Edmonston rapporte que la population des oasis, qui est musulmane, fait un grand usage d'une sorte d'eau-de-vie de dattes qu'elle appelle *rakieh*. En arabe *'araq*, action de suer; sueur, et métaphoriquement suc, essence qui sort d'une chose par la pression; liqueur spiritueuse, eau-de-vie; et *raqy*, *araqy*, eau-de-vie. En turc *raqy*, pour *'araqy*, eau-de-vie de l'ar. *rachh*, sueur; d'où le turc *bouracch*, père de la sueur, sudorifique, bourrache, plante, d'après M. Pihan et autres. En Malais *arack*, liqueur spiritueuse, arack. En aware *araki*, eau-de-vie, antsoukh *arak*, tchari *arakim*, andi *arak*, dido et ounso *araki*, quazi-qoumouq *arak*, akoucha *haraky*, eau-de-vie; touchi *arak*, tchetchentse *arak*, ingouche *arak*, ossète *arak*, eau-de-vie. En valaque *arak*, arack. En pol. *arack*, arack. En kirghize *arak*, eau-de-vie, mongol *ariky*, id. En angl. *arack*, *arrack*, *rack*, arack. En port. *orraca*, *arraca*, nom d'une boisson extraite du coco. Le romano-castrois *raco*, marc de la vendange, eau-de-vie de mauvaise qualité, et le marseillais *raquo*, marc de raisin, semblent venir du grec *rhax*, *rhagos*, grain de raisin, plutôt que de l'art. *raqy*, *'araqy*, eau-de-vie.]

Bourrache, s.f.bot. Plante médicinale, propre à tempérer l'âcreté du sang et de la bile. (D'après M. Pihan, de l'arabe *bou* pour *abou*, père, et *raschch* ou *rachah* sueur: père de la sueur; *rascheh*, appartient au même radical que l'arabe *'araq*, action de suer, sueur; suc, essence, d'où le mot *arack*. La bourrache est une plante originaire du Levant. Son étymologie arabe rappelle sa vertu sudorifique. On l'emploie principalement dans les tisanes pectorales. Ainsi le mot *bourrache* ne vient pas du prov. *bourra*, bourre, et de la désinence *ache*; ni du latin barbare *bourra*, bourre; ni du grec *poa*, herbe, et *rhiknos*, retiré, contracté, ridé, raboteux; ni du latin *vorare*, dévorer; ni du mot *borax*. En latin **borrago*, basse latinité *borraquia*, bourrache. (*sch*, *ch*, *g*, *q*, se permutent.) All. *burretsch*, *borretsch*, angl. *borage*, ital. *borragine*, anc.cat. *boraja*, esp. *borraja*, port. *borragem*, langue des Troubadours *borrage*, bourrache; gloss.champ. de Tarbé *bourroche*, bourrache.)

*Borraginé, ée, adj.bot. Semblable à la bourrache.

*Borraginées, s.f.pl. Famille de plantes.

*Borraginoïde, adj.bot. Qui a l'apparence de la bourrache.

ARAIGNÉE, s.f. Genre d'insectes bien connus, qui tirent de leur corps un fil auquel ils se suspendent et dont ils forment un merveilleux tissu pour prendre de petites mouches et d'autres insectes dont ils se nourrissent. [Du latin *aranea*, araignée, dérivé lui-même du grec *arachné*, araignée. 1° Ogério, Kannius, Creuzer, Gésénius, Martinius, ont cherché l'origine de ce mot dans l'hébreu *árag*, il a entrelacé, il a tissé. *Arag* a été fait lui-même de l'hébreu *rágah*, il a été jeté ou lancé d'un côté et de l'autre; en sanscrit *rag*, mouvoir. Le mot berbère *tissist*, araignée, semble lui-même se lier au latin *texere*, et au fr. *tisser*. C'est ainsi que l'all. *spinne*, araignée, se rapporte à l'all. *spinnen*, filer, *auspinnen*, tisser. 2° Doederlein l'a cherchée dans le grec *rhachos*, filet; 3° Constancio, dans le grec *arô*, joindre, assembler, ou *rhéô*, couler, courir, et *néô*, filer; 4° Bullet, dans le celtique *aran*, toile, d'où le breton *bougaran*, bougran, selon lui; La Tour d'Auvergne, dans le prétendu primitif *ara-né*, qu'il forme du breton *né*, *néa*, *néza*, *nézi*, filer. En ital. *aragna*, araignée, esp. *arana*, cat. *arany*, port. *ararha*, langue des Troubadours *arana*, *aranh*, *eranha*, araignée; romano-castrais *iragne*, *irágnó*, araignée; gloss. champenois *yraigne*, araignée, dans Tarbé; patois de Champagne *araigne*, savoisien *aragne*, anc. fr. *iraigne, yraigne*, rouchi *araine, arane*, araignée.]

*__Araignée__, s.f. Nom donné à l'un des cercles de l'astrolabe, qui est percé à jour, et porte différents bras dont les extrémités marquent la position des étoiles.

*__Araignée__, s.f. mar. Réseau en petit cordage, que l'on a comparé à une toile d'araignée.

*__Araignée__, s.f. art. milit. Se dit des branches ou galeries aboutissant à des fourneaux de mine.

*__Araignée__ ou __Araigne__, s.f. Crochet de fer à plusieurs branches servant à retirer les seaux d'un puits.

*__Araignée__ ou __Araigne__, s.f. Sorte de filet servant surtout à prendre des merles.

*__Araigneux, euse__, adj. Qui ressemble à une toile d'araignée.

*__Arané, éc__, adj. h.n. Qui a quelque rapport avec une araignée.

*__Aranéen, enne__, adj. h.n. Semblable à une araignée.

*__Aranéens__, s.m.pl. Famille d'arachnides.

*__Aranéeux, euse__, adj. Qui imite une araignée ou une toile d'araignée.

*__Aranéide__, adj.h.n. Qui ressemble à l'araignée.

*__Aranéides__, sm.pl. Famille d'insectes aptères.

*__Aranéidiforme__, adj. h.n. De la forme d'une araignée.

*__Aranéifère__, adj. Qui porte des araignées.

*__Aranéiforme__, adj. De la forme d'une araignée.

*__Aranéographe__ et __Aranéologue__, s.m.h.n. Qui s'occupe spécialement des araignées.

*__Aranéographie__ ou __Aranéologie__, s.f.h.n. Traité des araignées.

*__Aranéoïde__, adj. Qui a l'apparence d'une araignée. (G. *eidos*, apparence.)

*__Araniste__, adj.h.n. Semblable à une araignée.

*__Arantèles__, s.f.pl. Filandres aux pieds du cerf. (Lat. *aranea* araignée, et *tela*, toile, ou suivant Ménage et Jault *tinea*, tigne.)

*__Aranulistes__, s.m.pl. Famille d'arachnides.

*__Arachnes__, s.f.pl. Famille d'arachnides.

*__Arachnide__, adj.h.n. Semblable à l'araignée.

*__Arachnides__, s.m.pl. Classe du règne animal, renfermant les araignées.

*__Arachnodermaire__, adj.h.n. A peau fine comme une toile d'araignée. (Gr. *derma*, peau.)

*__Arachnoïde__, adj.h.n. Qui a l'apparence d'une araignée ou d'une toile d'araignée.

__Arachnoïde__, sf. La membrane mince et transparente qui enveloppe le cerveau.

*__Arachnoïdien, enne__, adj.h.n. Qui a la finesse d'une toile d'araignée.

*__Arachnoïdite__, sf. méd. Inflammation de l'arachnoïde.

*__Arachnologie__, s.f. Traité sur les araignées.

*__Arachnologue__, s.m. Qui écrit sur les araignées.

*__Arachnophile__, adj. et sm. Qui aime les araignées.

*__Arachné__, s.pr.f.myth.gr. Fille d'Idmon, de la ville de Hypæa en Lydie. Fière de son habileté dans l'art de tisser, elle osa défier Minerve elle-même. La déesse la métamorphosa en araignée.

__ARBITRE__, s.m. Celui qui est appelé pour concilier, terminer, régler, à son gré, les différends qui lui sont soumis, en vertu du pouvoir discrétionnaire qu'on lui donne; maître absolu. [Du latin *arbiter*, *arbitri*, témoin, espion, confident; fig. qui a vue sûr, qui est en face; juge, arbitre, expert; maître, régulateur, souverain. On a fait diverses conjectures sur l'origine du latin *arbiter*. 1° Doederlein, après Francus Junius, le forme du latin *ar*, pour *ad*, vers, et de *betere*, marcher, aller. 2° Nunnésius Valentinius croit que *arbiter* est une syncope du grec *brabeutés*, juge d'un combat, qui donne le prix du combat. 3° Lennep prétend qu'il vient du grec inusité *arbió*, pour *aró*, j'attache, je compose; 4° Fungérus et Guichard prétendent que le grec *brabeutés*, juge, et le latin *arbiter*, viennent de l'hébreu *roub*, le même que *rtb*, plaider, être en procès, en contestation. 5° Gébelin forme *arbiter* de *ar*, terre, en hébreu *éréts*, et de l'hébreu *bátach*, il s'est confié à, il a placé son espoir et sa confiance en quelqu'un; mot à mot : celui qui a la confiance du canton, de la contrée. 6° Bullet dit tout simplement que *arbiter* vient du bas breton *arbitrer*. Il est bien douteux que *arbitrer* soit originairement un mot breton. 7° Le Bel soutient que *arbiter* est pour *arpiter*, et que ce mot se retrouve dans *Ju-piter*, dans *Mars-piter*, *Dies-piter*, et qu'il signifie radicalement le père de l'art. En ital. *arbitro*, esp., port. et savoisien *arbitro*, arbitre; en catal. *arbitre*, langue des Troubadours, prov. et auvergnat *arbitre*, valaque *arbitru*, arbitre.]

__Arbitrage__, s.m. Jugement par arbitres; comparaison des changes des différentes places.

__Arbitraire__, adj. Se dit d'un pouvoir qui n'a de règle que la volonté; despotique, absolu.

__Arbitraire__, s.m.t. de dénigrement. Acte d'un gouvernement où la volonté des personnes remplace celle de la loi.

__Arbitrairement__, adv. D'une façon arbitraire.

__Arbitral, ale__, adj. Se dit d'une sentence rendue ou d'un jugement prononcé par des arbitres.

__Arbitralement__, adv. Par arbitres.

*__Arbitrateur__, s.m. anc. jurispr. Amiable compositeur.

__Arbitration__, s.f. Estimation en gros; liquidation.

*__Arbitrator__, s.pr.m.myth. Surnom de Jupiter.

__Arbitrer__, v.a. Estimer, régler, décider, en qualité d'arbitre ou de juge. *Arbitré, ée*, p.

__Libre arbitre__, s.m. philos. Faculté de l'âme pour se déterminer à une chose plutôt qu'à une autre; faculté de celui qui est maître de soi, ou indépendant de l'autorité des sens.

__Sur-arbitre__, s.m.prat. Troisième arbitre choisi pour départager les deux autres.

__ARBOUSIER__, sm.bot. Arbrisseau qui porte l'arbouse. [Du latin *arbutus, i*, arbousier. 1° Gébelin, Roquefort et autres, dérivent *arbutus*, du latin *arbor*, arbre. 2° M. Delatre rattache le latin *arbor*, et *arbutum*, au sanscrit *bhu*, croître, et *bhuta*, grand. 3° Vossius le dérive du grec *arkeuthos*, genévre; 4° et Doederlein, du latin *rubus*, ronce, framboisier, églantier; 5° De Théis, du celtique *ar*, rude, âpre, buisson; à cause de l'âpreté de son fruit. 6° Quelques-uns pensent que *arbutus* est une altération du nom celtique de cet arbrisseau.]

__Arbouse__, sf. Fruit de l'arbousier.

__ARBRE__, sm. Le premier et le plus grand des végétaux, qui n'a qu'un seul et principal tronc, qui pousse beaucoup de branches et de feuilles, qui jette beaucoup de bois; grosse et longue pièce de bois, principale pièce dans certaines machines; certain axe de bois ou de métal. [Du latin *arbor, arboris*, arbre; bois; navire; potence, croix; arbre de pressoir; lance, javeline; dans Pline, poisson de mer. 1° D'après Anquetil, Rask et Burnouf, du zend *oruere* ou *urvara*, arbre, aurait pu venir le latin *arbor*, pour *arvor*, arbre. En portugais *arvore*, arbre : b = v. Au sanscrit *urvará*, terre fertile, le zend *urvara* semble se lier, comme l'all. *baum*, arbre, au sanscrit *bhúmi*, terre. 2° *Arbor* pourrait aussi être un dérivé du sanscrit *ruvan*, arbre, fait de *ruh*, croître. 3° M. Delatre pense que le sanscrit *bhu*, dans le sens de croître, a donné à la langue latine *arbor*, *ar* étant une forme ombrienne de *ad*. 4° Priscien a cherché l'origine du mot *arbor* dans le latin *robur*, *roboris*, chêne, toute espèce de bois dur; force du corps. Il aurait pu ajouter que de même en grec *drus* signifie également chêne et arbre en général, de plus arbre fruitier. 5° César Scaliger a demandé l'origine de *arbor* au grec *airô*, élever, *bia*, force; 6° Vossius, au grec *airô*, élever, et *bosis*, nourriture, aliment; 7° puis, à la manière de Guichard et autres hébraïsants, à l'hébreu inusité *abab*, il a produit des fruits, par l'insertion de la lettre *r*; 8° Gébelin, au celtique *bo*, arbre, et *ar*, hauteur; 9° Doederlein, au grec *rhips*, jeunes branches, jonc, roseaux, cannes; au grec *rhôps*, buisson, ramée; et au grec *rhabdos*, baguette, verge; 10° Constancio, au grec *ord*, pousser, élever, faire naître, et *opos*, suc, sève; 11° puis, à l'égyptien *bô*, arbre, et *ra*, *rôt*, produire, naître, croître. En valaque *arbor*, arbre; basque *arbola*; ital. *albero*, anc. ital. *arbore*, esp. *albol*, cat. *arbre*; langue des Troubadours *arbre*, *albre*, *aybre*, arbre; prov. *aubre*, bas limousin *aoubre*, arbre; patois de Champagne *albre*, *aubre*, *orbre*, *ob*, arbre; rouchi *abre*, *arpe*, arbre; savoisien *abro*, arbre; picard, normand, franc-comtois, berrychon, lorrain *abre*, arbre.]

*Arbre à salade, sm.bot. Nom vulgaire de l'*olax*, parce que les naturels de Ceylan en mangent la feuille en salade.

*Arbre aux patenôtres, bot. Arbre ainsi nommé de l'usage d'en enfiler les grains pour en faire des chapelets.

*Arbre de vie, bot. Nom français du *thuya* ou *thya*. (Par allusion à sa verdure perpétuelle.)

*Arboré, ée, adj.h.n. Se dit des plantes à tiges ligneuses, et d'animaux vivant sur les arbres ou dans les buissons.

Arborer, va. Planter quelque chose haut et droit à la manière des arbres; fig. se déclarer ouvertement. (Autrefois la hampe d'un drapeau s'appelait *arbre*; de là le verbe arborer.) *Arboré, ée*, p.

*Arborer, vn.mar. Se dit dans la Méditerranée, pour signifier mâter. (Lat. *arbor*, arbre, lance, mât, etc.)

*Arborescence, sf. Qualité d'un végétal qui devient arbre.

*Arborescent, ente, adj. Qui a la forme, le caractère, le port d'un arbre.

*Arboriculture, sf. Culture des arbres.

*Arboriforme, adj. De la forme d'un arbre.

*Arborisation, s.f. minér. Dessin naturel d'arbres, de feuillages dans certaines pierres; amas de cristaux figurant un arbre.

Arborisé, ée, adj.minér. Se dit des pierres sur la coupe desquelles on voit des représentations d'arbres, de feuillages.

*Arboriste, sm. Qui cultive des arbres.

*Arbret ou Arbrot, sm.chass. Petit arbre garni de gluaux.

*Arbrier, sm.technol. Fût de bois sur lequel est ajusté l'arc de l'arbalète.

Arbrisseau, sm. Petit arbre; végétal au-dessous de l'arbre.

*Arbusculaire, adj didact. Ramifié à la manière d'un petit arbre.

*Arbuscule, sm.bot. Petit arbre.

Arbuste, sm.bot. Petit arbrisseau; végétal au-dessous de l'arbrisseau.

*Arbustif, ive, adj. Placé contre un arbuste.

Désarborer, va.mar. Oter le pavillon, abattre le mât. *Désarboré, ée, p.

*Enarbrer, va.horl. Monter et river une roue sur son arbre. *Enarbré, ée, p.

Sous-arbrisseau, sm. Plante entre l'arbrisseau et l'herbe, arbuste.

Abri, sm. Lieu où l'on peut se mettre à couvert, et fig. hors de danger. (Ce mot ne vient pas du latin *apricus*, exposé au soleil, qui aime le soleil, chaud et serein, comme l'ont cru des savants très-distingués; il vient simplement de l'anc. fr. *abre*, pour arbre. Au reste on a dit aussi *arbri*, pour *abri*, d'après Sainte-Palaye, Noël et Carpentier, et autres. Etre à l'abri veut dire proprement être sous un arbre; et non pas être exposé au soleil, être chaud. Autrefois on prononçait à la cour *abre*, *mabre*, pour *arbre*, *marbre*. De leur mot *abre*, arbre, les Picards ont fait *abrier*, mettre à l'abri. En toulousain *abrigat* signifie couvert et non pas exposé au soleil, *abriga* veut dire couvrir, défendre, et non pas exposer au soleil. Les arbres ont toujours été des abris contre le mauvais temps, et même contre les chaleurs excessives.)

A l'abri, loc.adv. A couvert.

A l'abri de, loc.prép. A couvert de.

Abriter, va. Mettre à l'abri. *Abrité, ée*, p.

*Abritant, ante, adj.bot. Se dit des feuilles qui, pendant le sommeil de la plante, sont abaissées vers la terre, et semblent abriter les fleurs situées au-dessous d'elles.

*Abrivent, sm. Ce qui garantit du vent; technol. paillasson qui sert à garantir le fourneau du briquetier-tuilier; art milit. petite hutte de bivouac pour une garde, pour un poste.

*Inabrité, ée, adj. Qui n'est protégé par aucun abri.

*Désabriter, va.néol. Enlever un abri. *Désabrité, ée, p.

ARC, sm. Arme faite d'un morceau de bois, de corne, ou d'autre matière faisant ressort, lequel étant courbé avec violence par le moyen d'une corde attachée à ses bouts fait partir une flèche avec grand effort en se remettant dans son état naturel. [Du latin *arcus*, arc; arche, voûte, arcade, arc de triomphe; arc d'un cercle; forme circulaire; branches arrondies du provin. 1° Constancio dérive le latin *arcus*, du grec *aragma*, choc, fracas, retentissement; 2° Chavée, du sanscrit *raks*, être courbé, enclore, protéger, d'où le latin *arcere*, *exercere*, *arca*, *arx*, etc., suivant lui; 3° Gébelin, du monosyllabe *ar*, suivi de *c*, mot primitif signifiant haut, élevé, voûté, courbé, bossué, formant un arc, une hauteur, suivant lui; 4° Festus, du latin *arceré*, contenir; 5° puis, du latin *arrigere*, dresser, relever, parce que les arcs élèvent, dressent en hauteur; 6° Isidore, du latin *artus*, *arta*, *artum*, serré, resserré, étroit; 7° Priscianus, du latin *artus*, jointure, articulation; 8° Fungerus, du latin *arcere*, dans le sens de écarter; parce que l'arc servait à écarter l'ennemi. En ital. *arco*, arc; esp. et port. *arco*, cat. *arc*, langue des Troubadours *arc*, arc; langue des Trouvères *ars*, arc, arcs. En basse latinité *arcarii*, *arcatores*, *archatores*, archers; *archia*, voûte d'un pont, arche; *archabusium*, arquebuse; et *arconare*, arçonner. En valaque *ark*, arc; et *arkasch*, archer.]

*Arc, sm.hist. Symbole de la royauté chez les Mongols.

Arcade, sf. Ouverture en arc; longue voûte en arcs; anat. certaine partie courbée en arc.

*****Arcade,** sf. Le dessous d'un talon de bois coupé en forme d'arc; partie d'un balcon ou d'une rampe d'escalier formant un fer à cheval.

*****Arcangelet,** sm.anc.t.milit. Petite arbalète. (Le mot *arc,* qui dérive du latin *arcus,* a eu pour diminutifs ou pour dérivés, les termes *arbalète, arcade, arcangelet, arcbaleste, arc-butier, archelet, archet, archière, arquet* : Le général Bardin.)

*****Arcbaleste,** sf.anc.t.milit. Arbalète.

Arc-boutant, sm. Construction de maçonnerie qui se termine en demi-arc; verge qui fixe les moutons d'un carrosse; fig. principal soutien d'un parti. (Du fr. *arc,* et *bouter,* pousser.)

*****Arc-boutant,** sm.mar. Pièce de bois placée horizontalement dans les hunes pour maintenir l'écartement des galhaubans; pièce placée verticalement sous le beaupré pour maintenir les martingales; petit mât ferré servant à repousser l'abordage; pièce qui relie les baux et les barrots.

*****Arc-bouter,** va. Appuyer, soutenir au moyen d'un arc-boutant. *Arc-bouté, ée.* p.

*****Arcbutier,** sm.anc.t.milit. Arquebusier.

Arc-doubleau, sm.archit. Arcade en saillie sur le creux d'une voûte.

Arceau, sm.archit. Courbure d'une voûte en berceau; partie cintrée d'une porte, d'une fenêtre; ornement de sculpture; chir.archet.

*****Arceau,** sm.mar. Se dit des pièces de sapin qui vont s'insérer dans la flèche par un bout, et dont l'autre porte sur le bandinet.

*****Arceau,** sm.pêche. Annelet ou anse de cordage qui passe au travers d'une cablière, et fait couler bas les cordages et les filets.

*****Arcelle,** sf. Famille d'animalcules infusoires. (V.fr. *arcelle,* petite arche.)

*****Arcellines,** sf.pl. Famille d'animalcules infusoires.

*****Arcellinien, enne,** adj.h.n. Semblable à une arcelle.

*****Arcelliniens,** sm.pl. Famille d'animalcules infusoires.

Arc-en-ciel, sm. Météore en forme d'arc, offrant les bandes de différentes couleurs, et causé par les réfractions et réflexions successives du soleil dans les gouttes de pluie.

*****Arc de l'éperon,** mar. Distance en longueur, du bout de l'éperon à l'avant du navire, par-dessus l'éperon.

*****Arc-de-cloître,** sm.archit. Voûte formée de plusieurs portions de berceaux.

*****Arc-en-terre,** sm.phys. Iris formée sur la terre par la rosée et la pluie.

*****Arc-rampant,** sm.archit. Voûte dont les naissances ne sont pas au même niveau.

Arche, sf. Voûte d'un pont. (Basse lat. *archia,* arche, fait du lat. *arcus,* arc, voûte, arche.)

Archer, sm. Homme de guerre combattant avec l'arc; autrefois officier subalterne de justice ou de police.

*****Archelet,** sm,horl. Petit archet pour faire tourner un poinçon; pêch. branche de saule pliée en rond et servant à tenir le verveux ouvert; bâton en croix, aux quatre coins duquel s'attache le filet à prendre les goujons.

*****Archelet,** sm. Arc d'un arcangelet.

Archerot, sm.vi. Petit archer, Cupidon.

Archet, sm. Sorte de petit arc, ou de baguette un peu arquée, tendue avec des crins pour tirer des sons du violon, de la basse, de la contrebasse; sorte de châssis de bois courbé en arc, au-dessus du berceau des enfants; arc de baleine ou d'acier pour tourner et pour percer.

*****Archeure,** sf.vi. Courbure de l'encolure du cheval.

*****Archiée,** sf.anc.t.milit. La portée d'un arc.

*****Archière,** sf.anc.t.milit. Carquois; meurtrière par où l'on tirait de l'arc.

Archivolte, sf.archit. Bande large qui accompagne le cintre d'une arcade. (L. *arcus volutus.*)

*****Arcifère,** adj.myth.lat. Qui porte un arc.

*****Arcifère,** sm.astron. Le Sagittaire. (L. *fero.*)

*****Arcitenens,** adj. Surnom d'Apollon et de Diane.

*****Arco,** sm.mus. Il indique qu'il faut reprendre l'archet.

Arçon, sm. Pièce de bois en cintre formant la partie principale de la selle; instrument arqué de chapelier, de marbrier, de stucateur. (Du vi.fr. *arçon,* arc, petit arc. En ital. *arcione,* esp. *arzon,* cat. *arso,* arçon. Du lat. *arcus,* arc.)

*****Arçon,** sm. Sarment de vigne que l'on recourbe en arc pour lui faire produire plus de fruit.

*****Arçonnage,** sm.arts et mét. Action d'arçonner; résultat de cette action.

*****Arçonner,** va. Battre la laine, la bourre, avec l'arçon. *Arçonné, ée,* p.

*****Arçonneur,** sm. Ouvrier qui arçonne.

Désarçonner, va. Mettre hors des arçons, jeter hors de la selle. *Désarçonné, ée,* p.

*****Arcuation,** sf. Incurvation, courbure.

*****Arcubaliste,** sm.anc.t.milit. Arbalète.

Argoulet, sm.fam. peu us. Homme de néant, homme de rien. (Vi. fr. *argoulet,* arquebusier, carabin; ainsi appelé parce qu'il était primitivement armé de l'arc : Roq. 2° Quelques-uns dérivent ce mot de *Argolicus,* parce que autrefois c'était de Grèce que venait cette sorte de milice. Trév.)

*****Arquer,** va. Courber en arc; vn. Fléchir, se courber. *Arqué, ée,* p.

*****Arquer,** vn.mar. Se dit d'un navire dont la quille fait l'arc, se courbe dans le sens vertical.

*****Arquet,** sm. Petit fil de fer fixé à la brochette qui retient les tuyaux dans la navette.

*****Arqûre,** sf. Etat de ce qui est courbé en arc.

Arquebuse, sf. Ancienne arme à feu et à rouet qui se bandait avec une clef. (De l'ital. *arcobugio, arco busio, arco à busa, arobuyso,* arc perforé, mots faits eux-mêmes de l'ital. *arco,* arc, et *busio,* trou, *buso,* percé: Fauchet, Grassi, le général Bardin, etc. L'invention de cette arme, dont on se servit au 16e s., ne remonte pas au-delà du règne de Henri II. Les arquebuses furent d'abord à rouet, puis à croc; puis, la pierre à feu remplaça la mèche.

Arquebusade, sf. Coup d'arquebuse.

Arquebuser, va. Tuer à coups d'arquebuse. *Arquebusé, ée,* p.

Arquebuserie, sf. Art, métier, commerce des armes à feu.

Arquebusier, sm. Soldat armé d'une arquebuse; celui qui fait des armes à feu portatives.

Arbalète, sf. Sorte d'arme de trait, arc d'acier monté sur un fût, qui se bande avec un ressort. (Du latin *arcus,* arc, *balista,* baliste.)

*****Arbalète,** sf.astron. Instrument qui servait en mer pour prendre la hauteur du soleil.

*****Arbalète,** sf. Piège à prendre les loirs.

*****Arbalestrille,** sf. Instrument pour mesurer la hauteur de deux astres.

Arbalétrier, sm. Homme de guerre qui tirait de l'arbalète.

Arbalétrier, sm. Pièce de bois servant à former le comble d'un bâtiment.

***Arbalétrer**, va. Etablir la charpente sur l'arbalétrier. *Arbalété, ée*, p.

ARCE, sf. anc.t.milit. Citadelle, forteresse. [Du latin *arx, arcis*, hautour, faîte, sommet; citadelle, forteresse; ville; la ville par excellence, Rome; demeure élevée; fig. place forte; refuge, asyle, lieu de sûreté. Etym. 1° Du sanscrit *rik', rig', raksh*, être courbe, enclore, protéger; *argala*, barre, obstacle: M. Chavée. 2° « Du chaldaïque *chaqrâ*, citadelle, lieu fortifié, lieu élevé : Guichard. » 3° Du persan *erk*, citadelle. 4° Du basque *arka*, hauteur; sommité. 5° Du grec *érukô*, lat. *arceo*, empêcher d'avancer ou d'aller, retenir, arrêter : Doederlein. Du latin *arceo* : Varron, Le Brigant et autres. 6° Du nom des *Arcadiens, Arcades*; parce qu'ils avaient habité sur le sommet d'une montagne élevée : Solinus. 7° Du latin *arcanum*, chose secrète : Servius. 8° Par syncope, du grec *akropolis*, acropole; 9° ou du grec *herkos*, lieu clos et fortifié; 10° ou, par métathèse, du grec *akrá*, ionien *akris*, sommet: Vossius. 11° « De *arc*, renfermer dans un lieu voûté, etc., serrer, lier » : Gébelin. » 12° « Du celtique *arc, arg, arch, arca, argae*, ce qui renferme, ce qui contient : Bullet. » 13° Du gallois *ur*, haut, élévation; id. 14° Du lat. *ars, art*, et de *ax, cis*, racine de *ciro, cieo*, mouvoir : Le Bel.]

ARCHAÏSME, sm. Mot antique, vieille locution, tour de phrase suranné; affectation d'un écrivain à faire usage d'archaïsmes. [Grec *archaïsmos*, archaïsme, du verbe *archaïzô*, j'imite le langage, ou les mœurs, ou les manières des anciens; je suis au commencement ou le premier, fait lui-même du grec *archô*, je prime, je prévaux, je marche en tête, je suis le premier, je conduis; d'où le grec *archos*, chef; *arché*, autorité, pouvoir, empire, commencement; et *archimageiros*, chef de cuisine, r. *archô*, et *magéiros*, cuisinier; d'où le latin *archimagirus*, chef de cuisine, mot employé par Juvénal. 1° D'après Bopp, Schœbel, Eichhoff, Benfey, Chavée, etc., l'origine du grec *arché, archô, archos*, se trouve dans le sanscrit *arh*, honorer, respecter, être digne, valoir, égaler, être capable, convenir, être décent. Bopp observe que *arh* aurait signifié originairement être le premier, le chef, à la tête, au commencement. C'est surtout dans cette dernière signification que nous retrouvons tant de mots de cette famille dans le grec, dans le français et même dans le latin. 2° Wachter et Gudm. pensent que le grec *arché* et l'anc. germanique *ar, er, or, ur*, principium, appartiennent à une origine scythique. 3° Schulter dérive *archô, arché*, de l'hébreu *hárak*; il a arrangé, il a mis en ordre; il a réglé, préparé, estimé; 4° et Guichard, de l'hébreu *achar*, après, ensuite, *acharon*, dernier; 5° et Martinius, de l'hébreu *árâk*, être long, s'étendre, se prolonger; puis, comme Schulter, de l'hébreu *harak*. En ital. *gerarchia*, esp. et port. *jerarquia*, langue des Troubadours *arcat*, commandement; langue de Dessatir *arohian*, les seigneurs. Le mot *ariki*, chef, dans la langue des habitants de Tikopia, n'offre sans doute qu'une analogie fortuite.]

*****Archaïque**, adj. Qui a rapport à l'archaïsme.
Archée, sm. vi. Commencement, principe.
*****Archéion**, sm. Sanctuaire des temples dans lequel on conservait les trésors des dieux et même ceux des simples particuliers.
Archélogie, sf. méd. Traité sur les principes fondamentaux de la science de l'homme. (Du grec *arché*, autorité, empire, principe, *logos*, discours.)
*****Archéographe**, sm. Auteur qui décrit des monuments antiques.
*****Archéographie**, sf. Description des monuments antiques. (Gr. *archaion*, antiquité.)

Archéologie, sf. Science des monuments de l'antiquité.
Archéologique, adj. De l'archéologie.
Archéologue, sm. Personne versée dans l'archéologie.
Archi, mot grec que l'on joint à d'autres pour marquer la prééminence, la supériorité; ou, famil. un grand excès dans la chose dont on parle.
*****Archiatre**, sm. hist. Premier médecin. (Gr. *iatros*, médecin.)
*****Archiatrie**, sf. hist. Dignité d'archiatre.
*****Exarchiatre**, sm. hist. Le premier d'entre les archiatres ou médecins d'un roi.
*****Archibigot**, sm. fam. Bigot à l'excès.
Archidiacre, sm. C'était autrefois le premier des diacres; auj. c'est un ecclésiastique qui a quelque juridiction sur les curés de la campagne.
Archidiaconat, sm. Dignité d'archidiacre.
Archidiaconé, sm. Etendue du territoire soumis à un archidiacre; maison qui lui est affectée.
*****Archiéchanson**, sm. hist. Grand échanson de l'empire d'Allemagne.
*****Archiérarque**, sm. hist. eccl. Chef du clergé.
*****Archieunuque**, sm. hist. Chef des eunuques.
*****Archifou**, sm. fam. Celui qui est fou à l'excès.
*****Archigalle**, sm. antiq. Le chef des *Galles* ou prêtres de Cybèle.
*****Archigéronte**, sm. anti. gr. Chef des Gérontes ou sénateurs à Sparte.
*****Archigrelin**, sm. mar. Cordage composé de plusieurs grelins.
*****Archiloquien**, adj. et sm. Se dit des mètres divers inventés par le poète grec Archiloque.
*****Archiluth**, sm. anc. mus. Grand luth pour accompagner.
*****Archimage**, sm. Chef des mages.
*****Archimagie**, sf. Partie de l'alchimie qui traite de l'art de faire de l'or; cet art.
Archimandrite, sm. Dans l'Église grecque, autrefois, supérieur d'un monastère; auj. abbé régulier. (Gr. *arché*, pouvoir, empire, *mandra*, troupeau, bergerie.)
Archimandritat, sm. Dignité d'archimandrite.
*****Archimime**, sm. antiq. Chef des mimes.
*****Archimime**, sm. fam. Qui est bouffon à l'excès.
*****Archimonastère**, sm. Monastère chef de l'ordre.
*****Archipatelin, ine**, adj. fam. Patelin à l'excès.
*****Archipéracite**, et *****Archiphérécite**, sm. hist. Président de l'académie juive; interprète de la loi. (Gr. *arché*, primauté, et chald. *perak*, résoudre.)
*****Archipirate**, sm. antiq. Chef de pirates.
Archipresbytéral, ale, adj. Qui concerne l'archiprêtre.
*****Archipresbytérat**, sm. Dignité d'archiprêtre.
Archiprêtre, sm. Premier curé, qui a la prééminence sur les autres curés.
Archiprêtré, sm. Etendue de la juridiction d'un archiprêtre.
*****Archiprêtre**, sm. Un des titres que portait l'archichapelain à la cour de nos anciens rois.
*****Archique**, adj. antiq. Primitif.
*****Archisénéchal**, sm. Grand sénéchal.
*****Archi-sous-diacre**, sm. liturg. Le premier des sous-diacres.
Architecte, sm. Celui qui exerce l'art de l'architecture; fig. ordonnateur, le Créateur. (Du gr.

arché, je commande, *tektôn*, ouvrier en bâtiment.)

Architectonique, adj. Qui concerne l'architecture.

Architectonique, sf. L'art de la construction.

Architectonographe, sm. Qui s'occupe de la description et de l'histoire des bâtiments, des édifices.

Architectonographie, sf. Description des édifices.

Architecture, sf. Art de construire les édifices; art de bien bâtir; disposition, ordonnance d'un bâtiment.

*__Architectural, ale__, adj. De l'architecture.

Architrône, sm. Le trône des trônes.

Archives, sm.pl. Anciens titres, chartes; lieu où on les garde; dépôt d'actes, de lois. (Du latin *archium*, et *archivum*, palais, tribunal; archives; dérivé lui-même du grec *archéion*, lieu des séances des autorités civiles ou militaires, sénat, maison de ville; archives, registres; d'après Mén., Gatt. etc. etc.; 2° du latin *arca*, selon Monteil et Roquefort. Tertullien a employé le latin *archivum* dans le sens de archives. Dans l'origine les archives étaient placées dans les palais des souverains.)

Archiviste, sm. Garde des archives.

Archonte, sm. Nom donné à Athènes, aux magistrats qui succédèrent aux rois. (Gr. *archôn*, commandant, de *arché*, commandement.)

Archontat, sm. Dignité de l'archonte.

*__Archontat__, sm. Le temps de son administration.

*__Archoptose__, sf.méd. Chute du rectum. (Gr. *archos*, chef; fondement, rectum, *ptôsis*, chute.)

*__Archorrhagie__, sf.méd. Hémorrhagie active par l'anus. (Gr. *rhagdaios*, qui crève, rompt.)

*__Archorrhagique__, adj. De l'archorrhagie.

*__Archorrhée__, sf.méd. Hémorrhagie passive par l'anus. (Gr. *rhéô*, je coule.)

*__Archorrhéique__, adj. De l'archorrhée.

*__Æchmalotarque__, sm.hist. sacr. Nom donné par les Grecs au chef que les Juifs créèrent pour les gouverner durant la captivité. (Gr. *aichmalôtos*, pris à la guerre, captif; et *archos*, chef.)

*__Alytarque__, sm.ant.gr. Nom donné par les Éléens au chef des Mastigophores, officiers chargés de maintenir l'ordre aux jeux Olympiques. (Gr. *alutés*, licteur, agent de police, et *archos*.)

*__Alytarchie__, sf. Dignité d'alytarque.

Anarchie, sf. État d'un peuple privé de chef, de gouvernement; privation d'autorité dans un État. (Gr. *a* priv., *archos*, chef.)

Anarchique, adj. Qui tient de l'anarchie.

Anarchiste, s. Partisan de l'anarchie, fauteur de troubles.

*__Anarchiser__, va. Livrer à l'anarchie.

*__Anarchisé, ée__, p.

*__Anarchisme__, sm. Système des anarchistes.

*__Dyarchie__, sf. Gouvernement de *deux* rois.

*__Dyarchique__, adj. Qui concerne la dyarchie.

*__Dyarque__, sm.antiq. Se dit de deux rois occupant le même trône.

Exarque, sm. Celui qui commandait en Italie pour les empereurs de Constantinople; dans l'Église grecque, dignité ecclésiastique au-dessous de celle de patriarche. (Gr. *ex*, hors de, *arché*, empire.)

Exarchat, sm. Partie de l'Italie où commandait l'exarque.

*__Exarque__, sm. Ecclésiastique qui avait le rang de primat; chef d'un ordre religieux.

*__Heptarchie__, sf.hist. Nom que l'on donnait aux *sept* royaumes fondés par les Germains en Bretagne.

*__Heptarchique__, adj. Qui a rapport à l'heptarchie.

*__Hiérarque__, sm.hist.relig. Se dit des prélats grecs. (Gr. *hiéros*, sacré, *arché*, puissance).

Hiérarchie, sf. Ordre et subordination des neuf chœurs des anges, des divers degrés de l'état ecclésiastique, et, par extension, de toutes sortes de pouvoirs, de rangs subordonnés les uns aux autres.

Hiérarchique, adj. De l'hiérarchie.

Hiérarchiquement, adv. D'une manière hiérarchique.

*__Irénarque__, sm. antiq. Officier dans l'empire grec; sa fonction était de maintenir la paix et la tranquillité dans les provinces. (Gr. *éirènè*, paix.)

*__Irénarchie__, sf.antiq. Emploi d'irénarque.

*__Lexiarque__, sm.ant.gr. Nom donné à six magistrats d'Athènes qui examinaient la conduite des membres du Prytanée et tenaient le leucome. (Gr. *léxis*, sort.)

Monarque, sm. Chef d'une monarchie. (Gr. *monos*, seul, *archos*, chef. Jusqu'au temps de Henri Estienne, ce mot avait été appliqué à Dieu seul.)

Monarchie, sf. Gouvernement d'un état régi par un seul chef.

Monarchique, adj. De la monarchie.

Monarchiquement, adv. D'une manière monarchique.

*__Monarchiser__, va. Rendre monarchique.

*__Monarchisé, ée__, p.

*__Monarchiste__, sm. polit. Partisan de la monarchie.

*__Monarcholâtrie__, sf. Adoration des rois.

*__Antimonarchique__, adj.néol. Opposé à la monarchie.

*__Antimonarchiste__, s.néol. Adversaire de la monarchie.

*__Démonarchiser__, va. Détruire le gouvernement monarchique; détruire le système monarchique dans l'opinion publique. *Démonarchisé, ée*, p.

Oligarchie, sf. Gouvernement où l'autorité souveraine est entre les mains d'un petit nombre. (Gr. *oligos*, peu, *arché*, pouvoir, autorité.)

Oligarchique, adj. De l'oligarchie.

*__Oligarchiquement__, adv. D'une manière oligarchique.

*__Oligarchiste__, sm.polit. Partisan de l'oligarchie.

*__Pentarchie__, sf. Gouvernement de *cinq* chefs.

*__Pentarchat__, sm. Dignité de pentarque.

*__Pentarchique__, adj. De la pentarchie.

*__Pentarque__, sm. Membre d'une pentarchie; antiq. milit. chef d'une décurie grecque.

*__Pentécomarque__, sm.antiq.gr. Gouverneur de cinq bourgs. (Gr. *penté*, cinq, *kômé*, bourg, *archos*, chef.)

*__Pentécomarchie__, sf. Emploi de pentécomarque.

*__Pentécontarchie__, sf.ant.gr. Commandement de cinquante soldats, ou d'un vaisseau à cinquante rames. (Gr. *pentékonta*, cinquante.)

*__Pentécontarque__, sm. Chef d'une pentécontarchie.

Phylarque, sm.ant.gr. Chef de tribu à Athènes. (G.*phulon*, nature, sexe, tribu, nation, race, famille; *phulé*, tribu, fait du verbe *phuô*, produire, engendrer; et de *archos*, chef, *arché*, commandement.)

Polémarque, sm.ant.gr. Celui qui avait la direction de la guerre ou d'une guerre, général en chef chez les Grecs; à Athènes, le troisième des archontes, d'abord chargé de la guerre, et ensuite de juger les procès entre les étrangers domiciliés; à Sparte, commandant d'un corps de quatre cents hommes. (Gr. *archos*, chef, *polémos*, guerre.)

*Polémarchie, sf.ant.gr.Commandant d'une expédition ou d'une armée ; dignité, fonction de polémarque.

*Polémarchique, adj. Du polémarque, de la polémarchie.

*Polyarchie, sf.hist. Gouvernement de *plusieurs*.

*Polyarchique, adj. De la polyarchie.

*Procatarctique, adj.méd. Qui est la cause d'une maladie. (Gr. *prokatarktikos*, primitif, préexistant, de *prokatarchomai*, précéder, préexister; r. *pro*, devant, *kata*, du haut de, *archô*, je commande.)

Tétrarchie, sf. Quatrième partie d'un État démembré. (Gr. *tettara*, quatre.)

Tétrarque, sm. Prince qui gouvernait la quatrième partie d'un royaume, d'une région.

*Tétrarchat, sm. Dignité d'un tétrarque.

*Tétrarchie, sf. Subdivision de l'ancienne phalange grecque; ensemble de quatre files, agrégation de soixante-quatre hommes. Le gr. *arch-i*, *arché*, *archos*, se retrouve dans les n. p. suivants : Archagathe, Archagète, Archandre, Archéanactide, Archéanasse, Archébate, Archédice, Archédicus, Archélaüs, Archélochus, Archémachus, Archémore, Archénor, Archeptolème, Archeptolis, Archésimolpos, Archestrate, Archétèle, Archétime, Archétius, Archia, Archias, Archibiade, Archibius, Archibucoles, Archidame, Archidamie, Archidème, Archigène, Archigénéthlos, Archilaïdas, Archileonis, Archiloque, Archimède, Archippe, Archiroé, Architis, Archius, Archylas, Archinome, Archonide, etc.

ARCHE, sf.bible. Vaisseau que Noé construisit et qui le sauva lui et sa famille des eaux du déluge; fig. lieu de retraite; fig. fam. maison où il y a plusieurs ménages; société fort mélangée. [Du latin *arca, æ*, coffre, armoire ; sarcophage, bière, cercueil; coffre-fort, cassette, caisse; cachot ; arche de Noé; l'arche d'alliance ; batardeau, charpente d'un toit. 1° Selon Guichard et Francisco de S. Luiz, le latin *arca* vient de l'hébreu *argáz*, coffre, boîte, armoire, par la suppression du zayin final. 2° M. Pihan rattache le fr. *arche*, et le latin *arca*, à l'arabe *arseh*, construction, édifice, particulièrement en bois, comme l'arche de Noé. Le fr. *arche* ne vient pas de l'arabe *arsch*, mais du latin *arca*, dit à cette occasion M. Quatremère. 3° L'abbé Bidassouet dérive *arca*, du basque *arkh*, *arkha*, signifiant la même chose. 4° M. Chavée rapporte *arca*, *arceo*, *arcus* et *arx*, au sanscrit *raks*, être courbe, enclore, protéger. 5° Le Bel soutient que *arca*, *arceo* et *arcus*, viennent du latin *arx*, *arcis*, fort, citadelle. 6° Varron forme *arca*, du latin *arceo*, parce qu'elle écarte les voleurs, et qu'ils la trouvent fermée. 7° Wachter dérive *arca* du grec *éirgô*; écarter, éloigner. 8° Doederlein lie *arca* au grec *arkos*, remède, et *arakis*, fiole, bouteille. Vossius et Martinius et autres partagent l'opinion de Varron. 9° Gébelin soutient que *ar*, mot primitif signifiant hauteur, selon lui, a donné naissance au latin *arca*, *arcus*, *arceo*, etc. Comme ces trois mots se ressemblent beaucoup, il n'est pas besoin de beaucoup d'esprit pour leur attribuer une origine commune, sans avoir le moindre besoin de recourir à l'antiphrase qui est la dernière ressource dans ces sortes de problèmes ; mais l'esprit seul ne suffit pas pour arriver à la vérité ou pour savoir s'arrêter quand l'évidence se fait désirer. A la faveur de l'étymologie de Varron, on pourrait bien dire que *arca* vient de *arceo*, comme *tina* de *teneo*, comme *capsa* de *capio*, etc. Mais ce serait multiplier les questions, au lieu de simplifier celle de *arca*, relativement à son origine. 8° D'après M. Schœbel, on pourrait unir le lat. *arca*, et le gr. *herkos*, clôture, au sanscrit *arc'*, couvrir, enfermer. De toutes ces étymologies celle de Guichard paraît être la plus simple et la plus naturelle. C'est celle que les auteurs du Tripartitum ont adoptée. En ital. *arca*, anc. cat., esp. et port. *arca*, coffre, caisse ; langue des Troubadours *archa*, *arqua*, coffre, caisse ; langue des Trouvères *archete*, petit coffre. En anc. prov. *ara*, breton *arc'h*, *arach*, *arched*, *arc*, coffre. En bas-limousin *artso*, grand coffre. En gall. *arc*, coffre, caisse ; gaël irl. et écoss. *arc*.]

Arche d'alliance, ou Arche du Seigneur, ou Arche sainte. Espèce de coffre fait par l'ordre de Dieu, et dans lequel les tables de la loi des Juifs étaient renfermées.

*Arche, sf. Genre de coquilles bivalves.

*Arcacé, ée, adj.h.n. Semblable à une arche.

Arcacés, sm.pl. Famille de mollusques.

*Arcacite, sf.h.n. Arche fossile.

*Archure, sf. Sorte de coffre en bois où l'on renferme les meules d'un moulin à farine.

*Arculus, sm.myth.lat. Divinité qui présidait aux coffres-forts.

Arcasse, sf.mar. Le derrière de la poupe; on l'appelle aussi culasse de navire ; moufle d'une poulie, corps ou pièce de bois renfermant le rouet. (Du latin, *arca*, coffre, caisse, et nom de *arx* : Diez. En ital. *arcaccia*, esp. *arcaza*, coffre, caisse, cassette.)

Arcane, sm, Opération mystérieuse d'alchimie; remède secret. (Du latin *arcanum*, secret, chose secrète; fait de *arcanus*, caché, secret; dérivé lui-même du latin *arca*, coffre, armoire, coffre-fort, caisse, borne; comme *oppidanus* de *oppidum*, *fontanus* de *fons*; proprement : ce qui est caché, conservé dans un coffre ; en non pas du latin *arx*, citadelle, comme l'a cru Festus, ni du latin *arceo*, j'écarte : d'après Servius, Vossius, Martinius, Quicherat et Daveluy, etc.)

*Archipompe ou Arche-de-pompe, sf.mar. Retranchement à fond de cale, de la forme d'un coffre carré, où l'on conserve les pompes.

*ARCTATION, sf.méd. Rétrécissement d'un conduit ou d'un orifice. [Du latin *arctatio, onis*, employé par Varron dans le sens de contraction, en t. de grammaire; mot fait de *arctatus*, resserré, réduit, participe de *arcto*, ou *arto*, *artare*, presser, serrer, fréquentatif de *arceo*, *arcere*, contenir, retenir ; écarter, éloigner, repousser, empêcher de. 1° M. Eichhoff lie le latin *arceo*, au grec *éirgô*, écarter, éloigner, repousser, empêcher d'approcher ; empêcher ; et au sanscrit *ric'*, couvrir, enclore ; 2° M. Chavée le lie au grec *arkéô*, je protège, je défends ; je secours ; au grec *éirgô*, etc. ; et au sanscrit *raks*, être courbe, enclore, protéger ; et au latin *arcus*, *arca*, etc. M. Benfey dit à peu près la même chose. 3° Schulter lie le lat. *arceo*, au grec *ergô*, j'éloigne, j'enferme, et à l'hébreu *hárak*, il a mis en ordre, il a disposé, il a construit ; 4° puis, *arceo* et le grec *arked*, à l'hébreu *háraq*, il a fui. 5° Doederlein rattache *arceo* au grec *arkéô*, qu'il dérive du grec *érukô*, retenir, arrêter, empêcher d'avancer ; 6° Bullet l'unit au b. breton *hurs*, obstacle, et au fr. *harceler*, *harasser*, et à *herse*, porte de ville. En gaël écossais *airc*, étroit ; gaël irlandais *airc*, *airceas*, étroit, étroitesse.]

*Arctitude, sf.didact. Coarctation, rétrécissement, resserrement.

Coercible, adj.phys. Qu'on peut resserrer, rassembler, retenir dans un certain espace. (L.*coerceo*, resserrer, contenir; r. *cum*, avec, *arceo*.)

Coercitif, ive, adj.palais. Qui a le pouvoir de contraindre.

Coercition, sf. Pouvoir, droit, action de contraindre, de retenir dans le devoir.
*Coercer, v.a.didact. Contenir, resserrer.
*Coercé, ée, p.
*Coercibilité, sf.didact. Condition, qualité d'un corps qui est coercible.
*Coerction, sf. Contrainte.
Incoercible, adj.phys. Non coercible.
*Incoercibilité, sf.phys. Qualité, état de ce qui est incoercible.
Exercer, va. Dresser, former, instruire à quelque chose par des actes fréquents; faire mouvoir pour mettre ou pour tenir en état de mieux faire certaines fonctions. (Du lat. *exercere*, poursuivre, fatiguer, travailler sans relâche, cultiver, exercer, pratiquer; verbe composé 1° du lat. *ex*, qui, dans la composition, marque l'action de faire hors, d'éloigner, de séparer; la privation; l'action d'élever; qui, enfin, ajoute à la force du mot auquel il est joint; 2° du verbe *arcere*, contenir, retenir, écarter, éloigner, repousser, empêcher de; d'après tous les étymologistes; excepté Doederlein qui le dérive du grec *ewaskéô*, j'exerce, j'enseigne; je dresse, j'instruis; et un autre qui le dérive de **arceo*, ou **erceo*, vieux verbe. L'étymologie de Doederlein est très-ingénieuse et même séduisante; mais elle ne convient pas à toutes les significations du latin *exerceo*; de plus elle est contraire à celle des anciens étymologistes romains et de ceux qui se sont succédé jusqu'à ce jour; en outre l'étymologie commune a l'avantage de ne pas sortir du latin.)
Exercer, vn. Visiter les contribuables, les marchands de vins, les aubergistes, pour assurer le paiement de l'impôt. *Exercé, ée,* p.
*Exercer, vn.prat. Agir au nom d'une personne qui a cédé ses droits.
*Exercice, sm. Action par laquelle on exerce; t. milit. tout ce que l'on fait pratiquer aux soldats pour les rendre plus propres au service militaire; méd. mouvement du corps considéré relativement à la santé; pratiq. fonction, action d'user de quelque chose, de faire valoir une chose; financ. perception de l'impôt; visite chez les contribuables pour assurer le paiement de l'impôt.
*Exercice, sm.mus. Morceau composé pour familiariser un exécutant avec toutes les difficultés de son instrument.
*Exercitateur, sm.antiq.rom. Maître des athlètes, gymnaste.
*Exercitation, sf.scol. Dissertation, traité, critique.
*Exercitatoire, adj.philos. Qui sert à exercer.
Inexercé, ée, adj. Qui n'est pas exercé.

ARCTIQUE, adj. Septentrional, propr. rapproché de la constellation de la petite ourse. [Du latin *Arctos*, l'Ourse (la Grande ou la Petite), constellation, le Nord, les peuples du Nord; dérivé lui-même du grec *arktos*, ours. 1° Bopp et Eichhoff dérivent le grec *arktos*, du sanscrit *riksha*, ours. 2° Martinius le forme du grec *éraô*, aimer, *koité*, gîte; parce que cet animal aime à se cacher dans la boue pendant l'hiver, et qu'il est lascif; 3° puis, du grec *ari*, particule augmentative et inséparable, et du grec *kotos*, colère, courroux, ou *ktaô*; acquérir; parce que cet animal est féroce et avide de carnage. 4° Un autre veut que *arktos* ait été fait du grec *arkéô*, suffire; parce que l'ours se suffit l'hiver, pour sa nourriture, soit en se léchant, soit en usant de quelques provisions. Plusieurs linguistes attribuent une origine commune au sanscrit *riksha*, ours, au grec *arktos*, et au latin *ursus*, ours. 5° M. Schœbel unit ces mots au sanscrit *arks* ou *arx*, déchirer.]
*Arctomyde, adj.h.n. Semblable à la marmotte. (Gr. *arktomus*, marmotte, r. *arktos*, ours, et *mus*, rat.)
*Arctophylax, sm.astron. Nom de la constellation du bouvier. (Gr. *arktos*, ours, *phulax*, gardien.)
*Arctopithèques, sm.pl. Famille de singes à tête ronde. (Gr. *pithékos*, singe.)
*Arktos, sf.ant.gr. Nom qu'on donnait aux jeunes filles consacrées à Diane jusqu'à l'âge nubile.
*Arctotide, sf.bot. Genre de plantes à fleurs composées. (Du grec *arktos*, ours.)
*Arctotidé, ée, adj. Semblable à l'arctotide.
*Arctotidées, sf.pl. Groupe de plantes à fleurs composées.
*Arcture, adj.didact. De la forme d'une queue d'ours. (Gr. *oura*, queue.)
Arcturus, sm.astron. Étoile fixe dans la constellation du Bouvier, près de la queue de la Grande Ourse. (Gr. *oura*, queue.)
*Arctus, sm. Nom donné par les Grecs aux deux constellations boréales de la Grande Ourse et de la Petite Ourse.
*Antarctique, adj.astron. Qui est opposé au pôle arctique. (Gr. *anti*, vis-à-vis.)
*Antarctique, adj. Se dit d'animaux et de plantes qui habitent les contrées méridionales.
*Aparctien, sm.géogr.anc. Nom d'un peuple de la Sarmatie. (Gr. *apo*, de, *arktos*, ourse.)

*ARDÉIDE, adj.h.n. Qui ressemble à une grue. [Du grec *éidos*, forme, ressemblance, et du latin *ardea*, héron, oiseau de proie; dérivé lui-même, par syncope, du grec *érôdios*, héron; et non du latin *arduus*, élevé, ni de *ardeo*, je brûle, ni du nom de la ville d'*Ardea*. 1° Quant au grec *érôdios*, héron, un indianiste le fait venir du sanscrit *rud*, hurler, faire du bruit, retentir; à cause du cri bruyant de cet oiseau. 2° Martinius le forme du g. *éros*, amour: oiseau de l'amour, de Vénus; et 3° Wachter, de l'anc. germanique *haren*, appeler, crier, fait lui-même de *her*, haut, élevé. Saint Jérôme s'est servi du mot latin *herodius*, héron.]
*Ardéides, sm.pl. Famille d'oiseaux.
*Hérodien, enne, adj.h.n. Qui ressemble à un héron.
*Hérodiens, sm.pl. Famille d'oiseaux.
*Dyshérodien, sm.h.n. Famille d'oiseaux qui se rapprochent des hérons. (Gr. *dus*, particule qui marque peine, difficulté, négation, et *érôdios*.)
Ardélion, sm.fam. et peu usité. Homme qui fait le bon valet; qui se mêle de tout, qui a l'air affairé et fait plus de bruit que de besogne. (Du lat. *ardelio*, dérivé du lat. *ardela*, pour *ardeola*, qui dans Pline signifie héron; parce que l'ardélion de même que le héron voltige çà et là, faisant beaucoup de bruit: Perottus, Vossius, Matthias, Marthinius, Noël, et autres. Si, comme on l'a dit, *ardelio* dérive d'*ardeo*, il serait analogue à notre expression familière *cerveau brûlé*; mais nous présumons plutôt qu'il vient d'*ardea*, *ardeola*, héron: V. Parisot. Doederlein dérive *ardelio*, du gr. *ardaloô*, salir, troubler; et Fungérus de l'hébreu *dâlaq*, il a poursuivi avec ardeur.)

ARDER, et ARDRE, va.vi. Brûler. [Du lat. *ardeo, es, arsi, arsum, ardere*, brûler. Cette famille de mots semble avoir laissé des traces dans toutes les parties du monde. En sanscrit *ard*, vexer, tourmenter. Dans l'abrégé de Bérose, le mot *arsa*, soleil, paraît être un de ces restes présumés de la langue sacrée des Chaldéens. En hébreu *ara*, il a brûlé, il a flambé; *hârâh*, il a brûlé, il a consumé. En arabe *harr*, chaud, *harr*, chaleur. En persan et en turc *drzou*, désir. En brésilien *arassu*, le soleil; Omagua *huarassi*, soleil. Le grec *éreuthés*, rouge, pourrait bien aussi se rapporter à la même souche. En valaque *arde*, brûler. En celtique *ard*, feu, chaleur, dans Bullet, et *ar*, brûlant. En ital. *ardere*, esp. et port. *arder*, anc. cat. *ardrer*, langue des Troubadours *ardre*, brûler; langue des Trouvères *ardoir*, *ardre*, brûler, *ars*, brûlé, *ardis*, ardeur. En Ossète *art*, ardeur, dans le Tripartitum. En rouchi *ardoir*, *ardre*, brûler; à Maubeuge *arder*. En bourg. *ardan*, ardent.)

Ardemment, adv.fig. Avec ardeur.

Ardent, ente, adj. En feu, allumé, enflammé; qui enflamme, qui brûle; fig. violent, véhément; extrêmement actif; qui se porte avec affection à une chose; de couleur de feu, rouge, roux, en parl. du poil, des cheveux.

Ardent, sm. Maladie épidémique qui brûlait le sang.

*****Ardent, ente,** adj.art.milit. Qui enflamme, propre à enflammer.

*****Ardent,** sm. Nom que portent certains académiciens à Naples.

Ardeur, sf. Chaleur excessive, extrême; chaleur âcre et piquante qu'on éprouve dans certaines maladies; vivacité, excès d'activité; fig.et poét., passion amoureuse.

*****Arsin,** sm. Exécution de justice qui consistait à mettre le feu à la maison de celui qui avait commis quelque crime dans une ville.

*****Arsin,** adj.m. Se dit du bois sur pied qui a été maltraité par le feu.

*****Arsure,** sf. Maladie produite par la sécheresse dans les champs de pastel.

Moutarde, s.f. Graine de sénevé; la plante même; composition faite de graine de sénevé broyée avec du moût, du vinaigre, ou autre liquide. (1° Du latin *mustum*, moût, et *ardere*, brûler; 2° du vi.fr. *moult*, *arde*, qui brûle beaucoup.)

Moutardier, sm. Qui fait et vend de la moutarde; petit vase où l'on met de la moutarde.

*****Moutardelle,** sf. Nom vulgaire d'une espèce de raifort, que l'on mange quelquefois râpé, avec la viande.

*****Moutardin,** sm. Nom vulgaire de la moutarde blanche. D'après qq. auteurs, le radical du lat. *ardere* et du celt. *ardre*, se retrouve dans une foule de noms de lieux et de personnes, soit à cause du feu et des incendies, soit au figuré : *Ardante, Ardelet, Ardes, Ardeville, Ardres, Arsac, Arseville, Arsillement, Arsillé, Arson, Bouchardon, Bouchardi, Favard, Gayardoa, Harde, Hardouin, Huard, Lavardin, Ménard, Mont-arsi, Pinard, Popardet, Salars, Solars, Ulliard*, etc., etc.

ARDILLON, sm. Partie pointue d'une boucle; qui sert à arrêter les sangles, ou les courroies. [L'origine étymologique de ce mot est encore inconnue. 1° Roquefort le dérive du l. *ardeo*, brûler, au fig. piquer, aiguillonner; 2° un autre, de grec *ardis*, ardillon, dard, trait; 3° un autre, de l'anc. fr. *aerdre*, prendre, accrocher; 4° l'abbé Corblet, du celt. *ard*, perçant, aigu; 5° un autre, de l'ital.*ardiglione*, ou du prov. *dardiglione*, mot qui offre de l'analogie avec le b.lat. *dardus*, dard; 6° Bullet, du bas bret. *arred*, *arrest*, arrêt, dont il forme aussi le latin *restis*, et le fr. *hart*, lien. 7° Trévoux croit que *ardillon*, pour *arguillon*, vient du l. *argutus*, pointu. 8° M. Diez veut que *ardillon*, pour *dardillon*, soit un diminutif de *dard*. De Chavallet est d'avis que les colonies grecques du midi de la Gaule peuvent nous avoir fourni *ardillon*, diminutif du grec *ardis*. En ital.*ardiglione*, ardillon. Langue des Troubadours *ardalhon*, ardillon, boucle, agrafe. Port. *ardil*, subtilité. Anc.fr. *ardillier*, lieu rempli de ronces et de broussailles.]

*****Ardillon,** sm. Pointe qui sert à fixer sur le tympan la feuille qu'on imprime.

ARDOISE, sf. Pierre bleuâtre, tendre au sortir de la carrière, et que l'on coupe en feuilles pour couvrir les maisons. [1°.D'après Roquefort, Constancio, Philander, Boiste, Gébelin, du vi. fr. *ardoir*, brûler, ou du lat. *ardere*, brûler, d'où le vi. fr. *ards*, de couleur noire ou brûlée, en b.l. *ardicus*; soit à cause de la couleur noire des ardoises, soit parce qu'il fait très-chaud en été sous les toits couverts en ardoises, soit parce que c'est une pierre dont la couleur ressemble à celles des laves des volcans. 2° Barny de Romanet soutient que l'ardoise était inconnue aux anciens, que c'est du pays d'*Ardes* en Irlande que la première fut apportée. Couzinié et Vergy disent aussi que le nom d'ardoise est dû à celui de *Ardes*, en lat. barb. *Ardesia*, pays d'Irlande, d'où cette pierre fut apportée. 3° Suivant Le Duchat et Trévoux, l'ardoise aurait pris son nom de celui d'*Artesius*, ou du pays d'*Artois*, d'où elle aurait été apportée d'abord. 4° Bullet prétend que le mot ardoise vient du gall. *ar*, pierre, roc, d'où le l. *arena*, selon lui. En b. l. *ardesius lapis*, et *ardesia*, ardoise; patois de Castres *ardoizo*, valaque *ardoasa*, rouchi *ardoisse*, port. *ardosia*, ardoise.]

Ardoisé, ée, adj. Qui tire sur la couleur d'ardoise.

Ardoisière, sf. Carrière d'ardoise.

*****Ardoisier, ère,** adj. minér. Qui se partage en feuillets comme l'ardoise.

ARDU, UE, adj. De difficile accès, pénible, difficile. [Du lat. *arduus, a, um*, haut, élevé, escarpé, difficile, pénible; qui y a la tête haute, fier, superbe. 1° On peut avec beaucoup de vraisemblance faire remonter l'origine du l. *arduus* au sanscrit *ûrdhva*, haut, élevé, zend *eredhva*; d'où le grec *orthos*, droit, dressé, haut, escarpé, élevé; les dentales *d, dh, th*, se permutent souvent. Bopp, Benfey et autres indianistes rattachent également *arduus* à *ûrdhva* et à *eredhva*. De plus, l'ancien persan *arda*, comme on l'a remarqué déjà, est le sanscrit *ûrdhva*, élevé. Ces rapprochements justifient l'opinion de Doederlein qui dérive *arduus* du gr. *orthos*, qu'il ne pouvait pas rapprocher du sanscrit *ûrdhva* ni du zend *eredva*; car de son temps les langues indiennes étaient moins connues. 2° Comme le lat. *ardeo*, brûler, ressemble à *arduus* et que la flamme monte, quelques étymologistes ont formé *arduus* de *ardeo*; mais à tort. 3° C'est à tort surtout, que S. Raimbert de Paris compose *arduus* du gr. *arché*, superlatif, et de *dus*, difficile; 4° et Constancio, du gr. *déré*, cou, et *ari*, beaucoup. 5° Gébelin se montre moins bizarre en liant *arduus* au grec *ardén*, en l'air, en haut, etc. Le radical de *ardén* est *airó*, élever, lever, soulever. Mais la première étymologie semble la seule convenable au mot et à la chose, et conforme aux principes de la linguistique. En gaël irl. et écoss. *ard*, cornique *ard*, haut, élevé. Ital. et esp. *arduo*, difficile.]

*****Arduosité,** sf. Etat de ce qui est ardu, difficulté, chose difficile à concevoir.

*****Orthite,** sf. Minéral cristallisé en longs prismes droits. (Gr. *orthos*, droit, dressé, haut, escarpé, élevé. En latin *arduus*, sanscrit *urdhva*, haut, élevé. *Arduus* se lie à *orthos* comme *Deus* à *Théos*, Dieu.)

*Orthite, sf.h.n. Genre de coquilles.

*Orthoclade, adj.bot. A rameaux droits et dressés. (Gr. *klados*, rameau.)

*Orthocole, sm. Ankylose dans laquelle le membre privé de mouvement demeure étendu. (Gr. *kôlon*, membre.)

*Orthorhachie, sf. Art de redresser les courbures de l'épine du dos. (Gr. *rhachis*, dos.)

*Orthorhachique, adj. De l'orthorachie.

*Orthorhynque, adj.h.n. A bec droit. (Gr. *rhunchos*, bec.)

AREC, sm. Genre de palmiers auquel appartiennent les espèces qui produisent les choux-palmistes et celle qui porte le cachou. [Ce terme est asiatique. Les auteurs portugais qui ont écrit sur l'Inde en ont fait souvent usage. Francisco de Luiz assure que les écrivains portugais appellent *are'ca* l'arec, nom indien d'un fruit. D'après lui l'espèce de palmier qui produit ce fruit est appelée par ces écrivains, *arequeira*; et une plantation de ces arbres, *arecaes*. Rhumph. et de Théis affirment que *areca* est le nom que l'on donne au Malabar à cet arbre quand il est âgé; que jeune on le nomme *payna*. Trévoux dit que *areca* se prend pour le fruit d'un palmier qui porte le même nom. Le nom d'*areca* paraît être donné dans quelques parties de l'Inde à la graine de l'espèce de palmier que Linné a décrite sous le nom de *areca catechu*. Garsie et Daléchamp rapportent que dans le Malabar, le commun du peuple appelle ce fruit *pao*; mais que les plus nobles l'appellent *areca*, comme font aussi les Portugais qui habitent aux Indes. L'*arec* croît sauvage dans plusieurs îles, et y porte dans chaque idiome un nom particulier. Ce mot d'*arec*, introduit par les Portugais dans les langues européennes, est originaire de l'idiome telinga, auquel ils l'ont emprunté lors de leur arrivée dans l'Inde.]

*Arec ou **Areca**, sm. Espèce de palmier dont les Indiens mâchent la graine avec des feuilles de bétel et un peu de chaux, pour fortifier leur estomac, et rendre leur haleine plus agréable.

*Arécine, sf.chim. Matière colorante rouge des fruits de l'arec.

*Aréciné, ée, adj.bot. Semblable à l'arec.

*Arécinées, sf.pl. Groupe de la famille des palmiers.

ARÈNE, sf. Menu sable, gravier sur le sol; terrain de l'amphithéâtre où combattaient les gladiateurs. [Du lat. *arena*, sable, rivage, amphithéâtre, arène; fig. théâtre, sol, terre, terrain. Le terrain des amphithéâtres était appelé *axena*, parce qu'il était sablé, afin qu'il fût plus facile d'y marcher et que le sang des combattants y fût absorbé. 1° Ihre dérive *arena*, de *axena* qui serait un ancien mot latin signifiant sable, et qu'il lie au suio-gothique *sand*, sable; 2° Constancio le dérive du lat. *aresco*, sécher; 3° Forcellini, après Vossius et autres, du lat. *areo*, je suis desséché, de ce que le sable est sec, privé d'humidité et qu'il boit avec avidité; 4° Bullet, du gall. *ar*, pierre, roc. 5° Selon Doederlein, le lat. *harena* ou *arena*, sable, serait de la même origine que le sabin *fasena*, sable; que le mot marse *herna*, roc, rocher; et que le grec *chérados*, gravier, *chéras*, gravier; et *chersos*, propr. sec, aride. En ital., esp., port., cat., langue des Troubadours *arena*, arène; langue des Trouvères *areine*, sable; anc. prov. *areniers*, terrain sablonneux, rivage, grève; basque *area*, sable; anc.fr.*araine*, pays sablonneux, sable, gravier.]

Aréneux, euse, adj.vi. Sablonneux.

*Aréna, sf. art hermét. La terre noire qu'il faut blanchir; le corps pur et net.

*Arénacé, ée, adj.h.n. Qui tient du sable, qui en a la forme ou les propriétés.

*Arénaire, sm.antiq.rom. Gladiateur qui combattait dans l'arène.

*Arénaire, adj.hn. Qui croît ou vit dans le sable.

*Arénaire, sf. Genre de plantes caryophyllées.

*Arénation, sf. Action de couvrir de sable.

*Arène, sf. Espèce de sable argileux.

*Arène, sf.mines. Canal pour l'écoulement des eaux.

*Aréner, vn. ou **s'Aréner**, va.pr.archit. S'enfoncer dans le sable. *Aréné, ée*, p.

*Arénicole, adj.hn. Qui habite dans les endroits sablonneux. (L. *colo*, j'habite.)

*Arénicole, sm. Genre de vers marins.

*Arénicolien, enne, adj.hn. Semblable à l'arénicole.

*Arénicoliens, sm.pl. Famille de la classe des annélides.

*Arénifère, adj. Qui renferme du sable.

*Aréniforme, adj. En forme de sable.

*Arénulacé, ée, adj. Qui ressemble à de petits grains de sable.

ARÈTE, sf.bot. Barbe de l'épi de certaines graminées, telles que l'orge, le seigle, etc.; partie animée et pointue qui termine le fruit de quelques espèces de chiendent, ou qui termine leurs balles; tout filet sec, grêle, et plus ou moins raide, qui ressemble aux barbes des graminées. [Du lat. *arista*, barbe pointue de l'épi; épi de blé; épi, en général; été, année; herbe sauvage; poil du corps; arête de poisson. 1° Blondil, Varron, Servius et Isidore, forment ce mot du lat. *areo*, je suis sec; parce que la barbe de l'épi sèche la première et paraît toujours sèche. 2° Vossius, ainsi que Nunnésius, sans les désapprouver, aime mieux tirer, par métathèse, *arista*, du grec *athéres*, pluriel de *athér*, épi, barbe de blé, pointe. Les auteurs du Tripartitum suivent cette dernière étymologie et lient *arista*, et *athér*, à l'all. *ähre*, épi, à l'angl. *ear*, au holl. *aar*, *aare*, épi, etc. 3° Honnorat pense que *arista* vient du grec *aris*, 4° De Brosses soutient que le nom *arista* appliqué à l'épi de blé signifie : *ce qui vaut encore mieux*, ce qui est le meilleur. L'épi est meilleur en effet que le gland que l'on mangeait auparavant. En ce cas *arista* serait un dérivé du grec *aristos*, excellent, le meilleur. Cette étymologie est spirituelle, mais incertaine. 5° Constancio compose *arista*, du grec *airô*, élever, et *stizô*, piquer; parce que l'épi est la partie la plus élevée de la plante et qu'il est armé de piquants. 6° Le Bel prétend que *arista* est pour *arte-stans*, qui est *stable* dans l'*art*, ou qui ne s'écarte point de l'*art*. De là suivant lui le nom d'*Aristée*, fils d'Apollon. Cette dernière étymologie est évidemment plus incertaine que toutes celles qui précèdent. En ital. *arista*, *aresta*, barbe de l'épi, arête; esp., port., cat., langue des Troubadours *aresta*, barbe d'épi, arête. En b. lat. *aresta*, barbe de l'épi, épi; et *aristare*, glaner. En prov. *aresto*, savoison *aréta*, anc. fr. *areste*, arête].

Arète, sf. Se dit des os minces, longs, pointus comme la barbe d'un épi, qui se trouvent dans la chair de certains poissons; ce mot désigne quelquefois le squelette entier du poisson.

Arète, sf.archit. Angle saillant que forment deux faces, droites ou courbes, d'une pierre, d'une pièce de bois.

*Arête, sf. Extrémité d'un chapeau, où l'on coud

le bord; partie d'une cuiller qui s'élève sur le cuilleron; extrémité du bord d'un plat ou d'une assiette, du côté du fond; art vétér. croûte dure et écailleuse qui vient aux jambes des chevaux; géom. la ligne d'intersection de deux faces du polyèdre; géogr. ligne courbe ou brisée séparant les deux versants principaux d'une chaîne de montagnes, sur laquelle se trouvent les pics les plus élevés, et d'où partent les chaînes secondaires.

*Arêteux, euse, adj. Rempli d'arêtes.

Arêtier, sm. archit. Pièce de charpente formant le côté angulaire d'un comble.

*Arêtière, sf. Couche de plâtre que l'on met à l'arêtier, ou aux angles saillants d'un comble couvert de tuiles.

*Aristé, ée, adj. bot. Muni d'un appendice en forme d'arête.

*Aristulé, ée, adj. bot. Muni d'une très-petite arête.

*Biaristé, ée, adj. bot. Qui a deux arêtes.

*Triaristé, ée, adj. bot. Pourvu de trois arêtes.

ARGENT, sm. Métal blanc, brillant, ductile, le plus précieux après l'or et le platine; monnaie faite de ce métal; toute sorte de monnaie, de quelque métal que ce soit. (Du lat. *argentum*, argent dérivé lui-même du grec *arguros*, argent. *Argentum* et *arguros* tiennent à l'adjectif grec *argos*, blanc, comme l'hébreu *késéph*, argent, à l'hébreu *kâsaph*, il fut pâle, blême. De même en javanais *pettakan*, argent, veut dire l'objet blanc. Pline dit : l'argent fut trouvé par Erichthon, Athénien; d'autres disent par Eacus. De nombreux indianistes rapportent le latin *argentum*, argent, et le grec *arguros*, argent, *argilos*, terre blanche argileuse, au *argos*, blanc, *argés*, blanc, brillant, rapide, au sanscrit *rag'atan*, argent, *rag'ata*, brillant, blanc, *arg'una*, blanc, *ran'g'yati*, il brille; *rag'*, briller, être clair. En zend *erezata*, argent; arménien *ardzath*, argent. En valaque *ardjuint*, ital. *argento*, argent. Gaël irl. et écoss. *arg*, blanc. Gaël écoss. *argiod*, breton *archant*, gall. *arian*, argent. Patois de Bourgogne *arjan*, patois de Castres *aræen*, auvergnat *ardzin*, picard *ergeint*, argent. Rouchi *argeron*, terre grasse des champs, argile.]

Argent, sm. Un des métaux employés dans les armoiries, et que l'on représente par de l'argent; ou simplement avec du blanc.

*Argentaire, sm. antiq. rom. Se disait des orfèvres, des changeurs et des usuriers.

*Argental, ale, adj. Qui renferme de l'argent métallique.

*Argentate, sm. chim. Sel résultant de la combinaison de l'oxyde d'argent avec une base salifiable.

Argenter, va. Couvrir de feuilles d'argent un ouvrage de métal, de bois, de cuir, etc.; donner l'apparence de l'argent, au pr. et au fig. *Argenté, ée*, p.

Argenterie, sf. Vaisselle, ustensiles, ornements et meubles d'argent; fonds réservés.

Argenteur, sm. Ouvrier qui argente.

Argenteux, euse, adj. fam. Qui a beaucoup d'argent.

Argentier, sm. Officier qui distribuait certains fonds d'argent; celui qui garde l'argenterie dans les grandes maisons; marchand d'argent, spéculateur avide. (En toulous. *argenté*, orfèvre; vi. fr. *argentier*, orfèvre, trésorier.)

*Argentifère, adj. Qui contient de l'argent.

*Argentifique, adj. art. hermét. Qui a la vertu de faire de l'argent. (L. *argentum*, et *facio*, je fais.)

Argentin, ine, adj. Qui a le son, l'éclat, la blancheur de l'argent.

Argentine, sf. Plante de la famille des rosacées. (Sa feuille est à son revers d'un blanc argenté.)

*Argentine, sf. Genre de poissons.

*Argentique, adj. chim. Se dit d'un oxyde, et des sels ayant pour base l'argent.

*Argenton, sm. Alliage de cuivre, de nikel et d'étain.

Argenture, sf. Argent très-mince appliqué sur un ouvrage pour l'argenter; art d'appliquer les feuilles d'argent.

Désargenter, va. Enlever l'argent d'une chose qui était argentée. *Désargenté, ée*, p.

*Sexargentique, adj. chim. Se dit d'un sel argentique contenant six fois autant de base que le sel neutre.

*Triargentique, adj. chim. Se dit d'un sel argentique contenant trois fois autant de base que le sel neutre correspondant.

Vif-argent, sm. Métal liquide, le mercure.

*Argéma, sm. méd. Ulcération du cercle de l'iris. (Gr. *argéma*, taie, *albugo*, r. *argos*, blanc : pr. tache blanche.)

Argémone, sf. Plante épineuse qui ressemble au pavot. (Gr. *argémôné*, argémone, fait du grec *argos*, blanc; parce que les anciens la croyaient propre à guérir l'*argéma* ou *albugo*.)

Aigremoine, sf. bot. Plante rosacée, vivace, agreste, détersive, rafraîchissante, et vulnéraire. (L. *agrimonia*, aigremoine, mot qui d'après Daléchamp, Linné et Honnorat, ne vient pas du latin *ager*, champ, parce qu'elle abonde dans les champs comme disent Martinius et J Henricus, ni du lat. *acer, acris*, aigre, et *munio*, je fortifie, comme le dit un autre; mais du grec *argémôné*, argémone, nom que les Grecs donnaient à une espèce de pavot, qui passait pour guérir la taie de l'œil, appelée en grec *argéma*. Albertus Molnarus interprète par le grec *argémôné*, le lat. *agrimonia*. Mais, dit à cela Martinius, l'*agrimonia* et l'*argémôné* sont deux choses différentes. Cependant Lavaux nous dit aussi, de même que Daléchamp, Linné, Honnorat et Albertus Molnarus, que les anciens donnaient le nom d'*argémôné* à la plante que nous nommons *aigremoine*, parce qu'ils la croyaient propre à guérir l'*argéma*. Celsius la employé le nom latin *agrimonia* conservé en ital., en esp. et en cat.; et devenu *agrimen*, dans la langue des Troubadours.)

Argile, sf. Glaise, terre molle, chargée d'alumine. (Du lat. *argilla* dérivé lui-même du gr. *argilos*, argile, de *argos*, blanc; parce que, dans son état de pureté, l'argile est blanche; selon tous les étymologistes, excepté Bullet qui forme ce mot de *ar*, terre, et *gwil*, *cwil*, ou *gill* et *cill*, blanc, mots celtiques, suivant lui.)

Argileux, euse, adj. Formé d'argile, qui tient de l'argile.

*Argilacé, ée, adj. De la couleur de l'argile; qui vit sur l'argile.

*Argilicole, adj. Qui vit sur l'argile.

*Argilifère, adj. Qui renferme de l'argile.

*Argiliforme, adj. Semblable à l'argile.

*Argilloïde, adj. Qui a l'apparence de l'argile. (Gr. *éidos*, apparence.)

*Argophylle, sm. bot. Arbrisseau de la Nouvelle-Ecosse. (Gr. *argos*, blanc, *phullon*, feuille.)

*Argyranthème, adj. bot. A fleurs d'un blanc éclatant. (Gr. *anthéma*, fleur.)

Argyraspides, sm. pl. Corps d'élite de l'armée d'Alexandre, ainsi nommé parce que les soldats, dont il était composé, portaient un bouclier d'argent. (Gr. *arguros*, argent, *aspis*, bouclier.)

*Argyraspide, sm. Soldat d'un corps de vétérans, créé par Alexandre Sévère.

***Argyre**, sm. Nom d'une monnaie romaine qui eut cours sous Constantin et ses successeurs. (Gr. *arguros*, argent.)

***Argyréiose**, sm.hn. Genre de poissons sans écailles, d'un bleu d'argent.

***Argyrides**, sm.pl. Famille de minéraux renfermant l'argent.

***Argyrite**, adj.antiq.gr. Se disait des jeux où l'on donnait aux vainqueurs des vases d'argent.

***Argyrocratie**, sf. Aristocratie des richesses. (Gr. *kratos*, domination.)

***Argyrogonie**, sf.art hermét. Sel argentifique ou pierre philosophale. (Gr. *arguros*, argent, *gonos*, génération.)

***Argyronète**, sf. Genre d'araignées aquatiques. (Gr. *nêtos*, filé.)

***Argyropée**, sf. Art prétendu de faire de l'argent. (Gr. *poiéô*, je fais.)

***Argyroprate**, sm.antiq.gr. Banquier, changeur. (Gr. *arguropraktês*, percepteur, agioteur; de *arguros*, argent, *prassô*, je négocie, je traite.)

***Argyropyge**, adj.hn. Qui a l'extrémité de l'abdomen blanc. (Gr. *pugê*, fesse.)

***Argyrostigmé, ée**, adj.hn. Parsemé de taches blanches. (Gr. *stigma*, tache.)

***Argyrostome**, adj.hn. Dont la bouche est d'un blanc d'argent (Gr. *stoma*, bouche.)

***Argyrothamne**, sm.bot. Arbrisseau de la Jamaïque. (Gr. *thamnos*, buisson.)

***Chrysargyre**, sm. Tribut imposé par les empereurs, pendant le moyen âge, sur les hommes, les animaux, les prostituées, sur tous ceux qui exerçaient une industrie. (G. *chrusos*, or, *arguros*, argent.)

Litharge, sf. Oxyde de plomb fondu et cristallisé en lames. (G. *lithos*, pierre; *arguros*, argent.)

Litharge, e, adj. et **Lithargiré, e**, pour **Lithargyré, e**, chim. Chargé de litharge.

***Podarge**, sm. Genre d'oiseaux qui se rapprochent de l'engoulevent. (G. *podargès*, à pieds blancs ou agiles; r. *pous*, pied, *argès*, blanc, agile, rapide.)

***Podargé**, s.p.f.myth.gr. Une des Harpies.

***Podargia**, adj.myth.gr. Aux pieds rapides, surnom de Diane.

***Pygargue**, adj.hn. A queue blanche. (G. *pugê*, fesse.)

***Pygargue**, sm.hn. Espèce de faucon; espèce d'antilope. Le lat. *argentum*, argent, le grec *argès*, *argos*, blanc, agile, et *arguros*, argent, se reconnaissent dans les n. pr. suivants : *Argentat*, *Argentan*, *Argenteuil*, *Argentine* [République]; *Argenton*, *Argentoratum*, *Argentinus*, *Argiceraunus*, *Arginuses* ou *Arginousses*, *Argiope*, *Argyra*, *Argestes*, *Argyrotoxè*, *Podargus*, etc.

ARGO, sm.astron. Constellation méridionale appelée aussi le Navire. [Du nom de *Argo*, navire célèbre sur lequel Jason et ses compagnons allèrent en Colchide conquérir la toison d'or. 1° Les uns dérivent ce nom de celui des *Argiens* ou habitants d'*Argos*; 2° les autres, du grec *argos*, blanc, prompt, rapide, léger; 3° d'autres, de l'hébreu *arék*, long, à cause de la longueur de ce navire. 4° Chompré le dérive de *Argus*, nom de l'architecte qui l'inventa; 5° et Pluche, de l'hébreu *ârag*, il a entrelacé, il a tissé; 6° un autre, de l'hébreu *argâz*, coffre; 7° un autre, de l'arabe *arsch*, construction, édifice, particulièrement en bois, comme l'arche de Noé. 8° Cicéron pense que le navire *Argo* reçut ce nom parce qu'il portait des Grecs *Argivos*. 9° Selon Tzetzès, ce navire fut ainsi nommé parce qu'il fut fabriqué sur le modèle de celui de Danaüs, roi d'Argos et que Germanicus prétend avoir été appelé *Argo*. 10° Diodore de Sicile, Servius et le scholiaste d'Euripide, croient que le nom d'*Argo* fut donné à ce bâtiment à cause de sa vitesse, du grec *argos*, vite, rapide. 11° Diodore de Sicile, Apollonius, Apollodore, Ptolémée, et autres, conjecturent que ce nom lui fut donné à cause d'*Argus* qui en proposa le dessin. En tout cas cet *Argus* ne peut être celui que Junon employa à la garde d'*Io*, dont le temps a précédé celui des Argonautes de huit ou neuf générations. 12° D'après Bochart et l'abbé Banier, les Phéniciens se servaient de deux sortes de navires, de ronds qu'ils nommaient *gaules*; et de longs qu'ils appelaient *arco*, d'où les Grecs auraient fait *Argo* en changeant o en g.]

Argonautes, sm.pl. Nom des héros grecs commandés par Jason, et qui allèrent, à travers la mer Noire, débarquer sur les côtes de Colchide. (Gr. *nautês*, navigateur.)

Argonaute, sm. hn. Mollusque univalve, le nautile papyracé.

***Argonautacé, ée**, adj.hn. Semblable à l'argonaute.

***Argonautacés**, sm.pl. Famille de mollusques.

***Argonautique**, adj. Qui a rapport aux Argonautes et à leur expédition.

*****ARGOS**, sm. Ce nom est commun à plusieurs lieux, et est déterminé à des sens différents, selon les différents surnoms que lui donnent Homère et autres anciens écrivains. La ville principale de l'*Argolide* était située dans une plaine, sur les deux rives de la petite rivière d'Inachus, au pied de la colline Larissa. C'est durant l'âge héroïque, l'âge dont les poèmes d'Homère nous ont transmis la tradition, que le royaume d'Argos fut le plus florissant. [Du lat. *Argos*, dérivé du grec *Argos*, Argos. 1° Gibert pense que *Argos* peut trouver sa racine dans le mot hébreu *harag*, qui marque un désir ardent, comme est le désir de l'eau, que la soif excite dans les animaux : en sorte que ce nom s'interpréterait la terre où la ville beaucoup désirée. Des colonies qui touchaient enfin une terre où elles pouvaient se fixer après une longue navigation, lui auraient donné ce nom; comme Christophe Colomb donna celui de *Désirade* ou de *Désirée* à une des Antilles. Gibert pouvait citer le grec *poludipstos*, épithète qu'Homère donne à Argos et qui signifie très-altéré, très-aride. 2° Suivant Alfred Maury, *Argus* était la personnification de la ville d'*Argos*, fondée par les Pélasges ; à sa famille appartiennent Io, *Xanthus*, *Apia*, *Car*, *Iasus*, qui sont autant de personnifications de contrées et de villes peuplées par cette même race. Au dire d'un autre auteur, la ville primitivement appelée Inachia fut agrandie et entourée de murs par Phoronée fils d'Inachus. Alors elle se nomma Phoronée jusqu'au temps où *Argus*, petit-fils de Phoronée, substitua à ce nom celui d'*Argos*. 3° Strabon remarque que le nom d'*Argos* signifie une plaine ou campagne, que Homère l'a employé dans ce sens-là, et il juge qu'il est pris de la langue thessalienne ou macédonienne. 4° Le savant Benfey rapporte le nom d'*Argos* au grec *orgaô*, être en mouvement, en fermentation; propr. gonflé, volumineux ; en sanscrit *urih*, croître, augmenter, errer, être poussé. 5° Plusieurs auteurs déduisent ce nom du grec *argos*, blanc, brillant, étincelant, à cause d'un incendie que cette ville ou ce pays aurait essuyé; d'autres, du celt. *arg*, brillant, étincelant, par la même raison. 6° Gébelin le dérive du celtique *arc*, montagne ; dans un autre passage il dit que le nom d'*Argus* et celui d'*Argos* signifient brillant, éclatant, et que *Io* est la lune, la fille du roi *Argos*, le brillant, l'éclatant. 7° Saint Augustin, Hofman, Forcellini et autres, tirent ce nom de celui du roi *Argos* qui y régna. Cette étymologie peut se concilier avec la deuxième et la troisième citées plus haut. 8° Schrieck, à sa manière, compose le nom d'*Argos*, du scythique *harig*, du sable, *ho*, hauteur; *harig-ho*, hauteur du sable; et ailleurs, du scythique *ar*, sable, *hag*, bois, forêt, et *ho*, haut : hauteur boisée du sable.]

*__Argien, enne__, adj. et s. Né à Argos; qui a rapport à Argos ou à ses habitants.

*__Argienne__, s.pr.f. Surnom de Junon, protectrice d'Argos, où elle était née et particulièrement adorée.

*__Argolide__, s.pr.f. géogr.anc. Partie orientale de Péloponèse.

*__Argolide__, s.pr.f. géogr. Province de la Grèce.

*__Argolique__, adj. géogr.anc. Qui appartient à l'Argolide, à Argos, ou à leurs habitants.

__Argus__, sm. Personne chargée d'en surveiller une autre; homme très-clairvoyant. (Du nom d'*Argus*, prince argien à qui Junon confia la garde d'*Io* changée en vache : il avait cent yeux. Ce nom est de la même racine que celui d'*Argos*.)

__Argus__, sm. hn. Espèce de faisan, nom de deux espèces de poissons, de plusieurs papillons.

__ARGOT__, sm. Nom que les gueux et les voleurs donnent au langage ou au jargon dont ils se servent, et qui n'est intelligible qu'entre eux. [1° D'après M. Francisque Michel, de *zingano* ou *zingaro*, bohémien. C'est le langage que ces aventuriers auraient eux-mêmes ainsi appelé. De *zingaro* aurait été fait, par contraction, *zergo*; et de *zergo* nous aurions fait *jargon*; De là *jargon*, *argot*, et le reste. 2° Furetière dérive le mot *argot*, du grec *argos*, fainéant : langage des fainéants. 3° Le Duchat, du nom de *Ragot*, bélitre fameux du temps de Louis XII et des premières années du règne de François Ier. De là, dit Le Duchat, le verbe *ragotter*, grommeler, se plaindre, murmurer, ainsi que le nom *argot*, propr. jargon des Bohémiens. 4° Eloy Johanneau dérive *argot*, du latin *argutus*, rusé, subtil; 5° Clavier, du lat. *ergo*, donc, fréquemment employé dans l'argumentation; 6° Balagny, du nom de la ville d'*Argos*, où Agamemnon aurait fait fleurir ce jargon éloquent; 7° et Cartouche, cité par Furetière, de *Argo*, nom du navire des Argonautes. La première étymologie convient surtout à l'ital. *gergo*, argot, jargon, mot dont l'origine était inconnue à Muratori, qui condamnait celles de son temps.]

*__Argotier, ière__, s. Qui parle l'argot.

*__Argotisme__, sm. Locution appartenant à l'argot.

__ARGUER__, va. Trouver à redire à quelqu'un; prendre plaisir à le reprendre, à pointiller sur lui. [Du lat. *arguo, is, ui, utum, ere*, attaquer; accuser, convaincre, blâmer, reprendre, réfuter; affirmer, déclarer, manifester. 1° Benfey rattache *arguo* au grec *élegchô*, faire honte, réprimander, et au sanscrit *lagh*, mépriser, bafouer, critiquer; *l* et *r* se substituent souvent l'une à l'autre. 2° Bopp a cherché l'origine de *arguo* dans le sanscrit *arg'*, rassembler, ramasser, entasser, acquérir, faire, achever; 3° Forcellini, ainsi que Doederlein, dans le grec *argos*, blanc, brillant, prompt, rapide, agile, actif; 4° Vossius, dans le même mot grec *argos*; puis dans le grec *argos*, paresseux, parce que *arguere* aurait pu signifier primitivement faire la fête, cesser le travail; 5° le P. Pezron, dans le prétendu coltique *arguis*, arguer, reprendre; 6° Gébelin, dans *ar*, *arg*, mots primitifs suivant lui et signifiant pointu. En ital. *arguire*, arguer, esp., cat., port. et langue des Troubadours *arguir*, arguer, prouver. Anc. fr. *arguir*, blâmer, critiquer; *arguer*, quereller, chicaner. En valaque *argudjie*, argutie.]

__Arguer__, vn. Tirer une conséquence, conclure. *Argué, ée*, p.

*__Arguation__, sf. prat. Action d'arguer une pièce de faux.

__Argument__, sm. Raisonnement dans lequel on tire une conséquence d'une ou de deux propositions; indice; conjecture, preuve; sujet abrégé d'un ouvrage; philos. la forme particulière que le raisonnement revêt dans le langage. (Lat. *argumentum*, r. *arguo*.)

*__Argument__, sm. astron. Quantité de laquelle dépend une équation, une inégalité, une circonstance quelconque du mouvement d'une planète.

*__Argumentabor__, Mot latin qui commençait ordinairement l'exposé de la thèse qu'on se proposait de soutenir. (Il signifie : j'argumenterai.)

__Argumentant__, sm. Celui qui argumente dans un acte public contre le répondant.

__Argumentateur__, sm. Qui aime à argumenter.

__Argumentation__, sf. Action, art d'argumenter; log. le raisonnement revêtu de paroles, la forme générale qu'il revêt dans le langage.

__Argumenter__, vn. Faire un ou plusieurs arguments; prouver par arguments; tirer des conséquences d'une chose. *Argumenté, ée*, p.

__Argutie__, sf. Argument sophistique ou pointilleux; petite subtilité d'esprit.

*__Argutieux, euse__, adj. Qui s'occupe d'arguties.

__Rédarguer__, va. vi. Reprendre, réprimander, blâmer. *Rédargué, ée*, p.

__ARIDE__, adj. Qui manque d'humidité, qui ne saurait produire, sec, maigre, stérile; fig. improductif. [Du lat. *aridus*, aride, fait du verbe *areo*, je suis desséché. 1° Doederlein dérive *areo*, du grec *auchô*, ulcère purulent de la tête; puis du grec *chersos*, propr. sec, aride; par ext. de terre ferme, continental; désert, inculte, stérile. 2° Un autre le tire de l'hébreu *chârar*, il a été chaud, brûlant, desséché, sec, brûlé; 3° un autre, de l'hébr. *chârab*, il a été desséché; d'où le grec *grabion*, bois sec, torche, et *karphô*, dessécher, et *krambos*, desséché, sec, brûlé; 4° Gébelin, de *ar*, sec; mais il ne dit pas dans quelle langue il a pris ce *ar*; 5° Sipontinus, du lat. *ara*, autel; parce qu'on y brûlait autrefois des victimes aux dieux. 6° Aucune de ces étymologies ne paraît satisfaisante; pas même celle qui fait venir *areo* du sanscrit *arka*, soleil, astre qui dessèche et brûle. *Areo* se lierait plus facilement au mot *airo*, qui signifie soleil en Shiho et en Adaïel, régions du Nil, et surtout au mot *arao*, soleil, dans le langage philippinais et en javanais; en javanais on dit aussi *are*, soleil. On pourrait multiplier ces rapprochements; mais ce serait multiplier des conjectures tout-à-fait hasardées. 7° Gesenius rattache encore *areo* à l'hébr. *âra*, il a brûlé, il a flambé. En ital. et esp. *arido*, aride, sec, desséché.]

__Aridité__, sf. Sécheresse, au pr. et au fig.

*__Aridure__, sf. méd. Amaigrissement, dessèchement, consomption, atrophie.

__ARIEN, IENNE__, s. et adj. Se dit des sectateurs d'*Arius* [Du nom d'*Arius*, hérésiarque du 4e s., auteur de l'arianisme. « L'étymologie de ce nom demande qu'on l'écrive avec une seule *r* : car *Arius* vient du grec *Aréïos*, et *Aréïos*, du grec *Arès* (Mars), qui assurément l'un et l'autre ne sont jamais écrits par deux *rr*: et nous sommes bien sûrs qu'on n'en apportera jamais d'autre étymologie, qui soit vraie, et qui se fasse approuver des gens habiles (Trévoux).

Arianisme, sm. L'hérésie d'Arius.

*****ARIES**, sm. astron. du B. Bélier, premier signe du zodiaque. [Du lat. *aries*, *arietis*, bélier, mâle de la brebis; le Bélier, constellation, fait des *aet*. *olatin aries, bèliere*. 1° Selon Varron, *aries* vient de ἀιαυς mot grec *arèn*, auquel correspond, chez les latins, celui d'*aruiga*, d'où *arviger*. Les victimes appelées *aruiges* sont celles dont on fait cuire les entrailles dans une chaudière et au nom de la brèche, comme on le voit dans Accius et dans les livres des pontifes. On appelle *aruiga* la victime qui a des cornes, parce que le bélier qu'on a châtré n'en a pas, dit-il; même au taur. 2° Bopp conjecture que *aries* vient du sanscrit *ati sbrebis*, par le changement de *br* en *r*. 3° Eichhoff dérive *aries* et le gr. *arrhès*, bélier, du sanscrit *urânas*, bélier; 4° un Hébraïsant fait venir *aries*, de l'héb. *kar*, agneau, bélier, par aphérèse; 5° un autre, du copte *ail*, bélier, par le changement de l'*l* en *r*; 6° et Bullet, du basque *aria*, bélier, agneau. En lithuanien *eris*, lett. *jehrs*, agneau; serbe *jaraz*, esth. *jäär*, bélier. En ital. *ariete*, bélier, esp. port., cat. *aries*, bélier. Langue des Troubadours *arielh*, *aret*, *aries*, prov. *aret*, roman du Nord *aries*, bélier. Gloss. champ. de M. Tarbé, *aran*, bélier, *aroy*, *arroy*, bélier, bouc.]

*****ARIOLE**, sm. vi. Sorcier, devin. [Du lat. *ariolus* ou *hariolus*, devin. On a donné diverses étymologies sur le mot *ariolus* ou *hariolus*. 1° Selon Turnèbe et Schulter, *hariolus*, pour *fariolus*, a été fait du latin *fari*, parler. Ampère dit, que *hariolus* est pour *fariolus*, et *filum* pour *filum*. 2° Doederlein soutient que *hariolus* est un diminutif dérivé du grec, *chraô*, rendre des oracles, d'où le grec *chrèstès*, oracle, devin, prophète. 3° Constancio le forme du grec *ereô*, dire, et *hallô*, être caché; 4° Vossius, du latin *ara*, autel, puis du lat. *halare*, exhaler, parce que, dit-il, le devin a coutume d'exhaler son âme humaine, pour recevoir l'esprit de Dieu; 5° Quicherat et Daveluy le dérivent du latin *hara*, étable, poulailler. 6° Gebelin le forme du prétendu primitif *bar*, *far*, *har*, désignant la parole, d'où le celt. *bard*, poète, devin, et le lat. *verbum*, parole, suivant lui. 7° Guichard le fait venir du chald. *charasch*, magicien, enchanteur; c'est le *chéresch* des Hébreux. Cette dernière étymologie coïncide assez bien avec celle de Doederlein. En portugais *ariolo*, devin].

*****Arioler**, vn. vi. Faire le devin, prédire par les sorts. (L. *ariolari*, *hariolari*.)

*****ARISTÉE**, s. pr. m. temps hér. Fils d'Apollon et de Cyrène. Il fut élevé par Mercure. Les Heures et les Grâces le nourrirent de nectar et d'ambroisie. Il enseigna aux hommes à élever les abeilles, à tirer l'huile du fruit de l'olivier, et à cailler le lait. Il devint une des divinités champêtres. Il était adoré en Sicile. Sa statue était à Syracuse, dans le temple de Bacchus. Aristée fut l'instituteur de Bacchus. Il est fameux dans les fables des Libyens de Cyrène, dans l'antique histoire des Pélasges d'Arcadie; car il régna autrefois sur eux. Il accompagna Bacchus dans sa guerre de l'Inde. Il figure aussi dans les fables des Pélasges qui habitaient les bords du Pénée en Thessalie. Il était le génie que l'on peignait dans le Verseau, signe sous lequel on fêtait autrefois la naissance de Bacchus, au solstice d'hiver : Macr. Schol. Apoll.

Nonnus, Virg. etc. [Du lat. *Aristœus*, dérivé du grec *Aristaios*, Aristée. Le nom grec *Aristaios*, comme tant d'autres noms propres, a été fait du superlatif grec *aristos*, excellent, le meilleur, le plus brave, le plus habile. Eichhoff, Benfey, Chavée, Dolatre, tous les indianistes, conviennent que le grec *aristos*, le meilleur, se rattache au superlatif sanscrit *varishtha*, le meilleur, de même que le comparatif grec *areiôn*, meilleur, plus brave, se lie au comparatif sanscrit *variyans*, meilleur. La lettre *v* disparaît toujours en grec à la tête des mots. L'arabe *ahra*, le meilleur, le plus digne, le plus convenable, semble se rapporter aussi à la même souche que le grec *aristos*. Il n'est de même de l'all. *erste*, le premier, de l'anglosaxon *erest*, du franck *erist* et du lithuanien *pirmas*, très noble, très illustre, le plus âgé, et *numenis*, plus noble, plus illustre, plus âgé, aîné.

Aristarque, sm. Un critique judicieux et sévère. (De *Aristarque*, nom propre d'un grammairien célèbre d'Alexandrie. Il publia neuf livres de corrections sur Homère. Son nom en grec était *Aristarchos*, fait de *aristos*, excellent, et *archos*, chef.)

Aristocrate, s. et adj. Partisan de l'aristocratie. (Du gr. *aristos*, excellent, et *kratos*, force, puissance. Les mots démocrate et aristocrate sont introduits depuis la Révolution française.)

Aristocrate, s. Se disait, à l'époque de la Révolution, des nobles et des privilégiés; de leurs partisans, et de tous les ennemis de la République.

Aristocratie, sf. Gouvernement administré par les nobles ou par les personnes les plus considérables de l'État; la classe noble; hist. classe des nobles et des privilégiés.

Aristocratique, adj. De l'aristocratie.

Aristocratiquement, adv. D'une manière aristocratique.

*****Aristocratiser**, va. Rendre aristocrate.

*****Aristocratiser**, vn. Faire profession d'aristocratie. *Aristocratisé*, *ée*, p.

*****Aristodémocratie**, sf. Gouvernement politique composé d'aristocratie et de démocratie.

*****Aristodémocrate**, s. Partisan de l'aristodémocratie.

*****Aristodémocratique**, adj. Qui a pour base l'aristodémocratie; qui a rapport à l'aristodémocratie.

Aristoloche, sf. Genre de plantes. (Gr. *aristos*, excellent, *lochos*, accouchement: L'aristoloche, l'une des plantes les plus connues, paraît avoir reçu son nom, dit Pline, des femmes enceintes; parce qu'elle est très bonne pour celles qui sont en mal d'enfant.

*****Aristoloche**, *ée*, adj. bot. Semblable à l'aristoloche.

Aristolochiées, sf. pl. Famille de plantes.

*****Aristolochique**, adj. et sm. méd. Se dit des remèdes qui font couler les lochies.

Ariston, sm. antiq. gr. Le premier des principaux repas.

Aristote, s. pr. m. Célèbre philosophe grec, professeur d'Alexandre. (Gr. *Aristotélès* : *aristos*, excellent, *télos*, but, fin.)

Aristotélicien, **ienne**, adj. Conforme à la doctrine d'Aristote.

Aristotélicien, **ienne**, s. Partisan d'Aristote.

*****Aristotélique**, adj. Qui a rapport à Aristote ou à sa philosophie.

Aristotélisme, sm. Doctrine d'Aristote.

*****Antiaristocrate**, s. Qui est opposé à l'aristocratie. De là les n. pr. : *Aristacridas*, *Aristæchmus*, *Aristagore*, *Aristandre*, *Aristarète*, *Ariste*,

Aristénète, Aristère, Aristéroi, Aristhène ou Aristhanas, Aristide, Aristius, Aristippe, Aristobole, Aristobule, Aristobule, Aristoclée, Aristoclès, Aristoclide, Aristoclite, Aristocorax, Aristo-Aristocréon, Aristocrite, Aristodème, Aristogène, Aristogiton, Aristolaüs, Aristomachus, Aristomaque, Aristomède, istomène, Aristonautes, Aristonic, Aristonique, Aristonoüs, Aristonyme, Aristopatr, Aristophane, Aristophile, Aristophonte, Aristotime, Aristoxène, etc.

ARITHMÉTIQUE, s.f. Science des nombres, l'art de calculer. (Du gr. *arithmétiké*, arithmétique, sous-entendu *techné*, art; fait lui-même du grec *arithmed*, nombrer, compter. 1° M. Regnier forme ce mot du radical gr. *ar*, qu'on trouve dans * *arô* et *arariskô*, fixer, consolider, affermir, joindre, assembler, ranger, arranger, serrer; et du suffixe *mos*; d'où, selon lui, *ar-ith-mos*, nombre. Remarquez, ajoute-t-il, l'*i* qui précède le *th*. Ce *th*, d'après le même auteur, aurait été inséré devant le suffixe *mos*. Ainsi, pour se conformer à cette étymologie, il faut admettre l'insertion d'un *i*, plus d'un *th*, entre le radical et la terminaison. 2° Gébelin dit que du celtique *rab*, nombre, prononcé *raf, rath, rith*, vint le grec *a-rithmos*, nombre. C'est une autre difficulté. Il aurait dû prouver que ce *rab* est celtique, et comment il s'est changé en *raf, rath, rith*. Si le radical du gr. *a-rithmos* était *rath*, ce serait moins imaginaire et plus instructif de le rattacher à la même origine que le latin *ratus*, calculé, compté; *ratio*, supputation, calcul, compte.)

Arithmétique, adj. Fondé sur les nombres.
Arithméticien, sm. Qui sait l'arithmétique.
Arithmétiquement, adv. D'une manière arithmétique.
*Arithmomancie, sf. Divination qui se pratiquait par les nombres. (Gr. *mantéia*, divination;)
*Algorithme, sm. La science des nombres. (De l'article arabe *al*, le; et du grec *arithmos*, nombre: Quatremère et Adelung).

ARLEQUIN, sm. Bateleur, bouffon dont le vêtement est chargé de pièces de différentes couleurs; personnage de comédie ainsi vêtu; fam., homme qui change de principes incessamment et par intérêt. [L'origine étymologique de ce mot n'est pas encore connue. 1° Selon Eloi Johanneau, *Arlequin* n'est autre que Mercure; et c'est pour cela qu'on lui donne un habit bigarré, chargé de pièces de différentes couleurs. C'est un diminutif de *harle* ou *herle*, nom d'un oiseau de rivière. On dit en ital. *harlequino*; dans l'Antichopin, *herlequinus*; dans une lettre de Raulin, de 1521, *harlequinus*; c'est ainsi que *musequin* est un diminutif de museau. 2° Selon Ménage, un comédien italien venu en France avec sa troupe, sous le règne de Henri III, ayant fréquenté la maison du président Harlay, grand amateur de ses facéties, fut surnommé, dit-on, par ses camarades *Arlequino*, le petit *Harlay*. 3° Gébelin compose le nom d'arlequin de l'article *al*, où *l* se serait changé en *r*, et de *lecchino*, dim. de *lecco*, qui en ital., désigne un homme adonné à la gloutonnerie, un lécheur de plats. En effet, Arlequin se montra constamment avec ce défaut sur la scène de sa patrie; mais il s'est un peu corrigé en s'établissant en France. M. Quittard adopte cette dernière étymologie; et dit que le personnage d'Arlequin n'est point moderne comme son nom; qu'il descend en droite ligne d'une famille originaire du pays des Osques, transplantée dans la cité de Romulus.... Le dieu Monde chez les Egyptiens, dit Porphyre, était figuré debout et revêtu des épaules aux pieds d'un magnifique manteau nuancé de mille couleurs. Ce manteau était l'emblème de la nature; l'habit d'arlequin est l'emblème de la société. 4° Constancio forme ce nom du grec *ari*, beaucoup, et *lalagéin*, babiller. 5° D'après M. Lorin et M. Paulin Paris, le nom d'*Arlequin* vient de *hellequins*, esprits follets, lutins, dont parle Raoul de Presle, et non de l'ar. *leika*, lécher, manger, ni de *Charles-Quint*, ni de Harlay. Le nom d'*harlequin* est antérieur à Charles-Quint et aux deux présidents de Harlay. Le masque noir et grotesque d'*Arlequin*, ses mouvements souples et lestes, ses postures, ses gestes comiques, son caractère espiègle, etc., se rapportent assez aux habitudes des *hellequins* ou esprits follets, dont le nom peut être considéré, selon M. Lorin, comme un diminutif formé de l'ancien septentrional *helle*, enfer, *hellig, hellik*, infernal, d'où *hellikin, hellekin*, le petit lutin, le petit esprit infernal. 6° Denina a cherché aussi dans le Nord l'origine du nom d'arlequin. On ne s'imagine pas, dit-il, que ce mot sorte de la langue allemande; cependant il est un dérivé de *karl*, garçon et même homme, devenu *harl*, puis *arle* formé en diminutif *harlken*, dont l'accent italien fit *arlechino*, puis supprimant l'*h*, *arlichino*, comme il fit *arlotto*, tiré de la même racine. Les auteurs du Tripartitum donnent la même étymologie que Denina. 7° Selon Génin, *Arlequin* est un personnage français, la première partie de son nom est née de celui d'*Arles*, et l'autre moitié est une altération du mot *camp*: *Arlecamp, Arlequin*. Arlequin était jadis un démon ou un fantôme qui hantait les cimetières. Sa noirceur et son geste accusent encore son origine.... Arlequin le folâtre, et le funèbre *Hellequin*, chef d'une mesnie qui remplit d'épouvante tout le moyen âge, sont une seule et même personne...... *Arles* fut la première ville de France qui reçut la foi chrétienne.... Son magnifique cimetière avait porté de temps immémorial le nom de *Champs-Elysées*... Il continua à s'appeler *Ely-Camps*. Quelques-uns modifièrent ce nom en *Arles-Camps, Arlescamps* ou *Arlescamps, Alecamps, Arleschans* ou *Aleschans*..... Pendant le jour ce cimetière est tranquille; mais la nuit, des fantômes sortent tumultueusement de dessous terre.... Ce chœur infernal, cette famille du cimetière, s'appelait les *Arlecamps, Allecans*.... Tous les chroniqueurs, poètes, légendaires, vous attesteront que le cimetière d'*Arles* était le principal théâtre des apparitions de la mesnie Hellequin. Le nom d'*Hellequin* rappelle les *Ely-Camps*, comme la forme *Arlequin*, les *Arlecamps*..... Raoul de Presles cite la *mesnie Hellequin*.... Cette sombre mesnie s'appelle en latin *exercitus* ou *milites Hellequini*. Dans Pierre de Blois *Herlikini*.... Hellequin fut craint comme le diable, et comme lui traduit en farce dans les mascarades et les charivaris. Etc.: id. Si cette dernière étymologie était adoptée par tous les philologues, le mot *arlequin* ferait partie de la famille *Campus*, camp, champ. Dans la langue des Troubadours, *aliscamps*, élysée, cimetière. Mais au dire de Raynouard, on trouve le même mot *aliscamps* dans des récits concernant d'autres pays que la ville d'Arles. La *mesnie Hellequin* n'est pas sans analogie avec la *danse macabre*, ou danse des cimetières. On supposait, au moyen âge, que cette ronde nocturne était exécutée dans les cimetières, à certaines époques, par des morts de tout âge et de toute condition. En anc. fr. *hierlekin*, port. *arlequin*, ital. *arlechino*, arlequin. Dans le Gloss. champenois de M. Tarbé, *hellequin*, et *erlequin*, feu follet, fantôme, revenant. En anc. fr. *hellequin*, esprit follet, lutin; il se disait particulièrement de fantômes armés, qui, croyait-on, apparaissaient la nuit, semblaient combattre dans l'air.

Arlequinade, sf. Bouffonnerie d'arlequin; genre de pièces de théâtre; fam. discours, action d'un homme qui joue par intérêt un personnage directement opposé à son caractère.

Armë, sf. Tout ce qui sert au combat, soit pour attaquer, soit pour se défendre. (Du lat. *arma, armorum*, armes. On a donné au latin *arma* des origines bien différentes. 1° Festus, Servius, Isidore, Vossius et Athénée, le dérivent du latin *armus*, épaule, soit parce que les armes se portaient à l'épaule, soit parce que le latin *hasta*, lance, serait lui-même un dérivé du sanscrit *hast*, la main. 2° Eichhon le rapporte au sanscrit *varman*, armure, *varmitas*, armé, *varitas*, muni, *vri* ou *vir*, couvrir, défendre, et au grec *eruma*, abri, défense, rempart. 3° Varron le tire du latin *arceo*, j'éloigne, j'écarte, parce qu'on emploie des armes pour empêcher l'approche des ennemis. 4° D'autres le dérivent du grec *Arès*, Mars, le dieu des armes, de la guerre. 5° Doederl. le fait venir du grec *erumata*, défenses, remparts, qu'il dérive du grec *eruomai*, protéger, défendre. 6° Enfin, soutient que *arma* est pour *arsmagna*, le grand art, et *Mars* pour *magnus ars*, le grand art. 7° Un autre le déduit du sanscrit *arb*, frapper, détruire, par la mutation des deux labiales *b* et *m*. Dans les tables Eugubines, *arsm*, arme; phrygien *arman*, b. bret. et savois. *arma*, alban. *armete*, bourg. *armai*, armer. Ital. *arme*, esp. *arma*, langue des Troubadours *armas*, armes. Breton *arm*, gall. *arv*, gaël irl. et écoss. *airm*, armé, auverg. et savois. *arma*, angl. *arm*, arme.)

Armes, sf. pl. La guerre, profession de la guerre; entreprise de guerre, exploits militaires; tout le harnais d'un homme de guerre; troupes qui composent une armée, escrime; fig. tout ce qui sert à combattre; blas. certaines marques propres et héréditaires à chaque maison.

Armadille, sf. Petite flotte que l'Espagne entretenait pour empêcher les étrangers de commercer avec ses colonies. (De l'esp. *armadilla*, d'*armada*, armée navale, lat. *armata*, armée, eu affilée arm. ... *gogh*.)

Armadille, sf. Frégate légère de la Turquie.

Armadille, sf. Genre de crustacés, qui se rapprochent du cloporte. (On a dit aussi, *armadérie*, mot à mot "armé de toutes pièces.")

***Armamentaire**, sm. Sous le Bas-Empire, lieu où les armes étaient mises en dépôt.

***Armatole**, sm. Nom des miliciens chez les Grecs modernes.

Armateur, sm. Celui qui arme avec permission ou plusieurs bâtiments pour aller en course; le capitaine qui le commande; marchand, goelotin qui fait des armements.

Armature, sf. Assemblage de barres ou liens de métal pour contenir un ouvrage de maçonnerie, fig. coulée en bronze, etc.; substance métallique appliquée à une partie de l'animal soumis à l'action du galvanisme; ... *armatura*, armure, armes.)

***Armature**, sf. anti. mil. Nom générique désignant les manœuvres militaires; mus. réunion des dièses ou des bémols qui se trouvent à la clef, et qui sont affectés à l'un ou à l'autre mode dans lequel le morceau est écrit.

***Armé, ée**, adj. blas. Se dit des animaux à quatre pieds, et des dragons, lorsque leurs ongles,

leurs dents, etc., sont d'un autre émail que le corps.

Armée, sf. Corps de troupes destiné à faire la guerre; troupes assemblées en un seul corps, sous la conduite d'un général.

Armement, sm. Appareil de guerre.

Armer, va. Pourvoir d'armes, faire prendre les armes à, mettre sous les armes; exciter à faire la guerre, au pr. et au fig.; garnir une chose avec une autre pour lui donner de la force.

Armer, vn. Lever des troupes. *Armé, ée*, p.

A main armée, loc. adv. Avec des armes, de vive force.

***Armifère**, adj. myth. lat. Qui porte des armes; surnom de Mars, de Pallas, etc.

***Armigène**, adj. et s. h. n. Se dit des poissons dont les joues sont garnies de plaques osseuses. (L. *arma*, armes, *gigno*, je produis.)

***Armigère**, adj. myth. lat. Qui porte des armes. Surnom de Mars, de Diane, etc.

***Armigère**, adj. n. poét. Se dit de l'aigle qui porte les foudres de Jupiter.

Armiger, sm. ant. Écuyer. (L. *gero*, porter.)

***Armilustre**, sm. Revue des troupes romaines dans le champ de Mars, qui se faisait tous les ans au mois d'octobre. (L. *armilustrum*, de *arma*, armes, *lustro*, je passe en revue et je purifie par un sacrifice.)

***Armilustrie**, sf. Fête à Rome lors de l'armilustre.

Armipède, adj. h. n. A pattes armées d'épines.

Armistice, sm. Suspension d'armes. (L. *armistitium*, de *arma*, et *sisto*, j'arrête.)

Armoire, sf. Sorte de grand meuble en buffet, pour serrer des armes, des habits, du linge, etc. (On y serrait autrefois les armes, et maintenant on y enferme les titres de familles, et mille autres choses. C'était aussi l'endroit où les anciens chevaliers tenaient leurs armes, leurs écus, leurs habits de joute. Originairement ce mot signifiait uniquement arme matérielle ou de combat. C'est en ce sens que la langue française lui devait les expressions *armerie, armoire*. Au moyen âge les armes étaient le mobilier principal et le plus précieux de toutes les classes d'habitants. De là dit le par cours... ce qui se trouve dans le lieu où nous nous tenons le plus ordinairement, et je vois que toutes ses noms sont nommés par une métonymie ou une synecdoque... *l'empire, bureau, commode, siège, table*, sont tous mots passés du genre à l'espèce ou de l'espèce au genre. En d. *armarium*, armoire, it. *arma*. En b. l. *armare* et *arnharia*, armoire, it. et esp. *armario*, b. bret. *armël*, picard *ormère*, *otmele*, *ormoire*, comtois et rémois *aurmoire*, lorrain *amerlé*, champ. *aumère*, rouchi *omère*, armoire.)

***Armoire**, sf. Lieu où les armes étaient mises en dépôt, ratelier d'armes.

Armoiries, sf. pl. blas. Attributs distinctifs d'une maison noble, armes d'armoiries, leur représentation. (En général les armoiries sont des signes symboliques distinguant les personnes, les familles, les communautés, les peuples, etc. Ces symboles se peignaient, se gravaient, s'appliquaient sur les armes, sur le bouclier, sur l'écu. De là l'usage de dire *armes*, pour *armoiries*. Ce dernier mot est le nom propre de la chose; le premier n'est employé que dans un sens détourné.)

Armorial, sm. Livre d'armoiries de la noblesse d'un pays.

Armorier, va. Appliquer, peindre des armoiries. *Armorié, ée*, p.

Armoriste, sm. Celui qui fait des armoiries, qui sait le blason, qui l'enseigne, qui en traite.

Armure, sf. Tout ce qui sert à défendre le

soldat des atteintes ou des effets du coup; ensemble des armes d'un guerrier, les armes défensives, les armes artistement agencées et formant un tout.

Armure, s.f. phys. Plaques de fer qu'on attache à un aimant et qui en augmentent la force.

*****Armure**, s.f. Se dit de toute pièce de fer qui sert à la conservation ou aux usages d'une charpente, d'une machine, etc.; petite pièce de fer garnissant chacun des deux bouts d'une havette, ordre dans lequel un métier est monté pour fabriquer une étoffe de soie.

Armurier, sm. Qui fait et vend des armes défensives ou à feu.

*****Armurerie**, s.f. Art de l'armurier; armes fabriquées par un armurier.

Alarme, s.f. Cri, signal pour courir aux armes; émotion causée dans un camp par l'approche de l'ennemi; fig. frayeur, épouvante subite; fig. inquiétude, crainte, souci, chagrin. *De l'italien arme*, aux armes. Le néologisme italien *all'arme*, dans sa première origine, vient du latin *arma*, mais le verbe a été formé du cri italien *all'arme*, et non du fr. *aux armes*. Le général Bardin. Bullet prétend que *alarme* vient du gall. *larum*, trompette, etc.; et les auteurs du Tripartitum rattachent *alarme*, à l'all. *larm*, criaux armes, alarme; au boh. *lermo*, petit *lerum*, lion st. *lârum*. Mais tous ces mots sont évidemment originaires de l'Italie, comme tant d'autres termes militaires, et le sens propre qu'ils renferment est évidemment renfermé dans le latin *arma*, armes.

Alarmant, ante, adj. Qui alarme.

Alarmer, va. Donner l'alarme; fig. causer de l'inquiétude, du souci, de l'épouvante. *Alarmé, ée*, p.

Alarmiste, s. Qui se plaît à répandre de mauvaises nouvelles, des bruits alarmants.

*****Alarmiste**, sm. fam. Celui qui, par caractère ou par calcul, présente les choses sous le mauvais côté.

Désarmer, va. Ôter à quelqu'un son arme ou ses armes; faire sauter l'épée de la main de son adversaire; fig. toucher, fléchir, adoucir.

Désarmer, vn. Poser les armes, congédier les troupes. *Désarmé, ée*, p.

*****Désarmer**, vn. mar. Être congédié, et quitter un bâtiment.

Désarmement, sm. Licenciement des troupes; action de désarmer des soldats, des vaisseaux; action de faire sauter l'épée à son adversaire.

*****Guisarme**, s.f. Arme à deux tranchants, lance dont le fer avait la forme d'une hache à deux tranchants. (L. *bis*, deux; selon Skinner et autres; l. *acuere*, aiguiser, selon Barbazan; ou du fr. *guise*, et de *arme*; parce qu'on maniait cette arme à sa guise. Il paraît que ce mot est composé de *gese* et de *arme*, en lat. *gesum* ou *gesa*, ou bis. dard, gisarma, et l'anc. fu. *jussarme*, gèse, dard). On a dit aussi *gisarme*, *guisarme*, *guizarme*, *guysarme*, *gysarme*, *jaisarme*, *jasarme*, *juisarme*, *jusarme*, *guisarme*, *wisarme*, *zizarme*. Il n'y a que le mot final *arme* qui n'ait point varié.

*****Guisarmier**, sm. anc. mili. Soldat armé de la lance appelée *guisarme*.

*****Réarmement**, sm. mar. Nouvel armement.

*****Réarmer**, va. et n. Armer un vaisseau désarmé, pour réparation. *Réarmé, ée*, p.

Inarmé, ée, adj. Qui n'est point armé.

Inerme, adj. bot. Sans armes, sans aiguillons, sans épines. (Lat. *inermis*, *in* priv. *arma*, armes.)

*****Malarmé**, sm. Poisson de mer muni de deux cornes. (Du latin *male armatus*, mal armé.)

*****ARMÉNIE**, s.pr.f. géo. Contrée d'Asie. C'est un des pays les plus beaux, les plus fertiles, les plus anciennement peuplés de la terre. (Du latin *Armenia*, l'Arménie; *Armenius*, Arménien, d'Arménie; mots dérivés du grec *Armenia*, l'Arménie, *Armenios*, Arménien. L'origine du nom d'Arménie est extrêmement difficile à déterminer; on peut même dire qu'il est impossible de le faire d'une manière satisfaisante, selon l'opinion de saint Martin. 1° Les habitants se donnent à eux-mêmes le nom de Haï, et à leur pays celui de Haïastan; ils prétendent, dit Eyriès, que celui d'Arménie vient d'*Aram*, un de leurs anciens rois, qui se rendit célèbre par de grandes conquêtes, et que les écrivains grecs appelaient *Armen*. On raconte d'*Aram*, dit Moyse de Khoren, beaucoup de traits de courage et de belles actions, qui étendirent dans tous les sens les limites de l'Arménie. C'est de son nom, ajoute-t-il, que vint celui de l'*Arménie*. 2° Suivant la chronique géorgienne de de Waktang, les Arméniens et les Géorgiens tirent leur origine de Haïg et de K'harthlos, fils de Thaglath, quatrième descendant de Japhet. Ces deux patriarches, fuyant la tyrannie de Bélus, en 2017, vinrent s'établir avec toute leur famille, le premier dans les montagnes du pays d'Ararat, auquel son sixième successeur, *Aram*, donna le nom d'Arménie; et le second un peu au-dessous du confluent de l'Aragwi et du Kour. 3° En parcourant la succession des anciens rois d'Arménie, Joh. Joachim Schroeder observe que le sixième homme, *Harma*, et contemporain d'Abraham, donna son nom à l'Arménie, qui portait auparavant celui d'Hark. 4° Bochart croit que l'Arménie était appelée *Mini* ou *Minni* par les Hébreux, et *Haramini* par les Chaldéens, et que *Haramini*, Arménie, signifie la *montagne* de Mini. En hébr. *har*, montagne. 5° De Brosses soutient que le nom *Arménie* signifie, dans la langue du pays, montagne de la lune, et que ce nom lui a été donné à cause d'une grande montagne, apparemment l'Ararat, sur laquelle les habitants allaient adorer cette planète. 6° D'autres prétendent que ce fut un Pélasge de Thessalie, *Armenus*, qui donna son nom à l'Arménie. 7° D'autres disent qu'elle tire son nom d'*Arminius*, ville de Thessalie, située entre Larisse et Phères. 8° D'autres soutiennent que *Aram*, petit-fils de Noé, eut en partage l'Arménie et lui donna son nom. 9° En hébreu *haram* signifie il fut haut, élevé, c'est pourquoi quelques hébraïsants en dérivent le nom de l'Arménie, pays élevé. 10° Un autre conjecture que l'Arménie reçut ce nom d'*Armenius*, nom d'un compagnon de Jason le Thessalien; ou du grec *armenon*, voile; agrès. Johannesson partage cette dernière opinion. 11° L'abbé d'Iharce de Bidassouet affirme qu'*Arménie* est un mot basque qui signifie *à la portée de la main*; 12° et Schleck, que c'est un mot scythique, que *armen* chez les Scythes et *Armin* chez les Celtes ont signifié *sur les bras*, que l'Arménie a été comme le bras, le soutien du monde, où furent reçus les restes des vivants qui échappèrent au déluge. 13° La Tour d'Auvergne assure pusuadé que le nom de l'Arménie répond au celto-breton *arménie*, la montagne par excellence, le lieu montagneux, et *arménéou*, les hauteurs, les montagnes. En arabe et en persan *Erméni*, Arménien; du latin *Ermenii*, *Eminii*, anc. f. *Hermines*, Arméniens. Anc. fr. *Hermenie*, *Hiermenie*, *Hermenie*, *Arménie* et *Ermin*, Arménien.)

Hermine, s.f. Petit animal rare, blanc, à queue noire; fourrure que l'on fait avec sa peau; une des deux fourrures du blason. (De l'anc. fr. *ermine*, hermine, *ermin*, Arménien; parce qu'il y a beaucoup de ces animaux en *Arménie*, et que ces sortes de peaux étaient apportées d'Arménie. Quand le nom d'un objet est fait de celui de la localité d'où il provient il faut se garder de méconnaître cette origine et d'en chercher une autre, dit un auteur. Personne ne doute que *dinde* ne vienne de poulet d'Inde; mais le vieux mot *hermin* ayant été remplacé par arménien, tout le monde ne sait pas aussi bien que ce mot, est l'origine du nom de l'*hermine*. L'arménienne, appelée aussi le rat d'Arménie. En b. lat. *Harmenia* pour *Armenia*, Arménie, *ermena*, peau du rat pontique ou arménienne; *hermineus*, qui *erméellin*, bermine, etc. est *hermini*, esp. *armino*, port. *armiño*, langue des Troubadours *hermin*, *ermini*, *ermi*, *hermina*.)

Hermine, ee, adj. bias. Se dit des pièces dont le fond est d'argent, moucheté de noir.

Armeline, sf. Peau très fine et fort blanche, qui vient de Laponie, et qui appartient à l'hermine. (La permutation du *lam* avec le *nun* étant chose commune dans les langues sémitiques, on dit plus généralement *Ismaïn* que *Ismaïl*, Ismaël, et *Armi* aussi souvent que *Armen*, Arménie. En b. lat. *armelinus*, rat pontin; *armellina*, peau d'hermine; peau du rat pontin; *armellina*, *hermellina*, *arminea*, *arminia*, peau d'hermine. On sait que le Pont touchait l'Arménie.)

Irmin, sm. Droit d'entrée et de sortie des marchandises dans le Levant. L'abbé Johanneau pense que ce nom est le vieil adjectif français *ermin*, *armeni* ou fourré d'*hermine*, comme un *arménien*. Les Arméniens sont appelés *irmins*, et *Hermins*, dans nos vieux auteurs, et c'est en Arménie qu'on trouve en abondance les rats dont la dépouille est appelée *hermine*, et sert de fourrure aux Arméniens qui sont les fermiers et les receveurs des impôts dans la Turquie. Comme nous disons encore des rats de cave en parlant des gabeloux, de même c'est parce qu'on les compare à des rats de leurs pays, à des rats rongeurs, qu'on a nommé *hermins* ces Arméniens, et ensuite le droit de douane qu'ils sont chargés de percevoir.)

ARMENTAIRE, adj. hh. Qui a rapport aux troupeaux. (Du lat. *armentarius*. *Armentum* est *armentum*, troupeau de gros bétail, troupe d'animaux, animal domestique; d'où *armentivus*, riche en troupeaux. On a donné différentes étymologies au latin *armentum*, d'Varron, Columelle, Chavée, Gesenius, Doederlein, le dérivent du lat. *arare*, labourer; 2° Festus et Servius, du lat. *arma*, armes, parce que le gros bétail sert à la guerre; les chevaux pour les combats, 2° du cuir du bœuf pour couvrir les boucliers, 3° Constancio le forme du latin *arvum*, terre de labour, et *meare*, aller, passer, marcher; 4° Bullet, de l'article celtique, *ar*, et du b. bret. *mend*, quantité; Gebelin du celtiq. *mend*, quantité; 5° Martinius, du lat. *armus*, épaule, parce que le gros bétail, les chevaux, les bœufs ont de bonnes épaules. En ital. *armento*, troupeau; port. *armento*, *armenilla*, troupeau de gros bétail.)

Armentaires, sf. pl. hn. Famille de mouches qui tourmentent beaucoup les troupeaux.

Armenteux, euse, adj. Se dit d'un pays qui possède beaucoup de gros bétail.

ARMILLAIRE, adj. Sphère *armillaire*, espèce de machine ronde et mobile, composée de divers cercles. (Du lat. *armilla*, bracelet, parce que ces cercles en ont la forme. *Armilla* vient lui-même de *armus*, épaule des animaux, épaule de l'homme, bras, et *armi*, flancs d'un cheval. 1° La plupart des étymologistes dérivent le lat. *armus*, du grec *harmos*, assemblage, ensemble, joint, jointure, clou, cheville, nœud de l'épaule. 2° Doederlein le forme du lat. *armus*, branche, rameau. Il pouvait appuyer son étymologie en citant le latin *brachium* qui signifie bras

et branche; le latin *palma*, paume de la main, et *palma*, palmier, branche de palmier. Cependant le latin de l'une *armus*, signifiant jointure du bras et de l'épaule, paraît évidemment avoir été fait du gr. *harmos*, nœud de l'épaule. En anglo-saxon, *arm*, *earm*, *eorm*, *hearm*, bras; angl., all., suéd., dan., et holl., *arm*, *erm*, bras.)

Armilles, sf. Petites moulures qui entourent le chapiteau dorique.

Armon, sm. C'est une partie du train de devant d'un carrosse. Il y a deux pièces de bois un peu courbes, qui prennent d'un côté sur l'essieu de devant, et qui aboutissent de l'autre au timon. Elles servent à soutenir une cheville, sur laquelle le timon est mobile, pour le lever quand on le veut. Ces deux pièces s'appellent les armons. (Ce mot vient apparemment du latin *armus*, parce qu'ils sont comme les flancs du timon. Trévoux. En prov. *aramoun*, *armoun*, armon, mots que M. Honnorat dérive pareillement du latin *armus*.)

ARMOISE, sf. bot. Plante vivace, à fleur flosculeuse, appelée aussi *matricaire*, et vulgairement *herbe de la saint Jean*. (Du latin *artemisia*, armoise. 1° Selon Trévoux, *l'armoise* a pris son nom d'une racine de Carie, appelée *Artemisia*, d'*Artémise* femme de Mausole. D'après Pline, Henricus et Tournefort, du lat. *artemisia*, ainsi dite d'*Artémisia*, épouse de Mausole, roi de Carie, laquelle adopta cette herbe appelée auparavant *parthenis*, c'est-à-dire, virginale. Quelques-uns objectent qu'Hippocrate, qui était plus ancien qu'Artémise femme de Mausole, fait mention de l'armoise sous le nom d'*Artémise*. A cela le marquis de Fortia répond que l'on compte dans la famille d'Hippocrate sept médecins de ce nom, qui ont vécu dans des temps différents. 2° D'après Pline lui-même déjà cité, ainsi que de Theis, Honnorat et autres, il est plus vraisemblable que le latin *artemisia* dérive du grec *artemisia*, armoise, fait lui-même du gr. *Artémis*, nom que les Grecs donnaient à Diane; elle était la patronne des vierges, et l'on appliqua son nom, par allusion, à une plante dont on fait usage pour prévenir l'éruption des règles chez les jeunes filles. C'est ainsi que le latin *dictamnus*, *dictamnum*, et le grec *diktamnon*, se rapportent au grec *Diktunna*, *Dictyne*, surnom de Diane qui présidait à la chasse et au filet. Selon Jablonski et Saint Clément d'Alexandrie, *Artémis*, nom de Diane, serait un mot phrygien. Dans Xenophon, *Artama*, est le nom d'un roi des Phrygiens. Gebelin assure que le nom *Artémis* est composé de deux mots orientaux signifiant la règle de la terre. Plus bas, il dit que c'est un nom scythe de la lune. En ital. *artemisia*, armoise, cat. *artemisia*, esp. et port. *artemisa*, langue des Troubadours, *artemezia*, *artemisa*, prov. *arquemi*, *arquemiso*, armoise.)

Artémisie, ee, adj. bot. Semblable à l'armoise.

Artémisies, sf. pl. Groupe de plantes à fleurs composées.

Artémisine, sf. chim. Principe amer de l'armoise.

ARMOISIN, sm. Taffetas faible et peu lustré. (On a dit aussi *armosin*. 1° Furetière et autres tirent ce mot de l'ital. *armosino*, mot dérivé lui-même, d'après eux, du latin *arma*, armes, d'où *armoirie*, parce qu'on mettait plusieurs *armoiries* sur la toile qui enveloppait cette étoffe. 2° Selon Huet, ce taffetas serait ainsi nommé, parce que, dit-il, il est venu de l'île d'*Ormus*. Ormus est une petite île d'Asie, au fond d'un golfe, auquel elle donne son nom, et à l'entrée du golfe Persique. Cette île est nommée *Harmuz* par Pedro Texeira. Dans Hofmann, *Ormus*, *Armuzia*, *Ormusium*, et *Organa*, désignent également une ville située dans cette île. D. Francisco de S. Luiz a écrit que le port *armezin* désigne un taffetas léger qui vient du Bengale, et que de là il a tiré son nom.]

AROMATE, sm. Drogue, plante de composition odoriférante, d'une odeur forte, pénétrante et agréable, substance végétale d'où s'élève une odeur forte et agréable, parfum propre à parfumer. [Du latin *aroma*, dérivé lui-même du grec *aruma*, *arômatos*, aromate, arôme, parfum, épice. 2º D'après Bopp, Pott, Benfey et Chavée, le grec *aruma* pour *gruma*, vient lui-même du sanscrit *ghra*, au *gru*, flairer, sentir une odeur, d'où, d'après Eichhoff, le grec *brômê*, odeur forte, odeur de bouc, puanteur, *brômos*, odeur de bouc, puanteur, odeur. 2º Scapula, Schrevelius, Vossius, Planche, Wachter et autres, ont cru que *aroma* a été fait du grec *arô*, beaucoup, et *odmê*, odeur. 3º Bibliander a pensé qu'il venait du grec *aroma*, champ labouré. 4º M. Martin le tire du grec *arô*, j'ajuste, j'adapte. 5º Gebelin, du gr. *airô*, je lève, j'élève. 6º Constancio, du grec *orô*, aromat, j'excite, j'anime. 7º Turnèbe, du grec *aromat*, je fais les vœux, je prie, parce que les anciens offraient des parfums aux dieux avant le sacrifice des animaux. L'hébreu *heriach*, il a senti une odeur, ainsi que *reiach*, odeur ou une chose exhalée, paraît offrir de l'analogie avec le sanscrit *ghri* ou *gra*, flairer, sentir. En malais *aram* et *arôm*, aromate; *harûm*, odorant, odoriférant; *haruman*, et *harumkann*, parfumer; valaque *aromat*, ital. *aromato*, aromate. Langue des Troubadours *aromatic*, angl. *aromatical*, all. *aromatisch*, aromatique.]

Aromatique, adj. De la nature des aromates, qui en a l'odeur.

Aromatiser, v. Mêler une substance aromatique à un remède, à un aliment. *Aromatisé, ée*, p.

Aromatisation, sf. Action d'aromatiser, mélange d'aromates avec des médicaments.

*Aromatite, sf. Pierre précieuse, bitumineuse, qui ressemble à la myrrhe par son odeur et sa couleur.

*Aromatophore, sm. antiq. Esclave qui portait les aromates. (Gr. *phero*, je porte.)

*Aromatopole, sm. Celui qui vendait des aromates. (Gr. *pôleô*, je vends.)

Arôme, sm. Principe odorant des substances végétales, qui exhale une odeur agréable.

*Diaromaticon, sm. Médicament composé de diverses substances aromatiques. (Gr. *dia*, à travers.)

ARPENT, sm. Étendue de terre qui contenait ordinairement cent perches carrées. [Selon M. Delatre du b. l. *arvi-pendium*, mesure d'un champ; arpent (forme intermédiaire *arependium*, dim.). Selon Columelle, les Gaulois appelaient le semi-jugerum *arepennis*, mot qui a une grande ressemblance avec le fr. *arpent*, mais il ne s'ensuit pas le f. final. Nous nous en tenons de préférence, dit le même auteur, à l'origine latine, qui présente un sens net, malgré l'emploi un peu forcé de la racine *pend*, dans le sens de mesure. Nous croyons même, ajoute-t-il, que *ari-pennis* n'est que le latin *arvi-pendium* (nul par là par dissimilation). Ce qui semble confirmer cette conjecture, c'est que *arepennis* n'a aucun sens plausible en celtique, tandis que *arvi-pendium* présente une idée nette et claire, quoique sa formation soit peut-être barbare. Ainsi le latin *arvum*, champ, et *pendo*, examiner, estimer, aurait donné naissance à la basse lat. *arvi-pendium*, d'où *arpent*. 2º Gattel forme *arpent* du latin barb. *arpentium*, fait par contraction d'*agripendium*, mesurage des champs au moyen d'une corde; d'*agrum*, champ, agri, du champ, et *pendeo*, je pends, état naturel de la corde. 3º L'abbé Corblet dérive *arpent* du celt. *ar*, terre, *pan*, limite; et Guilmot, du celtique *ar*, *ardd*, *arid*, *aerd*, champ, et *pandt*, limite, borne. 4º Du Cange, du mot *arapennis*, qu'il forme du latin *arare*, labourer, ou des mots *ard*, *erd*, terre, et *pand* ou *pend*, carré. 5º Pontanus, du gallois *aert*, terre, *pandt*, bornée. 6º un celtisant, du celt. *ara*, labouré, *pen*, un, *neiz*, jour; d'où *té*, parfaitement jouir; le labouré d'un jour, ou de même journal de terre. Du mot *jour*. 7º Forcellini, du lat. *arependium* ou *arepennis*, mot Berbère ou gaulois signifiant une mesure de 120 pieds carrés, un arpent. 8º M. Leon compose le mot *arpent* du gaël. *ar*, labourable, et *ban*, *pan*, terre; d'où le mot *arpennis*, qui au temps de Grégoire de Tours exprimait la 5e partie du stade. 9º M. De Bellogu et retrouve *arepennis*, *arapennis*, dans le kymrique *ar*, terre, labourable, *erw*, aire de terre, et *pan*, surface, *pennill*, division, partie complète. Arménien *ara*, laboureur, et *pann*, lieu. Irl. *ar*, labourage, et *ban*, champ. Dans Grégoire de Tours et dans Roziere, *aripennis*; et dans une charte *acripennis* et *agripennis*, arpent. On a dit aussi *arepennis*, *aripennus*, *arpennis*, *agripennus*, *agripenna*, *arpenium*, *arpentium*, *arpentum*, arpent. Dans la langue des Troubadours *arpin*, *arpen*, prov. *arpen*, arpent.]

Arpentage, sm. Mesurage par arpent ou autres mesures, science de mesurer les terres.

Arpenter, va. Mesurer la superficie des terres; fig. fam. marcher vite et à grands pas, parcourir. (C'est ainsi qu'en persan *peimoudin*, mesurer, a pris également la signification de parcourir.) *Arpenté, ée*, p.

Arpenteur, sm. Celui qui exerce le métier de mesurer la superficie des terres.

*Arpenteuse, adj. et sf. Se dit de certaines chenilles. (Godard a donné ce nom à une espèce de chenille, de couleur verte, qui se dresse et se baisse comme un géomètre, lorsqu'il arpente et prend sa mesure.) Réaumur nomme arpenteuse l'espèce qui fit tant de dégâts dans nos jardins en (1735.)

*Rearpentage, sm. prat. Nouvel arpentage.

*Rearpenter, va. prat. Arpenter de nouveau.

ARRHES, sf. pl. Argent que l'on donne pour assurer l'exécution d'un marché verbal, et que l'on perd en rompant le marché; gage, assurance. [Du lat. *arrhabo*, *arrhabonis*, dérivé du grec *arrhabôn*, arrhes par le gage. Ce mot se retrouve dans l'arabe *arboun*, *ourbon*, valq. *raboun*, argent donné comme gage sur un marché conclu, arrhes. En grec d'Hésychius *arpha*, arrhes. En hébreu *harab* (à prolixis), il a *répondu* (ce s'est donné pour répondant), pour caution. Il a engagé, il a donné un gage; *harabon*, ce qui est donné en gage; et *herabon*, arrhes. En berbère *arbouon*, arrhes; basque *arrazac*, ital. *arra*, arrhes, esp. port. et lat. des Troubadours *arras*, arrhes. En fr. *erre*, gage, puisois de Castres *arros*, roucil et *rhes*, picard *errhe*, arrhes. Gloosaire et Gascon *arra*, donner des arrhes. Gloss. Champenois *eres*, arrhes, prov. *arrhas*, arrhes.]

Arrhement, sm. Action d'arrher.

*Arrher, va. Donner des arrhes. *Arrhé, ée*, p.

*Enarrhement, sm. Action d'arrher.

*Enarrher, va. Arrher. *Enarrhé, ée*, p.

ARRIÈRE, adv. En demeure, en retard; en reculant; en l'absence de quelqu'un. [Du latin *retrò*, par derrière, derrière, en arrière, en reculant, en sens contraire. Du latin *retrò* on avait fait en ancien français *rière*, dit M. Ampère. On disait *rière-ban*, *rière-garde*. Arrière, *ad retrò*, a voulu dire primitivement ce que nous sommes obligés d'exprimer par l'addition d'une nouvelle particule et d'un article: *en arrière*, *à l'arrière*. 1° L'abbé Prompsault soutient, d'après Priscien, que *re* c'est le primitif de *retrò*, qu'il ne vient pas de *retrò* comme l'ont cru Despautère, Burnouf, De Bignières et autres, et que *re* vient lui-même du latin *rès*, chose. 2° *Re* et *retrò* proviendraient du sanscrit *crath*, lier, attacher, entrelacer. 3° ou du sanscrit *paru*, par derrière, derrière, en arrière ou sens contraire, d'après Bopp. 4° Selon Marcinius, le latin *retrò* serait un dérivé du latin *reitero*, je réitère, d'où *reiteratio*, répétition. 5° Gébelin forme *retrò* de *re*, ou celtique *tro*, marche, pas, et de la lettre *r* signifiant le mouvement, l'allée, la venue, d'où, selon lui, la préposition initiale ou inséparable *re*, qui sert à former une multitude de mots composés, tous offrant l'idée de procéder en sens contraire, le retour, la réitération, l'action de repousser, celle de retirer. 6° Suivant M. Thion, *retrò* serait un composé du lat. *re*, et du suffixe pronominal *ter*. De *ad retrò*, les Italiens ont fait *addietro*, derrière. En ital. *tra*, derrière, esp. cat., port. et langue des Troubadours *tras*, derrière. Langue des Troubadours *atras*, arrière, en arrière; *detras*, derrière; *reire*, *regre*, arrière, de nouveau, postérieurement; *redier*, dernier, *areire*, *arreire*, *darrieres*, arrière, en arrière; *derrier*, *darreyre*, derrière; *derrier*, *derrèr*, *derier*, *iterer*, *darrier*, dernier. Gloss. champenois *rier*, *rière*, arrière, en dedans; et *derrier*, dernier, derrière; patois de Champagne *daret*, derrière; *darrère*, dernière, et *drie*, derrière, dans Tarbé. En savoisien *arri*, arrière; *darri*, derrière. Anc. fr. *arrier*, *arère*, arrière; *darère*, *darrer*, derrière; *darrain*, dernier. Gaël écoss. et irl. *deire*, derrière, dernier, bout, fin, dans Edwards. Rouchi *darrain*, *derrè*, derrière; *darrin*, dernier; *arrière*, hors, se dit d'un fruit passé, qui ne se dit qu'à la campagne, dans Hécart. Auvergnat *darrié*, derrière. Toulousain *arreyre*, derechef, encore; *darri*, derrière; chez Pierre de Gondelin. Dans la chanson de Roland, *rere-guarde*, arrière-garde.

Arrière, préposition inséparable comme dans arrière-corps et avant-corps, *vent-arrière*, en poupe. (Tous les étymologistes forment *arrière* du latin *ad retrò*, et *derrière* du latin *de retrò*, comme *verre* de *vitrum*, *pierre* de *petra*; etc.) excepté M. Pihan qui tire *arrière* de l'arabe *akhkhar*, mettre en arrière, différer et Bullet qui le forme du gallois *ar*, lent, tardif.

Arrière! interj. Loin d'ici.

Arrière, sm. mar. Poupe; la moitié de la longueur d'un bâtiment, depuis le grand mât jusqu'à la poupe.

Arrérages, sm. pl. Revenus arriérés; ce qui est dû, ce qui est échu d'un revenu, d'une rente, d'un loyer.

Arréracer, vn. Laisser accumuler les arrérages que l'on doit. *Arréragé*, p.

En arrière, loc. adv. Par derrière et à une certaine distance; en retard.

Arrière-bec, sm. Pointe d'une pile de pont en aval. (Du fr. *arrière*, et *bec*.)

Arrière-fief, sm. Fief mouvant d'un autre fief.

Arrière-garant, sm. Garant du garant.

Arrière-garde, sf. Portion d'une armée qui marche la dernière.

Arriérer, va. Retarder, différer. *Arriéré, ée*, p.

S'Arriérer, va. pron. Demeurer en arrière; ne pas payer aux échéances convenues.

Arriéré, sm. Toute portion de dette dont le paiement a été retardé; dettes de l'état dont le paiement est retardé; partie d'un travail, d'une tâche qu'on n'a pu faire à temps.

Derrière, prép. et adv. En arrière, après, à la suite. (Anc. fr. *derrière*, derrière; du lat. *de*, *retrò*.)

Derrière, sm. Le côté opposé au devant, partie postérieure.

Derrières, sm. pl. Derniers corps d'une armée en marche ou d'un bataillon; côté auquel l'armée tourne le dos; le pays qu'elle laisse en arrière.

Dernier, ière, adj. et s. Qui vient ou qui est après tous les autres, après lequel il n'y en a point d'autres; le plus récent; extrême en bien ou en mal. (V. fr. *derrain*, dernier.)

Dernier, sm. Ne vouloir jamais avoir le dernier, c'est ne pas vouloir souffrir d'être touché le dernier, ou vouloir toujours répliquer dans une dispute.

Dernièrement, adv. Depuis peu.

Avant-dernier, ière, adj. et s. Pénultième; qui est avant le dernier.

Re, particule qu'on place en tête de certains mots, et qui sert d'ordinaire à indiquer un sens contraire, ou itératif ou augmentatif. (Sa racine se retrouve dans *retrò*, *rursus*.)

Ré, sm. Seconde note de la gamme; signe représentant cette note. (Ce mot est pris de la première syllabe du latin *re-sonnare*: *Ut queant laxis resonnare fibris*, etc.)

D-la-ré, Ancien t. de mus. par lequel on désignait le ton du *ré*.

ARRIMER, va. mar. Disposer, arranger convenablement les divers objets composant la cargaison d'un bâtiment, et particulièrement tout ce qu'on met dans la cale. [Du xi. s., *arrumer*, arrimer, dérivé plus-même du *rum*, espace que l'on ménage au fond de cale, pour la cargaison du navire. 1° Le *rum* a été formé du néerlandais *ruim*, cale, fond de cale; ou de l'anglosaxon *rum*, espace. 2° Il me paraît point venir du latin *ad rimam*, dans le trou ou le creux, qui exprimerait l'idée de remplir le vide de la cale, d'un bâtiment, du latin *rima*, fente, crevasse; 3° du latin *rimari*, chercher avec soin, scruter, comme l'a cru Honnorat; 4° ni du grec *ardo* et *hamo*, j'ajuste ensemble, comme l'a pensé Constancio; 5° ni du grec *harmos*, assemblage; 6° ni du port. *rum* ou *ruma*, règle ou ligne droite, comme l'a conjecturé Trévoux. En flamand, *ruim*, spacieux, ample, large; vaste; d'où le flamand *het ruim*, le creux d'un vaisseau, le *rum*. En all. *raum*, spacieux, vaste, gothique *rums*, suéd. *rum*, spacieux. Portugais *arrumar*, espagnol *arrumar*, arrimer. Voyez Rumb.

Arrimée, p.

Arrimage, sm. Action d'arrimer; le résultat.

Arrimeur, sm. Celui qui arrime.

ARROBE, sf. mar. Mesure de poids usitée dans les possessions d'Espagne et de Portugal. Ce poids varie selon les différents lieux. Trévoux dit qu'il est de 31 ou 32 livres. De l'esp. *arroba*, arrobe, dérivé lui-même de l'arabe *al*, la, et *roub*, pour *roub'*, quatrième partie, le quart. On forme l'arabe *roub*, du verbe *raba'*, diviser en quatre parties. En hébreu *robah*, quatrième partie, *rābah*, quatre. En portugais *arroba*, poids de 32 livres;

En b.lat. *arroba*, arrobe. En Languedoc-Pyr. *ar-roue*, *arrobo*.]

ARROCHE, sf. bot. Plante potagère appetée, originaire de Tartarie, cultivée dans les jardins. [Du wallon *aripe*, arroche, dérivé du lat. *atriplex*, *atriplicis*, introduit d'après M. Diez, Ménage, etc. De l'ablatif *atriplice* les Italiens ont fait *atrepiece*, arroche. Dans le fr. *arroche* le *i* s'est assimilé à l'*r* qui le suit, comme dans *verre* de *vitrum*, *pierre* de *petra*, *beurre* de *butyrum*. La seule place, *plice*, du latin est devenue *pice*, en wall. *pip*, en wallon, et *che* en français comme dans *ache* de *apium*. Le latin *atriplex* serait de la même origine que le grec *atnaphaxis*, *atnaphaxus*, arroche. Et cette origine serait 1° suivant Benfey, le sanscrit *tri*, trois, *bhâga*, partie, portion, le *bhag*, rompre; parce que la feuille de cette plante est triangulaire; 2° selon Gébelin, du grec *tris*, trois, par la même raison; 3° selon Martinius, du grec *athroos auxinis*, croître dru, parce que cette plante paraît le huitième jour après qu'on l'a semée. 4° Même mot d'origine franque *arroche* ainsi que l'angl. *orrach*, *orach*, arroche, du lat. *aurum*, or, d'où le lat. *olusaureum*, arroche qui est de l'or, le grec *chrusolachanon*, arroche d'or, du gr. *chrusos*, or, et *lachanon*, légume; parce que ses fleurs sont jaunes ou de couleur d'or, lorsque ses feuilles se sont desséchant prennent une couleur jaune. 4° Suivant M. Delatre, *atri-plex* signifie propr. *aux plis noirs*, et vient du lat. *plex*, *plicans*, plier, et de *ater*, *atra*, *atrum*, noir.

*__Atriplicé, ée__, et *__Atriplicins, ée__, adj. bot. Semblable à l'arroche.

*__Atriplicées__, sf.bot. Famille de plantes.

ARROI, sm. vi. Train, équipage; équipage du fauconnier, comme gants, longes, etc. [D'après Ihre, Ampère, de Chevallet, etc., ces mots sont d'origine germanique. 1° De Chevallet rattache les mots *arroi*, *desarroi*, *baudroyer*, *baudrucke*, au danois *berede*, préparer, apprêter, qui se dit particulièrement en parlant du cuir, qu'on y ait est formé du préfixe *be*, et de *rede*, prêt, préparé. En lui rattache le fr. *arroi* au latin *radir*, et au suivogothique *rad*, ligne, ordre; à l'anc. scandin. *rada*, ordre; rang; troupes; à l'angl. *raw* ordre, rang; et au goth. *reda*, compter, payer. 2° Selon Ar. Ampère et d'après Du Cange, les mots *arroi*, *desarroi* et *conroi* ont été formés d'un germanique *rat*, conseil, secours, provision. 3° Diefenbach dérive *arroi*, *desarroi*, du b. breton *reth*, ordre, arrangement. 4° Raynouard fait venir *desarroi* du latin *radius*, rayon, baguette, et Roquefort dit que *arroi* et *desarroi* paraissent avoir été faits de *radio*, *radionis*, augmentatif du latin *radius*. La racine danoise *rede* se reconnaît dans le Flamand *reeden*, apprêter, préparer, appareiller; dans le suéd. *reda*, dans l'anc. scandin. *reida*; dans l'irl. *reidhim*. L'anc. fr. *aroy* signifiait ordre, arrangement, disposition des troupes, ordonnance militaire; et *conroi*, ordre, soin; *desarroi*, désordre, mal, faute. Dans le roman de la *Rose*, *Arroi*, ordre, et quelquefois équipage. En anc. fr. on a dit aussi *aroi* magnificence, équipage. En b. lat. *arriamentum*, *arredium*, *arredo* esp. *arroyo* port. *arrôio*, arroi. B. lat. *arrodare*, esp. *arrear*, port. *arrear*, prov. *aredar*, *aresar*, anc. fr. *avréer*, *avroier*, apprêter; préparer; disposer.

Desarroi, sm. Désordre dans les affaires; renversement de fortune. (*Desarroue* s'explique aussi par *arroy* ou *courroie*, en b. lat. *corredum* et *corredium*: Ampère. En prov. *desroi*, anc. fr.

desroy, *desrei*, *desroi*, désarroi. Dans le Roman de la *Rose*, *desroy*, désastre, infortune.)

ARS, sm. bl manège. Membres. Ce sont, dit Trévoux, les veines qu'on saigne les chevaux, et qui sont au bas de chaque épaule. Il y en a aussi aux membres de derrière, au plat des cuisses. On a saigné ce cheval de quatre *ars*, pour dire des quatre membres. [Ce mot vient du latin *artus*, articulations, jointures des os, membres du corps, dans Pline, bras d'un arbre, rameaux, Trévoux, Fustière, Gattel, etc. suivant cette étymologie. En grec *arthron*, jointure, emboîtement, membre, partie, organe, articulation; *gramm.* article, Doederlein forme le latin *artus*, etc. et gr. *arthron*, du grec *phetos*, membre, au pl. *rhetea*, le corps; et l'avoyée, les rattache, au grec *aro*, *araisko*, *je joins*, *adapte*, au grec *archo*, valoir, pouvoir, prévaloir; au sanscrit *arh*, adapter, convenir, être digne, valoir.]

*__Artétique__, adj. Qui a perdu un membre.

*__Article__, sm. *gramm.* Mot devant un nom d'articulation: jointure entre deux parties d'un membre, chaque partie d'une loi, d'un traité, d'un contrat qui établit une disposition à chaque partie du discours que l'on met devant les noms, chose, affaire; commerce; se dit des différents objets qu'un marchand a dans son magasin. (Du latin *articulus*, jointure, dim. de *artus*, articulations, jointures, membres du corps. En ital. *articolo*, article, esp. et port. *articulo*, cat. et langue des Troubadours *article*, article.)

A l'article de la mort, Au dernier moment de la vie.

*__Articulaire__, adj. Relatif aux articulations.

*__Articulaire__, adj. et sm. anat. Une des pièces élémentaires de la mâchoire inférieure.

Articulation, sf. Jonction, jointure des os, mouvement des organes de la parole, prononciation distincte, les modifications qui forment la parole.

Articulation, sf. bot. Nom donné à chacun des bourrelets d'une tige, lorsqu'ils sont faciles à casser, bout du du bourgeois. Rouch tendre.

Articulation des faits, prat. Enumération des faits, article par article.

Articuler, va. Prononcer distinctement, nettement, énumérer par article. *Articulé*, ée. P.

Articulé, ée. adj. Se dit des sons modifiés par le mouvement de la langue, lorsqu'elle frappe contre le palais, et de ceux qui sont modifiés par le mouvement des lèvres, lorsqu'elles frappent l'une contre l'autre.

*__Articulée__, adj.f.bot. Se dit des tiges formées d'articulations superposées, et réunies bout à bout, et des racines qui présentent, de distance en distance, des articulations.

S'Articuler, vpron. anat. Se joindre, s'unir par articulation.

*__Articulément__, adv. D'une manière articulée.

*__Articuler__, va. peint. et sculpt. Marquer, exprimer avec franchise les jointures des os, le passage d'un membre à un autre.

*__Articuleux__, euse, adj. Composé d'un grand nombre d'articulations.

*__Abarticulation__, sf. anat. Articulation très mobile, résultant de la forme des parties osseuses qui la constituent.

*__Adarticulation__, sf. anat. Articulation douée d'une grande mobilité.

*__Désarticuler__, va. anat. Pratiquer la désarticulation des os. *Désarticulé*, ée. P.

*__Désarticulation__, sf. chir. Amputation d'un membre dans son articulation; section des ligaments fibreux unissant ensemble deux ou plusieurs os.

*Désarticulation, sf.anat. Action d'isoler les uns des autres les divers os du squelette, en particulier ceux de la tête.

*Exarticulation, sf.chir. Luxation, entorse.

*Exarticulé, ée, adj.hn. Qui ne présente pas d'articulations visibles.

*Inarticulation, sf.gramm. et hn. Défaut, manque d'articulation; qui résultent de l'union de l'articulation.

Inarticulé, ée, adj. Qui n'est point articulé, ou qui l'est imparfaitement.

*Inarticulé, ée, adj.hn. Qui ne présente pas d'articulations.

*Pauciarticulé, ée, adj.bn. Qui n'est formé que d'un petit nombre d'articles.

*Pluriarticulé, ée, adj.hn. Composé de plusieurs articles.

*Triarticulé, ée, adj.hn. Composé de trois articles.

Argot, sm.jard. Extrémité d'une branche morte, bois qui est mort dessus. Il n'est dit qu'à la pousse, meurt et est amatti pas recouvert par la pousse, meurt et est ainsi (Du lat. articulus) (membre), jointure recouverte dans les arbres et les plantes. Liger et Trévoux disent qu'on donne le nom aux petits morceaux de bois qui paraissent saillir en manière de pas ressemblant aux cornes de cerf. On le rencontre aussi sous articulus, à cause qu'il remplace pour ainsi les articulations.

Argoter, v.a.jard. Couper une branche à un nœud à deux yeux au-dessus de son extrémité, la brancher de couper l'extrémité d'une branche morte. Argoté, ée, pp.

*Ergot, sm. Espèce de petit ongle qui vient à la patte de quelques animaux, vers la partie postérieure. (En ital. artiglio ne se dit que des griffes, des pattes des animaux) en fr. c'est le 1° du pied, l'orteil. Cependant ce nom lui veut dire proprement que petit membre, puisqu'il est fait d'articulus, dim. de artus, membre. Denina. Dans le Gloss. champenois de M. Tarbé, artot, ergot de coq. En rouchi argot; ergot. Voyez aussi dans le gros drigo, je dresse, comme Gattel et autres l'ont cru, en dédaignant l'étymologie de Ménage qui le dérive judicieusement du latin articulus. Il ne vient pas non plus du gr. éryô, repousser, ou de l'ital. ergo, je crève, et le grec erugô. 3° Doc.

*Ergot, sm. Maladie des plantes sur lesquelles il se forme, un prolongement en cône; maladie qui attaque l'extrémité du seigle, et qui rend dangereux le pain de ce grain ainsi gâté. (On appelle ergot; aussi bles de ma sauveté; on appelle blé noirci, cornu, parce qu'effectivement il approche de la figure d'un argot; d'ergot.) 8°

†Ergot, sm. vétér. Portion du corne sèche au milieu du fanon, derrière le boulet du cheval, etc.

*Ergot, sm. anat. Tubercule médullaire qu'on trouve dans les ventricules du cerveau.

Ergoté, ée, adj. t. de jard. Qui est attaqué de l'ergot. On le dit aussi d'un orgeet qui présente pas l'ergot.

*Ergotine, sf.chim. Matière nauséabonde que l'on extrait du seigle ergoté, et qu'on en fait usage.

Se lever ou être monté sur ses ergots. C'est parler avec colère et d'un ton fier et élevé. (se disait autrefois, dans l'Univ. de..., qui se disait autrefois, dans l'Université).

*Désergoter, v.vétér. Fendre, couper et enlever l'ergot d'un cheval, etc.

*Désergoter, va. Couper les ergots d'un coq.

*Désergotage, sm. Art, industrie.

*Hérigoté, adj.hn. Se dit d'un chien qui a une marque aux jambes de derrière. (Mot fait par contraction du fr. herpé, qui a des griffes, et de ergot.)

*Hérigoture, sf. Marque aux jambes de derrière d'un chien.

Orteil, sm. Doigt du pied, le gros doigt du pied.

(Du lat. articulus, jointure des os, articulation; os, doigt, nœud des plantes, dimin. de artus, articulations, membres, jointures, branches, rameaux. En rouchi argot, ergot, et artoil, ortoil, orteil. En patois de Castres orteil, patois de Valence artel, patois de Savoie artoua, orteil.)

*Arthralgie, sf.méd. Douleur dans les articulations. ((Gr. arthron) jointure, membre, articulation, partie, et algos) douleur.)

*Arthralgique, adj. Relatif à l'arthralgie.

*Arthrifuge, adj.méd. Propre à guérir la goutte. (Gr. arthron, et lat. fugio, je fuis; fugo, je mets en fuite.)

*Arthrion, sm.hn. Petit article des pattes de beaucoup d'insectes coléoptères.

*Arthrite, sf.méd. Inflammation des articulations.

Arthritique, adj.méd. Se dit des maladies qui attaquent les jointures, et des médicaments que l'on emploie contre ces maladies.

*Arthrocacé, sm. Carie des articulations.

*Arthrocacologie, sf. Traité sur les luxations spontanées. (Gr. kakos, mauvais, logos, traité, discours, arthron, jointure.)

*Arthrocéphale, adj. et sm.hn. Se dit de certains crustacés qui ont la tête distincte du corps. (Gr. képhalè, tête.)

*Arthrodie, sf. Articulation lâche des os.

*Arthrodial, ale, adj. Qui a les caractères d'une arthrodie.

*Arthrodiées, adj. et sf.pl.bot. Classe d'êtres vivants qui sont composés de filaments, articulés.

*Arthrodynie, sf.méd. Douleur dans les articulations. (Gr. odunè, douleur.)

*Arthrogastre, adj.hn. Dont le ventre est articulé. (Gr. gaster, ventre.)

*Arthrombole, sm.chir. Réduction d'un os luxé, ou des fragments d'une fracture. (Gr. arthron, jointure; des os, os, et bolos, masse.)

*Arthroméninge, sf.anat. Capsule articulaire.

*Arthroméningé, ée, et *Arthroméningien, enne, adj.anat. Relatif aux capsules articulaires.

*Arthroméningite, sf.méd. Inflammation des arthroméninges. (Gr. imingè, enveloppe très fine) et dont l'influence fut très-grande sur le fétus.

*Arthroméral, adj. et sm. Une des pièces de la vertèbre des animaux articulés. (Gr. méros, partie.)

*Arthronalgie, sf.méd. Voy. *Arthralgie.

*Arthroncus, sm.méd. Tuméfaction d'une articulation. (Gr. ogkos, tumeur.)

*Arthrophlogose, sf.méd. Inflammation d'une articulation. (Gr. phlogôsis, inflammation.)

*Arthropodion, sm. bot. Genre de plantes liliacées. (Gr. arthron, jointure, et podion, petit pied) a été établi par Brandl en 1835. C'est un des.

*Arthropuose, sf.méd. Suppuration des articulations. (Gr. puon, pus.)

*Arthrose, sf.anat. Articulation en général.

*Arthrostémie, sf. bot. Plante de la Nouvelle-Hollande. (Gr. stèma, filament, veine.)

*Arthrostyle, sf.bot. Plante de la Nouvelle-Hollande. (Gr. stulos, colonne, soutien, style.)

*Diarthrose, sf.anat. Articulation relâchée dans os, articulation mobile formée par des têtes d'os dans des cavités. (Gr. dia, entre.)

*Diarthrodial, ale, adj.anat. Qui a rapport à la diarthrose.

*Diarthron, sm.bot. Genre de plantes.

*Dysarthrite, sf.méd. Goutte irrégulière.

*Dysarthrose, sf.méd. Mauvaise conformation d'une articulation. (Gr. dus, mal.)

***Enarthrocarpe**, sm. Genre de plantes crucifères. (Gr. *en*, dans ; *karpos*, fruit, graine.)
***Enarthrocarpé, ée**, adj. bot. Semblable à un enarthrocarpe.
***Enarthrocarpées**, sf. pl. Famille de plantes crucifères.
***Enarthrose**, sf. anat. Cavité d'un os où l'on préçoit une éminence ronde. (Gr. *en*, dans.)
***Exarthrème**, sm. Voy. **Exarticulation**.
***Exarthrosie**, sf. Voy. **Exarticulation**.
***Synarthre**, sm. bot. Plante de l'île de France. (Gr. *sun*, avec ; *arthron*, articulation.)
***Synarthrodial, ale**, adj. Relatif à la synarthrose.
***Synarthrophyte**, sm. bot. Plante dont le fruit est agrégé. (Gr. *phuton*, plante.)
Synarthrose, sf. anat. Articulation des os sans mouvement.

ARSENAL, sm. Lieu destiné à la fabrication ou à la garde des instruments de guerre, soit pour la terre, soit pour la mer. L'arsenal de Venise, dit Trévoux, est le dicu où se fabriquent et se conservent les galères ; l'arsenal de Paris, où l'on fond les canons ; l'arsenal de Côme, où l'on fabrique des mousquets ; l'arsenal de la Salpêtrière, où l'on fait le salpêtre. [On a dit aussi *arcenac* et *arcenat*. Balzac et Ménage sont pour *arsénac*, Vaugelas et Maintard pour *arsenal*. Les opinions sur l'origine de ce mot sont très-variées. 1° Langlès dérive *arsenal* de l'ar. *al-sanât*, fabrique, chantier, atelier ; 2° Pihan, de même que Jault, Covarruvias et Ménage, de l'ar. *dar*, maison, et *sanât*, de fabrication ; 3° fait, ainsi que Constancio, du latin *arx navalis*, *arcis navalis*, forteresse navale ; 4° Du Cange, du lat. *arsa*, dans le sens d'engin ; Noël et Carpentier ont adopté cette étymologie ; 5° Diez, de d'ar. *dérésanât*, maison d'industrie ; 6° un autre, du grec vulgaire *arsenales*, citadelle de mer ; 7° Bullet, du basque *arsanal*, arsenal ; 8° Dbila, Villemarqué, formé du breton *ar sanal*, arsenal, du breton *ar*, le, et *sanal*, grenier. 9° Borel a conjecturé que *arsenal*, voulait dire *arx et res*, forteresse, ou *ibs arcis quoad res tenax*. L'étymologie adoptée par Covarruvias, Jault, Ménage et Bibinn, paraît être la seule bonne. *Le mot arsenal a été* communiqué aux Portugais et aux Espagnols par les Arabes dont l'influence fut très-grande sur la civilisation de ces nations hispano-lusitaniennes. Du turc *tersana*, *dersana*, *terskhana*, arsenal maritime ; En bd. *tarsiaha tuso*, Ital. du Dante *terzana* ou *terzanale*. On a dit aussi en italien le bel *lar tarsenal oo dârsenal*, pour arsenal, qui seul est resté en français. En provç. *arsenat*, gall. *arsanad*, *rouch olsen*, *risenal*.]

ARSENIC, sm. Corps combustible, métallique, acidifiable, qui existe dans le règne minéral. Il fut découvert par Brandt en 1733. C'est un poison violent. [Sr. La plupart des étymologistes dérivent ce mot du grec *arsénikos*, masculin, mâle, viril, à cause de la vertu de ce poison qui est tout-à-fait mâle, pour donner la mort. M. Boiste, qui est l'un de cette étymologie, rapporte le grec *arsénikos*, qui s'est dit *varus*, excellent, parfait. Gattel fait mention de ce *arsénikos*, du grec *arsen*, mâle ou mâle, ob *mikrós* vaincre, tuer ; 2° Selon M. Pihan, *arsenik* vient de la persan *zernikh*, orpiment, arsenic jaune. Il pense que ceux qui ont tiré ce mot du grec se sont trompés. C'est une altération du persan, dont la première syllabe, qui signifie or, sert peut-être à indiquer, dit-il, la couleur de l'orpiment à l'état natal. 3° Gébelin avance que *arsenic* vient de l'or. *zer*, autre or, brûler, et *neg* se hâter. Notre arsenic n'est pas l'*arsénicon* des anciens qui est un minéral naturel, d'un jaune doré. Aétius rapporte que dans la langue des Syriens on appelait le *pigmentum arsenicum*, *zarnach* ou *zurnachá*. Ce mot est tout-à-fait semblable au persan *zernikh* ; il désigne aussi le sandaraque. En ital., esp. et port. *arsenico*, cat. et langue des Troubadours *arsenic*, angl. *arsenick*, all. *arsenik*, pol. *it-szenik*, grec *arsenikon* et *arrhénikon*, arsenic.]
***Arséniate**, sm. chim. Nom générique des sels qui résultent de l'union de l'acide arsénique avec les bases salifiables.
Arsenical, ale, adj. chim. De la nature de l'arsenic.
Arsénique, adj. chim. Formé d'arsenic et d'oxygène.
Arsénite, sm. chim. Sel composé d'oxyde d'arsénic et d'une base.
***Arseniaté, ée**, adj. minér. Se dit d'une base qui est convertie en arseniate.
***Arsenicoxyde**, sm. min. Combinaison d'arsenic et d'oxygène.
***Arsenides**, sm. pl. minér. Famille de minéraux renfermant l'arsenic.
***Arsenifère**, adj. chim. Qui renferme de l'arsenic.
***Arsenieux**, adj. m. chim. Se dit d'un acide qui est une combinaison d'arsenic avec l'oxygène.
***Arsenifère**, adj. Qui contient de l'arsenic.
***Arseniure**, sm. chim. Alliage d'arsenic et d'un autre métal.
***Arseniuré**, adj. minér. Se dit d'un métal qui est allié avec de l'arsenic.
***Arsenizite**, sf. chim. Arséniate de chaux naturel.

ART, sm. Résultat de la raison et de l'expérience réduit en méthode ; méthode de bien faire un ouvrage ; talent, adresse ; industrie, secret ; talent, moyen, artifice ; genre d'industrie qu'on exerce ; ensemble de procédés combinés et ordonnés de telle sorte qu'ils conduisent directement et infailliblement à un but donné. [Du lat. *ars*, *artis*, arg. L'origine étymologique du latin *ars*, *artis*, est encore inconnue. 1° Eichhoffe rapporte au sanscrit *rithas*, cause ; 2° Bopp, au sanscrit *kri*, agir, produire, faire, d'où le latin *creare*, et le grec *kraino* ; 3° Doederlein, au grec *arété*, vertu, force, vigueur, et au gothique *wairth*, 4° Constancio, au grec *aro*, ajuster, disposer, arranger ; 5° les auteurs du Tripartitum, à l'all. *art*, espèce, sorte, suédois *art*, ancien scandinave *art*, espèce, sorte ; 6° un autre, au grec *aros*, utilité ; secondus, d'appui ; 7° un autre, au grec *artéo*, *artéomai*, préparer ; 8° un autre, au lat. *artus*, membres ; 9° un hébraïsant, à l'hébreu *ascher*, heureux ; 10° un autre, à l'hébreu *chárasch*, sculpteur, artisan. 11° Pluche et Gébelin attribuent une origine commune au latin *ars*, art, et *aro*, je laboure. Du temps d'Amyot et de Montaigne, *art* était féminin. L'arménien *arkest*, *arovest*, art, ne semble pas étranger au latin *ars*, *artis*, art. En ital., *volalme*, esp. et port. *arte*, anc. esp. *cat.* et langue des Troubadours *art* et basque *artea*, art, prov. *arç*.]
***Arts**, sm. pl. Les arts tant libéraux que mécaniques ; se disait autrefois, dans l'Université, des humanités, de la philosophie.
***Artialiser**, va. Soumettre aux règles de l'art.
***Artialisé**, pa.
Artifice, sm. Art, industrie ; moyen recherché et peu naturel pour l'exécution des desseins ; ruse, fraude ; toute composition de matières aisées à s'enflammer. (Lat. *artificium*, r. *ars*, art ; et *facio*, je fais ; je produis.
Artificiel, elle, adj. Fait par art ; imitant la nature ;

Artificiellement, adv. D'une manière artificielle.

Artificier, sm. Qui fait des feux d'artifice.

Artificieux, euse, adj. Plein d'artifice, de ruses.

Artificieusement, adv. D'une manière artificieuse.

*****Artiel, elle,** adj. Qui a rapport à l'art.

Artillerie, sf. Attirail de guerre composé de canons, de bombes, de mortiers, etc.; ouvriers, artistes, chariots, chevaux, qui y sont employés; corps des officiers et des soldats qui servent à l'artillerie. (D'après le général Bardin, Leibnitz, Diez, Ménage, Trévoux, Du Cange, Honnorat, Gattel, etc., du lat. *ars, artis,* art; et non de l'ital. *arte gliera,* ni du lat. *arcualia, arcus* et *telum,* ni du lat. *ars tollendi,* ni de l'ital. *arte di tirare,* ni du lat. *arx, arcis,* citadelle, fort, ni du gr. *hairéo,* et *telé,* ni de l'ital. *artiglio.* L'expression *artillerie,* dit le général Bardin, est plus ancienne dans notre armée de terre que l'usage des armes à feu. Elle a donné l'idée de l'ensemble des machines de la stratégie des anciens. Elle s'applique à un art qui joue un rôle important dans la tactique des modernes. Tous les instruments de jet s'appelaient autrefois engins et *artillerie,* parce que, dit Fauchet, il fallait de l'art pour faire et composer ces ouvrages subtils, dont est demeuré le nom d'*artiller) artilleur,* aux faiseurs d'arcs, de flèches, etc. En b. latinité *ars* a aussi le sens de Du Cange, *Artillerie* vient de *ars,* comme *ingeniosité* de *ingenium.*)

Artillé, ée, adj.vi. Garni de son artillerie.

Artilleur, sm. Militaire dans l'artillerie.

Artisan, sm. Homme de métier; celui qui exerce un art mécanique; celui qui règle, dirige, conduit la chose.

Artiste, Qui travaille dans un art.

Artistement, adv. Avec art et industrie.

*****Artistique,** adj. Qui appartient aux arts, aux artistes ; qui décèle un artiste, qui a le cachet d'un artiste.

*****Inartificiel, elle,** adj. Sans art, naturel.

*****Inartificiellement,** adv. Sans art, naturellement.

*****Inartificieux, euse,** adj. Sans artifice, simple.

*****Inartificieusement,** adv. Sans artifice, simplement.

*****Inartistement,** adv. Sans art, contrairement aux règles de l'art.

Inerte, adj. Sans ressort, sans activité. (Lat. *iners, inertis,* qui ne sait rien faire, incapable; im-bécile; n'a point d'énergie. Bullet soutient que *iners* vient du b. bret. *diner,* caduque, faible. Un indique le rattache à l'all. *unartig,* qui se conduit mal, mutin, méchant, impoli ; et au sanscrit *anarthas* ou *anarthakas,* futile, composé du sanscrit *an,* sans, et de *arthas,* effet. La première étymologie a pour elle la grande majorité des suffrages; elle déduit un mot du latin d'une source latine, et convient au mot et à la chose. *Iners* procédé de *in* et *ars,* comme *inermis* de *in* et *arma,* comme *imberbis* de *in* et *barba.*)

Inertie, sf. État d'inertie; en pr. et au fig.; incapacité d'agir qui n'empêche pas de mal penser.

Quinquerce, sm. antiq. nom. Prix disputé dans un même jour par le même athlète en cinq sortes de combats différents. (Lat. *quinquertium,* de *quinque,* cinq, *ars, artis,* exercice).

ARTÈRE, sf. anat. Vaisseau qui porte le sang du cœur vers les extrémités; les veines le reportent des extrémités au cœur. [Du lat. *arteria,* tère, dérivé du grec *artéria,* artère. Le grec *artéria,* artère, et *aorté,* la grande artère, a été fait du grec *aéirô, airô,* lever, élever, soulever, augmenter; d'où le grec *aiorèô,* élever en l'air, suspendre, d'*artaô,* suspendre, attacher en haut, d'où le grec *artémôn,* voile d'artimon, poulie d'un moufle, d'après Planche, Benfey, Pott, Doederlein, etc. En effet la fonction des artères est d'élever le sang, de le porter hors du cœur jusqu'aux extrémités du corps. Au lieu de suivre cette étymologie si simple et si naturelle, plusieurs savants d'un grand mérite ont répété l'étymologie d'Isidore qui consiste à composer le grec *artéria,* du grec *áèr,* air, et de *téréin,* conserver, et à dire en même temps que les anciens et Hippocrate lui-même croyaient que ces vaisseaux ne contenaient que de l'air. Rufus Ephesius, cité par Vossius, rapporte que les anciens Grecs donnaient le nom de *aorté* à toutes les artères. Doederlein a raison, par conséquent, de considérer *artéria* comme une forme adjective dérivée du grec *aorté.* Gébelin, peu satisfait de l'étymologie d'Isidore et de Martinius, a demandé l'origine de *artéria,* à l'hébreu *ráhét,* canaux, mais il n'a évité une erreur que pour tomber dans une autre. En ital. esp. port. cat. langue des Troubadours, *arteria,* artère.]

Artériel, elle, adj. anat. Qui appartient aux artères.

Artériole, sf. anat. Petite artère.

Artériologie, sf. Traité des artères.

Artériotomie, sf. Ouverture d'une artère faite avec la lancette. (Gr. *tomé,* incision.)

*****Artérévrisme,** sm. Dilatation contre nature d'une artère. (Gr. *eurus,* large.)

*****Artérialité,** sf. physiol. Qualité du sang artériel.

*****Artériaque,** adj. et sf. Se dit des remèdes employés contre l'atonie, l'aridité des artères, contre les altérations de la voix.

*****Artériectasie,** sf. Dilatation contre nature des artères. (Gr. *ektasis,* extension.)

*****Artérieux, euse,** adj. anat. De la nature des artères.

*****Artériectasie,** sf. Dilatation contre nature des artères. (Gr. *enatasis,* relâchement.)

*****Artériodème,** sm. chir. Pince pour les artères. (Gr. *artéria* et *téinô,* lien.)

*****Artériographie,** sf. Description des artères. (Gr. *graphô,* je décris.)

*****Artérite,** sf. méd. Inflammation des artères.

*****Exartérite,** sf. méd. Inflammation de la tunique externe des artères. (Gr. *ex,* de, hors de.)

Trachée-artère, sf. méd. Tronc commun des conduits aériens. (Gr. *trachus,* âpre, rude.)

Aorte, sf. anat. Artère qui s'élève du ventricule gauche du cœur. (Gr. *aorté.*)

*****Aortévrisme,** sm. Anévrisme de l'aorte.

*****Aortique,** adj. anat. Qui appartient à l'aorte.

*****Aortite,** sf. méd. Inflammation de l'aorte.

Artimon, sm. mar. La voile française attachée au mât d'artimon, au-dessus de la poupe; nom du mât de l'arrière, le plus petit ou le troisième d'un grand bâtiment. (Gr. *artémôn,* voile d'artimon; poulie d'un moufle; fait du grec *artaô,* je suspends; fait lui-même de *aéirô, airô,* j'élève, je suspends; d'où *aorté,* l'aorte, la grande artère, et *artéria,* contracté, handoulière, sorte d'agrafe, sorte de soulier de feutre élevé, comme dit Martinius, et *artér,* crochet de porte-faix, et *artéria,* artère, trachée-artère. Les Grecs ont dû nommer ainsi la première voile qu'ils hissèrent, c'est-à-dire, la plus haut tenue.)

ARTÉSIEN, adj. sm. Se dit d'un puits en forme

do trou pratiqué en terre à l'aide de la sonde. [Les puits artésiens sont ainsi nommés, dit Lyell, parce qu'ils sont depuis longtemps connus et pratiqués dans l'Artois. L'Artois était jadis le pays des anciens *Atrebates*, peuple de la grande Belgique, et dont le nom a formé celui d'*Artois*. Ce pays fut appelé aussi *Pagus Atrebatensis, Pagus Adertensis, Adertisus, Territorium Adartense*, puis *Artesia*. Bruzen dit que le mot *Atrebates* corrompu en *Aderies, Adrates*, a donné naissance au nom de *Arras*, ville de France, dans l'*Artois*. *Atrebates* est un nom antérieur à l'ère chrétienne. Ce peuple était placé entre les Nerviens et le Vermandois. Il fut traité avec une grande bienveillance par César, en faveur de Commius qui était alors le chef et le roi de cette province. Dans Ptolémée, *Atrebatici* est le nom des *Atrebates*, et *Atrebation*, celui de l'île d'Albion. L'origine étymologique du nom de *Atrebates* est encore obscure. 1° Zeuss dit qu'en celtique *atreba, atrabat*, signifie: ils habitent, ils possèdent, d'où le nom des *Atrebates*. 2° D'après Borel, le grec *artos*, pain, aurait produit le nom de ce pays, à cause de sa fertilité. 3° Scrieck forme le nom des *Atrebates* du celt. *ahter*, arrière, et *baten*, secours, garde; *ahter-baten*, l'arrière-secours, ceux de l'arrière-garde. Ailleurs, il écrit *achter-baten*.]

ARTICHAUT, sm. Plante potagère, vivace, originaire d'Italie; le fruit de cette plante lequel ressemble aux chardons. [On a dit aussi *artichault* et *artichaud*. L'origine de ce mot est encore incertaine. 1° Les auteurs du Tripartitum, Goeling, Henri Etienne, Lancelot et autres, le forment du grec *artutikos*, bon pour préparer et assaisonner. On le trouve dans Trallien cette plante désignée sous le nom gr. de *artutiké*, dont on aura fait l'ital. *articocco*, et plus tard *artichaut*. 2° Ménage dit que les Grecs ont appelé cette plante *skaktos*; d'où le lat. *cactum*, qui se trouve dans Tertullien, et dont les herboristes ont fait *articactum*, au lieu de *horticactum*; comme qui dirait le chardon des jardins; car *kaktos* et *carduus* signifient la même chose. Ménage aurait pu augmenter la vraisemblance de son étymologie en citant le latin barbare *articactus, articoctus*, qui se trouve dans Du Gange, et qui signifie *artichaut*. 3° Constancio, Fée, Pihan et autres, le dérivent de l'arabe. Ce dernier auteur le forme de *ardi-schauk*, terrestre et *schauk*, épine. M. Quatremère ayant douté de cette étymologie, M. Pihan fait observer que les Anglais écrivent *artichoke*. Malheureusement la question n'est pas résolue; puisque d'un côté toutes les épines sont terrestres, et de l'autre les Anglais peuvent avoir fait *artichok* du fr. *artichaut*, de même que les Allemands en ont fait *artischocke*. 4° M. Honnorat et M. Fée déduisent artichaut de l'ar. *kharkiof*, artichaut, d'où, par altération, l'esp. *alcachofas*, en port. *alcachofra*. 5° Gébelin le tire du grec *ardis*, pointe, à cause des feuilles pointues et piquantes de cette plante. 6° Bullet, du celt. *art*, pointe, et *chault*, chou.]

Artichautière, sf. Terrain planté en artichauts; endroit où l'on conserve les artichauts; vase à faire cuire les artichauts.

ARTISON, sm. Dénomination commune à tous les insectes qui, comme les teignes, rongent les étoffes, les pelleteries, le bois. [De l'anc. fr. *arte, artuson, artuison, artoison*, artison. 1° Ce mot semble se rapporter au mot *ards*, nom que les Arabes donnent à certains insectes de la grandeur d'une fourmi, et qui dévorent les fruits, les habits, en un mot tout ce qu'ils trouvent. 2° Le P. Labbe et Roquefort dérivent *artison*, du latin *tinea*, teigne, artison. 3° Suivant Bullet, ce nom serait venu du b. breton *hartous*, *cosson*, vermine qui ronge les pois et le blé; teigne, artison, ven en général. En provençal *artus, artisoun*, teigne, artison, dans Honnorat. En b. lat. *artesanus*, port. *artesano*, artison.]

Artisonné, ée, adj. Troué par les artisons.

***ARTOPTA**, sf. ant. lat. Sorte de tourtière pour cuire le pain, four de campagne où les Romains faisaient cuire le pain. [Du lat. *artopta*, id. dérivé du grec *artoptés*, qui fait cuire le pain; par ext. boulanger; tourtière, four portatif, *artopta*, s. *artos*, pain, et *optaô*, faire rôtir ou griller, sécher au four. Le basque *aritua*, mais pain de maïs, et le paysan d'*art*, farine, semble se rapporter au gr. *artos*, pain. Le maresch. *artinun*, pain, est, sans doute aux Phocéens.]

***Artopte**, adj. et méd. Se dit d'une femme qui accouche sans peine.

***Artocarpe**, sm. bot. Arbre à pain de l'île des Amis. (G. *artos*, et *karpos*, fruit, grain, semence.)

***Artocarpée**, ée, adj. bot. Semblable à l'artocarpe.

***Artocarpées**, sf. pl. Famille de plantes.

***Artomel**, sm. méd. Emplâtre de pain et de miel.

***Artonomie**, sf. Art de faire le pain. (G. *artos*, pain, *nomos*, usage, manière, loi.)

***Artonomique**, adj. Qui a rapport à l'artonomie.

ARUM, sm. Genre de plantes dont les fleurs naissent sur un réceptacle courbé recourbé cylindrique et allongé. [Du lat. *arum*, dérivé lui-même du grec *aron*, arum, ou pied-de-veau. 1° Le grec *aron* pourrait bien se rattacher au sanscrit *hvar*, courber, infléchir, cambrer, arquer. Cette étymologie conviendrait au mot et surtout à la chose; à cause de la forme recourbée du réceptacle de ses fleurs. 2° Mais Pline dit: « Il faut encore ranger parmi les bulbes la plante appelée par les Égyptiens *aron*, elle est presque aussi grosse que la scille, elle a les feuilles du lapathum, la tige droite, haute de deux coudées et de l'épaisseur d'un bâton, sa racine tendre et molle, peut se manger crue. » Pline dit aussi, *aros* croîton Egypto ainsi qu'à Naxos, qui semblable à l'*arum*. Le latin *aros* ou *aron* est traduit par bisonte ou serpentaire. M. Martinius conjecture que l'*arum* procède de l'hébreu *aharad*, brûlé, parce que cette plante est échauffante et dissout les humeurs. Selon lui, les Maures appellent cette plante *jarus* et *janai*, les Portugais du moins la nomment *jaro* et les Italiens *giaro*.] D'où vient le *garo* et les Italiens *giaro*.

***Aroïde**, ée, adj. bot. Semblable à l'arum.

***Aroïdées**, sf. pl. Famille de plantes.

***ARUNDE**, sf. Genre de la famille des graminées, ayant pour type l'arundo donax. (Du lat. *Arundo*, sf. roseau, canne, flûte, chalumeau, flèche, baguette de l'oiseleur, canne, bâton. Etym. 1° Du lat. *aro*, pour *ad*, et *de unda*, eau, onde, qui croît près des eaux: Bopp, Pott, Benfey. 2° Bullet, *ardus*, sec, aride; Arcretius, Isidore, Vossius. 3° De *aira*, lever, élever, soulever: Forcellini. 4° De l'hébreu *charad* ou *hanad*, il a tremblé, suivant un autre. 5° Du grec *rhadamos*, flexible, souple: Doederlein. 6° De *hardi, kanedi*, mot chald. signifiant roseau, selon Guichard. 7° De l'arabe, *ron*, roseau, en all. *rohr*, anc. goth. *raus*, anglosax. *reod*, *hreod*, roseaus; suivant un autre. À l'appui de l'étymologie de MM. Bopp, Pott et Benfey, on peut citer le suiogothique *was*, arundo, dérivé de *watin*, eau, *wass* dans les composés et dans les cas obliques; et l'hébreu *agumon*, (arundo, fait de l'hébreu *agam*, étang, lac, marais), etc.

***Arundinacé, ée**, adj. bot. Semblable à l'arundine; qui croît sur les roseaux; qui se tient habituellement dans les roseaux.

***Arundinaire**, sf. Genre de la famille des graminées, tribu des avénacées.

***Arundinée**, sf. Genre de la famille des orchidées.

***Arundinelle**, sf. Genre de graminées.

AS, sm. 1° Le point seul marqué sur un des côtés d'un dé, et sur une carte. Au figuré, on dit d'un jeune homme qu'il a trouvé, chez les anciens Romains, désignait certain poids, certaine monnaie, dont la valeur a varié dans différents temps. Du latin *as, assis*, as, monnaie romaine de faible valeur; le tout, la totalité d'une chose; le rapport de l'entier; argent, pied, mesure; tribut; le nombre six. L'unité. Le mot *as* était employé de trois manières par les Romains: pour désigner une unité quelconque considérée comme divisible; pour désigner une quantité de poids; pour désigner la plus ancienne unité de monnaie. 1° Suivant Varron, le lat. *as* aurait été fait du *as* grec, *as*, airain, cuivre. Les *as*, dit-il, étaient fabriqués avec le cuivre de Chypre. *Æsculanus* ou *Æs*, nom du dieu de la monnaie de cuivre chez les Romains, et *Argentinus* nom de son fils, dieu de la monnaie d'argent, semblent indiquer que l'usage de faire des monnaies de cuivre était le plus ancien. Les deux noms de divinités favorisent l'étymologie de Varron. 2° Trévoux, Constancio, Doederlein, et autres, pensent que *as* vient simplement du grec *eis*, un, et du tarentin *as*, dorien *ais*, un. 3° Frye dit que le mot *as* vient peut-être de *Ase*, nom donné aux dieux. Dans quelques langues asiatiques, *ase* veut dire sublime, élevé, puissant; d'où le nom *Ase* et celui de l'Asie. 4° Gébelin soutient que *as* est un mot primitif qui désignait l'unité, l'être existant comme seul. 5° Morgan de Cavanagh prétend que *as* devait d'abord être *ais*, et qu'il signifiait littéralement *la ronde chose*. Des les Latins ont fait *bicessis, decussis, decemussis, nonussis, tressis, tricessis*. En all. *ass*, pol. et valaque *as*, it. *asso*, esp. *as*, as. En prov. *as*, *as*, et *bezas, bezes*, beset au jeu grec jusqu'à six. *As, bis as, ter as, quater as*, amène deux as. *Ais az-az*, *as*. Tout le propos des bazas.

***Bicessis**, sm. Monnaie romaine qui valait deux décussis, ou deux fois dix as, en ce sens-là, on signifiait dix as.

***Centussis**, sm. ant. rom. Somme ou monnaie de compte de cent as.

***Decussis**, sm. Monnaie romaine valant dix as, mixionnellement, *diæ, as*. Du *decem*, dix.

***Nonussis**, sm. ancien rom. Pièce de monnaie valant neuf as. Du *novem*, neuf.

***Quadrussis**, sm. Monnaie valant quatre as.

***Tressis**, sm. ant. rom. Monnaie valant trois as.

***Tricussis**, sm. m. myth. Selon Plutarque, sorte de monnaie qui valait trente as. (L. *triceni*, qui sont par trente.)

***ASARET**, sm. bot. Plante de la famille des aristoloches (lat. *asarum*, nard sauvage; herbe que l'on a de tout temps regardée comme sauvage, dont la plante est très forte, *asarei*); le Constancio forme-t-il son *asaron*, du grec *asè*, dégoût, satiété, et de *arum*. 2° De *hois*, forme du grec *a* privatif, et d'*aírô*, j'orne; parce qu'étant dépourvue de feuilles, ne pouvait entrer dans les couronnes; 3° un autre,

du gr. *a* priv., et *sairô*, j'orne, d'où *asaros*, non orné, parce que son odeur empêche de le joindre aux fleurs dont on forme les bouquets; 4° Martinius, de l'hébreu *hâzar*, il a aidé, parce que cette plante est bonne pour plusieurs usages. En arabe *asârum*, *asârum*, *asaret*, dans Meninski. En ital. *asaro*, *asarum*, *asaret*.

***Asarine**, sf. chim. Sorte de camphre extrait de la racine d'asaret.

***Asarine**, sf. bot. L'un des noms de l'asaret.

***Asariné, ée**, adj. bot. Semblable à l'asaret.

***Asarinées**, sf. pl. Famille de plantes.

***Asaroïde**, adj. bot. Qui a l'apparence de l'asaret. (Du lat. *asaro*, dérivé du grec *asaron*.)

***ASBESTE**, sm. Pierre qui, comme l'amiante, n'éprouve aucune altération dans le feu. Les anciens parlent de certains linceuls faits avec de l'amiante, ou de l'asbeste, dans lesquels ils brûlaient leurs morts, et que le feu ne consumait point. Pline dit que l'asbeste vient des monts de l'Arcadie. (Du latin *asbestos*, ou *asbestus*, ii, sm., asbeste, minéral incombustible dont on fait des toiles. *Asbestus* vient lui-même du grec *asbestos*, adj. incombustible, subst. asbeste, fait du grec *a* privatif, et *sbennumi*, j'éteins, détruire, mot de la même origine que le grec *spodos*, cendre, cendre chaude. Sb sp. En haut all. anc. *āweshjan*, éteindre, dans Graff et Benfey. Dans la langue des Troubadours *abeston*, it. esp., port. *asbesto*, amiante, quelquefois bois incombustible.)

***Asbestiforme**, adj. miner. Qui a la forme de l'asbeste.

***Asbestin, ine**, adj. miner. De la nature de l'asbeste.

***Asbestinite**, sf. miner. Variété d'actinote.

***Asbestoïde**, adj. miner. Qui a l'apparence de l'asbeste.

***Asbestoïde**, sf. miner. Variété d'actinote.

***Spode**, sf. chim. Ancien nom de l'oxyde de zinc obtenu par la sublimation en calcinant la tutie. (Du grec *spodos*, cendre, mot de la même origine que *sbennumi*, j'éteins, je détruis, d'où *asbeste*, d'après Benfey.)

***Spodite**, sf. se prendre blanche, des volcans.

***Spodochne**, adj. bot. De couleur cendrée. (Gr. *chnoa*, couleur.)

***Spodoleuque**, adj. bot. De couleur grise et blanche. (Gr. *spodos*, gris, *leukos*, blanc.)

***Spodomancie**, sf. Divination par les cendres. (Gr. *manteia*, divination.)

***Spodomancien, ienne**, s. Qui pratique la spodomancie.

***Spodoxanthe**, adj. m. De couleur grise et jaune. (Gr. *xanthos*, jaune.)

***Spodumène**, sm. miner. Triphane.

***ASCAGNE**, s. m. Qui fut fils d'Énée et de Créuse; il suivit son père en Italie, et régna sur le royaume d'Albe. (Lat. *Ascanius*, grec *Askanios*, Ascagne ou Iule.) 1° Voici l'opinion de Boisinet sur l'origine de ce nom: *Ascagne* a été fois un nom de lieu et un nom de famille germanique de la plus haute antiquité, et ce nom, dans l'origine, n'est selon toutes les apparences que celui d'*Aschenas*, ce patriarche des tribus germaines, ces ancêtres du Vulcain ou Prométhée de ces peuples; car *Ascagne* et *Aschenas* sont visiblement le même nom en différents idiomes, et sont en surplus une dénomination commune de ces patriarches, puisque la racine de ce nom *Asche*, qui est encore aujourd'hui, en langue allemande, signifie cendre, et reste d'incendie, d'où les Italiens ont fait *asciutto*, sec, aride, desséché, essuyé, et les Flamands *asschen*, cendre, appelé aussi par les Anglais *ash*. Il est à observer qu'*Ascagne* était pareillement un nom propre et un nom de lieu en Phrygie, témoin *Ascagne*, fils d'Enée, et l'*Ascanie*, province phrygienne, fort antérieure à cet *Ascagne*... » 2° Quelques-uns rattachent le nom d'Ascagne à l'hébr. *aschan*, il fut dur, fort, robuste, et au chald. *aschoun*, *aschin*, dur, robuste. 3° Scrieck le forme du scythique *as*, eau, *gaen*, voie; *As-gaen*, de la voie aqueuse. Selon Denys d'Halicarnasse le nom propre du fils d'Énée était *Euryléon*, Ascagne était son surnom.]

***ASCALON**, s. pr. m. géo. anc. Ville maritime de Palestine. [Du lat. *Ascalo*, dérivé du grec *Askalôn*, Ascalon. Cette ville aurait reçu ce nom de son fondateur, *Ascalus*, fils d'Hyménée, et général d'Aciam, roi de Lydie. C'est après avoir conquis la Syrie qu'Ascalus aurait fondé Ascalon. Leusden, qui cite cette étymologie, suppose que le nom d'Ascalon signifie action de peser, balance, ou feu de l'infamie. Gésénius pense qu'il signifie migration, et qu'il a pour racine l'araméen *schaqal*, il a émigré. En hébreu *aschqelôn*, turc *asqalan*, *asqaloun*, Ascalon.]

***Ascalonite**, s. géo. anc. Habitant d'Ascalon.

Échalote, sf. Espèce d'ail d'une saveur moins forte que celle de l'ail ordinaire. [Du lat. de Pline *ascalonia*, échalote, espèce d'ail d'Ascalon. « Il y a toujours eu, dit Arthur de Beauplan, et l'on trouve encore aujourd'hui, aux alentours d'Ascalon, de gros oignons sauvages, que quelques botanistes ont appelés *cepa Ascalonia*, du nom de la ville voisine; ce que d'autres ont traduit par le mot *échalote*. » De la l'ital. *scalogne*, l'esp. *escalona*, le port. *xalota*, le romano-castrais *xaloto*, *jaloto*, l'angl. *shallot*, *scallion*, le breton *chalotezen*, échalote.]

ASCÈTE, s. peu usité. Celui, celle qui se consacre particulièrement aux exercices de la piété. [Gr. *askêtês*, qui s'exerce, fait du verbe *askéô*, exercer, s'appliquer, cultiver, enseigner, polir, façonner, d'où le lat. *ascetriæ*, religieuses, mot employé par Justin. 1° D'après Benfey, la racine du gr. *askéô* se retrouverait dans le sanscrit *kshal* et *kshap*, purifier, nettoyer. 2° d'après Schulter, dans l'hébreu *schaqaq*, il a couru çà et là, il fut avide. 3° Un autre hébraïsant dérive *askéô*, de l'hébreu *sékevi*, esprit, intelligence, cœur, *sekiia*, image, apparence. 4° un autre, de l'hébreu *hasan*, il a travaillé, il a donné ses soins à; en chald. et en talmud. *hasaq*, être occupé à une chose.]

***Ascétère**, sm. Lieu où des ascètes se consacrent à leurs exercices de piété.

***Ascétique**, sf. Partie de la morale qui traite de la pratique de la vertu.

Ascétique, adj. Qui concerne les exercices de la vie spirituelle.

***Ascétisme**, sm. État d'une personne vouée aux exercices de piété.

***ASIE**, s. pr. f. Grande partie du continent que nous habitons. C'est le berceau du genre humain, de la religion chrétienne, des sciences et des arts. [Du latin *Asia*, Asie, dérivé du grec *Asia*, Asie. 1° D'après Homère, Hérodote, Euripide, et autres, le nom d'*Asie* désignait primitivement une contrée de la Lydie arrosée par le Caystre, et où même des géographes d'un âge postérieur connaissaient une tribu d'*Asiones* et une ville d'*Asia*. Il paraît naturel, disent Malte-Brun et Huet, que les Grecs aient étendu peu à peu ce nom d'une seule province à toute l'Asie mineure, et ensuite aux autres contrées orientales. 2° Au rapport d'Hérodote, sus-mentionné, la femme de Deucalion s'appelait *Asia*, et elle donna son nom à l'une des parties du monde. 3° Selon Varron, l'*Asie* tire son nom d'une nymphe aimée de Japet, et mère de Prométhée. 4° Constancio le tire du grec *éôos*, oriental, ou *éôs*, aurore, orient; 5° Bochart, de l'hébreu *esch*, feu, et de *iah*, mot écourté, qui, dans la composition des noms, signifie seigneur; mot à mot, le feu du Seigneur. Le feu fut adoré dans la Perse et sur les côtes de l'Asie; ou, comme dit Gébelin, l'Asie est la région de la lumière, c'est-à-dire l'est, l'orient. 6° Leusden croit que le nom d'*Asie* signifie boueuse, fangeuse, et qu'il vient du grec *asis*, vase, limon, fange. 7° Scrieck pense de même et forme *Asia* de l'ancien scythique *as*, marais, vase, limon, eaux. 8° Un autre le déduit du scythique *hassa* ou *assa*, vaste étendue, en madgyare, *hoss*. 9° Cotys, roi de Lydie, et fils de *Manes*, eut de son mariage avec *Asie*, fille de Tullus, deux enfants, *Atys* et *Asiès*. *Asiès*, dit-on, fut le fondateur d'une ville appelée *Asia* et située à quelque distance du mont Tmolus. *Asiès* donna son nom à cette ville ainsi qu'à la Lydie. Il y a des auteurs qui prétendent que l'*Asie* entière lui est redevable de son nom. Ces auteurs sont Hérodote, déjà nommé, Estienne de Byzance et le scholiaste d'Apollonius. 10° Bochart le forme du phénicien *chatsi* ou *asi*, le milieu, parce qu'on aurait appelé primitivement, *Asie*, la partie mitoyenne située entre l'Afrique et l'Europe. 11° Wachter dérive *Asia*, du mot septentrional *as*, Dieu; propr. divine, patrie des dieux; et Eusèbe Salverte, du nom des *Ases* signifiant Dieu dans la mythologie scandinave.]

Asiatique, adj. Qui appartient à l'Asie.

Asiarchat, sm. Magistrature sacerdotale grecque en Asie, avec la présidence des jeux. (G. *archos*, chef, *archê*, autorité.)

Asiarque, sm. Celui qui était revêtu de l'asiarchat.

ASILE et mieux **Asyle**, sm. Lieu où l'on est à l'abri, où l'on se met en sûreté, à couvert; lieu de franchise et de respect, où l'on n'ose prendre un criminel qui s'y réfugie; retraite honnête et respectable, habitation. [Du lat. *asylum*, temple ou autre lieu inviolable, asyle, refuge, dérivé du grec *asulon*, asyle, *asulos*, qui est à l'abri du pillage, sacré, inviolable, qui est en sûreté, à couvert, à l'abri; mots dérivés du grec *a* privatif, et *sulaô*, dépouiller, piller, enlever, ôter, ravir; et non de l'hébreu *eschel*, bois, plant d'arbres, comme l'ont cru Hoffmann, Jennings et autres, en dépit de la simple étymologie qui en a été donnée par les anciens, ni des mots scythiques et toscans *als-hil-on*, signifiant comme environné d'eau, comme l'a cru Scrieck. A l'égard de l'étymologie de Jennings, Nicolas Wiseman dit : « On pourrait avec autant de raison faire dériver le verbe anglais *to cut off*, séparer, du verbe syriaque *catal*, qui signifie la même chose. » L'abbé Barthélemy lie le grec *sulaô*, je dépouille, à l'égyptien *schel*, id., et Gesenius à l'hébr. *schalal*, il a tiré, ôté, extrait, il a dépouillé, d'où l'hébreu *schalal*, dépouille. En valaque *azil*, prov. *asile*, ital. *asilo*, esp. *asylo*, asyle.]

***Asylæos**, s. pr. m. myth. Selon Plutarque, dieu tutélaire de l'asyle que Romulus et Remus établirent dans Rome naissante.

ASPERGE, sf. Plante que l'on cultive dans les jardins, et dont on mange la tige lorsqu'elle est encore tendre. [Du lat. *asparagus*, dérivé du grec *asparagos*, asperge. Selon Galien, les Grecs appelaient *asparagos* toute sorte de jet tendre. On a fait bien des conjectures sur l'origine du grec *asparagos*. 1° De Théis le dérive du grec *sparassô*, je déchire, verbe qu'il forme lui-même du primitif *sper*, épine, en celtique, et qui serait le radical de quantité de noms grecs, latins, etc., exprimant tous des choses piquantes, comme le grec *sparos*, poisson épineux, *sperchô*, je pique; le latin *sparus*, dard, *asper* âpre; l'all. *sporn*, éperon, *sperber*, épervier. Pline, dit-il, met l'asperge en tête des plantes épineuses; la plupart des plantes de ce genre sont garnies de fortes épines. Il aurait pu ajouter que l'asperge a la forme du dard appelé *sparus*, à cause de la forme de sa tige. D'un autre côté, pour rendre compte de l'α initial il aurait pu dire que *asparagos* vient du grec ἀ, intensitif, et de *sparasso*, je déchire, vu que cette plante perce promptement la terre, d'où elle sort tout-à-coup et toute formée; et que les Grecs ont aussi donné à l'asperge le nom d'*ormenos*, fait du gr. *maino*, agiter, pousser, s'élancer. 2° Honnorat dérive le grec *asparagos*, du grec à briveté et *sperma*, semence parce que, selon Athénée, les plus belles asperges ne sont pas celles qui viennent de graine. 3° Bullet compose ce mot du celtique *per* ou *sper* pointe; parce que l'asperge se termine en pointe. 4° Constancio, du grec *spao*, tirer, arracher, *arrios*, mince, fluet, grêle, et *aké*, pointe. 5° Gébelin, de *berg*, *barg*, haut, étendu; parce que cette plante s'élève et étend ses branches; mais cela n'est pas clair, et les plantes, en général, s'élèvent et poussent des rameaux; 6° le même auteur, dans un autre endroit, rattache, comme Lemery, le nom de l'asperge au latin *spargere*. En arabe *isfiraq*, *asfarag*, asperge; pol. *szparag*, valaque *sparangel*, all. *spargel*, angl. *asparagus*, ital. *asparago*, port. *espargo*, asperge.)

*****Asparacé**, ée, et **Asparaginé**, ée, adj. bot. semblable à l'asperge.

*****Asparagine**, sf. chim. Substance particulière qu'on a trouvée dans l'asperge.

*****Asparaginées**, s.f.pl. Famille de plantes comprenant les asperges.

*****Asparagoïde**, adj. bot. Qui a l'apparence de l'asperge.

*****Asparagolithe**, s.f. minér. Pierre d'asperge; variété d'apatite. (G. *lithos*, pierre.)

*****Aspartique**, adj.m.chim. Se dit d'un acide où l'asparagine se transforme.

*****Aspartate**, sm. chim. Sel résultant de la combinaison de l'acide aspartique avec une base.

*****Aspergerie**, s.f. Plant. d'asperges.

ASPERGER, va. Dans les cérémonies religieuses, jeter, épandre de l'eau bénite, en la faisant tomber par petites gouttes avec une branche d'arbre, un goupillon ou autre chose propre à cela, arroser avec de l'eau ou autre liquide. En quelques sacrifices on aspergeait le peuple avec du sang de la victime. Dans l'Église, on asperge le peuple d'eau bénite quand elle est faite. [Du lat. *spargo*, *sparsis*, *sparsi*, *sparsum*, *spargere*, jeter çà et là, semer, épandre, jeter, lancer, renverser, disperser, arroser, joncher, couvrir, parsemer. En grec *speiro*, semer, ensemencer, planter, procréer, engendrer, disséminer, répandre, éparpiller; faire jaillir. Vu que s'ajoute et se retranche souvent à la tête des mots, on pourrait lier le latin *spargo* et le grec *speirô*, semer, au sanscrit *prish*, couvrir en aspergeant, asperger, arroser, *prish*, pour *sprish*, faire sauter, et à l'hébreu *pharat* ou *parat*, il a dispersé à répandu; et *pharas* ou *paras*, *pharasch* ou *parasch*, il a répandu. En zend *éparat*, dans *fra-eparat*, répandu, ou au répandu. En all. *sprengen*, faire sauter, faire éclater, disperser, disséminer, éparpiller; haut all. anc. *Sprengan*, suéd. *spraenga*, anc. scandin. *sprunga*, *Syrengia*, faire sauter, disséminer; holl. *sprengen*, arroser, asperger; anglosaxon *sprengen*, *spraencan*, asperger; angl. *to besprinkle*, asperger. En ital. *spargere*, jeter çà et là, semer, répandre, disperser; esp. *esparcir*, cat. *espargir*, port. *espargir*, langue des Troubadours *esparger*, *esparser*, anc. fr. *sparger*, *esparjer*, id. En breton *sper*, semence; bas limousin, *esporsi*, distribuer, épandre, éparpiller.) *Aspergée*, ée, p.

Asperges, sm. Goupillon pour asperger, pour jeter l'eau bénite; cérémonie religieuse qui consiste à jeter de l'eau bénite sur les assistants; moment de l'aspersion; antienne qui se chante pendant cette cérémonie. Picard *asperges*, rouchi *asperges*, *espergeste*, bas-lim. *espersou*, *espersou*, goupillon.).

*****Aspergillaire**, adj. bot. Semblable à un goupillon.

*****Aspergilliforme**, adj.bot. En forme de goupillon.

*****Aspergillum**, sm. antiq. Sorte d'aspersoir avec lequel on jetait l'eau lustrale.

*****Aspersement**, sm. Action d'asperger; le résultat.

Aspersion, sf. Action d'asperger.

Aspersoir, sm. Goupillon.

Sparies, sf.pl. anc. cout. Substances que la mer rejette sur ses rivages, telles que les différentes sortes d'ambre, de coral, etc.

*****Sparsile**, adj. Se dit des étoiles qui sont répandues en dehors des constellations formées par les astronomes.

Spergule, sf. bot. Plante qui augmente le lait des vaches, et dont on nourrit les poules et les pigeons. (L. **spergula*, de *spargere*, répandre, semer: les graines de l'espèce principale tombent spontanément; P.D. Du lat. *spargere*, *à guttis*, *spargendis*, parce que, étant broyée et appliquée à la bouche pour la douleur des dents, elle fait sortir la pituite goutte à goutte. Ch. Et. et Casen. On a dit aussi *sperjule*, *spargouse*, et *aspergoute*, *espargoutte*; *espargoule*. Laveaux.)

*****Spergulé**, ée, adj. bot. Semblable à la spergule.

Disperser, va. Répandre, jeter çà et là, forcer à s'enfuir de différents côtés, mettre en désordre, dissiper. *Dispersé*, ée, p.

Dispersion, sf. Action de disperser, de se disperser; résultat de cette action.

*****Dispersion**, sf. phys. Déviation que les axes des faisceaux lumineux réfractés éprouvent en traversant les substances réfringentes.

*****Dispersif, ive**, adj. Qui produit cette dispersion.

Éparpiller, va. Épandre et là, disperser çà et là; fig. dissiper. (Ital. *sparpagliare*, éparpiller, fait du latin *spargere*, éparpiller, selon M. Diez, du lat. *papilio*, papillon. Dans le roman de la Rose, *esparpille*, éparpille.) *Éparpillé*, ée, p.

Éparpillement, sm. Action d'éparpiller; état de ce qui est éparpillé.

Épars, arse, adj. Dispersé, épandu, çà et là.

Éparse, adj.f.bot. Se dit des feuilles quand elles n'affectent aucun ordre.

*****Éparses**, adj.f.pl.bot. Se dit des graines qui sont disposées en grand nombre, sans aucun ordre, dans chaque loge, comme le pavot, le nénuphar.

Espringale, sf. Espèce de fronde qui servait dans les armées à lancer des projectiles; machine qui servait à jeter des pierres. (Du lat. *espargere*, ou de l'all. *sprengen*, faire sauter avec une grande violence, disperser, éparpiller; en angl. *to sprinkle*. De même en all. *steinschleuder*, espringale a été fait de l'all. *schleudern*, jeter, lancer, projeter; *schleuder*, instrument à lancer des pierres, fronde, et de *stein*, pierre. (Anc. milit. *espringue*, *espringaden*, *espringaller*, combattre avec l'espringale. L'all. *sprengen*, et l'angl. *to sprinkle*, répondent au lat. *spargere*, et au grec *speirô*.)

Espingole, sf. Gros fusil court, dont le canon est fort évasé, et que l'on charge de plusieurs balles, qui partent en se dispersant. (1° Les uns rattachent ce mot ainsi que, *espingarde*, *espringale*, au latin *spargere*, et à l'all. *sprengen*, par la suppression assez fréquente de r; 2° d'autres, au latin *spina*, épine, pointe. Dans la langue des Troubadours *espingala*, espingole, grande arbalète; esp. *espingarda*, ital. *spidgarda*, espingole.)

Sperme, sm. Semence, liqueur séminale dont l'animal est engendré. (Grec *sperma*, grain, graine, semence, race, lignée, enfant, lui du grec *speiro*, semer, jeter çà et là, en lat. *spargo*.)

Spermaceti, sm. Sperme de baleine, matière blanche et demi-opaque qui se trouve liquide dans certaines cavités du crâne de cétacés.

*Spermacocé, sm. Genre de plantes des contrées chaudes des deux continents.

Spermacrasie, sm. méd. Écoulement involontaire de semence. (G. *krasis*, tempérament.)

*Spermadictyon, sm. bot. Arbrisseau des Indes orientales. (Gr. *diktuon*, filet.)

*Spermapode, sm. bot. Filet supportant les deux parties des plantes ombellifères. (G. *pous, podos*, pied.)

*Spermatine, sf. chim. Substance particulière renfermée dans le sperme.

Spermatique, adj. Qui a rapport au sperme.

*Spermatocèle, sm. méd. Engorgement du testicule attribué à la surabondance du sperme. (G. *kélé*, tumeur.)

*Spermatocystidion, sm. bot. Anthère des plantes; utricules dans l'épiderme de certains champignons. (G. *kustis*, ventricule.)

*Spermatographe, sm. Auteur d'une spermatographie.

Spermatographie, sf. Description des graines des végétaux. (G. *graphô*, je décris.)

*Spermatographique, adj. De la spermatographie.

*Spermatologie, sf. Traité sur le sperme.

*Spermatologue, sm. Auteur d'une spermatologie, celui qui est adonné à la spermatologie.

*Spermatope, ée, adj. méd. Se dit des aliments qui activent la sécrétion du sperme. (G. *poieô*, je fais.)

*Spermatophage, adj. Qui se nourrit de graines. (G. *phagein*, manger.)

*Spermatorrhée, sf. méd. Écoulement involontaire du sperme. (Gr. *rheô*, je coule.)

*Spermatorrhéique, adj. méd. Qui a rapport à la spermatorrhée.

Spermatose, sf. Production du sperme.

*Spermaxyre, sm. Genre de plantes de la nouvelle-Hollande. (G. *xuron*, rasoir.)

*Spermé, ée, adj. bot. Qui a des corpuscules reproducteurs.

*Spermidé, ée, adj. bot. Qui produit des graines.

*Spermique, adj. Qui concerne la graine.

*Spermoderme, sm. bot. Partie extérieure qui recouvre la graine. (G. *derma*, peau.)

*Spermodermie, sf. Genre de champignons.

*Spermodie, sf. Genre de champignons.

*Spermogone, sf. Genre d'algues.

*Spermole, sf. m. Frai de la grenouille.

*Spermophile, sm. m. Mammifère d'Asie. (G. *sperma*, graine, *phileô*, j'aime.)

*Spermophore, adj. bot. Qui porte des graines, ou des corpuscules reproducteurs. (G. *pherô*, je porte.)

*Spermophore, sm. Péricarpe des plantes.

*Sporade, adj. astrom. Sparsile. (G. *spora*, semence.)

*Sporadique, adj. méd. Se dit d'une maladie qui a des causes particulières et qui attaque chaque personne séparément.

*Sporange, sm. bot. Capsule renfermant les corpuscules reproducteurs. (G. *aggos*, urne.)

*Sporangidion, sm. bot. Columelle de l'urne des mousses.

*Sporangiole, sm. bot. Petite capsule renfermant plusieurs spores et enveloppée d'un sporange.

*Sporangiolifère, adj. bot. Qui porte des sporanges.

*Spore, sf. bot. Corpuscule reproducteur d'une plante cryptogame. (G. *spora*, semence.)

*Sporendonème, sf. bot. Genre de la famille des champignons. (G. *spora*, et *endon*, dedans.)

*Sporide, ée, adj. bot. Qui produit des spores.

*Sporidesme, sm. Genre de la famille des champignons. (G. *desmos*, lien, botte.)

*Sporidie, sf. bot. Corpuscule reproducteur des champignons.

*Sporidifère, adj. bot. Qui porte des sporidies.

*Sporidiforme, adj. bot. En forme de sporidie.

*Sporidigère, adj. bot. Qui porte des sporidies.

*Sporidoque, sm. bot. Organe qui, dans les lichens, est placé entre les sporanges. (Gr. *dochè*, réservoir.)

*Sporhorion, sm. Genre de la famille des champignons. (G. *horizô*, je borne.)

*Sporobole, sm. Genre de plantes graminées qui croissent sous les tropiques. (Gr. *bolè*, masse.)

*Sporochne, sm. Genre d'algues marines. (G. *spora*, semence, *achnè*, petite paille, balle.)

*Sporochné, ée, adj. bot. Semblable au sporochne.

*Sporochnées, sf. pl. Famille d'algues.

*Sporocybe, sm. Genre de la famille des champignons. (G. *kubè*, tête.)

*Sporodesme, sm. Genre de champignons.

*Sporodesmié, ée, adj. bot. Semblable à un sporodesme. (G. *desmos*, lien, botte.)

*Sporodesmiées, sf. pl. Famille de champignons.

*Sporophiléon, sm. Genre de champignons. (Gr. *phleô*, je suis plein, j'abonde.)

*Sporotriche, ée, adj. bot. Semblable à un sporotrique. (G. *thrix, trichos*, cheveu.)

*Sporotrichées, sf. pl. Famille de champignons.

*Sporotrique, sm. Genre de la famille des champignons.

*Sporule, sf. bot. Corpuscule reproducteur, organe reproducteur.

*Sporuleux, euse, adj. bot. Qui contient beaucoup de sporules.

*Sporulle, sf. Genre de coquilles univalves.

*Sporulifère, adj. bot. Qui porte des sporules.

*Acrosperme, sm. Genre de champignons. (G. *akros*, haut, élevé, *sperma*, graine.)

Angiosperme, adj. bot. Se dit des plantes à graines revêtues d'un péricarpe distinct. (G. *aggeion*, vase.)

Angiospermie, sf. Ordre de plantes.

*Angiosporé, adj. bot. A graines cachées.

*Aspermasie, sf. méd. Absence de sperme.

*Aspermatisme, sm. méd. Reflux du sperme dans la vessie, émission difficile de la semence. (G. *a*, priv. *sperma*, semence.)

***Asperme,** adj.bot. Qui ne produit pas de graines.

***Aspermé, ée,** adj.bot. Qui ne porte pas de graines.

***Aspermie,** sf.bot. État d'une plante qui ne produit pas de graines.

***Athérosperme,** sm.bot. Arbre de la terre de Van-Diémen. (G. *athér,* épi, pointe.)

***Athérospermé, ée,** adj.bot. Semblable à l'athérosperme.

***Athérospermées,** sf.pl. Famille de plantes.

***Bradyspermatique,** adj.méd. Qui a rapport au bradysperme. (Gr. *bradus,* lent.)

***Bradyspermatisme,** sm.méd. Émission lente du sperme.

***Centrosperme,** sm.bot. Plante de la Nouvelle-Andalousie. (G. *kentron,* pointe, centre.)

***Conosperme,** sm. Genre de plantes de la Nouvelle-Hollande, à semence *conique* et couronnée d'une aigrette. (Gr. *kônos,* cône, *sperma,* graine, de *spéirô.*)

***Cyclosperme,** adj.bot. Qui produit des graines orbiculaires. (G. *kuklos,* cercle.)

***Décasperme,** adj.bot. Qui contient dix semences. (Gr. *déka,* dix.)

***Décasperme,** sm.bot. Arbuste de Ceylan.

***Décaspore,** sf. Genre de plantes de la Nouvelle-Hollande.

***Diaspermaton,** sm. Emplâtre de graines de fenouil. (Gr. *diaspéirô,* disséminer.)

***Diaspore,** sm. Minéral fort rare qui se disperse en paillettes brillantes lorsqu'on le chauffe.

*Dispermatique,** et *Disperme,** adj.bot. Qui contient deux graines. (Gr. *dis,* deux.)

*Disperme,** sm.bot. Plante de la Caroline.

*Dyspermie,** *Dyspermatisme,** et *Dyspermasie,** sf.méd. Difficulté d'évacuer le sperme. (Gr. *dus,* difficilement.)

*Ellipsosperme,** adj.bot. A graines elliptiques.

*Endosperme,** sm.bot. Masse de tissu cellulaire, quelquefois dure et comme cornée, d'autres fois charnue et molle, qui, par la germination, se fane et diminue ordinairement de volume, au lieu d'en acquérir. (Gr. *endon,* dedans.)

*Endosperme,** sm. Genre d'algues marines.

*Endospermique,** adj.bot. Accompagné d'un endosperme; se dit de l'embryon.

*Endosporé, ée,** adj.bot. A semences situées au milieu.

*Épisperme,** sm.bot. Tégument propre de la graine, toujours simple et unique autour de l'amande. (G. *épi,* autour.)

*Épisperme,** sm.bot. Plante qui croît dans les mers de Sicile.

*Épispermatique,** adj.bot. Qui a rapport à l'épisperme.

*Épisporange,** sm.bot. Tégument des corps reproducteurs des fougères. (Gr. *épi,* sur, *spora,* semence, *agchô,* je serre.)

*Ériosperme,** adj. bot. A graines velues. (G. *érion,* laine, poil.)

*Ériosperme,** sm. Genre de plantes du Cap de Bonne-Espérance.

*Euleptosperme,** sm.bot. Genre de plantes. (Gr. *euleptos,* facile à prendre.)

*Euleptospermé, ée,** adj.bot. Semblable à un euleptosperme.

*Euleptospermées,** sf.pl.bot. Famille de plantes.

*Eurysperme,** sm. Genre de plantes protéacées. (G. *eurus,* large.)

*Gymnodisperme,** adj.bot. Dont la fleur produit deux graines nues. (Gr. *dis,* deux.)

*Gymnospermique,** adj.bot. De la gymnospermie.

Gymnosperme,** adj.bot. Se dit des plantes appartenant à la gymnospermie. (Gr. *gumnos,* nu.)

Gymnospermie,** sf.bot. Premier ordre de la didynamie, à semences nues.

*Hilosperme,** adj.bot. Dont la graine a un très-large hile. (Lat. *hilum,* petite tache noire.)

*Hilospermes,** sm.pl. Famille de plantes.

*Hypospermatocytisde,** s.f.bot. Partie membraneuse qui, dans certaines fougères, soutient les masses pollénifères. (Gr. *hupo,* sous, *kustidion,* petite corbeille.)

*Mésosperme,** sm.bot. Partie comprise entre les deux enveloppes d'une graine. (G. *mésos,* au milieu.)

*Monosperme,** adj.bot. Dont le fruit ne contient qu'une seule graine. (G. *monos,* seul.)

*Monospermie,** sf.bot. État d'une plante monosperme.

*Monosporé, ée,** adj.bot. Qui ne contient qu'un seul corps reproducteur.

*Oligosperme,** adj.bot. Qui ne contient qu'un petit nombre de graines. (G. *oligos,* peu.)

*Oligospermie,** sf.méd. Sécrétion peu abondante du sperme.

*Oligospore,** sm. Genre de plantes à fleurs composées.

*Pentasperme,** adj.bot. Qui renferme cinq graines. (G. *pente,* cinq, *sperma,* graine.)

*Périsperme,** sm.bot. La partie de l'amande qui, dans certaines graines, accompagne l'embryon, sans y adhérer, à l'époque de la maturité, et sans offrir d'organisation vasculaire. (Gr. *péri,* autour.)

*Périspermatique,** adj.bot. Qui a rapport au périsperme.

*Périspermé, ée,** adj. bot. Muni d'un périsperme.

*Périspermique,** adj.bot. Recouvert d'une enveloppe; muni d'un périsperme; qui a rapport au périsperme.

*Apérispermé, ée,** adj. bot. Dont la graine manque de périsperme. (G. *a* privatif.)

*Podosperme,** sm.bot. Cordon ombilical des graines. (Gr. *pous,* pied.)

*Podosperme,** sm.bot. Genre de plantes composées d'Europe.

*Polyspermatique** et *Polysperme,** adj.bot. Qui renferme beaucoup de graines. (G. *polus,* beaucoup.)

*Polyspermie,** sf.méd. Surabondance de sperme; bot., multiplicité de graines.

*Polyspore,** adj.bot. Qui contient beaucoup de spores.

*Pseudosperme,** adj.bot. Se dit des fruits dans lesquels le péricarpe a si peu d'épaisseur, et contracte une telle adhérence avec la graine, qu'il se soude et se confond avec elle. (G. *pseudos,* faux.)

*Tétrasperme,** adj.bot. A quatre graines.

*Tétraspermé, ée,** bot. A fruit composé de quatre graines. (G. *tétra,* quatre.)

*Tétraspore,** sf. Genre de plantes cryptogames. (G. *spora,* semence.)

*Trisperme,** adj.bot. A trois graines.

*Trophosperme,** sm.bot. Le point de la cavité péricarpienne, auquel sont attachées les graines, et qui offre un renflement charnu plus ou moins développé, provenant du sarcocarpe. (Gr. *tréphô,* je nourris; *sperma,* graine, de *spéirô.*)

*Trophospermique,** adj.bot. Qui a rapport au trophosperme.

ASPHALTE, sm. Espèce de bitume solide, noir et luisant. [Grec *asphaltos*, asphalte, poix minérale, bitume, sorte de pétrole d'un beau grec *asphaltos*, enduire de bitume. 1° D'après un savant moderne, ce mot est du xix° Phéniciens et pourrait se rattacher à l'hébreu *schaphél*, il fut abaissé, il fut bas: Cette étymologie s'accorde avec ce que dit le P. Nau : « En certaines années de bitume semble sortir comme de dessous l'eau, et s'élève à la surface du lac, et flotte au gré des vents. Il parle du lac *Asphaltite* qui a reçu son nom de l'asphalte qu'il produit, c'est-à-dire *Mer Morte*, *Mer de Sodome*, et qu'on nomme aussi *lac de Juda*. Les habitants du rivage de ce lac le nomment *Jordan*, d'après Junius ; et les Arabes, *Bahheret Lutt*, lac de Lot. 2° Un autre dérivé le grec *asphaltos* de l'hébreu *séphéh*, poix, ou *zéphéth*, particule de l'hébreu moderne, et *zets*, arbre, bois ; proprement poix des arbres et non fossile. 3° Nombre de savants pensent que le mot *asphalte* ne peut venir que du grec et forment le grec *asphaltos*, du grec *a* privatif et *sphallô*, assurer, fortifier, garder, défendre, fait lui-même de *a* privatif et *sphallô*, renverser, faire périr, abattre, détruire ; Roquefort, Constancio, Honnorat, suivant cette étymologie. 4° Schleicher prétend que *asphalte* a été fait du scythique *as*, eaux, et *fal* ou *falt*, chute : la chute des eaux. Pline a employé le mot grec *asphaltion*, asphaltion, nom d'une espèce de trèfle qui a l'odeur forte et assez semblable à celle de l'asphalte. Latin d'Isidore *asphaltus*, asphalte ; ital. et esp. *asfalto*, port. *asphalto*, langue des Troubadours *asphalt*, asphalte. (D. port.)

ASPHODÈLE, sm. Bot. Plante vivace à fleurs liliacées, originaire d'Italie. [Du lat. de Pline *asphodelus*, asphodèle, dérivé du grec *asphodelos*, asphodèle, nom de plusieurs plantes liliacées. 1° D'après Benfey, le grec *asphodelos* serait identique au sanscrit *asphôta* ou *asphôta*. Est lui-même du sanscrit *sphut*, *sphud*, en grec *sphuzô*, bouillonner, être agité, palpiter. 2° D'autres dérivent *asphodelos*, du grec *sphazô*, *sphattô*, *sphagô*, égorger, immoler, sacrifier ; 3° un autre y voit du grec *a* privatif et *sphallô*, je supplante, fleur qu'on ne peut pas remplacer, qui n'a pas sa pareille ; 4° d'autres, du grec *spodos*, cendre, parce que les anciens plantaient l'asphodèle autour des tombeaux qui renfermaient les cendres de leurs morts. Pline dit que les bulles de l'asphodèle, cuites avec de l'orge monde, conviennent extrêmement dans la phtisie et dans la phthisie.] (D. bot.)

*Asphodèle, sm. myth. gr. Sorte de plante tubéreuse recherchée des Grecs. Ils croyaient qu'elle croissait abondamment dans les enfers, et lui attribuaient la vertu d'écarter les maléfices.

*Asphodèlé, ée, adj. bot. Semblable à l'asphodèle.

*Asphodélées, sf. pl. Famille de plantes.

*Asphodéloïde, adj. bot. Qui a l'apparence de l'asphodèle.

ASPIC, sm. Serpent venimeux dont la morsure est très-dangereuse et ne se guérit point, d'après un aphorisme d'Hippocrate qui se trouve aussi dans l'Ecriture, chap. 32 du Deutéronome ; fig. homme médisant. [Du lat. *aspis*, *idis*, aspic ; et dans Justin, bouclier ; et *thorax* aussi avec venu de ces grecs dans le latin après la guerre de Pyrrhus. *Aspis* vient du mot grec *aspis*, *aspidos*, bouclier rond, aspic. Ce serpent a reçu ce nom parce qu'il se met ordinairement en rond principalement quand on l'attaque, ce qui représente la figure circulaire du bouclier rond. Sa tête, qui s'élève du milieu de ce cercle,

présente ce que les Romains appelaient *umbo*, dans leurs boucliers. C'est ainsi que Gésénius explique *aspis*, par *retrorsum flexit*. 1° Selon Ogerio, le grec *aspis*, bouclier, provient de l'hébreu *chaphâ*, il a couvert, il se cache de même que *clypeus* a été fait du grec *kalupto*, je cache. 2° Benfey conjecture que le grec *aspis*, *aspidos*, est de la même racine que le grec *skutos*, bouclier attelier, peau, et se permutent avec *cutis*. 3° Henricus a cru que *aspis*, dans le sens de aspic, vient du grec *aptô*, piquer. 4° Constancio le dit du grec *spizô*, forte, tournant et recouvrant. Doublet du mot *aspis*, *aspide*. Italien *aspide*, esp. et port. *aspid*, cat. *aspit*, langue des Troubadours *aspic*, *aspide*.] (D. port.)

*Aspic, sm. Plat composé de viande ou de poisson froid. (Galtel dit ce nom ainsi que celui du serpent *aspic* vient du degré *aspis*, *aspidos*.)

*Aspic, sm. milit. Ancienne bouche à feu. (De *aspic*, comme *couleuvrine*, de couleuvre).

*Aspidélidés, sm. pl. Famille de serpents venimeux à plaque sur la tête. (G. *échidna*, vipère.)

*Aspidée, sf. Genre de serpents.

*Aspidie, sf. Genre de fougères. (Du g. *aspis*, bouclier rond, aspic.)

*Aspidiacé, ée, adj. bot. Semblable à une aspidie.

*Aspidiacées, sf. pl. Groupe de plantes de la famille des fougères.

*Aspidioné, ée, adj. bot. Ressemblant à une aspidie.

*Aspidote. *Aspidiote, adj. hn. Dont le corps est couvert d'une sorte de bouclier.

*Aspidiotes, sm. pl. Famille de crustacés.

*Aspidiphore, adj. hn. Qui porte sur le corps une sorte de bouclier. (G. *phero*, je porte.)

*Aspidisce, *Aspidisque, sf. Genre d'animalcules infusoires.

*Aspidiscin, ine, adj. hn. Semblable à une aspidisce.

*Aspidiscins, sm. pl. Famille d'animalcules infusoires de molle. pail.

*Aspidoachire, adj. hn. Se dit des reptiles sauriens à corps écailleux, et sans pattes de devant. (G. *aspis*, bouclier, aspic *a privatif*, *cheir*, main.)

*Aspidobranche, adj. hn. Se dit des mollusques à branchies couvertes d'une coquille en forme de bouclier. (G. *bragkia*, branchie).

*Aspidocéphale, adj. hn. A tête garnie de plaques.

*Aspidoclonion, sm. Genre de serpents. (G. *klonion*, petite branche.)

*Aspidocolobe, adj. hn. Se dit des reptiles sauriens à corps écailleux, à membres imparfaits. (G. *kolobos*, mutilé, tronqué.)

*Aspidonecte, sm. Genre de tues. (G. *nektès*, nageur.)

*Aspidure, sm. Genre de serpents.

*Hypaspiste, sm. antiq. milit. Soldat armé d'un bouclier. (G. *hupo*, sous, *aspis*, bouclier.)

ASPRE, sm. Petite monnaie turque. [1° Si ce qu'on le tombe latin *asper*, pourrait se rapporter au lat. *asper*, âpre, raboteux, et *aspre* signifierait proprement une monnaie nouvelle, non encore usée par le maniement. « Les anciens, dit Trévoux, ont appelé aussi de la monnaie d'argent nouvelle, celle qui était nouvelle, et qui n'était pas encore usée par le frai, et retirement. *Asperos*, par les Grecs, on appelé *aspre*, la monnaie blanche. » 2° Martinius dérive de *aspraton*, âpre, du grec moderne *aspros*, blanc : monnaie blanche. Ce mot ne doit pas être confondu avec l'ancien grec *aspros, aspris*, nom d'une sorte de chêne.]

ASSA, sf. Suc végétal concret. Il y en a de deux sortes : l'*assa dulcis*, qui est la racine du benjoin ; et l'*assa fœtida*, autre résine d'une odeur désagréable, qui l'a fait appeler *merde du Diable*. [1° Trév. dit que ce mot est latin, ce qui donne raison à ceux qui le dérivent du lat. *assus, assa, assum*, rôti, grillé, brûlé, desséché. L'assa est en masses assez considérables, et présentant, en quelque sorte, l'image d'une chose brûlée ou grillée ; car elles sont brunes et rougeâtres. Quelques-uns disent que l'*assa* provient d'une férule, plante dans laquelle les anciens conservaient le feu. Ce feu trouvait son aliment dans la moelle de la plante. 2° Constancio rapporte le mot *assa* au pers. *assa*, arbre, et à l'égyp. *sche*, arbre. 3° Un autre dérive *assa*, du grec *asé*, dégoût qui suit la satiété, dégoût, nausée; fig.saleté; à cause de la mauvaise odeur de l'*assa fœtida*.]

ASSAKI, sf. Titre de la sultane favorite du grand-seigneur. [On dit aussi *khacéki, hasséqui, haséqui*. Ce mot est turc. Sa racine se retrouve dans l'arabe *aschik* et *uschsckâk*, aimant, qui aime; *yschk, aschœk*, brûler d'amour pour une jeune fille.]

*ASSARACUS**, s.pr.m. temps hér. Roi de Troie, fils de Tros et de Callirrhoé, épousa Hiéromnème, fille du Simoïs, et d'elle Capys, père d'Anchise. [Du l. *Assaracus*, dérivé du grec *Assarakos*, Assaracus. Scrieck s'est essayé à composer ce nom du scythique *as*, eau, *ar*, sable, *hag*, forêt, bois, *hos*, haut; *as-ar-hag-hos* : du sable aquatique du bois élevé.]

ASSASSIN, sm. Celui qui tue un homme par trahison. [On a fait différentes recherches sur ce mot que nous devons aux Croisades. 1° D'après Silvestre de Saci et Pihan, il vient de l'arabe h'*aschâschîn*, consommateur de *haschische* ou *hachiche*, nom que l'on donnait à des brigands orientaux, fameux dans l'histoire, et qui massacraient impitoyablement tous les Européens désignés par leur chef, appelé *scheïkh eldjébel*, ou vieux de la montagne. *Hachiche* se dit surtout des feuilles du chanvre indien que l'on fait sécher pour les mâcher ensuite, ou les fumer au lieu de tabac. On fait des graines et des feuilles du hachiche une liqueur très-forte, qui produit le délire et porte souvent aux plus déplorables excès. Les Egyptiens qui se livrent à l'usage de cette substance pernicieuse sont encore appelés aujourd'hui *haschischin* et *haschaschin*, et ces deux expressions différentes font voir pourquoi les Ismaéliens ont été nommés par les historiens des Croisades tantôt *assissini*, tantôt *assassini*. Cette étymologie a été adoptée aussi par Raoul Rochette, et peut-être par tous les philologistes modernes. 2° Sir John Malcolm tire le nom de la secte des Assassins de celui de son fondateur ; ainsi, dans son opinion, on avait dit *Assassins*, pour signifier des disciples de *Hassan*. 3° Constancio, ainsi que Hyde, après d'autres, le fait venir de l'arabe *hassa*, ou *hasaa, chassa, chasasa*, assassiner, tuer; d'où le participe actif *châsis*, et au pl. *hasisin, châsisin*, tuant, assassinant. 4° Trévoux le dérive de l'arabe *asis*, qui tend des embûches, insidieux; fait du verbe arabe *asasa*, tendre des embûches. 5° D'après Will., Mat. Paris, Jacq. de Vitri, Duc., Vertot, etc., du mot persan *hassisin*, poignard. 6° D'autres forment le mot *assassin*, de l'arabe *sikkin*, en latin *sica*, poignard, d'*Assikkin* ou la montagne du poignard qu'habitèrent les Assassins. 7° Caseneuve le dérive du teutón *sahs*, *sachs, sæhs*, grand couteau, épée courte. Raynouard adopte l'opinion de Caseneuve et dérive ce mot du saxon *sahs*, glaive, d'autant plus que Mathieu Paris dans la vie de Henri III, roi d'Angleterre, désigne les assassins par l'épithète de porteurs de couteaux : *Assassinos quos cultelliferos appellamus*. 8° Simon Assemani le déduit de *Hasasa*, nom d'une ville de Mésopotamie, ainsi appelée par les Arabes. 9° Mariti croit que le véritable nom des Assassins était *Arsacides*, du nom de la ville d'*Arsacia*, d'où ils seraient venus. 10° Lemoine disait que le vieux de la montagne, roi des *Assassins*, était ainsi nommé, comme qui dirait roi des herbages, des prés, des jardins. 11° Ferrari fait dériver le mot assassin du latin *assideo*; 12° un autre, de *hassas* au pluriel *hassassio*, mot employé par le peuple de Syrie et même de la Basse-Egypte, pour désigner un voleur de nuit, un homme de guet-à-pens ; 13° un autre, de l'ar. *scheïkh*, vieillard : les hommes du vieux, du vieillard; 14° un autre, de l'ar. *œses*, pluriel de *ass* ou *as-s*, soldat de garde, de patrouille, satellite, sbire comme on dit en Italie; 15° un autre, de l'hébreu *schaas*, voler; 16° ou de *Chassins*, voleurs près d'Antioche, fait lui-même du nom des *Arsacides*, anciens Tyrans. Trévoux condamne cette dernière étymologie qui est de Borel. 17° Quelques-uns croient qu'*assassin* vient de la même expression juive *essenes*. 18° D. Francisco de S. Luiz, d'après Sousa, pense que c'est un mot persan. Ce nom a été écrit et prononcé de diverses manières. Parmi ces variations, celles qui ont le plus d'autorité sont les suivantes : *Assassini, Assessini, Assissini, Heissessini*. On a dit aussi *Assasini, Assasdei, Assassi, Accini, Arsacidæ, Hansesisii, Hâkesins, Haussasis, Hassatuti, Heissesin, Chassi, Assassi*. Tous ces noms furent donnés aux *Assassins*, peuples qui habitaient les montagnes de Phénicie sur les confins de Damas, d'Antioche et d'Alep. En ital. *assassino*, assassin; esp. *ascsino*, anc. cat. *assessi*, port. *assassino*, langue des Troubadours *assassin*, assassin.]

Assassin, ine, adj. Qui assassine.

Assassinat, sm. Meurtre en trahison.

Assassiner, va. Commettre un assassinat, tuer en trahison, de dessein formé. *Assassiné, ée*, p.

*ASSATION**, sf. Coction d'un aliment, d'un remède, dans son suc, sans addition.[Du lat. *asso, assas, assare*, faire rôtir; r. *assus, assa, assum*, rôti, grillé; sec; sans mélange. Cette famille de mots paraît subsister dans plusieurs langues. Gr. *azó*, sécher, dessécher ; fig. consumer ; chald. *azé*, il a allumé, il a brûlé ; hébreu *ésch*, feu; copte *etsés*, rôti, grillé, et *schosch*, faire rôtir; sanscrit *ash*, brûler, *usch*, brûler ; persan et turc *asch*, soupe, potage, viande, nourriture en général ; dans Méninski; all. *heiss*, chaud; haut all. anc. *heiz*, chaud; all. *esse*, cheminée, foyer, fournaise; suéd. *asîa*; malais *assâp, assep*, fumée; rouchi *azi*, desséché, et *hasi*, brûlé, desséché par la chaleur, esp. *asar*, rôtir; port. et langue des Troubadours *assar*, rôtir.]

*Assation**, sf. Nom que les philosophes hermétiques donnent à la couleur noire, c.-à-d. à la putréfaction de la matière de la pierre.

ASSOGUE, sf. Mot esp. signifiant vif-argent. Galion espagnol qui portait en Amérique le vif-argent dont on se sert pour épurer l'or. [Trév. dit qu'on se sert depuis peu du mot *assogue*, que l'on a appelé jusqu'ici galion. Le mot assogue vient de l'ar. *azaug*, mot du dialecte de Médine en Arabie; ou de l'ar. *azzaibaq*, assogue, fait lui-même du verbe *zabaka*, courir d'un côté dans un autre, être agité, être en mouvement. De là l'esp. *azogue*, vif-argent; *azogar*, frotter de vif-argent; et le port. *azougue*, vif-argent; *azougar*, donner du mercure, rendre inquiet, turbulent.]

ASTRAGALE, sm. anat. Un des sept os du tarse, celui qui est à la région du cou-de-pied. [Du gr. *astragalos*, vertèbre du cou; petit os du talon; osselet; jeu des osselets; astragale, ornement d'archit.; astragale, plante.]

Astragale, sm. archit. Moulure ronde embrassant l'extrémité supérieure d'une colonne; c'est un petit membre rond, dont on orne le haut et le bas des colonnes, et qui est fait en forme d'anneau ou de brasselet. (G. *astragalos*, id., et dont Vitruve a fait en lat. *astragalus*, id.)

Astragale, sm. bot. Plante à fleurs légumineuses. (Du gr. *astragalos*, vertèbre du cou; *astragale*, plante; d'où le lat. de Pline *astragalus*, pois chiche sauvage. Ce mot, dit De Théis, signifie vertèbre, et il était relatif à la racine noueuse de la plante. Le genre auquel les modernes l'ont appliqué a beaucoup de rapport avec l'astragale des anciens, par le feuillage, le port et les lieux montagneux où croissent la plupart de ces plantes.)

ASTRE, sm. Corps lumineux, ou par sa lumière propre, ou par la lumière empruntée, qui roule dans les cieux. Ce nom s'applique à tous les corps célestes qu'on peut apercevoir dans le ciel par un temps serein. [Lat. *astrum*, astre, dérivé du grec *astron*, astre; constellation. Ce mot se retrouve dans beaucoup de langues. En sanscrit *tára*, zend *çtar*, védique *stri*, persan *aschther*, astre, étoile; all. *stern*, astre, étoile; haut all. anc. *sterro* et *sterno*, anc. goth. *stairno*, anc. sax. *sterro*, anglosaxon *steorra* et *stiorra*, angl. *star*, bas saxon mod. *steern* et *starn*, holl. *ster* et *star*, *starre*, suéd. *stierna*, dan. *stierne*, anc. scand. *stiarna*, bengal. *stara*, afghan *stouri*, kurde *setre*, bret. *stéren*, gaël écoss. *stéorn*, astre, étoile; ital., esp. et port. *astro*, cat., langue des Troubadours et prov. *astre*, astre, étoile.]

Aster, sm. Genre de plantes à fleur radiée, en forme d'étoile.

*Astéré, ée, adj. bot. Semblable à l'aster.

*Astérées, sf. pl. Groupe de plantes à fleurs composées qui renferme l'aster.

*Astérencriniens, sm. Famille d'encrinites à corps pourvu de cinq rayons. (Du gr. *astér*, astre, étoile; et du mot *encrine*, genre de polypiers, On a donné le nom d'*encrinites* aux encriers fossiles, dit Laveaux.)

*Astéromètre et **Astromètre*, sm. Instrument pour calculer le lever et le coucher des astres dont on connaît la déclinaison et l'heure du passage au méridien.

*Astéréométrique, adj. Relatif à l'astéréomètre.

Astérie, sf. Genre d'animaux marins, de la classe des zoophytes. (On les appelle aussi *étoiles* de mer, parce qu'ils ont le corps partagé en cinq lobes imitant les rayons d'une étoile. De tout temps on a employé, par allusion, le nom d'étoile de mer ou ses synonymes, pour indiquer des zoophytes fort répandus sur toutes les côtes, assez variés en espèces, et dont la forme rappelle toujours plus ou moins celle des étoiles, telles qu'on les voit à la vue simple et qu'on les représente dans les arts. Aristote parle déjà de ces animaux sous le nom de *astér*.)

*Astérial, ale, adj. Qui appartient aux astéries.

*Astéride, et **Astérié, ée*, adj. hn. Semblable à une astérie.

*Astérides, sm. pl. Famille d'animaux renfermant les astéries.

*Astério, sm. Nom de la constellation des *Chiens de chasse*.

Astérisme, sm. Assemblage de plusieurs étoiles, constellation.

Astérisque, sm. Petite marque en forme d'étoile qui indique un renvoi.

*Astérisque, sm. bot. Ou petit aster d'automne. (Cette plante a reçu ce nom à cause de ses tiges qui sont terminées par des bouquets de fleurs en étoile, et plus petites que celles de l'*aster atticus*, auquel cette plante américaine ressemble beaucoup.)

*Astérodactyle, sm. Genre de reptiles batraciens. (Gr. *astér*, astre, étoile; *daktulos*, doigt.)

*Astéroïde, sm. Nom donné par Herschel aux nouvelles planètes, dont la nature n'était pas encore entièrement reconnue. Sous ce même nom Arago désigne les étoiles filantes et les bolides lumineux. (Gr. *eidos*, apparence.)

*Astéroïde, adj. bot. Qui a l'apparence d'une astérie.

*Astéroïdé, ée, adj. bot. Qui a l'apparence de l'aster.

*Astérome, sm. Genre de champignons.

*Astérophides, sm. pl. Famille de polypiers dont le corps est garni de très-longs appendices.

*Astérophore, sm. Genre de champignons. (Gr. *phérô*, je porte.)

*Astraires, sm. pl. Famille de polypiers.

Astral, ale, adj. Qui appartient aux étoiles.

*Astrance, sf. Genre de plantes ombellifères. (On l'appelle en latin *astrantia*, d'*aster*, étoile, parce que les sommités sont disposées en étoiles. Martianus Capella s'est servi du lat. *astreans*, rayonnant, participe de l'inus. *astreo*, je rayonne.)

*Astranthe, sm. bot. Arbre de la Cochinchine. (Gr. *astron*, étoile, astre, *anthos*, fleur.)

*Astrapée, sf. Genre d'insectes coléoptères. (L. *astrape*, éclair; g. *astrapé*, étoile.)

*Astrapée, sf. bot. Belle plante des Indes.

*Astrapyalite, sf. Tube fulminaire. (G. *pualos*, bassin.)

Astrée, sf. hn. Sorte de polypier pierreux à surface parsemée d'étoiles.

*Astrée, sf. astron. Constellation de *la Vierge*.

*Astroblèpe, sm. hn. Poisson des rivières d'Amérique. (G. *blépô*, je regarde.)

*Astrobolisme, sm. méd. Apoplexie. (Du g. *astroboléomai*, être frappé ou brûlé par les ardeurs du soleil ou d'un autre astre, de *astron*, astre, *ballô*, je lance, j'atteins.)

*Astrocynologie, sf. Traité sur les jours caniculaires. (G. *kuôn*, la canicule, *logos*, traité.)

*Astrocynologique, adj. Relatif à l'astrocynologie.

*Astrognosie, sf. Science des astres. (G. *gnôsis*, science.)

*Astroïde, adj. Disposé en forme d'étoile.

Astroïte, sf. Sorte de pierre ou de corps marin, couvert de figures étoilées. C'est une production de polypes.

*Astroïte, sf. hn. Astrée à l'état fossile.

*Astrokyon, sm. astron. Nom de l'étoile *Sirius*. (G. *astron*, étoile, *kuôn*, la canicule, Sirius.)

Astrolabe, sm. Instrument pour mesurer la hauteur des astres, et connaître la latitude où l'on est; projection de la sphère. (G. *astrolabon*, astrolabe, de *astron*, astre, et *lambanô*, je saisis, d'où l'arabe, persan et turc *usturlab*, astrolabe.)

*Astrolâtre, sm. Adorateur des astres.

*Astrolâtrie, sf. Culte des astres. (G. *latréia*, culte.)

***Astrologie,** sf. Science de l'influence des astres, réputée fausse et dangereuse. (G. *logos*, étude.)
Astrologique, adj. Qui appartient à l'astrologie.
Astrologue, sm. Qui s'adonne à l'astrologie.
***Astrolome,** sf. Genre de plantes de la Nouvelle-Hollande. (G. *lôma*, bordure.)
***Astromancie,** sf. Prédiction d'après les astres.
***Astromètre,** sm. Instrument pour mesurer les diamètres apparents des planètes, ainsi que les petites distances qui les séparent. (G. *métron*, mesure.)
***Astrométrique,** adj. Relatif à l'astromètre.
Astronome, sm. Qui connait l'astronomie.
Astronomie, sf. Science du cours et du mouvement des astres. (G. *astron*, astre, *nomos*, loi.)
Astronomique, adj. Qui appartient à l'astronomie.
Astronomiquement, adv. Suivant les principes de l'astronomie.
***Astrophore,** adj. didact. Qui porte des étoiles. (G. *phérô*, je porte.)
***Astroscopie,** sf. didact. Contemplation des astres. (Gr. *skopia*, observation.)
***Astrosophie,** sf. Etude ou science des astres. (Gr. *sophia*, science.)
***Astrostatique,** sf. Science du calcul de la masse, et de la distance respective des astres. (Gr. *statikê*, statique.)
***Astrothéologie,** sf. Doctrine où l'on établit l'existence de Dieu sur des preuves tirées de l'astronomie. (G. *Théos*, Dieu, *logos*, discours.)
***Astrotrique,** adj. Qui a des poils rameux et en forme d'étoiles. (G. *thrix*, *trichos*, poil.)
***Catastérismes,** sm. pl. Titre d'un traité sur les constellations, attribué à Eratosthène.
Désastre, sm. Propr. Extinction de l'astre favorable; renversement de prospérité; enchaînement d'accidents, ou un seul accident qui frappe un grand nombre de personnes; événement funeste. (*Astre* et *désastre* étaient des mots récemment introduits du temps de Henri Est.)
Désastreusement, adv. D'une manière désastreuse.
Désastreux, euse, adj. Funeste, calamiteux.
***Hexastéron,** sm. Constellation des Pléiades. (G. *hex*, six: composée de six étoiles.) La racine de ces mots se retrouve dans les noms propres suiv. : *Astaroth, Astarothite, Astarté, Astérie, Astérion, Astérée, Astérius, Astérodée, Astérodie, Astérope, Astéropée, Astéropéus, Astrabacus, Astracan, Astrathéa, Astrée* ou *Astréa, Astres, Astréus, Astroarché, Astrologue, Astronoé, Esther*, etc.

ASTUCE, sf. Finesse malicieuse, ruse qui a pour objet le mal, qui nuit ou tend à nuire. [Du lat. *astus, ûs,* ruse, fourberie, astuce. Trév. disait que de son temps ce mot était vieux et hors d'usage, signifiant finesse, et que c'est un dérivé du grec *astu*; ville, parce que ceux qui habitaient les villes sont les plus rusés. Morin et Gattel disent que *astuce* signifie ruse de ville. Festus, Martinius, Vossius, Gébelin, Roquefort, tous les étymologistes, ont suivi cet te étymologie; à l'exception, peut-être, de Doederlein seul qui dérive le l. *astus,* du gr. *akê,* pointe. Il paraît, dit Roquefort, que dans l'origine ce mot, pris en bonne part, aurait désigné la finesse et la politesse des citadins. Il aurait pu désigner aussi la finesse vicieuse et malicieuse qui est bien plus fréquente dans les populations agglomérées que dans les campagnes. 1° Quant à l'origine du g. *astu*, ville, Bopp, Pott et Delattre, l'ont cherchée dans le sanscrit *vas*, demeurer, habiter, et *vasu*, feu, *vasati*, demeure, d'où le nom de *Vesta* et celui des vestales. 2° Pluche le dérive, ainsi que le nom de *Vesta*, de l'hébr. *ésch*, feu. 3° Eumolpe, cité par Scapula, le forme du grec *anô histasthai*, être élevé, placé sur le haut. 4° Gébelin, sans dire pourquoi, le rattache au grec *astér*, astre, étoile. 5° Robert de Corbeil le tire simplement du gr. *istô*, je me tiens debout ; 6° Bullet, du gall. *tu*, lieu, place, maison, port, côté, à, vers ; 7° Scrieck, du scythique *as*, eau, *tou* ou *toe*, jusque ; *As-tou*, jusqu'aux eaux; 8° Benfey, du sanscrit *vastu*, lieu, fait lui-même du verbe *vas*, habiter, demeurer. En ital. *astuzia*, esp., port., cat. et langue des Troubadours *astucia*, astuce.]
Astucieusement, adv. Avec astuce.
Astucieux, euse, adj. Qui a de l'astuce.
***Astéisme,** sm. rhét. Ironie fine et délicate qui déguise la louange sous le voile du blâme, et réciproquement. (G. *astéismos*, de *astu*.) De là les n. pr. : *Astyage, Astyagée, Astyaïns, Astyanasse, Astyanax, Astybias, Astycratie, Astydamie, Astygite, Astygonus, Astymède, Astynomé, Astynomus, Astynoüs, Astyoche, Astyochée, Astyochus, Astypatée, Astypatéus, Astyphile, Astypyle*, etc.

ATELLANES, sf. pl. Pièces comiques et satiriques qui étaient en usage sur le théâtre romain. Elles devinrent si licencieuses, et on y mêla tant de représentations lascives et impudiques, que le sénat fut obligé de les défendre. [D'*Atella*, municipe du pays des Osques, dans la Campanie, d'où ces farces étaient venues. Diomède le premier a donné cette étymologie. D'après le savant Gésénius, le nom de ces farces et celui de la ville d'*Atella* viennent apparemment de l'hébreu *hathullim*, farces, dérisions, moqueries, mot employé poétiquement pour farceur, moqueur, dans Job 17, 2, et fait lui-même du verbe hébreu *hâthal*, il a trompé, il a joué, il s'est moqué. En grec *huthléô*, badiner, dire des sottises, des sornettes ; *huthlos*, niaiserie, propos futile, baliverne. 2° Scrieck prétend que le nom de la ville d'*Atella* vient du celt. *aht-hel*, que les Belges prononcent maintenant *achter-hel*, et qui signifie postérieur, pente.]

ATÉMADOULET, sm. Titre du premier ministre de Perse. [De l'ar. *i'timâd, eddaoulet*, appui de l'empire. Ce premier ministre emplit des fonctions analogues à celles du grand vizir en Turquie. Pihan, Trévoux, etc.]

ATHÉNÉE, sm. Lieu public où les professeurs des arts libéraux tenaient leurs assemblées, où les rhéteurs et les poètes lisaient leurs ouvrages, et où l'on déclamait des pièces ; aujourd'hui, établissement où s'assemblent des savants et des gens de lettres, pour faire des cours ou des lectures. [Du nom d'*Athènes*, ville savante, où se tenaient beaucoup de ces sortes d'assemblées ; ou du nom grec de Pallas ou Minerve, *Athéné*, déesse des sciences ; comme si *athénée* signifiait un lieu consacré à Minerve, ou destiné aux exercices auxquels elle préside. La ville d'Athènes s'appela d'abord Cécropie, du nom de Cécrops qui en fut le fondateur vers l'an 1558 av. J.-C. Ensuite elle prit le nom de Mopsus et s'appela Mopsia ; nom qu'elle changea encore en celui de *Ionia* qu'elle prit de *Ion*, fils de Xuthus. Enfin, elle prit, sous Amphictyon, son troisième roi, celui d'*Athénai*, en l'honneur de Minerve appelée en grec *Athéné*. 1° D'après Benfey, les noms grecs *Athéné, Athénai,* signifieraient proprement qui *fleurit, fleurissant,* et seraient de la même origine que le gr. *anthos*, fleur. A l'appui de cette interprétation, on peut dire que

L'Attique est remarquable par ses fleurs ; et que Minerve en fit sortir d'un coup de sa lance un olivier tout fleuri, selon la fable. Varron rapporte que l'olivier est dit à avoir pris naissance dans cette ville, *privum dicitur ibi nata*. Minerve était avant Cérès la déesse agriculturale de l'Attique, et l'olivier était pour cette région le trésor le plus essentiel de l'agriculture. Horace fait allusion à la célèbre dispute que Minerve eut avec Neptune, pour voir duquel des deux cette ville porterait le nom. Neptune frappa la terre de son trident, et il en sortit un cheval ; Minerve la frappa ensuite de sa pique, et il en sortit un olivier tout. Ceuri que les dieux jugèrent le plus utile, comme étant le signe de la paix. Il est toujours certain, dit Dacier, que du temps de Cécrops il naquit à Athènes un olivier qui donna lieu à cette fable. Pamphius, poète plus ancien qu'Homère, dit formellement que les hommes sont redevables à Neptune, et du cheval et de ces tours flottantes que nous appelons navires : il distingue ces deux choses, loin de les confondre, et de faire l'une le symbole de l'autre. Dans cette fable de la naissance du cheval et de l'olivier, Neptune est censé représenter la marine, et Minerve ou *Athéné*, la culture de l'olivier. 2° D'après Ross et Thiersch, l'*Athéné* grecque serait manifestement la *Neith* égyptienne, de même que l'*Héphæstos* hellénique serait identique, par le nom et par l'idée religieuse, au *Phtah* égyptien. Les habitants de Saïs, ville de la Thébaïde, rapportèrent à Pythagore une vieille tradition de laquelle il résulterait qu'Athènes était une de leurs colonies. Quoi qu'il en soit de cette origine, dit Thiorier, les deux peuples avaient de nombreux rapports de mœurs et de religion ; tous les deux cultivaient l'olivier et honoraient la divinité qui leur avait fait ce don précieux. La Minerve égyptienne s'appelait *Neith* : or ce nom retourné est *thin*, dont on a formé, d'après le témoignage de Plutarque, *Athéné* ; nom de la Minerve des Grecs et celui de la ville d'*Athènes* elle-même. *Athènai*. M. Jomard dérive simplement *Athéné* de *Neith*, la Minerve des Égyptiens. La ville de Saïs avait, suivant Platon, pour fondatrice la déesse *Neith*, la même que *Athéné* ou Minerve qui avait donné son nom à Athènes. Suivant l'abbé Barthélemy, le culte de Minerve avait certainement passé des Égyptiens aux Grecs, et de l'un de ces deux peuples aux Étrusques. Constancio forme le nom *Athéné* de *Neith*, divinité symbolique égyptienne qui représentait le principe féminin créateur de la nature. 3° Un auteur soutient que les Phéniciens et les Syriens nommaient *thanai*, ou *thani* un homme savant, et que de là Minerve a eu le nom d'*Athéné*, parce qu'elle est la déesse de la science, et que la ville a été nommée *Athènai*, c.-à-d. un lieu célèbre par la science. 4° J. Clericus pense que *Athéné* vient de l'hébreu *éthan*, fort, ferme, courageux, à cause de la force du corps et de l'esprit de Minerve. 5° Un autre hébraïsant, dérive ce nom de l'*Ix. étoun*, fil, tissu ; parce que la colonie de Cécrops avait apporté de Saïs en Attique la fabrication de la toile ; 6° un autre, de l'hébreu *adonaï*, maître, d'où *Adonis*. 7° Platon, cité plus haut, forme le nom *Athéné*, du grec *hé théonoé*, celle qui connaît les choses divines ; 8° puis, du grec *éthonoé*, mœurs et intelligence ; 9° puis, du grec *noésis theou*, pensée de Dieu. 10° Un autre tire le nom *Athéné* du grec *athréó*, voir, regarder ; parce que l'on prévoit ; 11° un autre, du grec *athélés*, non allaitée, parce que cette déesse étant née armée de pied en cap n'avait pas eu besoin de nourrice. 12° Gébelin dérive le nom d'*Athènes* du primitif *den*, habitation ; 13° Scrieck, du scythique et étrusque *aht-ene*, en celt. *aht-inne*, littéral : lieu où l'on entre par derrière ; de *aht*, derrière, et *ene*, entrée ; 14° et l'abbé Bidassouet, du basque *athe-on*, porte forte, c.-à-d. lieu situé à la porte, à l'entrée, dans une position qui défendait le continent.] De là les n. pr. : *Athénées*, *Athènes*, *Athénien*, *Athénagore*, *Athénaïs*, *Athénée*, *Athénion*, *Athénobius*, *Athénoclès*, *Athénodore*, *Athénogène*, *Athénophane*, *Ainay*.

ATHLÈTE, sm. Celui qui combattait à la lutte ou au pugilat, dans les jeux solennels de l'ancienne Grèce ; fig. homme fort et robuste, adroit aux exercices du corps. [Du lat. *athleta*, athlète, dérivé du grec *athlêtês*, athlète, fait lui-même du grec *athléō*, combattre, et du suffixe *tês* qui termine ordinairement des noms d'agents. 1° On a cherché l'origine de *athléō*, dans le grec *thlaō*, rompre ; 2° dans l'hébreu *hâthal*, il a trompé, il a joué, d'où le nom d'*Atella* et celui des *Atellanes* ; 3° dans l'hébreu *theláâh*, travaux, fatigue ; 4° dans l'hébreu *láâh*, il a travaillé ; 5° dans le sanscrit *vadh*, frapper, blesser, par le changement fréquent de *dh* en *th* ; 6° dans le grec *tlaō*, porter, souffrir. Pline dit que c'est Hercule qui institua les combats d'athlètes à Olympie.]

Athlétie, sf. L'art des athlètes.
Athlétique, adj. De l'athlète, propre à l'athlète.
*Athlétiquement, adv. D'une manière athlétique.
Athlothète, sm. antiq. gr. Président des jeux gymnastiques. (G. *athlon*, prix du combat ; *tithèmi*, j'établis.)
Pentathle, sm. antiq. gr. Réunion des cinq espèces de jeux ou combats, auxquels s'exerçaient les athlètes dans les gymnases. (G. *penté*, cinq.)

*ATRAMENTAIRE, adj. Qui a les caractères ou l'apparence de l'encre. [Du lat. *atramentum*, liqueur ou couleur noire, encre ; fait du lat. *ater*, *atra*, *atrum*, noir mat, noir, noirci, obscur, affreux, hideux, horrible. 1° D'après Benfey, ce mot se rattache au grec *anthrax*, charbon, bois brûlé ; au sanscrit *athar*, feu ; zend *athar*, feu. Dans une foule de langues, le même mot, légèrement modifié, a désigné successivement le feu, le charbon, la suie, la couleur noire. En égyptien, *ator*, *adsor*, ténèbres, nuit ; tongouso *atra*, dans le Tripartitum. Avant Martinius, des étymologistes avaient déjà lié *ater*, *atra*, *atrum*, noir, obscur, au grec *anthrax*, *anthrakos*, charbon. Cependant il préfère le rapporter au grec *aithô*, brûler ; et Doederlein, au grec *aithos*, feu, chaleur. En esp. *atra*, ital. *adro*, noir, obscur.]
*Atre, adj. D'un noir foncé et mat.
*Atrigastre, adj. hn. A ventre noir. (Lat. *ater*, noir ; grec *gastér*, ventre.)
*Atritarse, adj. hn. A tarses noirs.
*Atroptère, adj. hn. A ailes noires. (G. *ptéron*, aile.)
*Atrostome, adj. hn. A bouche noire. (G. *stoma*, bouche.)
Anthrax, sm. méd. Inflammation du tissu cellulaire sous-cutané. (Gr. *anthrax*, charbon, bois brûlé. La nasale *n* s'ajoute ou se supprime souvent dans les langues anciennes.)
*Anthrax, sm. Genre d'insectes diptères.
*Anthracide, et *Anthracien, enne, adj. hn. Qui ressemble à un anthrax.
*Antraciens, sm. pl. Famille d'insectes diptères.
*Antraciens, sm. pl. Famille de minéraux renfermant du charbon pur ou combiné.
*Anthracite, sm. Substance minérale voisine du charbon de terre.

ATR — ATT — 118 — ATT

*Anthraciteux, euse, adj. minér. Qui renferme de l'anthracite.
*Anthracode, adj. méd. Qui a la couleur noire du charbon.
*Anthracolithe, Anthracite. (Gr. *lithos*, pierre.)

ATRE, sm. Foyer, endroit d'une chambre, d'une cuisine où l'on fait le feu ; partie d'un four. [1° Du lat. *ater, atra, atrum*, noir, noir de fumée, selon Ménage et autres ; 2° du lat. *atrium*, salle d'entrée, cour intérieure, maison, etc., selon Gattel et autres ; 3° selon Du Cange et Trév., du l.b. *astrum* qui signifiait une maison entière, et qui serait un mot saxon désignant un foyer, ou une fournaise. De là ce nom aurait été étendu à tout le logis. De là les foyers auraient été appelés aussi *âtres* ou *aitres*, comme dans cette phrase, *savoir les aitres du logis*, pour : connaître les chambres et les foyers. 4° Diez rattache le l.b. *astrum*, au haut all. ancien *astrich*, à l'all. moderne *estrich* et à l'anc. fr. *aistre*, tous mots qu'il semble lier au lat. *asser*, solive, ais, planche. 5° Le mot all. *estrich*, cité par Diez, signifie plancher carrelé, une aire de repous ; Schuster le rattache au lat. du moyen âge *astracum*. En ancien français *âtrier*, âtre, foyer.]

ATROCE, adj. Outré, excessif, énorme, qui a beaucoup de cruauté ; se dit en parl. des crimes, des injures, des supplices. [Du lat. *atrox, atrocis*, sinistre, menaçant, malheureux, funeste, grave ; farouche, terrible, cruel, affreux, atroce ; violent, fort, véhément ; ferme, inflexible ; important, considérable. 1° Doederlein forme le lat. *atrox*, du lat. *trux, trucis*, farouche, cruel, féroce, furieux, terrible : Wachter, Constancio et autres, donnent aussi cette étymologie. 2° Vossius, Martinius et autres, le dérivent du gr. *a* privatif et *trôgô*, je mange ; propr., qui n'est pas bon à manger. C'est ainsi que le grec *ômós*, cruellement, a été fait de *ômos*, cru, et *crudelis*, de *orudus*, cru, non bon à manger. 9° Bopp rapporte le lat. *atrox* et *trux*, au sanscrit *druh*, nuire, infester, offenser, blesser. 4° Gébelin rattache *atrox* au latin *ater*, noir, *torvus*, qui regarde de travers, *dirus*, cruel ; etc. 5° Bullet déduit *atrox*, du gall. *drug*, mal, méchant. 6° Fungérus estime que *atrox* peut venir du grec *a* privatif et *trésai*, craindre : qui ne craint rien. En ital. *atroce*, port. *atroz*, atroce, cruel.]

Atrocement, adv. D'une manière atroce.
Atrocité, sf. Énormité ; action très-cruelle ; extrême cruauté.

ATTACHER, va. Joindre fortement ; unir par une attache ; joindre, fixer une chose à une autre ; fig. joindre, lier par un sentiment d'amitié. [1° Du lat. *attactus*, attouchement, contact : Roquefort, Skinner et autres. 2° Du latin *adlexere, allexere*, entrelacer, adapter : Skinner, Ménage, Constancio, et autres. 3° Du lat *aptare*, unir, lier, et *acus*, aiguille ; Constancio. 4° Du grec *hestaka*, parf. act. de *histémi*, placer, faire tenir droit, suivant un autre. 5° De *tach*, qui en langage celt. ou bas bret. signifie clou, et *tacha*, clouer ; parce qu'on attache avec des clous : Trévoux, Bullet, et l'abbé Corblet. 6° Du suiogothique *tackel*, agrès, cordages d'un navire : Ihre. 7° De l'anglosaxon *et*, à, latin *ad*, et *tœcan*, prendre, saisir : Wachter. 8° Dening rapporte l'ital. *attacare*, attacher, *staccare*, détacher, et le fr. attacher, à l'all. *stecken* qui rend ordinairement le sens du latin *figere, affigere*. *Stecken*, dit-il, dérivé lui-même de *stecke*, nous montre qu'anciennement on attachait une chose à une autre plus communément avec une cheville de bois, qu'avec un clou de fer. L'ital. substitua la prép. *ad* à l's, et forma *attacare* ; et, prenant le mot primitif, il fit servir l's dans le sens contraire en faisant *staccare*, dont le fr. fit détacher. En bret. *stag*, attache, lien, *stag*, attaché, *staga*, attacher ; b. lat. *atachiare*, arrêter, saisir, attacher, dans Du Cange, et *atachare*, attacher ; picard *attaquer* et *attaquier*, attacher ; basque *estequatcea*, attacher, et *estequadura*, attachement ; esp. et port. *estacar, atacar*, attacher ; cat. et langue des Troubadours *estacar*, attacher ; anc. fr. *estachier*, enfoncer un pieu ; attacher.]

S'Attacher, v.a. pro. Concevoir de l'affection pour quelqu'un. *Attaché, ée*, p.
Attachant, e, adj. Qui attache fortement l'attention, qui occupe agréablement l'esprit.
Attache, sf. Ce qui attache, lien ; fig., tout ce qui occupe l'esprit ou engage le cœur.
Attachement, sm. Ce par quoi l'on est attaché, liaison, amitié, amour.
Attachements, sm. pl. archit. Notes des ouvrages de diverses espèces que l'on prend pendant que les ouvrages, sont encore apparents, pour y recourir lors du règlement des mémoires.
Détacher, va. Séparer ce qui était attaché ; dégager une personne ou une chose de ce qui l'attachait, de ce qui la retenait, de l'objet auquel elle était attachée ; ôter, défaire ce qui sert à attacher ; tenir écarté de ; rendre distinct, isolé ; tirer (une troupe) d'un corps pour quelque service. *Détaché, ée*, p.
Détachement, sm. Etat de celui qui est détaché, délivré d'une passion, d'une opinion ; troupe de soldats tirés d'un corps.
Rattacher, va. Attacher de nouveau ; attacher, lier, joindre. *Rattaché, ée*, p.
Attaquer, va. Commencer une attaque, une querelle, une insulte ; assaillir ; atteindre ; fig., offenser, porter atteinte à ; entreprendre, entamer ; mar. s'approcher de ; ronger, détériorer. (Selon Jal, Huet et Gattel, de l'ital. *attacare*, attacher, et *atacare*, attaquer. Amyot a dit : *attacher l'ennemi* ; apparemment, dit Trévoux, parce qu'on s'attache ou qu'on paraît s'attacher à ceux que l'on attaque. C'est ainsi que le sanscrit *abhiyoktri*, celui qui attaque, a été fait du sanscrit *yug'*, joindre ; *tri* est un suffixe. Raynouard lie ensemble les mots romans *atacha*, attaque, et *atachar*, tâcher, s'efforcer. Jauffret croit que *attaque* et *attaquer* sont des onomatopées.) *Attaqué, ée*, p.
S'Attaquer, va. pr. Se prendre à quelqu'un, l'offenser ouvertement, se déclarer contre lui.
Attaquable, adj. Qui peut être attaqué.
Attaquant, sm. Celui qui attaque.
Attaque, sf. Action d'attaquer, aggression ; assaut ; fig., aggression, atteinte, insulte ; fig., accès subit, apparition soudaine.
Inattaquable, adj. Qu'on ne peut attaquer.

*ATTAGAS, sm. Nom donné à un oiseau que l'on croit être le *tetrao lagopus*. [Du lat. *attagen, enis*, gélinotte des bois, dérivé du grec *attagên*, ou *attagas*, mot que Planche traduit par francolin, oiseau dont le plumage est rougeâtre, d'où Aristophane appelle *attagas* un esclave marqué sur le dos. D'après Ph. des ani., *attagên* ou *attagas*, serait un mot phrygien signifiant le père ou le chef du pays ; car cet oiseau était fort estimé, à cause de sa délicatesse et de son goût excellent. Les Phrygiens donnent au bouc le nom d'*attagos*, suivant Arnobe, comme étant le père des chèvres. Ainsi le nom d'*attagen* aurait été donné à cet oiseau, par excellence, comme étant le père de tous les autres par sa délicatesse. 2° Ælianus soutient que cet oiseau a reçu ce nom à cause de son cri. 3° Martinius pense que *attagén* est composé du grec *addén*, abondamment, et *goné*, génération, production, postérité; parce que cet oiseau est très-fécond. 4° Vossius conjecture que *attagén* a été fait du grec *téganon* ou de l'ionien *attanon*, poêle à frire; parce que la couleur de cet oiseau ressemble à celle de l'argile, de la terre à potier. 5° Bullet forme ce nom du celt. *at*, à moitié; *gwen* ou *gen*, blanche, de ce que, dit-il, les gélinottes sont à moitié blanches. Les sentiments des naturalistes sont partagés sur l'*attagen* des anciens: Belon veut que ce soit le *francalino* des Italiens; Gesner, la gélinotte; Aldrovande, le *lagopus altera* de Pline. D'autres disent que c'est le faisan de l'Ionie. Selon Picot, Lapeyrouse a prouvé, par suite de savantes recherches, que l'*attagas* des anciens et des modernes est le même oiseau que le lagopède. Le gr. *tagénarion* est le dimin. de *attagén*.]

ATTELER, va. Attacher des chevaux, des bœufs, des bêtes de somme à une voiture, à une charrue. [Du lat. *ad*, à; *telum*, trait, flèche; parce que le timon d'un carrosse ou d'un chariot est comme une espèce de flèche; d'après tous les étymologistes. C'est ainsi que le nom de flèche a été donné à la longue pièce de bois, cambrée qui joint le train de derrière d'un carrosse avec celui de devant. De *telum*, les Latins ont fait *protelum*, effort continu pour tirer, tirage. Dans Pline, *protelum*, attelage. Les opinions sont très-variées quant à l'étymologie du mot. *telum*. 1° Bopp le rattache au sanscrit *tri*, outrepasser, traverser, par le chang. de *r* en *l*; parce que la flèche traverse, pénètre; il fait remonter à la même origine le grec *télos*, perfection, fin, extrémité; *télô*, produire, accomplir, faire; et le lithuanien *tillas*, pont, *tolus*, éloigné, distant. 2° Benfey pense que, de même que le latin *tela*, pour *texela*, a été fait de *texo*, de même le latin *telum* a pu être produit par le sanscrit *tvaksh*, *taksh*, rendre mince; parce que les flèches sont minces et pointues. 3° Festus, Servius, Martinius, Forcellini, Caius, Fungurus et autres, dérivent simplement *telum*, du grec *télé*, loin, au loin; trait qu'on lance au loin. 4° *Telum* pourrait encore se rapporter au persan *atylan*, jeté, lancé, ou ce qui est jeté, lancé, envoyé. 5° Doederlein soutient que *telum* vient, comme diminutif, du latin *tendere*, tendre, de même que, selon lui, *scala* est venu de *scandere*. 6° Gébelin prétend que de *tal* désignant la grandeur, l'étendue, les Grecs firent *télé*, au loin, les Orientaux *tull*, lancer; et les Latins *telum*. 7° Dans cette dernière hypothèse, ce serait plus clair et plus instructif de former le latin *telum*, de l'hébreu *hétil*, il a lancé, il a jeté, fait lui-même de *taul* inusité.] *Attelé, ée*, p.

Attelage, sm. Animaux attelés ensemble.

Attelle, sf. Partie du collier des chevaux à laquelle ils sont attachés.

Dételer, va. Détacher les bêtes attelées. *Détélé, ée*, p.

*Dételage, sm. Action de dételer.

Réatteler, va. Atteler de nouveau. *Réattelé, ée*, p.

ATTIFER, va. fam. Orner, parer. [1° Selon Gébelin et Roquefort, *attifer* aurait été fait du lat. *aptare*, ajuster, préparer, *se aptum facere*. 2° Trévoux, Noël et Carpentier, et Gattel, le dérivent du vi. fr. *tifer* ou *tiffer*, orner. 3° Du néerl. *tippen*, selon M. Diez. En flam. *tippen*, rogner ou couper les bouts des cheveux. 4° Selon d'autres, *attifer* provient de l'ar. *attiava*, ajustement, ornement, parure, modestie, fait lui-même, par corruption de l'ar. *taiaba*, ajuster, orner, parer; d'où le port. *ataviar*, orner, parer, et *atavio*, ornement, parure; en esp. *ataviar* orner, parer, attifer, et *atavio*, parure, ornement. En picard *attifé*, paré, orné, habillé; gloss. champ. *tiffe*, ajustement, et *tiffer*, orner, parer, dans Tarbé. Dans le Roman de la Rose, *tiffée*, ajustée, accommodée.] *Attifé, ée*, p.

Attifet, sm. vi. Ornement de tête pour les femmes.

AUBAIN, sm. Étranger non naturalisé dans le pays où il demeure. [1° Du lat. *alibi*, ailleurs, *natus*, né; ou simplement du latin *alibi*, comme *prochain*, de *proche*, *loin* de *longe*, etc.: Diez. 2° D'*Alamanni*, propr. peuple errant, peuple voyageur, étranger, dont on aurait fait le nom *Alambani*, et *Alambani*, puis *Albani*, d'où le l. b. *albanagium*, aubaine: Wachter. C'est de ce mot *Alamanni*, dérivé du grec *alaomenoï*, errants, qu'a été fait le nom des *Allemands*. 3° De *Albani*, les Écossais, chez lesquels la coutume de voyager était presque tournée en nature; par extension, on appliqua ce nom à tous les étrangers: Trév. Honn. etc. Le nom celtique des Écossais est *Albanach* dans Zeuss. 4° Du latin *alibigenæ*: Leïbnitz. 5° Du latin *advena*, étranger: Borel. 6° Du celt. *ban*, pays, et *ad*, autre: Bullet. 7° Du celt. *all*, autre, *bann*, juridiction, district, pays, contrée: Bullet. « *Aulbains* sont hommes et femmes qui sont nez en villes, de hors le royaulme, si prochaines que l'on peut cognoistre leur nom et nativité: Formulaire de la Chambre des Comptes, 15° s. »: Monteil. En anc. fr. *oubain*, *aubain*, étranger au pays qu'il habite; bl. *albani*: Du Cange.]

Aubaine, sf. Succession d'un aubain; fig. et fam. tout avantage inespéré qui arrive à quelqu'un. (L'expression *une bonne aubaine* fait allusion à ce droit inhospitalier par lequel les rois succédaient à l'*aubain*, c-à-d. à l'étranger décédé sur les terres de leur obéissance. *Une bonne aubaine*, c'est un heureux accident, comme la mort d'un étranger pour le prince qui recueille son héritage: Ampère.)

AUBIN, sm. Allure d'un cheval qui tient de l'amble et du galop. [De l'anc. fr. *hobin*. 1° Ménage dérive ce nom de l'ital. *ubino*, espèce de cheval. Encore aujourd'hui, dit-il, dans le haras de Mantoue, il y a une race de chevaux qu'on appelle *ubins*, et qui vont l'amble naturellement. 2° D'après Casaubon, Adelung et Meidinger, on pourrait rattacher *hobin* et *aubin*, au grec *hippos*, cheval. Le nom du genre devient souvent celui de l'espèce, et réciproquement. 3° Skinner dérive *hobin* de l'ancien gothique *hoppe*, jument. Ce mot *hoppe* se retrouve en danois avec la signification de jument, jument poulinière. 4° Par la raison que l'allure de l'aubin tient de l'amble et du galop, il paraît fort naturel de rapporter le vi. fr. *hobin* et l'angl. *hobby*, cité par Skinner, à l'angl. *to hop*, sautiller, et à l'all. *hüpfen*, sauter légèrement et vivement; en haut all. anc. *hoppen*, *huppen*, anglosaxon *hoppan*, suéd. *hoppa*, dan. *hoppe*, scandin. *hoppa*, holl. *huppen*, sauter, sautiller. Tous ces mots semblent tenir à la même souche que le sanscrit *c'up*, se mouvoir, *c'ap*, se mouvoir, vaciller. Bopp a émis le premier cette dernière conjecture. Dans le Gloss. champ. de M. Tarbé, *haubain*, *aubain*, *ebain*, jeune cheval.]

Aubiner, vn. Se dit d'un cheval qui va l'aubin. *Aubiné*, p.

AUDACE, s.f. Hardiesse excessive, insolente; noble et vive hardiesse; témérité coupable. [Du lat. *audacia*, audace, fait du v. *audeo, es, ausus sum*, *audere,* oser, tenter, ; oser, avoir de l'audace. 1° Selon Vossius et Benfey, le verbe *audeo* serait de la même origine que le latin *aveo,* je désire : *u* et *v* se permutent souvent. 2° Gébelin le fait venir du celt. *od, aud,* élévation, hauteur, orgueil ; et met dans cette même famille le grec *oidaô,* être enflé, et *ôdé,* ode. 3° Un autre dérive *audeo,* du gr. *ôthéô,* pousser violemment. 4° Doederlein le forme du grec *aithô,* brûler, enflammer ; *aithôn,* brûlant, ardent, enflammé ; 5° et Constancio, du grec *auchéô,* se vanter, se glorifier. 6° Doederlein le fait venir aussi du grec *auxéô,* augmenter. 7° Nunnésius le rattache au grec *authadés,* arrogant, insolent, superbe ; 8° un autre, au grec *authentés,* qui tue de sa propre main, meurtrier, homicide. En cat., ital., esp. et port. *audacia,* audace. En ital. *osare,* esp. *osar,* langue des Troubadours *ausar,* port. *ousar,* savoisien *osa,* patois d'Auvergne *ausa,* pat. de Champagne *ouseil,* oser, Langue des Trouvères *hos, os,* osé, hardi ; toulousain *gauza,* oser, et *gausard,* hardi ; rouchi *osoir,* oser ; en anc. fr. *os,* j'ose, tu oses ; *c'osast,* qui osât ; *os,* hardi ; *dur os,* grande hardiesse.]

Audacieusement, adv. Avec audace ; insolemment ; témérairement.

Audacieux, euse, adj. Qui a de l'audace, plein de hardiesse.

Oser, va. Avoir la hardiesse de ; avoir le courage de ; avoir la prétention de ; entreprendre hardiment ; avoir l'audace de. *Osé, ée,* p. et adj. Audacioux, hardi.

***Oseur,** sm. Celui qui ose, qui tente quelque chose de hardi.

AUGMENTER, va. Accroître, rendre plus grand, plus abondant, plus élevé, plus gros, plus nombreux, plus ample ; donner de l'ampleur sur tous les sens. [Du lat. **augmentare,* augmenter, fait du lat. *augeo, es, auxi, auctum, augere,* produire, augmenter, accroître ; pourvoir ; élever en honneur, glorifier, enrichir. En grec *auxô, auxanô,* nourrir, alimenter, faire pousser, faire croître ; augmenter, accroître ; zend *uks,* sanscrit *vaksh,* accumuler, *uh,* assembler, *auk,* accroître, étendre ; copte *akho,* plus ; anc. scandin. *vaxa, vagsa, vogsa,* croître, grandir ; all. *wachsen,* croître, grandir ; haut all. anc. *wahsan,* anc. goth. *wahsjan,* anglosaxon *weaxan, veoxan* et *wexan,* holl. *wassen,* suéd. *vaexa,* dan. *vokse* et *voxe,* norw. *vaexe, vuxe,* croître, grandir ; lith. *augu,* lett. *augu,* je crois ; lith. *augsu,* lett. *augschu,* je croîtrai ; lith. *augti,* lett. *augt,* croître ; ital. *aumentare,* esp. *aumentar,* savoisien *augmêta,* auvergnat *augmenta,* langue des Troubadours *auger,* augmenter, accroître ; gaël irl. *ugtar,* augmentation.]

Augmenter, v.n. Croître en quantité, en qualité, en intensité ; hausser de prix. *Augmenté, ée,* p.

Augment, sm. anc. cout. Augment de dot, supplément au douaire ; gramm. gr. addition d'une syllabe, allongement d'une voyelle.

***Augmentateur,** sm. Celui qui augmente.

Augmentatif, ive, adj. gramm. Se dit de certaines particules, de certaines terminaisons, qui augmentent le sens des noms, des adjectifs et des verbes.

Augmentation, sf. Accroissement, addition.

***Auction,** sf. antiq. rom. Vente à l'enchère.

***Auxèse,** sf. fig. de rhét. Exagération.

***Auxomètre,** sm. Instrument pour mesurer la force grossissante d'un appareil d'optique.

Auteur, sm. Celui qui a produit, celui qui est la première cause d'une chose ; inventeur, écrivain. (Du lat. *auctor,* celui qui produit, auteur d'une race, inventeur, celui qui est cause de ; fait lui-même du lat. *augere, auctum,* produire, accroître, augmenter. Langue des Trouvères *auctor,* auteur ; bret. et savois. *autor,* auteur ; gall. *awdur,* gaël écoss. et irl. *ughdar,* angl. *author,* auteur. Le fréquentatif du latin *augere* est *auctare.*)

***Auteur,** sm. jurispr. Celui au nom duquel un fondé de pouvoir agit.

Autoriser, va. Donner autorité ; accorder le pouvoir, la permission de faire une chose ; mettre en droit de faire une chose.

S'Autoriser, va. pron. Prendre droit ou prétexte de faire une chose. *Autorisé, ée,* p.

Autorisation, sf. Action par laquelle on autorise.

Autorité, sf. Droit du plus grand ; pouvoir ou droit de commander, d'obliger à quelque chose ; administration, gouvernement ; crédit, considération, influence ; sentiment d'un auteur, d'un personnage important. (Lat. *auctoritas,* accomplissement, consommation ; avis, opinion ; autorité, nom qui a de la valeur, témoignage, sentence ; r. *augeo, auctum.*)

***Autorité,** sf. philos. La supériorité d'autrui ; influence d'une ou de plusieurs intelligences réputées supérieures, sur une ou plusieurs autres intelligences dont elles déterminent l'adhésion positive ou négative.

***Autorité,** sf. hist. rom. Nom que l'on donnait aux délibérations du sénat qui étaient rejetées par les tribuns et qui, sans avoir force de loi, étaient cependant considérées comme décisions importantes.

***Autorité,** sf. Nom que portaient les chartes de cession ou de donation royale.

***Désautoriser,** va. Oter l'autorité, l'autorisation. **Désautorisé, ée,* p.

Octroyer, va. chancell. Concéder, accorder. (Du lat. *augere, auctum,* les Latins firent *auctor,* celui qui produit, auteur ; vendeur, celui dont on a acquis quelque chose ; celui qui a caractère pour approuver, autoriser, ratifier ; fondé de pouvoirs, patron, défenseur ; d'où le lat. *auctorare,* vendre, procurer ; et *auctorari,* vendre, autoriser ; d'où le b.l. *auctoriare, otergare,* concéder, octroyer ; et l'ital. *otriare,* l'esp. *otorgar,* le port. *outorgar,* et le prov. *autorgar, autreyar,* octroyer. Un Latin dans un vieux traité sur les impôts : «...... On a accoustumé se retirer vers le roy, qui accorde sur requeste quelque somme annuelle, à prendre sur certaines denrées ou marchandises qui entrent ou qui se distribuent en la dicte ville ; et c'est ce que l'on nomme dons et *octroys,* d'autant que le roy, sans l'authorité duquel ne se peut faire levée de deniers, permet et *octroye* à la dicte ville lever sur elle les sommes requises ; pour être employées suivant qu'il est requis.») *Octroyé, ée,* p.

***Octrise,** sf. anc. cout. Droit dû aux seigneurs pour acquêts, lods et ventes.

Octroi, sm. chancell. Concession ; droit sur les denrées.

***Octroy,** sm. anc. cout. Subside extraordinaire accordé au peuple au souverain.

Enger, va. vi. et fam. Embarrasser, charger. (Pour *auger.* M. Génin dit : « Molière a employé le verbe *anger,* dans le sens actif pronominal. Ce verbe vient du latin *augere,* augmenter, par la confusion autrefois très-fréquente de l'*n* et de l'*u.* La Fontaine a dit : Il les *angea* de petits Mazillons, Desquels on fit de petits moinillons. *Anger* est dans Nicot, mais écrit par *enger.* Cette orthographe vicieuse a prévalu, et persiste encore dans *engeance,* dont le sens prouve bien l'étymologie *augere.* Trév. se trompe gravement quand il fait venir *enger* de *inguinare.* »)

Engeance, sf. Race. Se dit en parlant des volatiles, des animaux; se dit par injure, en parlant des personnes.

*Exauctoration, sf. ant. rom. Licenciement. (Lat. *exauctorare*, donner son congé à un soldat; licencier, réformer, r. *ex*, de, hors de, *auctorare*, vendre, procurer, dévouer; r. *augere*.)

*Exauctoration, sf. Dégradation d'un chevalier au moyen âge.

*Exauctorer, va. hist. Dégrader, ôter un titre.

*Exauctoré, ée, p.

Automne, sm. Saison des fruits; celle des quatre saisons de l'année qui est entre l'été et l'hiver; fig., l'âge qui approche de la vieillesse. (L. *autumnus, i*, automne; productions de l'automne; du lat. *augeo*, *auctum*, produire; accroître, augmenter. Tous les étymologistes tant anciens que modernes ont adopté cette étymologie, à l'exception de Gébelin qui forme *autumnus*, de l'oriental *au*, fruit, et *tum*, parfait; et de Guichard qui le dérive de l'hébreu *haëthânim*, mois des ruisseaux intarissables, septième mois de l'année chez les Hébreux. *Aurtumnus* ou *autumnus* est la saison de maturité, de récoltes, de provisions, d'augmentation de richesses. C'est sous un point de vue analogue, quoique différent, que les anciens scandinaves ont formé leur mot *retur*, hiver, du verbe *vanta*, manquer, être privé; parce que la nature ne produit rien dans cette triste saison. En ital. *autumno*, anc. cat. *autumno*, esp. *otoño*, port. *outono*, langue des Troubadours *automs, autompne*, prov. *autouno*, automne.)

*Automne, sm. et f. art hermét. Temps où l'ouvrage étant achevé on recueille le fruit de ses peines.

Automnal, ale, adj. De l'automne; qui vient en automne.

*Automnale, adj. f. bot. Se dit des plantes qui poussent et développent leurs fleurs depuis le mois de septembre jusqu'en décembre.

*Automnation, sf. Influence de l'automne sur la végétation.

Auxiliaire, adj. Qui vient augmenter le nombre, la force, qui aide, dont on tire du secours; méd. qui augmente l'activité; gramm., qui aide à former les temps des autres verbes. (L. *auxiliaris*, qui secourt, efficace, de *auxilium*, aide, secours, assistance, fait lui-même du v. *augeo, auxi, auctum*, produire, augmenter, accroître; pourvoir; enrichir, favoriser.)

*Auxiliaires, sm. pl. Soldats qui servaient Rome comme alliés.

AUGURE, sm. ant. rom. Officier qui était employé à l'observation du vol, du chant et du manger des oiseaux; devin prédisant l'avenir par le chant ou le vol des oiseaux. [Du lat. *augur, auguris*, id., 1° Varron forme ce mot du lat. *avium garritus*, gazouillement des oiseaux, de *avis*, oiseau, *garrire*, gazouiller; 2° Festus, du lat. *avium gestus*, contenance des oiseaux; 3° Lloyd, du latin *avium cura*, soin des oiseaux, ou d'*avicurus* celui qui soigne les oiseaux; 4° Doederlein, du grec *augé*, éclat, lumière, les yeux, *augaxō*, éclairer, voir, apercevoir; 5° Morin, de l'all. *aug* et *ur*, vue fort subtile; 6° Wachter, de l'anc. germ. *aur*, homme; d'où le fr. *loup-garou*. Le Bel croit que *augure* vient du latin *avis* et *gerere*, porter, dans le sens de porteur d'oiseaux. Lindemann pense comme Doederlein que *augure* signifie propr. contemplateur, observateur, et qu'il vient du gr. *hai augai*, les yeux. 7° M. Delatre dit que le latin *augur* est pour *avgur, avisgur*, et qu'il a été fait du lat. *avis*, oiseau, et du gr. *gerus*, parent.]

Augure, sm. Divination qu'on fait par l'observation du vol, du chant, et de l'appétit des oiseaux, avec certaines cérémonies; présage, signe par lequel on juge de l'avenir. (Du latin *augurium*, science des augures, divination par le chant, le vol, l'appétit des oiseaux; en gén. divination, augure; présage, prévision, signe, indice; fait du lat. *augur, auguris*.)

Augurer, va. Tirer une conjecture, un présage. *Auguré, ée*, p.

Augural, ale, adj. Qui a rapport aux augures, aux présages.

*Inaugurer, va. ant. rom. Consulter les augures, prendre les augures; consacrer. ***Inauguré, ée**, p.

Inaugural, ale, adj. Relatif à l'inauguration.

Inauguration, sf. Cérémonie religieuse au couronnement d'un souverain; consécration d'un édifice public, d'un monument des arts.

Inaugurer, va. Faire l'inauguration d'un temple, d'un monument, etc. *Inauguré, ée*, p.

AUGUSTE, adj. Grand, majestueux, imposant, sacré, vénérable. [Du lat. *augustus*, saint, religieux; propice, favorable; auguste, majestueux, vénérable; impérial. On a essayé diverses étymologies sur ce mot. 1° Festus le forme du latin *avium gestu*, action des oiseaux, ou indiqué par les oiseaux; ou dû lat. *avium gustatu*, parce qu'une chose était assurée, arrêtée, lorsque les oiseaux avaient goûté, mangé; 2° et un autre, du lat. *augurio auctus*, augmenté, élevé par un augure. 3° Vossius, d'après un passage d'Ovide, le tire du lat. *augeo*, j'augmente, j'élève, comme *angustus*, resserré, de *ango*, je serre. Forcellini préfère cette dernière opinion. 4° Constancio le fait dériver du g. *augé*, splendeur, éclat, lumière vive; 5° Scrieck, de l'étrusque *aug-ur*, d'où le lat. *augur, augurium*, que les Celtes prononçaient *hog-uur* et les Belges *hog-uber*, et qui signifie en haut, élevé, tel est le vol des oiseaux. Chez les Scythes, ajoute le même, *augst*, et *hooghst*, est un superlatif signifiant élevé, très-haut; de même qu'on dit en fr. le souverain. Du lat. *augustus* est venu le basque *abostua*, id. En ital., esp. et port. *augusto*, cat. et langue des Troubadours *august*, auguste.]

*Auguste, adj. et s. Titre que le Sénat déféra à Octave, neveu de César, et que portèrent depuis tous ses successeurs, ainsi que leurs épouses.

*Augustal, ale, adj. h. rom. Qui se rapporte, qui appartient à Auguste.

Augustement, adv. D'une manière auguste.

Augustin, ine, s. Religieux, religieuse qui suit la règle de *Saint Augustin*.

*Augustine, sf. Sorte de chaufferette échauffée par une lampe à esprit-de-vin. (Du nom propre *Augustin*, dérivé lui-même du latin *augustus*.)

*Augustinien, sm. Celui qui partage l'opinion de Saint *Augustin* sur la grâce et la prédestination.

*Augustinien, enne, adj. Qui se rapporte aux religieux et aux monastères de l'ordre des Augustins.

*Saint-Augustin, sm. Nom d'un caractère d'imprimerie. (Ainsi nommé, parce qu'on s'en servit en 1467, pour imprimer la *Cité de Dieu* de Saint Augustin : M. Barré.)

Août, sm. huitième mois de l'année. (De *auguste*, en latin *augustus*, nom que les Romains donnèrent au mois jusqu'alors appelé Sextilis, lorsque Auguste fut nommé grand pontife, an 8 av. J.C. Voici le décret du sénat, rapporté par Macrobe, à cette occasion : « L'empereur *Auguste* étant entré dans son premier consulat au mois de Sextilis, ayant trois fois triomphé dans Rome, étant parti trois fois du pied du Janicule, conduisant les légions sous sa foi et sous ses auspices, ayant dans ce même mois soumis l'Egypte à la puissance du peuple romain, et mis fin dans ce même mois à la guerre civile; toutes ces causes ayant rendu et rendant ce mois très-heureux pour cet empire : il plaît au Sénat que ce mois soit appelé Auguste. »)

Aoûter, va. Mûrir, accélérer la maturité. *Aoûté, ée,* p.

*****Aoûtement,** sm. Opération naturelle par laquelle mûrissent les fruits.

*****S'Aoûter,** v.pr. Se durcir, se perfectionner, en parl. des bourgeons.

Aoûteron, sm. Ouvrier loué pour les travaux de la moisson dans le mois d'août. De là les n.pr. : *Aoste* ou *Aosta, Augusta, Augustamnique, Saint Augustin,* etc.

AULIQUE, adj. Se disait autrefois d'un tribunal suprême d'Allemagne. [Du lat. *aulicus,* de la cour, du palais d'un prince, fait de *aula,* cour d'une maison; palais, cour d'un prince; barrière, enceinte, cage, bergerie. *Aula* vient lui-même du grec *aulé,* espace découvert devant une maison, cour, salle d'entrée; la cour, le palais d'un roi; basse-cour, étable, bergerie, maison des champs. Gail dit : « Les mots grecs *aulos* et *aulé* ont signifié d'abord cavité, mot qui nous rappelle que les premiers hommes n'habitèrent que des grottes ou cavités, où ils retiraient leurs troupeaux; mais, comme dans la suite ils parquèrent en plein air, ce mot *aulé* a reçu la nouvelle acception de enceinte en plein air. C'était en plein air, et dans la cour servant d'entrée au palais des rois, que les grands attendaient le moment de l'audience; de là *aulé* a signifié cour et palais. » Les auteurs du Tripart. unissent le lat. *aula* et le grec *aulé;* au turc *avli,* et au germanique *halle, saal.* Ils observent en même temps que les lettres *s, sch,* et *c, ch, k,* tantôt s'ajoutent, tantôt se retranchent à la tête des mots, chez toutes les nations. Ihre lie le mot *salle* au grec *aulé,* et au latin *aula,* et au mésogothique *alh,* temple; ailleurs il attache encore ces mots au suiogothique *hall,* cour, soit des hommes, soit des dieux; à l'anc. scandin. *haull* et à l'angl. *hall.* On pourrait aussi lier tous ces mots à l'hébreu *ahal,* il a déménagé sa tente, *ïeahèl,* il a dressé sa tente, *ohèl,* tente, tabernacle; et même à l'ar. *hallé,* lieu de réunion. Mais il est plus clair et plus prudent de faire trois familles : celle-ci, celle de *halle* et celle de *salle.* Le lat. *caula,* entrée d'une bergerie, et *caulæ,* parc de brebis, est de la même origine que le lat. *aula* et que le gr. *aulé;* et ne vient pas de *cavus* comme l'ont cru Scaliger et Forcellini. En copte *auli,* cour; *aulh,* habitation. En patois de Champ. *aule,* halle, cour, dans Tarbé; anc. fr. *aule,* halle.

Aulique, sf. Thèse de théologie pour le doctorat.

*****Aulæum,** sm. antiq. Sorte de tapisserie; rideau qu'on relevait pour clore le théâtre après la représentation. (Lat. *aulæum,* du gr. *aulaia,* r. *aulé.*)

*****Apaulies,** sf.pl.antiq.gr. Troisième jour des noces où l'épouse rentrait dans la maison paternelle. (Gr. *apaulia,* de *apo,* loin, de, *aulé,* gîte.)

*****Épaulies,** sf.pl.antiq.gr. Le lendemain des noces grecques; présents, bijoux que la mariée recevait alors. (Gr. *épaulia,* r. *epi,* dans, *aulé,* demeure.)

*****Mésaule,** sm. et f. antiq.gr. Petite cour entre deux corps de logis. (G. *mésos,* mitoyen.)

AUMÔNE, sf. Libéralité qu'on fait, soit aux pauvres, soit à l'Église, soit pour quelque autre œuvre pie; secours d'argent donné au pauvre qui mendie son pain. [Du lat. *eleemosyna,* aumône, mot employé par Tert., S. Jérome, Prospère et S. Augustin; et qui vient du grec *éléémosuné,* compassion, pitié, miséricorde, aumône; r. *éléos,* pitié, mot que M. Benfey rapporte au sanscrit *ghrin'd,* pitié, d'où le lithuanien *gailejimas,* pitié, par le changement de *r* en *l;* et que Martinius dérive du chald. *ala,* il s'est lamenté. C'est l'hébreu *alà,* il s'est lamenté, il s'est affligé, il a pleuré; verbe qui paraît être une onomatopée. En ital. *limosina,* aumône; esp. *limesna,* port. *esmola,* cat. *almoyna,* langue des Troubadours *elemosina, elimosina, almosna, almorna,* aumône.]

Aumôner, va. Donner par aumône; faire l'aumône par condamnation. *Aumôné, ée,* p.

Aumônerie, sf. Bénéfice dans les couvents et les abbayes pour la distribution des aumônes; charge d'aumônier.

Aumônier, sm. Prêtre attaché à une communauté, à certains corps, à certains établissements; ou à un prince, à un régiment, à un vaisseau, pour dire la messe.

Aumônier, ière, adj. Qui fait souvent l'aumône aux pauvres.

Aumônière, sf. Sorte de bourse, qu'on portait anciennement à la ceinture. (Ainsi nommée à cause de l'argent qu'on y mettait pour faire des aumônes.)

AUMUSSE, sf. Fourrure que les chanoines portent sur le bras quand ils vont à l'office; fourrure dont les chanoines, les chapelains et les chantres se couvraient quelquefois la tête. [Jadis l'aumusse était une partie de l'habillement, qui servait ainsi que le chaperon à couvrir et à garantir la tête. Pendant plus de mille ans on ne se couvrit la tête, en France, qu'avec des aumusses et des chaperons. Les princes et les grands portaient l'aumusse garnie de fourrures. Dans la suite les ecclésiastiques ne la conservèrent que comme un ornement. Ce mot a donné lieu à bien des étymologies diverses. 1° Wachter, Diez, Schulter, et autres, le rattachent à l'all. *mütze,* bonnet, coiffe, béret, fait lui-même de l'anc. v. *muozan, mutzen,* couvrir, cacher, orner. 2° Trévoux, Constancio et le Dict. de la Convers. le rattachent au fr. *armet* qui vient du l.b. *helmus;* et *helmus,* au lat. *amicira,* couvrir. Trévoux dit : « Elle paraît être la plus vraie, c'est ainsi que du verbe *amicire* vient *amictus,* l'amict que les prêtres se mettent sur la tête et sur les épaules, comme autrefois l'aumusse. » 3° Bullet forme *aumusse,* du celt. *al,* tête, et *mu,* couvrir. 4° Du Cange le dérive d'*amicula;* c'est l'*amiculum* que Festus et Martinius dérivent d'*amicire,* couvrir; 5° et Caseneuve, du b.l. *almutium,* fait d'*almuties,* beauté, selon lui; 6° puis, du b.lat. *alma,* cilice; 7° enfin, il dit d'*almutium* et *aumusse* sont des mots formés, par corruption, d'*armilaus* ou *armelausa,* scapulaire des moines ou autre habit couvrant la tête et les épaules. 8° Sévert soutient que *aumusse* a été fait du fr. *hautement misc.* L'étymologie adoptée par Wachter, Schulter, Diez, Gattel, paraît être la seule bonne. En haut all. anc. *mutzen,* couvrir; en suéd. *maessa,* bonnet; holl. *muss,* bonnet, et *mutsje,* petit bonnet; b.lat. *mussa, muxa,* aumusse; et *alimutia, almucium, almucia, almutia, almutium, aumucia,* aumusse; rouchi *amusse,* ital. *mozzetta,* cat. *almussa,* port. *mursa,* langue des Troubadours *almussa,* vi.fr. *aumuce,* aumusse.]

AUNE, sm. bot. Arbre à bois blanc, rougeâtre, tendre. Il est très-utile dans les arts. [Du lat. *alnus,* aune; mot dont l'origine est obscure. 1° Selon le marquis de Fortia, *alnus* vient de la langue des Celtes : « *Well* est une vallée arrosée et fertile; *au* où *aug,* veut dire pré; *aven* ou *aun,* car nos ancêtres étaient grands mangeurs de voyelles, c'est prairie, et quelquefois marécageux : de là, dit-il, le nom de *aulnes* ou *aunes*. » 2° Selon De Théis, après Bullet, *alnus* aurait été fait du celt. *al*, près, *lan*, bord de rivière, et par crâse *aln;* parce que cet arbre croît dans les vallons, et au bord des eaux. 3° Doederlein le rapporte à l'anglosaxon *ale*, suéd. *al*, aune, et au lat. *alaternus*, neprun, ainsi qu'au grec *èlaté*, pin. 4° Ihre le dérive du goth. *al*, eau, parce que cet arbre aime les eaux. 5° Les auteurs du Tripart. le rattachent à l'hébreu *èlàh*, arbre robuste, chêne, térébinthe, et au german. *erle*, *eller*, etc. Guichard est du même avis. On pourrait aussi le dériver du chald. *ilàn*, arbre, si l'origine de ce mot était réellement sémitique. 6° Vossius fait venir *alnus* de l'hébr. *àlal*, il fut rond, épais, d'où l'hébr. *allàh*, *allôn*, chêne, rouvre. 7° Isidore le compose du latin *alo*, je nourris, et *amnis*, ruisseau, rivière; parce que l'aune vit d'eau et dans l'eau. 8° Gébelin le lie au lat. *olus*, légume, *ulmus*, orme, *ilex*, yeuse, etc. En suiogothique *al*, aune, anglosaxon *alr*, *œlr*, angl. *alder-tree*, aune; all. *erle*, all. pop. *eller*, aune; lithuan. *elksmis*, aune; lett. *elksnis*, holl. *els*, pol. *alsza;* basque *halza*, ital. et esp. *alno*, valaque *anin*, rouchi *ane*, *aunele*, *auniau*, anc.fr. *alne*, aune.]

Aulne, sm. Le même que aune.
Aulnaie et **Aunaie**, sf. Lieu planté d'aunes.

AUNE, sf. Ancienne mesure de longueur; elle a trois pieds huit pouces; le bâton de même longueur pour mesurer; la chose mesurée. [Du lat. *ulna*, l'avant-bras; le bras; l'étendue des bras; aune, mesure de longueur. *Ulna* vient lui-même, par syncope, du gr. *ôléné*, haut du bras; coude, bras; coudée; brassée. D'après Planche, le grec *ôléné* est un dérivé du grec *ôllos* ou *ôlos*, jointure du bras. Le grec *ôlos*, *ôllos*, pourrait bien se rapporter lui-même au sanscrit *ar-âla*, courbé, contourné; *ll* pour *rl* par assimilation. En bret. *ilin*, *elin*, coude, et *ilinad*, *elinad*, coudée; all. *ell*, aune; anc. scandin. *œln*, *eelun*, anc.sax. *elne*, anc.goth. *alleina*, angl. *ell*, holl. *el* et *ell*, suéd. *aln*, dan. *alen*, aune; ital. et savois. *auna*, anc.esp. et anc.catal. *alna*, langue des Troubadours *alna*, *auna*, aune.]

Aunage, sm. Mesurage à l'aune.
Auner, va. Mesurer à l'aune. *Auné, ée*, p.
Auneur, sm. Qui mesure à l'aune, inspecteur de l'aunage.
Demi-aune, sf. Moitié de l'aune.
Tout du long de l'aune, loc.adv. Complétement, excessivement.
***Anolène**, adj.hn. Qui n'a pas de bras. (Gr. *a* priv., *ôléné*, coude, bras.)
***Olécrane**, sm.anat. Eminence derrière le pli du coude. (Gr. *ôléné*, et *kranon*, tête.)
***Olécranien, ienne**, adj. De l'olécrane.

AURORE, sf. Lueur brillante et rosée précédant le matin. [Du l. *aurora*, aurore; le levant, les contrées orientales; jour, espace d'un jour. 1° Comme les Romains ont souvent changé *s* en *r* on peut rattacher le lat. *aurora*, pour *ausosa*, au lat. *cos*, aurore, au grec *héôs*, aurore, et au sanscrit *ushâsâ*, aurore, duel de *ushas*, point du jour, fait lui-même du sanscrit *ushâ*, *ushrâ*, aube, crépuscule, d'après M. Benfey, M. Chavée et autres indianistes. 2° Scaliger dérive *aurora*, du gr. *aura*, souffle, brise, vent; 3° Varron, du l. *aurum*, l'or.; 4° et Scrieck, du celt. *auff-roer*, *auff-ruhe*, réveil; 5° Bullet, du celt. *gwawr*, aurore; 6° Constancio, du gr. *aô*, brûler, ou du mot *hor*, soleil, et du gr. *horos*, terme, limite. L'hébreu *ôr*, briller; d'où l'hébreu *ôr*, lumière, clarté, orient, pourrait bien se lier également au sanscrit *ushâ*, *ushrâ*, aube, crépuscule, *ush*, brûler,

briller. Vossius, avec une grande sagacité, a retrouvé des traces du lat. *aurora*, dans les mots grecs *aurios*, du matin, matinal; et *agchauros*, qui approche du matin. Et M. Benfey a bien reconnu le sanscrit *ushâ*, *ushrâ*, aube, crépuscule, et *ushâsâ*, duel de *ushas*, point du jour, dans le lithuan. *auszra*, aurore; dans le goth. *uh-tvô*, et dans l'anc. german. *uohta*, point du jour. Dans le nom étrusque *Evas*, fils ou guerrier de l'Aurore ou venu de l'Orient, l'abbé Lanzi a cru reconnaître un nom de Memnon. Au gr. *aurios*, *agchauros*, Vossius aurait pu ajouter le grec *ariston*, repas du matin, déjeûner. En dorien *aôs*, éolien *auôs*, l'aurore, gr. *héôs*, aurore, matin, orient. En copte *iris*, aurore; romano-castrais *ororo*, aurore; ital., esp., cat., port.et langue des Troubadours *aurora*, aurore.]

***Eos**, s.pr.f.myth. Nom de l'Aurore chez les Grecs.

***Eocène**, adj.et s. géol. Se dit de la partie inférieure des strates tertiaires. (Gr. *héôs*, aurore, *kainos*, récent; parce que le petit nombre de coquilles fossiles qu'elle renferme appartient aux espèces vivantes, ce qui semble indiquer le commencement ou l'aurore de l'état actuel de la création animée.)

AUSONIE, s.pr.f.géo.anc. Nom donné par les Grecs et les poètes à l'Italie, parce que les Ausones étaient l'un des plus anciens peuples de cette contrée. [Du latin *Ausonia*, gr. *Ausonia*, Ausonie, l'Italie. Dacier dit que les Ausones étaient les mêmes que les *Arunces*, anciens peuples d'Italie depuis Circéi jusqu'à Sinuesse, entre la Campanie et les Volsques. D'après Servius, Favorinus, Bochart, et autres, *Arunci* et *Ausones* sont le même nom du même peuple. L'*r* et l's se sont substituées fort souvent l'une à l'autre. 1° Bochart forme ce nom de l'hébreu *avéroth*, étable, crèche; *urvà*, crèche, étable; 2° de l'hébr. *our*, or, lumière. 3° Scrieck le compose du celt. *auss*, extérieur, *hohnen*, supérieur, élevé; *auss-hohnen*, les hauts extérieurs; 4° et Gébelin, du celt. *au*, eau, et de *son*, *sen*, courant. 5° Il est certain, dit Périzonius, que la famille *Aurelia*, anciennement *Auselia* selon Festus, fut ainsi appelée, non du grec *hélios*, le soleil, mais du vieux nom lat. *Auso* ou *Ausus*, d'où sont dérivés les noms des peuples *Ausones* et du pays *Ausonia*, et le nom *Aurunca* pour *Ausunca* formé par contraction d'*Ausonia*. Le plus ancien des Ausones, d'après Elien, fut un certain Marès, moitié homme et moitié cheval. D'où la famille *Aurelia* fit graver des centaures sur ses médailles. 6° Selon quelques auteurs, *Auson*, fils d'Ulysse et de Calypso, alla s'établir en Italie, et donna son nom à cette contrée qu'on appela *Ausonie*. 7° Meidinger croit retrouver la racine du nom *Ausonie* dans les mots germaniques *as*, *os*, *us*, *is*, *aus*, maison, protection, origine, source; en angl. *house*, maison, mot que Fallon a classé parmi les racines saxonnes. 8° A l'occident du Péloponèse, dit le P. Pezron, il y avait une contrée appelée *Aulone*, située entre les terres des Eléens et des Messéniens. Quelques habitants de ce lieu, étant passés dans le bas de l'Italie, dès les premiers temps, portèrent d'abord le nom d'*Aulones*. Dans la suite des siècles, on leur donna le nom d'*Ausones*, par une espèce d'adoucissement. 9° Dans le dict. de Planche, le mot grec *ausones* est expliqué par rois, princes. Doederlein soutient que le nom grec *Ausones* est une contraction de *Ausonikoi*. 10° Niebuhr prétend que le nom lat. *Aurunci* a été fait, pour *Aurunici*, de *Auruni*, qui serait le nom lat. des *Ausones*. Aucune de ces étymologies ne paraît satisfaisante.]

***Ausone**, adj. et s. Nom d'un des plus anciens peuples de l'Italie.

*Ausonien, enne, adj. et s. Habitant de l'Ausonie; qui appartient à l'Ausonie.

*Mer Ausonienne, Mer Tyrrhénienne, et principalement la partie méridionale de cette mer; dont les bords furent habités par les Ausones.

AUSSI, adv. qui exprime l'égalité. Autant, de même, pareillement; de plus. [1° D'après M. Génin, du lat. *etiam*, même, et même, aussi, encore, de plus. On disait dans l'origine *essi*, d'où l'on fit aisément *ossi*, dit le même auteur, et l'on écrivit par corruption *aussi*: Sylvius dit en 1531 : « *Etiam*, *eci vel oci*, corrupte *aussi*. » M. Chavée soutient que *etiam* est composé du lat. *et*; et de *jam*. Et répond au grec *éti*, encore, de plus, et au sanscrit *ati*, au-delà. 2° M. Diez forme le fr. *aussi*, du latin *aliud-sic*, et cite l'anc. fr. *alsi*; *ausine*, aussi; 3° et M. Fr. Wey le forme du fr. *autre*, et de la conj. *si* affirmative dans cette occurrence, et jointe à une idée de comparaison : on disait sous S. Louis *autre-si*; c-à-d., *autre-oui*. 4° Denina dit : « L'it. *alsi*, qui répond véritablement au fr. *aussi*, n'a pas été tiré de ce dernier; mais par syncope, il est fait de *alresi*; et c'est probablement d'*alsi* que le Français a fait *aussi*. 5° Noël forme le fr. *aussi*; du latin *ad sic*. Roquefort suit également cette dernière étymologie, qui est de Ménage. 6° Périon, cité par Ménage, dérive *aussi*, du grec *outós*, ainsi, de cette manière. Les mots terminés en *en i* se terminaient souvent au moyen âge par *in*: En anc. fr. *ausint*; aussi; *ainsint*, ainsi; *issint*, ici, etc.].

Aussi, conj. adv. C'est pourquoi, à cause de cela.
Aussi bien, loc. conj. Car, parce que.
Aussi bien que, loc. conj. et adv. De même que.
Aussi peu que, loc. conj. et adv. Pas plus que.

AUSTER, sm. poét. Vent du midi. [Du l. *Auster*, auster, vent du midi, du sud. 1° D'après Bopp, le lat. *Auster*, auster, et l'all. *osten*, est, anc. germ. *ostar*, *ostana*, se rapporteraient au sanscrit *avâk*, inférieur, plus bas, méridional; de *ank*, aller, et *ava*, préfixe. 2° Doederlein dérive *auster* et *austerus*, du gr. *austêros*, âpre, acerbe, dur; austère, sévère. 3° Constancio forme *auster*, du gr. *aô*, souffler, et *stazô*, dégoutter, verser. 4° J. Henricus affirme que *auster*, pour *hauster*, vient du lat. *haurire*, *haustum*, puiser, pomper; parce que, dit-il, ce vent pompe les eaux. 5° Gébelin dit : Le propre du vent du midi est d'amener les grandes pluies, de répandre l'eau : il n'est donc pas étonnant qu'on en ait fait le verbe *austrare*, mouiller, arroser. Il ne serait pas plus étonnant qu'il dût son nom à la même cause. *Sier* en celt. signifie eau, rivière, sourdre, jaillir : et *au* signifie eau; *Auster* serait donc, mot à mot, celui qui fait jaillir les eaux. En valaque *austru*, auster, vent du midi; it., esp., port. *austro*, en langue des Troubadours *austri*, auster, vent du midi; auvergnat *sauastria*, vent qui vient du côté du soleil.]

Austral, ale, adj. Méridional; du côté d'où souffle l'auster.

*Terres australes, géogr. Grandes îles de l'Océanie situées au sud de l'équateur.

*Australie, s. pr. géo. Une des parties de l'Océanie.

AUSTÈRE, adj. Rigoureux pour le corps, et qui mortifie les sens et l'esprit; sévère, rude, grave, qui exclut les agréments; qui n'a rien d'agréable, qui semble renfermé dans la qualité qui lui est propre; qui ne s'écarte pas des principes; phys., d'une saveur âpre et astringente. [Du l. *austerus*, *a*, *um*, austère; dérivé lui-même du g. *austêros*, âpre, acerbe, dur; fig. austère, rigoureux, sévère, morose. 1° Benfey rattache le g. *austêros*, au g. *auos*, sec, aride; *auô*, dessécher, futur *auzô*; et au sanscrit *huska*, sec aride. 2° Bullet tire *austerus*, du gall. *astrus*, austère, sévère, rude, raide. En ital. et esp. *austero*, pol. *ostry*; lith. *astrai*, austère.]

Austèrement, adv. Avec austérité.
Austérité, sf. Rigueur, mortification; sévérité.

AUTHENTIQUE, adj. Revêtu de toutes les formes requises; incontestable, certain; célèbre, notable. [Le gr. *autos* se retrouve dans les mots français *authentique*, *autochthone*, *autocrate*, *automate*, *efendi* ou *effendi*; il signifie même, comme le lat. *ipse*; il veut dire aussi : juste, précisément, exactement, tout-à-fait; il se joint souvent aux pronoms, comme dans l'expression *autos égô*, moi-même; il s'emploie fréquemment comme pronom réciproque; il marque encore celui qui agit ou fait ou parle en personne; il veut dire aussi : seul, et le même, comme dans *ho autos basileus*, le même roi, etc. Dans la composition *autos* exprime l'identité, la réciprocité; la spontanéité, la liaison, la séparation, l'abstraction, l'idéalité. De là le gr. *authentês*, qui tue de sa propre main un autre ou soi-même; auteur d'un meurtre; auteur en général; d'où le gr. *authentikos*, qui a son auteur, authentique; qui a l'autorité nécessaire, garanti; de là aussi le gr. *autochthôn*, né sur le sol même qu'il habite, indigène; *autokratos*, qui est son propre maître, maître absolu, despote; et *automatos*, qui agit de son propre mouvement, qui s'offre ou naît ou se meut de lui-même. M. Delatre dit que le zend *ava* est un pronom démonstratif analogue à l'*au* du grec *au-tos*. Le gr. *autos* paraît composé de deux types sanscrits : du déterminatif *t* et du démonstratif *t* suivi d'une voyelle, comme en all. *jeder* et en russe *etot*. Son représentant en sanscrit est *aishas*, *aishâ*, *aitat*, celui-ci, composé de *i* et de *sas*, et opposé au pronom *asau*, *adas*, celui-là. *Autos* ne semble pas non plus étranger à l'hébreu *tâvâh*, il a marqué, il a indiqué, il a désigné; d'où l'hébr. *tâv*, marque, signe, et *hithvâh thâv*, il a fait signe.]

Authentique, sf. La minute d'un acte ou écrit authentique.

Authentique, sf. Nom de certains fragments de lois émanées de Justinien.

*Authentique, adj. philos. Qui a été véritablement produit par la cause, par l'auteur auquel on l'attribue; hist. se disait, au temps de la féodalité, du sceau particulier qu'on réservait pour sceller les actes de la seigneurie; musiq., se dit, dans la musique d'église, des modes ou tons dont la dominante est une quinte au-dessus de la finale.

Authenticité, sf. Qualité de ce qui est authentique.

Authentiquement, adv. D'une manière authentique.

Authentiquer, va. Rendre authentique. *Authentiqué*, *ée*, p.

Efendi ou **Effendi,** sm. Titre qu'on donne, en Turquie, aux savants, aux ministres de la religion, aux juges et aux hommes de bureau. (Du turc *efendi*, monsieur, seigneur, maître, fait du grec barbare *afendi*, dérivé lui-même, par corruption, du gr. *authentés*, qui agit de sa propre autorité ; d'après Kieffer, Bianchi, le Tripartitum et Pihan, etc. Ainsi le grec *authentês*, prononcé *afthentês*, est devenu successivement *affendi*, *afendi*, *effendi*, *efendi* : *ff* pour *fth* est le résultat de l'assimilation. Et non du gall. et b. bret. *pen*, tête, chef ; ni du celt. *ben*, *pen*, tête, chef, comme l'a cru Bullet.)

Reis-effendi, sm. Ministre des affaires étrangères en Turquie. (De l'hébreu *rôsch*, tête, chef, mot également syriaque et éthiopien.)

Autochthone, adj. et sm. Se dit des premiers habitants d'un pays. (Du grec *autochthôn*, né sur le sol même qu'il habite; r. *autos*, même, lui-même, et *chthôn*, terre, pays. En sanscrit *kchiti*, terre, demeure; zend *chiti*, terre ou habitation. Dans ces deux mots *ti* est un suffixe.)

Autocrate, sm. **Autocratrice,** sf. Celui, celle dont la puissance est absolue et ne relève d'aucune autre. (Gr. *autokratôr*, qui est son maître, indépendant, maître absolu, despote; fait de *autos*, même, lui-même, et de *kratéô*, avoir le pouvoir.)

Autocratie, sf. Gouvernement où le pouvoir du monarque n'est limité par aucune loi.

Automate, sm. Machine qui a en soi les principes de son mouvement, et qui se meut par ressorts. (Du gr. *automatos*, qui agit de soi-même, automate; de *autos*, soi-même, et de *maô*, je désire ardemment, je veux. Le premier automate connu est un pigeon volant, en bois, inventé par Archytas de Tarente l'an 408 avant J.C.)

Automatique, adj. physiol. Machinal, auquel la volonté n'a point de part.

*****Automachie,** sf. Contradiction avec soi-même, dans les pensées, dans les discours ou les écrits. (Gr. *autos*, lui-même, *maché*, combat.)

*****Automatie,** sf. Spontanéité; état d'un automate.

*****Automatique,** adj. philos. Qui caractérise l'être capable de se mouvoir, de se déterminer.

*****Automatiquement,** adv. A la manière d'un automate.

*****Automatisme,** sm. Mouvement machinal.

*****Automatisme,** sm. philos. Faculté de se mouvoir par soi-même, de se déterminer, de se porter vers les objets, ou de s'en détourner.

AUTOUR, sm. h.n. Oiseau de proie à queue longue et large, de couleur fauve, et semée de taches jaunes ressemblant à des étoiles. [1° La plupart des étymologistes rattachent ce nom au latin *astrum*, étoile, *astur*, *asturis*, espèce d'autour, *asterias*, sorte de héron; et au gr. *astér*, astre, étoile, *astér*, oiseau à tête rouge. 2° Lafr. assure que autour vient du lat. *astur*; g. *astérios*, propr. étoilé; à cause du plumage de cet oiseau. 3° Selon Doederlein, le mot *autour* tient au lat. *astur*, au gr. *astér*; et à l'all. *staar*, étourneau; et au latin *sturnus*, étourneau. 4° Un autre croit que cet oiseau a pris son nom de celui des *Asturies*, pays où il abonde, où il s'en trouve d'excellents. Mais il s'en trouve d'excellents aussi en Arménie, en Perse, en Grèce, en Illyrie, en Allemagne, en Suisse, en Afrique, dans l'île de Sardaigne, etc. La première étymologie paraît la mieux fondée, en ce que cet oiseau est remarquable par sa belle queue ornée d'espèces d'étoiles ou de taches jaunes. En ital. *astore*, autour; esp. *azor*, port. *açor*, langue des Troubad. *auster*, autour, épervier; langue des Trouv. *ostor*, *ostur*, autour; champ. *ostier*, *ostoir*, *astour*, *astou*, autour, dans Tarbé; anc. fr. *hostouer*, *ostor*, *othou*, b.l. *hostoarius*, *hostorius*, *hostricus*, *asturgius*, *asturco*, *asturcus*, autour.]

Autourserie, sf. Art d'élever et de dresser les autours.

Autoursier, sm. Qui élève et dresse les autours.

AUTRUCHE, sf. hn. Très-grand oiseau, dont le corps paraît petit à proportion de la longueur du cou et des pattes. Les plumes sont noires et blanches ou grises. [Henri Estienne et Périon écrivent *otruche* et dérivent directement ce mot du grec *strouthos*, moineau. Ménage et Diez forment le fr. *autruche*, du at. *avis struthio*. La forme espagnole *avestruz* et la forme portugaise *abestruz*, autruche, favorisent cette étymologie. Cependant S. Jérome et Vopiscus ont employé en lat. le mot *struthio* seul, pour désigner l'autruche. Chez les Grecs *strouthos* désignait un oiseau, et communément le moineau ou passereau. Ce mot est entré dans la composition de plusieurs autres, destinés à représenter des choses ou des êtres qu'on croyait pouvoir comparer, sous certains rapports, à cet oiseau. Ainsi, comme le passereau a la réputation d'être très-ardent en amour, il n'est pas étonnant que *strouthos* signifie lascif. Sous un autre aspect, on a trouvé que ce mot pouvait s'appliquer à des objets qui avaient une paire d'ailes, et l'on a dit *strouthokamélos* pour désigner l'autruche, animal qui a de la ressemblance avec un petit chameau à qui l'on aurait attaché des ailes. Les anciens ont appelé la saponaire *struthium*, à cause de ses feuilles disposées deux à deux sur sa tige, comme des ailes. Benfey, d'une manière judicieuse, attribue une origine commune au gr. *strouthos*, moineau, et au lat. *sturnus*, étourneau. En ital. *struzzo*, autruche; all. *strauss*, suéd. *struss*, dan. *struds*, holl. *struis*, angl. *ostrich*, langue des Troub. *estruci*, *estru*, *estrut*, autruche.]

*****Struthioné, éé,** adj. hn. Semblable à l'autruche.

*****Strutionés,** sm. pl. Famille d'oiseaux.

*****Struthiophage,** adj. hn. Qui se nourrit de petits oiseaux ou de sauterelles. (G. *phagein*, manger.)

*****Struthioptéride,** sf. Genre de fougères. (Gr. *ptéris*, fougère, de *pteron*, aile.)

*****Struthophages,** s. pl. et adj. géogr. anc. N m donné à quelques peuplades d'Ethiopie, qui mangeaient des autruches.

AUVERNAT, sm. Sorte de raisin, originaire d'Auvergne; nom donné à certain vin rouge dont le plant a été rapporté d'Auvergne. [Du nom de l'*Auvergne*, en latin *Arvernia*; r s'est changée en *u* par adoucissement. En lat. on a dit aussi *Alvernia*, ital. et port. *Alvernia*, prov. *Alvernha*, tous mots où *r* s'est adoucie en *l*. Plusieurs étymologies ont été hasardées sur ce nom propre. 1° Thierry le forme du celt. *ar*, *all*, haut, et de *fearan*, *verann*, *veran*, terre, contrée, pays habité; 2° et Bouché de Cluny, du celt. *avernia*, le peuple belliqueux par excellence; 3° Scrieck, du celt. *ar*, Saône, et *wern*, défenseurs; défenseurs de la Saône, de l'*Araris*, et défenseurs des grèves, des sables; parce que leurs habitations s'étendaient jusque vers la Saône; 4° Bullet, du celt. *baran*, en composition *beren*, par crâse *bern*, soldats; 5° Bochart, de l'anc. gaulois *ar*, *or*, *oarre*, sur, proche, vers, et *verna* ou *werna*, d'où *Garumna*, Garonne: peuples habitant près de la Garonne. 6° Selon M. De Belloguet, le nom *Arverni*, les Arvernes, se rattacherait au kymrique de Zeuss *ar*, sur, près, et *bar*, sommet; et à l'irl. de Zeuss *ar*, sur, contre, et *barran*, cime de montagne; etc. Dans Plutarque *Arbennoi*, les Arverni, les Auvergnats. Monteil dit : C'est au peuple d'une province qu'il appartient de faire son nom. Or, en Auvergne, on dit *Auvergnas*, *Auvergnasse*, comme dans le voisinage on dit *Ruergas*, *Rouergasse*. Dans le Gloss. champ. de M. Tarbé, *avernas*, raisin noir, originaire d'Auvergne.]

AVANIE, sf. Affront fait de gaieté de cœur; vexation exercée par les Turcs sur les Chrétiens, pour en extorquer de l'argent; mauvais traitement; insulte faite à dessein. [1° De l'ar. *hauan*, mépris : Pihan. 2° D'*avany*, nom qu'on donne en Perse aux courriers de la cour et qui veut dire : des gens qui prennent tout ce qu'ils trouvent : Chardin. 3° Du mot persan, adopté par les Turcs, *avân*, sentence : Langlès. 4° De l'hébreu *avên*, vanité, mensonge, fraude, supercherie, méchanceté, malice, crime, infortune, malheur, adversité. 5° De l'hébreu *havón*, perversité, dépravation, crime, péché. Volney a écrit qu'en Egypte *avanies* veut dire demandes accidentelles. En grec moderne *abania*, ital. et port. *avania*, avanie ; goth. *afwain*, injure, outrage ; géorgien *auania*, avanie.]

AVARE, adj. Qui aime à amasser de l'or et porte cet amour jusqu'à la privation ; qui aime à posséder et ne fait aucun usage de ce qu'il possède, qui ne sait ni donner, ni dépenser. [Du lat. *avarus*, avare, dérivé du lat. *aveo*, *avere*, désirer ; d'où le latin *avidus*, avide. Cette famille de mots appartient aux langues sémitiques et aux langues indo-européennes. En hébreu *dvâh* ou *âvâ*, il a désiré, il a convoité ; *avvâh*, désir, convoitise ; et *iâab*, il a désiré ; turc *hewes*, désir ; arabe *hev*, action d'aspirer à quelque chose, ambition, et *heva*, désir ; sanscrit *av*, désirer, vouloir ; gallois *awyz*, désir ardent, *awyddus*, avide, et *awydd*, avidité ; ital. *abbajera*, langue des Troubad. *abair*, désirer, convoiter ; patois de Castres *abide*, avide ; basque *abarizia*, l'avarice ; anc. fr. *aviaux*, *aveaus*, désirs ; ital. *avido*, avide, *avaro*, avare. Langue des Troubad. *avar*, avare, anc. fr. *averx*.]

Avare, s. Personne avare qui garde, qui thésaurise.

Avarice, sf. Attachement excessif à l'argent, excès de l'amour de la possession, démence d'une âme vile, produite par un amour excessif de soi-même, par la crainte et l'insensibilité.

Avaricieux, euse, adj. et s. fam. Qui montre de l'avarice ; qui est avare par moments, ou qui porte son avarice sur des minuties.

***Avarement**, adv. D'une manière avare.

Avide, adj. Qui désire avec ardeur, qui a une grande cupidité. (Lat. *avidus*, r. *aveo*.)

Avidement, adv. Avec avidité.

Avidité, sf. Désir ardent et immodéré, désir insatiable. (Nous devons ce mot à Ronsard ainsi que *ode* et *pindariser*.)

AVÉ, ou **AVÉ MARIA**, sm. Chez les Catholiques, salutation de l'Ange à la Vierge ; grain de chapelet sur lequel on dit l'Avé ; invocation à la Vierge. [Du l. *ave*, bonjour, salut ; adieu ou portez-vous bien ; adieu adressé aux morts. *Ave* est un impératif, au pl. *avete*. 1° Quelques-uns pensent que c'est l'impératif de *aveo*, désirer ; mais la signification s'y oppose. 2° Doederlein rattache *ave* au grec *eu*, bien, heureusement ; *eus*, bon, beau, brave ; *eua*, interj. eri de joie, hé, hé ! 3° Quelques-uns rapportent *ave*, pour *vive*, au latin *vivo*, *vivere*, vivre. 4° M. Delatre rattache le lat. *ave*, au l. *avere*, désirer avec ardeur, et au sanscrit *av*, couvrir, garder, désirer. En anc. fr. *have*, je salue.]

AVEC, prép. Conjointement, ensemble ; contre, malgré, sauf. [D'après MM. Ampère et Génin, l'origine étymologique du fr. *avec* est le l. *ubi*, où, dans le lieu où ; dès que, aussitôt que ; dans Térence et dans Ovide, *ubi*, auprès de qui, avec, dans, sur lequel, au moyen de qui, au moyen de quoi. Génin dit : « La forme primitive de *avec* est *óve*, *ou*, *o*, *a*. Et quelque invraisemblable, quelque ridicule même que cela puisse paraître au premier coup d'œil, *avec*, indubitablement, vient du l. *ubi*. Ubi, ou, ove, et par l'équivoque du caractère *u*, tantôt voyelle, tantôt consonne, *ove*, qui est devenu *aveu* et *avé*. Les patois du Nord et de l'Est connaissent encore *aveu*.

Avé, de forme de l'Ile de France, a pris un *c* pour finale euphonique devant une voyelle subséquente, et ainsi s'est formé *avec*, que les pédants de la Renaissance ont lourdement figuré *avecques*. *O*, *ou*, *ove*, avec, se trouve dans tous les plus vieux textes de notre langue. Maintenant voyons pour le sens. Dans les emplois d'*avec*, préposition, essayez de substituer *ou*, *ubi*, vous serez surpris de l'exactitude de avec avec laquelle il s'y ajuste. — J'irai demeurer avec vous, c'est-à-dire, où vous, où vous demeurez. Je pars avec vous, où vous, où s'appliquant au temps comme au lieu. » Au surplus, Ovide et Térence ont employé *ubi* dans le sens de avec. Ainsi *avec* ne vient pas du vi. fr. *havir*, comme l'a cru Bullet ; ni du lat. *ab*, comme l'ont cru Guyet et Ménage ; ni du lat. *ab* et d'*ambo*, comme le soutient Gébelin. Raynouard s'est mépris aussi en le formant de prov. *ab*, du lat. *habeo*; et Schlegel en le tirant de *apud*; Lemarre, du lat. *ab usque cum*; un hébraïsant, de l'hébreu *dâbaq*, *dâbéq*, il s'est joint, il s'est attaché. Cavanagh n'a pas été heureux non plus en dérivant *avec*, du latin *cum*, ni Humfred de Lhuyd en conjecturant qu'il vient du fret. *a*, avec. *Avec* ne vient pas non plus du lat. *ad vocem alicujus*; ni du persan et du turc *evaz*, avec, chez ; ni du sanscrit *ukkâis*, au-delà ; ni du l. *ab quo*, par lequel. En picard *aveu*, *avesc*, avec, et *aveuque*, selon les cantons ; rouchi *aveuque*, avec ; dans nos vieilles chartes *avoeuk*, *avoec*, avec ; savois. *avoè*, *avoué*, fr. comtois *aivo*, *aivéu*, avec ; normand *aveu* ; anc. fr. *o*, *ove*, *avé*; anc. prov. *ab*; langue des Trouvères *o*, *od*, *odves*, *uoi*, *a*, avec ; patois de Champagne *avé*, *aver*, *aveu*, *avo*, *avou*, *aveux*, *avu*, *avot*, avec. Dans le Gloss. champ. de M. Tarbé *o*, *od*, avec, à, vers. Dans une charte de la comtesse Margheritte, on lit *avoec*, avec.]

AVEINDRE, va. vi. Tirer une chose hors du lieu où on l'avait placée. [1° Ce verbe paraît procéder du lat. *advenire*, r. *ad*, à, *venire*, venir, arriver ; soit parce que dans plusieurs provinces, à la campagne surtout, on se sert de ce verbe lorsqu'il s'agit d'arriver à une branche difficile à atteindre, et qu'on veut la faire venir à soi, à sa portée. 2° On le tire aussi du lat. *vincire*, lier, d'où l'ital. *avvin-c-ere*, lier, embrasser ; et du *d* euphonique. 3° M. Diez soutient qu'*aveindre* a été fait du lat. *abemere*, enlever, ôter, et non du latin *advenire*, ni du latin *ad-vincire*. 4° L'abbé Corblet le dérive du celt. *avend*, tirer ; 5° Bullet, du celt. *avend*, *abend*, lieu élevé ; 6° et Furetière, du lat. *avere*, désirer, parce qu'on ne songe à aveindre que les choses qu'on désire avoir. D'après la signification propre du verbe *aveindre*, laquelle s'est conservée dans plusieurs provinces, Ménage, Gattel, et autres, semblent avoir raison de tirer ce verbe du lat. *advenire*; et Furetière semble condamner à tort l'expression : « Cela est si haut que je n'y saurais aveindre. » En picard *aveindre*, aveindre ; prov. *avenre*, *avedre*, *aveire*, *averar*, *aver*, aveindre, atteindre ; patois de Champ. *aveindre*, *aveinder*, atteindre.]

AVELINE, sf. Espèce de grosse noisette, originaire d'Asie. [Du lat. *avellana nux*, noix aveline, ou absol. *avellana*, aveline. 1° Pline, Servius, Macrobe, Vossius, J. Henricus, Hofmann, Eloi Johanneau, etc. forment ce nom de celui d'*Abella* ou *Avella*, ville de la Campanie, dont le terroir produisait beaucoup d'avelines. M. Delatre, qui adopte aussi cette étymologie, rattache le nom d'*Avella* au latin *avena*, avoine, parce que, dit-il, cette ville fournissait beaucoup d'avoine. Hofmann, Noël et autres ont suivi l'opinion de Ambrosius Leo, natif d'*Avella* ou *Abella* et qui a écrit trois livres sur sa patrie, dans lesquels il rapporte que les anciens Grecs nommèrent cette ville *Aella*, tempête, à cause des tourbillons de vents qui soufflent fréquemment dans cette contrée; et qu'ensuite les Latins ayant introduit un *b* dans *Aella* le nom devint *Abella*. Ptolémée et Strabon écrivent *Abella*. 2° Leigh soutient que *avellana* a été fait du lat. *avello*, j'arrache, comme l'hébreu *egoz*, noix, noyer, de l'hébr. *gâzaz*, il a arraché, il a tiré. 3° De Sivry prétend qu'*avellana* vient d'*Abel* qui a signifié semence en égyptien, et qu'*Abel* est le celt. *bel*, d'où *Bélus*, *Bellone*, *Belenus*, suivant lui. 4° Bullet croit que *avellana* est un diminutif du celt. *avel*, pomme. Il y avait aussi beaucoup d'avelines aux environs d'un autre lieu appelé *Abellinum*, et c'est pour cela que Pline dit qu'on les appela d'abord *abellinæ*, et ensuite *avellana*. En valaque *alun*, avelinier; ital., esp. et cat. *avellana*, anc. esp. *aulana*, aveline; langue des Troubadours *avelana*, *avilana*, *aulaigna*, *aulana*, aveline; savois. *alaugne*, auvergnat *auogne*, patois de Castres *abelano*, patois de Champagne *avelaine*, *aulanie*, aveline, noisette.]

Avelinier, sm. Arbre qui porte les avelines.

Avelanède, sf. C'est en général la cupule du gland de chêne, que l'on emploie dans quelques contrées pour le tannage des cuirs. (Ainsi nommée à cause de sa ressemblance avec une coquille d'aveline.)

*****Avellanaire**, adj. De la grosseur d'une noisette; qui vit de noisettes.

*****Avellino**, s.pr.m.géo. Ville du royaume de Naples, riche en blé, pâtes, et avelines.

AVOINE, sf. Plante graminée annuelle; le grain même de cette plante. [Du latin *avena*, avoine. 1° Vossius, d'après Agrætius, pense que *avena* a été fait du latin *aveo*, je désire, comme *habena* de *habeo*, à cause, dit-il, de l'avidité de cette plante à s'emparer du terrain, ou à cause de l'avidité avec laquelle les bestiaux, et surtout les chevaux, recherchent l'avoine. Tournefort, Delatre et autres, ont adopté cette étymologie. Gébelin, dans son 1er vol. p. 41, la condamne; et dans son Dict. lat. p. 6, il s'y conforme et la suit. 2° Perottus compose le mot *avena* du latin *a* privatif et de *venio*, je viens; de ce que *ad fructum non veniat*. Vossius désapprouve cette étymologie. 3° Wachter dérive *avena*, de l'anc. german. *abeu*, manquer de, fait de l'adv. de privation *ab*; on peut *aven*, manquer de, parce que Pline a dit que l'avoine est un vice du blé. Gébelin rejette cette étymologie. 4° Doederlein fait venir *avena*, du grec *auainein*, sécher, dessécher, consumer, de *auos*, sec, aride; 5° et un hébraïsant, de l'hébreu inusité *âbab*, en chald. *abêb*, il a produit des fruits, d'où aussi le lat. *ambubaiæ*, *ambubajæ*, suivant le même. En lithuan. *avizos*, avoine, holl. *haver*, bas-saxon moderne *haver*, all. *haber* et *hafer*, haut all. anc. *haber*, *habero*, dan. *havre*, suéd. *hafre*, avoine : b = v, et f = v. En ital. *vena*, esp. et langue des Troubadours *avena*, avoine; mandchou *hife*, patois de Champagne *avinne*, *avene* et *avinne*, avoine; russe *ovénn*, languedocien *avena*, picard *avène*, *aveine*, sav. *avèna*, franc-comtois et vi. fr. *aveine*, avoine; rouchi *avaine*, *aveine*, avoine. Ce qui atteste que longtemps la prononciation d'*oi* a été double et indécise, c'est qu'on disait *avoine* et *avaine*, *noyer* et *nayer*, etc. En 1321, à Paris, un scribe de la chancellerie royale écrivait *avoine*, *avène*, *avaine*, sous ces trois formes, dans un même document.]

Avoines, sf.pl. Avoine sur pied.

Aveine, sf. Avoine.

*****Avénacé, ée**, adj.bot. Qui a du rapport avec l'avoine.

Avénage, sm.vi. Redevance en avoine.

*****Avénaïne**, sf.chim. Gluten de l'avoine.

*****Avéneron**, sm.bot. Folle avoine.

*****Avron**, sm. Nom vulgaire de la folle avoine.

*****Haveron**, sm. Sorte d'avoine sauvage. (Lat. barb. *havero*, haveron; de l'all. *haber*, *hafer*, holl. *haver*, avoine.)

Havresac, sm. Sorte de sac que les soldats et les ouvriers portent en voyage. (De l'all. *haber* ou *hafer*, avoine, en latin *avena*; et de *sack*, sac, en lat. *saccus*. Les lansquenets, dit le général Bardin, avant de former des corps d'infanterie, avaient été les valets des reîtres; ils avaient eu l'administration et le maniement de l'avoine, et du sac qui servait à la transporter. Ils continuèrent par habitude, après leur émancipation, à appeler *habersack* leur sac à provision ou à bagage. L'infanterie française, créée postérieurement à celle des lansquenets, et peu connaisseuse, comme toujours, en fait de langue allemande, en crut sur parole les bandes franco-allemandes et leur emprunta le havresac, comme elle emprunta plus tard la giberne.)

AVOIR, va. Posséder, être en possession, en jouissance de quelque chose; être le sujet d'une chose, d'une passion, d'un sentiment, d'un lien, d'une habitude; se procurer, obtenir, tenir. [De l'anc. fr. *aver*, avoir, évidemment dérivé du lat. *habere*, *habes*, *habui*, *habitum*, avoir : *b* et *v* sont deux lettres de même organe et voisines l'une de l'autre; et *h* à la tête des mots se supprime et s'ajoute fort souvent. L'origine étymologique du lat. *habere* est très-difficile à trouver et à déterminer. 1° M. Eichhoff le lie au lat. *apiscor*, au gr. *haptô*, *aphaô*, toucher, et au sanscrit *ap*, occuper, tenir; 2° M. Chavée, au sanscrit *ka*, *ku*, saisir, prendre, donner; 3° M. Bopp, au sanscr. *hâ*, laisser, quitter, abandonner, *hâpayâmi*, je laisse, j'abandonne, je tire, j'ôte; 4° Constancio, à l'égypt. *ouon*, *obon*, tenir, avoir; 5° un autre, au gr. *abeïn*, avoir, verbe employé dans ce sens par les Pamphyliens, d'après Hésychius; 6° un hébraïsant, à l'hébr. *iâhab*, il a donné; 7° on celtisant, au celt. *aber*, grand, excellent; 8° Gébelin, à *a* signifiant propriétaire et *e* marquant existence; 9° un helléniste, au gr. *kôpé*, poignée, manche, garde. En all. *haben*, avoir; h. all. anc. *haban*, *haben*, anc. goth. *haban*, anc. sax. *hebbjan*, avoir; anglo-saxon *habban*, *haebban*, *habben*, avoir; angl. *to have*, anc. scandin. *hava*, norvég. *haeva* dan. *have*, suéd. *hafva*, holl. *hebben*, avoir; ital. *avere*, avoir; esp. *haber*, port. *haver*, anc.cat., langue des Troub. et langue des Trouv. *aver*, avoir; valaque *a avéa*, avoir; patois de Castres *abe*, sav. *ava*, bourguignon *aivoi*, patois de Champ. *avaye*, prov. *aver*, auvergnat *avère*, toulousain *abé*, avoir, aveindre; anc. fr. *havoir*, *aver*, *haber*, avoir; et *hot*, eut, avait; *averas*, tu auras, et *avera*, *ara*, il aura.] *Eu*, *eue*, p.

Avoir, verbe auxiliaire qui entre dans les temps composés des autres verbes. (Le latin *habere* offre lui-même quelques exemples de cet emploi. Dans Cicéron : *jussit ut omnes decumas ad aquam deportatas haberent; satis de Cæsare dictum habebo*. Le verbe grec *échô*, avoir, offre aussi de ces exempl. ; dans Pindare : *katakrupsas échein;* dans Platon : *thaumasas échô;* dans Sophocle : *blastontas eklabous écheïs*.)

Y avoir, vn. unipers. Être. (Dans l'anc. fr. *avoir* pouvait être neutre, sans avoir besoin d'être précédé de *y*. On disait indifféremment : *il y eut, il eut, eut*. « Il eut en une sande une beste moult grande :

Fabl. inéd. —Il y eut dans une lande une bête fort grande.)

Avoir, sm. Ce qu'on possède de bien; possession, bien; la partie d'un compte où l'on porte les sommes dues à une personne.

*****Avage**, sm. Ancien droit de prendre dans les marchés autant de grains ou de denrées que la main peut en contenir. (On a dit aussi *avée*, *havagiaut*, *havongnie*, *avediér*. Ces mots, dit Gébelin, viennent du latin *habere*.)

Ayant, part.prés. de *avoir*.

Ayant, adj. verbal. *Ayant-cause*, celui auquel des droits ont été transmis; *ayant-droit*, celui qui a droit à une chose.

Eu, eue, part. de *avoir*. (De l'anc. fr. *eubt*, dont on a fait *evu*, enfin *eu*. Lat. *habitus*.)

Il a. (De l'anc. fr. *ha*, du lat. *habet*.)

J'aurai. (Du futur passé lat. *habuero*.)

J'eus. (De l'anc. fr. *eubt*, *evu*.)

*****Avoir**, sm. philos. L'une des dix catégories péripatéticiennes, celle qui exprime la relation du contenant au contenu, du possesseur à la chose possédée.

Ravoir, va. Avoir de nouveau; recouvrer.

Se Ravoir, va.pr.famil. Réparer ses forces.

Devoir, va. Etre obligé à payer, à faire, à dire; être redevable à, tenir de; ce verbe marque aussi l'intention de faire, l'évènement, le succès; le résultat probable, la justice d'une action à faire; il indique encore l'infinitif d'un verbe, le projet. (Du lat. *debere*, devoir; r. *de*, venant de, do, *habere*, avoir : avoir ou tenir une chose de quelqu'un : *de alio habere*. En ital. *devere*, esp. *deber*, port. et langue des Troub. *dever*, devoir. Langue des Trouv. *dei*, je dois. Dans Montaigne *debvoir*, devoir.)

Se devoir, va.pr. Etre obligé; être tenu de se dévouer. *Dû, ue*, p. *Dû*, sm. Ce qui est dû.

Devoir, sm. Ce à quoi l'on est obligé par la morale, par la raison, par la loi, par la bienséance, par sa condition; thème, version, composition donnée à faire à un écolier. (Dans l'anc. fr. les infinitifs des verbes étaient pris substantivement, comme en gr., en all., etc. Quelques-uns de ces infinitifs sont restés comme noms; tels sont : le *devoir*, un *penser*, le *savoir*, le *vouloir*, le *rire*, etc.)

*****Devoir**, sm.philos. Obligation d'obéir à la loi; obligation morale d'agir ou de s'abstenir, laquelle résulte de la perception du bien et du mal.

*****Devoirs**, sm.pl. Actes que l'homme doit faire, ou dont il doit s'abstenir, en raison du devoir.

Derniers devoirs, sm.pl. Honneurs funèbres.

Débiter, va. Vendre; fig. réciter; mus., précipiter l'exécution d'un passage; tenue des livres, inscrire un débiteur; se dit aussi de la manière d'exploiter les bois. (Du lat. *debitus*, dû, part. de *debeo*, devoir, être *débiteur*, r. *de*, *habeo*.) *Débité, ée*, p.

*****Débiter**, va. Se dit en parlant de la quantité d'eau que fournit une fontaine ou un cours d'eau.

*****Débentur**, sm.féod. Quittance que les officiers des cours souveraines donnaient au roi lorsqu'ils recevaient les gages qui leur étaient dus. (Ainsi nommée, parce qu'elle commençait par ces mots : *Debentur mihi* : M. Barré.)

Débet, sm. Ce qu'un comptable doit après l'arrêté de son compte.

Débit, sm. Vente continue, répétée; droit de vendre certaines marchandises; manière de réciter, de s'énoncer; mus., récitation précipitée comme la parole; tenue des livres, se dit par opposition à crédit; exploitation du bois lorsqu'on le met en poutres, en merrain, etc.

Débitant, ante, s. Qui débite une marchandise.

Débiteur, euse, s.fig. et en mauvaise part. Celui, celle qui débite.

Débiteur, trice, s. Celui, celle qui doit.

*****Débitis**, sm. Ordonnance qui permettait de saisir le débiteur pour avoir paiement.

Dette, sf. Ce que l'on doit à quelqu'un; fig., devoir indispensable. (Dans Montaigne, *debte*, dette.)

Doit, sm.comm. Voyez **Devoir**.

Dûment, sm. Comme cela se doit, selon le devoir, selon la raison, selon les formes.

Codébiteur, sm. Celui qui a contracté une dette conjointement avec un autre.

Endetter, va. Engager dans les dettes; charger de dettes. *Endetté, ée*, p.

*****Inendetté, ée**, adj. Qui n'a pas de dettes.

Indû, ue, adj. Qui est contre ce qu'on doit, contre la raison, contre la règle, contre l'usage.

Indûment, adv. D'une manière indue.

Redevoir, va. Devoir après compte fait. *Redû, ue*, p. **Redû**, sm. Ce qui est redû.

Redevable, adj. Qui n'a pas tout payé; qui doit une chose quelconque; qui a une obligation à quelqu'un.

Redevable, sm. Qui redoit; qui a obligation à.

Redevance, sf. Dette, charge, rente annuelle.

Redevancier, ière, s. Obligé à des redevances.

*****Se Rendetter**, va.pr. S'endetter de nouveau. *Rendetté, ée*, p.

Habile, adj. Qui a la capacité, l'intelligence, l'adresse, la science; capable, savant; pop., diligent, expéditif; jurispr., capable, ayant droit de faire une chose. (L. *habilis*, commode à tenir, à porter; fig., dispos; apte, habile; r, *habeo*.)

Habilement, adv. Avec habileté, avec adresse, avec intelligence, avec esprit.

Habileté, sf. Qualité de l'être habile, aptitude.

*****Habileté**, sf. Titre que les rois de la dynastie mérovingienne donnaient à certains de leurs officiers.

Habiliter, va. jurispr. Rendre apte à, rendre capable de. *Habilité, ée*, p.

*****Habilissime**, adj. Très-habile.

*****Habilitant, ante**, adj. Qui rend une personne habile à faire un acte.

*****Habilitation**, sf. anc.jurispr. Sorte d'émancipation; action d'habiliter.

*****S'Habiliter**, va.pr. Se rendre habile; se donner le pouvoir. *Habilité, ée*, p.

Inhabile, adj. Qui manque absolument d'habileté; incapable, qui n'est pas apte à. (L. *in* priv.)

Inhabileté, sf. Manque d'habileté; état de l'homme dépourvu de toute supériorité intellectuelle.

*****Inhabilement**, adv. D'une manière inhabile.

Inhabilité, sf. jurispr. Incapacité.

*****Inhabiliter**, va. jurispr. Mettre dans l'état d'inhabilité. *Inhabilité, ée*, p.

Malhabile, adj. Qui manque d'habileté, de capacité, d'adresse; maladroit, gauche, qui s'acquitte mal. (Du fr. *mal*, et *habile*.)

Malhabilement, adv. D'une manière malhabile.

Malhabileté, sf. Manque d'habileté, manque de capacité, d'adresse; manque d'aptitude.

Réhabiliter, va.chanc. et jurispr. Remettre dans son premier état d'habilité, rétablir dans ses droits, dans ses prérogatives celui qui en est déchu; fig., faire recouvrer l'estime publique, l'estime de quelqu'un. (De *ré-*, de nouveau.) *Réhabilité, ée*, p.

Réhabilitation, sf. Action de réhabiliter.

*****Réhabilitatoire**, adj. jurispr. Qui réhabilite.

Réhabilité, sm. Négociant qui, ayant failli, a obtenu plus tard sa réhabilitation.

Habiter, va. et n. Faire sa demeure, son séjour en quelque lieu. (L. *habitare*, avoir souvent, porter habituellement, habiter, fréq. d'*habere*.) *Habité, ée,* p.

Habitable, adj. Qui peut être habité; où l'on peut habiter.

Habitacle, sm. style sacré. Habitation, demeure; mar., espèce d'armoire placée devant le poste du timonier vers l'artimon. (L. *habitaculum*, demeure.)

*****Habitacle**, sm. Pauvre demeure, cellule.

Habitant, ante, s. Celui, celle qui habite un lieu.

Habitant, ante, adj.vi.prat. Domicilié.

Habitant, sm. Celui qui possède un domaine, une habitation, dans une colonie.

Habitation, sf. Demeure; domicile; maison; portion de terre qu'un particulier cultive et fait valoir dans une colonie. (L. *habitatio*; r. *habeo*.)

*****Habitation**, sf. bot. Ce mot indique d'une manière générale la contrée où une plante croît naturellement.

*****Habitativité**, sf. philos. Penchant ou faculté affective, dans le système craniologique de Spurzheim.

*****Habituaire**, s. droit. Qui a droit d'habitation.

Cohabiter, vn. jurispr. Vivre ensemble comme mari et femme. (L. *cohabitare*, r. *cum*, avec.) *Cohabité, ée,* p.

Cohabitation, sf. Action de cohabiter; état d'un mari et d'une femme vivant ensemble.

Déshabité, ée, adj. Qui n'est plus habité.

Inhabitable, adj. Qui ne peut être habité.

Inhabité, ée, adj. Qui n'est pas habité, non occupé, sans habitants.

Habit, sm. Ce que l'on a sur le corps. ce que l'on porte pour couvrir le corps, vêtement, habillement. (Du lat. *habitus*, porté au bras, part. d'*habeo*; d'où le lat. *habitus*, état, nature, disposition; aspect; habillement, vêtement, costume.)

Habit nouveau, Habit de forme nouvelle.

Nouvel habit, Habit non encore porté.

Habiller, va. Vêtir; faire donner des habits à quelqu'un; se dit aussi de l'effet que font les habits lorsqu'on les a sur soi; fig., donner un certain caractère à une personne; par extension, couvrir, envelopper; préparer du gibier pour la cuisine. *Habillé, ée,* p.

S'Habiller, va.pr. Mettre des habits, se vêtir; se pourvoir d'habits.

Habillage, sm. Préparation des volailles ou du gibier, pour les mettre en broche.

*****Habillage**, sm. Action d'arracher les ouïes au poisson qui doit être salé; action d'enluminer les figures des cartes à jouer.

*****Habiller**, va. Fendre la morue que l'on veut saler et en ôter l'arête; chez les cardiers, monter et terminer une carde; chez les pelletiers, préparer une peau de manière qu'elle puisse être employée; chez les tanneurs, préparer le cuir pour le mettre au tan; chez les cartiers, enluminer les cartes à jouer; chez les séranceurs, passer le lin ou le chanvre par le séran ou peigne; chez les potiers, ajouter une anse, un pied, une oreille, au corps d'une pièce; chez les jardiniers, couper une partie des racines et de la tige du plant qu'on a levé d'un semis.

*****Habillé, ée**, p. et adj.blas. Se dit des figures humaines couvertes de leurs habits; il se dit aussi d'un navire couvert de ses voiles et agrès.

Habillement, sm. Tout ce dont on est vêtu, vêtement, habit; administr., action d'habiller, de pourvoir d'habits, de vêtements.

*****Habilleur**, sm. pêch. Celui qui habille la morue; ouvrier qui habille les peaux.

*****Habilleuse**, sf. Femme qui habille les actrices.

*****Habillot**, sm. Pièce de bois qui sert à la continuation du train de bois flotté.

*****Habillure**, sf. Point de jonction d'un treillage.

Déshabiller, va. Oter à quelqu'un les habillements dont il est vêtu. *Déshabillé, ée,* p.

Se Déshabiller, va.pr. Quitter son habit de ville; ecclés., quitter ses vêtements sacerdotaux.

Déshabiller, vn.vi. et fam. Se déshabiller.

Déshabillé, sm. vêtement de chambre; hardes de nuit; fig. et fam. vie privée; caractère naturel; non vêtu.

*****Inhabillé, ée**, adj. Qui n'est point habillé; non vêtu.

Rhabiller, va. Habiller de nouveau; fournir de nouveaux habits; fig. et fam., rectifier, tâcher de justifier. *Rhabillé, ée,* p.

Rhabillage, sm. fam. Raccommodage; fig. et fam., essai de changer en mieux.

Rhabilleur, sm. Renoueur.

*****Rhabillement**, sm. Raccommodage.

*****Rhabiller**, va. fauc. Raccommoder les plumes d'un oiseau de proie.

*****Rhabilleur, euse**, s. Ouvrier, ouvrière, qui rhabille, qui raccommode; fig. fam., celui, celle qui tâche de pallier, de justifier.

Habitude, sf. Coutume particulière, coutume, disposition acquise par des actes réitérés, connaissance, fréquentation ordinaire; pratique ordinaire, usage. (Du lat. *habitudo*, manière d'être, état; r. *habeo, habitum*, avoir, posséder. On peut dire aussi que le lat. *habitudo* tient à *habitare*, et le fr. *habitude* à *habiter*; comme l'all. *gewohnen*, s'accoutumer, et *gewohnt*, accoutumé, à l'all. *wohnen*, habiter.)

*****Habitude**, sf. liturg. État, fonction d'un prêtre habitué dans une paroisse.

*****Habituation,** sf. liturg. Place de prêtre habitué dans une paroisse.

Habituer, va. Faire prendre l'habitude, accoutumer. *Habitué, ée,* p.

Habitué, adj. et sm. Ecclésiastique employé aux fonctions d'une paroisse.

Habitué, sm. Celui qui va habituellement dans un lieu.

*****S'Habituer**, va.pr. S'établir dans une demeure nouvelle, dans un pays nouveau.

Habituel, elle, adj. Qui revient régulièrement ou se fait sans le vouloir; qui s'est tourné en habitude, qui est passé en habitude.

Habituellement, adv. Par habitude.

*****Habitus**, sm. hn. Port, contenance, aspect extérieur d'un être organisé, d'une plante, d'une espèce.

Déshabitude, sf. Perte d'une habitude.

Déshabituer, va. Faire perdre l'habitude; désaccoutumer. *Déshabitué, ée,* p.

*****Inhabitude**, sf. Défaut d'habitude.

Réhabituer, va. Faire reprendre une habitude perdue. *Réhabitué, ée,* p.

*****Cohibition**, sf. Empêchement; contrainte, qui empêche d'agir. (L. *cohibitio*, empêchement, opposition ; de *cohibere*, tenir, avoir en soi, contenir; r. *cum*, avec, *habere*, avoir, tenir; l'opposé de *cohibere* est *diribere*, dénombrer, partager, distribuer; pour *dishibere*, de *dis, habere*.)

Exhiber, va. Montrer, présenter, faire voir, produire, tirer hors, représenter. (Lat. *exhibere*; de *ex*, hors de, *habere*, avoir, tenir, porter.) *Exhibé, ée,* p.

Exhibition, sf. Action d'exhiber.

*****Exhibitoire**, adj. Qui a rapport à l'exhibition.

Inhiber, va.vi. Avoir en, tenir en dedans la personne, la retenir, l'arrêter ; défendre, prohiber, prat. et chancell. (Lat. *inhibere*, empêcher, arrêter, retenir, réprimer ; r. *in*, dans *habere*, avoir, tenir.)
Inhiber, va.mar. Faire changer de direction à un navire. *Inhibé, ée*, p.
Inhibition, sf.jurispr. Défense, prohibition.
*****Inhibitoire,** adj.jurispr. Qui inhibe, qui défend, qui prohibe.
Prohiber, va.t. de pal. Défendre, interdire. (L.*prohibere* ; r. *pro*, devant, *habere*, avoir, tenir.) *Prohibé, ée*, p.
Prohibitif, ive, adj. Qui défend, interdit, restreint.
Prohibition, sf. Défense, inhibition.
*****Déprohiber,** va. Cesser de prohiber ; annuler une prohibition. **Déprohibé, ée*, p.
*****Déprohibition,** sf. Levée d'une prohibition.
*****Improhibé, ée,** adj. Non prohibé.
*****Improhibition,** sf. Absence de prohibition.
Rédhibition, sf. Action qu'a l'acheteur d'une chose défectueuse pour faire casser la vente.
Rédhibitoire, adj. Qui peut opérer la rédhibition. (L. *redhibere*, rendre ; r. *re-*, *habere*.)
Prébende, sf. Revenu ecclésiastique attaché à une chanoinie ; le canonicat même ; en certaines églises, les bénéfices du bas-chœur. (En b. l. *præbenda*, prébende, fait du lat. *præbere*, donner, fournir ; r. *præ*, devant, à cause de, *habere*, avoir, tenir, porter.)
Prébendé, ée, adj. Qui jouit d'une prébende.
Prébendier, sm. Bénéficier inférieur au chanoine.
*****Apprébender,** va.commun.relig. Recevoir une chanoinesse et lui donner droit à toucher prébende. **Apprébendé, ée*, p.
*****Apprébendement,** sm.commun.relig. Réception d'une chanoinesse.
*****Semi-prébende,** sf. hist. eccl. Prébende d'un revenu moindre que le revenu ordinaire.
Provende, sf. Fourniture, provision de vivres ; mélange de pois, d'avoine, de vesces, que l'on donne aux moutons et aux brebis. (L. *præbenda*, fourniture de ce qui était nécessaire aux magistrats romains qui partaient pour leurs provinces ; de *præbere*, syncope de *præhibere* ; r. *præ*, devant, *habere*, avoir, tenir, porter.)

AXE, sm. Ligne droite qui passe par le centre d'un globe, et sur laquelle il tourne ; ligne supposée passer par le centre d'une planète et aboutir aux deux pôles ; arts et mét., pièce de bois ou de fer qui passe par le centre d'un corps, et qui sert à le faire tourner sur lui-même ; sciences, toute ligne supposée traverser le centre d'un objet, ou le diviser en deux parties égales ; anat., deuxième vertèbre du cou ; style d'un cadran. [Lat. *axis*, essieu d'une roue ; par ext. roue, char ; le ciel, anneau de fer d'un gond ; axe, roue de fer des tours dans les sièges ; grec *axôn*, essieu, axe ; sanscrit *akshas*, centre, roue, *aksh*, étendre, occuper ; valaq. *akse*, axe ; lith. *assis*, lett. *ass*, esth. *as*, pol. *oś*, essieu, roue ; suiogothique *axel*, anglosaxon *eax*, celt. *esséd*, essieu ; all. *achse*, essieu ; gall. *eçel*, angl. *axle*, dan. *axel*, suéd. *axel*, *axul*, essieu ; ital. *asse*, essieu ; esp. *exe*, port. *eixo*, langue des Troub. *aiz*, bas-limousin *aï*, auvergnat *aie*, essieu ; rouchi *assi*, toulousain *ayssèl*, anc. fr. *aissel*, essieu.]
*****Axe,** sm.bot. Nom donné au pédoncule quand il est allongé, garni de fleurs sessiles ou pédicellées, et non entouré d'une enveloppe particulière ; ex. : le noisetier, le noyer, le chêne, le peuplier.

*****Axicorne,** adj.hn. Dont les *cornes* ressemblent à celles de l'*axis*.
*****Axicule,** sm.dim. Petit axe, essieu.
*****Axifère,** adj.hn. Muni d'un axe. (Lat. *fero*.)
*****Axiforme,** adj.hn. En forme d'axe, d'essieu.
*****Axifuge,** adj. Qui *fuit* l'axe, qui s'écarte de l'axe.
*****Axile,** adj.bot. Qui forme l'axe d'un fruit.
*****Axilé, ée,** adj.bot. Muni d'un axe ; disposé autour d'un axe.
*****Axomètre** et *****Axiomètre,** sm.mar. Petit indicateur faisant connaître les mouvements de la barre du gouvernail (G.*axôn*, axe, *métron*, mesure.)
*****Axipète,** adj. Qui tend vers l'axe, qui s'approche de l'axe. (Lat. *peto*, aller vers.)
*****Axis,** sm.anat. Seconde vertèbre du cou ; hn., espèce de cerf originaire du Bengale : il a des taches blanches et rondes comme des roues.
*****Axoïde,** adj. et sf. anat. Se dit de la seconde vertèbre du cou.
Axonge, sf. Graisse plus molle que le lard et le suif. (Du lat. *axis*, essieu, et *ungere*, oindre.)
*****Axonophyte,** sm.bot. Plante à fleurs attachées à un axe commun qu'elle couvre. (G. *phuton*, plante, *axôn*, essieu, axe.)
*****Circumaxile,** adj. Qui s'applique autour d'un axe central. (L. *circum*, autour.)
Aissieu et **Essieu,** sm. Pièce de bois ou de fer qui passe dans le moyeu des roues d'une voiture. (Du lat. *axicolus*, dim. petit axe ; comme *épieu*, de *spiculum* : M. Diez. En ital. *assiculo*.)
*****Équiaxe,** adj.min. Qui a des axes égaux. (L. *æquus*, égal.)
*****Hamaxa,** sf. astron. Constellation qu'on appelle ordinairement *le Chariot*. (Gr. *hamaxa*, chariot ; r. *hama*, ensemble, *axôn*, essieu, axe.)
*****Hamaxobien, ienne,** adj. et s.géo.anc. Nom d'une peuplade de Scythes ou Sarmates qui n'avaient d'autres habitations que leurs chariots. (Gr. *hamaxa*, et *bioô*, vivre.)
*****Monaxifère,** adj.minér. A un seul axe.
*****Triaxifère,** adj.hn. Qui porte trois axes.

AXIOME, sm. Vérité évidente par elle-même ; proposition évidente par elle-même, reçue et établie dans une science ; principe général, vérité digne d'être crue. [Du lat. *axioma*, proposition quelconque, axiome ; dérivé lui-même du grec *axiôma*, estimation, appréciation, valeur ; mérite, rang, dignité, importance, majesté, considération, autorité ; vœu, intention ; axiome, croyance ; de *axios*, qui vaut ou a son prix, dû, mérité, digne, honorable, suffisant. 1° Planche et autres hellénistes dérivent le grec *axiôs*, du grec *agô*, conduire, juger, estimer ; 2° Gébelin le tire du gr. *aké*, pointe ; 3° un autre, du sanscrit *sahasá*, uniforme ; 4° puis, du sanscrit *vah*, supporter, porter, soutenir ; 5° Martinius, du grec *agô*, dans le sens de juger, estimer, tenir pour, regarder comme ; compter ou dire ; ensuite de l'hébreu *schâvâ*, il a égalé, il a été de même valeur, il a valu autant, il a suffi, il a été puni selon son crime. M.Benfey rattache le slave *vag'on*, apprécier, évaluer, estimer, priser, *vaga*, balancement, équilibre, au grec *axios* ; c'est l'all. *waage*, balance, peson ; anc. scandin. *vog*.]

AYAN, sm. En Turquie, officier supérieur chargé de veiller à la sûreté publique ; c'est un magistrat dont les fonctions ressemblent assez à celles de nos maires. [De l'ar. *ayan*, distingués, notables, éminents.]

AZÉDARAC, sm.bot. Arbre des régions chaudes ; il porte des fleurs disposées en bouquets ;

son fruit est vénéneux. On fait des grains de chapelets de ses noyaux, ce qui fait, dit Trévoux, qu'on l'appelle arbre des chapelets. [Trév. ajoute que *azédarac* est un nom arabe, et qu'il se trouve dans Avicenne. Un peu plus bas il dit que *Azédarac* est une corruption du nom *azaddirakht* que les Persans lui donnent, d'après d'Herbelot. Ménage et Jault, qui suivent cette étymologie, écrivent *azadirakt*. Les habitants de la province de Giorgian, où cet arbre croît en abondance, l'appellent *zeber zemin*. Avicenne, l'auteur arabe dont parle Trévoux, appelle cet arbre *azadaracht*.]

AZEROLE, sf. Sorte de petit fruit aigrelet, à plusieurs noyaux, rouge et gros comme la cerise. [D'après Constancio, de Théis, Honnorat, c'est un mot altéré de l'ar. *azzarur*, *àlz'aroûr*, sorte de pomme sauvage. Ce fruit, dit De Théis, a la forme d'une petite pomme. De là le port. *azerola*, azerole, et *azeroleiro*, azerolier; et l'esp. *azerola*, azerole, et *azerolo*, azerolier; d'où l'ital. *azzeruolo*, azerolier. Tous ces mots, ainsi que l'anc. port. *azoreira*, forêt pour le bois à brûler, châtaigneraie, ressemblent beaucoup à l'hébreu *ezerach*, arbre indigène qui n'a pas encore été transplanté dans un autre sol.]

Azerolier, sm. bot. Arbre sauvage et épineux qui produit l'azerole.

AZIMUT, sm. L'angle compris entre le méridien d'un lieu et un cercle vertical quelconque ; ce cercle vertical même. [Par corruption de l'arabe *al semt*, la direction, le chemin, la route, le droit. Ce mot *semt* ne paraît nullement étranger au lat. *semita*, sentier, petit chemin.]

Azimutal, ale, adj. Qui représente ou qui mesure des azimuts.

Azimutal, sm. Sorte de compas qui fait connaître la variation de la boussole.

Zénith, sm. astron. Le point céleste perpendiculairement opposé à un point terrestre. (De l'arabe *semt*, chemin, contrée, zénith. De là le port. *zenith*, le lat. barb. *cenith*, et le valaque *zenit*, zénith.)

AZUR, sm. Couleur de l'atmosphère dégagée de nuages ; la couleur bleue du firmament, des mers, des flots ; sorte de minéral dont on fait un fort beau bleu ; verre coloré en bleu par l'oxyde de cobalt, et réduit en poudre ; bleu clair, comme celui de l'azur. [Selon M. Pihan, de l'ar. *ezraq*, azuré, bleu, être bleu ; et non de *lazurd*, transcription vicieuse du mot persan *lâdjuverd*, lapis-lazuli. De là l'ital. *azzurro*, azur ; anc. cat., esp. et port. *azul*, langue des Troubadours, valaque et prov. *azur*, azur. De là aussi le lat. barb. *asur*, azur ; et *asuratus*, *asureus*, azuré.]

Pierre d'azur, Nom du lapis-lazuli.

Azuré, ée, adj. De couleur d'azur.

*****Azurer**, va. Mettre de l'azur. *****Azuré, ée**, p.

*****Azurescent, ente**, adj. Qui tire sur le bleu d'azur.

*****Azurin, ine**, adj. Qui a la couleur de l'azur.

*****Azurite**, sf. minér. Un des noms du lapis-lazuli.

*****Azuror**, adj. De couleur d'or et d'azur.

B

BABEL, sf. géo. anc. Nom d'une ville antique de la Mésopotamie, appelée depuis *Babylone*; d'où l'expression proverbiale : *Tour de Babel*, en parl. d'une société où règne une grande confusion d'opinions et de discours, où tout le monde parle à la fois et sans s'entendre. [Le nom de *Babel* fut donné à la ville et à la tour que les hommes bâtirent dans une plaine nommée Sennaar, quelque temps après le déluge, avant de se séparer pour peupler la terre. L'opinion générale est que ce nom est d'origine sémitique. 1° Cette origine, d'après Dom Calmet, Leusden, Gésénius, Trévoux, Bergier, etc., etc., se retouve dans l'héb. *bâbél*, Babylone, pour *balbél*, fait de l'héb. *bâlal*, il a répandu, il a confondu; il a taché, souillé; en chald. *babeli*, Babyloniens. Ce nom lui fut donné, ainsi que l'Ecriture le témoigne, parce que Dieu confondit le langage des hommes, pour confondre leurs desseins. L'expression *Tour de Babel*, consacrée par nos dictionnaires, est parfaitement conforme à cette étymologie. Il est certain, dit M. Renan, que dans l'intérieur de Babylone, il se parlait des langues différentes, qui n'étaient pas comprises d'un quartier à l'autre. Il ajoute : « Le mythe de la tour de confusion, fondé sur l'étymologie fictive du nom de *Babel*, reposait sur l'extrême difficulté que les classes diverses de la population y trouvaient à s'entendre. Il semble en effet que cette division des langues correspondait à des divisions de castes. » 2° M. Ch. de Montbron dit à ce sujet : « Les Hébreux pensent que le nom de *Babylone* vient de *bâlal*, il a confondu, et croient que ce nom fait allusion à la confusion des langues, lors de l'érection de la fameuse tour. Les peuples n'acceptent guère de noms injurieux. » Selon M. de Volney, *Babel* signifierait porte de *Bel*. En ar. *babe*, porte. *Byblos*, nous dit-il, plus ancienne que de Sémiramis, s'appelait en langage oriental, *Babel*, sans qu'il y ait eu là confusion de langues. 3° M. Nodier s'écarte encore plus de l'étymologie commune, il dit : « Aussi arrive dès lors une société déjà complète, car il nous aura une forteresse élevée contre Dieu, et qui s'appelle *Babel*, une ville capitale qui s'appelle *Biblos*, un souverain qui s'appelle *Bel* ou *Bélus*, un faux dieu qui s'appelle *Baal*, et jusqu'à un mystagogue qui fait parler les animaux, et qui s'appelle *Balaam*. Quelques jours encore, et fidèle à ses traditions primitives, son premier livre sera nommé *Biblion*, et son premier empire *Babylone*. » La réunion si facile de mots qui se ressemblent plus ou moins, tels que *Babel, Babylone, Biblos, Bel, Belus, Baal, Balaam, Biblion*, ne suffit pas pour asseoir l'étymologie que nous cherchons, et sur laquelle M. Nodier ne nous satisfait nullement. *Baal, Bel, Bélus* sont le même nom ; *Babylone* est le même que *Babel* ; mais il est tout à fait incertain que Babylone soit identique à *Biblion* et à *Balaam*. 4° Grotius pense que *Babel* est un mot de la langue primitive, qui ne revient à aucune de celles qui ont été en usage depuis la confusion. 5° Scrieck forme le nom de *Babel* du scytique *babbel*, confusion, d'où, selon lui, le fr. *babil*. 6° L'abbé Bidassouet soutient que *Babel* est un nom basque signifiant tour de bégaiement. La première étymologie offre le triple avantage d'être universellement adoptée, de reposer sur un fait important attesté par l'Ecriture, et d'appartenir au langage du pays, langage identique à l'hébreu et au chaldaïque. Comme toutes les autres, ces langues ont nécessairement subi des altérations. Il est possible que la racine des mots *Babel, Babylone* soit devenue inusitée ; mais il est possible aussi que l'on ait fini par prononcer *Babel* au lieu de *Balbel*; en chald. *bilba*, confondre. En persan *Bâbel*, turc *Babiloun*, Babylone. L'Ecriture dans la langue originale appelle toujours Babylone *Babel*, ce qui montre, dit Trévoux, que c'est la même ville, et que le nom de Babylone s'est formé de *Babel*. Gr. *Babulōn*; lat. *Babylon*, Babylone, *babylonicus*, babylonien, *babylonicum*, étoffe de Babylone. Dans

Bopp, *babir'us* est l'ablatif zend du nom de Babylone, et *bábir' uwa*, le génitif.]

BABIL, sm. Abondance de paroles sur des choses de néant ou superflues, caquet, parler continuel et importun; flux de paroles confuses, indiscrètes, ou irréfléchies. [1° Au lat. *balbus*, bègue, Johnson lie l'angl. *babble*, babil, le germ. *babbelen*, etc. 2° Au sanscrit *pú*, *pav*, battre, souffler, M. Delatre rapporte le fr. *babil*, *babiller*, *bave*, *bavard*, *báfre*, *bafouer*, et le lat. *baubari*, aboyer; etc. 3° M. Tarbé pense que *babiller*, *babillard*, et le vi.fr. *babelu*, viennent du latin *fabulari*, causer, faire des contes. Dans le 13e et 14e s., on disait *fauvelue*, pour fable. Faire le *babelu* c'était faire l'aimable. 4° M. Honnorat, ainsi que Bullet, dérive *babiller*, du celt. *bab*, enfant. 5° Selon Denina, *babil* est un mot également germanique, grec et latin. Il est né, dit-il, de ce *baba* qu'on entend de la bouche des enfants, et de tous ceux dont on n'entend qu'un son mal articulé *babe*, *ba-bi*. 6° Audiffret forme le mot *babil* des syllabes *ba*, *bi*, qui appartiennent au dictionnaire de l'enfance. Nodier dit à peu près la même chose. Roubaud et Jauffret regardent aussi *babil* comme une onomatopée, comme une imitation du bruit et de l'action de parler. M. Scheler estime que *babiller* procède des syllabes imitatives *ba*, *ba*, *ba*, qu'émet l'enfant en s'efforçant de parler; il unit ce verbe à l'all. *babbeln* et au gr. *babazō*. 7° Ménage veut que *babil* vienne de l'ital. *bambinare*, *bambino*, dimin. de *bambo*, lequel serait lui-même un dérivé du syriaque *babion*, enfant. 8° M. Ampère a écrit: « La manie des origines hébraïques a produit les suppositions étymologiques les plus ridicules. Pour n'en citer que deux exemples, on a vu, dans le mot *babil*, un souvenir de la tour de *Babel*, et l'on a tiré brioche de l'hébreu. » C'est Nicot qui a tiré *babil* du nom de *Babel*, où se fit la confusion des langues. 9° Selon De Chevallet, *babil* et *babiller* sont des mots d'origine germanique. En anc.scandin. *babba*, babiller, bégayer, dans Meidinger. Dan. *bable*, flam. *babbelen*, angl. *to babble*, all. *pappeln*, écoss. *papple*, babiller, jaser, bavarder; b.l. *babillio*, *babugus*, *baburrus*, sot, babillard.]

Babiller, vn. Parler sans cesse, ne dire que des bagatelles, et des choses inutiles. *Babillé*, p.

Babillage, sm.fam. Action de babiller.

Babillard,arde, adj.et s. Qui aime à caqueter, qui parle trop; personne babillarde et indiscrète.

Babillement, sm. Action de babiller; ou de parler beaucoup et avec volubilité.

*****Babil,** sm. Cri de la corneille et de plusieurs autres oiseaux.

*****Babil,** sm. Aboiement d'un limier qui a perdu la piste ou qui donne trop de voix.

*****Babillard,** sm.hn. Nom vulgaire de plusieurs oiseaux parleurs; chass., chien qui aboie hors des voies, ou qui aboie trop; axe central agitant l'auget qui fait descendre le grain de la trémie entre les meules du moulin.

*****Babiller,** vn. Se dit de la corneille qui crie; d'un limier qui donne trop de voix.

*****Babilloire,** sf. Sorte de chaise. (De l'anc. fr. *babilloire*, bavardage. On dit aussi *caquetoire*.)

BABINE, sf. Lèvre pendante de certains animaux. [1° Au sanscrit *pú*, *pav*, battre, faire, souffler, M. Delatre rapporte le fr. *babine*, *bave*, *bavarder*, *bafouer*, *báfre*, et l'esp. *baba*, la bave, etc. 2° Ménage et Gattel pensent que *babine* vient du lat. *labina*, dim. de *labia*, lèvres. 3° Gébelin et Roquefort tiennent que ce mot a été formé par onomatopée de la labiale *b*. Jauffret dit que *babine* est le nom des lèvres, appliqué aux enfants dans le style familier, et qui est réservé dans le discours sérieux pour désigner les lèvres de quelques animaux, tels que les singes, les chiens, les vaches et les bœufs. C'est, ajoute-t-il, un mimologisme et un mimographisme. Il entend par mimologisme un mot imitateur; et par mimographisme une écriture imitatrice, ce qui offre aux yeux l'image de l'objet exprimé par la parole. Il est certain, du moins, que le son labial *ba* est le premier ou l'un des premiers que les enfants fassent entendre; et que M. Delatre et autres paraissent avoir bien fait en liant le fr. *babine* au fr. *bave*, *baver*, *bavarder*. L'ar. *baba*, *babe*, le rouchi *baïa*, et le celt. *be*, bouche, ainsi que le fr. *baba*, sorte de pâtisserie, ne semblent nullement étrangers à cette famille de mots. En picard *babeines*, joues de certains animaux; patois de Champ. *babanne*, lèvre, babine; rouchi *babene*, grosse lèvre; prov. *bebo*, grosse lèvre, et *babino*, babine; anc.fr. *babeine*, *babaigne*, babine.]

Bave, sf. Salive épaisse et visqueuse qui découle des lèvres; salive écumeuse que jettent certains animaux; liqueur visqueuse que jette le limaçon. (Selon M. Delatre et autres, ce mot est de la même origine que *babine*, lèvre, parce que la bave coule des lèvres. En ital. *bava*, esp. et port. *baba*, lat. barb. *bava*, bave; esp. *babear*, port. et prov. *bavar*, baver; breton *babouz*, bave, légère ordure, *babouza*, baver, bavarder, *babouina*, couvrir d'ordures.)

Baver, vn. Jeter de la bave. *Bavé*, p.

Bavette, sf. Linge que l'on met sur l'estomac et sous la bouche des enfants pour retenir la bave qui découle de leurs lèvres; partie haute du tablier.

Baveuse, sf. Poisson de mer, ainsi appelé, sur la côte de Provence, parce qu'il est couvert d'une sorte de bave.

Baveux, euse, adj. Qui bave.

Bavoché, ée, adj. peint. grav. et impr. Se dit des contours, des traits de burin, des caractères qui ne sont pas nets, où il paraît y avoir de la bave (comme dit Roquefort).

Bavocher, va. Imprimer sans netteté, maculer.

Bavochure, sf. Défaut de ce qui est bavoché.

Bavois, sf. féod. Tableau de l'évaluation des droits seigneuriaux. (Éloi Johanneau pense que ce mot vient de *bavouer* qu'on trouve dans le dict. de Trév. comme variante de *bavois*, qu'il tient aux mots *bavure* et *bavochure*; et qu'il n'a pas de rapport au mot *boada*, qui, dans la l. des Troub. signifie une redevance au sujet des bœufs. En patois de champ. *babo*, tache d'encre; et *babocher*, écrire salement, dans Tarbé.)

Bavure, sf. Trace que les joints des pièces d'un moule laissent sur l'objet moulé; défaut d'un contour baveux ou bavoché.

*****Bave,** sf. Multitude de fils très-fins que le ver-à-soie jette autour de lui avant de commencer son cocon.

*****Baver,** vn. technol. Couler, non par jet, mais le long des parois du vase.

*****Bavette,** sf. Bande de plomb dont on couvre les bords et les devants des chéneaux qui sont placés sur les couvertures d'ardoises.

*****Bavocher,** va. dor. Se dit de l'effet produit par les taches que le jaune fait en coulant sur le blanc qui doit recevoir l'or. *Bavoché, e*, p.

Bavard, e, adj. Qui dit tout ce qu'il sait, et même ce qu'il ne sait pas, qui parle trop, qui parle sans discrétion et sans mesure. (Roquefort et Delatre ainsi que Gébelin et autres, ont très-bien vu que ce mot est de la même racine que *bave*. Ce qui le prouve c'est que l'anc. fr. *baver* a signifié bavarder, et *baverie*, bavardage, *baveux*, bavard. De plus, Montaigne a dit *bavasser*, pour bavarder. En breton *babouza*, baver, bavarder; rouchi *bafiou* et *bafliou*, baveur, qui bave; et *baflier*, baver, *bafliou*, qui balbutie. M. Diez rattache *bave, baver, bavard*, au grec *babazein*, faire entendre des sons inarticulés, vagir. Nicot dérive *bavard*, du grec *babax*, son inarticulé, cri des enfants au berceau. M. Tarbé rattache le fr. *bavard, bavarder*, au latin *fabulari*.)

Bavardage, sm. fam. Action de bavarder; discours insignifiant et prolixe. (M° de Sévigné a souligné ce mot, le 11 décembre 1695.)

Bavarder, vn. fam. Parler trop, faire des indiscrétions, parler excessivement de choses vaines et frivoles, ou qu'on devrait tenir secrètes. *Bavardé*, p.

Bavarderie, sf. Défaut du bavard; bavardage.

*****Bavardise**, sf. Propos de bavard.

*****Bavasser**, vn. Bavarder. *Bavassé*, p.

BABIOLE, sf. Jouet d'enfant, chose de peu de valeur et puérile. [Selon Skinner, Schulter, De Chevallet, les mots *babiole, bambin, bamboche, bimbelot*, appartiennent à une origine germanique. En anc. scand. *babe*, petit enfant, bambin; *babiliur*, jouet d'enfant, bimbelot, et par ext. chose de peu de valeur, babiole, bagatelle; all. *bub. büblein*, petit enfant, bambin, et angl. all. *babe, baby*; anc. fr. *baube, boube*, enfant. Nous n'avons conservé, dit M. De Chevallet, que les dérivés *bambin, bamboche, babiole, bimbelot*. En ital. *bimbo, bambolo, bambino*, petit enfant; *bamboccio*, bamboche, poupée, et *bambola*, jouet d'enfant, poupée, bimbelot; breton *babik*, petit enfant à la nourrice; gall. *baban*; celt. *bub*, enfant, *baban*, petit enfant. Chez les Syriens et principalement chez les habitants de Damas, *babia* était le nom que l'on donnait aux enfants, d'après Damascius et Bochart. En angl. *bauble*; prov. *baubella*, babiole; et *baubilica*, babiole, mot du b.-lim. En b.l. *baubella*, babiole, petit joyau; anc. fr. *baboy, babole*, babiole.)

Baba, sm. Sorte de pâtisserie où sont ordinairement mêlés des raisins de Corinthe. (Ces graines de raisin sont très-petites. Ce mot *baba* se lie très-bien à *babiole*; à l'angl. *babe, baby*, petit enfant, et à l'irl. *baban*, id. Ainsi *baba* peut s'expliquer par petite pâtisserie saisonnée de petites graines de raisins et destinée aux petits *bambins*; ce terme *baba*, du reste, est du dictionnaire de l'enfance; le jeu seul des lèvres suffit pour le prononcer. En teutonique, *baba*, petit enfant.)

Babouin, sm. et **Babouine**, sf. fam. Enfant badin et étourdi; et *Babouin*, sm. singe. (Anc. fr. *babion, babouin*, petit garçon, *babouinerie*, niaiserie, futilité. Schulter rattache le fr. *babouin*, au teut. *babewin*, ami des enfants, espèce de singe, auj. *bavian*; et *babewin*, au teuton *baba*, petit enfant, anc. mot celt. Il y a, dit Génin, des singes qu'on appelle babouins; et l'on se sert également de ce mot pour désigner un enfant, un petit polisson. Daunou nous apprend que *babouin* se prenait dès le 13° s., pour un petit bonhomme, *homuncio*. Les marges des manuscrits se remplissaient de peintures. Tracer ou peindre ces figures marginales s'appelait *babuinare*. Le verbe *babuinare* manque dans Du Cange; et l'acception de *homuncio* n'y est pas indiquée aux mots *babewynus, baboynous*. En ital. *babbuino*, esp. *babuino*, babouin; picard *babouin*, laid; dans Rabelais, *babou* désigne l'action des enfants qui se font la moue. En angl. *baboon*, babouin, et *babe*, bambin.)

Embabouiner, va. fam. et bas. Engager quelqu'un par des caresses, par des paroles flatteuses, à faire ce qu'on souhaite de lui. (C'est littéralement l'enjoler, l'attirer, comme un niais, un *bambin*. En anc. fr. *babouin*, petit garçon; homme faible; poltron; d'où l'anc. fr. *babouinerie*, niaiserie, futilité; et *babouiner*, faire le bouffon. Patois de Castres *embabina*, embabouiner.) *Embabouiné, ée*, p.

Bambin, sm. fam. Petit garçon. (Ce mot est de la même origine que *babiole, babouin, bamboche, bimbelot*, etc.)

Bamboche, sf. Petite figure en forme de marionnette, mais plus grande; personne mal faite et de petite taille. (De l'ital. *bamboccio*, petit homme mal fait. On a vu à Paris, dit Furetière, une troupe de comédiens qui faisaient jouer de petites figures en forme de marionnettes, appelées *bamboches*; elles n'eurent pas grand succès.)

Bambochade, sf. Genre de peinture qui embrasse la représentation de la nature rustique, les habitations des villages, leurs usages, leurs mœurs, etc.; fig., production bizarre et ridicule. (De *Bamboche*, en ital. *Bamboccio*, petit homme manqué. Ce sobriquet donné à un peintre hollandais, nommé Pierre Laer, fort contrefait, et qui excellait à peindre des figures grotesques, parut d'une application si heureuse, que tous les tableaux du genre auquel il s'était adonné prirent le nom de *bambochade*. Ce peintre naquit en 1613, au village de Laor : S.A. Choler, le comte de Caylus, Gattel, etc.)

Bamboche, sf. pop. Amusement immodéré, partie de plaisir et même de débauche. («De folies en peinture, le mot bamboche a été transporté aux folies en morale.»)

Bambocheur, euse, sf. pop. Celui, celle qui a l'habitude de faire des bamboches.

Bimbelot, sm. Jouet d'enfant, poupée. (D'après la plupart des étymologistes, ce mot est de la même famille que *babiole, babouin, bambin, bamboche*, etc. Gattel le dérive directement de l'ital. *bambola*, enfant, poupée; l'abbé Corblet, de l'ital. *bambolo*, enfant, poupée; et Le Duchat, de l'ital. *bambo, bimbo*, petit enfant, poupée, d'où l'ital. *bambola, bambolo*. L'espèce de jeu que l'on nomme *biblot* ou *bimbelot*, dit un autre écrivain, est un dim. de la *bible*, engin de l'artillerie antique, lequel après avoir lancé les mangons et les carreaux dont il était chargé, se remettait mécaniquement en place, par le seul effet de sa construction. La *bible* ou la *bugle* était le nom que l'on donnait au 12° s., à un genre de catapulte. *Bugle* signifiait aussi buffle, bœuf sauvage, jeune bœuf. Il reste à savoir si l'on a dit *biblot* avant de dire *bimbelot*, dans le sens de poupée, jouet d'enfant.)

Bimbeloterie, sf. Fabrique, commerce de jouets.

Bimbelotier, sm. Fabricant, marchand de bimbelots.

BAC, sm. Grand bateau plat et large, qu'on tire avec un câble, et dont on se sert pour passer une rivière. [D'après De Chevallet et autres, les mots *bac, bachot, bassin*, etc., appartiennent à une même origine germanique. En all. *back*, holl. *bak*, bac, ponton, bateau plat; mots dérivés du tudesque *bach*, grand baquet ou tout autre grand vaisseau de même sorte. Ces mots se lient assez bien au latin *baccia, bacchia*, dans Isidore, signifiant primitivement vase à vin, puis pot à l'eau. Dans Festus, *bacrio*, vase à grande anse. Dans Plaute *batiaca*, espèce de coupe, c'est le grec *batiakê*. En b.l. *bacca, baccus, bacus*, bac; *bacellus, bacula*, baquet; *bacce*, vase à eau; *bacca, baccharium, bacchonica, bacchoaicha, bachia, bachoica*, vase, cruche; *bacinus*, bassin; *baccale*, pour *bacale*, bassin; *baccinus*, cruche ou bassin; *bacha*, bachot; *bachium*, bac; *bachus*, baquet;

bacinetum, basinetum, casque ; gaël écossais *bac,* breton *bag,* bac.]

*Bac, sm. Endroit plein d'eau où les pêcheurs conservent le poisson ; bassin en briques cimentées où l'on éteint la chaux ; petit bassin d'une cuve ou d'une fontaine ; vase de bois où le brasseur prépare les grains et le houblon ; cuve en pierre destinée à recevoir l'eau de la pluie ; grand coffre de bois où l'on pile le sucre au sortir de l'étuve.

*Bacasas, sm. relat. Espèce de pirogue.

*Bacasas, *Baccasas, sm.mar. Petit bâtiment relevé de l'avant et bas de l'arrière.

*Bacasson et **Bachasson,** sm.papet. Auge qui donne de l'eau aux piles.

*Bachat, sm. Auge à cochons ; papet. cavité qui se trouve sous le pilon.

*Bacholle, sf. papet. Casserole de cuivre.

Bachot, sm. Petit bateau.

*Bachotage, sm. Action de conduire un bachot ; droit établi sur les bachots.

Bachoteur, sm. Batelier qui conduit un bachot.

*Bachotte, sf. Baquet pour transporter, sur un cheval, du poisson vivant.

*Bachou, sm. Sorte de tonneau servant de hotte pour transporter le raisin de la cuve au pressoir.

Baquet, sm. Petit cuvier de bois à bords très-bas. (D'après Du Cange, *baquet* est un dim. de *bac,* provenu lui-même du b. lat. *bacous.* Angl. *back,* baquet. Patois de Champ. *baquet,* bassin, dans Tarbé.)

*Baquet, sm. Vaisseau de bois rempli de terre où un jardinier sème quelques grains ; plateau dont se servent les carriers ; pierre creuse où les imprimeurs mettent leurs formes pour nettoyer les caractères ; caisse où le graveur fait mordre l'eau forte sur le cuivre ; sorte de fourneau du doreur ; boîte carrée pleine d'une eau gommée où les marbreurs de papier font surnager les couleurs dont ils se servent ; nom que les chaudronniers donnent à tous les vaisseaux de cuivre qui ne sont qu'ébauchés.

*Baqueter, va. horticult. Retirer l'eau d'un vase, d'un baquet, avec une pelle ou une écope. ***Baqueté, ée,** p.

*Baquetures, sf.pl.pop. Vin en perce qui tombe dans le baquet en vidant le tonneau.

Bassin, sm. Espèce de grand plat creux, et de forme ronde ou ovale ; pièce d'eau, bordée de pierre ou de marbre ; lieu où les bâtiments jettent l'ancre ; anat., grande cavité osseuse qui forme la paroi inférieure de l'abdomen ; plat où l'on reçoit les offrandes à la messe. (De l'anc. fr. *bacin,* bassin ; teuton *bac, bach, bekin,* vase à eau, bassin ; b. l. *bacinus,* et *baccale* pour *bacale* ou *baccinus,* ruche ou bassin ; et *bassinus, bassis,* bassin. D'après De Chevallet, *bassin* aussi bien que *bateau* appartiendrait à la même racine germanique, au tudesque *bat, bot,* barque, bateau. Dans la l. des Troub. *bacin,* bassin, vase, coupe ; *bacinet* et *bassinet,* armure de tête ; celtique *baczin,* picard *bachin,* bassin ; patois de Castres *bassi,* ital. *bacino,* port. *bacia,* bassin. Le fr. *baquet* et *bacin, bassin,* répondent au fr. *bac,* comme le l. *scyphus,* coupe, à *scapha,* esquif ; comme le l. *cupa,* coupe, à *cymba,* nacelle.)

*Bassin, sm. Réservoir des écluses ; partie d'une rivière, d'un canal, qui est comprise entre deux ponts dans une ville ; trou creusé en terre, où l'on fait couler le cuivre fondu ; espace entouré de sable où les maçons détrempent la chaux pour faire le mortier ; plaque de métal sur laquelle on bâtit les chapeaux ; instrument qui sert à l'opticien pour façonner les verres convexes ; casserole à queue dont se sert le boulanger.

*Bassins, sm.pl. Nom donné à deux grandes étoiles de la constellation de la Balance.

*Bassinage, sm. Façon que donne le boulanger à la pâte pour la bien pénétrer d'eau.

Bassine, sf. Bassin large et profond.

*Bassinée, sf. Quantité d'eau contenue dans la casserole du boulanger appelée bassin.

Bassiner, va. Chauffer avec une bassinoire ; humecter, fomenter en mouillant avec une liqueur tiède. *Bassiné, ée,* p.

*Bassiner, va. Répandre de l'eau sur la pâte du pain ; jeter de l'eau avec la main sur l'osier, avant de le mettre en œuvre ; arroser légèrement une plante ou une plate-bande.

Bassinet, sm. Petit bassin, petite cavité d'une arme à feu, où est l'amorce ; d'un chandelier, où est la chandelle ; des reins ; chapeau de fer d'un homme d'armes ; coupe du gland.

Bassinet, et **Bacinet,** sm.bot. Espèce de renoncule à longs jets rampants.

Bassinoire, sf. Bassin à manche, servant à chauffer le lit.

*Bassinot, sm. Petit bassin au fond d'un vaisseau où on laisse reposer un liquide.

*Bassiot, sm. distillat. Petit baquet de bois.

---

*BACCHARIDE, *BACCARIDE, sf. Genre de plantes à fleurs composées. [Du lat. *baccar* ou *bacchar, aris,* et *baccaris,* herbe que l'on croyait utile contre les enchantements, gantelée ; dérivé du grec *bakkaris* ou *bakkharis,* gantelée, campanule. 1° Gébelin rapporte le gr. *bakkaris,* campanule, et *Bakkhos, Bacchus,* à *bac,* qui est, dit-il, une famille celtique. 2° Martinius dérive le gr. *bakkaris* ou *bakkharis,* pour *pagkuris* ou *pakkharis,* du gr. *pan,* tout, et *kharis,* agrément, attrait, charme, d'où le gr. *pagkharés,* très-réjouissant ; à cause de son odeur agréable ; 3° puis, du nom de *Bacchus,* en gr. *Bakkhos.* Le grec *bakkar* ne semble nullement étranger au breton *bégar,* mélisse, ou citronnelle, plante ; ni à l'irl. *bachar,* le Gant-Notre-Dame ; ital. *baccaro* ou *bacchero.*]

*Baccaridé ou ***Baccaridé, ée,** adj. bot. Qui ressemble à une baccaride.

*Baccaridées, sf.pl. Famille de plantes à fleurs composées.

*Baccaris ou **Baccharis,** sf. Plante odoriférante que les anciens employaient dans les enchantements, et que l'on croit être le Gant-Notre-dame.

*Baccaroïde et ***Baccharoïde,** adj. bot. Semblable à une baccaride.

---

*BACCHUS, s.pr.m.myth. C'est le jeune et beau dieu du vin, fils de Jupiter et de Sémélé, suivant la tradition la plus populaire. [Du lat. *Bacchus,* dérivé du gr. *Backchos,* Bacchus. L'origine étymologique de ce nom célèbre est encore couverte de ténèbres. 1° Volney cite Plutarque qui nous dit que les femmes grecques d'Elis chantant les hymnes antiques de ce dieu terminaient les strophes par les mots répétés *digne* taureau, *digne* taureau. Ce digne est une épithète singulière ; en phénico-hébreu, *digne* se dit *ïäh* ; le gr. qui n'admet pas l'*h,* y substitue le *ch,* qui est une autre aspiration plus forte, et dit *ïakchos,* qui est le lat. *Iacchus ;* mais si l'*u* et l'*i* latins se sont quelquefois échangés, comme dans *optimus, maximus,* on aura pu prononcer *uacche, uachchi,* et vu la fraternité de *ue* et de *be,* l'on voit éclore *bacchus.* N'est-il pas singulier, ajoute Volney, que son féminin signifie la vache : *bacca, vacca.* De manière que ce mot, vieux latin, serait venu de l'étranger avec la religion même. 2° Langlois forme le nom de *Bacchus*, de celui de *Báguis*, nommé aussi *Siva*, troisième personne de la Trinité indienne, qui fait sa demeure habituelle sur le mont Mérou, au pied duquel est située la ville *Nicha*, nommée *Nysa* par les Grecs. On peut ajouter que les anciens eux-mêmes regardaient Bacchus comme une divinité originaire de l'Inde. 3° Constancio pense que le nom de Bacchus, comme tant d'autres venus de l'Egypte, a été altéré par les Grecs qui auraient fait de ce dieu symbolique d'un ordre supérieur une divinité secondaire qui préside à la vigne et au vin. Il forme ce nom de l'égyptien *pikhoun*, l'un des emblèmes de l'énergie solaire. *Pi* est un article que plusieurs prononcent *bi*. Ici se présente une difficulté, c'est que Bacchus était honoré sous le nom d'*Osiris* en Egypte, et sous celui de *Bacchus* en Ethiopie et en d'autres pays. 4° Plusieurs hébraïsants, après Héinsius et Pluche, tirent le nom de Bacchus, de l'hébr. *bâkâ*, il a distillé, il a dégoutté, il a pleuré. Stephanus Morinus le dérive de l'ar. *baka*, il a pleuré; c'est pourquoi, dit-il, Hésychius a écrit que Bacchus signifie pleurs chez les Phéniciens. 5° Leibnitz rattache le nom de Bacchus au celt. *bwch* et à l'all. *bock*, bouc; et Wachter, au g. *baukizesthal*, mener joyeuse vie; et au germ. *bock*, bouc; parce que ce dieu était souvent porté par un bouc, et qu'il avait pour compagnons les Faunes et les Satyres, divinités aux pieds de bouc. 6° D'après Eusthate et L. Marcus, ce nom viendrait du gr. *baxein*, *bakséin*, aller, marcher, voyager; parce que ce dieu a beaucoup voyagé. C'est dans ses voyages qu'il enseigna aux hommes l'art de faire le commerce ensemble, et celui de cultiver la vigne. 7° Théod. Bensey dérive le nom de Bacchus, du sanscrit *vivaksh*, parler à haute voix, d'où aussi *Iakkhos* en gr. et *Iacchus* en lat., autre nom de Bacchus; 8° Vossius le dérive du gr. *Iakkhos*, et ce dernier mot, du grec *iaké*, clameur; 9° Géb. t. 4, p. 569, le tire de l'éol. *bakkhoa*, grappe de raisin; 10°, et t. 7, p. 135, du celt. *bac*, *bach*, petit, enfantin. 11° Bochart et autres composent ce nom de l'hébreu *bar*, fils, et de *chus*: fils de Chus. 12° Scrieck le fait venir du scythique *bac*, bac, baquet, vase, et *ho*, haut : vase haut, baquet élevé. 13° Dindorf le rattache à l'hébreu *bâkâ*, il a pleuré; puis au grec *bazô*, parler, *babazô*, vagir, *babax* et *babaktés*, bavard. Ce dieu a reçu plus de cent-trente surnoms. Ses fêtes portaient différents noms. Les *Iobacchies* avaient pris cette dénomination des cris : *Io Bacche*, répétés pendant certaines cérémonies. En gaël écoss. et irl. *bach*, *bachair*, langue méridion. *bacchus*, ivrogne.]

Bacchanal, sm. fam. Grand bruit, tapage comme on en faisait aux fêtes de Bacchus.

Bacchanales, sf. pl. Fêtes en l'honneur de Bacchus, que l'on célébrait par toutes sortes de débauches.

Bacchanale, sf. Représentation d'une danse de Satyres et de Bacchus; danse bruyante et tumultueuse dans un ballet, dans un grand opéra; débauche faite avec grand bruit.

Bacchante, sf. Prêtresse de Bacchus, qui célébrait la fête des Bacchanales; fig., femme violente, sans pudeur.

Bachique, adj. Qui appartient, qui a rapport à Bacchus; se dit d'un tableau représentant des scènes de buveurs et d'ivrognes.

*****Bacchanal**, sm. Lieu où l'on célébrait les mystères de Bacchus.

*****Bacchanaliser**, vn. Faire la débauche, s'adonner à la joie et aux plaisirs.

*****Bacchant, ante**, adj. et s. myth. Se dit des hommes et des femmes qui suivirent Bacchus dans son expédition dans l'Inde.

*****Bacchante**, sf. hn, Papillon de France qui vole par saccades.

*****Bacchide**, sf. Prêtresse de Bacchus.

*****Bacchique**, adj. et sm. Nom d'un pied de vers latin, qui est composé d'une brève et de deux longues, comme *egestas*. (Du nom de *Bacchus*, parce qu'il entrait souvent dans les hymnes que l'on faisait à l'honneur de ce dieu.)

Antibacchique, adj. et sm. poés. lat. Pied de trois syllabes, dont les deux premières sont longues, et la troisième brève. (G. *anti*, contre : le contraire du vers bacchique.)

*****Palimbacchique**, adj. et sm. Vers bacchique renversé. (G. *palin*, au rebours.)

BACHA, sm. Titre d'honneur que l'on donne en Turquie aux gouverneurs de provinces ou autres personnages recommandables. [Martinius, Leinclavius, Skinner et Pihan, dérivent ce mot du turc *basch*, tête, chef. Spelman le lie au l. b. *bassus*, *vassus*, *vassalus*, chef, vassal. En l. b. *bassa*, bacha. Le turc *basch* est le même que le tartare *basch* et que le russe *bachka*, tête, d'après le Tripartitum.]

BACHE, sf. Grosse toile dont on couvre les charrettes, etc. [1° Selon M. Delatre, *bâche*, pour *bansche*, augment., aurait été fait du vi. fr. *banse*, banne, mot qu'il rattache à *banne*, grosse toile servant à couvrir des marchandises, et à *banne*, espèce de grand panier fait de branches d'osier. 2° Roquefort le lie au vieux mot *baghe*, et le dérive du lat. *vagina*, gaîne, fourreau. *Baghe* s'est dit aussi du bagage que l'on donnait à un cadre avant de le mettre hors d'une ville. Ce bagage se composait d'un manteau, d'un chapeau, d'une besace, et d'une cliquette. 3° Bullet le forme du celt. *bach*, qui a signifié, en général, ce qui contient, ce qui renferme, ce qui couvre. Un autre le tire du celt. *bac*, courbure, *bacha*, contenir, enfermer; un autre du bret. *bac'ha*, renfermer, emprisonner; *bac'h*, lieu enfermé, prison, cachot. 4° « L'idée de voûte ou de creux, notamment dans l'acception de caisse vitrée, engage à prêter à bâche une origine commune avec bac : » M. Scheler. En patois de Champ. *bache*, caleçon de femme, selon Tarbé.]

Bâche, sf. Grande caisse vitrée où les jardiniers mettent les plantes à l'abri du froid; sorte de cuvette où se rend l'eau puisée par une pompe aspirante, et où elle est reprise par d'autres pompes qui l'élèvent de nouveau. (Dans cette dernière signification, M. Delatre, rattache le fr. *bâche* et le vi. fr. *basche*, au lat. *bascauda*, cuvette; à l'angl. *basket*, panier, et à la racine sanscrite *bhuj*, *bhaj*, tourner, courber, recourber, aller, faire, manger. L'abbé Corblet a noté que *bache* en pic. signifie couche vitrée, et grosse toile, comme en normand; et que le même mot s'employait en vi. fr. dans le sens de paillasse. Bullet dit que *bache*, en comtois, veut dire paillasse.)

Bâcher, va. Couvrir d'une bâche. *Bâché, e*, p.

BACHELIER, sm. Celui qui est promu au baccalauréat. [Ce mot paraît avoir signifié primitivement, selon Du Cange, les propriétaires ou fermiers des manses qu'on appelait *bachelleries* ou *vasseleries*. Au 13e s., il désignait les jeunes gentilshommes qui aspiraient à la chevalerie, et au droit de porter bannière. 1° Selon De Chevallet, la première signification du mot bachelier est celle de jeune garçon, jeune homme, adolescent; d'où *bachelerie*, jeunesse, adolescence. On disait anciennement *béchot*, *bésot*, pour petit garçon ; *béchote*, *besotte*, *basselle*, *baisselle*, *bachelette* pour petite fille. On dit encore aujourd'hui en Picardie, *baïchot*, et en Franche-Comté *paichon*, pour petit garçon ; en Dauphiné *paichot*, petit, et petit garçon. En gall. *beçan, byçan*, petit ; *bacgen*, garçon, jeune homme ; écoss. *beag, beagan*, petit; irl. *beag, beagan*, bret. *bihan*; petit; corn. *bachan, bichan*, petit. 2° Pougens fait remonter l'origine du mot bachelier au monosyllabe *bag, bach*, petit. 3° Le Général Bardin dit : Tout porte à croire que la qualification de *bachelier* ou *bacelier* aura varié de province à province et d'un siècle à l'autre. Il est sûr qu'elle a répondu à *vasselet*; peut-être dérivait-elle de *vassal*. 4° J. J. Bacon soutient que du mot *Bache*, nom celt. de *Bacchus*, nous est resté *bachelier*, qui signifiait autrefois un ministre, un élève de Bacchus; ce dieu passant pour l'instituteur de la race humaine encore sauvage. 5° Les auteurs du Trip. lient les mots fr. *bachelier, bachelette, page*, au gr. *païs*, enfant, au german. *pag, bagh*, etc. 6° Bullet forme simplement bachelier, du gall. *bach*, petit ; 7° et Nicot, de l'anc. fr. *bacèle* ou *bachèle* ; 8° le P. Grégoire de Toulouse, du lat. barb. *vassus, vassalus*, qui s'est écrit quelquefois *bassalus*; 9° Junius, du gr. *bakélos*, sot, fat, étourdit ; 10° Fauchet, du fr. *bataille*, comme s'il fallait dire *batailler*. 11° Quelques-uns tirent le mot *bachelier* du nom des soldats nommés *buccellarii*, en gr. barb. *boukellarii*, et qui faisaient partie de la maison milit. des empereurs d'Orient; 12° d'autres, du l. *baculus*, ou *bacillus*, petit bâton, parce qu'autrefois les bacheliers militaires faisaient leurs premiers exercices, armés seulement d'un bouclier et d'un bâton, et que les bacheliers lettrés en recevant leur grade, recevaient aussi un petit bâton ou une baguette qui était comme signe honorifique. 13° Barbazan prétend que l'anc. fr. *bachelier* vient du lat. *bacca*, baie, petit fruit. 14° Anquetil, Cl. Fauchet, Du Cange, Giustiniani, Edw. Chamberlayne, G. Wachter, André, Favyn, Gattel, etc., considèrent le fr. *bachelier* comme une contraction de *bas chevalier*. 15° M. Littré semble avoir dissipé l'obscurité qui nous cachait la véritable origine du mot *bachelier*; il semble aussi avoir fait ressortir les liens de parenté qui existent vraisemblablement entre les mots *bachelier, bachelette, bagasse, vassal, vaslet, varlet, valet*. Il dit : «...Le *bacealarius* était celui qui tenait une *baccalaria*, et *baccalaria*, usité, comme le fait remarquer M. Diez, dès le 9e s., voulait dire une espèce de bien rural que le bachelier avait à cens. Il était donc compté parmi les gens de la campagne, quoique d'un rang plus élevé que ceux qui, tenant une manse, étaient assujettis aux œuvres serviles, et on peut le définir un vassal d'un ordre inférieur. A côté de cette signification, il a encore celle de jeune guerrier, qui n'est pas encore chevalier. Puis il y eut des bacheliers d'église, qui étaient des ecclésiastiques d'un degré inférieur; il y eut, dans les corporations de métiers, des bacheliers qu'on nommait aussi *juniores*, et qui géraient les petites affaires de la corporation; enfin, et par le même mouvement d'idées, naquirent les bacheliers des facultés. De là aussi, par une autre extension, bachelier prit le sens d'homme jeune non marié et, en général, de célibataire, sens qui est resté celui du mot anglais *bachelor*. Avant d'aller plus loin, remarquons qu'il faut découvrir, dans quelqu'une des sources des langues romanes, un mot qui ait une double signification, celle de vassal et celle de guerrier. Or *vassal* lui-même nous offre cette double qualité ; d'une part il signifie celui qui est subordonné féodalement; et, d'autre part, il veut dire courageux guerrier ; *vasselage* est constamment usité pour valeur et prouesse; les chansons de geste sont pleines de l'emploi de ce mot. Déjà on trouve dans Du Cange *baccalaria* rapproché de *vasselerie*, fief. Mais une indication de ce genre ne suffit pas; il manque des formes intermédiaires, je vais essayer d'en retrouver. Nous avons un vieux mot, non encore complètement tombé en désuétude, qui me servira à cet effet; c'est *bachelette*; il est évidemment congénère de *bachelier*, et signifie jeune fille, comme l'autre signifie jeune homme. Mais à côté de *bachelette*, on trouve une forme différente, à savoir *baissèlete*... Le changement de *v* en *b* ne fait pas une grande difficulté, car on trouve dans Du Cange *bassalus* pour *vassalus*; mais ce qui en fait bien davantage, c'est le changement des deux *s* en *c*. Il est certain, par la comparaison de *bachelette* et de *baisselete*, que les *s* ont pu se changer facilement en *c* dur ou *k*; aussi Du Cange offre-t-il la forme *baquelarius*. Telle est la conjecture que je propose; ce qui me semble particulièrement l'appuyer, c'est le double sens qu'a *bachelier*, comme vassal et comme jeune guerrier, et l'existence d'une forme où la double *s* est remplacée par le *ch*. *Bachele* ou *baissele*, d'où le diminutif bachelette ou *basselete*, a été pour M. Diez l'occasion d'un rapprochement différent. Il ne parle pas de bachelier... Mais je pense que, dans *bachele*, on a un mot plus voisin de l'étymologie et produisant *bachelerie*, comme *vassalus* produit d'une part *vasseleria*, d'autre part *vasseletus*, d'où *vaslet, varlet, valet*, qui voulait dire, à l'origine, un jeune homme. M. Diez cherche un rapport entre *bachele* et *bagasse*. Je crois qu'en effet il en existe un, mais non de la manière qu'il le conçoit. Suivant lui, *bachele* conduit à *bagache*, qui est le primitif, et pour lequel il n'a que de vagues conjectures entre le kymr. *bach*, petit, et deux mots arabes, l'un signifiant honteux, l'autre signifiant servante. *Bagasse* est la forme italienne ou provençale *bagascia, bagassa*, reprise en français ; la forme ancienne était *baasse, baiasse*, ou *baesse*..... Il signifie simplement servante, domestique, sans aucune acception défavorable. C'est ce sens de subordonné, de serviteur, se retrouvant dans bachelier, dans vassal, qui me semble mettre sur la voie et indiquer un radical commun. Je suppose donc que *baasse* ou *bagassa* est une contraction pour *bacalasse* ou *bacalassa*, qui a donné *bagassa* ou, en vi. fr., *baasse*. En définitive, je pense qu'il y a deux séries de mots : ceux-ci commençant par *b* et ceux-là par *v*, et ayant les uns et les autres la double signification de serviteur et de jeune, et se rapportant à un primitif *vassallus, vassus*, qui est d'origine celt. On objectera que le changement de *v* en *b* n'est pas très-commun. Mais d'une part, les mots tirés du celtique forment une catégorie trop petite, et nous connaissons trop mal les formes anciennes de cette langue, pour que nous puissions beaucoup raisonner sur les permutations de lettres; et d'autre part, *b* pour le *v* se trouve dans *berger* de *vervicarius*; etc. » 16° « Le mot *baccalaria*, métairie, d'où part M. Diez, rapproche de *baccalator* =*vaccarum custos*, renvoie naturellement au mot *bacca*, employé au moyen âge pour *vacca*: » M. Scheler. Voyez *Bagasse*, et *vassal*.]

Baccalauréat, sm. Grade de bachelier, titre que l'on prend dans une université. (De l'anc. fr. *bachélierat*, qualité, grade de bachelier ; et non du lat. *bacca lauri*, baie de laurier ; ni du saxon *boc*, livre, et *lareow*, docteur.)

Bachelette, sf. vi. Jeune fille d'une figure gracieuse.

---

*BACULER, va. vi. Frapper à coups de bâton. [Du b. l. *baculare*, baculer, mot qui vient du lat. *baculus, baculum*, bâton; sceptre; dans Vitruve maillet de fer. 1° M. Delatre dit que le sanscrit *vahala*, ferme, solide, paraît avoir fait *baculum*, bâton sur lequel on s'appuie. 2° Un autre dérive *bacu-*

lum, ou *baculus*, du sanscrit *bhangura*, courbé; 3° Guichard, de l'hébreu *pélék*, ou *phélék*, bâton rond, bâton servant d'appui, fuseau, béquille, crosse; 4° un autre, de l'hébreu *maqqél*, bâton, comme l'éolien *burmax*, fourmi, du grec. *murméx*, fourmi; 5° le P. Pezron, du celt. *bach, bagl*, bâton; 6° Ihre, de l'ancien lat. *bacus*, bâton. 7° Au germanique *pochen, bochen*, battre, frapper, pousser, Wachter rattache le latin *baculus*, instrument pour frapper ; et le germanique *bock*, bouc, animal qui frappe et qui est toujours prêt à frapper avec ses cornes; et le vi. fr. *buquer*, frapper. 8° Un autre a cherché la racine de *baculus*, dans le gr. *bad*, marcher; parce que le bâton aide à marcher. En persan on trouve *pahu, bahu, basu*, bâton, dans Méninski. En gr. *baktron*, bâton; copte *bakón*, maillet, marteau; gaël écoss. *bachull*, gaël irl. *bachol, bachal, bachul*, bâton; et gaël irl. *bacc*, houlette; bret. de Vannes *bác'h*, bâton; savois. *baculo*, bâtonnet qui sert à un certain jeu d'enfants, et *pako*, long bâton recourbé à un bout, dont les enfants se servent dans une espèce de jeu de mail. Le Trip. lie au lat. *baculus* le germ. *bakel*, suéd. *bagal*, bâton.) *Baculé, ée*, p.

Baculaire, sm. Membre d'une secte d'anabaptistes qui regardaient comme un crime de porter d'autres armes qu'un bâton.

*Baculifère, adj.bot. Se dit d'une plante dont les tiges servent à faire des cannes. (L. *fero*, je porte, et *baculus*, bâton.)

*Baculite, sf. Genre de coquilles cloisonnées, dont la forme en cône très-allongé les a fait comparer à un bâton.

*Baculométrie, sf. Art de mesurer avec des bâtons les lignes ou les hauteurs, même inaccessibles.

*Baculométrique, adj. Relatif à la baculométrie.

Bascule, sf. Pièce de bois soutenue par le milieu, de manière qu'en pesant sur l'un des bouts on fait lever l'autre; jeu où deux personnes s'amusent à se balancer. (Du l. *baculum*, par l'insertion d'un *s* euphonique, comme le remarque M. Delatre : et non du latin à *battuendo culo*, comme l'a cru Nicot. Autrefois cette *s* s'insérait souvent dans les mots. On disait *pasle*, de *pallidus*, etc.)

Bâcler, va. Fermer avec des barreaux, ou des barres, ou des chaînes, ou autres obstacles; fig.fam. expédier un travail à la hâte. (C'est propr. fermer derrière avec un bâton. Du l. *baculus*, bâton. Dans la langue des Troub. *baclar*, fermer ; bas-limousin *bocla*, bâcler.) *Bâclé, ée*, p.

*Bâcler, va. Fermer l'entrée d'un port avec une chaîne, un câble, etc; fermer le passage d'une rivière par des hérissons. *Bâclé, ée*, p.

*Bâclage, sm. Arrangement des bateaux dans un port; fermeture d'un port par des chaînes; fermeture du passage d'une rivière par des hérissons.

Débâclage, sm. Action de débâcler.

Débâcle, sf. Rupture subite et écoulement des glaces ; débâclage ; fig. fam., changement brusque et inattendu qui amène du désordre.

Débâclement, sm. Moment de la débâcle des glaces; action de débâcler un port, des navires, etc.

Débâcler, va. Débarrasser un port des navires, des bateaux vides; ouvrir ce qui était bâclé; vn. se dit d'une rivière, quand la glace qui la couvrait se rompt et s'écoule. *Débâclé, ée*, p.

Débâcleur, sm. Officier qui préside au débâclage d'un port.

*Embâcle, sm. Amoncellement de glaçons formant une sorte de barrage dans une rivière au moment d'une débâcle.

Bacile, sm.bot. Fenouil marin, plante ombellifère. (Du l. *bacillus*, baguette, verge, houssine, petit bâton, dim. de *baculus*. Sa tige ressemble à une baguette.)

Bacillaire, adj.hn. Long et cylindrique comme une baguette.

Bacillaire, sf. Genre d'animalcules infusoires.

Bacillarié, ée, adj.hn. Semblable à une bacillaire.

Bacillariés, sm.pl. Famille d'animalcules infusoires renfermant les bacillaires.

Bacille, sm.bot. Production allongée en forme de pédoncule, dans certains lichens.

Bacilliforme, adj.hn. De la forme ou de l'apparence d'une baguette.

Baguette, sf. Verge, bâton fort menu ; petite moulure ronde. (La forme italienne du lat. *baculum* est *bacchio*, dont le diminutif *bacchetta* est devenu en fr. *baguette*, comme le dit fort bien M. Delatre.)

Baguette, sf. Marque distinctive des maîtres des cérémonies, à la cour des anciens rois de Perse; morceau de bois long qui sert au hongroyeur pour aplanir le cuir; outil de l'artificier; outil auquel le fabricant de chandelles suspend les mèches; repli au bord des tables de plomb qui servent à couvrir les toits; lingot d'or ou d'argent réduit par la filière à une certaine grosseur; mar., mâtereau placé en arrière des mâts pour recevoir la corne; sorte de bâton servant au fauconnier pour faire partir la perdrix des buissons, et pour tenir les chiens en crainte; horticult., tulipe à tige forte et haute.

Porte-baguette, sm. Anneau qui reçoit et porte la baquette d'un fusil.

BADAUD, AUDE, s. Celui, celle qui s'arrête la bouche béante devant tout ce qui lui paraît nouveau; gobe-mouches; benêt, niais, nigaud; qui admire sans cesse. [Ce mot appartient à une nombreuse famille très-répandue en Europe. L'idée mère de cette famille paraît être relative à l'action d'ouvrir la bouche, de bâiller, de *béer, de *bayer*, de parler. Sa forme génératrice est *ba, bad*. M. Delatre semble parfaitement justifiable d'avoir rapporté *badaud* au sansc. *bhad*, ouvrir la bouche, parler; et conséquemment au sansc. *bhâ, bhâs, bhan*, parler; en lat. *fa-ri, fa-tum*, en gr. *pha-ó*, parler. Dans la langue des Troub. *badar*, ouvrir, bâiller, huer, languir; *badaillar, badalholar*, bâiller, soupirer; *badeiar*, niaiser, perdre son temps; *badau*, niaiserie, bêtise; *badahec*, bâillon; *badarel*, badauderie, badaudage; en ital. *badare*, cat. *badar*, ouvrir, bâiller; ital. *sbadigliare*, cat. *badalar*, bâiller, soupirer. On peut citer ici l'hébr. *bad*, badineries, bagatelles, menteries, paroles magnifiques. D'après De Chevallet, on peut ajouter *bade*, mot ancien de la langue d'oïl, et qui signifie baliverne, sottise, propos frivole et niais; le bret. *bada*, parler ou agir comme un sot, un fou, un étourdi; et *bader, badaouer*, badaud, niais, sot; écoss. *baoth, baothair*, irl. *badghaire*, niais, sot, badaud. M. Audiffret rattache avec raison le mot *badaud* au provençal *bada, badaya*, béer, bayer, bâiller, et *badaire*, qui bâille, qui a la bouche béante; et rejette l'opinion de ceux qui forment *badaud* de *badaw*, bateau. De là le prov. mod. *badaou*, badaud. Dans le canton de Bonneval, *bader*, c'est parler ensemble sans besoin; patois de Valence *bada*, ouvrir la bouche; patois de Castres *bada* bayer, badauder; b. l. *badaire*, bâiller; *badallum*, bâillon. Quelques-uns ont cru que *badaud*, venait de *Bagaudes*, en latin *Bagaudæ*; d'autres, du vi. fr. *bidaut* ou *bédaut*, sergent, recors. En bas-limousin *bada la boutso*, c'est s'amuser à regarder niaisement en l'air; c'est bayer aux corneilles.]

Badauder, vn.fam. Perdre le temps à regarder avec la bouche ouverte et avec une curiosité niaise tout ce qui semble extraordinaire ou nouveau. *Badaudé*, p.

Badauderie, sf.fam. Propos ou action de badaud; niaiserie, puérilité.

***Badaudisme**, sm. Manie du badaud.

Badin, ine, adj. et s. Qui s'amuse à des bagatelles, folâtre, enjoué, qui aime à rire. (Ce mot est évidemment de la même origine que *badaud*, d'après la plupart des étymologistes. Cependant Wachter, Roq. et Gatt., le dérivent du g. *païs, païdos*, enfant; et Huet, de l'hébr.*badim*, menteurs, et Trév. du chald. *badim*, devins. Suivant un autre savant, *badin* serait le dimin. de *balde, bade, bauld*, plaisant. Dans la légende de Pierre Faifeu, ce mot signifie tour, plaisanterie. Le *badin* était l'acteur qui, dans les moralités et les mystères, se chargeait de faire rire la foule.)

Badinage, sm. Action de badiner; ce qui se dit en badinant.

Badinant, sm.vi. Cheval surnuméraire dans un attelage.

Badine, sf. Baguette mince et souple qui ne peut servir que pour badiner, ou pour battre les habits.

Badines, sf.pl. Pincettes fort légères.

Badiner, vn. Parler ou agir ou écrire d'une manière enjouée, s'amuser, plaisanter, folâtrer. *Badiné*, p.

Badinerie, sf.fam. Ce qu'on dit ou ce qu'on fait dans l'intention de badiner; trait léger de badinage sans conséquence; esprit, intention de la personne qui badine.

***Badinage**, sm. Sorte de chasse aux canards.

***Débadiner**, vn. jeux. Démarquer les points.

Baie, sf. Conte en l'air, bourde, tromperie que l'on fait pour se divertir; mensonge. (Ce mot est de la même famille que l'anc. fr. *bader, baer, béer*, rester la bouche béante d'étonnement. Selon Pasquier l'origine du proverbe payer d'une *baie* se rapporte à un berger qui, dans la Farce de Pathelin, étant cité en justice, répondit toujours comme un mouton *baye*, à toutes les accusations de son maître et aux interrogatoires du juge. Ménage soutient que *baye* ou *baie* vient de l'ital. *baia* qui signifie la même chose. Le P. Thomassin dérive le fr. *baie* et l'ital. *baia*, du grec *baios*, petit, modique; et *baios*, de l'hébr. *bohu*, le vide. En polon. *baja*, fable; ital. *baja*, plaisanterie. Langue des Troubadours *badar*, ouvrir, bâiller, huer. Dans tous les idiomes provençaux, aquitaniens et languedociens, *bada* ou *boda*, signifie ouvrir, et particulièrement regarder niaisement quelque chose, la bouche ouverte.)

Baie, sf. Ouverture laissée dans les murs que l'on construit, pour ensuite y faire des portes, des fenêtres. (Ce mot tient à la même souche que le fr. *béer, bayer, bâiller*. Autrefois *baie* s'écrivait *bée*, mot dont l'origine est la même que celle de *béant*. Dans la l. des Troub. *badar*, ouvrir, bâiller, huer, et *badeiar*, badauder; l. des Troub. *baer*, ouvrir la bouche, l'avoir béante; anc. fr. *baé*, ouvert; et *béer*, bayer, songer, désirer, ouvrir.)

Bayer, vn. Tenir la bouche ouverte en regardant longtemps quelque chose. (M. Delatre rattache ce verbe au fr. *baie*, conte en l'air, sornette, tromperie; *baie*, ouverture dans un mur; ainsi qu'à *badiner, badaud*, etc. Son étymologie s'accorde avec celle de presque tous les étymologistes, à l'égard de ce mot. En pic. *bayer, béer, beyer*, regarder la bouche ouverte; patois de Champ. *beyer*, regarder; anc. fr. *baer, beer*, regarder, songer, désirer, aspirer; langue des Trouv. *beer*, bayer; et langue des Troub. *yadaillar*, bâiller, soupirer.)

Bayeur, euse, s.vi.fam. Celui, celle qui regarde niaisement et avec avidité, comme les badauds.

Béant, ante, adj. Qui présente une grande ouverture.

Bée, adj.f. *Gueule-bée*. Se dit des tonneaux vides ouverts par un de leurs fonds.

Bâiller, vn. Ouvrir la bouche; faire involontairement et en écartant les mâchoires une inspiration lente et profonde, suivie d'une expiration plus ou moins prolongée, quelquefois sonore; s'ennuyer; fig. s'entre-ouvrir, être mal joint. (Ce mot ne vient pas du lat. *balare*, bêler, comme quelques-uns l'ont cru. Il est de la même origine que *bayer, béer, baie, badin, badaud*. En anc.fr. *baailler*, bâiller; bret. *badala*, en Vannes *badelein*, langued. *badailla*, bâiller. M. Delatre qui suit aussi cette étymologie cite à ce sujet l'ital. *sbadigliare*.) *Bâillé*, p.

Bâillement, sm. Action de bâiller; effet que produit la rencontre de certaines voyelles.

Bâilleur, sm. Celui qui bâille, qui est sujet à bâiller.

Bâillon, sm. Pièce de bois, de fer, etc., qu'on met dans la bouche pour l'empêcher de parler, ou de crier, ou de mordre, et qui fait ouvrir la bouche comme celle d'un homme qui bâille. (Anc. fr. *badaillion*, bâillon; esp. *badal*, muselière.)

Bâillonner, va. Mettre un bâillon. *Bâillonné, e*, p.

***Bâillonné, ée**, adj.blas. Se dit des animaux peints avec un bâton entre les dents.

Entre-bâiller, va. Entre-ouvrir légèrement.

BADERNE, sf. Grosse tresse pour garantir les câbles; petit cordage tressé. [1° De l'esp. *badana*, basane, selon la conjecture de M. Jal; parce qu'on garnit souvent les vergues et certains cordages, les drosses, par exemple, de cuirs destinés à les préserver du frottement; cette coutume est ancienne; car dans les vieux inventaires, dit-il, on voit figurer des peaux pour cet usage. Quand la tresse remplaça la peau sur le câble et ailleurs, ne put-elle pas garder ce nom de *basane*? ajoute, le même auteur. 2° Un autre dit que baderne tient à l'all. *baden*, baigner, et que cette grosse tresse plonge ordinairement dans l'eau. En esp., ital. et maltais *baderna*, port. *abaderna*, bret. *badern*, baderne.]

BADIANE, sf. Genre de plantes, à semences d'une odeur agréable qui se communique aux aliments et aux liqueurs. (Ce mot vient apparemment du malais *baounia*, parfum; parce que l'espèce la plus connue est la badiane que les Chinois mâchent pour se parfumer la bouche; et que les Malais communiquent de temps immémorial avec les Chinois. Le mot badiane se reconnaît facilement dans le persan *vadian*, badiane, anis de la Chine. En russe *badeiann*, port. *badiana*, badiane.]

BADIGEONNER, va. Peindre une muraille avec du badigeon, colorer avec du badigeon. [Au sanscrit *bhad*, briller, M. Delatre rattache le latin *badius*, rouge foncé, d'où, selon lui, le fr. *bad-igeon* (de *bad-itionem*), couleur jaune ou grise dont on peint les murailles. Le nom *badigeon* ne semble pas étranger à l'anglais *badg*, marque, signe, caractère, symbole, mot que Fallon regarde comme une racine sax. Nous pourrions bien avoir reçu ce mot des Angl., de même que le mot *béton*. En Turquie, *bádana* signifie chaux pour blanchir, badigeon; et *bádanámáq*, blanchir un mur, badigeonner. Le fr. *badigeon* n'est usité que depuis le 18e s.] *Badigeonné, e*, p.

Badigeon, sm. Couleur jaune ou grise dont on peint les murailles.

Badigeonnage, sm. Action de badigeonner.

***Badigeon**, sm. Pâte servant à remplir les trous et les défauts des figures sculptées et du bois.

***Badigeonner**, va. Remplir le creux d'un morceau de sculpture ou de menuiserie avec du badigeon.

Badigeonneur, sm. Celui dont le métier est de badigeonner.

BAFOUER, va. Huer quelqu'un à pleine bouche, s'en jouer sans ménagements, le traiter avec une moquerie outrageante et dédaigneuse. [1° Roquefort lie ce mot au fr. *ouf, pouf, bouffer, bouffon, bâfrer, buffet*, etc. 2° Jauffret prétend que c'est une onomatopée qui peint la moue que l'on fait et les contorsions des lèvres pour se moquer. 3° Skinner le forme du teuton *be* et du fr. *fou* ; 4° puis du teuton *be* et du fr. *fouler* ; parce que, dit-il, le foulon foule les étoffes. 5° Bullet le dérive du b. bret. *baffoua*, bafouer; verbe qu'il compose du celt. *bab*, *baf*, sot, stupide, grossier, fou, imbécile. 6° D'après Raynouard, la racine de *bafouer* se retrouverait dans le mot roman *bafa*, bourde, moquerie; mot que Honnorat dit être pris figurément du roman *baffe*, fagot. 7° Delatre rapporte l'origine du mot *bafouer*, au sanscrit *pû*, *pav*, dans le sens de battre et de souffler, dans les langues germaniques; etc. 8° Gébelin rattache *bafouer* à l'anc. fr. *beffler*, se moquer; et ajoute que c'est faire *bé*, *ba*, faire la moue; faire des contorsions de lèvres pour se moquer. 9° M. Scheler est d'avis que le fr. *bafouer*; et l'ital. *beffare*, esp. *befar*, anc. *bafar*, railler, sont d'origine ger. Il cite le bavarois et néerl. *beffen*, aboyer, clapir, bougonner. En ital. *beffare*, esp. *befar*, bafouer; ital. *beffa*, gausserie, moquerie; esp. *befa*, prov. *bafa*, huée, moquerie; anc. fr. *bofoi*, *boffoi*, *beffe*, moquerie, et *bofa*, raillé.] *Bafoué, e*, p.

BAFRER, vn. pop. Manger avidement et avec excès. [1° Selon De Chevallet, les verbes *bâfrer*, *goinfrer*, *brifer*, appartiennent à une même origine germanique; ils sont composés, dit-il, du préfixe germanique *be, bi, ba*, et d'un verbe qui signifie dévorer. En tudesque *frezan, frezzen*, manger avidement, dévorer; goth. *fretan*, anglos. *frœtan*, *fretan*, all. *fressen*; dan. *fraadje*, suéd. *frœta*, holl. *vreeten*, id. 2° Diez rattache le mot *bâfrer* au fr. *bave*, et au picard *bafe*, bouche délicate, friand, gourmand; et à *baflier*, baveux. 3° D'après Borel, l'étymologie de *bâfrer, goinfrer*, serait le grec *bréphos*, enfant; parce que les enfants mangent avec avidité et souvent. 4° Suivant un autre, *bâfrer, goinfrer*, *empiffrer*, *safre*, appartiendraient à la même origine que le persan *zefr, zefer*, bouche, mâchoire, menton; *zefrafiden* et *zefrafiden*, manger beaucoup, dévorer. 5° M. Scheler pense que *bâfre* appartient à la même famille que *bave*. Il cite le pic. *bafe*, gourmand, le piémont. *bafron*, en Hainaut *bafreux*, glouton. 6° Tarbé a noté qu'on disait autrefois *bauffrée* et *balfrée*, pour balafre; que ce mot signifiait coup de dent, blessure; qu'on nommait *baulfreurs* les gourmands; et que *bauffrer* c'était manger avidement. Et Eloi Johanneau fait remarquer qu'on a dit *baufrer* et *bâfrer*. Quelle que soit l'étymologie de *bâfrer*, l'élément *fr* se retrouve également dans *bâ-fr-er*, manger avidement, dans *goin-fr-er*, manger beaucoup et avidement, dans *empif-fr-er*, faire manger excessivement, ainsi que dans le tudesque *fr-ezan, fr-ezzen*, manger avidement, dévorer; goth. *fr-etan*, all. *fr-essen*, dan. *fr-aadje*, id.; et renferme dans toutes ces expressions une idée de voracité, de gloutonnerie.] *Bâfré*, p.

Bâfre, sf. pop. et bas. Repas abondant.

Bâfreur, sm. pop. Qui a l'habitude de bâfrer, grand mangeur, goinfre.

Galimafrée, sf. Espèce de fricassée composée de restes de viandes. (Ce mot paraît renfermer le radical *frer* de *bâfrer, goinfrer*, et celui de *gala*, ou de *gueule*.)

Goinfrer, vn. pop. Manger beaucoup et avidement. (Anc. fr. *goulafre, gouliafre*, goulu; esp. *golafre*, picard *goinfre, galafre*, goulu, glouton. A Liége, Mons, Cherbourg, en berrychon et roman du Nord *galafre*, goulu, glouton.) *Goinfré*, p.

Goinfre, sm. pop. Qui mange à pleine bouche, bâfre, s'empiffre, se gorge de tout, mange pour manger.

Goinfrerie, sf. pop. Gourmandise sans goût, gloutonnerie.

BAGARRE, sf. Batterie de plusieurs personnes, tumulte, grand bruit, encombrement. [1° Trévoux dit que ce mot est fait par contraction du fr. *battre* et de *gare*, et n'est en usage que parmi le peuple. 2° De Chevallet dit que le mot *bagarre* est d'origine germ. ; il le rapporte au tudesque *baga*, querelle, dispute, combat; et à *bagen*, se disputer, se quereller, combattre; ainsi qu'à l'all. *balgen*, se chamailler, se colleter, ferrailler. Diez propose une étymologie semblable. Et Delatre forme aussi *bagarre* de l'anc. all., et dit que *bagarre* est pour *bagard*, *arr* pour *ard* par assimilation. 3° Selon Bullet, l'origine de *bagarre* serait l'irl. *bagar*, menace, menacer; 4° selon Honnorat, le celt. *bag*, troupe, multitude. 5° Bullet, dans un autre passage, dérive bagarre, du b. bret. *bac, bag, bac*, bateau, *bagad*, batelée. 6° Gébelin rapporte *bagarre* au lat. *vagire*, vagir, pousser des vagissements, et au fr. *vague*; 7° Roquefort le regarde comme une onomatopée. En provençal *bagarra*, bagarre.]

BAGASSE, sf. vi. Femme de mauvaise vie. [On a essayé plusieurs étym. sur ce mot. 1° Il pourrait bien venir tout simplement du persan *baghâ*, prostituée, femme de mauvaise vie, bagasse. 2° M. Delatre dit: *Bag*, en angl. sac; *bagues* (sacs), effets, habillements; « sortir vie et bagues sauves; » *baguer*, arranger les plis d'une étoffe (en forme de sac) et les arrêter avec du fil; *bagage* (ce qu'on met dans un sac), effets; ital. *bagascia* (mauvais sac) : bagasse, fille de joie; canne à sucre qu'on a passée par le moulin; etc. 3° Dans les Archives hist. et lit., on lit : « Le mot *bagaude* a été fait du gaulois *bagad*, ou *bagat*, troupe. Du Cange écrit *baga* et c'est apparemment la véritable orthographe du mot, quelle qu'en soit d'ailleurs l'acception, puisque dans ceux qui en sont dérivés, tels que *bagarre, bagasse, bagaude*, l'a n'est suivi ni d'un *n* ni d'un *t*. » 4° Selon Trévoux, le mot *bagasse* vient de ce qu'en vi. fr. on disait *bague*, pour dire une prostituée; mot dérivé de l'all, *bag*, signifiant, dit-il, la même chose; 5° Ce mot peut venir aussi, ajoute-t-il, de l'ital. *bagascia*, qui, selon Ménage, vient du lat. *vagus* et *vaga*, plutôt que de l'all. *balg* ou *bag*. 6° Denina pense que l'ital. *bagascia*, bagasse, a quelque rapport avec *bague*, et *bagatelles*, avec les présents que l'on fait aux filles de joie, et qu'il pourrait dériver de la même source que *bague*. 7° M. Tarbé fait remarquer que l'on connaît l'histoire de l'anneau de Hans Carvel, que *bague* signifiait femme galante; et que Rabelais donne aux filles publiques les sobriquets de *baguasse*, bague à tous les doigts; et que *bague* signifiait aussi gage d'amour ou d'amitié. 8° Bullet dérive *bagasse* du b.

bret. *bagach,* canaille; 9° et Constancio, de l'ital. *bardassa* ou *bardascia,* débauché, par corruption. 10° M. Honnorat pense que *bagasse* vient du mot roman *bagua,* prostituée, pris du lat. *vaga,* qui court çà et là, vagabonde. 11° D'après M. Littré, la forme anc. de *bagasse* était *baasse,baiasse* ou *baesse;baasse* ou *bagassa* serait une contraction pour *bacalasse* ou *bacalassa,* qui a donné *bagassa,* ou en vi. fr. *baasse,* et qui signifie simplement servante, domestique, et tient aux mots *vassal, valet, bachelier, bachelette,* etc. 12° Suivant Gébelin le mot celt. *bec, bac,* bec, aurait produit le celt. *bag,* cochon, animal au museau pointu, et le fr. *bacon,* lard. ainsi que le mot *bagasse.* 13° Un hébraïsant croit que bagasse est venu de l'hébr. *báschas,* il a foulé aux pieds. Vieira et D. Francisco de St. Luiz ont adopté la première étym. En provençal *bagasso,* prostituée; *bagasso,* canne à sucre passée au moulin. Les gens du peuple emploient ce mot à tout propos. En ital. *bagascia,* langue des Troubad. *baguassa,* cat. *bagassa,* anc. fr. *bague,* toul. *bagasso,* anc. port. *bagasca,* espagnol *bagasa,* prostituée, catin. Sully a dit dans ses mémoires : « Cette *bagasse de Gabrielle.* » Renouard cite cette expression. Voyez *Bachelier* et *Vassal.*]

Bagasse, sf. Canne à sucre qu'on a passée par le moulin pour la briser et en tirer le sucre; tige de l'indigo retirée de la cuve après la fermentation. (1° La plupart des étymologistes lient ce mot à *bagasse,* prostituée. Il en est même qui ne font qu'un seul mot des deux. Peut-être que cette application postérieure du mot *bagasse,* est due à une pure plaisanterie, ou à l'espèce d'analogie qui existe entre une prostituée, sorte de femme dégénérée, flétrie et dénaturée, et la canne qui a passé par le moulin où elle a été brisée, et dont on a tiré le sucre. C'est par suite d'une comparaison analogue que les vieux mots fr. *boucan, boucaner, boucanier,* ont été employés dans des significations nouvelles, par les aventuriers français qui s'étaient établis sur la côte septentrionale de Saint-Domingue, et qui nommèrent *boucan* leur loge où ils fumaient et séchaient les produits de leur chasse; ce qu'ils désignèrent par le verbe *boucaner.* 2° Il est encore possible que ce mot soit dû aux Portugais. Ils ont pu imposer ce nom à la canne en employant, par extension, le mot *bagaço,* qui, dans leur langue désigne le marc, ce qui reste des fruits dont on a exprimé le suc. Cette dernière étymologie justifierait l'orthographe du P. Labat et celle de Trévoux qui écrivent *bagace,* dans le sens de canne à sucre. 3° Ce mot *bagasse* ou *bagace* pourrait encore se rapporter à l'hébr. *báschas,* il a foulé, il a écrasé.)

BAGATELLE, sf. Chose de peu de prix, et peu utile; chose frivole; minutie. [1° Denina dit que c'est sans doute un diminutif de *bague,* en ital. *baga,* bague. Il retint la signification primitive et générale. 2° Si ce nom, ajoute-t-il, vient du lat. *bacca,* dans le sens de perle, il est passé du spécifique au générique, et a dû d'abord désigner un bijou, un joujou, quelque petit ornement agréable ou précieux. Ménage donne à peu près la même étym. 3° M. Delatre pense que *bagatelle* se rapporte à *bagasse,* à *bagage, baguer, bagues.* 4° Constancio prétend que *bagatelle* vient du fr. *baguette;* 5° et Bullet, du b. bret. *bagaich,* vétille, babiole, bagatelle; 6° et Honnorat, du lat. *baciballum,* bijou, terme de tendresse. 7° Roquefort rattache ce mot au fr. *badaud;* 8° Barbazan, au lat. *vagari,* errer; 9° un autre, au lat. *vagus,* ou *vacuus;* 10° un autre, à l'ar. *bawathel;* 11° Guichard, à l'hébr. *bágad,* il a trahi, il a été infidèle. *Bagatelle* semble être tout simplement un diminutif de l'anc. fr.**baguette,* qui signifie petit bijou, et qui est lui-même un dim. de *bague.* En ital. *bagatella,* jeu de gobelets; bagatelle, et *bagatelluzza,* petite bagatelle.]

BAGUE, sf. Anneau que l'on porte au doigt; anneau suspendu au bout d'une carrière que l'on enlève avec une lance. [1° Selon Diez, Honnorat, Couzinié, Saumaise, Caseneuve, De Brière, Le Duchat, Skinner, Trévoux, Ménage, Scheler, Eloi Johanneau, Gattel, etc., du lat. *bacca,* baie; olive; boucle, globule, tout ce qui a la forme d'une baie; perle; anneau fait en forme de baie. De Brière dit que *bague* vient de *baie,* parce que *bague* signifie le diamant ou le petit objet de forme ronde, globuleuse, qui est renfermé dans le chaton. Le Duchat dit : « Ce mot, que Rabelais a écrit *bacce* et *bague,* vient du latin *bacca,* comme *baie;* et il signifie tantôt la graine que produit le laurier ou le fruit de l'olivier, tantôt, comme dans Rabelais, une grosse perle de la figure de ce fruit. » Skinner dit que *bague* vient de *bacca,* parce que les gens de la suite des princes et des grands portaient autrefois des gemmes sur leurs tuniques. C'est ainsi que nous avons fait *gemme,* du lat. *gemma,* bourgeon et perle, chaton de bague; et *épingle,* de *spina,* épine. 2° Selon Constancio, Gébelin, Schulter et Bullet, le français *bague* serait d'origine celtique. 3° Cavanagh soutient que le mot *bague* est lettre pour lettre le même mot que le mot *doigt;* une telle étymologie est insignifiante. 4° Selon Denina, Meidinger, Wachter, le général Bardin, Ihre, Ampère, De Chevallet, les auteurs du Trip., etc., le fr. *bague* est d'origine germ. M. Ampère dérive *bague* de l'anc. scand. *baugr,* anc. saxon *beagh;* parce que les anneaux que les anciens peuples germaniques portaient aux bras leur servaient de monnaie, ils les brisaient et en donnaient un morceau en échange de ce qu'ils voulaient acquérir, c'est ainsi que *bague* a voulu dire, comme *hardes,* ce qu'on possède. *Se retirer les bagues sauves,* c'est se retirer en emportant ses effets. De Chevallet prend la racine du mot *bague* dans le tudesq. *biegen,* ployer, fléchir, courber; et M. Delatre, dans le sanscrit *bhuj,* courber, plier; M. Jal, dans l'anglos. *beág, beg, beâh,* couronne, anneau; et Wachter, dans l'anc. allem. *bug,* courbure, cercle, de *bügen,* courber, plier en cercle. La Bibl. des Chart. nous dit : « L'acception du mot *bague* a beaucoup changé. On disait d'une garnison qu'elle sortirait les *bagues sauves,* c-à-d. avec armes et bagages. On dit encore dans certaines provinces, *aller à bagues,* c-à-d. faire ses emplètes pour se mettre en ménage. Ce que nous appelons aujourd'hui *bague* n'a été longtemps désigné que par le mot anneau. Lorsqu'on se souvenait encore de la signification étendue du mot *bague* on le faisait suivre d'une épithète. Ainsi les anneaux furent désignés sous le titre de *bague à mettre au doigt,* tandis que nous trouvons encore un genre d'ornement appelé *bague à pendre au col.* » 5° Guichard fait venir le mot *bague* de l'hébr. *tabbahath* ou *tabbagath,* anneau, bague; 6° ou de l'hébr. *béged,* manteau, habit. 7° Du Cange forme le fr. *bague* et *bagage,* du l.b. *baga,* coffre. De là, dit-il, le verbe *baguer,* plier bagage; et *bagué,* équipé, garni. Il cite aussi le l.b. *baga,* anneau, bague; et *bagagium, baggagium,* bagage.]

Bagage, sm. Equipage des gens qui sont en voyage ou à la guerre. (En anglos. *bag,* sac; ital. *bagaglio,* esp. *bagage,* port. *bagagem,* cat. *bagatge,* langue des Troub. *bagua, bagatge,* bagage.)

Plier bagage, Déloger furtivement; mourir.

Bagues, sf. pl. Bagages.

Baguer, va. Arranger (en forme de sac : Delatre) les plis d'une étoffe, d'un habit, d'une robe, etc., et les arrêter avec du fil ou de la soie. *Bagué, e,* p.

Baguier, sm. Petit coffret où l'on serre les bagues.

BAGUENAUDE, sf. Fruit du baguenaudier. [1° M. Delatre cite le mot *baguenaud*, adjectif signifiant qui est comme un sac; et conjecture que ce mot, ainsi que *baguenaude*, espèce de *gousse*, qui a l'air d'une vessie pleine de vent, se rapporte aux mots *bagatelle*, *bagasse*, *bagage*, *baguer*, *bagues*, etc. 2° De Théis forme le nom du *baguenaudier*, du celt. *baghenodad*, niaiser, à cause de l'amusement niais d'en faire crever les gousses. Bullet forme le verbe *baguenauder*, du b.bret. *baghenoda*, *baghenodad*, badiner, agir et parler en enfant, de *bachgen*, petit garçon, petit enfant, fait lui-même du gall. *bach*, petit, d'où *bachelier*, selon lui. 3° M. Honnorat fait venir le mot *baguenaude*, de l'hébreu *bâgad*, il a trompé; parce que les gousses du baguenaudier ne contiennent que du vent. 4° Du latin *bacca*, baie, Eloi Johanneau et Ménage dérivent l'anc. fr. *bacce*, et le fr. *bague*, ainsi que *baguenaude*,-*der*, -*dier*. En prov. *baganauda*, baguenaude; patois de Champ. *baiguenauder*, baguenauder; anc. fr. *baguenaude* et *baguenauderie*, plaisanterie; niaiserie.]

Baguenauder, vn.fam. S'amuser à des choses vaines et frivoles, comme les enfants qui s'amusent à crever des baguenaudes pour en entendre le bruit. *Baguenaudé*, p.

Baguenaudier, sm. Joli arbrisseau qui porte les baguenaudes.

Baguenaudier, sm.fam. Celui qui baguenaude; sorte de jeu qui consiste à enfiler et désenfiler des anneaux.

BAH, interj. fam. Elle marque l'étonnement, le doute, la négation, l'insouciance. [On ne peut désapprouver le sentiment de Nodier et de Roquefort qui donnent ce mot pour une onomatopée; puisque les véritables interject. sont presque toutes des onomatopées, des cris naturels qui s'échappent spontanément dans certaines occasions, où l'on est plus ou moins vivement affecté. Ces sortes de mots ont dû précéder tous les autres. Ils se retrouvent dans toutes les langues avec des nuances peu sensibles. Ce sont des restes précieux du langage primitif. L'interjection française *bah*, se lie très-bien avec l'interjec. valaque *ba* et l'interjection allemande *ba*, qui ont la même signification. Elle se lie aussi avec les interjec.lat. *babæ*, *papæ*, et les interjections gr. *babaí*, *papaí*, qui expriment l'admiration, l'étonnement.]

BAHUT, sm. Sorte de coffre couvert ordinairement de cuir et dont le couvercle est arrondi en forme de voûte. [1° Selon Ménage, Du Cange, Gattel, Roquefort, Delatre, Honnorat, De Chevallet, etc., ce mot est d'origine germanique. Il vient de l'all. *hütte*, armoire, grenier, et *behütten*, garder, conserver. En b.l. *bahudum*, tudesque *behuotan*, *behoodan*, garder, conserver, mettre en réserve; composé de *be* et de *huotan*, *hoodan*, id.; d'où *hute*, endroit de réserve, endroit où l'on garde des provisions, suivant De Chevallet, qui cite l'all. *behütten*, garder, conserver, le holl. *behouden* et *hoeden*, et le dan. *hytte*, garder, conserver. D'après M. Delatre, le sanscrit *abhis*, a, vers, est devenu *bi*, *bei*, *by*, *be* et *paa*, auprès, en, sur, dans les langues germ., d'où l'anc. all. *be-hut*, garde, défense. 2° Nicot et Diez pensent que *bahut* vient du latin *bajulare*, porter. On a dérivé aussi *bahut* du celt., du basque, de l'hébr.; mais la première étym. semble la seule bonne.]

Bahutier, sm. Qui fait et vend des coffres, des malles.

Hotte, sf. Sorte de panier ordinairement fait d'osier, et qu'on met sur le dos avec des bretelles pour porter diverses choses. (En anc. all. *hotte*, corbeille, panier, sorte de panier qu'on portait sur les épaules, hotte, mot dérivé, selon De Chevallet, du verb. *hoten*, garder, conserver, mettre en réserve; tudesque *huatan*, *hudan*, *hoodan*, garder, conserver, mettre en réserve. En all. *hutte*, hotte, sur le Rhin, mot cité par le Tripartitum.

Hottée, sf. Plein une hotte.

Hotteur, euse, s. Celui, celle qui porte la hotte.

Huche, sf. Grand coffre de bois dont on se sert principalement pour y pétrir le pain et pour le serrer. (Le mot *huche*, dit De Chevallet, se prenait autrefois pour plusieurs espèces de coffres, pour armoire, un garde-manger, une caisse où l'on mettait des effets, des bijoux, de l'argent. En basse latinité *hutica*, *hucha*, *huchia*, avaient la même signification; mots dérivés du tudesque *hute*, endroit de réserve, endroit où l'on garde des provisions, de *huatan*, *hudan*, *hoodan*, garder, conserver. Anglosax. *huwæcca*, coffre, huche; angl. *hutch*, id. All. *hütte*, armoire, grenier, et *behütten*, garder, conserver. En basque *ucha*, esp. et anc. port. *huca*, huche. En b.lat. *hucha*, *huchia*, *ucha*, *uchia*, coffre, huche. Gloss. champ. de M. Tarbé, *huche*, *huchel*, armoire, coffre, *huge*, coffre, huche, boutique, baraque. Anc. fr. *huge*, *uche*, coffre.)

BAI, IE, adj. Se dit d'un cheval dont la couleur est d'un rouge brun. [Du lat. *badius*, *a*, *um*, bai, bai-brun. 1° M. Delatre rattache *badius*, au sanscrit *bhad*, briller; 2° Doed., au grec *balios*, moucheté, maillé, pommelé; vite, rapide; d'où *Balios*, nom d'un cheval d'Achille; 3° un autre, au grec *phaios*, brun, bis, olivâtre, noirâtre. 4° Plusieurs étymologistes dérivent *badius*, du grec *baïs*, branche de palmier, mot venu lui-même de l'égypt. ou copte *bai*, branche de palmier, dont la couleur est baie: d'après Jablonski, Vossius, Benfey, etc. En b. lat. *bagus*, *bagius*, *baius*, bai; et *bayus*, *bayardus*, cheval bai ou *bayard*. En anc. fr. *bayard*, *bayart*, bai. En ital. *bajo*, port. *baio*, esp. *bayo*, bai.]

Baibrun, sm. Cheval qui a le poil bai tirant sur le brun.

Baillet, adj.m. Se dit d'un cheval dont le poil tire sur le blanc.

BAIE, sf. Petit fruit mou, charnu, succulent, et qui renferme des pepins ou des noyaux. [Du latin *bacca*, baie, nom générique de tous les menus fruits, et graines des arbres et des arbrisseaux; olive; boule, globule, tout ce qui a la forme d'une baie; perle; anneau fait en forme de baie. 1° MM. Bopp, Benfey, Delatre, et autres indianistes, rapportent le latin *bacca*, au sanscrit *bhaksh*, manger. 2° Un autre allemand le rapporte à l'arabe *bacaon*, baie; 3° et Guichard, à l'hébreu *bâkâ*, mûrier, et au grec *bakché*, bacchante; 4° Martinius, à l'hébreu *bâgah*, il a fendu, il a divisé, il a percé; il a ouvert, il a pénétré, il a conquis, soit parce que les baies sont divisées entre elles et qu'elles peuvent facilement être divisées, soit parce qu'on en dépouille la plante dont on les détache; 5° et Gébelin au celt. *bac*, *bach*, petit; parce que les baies sont de menus fruits. 6° Selon De Chevallet *bacca* pourrait se rattacher au grec *phaké*, lentille; et surtout au gr. *bakanon* qui a la signification de graine de rave ou de chou. Toutes ces étymol. sont plus ou moins mal fondées. En ital. *bacca*, baie, esp. *baya*, port. *baga*, langue des Troub. *baca*, *baga*, baie; anc. fr. *bacce*, baie, perle, et *bace*, baie.]

*****Baie,** sf. bot. Nom donné à tous les fruits charnus qui ne peuvent entrer dans les groupes des drupes, des nuculaines, des mélonides, des balaustes.

Baccifère, adj. bot. Se dit des plantes qui portent des baies. (Lat. *bacca*, baie, *fero*, je porte.)

*****Baccien, enne,** adj. bot. Qui tient de la nature des baies.

*****Bacciforme,** adj. bot. En forme de baie.

*****Baccivore,** adj. hn. Qui vit surtout de baies. (Lat. *voro*, je dévore.)

*****Baié, ée,** adj. bot. Bacciforme.

BAIE, sf. géo. Rade, petit golfe, plage, bras de mer entre deux terres, où les vaisseaux sont en sûreté. [La baie est beaucoup plus large par le dedans que par l'entrée, à la différence des anses de mer, qui sont plus larges par l'entrée que par le dedans. 1° M. Delatre rapporte le fr. *baie*, golfe, *baie*, ouverture pratiquée dans un mur, etc., au sanscrit *bhadd*, ouvrir la bouche, parler. 2° M. Honnorat et Ménage disent que ce mot vient de l'esp. *bahia*, pris du lat. **baia*. 3° Bochart le dérive de l'esp. *baxa*, basse, comme qui dirait lieu où la mer est le plus basse en approchant de la terre; et Ménage déclare que cette étymologie ne lui plaît pas. 4° Constancio fait venir le mot *baie*, du radical *ba*, bouche, ouverture, et du latin *hio, hiare*, avoir la bouche très-ouverte; 5° et puis, de l'égypt. *hap, hep* ou *hop*, abriter, protéger, et de *i*, aller. 6° Selon De Chevallet, le fr. *baie* est un mot d'origine germ. 7° Meidinger le rattache à l'all. *biegen*, plier, ployer, courber en rond, en haut all. anc. *bjugan*, holl. *buigen*, plier, ployer; d'où le holl. *buinging*, courbure, sinuosité. En all. *bucht*, baie, holl. *baai*, anglosaxon *byge*, angl. *bay*, baie; anc. scandin. *backe*, rivage. L'alban. *vaa*, le chin. *vei* et le tunquinois *bai*, port, rivage, baie, n'offrent sans doute que des analogies incertaines ou fortuites. En basque *baya*, port, eau, rivière; et *bai*, étang, marais, *ibaya*, eau, rivière. En b. l. *baia*, ital. *baia*, esp. *bahia*, baie.]

*****Bayonne,** sf. géogr. Ville de France, située sur une baie, un golfe. (Du basque *baya*, baie, port, et *on*, bon; bon port, bonne baie, d'après De Marca, Du Cange, Bullet, Trévoux, etc. L'abbé Bidassouet fait remarquer que le nom de Bayonne est un mot basque; mais que son nom primitif, dérivé de sa position topographique, comme le sont tous les noms basques, était *Jaya-ona*, bonne rivière; que dans la suite, ce nom a été changé en celui de *Baya-ona*, qui veut dire bonne baie. Ce nom de *Bayonne*, ou *Baïonne* ou *Baïona*, est récent, et n'a aucun rapport avec celui des *Boiates*. L'ancien nom de Bayonne est *Lapurdensis*, et non pas *Baionensis*.)

Baïonnette, et **Bayonnette,** sf. Sorte d'arme pointue, de dague, de poignard, ou d'épée courte qui s'ajuste au bout du fusil et que l'on retire à volonté. (Ménage, Trévoux, Borel, tous les étymologistes, dérivent ce nom de celui de *Bayonne* où cette arme fut inventée. Gébelin et après lui son imitateur trop crédule, Constancio, rejettent cette étym. L'un et l'autre forment le mot *bayonnette*, du germ. *bog, boge*, arc. Leur erreur provient d'un examen trop superficiel ou de l'esclavage de leurs systèmes étymologiques. Furetière a écrit : ce mot est venu originairement de *Bayonne*. On appelait autrefois *bayonniers* les arbalétriers, parce qu'à *Bayonne* on faisait les meilleures arbalètes; de même que les *pistolets* ont pris leur nom de *Pistoye*. Monteil dit: « On ne dit pas à qui nous devons d'avoir ainsi alongé le fusil de l'ancien poignard ou couteau de *Bayonne*. Plusieurs géographes et historiens rapportent que c'est à *Bayonne* que se fabriquèrent les premières armes qui se sont appelées de son nom *bayonnettes*. » Borel assure que les arbalétriers étaient appelés *baïonniers*, parce qu'à son avis on faisait de meilleures arbalètes à Bayonne qu'ailleurs, comme de son temps on y faisait de meilleures dagues, qu'on appelle des *bayonnettes*, ou des *bayonnes* simplement. Un autre auteur affirme que la *bayonnette* a pris son nom de celui de *Bayonne* où elle fut inventée, en 1670; qu'elle fut mise successivement en usage et au bout du fusil sous Louis XIV, et devint une arme redoutable. L'abbé Bidassouet soutient que Bayonne est à jamais célèbre dans les fastes de la guerre par l'invention de la bayonnette, arme vraiment cantabrique par son origine.)

BAIN, sm. Lieu plein d'eau où l'on se met quelque temps, soit pour se décrasser et se laver, soit pour se rafraîchir; eau, liqueur, sable, etc., où l'on se baigne; action de se baigner, le temps, l'effet de se baigner; vase où l'on se baigne, lieu où il est; baignoire; eau de bain; cuve de teinturier; chim., toute substance par l'intermédiaire de laquelle on chauffe un vase pour opérer la distillation ou la digestion de ce qu'il contient. [Du lat. *balneum*, bain. Cette grande famille de mots se retrouve dans toutes les langues indo-européennes, et semble aussi appartenir aux langues sémitiques. Ce qu'elle offre de très-remarquable, c'est que partout elle a conservé comme caractère distinctif la labiale *b* suivie de la voyelle *a*, et son idée-mère qui est celle de baigner. Gébelin, bien qu'il soit un guide peu sûr et que ses points de départs semblent fréquemment imaginaires et systématiques, a cependant très-bien vu que le l. *balneum, balineum*, et le g. *baphia, baptô*, ainsi que le germ. *bad, bath*, sont de la même famille. Il a pu réussir à expliquer le chang. de *d* ou de *th* en *ph* et en *pt* chez les Grecs, et en *l* chez les Latins; et M. Pictet avec raison rattache le lat. *balneum*, au sansc. *bad* ou *vad*, plonger, baigner, par le chang. bien connu de *d* cérébral en *l*. Se fussent-ils trompés tous les deux, que l'idée de baigner, plonger, et l'élément *ba* n'en sont pas moins reconnaissables dans tous les mots qui suivent. En sanscr. *bâd*, plonger, baigner; grec *baphê*, immersion, action de plonger dans l'eau, *baptô*, plonger, submerger, teindre, laver, puiser; *baptizô*, plonger dans l'eau, laver, baptiser; et *balinéion*, bain, baignoire; hébr. *ta-ba-l*, il a plongé, il a baigné, il a teint; et *tâ-ba-h*, il a plongé, il a imprimé; gall. *ba*, gaël écossais *ba, bax*, bain, immersion; angl. *bath*, anglosaxon *bad, baeth, batho, baedh*, bain; h. all. anc. *pad* et *bad*, bain : p=b; all., suéd., anc. scand., dan. et holl. *bad*, bain; pol. *wa-nna*, bain: w = b; bret. *badez*, baptême; prov. *ban*, bain, et *bagnar*, baigner; ital. *bagno*, esp. *bano*, langue des Troub. *banh*, auvergnat *bain*, bain; picard *bagner*, savoisien *bagni*, champ. *baigney*, b.l. *bainare*, anc. fr. *bannier, bagner, baignier*, baigner.]

Bains, sm. pl. Appartement destiné pour se baigner; tout établissement public où l'on peut aller prendre des bains; eaux naturellement chaudes où l'on va se baigner.

Bain-marie, sm. Eau chaude où l'on met un autre vase; le vaisseau qui la contient. (B.l. *balneum Mariæ*. Gattel et Roquefort pensent que c'est une corruption de *balneum maris*, bain de mer.)

Demi-bain, sm. Bain dans lequel on a de l'eau jusqu'au ventre.

Baigner, va. Mettre dans le bain, faire prendre un bain, des bains; en parl. des mers, des rivières, entourer, toucher; par exag., mouiller, arroser. *Baigné, e*, p.

Baigner, vn. Être entièrement plongé et trempé dans un liquide, dans un fluide.

*****Baigner,** va. et pron. fauc. Se dit de l'oiseau de proie, quand de lui-même il se jette dans l'eau, ou qu'il se mouille à la pluie, ou qu'on le plonge dans l'eau lorsqu'on le poivre.

Baigneur, euse, s. Celui, celle qui se baigne; celui, celle qui tient un bain public; domestique qui y est employé.

*****Baigneuse,** sf. Vêtement que l'on prend pour se baigner ou pour entrer dans le bain.

*****Baignoir,** sm. Endroit de la rivière où l'on se baigne.

Baignoire, sf. Cuve à se baigner, vaisseau de métal, etc., dans lequel on prend des bains.

Bagne, sm. Lieu où l'on tient les forçats à la chaîne, où l'on enferme les forçats après le travail; en Turquie, lieu où les esclaves sont renfermés. (De l'ital. *bagno*, bain, nom donné par les Italiens à la grande prison des esclaves de Constantinople, où il y avait des bains.)

Baptême, sm. Le premier des sacrements de l'Eglise, qu'on donne à celui qu'on veut faire chrétien. (Gr. *baptisma*, l'action de plonger dans l'eau, de laver, immersion, de *baptô*, plonger dans l'eau.)

Baptiser, va. Conférer le baptême, un nom.
Baptiser son vin, fig. et fam. Y mettre de l'eau. *Baptisé, e,* p.

Baptismal, ale, adj. Appartenant au baptême.

Baptistaire, adj. Se dit du registre où sont inscrits ceux que l'on baptise; se dit aussi de l'extrait de ce registre.

Baptistère, sm. Autrefois, petit édifice bâti auprès des cathédrales, pour y administrer le baptême.

*****Baptistère,** sm. ant. Nom que l'on donnait aux grands bassins des bains; il se disait des baignoires portatives; hist. eccl., église baptismale, église paroissiale; les fonts baptismaux; le sacrement même du baptême; livre contenant les rites et les prières du baptême; nom donné par les Arméniens à la fête de l'Epiphanie.

*****Baptiste,** et *****Batiste,** noms propres. (Gr. *baptistès*, qui plonge dans l'eau, qui baptise; d'où le nom de Saint Jean Baptiste.)

Batiste, sf. Sorte de toile de lin très-fine, et d'un tissu très-serré. (Ainsi dite du nom de son inventeur. « Vers l'an 1300, Baptiste Cambrai inventa l'étoffe qui reçut son nom, et qui en 1789 n'occupait pas moins de 150000 âmes : » Gazette de Cambrai, septembre 1861. Les Anglais appellent ce tissu *Cambric :* cette dernière dénomination vient de *Cambrai* nom de l'inventeur, tandis que le fr. *batiste* vient de son prénom *Baptiste*. De là le mot russe *batiste,* que Réiff lie à l'indien *batista.*)

*****Abaptiste,** sm. chir. Sorte de trépan que sa forme conique empêchait d'entrer dans la cavité du crâne. (Gr. *a* priv. *baptô*, je plonge.)

Anabaptiste, adj. et s. Nom donné aux sectaires qui tiennent qu'il faut rebaptiser les enfants quand ils sont en âge de raison; parce qu'ils prétendent qu'il faut être en état de rendre raison de sa foi, pour recevoir légitimement le baptême. (G. *ana*, une seconde fois, *baptizô*, je baptise.)

*****Anabaptisme,** sm. Hérésie des anabaptistes.

*****Catabaptiste,** sm. Sectaire qui niait la nécessité du baptême.

Débaptiser, va. Priver qqn. des avantages du baptême ; fam. changer de nom. *Débaptisé, e,* p.

*****Dibaptiste,** sm. Nom donné à des hérétiques grecs qui baptisaient deux fois. (G. *dis*, deux fois.)

*****Dibaphe,** adj. ant. Se disait d'une pourpre teinte deux fois. (G. *baphé*, immersion.)

Rebaptiser, va. Baptiser une seconde fois. *Rebaptisé, e,* p.

Rebaptisants, sm. pl. Hérétiques qui rebaptisaient ceux qui avaient déjà été baptisés.

BAIOQUE, sf. Monnaie des Etats romains, qui vaut un peu plus de cinq centimes. [De l'ital. *bajocco*, baïoque. M. Honnorat pense que l'ital. *bajocco* est un dérivé du grec *baios*, petit, modique. En effet la baïoque est une petite monnaie. En esp. *bayoco,* cat. *bajoc,* port. *baioco,* prov. *baiocca,* pol. *bajok,* valaque *baiok* baïoque.]

*****Baiochello,** sm. Monnaie de billon qui a cours à Rome, elle vaut environ onze centimes.

BAIRAM, ou **BEIRAM,** sm. relat. Grande fête annuelle chez les Turcs. Il y a deux baïrams : le premier a lieu immédiatement après le jeûne de ramadan, et dure trois jours; le second se célèbre soixante-dix jours plus tard. [En persan et en turc *béiram, baïram,* d'où le valaque *bairam,* bairam.]

BAISER, va. Donner un témoignage d'amitié, d'amour, de respect, d'humilité, par l'attouchement de la bouche; fig. et fam., se dit des choses qui se touchent. [Du lat. *basiare,* baiser, de *basium,* un baiser. 1° L'origine de ce mot serait l'onomatopée, selon Gébelin, Jauffret et Roquefort; 2° ce serait l'hébr. *bâsâr,* viande, chair, créature, parenté, corps, selon Guichard; 3° le sanscrit *bhás,* parler, selon M. Delatre; 4° le punique *bes,* baiser, selon Angelus Caninius; 5° le chald. *bassim,* doux, agréable, selon un hébraïsant; 6° le gr. *basis,* base, selon César Scaliger, comme si le baiser était la base de l'amour; 7° le gr. *sébô,* j'honore, je respecte, je cultive, par métathèse, selon P. Nunnésius, cité par Vossius. 8° Bullet dit : « *Basium,* baiser, vient du celt. *bas,* le même que *facx, mas, macx,* visage; d'où le fr. *masque.* » Wachter soutient que les mots latins *basium* et *basiare* ont produit, sans nul doute, l'anc. germanique *buss,* un baiser, et *bussen,* baiser. En persan *buseh,* un baiser, *busiden,* appliquer sa bouche sur le visage de quelque personne, ou sur un objet vénéré ; arabe vulgaire *bous,* baiser; suéd. *pus,* suisse *butsch,* un baiser, dans Doederlein ; basq. *besarcatcea,* embrasser ; gaël irl. *bus,* bouche, et *busog,* baiser, dans Edwards; angl. *buss,* ital. *bacio,* esp. *beso,* cat. *bes,* port. *beizo,* langue des Troub. *bais,* un baiser. En rouchi, *baise, baisse,* un baiser, *basier,* va. baiser; anc. fr. *baisier,* baiser.] *Baisé, e,* p.

Baiser, sm. Action de donner un baiser.

Baisemain, sm. féod. Hommage que le vassal rendait au seigneur du fief en lui baisant la main.

Baisemain, sm. Cérémonie usitée dans quelques cours et qui consiste à baiser la main du prince.

*****Baisemain,** sm. Offrande qu'on faisait autrefois au curé, en allant baiser la paix; féod., se disait de certains deniers d'entrée qu'on donnait au seigneur foncier, quand il faisait un arrentement.

Baisemains, sm. pl. Civilités, recommandations.

A belles baisemains, sf. pl. fam. Avec empressement et reconnaissance.

Baisement, sm. Action de baiser les pieds du Pape.

Baiseur, euse, adj. fam. Qui baise souvent.

Baisotter, va. dim. et fréq. fam. de *Baiser. Baisotté, e,* p.

Baisure, sf. Endroit par où un pain en a touché un autre dans le four.

Biseau, sm. Baisure.

S'Entre-baiser, va. pron. Se baiser l'un l'autre.

*****Baiser le verrouil, la serrure de l'huis** ou **la porte du fief dominant,** féod. Se disait en parl. d'une espèce d'hommage que le vassal rendait à son seigneur féodal, au manoir du fief dominant, en l'absence du seigneur.

BAJ — 140 — BAL

***Rebaiser,** va.vi. Rendre des baisers.

***BAJULE,** sm. Se disait de ceux qui, dans les processions, portaient les croix et les chandeliers : il y avait, dans les églises et dans les monastères, des *bajules* préposés à diverses fonctions. [Du lat. *bajulare,* porter à bras, porter sur son dos; d'où le lat. *bajulus,* porteur, porte-faix; dans St. Jérome, messager, porteur d'une nouvelle; dans Fulgence, celui qui porte les morts, croque-mort. 1° Doederlein, Vossius, Quicherat et Daveluy, et autres, dérivent *bajulare,* du grec *bastazô,* porter une charge, un fardeau. Vossius pense qu'on a dit d'abord *baio, baiare,* fait par syncope du gr. *bastazô.* Doederlein soutient que *bajulare* est un diminutif de *baso,* fait du gr. *bastazô,* d'où le latin *basterna,* litière, basterne. 2° Vossius dérive encore *bajulare,* de l'hébr. *sâbal,* il a porté; 3° puis de l'hébreu *pâhal,* il a fait, il a opéré, il a travaillé, il a préparé. 4° Un autre unit *bajulare* au malais *baoua,* porter, apporter quelque chose à quelqu'un; 5° puis, au malais *pikoul,* porter sur son dos; 6° un autre, au sanscrit *bal,* donner; 7° M. Delatre, au lat. *baculum,* bâton, et au sanscr. *vahala,* ferme, solide, et *vah,* porter, charrier; 8° Bullet, au gall. *baich,* charge, poids, fardeau; 9° Gébelin, au lat. *vola,* paume de la main, main; 10° Fungérus, au mot hébreu et éthiopien *bálas,* il a cueilli des figues. En b.lat. *bajulus,* porteur, *bajulus,* pédagogue, précepteur des enfants d'un prince; *bajecisus, ballivus, baillio, baillus, baillivus,* bailli; ital. *bailo,* esp. *bayle,* port. *bailio* et langue des Troub. *baile, bailon, bailidor, bailieus,* bailli, gouverneur, intendant; prov. *baile, baille,* bailli, berger en chef; anc.fr. *bajule,* gouverneur, administrateur; *baillir,* gouverner, régir; *baillif,* bailli; *baillir,* traiter, remettre un membre démis.]

Bailler, va.vi. Mettre en main, donner, livrer. (Il est sans doute que *bailler* vient de *bajulare,* dit Ménage. La Monnoie, Delatre, Denina, etc., suivent cette étymologie. Bailler ne vient pas du gr. *ballô,* jeter, lancer, comme l'ont cru le P. Labbe, Couzinié, Nicot, Budé, Périon, Estienne, Morin, Gattel, Noël, etc.; ni de l'hébreu *nâbal,* il est tombé, il a coulé, comme le prétend Guichard. En anc.fr. *baillier,* soutenir, prendre soin, défendre; débiter, donner; s'emparer de.) *Baillé, e,* p.

Bail, sm. Contrat par lequel on baille, on donne à loyer une ferme, une maison. (B.l. *baila, ballium,* charge, tutelle; anc.fr. *baillie,* pouvoir, autorité, domination; tutelle, propriété; régence.)

Baile, sm. Titre que l'on donnait à l'ambassadeur de Venise près la porte. (Anc.fr. *baile,* tuteur, gouverneur, précepteur; régent, syndic.)

Bailleresse, sf.inus. Celle qui baille à ferme, qui donne à bail, qui passe un bail.

Bailleul, sm. Celui qui fait profession de remettre les membres démis, et de raccommoder les os rompus. (« C'est un dim. de *bailli,* on l'appelait ainsi, soit par respect, soit par analogie avec les fonctions du bailli, qui consistaient à mettre la paix, à arranger les affaires, etc.: M.Delatre. » De là le nom des *Bailleul, balliolorum familia,* famille très-distinguée, dans laquelle fut transmis de père en fils l'art de remettre les membres démis, et de raccommoder les os. En anc.fr. *baillir,* traiter; remettre nn membre démis. Dans le Roman de la Rose, *baillie,* soin, charge; *a en baillie,* a soin, est chargé, défense; *mal baillie,* mal accompagnée; *mal bailli,* mal accommodé, mal partagé.)

Bailleur, sm. Celui qui baille à ferme ou à loyer, par opposition à preneur.

Bailleur de fonds, sm. Celui qui apporte, qui fournit des fonds pour une entreprise.

Bailli, sm. Officier royal qui rendait la justice au nom d'un seigneur; chevalier au-dessus des commandeurs; en Suisse et en Allemagne, magistrat préposé à l'exécution des lois. (Du lat. *bajulare,* d'après Hofmann, Raynouard, Skinner, De Chevallet, Diez, Lantin de Damerey, etc. Skinner dit : « Les nourrices portent, *bajulant,* leurs nourrissons sur leurs bras, *alnis :* de là *bajulus,* l'angl. *bailiff,* bailli, *baillif,* préteur, *bail,* gardien, etc. » *Bailli,* dit Ménage, signifie mot à mot porteur. En gaël écoss. *baillidh,* gaël irl. *bailli,* anc.fr. *baili, baillif, baillis, bailliste, baillius,* bailli; ital. *bailo,* esp. *bayle,* port. *bailio,* et langue des Troub. *baile, bailon,* bailli, intendant.)

Baillage, sm. Tribunal composé de juges qui rendaient la justice avec le bailli; étendue de sa juridiction; lieu où siégeait le bailli; droit payable à Londres sur les denrées et les marchandises des étrangers.

Baillager, ère, adj. Qui appartient, qui est propre à un baillage.

Baillive, sf. La femme d'un bailli.

Baliverne, sf.fam. Sornette, propos frivole, occupation futile, passe-temps puéril. (Ménage, Gébelin, Roquefort, Delatre et autres, font venir ce mot du lat. *bajulare,* de *bajulare,* porter. Ainsi ce mot aurait été fait de *bailler,* donner, de *berne,* moquerie, d'où *bailliberne,* baliverne, et non de *bailler* et *verd,* ni de l'hébr. *bal, beloum* ni de *bulla verna.* Rabelais a dit : « Les crocheteurs (lat. *bajuli*) sont de beaux bailleurs de balivernes. » M. Delatre cite l'ital. *balio* ou *balivo,* précepteur, père nourricier; f. *balia* ou *baliva,* nourrice, vi. fr. *balive.* De ce dernier mot, selon lui, vient *baliverne,* conte de nourrice, propos frivole, etc.)

Baliverner, vn.fam. S'occuper de balivernes, de choses frivoles. *Baliverné, e,* p.

Baliveau, sm. Arbre qu'on réserve lors de la coupe d'un bois taillis, afin qu'il puisse devenir arbre de haute futaie, et former le noyau d'une nouvelle forêt; jeune chêne au-dessous de quarante ans. (1° Selon M. Delatre, *baliveau* est un diminutif de *balivus,* chef, nourricier. 2° Bullet et de Théis croient que *baliveau* vient du celt. *bal,* arbre, *lizen,* laissé; 3° selon Borel, il viendrait du lat. *bacilli,* petits bâtons, verges; 4° selon Ménage et Roq., du lat. *vallus* ou *palus,* pieu; 5° selon Trévoux, du fr. *bois vieux;* 6° on pourrait croire aussi que *baliveau* est un dimin. du sansc. *phalati,* bois. Mais l'étymologie adoptée par M. Delatre paraît être la seule bonne. En prov. *balivau, balibeou,* baliveau, dans Honnorat; Gloss. champ. *boulinée, boulivée,* rejeton du pied d'un arbre, dans Tarbé; et patois de Champ. *balisio, boiviau,* b. l. *bayvellus, baivarius,* anc.fr. *bailliveaux, bayviau, baiviau,* baliveau. Savary écrit de deux façons *balivage* et *baillivage, baliveau* et *bailliveau.*)

***Baliveau,** sm. eaux et f. *Baliveau sur souche* ou *sur brin,* maître brin d'une souche, réservé pour la haute futaie.

Balivage, sm. Choix, compte, marque des baliveaux.

BALAFRE, sf. Estafilade, taillade; blessure longue, faite au visage par une arme tranchante; la cicatrice qui reste. [1° Selon Gébelin, Jauffret, Roquefort, et autres, du lat. *mala fracta,* joue entaillladée, coupée, estafilée. On aurait dit d'abord *malafre, malafré; m* se change quelquefois en *b.* C'est du même mot *fracta* que les Italiens ont fait *fregio,* coupure au visage, estafilade. 2° Selon Gattel, Le Duchat, Ihre, etc., du lat. *bis-labrum,* lèvre double, d'où *balèvre,* puis par corruption *balafre.* Ihre cite, à l'appui de cette étym. le suiogothique *mun*, ouverture d'une blessure, dérivé du suiogothique *mund*, bouche. 3° Selon Eloi Johanneau, de *bas lèvre*, et non de *bis-labrum*. En anc. fr. *bas-lèvre*, le tour de la bouche, et *banleffre, banlievre*, lat. barb. *banlaucas*, le tour de la bouche. Dans le Roman de la Rose *baulievres*, les lèvres; picard *balifes*, lèvres. 4° Selon Diez, du lat. *bis* et *labrum*; ou de *bis* et du haut all. anc. *leffur*, lèvre. De même le grec *chéilos*, lèvre, a donné naissance au grec *chéilé*, balafres, coupures au visage. 5° Delatre rattache *balafre*, à l'isl. *benafr*, blessure, à l'all. *beletzen*, blesser, et à la racine sanscr. *bha*, mettre, d'où le sanscr. *abhi*, à, vers. 6° Un autre le rattache au celt. *naf*, couper, au catal. *nafra* et au prov. *naffra*, *nafra*, blessure, balafre, 7° Bullet le compose du celt. *bal*, coupure, *af*, visage. 8° Un autre le rapporte au lat. barb. *balafardus*, coutelas, et à l'anc. fr. *nafre*, balafre, grand coup. D'après Tarbé, *bauffrée*, *balfrée*, *ba lafre*, signifiaient coup de dent, blessure; et *bauffrer*, manger avidement. Selon Trévoux, *balafre* se dit aussi d'une coupure longue de deux travers de doigt, qu'on isait autrefois sur des pourpoints de satin.]

frer, va. Faire des balafres au visage de un. *Balafré, e*, p.

ALAI, sm. Ustensile servant à nettoyer, à pousser les ordures, à les jeter hors du lieu où elles sont. [1° Selon Gébelin, Roquefort, Delatre, etc., ce mot serait de la même origine que le grec *balló*, jeter, lancer, *ballizó*, danser en trépignant. 2° Génin dit : « Il est certain que le mot *balai* existait dès le milieu du 13° s. *Balle* en fr., *bale* en angl., signifiait réunion d'objets, assemblage, d'où il nous reste *ballot* et *porte-balle*. *Ballet* aura pu se dire d'un faisceau de vergettes ou d'écouvettes; *balai* signifierait alors *une poignée*, le reste sous-entendu. W. Scott désigne par le mot *bale* de petits fagots allumés sur les hauteurs pour servir de signal. Après cela, ajoute Génin : aux gens embarrassés le celt. ne fait jamais défaut; c'est là sa principale qualité, etc. » 3° Skinner croit que *balai* vient du lat. *palea*, paille. 4° Ménage le dérive du lat. *vallus*, pal, pieu, pauli; 5° d'autres, de l'all. *welle*, fagot, faisceau de menu bois; 6° De Theis, du celt. *bal*, arbre, dans le sens de menues branches d'arbre; 7° M. Delatre, du vi. fr. *ball-etrou*, balai, du lat. *bal-istra*, ital. *bal-estra*; 8° M. Jal, du fr. *bouleau* ou du lat. *betula*; 9° De la Villemarqué et De Chevallet, après Trévoux, du bret. *balaen*, balai, fait du bret. *balan*, genêt. Les anciens balais, dit De chevallet, se faisaient généralement en genêt, comme cela se pratique encore dans beaucoup de nos provinces; de là le nom de l'arbuste servit à désigner le *balai* lui-même. Il en est encore ainsi de l'angl. *broom*, genêt et balai; du prov. *ginest*, genêt et balai. En anc. fr. le genêt s'appelait *balanier*. En b. l. *baleium*, balai; irl. *ballan*, genêt et balai; écoss. *bealuidh*, genêt et balai; bret. *balan*, genêt, et *balaen*, balai; b. l. *ballare*, *balagare*, *bulaguare*, balayer; *balaa* et *balaium*, balai; *baladium*, balayures, langue des Troubad. *bulay*, verge, balai.]

*Balai, sm. Linge attaché à un bâton qui sert à nettoyer l'enclume de l'orfèvre.

Balayer, va. Nettoyer en chassant les ordures avec un balai; fig., pousser, chasser, rejeter, disperser. *Balayé, e*, p.

Balayage, sm. Action de balayer.
Balayeur, euse, s. Celui, celle qui balaie.
Balayures, sf. Ordures amassées avec le balai.

BALAIS, adj. m. *Rubis balais*. Sorte de rubis excellent, de couleur de vin paillet. [1° De *Balascia*, *Balassia*, nom d'une province mahométane où ces rubis abondent et dont parlent Marc Paul, le moine Haython, Bruzen, Trév., le Dict. de la Conv. et Du Cange. *Balassia* est un royaume ou une terre-ferme, entre Pégu et Bengala, d'où l'on tire le rubis balais ; E. H. en ar. et en persan *bali balakhchi*, rubis balais, ainsi nommé de *Badakhchân*, pays de l'Inde : Reiff. 2° Constancio soutient que le mot *balais* ne vient pas de l'ar. *balaxa*, briller, ni de *Balaxia*, ou *Balascia*, région entre Pégu et le Bengale; mais du grec *balios*, moucheté, maillé, pommelé. En russe *balass*, esp. et port. *balax*, anc. cat. *balay*, prov. *balach*, b. l. *balascus*, ital. *balascio*, balais.]

*Balasle, sf. Nom que l'on donnait autrefois au rubis balais.

BALANCE, sf. ; Levier servant à mesurer le poids des corps ; instrument composé de deux bassins ou plateaux, ordinairement suspendus à un fléau, et dont on se sert pour peser; fig., équilibre des états, et de la pondération des pouvoirs politiques ; différence de compte entre le débiteur et le créancier ; action d'arrêter, à une certaine époque les écritures d'une maison de commerce, pour qu'elle rende compte de sa situation; astron., constellation zodiacale. [Ce mot est un binôme composé du latin *bis*, deux, *lanx*, plat, plateau, bassin, plateau de balance, d'où *bilanx*, à l'abl. *bilance*. *Lanx* tient au grec *lékané*, plat, bassin, fait lui-même du gr. *lékos*, plat, assiette. Selon Benfey et autres, le gr. *lékos* et *lékané*, en dorien *lakané*, ont été faits, par aphérèse, du grec *plax*, large et plat, plaque; en sanscrit *phlaka*, bouclier. Constancio prétend que le grec *lékané* est composé du gr. *la*, beaucoup, et *chainéin*, s'épanouir, s'ouvrir; et un hébraïsant soutient que le lat. *bilanx* vient de l'hébr. *pélés*, balance. En ital. *lance*, esp. *balanza*, angl. *balance*, rouchi *balanche*, balance.]

*Balance, sf. myth. Symbole de la justice ; attribut de Thémis ; pêch., espèce de filet plat, monté sur un cercle de fer ou de bois, et servant à prendre des écrevisses.

Balancer, va. Tenir en équilibre ; mouvoir un corps de manière qu'il penche ou soit porté tantôt d'un côté, tantôt de l'autre ; faire aller qqn. en haut et en bas par le moyen d'une balançoire; fig., peser, examiner, comparer; compenser une chose par une autre ; empêcher de prévaloir, égaler en mérite, en importance ; peint., distribuer également les groupes. *Balancé, e*, p.

Balancer, vn. Rester en suspens par l'effet du doute, de l'incertitude ; hésiter.

*Balancer, vn. Se dit d'un cheval dont l'allure n'est pas ferme et dont la croupe vacille; se dit d'une bête qui, étant poursuivie par un chien courant, vacille en marchant; se dit aussi du limier qui ne tient pas la voie juste, ou qui va et vient à d'autres voies.

Balancé, sm. Pas de danse où le corps se balance d'un pied sur l'autre en temps égaux.

Balancelle, sf. Embarcation napolitaine à un mât, ordinairement pointue des deux bouts.

Balancement, sm. Action de balancer, de pencher tantôt d'un côté, tantôt de l'autre ; peint., disposition symétrique.

*Balancement, sm mar. Manière dont un navire est balancé.

Balancier, sm. Pièce d'une pendule qui balance et règle le mouvement du pendule ; machine à frapper les monnaies, les médailles; long bâton servant aux funambules pour se tenir en équilibre.

Balancier, sm. Fabricant et marchand de balances.

*Balancier, sm. hn. Petit filet mobile, placé sous l'origine des ailes des insectes diptères; pièce de bois qui empêche les pirogues de chavirer; traverse ajoutée aux lignes pour pêcher le thon, la bonite, le dauphin, etc.; traverse aux deux extrémités de laquelle sont suspendues les coupoles des deux lampes qui servent à l'éclairage d'un billard; pièce du métier à faire les bas; pièce d'une pompe aspirante; barre servant de manivelle pour ouvrir ou fermer une écluse.

Balancine, sf. Corde qui va de la tête du mât au bout de la vergue; sa manœuvre.

Balançoire, sf. Pièce de bois en équilibre sur laquelle on peut se balancer.

Bilan, sm. Balance que l'on établit entre ce qu'on possède et ce qu'on doit, pour se rendre compte de sa situation; état indiquant la situation de l'actif et du passif d'un négociant en faillite.

Contre-balancer, va. Égaler avec des poids; fig. égaler. *Contre-balancé, e, p.*

BALAUSTE, sf. Fleur desséchée du grenadier. [Du lat. de Pline *balaustium*, fleur du grenadier sauvage, dérivé du grec *balaustion*, id. 1° M. Delatre forme le gr. *balaustion*, du gr. *balló*, jeter, lancer, à cause, dit-il, de sa mobilité ou de sa pesanteur; 2° et Martinius, du gr. *blastanó*, germer. 3° Constancio soutient que *balaustion* ne vient pas du gr. *blastanó*, germer, croître; parce que toutes les plantes germent; mais du primitif gr. *baó*, s'élever, et *loxos*, oblique, tortu, comme tel est le tronc et les rameaux du grenadier. 4° Gébelin dit que *bal* était le nom du soleil, et qu'on s'en servit pour désigner les objets beaux et brillants, les objets élevés et ceux qui sont ronds, et que de là vinrent les mots grecs *balaustion*, grenadier sauvage, *balsamon*, le baume, *blépô*, voir, apercevoir, etc. En latin *balaustrum, *balustium*, balauste, grenadier sauvage; ital. *balaustra*, esp. *balaustia*, langue des Troub. *balaustra*, balauste; port. *balaustra*, fleur du grenadier sauvage.]

Balaustier, sm. bot. Le grenadier sauvage.

Balustre, sm. Sorte de petit pilier façonné, dont la forme ressemble à celle du calice de la fleur du grenadier. (Félibien, Ménage, Gattel, Boiste, Roquefort, Delatre, tous les étymologistes, rapportent ce mot au lat. *balaustrum*, calice de la fleur du grenadier; excepté cependant Bullet, qui dérive *balustre* du celt. *bal*, paquet, enveloppe; et Constancio, qui le forme du lat. *palus*, pal, pieu, et de *stare*, se tenir debout, ferme, ou de *struere*, mettre en ordre. En port. *balaustre*, ital. *balaustro*, balustre.)

*****Balustre**, sm. Petite balustrade servant de clôture dans une église ou dans une chambre.

*****Balustre**, sm. Ornement ménagé au dessous de l'anneau d'une clef; petite colonne façonnée ornant le dos d'une chaise; partie de la monture d'un chandelier.

Balustrade, sf. Grande balustre; suite, rangée de plusieurs balustres.

Balustrer, va. Entourer d'une balustrade. *Balustré, e, p.*

BALBUTIER, vn. et a. Ne pas parler de suite, ne parler que du bout des lèvres, laisser tomber en quelque sorte ses paroles, s'arrêter surtout aux articulations gutturales, couper et remâcher les mots ou les syllabes, répéter souvent les labiales *ba, be, bé*, etc.; hésiter en parlant; fig., parler sur quelque sujet confusément et sans connaissance suffisante.

[Du lat. *balbutire*, balbutier *balbus*, bègue. 1° Selon Doederlein, *balbus*, pour *balbulus*, a été fait par réduplication du lat. *balbus*; parler longuement; dire des absurdités; *balare* est la forme primitive, selon lui; et, dit-il, elle se retrouve dans le gr. *psellos*, qui balbutie, bègue, bredouilleur; fig., équivoque, obscur. De là, ajoute-t-il, *belfern*, clabauder, glapir, japper; et *plappern*, babiller, bavarder; en angl. *to blab*, divulguer. 2° Denina rapporte *balbutire* et *balbus*, au grec *bambainô*, je bégaie; et Chavée, au grec *bambalô*, je balbutie, je claque des dents, comme dans la fièvre ou quand on a peur, et au sanscrit *balbal* ou *bambal*, bégayer, balbutier; 4° Delatre, au gr. *bambainô*, et au sansc. *bhan*, parler; 5° Benfey, au grec *bambalô*, *bambainô*, et au sansc. *gadgada*, balbutier, bégayer. En b. l. *balbicus*, bègue, et *balbire*, *balbutire*, *balbuzare*, bégayer, dans Du Cange. Langue des Troub. *balbi*, ital. et port. *balbo*, gaël irl. et écoss. *bailbh*, bègue. Anc. fr. *balbier*, *baubeter*, *bauboier*, bégayer; et *baube*, bègue.] *Balbutié, e, p.*

*****Balbutie**, sf. Vice de prononciation qui produit le balbutiement.

Balbutiement, sm. Action de balbutier; vice de prononciation qui fait que l'on balbutie.

Ébaubi, ie, adj. fam. Étonné, surpris, propr. rendu bègue. (De l'anc. fr. *abaubi*, part. de l'anc. v. *abaubir*, étonner, surprendre, interdire quelqu'un au point de lui ôter l'usage de la parole, de le faire balbutier. Ce mot vient de l'anc. v. *balbier*, *baubeter*, *bauboier*, *bauboyer*, bégayer, dérivé lui-même du lat. *balbutire*, balbutier, *balbus*, bègue.)

BALCON, sm. Construction de bois ou de pierre qui est en saillie sur le devant d'une maison, et qui est enfermée d'une balustrade de bois ou de fer. [De l'ital. *balcone*, balcon. 1° Selon Ménage, Scaliger, Denina, le P. Janning, Raynouard, Pougens, etc., le mot *balcon* est d'origine germ. Comme ordinairement les balcons se construisent avec des poutres, en all. *balken*, on les appela de ce nom par synecdoque, prenant la matière pour la chose: Denina. Le P. Janning, sur le mot *balconum* qui se trouve dans les Actes de S. Bernard patriarche d'Aquilée, a écrit que ce mot est un augmentatif de *palcus*, construction, élévation; que l'un et l'autre de ces termes ont été portés en Italie par les Lombards, et qu'ils viennent de l'all. *balken*, poutre: Trév. 2° Roquefort et Pihan pensent que *balcon* vient du persan *bal*, élevé, et *kaneh*, maison. 3° Bullet soutient qu'il vient du celt. *bal*, arbre, bois. D'après l'opinion commune, l'ital. *balcone* a été fait de l'ital. *palco*, plancher, théâtre, place au théâtre, d'où l'on voit les spectacles; et *balcone*, ainsi que *palco*, a pour racine l'all. *balken*, poutre, mot commun à plusieurs langues septentrionales, soit anciennes, soit modernes. En anglosaxon *balc*, poutre, solive, angl. *balk*, holl. et suéd. *balk*, dan. *biaelke*, anc. scandin. *balkr*, bialki, norw. *balk*, *bolk*, pol. *balca*, poutre; grec *phalkés*, *phalkis*, *pholkis*, bois cloué à la quille d'un vaisseau, poutre, planche; b. l. *balcones*, balcons, et *balcus*, balcon; esp. *balcon*, port. *balcáo*, langue des Troub. *balcon*, balcon.]

Bau, sm. mar. Poutre posée dans le sens de la largeur du bâtiment pour soutenir les ponts. (Selon MM. Jal, De Chevallet et autres, ce mot est d'origine germanique. En holl. *verdeks-balk*, bau, de *verdek*, pont, tillac, et de *balk*, poutre. Nous n'avons pris que ce dernier mot. *Au = al*. Le *k* a disparu; mais il reparaît dans *bauq-ière*, sous la forme *q*. De même le terme marseillais *madier*, bau, et le terme de rivière, *matières*, ont été faits du lat. *materia*, bois de construction, branche.)

*****Bauquière**, sf. mar. Ceinture très-épaisse fixée sur la membrure, dans toute la longueur d'un bâtiment, pour recevoir l'extrémité de ses baux. (De *bau*, comme *banquière* de *banc* : Jal.)

Catafalque, sm. Estrade, décoration funèbre établie sur une construction de charpente, qu'on élève au milieu d'une église, et où l'on place le cercueil ou la représentation d'un mort à qui l'on veut rendre les plus grands honneurs. (De l'ital. *catafalco*, catafalque, mot composé, selon M. Delatre, du haut all. anc. *palco*, poutre, all. mod. *balken*, poutre; et de l'anc. all. *skata*, spectacle, suéd. *skaoda*, regarder. De là l'anc. cat. *cadafal*, le port. *cadafalso*, l'esp. *cadalso*, échafaud; langue des Troub. *cadafalc*, anc.fr. *chafaut, chafault, chafaux*, échafaud. De là aussi le l. barb. *cadafalsus, cadafalus, cadafaudus, cadapallus, cadaphallus, catafaltus*, échafaud.)

Échafaud, sm. Ouvrage de charpente, assemblage de pièces de bois, formant une espèce de plancher, sur lequel les ouvriers montent pour travailler; ouvrage de charpenterie élevé pour voir plus commodément des cérémonies publiques ou d'autres spectacles; espèce de plancher qu'on élève pour l'exposition ou l'exécution des criminels. (M. Delatre dit : « L'ital. *catafalco* signifie encore *échafaud*, qui en est dérivé par la forme intermédiaire **escaffauld*, d'où l'angl. *scaffold*. La forme moderne *échafaud* a été imitée par les Allemands, qui en ont fait *schaffot*, sans se douter que le mot français est composé d'éléments germaniques.... La présence d'un *d* en français et en anglais, celle d'un *s* en port. et en esp., pourrait faire croire que le second composant est le mot germ. *falt*, pli;... cependant, comme il existe d'autres exemples d'une gutturale remplacée en fr. par une dentale, nous croyons pouvoir maintenir l'identité du fr. *échafaud* avec l'ital. *catafalco*. »)

Échafauder, vn. Dresser des échafauds, en parl. de la construction ou de la décoration des bâtiments. *Échafaudé, e*, p.

Échafaudage, sm. Action d'établir des échafauds pour bâtir, pour peindre, etc., assemblage de ces échafauds.

S'Échafauder, va.pr. Faire de grands préparatifs pour peu de chose.

Ébaucher, va. Commencer grossièrement un morceau de sculpture ou de peinture, dégrossir, esquisser; fig., commencer un ouvrage d'esprit. (1° De l'all. *balken*, poutre, d'où l'ital. *balcone*, balcon; et l'anc. fr. *bauche, bauch*, poutre; selon M. Delatre. 2° Comme on a dit aussi *éboscher*, pour *ébaucher*, quelques-uns croient que ce verbe vient de l'anc. mot *bosc*, bois. Si l'on a dit *éboscher*, on a dit aussi *esbocher*. 3° Ménage tient que *ébaucher* vient du lat. barbare *busa*, bosse. 4° Un autre le dérive du gaël *balc*, croûte de terre; 5° un autre, du prov. *boqui*, image, dessin grossier et mal fait; 6° un autre le fait venir simplement de l'ital. *abbozzare*, ébaucher, de *bozza*, tumeur, enflure, bosse, ébauche. La première étym. est encore la plus simple et la plus naturelle. Il est tout à fait vraisemblable que *ébaucher* signifie littéralement dégrossir ou équarrir une poutre. 7° Nicot tient que *ébaucher* signifiait autrefois déniaiser, et qu'il vient du languedocien *bauch*, sot et grossier, et que, par translation, il a été dit des ouvrages qui ne sont pas encore polis. Il est plus naturel de croire que ce mot *bauch*, sot et grossier, ainsi que le prov. *boqui*, dessin grossier et mal fait, viennent eux-mêmes de la même source que l'all. *balken*, poutre, holl. *balk*, d'où le fr. *bau*, *bauquière, et l'anc. fr. *bauc, bauche*, poutre. C'est sous ce point de vue que l'anc. scand. *balk-r, bialki*, poutre, a donné l'anc. scand. *balksleg-r, bulkaleg-r*, cru, brut, lourd comme une bûche. *Ébauché, e*, p.)

Ébauche, sf. Ouvrage de sculpture ou de peinture qui n'est que commencé; fig., se dit des ouvrages d'esprit.

Ébauchoir, sm. Outil de sculpteur pour ébaucher.

Embauchoir, sm. Instrument de bois en forme de jambe, dont on se sert pour élargir les bottes.

Embaucher, va. Engager un jeune garçon pour un métier dans une boutique; faire entrer, admettre un ouvrier dans un atelier; fam., enrôler par adresse. (Par la même raison, dit M. Delatre, que *bord*, qui signifie *planche*, a fini par vouloir dire une maison, l'anc. fr. *bauche*, qui signifie une poutre, s'est pris dans le sens de *loge*, d'*échoppe* et de *boutique*; tel est le sens qu'il a dans *embaucher*. L'anc. fr. *bauche* signifie aussi habitation, demeure. M. Paulin Paris note que l'anc. fr. *bauche* veut dire *chaume*; que ce mot, dans une acception analogue, s'est conservé en Touraine. Il est vrai aussi qu'il a signifié habitation, maison, comme l'a remarqué Constancio, qui en forme le mot *embaucher*. *Bauche* a signifié aussi enduit sur les murs, d'où l'anc. fr. *débaucher*, pour enlever cet enduit, cette *bauche*.) *Embauché, ée*, p.

Embauchage, sm. Action d'embaucher.

Embaucheur, sm. fam. Celui qui embauche.

***Embauchement**, sm. art. milit. Embauchage, action d'embaucher.

***Embauchure**, sf. Fourniture générale des ustensiles dans une fabrique de sel.

Débaucher, va. propr. Faire sortir un garçon de sa boutique, ou une personne de son habitation; par ext., corrompre, dépraver, jeter dans la débauche. *Débauché, e*, p.

Débauché, sm. Libertin, abandonné à la débauche.

Débauche, sf. Déréglement; excès dans le boire et dans le manger; incontinence outrée.

Débaucheur, euse, s. Celui, celle qui débauche, qui excite à la débauche.

Bauge, sf. Lieu où reposent les sangliers, et autres bêtes noires et mordantes, terrier d'un sanglier. (1° De l'anc. fr. *bauche, bauge*, petite maison, chaumière, en l. barb. *bugia*, maison fort petite, d'après Du Cange, Noël et Carpentier et M. Delatre. 2° Selon De Chevallet, *bauge* serait de la même origine que le tudesque *botch*, fange, boue, bourbe, en flam. *bagger*, id., et angl. *bog*, fondrière, bourbier. Ce qui favorise cette dernière étymologie, c'est que *bauge* signifie aussi enduit de terre et de paille, et que le sanglier aime à se vautrer dans la boue. Mais en faveur de la première, on peut faire observer que *bauge* signifie aussi, en t. de chasse, nid de l'écureuil, et que le sanglier fait sa *bauge* dans des lieux fourrés et dans des épiniers, bien qu'elle soit d'ordinaire sale et bourbeuse. Au reste voy. *Boue*.)

Bauge, sf. Certain mortier fait de terre grasse, mêlée de paille et de foin. (Trévoux dit qu'on écrit qq. fois *bauche*, qu'on appelle *bauge* un mur qui n'est bâti que de cailloux, dont la liaison est faite de terre grasse humectée, et mêlée avec de la paille et du foin; que bauge est aussi l'enduit qu'on met sur les murs de terre pour les conserver; et que cet enduit est de terre et de paille.)

BALDAQUIN, sm. Sorte de dais qu'on suspend au-dessus d'un lit et auquel tiennent les rideaux; ouvrage de sculpture ou d'architecture qui sert de couronnement à un trône, à un autel. [De l'ital. *baldacchino*, dais, baldaquin, fait lui-même de *Baldach*, transcription vicieuse du nom de *Baghdad*, adoptée par Marco-Polo et par plusieurs auteurs du moyen âge. Dans le temps des Croisades, les Lombards disaient *Baldac* pour *Baghdad*. Il paraît en effet, dit Pihan, que jadis Baghdad était renommée pour ce genre d'ornement. L'it. *baldac-*

chino est donc dérivé de *Baldach* ou *Baldacco*, et veut dire simplement appartenant à *Baghdad* ou provenant de Baghdad. 2° Ménage et les Bollandistes disent que le l. *baldakinus, baldekinus*, baldaquin, a été fait de *Baldacco* ou de *Babylone*. 3° Wachter soutient que le l. *baldakinus* est composé du germanique *dach*, toit, couverture, et du celt. *pali*, étoffe de soie ; et non du nom de *Babylone* ni de celui de *Bagdad*. 4° Constancio forme le mot *baldaquin* du lat. *pallium*, manteau, dais, tenture, voile. Mais la première étymologie paraît préférable ; elle a été adoptée par Borel, Trévoux, Quatremère, Pihan, Delatre, etc. 5° Cependant Reiff prétend que l'it. *baldacchino* vient du turc *báladiky*, signifiant le dessus.]

BALEINE, sf. Le plus grand des poissons de la mer, et le premier des cétacés ; ses fanons ; astron., constellation de l'hémisphère austral. [Du l. *balœna*, dérivé du gr. *phalaina*, baleine. 1° Bochart a cherché l'origine de ce mot dans le syriaque *baale-nun*, signifiant les maîtres des poissons, ou les poissons les plus remarquables. *Baale* est l'hébr. *báhal*, il a dominé, d'où *Baal, Bélus* ; 2° Isidore, dans le gr. *balló*, jeter, lancer ; 3° Constancio, dans le gr. *palló*, donner un coup, lancer, et *anó*, en haut ; 4° Becmann, dans l'hébr. *bâlah*, il a englouti ; 5° Adelung, dans le vieux mot *bal*, grand, fort ; 6° Bullet, dans le basque *bal*, grand ; 7° Martinius, dans le grec *phalos*, reluisant ; à cause de certaines taches blanches qui sont sur le corps de ce mammifère et qui paraissent de fort loin, ou parce que c'est un animal à poil, et que ses poils reluisent de loin sur sa tête. 8° Albert Hoefer, cité par Delatre, incline à croire que ce mot vient du sanscrit *bala*, force, *balavat*, fort, robuste. Velest., Meind. et Schœbel, le rapportent aussi au sanscrit *bala*, force. En persan *vâl*, baleine ; haut all. anc. *wal, wel*, anc. scandin. *hval-r*, norw. *qval*, anglos. *hwael, hwaele, hwale*, baleine ; angl. *whale*, holl. *wal, walvis*, suéd. et dan. *hval*, baleine ; valaque *balene*, esp. *ballena*, port. *balea*, ital., cat. et langue des Troub. *balena*, baleine. Du temps des Troubadours, on pêchait encore des baleines dans la Méditerranée, et l'on en mangeait la chair.]

Baleiné, ée, adj. Garni de baleine.
Baleineau, sm. Le petit d'une baleine.
Baleinier, sm. Navire pour la pêche de la baleine.
Balénas, sm. Membre génital de la baleine mâle.
*Balanaire, adj. hn. Relatif à la baleine.
*Baleinide, adj. hn. Qui a l'apparence de la baleine. (Gr. *eidos*, apparence.)
*Baleinides, sm. pl. Famille de mammifères.
*Baleinier, sm. comm. Celui qui vend des fanons de baleine.
*Baleinière, sf. Embarcation employée à la pêche de la baleine.
*Baleinologie, sf. hn. Histoire de la baleine et des cétacés. (Gr. *logos*, discours.)
*Balénoptère, sm. Genre de cétacés. (Gr. *pteron*, aile ; rame.)

Phalène, sf. Nom donné aux papillons nocturnes. [Du grec *phalaina*, baleine, et *phalène*, papillon de nuit. Il est difficile de savoir pourquoi les Grecs ont donné ce même nom à deux animaux si différents. Trouvaient-ils que le papillon qu'ils nommaient ainsi se distinguait, par quelque qualité, des autres papillons comme la baleine se distingue des autres poissons. Le fait d'un même nom imposé à des animaux tout à fait dissemblables est assez fréquent ; mais ordinairement on en connaît la cause. Cette cause est presque toujours le résultat d'une comparaison. Sous quels rapports peut-on comparer la phalène avec la baleine, si ce n'est que la phalène des Grecs était excessivement plus remarquable que les autres papillons, ou bien qu'elle recherchait avec empressement la lumière, que la baleine est obligée de rechercher aussi, vu qu'elle respire par le moyen des poumons et que par conséquent elle ne peut pas rester longtemps sous l'eau. M. Delatre soupçonne que la phalène des Grecs a reçu son nom de sa force, tout comme la baleine, en sanscrit *bala*, force. Au reste, on peut citer de nombreux exemples où le même nom a été appliqué à des êtres bien différents ; c'est ainsi que *dromadaire*, en histoire naturelle, désigne une espèce de chameau, un poisson des mers d'Amboine, une espèce de papillon, et un insecte hyménoptère.)

*Phalénacé, ée, adj. hn. Qui a quelques rapports de forme avec la baleine.
*Phalénide, adj. hn. Qui a l'apparence d'une phalène.
*Phalénides, sm. pl. hn. Famille de papillons.
*Phalénoïde, adj. hn. Semblable à la phalène.

Narval, sm. hn. Cétacé, la licorne de mer. (Du danois *nar-hval*, la baleine folle, la baleine folâtre, mot composé de *nar*, fou, et de *hval*, baleine, en angl. *whale*, holl. *wal*, baleine ; d'après M. Delatre. D'autres disent que ce nom est composé de l'isl. *nar*, corps mort, et de *hval*, baleine, et qu'il signifie *tue-baleine* ; parce que ce cétacé blesse souvent à mort la baleine. Tous les linguistes lient *hval, whal, wal*, au lat. *bal-œna* et au grec *phal-aina*, baleine. Les Allemands écrivent *narwall* ; et les Islandais *narhwal*, d'après Ray, Artédi, et Willughby.)

BALI et **PALI**, sm. et adj. Langue sacrée de l'île de Ceylan et de la presqu'île au-delà du Gange. [1° Le nom de *bâli* vient de *bala*, mot chald. qui signifie *avoir vieilli* ; parce que c'est une langue morte qui s'est conservée chez les savants. Trévoux donne cette étym. en citant le P. Tachard et Le Clerc. 2° D'autres dérivent ce mot du pâli *pela* qui signifie ordre, rangée, et qui exprime la régularité de la construction de cette langue. Le pâli est une langue intermédiaire entre le sanscrit et le prâkrit.]

BALISE, sf. mar. Marque que l'on met sur les côtes ou canaux de la mer, dans les lieux dangereux, et aux havres de barre ou d'entrée où il y a peu de fond, pour assurer la navigation. Ce sont ordinairement des tonneaux attachés par une chaîne de fer à de grosses pierres que l'on jette au fond. Ils nagent sur l'eau et marquent le chemin le plus sûr. Il y a quelquefois des mâts dressés, qui servent de balises ou de bouées. Ce sont quelquefois de grands arbres touffus, de feuillages et de branchages hauts et élevés, et posés en échauguette à l'embouchure des rivières, au nombre de deux pour le moins. [1° Selon De Chevallet, les deux mots *balise* et *baille*, viennent de la même racine germanique. Les balises étant ordinairement des baquets, des barils et autres vaisseaux semblables, attachés par une chaîne de fer. Il rattache ces deux mots à l'anc. sax. *balge, balje*, baquet, cuvier, seau ; dan. *balje*, suéd. *bœlja*, holl. *balie*, angl. *pail*, id. Ces mots ressemblent beaucoup au lat. *pelvis*, bassin, chaudron, *p* et *b* se permutent. 2° M. Delatre rapporte les mots *balise, baliser, balisier, balai*, etc., au g. *ballizó*, et au sansc. *pil*, jeter. 3° Ménage, Roquefort, Jal, Gattel, et autres, dérivent *balise*, du lat. *palus*, pieu. 4° Gébelin le fait venir de *bal*, élevé ; 5° un autre, du breton *bali*, allée de grands arbres ; 6° Moraes, du b. l. *palitius*, fait du lat. *palus*, pieu ; Constancio, du lat. *palus*, pal, pieu, poteau, et du g. *izó*, mettre, poser, placer; 7° un autre;du picard *baler*, pencher, incliner; 8° De Théis, du celt. *bal*, arbre, *lis*, eau. Ordinairement,dit-il,c'est un mât ou un tonneau flottant; dans le principe c'était simplement un arbre fiché dans l'eau. L'étym. de M. De Chevallet est encore la plus simple, la plus naturelle, la moins vague.En port. *baliza* ou *balisa*, balise, bouée.]

Baliser, va.Indiquer par des balises les hauts-fonds et les passes. *Balisé, e,* p.

Balisage, sm. Action de baliser.

Baliseur, sm. Celui qui est préposé pour faire le balisage des ports maritimes et des rivières, celui qui veille à ce qu'on laisse libre sur la rive des rivières l'espace nécessaire pour le hâlage.

*****Balise,** sf.pêch. Bouée marquant l'endroit où est établi un filet par fond ; marque que les calfats laissent dans leur travail pour indiquer ce qu'ils ont fait. (M. Jal fait remarquer que, par une extension du sens que les marins donnent au mot balise, les calfats nomment *balises* les marques ou les défectuosités du calfatage.)

Balisier, sm.bot. Genre de plantes exotiques, dont la fleur imite les liliacées, et dont les feuilles par leur grandeur sont propres à divers usages. (1° Ce nom a été donné à cette plante,soit parce qu'el'e est assez touffue de feuillage pour servir de balise ou de bouée, soit parce qu'elle croît le long des rivières et semble faire naturellement l'office de balise; car les balises ne sont pas toujours des tonneaux ou des mâts ; ce sont aussi quelquefois de grands arbres touffus posés en échauguette à l'embouchure des rivières. M.Delatre lie aussi le mot *balisier* à *balise*,bouée. 2° Eloi Johanneau pensait que *balisier* est un dérivé de *baller*, en b.lat. *ballare*, gr.*balléin*, aller les bras ballants, aller et venir au vent comme une balise. Le même auteur ne pensait pas que *balisier* ait été fait de *katu-bala*, ni de *balyri*, nom que les Caraïbes donnent au balisier ou canne d'Inde; ni du latin *pala*, nom d'un arbre de l'Inde à feuilles imitant les ailes oiseaux, et longues de trois coudées et larges de deux. S'il est probable que *balisier* vienne de *balise* parce que cette plante est ballotée par le vent ou secouée à la manière d'une balise, et qu'elle s'élève le long des rivières comme ces arbres qui servent de *balises* ; il est moins probable que son nom vienne de l'esp. *balija*, enveloppe, à cause de l'usage que l'on fait,en Amérique, de ses larges feuilles. De Théis seul donne cette dernière étymologie. A l'esp. *balija* répond le mot roman *balay*,balle,capsule qui enveloppe les grains.)

Balise, sf. Fruit du balisier.

Baille, sf.mar. Espèce de cuve ou de baquet fait d'un demi-tonneau, et qui sert à divers usages. (De Chevallet rattache ce mot ainsi que *balise*, à l'anc.saxon *balge*, *balje*, baquet, cuvier, seau. Cette opinion est de beaucoup préférable à celle des philologues qui forment *baille*, du fr. *bâiller*, bien que l'on nomme *gueule bée*, les tonneaux vides, ouverts par l'un de leurs fonds.M. Scheler pense que *baille* provient du b.l. *bacula, bac'la*, diminutif de *bac*: voy. Bac. En prov. *balha*, baille. En flam. *baalie*, baille, mot que M. Jal suppose avoir été fait de l'anglos. *bolla*, vase, coupe.)

BALISTE, sf. Machine de guerre dont se servaient les anciens pour jeter des pierres, du feu, des traits, des javelots. [Du lat. *balista*, baliste, dérivé du grec *ballô*, jeter, lancer; frapper en jetant, blesser, atteindre. Étymol. 1° Du sansc. *gal*, être jeté, lancé, aurait été fait le grec *ball'i*, par le chang.de *g* en *b*, suivant un indianiste. 2° M. Delatre, ainsi que M. Schœbel, rapporte *ballô* au sansc.*pil*, jeter, lancer ; 3° Guichard, à l'hébreu *bâlâ*, il est tombé ; 4° Schulter, à l'hébr. *pâlâ*, il a séparé, il a éloigné ; 5° Martinius, à l'hébr.*boul*, germe,fruit, production ;et à l'héb.*bahêl*,se précipiter, accélérer, hâter ; 6° Bullet, au celt. *bal*, jeter, lancer; 7° puis au celt. *bal*, pierre, roc.Les dérivés tant grecs que latins de *ballô*, ont tous, ou presque tous, conservé les deux consonnes caractéristiques *b* et *l*. En angl. *ballist*, ital.*balista*,esp.*ballesta*,baliste.Langue des Troub. *balesta*, baliste, arbalète. La baliste, la fronde et la catapulte , furent inventées par les Syrophéniciens, selon Pline.]

*****Balistaire,** s.m. Soldat qui servait la baliste; soldat romain qui était armé d'une petite baliste,appelée depuis arbalète; constructeur de balistes.

Baliste, sf.Genre de poissons. (Ainsi nommés de leur extrême agilité.)

*****Balistés,** sm.pl.hn. Famille de poissons.

*****Balistique,** sf. Art du tir de la baliste.

Balistique,sf. Art de calculer le jet des projectiles.

Ballotte, sf. bot. Genre de plantes de la famille des labiées. Ce sont des herbes vivaces à tiges carrées, à fleurs verticillées, à feuilles opposées, qui répandent une odeur forte. C'est le marrube puant, le marrube noir. (Du gr.*balloté*,ballotte,mot employé par Dioscoride, et que Martinius forme du gr.*ballô*, jeter, parce que son odeur puante, non suave,comme celle du marrube blanc, est rejetée par l'odorat. Bien que cette étymologie convienne parfaitement au mot et à la chose, elle est encore conjecturale,selon Martinius lui-même.)

Acrobaliste, sm.ant. gr. Cavalier armé d'un dard ou de traits. (Gr. *akros*, haut, élevé, et *ballô*.)

*****Catabalistique,** adj.art.milit. Qui agit à la manière des béliers de guerre. (Gr. *kata*, contre.)

*****Chirobaliste,** sf. art.milit. Baliste à main. (Gr. *cheir*, main. Elle fut ainsi nommée par opposition aux balistes sur roues.)

Bal, sm. Assemblée où l'on danse. (La racine de ce mot se retrouve dans les langues germ. aussi bien que dans le grec. Le gr. *ballismos*, danse accompagnée de trépignements des pieds au son des tambours et des cymbales, était originaire de Sicile, comme l'insinue Athénée sur l'autorité du poète Épicharme, natif de ce même pays : et c'est apparemment de ce terme, dit Burette, ainsi que Furgaut, que dérivent nos mots *bal* et *ballet*. *Balismos* vient du gr. *ballizô*, danser en trépignant, fait lui-même du verbe *ballô*, jeter, lancer, et non du grec *bad* et *hallomai*, je vais, je saute; ni de *baal*, nom d'une idole qu'on honorait en chantant et en dansant. *Bal* et *baller* étaient des mots récemment introduits du temps de H. Estienne. En all. *ball*, bal ; holl. *baal*, dan. *bal*, angl. *ball*, bal; ital.*ballare*,danser; port. *bailar*, anc. esp.; cat. et langue des Troub. *ballar*, danser ; ital. *ballo*, bal; esp.*bayle*,port.*baile*, prov. *bal*, bal ; anc. fr. *baler*,s'agiter, danser, sauter,s'élancer. Dans le Roman de la Rose, *baler*, remuer, *baler*, se divertir dans les bals, dans les danses. Dans la langue des Troub.*balaiar*, balancer,s'agiter, et *balaiar*, frapper; gr. *balléin*, jeter, lancer, frapper ; b.l. *ballare, balare*, sauter, danser. Langue des Trouv. *baler*,danser ;patois de Champ.*baller*, sauter, danser, et *baloser*, sauter, lancer, dans Tarbé. Chez les anciens Grecs, la danse se divisait, en général, en cubistique, orchestique, et sphéristique.La sphéristique,ou danse du ballon,consistait, dit Furgaut, à accompagner en cadence, au son des instruments, les bonds d'un gros *ballon*, qu'il fallait, chacun à son tour, prendre au bond, sans jamais le laisser tomber.)

Baladin, sm. Danseur de profession sur les théâtres publics, qui danse à gages et pour de l'argent ; bouffon, farceur de place. (Furetière et Trévoux écrivent *balladin* ; et *balladine* pour danseuse publique. Du vi. fr. *baller*, danser, selon les annotateurs de Molière ; et non de l'ar. *beledi*, bourgeois, ni de l'ar. *bela*, sans, et *din*, religion. Comme *baladin* signifiait autrefois danseur de théâtre, il est présumable, dit Aimé Martin, que *maître baladin* répondait à ce que nous nommons maitre des *ballets*. En anc. prov. *balada*, air de danse ; anc. fr. *baladeur*, danseur, baladin.)

Baladinage, sf. fam. Plaisanterie bouffonne et de mauvais goût.

*****Baladinage,** sm. Métier, office de baladin.

Ballade, sf. Air de danse, chanson de danse ; ancienne poésie française, à rimes et à refrains semblables.

Ballant, adj.m. *Aller les bras ballants.* Laisser aller ses bras suivant le mouvement du corps. (L. barb. *ballare*, *balare*, ital. *ballare*, anc. fr. *baler*, danser, sauter ; et anc. fr. *baler*, s'agiter, se remuer.)

Baller, vn. vi. Danser. *Ballé*, p.

Ballet, sm. Danse figurée, exécutée sur un théâtre par plusieurs personnes.

Bayadère, sf. Dans l'Inde, femme dont la profession est de danser devant les pagodes. (On dit aussi *balladère* ; du port. *balladera*, danseuse.)

*****Ballistée,** sf. Danse grotesque et déshonnête qui fut en usage dans les derniers siècles de l'empire romain. (Gr. *ballizô*, danser.)

Brimbaler, va. Branler en deçà et en delà ; agiter, secouer par un branle réitéré. (La racine du grec *ballô*, *ballizô*, du lat. barb. *ballare*, *balare*, de l'ital. *ballare* et du fr. *baler*, *ballant*, etc., est très-reconnaissable dans les mots *brim-baler*, *brimbale* ou *trinque-bale*, *tri-baller*, *tri-ballement* ; et dans l'ital. *tra-ballare*, agiter, hésiter. Éloi Johanneau rejette l'opinion de ceux qui dérivent le radical *baler* ou *baller*, de l'angl. *bell*, cloche, ou de l'anglos. *bell*, cloche ; ou du bas bret. ; il le rattache au gr. *ballizô*. D'ailleurs, ce ne sont ni les Anglais ni les Anglosaxons ni les Bretons qui nous ont donné soit les cloches, soit les sonneries des cloches. Si les Bretons disent *brinbala*, pour carillonner, les Champenois disent *brimballer* ; du moins ils l'ont dit anciennement, d'après M. Tarbé. Les Provençaux disent *brinbalar*.)

Bringuebalé et **Brinbalé,** sf. Levier qui fait aller une pompe.

Trimballer, va. pop. Traîner, mener, porter partout. (M. Delatre rattache très-bien ce verbe à l'ital. *tra-ballare*, agiter, au fr. *bal*, *ballant*, et au gr. *ballô*. En anc. fr. *triballer*, agiter. Dans Rabelais *tarra-bal-itiones*, *tribalements*.) Trimballé, e, p.

Trique-bale, sf. Machine qui sert à transporter des pièces de canon.

*****Boliche,** sf. pêche. Sorte de filet à deux ailes, avec un manche au milieu. (Du gr. *bolos*, action de jeter, coup de filet, filet de pêcheur ; r. *ballô*, jeter, lancer, atteindre, frapper.)

*****Bolide,** sf. Sorte de météore igné ; aérolithe. (Gr. *bolis*, *bolidos*, javelot, flèche ; *boléô*, jeter, lancer, frapper ; r. *ballô*.)

*****Boller,** sf. Nom donné par les pêcheurs catalans à un petit filet. (Gr. *bolos*, filet.)

Boulier, sm. Filet que l'on tend aux embouchures des étangs salés. (G. *bolos*, filet ; r. *ballô*.)

*****Amphiblestroïde,** adj. anat. Se dit de la rétine de l'œil, laquelle est parsemée de nombreux réseaux vasculaires. (G. *amphibléstroïdés*, de *amphi*, des deux côtés, *éidos*, apparence, et *blèstrizô*, jeter, balloter ; r. *ballô*, jeter.)

*****Amphibole,** adj. hn. Qui frappe des deux côtés, ambigu, équivoque. (G. *amphi*, et *boléô*, jeter, lancer, frapper ; r. *ballô*.)

*****Amphiboles,** sm. pl. hn. Famille d'oiseaux à deux doigts en avant et deux en arrière, dont le postérieur externe est versatile.

*****Amphibole,** sf. minér. Substance terreuse qui se présente sous un très-grand nombre de modifications diverses.

*****Amphibolie,** sf. Défaut de clarté, ambiguïté, interprétation possible en deux sens.

*****Amphibolifère,** adj. miné. Qui contient de l'amphibole.

*****Amphibolin,** adj. et sm. hn. Se dit des oiseaux qui peuvent diriger l'un de leurs doigts en avant et en arrière.

*****Amphibolique,** adj. minér. Dont l'amphibole fait la base.

*****Amphibolite,** sf. géol. Roche à base d'amphibole.

*****Amphiboloïde,** adj. géol. Semblable à l'amphibole.

*****Amphibolostyle,** adj. bot. A style peu apparent.

Amphibologie, sf. Double sens, ambiguïté. (G. *amphibologia*, amphibologie, équivoque, ambiguité, de *amphi*, des deux côtés, *boléô*, je jette, je lance, je frappe ; r. *ballô*, et *logos*, discours.)

Amphibologique, adj. A double sens, ambigu, obscur.

Amphibologiquement, adv. D'une manière amphibologique.

*****Anabole,** sf. méd. Évacuation par le haut, vomissement. (Gr. *ana*, en haut, *boléô*, je lance.)

*****Antiballomène,** adj. Propre à remplacer autre chose ; succédané. (Gr. *antiballô*, jeter, renvoyer de son côté, de *anti*, contre, et *ballô*.)

*****Atabule,** sm. Vent pernicieux dans la Pouille. (Gr. *até*, dommage, *boléô*, *ballô*, je lance.)

*****Ecbolé,** sf. mus. anc. Altération du genre exharmonique, dans laquelle une corde était élevée accidentellement de cinq dièzes au-dessus de son accord ordinaire. (Gr. *ekbolé*, action de jeter, de rejeter ; expulsion ; écart, digression ; r. *ek*, de, *boléô*, je jette.)

*****Ecbolique,** adj. méd. Propre à accélérer l'accouchement, à provoquer l'avortement.

*****Embole ou Embolum,** sm. Éperon de vaisseau, rostre. (G. *embolon* ; r. en, dans, *boléô*, *ballô*.)

*****Embole,** sm. ant. gr. Tête du bélier qui battait les murailles des places assiégées.

Embolisme, sm. chron. Intercallation.

Embolismique, adj. chron. Intercalaire.

*****Embolium,** sm. ant. rom. Espèce d'épisode que l'on introduisait dans les représentations dramatiques. (G. *embolion*, intermède, épisode, digression ; de *en*, dans, *boléô*, *ballô*, jeter.)

*****Embolon,** sm. Ordonnance des anciennes armées grecques. Elle présentait la forme d'un coin ou d'un triangle fermé.

*****Emboloïde,** adj. Disposé en embolon, ou selon une figure qui en approchait.

Hyperbole, sf. rhét. Figure qui grossit ou rapetisse les objets. (G. *huperbolé*, excès ; de *huper*, au-delà, *boléô*, je jette.)

Hyperbole, sf. géom. Section conique formée par l'intersection d'un cône et d'un plan qui coupe ses deux nappes, c-à-d. qui coupe deux cônes dont les sommets coïncident.

*****Hyperbolécn,** adj. m. mus. anc. Se dit du ton le plus élevé de la musique des Grecs.

*****Hyperboliforme,** adj. math. Qui a la forme de l'hyperbole.

Hyperbolique, adj. Qui exagère beaucoup.

Hyperboliquement, adv. Avec exagération.

*****Hyperboliser,** vn. Parler par hyperboles, exagérer. *Hyperbolisé, e,* p.

*****Hyperbolisme,** sm. Manie; abus de l'hyperbole.

Hyperboloïde, adj.math. Qui se rapproche de l'hyperbole.

*****Hyperboloïde,** sf.math. Hyperbole définie par des équations dans lesquelles les termes sont élevés à des degrés supérieurs.

Métabole, sf.fig.de rhét. Accumulation d'expressions synonymes pour peindre une même idée. (G. *métabolé,* changement; de *méta,* d'une autre manière, et *bolé,* de *balló,* jeter, mettre.)

*****Métabolélogie,** sf. Traité de la conversion des maladies en d'autres, et de leurs changements. (G. *logos,* traité.)

*****Monobole,** sm.ant.rom. Exercice du corps, espèce de saut. (G. *monos,* seul, *bolos,* action de jeter, de lancer.)

Parabole, sf. Allégorie renfermant quelque vérité importante; exemple présenté pour instruire; et s'insinuant avec d'autant plus de facilité et d'effet, qu'il est plus familier. (Lat. *parabola,* du g. *parabolé,* comparaison; de *para,* à côté, *boléo, balló,* je lance, je mets.)

Parabole, sf.géom. Ligne courbe résultant de la section d'un cône quand il est coupé par un plan parallèle à un de ses côtés.

Parabolain, sm. Nom que l'on donnait aux plus hardis des gladiateurs, et que l'on donna dans la suite à ceux qui secouraient les pestiférés. (G. *parabolos,* téméraire; de *para,* au-delà, *baléo, balló.*)

*****Parabole,** sf.rhét.anc. Simple comparaison.

*****Parabolé, ée,** adj.didact. Courbé en parabole.

Parabolique, adj.géom. Courbé en parabole.

Paraboliquement, adv. Par paraboles; géom., en décrivant une parabole.

*****Paraboloïde,** sf.géom. Surface du second degré, engendrée par une parabole verticale assujettie à se mouvoir en restant parallèle à sa première position, de manière que son sommet glisse sur une courbe horizontale. (G. *para,* à côté, *boléo,* je jette, *éidos,* apparence)

Faribole, sf.fam. Parole vaine, chose frivole et vaine. (Ce mot ne vient pas du l. *fari,* parler, ni de *frivolus,* ni du l. *far, farris,* farine, ni du bret.; mais du l. *parabola,* comparaison, rapprochement, similitude, dans Tertullien et dans S. Jérôme, parabole; par le chang. de *p* en *f,* comme dans *nefle* de *mespilum, chef* de *caput, golfe,* ital. *golfo,* du gr. *kolpos,* etc. M. Delatre dit que *faribole* est une forme populaire de *parabole.* Trév. fait observer qu'autrefois *faribole* avait le même sens qu'a aujourd'hui parabole. En vi. fr. *faribole,* parabole; romano-castrais *faribolo,* faribole.)

Parole, sf. Mot prononcé; la faculté naturelle de parler; expression de la pensée, miroir de la pensée; la pensée rendue sensible aux autres, et qui prend, en quelque sorte, un corps dans l'air modifié par les organes de la parole; le ton de la voix; sentence, beau sentiment, mot notable; éloquence, diction; assurance, promesse verbale. (*Parabole,* dans le sens de *parole,* était autrefois un terme fort usité parmi les moines et les gens d'église. Les auteurs ecclésiastiques, comme l'observe Morin, ayant fait un usage fréquent de la *parabole,* ils ont par extension donné à tous les mots le nom de *parabole,* changé depuis en celui de *parole.* C'est du même mot *parabola* que les Italiens ont fait *parola,* et les Espagnols *palabra.* L'étym. de Bullet et celle de Gébelin sont insignifiantes.)

*****Parole,** sf.philos. Le langage par excellence; log., c'est une action, une fonction de la vie physique; langage articulé, expression nécessaire de la pensée réfléchie, comme le langage inarticulé l'est de la pensée spontanée; faculté naturelle d'exprimer nos pensées.

Paroles, sf.pl. Discours piquants, aigres, offensants.

Passe-parole, sm.t.milit. Commandement qui doit être transmis de bouche en bouche.

Sur parole, loc.adv. Sur le témoignage d'autrui.

Paroli, sm. Le double de ce qu'on a joué d'abord; corne qu'on fait à la carte sur laquelle on joue le double. (1º Du mot *parole,* parce que ce terme de jeu, dans son acception primitive, indiquait une manière de jouer sur *parole* au *pharaon.* 2º Quelques-uns croient que la racine de ce mot est le lat. *par, paris,* pareil, égal. 3º Constancio croit qu'il vient du fr. *parer,* En port. *parolim,* esp. *paroli,* prov. *paroulit,* paroli.)

*****Parolier,** sm. Celui qui fait les paroles adaptées à la musique.

Parler, vn. Proférer, prononcer, articuler des mots; discourir, s'énoncer; expliquer sa pensée; déclarer son intention, sa volonté; fig. s'exprimer autrement que par la parole. (Du vi. fr *paroler,* fait lui-même du fr. *parole,* de *parabole,* lat. parabola. M. Ampère observe que, si H. Estienne se fût souvenu qu'avant de dire parler on a dit *paroler,* il ne serait point allé chercher l'origine du mot parler dans le grec *paralaléin.* En b. lat. *parabola,* parole; langue des Trouv. *paroler,* parler; pic. *paroler,* bavarder.)

Parler, va. S'énoncer dans une langue, la savoir. *Parlé, e,* p.

Parlage, sm.fam. Verbiage, caquetage.

*****Parlament,** sm. Grand conseil ou assemblée nationale, dans les états du nord de l'Italie, au 12e s.

Parlant, ante, adj. Qui parle; qui parle volontiers; expressif; fig., fort ressemblant.

Parlement, sm. Pourparler, entrevue; conversation, discours, entretien, conférence.

Parlement, sm. Assemblée des grands de l'état pour juger une affaire considérable; cour souveraine pour rendre la justice, enregistrer les édits; sa juridiction, son ressort; durée de sa session; assemblée des députés en Angleterre.

Parlementaire, adj. Qui appartient au parlement; qui tenait le parti du parlement.

Parlementaire, sm.t.milit. Chargé de négocier.

Parlementer, vn. Faire écouter des propositions pour rendre une place; fig., entrer en voie d'accommodement. Parlementé, p.

Parler, sm. Langage, manière de parler.

Parlerie, sf.fam. Babil.

Parleur, euse, s. Qui a l'habitude de parler beaucoup, de parler trop.

Parloir, sm.t.claustral. Lieu pour parler aux personnes du dehors; lieu destiné pour parler, pour recevoir les étrangers.

Déparler, vn. Cesser de parler. *Déparlé,* p.

Généralement parlant, loc.adv. A prendre la chose en général.

Pourparler, sm. Conférence, abouchement entre deux ou plusieurs personnes.

Reparler, vn. Parler de nouveau.

Sans parler de, loc.prép. Indépendamment de.

Parembole, sf. Évolution qui était en usage

dans les armées byzantines, et qui consistait à détacher des subdivisions en avant; espèce de parenthèse, dans laquelle le sens de la proposition incidente a un rapport direct au sujet de la proposition principale. (G. *para*, à côté, *en*, dans.)

*Péribole, sm. Enceinte sacrée autour des temples anciens; parapet, garde-fou; espace laissé entre un édifice et la clôture qui est autour; méd., déplacement des humeurs qui se portent vers la surface; hn., genre de coquilles univalves. (G. *péri*, autour, *boléô*, je jette.)

Symbole, sm. Ce qui sert à désigner ce qui n'a point de forme matérielle; figure, image désignant une chose par la peinture, la sculpture; certaine marque, certaine figure que l'on voit sur les médailles; signe extérieur des sacrements; formulaire contenant les principaux articles de la foi. (G. *suñ*, avec, *baléô*, je jette; r. *ballô*. De même le germ. *gewerf*, symbole, a été fait du v. *werfen*, conjicere. Le nom de symbole fut donné à une sorte d'anneau qui servait sans cesse à sceller les lettres et les papiers secrets. De plus il était donné comme marque de confiance absolue, illimitée. Dans certaines occasions, l'anneau rompu en deux parties, qui, au besoin, pouvaient se rejoindre, était un signe auquel on reconnaissait un hôte.)

*Symbole, sm. ant. gr. Écot dans un repas fait en commun; log., signe; tout phénomène dans lequel et par lequel nous saisissons indirectement une force; se dit des figures, qui, d'abord signes spéciaux d'elles-mêmes, sont devenues signes analogues d'un autre objet.

Symbolique, adj. Qui sert de symbole.

*Symbolique, adj. Se dit de l'une des deux sortes d'écritures hiéroglyphiques; se dit d'un système qui considère les religions polythéistes comme une collection de signes ou de symboles, sous lesquels se trouvent enveloppées des vérités naturelles, physiques, morales ou historiques.

Symboliser, vn. Avoir du rapport, de la conformité. *Symbolisé*, p.

*Symbolisation, sf. Action de symboliser, de représenter par des symboles.

*Symbolisme, sm. philos. État primitif de la langue philosophique, dans lequel les dogmes ne sont exprimés que par des symboles, par les images familières de la poésie.

*Symbologique, sf. anc. méd. Traité, science des signes et des symptômes.

Diable, sm. Démon, mauvais ange, esprit malfaisant qui porte au vice, tente avec adresse, et corrompt la vertu; personne très-méchante, ou violente, emportée, ou d'une pétulance excessive; double toupie qui ronfle avec beaucoup de bruit; espèce de charrette à quatre roues fort basse qui fait beaucoup de bruit en roulant sur le pavé; petit chariot à deux roues dont se servent les maçons. (L. *diabolus*, diable; du g. *diabolos*, délateur, médisant, calomniateur; de *diaballô*, médire, accuser, calomnier; composé de *dia*, à travers, et *ballô*, jeter, lancer, atteindre, frapper, selon S. Jérome, S. Isidore, Martinius, Fungerus, Vossius, en un mot tous les étymologistes, excepté Gébelin et Cavanagh. Celui-ci prétend que la racine de l'angl. *devil* et du g. *diabolos* est *div*, Dieu, et que *diable* signifie l'*entière divinité*; l'autre soutient que le g. *diabolos* est le dieu *Ablis* des Orientaux, le mauvais génie. L'angl. *devil* et l'all. *teufel*, ne sont qu'une corruption du lat. *diabolus*. Le lat. *diabolus* vient du grec *diabolos*, de même que le lat. *catabolici spiritus*, les esprits malins, du grec *kataballô*, *kataballô*. En ital. *diavolo*, anc. ital. *diaule*; diable; esp. *diablo*, cat. *diable*; port. *diabo*, langue des Troub. *diabol*, *diable*; langue d'oil, avant le 12e s., *diavle*, diable. Anc. fr. *déauble*, diable, et *déablie*, diablerie.)

Diable, sm. hn. Espèce de cigale; nom de divers oiseaux, et de quelques poissons.

- **Diable!** Interj. de surprise, d'admiration, de doute, d'inquiétude, de mécontentement.

A la diable, loc. adv. Très-mal.

En diable, loc. adv. Fort, extrêmement.

Diablement, adv. fam. Excessivement.

Diablerie, sf. Sortilége, maléfice; fig. et fam., machination secrète; pièce populaire où le diable jouait le rôle principal.

Diablesse, sf. Femme méchante, acariâtre.

Diablezot! Sorte d'interj. du langage familier.

*Diabliculer, va. Calomnier. **Diabliculé*, ée, p.

*Se Diablifier, va. pron. burlesque. Se changer en diable. **Diablifié*, e, p.

Diablotin, sm. Petite figure de diable; fig., méchant petit enfant.

Diablotins, sm. pl. Petits bonbons de chocolat.

Diabolique, adj. Qui vient du diable; très-méchant; fam., qui est très-pénible.

Diaboliquement, adv. Avec une méchanceté diabolique.

Diantre, sm. Mot très-familier employé pour éviter de prononcer le mot *diable* (dont il est la corruption ou la modification, comme disent Ménage, Diez, Roquefort, Génin, etc.)

Endiabler, vn. fam. Se donner au diable, être furieux. *Endiablé*, e, p.

Endiablé, ée, adj. et s. Furieux, enragé, très-méchant.

Faire le diable à quatre. Lorsqu'on jouait les mystères, les héros du drame étaient des saints; dans les diableries, c'étaient des diables. Il y avait les petites diableries, où il ne paraissait que deux diables, et les grandes diableries où il en paraissait quatre, épouvantablement déguisés et menant le plus grand bruit possible. De là cette locution proverbiale : *Faire le diable à quatre*.

- **Emblème**, sm. Métaphore du peintre, espèce de figure symbolique, qui est d'ordinaire accompagnée de quelques paroles en forme de sentence; symbole, attribut. (L. *emblema*, dérivé du g. *embléma*, ce qu'on insère ou met en intercale, greffe, ente; ornement en relief, que l'on mettait aux vases et que l'on pouvait ôter et remettre; mot composé de *en*, dans, et *ballô*, jeter, lancer; mettre, placer. C'est ainsi que *symbole* vient de *sun*, avec, et de *ballô*.)

Emblématique, adj. Qui tient de l'emblème.

Problème, sm. math. Question à résoudre; proposition dont le pour et le contre peuvent également se soutenir; tout ce qui est difficile à concevoir. (L. *problema*, du g. *probléma*; de *pro*, en avant, *ballô*, je jette, je pose, je mets.)

Problématique, adj. Qui tient du problème, qui reste à éclaircir, qui attend la solution, douteux, incertain.

*Problématique, adj. log. Se dit des jugements dans lesquels le rapport de l'attribut au sujet n'est conçu que comme simplement possible.

Problématiquement, adv. D'une manière problématique.

Bélemnite, sf. hn. Coquille fossile, allongée en forme de dard. (Gr. *bélemnon*, dard; de *ballô*, jeter, lancer, darder; d'où le gr. *bélos*, dard, trait, javelot, flèche, tonnerre, foudre.)

*Obèle, sm. Signe de la forme d'un trait horizontal, qui, dans les anciens manuscrits, marque les répétitions; les mots surabondants ou les fausses leçons. (Du gr. *o-bel-os*, épieu, broche, obélisque,

signe critique [—], fait du gr. *o* pour *ot*, en sanscrit *ut*, de, loin de, hors de, et de *bélos*, trait, dard; r. *balló*, jeter, lancer, darder.)

Obélisque, sm. Monument quadrangulaire en forme d'aiguille, élevé sur un piédestal, et ordinairement monolithe, pyramide étroite et longue. (Gr. *obéliskos*, petite pointe, épieu, lame de l'épée; obélisque, piece de monnaie avec l'empreinte d'une broche, diminutif du gr. *obélos*, fait de *bélos*, dard, trait; r. *balló*. Ce mot ne vient pas du phénicien *bel*, le soleil.)

***Obéliscal, ale**, adj. Qui tient de l'obélisque; qui ressemble à l'obélisque.

***Obéliscolychne**, sm.ant.gr. Lanterne ou torche, supportée par une hampe, par une pointe de fer. (G.*obéliskos*, petite pointe, *luchnos*, flambeau.)

***Obélismène**, adj. Semblable à un obèle; accompagné d'un obèle.

Obole, sf. Ancienne petite monnaie de cuivre; petite monnaie d'Athènes; petit poids de douze grains. (Lat. *obolus*, du gr. *obolos*; fait de *obélos*; r. *o* pour *ot*, sanscr. *ut*, ex, et *balló*, jeter, lancer, darder, d'où *bélos*, dard, trait. Nicot et Borel disent que l'obole était longue et étroite comme une aiguille; d'où vient qu'on appelle aiguilles les obélisques qui sont une sorte de pyramides fort étroites et fort longues. D'après Plutarque, *obole* vient du grec *obélos*, broche de fer; parce que, selon lui, de petites broches de fer étaient, dans le principe, la seule monnaie que l'on connût.)

***Hémiobolion**, sm.ant.gr. La moitié d'une obole. (Gr. *hémisus*, moitié.)

***Tétrobole**, sm.ant.gr. Poids et monnaie des Grecs, valant quatre oboles. (Gr. *tétra*, quatre.)

***Triobole**, sm.ant.gr. Poids et mesure qui valait trois oboles. (Gr. *treis*, trois.)

BALLE, sf. Petite pelote ronde servant à jouer à la paume; petite boule de plomb dont on charge certaines armes à feu. [1° Nicot, Gattel, Roquefort, Noël, Honnorat, Diez, Couzinié, Wachter, etc., ont cherché l'origine de ce mot dans le gr. *balló*, jeter, lancer; frapper, atteindre; mettre, placer; 2° Bullet, dans le gallois *bel*, balle à jouer; 3° puis dans l'anc. bret. *bal*, tout ce qui est rond; 4° Constancio, dans le g. *palla*, en lat. *pila*, balle à jouer. 5° Le mot *balle*, soit dans la signification de boule ou dans celle de gros paquet, ne peut venir, selon Denina, que de l'all. *ballen*, arrondir, former en balle, en pelote. Et selon De Chevallet, le fr. *bulle* à jouer, *balle*, paquet, et *ballot*, en b. lat. *bala*, id., dérivent d'une origine germanique signifiant un corps arrondi en général. En all. *ball*, balle, ballon, boule, globe; *ballen*, corps arrondi; impr. balle; balle, ballot; angl. *ball*, holl. *bal, bol*, suéd. *ball, boll, bal*, dan. *bold*, esp. *bala, bola*, balle, boule, boulet; port., cat., sav. provençal *bala*, balle, paume. Voyez *balle, boule*.]

Balle, sf. impr. Instrument arrondi avec lequel on applique l'encre sur les caractères.

Balle, sf. Gros paquet de marchandises, lié de cordes, enveloppé de grosse toile, et de forme ordinairement arrondie.

Bâle et **Balle**, sf. bot. L'espèce de calice qui enveloppe les organes sexuels des graminées, et qui est ordinairement arrondie.

Ballon, sm. Vessie ronde, enflée et entourée de cuir, dont on se sert pour jouer; globe ou cylindre creux, rempli de petites bombes, d'artifices, de grenades, mêlés avec de la poudre à canon, et qu'on lance sur les ennemis.

***Ballonner**, va. et n. méd. Enfler, distendre.

Ballonné, ée, adj. méd. Gonflé, arrondi en ballon, distendu.

Ballonnement, sm. État de l'abdomen enflé.

Ballonnier, sm. Qui fait et vend des ballons à jouer.

Ballot, sm. dim. Petite balle de marchandises.

Ballotin, sm. dim. Petit ballot.

Ballotte, sf. dim. vi. Petite balle pour le scrutin.

Ballotter, va. et n. Se dit quand des joueurs de paume ne font que renvoyer la *balle* l'un à l'autre, et ne jouent point partie; fig., se jouer de quelqu'un, s'en moquer, l'amuser par de vaines promesses, le renvoyer de l'un à l'autre, sans vouloir rien conclure en sa faveur. (Du fr. *balle, ballotte*.)

Ballotter, va. vi. Donner des suffrages par ballottes, ou petites boules, ou bulletins; agiter en gros une question, discuter une affaire avant que d'opiner définitivement, ou de la juger; aller au scrutin pour décider lequel l'emportera de deux compétiteurs. *Ballotté, e,* p.

Ballottade, sf. Saut dans lequel le cheval présente les fers des pieds de derrière. (De *ballotter* dans le sens de mouvoir, agiter, comme quand on dit qu'un cheval fait *ballotter* le mors dans la bouche.)

Ballottage, sm. Action de ballotter deux candidats.

Ballottement, sm. Action de ballotter.

Déballer, va. Défaire une balle, un ballot. *Déballé, e,* p.

Déballage, sm. Action de déballer.

Emballer, va. Mettre dans une balle, envelopper, empaqueter. *Emballé, e,* p.

Emballage, sm. Action d'emballer.

Emballeur, sm. Celui dont la profession est d'emballer des marchandises; fig. pop., hâbleur.

Désemballer, va. Défaire une balle et en tirer ce qui était emballé. *Désemballé, eé,* p.

Désemballage, sm. Action de désemballer.

Remballer, va. Remettre des marchandises en balle, en ballot. *Remballé, e,* p.

BALSAMIER, ou **BAUMIER**, sm. bot. Arbre qui donne du baume; particul., l'arbre qui fournit le baume de Judée. [Du lat. *balsamum*, baume, baumier, dérivé du gr. *balsamon*. 1° M. Delatre forme ce nom du gr. *baltos*, ou *balsos*, lancé; 2° Gésénius et autres hébraïsants le dérivent de l'hébreu *bâsam, besâm*, baume, fait de *bâsam*, il a senti bon; par l'insertion de *l*; 3° Bochart et autres le forment de l'hébr. *baal-schamaïm*, le seigneur, le roi des cieux; 4° De Théis dit : « Comme les Arabes appellent cette plante *balassan*, ce nom arabe peut être le primitif de *balsamina*. » Belon dit que l'arbre du baume n'était pas indigène en Egypte et qu'on l'y apportait de l'Arabie toutes les fois qu'il périssait. Josèphe dit que la reine de Saba avait apporté cet arbre en Judée. Forskahl a retrouvé le balsamum sur les côtes orientales de la mer Rouge. En pol. *balsam*, baume; russe *balsamm*, angl. *balsam*, all. *balsam*, persan *balasan*, basque *balsamo*, ital. *balsamo*, baume; esp. et port. *balsamo*, valaque et cat. *balsam*, langue des Troub. *balme, basme*, anc. fr. *basme*, baume; rouchi *bame*, patois de Castres *baoume*, gaël irl. *balma*, baume.]

Baume, sm. Substance résineuse et odorante, qui coule de certains végétaux, employée souvent en médecine; médicament balsamique; fig., ce qui adoucit les peines, dissipe les chagrins; plante odoriférante, la menthe. (Le mot *baume* était autrefois le nom d'un arbre qui produit la liqueur balsamique; présentement c'est un nom générique appliqué à plusieurs choses différentes, soit naturelles, soit préparée par l'art.)

Embaumer, va. Parfumer, remplir de bonne odeur; remplir un corps d'aromates, pour le préserver de la corruption. *Embaumé, e*, p.

Embaumement, sm. Action d'embaumer un corps mort.

***Embaumeur,** sm. Celui qui embaume les cadavres.

***Balsamadine,** sf. bot. Glande sous-cutanée des végétaux, qui sécrète un liquide oléo-résineux odorant.

***Balsaméléon,** sm. pharm. Huile balsamique. (Gr. *élaion*, huile.)

***Balsamifère,** adj. bot. Qui produit du baume. (L. *fero*, je porte, je produis.)

***Balsamiflue,** adj. bot. D'où découle du baume. (Lat. *fluo*, je coule.)

***Balsamina,** sm. Variété de raisin.

Balsamine, sf. bot. Plante graminée annuelle cultivée dans nos jardins à cause de la beauté de ses fleurs. (Ainsi nommée, parce qu'une de ses espèces entrait dans la composition d'un baume pour les blessures.)

***Balsaminé, ée,** adj. bot. Semblable à la balsamine.

***Balsaminées,** sf. pl. Famille de plantes.

Balsamique, adj. et s. Qui tient du baume.

Balsamite, sf. bot. Plante corymbifère, l'herbe au coq.

***Balsamite,** sf. bot. Genre de plantes à fleurs composées.

***Balsem,** sm. bot. Nom arabe de l'arbre qui fournit le baume de la Mecque.

***Carpobalsame,** sm. pharm. Fruit du baumier ou du palmier de la Mecque. (Gr. *karpos*, fruit.)

***Opobalsamum,** sm. bot. Suc du baunier, baume de Judée, baume de la Mecque; arbre qui le produit. (Gr. *opos*, suc; *balsamon*, baume.)

BAMBOU, sm. bot. Roseau des Indes; sa tige s'élève à plus de dix mètres; la canne même de roseau de bambou. [Francisco de S. Luiz dit que ce mot est indien. On le dérive du sanscrit *bhous*, bambou. Trév. rapporte que le mot *voulou* est une espèce de canne d'Inde, qui tient de l'arbre appelé par Linschot et Acosta *Mambu* et *Bambu*, à l'imitation des Indiens, et d'où est venu le nom de *bamboche*, que nous lui donnons dans ce pays-ci. J.-B. Duhalde raconte que dans tout l'empire de la Chine on trouve des cannes ou roseaux, que les Portugais ont appelés *bambous*. Un autre écrivain nous apprend que les Siamois appellent le *bambou maï païi*, les Indiens *mambou*, et les Portugais *bambou*. En malais *bambou*, langue des Papous de Waigiou, *ambober*, valaque *bambus*, pol. *bambus*, all. *bambus*, angl. *bamboo*, esp. *bambú*, ital. *bambu*, cat. *bambou*, prov. *bambou*, bambou.]

Bamboche, sf. Jeune tige de bambou dont on fait des cannes.

BAN, sm. Proclamation solennelle de quelque chose que ce soit ; mandement public, pour ordonner ou défendre qq. chose; pour avertir; bannissement, exil; féod., convocation que le prince faisait de la noblesse pour le servir à la guerre; le corps de la noblesse qui pouvait être ainsi convoqué. [De Chevallet observe que primitivement *ban* signifiait la juridiction d'un magistrat, d'un seigneur, et l'étendue de territoire où ils avaient le droit de faire leurs proclamations et leurs mandements. Enfin *ban* s'employa pour le prononcé ou la publication d'un jugement, d'une condamnation, la sentence d'un juge ; dans un sens restreint, il se prit pour la condamnation à une amende ; mais surtout pour la condamnation à l'exil, d'où *bannir, bannissement*. 1° D'après Génin et E. Baret, *bann* est une racine celt., la même que *pen*, qui signifie tête, et par extension, chef, seigneur, autorité. *Ost banie* était une armée levée par un *ban. Bannir*, c'était publier un ban, ou cri public; un *banni*, celui contre qui l'on avait publié un ban ; et comme c'était en général pour le chasser, *bannir* a pris dans l'usage moderne la signification restreinte d'exil. Le *ban* de vendange, les *bans* de mariage n'emportent que l'idée d'une proclamation de par l'autorité, et n'ont rien de commun avec l'idée d'exil. 2° Selon Falconnet, le grec *bounos*, colline, tertre, monceau, autel, sein, mamelle, est de la même famille que le celt. *bann*, hauteur, élévation, écrit aussi *ben, byn, pan, pen, pin*, etc., mot ancien et très étendu dans les langues septentrionales. Boxhornius dit *bann, bounos, collis*. Il n'est peut-être point de mot celt., ajoute le même auteur, dont il découle plus de significations secondaires: *pen*, tête, mont, *alpes penninæ*, monts apennins ; *ban*, seigneur, maître, souverain ; et de là, par des extensions singulières, mandat, juridiction, interdit, punition, ban ; toutes métonymies qu'on ne saurait trop remarquer. 3° Wachter dit à peu près la même chose ; mais il forme le gr. *bounos*, colline, ainsi que l'anc. germ. *bann*, haut, sublime, élevé ; *bann*, sommet ; *bann*, maître, souverain, dominateur, du gr. *phainein*, faire luire aux yeux, faire paraître ; parce que les objets élevés sont très-remarquables. 3° Leibnitz lie le mot *ban* au gr. *bounos*, colline, et au celt. *bann*, haut ; au slavón *pany*, seigneur, prince, gouverneur ; au *bann*, *fahne*, d'où *fann*, et au celt. *penn*, tête. 4° M. Delatre rapporte les mots *ban, bannir, bandit*, et *banderole, bandière, bande*, au sanscrit *badh, bandh*, lier, attacher. 5° M. C. Schœbel unit l'all. *bann*, bannissement, ban, exil, au sanscrit *phan*, lier, à la racine germ. *binnen*, et au latin *finis*, fin, limite. En h. all. anc. *bann*, limite, district ; all. *bann*, ban, bannissement ; suéd. *bann*, dan. *band*, anc. scandin. *bann*, holl. *ban*, punition, excommunication, anathème ; basque *banatcea*, publier; celto-breton *banna*, bannir ; ital., esp. et port. *bando*, cat. et langue des Troub. *ban*, ban, convocation, ordonnance, autorité ; anc. fr. *ban*, territoire ; *ban*, cri, publication ; *banir*, publier ; lat. barb. *baudum, bandum*, pour *bannum*, édit public, dans Du Cange; breton *banna*, bannir ; gaël écoss. et irl. *binn*, ban.)

***Ban,** sm. hist. Titre de dignité que portaient les gouverneurs de provinces, chez les Dalmates et les Hongrois. (Du mot *ban*, qui, dans la langue des Illyriens, signifie maître, seigneur, préfet d'une province. En lat. barb. *banus*, hongr. *ispan*, id. Gr. d'Hèsychius *bannas*, le plus grand des chefs.)

***Ban,** sm. féod. Corvée; droit de bannalité ; amende ; district, juridiction.

Banal, ale, adj. féod. A l'usage duquel le seigneur asservit ses vassaux ; fig., qui est à la disposition de tout le monde ; extrêmement commun, doucereux, trivial. (Cet adjectif, dit De Chevallet, s'employait d'abord en parl. des choses à l'usage desquelles le seigneur était en possession d'assujettir ses vassaux dans l'étendue de son fief ; afin de retirer d'eux certaines redevances, certains droits : *four banal, moulin banal*. Dans la suite, *banal* s'est appliqué figurément à ce qui est à la disposition de tout le monde, ainsi qu'à tout ce qui est commun, vulgaire. En gaël irl. *ban, banadh*, banal.)

Banalité, sf. féod. Droit qu'avait le seigneur d'assujettir ses vassaux à moudre à son moulin, à cuire à son four, à mener leurs vaches à son taureau, à pressurer leurs raisins à son pressoir.

Banlieue, sf. Certaine étendue de pays autour d'une ville et en dépendant. En b. lat. *banleuca, bannileuca*, de *bannum*, étendue de territoire, qui était sous la juridiction d'un seigneur ou d'un magistrat, et de *leuca*, lieue ; parce que, dit De Chevallet, les banlieues s'étendaient assez généralement à une lieue à peu près autour du siège de la juridiction. C'est par la même raison que banlieue se dit en all. *bannmeile*.)

Bannir, va. Condamner une personne à sortir d'un pays ; chasser quelqu'un du *ban*, de la juridiction ; expulser, exclure ; fig., éloigner de son âme, de son souvenir. (Du mot *ban*, parce que, dit Eloi Johanneau, on publiait un *ban* pour défendre à celui qu'on bannissait de demeurer plus longtemps dans le pays. *Bannir*, dit un autre étymologiste, signifie propr. publier un ban, ou cri public.) *Banni, ie*, p.

Banni, sm. Homme banni.

Bandit, sm. Celui qui est en guerre contre la société, malfaiteur, vagabond, homme sans aveu. (Ce mot signifie pr. *un banni*, celui contre lequel on a publié un ban. Selon M. Baret et Génin, le *d* est venu à ce mot par euphonie. En ital. *bandito*, bandit ; *bando*, édit public ; *bandire*, proscrire par un édit public. Anglosaxon *abannan*, proclamer, publier.)

Bannissable, adj. Qui doit être banni.

Bannissement, sm. Peine infamante qui consiste à être banni.

Arrière-ban, sm. Convocation, assemblée des gentilshommes, convocation qu'un souverain faisait de tous les nobles de ses états ; le corps même de la noblesse. (Selon Du Cange et Quitard, de l'ancienne langue *har*, camp, et de *ban*, édit public, appel. En b. lat. *bandum*, pour *bannum*, édit public.)

Contrebande, sf. Chose, commerce, introduction de choses dont la vente est défendue, ou qui devraient payer des droits que l'on fraude. (C'est comme qui dirait *contre* le *ban*, contre la défense. De l'it. *contra*, contre, *bando*, l'édit, l'ordonnance.)

Contrebandier, ière, s. Qui fait la contrebande.

Forban, sm. Corsaire, pirate, écumeur de mer. (Un *forban*, ayant été l'objet d'un *ban* qui l'a envoyé *fors* ou hors du pays, n'a plus guère d'autre ressource que de vivre de brigandage : Baret et Génin.)

*Forban, sm. droit cout. Bannissement.

*Forbannir, va. droit cout. Bannir ; expulser ; reléguer ; rejeter. **Forbanni, ie*, p.

*Forbannissement, sm. droit cout. Bannissement.

Abandon, sm. Action de délaisser ; état d'une personne ou d'une chose délaissée, abandonnée ; oubli blâmable de soi, de ses intérêts, de ses devoirs ; désistement, renoncement ; résignation à quelqu'un ; confiance entière ; prat., abandonnement ; négligence aimable dans le style, dans les manières, dans le maintien. (1° Mot à mot, *don fait à ban*, cri public, par conséquent notoire à tous, irrévocable. Ainsi *abandon* est de trois racines *à ban don. Ban* nous reporte au vi. verbe *banir*, publier ; d'après Genin. 2° Selon M. Ampère, le mot doit être décomposé ainsi *à bandon. A* a le sens de *ad*. M. Ampère cite les vieux vers suivants : *Or est Renars en mal bandon, Se l'en le volt mettre à bandon*. Ce qui veut dire : maintenant Renard est dans une mauvaise situation, car on veut le mettre *à ban*, le proscrire, le condamner. Autre vers : Tous mes trésors vous soient *à bandon mis*. M. Delatre explique le mot *abandon* par l'anc. fr. *bandon* expulsion, exil ; *abandon*, adv., en exil. De Chevallet dit : l'anc. fr. *bandir* signifiait propr. autoriser, permettre quelque chose par *ban* ou proclamation publique faite au nom de l'autorité, comme de laisser paître les troupeaux dans certains pâturages, de commencer les vendanges, etc. *Bandon* était le mandement, l'autorisation, la permission accordée, la liberté, le pouvoir de faire une chose ; par extension, il se prit pour le pouvoir d'agir à sa volonté ; ce qu'on appelle, en t. de palais, le pouvoir discrétionnaire. *A bandon* signifia à discrétion ; à volonté. Mettre quelque chose *à bandon*, c'était mettre, livrer quelque chose à discrétion, à l'abandon ; *être à bandon*, c'était être à discrétion, à l'abandon. Dans *bandir, bandon, abandon, bandit*, le *d* s'est joint à l'*n*, comme dans *tendre* de *tener, gendre* de *gener, gronder* de *grunnir*. M. Diez retrouve aussi le radical de *abandon* dans le mot *ban*, d'où *bandon, vendre gage à bandon*, etc. Du Laurière cite l'expression anc., *bestes à bandon*, bêtes sans garde. En anc. fr. *à bandon*, hardiment, sans réserve, avec joie ; à discrétion, à volonté, *à bandon*, tout de son long ; *à bandon* et *abandon*, à sa volonté. Dans le Roman de la Rose, *à bandon*, à ma discrétion, à ma disposition ; *à bandon*, librement ; *bandon*, librement ; *à son bandon*, à sa disposition, à sa suite ; *à leur bandon*, à leur discrétion.)

A l'abandon, loc. adv. Sans soin, sans précaution.

Abandonner, va. Livrer une personne ou une chose à elle-même ; délaisser, quitter entièrement ; laisser échapper ; fig., renoncer à, se désister de, se départir de ; laisser en proie, exposer, livrer ; confier, remettre. *Abandonné, e*, p.

S'Abandonner, va. pron. Se laisser aller à, se livrer à, se négliger ; perdre courage.

Abandonnement, sm. Action d'abandonner ; état d'une personne délaissée ; action de se livrer sans réserve ; dérèglement, libertinage.

Abandonné, ée, s. Homme perdu de libertinage et de débauche ; femme prostituée.

BANANE, sf. Fruit du Bananier. [Du mot *banana*, par lequel les peuples de l'Hindoustan désignent la banane. *Musa*, synonyme de *bananier*, vient de l'ar. *mauz*, bananier. Selon Rheed et de Théis, le primitif de *banana*, serait *bala*.]

Bananier, sm. Genre de plantes dont plusieurs espèces sont cultivées dans les deux Indes ; leurs fruits gros et longs comme des concombres et disposés par régimes, sont les meilleurs et les plus utiles de ces contrées.

*Bananerie, sf. Plantation de bananiers.

*Bananiste, sm. hn. Petit oiseau de Saint-Domingue qui vit de bananes.

*Bananivore, adj. hn. Qui se nourrit principalement de bananes.

BANC, sm. Long siège où plusieurs peuvent s'asseoir ensemble ; mar., siège où l'on met quatre ou cinq rameurs pour tirer une même rame ; mar., lieu dans la mer où il n'y a pas assez d'eau pour porter un vaisseau, se dit aussi des sables et des rochers qui s'élèvent un peu au-dessus de la surface de l'eau, roche d'une certaine étendue, cachée sous l'eau ; grand amas de sable. [1° Guichard, Bullet, Gébelin et autres, pensent que le mot *banc* tient à la même famille que le latin *abacus* et le grec *abax, abakos*. Nicot et autres le dérivent directement du latin *abacus*. Vossius, Caninius, Hermolaüs Barbarus, etc., forment *banc* du b. lat. *bancus*, banc, qu'ils dérivent du lat. *abacus*, table, buffet, par aphérèse, et par l'insertion de *n*. Skinner va plus loin : il prétend que le mot *banc*, sous toutes les formes qu'il a prises dans les langues européennes, vient du latin *abacus*, bahut, buffet, banier, etc. Wachter dit à peu près la même chose. 2° D'autres ont cherché l'origine de ce mot dans le gr. *pagos*, colline ; 4° Caseneuve et Aldrete, dans l'ar. *banco*, qui ne paraît guère arabe ; 5° Ihre, dans le germ. *bock*, bouc, à cause de la figure du banc. 6° Un autre le dérive simplement de l'all. *pank*; 7° Icquez, de *benc* ou *banc*, mot de la langue des Francs. 8° Chorier dit que *banc* nous est resté de l'ancienne langue des Allobroges. 9° Le P. Pezron soutient qu'il est celt., ce qui revient au même. 10° Selon Diez, De Chevallet et autres, les mots *banc*, *banquet*, etc., sont d'origine germ. 11° M. C. Schœbel unit l'all. *bank* et la racine germ. *binkan* au gr. *pégnuō*, ficher, planter, fixer. En anc. scandin. *beck-r*, banc, banque, lapon *bœnk*, dan. et suéd. *baenk*, all. et holl. *bank*, anglos. *banc, baence, benc*, angl. *bench, bank*, banc, banque; ital., esp. et port. *banco*, cat. et lang. des Troub. *banc*; b. lat. *banqus*, anc. fr. *banque*, banc. Il paraît que les Méso-Goths ont introduit *banch*, banc, en Italie, et que les Visigoths l'ont importé dans le midi de la France et en Espagne.]

Bancal, ale, adj. et s. pop. Qui a les jambes tortues, rapprochées en haut et écartées en bas comme les pieds d'un banc. (Selon M. Delatre *bancal*, ne viendrait pas du fr. *banc*; mais il serait de la même origine que l'angl. *bandy*, perclus; propr. lié; et *bancal* serait pour *bandical*.)

*__*Bancasse,__ sf. mar. Nom de plusieurs coffres servant de lit et de banc.

*__*Banche,__ sf. L'une des deux grandes planches du moule où l'on fait le pisé.

*__*Banche,__ sf. mar. Fond de roches tendres et unies dans la mer.

*__*Banchée,__ sf. Matières employées en une fois.
Bancroche, adj. et s. pop. Bancal; rachitique.
Banco, adj. De banque.

- **Banque,** sf. Commerce d'argent de place en place, d'un pays, d'une ville à l'autre, par le moyen des lettres de change, etc.; lieu où il se fait; état, fonction de banquier; caisse commune ou publique où chacun peut s'intéresser; note, paie des ouvriers; fonds, mise, somme de celui qui tient le jeu; banc de tabletier; billot. (De l'ital. *banca*, banque, fait de *banco*, banc. La première banque fut établie à Venise en 1157.)

Banque, sf. Sorte de banc sur lequel travaille l'ouvrier en peignes; billot contenant la meule d'acier qui sert à former les pointes d'épingles; instrument qui porte les bobines du passementier pour ourdir.

*__*Banquer,__ vn. Se dit d'un navire qui arrive sur un banc profond pour y faire la pêche.

*__*Banqué,__ p. et adj. Se dit d'un navire qui va à la pêche sur le grand banc de Terre-Neuve.

*__*Banquereau,__ sm. Nom donné à deux bancs qui sont voisins de celui de Terre-Neuve, et qui ont beaucoup moins d'étendue.

Banqueroute, sf. Cessation de paiement et de commerce de la part d'un négociant, pour cause d'insolvabilité réelle ou feinte. (De l'ital. *banco*, banc, *rotto*, rompu. Anciennement ceux qui faisaient le commerce de l'argent et des lettres de change avaient, dans le lieu du change, un banc où ils faisaient leurs négociations. Lorsque le banquier était en faillite, on rompait son banc.)

Banqueroutier, ère, s. Qui a fait banqueroute.

Banquet, sm. Festin, repas magnifique, que l'on prenait assis sur des bancs. (Le mot banquet a signifié salle de bal garnie de bancs ou de banquettes; table de festin, lorsque les tables étaient longues et qu'on y mettait un banc de chaque côté. On nommait nappes de banquet les nappes qui étaient longues et étroites. M. De Chevallet, qui cite Grégoire de Tours, constate que de *bank*, banc, les Francs firent *banket* qui signifiait débauche faite sur les bancs à la suite d'un repas et après avoir enlevé les tables.)

*__*Banquet,__ sm. Repas qu'un vassal était obligé de donner à son seigneur une ou deux fois par an.

Banqueter, vn. fam. Faire bonne chère; se trouver souvent dans de grands repas.

Banquette, sf. Sorte de banc rembourré; trottoir peu élevé pratiqué sur un pont ou dans une rue; fortif. petite élévation derrière un parapet; petit chemin pour les piétons; l'appui d'une fenêtre; palissade taillée à hauteur d'appui.

*__*Banquette,__ sf. Chemin pratiqué le long d'un canal ou d'un aqueduc; retraite horizontale pratiquée dans un talus.

Banquier, sm. Qui fait le commerce de banque; qui tient un jeu contre les joueurs.

*__*Banquier,__ sm. Navire qui pêche de la morue sur le grand banc de Terre-Neuve.

Banquise, sf. Amas de glaces flottantes formant une sorte de banc et gênant la navigation.

*__*Banquiste,__ sm. fam. Charlatan qui vit aux dépens du public.

Débanquer, va. jeu. Gagner tout l'argent que le banquier a devant soi. *Débanqué, e,* p.

*__*Débanquer,__ vn. Quitter le banc de Terre-Neuve quand la pêche est achevée.

*__*Embanquer,__ vn. mar. Arriver sur un grand banc comme celui de Terre-Neuve. *Embanqué,* p.

Risban, sm. fortif. Terre-plein pour mettre des batteries à la défense d'un fort. (Ce mot est tout all. ou flam. Il signifie banquette ou assises de pierres qui ferment une ouverture. De l'all. *riesbank*, fait de l'all. *bank*, banc, petite élévation, léger exhaussement de terrain, et de *riese*, géant; en composition de géant, gigantesque, colossal. En anc. scandin. *risi*, géant. M. Schœbel met en rapport l'all. *riese*, géant, colosse, avec l'all. *reis*, ce qui part, ce qui s'élève, pousse, branche; *reisen*, primit. dresser, équiper; avec le lat. *radix* et le gr. *rhiza*, racine.)

BANDE, sf. Longue pièce d'étoffe qui serre ou est destinée à serrer quelque chose que ce soit; c'est une longueur sur peu de largeur et d'épaisseur, qui est prise dans la pièce, ou même n'en a jamais fait partie; lien plat et large pour envelopper qq. chose; morceau de toile coupée en long, qui sert à lier les plaies, et quelques membres du corps; chose plus longue que large; côté intérieur d'un billard, qui est rembourré. [Le mot *bande*, se retrouve dans le zend, le persan, le sanscrit, et dans toutes les langues indo-européennes. En zend *bas'-ta*, lié, attaché; persan *bend, bendh*, lien, ligature, faisceau; *bendeh*, lié, bandé, attaché; sansc. *badh, bandh, bundh*, lier; *badhayāmi, badhnāmi, bandhayāmi, bundhayāmi*, je lie, j'attache. D'après Bopp, Benfey, Delatre et autres, on pourrait rapporter ici le latin *bestia*, propr. animal attaché, et surtout le latin *fœd-us*, alliance, *fas-cis*, faisceau, *pando, passum*, tendre, étendre, déployer; et même le latin *fid-is*, corde d'un instrument de musique; etc. En tamoul *pantam*, prononcez *bandam*, lien; anc. scandin., all., angl., holl. et suéd. *band*, lien; haut. all. anc. *band*; *bant, pand*, lien, dans Meidinger. Anc. goth. *bandi*, liens, chaînes; anglosaxon *banda, baende, beand, baend, bend*, lien; gaël irl. et écoss. *bann, bande, nn* pour *nd* par assimilation; bret. *banden*; ital. *banda*, savois. *bèda*, bande; anc. cat. *benda*, esp. et port. *venda*, ital. *benda*, langue des Troub. *benda, banda*, bande, bandeau, ruban, ceinture; anc. fr. *bende*, bande, raie, bandeau, *bendel*, id.; *bendé*, galonné; l. b. *banda*, bande, et *bandellus*, bandeau.)

Bande, sf. C'est une portion détachée d'un plus grand nombre, ou une troupe dont les individus se suivent; troupe, compagnie; fig., parti, ligue.

*__*Bande,__ sf. hn. Nom de serpents, de poissons et d'insectes qui portent des bandes colorées; mécan.

quantité dont un ressort est bandé; petit poids d'environ 60 grammes en usage dans qq. comptoirs de Guinée, pour peser la poudre d'or; au trictrac se dit des bords de la table qui sont percés vis-à-vis des flèches, pour y marquer les trous que les joueurs viennent à gagner.

Bander, va. Lier et serrer avec une bande; mettre un bandeau sur les yeux; tendre avec effort; archit., poser les pierres d'une voûte. *Bandé, e*, p.

Bander, vn. Etre tendu.

*****Bander**, va. bijout. Redresser une moulure; garnir de bandes de pâte une tourte ou un godiveau.

*****Se Bander**, va.pron. Se disait sous Charles VI, pour prendre parti contre le duc de Bourgogne.

Bandage, sm. Bande, lien, pour bander les plaies; pour contenir les herniés; bande dont on se serre, dont on entoure une partie du corps; bande de fer, de métal, qui entoure une roue, une machine.

*****Bandage**, sm.cabale. Morceau de linge ou de parchemin où étaient tracés certains caractères magiques, et que l'on portait sur soi pour écarter les maléfices.

Bandagiste, sm. Qui fait ou vend des bandages pour les hernies.

Bandeau, sm. Bande qui ceint le front et la tête; bande sur les yeux pour empêcher de voir; diadème; bande en saillie sur le nu du mur autour d'une baie de porte ou de fenêtre, pour tenir lieu de chambranle.

*****Bandeau**, sm. pêch. Portion de la manche de certains filets; pièce de ferrure employée dans la construction de certaines voitures d'artillerie.

Bandelette, sf. Petite bande pour entourer et lier qq. chose.

Bandelettes, sf.pl. Petites bandes dont les prêtres païens se ceignaient le front, ou qui servaient à orner les victimes.

*****Bandelette**, sf.hn. Nom vulgaire de la cépole.

Bandereau, sm. Cordon servant à porter une trompette en bandoulière.

Banderole, sf. Pièce de buffleterie à laquelle est attachée la giberne d'un soldat; bretelle d'un fusil qui sert à le suspendre à l'épaule.

Banderolé, ée, adj.hn. Marqué de bandes transversales d'une couleur différente de celle du fond. *Bandière*, sf. vi. Bannière, pavois.

*****Bandière**, sf. Sorte de futaine à baies et à raies.

*****Bandin**, sm.anc.mar. Sorte de plate-forme un peu saillante à tribord et à babord de l'espale d'une galère.

*****Bandingue**, sf. Ligne attachée à la tête d'un filet tendu à la basse eau.

*****Bandoir**, sm. Ressort en métal quelconque; espèce de roue servant à bander le battant du métier des rubaniers.

Bandoulier, sm. Brigand qui vole par bandes dans les montagnes; pop., mauvais garnement.

Bandoulière, sf. Large bande de cuir qui passait de l'épaule gauche sous le bras droit; large baudrier de cuir ou d'étoffe. (Anc.fr. *bandolière*.)

*****Bandoulière**, sf.hn. Nom vulgaire de plusieurs poissons marqués de bandes transversales. (Le fr. *bandoulière* et l'anc.fr. *bandolière*, sont des mots imités de l'ital. *bandoliera*, qui avait pour racine *banda*, bande.)

Bandure, sf.bot. Plante d'Amérique; elle ressemble à la gentiane par ses semences et par son fruit. (On a dit aussi *bandura*. Trév. dit qu'elle est particulièrement remarquable par une gaîne ou follicule qui a la figure d'un pénis, laquelle a quelquefois plus d'un pied de long, et est beaucoup plus grosse que le bras d'un homme : elle est attachée à l'arbre par une feuille, et est à moitié remplie d'une liqueur fort agréable à boire.)

Débander, va. Oter une bande, un bandage; détendre. *Débandé, e*, p.

Se débander, va.pron. Se détendre; se séparer confusément et sans ordre; se disperser pour s'enfuir, ou pour se retirer.

A la débandade, loc.adv. Confusément et sans ordre.

Débandement, sm. Action de se débander, action des troupes qui se débandent.

*****Embander**, va. Envelopper un enfant de bandes, de linges très-serrés. *Embandé, e*, p.

Rebander, va. Bander de nouveau. *Rebandé, e*, p.

*****Séderbande**, sf. Plate-bande, dans une pièce d'ébénisterie à compartiments.

Haubans, sm.pl.mar. Gros cordages qui servent au mât d'appuis latéraux. (Ce mot est d'origine germanique, comme le disent Jal, Diez, Fauriel, Delatre, De Chevallet, et autres. L'étym. de *hauban*, dit M. Jal, paraît très-clairement écrite dans cette réunion *hoof-band*, des deux mots hollandais : *band*, lien, cordon, attache, et *hoof*, tête; *hoof-band*, c'est le bandeau. La figure ne saurait être plus exacte, car le hauban serre la tête du mât à son capelage comme un bandeau. C'est le *kopf-bind* des Allemands, et le *head-band* des Anglais.)

*****Haubaner**, va. Assujettir au mât, une chèvre, etc., avec des haubans. *Haubané, e*, p.

*****Haubans**, sm.pl.mar. et constr. Cordages qui maintiennent un objet dans une position perpendiculaire.

Galhauban, sm.mar. Long cordage qui va de la tête des mâts supérieurs aux côtés du navire, où ils s'arrêtent à la hauteur du pont. (De *galant* et *hauban*. Les *galans*, dit Jal, étaient dans l'ancienne nomenclature des mâts ce qu'on appelle aujourd'hui les perroquets. Les galhaubans sont donc les *haubans* des *galans*. Le galhauban est auj. le hauban de hune ou galant et celui du mât de perroquet.)

*****Raban**, sm.mar. Cordage mince de peu de longueur servant à relier ou serrer les voiles, à amarrer les canons, etc. (Ce mot est pris à la marine du Nord. En all. *raaband*, raban, de *raa*, vergue, et *band*, lien, attache; angl. *rop-band*, de *rope*, anglos. *rape*, corde, et *band*, bandeau, lien.)

Turban, sm. Coiffure orientale, à l'usage des Arabes, des Persans et des Turcs, et qui consiste en une longue pièce d'étoffe roulée avec plus ou moins d'élégance autour d'une sorte de calotte. (Ce mot a été fait par corruption, du persan et du turc *dul-bend*, ou *tul-bend*, mousseline, en particulier celle avec laquelle les Turcs enveloppent leur bonnet; de l'ar. *doul*, tour, et du persan *bend*, bande, bandeau.)

Tulipe, sf. Plante printanière de la famille des liliacées. (Le nom et la chose nous viennent des Turcs, d'après Du Cange, Francisco de Luiz, Sousa, Noël, Gattel, Beckmann, Nemnich, etc. Ce dernier fait observer qu'entre les productions naturelles, inconnues aux anciens, et que le moyen âge, à la suite des relations nées des croisades, vit transporter en Europe, se trouvait une fleur que les Turcs appelèrent *tuliband*, et qui en Europe reçoit le nom de *tulipan* ou *tulipe*, de *dul-bend*, turban.)

*****Tulipe**, sf.hn. Nom vulgaire de plusieurs coquilles. (Ainsi dites de leur forme.)

Tulipier, sm. Grand et bel arbre de l'Amérique septentrionale, arbre aux tulipes à bois jaune, à fleurs en tulipes vertes.

*****Tulipacé, ée**, adj.bot. Semblable à une tulipe.

*****Tulipacées**, sf.pl. Famille de plantes.

*****Tulipaire**, sf. Genre de polypiers.

***Tulipifère,** adj. bot. A fleurs semblables à la tulipe.

***Tulipomane,** s. Qui a la manie des tulipes.
***Tulipomanie,** sf. Manie pour les tulipes.

***Baddha** ou **Baddhâtmâ,** sm.philos.hindoue. Dénomination de l'âme, liée, enchaînée, étant dans un état antérieur à la délivrance.

Ruban, sm. Long tissu de soie, de fil, de laine; ce qui en a la forme; décoration. (1° Du lat. *ruber* et de l'all. *band,* lien, bande; ou de *ru* dont on ignore l'origine et de l'all. *band*: Denina. « Ce mot renferme le radical *band,* de même que *hau-ban,* et *ra-ban*: M. Diez. 2° Ménage, Du Cange, Gattel, Boiste, Roquefort et autres, sont d'avis que *ruban* procède du lat. *rubens, rubeus,* rouge; parce que les plus beaux rubans sont de couleur feu. Comme cette couleur est la plus éclatante de toutes elle avait, dit Nodier, usurpé le droit de dénommer les autres. 3° Du b. bret. *ruban,* ruban : Bullet. » M. De la Villemarqué soupçonne aussi que le mot *ruban* est celt. Mais Denina fait observer qu'en Lombardie on dit *bindel,* fait de *band*; ou de *binden,* lier. En angl. *riband, ribbon,* ruban. Bret. et irl. *ruban,* champ, *riban,* b. l. *reband, rebanus, rubanus,* ruban.)

***Ruban,** sm.blas. Bande très-étroite; bande de pâte dont on enduit certaines pâtisseries; lame de fer qu'on prépare pour former le canon d'un fusil; cire réduite en petits filets plats; anat., nom donné aux cordes vocales du larynx; hn., nom vulgaire de plusieurs coquilles et de plusieurs serpents.

***Rubanaire,** adj. bot. En forme de ruban, se dit des feuilles un peu plus larges que les feuilles linéaires et lancéolées, mais bien plus allongées.

Ruban d'eau, Plante qui croît dans les ruisseaux, et dont les feuilles flottantes ont quelquefois plusieurs pieds de longueur; ce qui lui a fait donner son nom : Acad.

Rubanerie, sf. Profession de rubanier; commerce de rubans.

Rubanier, ière, s. Qui fait du ruban.

Ribambelle, sf. pour **rubanbelle.** Longue suite, kirielle : Roq.

BANIANS, sm.pl. Idolâtres des Indes Orientales, qui ont horreur de manger des animaux et qui croient à la métempsychose. [1° M. Delatre et autres dérivent ce nom du sansc. *banij,* marchand, commerçant, fait du v. *van,* prendre, donner, vendre, blesser, ôter, aimer, désirer. 2° Tavernier, Ludolph, Osorius, estiment que le nom *banian* signifie peuple innocent et sans malice. La première étym. paraît préférable en ce que les banians sont une caste des Hindous, composée principalement de marchands et de cultivateurs. En port. *banianos,* banians.]

BANNE, sf. Grande toile, ou couverture, étendue sur les bateaux, sur les charrettes de roulier; espèce de tente que les marchands placent devant leurs boutiques; grande manne. [1° Diez et beaucoup d'autres dérivent ce mot du lat. *benna,* charrette ou voiture en osier ou à claire-voie; mot gaulois qui nous a été conservé par Festus. De *benna* on fit *combennones,* personnes voyageant ensemble dans l'espèce de voiture appelée *benna.* C'est aussi à Festus que nous devons la conservation du mot *combennones.* Un autre auteur rapporte également à *benna* les mots *banne, benne, banaste, benon,* etc., désignant, dans plusieurs provinces, un panier, une corbeille, un mannequin, une sébille, un vaisseau propre à porter fruits, grains, légumes, etc.; *benna,* dit-il, signifiait une voiture; de la voiture qui portait, le nom a passé à la chose portée. Il y a plusieurs de ces exemples. Il pouvait ajouter que tous ces objets sont en général faits d'osier, et qu'ils sont tous employés à renfermer, à contenir qq. chose. 2° Au sansc. *bandh,* lier, attacher, M.Delatre rapporte le fr. *banne,* vi. fr. *banse*; le suéd. *band,* cerceau, et le fr. *manne,* vi. fr. *mande,* grand panier. 3° Wachter rattache le gaulois *benna,* le lat. *vannus,* van, et le belge *benn,* corbeille, l'anc. german. *benne,* claie, etc., au grec *huphainō,* tisser, tresser, entrelacer. *Huphainō* semble venir du sansc. *vap,* tisser, d'où l'anc. germ. *wab,* tisser. 4° D'après Constancio, la racine du mot *banne* serait le latin *pannus,* étoffe. 5° Du Cange dérive le fr. *banne,* du germ. *binuz,* jonc; puis du lat. *benna.* Les auteurs du Tripart. lient le fr. *banne, banse, panier,* au gaulois *benna,* et au german. *benne*; et Bochart fait venir *benna,* de l'hébr. *óphān,* roue. 6° Bullet tire les mots *banne, benne; manne, banneau, benneau, banneton, bannette,* du celt. *ban,* profond, bas. 7° Selon De Chevallet, *banne, mann,* sont d'une même origine germ.*Manne,* dit-il, signifie un panier d'osier plus long que large, ayant une anse à chaque extrémité, et où l'on met du linge, de la vaisselle et autres objets; la *banne* est une espèce de grande manne faite communément de branches d'osier. De *manne,* ajoute-t-il, on fit le dérivé *mannequin,* autre espèce de panier. Le même auteur lie le fr. *banne, benne,* à l'anglos. *mand,* panier, corbeille; anc. all. *manne,* id., au holl. *mand* et *ben, benne,* id., et à l'angl. *maund,* id. 8° Le lat. *benna,* ainsi que l'all. *banse,* tas, se rapporterait au sansc. *vat,* lier, construire, d'après M.Schœbel.Gloss. champ. de M. Tarbé, *banne, benne,* panier de vendangeur. A Lyon *benne,* sorte de panier rond et profond, contenant cent kilos de charbon de terre. En Savoie *benon,* sébille en bois où l'on met le pain en pâte. Anc. fr. *banse,* panier, manne d'osier; et *benne,* panier. « *Benna* appartenait au gallois italique... kymrique *men* ou *ben,* chariot. — Armoricain *mann,* panier d'osier. Irl. *ben, fen, feun,* erse, id., voiture, chariot... » M. De Belloguet.)

Banneau, sm. Petite banne.

Banner, va. Couvrir qq. chose avec une banne.

Banné, e, p.

Banneton, sm. Coffre percé servant à conserver le poisson dans l'eau.

Bannette, sf.dim. Espèce de panier; de corbeille ; banne.

Manne, sf. Sorte de panier d'osier plus long que large avec une anse à chaque bout. (Bullet, de Chevallet, Delatre, et autres, ont reconnu que *banne* et *manne* sont de la même origine. Les deux labiales *b* et *m* se permutent assez souvent. En holl. *mand* et *benne, ben,* panier, corbeille, mots cités par De Chevallet.)

Mannequin, sm. dim. Panier long et étroit dans lequel on apporte des fruits ou de la marée au marché; panier à claire-voie, dans lequel on élève des arbres. (De *manne,* panier, et de la terminaison diminutive germ. *ken.*)

Emmannequiner, va.jard. Mettre des plantes, des arbustes dans des mannequins.

***Bannasse,** sf. Civière qui sert à porter la cendre dans une saline.

***Banne,** sf. Voiture dans laquelle on apporte le charbon.

***Banneau,** sm. Vaisseau de bois servant à mesurer et à transporter le blé, la vendange ou autres objets de cette nature; tonneau du vinaigrier ambulant; tombereau en usage dans les salines.

***Banneton,** sm. Panier d'osier sans anses, dans lequel on fait lever le pain rond.

Bans, sm.pl.t. de chasse. Lits des chiens. (Ce mot semble se rapporter à la même origine que *banne,* tente, grande manne; et que le vi. fr. *banse,* panier, manne d'osier.)

Banse, sf. Grande manne carrée qui sert au transport des marchandises.

Benne, sf. Charrette, tombereau; hotte dont se servent les vendangeurs; espace clos pour arrêter le poisson; panier établi dans toute l'étendue d'un chariot, pour le transport du charbon.

BANNIÈRE, sf. Étendard ; l'enseigne que le seigneur de fief avait droit de porter à la guerre ; fig. et fam. parti; pavillon; sorte d'étendard que l'on porte aux processions. [1° De l'anc. fr. *banne,*bannière, mot d'origine germanique, selon M. De Chevallet et autres. 2° Du fr. *ban,*publication que l'on faisait pour obliger les vassaux d'aller à la guerre, selon Pasquier, Baret et Genin ; parce que la bannière était l'étendard du chef sous lequel se rangeait l'*ost banie,* c'est-à-dire l'armée levée par un ban. 3° Selon Diez, Schulter, Saumaise, Delatre, Pihan, Ménage, le mot *bannière* serait de la même origine que le fr. *bande.*M. Jal rattache à l'all.*band,*ruban, bande, bandeletto, le fr. *bannière,bandière* et l'ital. *bandeira,* bannière. 4° Nicot dérive *bannière,*de l'all.*ban* dans la signification de héritage ou de champ ; parce qu'il n'y avait que les seigneurs de fiefs qui portaient bannière. 5° Borel le dérive du lat. *pannus,* étoffe. De Chevallet lie avec beaucoup de vraisemblance le fr. *bannière,* anc.fr.*banne,*au tudesque *ban,fan,van,* drapeau, bannière ; au goth. *bandwo,* anglos.*fana,* anc. scandin. *baenda,* all. *banner, panier, fanhe,* dan. *fane, banner,* suéd. *fana, baner* ; holl. *vaan, banier* ; angl. *banner,* bannière ; de là dit-il, *fanon, gonfanon.* Schulter lie le fr. bannière et *gonfanon,* au teuton. *banniar, band,fan,*étendard. En basque *bandera,*langue mérid. du 12ᵉ s,*bandera,*bannière, l.b. *bandum, banera, baneria, banerium, bannearium,* étendard, drapeau, bannière ; ital. *bandiera,* anc. fr. *banere, banière,* bannière. Le latin *pannus,* étoffe,et le fr. *bande,* semblent se rattacher à la même souche que le fr. *bannière.* La bannière était un drapeau carré attaché à une pique.)

Banneret,adj.m.et s. Qui a assez de vassaux pour en former une compagnie, pour lever bannière.

Bandière,sf.vi.Sorte de bannière, de pavois.

Banderole, sf.dim. Petit étendard d'ornement.

Fanon, sm. Peau qui pend sous la gorge d'un taureau, d'un bœuf; touffe de crin qui croît au boulet du cheval; sorte de barbe de la baleine; manipule, sorte d'ornement que les prêtres et les diacres portent au bras gauche lorsqu'ils officient. (En haut all. anc. *fano,* drap, drapeau, bandeau ; all.*fahne,* drapeau; anc. goth. *fana,* drap ; anc. saxon *fano,* drapeau ; anglosaxon *fana, fona,* drapeau ; angl. *fan,* éventail ; holl. *vaan,* suéd. et anc. scandin. *fana,* drapeau, dan. *fane,* id ; lat. b. *fano,* fanon ; Gloss. champ. de M. Tarbé, *fanon,* linge pour essuyer les mains du prêtre qui officie.Borel dit que le *fanon* qui pend au cou des bœufs a reçu ce nom de sa ressemblance avec une bannière ancienne. En anc. fr. *fanon,* bannière, étendard.)

Fanons, sm.pl. Les deux pendants de la mitre d'un évêque ou d'un archevêque ; les pendants d'une bannière.

Fanons, sm.pl. Sorte d'attelle dont on se servait autrefois dans les fractures de la cuisse et du bras.

*****Fanon** , sm.blas. Large bracelet pendant au bras droit.

*****Fanons,**sm.pl.mar. Portières de toile pendantes entre les cordages, qui plient la voile contre la vergue.

Gonfalon,sm. Bannière d'église à trois ou quatre fanons, qui sont des pièces pendantes. (De l'anc. fr. *gonfaron, gonfanon,*écharpe, banderole de lance; étendard,bannière, dérivé du haut all. anc.*gundfano,* fait de *gundja,*combat, et de *fano,* toile, linge: d'après Ihre, Diez, etc. En anc. cat. *confanon,* ital. *gonfalone,* esp. *confalon,* langue des Troub. *gonfano, gomfano, gonfaino,golfaino, gofaino,confano,* gonfalon.)

Gonfalonier et **Gonfanonier,** sm. Celui qui portait le gonfalon; titre des chefs de quelques républiques d'Italie.

BAOBAB, sm.bot. Arbre d'Afrique, de la famille des malvacées ; c'est le plus grand des végétaux. [Le nom *baobab* est celui par lequel les naturels d'Égypte désignent ce grand végétal. Quant au nom d'*adansonia,*il lui a été assigné en l'honneur de Michel *Adanson,*naturaliste des plus distingués, qui le premier donna de justes notions sur cet arbre prodigieux, dont on n'avait eu que des idées imparfaites: D.L. Constancio forme le mot *baobab,*de l'égypt. *bá,* arbre, et *ouab,* sacré, saint].

BARAGOUIN, sm.fam. Langage corrompu ou inconnu, qu'on n'entend pas; jargon composé de mots barbares, ou si mal prononcés qu'on ne les entend pas. [1° Selon Leibnitz, Trévoux, Eloi Johanneau, Diez, Scheler, Gattel, Ménage, Quitard, etc., du b. breton *bara,* pain, et *gwyn,* ou *gouin,* ou *guin,* vi n. Trévoux dit qu'on ne peut douter qu'il ne vienne du b. bret. Les mots de pain et de vin sont les premiers qu'on apprenne des langues étrangères. M.Quitard a écrit : « Deux voyageurs bas-bretons, qui ne connaissaient d'autre idiome que celui de leur province, arrivèrent dans une ville où l'on ne parlait que français. Pressés de la faim et de la soif, ils eurent beau crier *bara,* qui veut dire pain, et *gouin,* qui veut dire vin, ils ne furent compris de personne, tant qu'ils ne s'avisèrent pas d'indiquer par des gestes les objets de leur besoin ; et cette aventure donna, dit-on, naissance au mot baragouin. » 2° Selon Le Chevréana, cité par le même, *baragouin* vient de *bar,* dehors, champ, campagne, et de *gouin,*gens. Ainsi, parler baragouin c'est parler comme les gens du dehors et les étrangers. 3° M. Delatre rattache les mots *baroque,baragouin,barguigner, barater,*etc., à l'ital. *baro,* trompeur, et au suéd. et holl. *bar,* découvert, rude, âpre, sec, aride. 4° Gébelin et Roquefort soutiennent que *baragouin* a été fait du lat. *barbaricus,* de *barbarus,* barbare, comme *poing* de *pugnus, aigu* de *acutus,* etc. La première étym. paraît être la véritable.]

Baragouiner, va. Mal articuler.

Baragouiner, vn.Altérer les mots d'une langue en parlant. *Baragouiné,* é, e.

Baragouinage, sm. Action de baragouiner.

Baragouineur, euse, s. Qui baragouine.

BARAQUE,sf. Hutte que font les soldats pour se mettre à couvert; mauvaise échope de bois; petit logement ou réduit couvert; par ext. et fam., maison mal bâtie et de chétive apparence; fig.et pop., atelier où l'on paie mal, où l'on nourrit mal. [L'armée française prit ce mot de l'esp. *barraca,* hutte de pêcheur construite au bord de la mer. 1° Du Cange regarde ce nom comme étant d'origine grecque. 2° M.Honnorat le forme de *barra,* dérivé du gaulois *barr,* barre, ce qui sert à renfermer ; et Bullet et autres, du celt. *bar* ou *barr,* branche, rameau. Le celt.*bar* ou *barr,* répond au latin *vara,*bâton fourchu planté pour soutenir. Vitruve a employé *vara* dans le sens de perches soutenant un plancher, échafaudage; hutte, baraque : b══v.C'est ainsi que le mot lat. *tab-erna* est de la même racine que *tab-ula,* planche; que l'ital.

trab-acca, a été fait du latin *trabs*, poutre. Diez a cherché aussi la racine de *baraque* dans le mot *barra*, perche. 3° Constancio compose le substantif *baraque*, de l'arabe *barr*, champ, et *carra*, habiter; 4° et Morgan Cavanagh, de l'angl. *a war house*, une maison de guerre, et assure que la finale *aque,-ac*, ou *-ak*, répond au grec *oikos*, maison. En angl. *barrack*, caserne; port. *barraca*, ital. *baracca*, grec barbare *mparaka*, maisonnette. En gaël irl. et écoss. *barrachad*, baraque, hutte; pol. *baraka*, all. *baracke*, baraque; l.b. *bareca*, baraque. Gloss. champ. *barraque*, cabane de berger, dans Tarbé.]

Baraquer, va. t. milit. Faire des baraques. *Baraqué, e*, p.

*****Baraquement**, sm. t. milit. Action de se baraquer; réunion des baraques.

BARATERIE, sf. mar. Fraude commise dans un équipage au préjudice, soit des armateurs, soit des assureurs; indication d'une fausse route; supposition, ou combinaison d'accidents de mer, afin de frauder dans les assurances maritimes. [Ce mot, dit Trévoux, est venu du vi. fr. *barat*, qui de tout temps a signifié toutes sortes de tromperies. On disait aussi *baratter*, pour dire tromper. Quelques auteurs appelaient *baratteries* les malversations des magistrats dans leurs charges et celles de leurs domestiques. 1° Le P. Thomassin, cité par Trévoux, dérive *baraterie* de *paratouria*, mot grec vulgaire. 2° Denina dit: L'ital. *barone*, signifiant coquin, a sa racine dans le mot *bar*, et a dû signifier d'abord colporteur, un homme qui porte (fait du goth. *bairan*, porter); d'où sans doute dérive aussi l'it. *barrattare*, troquer, échanger, et *barattiere*, trompeur, fripon. L'ital. *baroncio*, petit et méchant homme, et *baroncello*, petit fripon, sont évidemment des diminutifs de *barone*, fripon, coquin. 3° M. Delatre rapporte au sanscrit *bharb*, *bharv*, rompre, briser, l'ital. *baro*, trompeur, *barare*, tromper, le fr. *baraterie*, *barguigner*, *baragouin*, *baroque*, etc. 4° D'après M. Honnorat, la racine des mots *barater*, *baraterie*, se retrouverait dans le catal. *bar*, traître, perfide. 5° Suivant Skinner le verbe *barater* ou *baratter* aurait été dit au propre de ceux qui ennuient la *barre*, ou le tribunal par leurs procès importuns; 6° le même auteur forme ailleurs le verbe *baratter*, de *perratare* ou *proratare*, c'est-à-dire, *pro rata portione merces commutare*. 7° Un auteur anglais, cité par Skinner, dérive *baratter*, du latin *vertere*, tourner, rouler, renverser; 8° Constancio le fait venir du gr. *péraéin*, vendre; 9° Du Cange, de *Bera* ou *Bara*, nom d'un comte qui avait violé sa foi donnée à Louis le pieux, empereur; 10° et M. Diez, du gr. *prattéin*, traiter, négocier, opérer, faire. C'est ainsi, ajoute-t-il, que boîte a été fait du gr. *puxis*, par le chang. de p en b. Il pouvait ajouter que de même *confire, infecter*, et la locution *je suis fait* pour *je suis trompé*, viennent du latin *facere*, faire, agir, pratiquer. 11° Du celt. *brad* ou *barad*, tromperie, d'après De Chevallet, cité par M. Scheler. En b. lat. *baratare*, tromper, duper, *barataria*, baraterie, *barrare*, tromper, duper, *barrattaria*, fraude, dol, *bara* qui ne tient pas sa parole, sa foi donnée; ital. *baratto*, esp. et port. *barato*, langue des Troub. *barat*, tromperie, fraude; langue des Trouv. *baras*, *barat*, *barate*, *baraz*, *barette*, ruse, désordre, fourberie, confusion, embarras; bret. *barad*, gall. *brad*, écoss. et irl. *brath*, perfidie, tromperie, trahison.]

BARATHRE, sm. Abîme, gouffre; puits, précipice hérissé de pointes de fer, où l'on précipitait les criminels à Athènes. [Lat. *barathrum*, id., de plus abîme de mer; enfer, ventre, estomac; fig., gouffre; dérivé du grec *barathron*, gouffre, abîme; large et profonde ouverture de la terre; fosse profonde où l'on jetait les criminels qui étaient condamnés à mort chez les Athéniens; cul de basse-fosse; fig., abîme, perte, ruine, malheur. Le *barathron*, dit Suidas, est une ouverture ou fosse en forme de puits, profonde et obscure. 1° Le primitif de cette famille de mots est apparemment l'hébreu *beér*, puits, fosse, mot qui s'est conservé aussi chez les Arabes et les Syriens. Ce *beér* paraît avoir été fait du verbe *bâar*, creuser, forer; mot dont on retrouve des similaires en grec, en latin, en all., etc. L'hébreu *bâar* semble se lier au sanscrit *bharb*, rompre, éclater, percer. On pourrait citer ici avec M. Delatre le latin *forare*, forer, percer, l'all. *bohren*, d'où *burin*, et le gr. *pharagx*, ravin profond, précipice, gouffre, abîme. D'après Hésychius, au lieu de *barathron*, les Ioniens disaient *béréthron*, ce qui est encore plus conforme à l'hébreu *beér*. Pour la fin du mot *athrum* en lat. et *athron* en grec, elle semble encore fraterniser avec le mot *athar*, qui en hébr., en chald., en syr., en aram., signifie lieu, vestige, d'où *Atharim*, nom de lieu. 2° M. Chavée rattache *barathron*, au sanscrit *bri*, *bal*, courber, tourner, *balis*, ride, pli, *bâla*, cheveu, boucle; et rapporte à la même origine le gr. *bolbos*, bulbe, oignon, *bôlos*, motte, glèbe, le lat. *buris*, partie postérieure et recourbée de la charrue; ainsi que *bulla*, bulle. 3° Les auteurs du Tripart. unissent *barathron* au germ. *blotter*, *blütter*, et au russe *boloto*. 4° Constancio compose le gr. *barathron*, du grec *barus*, triste, redoutable, et de *thorôn*, part. aor. 2. de *thrôskô*, sauter, s'élancer. En arcadien *zéréthron* pour *béréthron* et *barathron*, gouffre, abîme; port. *baratho*, it., esp. et langue des Troub. *baratro*, anc. fr. *baratron*, enfer, abîme.]

BARBACANE, sf. Fente, ou petite ouverture verticale pratiquée dans les murs des châteaux et des forteresses, pour tirer sur les ennemis; ouverture ou fente au mur d'une terrasse pour l'écoulement des eaux. [1° Constancio forme ce mot du lat. *barba canis*, barbe de chien, forme de museau de chien. 2° M. Delatre conjecture que *barbette*, batterie d'où l'on tire le canon à découvert, ainsi que *barbacane*, et le lat. *barba*, barbe, se rapportent au sanscrit *bharb*, rompre, éclater, percer. 3° Selon Spelmann, Vossius, Astruc et Trév., le mot *barbacane* est d'origine arabe. Ils auraient dû au moins citer le mot arabe. 4° M. Honnorat le dérive simplement de l'esp. *barbacana*, id. 5° Morgan Cavanagh forme le mot anglais *barbacan* et le fr. *barbacane*, de *war*, guerre, et *beacon*, balise, signal, fanal. 6° Le Monosini croit que c'est un mot d'origine punique. 7° Picques, docteur de la Sorbonne, cité par Ménage, le tire de l'ar. *barbabchane*, égout, issue pour l'écoulement des eaux. 8° Bullet le compose du celt. *bar*, avant, *bach*, clôture, *bacha*, fermer, enfermer; 9° et Pougens, cité par M. Scheler, de l'ar. *bar-babkhaneh*, galerie qui sert de rempart à la porte. En b. lat. *barbacana*, fort extérieur; ital. *barbacane*, esp., cat., langue des Troub. et prov. *barbacana*, barbacane; langue des Trouv. *barbecan*, *barbequenne*, barbacane. Dans le Roman de la Rose, *barbacanes*, parapet d'un mur, ou partie la plus élevée d'un fort.]

BARBARE, adj. Cruel, inhumain; fig. sauvage, grossier, ignorant; sans loi ni politesse; gramm. impropre, contraire à la règle, à l'usage; rude, qui choque l'oreille. [Du lat. *barbarus*, dérivé du gr. *barbaros*, barbare. 1° M. Pihan dit: Ce fut d'abord en Egypte que le mot *Berber* eut du retentissement. Introduit ensuite chez les Grecs, sous la forme *bar-*

baros, il servit à qualifier généralement les peuples d'origine et de mœurs étrangères. Le même auteur forme ce mot de *Berber*, nom des habitants primitifs de l'Afrique du Nord. Les Berbers ne sont autres que les descendants des Libyens, répandus autrefois dans l'Egypte et dans l'Inde. Repoussés de ces contrées à la suite de guerres sanglantes, ils furent bientôt forcés de chercher un refuge dans les parties désertes de l'Afrique occidentale, laissant çà et là quelques-unes de leurs familles; s'étendant sur les bords de la Méditerranée, ils couvrirent de nombreuses tribus les plaines de l'Atlas. On serait tenté, ajoute le même auteur, de croire au premier abord, que le mot *Berber* n'est qu'un redoublement de l'ar. *berr*, terre; mais il vaut peut-être mieux y reconnaître, avec l'historien arabe Ebn Khaldoun, une origine patronymique, applicable à *Ber*, fils de Tamla, fils de Mazigh, un des ancêtres de la race libyenne. *Barbarus* en lat. et *barbare* en fr. rappellent la même idée que le grec *barbaros*, et de plus se disent d'un homme farouche et cruel. On voit par là combien les Grecs et les Latins ont contribué à détourner ce mot de sa signification spéciale, faute d'en avoir cherché la source. Pour désigner les peuples du littoral de l'Afrique, on se sert généralement en France de l'épithète *barbaresque*. 2° Selon Tœlken, cité par le baron de Minutoli, les *Baraba* ou *Berbers* tirent leur nom de deux mots arabes signifiant *enfant* et *désert*; nous trouvons la même étym. dans l'hébreu et le chald.; mais *bara* signifie non-seulement les champs déserts, mais en général toute campagne. Le nom de *Barabara* signifierait donc les gens de campagne, les gens du pays, les indigènes. 3° Hodgson croit que le mot grec *barbaroi* est antérieur, non-seulement à la domination romaine sur le sol africain, mais encore à la colonisation phénicienne. Il rappelle que, selon Hérodote, l'épithète de *barbaroi* était à une époque très-reculée, employée par les Egyptiens, qui pouvaient l'avoir formée du nom même de leurs voisins, les *Berbères* des oasis; et il pense que les Grecs n'auraient fait que l'emprunter aux Egyptiens, avec la signification que ceux-ci y avaient attachée. 4° Abrah. Ecchell a écrit que dans la langue des Syriens *barbroi* signifie fils du désert. 5° Constancio forme le mot *barbarus*, gr. *barbaros*, de *Berber* ou *Barabra*, nom très-ancien des Africains septentrionaux, lequel signifie berger, pasteur; 6° puis, de l'égyptien *beb*, caverne; 7° enfin, de l'égyptien *berber*, ardent. 8° Selon Léon l'Africain le nom de *Berbère* viendrait de *ber*, racine de *bariet*, désert; ou de *burbrera*, murmurer, à cause de leur langage qui est une espèce de jargon barbare. Les savants berbères font descendre leur nation d'un certain *Berr*, et la font venir de Syrie. 9° Dans l'ancienne langue grecque, dit Moke, il y avait un vieux système de redoublement pour les substantifs comme pour les verbes, qui peut encore se remarquer dans les anciens noms propres, comme *Barbares*, *Leleges*, *Caucones*. 10° Strabon croit que le grec *barbaros* a été fait par imitation; et Picard dit qu'il vient de *barbar*, mot qui ne signifie rien, et que certains étrangers venus à Athènes avaient sans cesse à la bouche; ce qui fit qu'on les aurait appelés *barbaroi*. 11° Scaliger affirme que *barbari* est un mot venu d'Orient et qu'il signifie étranger. Un autre dérive *barbare*, du chald. *bar*, champ, campagne. 12° Wachter croit que c'est un terme hybride fait du chald. *bara*, hors, dehors, et du teuton *bar*, homme, en latin *vir*. 13° Scrieck prétend qu'il vient du scythique *barre-barren*, signifiant : ceux de loin-loin; et 14° Morgan Cavanagh, de *war*, guerre, devenu *bar* et par réduplication *bar bar*; d'où le mot *baron*, et le mot *barres*, nom d'un jeu où l'on se divise en deux camps égaux, selon lui. 15° M. Delatre forme le grec *barbaros*, barbare, du sanscrit *bar-bara*, sot, stupide, et qui paraît une réduplication de la racine *barh*, résonner, crier. Volney et E. Salverte font remonter l'usage de cette expression jusqu'à l'Egypte, où elle dut désigner d'abord une race indigène de l'Afrique : le mot même et le sentiment de haine qui en était inséparable y font reconnaître en effet les *Berbers*, les *Barabras*, odieux encore aujourd'hui, dès les confins de la Nubie, à leurs plus proches voisins les Chellakieks. De l'Egypte le mot aurait passé jusque chez les bramns. Les Arabes donnent le nom de *Berbery*, pl. *Berabera*, aux Schillah's du Maroc, aux Kabyles des montagnes de l'Algérie, aux Touarik du sud de Tripoli et du sud-ouest de Fezzan, aux Tibbo entre le Fezzan, l'Egypte et le Bornou, etc. Les Arabes appellent encore *Berberah* une contrée située à l'est du détroit de Bab-el-Mandeb sur la mer d'Oman; ils y placent une nation de *Berbers* et une ville du même nom. Il est impossible de méconnaître l'identité ou du moins la parenté de ces noms avec celui de *Barbares* appliqué par les Grecs et par les Romains à tout ce qui n'était pas eux-mêmes; telle est l'opinion de Malte-Brun, de Burckhardt, Edrisi, Bakoui, Ibn-al-Ouardi, etc. Les Egyptiens, les Arabes et les Grecs, donnaient le nom de *Berbers* ou *Barbares* à les tribus sauvages, indigènes de l'Afrique. En ital., esp. et port. *barbarico*, langue des Troubad. *barbari*, anc. fr. *barbarin*, étranger, barbare; gaël écoss. *bor*, *borb*, *borbarra*, gaël irl. *borbe*, *borbar*, valaque *barbar*, barbare.]

Barbare, s. Personne barbare, peuple barbare, non policé, féroce, brut.

Barbarement, adv. D'une manière barbare.

Barbarie, sf. Cruauté, férocité, brutalité; manque de politesse; ignorance; état de l'homme sauvage; état grossier d'un art.

Barbarisme, sm. Faute de langage consistant dans l'emploi de mots inusités ou pris dans le sens contraire au bon usage, ou mal associés; mot forgé ou altéré.

Barbaresque, adj. Des peuples de Barbarie.

Barbaresques, sm. pl. Ces peuples mêmes.

Barbe, adj. et sm. Cheval de Barbarie. (En b. lat. *barba*, *barbanus*, cheval barbe.)

Débarbariser, va. Civiliser, adoucir, policer; tirer de la barbarie. ***Débabarisé, e***, p.

Rhubarbe, sf. bot. Plante médicinale dont la racine, qui porte le même nom, est très-grosse, jaune, amère, tonique à petites doses, et purgative à des doses plus fortes. (De son nom latin *rhabarbarum*, *rheum* des pays barbares, et non de la *Barbarie* en Afrique, d'après De Théis, Tournefort, Gébelin, etc. Saumaise, en parl. de la *rhubarbe*, nommée par les anciens *rha-barbaricum*, distingue une différence entre le *rhaponticum*, dont a parlé Dioscoride, et le *rha* ou *rhabarbarum*, et observe que quelques anciens médecins les ont confondues. Ptolémée a donné une description assez exacte du cours du Volga; il a connu même le Kama, venant des monts Ouraliens, qu'il nomme *Rha orientalis*. La connaissance de ce grand fleuve, nommé aussi *Rhos*, ne se perdit plus. Il est probable, dit Malte-brun, que, dès le 4ᵉ s., des caravanes de commerce y allaient chercher le *rhubas* ber et d'autres productions de l'Asie centrale. La rhubarbe se retrouve en Chine et en Tartarie. 2° Chardin forme le mot *rhubarbe* de *rubus arabicus*. 3° D. Francisco de Luiz assure qu'il vient du persan *rhaba, bar*. En port. *rheubarbo*, *rheubarbaro*, *rhaba, baro*, rhubarbe; ital. *reobarbaro*, *rabarbaro*, cat. *riubarbaro*, esp.

ruibarbo, langue des Troub. *reubarba*, rouchi *rébar* et *reubar*, rhubarbe.)

BARBE, sf. Poil du visage, du menton, des joues; poils à la gueule; ce qui en a la forme; morceaux de chair pendants sous le bec du coq; bande de toile d'une cornette; fanons de la baleine; maladie des chevaux, excroissance de chair; partie extérieure de la bouche du cheval; filets de l'épi, de la plume. [Du lat. *barba*, barbe. 1° M.Delatre a cherché l'origine du lat. *barba*, dans le sanscrit *bharb*, rompre, éclater, percer; 2° Becmann et Valentin Hartung, dans le grec *barus*, grave, parce que la barbe donne de la gravité; 3° Martinius, dans le grec *paréias poia*, herbe des joues; 4° Guichard, dans le grec *pappos*, duvet, coton, barbe naissante, en insérant la lettre *r*; 5° Gébelin, dans le mot *bar*, produire; il a peut-être voulu dire l'hébreu *bara*, il a produit; 6° d'autres, dans le lat. *barbarus*, parce que les barbares se distinguent par une longue barbe; Vossius se moque de cette dernière étymologie, qui, cependant, a été encore adoptée depuis lui. 7° Fungérus dérive *barba*, de l'hébreu *éb*, dans le sens de chevelure; 8° Bullet, du celt. *bar*, homme; 9° le P. Pezron, du celt. *barv*, *barf*, barbe; 10° Constancio, de l'égyptien *bareit*, bouc, animal fortement caractérisé par sa barbe; 11° et Doederlein, du grec *bruô*, pousser, en parl. d'une plante. En ital., esp., port., savois., langue des Troub. *barba*, barbe; patois de Castres *barbo*, bret. *bars*, *barv*, valaque et auvergnat *barbe*, anglos. *beard*, *berd*, russe *boroda*, *brada*, lapon, *parta*, angl. *beard*, barbe; holl. *baard*, all. et anc. scandin. *bart*, barbe.]

Barbe, sf. eaux et forêts. Bois qui excède l'arrasement intérieur d'une traverse; mar., se dit des bouts de bordage qui entrent dans le bas de la rablure de l'étrave; chacun des replis qui se trouvent sous la langue des chevaux, des bœufs, etc.; chacune des saillies placées sur le côté du pène d'une serrure et donnant prise à la clef; se dit des irrégularités d'une feuille de papier.

Barbes, sf. pl. Bandes de toile ou de dentelle qui pendent à certaines coiffures de femmes.

*****Barbacole**, sm. Pédant, vieux écolâtre, qui cultive sa barbe et en fait dépendre sa gloire. (Lat. *barba*, barbe, *colo*, je cultive.)

*****Barbé, e**, adj. bot. Muni d'une barbe; blas., se dit de la barbe du coq, des dauphins, ou des comètes, quand elle est d'un autre émail que le reste de la pièce.

Barbeau, sm. Herbe qui croît parmi les blés lorsqu'ils sont en épis; ses fleurs sont blanches ou bleues; elle ressemble à un œillet simple. (Du mot *barbe*, dont on a fait aussi *joubarbe*, bien que ces deux plantes offrent peu de ressemblance avec la barbe. En anc. fr. on appelait aussi *barbeau* une partie du fer d'une flèche.)

Barbeau, sm. hn. Sorte de poisson de rivière à quatre *barbillons* ou filets aux coins de la bouche ou au museau. (En vi. fr. *barbatule*, *barbel*.)

*****Barbarin**, sm. hn. Petit d'un barbeau; surmulet, poisson; nom vulgaire de plusieurs poissons.

Barbelé, e, adj. Garni de dents ou de pointes.

Barbelle, sf. bot. Petite barbe ou aigrette; hn. genre de coquilles bivalves.

*****Barbellé, e**, adj. bot. Muni de barbelles.

*****Barbellule**, sf. bot. Très-petite barbe ou aigrette.

*****Barbellulé, e**, adj. bot. Pourvu de barbellules.

Barberie, sf. Art de raser et de coiffer; vi., lieu où l'on fait la barbe.

*****Barberin**, sm. hn. Espèce de poisson du genre des mulles.

Barbet, ette, s. et adj. Chien à poil long et frisé, et qui se jette volontiers à l'eau. (Ainsi nommé, parce qu'il a beaucoup de poils autour de la gueule.)

Barbette, sf. Batterie établie ordinairement dans les angles d'un bastion et d'où l'on tire le canon à découvert, par-dessus le parapet. (Peut-être de *barbe*, soit parce qu'on n'y est point caché comme derrière les barbacanes et que par conséquent on y montre sa barbe à la barbe de l'ennemi, soit parce que cette batterie est élevée et placée d'ordinaire aux angles d'un bastion comme la barbe et les moustaches aux deux côtés de la figure, soit par allusion à un menton rasé, vu qu'elle se trouve sur une plate-bande entièrement rase.)

*****Barbet**, sm. Nom donné aux Vaudois du Piémont, parce que leurs pasteurs s'appellent *Barbes*. (Du mot vénitien *barba*, un ancien, un chef à *barbe*.)

*****Barbette**, sf. Guimpe de religieuse qui couvre le sein.

Barbeyer, vn. mar. Se dit d'une voile qui bat, qui s'agite et ondule, lorsque, le vaisseau étant trop près du vent, le vent la rase, et y étant presque parallèle, la bat de côté et d'autre sans la remplir.

Barbichon, sm. dim. Petit barbet.

*****Barbican**, sm. hn. Oiseau, gallinacé, qui tient du barbu et du toucan.

*****Barbiche**, sf. bot. Nom vulgaire de la nigelle.

*****Barbichon**, sm. hn. Oiseau du genre des gobe-mouches.

Barbier, sm. Celui dont le métier est de faire la barbe.

*****Barbifère**, et *****Barbigère**, adj. hn. Qui porte une barbe.

Barbifier, va. fam. Faire la barbe. *Barbifié, e*, p.

*****Barbille**, sf. Filament aux flancs des monnaies.

Barbillon, sm. Diminut. de *barbeau* et de *barbe*.

Barbillon, sm. Filament délié et flexible aux deux côtés de la gueule du barbeau, de la carpe, etc.

Barbillons, sm. pl. Replis membraneux de la bouche du cheval, du bœuf, placés sous la langue et destinés à faciliter les mouvements de cet organe.

*****Barbillon**, sm. Petite languette de l'hameçon; elle empêche le poisson de se décrocher; fauc., maladie qui survient à la langue des oiseaux de proie.

*****Barbillonner**, va. pêch. Relever la languette ou le barbillon de l'hameçon. *Barbillonné, e*, p.

*****Barbiau**, sm. hn. Un des noms du barbeau.

*****Barbole**, sf. Hache d'armes à fer barbelé.

Barbon, sm. dénigr. Vieillard à barbe blanche.

*****Barbot**, sm. Celui qui fait la barbe aux forçats.

Barbu, ue, adj. Qui a de la barbe; se dit des touffes, des poils.

*****Barbu, ue**, adj. Surnom que les Espagnols ont donné à diverses peuplades qui laissent croître leur barbe; se dit des poissons à barbillons, des oiseaux à moustaches, du blé à arêtes.

Barbu, sm. Genre d'oiseaux à barbe.

Barbue, sf. Poisson de mer à longues barbes; carrelet. (Dans l'Hist. des Voy., on lit: Ce poisson tire vraisemblablement son nom des petits piquants, dont il a la peau toute parsemée.)

Barbule, sf. Ensemble des cils garnissant le péristome de l'urne des mousses; production latérale des barbes d'une plume; genre de mousses; arbrisseau de la Cochinchine.

*****Barbulé, e**, adj. bot. Garni de poils disposés par touffes.

*****Barbuloïde**, adj. bot. Qui a l'apparence d'une barbule.

*****Barbuloïdes**, sf. pl. Famille de mousses.

*****Barbute**, sf. Coiffure des pénitents, des moines de certaines communautés, et des chanoines de quelques chapitres. (Ainsi nommée, parce que la partie qui tombait devant la figure se terminait en pointe comme la barbe.)

Barbe-de-bouc, sf.bot. Salsifis sauvage.

Barbe-de-capucin, sf. Chicorée sauvage étiolée que l'on mange en salade.

Barbe-de-chèvre, sf.bot. Espèce de spirée. (Ainsi nommée de la manière dont ses petites fleurs blanches sont disposées à l'extrémité de ses tiges. On prétend, dit Tournefort, que ses fleurs naissent en grappes ou bouquets semblables en quelque manière à la barbe d'une chèvre.)

Barbe-de-Jupiter, sf.bot. Nom donné à plusieurs arbrisseaux qui sont garnis de feuilles argentées et soyeuses.

Barbe-de-moine, sf. bot. Plante parasite à tiges rougeâtres fort déliées et dépourvues de feuilles; on l'emploie contre les maux de rate.

Barbe-de-renard, sf. Espèce d'astragale épineux d'où il découle de la gomme adragant.

*****Albibarbe**, adj.hn. A barbe blanche.

*****Auribarbe**, adj.hn. A barbe dorée.

*****Débarber**, va. Couper les petites racines de la vigne qui tracent à la superficie du terrain. ***Débarbé, e**, p.

Ébarber, va. Couper les barbes, ôter les parties excédantes et superflues. *Ébarbé, e*, p.

*****Ébarber**, va. Couper le chevelu des plantes ou des arbres qu'on met en terre; tondre une haie, une charmille; couper les racines que les ceps de vigne poussent à fleur de terre.

Ébarboir, sm. Outil à ébarber.

*****Ébarbulé, e**, adj.hn. Dépourvu de barbe ou de barbules.

*****Ébarbure**, sf. Ce qui se détache d'une chose qu'on ébarbe; barbe formée sur le cuivre par le burin; fragment de fonte ôté du bord.

*****Embarbé**, adj.m.burl. Qui a de la barbe.

*****Fulvibarbe**, adj.hn. A barbe fauve.

Imberbe, adj. Sans barbe; très-jeune. (Du lat. *in* priv. et *barba*, barbe. Le mot *imberbe* parut pour la première fois dans le Dict. de l'Ac. en 1798.)

Joubarbe, sf. Plante de la famille des crassulées. (Lat. *Jovis*, de Jupiter, *barba*, barbe. Dans la langue des Troub. *barbaiol*, joubarbe.)

*****Latibarbe**, adj.hn. Qui a une large barbe.

Rébarbatif, ive, adj. Rude et rebutant, qui relance les autres en face et à leur barbe. (Du vi. fr. *rebarber*, résister à la barbe de qqn. : Mén. Ce mot ne signifie pas, dit Le Duchat, un homme qui a mangé de la *rhubarbe*, et qui fait la grimace; mais un bourru qui nous rompt en visière, et nous contredit à notre *barbe*. Dans le Gloss. champen. de Tarbé, se *rebarber*, se révolter.)

*****Rebarbe**, sf.technol. Ébarbure.

*****Rufibarbe**, adj.hn. A barbe rousse.

*****Soubarbade**, sf.vi. Coup sous le menton.

Sous-barbe, sf. Partie postérieure de la mâchoire inférieure du cheval, sur laquelle porte la gourmette.

*****BARBITON**, sm.ant. Instrument de musique à plusieurs cordes, que l'on confond avec la lyre. (Du lat. *barbitus* ou *barbitos*, dérivé du grec *barbiton*, lyre, luth. 1° Tous les anciens géographes attestent que les *Brigiens*, peuples de Thrace, passèrent dans cette partie de l'Asie qui de leur nom fut appelée Phrygie. Strabon assure qu'ils y portèrent, non seulement leurs dieux, leur culte, leurs cérémonies, mais encore leur goût pour la musique; car les plus anciens musiciens étaient de Thrace, témoin Orphée, Musée, Thamyris. De là vient que les noms des anciens instruments de musique sont pour la plupart des noms barbares, comme *barbiton, magada, nublum, sambuca*. 2° D'Herbelot dit : *Aurenki* est un air de musique, comme qui dirait l'air royal, inventé par *Barbud*, maître de la musique de Khosrou Pawiz, roi de Perse, de la dynastie des Sassanides. Ce *Barbud* est aussi l'inventeur d'un instrument de musique qui porte son nom et que les Grecs ont appelé *Barbiton*. D'après Zonaras, les Persans écrivent encore aujourd. *barbud*, barbiton. 3° Forcellini et autres forment ce mot du grec *barus*, grave, *mitos*, fil, corde, nerf : d'où *barumitos, barbitos* : b = m. Le lin était en usage avant l'emploi des boyaux des bêtes. Horace appelle le barbiton, lesbien, à cause d'Alcée qui était de Lesbos, et qui en aurait joué le premier. 4° Dindorf soutient que ce mot est d'origine barbare et ne vient pas du grec *barumitos*. D'après le même sentiment, quelques-uns le dérivent du gr. *barbaros*, barbare. 5° Gébelin le compose du primitif *bar*, parler, *beth*, maison, caisse, boîte. 6° En ce cas, ce serait plus naturel et plus instructif de le dériver de l'héb. *bâram*, il a frémi, il a résonné, il a fredonné, mot qui se retrouve en arabe. Dans la langue des Troub. *barbot*, barbiton, lyre, luth.)

*****Barbitiste**, sm. Genre de la famille des locustiens. (Du gr. *barbitizô*, je joue du luth ; à cause du bruit, de la stridulation que produisent ces insectes.)

BARCALON, sm. Ministre du commerce à Siam. [« Le mot *pra-clang*, ou, par une corruption de portugais, le *barcalot*, est l'officier qui a le département du commerce au-dehors et dans l'intérieur du royaume. C'est le surintendant des magasins du roi, ou, si l'on veut, son premier facteur. Ce titre est composé du nom bali, *pra*, seigneur, *clang*, ou *clam*, magasin. » Voy. de La Harp.]

BARDE, sm. Chez les anciens Celtes, poète qui célébrait les vertus et les exploits des héros ; par ext., poète héroïque et lyrique. [Ce mot nous a été conservé par les Latins sous la forme *bardus*. Pelloutier dit que *bard* est un mot celt. signifiant poète. 1° Wachter en a cherché l'origine dans l'anc. germ. *baren*, crier, *baren*, chanter, *bar*, chant; 2° Bochart, dans l'héb. *pârot*, chanter au son d'un instrument, accorder sa voix avec le son d'un instrument. 3° M. Delatre lie le mot *barde* à l'anc. scandin. *baird, bard*, barde, et au port. *bradar*, crier fort, hurler. 4° Un autre le dérive de l'irl. *bar*, savant. 5° Beneken prétend que c'est à la *barbe* que la classe des Bardes devait son nom. 6° Abraham Vandermyl le tire du teuton *bardo* ou *wardo*, je vois, j'observe ; 7° et Martinius, de l'anc. germ. *waurd*, mot, parole. Selon M. De Belloguet, *bardus* n'est point d'origine germ. et nous pouvons en toute conscience le conserver comme notre propriété, quoique Badlof le donne encore aux Frisons, p. 294. D'après Cambden, on appelait *bard* les poètes et les généalogistes. Ce mot se retrouve dans le bret. *barz*, poète, musicien, barde. En écoss. *bard*, gall. *bardd*, *bard*, poète].

Bardit, sm. Chant de guerre des anciens Germains. De là, selon M. Mary-Lafon, les n.p. géogr. : *Bardeix, Bardenach, Bardicals, Bars, Bardis, Las Barthos, La Barthe*.

*****BARDOU**, sm.vi. Synonyme de lourdaud. [Du lat. *bardus, a, um*, lourd, stupide, dérivé lui-même, 1° du grec *bradus*, lent, tardif; *bardus*, qui a l'esprit lourd ; au comparatif poét. *barduteros*, et au superl. *bardistos*. Selon Benfey, le gr. *bradus* viendrait du sanscrit *mrad, mrid*, mou, émoussé : b = m; 2° De l'hébr. *bahar*, stupide, brute; d'où *Bahara*, nom de femme, dans la Bible, littéral. une sotte : Guichard et Fungérus. 3° Du gr. *barus*, lourd, pesant : Martinius.]

BARGUIGNER, vn.fam. Hésiter, avoir de la peine à se déterminer, surtout en parl. d'un achat, d'une affaire, d'un traité. [Barguigner est proprement marchander. 1° La racine de ce mot est l'anc.fr. *bargain*, marché, selon Génin et autres. 2° Selon Caseneuve, Gattel, et autres, ce v. proviendrait du l.b. *barcaniare*, employé par les écrivains de la basse lat. dans le sens de marchander, et dérivé du latin *barca*, esquif avec lequel les marchands allaient et venaient du port au navire pour faire leurs marchés. 3° Le Journal de l'Inst. hist., nov. 1846, dit : Le lat. bar.*barginæ* a désigné ceux qui portaient les morts, et sous ce nom, leur lenteur est devenue proverbiale; nous en avons fait *barginer*, qui se disait autrefois d'une action lente et paresseuse. Ce mot *barginæ* pourrait bien dériver lui-même du b. lat. *barga*, *barca*, barque, et avoir dû sa naissance à la *barque* de Charon. Dans l'idiome des Coptes, *baris* était le nom de ces barques construites pour transporter les morts au-delà du lac Achérusie. 4° Selon La Monnoye, la racine de *barguigner* serait *bar*, *ber*, qui marque, de même que le latin *varum*, quelque chose de courbe, d'oblique, de travers. Ainsi, dit-il, *barguigner*, mésoffrir, c'est ne pas *guigner* ou viser droit; *barlong* ce qui est inégalement long, *bertauder*, *bret tuder*, tondre inégalement. 5° M. Delatre rapporte les mots *berlue*, *barlong*, *barguigner*, *baragouin*, *bai oque*, etc., à la racine sanscrite *bharb*, rompre, éclater, percer; et au suéd. et holl. *bar*, nu, découvert, rude, âpre, sec, aride ; et à l'ital. *baro*, trompeur, etc. 6° Selon Constancio la racine de *barguigner* serait le celt. *bargen*, traité, convention; et selon Bullet le gall. *bargen*, assemblée, contrat, promesse. L'étym. adoptée par M. Génin paraît être la plus naturelle et la plus simple. Les Anglais ont en effet conservé *bargain*, marché, accord, contrat; et les Ecossais *baragan*, marché, traité, accord, ainsi que les Bret. *barkana*, marchander. En b.lat. *barcaniare*, *barganniare*, *barguignare*, marchander; ital. *bargagno*, langue des Troub. *barganh*, marché, commerce, barguignage; langue des Trouv. *barguignier*, acheter, faire affaire ; anc.fr. *barguigne*, gain, profit, marché, commerce, affaire, délai, hésitation; *bargingnier* et *bargaignier*, gagner, marchander; hésiter ; rouchi *barguénier*, hésiter, barguigner; patois de Maubeuge *barguiner*, chercher des détours.] *Barguigné*, p.

Barguignage, sm.fam. Hésitation.

Barguigneur, **euse**, s.fam. Qui barguigne.

BARIL, sm. Petit tonneau propre à contenir des liquides; son contenu; mesure. [Les mots *baril*, *barrique*, *baratte*, sont tous de la même origine, selon Roquefort, De Chevallet, et autres. Ces deux auteurs citent le lat.barb. *barridus*, sorte de vaisseau de bois garni de cercles. En bret. *baraz*, baril, baquet, caque, et plus particulièrement *baratte*; gall. *baril*, caque, baril, barrique; gaël écossais *baraill*, gaël irl. *bairile*; angl. *barvel*, tonneau, mot que Fallon a mis au nombre des racines saxonnes. Le mot *barril*, dit P.Paris, s'est pris souvent pour un vaisseau de petite capacité; l'anc.fr. *barril*, auj. *barillet* est un mot conservé en gallois dans le même sens; et il paraît avoir la même racine que l'angl. *to bear*, auj. *to bare*, porter. Skinner donne aussi cette étymologie. M. Diez ramène le mot *baril* au celt. *bar*, branche d'arbre. En ital. *barile*, esp., port.,cat. *barril*, langue des Troub. *barril*, *barrial*, baril. En savois. *barra*, petit baril; patois de Castres *barrico*, barrique; l.b. *barile*, *barillus*, *barrile*, *barrillus*, *barallus*, anc.fr. *baraz*, *bareil*, *barau*, baril; turc *varil*, baril.]

*****Barillage**, sm.anc.législ. Action de faire arriver du vin en barils, en cruches, en bouteilles.

*****Barillard**, sm. Officier de la maison des rois de France qui avait soin de la cave et des tonneaux; mar., celui qui avait soin du vin et de l'eau à bord des galères et dans les arsenaux.

Barillet, sm. Petit baril; boîte cylindrique renfermant le grand ressort d'une montre ou d'une pendule.

*****Barillet**, sm. Corps d'une pompe; petit étui à l'usage du cordier; mar., petit baril renfermant l'échelle sur parchemin avec laquelle on mesure la circonférence des cordages; anat., grande cavité derrière le tambour de l'oreille; hn., petite coquille univalve, terrestre.

*****Barillon**, sm. Petit baril fixé au bout d'un bâton qui sert au faïencier pour transporter l'eau mêlée de terre.

Barrique, sf. Sorte de futaille ou de tonneau; certaine mesure de vin, d'eau-de-vie. (L.des Troub. *barrica*, barrique, et *barril*, *barrial*, baril.)

*****Barriquaut**, sm. Petite barrique.

Barricade, sf. Retranchement que l'on fait avec des barriques remplies de terre, avec des barres, des planches, des chaînes, des pavés, des voitures renversées, etc. (Roquefort dit qu'il est prouvé dans les Mémoires de la vie de J.A. de Thou, t. XI, liv. III, p. 93, que la *Journée des Barricades* prit son nom des *barriques* ou tonneaux avec lesquels on avait barré les rues. En anc.fr. *barriquer*, barricader; l.b. *barria*, barricade.)

Barricader, va. Faire des barricades.

Se Barricader, va.pr. Opposer devant soi tout ce que l'on peut, pour se mettre à couvert, pour se défendre; fig. et fam., s'enfermer. *Barricadé*, e, p.

*****Embariller**, va.Mettre dans des barils.*Embarillé*, e, p.

Embarillage, sm.art.milit. Action d'emplir de poudre des barils.

Baratte, sf Long baril de bois à couvercle, plus étroit du haut que du bas, dans lequel on bat le beurre. (Selon Roq. et De Chevallet, etc., les mots *baril*, *barrique*, baratte, sont tous de la même origine. Ainsi *baratte* ne vient pas de l'esp. *barattar*, brouiller, ni du vi.fr. *barate*, bruit, ni du sanscrit *bharata*, combat, ni du grec *barathron*, gouffre, ni de *beurre*, comme qui dirait *beurate*. En port.et en prov. *barata*, baratte; breton *baraz*, baquet, cuvier à anses, baril, baratte; *baraxer*, faiseur de barattes, de barils, de baquets, tonnelier; Gloss. champ.de M. Tarbé, *barattée*, ce qui reste de laitage quand on a fait le beurre; *baratton*, vase à battre le beurre.)

Baratter, va. Battre, agiter du lait dans une baratte pour faire du beurre. *Baratté*, e, p.

BARNABITE, sm. Clerc régulier de la congrégation de Saint Paul. [« Les *Barnabites* ont été ainsi appelés, de l'église de St.*Barnabé* de Milan, où ils furent premièrement établis : et non pas, comme quelques-uns le croient, parce que saint *Barnabé* est leur patron, c'est St Paul qui est leur patron : » Ménage. Il ne reste plus qu'à savoir l'étym. du nom de *Barnabé*. Leusden l'interprète par fils de prophète, ou enfant de consolation. En hébreu *bar*, fils, fait du verbe *barâ*, enfanter, engendrer, mettre au monde, en lat. *parere* : p=b. En chald. *bar*, fils, neveu. L'hébreu *nabi*, prophète, se retrouve en ar. et en syriaque. Barnabé était fils d'un prophète.]

BARON, sm. Celui qui possède une baronnie ; titre de noblesse conféré par le roi, et qui est au-dessus de celui de chevalier, et au-dessous de celui de comte. [Les barons nous sont venus du Nord et des temps barbares. Ce mot figure déjà dans la loi Salique; il y signifie homme du roi. La similitude ancienne entre homme et *baron* est prouvée, dit le général Bardin, par le dérivé *barnage*, l. b. *barnagium*, qui signifiait à la fois force et courage d'hommes et pouvoir ou domination de baron, cortège ou état major du seigneur. Frédégaire est le plus ancien auteur qui, selon Sismondi, ait latinisé le nom des barons. En terme de roman, *barons* se prenait pour tous les hommes nobles et seigneurs de grande qualité. On a divisé depuis la noblesse en trois ordres et en trois degrés. 1° Selon Besoldus, Denina, Schulter, Diez, De Chevallet, etc., le mot *baron* est d'origine germanique. Il était naturel, dit ce dernier auteur, que nous dussions ce terme à la langue des vainqueurs, qui nous a fourni tant d'autres analogues : *marquis*, *sénéchal*, *maréchal*, etc. *Baron*, vient du germ. *bar*, homme né libre, de bonne condition, en lat. *vir* signifie la même chose; en tudesque *bar*, homme né libre, de bonne extraction, et *barn*, enfant, fils, jeune garçon. De là le.!.b.*baro*, baron. En haut all. anc. *parn*, *barn*, enfant, d'après Grimm, Kunisch et Méidinger ; anc. goth. *barn*, enfant, fils, et *barnilo*, petit enfant. Denina, Raynouard et autres admettent que *b* *iron* et le l. *vir* sont de la même origine. Barbazan, Du Cange, Méon, Raynouard, Quatremère, Honnorat, Edward le Glay, Tarbé, etc., dérivent *baron* de *vir*. 2° Delatre fait remonter le l. b. *baro* et le suéd. b *arn*, né, fils, enfant, etc., à la racine sanscrite *bhri*, porter, nourrir, croître. 3° Marca pense que *baron* vient du grec *baros*, pesant, grave. 4° Scrieck le forme du celt. *faner-hon*, celui qui porte la bannière haute ; et un autre du lat. *baro*, *baronis*, lourdaud, stupide ; 5° Morgan Cavanagh, de l'angl. *war*, guerre ; 6° Bullet, du celt. *bar*, haut, élevé; 7° et ailleurs, du celt. *bar*, force, courage. 8° Les auteurs du Tripart. rapportent le fr. *baron*, à l'indien *barun*, *baria*, au Japon *frw*, au suéd. *fru*, et au germ. *fron*, *frau*. 9° M. Scheler conjecture que le sens primitif de baron est celui de porteur, et que *baron* est un dérivé naturel du v. *beran*, goth. *bairan*, porter, produire. 10° M. Littré regarde l'anc. fr. *ber*, *baron*, comme l'équivalent du celt. *fear*, homme, ou du goth. *vair*, anc. saxon *wer*, anglos. *ver*, *veor*, homme. Selon lui, ces mots, tant le celt. que l'all. se répondent, pour le sens et aussi pour la forme, émanant d'un radical commun qu'on trouve aussi dans le sanscrit *vira*, héros. Il ajoute que la signification lui paraît l'emporter sur la difficulté que fait le *b* dans le français, etc. Au lieu de *baron*, on a dit aussi *barné*, *baroun*, *beir*, *beirs*, *ber*, *bers*, *bert*, *biers*, *faron*, *varon* ; termes qui, suivant Roquefort, étaient rendus dans la b.l. par *baro*, *barus*, *faro*, *varo*, *varus*. En it al. *barone*, esp. et cat. *baro*, langue des Troub. *bar*, *baron*, baron ; anc. fr. *ber*, baron, seigneur, mari; et *baron*, homme en général, mari, homme titré. Dans Les Rois, p. 35, « *Veez quel barun nostre sire ad eslit*, voyez quel homme notre seigneur a élu. Langue des Trouv. *ber*, baron, seigneur.]

Baronne, sf. Femme noble possédant une baronnie ; la femme d'un baron.

Baronnage, sm. État, qualité de baron.

Baronnet, sm. et adj. Dignité en Angleterre, entre le baron et le chevalier.

*****Baronnial, e**, adj. Qui a rapport à un baron.

Baronnie, sf. Seigneurie qui donne au possesseur le titre de baron ; quatrième ordre de la noblesse en France.

*****Bernard**, s.pr.m. Nom propre d'homme. (D'après Wachter, De Chevallet, Delatre, etc., il nous est resté un bon nombre de noms propres d'origine germanique, où *bar*, *ber*, *barn*, *bern*, entrent comme élément étymologique : *Barald* nous a donné *Baraut*, *Barot* ; *Berald*, *Beraud* ; *Berhard*, *Bérard* ; *Béringer*, *Béranger* ; et *Bernhard*, *Bernard*, etc.)

Bernardin, ine, s. Religieux, religieuse de l'ordre de Saint-Benoît, réformé par St *Bernard*..

*****Bernard-l'hermite**, sm.hn. Espèce de crustacé de la famille des macroures et du genre des pagures. (Ces animaux ont reçu ce nom, à cause de la singulière habitude qu'ils ont de vivre isolés, chacun dans une coquille univalve vide, pour mettre à l'abri la partie vulnérable de leur corps.)

BAROQUE, adj. D'une rondeur imparfaite en parl. des perles ; fig., informe, irrégulier, bizarre. [1° Constancio pense que l'origine de ce mot est l'arabe *borqa*, terre inculte, couverte de rochers et de blocaille ; d'où, selon lui, le port. *barroca*, ravin, ravine ; terrain montueux, et *barrocal*, chaîne de montagnes. 2° Delatre rapporte le franç. *baroque*, *baragouin*, *barguigner*, *barater*, et l'ital. *baro*, trompeur, etc., au sanscrit *bharb*, *bharv*, rompre, briser. 3° Covarruvias a demandé l'étymologie de *baroque* au lat. *verruca*, verrue, à cause de la ressemblance des perles *baroques* à des verrues; 4° Bullet, au gall. *barr*, pointe, qui a des pointes, des angles, qui est d'inégale grandeur ; mot qu'il lie au lat. *brochus*, celui dont la bouche avance, saillant, préominant ; 5° et Ménage, au lat. *varus*, cagneux, courbé, de travers. Il écrit barroque. En port. *barroco*, ital. *barocco*, esp. *barucco*, baroque.]

BARQUE, sf. Bâtiment de mer qui n'a que des voiles latines, au nombre de deux ou trois ; petit bâtiment pour aller sur l'eau; poét., la nacelle de Charon. [Du l. *barca*, barque, mot employé par plusieurs auteurs latins du bas siècle. *Barca* ou *barga* est un terme fréquent dans les lois saliques, où il signifie un bateau. A l'égard du mot *barca* ou *barqu*, les étymologistes ont émis diverses opinions. 1° Martinius dit que *barca* semble pouvoir être la même que le belge *barck*, *berck*, *barck*, écorce, *barcken*, écorcer; mais que c'est le grec *baris*, navire. Vossius affirme que *barca* est voisin de *baris*, mais qu'il n'est pas facile de décider s'il envient. Constancio soutient que le mot grec et latin *baris* est le radical des mots *barque*, *burca*. Selon Diez, le latin *barra* a été fait du grec *baris*, comme le lat. *auca*, *avica*, du lat. *avis*, et *berge*, barque, chaloupe, de *barca*, comme *serge* de *serica*. 2° Delatre rapporte le mot barque au suéd. *bark*, écorce d'arbre, canot fait d'écorce d'arbre, navire, et au sanscrit *varjami*, je couvre, all. *berge*, je couvre. 3° Selon De Chevallet, le mot *b rque* est d'origine tudesque et se rattache au dan. *barc*, écorce, suéd. *barck*, anc. scandin. *barkur* et angl. *bark*, écorce ; parce que, dit-il, les barques des anciennes peuplades du Nord étaient faites avec l'écorce de certains arbres, comme les pirogues des sauvages. En b. l. *barca*, *barga*, barque ; tudesque, suéd., angl. et holl. *bark*, all. *barke*, barque ; pol. *barka*, valaq. *barke*, bret. *barh*, gaël écoss. et gaël irl. *barc*, turc *bartcha*, berbère *abarkou*, savois., auver., ital., esp., cat. et port. *barca*, langue des Troub. *barca* et *barja*, langue des Trouv. *barge*, anc. fr. *barge*, *bergue*, *barje*, barque.]

*****Barque**, sf. pêch. Petit bâtiment qui varie de forme selon l'usage qu'on en doit faire; sorte de vase à l'usage des teinturiers sur soie.

*****Barquée**, sf. mar. Charge d'une barque.

Barquerolle, sf. Petit bâtiment sans mât qui ne va jamais en haute mer.

*****Barquette**, sf. Petite barque ; sorte de pâtisserie.

*****Barquieu**, sm. Réservoir où le fabricant de savon fait et recueille les lessives.

*Barcade, sf. Troupe de chevaux qu'on a achetés et auxquels on veut faire passer la mer.

*Barcasse, sf. mar. Mauvais bâtiment.

Barcarolle, sf. Chanson italienne que chantent les gondoliers, les bateliers.

*Barcolongo, sm. Petit bâtiment à voiles et à rames, d'un grand usage en Espagne.

*Barge, sf. Bateau à fond plat portant une voile carrée; nom donné aux Indes occidentales à de grandes pirogues armées en guerre.

*Barguette, sf. Sorte de bac pour passer les rivières.

Débarquer, va. Tirer, faire sortir d'un vaisseau, d'un navire, d'un bateau, et mettre à terre. *Débarqué, e,* p. et s.

Débarquer, vn. Quitter la barque, le navire, etc.

Débarquement, sm. Action de débarquer; action d'une personne qui débarque.

Débarcadère, sm. Jetée, cale, tête de pont avançant dans la mer et servant à embarquer et à débarquer.

Embarquer, va. Mettre dans une barque, dans un navire, dans un vaisseau; fig., engager à une chose, ou dans qq. affaire. *Embarqué, e ,* p.

S'Embarquer, va. pr. Entrer dans un vaisseau ou dans qq. autre bâtiment, pour faire route.

Embarcadère, sm. Lieu propre à s'embarquer; espèce de cale, de jetée qui, du rivage, s'avance un peu dans la mer; gare des chemins de fer.

Embarcation, sf. Tout bateau à rames, chaloupe, canot, yole, etc.

Embarquement, sm. Action d'embarquer qq. chose, ou de s'embarquer; frais de chargement.

Désembarquer, va. Tirer ou faire sortir du navire avant le départ ou avant l'arrivée. *Désembarqué, e,* p.

Désembarquement, sm. Action de désembarquer.

Rembarquer, va. pr. Embarquer de nouveau. *Rembarqué, e, p.*

Rembarquement, sm. Action de rembarquer.

Se rembarquer, va. Se mettre de nouveau sur mer; fig. et fam., se hasarder de nouveau.

Berge, sf. Espèce de chaloupe étroite. (En b. l. *barga, barca,* barque.)

BARRE, sf. Pièce de bois ou de fer étroite et longue, servant à assembler ou à fermer qq. chose; pièce d'un tonneau qui traverse le fond par le milieu; pièce de fer longue et carrée, qui se pose dans le foyer, en travers des chenets, pour soutenir les bûches et les tisons; mesure d'aunage en Espagne et en Portugal; manière d'évaluer, sur les bords de la Gambie et dans d'autres contrées de l'Afrique, les marchandises qu'on achète; trait de plume que l'on passe sur un mot pour l'effacer, ou au-dessous pour le faire remarquer; mus., trait tiré perpendiculairement à la fin de chaque mesure, sur les cinq lignes de la portée, pour séparer la mesure qui finit de celle qui recommence; se dit aussi des premiers exercices que l'on fait faire aux écoliers pour leur apprendre à écrire; blas., pièce honorable de l'écu, qui va du haut de la partie gauche au bas de la partie droite; lingot ou pièce de métal étendu en long; partie de la mâchoire du cheval sur laquelle le mors appuie. [En lat. *vara,* échafaudage, perche soutenant un plancher; bâton fourchu qui supporte un filet; pieu, chevalet de scieur de long. En tudesque *barre,* barre, barreau; holl. *baar,* angl. *bar,* barre; bret. *barr,* branche, barre, *bar* et *barr* faîte, branche, *barren,* barre; gaël écoss. *barr,* et gaël irl. *bar,* hauteur, branche; all. *sparrn,* chevron et *sperren,* barrer; angl. *spar,* holl. *spar, sparre, sper, sperre,* dan. et suéd. *sparre,* chevron; anc. scandin. *sperra,* poutre, barrière; ital. *sbarra, barra,* prov., esp., port., auvergn. savois. *barra,* barre; patois de Castres, toulous. et bas-lim. *barro,* langue des Troub. *barra,* barre.]

Barre, sf. Petite barrière fermant l'entrée de l'enceinte où siégent les membres d'un tribunal, d'une assemblée politique. (Les instances à la barre étaient dites ainsi à cause d'une grand *barre de fer* scellée à l'entrée des salles d'audience des parlements; barre qu'au temps d'Et. Pasquier on voyait encore à Paris dans la grande salle du palais, et qui existait aussi à Rouen dans la grande salle.)

Barre, sf. Amas de sable qui barre l'entrée d'une rivière ou d'un port; lame que la marée montante pousse impétueusement devant elle. (Langlès dit que le mot indien *bar* ou *bara* répond exactement au *bar* des Anglais, et au terme de marine français *barre.* Il répond aussi au bret. *barr,* branche, barre, *bar,* et *barr,* faîte, branche, et au gaël irl. *bar,* hauteur, branche.)

*Barre, sf. Instrument dont se servait le bourreau pour casser les membres d'un homme condamné à ce genre de supplice; planchette empêchant les sautereaux du clavecin de quitter les mortaises; bâton ou cerceau sous le fond d'un panier; partie du balancier servant à frapper les monnaies; chacune des quatre bandes de cuir attachées à la croupière et au reculement; levier dont se sert le carrier; raie colorée, à chaque bout d'une couverture; fleuret rompu auquel on a fait remettre un bouton, ce qui le rend raide; anc. législ., juridiction subalterne; anat., prolongement de la symphyse des pubis; méd., malaise qu'on éprouve au travers du ventre; tulipe de trois couleurs.

*Barradis, sm. Barrière faite avec des piquets, pour clore un champ.

Barrage, sm. Barrière fermant un chemin, une rivière; barrière qu'on ne peut passer qu'en payant un droit de péage; droit que l'on paie au barrage. (On a nommé ce droit *barrage,* à cause de la *barre* qui traversele chemin pour empêcher le passage jusqu'à ce qu'on l'ait payé.)

*Barrage, sm. Droit que certains seigneurs percevaient sur les marchandises qui traversaient leur seigneurie; droit d'entrée que l'on percevait au profit du roi à l'entrée d'une ville; sorte de toile ouvrée.

Barrager, sm. Qui reçoit le droit de barrage.

Barreau, sm. Espèce de barre, barre ayant une certaine forme, et qui est appliquée à un usage spécial; fig., enceinte réservée où se mettent les avocats; la plaidoirie; la profession d'avocat; l'ordre, le corps des avocats. (A Rome, on entourait ordinairement les tribunaux d'une clôture pour séparer les juges du peuple: cette clôture était faite de barreaux de fer ou de bois, en lat. *cancelli*: c'est de cet usage qu'est venu en français le mot *barreau,* pour signifier le lieu où l'on plaide, et les bancs où se mettent les avocats.)

*Barreau, sm. Outil à l'usage des fabricants de pipes.

*Barrefort, sm. La plus grosse pièce de bois tirée du sapin.

*Barrement, sm. vétér. Action de barrer les veines d'un cheval; effet de cette opération; anc. législ., cessation des gages.

Barrer, va. Fermer avec une barre par derrière; fermer, obstruer; garnir, fortifier d'une barre; tirer un trait de plume. *Barré, e,* p.

*Barrer, va. Donner au gouvernail un mouvement trop fort sur un bord ou sur l'autre; remuer avec une perche les poches qui contiennent la soie dans un bain de teinture.

*__Barrer__, vn. Chass. Se dit d'un chien qui balance sur la voie.

__Barres__, sf.pl. Partie de la mâchoire du cheval sur laquelle le mors appuie.

__Barres__, sf.pl. Jeu de course entre certaines limites ; anciennement, exercice d'hommes armés et combattant ensemble avec de courtes épées, dans un espace fermé de barreaux ou barrières. (De l'anc. fr. *barre*, barrière ; langue des Troub. *barra*, perche, *barre*, et *barra*, barrière. M. Ampère dit : Il n'est pas jusqu'à des jeux d'enfant qui ne jettent quelque jour sur l'histoire de certains mots de notre langue. La phrase : *Jouer aux barres* nous a seule conservé *barres* dans son ancienne acception pour barrière.)

*__Barreur__, sm. Chien bien dressé pour la chasse au chevreuil, à la perdrix.

*__Barrier__, sm. Ouvrier qui tourne la barre du balancier.

__Barrière__, sf. Assemblage de pièces de bois servant à barrer un passage ; bureau garni de barrières, établi à la porte d'une ville, pour percevoir les droits d'entrée ; porte d'entrée d'une ville ; enceinte fermée de barrières où se faisaient les joûtes et les tournois ; ce qui sert de borne et de défense entre deux états ; fig., empêchement, obstacle. (Du fr. *barre* ; langue des Troub. *barra*, barre ; *barra*, barrière.)

*__Barrière__, sf. Bande en forme d'ansette, dans laquelle le metteur en œuvre arrête le ruban d'un bracelet.

*__Barrot__, sm.mar. Petit bau, nom donné aux poutres transversales qui soutiennent les ponts.

*__Barroter__, va.mar. Remplir la cale jusqu'aux barrots. **Barroté, e*, p.

*__Barrotin__, sm. Nom donné aux petits barrots placés par intervalle entre les baux d'un pont.

*__Barroyer__, vn. Fréquenter le barreau ; faire des procédures. **Barroyé, e*, p.

*__Barrure__, sf. Barre du corps d'un luth ; petite inégalité sur une pipe.

__Embargo__, sm. Défense aux vaisseaux de sortir des ports. (De l'esp. *embargo*, signifiant propr. sequestre, *embargar*, sequestrer par autorité de justice ; mots faits de *en*, en, dans, et *barra*, barre. *Embargar* signifie propr. retenir, arrêter, d'où l'angl. *imbargo*, et le l. b. *imbarcum*, embargo.)

__Embarras__, sm. Obstacle dans un chemin, dans un passage ; encombrement ; fig., confusion de plusieurs choses difficiles à débrouiller ; irrésolution dans le parti à prendre, dans les moyens de se retirer d'un pas difficile ; perplexité ; peine causée par une multitude d'affaires, par le manque de qq. chose ; commencement d'obstruction. (Du fr. *en*, et *barre*.)

__Embarrassant, ante__, adj. Qui cause de l'embarras, incommode, gênant.

__Embarrasser__, va. Causer de l'embarras ; obstruer, encombrer ; empêcher la liberté du mouvement ; fig., mettre en peine, causer des troubles d'esprit.

__S'Embarrasser__, va. pr. S'entortiller ; s'empêtrer ; se gêner ; s'apporter mutuellement des entraves ; se mêler de ; s'inquiéter de, se soucier ; s'embrouiller ; se troubler, en parl. de l'esprit ; s'emplir, en parl. des canaux, de la poitrine. *Embarrassé, e,* p.

*__Désembarrasser__, va. Tirer d'embarras.

__Débarras__, sm. Cessation d'un embarras.

__Débarrasser__, va. Oter l'embarras ; ôter d'embarras. *Débarrassé, e,* p.

__Se Débarrasser__, va.pr. Se tirer d'embarras.

*__Embarrer__, va. Enfermer avec des barres.

*__S'Embarrer__, va.pr. Se dit d'un cheval qui se met la barre d'une écurie entre les jambes.

*__Embarrer__, vn. Chez les verriers, saisir le creuset par sa ceinture ; engager un levier sous un fardeau pour le soulever. *Embarré, e,* p.

*__Embarrure__, sf. Blessure d'un cheval qui s'est embarré ; chir., sorte de fracture du crâne.

__Débarrer__, va. Oter la barre. *Débarré, e,* p.

*__Débarrer__, va.anc.prat. Décider entre plusieurs personnes dont les avis sont partagés.

__Rembarrer__, va. Repousser vigoureusement, au fig. *Rembarré, e,* p.

__Vare__, sf. Mesure de longueur en Espagne. (Du lat. *vara*, perche, pieu. Le mot *barre* désigne aussi une mesure, une mesure d'aunage en Espagne et en Portugal. De même *perche* a été fait de *pertica* ; *canne* de *canna* ; *verge* de *virga* ; etc. Ilire affirme que le mot *vara*, par sa forme et sa signification, se lie au suiogoth. *sparre*, barre, solive, soliveau, et au german. *sparren*. En b. lat. *sparro, spara, barra*, barre ; ital. *sbarra, barra*, barre.)

*__Varre__, sf. Bâton qui fait partie d'un instrument dont on se sert en Amérique pour prendre ou pêcher des tortues. (De l'esp. *vara*, perche, pieu, gaule ; d'où l'esp. *varal*, longue perche, bâton.)

*__Varrer__, va. Prendre des tortues à la varre.

*__Varreur__, sm. Matelot qui, dans la pêche de la tortue, lance la varre.

---

*__BARRIR__, vn. Crier comme l'éléphant. [Du lat. *barrire, barrio, barris*, barrir, crier comme l'éléphant. Ce verbe est apparemment une onomatopée comme la plupart de ceux qui expriment des cris d'animaux. La racine de *barrio* se reconnaît dans plusieurs langues. En lat. nous avons encore *barritus*, cri de l'éléphant, et les soldats romains allant au combat ; et *barrus*, éléphant. M. Pictet rattache le lat. *barrus*, éléphant, au sanscrit *vâru*, ou *vârana*, éléphant. M. Delatre va plus loin, il fait remonter *barrus* et *barrio* à la racine sanscrite *barh*, résonner, crier. Les auteurs du Tripart. ont cru reconnaître le radical du lat. *barrus* dans le phénicien *barr*, et dans l'all. *farre*, jeune taureau ; et Guichard dans l'hébreu *par* ou *pâr*, taureau, jeune taureau, mot auquel il rattache l'all. *farre*, jeune taureau. On pourrait citer ici un mot de Timbouktou, *barri*, cheval, d'après Lyon et Denham, en kissour *bari*, cheval. Un auteur all. lie le mot all. *baer*, ours, au latin *barrio*; Meidinger rattache le même mot au l. *barrus*, éléphant, ce qui revient au même. Le port. *berrar*, beugler, mugir, bêler, est une onomatopée qui diffère bien peu du l. *barrire*.]

*__Barêter__, vn. Crier comme un éléphant ou un rhinocéros. *Barêté, p.

*__Baret__, sm. Se disait autrefois du cri de l'éléphant ou du rhinocéros. (On emploie indistinctement *baret, barret*, ou *barrit*, dit Nodier.)

*__Barréyer__, vn. Crier comme l'éléphant. **Barréyé,* p.

__BARTAVELLE__, sf. Espèce de perdrix rouge, plus grosse que les perdrix ordinaires. [1° Si cet oiseau a reçu ce nom de son vol qui est tournoyant lorsqu'il s'élève, on peut à coup sûr le rapporter au lat. *vertere*, tourner, au fr. ancien *verter*, tourner, *verterelle*, pièce de fer en forme d'anneau qui retient le verrou, et au fr. *vertevelle*, loquet, l. b. *vertevella, bartavella*. toulous. *bartabèlo*, prov. *bartavel*, loquet. 2° Mais si ce nom a été fait par imitation du cri de cet oiseau, on peut avec beaucoup de vraisemblance le rapporter au sanscrit *pard*, bruire, péter, d'où le latin *pedere*, péter, pour *perdere*, grec *perdô*, id. ; et au lat. *perdix*, perdrix, oiseau dont le cri est si peu mélodieux et si peu divertissant, que les Latins l'ont rendu par *cacabare*, cacaber, mot de la même racine que *cacare*. 3° D'après Turnèbe et

Schulter, *bardea* ou *bardala* est un mot gaulois signifiant alouette, et ce mot serait de la même racine que le nom des *bardes*, anciens chanteurs. Cette dernière étym. est plus noble que les deux premières; mais elle se rapporte à l'alouette et ne convient guère à la bartavelle. 4° Au sanscrit *braj*, rompre, M. Delatre ramène, entre autres mots, le suéd. *brita*, rompre, casser, le fr. *brette*, *bretauder*, *bretèche*, *bartavelle*, et l'ital. *bertovello*, sorte de nasse à pêcher; il ajoute que ces deux derniers rapprochements sont douteux.]

BARYTE, sf. chim. Une des terres élémentaires, appelée autrefois terre pesante; substance métallique, solide, poreuse, d'une couleur grise et d'une saveur caustique, reconnue et classée en 1794 par Bergmann. [Du grec *barus*, pesant, dérivé du sanscrit *bhara*, pesant; d'où le grec *baros*, poids, pesanteur.]

Baryton, sm. et adj. gramm. gr. Qui se conjugue sans contraction; sorte de voix entre la basse-taille et le second ténor. (G. *barus*, grave, *tonos*, ton.)

*****Barytifère**, adj. minér. Renfermant de la baryte.

*****Barytite**, sf. minér. Sulfate de baryte naturel.

*****Barytine**, sf. minér. Sulfate de baryte naturel.

*****Barytinique**, adj. minér. Formé de barytine.

*****Barytique**, adj. chim. Qui a les caractères de la baryte.

*****Barium**, sm. chim. Métal qui fait la base de la baryte.

BAS, BASSE, adj. t. relatif. Qui a moins de hauteur qu'un autre corps auquel on le compare; peu haut; situé au-dessous de; bot., qui ne s'élève guère haut; qui est au rez-de-chaussée; profond; géo., se dit d'un sol qui est plus bas que celui d'où descendent les rivières qui l'arrosent; baissé; mus., grave, non élevé; fig., inférieur, moindre, subalterne; de moindre valeur, de moindre prix; fig., vil, méprisable; sans courage, sans élévation, sans générosité; qui oublie sa dignité, qui souffre des injures par lâcheté; ignoble, trivial, en parl. du langage, des productions littéraires. [Du temps de Molière, les mots *bas* et *bassesse* n'emportaient pas l'idée de dégradation morale qui s'y attache maintenant; ils exprimaient simplement celle d'une grande infériorité. 1° Quelques-uns dérivent le mot *bas*, du gr. *bassón*, comparatif de *bathus*, profond; 2° d'autres, du gr. *basis*, base, fondement; 3° Trév., du b. l. *bassus*, qui, selon Isidore et Papias, a signifié un homme gros et gras. 4° Les auteurs du Tripart. rattachent les mots *bas*, *bastard*, *bâtard*, *Batavia*, à l'it. *basso*, bas, au b. l. *bassus*, à l'angl. *base*, à l'all. inus. *bat*, au persan *badei ai*. 5° Le mot *bas* est d'origine celt. selon Gébelin, de Chevallet, Bullet, etc.; cependant ce dernier le lie au grec *basis*, base, la partie la plus basse de la colonne. 6° C'est par ce même motif que Constancio rapporte le fr. *bas* au lat. *pes*, *pedis*, pied. 7° Au sansc. *bundh*, *budh*, creuser Delatre, rapporte le gr. *bussos*, fond, pour *buthsos*, d'où, selon lui, le grec *abussos*, le fr. *abysme*, abîme; le gr. *bass'n*, comparatif de *bathus*, profond, d'où le b. l. *ba.sus* et l'it. *basso*, base, et le fr. *vassal*, *vaslet*, *varlet*, *valet*, etc. 8° Les auteurs du Tripart. unissent le fr. *baisser* à l'ar. *watta*, je baisse. 9° Un autre assure que *bas* est un mot celt. apporté par les Francs qui disaient *baz*, d'où l'anc. germ. *bas*, en bas; le celt. *basgawd* et *basged*, panier bas, ou corbeille basse; et lie tous ces mots au gr. *bathus*, profond, *bassón*, plus profond. En it. *basso*, port. *baixo*, esp. *baxo*, bas; gall. *bás*, *bas*, profond, irl. *bass*, profond, bret. *baz*, profond, peu profond, dans De Chevallet. En teuton *baz*, bas, dans Schulter. Dans la langue des Troub. *bas*, bas, vil, peu considérable.]

Bas, sm. La partie inférieure de certaines choses, lieu bas, inférieur; partie basse.

*****Bas**, sm. mar. Partie extérieure d'un bâtiment, au-dessous de la ligne d'eau.

Bas, sm. Vêtement qui couvre le pied et la jambe.

Baisse, sf. Diminution de prix, de valeur.

Baisser, va. Mettre plus bas, rendre plus bas.

Baisser, vn. Aller en diminuant de hauteur; fig., diminuer, s'affaiblir.

Se Baisser, va. pron. S'abaisser. *Baissé, e,* p.

*****Baisser**, vn. mar. Se dit du vent qui passe de l'amont à l'aval.

*****Baissier**, sm. Celui qui spécule sur la baisse des fonds publics.

Baissière, sf. Reste du vin approchant de la lie.

*****Baissière**, sf. agri. Enfoncement dans une terre labourée.

*****Baissoir**, sm. Réservoir d'eau dans les salines.

Bas-dessus, sm. mus. Voix plus basse que le dessus.

Bas-fond, sm. Terrain bas et enfoncé; endroit de la mer où il y a peu d'eau.

Basse, sf. mar. Endroit où il y a peu d'eau, où est caché un petit banc de sable, de rocher ou de corail.

*****Basse**, sf. Pente douce sur laquelle on accoutume le cheval à courir au galop, pour lui apprendre à plier les jambes.

Basse, sf. La partie la plus basse en musique; ton grave; genre de voix propre à chanter la partie de basse; musicien qui chante la basse, qui joue la basse; instrument à cordes.

Basses, sf. pl. Les grosses cordes de certains instruments.

Basse-contre, sf. Sorte de voix à peu près semblable à la basse-taille, avec moins d'étendue à l'aigu, et davantage au grave; la partie de chant que la basse-contre exécute; musicien qui a une basse-contre.

Bassement, adv. D'une manière basse.

Bassesse, sf. Basse naissance, condition très-obscure; état où nous met le manque de vertu, de naissance, de mérite et de fortune; disposition ou action incompatible avec l'honneur, et qui entraîne le mépris; degré le plus bas, le plus éloigné de toute considération; dégradation née de la servilité basse de l'âme, de la débauche, ou du déshonneur.

Bassesses, sf. pl. Actes de bassesse.

Basset, sm. Chien de chasse à jambes fort courtes; fam., petit homme à jambes et à cuisses trop courtes pour sa taille.

Basse-taille, sf. Bas relief.

Basse-taille, sf. Voix grave entre la taille et la basse-contre; celui qui a cette voix.

Bassette, sf. Sorte de jeu de cartes qui ressemble au pharaon. (De l'ital. *bassetta*, bassette, de *basso*, bas; d'où l'it. *bassato*, abaissé. On prétend, dit Trév., que c'est un noble Vénitien qui a inventé ce jeu, et qui pour cela a été banni de Venise. Ce jeu fameux fut introduit en France par Justiniani, ambassadeur de la République, l'an 1674 ou 1675; en 1678 selon La Monnoye.)

Basson, sm. Instrument de musique à vent, qui sert à exécuter des parties de basse; musicien qui joue du basson.

*****Bassoniste**, sm. Musicien qui joue du basson.

*****Bassure**, sf. Terrain bas et infiltré d'eau.

Abaisse, sf. Basse pâte, croûte de dessous dans plusieurs pièces de pâtisserie.

Abaisser, va. Faire aller en bas, pousser en bas, mettre plus bas, au-dessous; diminuer la hauteur d'une chose, et par extension sa valeur; son prix, sa dignité, son mérite, l'opinion qu'on en a; humilier. *Abaissé, e*, p.

S'Abaisser, va.pr. Devenir ou se mettre plus bas; se mettre au niveau de moins haut que soi, par modestie, ou par timidité.

Abaissement, sm. Action d'abaisser ou de s'abaisser; résultat de cette action; archit., diminution, retranchement de hauteur; effet d'un événement qui a dégradé le premier état; dégradation née du malheur, ou d'un concours d'évènements qui n'ont rien de honteux; humiliation.

Abaisseur, adj.m.anat. Se dit d'un muscle qui sert à abaisser l'œil, la lèvre.

A bas, loc.adv. Au-dessous; de là.

À bas, loc.prép. Au dessous de, sous.

A bas! loc.interj. Cri d'improbation.

Contre-basse, sf. Grosse basse qui sonne une octave au-dessous de la basse ordinaire; grosse basse de violon, instrument plus grave que la basse.

En bas, loc.adv. Au-dessous, dessous, à terre.

En contre-bas, loc.adv. De haut en bas.

En bas de, loc.prép. Au bas de, au-dessous de.

***Inabaissé, ée**, adj. Qui n'est point abaissé.

Là-bas, loc.adv. Qui sert à indiquer un lieu plus ou moins bas, plus ou moins éloigné.

Par-bas, loc.adv. Dans le bas.

Plus-bas, loc.adv. Ci-dessous, ci-après; très-mal; d'un ton bas, ou dans un ton bas.

Rabais, sm. Diminution de prix, de valeur; moindre prix; mode d'adjudication publique.

Rabaissement, sm. Action de rabaisser.

Rabaisser, va. Mettre plus bas; diminuer; déprécier; abaisser encore davantage, de plus en plus, avec effort ou redoublement d'action.

Se Rabaisser, va.pr. S'abaisser encore; compromettre sa dignité; descendre d'une élévation où l'orgueil seul nous avait placés. *Rabaissé, e*, p.

Rebaisser, va. Baisser de nouveau. *Rebaissé, e*, p.

Soubassement, sm. Partie inférieure d'un édifice; espèce de pente au bas du lit.

Surbaissé, ée, adj.archit. Qui baisse, qui s'abaisse; se dit des arcs et des voûtes qui vont en s'abaissant vers le milieu.

Surbaissement, sm.archit. Quantité dont une arcade est surbaissée.

Tête-baissée, loc.adv.et fig. Se dit de ceux qui s'exposent au péril audacieusement.

Bâtard, arde, adj. Qui n'est pas de la véritable espèce; adj.et s. enfant né hors mariage, enfant naturel. (1° Selon le P. Pezron, Boxhornius, Du Cange, Michelet, Trévoux, De Chevallet, etc., le mot *bâtard* est d'origine celtique. En gall. *basdarz*, *bâtard*, de *bâs*, bas, et de *tarz*, extraction; bret. *bastard*, *bastart*, irl. *basdard*, écoss. *basart*, b.l. *bastardus*, anc.fr. *bastard*, bâtard. On disait autrefois fils de *bas*, frère de *bas*, pour désigner un bâtard : De Chevallet. Il est certain, dit Trév., que c'est un vieux mot celt., qu'on dit encore en basse Bretagne sans aucune altération. Selon le P. Pezron, *batard* vient du celt. *bas-tard*, comme si vous disiez, d'une origine basse, et méprisable, d'où le teuton *bustaerd*, bâtard. Du Cange, après Boxhornius, assure qu'on appelait un fils illégitime *bastard*, du mot composé de *bas* et de *tardol*, germer, sortir : d'où vient que qq. auteurs les ont appelés *fils de bas*, comme qui dirait, *sortis de femmes publiques et de basse condition* : Trév. En anc.fr. on a dit aussi *de bast*, bâtard; et *bast*, bâtardise, bâtard. 2° Daviès forme le mot bâtard, du celt. *bas*, non profond, et *tardd*, source, origine; 3° Bullet, du celt. *bas*, crase de *baos*, fornication et de *tardd*, source, origine; 4° Wachter, de l'anc.germ. *bastart*, bâtard, qu'il forme du grec *pastos*, chambre des femmes, et de la terminaison de dénigrement *art*; 5° et Roquefort, de l'all. *boesart*. 6° Delatre unit le mot *bâtard*, à l'anc.fr. *bastir*, bâtir, et au sanscrit *badh*, *bandh*, lier, attacher. Le vi.fr. *bas-t* ou *bas-te*, dit-il, désignait par métaphore une prostituée, comme le lat. *cortex*, *scortum*, le vi.fr. *bagage* et *bagasse*, l'all. *baly*, peau et meretrix; le suéd. *strump*, chausse, angl. *stjumpet*, mérétrix. On disait indifféremment fils de *bas-t* ou *bastard*. 7° Du fr. *bât*, anc.fr. *bast*, selon Scheler, Burguy et Mahn. « On sait assez la vie que ces conducteurs de mulets menaient avec les filles d'auberge, pour croire à un grand nombre d'enfants conçus sur les bâts et à une généralisation du nom. De même le fr. *coiturd*, c-à-d. issu du *coitre*; mâtelas, l'all. *bankert*, issu du *banc*, etc. : » Mahn. « En septentr. *hornong, r*, bâtard, c-à-d. conçu dans un coin. » Voy. *bât, basterne*. L'étymologie adoptée par De Chevallet, Trév., le P. Pezron, Du Cange, etc., semble encore la plus simple. Elle renferme un ordre d'idées moins odieuses que les autres; conséquemment elle s'accorde mieux avec le surnom de *Basta) dus* que Guillaume-le-conquérant se donnait à lui-même et qu'il emp'oyait dans ses signatures.]

Bâtarde, sf. Ecriture penchée, à jambages pleins et à liaisons arrondies.

Bâtardière, sf. Pépinière d'arbres greffés.

Bâtardise, sf. Etat de l'enfant bâtard.

Abâtardir, va. Faire déchoir une chose de son état naturel, faire dégénérer un être, altérer. *Abâtardi, ie*, p.

Abâtardissement, sm. Etat de l'être abâtardi.

BASALTE, sm. Roche volcanique très-dure et vitrifiable. C'est une des variétés les plus communes des roches trappéennes. Elle contient souvent beaucoup de fer. [Du lat. *basaltes*, marbre de couleur de fer, dont parlent Pline, Strabon et Ptolémée. Le plus gros bloc qui en ait été vu fut mis, au rapport de Pline, par Vespasien, dans le temple de la Paix. On y avait représenté seize enfants jouant sur le bord du Nil. Le même auteur assure que la statue de Memnon était d'une pierre semblable. Les lexicographes et les étymologistes disent, les uns, que *basaltes* est un mot africain, les autres qu'il est éthiopien. 1° L'idiome qui nous a légué ce mot doit être sémitique, puisque le nom *basaltes*, de cette pierre si dure et noire comme du fer présente assez de ressemblance avec l'hébr. *barzel*, fer, mot qui vient lui-même du chald. *beraz*, il a transpercé, par l'addition d'un lamed. 2° Cependant Constancio forme le mot *basaltes*, de l'égyptien *piou bi-al-stali*, pierre de fer; 3° et Johnson le rattache au grec **basaliz i*, **basanix i*, et *basanos*, pierre de touche; et H. Etienne groupe ces trois mots : b.latin *basanités*, latin *basaltes*, gr. **basanités*. Ce marbre, dit Pline, se trouve en Egypte et en Ethiopie. La première étymologie gagnera beaucoup en vraisemblance, s'il est vrai que *basal* en éthiopien ait signifié du fer. En all. et en angl. *basalt*, polon. et valaque *bazalt*, basalte.]

Basaltique, adj. Formé de basalte.

***Basaltiforme**, adj.minér. Qui se rapproche du basalte par ses qualités extérieures.

***Basaltigène**, adj.bot. Qui naît et croît sur le basalte.

***Basaltine**, sf.minér. Nom commun du pyroxène et de l'amphibole.

***Basaltoïde**, adj.minér. Qui a l'apparence du basalte.

BASANE, sf. Peau de veau ou de mouton passée par le tan, non corroyée, et servant sans autre préparation à couvrir des livres, des pantoufles, etc. [1° De l'ar. *bɪttanah*, il doubla un vêtement. 2° M. Delatre le dérive simplement de l'ar. *bathaneh*; et Constancio de l'ar. *batana*, fourrure, basane, ou de l'ar. *badane*, extrémité molle de la basane. 3° Du Cange et Trév. tirent le mot basane de *basan*, qu'on a dit dans la même signification. 4° Trév. dit plus bas que basané vient du gr. *basanos*, la pierre de touche, qui est noire, ou d'une couleur noirâtre, dont, selon lui, la basane peut aussi avoir pris son nom, parce que les premières basanes étaient des cuirs qu'on préparait avec peu de soin, et qu'on teignait d'un mauvais noir. 5° Bullet fait venir *basane* et *basané* de l'esp. *baça*, brun; basque *baza*, brun, de couleur brune. En port. *badana*, basane; l.b. *basan, bazena, bazanna*, basane; et *bezagina*, peau de brebis, *besana, bazan*, peau de veau ou de brebis; et *bedana*, peau de veau, de brebis ou de bouc, et *bazana*, petit sac fait de basane.]

Basané, ée, adj. Noirâtre, hâlé. (1° Les uns disent que *basané* signifie propr. de la couleur de la basane, et que la basane était primitivement une peau commune, grossière et noire, dont la surface était raboteuse et se ridait facilement. 2°Gébelin rapporte à une origine commune le fr. *basané* le basque *baza*, l'esp. *baça*, et le fr. *bis, biset, bistre*. 3° Un autre, d'une manière encore moins heureuse, fait venir *basané*, du grec *basanos*, pierre de touche. parce qu'elle est noire.)

BASE, sf. Toute chose sur laquelle un corps est assis, posé, établi; appui, soutien; ce qui soutient le fût de la colonne; géom., surface où sont appuyés certains corps solides; chim., matière qui s'unit aux acides et les neutralise en tout ou en partie; ingrédient principal dans un mélange; fig., principe, donnée fondamentale d'une chose; appui, soutien. [Du lat. *basis*, base, dérivé du grec *basis*, marche; pied; pied d'un vers, rhythme; géom. base; archit., base; dans Sophocle *basis*, pas. marche. De *basis*, les Grecs firent *anabasis*, retraite, *parabasis*, transgression, digression. Les mêmes mots pouvant toujours désigner l'actif et le passif, *busis*, qui exprime l'action de mouvoir les pieds, désigne aussi ce sur quoi on les met. C'est ainsi, dit M.Delatre, qu'en fr. *marche* signifie d'abord le mouvement, l'action d'aller ou de monter, puis la pierre sur laquelle on s'appuie en montant (*marche* d'une armée, *marche* d'un escalier). *Basis*, dans sa seconde acception, fait *basis* en lat., *base* en fr.; d'où *baser*. La racine du gr. *basis* est le v. *baó*, je marche, je vais; en sansc. *vá*, aller; hébr. *bó*, entrer, venir, aller; malais *badjalan*, marcher; valaq. *baze*, langue des Troub. *baza*, it., esp., lat. *basa*, port. *base*, base.]

***Base**, sf. géod. Ligne tracée sur le terrain et mesurée avec soin, à laquelle on rapporte tous les autres points du pays; le point par lequel le péricarpe est fixé au réceptacle ou au pédoncule.

***Basal, ale**, adj. hn. Dont la base présente quelque particularité notable.

Baselle, sf. Genre de plantes exotiques, à tige grimpante et à feuilles charnues; il renferme des herbes que l'on cultive et que l'on mange aux Indes comme nos épinards.

***Baséologie**, sf. Philosophie fondamentale; histoire des bases chimiques.

***Baser**, va. Fonder, établir une base. ***Basé, e**, p.

***Basial**, adj. et sm. anat. Se dit des pièces fondamentales de chaque vertèbre.

***Basicité**, sf. chim. Qualité d'un corps pouvant jouer le rôle de base dans une combinaison.

***Basification**, sf. chim. Opération qui fait passer un corps à l'état de base.

***Basifixe**, adj. bot. Se dit de l'anthère quand elle est fixée au sommet du filet par sa base même.

Basilaire, adj. Qui concourt à former la base d'autres parties; placé à la base.

***Basilaire**, adj. bot. Se dit du style, lorsqu'il paraît naître de la base de l'ovaire; se dit d'un organe qui naît de la base d'un autre organe.

***Basilaire**, adj. hn. Se dit d'une ligne, d'une nervure, d'une aréole, d'une tache qui tire son origine de la base de l'aile dont elle fait partie.

***Basilé, ée**, adj. bot. Qui est élevé sur une base, sur une proéminence.

***Basinerve**, adj. bot. A feuilles dont les nervures partent de la base et gagnent le sommet sans se diviser.

***Basique**, adj. m. chim. Se dit des sels qui renferment un excès de base.

***Basisoluté, e**, adj. bot. Se dit des parties dont la base se prolonge d'une manière quelconque.

***Basisphénal**, adj. et sm. anat. Se dit de la base ou du corps d'une des quatre vertèbres qui constituent le crâne. (Gr. *sphên*, coin à fendre.)

***Abaton**, sm. Edifice dont l'entrée était interdite, et que les Rhodiens avaient construit autour des trophées d'Artémise, pour en dérober la vue. (Gr. *abatos*, inaccessible, de *a* priv. et *bainô, baô*, je vais, je marche, d'où *basis*.)

***Amphisbène**, sf. hn. Genre de serpents que l'on croyait marcher du côté de la tête et du côté de la queue. (Gr. *amphi*, des deux côtés, et *bainô, baô*.)

***Amphisbéné, ée**, et ***Amphisbénien, enne**, adj. hn. Qui ressemble à une amphisbène.

***Amphisbéniens**, sm. pl. Famille de serpents.

***Amphisbénoïde**, adj. Qui a l'apparence d'une amphisbène.

***Anabase**, sf. Titre de l'ouvrage où Xénophon raconte la retraite des Dix mille. (Gr. *anabasis*, retraite, de *ana*, de nouveau, et *baó*.)

***Anabase**, sf. ant. gr. Mélodie ascendante, le contraire d'anacamptos.

***Anabase**, sf. bot. Genre de plantes. (Gr. *anabasis*, élevé, de *anabainô*,, je remonte. De Théis dit qu'on avait sans doute appliqué ce nom à celles de ces plantes qui s'élèvent le plus. Pline, trompé par la signification de ce mot, dit même que l'*anabasis* monte aux arbres.)

***Anabasé, e**, adj. bot. Semblable à une anabase.

***Anabasées**, sf. pl. Famille de plantes.

***Anabasien**, sm. hist. Dans S. Jérôme, se dit d'un courrier à cheval.

***Anabate**, sm. Ecuyer qui disputait avec deux chevaux le prix de la course à Olympie; genre d'oiseaux. (Gr. *anabainô*, je remonte, je m'élève; r. *ana*, et *bainô, baó*, je vais.)

***Anabatique**, adj. méd. Qui va toujours en augmentant.

***Anabène**, adj. et sm. hn. Qui grimpe sur les arbres.

***Anabénodactyle**, adj. hn. Pourvu de doigts propres à grimper. (Gr. *daktulos*, doigt.)

***Anabénosaurien**, adj. et sm. Se dit d'un reptile saurien qui grimpe sur les arbres.

***Anabibazon**, sm. astron. Nom donné à la queue du dragon, ou au nœud méridional de la lune. (Gr. *anabibazô*, faire monter.)

Andabate, sm. ant. rom. Gladiateur qui combattait les yeux bandés. (G. *anti*, au-devant et *bainô*.)

***Apobate**, sm. ant. gr. Sorte d'athlète qui, dans les jeux publics, faisait différents exercices de voltige. (Gr. *apobatês*, qui descend ou saute à bas d'un cheval ou d'un char; qui saute d'un cheval ou d'un char sur un autre ; du gr. *apobainô*, descendre.)

*Apobatérion, sm.mus.anc. Nom grec d'un chant de départ ou d'adieu.

*Catabibazon, sm.astron. Ancien nom du nœud descendant de la lune, appelé aussi queue de dragon. (Gr. *katabibazô*, faire descendre.)

*Diabase, sf.minér. Espèce de roche fort répandue à la surface du globe (Gr. *dia*, à travers); genre de poisson des mers de Cuba.

*Diabathre, sm.ant. Espèce de soulier ou de patin pour traverser les endroits fangeux. (Gr.*dia*, a travers, *bathron*, escalier ; r.*baô*, d'où *basis*.)

Diabète, sm. Maladie caractérisée par une excrétion très-abondante d'urine. (Gr. *diabêtês*, siphon, diabète; r. *dia* et *baô*.)

Diabétique, adj.méd. Qui tient du diabète.

*Diabète, sm.phys. Vase muni d'un siphon tellement disposé, qu'au moment même où on le remplit jusqu'au bord la liqueur qu'il contient s'écoule tout entière.

Ecbase, sf.rhét. Digression. (G. *ex*, de.)

*Embase, sf. Partie de métal sur laquelle une pièce vient s'appuyer ; renflement ménagé sur l'arbre d'une roue, pour recevoir celle-ci, et lui servir de soutien par un côté; partie renflée d'une lame de couteau; ressaut d'une enclume; partie d'un ouvrage de menuiserie reposant sur une autre pièce. (Gr.*en*, dans, sur, et *basis*.)

Embasement, sm. Espèce de piédestal continu sous la masse d'un bâtiment.

Hyperbate, sf.rhét. Figure de mots qui consiste à transposer l'ordre de la syntaxe ordinaire. (Gr. *huper*, au-delà, *bainô*, je vais.)

*Hyperbatique, adj.minér. Qui a un caractère de prédominance.

*Hyperbibasme, sm.gramm. Nom d'une figure usitée dans les langues anciennes; elle consiste à changer un accent de place, ou à transposer une lettre dans un mot. (Gr. *huper*, *baô*.)

*Métabase, sf.rhét. Transition. (Gr. *méta*, au-delà.)

*Monembasie, s.pr.f.géo. Ville du Péloponèse. (Du grec *monos*, seul, unique, *embasis*, entrée, embarquement ; de *embainô*, marcher dans, entrer, monter, de *en*, dans, et *baô* : Scaliger et autres ont donné cette étymologie. Cette ville se nommait anciennement Epidaure. Trois villes portèrent le nom d'Epidaure : deux dans le Péloponèse, dont la plus considérable nous est connue auj. sous le nom de *Malvoisie*. La troisième est celle dont parle Virgile ; elle est sur la côte d'Illyrie ou, comme le veut Servius, de l'Epire.)

Malvoisie, sf. Vin grec, qui est fort doux; par ext., vin muscat, cuit, de qq. pays que ce soit. (De *Malavisia*, dans le Péloponèse auj. Morée. C'est de *Malavasia*, dit Constancio, qu'est venu primitivement le raisin ainsi que le vin appelé *malvasia* en Portugal. Cette ville est célèbre par son vin doucereux. Platon, Gregoras, Cédrène, et les Grecs du moyen âge, la nomment *Monobasia* ou *Monembasia*, dont les Italiens firent *Malvasia*, par le chang. de *n* en *l* et de *b* en *v*, comme le dit Martinius. De là le gr. moderne *Malvazia*. De là le turc *malvazia*, vin de Malvoisie. De là l'angl. *malmsey*, le prov. *malvesie*, le b. lat. *malvaticum*, *malvaxia*, *malvesy*, *malvazia*, ital. *malvagia*, anc. fr. *malvissée*, malvoisie.)

*Monobase, adj.minér. Qui n'a qu'une base.

*Parabase, sf.ant. gr. Dans l'ancienne comédie grecque, morceau que le chœur adressait aux spectateurs, au nom du poète, et qui n'avait point de rapport au sujet. (Gr. *parabasis*, de *para*, à côté, *bainô*, je marche, d'où *basis*.)

Probatique, adj. *Piscine probatique*. La piscine où on lavait les victimes qui devaient être offertes dans le temple de Jérusalem. (En grec de la Bible *probatikê* sous-entendu *pulê*, porte : la porte aux bestiaux. C'était une des portes de Jérusalem, près de laquelle était la *piscine probatique*, et par laquelle passaient les brebis qu'on allait laver à cette fontaine. *Probatikê* est le féminin de *probatikos*, qui concerne les brebis, les moutons, les troupeaux, de *probaton*, toute bête apprivoisée que l'on fait marcher devant soi, de *pro*, devant, *bainô*, je marche. C'est près de la piscine probatique que J.-C. guérit le paralytique. Cette piscine était un réservoir d'eau près le parvis du temple de Salomon, où on lavait les animaux destinés pour les sacrifices.)

BASILIC, sm.hn. Serpent dangereux dont la tête, selon les anciens, était ceinte d'une éminence en forme de couronne royale. Les modernes le regardent comme fabuleux. Les anciens naturalistes disent que le basilic naît près de Cyrène, ancienne ville d'Afrique; qu'il est long de douze doigts et porte sur sa tête une tache blanche faite en forme de diadème ; et que son sifflement fait fuir tous les serpents. [Du lat. *basiliscus*, basilic, dérivé du gr. *basiliskos*, petit roi, roitelet, dimin. de *basileus*, roi, monarque. 1° Martinius forme le grec *basileus*, roi, du gr. *basis leô*, base du peuple. 2° Gebelin dit : « On a dérivé ce mot de *basis*, base, et *laos*, peuple. Mais on trouve dans l'oriental *bashal*, héros, et *mashal*, dominer, régner, commander. On ne saurait donc douter que le mot grec n'en soit venu. » 3° M. Eichhoff rapporte *basileus* au sanscrit *bhadilas*, héros, *bhattas*, *bhattaras*, éminent; 4° les auteurs du Tripart. le rattachent à l'ar. *wasil*, au port. *guazil* et à l'esp. *al-guacil* : Voyez *alguazil*. 5° Ogerio le dérive de l'hébr. *mâschal*, il a commandé, il a gouverné ; 6° et un autre hébraïsant, de l'hébr. *bahal*, il a dominé, il a possédé; *bahal*, seigneur, possesseur. En valaque *basilisk*, pol. *bazyliszek*, *wasilek*, *bazilijka*, basilic; ital., esp. et port. *basilisco*, langue des Troub. *basilisc*, *basilesc*, basilic.]

Basilic, sm. Sorte de lézard, auquel on attribuait anciennement la faculté de tuer par son seul regard.

Basilic, sm. Herbe odoriférante qu'on met dans les ragoûts ; elle a la vertu de chasser les fourmis. (Cette plante a été nommée ainsi, dit Trév., ou parce que son odeur la rendait digne d'être présentée aux rois, ou parce qu'on prétendait qu'elle engendrait les basilics, les scorpions, et autres insectes venimeux.)

Basilicon, ou **Basilicum**, sm. Onguent suppuratif. (Ainsi appelé à cause de ses vertus et de ses fréquents usages.)

Basilique, sf. La demeure d'un roi; église principale. (Les grandes et spacieuses salles que l'on appelle basiliques ont été ainsi premièrement appelées, parce qu'elles étaient faites pour assembler le peuple, lorsque les rois *basilées* rendaient eux-mêmes la justice. Ensuite quand elle furent abandonnées aux juges, les marchands s'y établirent aussi; et enfin on les a prises pour servir d'églises aux chrétiens.)

Basilique, adj. et sf. anat. Veine de la partie interne du bras. (Ainsi dite à cause du rôle important que les anciens lui attribuaient.)

Basiliques, sf.pl. Code rédigé en grec par ordre des empereurs *Basile* le Macédonien et Léon le philosophe.

Basoche, sf. Au moyen âge, juridiction où se jugeaient les différends entre les clercs; corps des clercs du parlement de Paris. (D'après Ménage, Trévoux, Gattel, Dulaure, etc., etc.. du lat. *basilica*, basilique, bâtiment, église; parce que l'association des clercs du parlement siégeait dans le palais de la cité, palais habité par les rois, et que l'on a souvent nommé autrefois Palais-Royal. La basoche fut instituée en 1302, par Philippe-le-Bel. 2° Gébelin compose le mot *basoche* du vi. fr. *oche*, *oque*, une oie, et de *bas*, petit : la petite oie; pour dire la petite cour, par opposition à la cour dont ils relèvent, la haute cour du parlement. 3° Selon Noël et Carpentier *basoche*, serait un dérivé du gr. *bazô*, dans le sens de parler d'une manière goguenarde, comme faisaient anciennement les clercs du parlement de Paris. La première étym. est plus raisonnable; elle est encore la seule adoptée par les philologues. M. Em. Boucher rejette toutes les autres dérivations qu'on a supposées.)

*Basile, sm. Personnage des comédies de Beaumarchais, calomniateur, faux dévot et cupide. (Le nom de *Basile* a été commun à des princes, à des prélats, à un Père de l'Eglise, à plusieurs personnages. Il a subi un sort analogue à ceux de *Nicodème*, de *Benoît*, de *Jean*, de *Jacques*, de *Claude*, etc.)

*Basiléolâtre, sm. Ceux qui transporte aux rois et aux puissances de la terre l'adoration qui n'est due qu'à Dieu. (Gr. *basileus*, roi, *latréia*, adoration.)

*Basiléolâtrie, sf. Adoration des rois, des souverains.

*Basille, sm anc. t. milit. Grosse couleuvrine.

*Basilicaire, sm. Prêtre qui assistait le Pape ou l'Évêque.

*Basilinde, sm. ant gr. Jeu où l'on tirait au sort un roi du festin, et un esclave qui devait lui obéir.

*Basilique, sm. astron. Nom d'une étoile fixe de la première grandeur dans la constellation du lion.

BASQUE, sm. géogr. Nom des habitants d'un petit pays de France, auj. dans le dép. des Basses-Pyrénées. [1° Selon Eugène de Monglave, de *basachos*, *bascos*, peuples sauvages, montagnards. L'abbé Bidassouet explique ainsi cette étym. : « Les Cantabres, effrayés de voir l'horizon enflammé sur leurs têtes, et sur cette terre jadis si féconde et si fertile devenue une tombe ouverte pour les engloutir, se retirèrent les uns à l'est des Pyrénées, où ils se fixèrent et reçurent le nom de *Basac-hoc*, ou *Bascos*, signifiant ceux-ci sauvages, montagnards. » 2° Quelques-uns rapportent le nom des Basques à l'anc. all. *witzo*, sage, prudent; d'où *Sigovèse*, *Bellovèse*. 3° Un savant le forme du lat. *bis*, deux fois, et du grec *kaiô*, je brûle : pays brûlé deux fois; 4° d'autres le rattachent à l'all. *geiss*, chèvre, agile, mot qui s'est écrit aussi *gas*, *gos*, *kos*, et que quelques-uns croient retrouver dans le nom slave *Kazimir*, *Kazemar*, qui signifie un homme célèbre. 5° Selon l'abbé Bidassouet, *Gascogne* ou *Gascuna* mot en basque signifiant propre, adroit pour la nuit, ou pays obscur. 6° Scrieck soutient que le nom des Gascons est dérivé du celt. *gass-hohnen*, signifiant : ceux des hautes voies. 7° Les membres de la nation basque sont nommés *Basques* par les Français; et par les Espagnols *Vascuences* et *Vascongados*, mots qui rappellent celui de *Vascons* ou *Gascons* sous lequel on les désignait au moyen âge. Eux-mêmes ne se reconnaissent point d'autre dénomination que celle de *Escaldunac*. Le mot *Vascon* était déjà connu des anciens qui l'appliquaient à une tribu espagnole des bords de l'Ebre. Enfin le radical *ausc*, *osc*, *esc*, dont *vasc* paraît n'être qu'une forme aspirée, figure fréquemment dans les noms de localités et de tribus, soit au nord, soit au midi des Pyrénées. Il n'y a aucun doute, selon Fauriel, que les noms *Basques*, *Vascuences*, *Vascongados*, ne soient tous également dérivés du nom de *Vascones*, sous lequel les Romains connaissaient une des peuplades espagnoles des bords de l'Ebre. Ce ne furent point les Novempopulaniens qui se donnèrent, dans le principe, le nom de *Vascons*, ils le reçurent des étrangers. Thierry dit : « La langue basque est appelée *euscara*, par le peuple qui la parle. *Eusk*, *ausk*, ou *ask*, paraît avoir été le véritable nom générique de la race parlant le basque : *bask*, *vask*, et *gask*, d'où dérivent *Vascons*, *Gascons*, ne sont évidemment que des formes aspirées de ce radical. » Ch. Romey parle ainsi du nom des *Basques*. « En lat. *Ausci*, peuples d'*Auch*; *Vasco*, vocable latinisé, grec *Auskoi*, viennent du radical *ask*, *eusk*, *osk*, *ausk*, *vask*, *bask*, suivant les diverses prononciations. De là, ajoute-t-il, les formes plus récentes, *Vasque*, *Basqae*, *Basqueuz*, *Biscaye*, *Gascogne*; de là aussi *Buscongadas* ou *Vascongadas*, pour désigner les trois provinces modernes qu'habitent les restes du peuple *Vascon*. » M. De Belloguet dit aussi que les *Basques* sont des *Vascons*; que ces deux noms ne diffèrent que par une initiale euphonique de celui d'*Esk* ou *Eusk*, d'où *Eskuara* ou *Euskura*, la langue *eske*... Il semble, ajoute-t-il, que ce terme désignait primitivement l'Ibère lui-même; car on le retrouve avec des formes diverses d'orthographe et de prononciation, jusque dans le sud d'Espagne, et même dans la Gaule ibérique : *Osca* auj. *Heusca*, et les *Oscenses* dans la *Vescitanie*, *Askerris* chez les *Jaccetani*, *Ascua* des Carpentani, *Ascui*, *Ascua*, *Eiscadia*, *Vesci* et une seconde *Osra* dans la Bétique; les *Ausci*, les *Osquida'es* et *Oscineium* dans l'Aquitaine.]

Basque, sf. Pan d'habit, partie découpée et pendante de certains vêtements. (Huet croit que la mode de faire des pourpoints à *basques* est venue de *Biscaye*; et que de là on a dit *basque de pourpoint*.) Il pense aussi que ce mot a pu avoir été fait, par corruption, du vi. fr. *tasque*, bourse, en ital. *tasca*, parce qu'on y attachait des bourses.)

Basquine, sf. Jupon des femmes espagnoles. (Le Duchat dit que les *vasquines*, espèce de corsets à *basques*, dont la mode venait de *Biscaye*, les avait fait nommer *vasquines* à la gasconne. Trippault avec peu de vraisemblance dérive *basquine* du grec *baskainô*, fasciner, ensorceler, reprendre, calomnier.)

*Basque, sm. Idiome commun à toute la Guipouscoa, à la Biscaye, à une partie de l'Alva, à la Navare, à tout le pays basque.

*Biscaye, sf. géo. Une des trois provinces basques, en Espagne. (Au temps des rois goths, la Biscaye faisait partie du duché de Cantabre; et ce n'est que plus d'un siècle après l'irruption des Maures, qu'on rencontre le nom de Biscaye dans l'histoire d'Espagne. (L'abbé Bidassouet forme ce nom du basque *bizcar*, *bizcarra*, pays âpre et montueux; et le nom *Basque* de *basac-hoc*, montagnards, sauvages.)

Biscaïen, sm. Sorte de fusil long et à gros canon; et dont l'usage vint de la Biscaye; petit boulet de fer.

*Gascogne, s. pr. f. géo. Province de France. (Lat. *Vasconia*, de *Vascones*, ancien nom de ses habitants. En esp. *gascon*, langue des Troubad. *gasc*, *guasc*, *gasco*, *guasco*, gascons.

Gascon, onne, adj. et s. Qui est de Gascogne; fanfaron, hâbleur.

Gasconisme, sm. Construction vicieuse usitée en Gascogne.

Gasconnade, sf. Fanfaronnade, vanterie.

Gasconner, vn. Parler avec l'accent gascon, ou en l'imitant; dire des gasconnades. *Gasconné*, p.

*BASSAREUS, sm. myth. Un des noms de Bacchus. [Lat. *Bassareus*, gr. *Bassareus*, id. Étym. 1° du grec *bassara*, renard, selon Benfey. 2° de l'héb. *batsar*, il a coupé, il a détaché, il a vendangé : Gui-

chard. 3° Du gr. *baxéin*, parler; parce que les gens ivres ont coutume de parler beaucoup du Nord: Fungérus. 4° Du gr. *Bassara*, nom de la nourrice de Bacchus. 5° Du gr. *bassaré*, sorte de chaussure : Noël. 6° Du gr. *bassaris*, robe de voyage, faite de peaux de renard : Vossius. 7° Du gr. *buttarizein*, bégayer comme un ivrogne : Noël. On croit que *bassara* voulait dire, en langue thrace, peau de renard ; on croit aussi que *bassara*, en lydien, signifiait un espèce de vêtement de peaux de lynx. 9° Quelques-uns dérivent *Bassareus*, de *bassara*, nom d'un vignoble de Lydie.]

*__Barsaréen__, adj.m.myth. Épithète de Bacchus.

__BASTERNE__, sf. Espèce de char attelé de bœufs, en usage chez d'anciens peuples du Nord, et sous les premiers rois de France. [Du lat. *basterna*, espèce de litière à l'usage des femmes, apparemment inconnue aux anciens Romains; car les premiers auteurs connus qui en parlent sont Lampridius, Ammanius, Palladius. 1° La plupart des étymologistes dérivent ce mot du gr. *bastazô*, porter un fardeau, comme font les porte-faix, porter en terre ; ensevelir; souper ; prendre une chose dans sa main pour en connaître le poids; d'où le gr. *bastagma*, fardeau, charge d'un porte-faix. Le russe *vézte*, transporter, semble se lier au gr. *bastazô* et au lat. *basterna*. 2° M. Diez rapporte les mots *basterne*, *bât*, *bâtir*, *bâton*, *bastide*, *bastion*, *batard*, etc., au gr. *bastazô*. 3° M. Delatre rattache ces mêmes mots au sanscrit *badh*, *bandh*, lier, attacher, et au zend *basta*, lié, attaché. Les Romains avaient deux sortes de voitures portatives, dont les formes étaient différentes; l'une portée par des mulets s'appelait *basterna*; et l'autre par des hommes, on la nommait *lectica*.]

*__Basterne__, sf.ant. Sorte de litière dont se servaient les dames romaines.

__Bât__, sm. Selle grossière qu'on met sur le dos des bêtes de somme, et sur laquelle on place la charge que la bête doit transporter. (1° Nicot, Roquefort, Raynouard, Diez, et autres, rattachent ce mot au gr. *bastazô*, porter un fardeau, *bastos*, bâton à porter des fardeaux. 2° M. Delatre lie le mot *bat*, ainsi que *basterne*, *bâtir*, *batiment*, *baster*, etc., à l'all. *bast*, écorce, et au zend *bashta*, lié, attaché. 3° Trév. dérive bât, du celt. ou b. bret. *bass*, bât ; 4° Mén. Du Cange et Port-Royal, le tirent du gr. *baktron*, bâton. 5° Quelques auteurs, tels que le général Bardin, sont d'avis que *bât* a une étymologie commune avec le mot *barde*, qui d'abord n'aurait signifié autre chose que *bât* à cheval. Mais la première étym. est la plus suivie, et celle qui convient le mieux au mot et à la chose. Un auteur fait dériver du lat. *casternarius*, mulet à litière, le mot méridional *bastina*, selle de mulet. En ital. *basto*, esp. *basto*, cat. et langue des Troub. *bast*, patois de Castres et anc. fr. *bast. 1. b. bast, basta, bastum*, bât.)

__Cheval de bât__, fig. et fam. Homme chargé de la grosse besogne que les autres refusent.

__Bâter__, va. Mettre un bât sur une bête de somme. *Baté, e, p.*

__Bâtier__, sm. Ouvrier qui fait et vend des bâts.

*__Bâtage__ ou *__Bastage__, sm. Droit qu'exigeait le seigneur pour le passage d'un mulet, d'un cheval bâté.

*__Bâtine__, sf. Selle très-simple en toile.

__Débâter__, va. Oter le bât. *Débaté, e, p.*

__Embâter__, va. Mettre le bât; fig., charger d'une chose incommode; faire un bât pour une bête de somme. *Embâté, e, p.*

__Bastant, ante__, adj.vi. Qui suffit. (De l'ital. *bastante*, suffisant, *bastare*, suffire; ce mot, dit Gébelin, vient donc de *bast*, charge; *bastant*, suffisant:

c'est avoir sa charge complète, tout ce que l'on peut porter. D'autres dérivent *bustant* du grec *bastazô*, porter un fardeau, ce qui revient au même. 2° Constancio forme le mot *bastant*, du lat. *bene stare*; un autre du lat. *bis sto*; 3° et Bullet, du celt. *bast*, fort, fortifié, d'où *bâtir*, *bastingue*, *bastion*, etc., selon lui. En prov: *basta*, assez, je n'en veux plus ; esp., port., cat. et langue des Troub. *bastar*, suffire, pouvoir ; bret. *basta*, suffire.)

__Baste__, sm. L'as de trèfle, aux jeux de l'hombre, du quadrille, etc. (En valaque *basta*, baste.)

__Baste__ ! Exclamation de dédain; de mépris.

__Baster__, vn.vi. Suffire. *Basté, e, p.*

__Bâton__, sm. Morceau de bois long, rond et maniable, que l'on porte à la main, et sur lequel on s'appuie ordinairement en marchant. (M. Delatre et M. Diez, quoique sous un point de vue différent, donnent une origine commune aux mots *basterne*, *bat*, *bâtir*, *bastide*, *bastion*, *baton*, etc. Roquefort, ainsi que Jal et beaucoup d'autres étymologistes, dérive *baton*, vi. fr. *baston*, du gr. *bastos*, bâton à porter des fardeaux; mot de la même famille que le gr. *bastazô*, porter un fardeau. Bien que le bâton serve aussi à frapper, il sert principalement à s'appuyer dessus quand on est faible ou fatigué, il sert encore, quoique moins fréquemment qu'autrefois, à porter des fardeaux sur son épaule. Le général Bardin dérive bâton de l'it. *bastone*, provenu lui-même du b. l. *bastum*. Ménage rejette l'étymologie de Barthius qui le dérive de l'all. *bast*, et soutient qu'il vient de *bastum* dont on a usé pour un *baston* à porter les fardeaux; il cite Reinesius qui unit ce mot au gr. *baston, bastazi*; et fait remarquer que le gr. *baston* a signifié ensuite toute sorte de bâton. En b. lat., on a dit aussi *bustonus, basto*, bâton. Couzinié dérive, de même que Constancio, le mot bâton du grec *bastos*, bâton avec lequel les porte-faix portent leurs fardeaux. 2° Bullet croit que bâton vient du gallois *pastwn*; bâton ; 3° Nicot, du gr. *baktron*, bâton ; 4° puis, du l. *batuere*, battre; 5° le P. Pezron, du celt. *bach* ou *bagl*, bâton ; 6° Schulter, le lie au teuton *bast*, verge, *bast*, bât. 7° M. De Chevallet le dérive du celt. *baz*, ou *bat*, bâton. 8° Ihre le rattache au lat. *baculus*, dim. de *bacus*, bâton, et au gr. *bakton*, bâton, ainsi qu'à l'anc. scandin. *piak*, frapper ; 9° un autre, au lat. *batuere* et à l'all. *pochen*, battre, frapper. En italien *bastone*, esp. *baston*, cat. *bastó*, langue des Troub. *buston*, bâton; goth. *basta*, patois de Castres *bastou*, bâton. Dans le Roman de la Rose, *baston* est pris pour une épée ou pour une hache. Dans la langue des Troubadours, *buston*, bâton, lance, etc. En anc. fr. *baston*, bâton et arme.)

*__Bâton__, sm. Grosse moulure en saillie à la base d'un pilastre ; morceau de bois sur lequel le planeur nettoie son marteau ; rouleau de bois qui sert à l'orfèvre pour aplanir une plaque de métal ; cylindre de bois garni de peau de chien, servant à frotter divers ouvrages ; fuseau du gantier pour élargir les doigts des gants; morceau de bois qui sert au lapidaire dans l'égrisage des cristaux ; plante dont les fleurs sont disposées en épi le long d'un axe redressé et rigide.

__Bâtonner__, va. Frapper avec le bâton; fig., rayer, biffer. *Batonné, e, p.*

__Bastonnade__, sf. fam. Coups de bâton.

__Bâtonnet__, sm. Petit bâton qui sert à un jeu d'enfant.

__Bâtonnier__, sm. Chef d'une confrérie ou d'un corps, et qui en porte le bâton de cérémonie ou de dignité. (« Saint Nicolas étant jadis le patron de la confrérie des avocats, le chef élu de cette confrérie portait, aux cérémonies de la Sainte-Chapelle, le *baton* de Saint-Nicolas ; c'est de là que lui est venu le titre de *bâtonnier* de l'ordre » : M. Louft.)

*Bâtonnat, sm.prat. Fonctions du bâtonnier du corps des avocats ; durée de ces fonctions.
Bâtonniste, sm. Qui sait jouer du bâton, qui sait s'en servir comme d'une arme.
Le bâton, c'est le bâton de commandement qui est l'insigne de la dignité de maréchal de France; fig., cette dignité même.
A bâtons rompus, Avec de fréquentes interruptions.
Tour de bâton, gain, profit que l'on doit à son adresse; profit secret et illégitime.(Tous les étymologistes rapportent cette expression au mot *bâton*,excepté Borel qui prétend qu'un tour de bâton est un *tour de bas ton*, parce qu'on promet tout bas, et qu'on parle à l'oreille à celui avec qui l'on traite.)
Embâtonner, va. fam. Armer d'un bâton.
Embâtonné, e, p.
Batardeau, et mieux **Bâtardeau**, sm.Digue de pieux et de terre glaise, pour détourner un cours d'eau. (Ménage écrit *bastardeau* et Trév. *bâtardeau*, en conservant l'accent circonflexe que l'Académie a laissé perdre. Ménage, Roquefort et Gattel, etc., tirent ce mot du vi. fr. *baston*, bâton, le bâtardeau n'étant souvent qu'une cloison de *bâtons* repliés en forme de claies, sur des pieux fichés dans l'eau. Cette étym. a été adoptée par M. Delatre,qui met ce mot ainsi que *bâtir* dans la même famille. Le général Bardin la trouve peu vraisemblable. Elle vaut bien celle de Bullet qui forme *bâtardeau*, *bâtir*, etc., du prétendu celtique *bast*, fort, fortifié ; et celle du P. Thomassin qui le lire de l'héb. *bâthar*, il a découpé. En ital. *bastone*, branche d'arbre, bâton ; lat. b. *bastum*, bâton à soulever ou à porter des fardeaux ; et *bastarda*, pièce de bois.)
Bateleur, euse, sf. Celui, celle qui fait des tours de passe-passe, avec le bâton de Jacob et la baguette magique ou divinatoire; qui monte sur des tréteaux dans les places publiques. [1°Selon Du Cange, Leibnitz, Guyet, Gébelin, Le Duchat, Gattel, Roquefort, etc., le fr. *bateleur*, et le vi.fr. *basteleur*, sont de la même origine que *baston*, *bâton*. Leibnitz dit : *bateleur* vient de *bâton*, instrument dont se servaient les *joculatores*. Le Duchat dit que *bateleur* vient du latin du moyen âge *bastellator* fait de *bastellare*, formé de *bastellum*, diminutif de *bastum*, d'où bâton. Du Cange assure que *bateleur* vient du vi.fr. *joueur* de *basteaulx*, et que *basteaulx* a été fait du b.lat. *bastasius, bastaxius*, porte-faix, mots qu'il rattache au grec *bastazô*, porter un fardeau, à l'esp. *bastaje*, au cat. *bastax*, prov. *bastays*, porte-faix. Dans le jeu des tarots on reconnaît, dit Gébelin, un joueur de gobelets à sa table couverte de dés, de gobelets, de couteaux, de balles, etc. ; et à son *bâton de Jacob* ou verge des Mages. On l'appelle *bateleur* dans la dénomination des cartiers : c'est le nom vulgaire des personnes de cet état-il est-il nécessaire de dire qu'il vient de *baste*, bâton? » 2° Saumaise forme *bateleur* du b.lat. *batalator*; 3° Nicot, du grec *battologos*, hâbleur; 4° un autre, du vi. gaulois *baste*, tromperie; 5° Trévoux, du lat. *balatro*, fripon, bélître ; 6° M. Pihan pense que le lat. *futilis* et le fr. *futile* et *bateleur*, proviennent de l'ar. *batal*, vain, futile. Souvent, ajoute-t-il, la permutation d'une lettre faible en sa forte du même ordre, et vice versà, conduit à la découverte d'une racine commune à plusieurs mots, etc. 7°Bullet croit que le fr. *bateleur* et le latin *vates*, poète, prophète, viennent de *bard* ou *bart*, mot qui signifie poète en b.breton. 8° M. Delatre forme le mot *bateleur*, du vi.fr. *batelle*, petite batte. La première étymologie est justement la plus suivie, parce qu'elle convient parfaitement au mot à la chose, et que l'histoire des bateleurs la justifie et la confirme. En anc.fr. *bastelage*, tour de bateleur, charlatanisme; *bastelier, bastelière*, bateleur, bateleuse; *bastellerie*, charlatanerie.]
*Bateleur, sm. hn. Oiseau de proie de l'Afrique. (Levaillant lui donna ce nom, parce qu'il faisait dans les airs, en volant, certaines évolutions ou cabrioles qui le lui firent comparer à un faiseur de tours ou bateleur.)
Batelage, sm. Métier ou tour de bateleur.
Bâtir, va. Édifier, construire; fig., établir, fonder; agencer, disposer les pièces d'un vêtement en les faufilant. (Du vi. fr. *bastir*, fait lui-même du vi. fr. *baston*; parce que les anciens bâtiments n'étaient faits que de perches et de longs bâtons : Gébelin, Port-Royal, Trévoux, Gattel, Roquefort, Noël et Carpentier, etc. ; et non de l'hébreu *bitser*, il a bâti. Denina est un de ceux qui ont le mieux expliqué l'étymologie du mot bâtir, il dit : « Une des principales villes de la Corse s'appelle *Bastia*; une petite ville du duché de Modène, dix villages du Piémont et vingt autres de la Lombardie, ont le même nom, qu'ont aussi huit hameaux de la Savoie. D'autres, tant en Italie qu'en France, s'appellent *Bastide*; mot qui dans l'origine ne signifiait que palissade; comme *baston*, dans l'orthographe moderne *bâton*, est à peu près la même chose que pieu, pal. L'enceinte faite de gros *bastons* devint ensuite une construction massive, un palais, un village, un château, un bourg, une ville, qui retinrent le nom appellatif comme nom propre. En b.lat. *bastia, bastita, bastile*, camp, tour, fortification; anc.fr. *bastie, bastide, bastille*, tours de bois qu'on construisait pour assiéger les villes; langue des Troubadours *bastir*, bâtir.) *Bâti, ie*, p.
Bâti, sm. Assemblage de pièces de charpente, de menuiserie; fil passé à grands points dans les étoffes, pour les unir avant la couture.
Bâtiment, sm. Construction propre à l'habitation ou destinée à recevoir les choses qu'on veut garantir des injures de l'air, édifice; vaisseau, navire.
Bâtisse, sf. Entreprise de maçonnerie.
Bâtisseur, sm. Qui a la manie de faire bâtir.
*Batissoir, sm. Machine qui sert à retenir les douves avec lesquelles on construit un tonneau.
Malbâti, ie, adj.et s. Mal fait, mal tourné.
Rebâtir, va. Bâtir de nouveau. *Rebâti, ie*, p.
Bastide, sf. Dans le midi de la France, petite maison de campagne.
Bastille, sf. Château fort flanqué de tours; tour en bois qu'on élevait contre les murs pour assiéger une ville.
Bastillé, e, adj. blas. Garni de créneaux renversés.
*Bastilleur, sm.Gouverneur, géôlier d'une prison d'état.
Bastingue, sf. mar. Toiles, filets matelassés autour du plat-bord d'un vaisseau, pour masquer à l'ennemi le pont du navire. (Ce nom, dit le général Bardin, fut donné à un parapet que les soldats faisaient avec leurs bagages; ce nom signifie aussi le rempart de boucliers dont se couvrait la tortue antique; on a appliqué la même dénomination à un rempart fixe, assujetti, que formaient à l'entour d'un navire les boucliers des troupes embarquées. On a dit aussi *bastingure*. Ce mot, ajoute-t-il, dérive du lat. *bastagium*, qui signifiait à peu près havresac; ou bien il est provenu des mots *bastaga, bastagia*, qui donnaient idée de convois, de chariots et des autres moyens de transports; qui sous la conduite des rouliers nommés *bastagarii* fournissaient de vivres les camps. Les mots *bastagium, bastaga, bastagia, bastagarii*, cités par ce savant, se rattachent très-bien par leurs formes et leurs significations, au b.l. *bastum*, bâton à porter des fardeaux, au grec *bas-*

tagma, fardeau, charge d'un porte-faix, et *bastazô*, porter un fardeau; d'où le latin *basterna*, espèce de litière, *basternarius*, mulet à litière.)

Se Bastinguer, va.pron.mar. Se couvrir d'une bastingue. *Bastingué, e*, p.

Bastingage, sm.mar. Parapet qu'on forme autour du pont supérieur d'un vaisseau, avec les hamacs de l'équipage, pour se garantir de la mousqueterie.(M. Jal dit : « *Bastingage* est, à n'en pas douter, de la même famille que *bastie, bastille, bastide, bastion*, tous mots anciens dont la signification était : château, tour, forteresse. »)

Bastion, sm. Ouvrage de fortification, qui présente en saillie deux flancs et deux faces, et tient des deux côtés à la courtine. (Ce terme, dit le général Bardin, a d'abord signifié grosse bastille, grande redoute, ayant à son pied un fossé. C'est une traduction des augmentatifs italiens *bastillione, bastione*, dérivés de *bastilia*, bastille.)

Bastionné, e, adj. Qui a des bastions.

BAT, sm. vi. Queue de poisson. [Selon M. De Chevallet, ce vieux mot est celtique. *Bat* ne semble pas pour cela étranger à la famille du verbe *battre*, vu que les animaux battent de la queue, et que les poissons s'en servent pour battre l'élément où ils vivent. Comme le *b* et le *p* se permutent souvent, *bat* pourrait encore se rapporter à la racine sanscrite *pyt*, tomber, voler, qui a pris en latin la forme *pet* dans *peto*, aller vers, tomber sur, d'où, selon Delatre, le lat. *penis*, pour *petnis*, la queue des animaux, soit parce qu'elle tombe, soit parce qu'elle frappe. Ecoss. et irl. *bod*, queue, mot cité par De Chevallet.]

BATEAU, sm. Espèce de barque dont on se sert ordinairement dans les rivières et parfois sur la mer ; menuiserie d'un corps de carrosse. [1° Doederlein rattache ce mot au lat. *batiola*, dimin. de *batiaca*, sorte de vase à boire ; et au gr. *bathus*, profond ; 2° et M. Delatre, au sanscrit *baddha*, lié. M. C. Schœbel, au lat. *vas*, vase, à l'all. *boot*, bateau, et au sanscrit *badh*, lier, joindre. 3° Puisque sanscrit il y a, ne serait-il pas plus aisé et plus naturel de dériver *bateau*, du sansc. *vâdhu*, bateau, par le chang. fréquent de *v* en *b* ? 4° Bullet prétend que *bateau, patache* et *matelot*, viennent du gallois *bad*, irl. *bad*, bateau, barque, esquif. 5° Les auteurs du Tripart. lient l'ital. *batello*, au lat. *batiola, batillus*, au dan. *baad*, au holl. *boot*, à l'indien *poda*, et au persan *bat, betif*, bateau. 6° Constancio forme le mot bateau du gr. *bathos*, fond, et *leios* ou *lembos*, barque, esquif. 7° Selon Camden, il vient de l'angl. *boat*, bateau, mot d'origine saxonne suivant Fallon. Spelman donne à peu près la même étymologie. 8° Selon Ménage, *bateau* proviendrait du b. lat. *bastum*, bâton à porter les fardeaux, bâton, parce qu'un bateau est fait de plusieurs pièces de bois ; 9° selon Nicot, du lat. *batuere aquam*, battre l'eau ; 10° selon d'autres, de l'hébr. *bâdal*, il a séparé, parce que le bateau sépare les eaux, comme le soc de la charrue sépare la terre ; 11° selon Trév. du lat. *vas, vasis*, vase, vaisseau, vaisselle. En angl. *boat*, barque, bateau, anglosaxon *bate, baet, bat*, dan. *baat*, anc. scandin. *batr*, all. et holl. *boot*, gallois *bâd*, gaël irl. *bade*, ital. *batello, battello*, port. *bote*, cat. *batell*, langue des Troub. *batellh*, esp. et anc. fr. *batel*, bateau ; b. lat. *batellus*, dim. de *batus*, bateau, patois de Castres *batèou*, bateau.]

Bateau à vapeur, sm. Bateau mû par la vapeur. [Le premier bâtiment mû par la vapeur fut inventé par le capitaine de mer, Blasco de Garay, qui fit l'essai de son bâtiment le 7 juin 1543, dans le port de Barcelonne.)

*****Bateau**, sm.hn. Nom d'une grande et belle espèce de patelle.

Batelage, sm. Allées et venues de bateaux chargeant ou déchargeant des bâtiments.

Batelée, sf. Charge d'un bateau.

Batelet, sm. dim. Petit bateau.

Batelier, ière, s. Qui conduit un bateau.

Bosseman, sm.mar. Autrefois sous-officier de marine. (All. *bootsmann*, bosseman, de *boot*, bateau, et *mann*, homm. En angl. *boatswain*, bosseman.)

*****Flibot**, sm. Navire à plates varangues et à deux mâts. (De l'angl. *flyboat*, barque volante, de *fly*, voler, fuir, et *boat*, bateau.)

Paquebot, sm. Bâtiment de mer, qui va et vient d'un pays à un autre pour transporter des paquets, des passagers et des lettres. (De l'angl. *packet-boat*, de *packet*, paquet, et *boat*, bateau.)

*****Steamboat**, sm. En Angleterre et sur les ports français de la Manche, bateau à vapeur. (De l'angl. *steam*, vapeur, *boat*, bateau.)

*****BATIACE**, sm.ant. Sorte de vase à boire que les Grecs avaient emprunté des Perses. Il était fait d'un cuivre très-brillant ; cuivre dont on faisait les batiaces. [Du lat. *batiaca*, dérivé du grec *batiaké*, batiace. 1° Bochart fait venir le gr. *batiaké*, du chald. *batiach*. 2° Gébelin rapporte à une origine commune les mots lat *batiaca*, batiace, *batus*, vase à vin, *batillus*, cassolette, *batiola*, tasse, coupe, *botulus*, boudin, le fr. *botte*, chaussure, et l'ital. *botta*, tonneau. 3° Martinius forme le gr. *batiaké*, de l'hébreu *pâthâh*, il ouvrit ; 4° du celtique *bat*, vase, Bullet forme le latin *batiaca, batiola*, etc. 5° Comme les Grecs avaient emprunté des Perses l'usage du *batiace*, ils en ont dû prendre aussi le nom dont la racine semble subsister dans l'ar. *bathiè*, d'où le turc *badiè*, vase de terre à l'usage des confiseurs. Au l. *batiola*, dimin. de *batiaca*, Doederlein rattache le holl. *boot*, et le fr. *bateau*.]

*****BATIS**, sm.hn. Sorte de raie. [Du lat. de Pline *batis, batidis*, espèce de raie, poisson de mer ; fenouil marin, plante ; dérivé du grec *batis, batidos*, nom d'un poisson délicat, semblable à la raie ; r. *batos*, buisson, ronce ; d'où le grec *batos*, raie, *batia, bation*, mûre sauvage. La raie comme la ronce a des piquants. Etym. 1° Gébelin tire le grec *batis, batos*, etc., de *bat, bet, bed*, primitif celtique, signifiant rouge et qui aurait donné divers mots aux Français. 2° Martinius forme le grec *batos* du grec *bia*, force, et *atô*, je blesse ; parce que la ronce, le buisson appelé *batos* blesse violemment, de même que le poisson nommé *batos*, dont la queue est armée de piquants.]

*****Batis**, sm.hn. Un des noms de l'oiseau appelé aussi traquet. (« Le traquet ou groulard est le *batis* d'Aristote, et la *rubetra* des Latins. *Batis* veut dire *rubus* en lat., *ronce* en fr.]

BATRACIENS, sm.pl.hn. Ordre de reptiles à corps nu tels que les grenouilles. [Du grec *batrachos*, grenouille, onomatopée composée de *ba*, crier, et *trach, trach*, imitation de son cri, selon Gébelin. 2° D'après Benfey, *batrachos* serait identique au gr. d'Hesychius *broagchos*, et au phocéen *briagchoné*; et le lat. *rana*, grenouille, serait pour *vrahna*, tous mots qu'il rapporte au sanscrit *vrth*, crier, rugir, mugir. 3° Un hébraïsant croit que *batrachos* vient de l'hébreu *tsephareddeha*, grenouille, mot à mot : qui saute dans le marais ; de *trâphar*, il a sauté.]

*****Batrachion**, sm.bot. Grenouillette.

*****Batrachite**, sf.ant. Pierre verdâtre, creuse, représentant dans le milieu un œil ; on croyait qu'elle était formée dans la tête de la grenouille ou du crapaud, et qu'elle chassait toute sorte de venins.

*Batrachoïde, adj.hn. Qui a l'apparence d'une g'enouille. (G*r. eidos*, apparence.)

*Batrachoïdes, sm.pl. Genre de poissons.

*Batrachosperme, sf. Genre de plantes cryptogames aquatiques. (Gr. *sperma*, semence.)

*Batrachospermé, ée, adj. bot. Semblable à une batrachosperme.

*Batrachospermées, sf.pl. Familles d'algues fluviatiles.

BATTRE, va. Frapper, donner des coups pour faire du mal; frapper sur certaines choses avec divers instruments; défaire des troupes assemblées en un corps, vaincre; tourmenter, agiter, secouer; au trictrac, frapper une dame découverte de l'adversaire, ou son coin. [Lat. *battuere* ou *batuere*, battre, frapper, dans Plaute; s'escrimer. Grec *patissô*, battre, frapper, *patagé*, bruit, fracas, *patagéion*, bande, frange, bordure d'or aux vêtements des femmes, galon; il faisait du bruit et battait sur les épaules, d'où le lat. *patagium*, frange, galon. M. Schœbel unit le lat. *battuere* et le gr. *patassô* à l'all. *patschen*, claquer, patauger, et au sanscr. *pad*, marcher. Sansc. *bad*, tuer, *badh*, battre, frapper, *botâmi, botayâmi, pothayami, puthayami*, je bats, je frappe, je blesse? p=b. Hébreu *cha-bat*, il a battu, il a frappé avec un bâton; *sâ-phad*, il a battu, il a frappé; *pâtasch*, il a battu avec le marteau, Lithuan. *botagas* et lett. *pahtaga*, fouet des cochers. Pol. *bat*, grosse lanière ou gros fouet de cuir. Langue Mogialoua *beta*, dialecte Abunda *cu-beta*, congo *veta*, battre, frapper. All. pop. *patsch*, claque, *patsche*, battre, *patschen*, claquer. Ital. *battere*, battre, esp. *batir*, cat. *batrer*, port. *bater*, langue des Troub. *batre*, battre; angl. *to beat*, battre, racine saxonne, selon Fallon. Russe *bite*, battre. Valaque *a bate*, battre. B.l. *battere, battare, battire*, battre. Patois de Champ. *batte, bettre*, battre, dans Tarbé. Gaël écoss. et irl. *deabhadh*, débat; bret. *ebat, ébat, ébati*, s'ébattre, dans Edwards. En bret. *batel*, gaël irl. et écoss. *batail*, ital. *battaglia*, bataille.] *Battu, ue*, p.

Battre, vn. Être agité.

Se battre, va.pron. Combattre.

Battre en brèche, tirer avec de l'artillerie contre une muraille.

Battre du tambour, Frapper sur un tambour pour en tirer des sons.

Battre le tambour, Donner un signal en frappant sur le tambour.

Battre-monnaie, Fabriquer de la monnaie.

Bastude, sf. Filet pour pêcher dans les étangs salés. (On a dit aussi *battude*. En l.b. *batuta, bâtuda*, désignait une sorte de pêche où l'on poursuivait les poissons en *battant* l'eau, pour les effrayer et les forcer à se réfugier au même lieu, afin de les prendre avec plus de facilité: c'est pourquoi Du Cange forme les mots *batuda, batuta*, du lat. *batuere*, battre, frapper. Les pêcheurs disent encore *battre le ruisseau*, pour frapper l'eau à grands coups de perche, afin d'effrayer le poisson et à le faire donner dans le filet.)

Bataclan, sm. pop. Attirail, équipage embarrassant. (Ce mot est apparemment de la même racine que *battre, batte, battant, batterie*. Dans le Gloss. champ. de M. Tarbé, *ataclan*, embarras, attirail. En all. pop. *patsch*, claque. *patschen*, claquer; *patsch*, batte; flaque, bourbier, et fig. embarras: p=b. Selon M. Scheler, *bataclan* serait une onomatopée.)

Bataille, sf. Combat général entre deux armées; combat quelconque; disposition au combat; disposition d'une troupe déployée; représentation d'une bataille en peinture ou en sculpture; sorte de jeu de cartes.

Batailler, vn. vi. Donner bataille; fig. et fam., contester, disputer avec chaleur et ténacité. *Bataillé*, p.

*Bataillé, e, adj. blas. Se dit d'une cloche dont le *batail* (le battant) est d'un autre métal que le corps.

Batailleur, euse, adj. Qui aime à batailler.

*Bataillière, sf. Corde qui fait aller le traquet d'un moulin.

Bataillon, sm. Corps d'infanterie en général; par exagér. et fam., grand nombre.

Bataillons, sm.pl. Dans le style élevé, armée.

Batifoler, vn. fam. Se jouer à la manière des enfants. (Roquefort et Delatre rapportent ce mot au latin *batuere*, battre, frapper. Ce dernier le compose du lat. *batuo*, battre, et *follis*, soufflet ou vessie; il ajoute que *batifoler* a dû signifier dans l'origine s'amuser à battre les gens avec une vessie, sorte d'amusement qui se pratique encore à présent en Italie pendant le carnaval. Trévoux dit que *batifoler* vient des Italiens qui ont appelé *battifolle* certains tours de bois qui sont sur les remparts et les beffrois, où les jeunes gens allaient jouer et badiner.) Noël et Carpentier forment simplement ce verbe du fr. *battre* et de *fol*, fou.)

Batifolage, sm. fam. Jeu où l'on se bat comme de petits enfants, comme des fous, action de batifoler.

Batifoleur, sm. peu us. Qui se plaît à batifoler.

Battage, sm. Action de battre le blé.

Battant, ante, adj. Qui bat.

Battant, sm. Marteau qui bat l'intérieur d'une cloche, quand on le met en branle; chaque partie d'une porte qui s'ouvre en deux; instrument suspendu qui frappe la trame quand la navette est passée.

Battant-l'œil, sm. fam. Bonnet de femme; coiffure négligée dont la garniture retombe en partie et vient battre les yeux, le visage.

Batte, sf. Maillet, plateau de bois emmanché pour battre et aplanir; sabre de bois d'Arlequin; banc de blanchisseur; massue à pulvériser le plâtre; à battre le gravois; battoir, palette.

*Battée, sf. Partie sur laquelle bat une porte lorsqu'on la ferme; quantité de terre que le fabricant de glaces pétrit avec les pieds, dans une même caisse; quantité de feuilles que le relieur bat à la fois.

Battellement, sm. Dernier rang de tuiles d'un toit.

Battement, sm. Action de battre; mouvement; t. de danse, exercice pour délier et assouplir les jambes.

*Battement, sm. mus. Agrément de chant; mus. et phys., secousse ou renflement produit par deux sons mal d'accord; point qui cache l'endroit où se joignent les vantaux d'une porte; partie d'une lame de couteau qui porte sur le ressort.

*Batterand, sm. Masse de fer emmanchée, dont on se sert pour casser les pierres.

Batterie, sf. Querelle où l'on se bat; ouvrage où l'on place des pièces d'artillerie pour tirer; ces pièces mêmes; compagnie d'artillerie; son matériel; pièce d'acier couvrant le bassinet des armes à feu portatives; manière de battre le tambour.

*Batterie, sf. Au jeu de paume, se dit des petits murs construits le long des ouverts; au jeu de l'ambigu, la somme que l'on propose au-delà des enjeux qui forment la poule; assemblage de marteaux pour bocarder une mine, ou pour travailler les métaux; assemblage de pilons pour battre la poudre à canon; petite forge servant à travailler la tôle; chaudière où le raffineur de sucre bat le sirop avant la distillation; dessous ou fond d'un tamis; cuve de l'indigotier; fourneau sur lequel travaille le chapelier dans l'opération du foulage.

Batteur, sm. fam. Qui aime à battre, à frapper; chass. celui qui fait le bois pour faire sortir le gibier.

***Batteur**, sm. Celui qui prépare la terre pour faire les pipes.

***Battitures**, sf. pl. Ecailles qui se détachent des métaux quand on les bat après les avoir fait rougir.

Battoir, sm. Palette à manche pour jouer à la paume; grosse palette à battre le linge lessivé.

***Battoir**, sm. Outil du fabricant de pipes; jeu où l'on chasse, avec une palette à long manche, une balle dure que les joueurs doivent tâcher de renvoyer en la prenant à la volée et au premier bond.

***Battu**, sm. Trait d'or ou d'argent doré, qui est écaché.

Battue, sf. Action de battre les bois et les taillis avec grand bruit, pour en faire sortir les loups, ards et autres bêtes; bruit du pied du cheval.

***Ba ue**, sf. Creux que fait le poisson dans la vase pour y enfoncer pendant l'hiver.

Battu e, sf. Dorure au miel avec l'eau de colle et du naigre.

Abattre, va. Mettre à bas en battant, jeter à bas ce qui était élevé, renverser à terre, faire tomber; assommer, tuer; fig., affaiblir, diminuer, faire perdre les forces, le courage. *Abattu, ue*, p.

S'Abattre, va. pr. Se dit d'un oiseau qui fond, qui descend avec rapidité; d'un cheval qui tombe d'un seul coup.

***Abattre**, va. anc. jurispr. Abolir; chirur., abaisser; art vétér., enlever; art du cartier, étendre les paquets composés d'étresses.

***Abattre**, vn. Se dit d'un navire qui tourne sur lui-même autour d'un axe vertical; s'écarter du rumb que l'on doit suivre pour obéir au vent.

Abatage; Abattage, sm. Action d'abattre, de couper les bois; frais de ce travail; action de mettre à mort les bestiaux.

***Abatage**, sm. Manœuvre pour soulever ou retourner une poutre; une des manœuvres du fabricant de bas.

***Abatant**, sm. Pièce du métier à bas qui fait descendre les platines à fond; partie du comptoir d'un marchand, qu'on lève et qu'on baisse pour entrer ou pour sortir; dessus de table mobile; châssis qui s'élève et s'attache au plancher.

Abatée, Abattée, sf. Mouvement horizontal et de rotation d'un navire en panne, qui arrive de lui-même.

Abatis, Abattis, sm. Quantité, amas de choses abattues, brisées, démolies; pattes, tête, cou, aileron, foie et gésier d'une volaille.

Abat-jour, sm. Fenêtre en soupirail, en hotte, où le jour vient d'en haut; volet à claire-voie; auvent ou toiture vitrée et gazée.

Abattement, sm. Diminution de force, ou de courage, état de faiblesse qui tient du corps, ou de l'esprit; langueur que l'âme éprouve à la vue d'un mal qui lui arrive.

Abatteur, sm. Celui qui abat.

Abattoir, sm. Bâtiment où l'on tue les bestiaux.

***Abattue**, sf. Dans les salines, travail d'une poêle depuis qu'elle est au feu jusqu'à ce qu'on la fasse reposer.

Abattures, sf. pl. Foulures qu'un cerf laisse dans les broussailles où il a passé.

Abat-vent, sm. Toit en saillie qui garantit du vent; jurd., paillasson.

Abat-voix, sm. Dessus d'une chaire à prêcher.

Combattre, va. et n. Attaquer son ennemi; soutenir, repousser son attaque; faire la guerre. *Combattu, ue*, p.

Combat, sm. Action de combattre; lutte; débat, contestation; agitation, trouble, souffrance.

Combats, sm. pl. En style élevé, la guerre.

Combattant, sm. Homme de guerre; qui prend part au combat.

***Combativité**, sf. philos. Penchant ou faculté affective qui porte l'homme à la guerre, à la lutte.

***Combattable**, adj. Qui peut ou doit être combattu.

Contre-batterie, sf. Batterie de canons opposée à une autre; batterie destinée à protéger une batterie de brèche; fig. et fam., opposition aux menées de ceux qui nous sont contraires.

Débattre, va. Contester, discuter; contester de paroles sur une thèse quelconque, afin d'en faire prévaloir telle ou telle conséquence.

Se Débattre, va. pr. S'agiter. *Débattu, ue*, p.

Débat, sm. Contestation tumultueuse entre plusieurs personnes; différend, altercation.

Débats, sm. pl. Discussion d'une assemblée; partie de l'instruction criminelle.

***Débat**, sm. *Débat de tenure*, contestation qui s'élevait entre deux seigneurs pour la mouvance d'un héritage.

***Débateis**, sm. fauc. Attaque de l'oiseau.

***Débattable**, adj. Susceptible d'être débattu.

S'Ebattre, va. pr. S'amuser, se divertir. (On rapporte communément ce mot au fr. *battre*, *débattre*. Cependant Borel le fait venir du lat. *expandere*, épanouir, et Bullet du b. bret. *ebad*, plaisir, puis du b. bret. *imbat*, divertissement. Il paraît plus simple d'admettre que le sens propre de *s'ébattre* est *se battre* par amusement, s'amuser à des jeux de mains. Dans le Roman de la Rose *esbattre*, divertir; *esbattait*, se divertissait, *esbas*, plaisir, divertissement.)

Ebat, sm. Passe-temps, divertissement.

Ebattement, sm. vi. fam. Syn. de *ébat*.

***Embatailler**, va. Ranger en bataille. *Embataillé, e*, p.

***Embataillement**, sm. art. milit. Action de passer de l'ordre appelé colonne, à celui qu'on nomme *bataille*.

***Embataillonner**, va. Former des soldats, des compagnies, en bataillon. **Embataillonné, e*, p.

Embatre, Embattre, va. Couvrir une roue avec des bandes de fer. *Embatu, Embattu, ue*, p.

Embatage, Embattage, sm. Action d'embattre.

***Embattoir**, sm. Fosse où l'on embat les roues.

***Embattre**, va. Forger et mettre en place les bandes des roues de voiture.

Rabattre, va. Rabaisser, faire descendre; fig. et fam., abaisser, réprimer. *Rabattu, ue*, p.

Rabattre, vn. Quitter un chemin, et se détourner tout à coup pour passer dans un autre.

Rabat, sm. Collet rabattu des ecclésiastiques; toit d'un jeu de paume, servant à rejeter la balle; coup qui vient du rabat; action de rabattre le gibier; le coup que le joueur joue de l'endroit où sa boule s'est arrêtée.

***Rabat**, sm. technol. Feuilles d'une fleur artificielle qui tombent à côté des feuilles supérieures; morceau de toile dont le cirier se sert, pour rabattre ce qui s'élève de la baignoire en tournant; dessus d'une cage; outil de charron pour tracer des lignes droites; pièce de peau assemblant les éclisses d'un soufflet d'orgue; lisse sous la maille de laquelle les fils de la chaîne sont passés; sable argileux aggloméré en couches; terre des plats et des assiettes non vernis, dont la cuisson a été manquée; opération de teinture qu'on fait subir aux étoffes de peu de valeur.

*Rabattoire, sf. Outil à rabattre les bords d'une pièce; outil à tailler les ardoises.

*Rabattues, adj. f. pl. bot. Se dit des feuilles composées, qui, pendant leur sommeil, font un demi-tour de conversion sur elles-mêmes, de sorte que la face supérieure prend la place de l'inférieure, et qu'elles s'appliquent aussi l'une sur l'autre, par leur surface supérieure, quoique pendantes vers la terre.

Rabat-joie, sm. Personne, chose qui trouble la joie; fam., personne triste, ou ennuyée de la joie des autres.

Rebattre, va. Battre de nouveau; fam., répéter inutilement et d'une manière ennuyeuse. *Rabattu, ue*, part.

*Rebat, sm. fauconn. Se dit de l'autour qu'on lance une seconde fois.

*Rebatteret, sm. Outil à façonner l'ardoise.

*Rebattoir, sm. technol. Instrument à rebattre les carreaux.

*Rebattre, va. technol. Fouler les carreaux de brique, pour les rendre plus solides; repiquer les meules d'un moulin.

*Patagium, sm. ant. rom. Bande d'étoffe, ornée de clous d'or, qui faisait le tour du cou et battait la poitrine, tombait sur la poitrine. (Du gr. *patagéion*, de *patasso*, battre.)

BAUD, sm. Espèce de chien courant, originaire de Barbarie, excellent pour la chasse du cerf. Ces chiens sont blancs, pour la plupart; et d'une seule couleur. [D'après Nicot, Gébelin, Gattel, Delatre, etc., ces chiens ont été nommés ainsi, parce qu'ils sont forts, hardis, et qu'ils résistent à la fatigue. Ce nom vient de l'ancien fr. *bald, baud, baut*, hardi, audacieux, gaillard, dispos, éveillé. Trév. dit que le nom de *baud* vient de celui d'une chienne *baude*. Or *baude* est le féminin de l'anc. fr. *bald, baut, baus, baut, baull, bals, baux*, hardi, gaillard, joyeux; d'où *baude*, joyeuse. Le Dict. de la convers. observe que le vi. fr. *baud* ou *bauld*, b. l. *baldiosus*, gai, joyeux, est rendu en ital. par *baldo*; que nous en avons gardé le verbe s'*ébaudir*, et qu'on ne se sert guère du v. *baudir* ou *rebaudir*, qu'en terme de chasse, pour dire exciter du cor, de la voix, les chiens et les oiseaux de proie. Jornandès, et Fréret retrouvent la racine de ce mot dans la langue des Goths; et Delatre le rattache au goth. *balths*, à l'anc. all. *bald*, et au sanscrit *balavat*, fort, robuste, de *bala*, force, qu'il dérive de *bal*, nourrir. En haut all. anc. *balt, bald, pald, baldo, bold, pold*, hardi, audacieux, féroce, prompt, vif; anc. goth. *balth, balthaba*, hardi, intrépide, libre; anglos. *bald, beald*, angl. *bold*, hardi, audacieux; anc. scandin. *balla-r, ball-r, baldinn*, arrogant, impétueux, mutin, dans Meidinger; gaël écoss. et irl. *boltadh*, audacieux, bouillant, dans Edwards. Langue des Troub. *bautz*, hardi, fier, joyeux, gai; *baudos*, gai, joyeux.]

Baudet, sm. Ane; fig. et fam. ignorant, stupide. (Ce mot est ancien. («Dans Ménage revu, *baud*, puissant, *bald*, hardi, courageux; en vi. fr. *baud, baude, baulde*, fier, hautain; *ribaud*, fort, robuste; *rhi*, partic. augment. Voilà l'origine de *baudet*, et non les singulières transformations de *Baudoin* : Archiv. hist. » M. Delatre dit que *baud* prit par extension le sens de vain, insensé, paresseux : qu'il a l'acception de vain dans *bille-baude*, et celle de paresseux dans *baudet*, l'animal indolent, l'âne. En rouchi *bodé, baudé*, âne et *baude*, ânesse, dans Hécart.)

Baudir, va. Exciter les chiens du cor et de la voix; les enhardir. (De l'anc. fr. *buuld, baud, baut, bald*, hardi, audacieux, gaillard : Edward le Glay, De Chevalet, Delatre, etc.) *Baudi, ie*, p.

S'Ébaudir, va. pr. vi. Se réjouir avec excès, et témoigner sa joie en dansant, et sautant. (Ampère, De Chevalet, Edward Glay, Delatre, ainsi que Raynouard, Le Duchat, etc., etc., rattachent ce mot à la même souche que l'anc. fr. *baud, baut, bauz, bald*, hardi, gai, joyeux. Méon le dérive du lat. *gaudere*, se réjouir. Langue des Troub. *esbaldir, esbaudir*, réjouir, égayer ; et *esbaudeiar*, réjouir. Langue des Trouv. *esbaudir*, réjouir. On a dit aussi s'*esbaldir*, s'*esbaudir*, se réjouir.) *Ébaudi, ie*, p.

Ébaudissement, sm. vi. Action de s'ébaudir.

Rebaudir, va. chass. Caresser les chiens. *Rebaudi, ie*, p.

Ribaud, aude, adj. et s. pop. Grossier, luxurieux, impudique. (De Chevallet dit que de l'anc. fr. *bald, baud, baut*, hardi, audacieux, gaillard, dispos, éveillé, ital. *baldo*, id., vinrent les mots fr. *baudir, ébaudir*; et *ribaud, ribauld*, ital. *ribaldo*, b. lat. *ribaldus*, mot à mot les intrépides de devant, les soldats intrépides qu'on mettait devant l'armée rangée en bataille; du tudesque *eri, eriu*, avant, devant, et de *bald*, hardi, courageux, intrépide. Les avant-gardes étaient composées de soldats qui pouvaient avoir une certaine intrépidité, mais qui étaient pour la plupart indisciplinés et sans conduite; c'étaient, dit le même auteur, les mauvais sujets de l'armée; aussi le nom de ribaud devint-il bientôt une injure, et ne s'employa-t-il plus que pour signifier un bandit, un pillard, un débauché. Lantin de Damerey, Ampère, M. Edward Glay et autres, donnent la même étymologie. Skinner dit que de l'anc. fr. *baud*, ital. *baldo*, vint le n. pr. *Baudet*, ainsi que *ribauld*, d'où l'angl. *ribald*, et l'ital. *ribaldo*, mot qu'il compose du fr. *bauld, baud*, et de *re*, particule intensitive. Diez croit que *ribaud* vient du haut all. anc. *hribâ, hripâ*, prostituée, et de la terminaison *aud*. Tarbé, ainsi que Denina, pense que *ribaud* est le superlatif de *baud, bauld, bald*, Pithou et le Duchat se sont trompés en croyant que *ribaud* vient de *rive* ou de *rivalis*. Dans le Roman de la Rose, *ribaudir*, tressaillir de plaisir. Langue des Troub. *ribaut*, ribaud, goujat, libertin. Langue des Trouv. *ribaut*, soldat à pied, vaurien.)

Ribauderie, sf. Action de ribaud; divertissement licencieux.

Thibaude, sf. Tissu grossier fait avec du poil de vache, et qu'on emploie à doubler les tapis de pied. (Du nom de *Thibaud*, tisseur à Lisieux, Calvados, qui le premier fabriqua une étoffe dont la chaîne est en fil et la trame en poil de vache ou de bœuf. Cette étoffe fut employée d'abord pour faire des couvertures d'écurie pour les chevaux; ensuite pour doublure de tapis. La consommation en devint si considérable qu'on importe de ce poil de la Russie et d'autres pays étrangers. A l'anc. german. *bald*, fort, audacieux, courageux, hardi, anglosaxon *bald, beald*, frank *baldo*, angl. *boldo*, ital. *baldo*, Wachter rattache les n. pr. *Genobaldus*, de *gun*, homme; *Gundibaldus*, de *gund*, guerre; *Baldomerus, Balduinus*, de *winnen*, combattre; *Leopoldus*, hardi comme un lion; etc. Le même auteur forme le nom propre *Thibaud*, ou *Thibauld, Thibaut*, en ital. *Thebaldo*, german. *Theballt*, lat. barb. *Theudibaldus*, du german. *bald*, hardi, fort, courageux, et de *Teut*, Mercure, roi d'Italie et de tout l'Occident. Camden forme le nom *Theobald*, de l'anglos. *deod*, peuple, et *bald*, audacieux, hardi; un autre du germ. *teut*, roi, général, prince, et de *bald*, hardi, courageux, fort. Bacon pense que ce nom signifiait le dieu chauve, ou Saturne. M. Delatre forme le nom *Thibaud, Theudibald*, du germ. *teut*, chef, *bald*, hardi ; chef hardi. Dans le Gloss. champ. de M. Tarbé, *thibaude*, tissu de laine épais et commun, pour doubler les tapisseries; manteau de roulier en laine rayée. *Saint Thi-*

baud, fils d'un comte de Champagne, honoré à Provins, se nommait en latin *Theobaldus*; il naquit le 30 juin 1066.) De là les n. pr. *Baldwin*, *Baudouin*, *Baudet*, *Baldric*, *Baudry*, *Willibald*, *Guibaud*, *Gundibald*, *Gondebaud*, *Gombaud*, *Theudibald*, *Thibaud*, *Thibaut*, *Rambald*, *Rambaud*, *Léopold*, *Garibaldi*, etc.

BAUDRIER, sm. Écharpe de cuir, de buffle ou d'étoffe, bande qui sert à porter le sabre ou l'épée. [Du lat. *balteus*, baudrier, comme *titre* de *titulus*, *apôtre* de *apostolus*, etc. : r==l. En anc. fr. *baudré*, *baltée*, baudrier, lat. barb. *baldringus*, *baldrellus*, baudrier, et *baltheus*, ceinture, dérivés du l. *balteus*, baudrier, ceinture de cuir, sangle, etc. On a émis diverses opinions sur l'origine étymologique du latin *balteus*. 1° Selon Forcellini, *balteus* viendrait du gr. *balló*, jeter, lancer; parce que le baudrier descendait autrefois de l'épaule droite et passait sous le bras gauche. M. Delatre pense que ce mot signifie propr. ce qu'on jette autour de soi, et qu'il vient du gr. *balló*, jeter, dont on aurait fait d'abord *baltéon*. Il aurait pu ajouter que le latin *amictus*, manteau, de *amicio*, couvrir, vêtir, a été fait de même du lat. *am*, autour, et *jacio*, jeter. 2° Varron le forme du lat. *bulla*, parce que le baudrier des Romains, le *balteus*, se prenait indifféremment pour le *cingulum*, et qu'il était fait de cuir, garni de têtes de clous et d'autres ornements de bronze appelés *bulla*. Ainsi *balteus*, pour *bullatus*, signifierait littér. : orné de la bulle, ou de clous d'or ou d'autre métal. 3° Selon Gébelin, les mots lat. *balteus*, *abolla*, *ambolagium*, etc., seraient de la même origine. 4° Fungérus et Guichard font venir *balteus* de l'hébreu *abenét*, baudrier, courroie, par le chang. de n en l. *Abenét* ressemble beaucoup au chald. *phénéd*, au sanscrit *bandha*, et au germ. *band*, lien. 5° Bullet le dérive du celt. *balt*, baudrier; 6° Doederlein, du grec *psellion*, anneau, cercle de métal, bracelet; 7° Constancio, du lat. *pellis*, peau, et *latus*, large. En port. *balteo*, *bolários*, langue des Troub. *baltemo*, *baudrat*, baudrier; angl. *baldric*, baudrier, et *belt*, ceinturon; anc. fr. *baudré*, *baudrex*, baudrier; ital. *balzo* et *budrière*, prov. *balx*, anglos. *belt*, baudrier; gaël écoss. et irl. *faltan*, pli, baudrier.]

Baudruche, sf. Pellicule de boyau de bœuf qui sert aux batteurs d'or. (Selon M. Delatre, de *uche*, dim. et de *baudrier*; parce que la baudruche est semblable à une petite ceinture. 2° Selon De Chevallet, le mot *baudruche* appartiendrait à la même origine germ. que le fr. *arroi*, *desarroi*, dont on retrouve les éléments dans le danois *bered*, préparer, apprêter, qui se dit particulièrement en parl. du cuir, et qui est formé du préfixe *be* et de *red*, prêt, préparé.)

*****Baltéaire**, sm. ant. rom. Officier qui était préposé à la garde des baudriers et des ceinturons; ou peut-être celui qui les fabriquait.

BAUGUE, ou **BAUQUE**, sf. bot. Mélange de plantes marines que la mer Méditerranée rejette sur ses côtes. [1° En prov. *alga*, *auga*, *bauga*, algue, mots que M. Honnorat rattache au latin *alga*, algue. 2° Un autre dérive *baugue* ou *bauque*, du celt. *baus*.]

BAVAROISE, sf. Infusion de thé où l'on met du sirop de capillaire. [Un auteur allemand croit que ce mot vient de l'ital. *beveraggio*, breuvage; mais il vient du nom des *Bavarois*. Voici comment Le Grand d'Aussi explique cette étymologie : « Aux premières années du 18e s., les princes de *Bavière* vinrent à Paris. Pendant leur séjour dans cette capitale, leurs altesses allaient souvent prendre le thé chez le sieur Procope, rue des Fossés-Saint-Germain-des-Prés; mais elles avaient demandé qu'on leur servît le thé dans des carafes de cristal, et au lieu de sucre, elles y faisaient mettre du sirop de capillaire. La boisson nouvelle fut appelée *bavaroise*, du nom des princes. » Il reste à savoir d'où vient le nom des *Bavarois* eux-mêmes. Wachter l'explique par *viri à Boiis oriundi*; hommes issus des *Boïens*, d'où le nom de *Bohême*, pays des *Boii* ou *Boïens*, germ. *heim*, pays. Il n'est question, pour la première fois, des *Boïens* ou *Boii*, que dans le récit de la première expédition des Gaulois Transalpins, qui s'établirent en Bohême et dans la Norique. Les Boïens et les Tectosages faisaient réellement partie des troupes de Gaulois qui dirigèrent leur marche vers la Germanie, au nord des Alpes, et vers la forêt d'Hercinie. Les Boïens, dans une seconde expédition, dont l'époque est ignorée, pénétrèrent plus à l'est, et se fixèrent dans la *Bohême*, dans la *Bavière*, dans le Saltzbourg et la Haute-Carniole. D'après plusieurs indications réunies, Walcknaer place les *Boii* dans le diocèse moderne d'Auxerre. Enfin, ajoute-t-il, un lieu très-près d'Entrain, nommé *Boui*, et au centre même du diocèse d'Auxerre, paraît être un reste de l'ancien nom du peuple *Boii*. Ce lieu portait dans le moyen âge le nom de *Boiacum*, et il en est question dans le 3e s. après J.C. Le récit de César prouve que les Æduis s'étaient emparés de tout ou partie du territoire abandonné par les *Boii*, lors des migrations multipliées, et que les *Boii* de l'armée d'Arioviste, ayant demandé à se fixer dans le pays occupé par leurs ancêtres, furent secondés dans leurs projets par les Ædui. Le P. Pezron dit que le peuple appelé *Boïens*, lat. *Boii*, étant sorti des terres voisines de Bordeaux, passa en Allemagne et s'empara du pays qui a tiré d'eux le nom de *Bohême*, que les Latins appellent *Boiohemum*, comme si vous disiez demeure ou habitation de Boïens. Ils furent ensuite chassés de là par les Marcomans. Après quoi ils traversèrent le Danube, et s'arrêtèrent enfin dans le pays qui a tiré d'eux le nom de *Baïoaria*, ce qui veut dire terre des Boïens. Les *Boiovarii*, nommés déjà *Bawarii* par les Francs, restèrent indépendants tant que la fortune des Goths balança celle des Francs. Il est expressément dit, dans la vie de Saint-Agile, que les *Bajoarii* portaient autrefois le nom de *Boii*.

*****Bohême**, sf. géo. Pays d'Europe, entouré de montagnes et de forêts, semblable à un amphithéâtre. (Ce pays était rempli de forêts, où régnaient l'effroi et la terreur, quand Sigovèse, prince gaulois, y conduisit une colonie de Boïens, environ 612 ans avant J.C. Ils défrichèrent ce désert et le nommèrent *Boiohemum*, demeure des Boïens. Velléius Paterculus nomme expressément le lieu appelé *Boiohemius*. Les Allemands le nommèrent *Bohmen*. Le lieu de l'établissement des *Boïens* est déterminé, comme le dit Tacite, par le nom de *Boiohemum*, qu'il a reçu d'eux, et qui s'est conservé jusqu'à ce jour. D'après Cluvérius et Wachter, la *Bohême*, *Bohemia*, signifie résidence et domicile des *Boïens*, *Boiorum*. Il faut se garder, disent Montelle et Hunt, de croire que les divers établissements des *Boii* indiquent des peuples différents portant le même nom ; c'est au contraire le même peuple qui, à différentes époques se répartit dans cinq contrées différentes.)

Bohême, ou **Bohémien; enne**, s. Sorte de vagabonds que l'on croyait originaires de *Bohême*, et qui couraient le pays, disant la bonne aventure, et dérobant avec adresse. (Ce nom leur fut donné, parce que Sigismond, roi de *Bohême*, fit délivrer des passeports, en 1417, aux premiers qui parurent en Europe; ils étaient venus d'Egypte, chassés par les Mameluks. Ils étaient originaires, de l'Inde, d'où ils avaient été chassés par les dévastations de Timour, khan des Tartares. Ils ont plus de noms qu'aucune autre peuplade. Ils se donnent eux-mêmes, entre autres noms, celui de *Sinte*, abréviation probable de *Saind-hava*, habitant du fleuve *Sindhou* ou *Indus*.)

BAZAR, sm. Galeries couvertes, en Orient, où se tiennent les bijoutiers, les marchands d'objets précieux, d'étoffes, d'esclaves, etc. En France, c'est un lieu d'exposition, destiné à la vente des produits de l'art et de l'industrie. [Ce mot est persan et signifie un lieu abrité, un marché couvert : Pihan, Volney, Chardin, Langlès. M. Delatre rattache ce mot à l'hindoustani *baz* et au sanscrit *vazu*, chose, objet; et au sansc. *vas*, être, exister; d'où l'anc. all. *vasan*, essence. On pourrait tout aussi bien le dériver de l'hébr. *bétsah*, gain, profit, lucre; mot dont la signification s'accorderait mieux avec l'idée de marché, de vente, d'achat. En ar. *bázári*, public, *bázár*, achat et vente de marchandises; malais *passar*, bazar, marché, foire; polon. *bazar*, bazar.]

BDELLIUM, sm. Gomme-résine du Levant et des Indes orientales. [Du lat. *bdellium*, arbrisseau d'Arabie qui donne une gomme odorante, dérivé du grec *bdellion*. Le *bdellium* de Pline était probablement une myrrhe ou résine odorante. Il était déjà connu de l'auteur de la Genèse. On croit qu'il est produit par une espèce de baumier. Pline dit : « Non loin de là, dans la Bactriane, se trouve le *bdellium* très-renommé. L'arbre qui le produit est noir, de la grandeur d'un olivier, à feuilles de chêne; mais, par sa nature et par son fruit, il tient du figuier sauvage. » Le grec *bdellion* procède lui-même de l'hébreu *bdolach*, sorte de marchandise précieuse, mise au rang de l'or et des gemmes, et présentant l'aspect de la manne d'Arabie. Quant à l'hébr. *bdolach*, il a été fait de l'hébr. *bádal*, il a séparé, il a distingué, d'après Bochart, Gesenius, Benfey, Vossius, Rosemüll., Guichard, etc.; et a fourni aussi au grec *bdolchon*, *bdella*, *madelchon*; *m* et *b* sont deux labiales qui se permutent assez souvent. En teuton *flied*, bdellium, dans Schulter; langue des Troub. *bdelli*, ital. et port. *bdellio*, bdellium.]

BÉAT-ATE, adj. et s.fam. Dévot, qui fait le dévot. [Du l. *beo, beas, beavi, beatum, beare*, rendre heureux; d'où *beatus*, heureux, *beatudo*, béatitude. 1° D'après Wachter, on pourrait rapporter le l. *beare*, soit à l'hébreu *bétsah*, gain, profit, proie; soit au grec *bothéō, boēthéō*, secourir, aider, être utile; en anc. germ. *batten*, goth. *botan*. 2° D'après Doederlein, *beo, beare*, serait de la même origine que le grec *psiéis*, joyeux, gai, heureux, fait de *psia*, joie, amusement, jeu, plaisir. 3° Comme le lat. *beatus* signifie celui qui a beaucoup de biens, suivant Varron, et celui qui a beaucoup d'argent, suivant Sénèque; Vossius propose de dériver *beo*, du grec *bios*, dans le sens de biens, moyens, facultés. 4° Martinius croit que *beo* vient du vi. v. grec *béiō*, ou *bad*, je vais, j'avance; par la raison que dans toutes les langues on exprime la réussite, le bonheur, à l'aide des mots qui indiquent l'action d'avancer, d'aller. 5° Isidore déduit *beare, beatus*, du l. *bene-auctus*; 6° et Gébelin, de *be* un des premiers mots de l'enfance, désignant, dit-il, les objets agréables. Il est bien évident que d'aucune de ces étymologies n'est acceptable. En ital. *beare*, rendre heureux; esp. *beato*, bienheureux.]

Béat, adj. et sm. Exempt de jouer; qui ne paie pas au repas.

Béatification, sf. Action de béatifier.

Béatifier, va.dogm. Mettre au nombre des bienheureux; plaisant et fam., rendre heureux. *Béatifié, e*, p.

Béatifique, adj. Qui rend heureux.

Béatitude, sf. Bonheur; la félicité éternelle.

Béatilles, sf.pl. Petites choses délicates et friandes, ris de veau, crête de coq, dans un pâté. (Du l. *beatus*, comme qui dirait mets des heureux, ou petites choses délicates, bonnes pour les *béats*.)

BEAU et **BEL**, f. **BELLE**, adj. Qui a de la beauté; qui plaît au sens de la vue ou au sens de l'ouïe; se dit aussi de l'esprit et de ses conceptions; grand, noble, régulier; poli, honnête, sage, vertueux, heureux, glorieux; bon, heureux, favorable; en parl. du temps, pur, serein; qui possède une certaine qualité à un degré peu ordinaire; aimable, gracieux; qu'on ne peut s'empêcher d'admirer. [Du l. *bellus, bella, bellum*, beau, bel, belle. 1° Vossius, Forcell. et autres, pensent que *bellus* est un dim. de *benus*, pour *Bonus*, bon. 2° Géb. rattache *bellus* et *blandus*, à *Bal*, nom du soleil; selon lui, dire une *femme belle*, c'était dire une femme soleil. 3° Wachter rapporte le l. *bellus* au gr. *philéin*, aimer, et à l'anc. germ. *fallen*, plaire, être agréable; chez les anciens septentrionaux, *billa*, plaire, et *obilla*, déplaire. 4° Constancio le dérive du gr. *phalos*, poli, brillant, blanc; 5° Bullet, du celt. *beel*, sacré, saint; du moins, ajoute-t-il, *bel* en gall. a signifié meilleur; 6° Doed., du l. *bené*, ou du gr. *beltistos*, très-bon; ailleurs il unit *bené* au dor. *bentistos*, et au latin *bonus* ; 7° un autre le tire de l'ar. *béhi*, beau. 8° Les auteurs du Tripart. lient le l. *bellus*, à l'indien *bala*, puis au grec *belteros*, meilleur, *beltistos*, très-bon. 9° Un autre rapporte *bellus* au sanscrit *bhusch*, orner, et au gaël irl. *beosach*, beau. En prov. *bèou, bello*, beau, belle; ital., esp. et port. *bello*, cat. *bell*, langue des Troub. *bel*, beau; langue des Trouv. *bals, beals, beuls, beus*, beaux; gaël irl. *biolar*, beau; anc. fr. *btel*, bel, beau, agréable; et *bel*, bien, doucement, *belée*, belle; castrais et auver. *bel*, bourg. *bea*, champ. *biau, bey, bia*, beau, et *balle*, belle; toulous. *bel*, beau; picard *biel*, rouchi, picard, savois., berrych. *biau*, beau.]

Bel et bien, Bel et beau, Bien et beau, loc.adv. et fam. Tout-à-fait, entièrement.

*****Beau**, sm.philos. L'excellence et le degré éminent du bien; dans la philos. de la raison pure, c'est une des idées nécessaires et absolues; pour quelques philosophes écossais, et français, le *beau* est une idée abstraite par l'activité de l'intelligence, à la suite d'impressions reçues par l'âme, qui possède le sens du beau, le sentiment du beau; selon les platoniciens, l'idée du *beau* serait une réminiscence du type du *beau absolu* ou *pur*, que nous aurions contemplé dans une vie antérieure et plus parfaite.

Beaucoup, adv. En nombre, en quantité plus ou moins considérable, très, fort, bien; extrêmement, infiniment. (D'après un ancien ami, feu M. Faivre, du fr. *beau coup*, comme quand on dit un *beau coup* de filet, c-à-d. un aimable beaucoup de poissons. La Monnoye le forme aussi de *beau* et de *coup*, et condamne Ménage de s'être rétracté de cette étymologie. Génin dit à ce sujet : La forme *beau coup*, que l'usage écrit aujourd'hui d'un seul mot, comme il est arrivé à *cependant*, à *parceque*, à *embonpoint* et bien d'autres, cette forme est un accusatif absolu, figure de mots employée qqf. chez les Latins, et très-fréquente en français, pour jouer le rôle d'un adverbe. Ce mot beaucoup fut introduit dans notre langue au 17e s., quand les précieuses et les précieux abolirent *moult* et *prou*. On a dit aussi *grand coup*. En ital. *belcolpo*, bourg. *beacó*, beaucoup; et *bea*, beau.)

***Beaucoup**, adv. et sm. métaphys. Dans toutes les choses divisibles, se dit de tout ce qui est une multitude excessive : Aristote.

Beauté, sf. Magie de la nature; ce qui est au-dessus des sens, ce qui charme l'esprit; réunion de belles choses en un lieu, de beaux détails dans un objet; réunion de formes, de proportions et de couleurs qui plaît aux yeux; belle personne; qualité de ce qui est excellent en son genre.

Belladone ou **Bella-dona**, sf. Plante vénéneuse, appelée aussi *Belle-dame*, parce qu'elle fournissait du fard aux *dames* italiennes et les rendait, soi-disant, plus *belles*.

Bellâtre, s. et adj. Qui a un faux air de beauté, une beauté mêlée de fadeur. (Anc. fr. *bellastre*, qui a quelque beauté.)

*****Belle**, sf. La plus haute des cartes qui ont été découvertes aux différents joueurs; partie qui décide de tout.

Belle-dame, sf.bot. Nom vulgaire de l'arroche, appelée aussi *Bonne-dame*, *Belladone*.

Belle-dame, sf. hn. Papillon du chardon.

Belle-de-jour, sf.bot. Liseron dont les fleurs ne s'épanouissent que le jour.

Belle-de-nuit, sf. Plante exotique dont les fleurs s'épanouissent la nuit.

Belle-d'un-jour, sf. Plante à fleurs très-belles qui se fanent promptement.

Bellement, adv. fam. Doucement, avec modération.

*****Bellement**, adv. Tout beau. Se dit pour avertir les chiens de chasser plus sagement.

Bellissime, adj.fam. Très-beau. (Les superlatifs d'un seul mot, terminé en —*issime*, ou en—*isme*, par contraction, sont tout-à-fait dans le génie de notre langue, dit un savant. Pendant plusieurs siècles on s'en servit continuellement, et sans scrupule. Ce sont les beaux esprits du 17e s. qui s'avisèrent de les supprimer. On a dit *bonissime, bonisme, chérissime, altisme* ou *haltisme, grandissime*, etc.)

Bellot, otte, adj.fam. dim. de *beau*.

*****Abeausir**, vn. ou **S'Abeausir**, va.pr.mar. Se dit dans la Manche, pour exprimer un changement favorable d'atmosphère. (De *beau*.) *****Abeausi, ie**, p.

De plus belle, loc. adv. fam. Tout de nouveau.

Embellir, va. Rendre beau. *Embelli, ie*, p.

Embellir, vn. Devenir beau. (Nos pères, dit Génin, ont composé avec *en* quantité de verbes, entre autres *embellir, enlaidir, emmaladir, engraisser, emmaigrir*, etc. D'*emmaigrir* on fit ensuite *amaigrir*, d'*engrandir agrandir*, etc. La double forme subsiste dans *ennoblir* et *anoblir*, à chacune desquelles on a fixé une nuance particulière.)

S'Embellir, va.pr. Devenir beau.

Embellie, sf.mar. Beau temps; moment de ralentissement dans l'agitation de la mer ou dans la violence du vent.

*****Embellissant, ante**, adj. Qui embellit.

Embellissement, sm. Action d'embellir, ce qui embellit; ornement.

*****Embellisseur**, sm. Qui a la manie des embellissements.

*****Désembellir**, va. Détruire les embellissements. *****Désembelli, ie**, p.

En beau, loc.adv. Sous un bel aspect, sous une apparence favorable.

Tout beau, loc.adv.fam. Doucement, modérez-vous; expression de chasse pour mettre et tenir les chiens en arrêt devant le gibier; hors de la chasse, pour retenir un chien.

BEAUPRÉ, sm.mar. Mât penché sur l'avant d'un bâtiment. [De l'angl. *bowsprit*, beaupré, fait lui-même de l'angl. *bow*, avant du vaisseau, arc; *to bow*, plier, courber, fléchir, et de *sprit*, livarde; baleston, t. de mer. L'angl. *to bow* répond à l'all. *biegen, beugen*, plier, ployer, courber, *bug*, courbure. La racine de ces mots se retrouve dans le sanscrit *bhug*, fléchir, courber. D'après M. Schœbel, le sanscrit *bhug* aurait fait aussi l'all. *wickeln*, enrouler, plier, *wickel*, peloton, et le lat. *vincire*, lier, *vinculum*, lien. C'est à la racine sanscrite *wi*, tordre, enlacer, lier, que M. Chavée rapporte l'all. *wickeln* et le lat. *vincire, viere*. En anc. scandin. *buga, beygia*, plier, ployer, courber; anc. goth. *bjugan, bugan*; haut all. anc. *bougan*; holl. *boogen, buygen*, suéd. *boeja*, dan. *boeye*, plier, ployer, courber; anglos. *bugan*, et *bygan*, tresser, tordre. L'angl. *sprit* est le même que l'all. *spriet*, branche fourchue, fourche; baleston, livarde. En all. *bugspriet, bogspriet*, beaupré; holl. *boegspriet*, suéd. *bogsproet*, dan. *bougsprid*, beaupré. De là le prov. *beauprat*, beaupré.]

Bout, sm.mar. L'avant, la proue d'un bâtiment. (Selon De Chevallet, ce mot est d'origine germanique et devrait s'écrire *bou* ou *boug. Avoir vent de bou* serait mieux orthographié que *de bout au vent*, ou *debout au vent*, et *avoir vent de bout*, ou *debout*. En angl. *bow*, avant du vaisseau, arc, *to bow*, plier, courber, arquer, fléchir; anglos. *bow*, l'avant, la proue; suéd. et anc. scandin. *bog*, dan. *bug*, proue.)

Vent debout, mar. Vent contraire.

BEC, sm. La partie saillante, dure et pointue qui tient lieu de bouche aux oiseaux; qui leur sert à manger et à se défendre; pointe de certains objets; masse de pierre de taille disposée en angle saillant, qui couvre la pile d'un pont de pierre; pointe de terre au confluent de deux rivières. [D'après les historiens et les étymologistes, ce mot est d'origine celtique. *Becco* était le nom du bec du coq en particulier chez les Gaulois. Le sens du dérivé français s'est étendu au bec de tous les oiseaux, dit M. Ampère. Suétone rapporte qu'Antoine surnommé Primus, né à Toulouse, avait porté dans son enfance le surnom de *Beccus*, qui signifie, ajoute-t-il, le *bec* du coq; par où il est évident, dit Trévoux, que c'est un nom celt. 1° Selon Edwards, le mot *bec* serait de la même origine que le latin *bucca*, bouche. Bullet affirme que le gall. *beg* a signifié bec, petite bouche, pointe, cime, visage, et qu'il a encore signifié tête en breton. 2° Wachter rattache l'ancien gaul. *bec* à l'anc. germ. *picken, bicken*, piquer, *picken*, picoter, becqueter, *picke*, lance, pique; et au latin *pungere, punctum*, piquer, *spica*, épi, *spiculum*, pointe, etc. 3° Les auteurs du Tripart. lient le fr. *becqueter* et *pique*, au german. *bicke, picke*, à l'angl. *pick, peck*; à l'hébr. *bakah*, et au syr. *baka*, cousin, insecte. 4° Leibnitz forme les mots *bec, bouc*, du germ. *bug*, courbure, à cause de la forme recourbée du bec des oiseaux et des cornes du bouc. 5° Delatre rapporte le fr. *bec, bègue, pioche, bicoque, pieu, piton, pic, piquer*, etc., à la racine sanscrite *pich*, piquer, frayer, battre, blesser. M. De Belloguet pense que *becco* est venu du basq. aussi bien que du celt. Avant Edwards, Gébelin et Constancio avaient attribué une origine commune au fr. *bec* et au l. *bucca*. En bret. *bék, bég*, bec; pointe; bouche du cheval; etc.; museau; visage; gall. *bek, beg*, pointe, bec; gaël irl. *bec*, et gaël écoss. *beic*, bec, pointe, dans Edwards; picard *bec*, bouche; teuton *bek, bec*, bec, dans Schulter; ital. *becco*, esp. *pico*, port. *bico*, cat. *bec*, bec; langue des Troub. *bec, bec, bec*, bouche; *bec*, langage, langue; *beca*, croc, crampon; *becut, beccu*, crochu; *bechar*, becqueter, piquer. Anc. fr. *biek, bes*, bec; *bec*, bouche, langue, visage; *bechier*, becqueter; *be-*

chant, becquetant; *bechent*, frappent du bec. L. b. *becco*, *beccum*, bec.]

*Bec, sm. archit. Petit filet au bord d'un larmier, où il forme la mouche pendante; mar., pointe terminant chaque patte d'ancre; partie saillante de l'avant des tartanes, des felouques, etc.; extrémité aiguë et recourbée de l'aiguille du métier à bas; partie crochue du bout d'une serpe.

Bec-de-cane, Bec-de-cygne, Bec-de-vautour, Bec-de-corbeau ou de corbin, etc. Instruments de chirurgie.

Bec-de-corbin, Ce qui est courbé en pointe.

Bec-de-grue, Genre de plantes dont quelques espèces produisent des semences qui ressemblent au bec d'une grue.

Bec-de-lièvre, sm. Bouche d'une personne dont la lèvre supérieure est fendue comme celle d'un lièvre; la personne même.

Caquet bon bec, La pie.

Bécasse, sf. Oiseau de passage à bec fort long. (Bullet dit : *Asse* a marqué, en notre langue, la grandeur, ainsi qu'on le voit dans *bec* — *asse*.)

La bécasse est bridée, loc. prov. tirée de la chasse. On prend les bécasses avec des lacets ou collets; et elle se brident elles-mêmes.

Bécasseau, sm. Petit de la bécasse ou de la bécassine; sorte de bécassine.

Bécassine, sf. Oiseau plus petit que la bécasse, et qui a aussi le bec fort long.

Beccard, sm. Femelle du saumon. (En bret. *bégek*, beccard, de *bék*, *bég*, bec, pointe, museau, visage. Il est ainsi nommé à cause de sa tête fort pointue : De la Villemarqué, et Savary.)

Becfigue, sm. Petit oiseau qui recherche, becquette les figues.

Becharu, sm. hn. Ancien nom du flamant. (Son *bec* est recourbé comme le manche d'une charrue.)

Bêche, sf. Outil de jardinier. (Presque tous les étymologistes dérivent ce mot de *bec*. Du Cange dit que la bêche est ainsi appelée parce qu'elle a la forme d'un bec. Honnorat et autres disent la même chose. Le général Bardin affirme que ce mot a été composé en imitation de l'action d'un *bec*, dont une bêche mord la terre. En bret. *bac'h*, irl. *bac*, gall. *bac*, bêche, dans De Chevallet; l. b. *becca, besca, bessa, bessus*, bêche, dans Du Cange; patois de Champ. *bezoche*, bêche, dans Tarbé; prov. *becat*, pioche, hoyau, dans Honnorat; anc. fr. *bayche, baysse, beysse, besque, bezoche, bosoche*, bêche.)

Bêcher, va. Couper et retourner la terre avec une bêche. *Bêché, e*, p.

*Béchard, sm. Houe à deux branches pointues.
*Béchelon, sm. Très-petite binette.
*Béchet, sm. hn. Un des noms du brochet.
*Béchetonner, va. agric. Déchausser et rechausser les haricots. **Béchetonné, e*, p.
*Bêchette, sf. Petite bêche.
*Bêchoir, sm. Houe carrée à large fer.
*Bêchon, sm. Houe pour biner à la main.
*Béchot, sm. Sorte de petite bêche.
*Béchot, sm. hn. Nom vulgaire du bécasseau et de la bécassine.
*Bêchotter, va. Donner de petits labours avec le bêchot. **Béchotté, e*, p.
*Bêchottage, sm. Action de bêchotter.
*Bécot, sm. Un des noms de la bécasse.

Becquée, Béquée, sf. Ce que contient le bec d'un oiseau; ce qu'un oiseau porte dans son bec à ses petits.

Becqueter, Béqueter, va. Donner des coups de bec.

Se Becqueter, va. Se battre ou se caresser avec le bec. *Becqueté, e*, p.

Bécune, sf. hn. Poisson de mer à bec allongé; il est très-vorace et ressemble un peu au brochet.

*Becquebois, sm. Un des noms du pivert.
*Becquerolle, sf. Un des noms de la bécassine.
*Becquet, sm. Nom vulgaire du saumon.
*Becqueteur, sm. La petite hirondelle de mer.
*Becquillon, sm. fauc. Bec des oiseaux de proie qui sont encore jeunes.
*Béquot, sm. Petit de la bécassine.

Béjaune, sm. fauc. Oiseau jeune et niais; fig., jeune homme sot et niais. (Ce terme exprime la niaiserie et l'inexpérience, par allusion aux jeunes oiseaux qui naissent presque tous avec le *bec jaune* ou entouré de pellicules jaunes, et qui en t. de fauc. se nomment des niais.)

Béquée, Béqueter, Voy. Becquée, Becqueter.

Abecquer, Abéquer, va. fam. Donner la becquée à un jeune oiseau. *Abecqué, e, Abéqué, e*, p.

Gros-bec, sm. Genre d'oiseaux à bec court, gros et dur.

Se Rebecquer, va. pr. S'est d'abord dit des oiseaux qui se défendent à coups de bec, puis métaphoriquement et familièrement des personnes qui répondent avec quelque fierté à ceux qu'elles doivent respecter. *Rebecqué, e*, p.

Béquille, sf. Bâton surmonté d'une petite traverse, sur lequel on s'appuie pour marcher; instrument en forme de ratissoire avec lequel on donne de légers labours aux plantes en végétation. (La plupart des étymologistes dérivent ce mot du l. *baculum*, bâton. A ce sujet, M. Delatre avance que la forme italienne de *baculum* est *bacchio*, et la forme française *béquille*. M. Diez rattache à un primitif commun les mots *bec, bécasse, bêche, béquille, abéquer*. Selon M. Jal, la canne à bec de corbin, qui servait aux vieillards pour aider leur marche vacillante, reçut le nom de corbin béquille, porté ensuite par le bâton que traverse à sa tête une barre sur laquelle s'appuie la main ou l'aisselle du malade.)

*Béquilles, sf. pl. mar. Par une comparaison en vertu de laquelle on transforme le navire en un être faible, qui, pour se tenir debout, a besoin de soutien quand il est échoué ou sur le chantier, on appelle béquille tout étai ou étançon que l'on place sous ses flancs, comme une béquille sous le bras d'un boiteux : Jal.

Béquillard, sm. fam. Vieillard courbé et cassé, se servant d'une béquille pour marcher.

Béquiller, vn. fam. Marcher avec une béquille.

Béquiller, va. Faire un petit labour avec une béquille. *Béquillé, é*, p.

*Béquillon, sm. Outil pour béquiller la terre.

BÉCABUNGA, sm. bot. Espèce de véronique, qui croît dans les eaux avec le cresson, et qu'on emploie en médecine comme antiscorbutique. [De l'all. *bach-bung, bach-bohne*, bécabunga; fait lui-même de l'all. *bach*, ruisseau, et *bohne*, fève. En haut all. anc. *bach*, ruisseau; dan. et suéd. *baek*, holl. *beck, becke*, ruisseau; anc. scandin. *beck-r*, anglos. *becc, broc, brooc*, angl. *brook*, ruisseau; valaque *bekabungè*, bécabunga. De là, d'après Helvigius et Wachter, les n. pr. géogr. : *Briquebec, Brudebec, Caudebec*.]

Béchamel, sf. Sorte de sauce blanche faite avec de la crème. (On pense que cette sauce porte le nom de son inventeur; et, comme le nom de cette sauce est féminin, plusieurs aiment mieux écrire *béchamelle*. Le n. pr. *Béchamel* est apparemment formé de *bec*, ruisseau, et du vi. fr. *hamel*, hameau; d'où le nom propre *Duhamel*; et signifie littéralement habitation ou hameau situé près du ruisseau, ou qui habite un lieu baigné par un ruisseau.)

Caudebec, sm. vi. Ce nom significait autrefois un chapeau fabriqué à *Caudebec* : Trévoux. (« Du Chesne et Corneille disent que la ville de *Caudebec* prend le nom du pays de *Caux;* cependant comme leurs noms latins sont forts différents, que le pays de *Caux* s'appelle *Caletensis ager*, et *Caudebec*, *Calidobeccum;* que *Caux* peut très-bien s'être formé de *calidus;* que dans le Nord de la France on dit *caud* pour *chaud*, *calidus*, il semble qu'il ne faut pas recourir au nom du pays; que *Caudebec* est la même chose que *calidus rivus;* car *bec* en gaulois, comme *bach* en allemand, signifie rivière; et qu'ainsi *Cau* dans *Caudebec* ne vient point de *Caletensis*, et n'est point le nom du pays de *Caux* : Trévoux.)

BÉCHIQUE, adj. méd. Se dit des remèdes employés contre la toux. [Du grec *béx*, *béchos*, toux, *béssô*, *béttô*, je tousse. La gutturale *k* du sansc. *kâs*, tousser, semble avoir été remplacée par la labiale *b* dans le gr. *béssô*, je tousse, par la labiale *p* dans le gall. *pâx*, toux, par la dentale *t* dans le lat. *tussio*, je tousse; tandis qu'elle s'est maintenue dans le slave *kaschlii*, tousser, dans le celt. *kahsseht* et dans le lith. *kostu*, tousser, ainsi que dans l'all. *keichen*, *keuchen*, tousser. Le sansc. *pankh'a*, cinq, a subi les mêmes changements ; Voyez *cinq*. En ital. *bachico*, béchique.]

Béchique, sm. Remède béchique.

BEDEAU, sm. Bas-officier laïque d'une église catholique, portant verge ou massue ; dans les universités, officier subalterne, appariteur. [Un bedeau était autrefois un sergent dans les justices subalternes. Dans le vieux Coutumier de Normandie, on fait différence entre les sergents à épée, et les *bedeaux;* ceux-ci étaient destinés aux moindres services. Les *bedeaux* ou *bideaux*, que Roquefort compare aux archers et qu'il appelle *bedeax*, *bedel*, étaient, dit le général Bardin, des valets, aujourd'hui relégués dans les églises, mais qui, selon Carré, étaient les hérauts de la milice communale. Fauchet dit que les *bedeaux* étaient appelés autrefois *bideaux*, et que c'étaient des soldats paysans. 1° M. Delatre rapporte le fr. *bedeau*, au dan. *bydo*, angl. *to bid*, ordonner, publier, annoncer; et au sansc. *badh*, *bandh*, frapper, souffrir, tourmenter. 2° Selon Denina, *bedeau* vient sûrement de *bedel* dérivé de l'all. *bede*, qui, parmi sept ou huit significations, veut aussi dire ordre, commandement, pétition ; de sorte que *bedel* désignait un valet qui portait les ordres des magistrats, des prélats, des supérieurs quelconques. 3° Selon De Chevallet, *bedeau* est d'origine germ. et désignait primitivement un appariteur, un huissier qui, dans les cours de justice, était chargé d'appeler les causes. En b.l. *bedellus*, ital. *bidello*, bedeau; mots qu'il rattache à l'anglos. *bydel*, *beadel*, crieur public, huissier, sergent, de *bieten*, annoncer, faire savoir; all. *bittel*, appariteur, huissier; dan. *pedel*, suéd. *pedell*, holl. *pedel*, angl. *beadle*, appariteur, huissier. 4° On a cherché aussi l'origine du mot *bedeau* dans le suiogoth. *bædel*, licteur; dans le lat. *pedellus*, fantassin, valet de pied; dans le bret. *bedell*, huissier; dans le lat. *pedum*, sorte de verge ou bâton dont les huissiers se servaient; dans l'hébr. *bâdal*, il a séparé, il a éloigné, il a disjoint. En cat. *bedell*, esp., port. et lang. des Troub. *bedel*, bedeau; lang. des Trouv. *bédel*, valet, goujat; anc. fr. *bediau*, sergent, archer.]

BEDON, sm. vi. Homme gras et replet : *mon gros bedon*, *mon petit bedon;* tambour. [1° Selon Eloi Johanneau, *bedon*, *bedaine*, *boudin*, et *boyaux*, sont de la même famille. 2° M. Delatre rapporte le fr. *boyau*, vi. fr. *bodel*, et *bedon*, *bedaine*, *boudin*, *pouding*, *andouille*, ainsi que le lat. *botulus*, *botellus*, saucisse, boudin, au sansc. *badh*, *bandh*, lier, attacher. 3° M. Pihan fait dériver *bedon*, de l'ar. *baden*, gros et gras. 4° Suivant le général Bardin, le mot *bedon* a été l'augmentatif de *bedaine*. 5° Un autre soutient qu'en vi. fr. *bedon* signifiait tambour, joueur de tambour, musicien; homme gros comme un tambour; et que de *bedon* l'on a fait *bedaine*, *bedondaine*. On a dit aussi *bedonneur* pour joueur de tambour. 6° Bullet forme *bedon*, du celt. *dun*, montagne, élévation, éminence; 7° et, dans un autre passage, il soutient que *bedaine* vient du celt. *boden*, ventre, d'où, selon lui, le fr. *bedon*, homme à gros ventre, et, par analogie, *bedon*, tambour. 8° M. Diez soupçonne que la r. *bed* de *bed-on*, *bed-aine*, est identique à celle de *bid-et*.]

Bedaine, sf. fam. Gros ventre, panse. (1° Un auteur lie ce vocable aux mots français *bedon*, *bidon*. 2° M. Delatre le lie aux mots *bedon*, *boudin*, *boyau*, et au lat. *botulus*. 3° Du lat. *botulus*, Borel forme le vi. fr. *boudaine*, ventre, *bedaine* et *boudin;* 4° M. Tarbé dit : « *Bedon* signifiait tambour, joueur de tambour, musicien, homme gros comme un tambour. De *bedon* l'on a fait *bedaine*, *bedondaine*, gros ventre. » 5° M. Pihan fait venir *bedaine* de l'ar: *bathn*, *bathin*, ventre, partie intérieure. Quelques hébraïsants le tirent de l'hébr. *bétén*, ventre, entrailles; d'où l'hébr. *bâtnim*, pistache, fruit dont une partie est ventrue. 6° Ménage le forme du lat. *bis*, deux fois, et du fr. *dondaine*. 7° Selon le général Bardin, c'est *bedon* qui a été fait de *bedaine*. Il ajoute qu'on ignore l'étymologie de *bedaine*, que *bedaine* ou *bedondaine* signifiait pierre arrondie en boulet, que lançait une catapulte ou une *dondaine;* qu'il est possible que *bedaine* et *dondaine* n'aient été qu'un même engin. En patois de Champagne *bondaine;* vi. fr. *boudaine*, ventre; prov. *bedeno*, rouchi *bédène*, bedaine.)

BÉDOUIN, sm. et adj. Epithète donnée aux tribus répandues dans les déserts de l'Arabie, de l'Egypte, de la Syrie, dans plusieurs parties de l'Afrique et de l'Asie. [De l'ar. *bedávi*, Arabe du désert; bédouin, pl. de *bedévi*, fait du v. *badawa*, habiter dans le désert, vivre en nomade. En ar. *badiè*, désert; anc. fr. *beduin*, l.b. *beduini*, bédouin. De là en polon. *beduin*, bédouin.]

BÉGU, UE, adj. Se dit d'un cheval qui conserve toute sa vie les marques noires qui sont à ses dents ainsi que les creux de ces mêmes dents. [Guillet, Ménage et Trévoux écrivent *baigu* et *bégu;* Lafosse écrit *bégut*, et Savary *baigu*, *bégu* et *becku*, F. Cardini dit également *bégu* et *bégut*. 1° Ce dernier dérive *bégu*, du grec *bébaios*, stable, constant, invariable. 2° Comme le cheval *baigu* ou *bégu* marque toujours naturellement et sans artifice à toutes les dents de devant, et qu'il s'y conserve un petit creux avec une marque noire, appelée *germe de fève*, il semble qu'on pourrait dériver le mot *baigu* du turc *baka*, fève. 3° Vu que Lafosse écrit *bégut*, il semble aussi que ce mot vient du toulous. *bécut*, *becudo*, pois chiche, cicer. 4° Il pourrait encore venir de l'ancien gaulois *bec*, bouche, bouche de cheval. En auvergnat *bigu*, bégu.]

BÈGUE, adj. et s. Qui bégaie, qui a de la difficulté à parler, qui ne peut achever de dire un mot sans en répéter une partie plusieurs fois. [1° Selon Ménage, Honnorat, Noël et Carpentier, du latin *balbus*, bègue, d'où l'anc. fr. *bauboyer*, bégayer, et *baube*, bègue. 2° Borel, Diez et Delatre rattachent le mot *bègue* au fr. *beo*, qui est un ancien mot gaulois. 3° Du lat. *balare*, bêler, selon Roquefort. 4° Du l.b. *bigare*, répéter, fait de *biga*, dérivé lui-même du latin *bis*, deux fois, selon Huet et Gattel. 5° Selon Bullet, du celt. *bychan, bychet, beh, beck, beg*, petit; propr. parlér à la manière des petits enfants. En prov. *begou, becoul*, bègue; picard *beique, bieque*, anc. esp. *vegue*, bègue; normand *béguer*, bégayer.]

Bégayement ou **Bégaiement**, sm. Action de bégayer; vice de prononciation du bègue.

Bégayer, vn. et a. Mal articuler les mots; ne pas parler de suite, s'arrêter surtout aux articulations gutturales, couper et remâcher les mots ou les syllabes, dénaturer certaines lettres, répéter souvent les labiales *ba, be, bé*, etc.; fig., parler d'une chose très-vaguement, et très-imparfaitement. *Begayé, e,* p.

BÉGUINE, sf. Nom donné aux filles d'une ancienne congrégation séculière établie en plusieurs lieux de Flandre, de Picardie et de Lorraine; fam. dévote superstitieuse et minutieuse. [1° Les uns attribuent leur institution à sainte *Bègue*, sœur de sainte Gertrude, qui leur aurait donné son nom; 2° les autres, à St. Lambert Berggh, dit le *Bègue*, prêtre de l'église de Liège au 12e s. 3° M. Quitard soupçonne que leur nom, qu'on fait dériver de celui de leur fondatrice ou de celui de leur fondateur, émane du saxon *beggin*, prier. 4° Selon Wachter, *béguine* provient de l'anglos. *began, bigan, biggan*, cultiver, pratiquer, observer, servir; d'où, selon lui, l'anc. germ. *begine, begeine*, religieuse; et *béguin*, sorte de coiffure. 5° M. Honnorat dit : « Si, comme il le paraît, le mot *béguin* est plus ancien que l'institution des *béguines*, il faut chercher ailleurs son étymologie, qui vient probablement de l'all. *beginn*, commencement, origine : bonnet que l'on porte au commencement de la vie. » 6° Ihre déduit le fr. *béguins, béguines*, et le l.b. *beghardi, begehardi, beguini, beguinæ*, hérétiques qui se montrèrent d'abord en Allemagne, du saxon *beggen*, mendier; Meidinger lie le fr. *béguine*, religieuse mendiante, au holl. *beghard*, religieux mendiant, frère quêteur, à l'angl. *beggar*, et au haut all. anc. *bidagwa*, mendiant. 7° Delatre rapporte le fr. *béguine*, à la racine sanscrite *bhikch*, mendier, et à l'anglos. *beg*, demander, et *begging*, demandant. En ital. *beghina*, langue des Troub. *beguina*, béguine.]

Béguinage, sm. Couvent de béguines; fam., dévotion puérile et affectée.

Béguin, sm. Sorte de coiffe pour les enfants (pareille à celle que portaient les béguines : M. Delatre. En breton *bec'hen*, cornette, coiffe, savois. *bègna*, coiffe de femme; patois de Castres *beghi*, béguin, têtière d'enfant; ital. *beghino*, béguin; holl. *beginne, begyne, bagyne, begyn*, béguine, béguin.)

Embéguiner, va. Coiffer d'un béguin; fig. et fam., entêter de qq. chose, infatuer. *Embéguiné, e,* p.

BÊLER, vn. Crier comme les moutons, les agneaux, et les brebis. [Tous les étymologistes ont reconnu cette onomatopée. Nodier observe qu'on disait beaucoup mieux autrefois *bééller*, et *bééllement*. En latin *balare*, bêler. Dans Varron, *bela*, brebis; grec *bêlên*, brebis, *blêchaomai*, bêler; *blêchas*, brebis, *blêché*, bêlement, dorien *blêcha*; sansc. *balh*, résonner, crier; hébreu *pâhâ*, il a crié; berbère *báabá*, bêler; hébr. *âbal*, il s'est lamenté; lith. *blauju*, lett. *blauju*, je bêle; all. *bellen*, aboyer; anglos. *bellan*, bulgian, et *blaetan*, aboyer, bêler; angl. to *bleat*, suéd. *boela*, bêler; ital. *belare*, esp. et port. *balar*, savois. *béla*, castrais *béla*, bêler; b. bret. *be*, bêlement, *bégia, béia*, bêler, crier comme les brebis, les moutons, les chèvres ; *béia* et *bégia* ressemblent beaucoup au mot iolof *bay* et au mot foula *behova*, chèvre. Prov. *be, be*, cri des moutons, des brebis ; et *bialar*, bêler.] *Bélé,* p.

Bêlant, ante, adj. Qui bêle.

Bêlement, sm. Cri des moutons, des agneaux, des brebis.

Bélier, sm. Le mâle de la brebis. (Du fr. *bêler*, parce que, dit M. Breulier, c'est l'animal qui, par ses *bêlements*, appelle et rassemble les brebis autour de lui. Dans le Roman de la Rose *belin*, bélier ou mouton franc. Dans le Gloss. champ. de M. Tarbé, *belin*, mouton, et *belie*, berger.)

Bélier, sm. Machine de guerre dont se servaient les anciens pour faire brèche aux murailles des places assiégées. (C'était une espèce de poutre de chêne, dont le bout était armé d'une tête de fer fondu. Cette tête, qui ressemblait à celle d'un bélier, lui en fit donner le nom. Pline dit : « Le cheval, machine de guerre pour abattre les murailles, appelée aujourd'hui bélier, fut inventé par Épée, au siége de Troie. » Selon Septimus Florens et Vitruve, le bélier ou le cheval fut inventé par les Carthaginois.)

Bélier, sm. astron. Signe du Zodiaque.

Bélière, sf. Sonnette du bélier qui conduit le troupeau; anneau qui soutient la sonnette du bélier; et par analogie, anneau d'un battant de cloche, ou d'un pendant quelconque : Roquefort. (D'autres avec moins de vraisemblance font venir ce mot du germ. *bellen*, retentir, ou du néerl. *bel*, clochette, sonnette; ou du lat. *bulla*, ornement en forme de cœur, ou du port. *badalo*, battant de cloche, *badala*, battement ou tintement de cloche. L'angl. *bell*, cloche, et le néerl. *bel*, clochette, pourraient bien être venus eux-mêmes de l'anc. fr. *belin*, d'où *bêlier*, r. *balare*. M. Littré, après avoir cité Ménage qui dérive *bélier* de *vellarius*, de *vellus* toison, animal à toison par excellence, s'exprime ainsi : « A côté de *bélier*, nous trouvons *belin*, qui est le nom du mouton dans le roman du Renart. Du Cange a un texte du 15e s. où *belin* est employé comme adjectif : *plusieurs bœufs, bestes belines* et *porcines*; et l'article où il cite cet exemple est *balens*, mot expliqué dans un vieux lexique par brebis. Rien de tout cela ne peut s'accorder avec *vellarius*. Aussi j'avais pensé avec d'autres que *belier* et *belin* venait de *bêler*. Mais M. Diez a singulièrement ébranlé ma confiance en cette dérivation. Il rappelle le mot *bélière*, qui signifie l'anneau placé au dedans d'une cloche, pour tenir le battant suspendu, et qui est en b. lat. *belleria*. Belleria, conduit à *bella*, qu'on trouve en effet, dans un glossaire, avec le sens de choche et qui est l'angl. *bell*. On le voit *bélier* tient pour la forme, de bien près, à *bélière*. A la vérité, on pourrait objecter que ce sont deux mots, qui, bien que distincts, sont venus se confondre, etc. »)

***Belin**, adj. vi. Qui tient du bélier, de l'agneau.

***Belin**, sm. t. enfantin. Agneau.

***Béliner**, vn. art vét. S'accoupler, en parl. du bélier et de la brebis. (Dans Rabelais, *Beliner*, va. tondre, dépouiller.) **Beliné,* p.

BELETTE, sf. hn. Petit animal mammifère, sauvage, carnassier, vivant d'oiseaux et de volailles; son museau est pointu, son gosier blanc et son dos rouge. [1° Quelques-uns forment ce nom du lat. *meles, mœles, melis*, martre ou blaireau, et belette dans les anciens auteurs ; par le chang. non rare de *m* en *b*. 2° Gébelin prétend que le b. l. *meles*, l'ital. *belloro*, belette, et le fr. *belette*, viennent également de *bal*, nom du soleil. 3° Selon M. Delatre, par la métathèse de *l*, l'anc. all. *blich*, pâle, est devenu *bilch*; d'où *bilcheta, belette. 4° Bullet tire le l. *meles, melis*, et le fr. *belette*, du celt. *bel*, jaune, roux, à cause du poil roux de cet animal. 5° Les auteurs du Tripart. rapportent le fr. *belette*, au latin *felis*, chat, au german. *bilen*, *biliche*, au russe *biélii* et au polon. *pilch*. 6° Selon De Chevallet, le fr. *belette* est d'origine germ., et se rattache à l'all. *bilch*, fouine, belette; à l'all. *wiesel*, belette. 7° « *Belette*, dimin. de *bele, esp. *beleta*, milanais *bellora*, peut être rapproché du kymr. *bele*, ou du vha. *bil-ik*, auj. *bilch*, zizel » : M. Scheler. M. Diez voit dans *bele* le 1. *bella*, belle, en se fondant sur des expressions analogues employées dans d'autres langues pour désigner la belette; p. ex. le bavarois *schönthierlein* ou *schöndinglein*, le danois *denkjönne*, pulchra, le vi. angl. *fairy*: id. En danois *vaeselel*, signifie belette; c'est le suéd. *vessla*.)

*Belotter, vn. Crier comme la belette. (Suivant un commentateur, ce verbe a été inventé sur le nom de l'animal.) * *Belotté*, p.

BÉLITRE, sm. Gueux qui mendie par fainéantise; par extension, gueux, coquin. [1° M. Delatre dit : « On a beaucoup disserté sur l'origine du mot *bélitre* ; le Lexique de Roquefort nous offre ce mot sous une forme et dans un sens qui, nous le croyons, lèveront tous les doutes sur son origine; *bell-istre* signifie dans l'ancienne langue un *arbalé-trier* débandé, un soldat misérable. Le sens des mots devenant toujours plus vague à mesure qu'ils vieillissent, *bel-itre* est devenu dans la langue moderne le synonyme de *coquin*, de *gueux*, etc., qui sont eux-mêmes dans la langue actuelle des termes aussi peu précis que bélitre. » Borel et autres donnent aussi cette même étymologie qui fait remonter *bélitre* au latin *balista*, en disant que souvent les archers et les arbalétriers ont tenu la campagne et pillé le paysan. 2° L'abbé Tuet, Constancio, Nicot, Ménage, Diez et De Chevallet soutiennent que *bélitre* vient de l'all. *bettler*, mendiant, gueux, fait du verbe *betteln*, mendier, gueuser, r. *bitten*, demander, prier, et non du latin *bulatro*, ni de *ballistarius*, ni de *blitum*. L'abbé Tuet assure qu'autrefois le mot *bélitre* n'avait rien de choquant ; et Trévoux rapporte qu'à Pontoise les confrères pèlerins de la confrérie de Saint Jacques ont porté longtemps le nom de *bélitres* ; et que ce nom n'était point odieux, 3° Huet prétend que *bélitre* vient du gr. *blituri*, un rien; que de là est venu le mot *blitri*, usité dans l'école pour désigner un homme sans nom; que nous disons de même en fr. un *quidam*. 4° C'est Scaliger qui le premier a dérivé du lat. *balatro*, fripon, bélitre. D. Gothof et Martin disent aussi que les Gaulois appelaient les *balatrones*, *bélistres*, d'où *bélitres*, suivant eux. 5° Érasme le dérive du gr. *bliton*, en lat. *blitum*, blette. Daléchamp, qui suit cette dernière étymologie, observe que Pline prend le mot *blitum* pour paresse et lourdise, et que Plaute appelle une prostituée *blitea*. Borel, qui l'un des premiers a parlé des arbalétriers débandés, fortifie son étymologie en citant le vi. français *belistre*. Ceux qui rattachent à *bélitre* l'all. *bettler*, mendiant, gueux, ainsi qu'au holl. *beedelaar*, mendiant, et au tudesque *betolode*, mendicité, peuvent citer à leur appui l'anc. fr. *belleudre*, bélitre, pleutre, lourdaud, sot, en nat. barb. *balens*. Mais en anc. fr. on a dit aussi *belistrerie*, *belitrerie*, gueuserie, métier de fainéant, de mendiant ; et *belistraille*, canaille ; collect. de *bélitres*.]

BELLIQUEUX, EUSE, adj. Qui aime la guerre, guerrier, martial, courageux. [Du lat. *bellicosus*, fait de *bellum*, la guerre. 1° Varron forme le lat. *bellum*, du lat. *duellum*, guerre, combat, duel, par le chang. de *d* en *b*. 2° Chavée qui suit cette étymologie soutient que *bellum*, pour *duellum*, provient du sansc. *dwi*, ou *dwa*, deux. 3° Doederlein, qui la suit aussi, tire le lat. *duellum*, du grec *daïs*, combat, guerre, comme *puellus*, du grec *païs*, enfant. 4° Schulter dérive *bellum*, de l'anc. gothique *val*, *valr*, cadavres d'hommes tués; d'où le teuton *wal*, *walè*, champ de bataille, lieu du combat; et *valblystr*, trompette guerrière. 5° Scrieck le compose du scythique *bfeld*, camp, *hohne*, supérieure ; *bfeldhohne*, supérieure du camp. 6° Festus le déduit du lat. *bellua*, gros animal ; parce que les combats, les guerres des grands animaux sont des choses très-pernicieuses. 7° D'autres le tirent du gr. *bélos*, trait, flèche ; 8° d'autres, du grec *polémos*, guerre, 9° Vossius condamne l'opinion de ceux qui prétendent que *bellum*, guerre, a été fait du latin *bellum*, par antiphrase, rien n'étant moins beau que la guerre. L'antiphrase, dit-il, est l'asyle de l'ignorance. Cependant le Bel a trouvé moyen d'éviter l'antiphrase en soutenant que *bellum* vient du latin *bellus*, beau, la guerre étant, selon lui, le grand art ou la belle profession. 10° Gébelin croit que de *bal*, main, et de *bal*, lancer, est venu *bellum*, guerre. 11° Plusieurs pensent que *bellum* découle du nom de *Bélus*, fils de Neptune; parce que ce *Bélus* aurait remplacé dans les batailles le bâton par le glaive. 12° Le Mercure de France, décembre, 1755, p.155, dit : « Quelqu'un a déjà remarqué que le nom de *Baal* ou *Bel* a formé le latin *bellum*, parce que *Bel* ou *Mars* est le premier qui se soit servi des armes, et qu'il est réputé le dieu des guerriers. » Hyginus et Cassiodore donnent aussi cette étymologie. Mais, d'après Trogus et autres, ce n'est pas *Bélus*, c'est son fils *Ninus* qui porta la guerre sur les confins de l'Égypte ; et Pline attribue l'invention du casque, de l'épée et de la lance aux Lacédémoniens. 13° Guichard rapporte le lat. *bellum*, à l'hébr. *pâlach*, il a fendu, il a coupé, et au chald: *pelach*, il a fait la guerre. En breton *bel*, combat, bataille ; en Galles *bel*, lat., esp. et port. *bellicoso*, cat. et langue des Troub. *bellicos*, belliqueux ; gall. *bela*, faire la guerre, et *Bel*, le dieu de la guerre, dans Edwards.)

*Bellica, adj. pris subst. et f. Colonne qui était placée à Rome, à la porte du temple de Bellone, et contre laquelle le héraut lançait une pique toutes les fois que le sénat déclarait la guerre.

Belligérant, ante, adj. Qui est en guerre.
*Bellone, s.pr.f.myth.rom. Déesse de la guerre, sœur ou femme de Mars, fille de Phorcys et de Céto.
*Bellatrix, sf.astron.Nom d'une étoile de première grandeur, qui est placée dans l'épaule occidentale d'Orion.
*Bellonaire, sm.ant. Prêtre de Bellone.
*Bellum, sm. Divinité allégorique, ou la guerre personnifiée chez les Romains. Le temple de Janus était aussi appelé temple de la guerre.
*Imbelliqueux, euse, adj. Qui n'est point belliqueux.
Rebelle, adj.et s. Qui recommence la guerre, qui refuse d'obéir, qui résiste, se révolte ; qui s'arme pour ses propres desseins, et contre la patrie elle-même ; se dit des substances qui ont de la peine à entrer en fusion.
Se rebeller, va.pr. Devenir rebelle, se révolter, se soulever contre l'autorité légitime. *Rebellé, e*, p.
Rébellion, sf. Révolte, soulèvement, résistance ouverte aux ordres de l'autorité légitime ; violence contre l'exécution des ordres de la justice.

*BELLUES, sf.pl. Ordre de la classe des mammifères, comprenant le cheval, l'hippopotame, le cochon et le rhinocéros. [Du lat. *bellua*, gros animal ; animal ; la brute. Étym. 1° Du lat. *bellum*, guerre ; parce que les animaux se font la guerre entre eux, et attaquent l'homme lui-même ; Voss, Gébelin suit cette étymologie qui est loin d'être certaine. 2° *Bellua* semble appartenir à la même famille que l'all. *bull*, taureau; en suéd. *bola, boela*, dan. *bol*, ind. *bael*; anc. scandin. *bauli, boli*, norw. *bull*, holl. *bul, bulle, bolle*, angl. *bull*, gall. et bret. *bwla*, bohém. *wul*, polon. *wol*, russe *vol*, taureau. De là le holl. *bulhond*, boule-dogue. En anc. fr. *belue*, monstre, bête féroce.]

*Béluge, sf. *Belouga, *Béluga, sm. hn. Espèce de cachalot.

*BÉLUS, s.pr.antiq. Nom d'un roi des Assyriens, père de Ninus; nom du père de Danaüs, aïeul des Danaïdes; nom du père de Didon. [Lat. *Belus*, du grec *Bélos*, id. Les noms *Bélus, Baal, Bel, Béel, Bélénus*, signifient également seigneur. On attribue à un *Bélus* la fondation de Babylone, à laquelle il aurait donné son nom. Jones conjecture que *Bali* ou *Vali* pourrait bien être le *Bélus* de l'Écriture. Langlois trouve cette étymologie probable. Ce *Bali* est le nom d'un héros très-célèbre dans les romans hindous. Selon Warren Hastings, *Vali* ou *Bali* furent des monarques impies et présomptueux, et très-probablement notre *Nemrod* et notre *Bélus*. Et Moke prétend que l'hibernien conserve encore aujourd'hui un mot babylonien pour nommer l'année; c'est celui de *Bliadhain* autrefois *Béalain*, à la lettre le *cercle de Bélus* ou du soleil. Un auteur allemand soutient que le lat. *splendeo, Apollo, Lampas, Lapis, Pollux, Baal, Belus, Belenus*, et l'all. *blank, blind*, etc., sont de la même racine. L'origine du nom de Bélus paraît être l'hébr. *báhal*, il a dominé, il a possédé; d'où l'hébr. *bahal*, maître, seigneur, possesseur, le *behêl* des Chaldéens. Le nom de *Bélus* n'a pas été fait du nom de la ville de *Babylone* comme l'ont cru J. Vossius, Pétavius, et autres. En Orient, on donnait le nom de *Baal*, ou *Baalim*, à la Divinité. De là le grec *Bél*, ou *Bélos*. En Orient, chaque race honorait son fondateur comme un dieu, et l'appelait ordinairement *Bélus*. De là cette quantité de *Bélus* que nous trouvons dans les historiens de différentes nations, comme l'observe Périzonius. Tel fut le *Bélus* syrien, père de Didon; *Bélus*, premier roi des Assyriens; *Bélus*, roi d'Égypte, etc. Les Carthaginois écrivant *Bal* pour *Baal* en formèrent plusieurs noms pr. d'hommes, tels qu'*Hannibal, Hasdrubal*, etc.)

*Baal, Beel ou Bel, s.pr.m.myth.syr. Le dieu principal des Assyriens, des Phéniciens, des Carthaginois, des anciens Chananéens, et généralement des peuples sémitiques.

*Baalath, s.pr.m.myth.phén. Nom générique de la Divinité à Carthage.

*Bélénus, ou Belinus, s.pr.m.myth.celt. Dieu de l'Illyrie, de la Norique, de certaines localités de la Gaule, de l'île de Bretagne. (*Bélus* ou *Bélinus* était une divinité fort révérée des Gaulois, dit Alfred Maury. Hérodien nous dit positivement que le dieu *Bélis*, adoré à Aquilée, était le même que le soleil. Capitolin nomme cette divinité *Belenus*. Il est difficile, ajoute le même auteur, de ne pas reconnaître dans ce *Belenus* le Bel ou *Bélitan*, ou Saturne assyrien et phénicien, qui était assimilé au soleil. Cette divinité était donc, comme Ogmius, le résultat de l'introduction des idées phéniciennes chez les Gaulois. Jacobi pense que *Bélénus* est la même divinité que l'*Abellio* des Gaulois; que l'on nomme aussi le *Béla* des Laconiens, l'*Abélios* des Créto-Pamphyliens, et le *Bel* ou *Baal* des nations sémitiques de l'Asie occidentale.)

BEN, sm. Arbre de la famille des légumineuses, qui croît dans les Indes Orientales, et dont les semences, appelées *noix de ben*, fournissent une huile employée dans la parfumerie dès le temps de Pline. [Ce fruit est appelé *ben* par les Arabes : Trévoux. On donne ce nom de *ben* ou *béhen* à deux autres plantes bien différentes: id. En all. *behen*, béhen; polon. *ben*, ben. En port. *ben*, nom de l'arbre d'où l'on tire l'huile de *behen*; et *behen*, racine médicinale, odoriférante et blanche. Le nom ital. de cette racine est *been*.]

Béhen, sm. Nom donné à des racines médicinales, dont les deux espèces les plus usitées autrefois nous étaient apportées du mont Liban; l'une est le *béhen blanc*, l'autre le *béhen rouge*.

BÉNARDE, sf. et adj. Serrure qui peut s'ouvrir des deux côtés. [Ainsi dite de son inventeur, *Bénard*, serrurier à Paris, lequel vivait dans le 18e s.: Roquefort. Cette étymologie est peu sûre, vu que dans le 15e s. on appelait en Champagne *bénard*, une serrure fermant à deux tours. En l. b. *bernarius*, et en anc. fr. *bernarde*, *serrure bernarde*, était une serrure dont la clef n'était point percée et qui s'ouvrait des deux côtés. Dans Trévoux, *besnardes* est le nom que l'on donnait aux serrures qui s'ouvrent des deux côtés; *portes besnardes* signifie des portes qui ont des serrures appelées *besnardes* ou *bénardes*.]

BENGALI, sm. L'une des langues dérivées du sanscrit. [Ainsi nommée parce qu'elle est parlée par les peuples du *Bengale*. Le nom du *Bengale* vient lui-même du sanscrit *vanga*, hindoustani *bang*, le plomb, le métal flexible; mots que M. Delatre lie au sanscrit *vang*, marcher de travers; mot à mot: le pays du plomb.]

Bengali, sm. Espèce de pinson, originaire du *Bengale*.

BENJAMIN, sm.fam. Enfant préféré. [Par allusion à la prédilection de Jacob pour *Benjamin*, le plus jeune de ses fils. Dans l'hébreu *Bin-iâmin*, fils de la droite, c-à-d., de la félicité, fait de l'hébreu *bén*, fils, neveu, enfant, sujet, élève, etc.; et de *iámin*, le côté droit, la droite. Gésénius forme l'hébr. *bén* du v. *baná*, il a bâti, il a construit : Voyez *Bétyle*. En arabe *ibn*, fils, mot qui se retrouve dans plusieurs surnoms musulmans, tels que : *Ibn Abbás, Ibn Ali, Ibn Adam, Ibn Hájib, Ibn Mas'úd, Ibn Ziyád*, etc.]

BENJOIN, sm. Baume solide produit par le *styrax benzoïn*, petit arbre qui pousse dans les plaines de Bornéo, de Sumatra et de Java. [1° Constancio dérive ce nom de l'arabe *bengi*, nom d'une espèce d'herbe salutaire; d'où le port. *ben, behen, benge, le-benge*, noms de plantes médicinales : Voyez *ben*. Le même auteur dit que le port. *bonina*, nom d'une petite fleur délicate de plusieurs espèces vient aussi de l'ar. *bengi*. 2° D'Herbelot rapporte que le *benjoin*, nommé *bassam-pieh*, par les Persans, est une huile ou graisse de baume, que l'on tire d'un arbre appelé *ban*, semblable au tamarin, et qui croît en abondance dans l'Arabie heureuse, et particulièrement au terroir de Mahara; et il dit aussi que les Turcs appellent le *benjoin*, *hassalban*, mot dérivé ou corrompu de celui de *ban*. Trévoux a cité ce passage. 3° M. Honnorat pense que le *benjoin* tire son nom de l'ar. *ben-djaoury*, fils de Java; parce qu'on recueille le benjoin dans un endroit qui s'appelle ainsi; ou de *ben*, parfum. Garcias affirme que *benjoin* a été fait de l'ar. *ben*, fils, et *Jaoi*, île de Java. 4° Jules Scaliger croit que ce nom vient de l'ar. *ben*, larme, et *Jaoi*, parce que ce petit arbre distille des larmes et abonde à Java. Le *benjoin* en malais est appelé *kemeniann*; et l'*île de Java*, *Poulodjava*, de *poulo*, île, et *Djava*, Java. 5° Skinner est d'avis que *benjoin* est composé du grec *pan*, tout, et *zoé*, vie; parce que cette substance fortifie l'esprit vital par son odeur suave, ou parce que ses vertus sont très-utiles à la vie des hommes. En b. lat. *benzuinum, benzoinum, belzonium, benzoé*, benjoin; pol. *benzoin*, all. *benzoé*, angl. *benzoïn*, holl., dan. et suéd. *benzoin*, ital. *belzoino, belzoi*, port. *beijoim*, valaque *benzoe*, prov. *benjouin, bijoun*, benjoin.]

Benzoïque, adj.m.chim. Extrait du benjoin, ou d'autres substances analogues.

Bijon, sm. Térébenthine que l'on tire, par incision, des sapins, des pins et des mélèzes en Dauphiné. (Ce nom convient proprement, dit Trévoux, à la térébenthine qui découle en été sans incision des mêmes arbres. M. Honnorat assure que *bijou* est le nom qu'on donne, dans la Haute-Provence, à la térébenthine qu'on tire des différentes sortes de pins; et qu'elle a reçu ce nom de la ressemblance qu'on a cru y trouver avec le *benjoin*. En prov. *benjouin*, et *bijoun*, benjoin.)

*__Benzine__, sf. chim. Huile volatile résultant de la distillation de l'acide benzoïque.

*__Benzoate__, sm. chim. Sel formé par l'union de l'acide benzoïque avec différentes substances.

*__Benzoïne__, sf. chim. Camphre extrait de l'huile d'amandes amères.

*__Benzoyle__, sf. Radical de l'acide benzoïque.

BERCER, va. Remuer, balancer le berceau d'un enfant que l'on veut endormir; fig., amuser d'espérances fausses. [1° De même qu'on avait donné le nom de *aries* à une machine de guerre, de même on a nommé *bercellum* et *barbizellum*, une poutre ferrée, mot issu du l. *berbex* ou *vervex*, mouton, d'après Muratori. De *bercellum* Diez dérive l'ital. *berciare, imberciare*, et le fr. *bercer*, dans le sens de percer, transpercer: comme le valaque *berbeca, imberbeca*, frapper, heurter, choquer. 2° Selon Roquefort, les premières *bergeries* ayant été construites avec des branches d'arbres, on donna ce nom à un lit d'enfant encore à la mamelle, à une voûte en treillage, ou en plein cintre; de là *bercer* ou *berceau*, suivant lui. 3° Barbazan, Noël et Carpentier, Jal, Delatre, De Chevallet, Tarbé, Gattel, Ménage, Trévoux, etc., forment les mots *berceau, bercer*, du latin *versare, vertere*, tourner, par le chang. de *v* en *b*, comme dans *barioler* de *variolare*. 4° Un autre fait venir *berceau*, du persan *berk*, feuille, feuillage; 5° et Mary-Lafon, du gr. *bréphos*, tout petit enfant; 6° Bullet, de l'irl. *break*, claie; puis du l. b. *bersa, bersæ*, claies, treillis d'osier; 7° Constancio, de l'égyptien *bir*, panier, corbeille; puis du l. *versare*, tourner; 8° l'abbé Corblet, de l'islandais *bera*, porter. Langue des Troub. *bres, bretz*, berceau, *bers*, berceau, tombeau; *bressol*, berceau; *bursar*, bercer, balancer; *bressar*, bercer. Langue des Trouv. *berçol, berz*, berceau. L. b. *bressæ, bersa, berciolum*, berceau. Patois de Champagne *berchoul, bers, berseuil*, berceau; *brès, bressolet*, berceau; *berser*, bercer, chasser, tirer de l'arc, dans Tarbé. Rouchi, normand et picard *ber*, berceau. Anc. fr. *bers, bres, bresseau, barseul*, berceau; et *bresser*, bercer.]

Se Bercer, va. Espérer vainement. *Bercé, e*, p.

Berceau, sm. Petit lit où l'on couche les enfants à la mamelle; fig., lieu où certaines choses ont commencé; charmille taillée en voûte; voûte en plein cintre.

Berceuse, sf. Femme chargée de bercer un enfant.

Barcelonnette, sf. Berceau, lit d'enfant, monté sur deux pieds en forme de croissants, qui permettent de le mouvoir sans effort pour bercer. (Pour *bercelonnette*.)

Berce, sf. bot. Plante ombellifère qui croît au bord des bois, et dont on compte plusieurs espèces.

(Selon Eloi Johanneau, Delatre, et autres, ce mot est de la même famille que *bercer* et *berceau*, comme si la *berce* avait quelque ressemblance avec un *berceau*. Les fleurs de cette plante sont verticillées, ce qui lui a valu en latin le nom de *spondylium, sphondylium*, du gr. *sphondulos*, verticille des plantes.)

Ber, sm. mar. Berceau, c-à-d. système de poutres et de cordages qui supportent le vaisseau dans la cale de construction, et servent à le garantir contre les dangers d'oscillation à droite et à gauche qu'il peut faire pendant son trajet du point de départ à la mer. M. Jal dit que *ber* est un vi. mot fr. qui a été fait par abréviation de *berceau, bercer*. Rouchi, norm. et pic. *ber*, berceau.)

BERLE, sf. Genre de plantes ombellifères à racines nourrissantes. [Ce nom était appliqué indifféremment autrefois à plusieurs plantes de différents genres: Trévoux. 1° Bullet, De Théis et Honnorat, le dérivent du celt. *beler*, ou *veler*, qui signifie cresson ou plante analogue. On trouve d'ordinaire la berle avec le cresson, et par suite on lui aura donné l'ancien nom. Pline nous a conservé un terme gaulois qui ressemble beaucoup au mot celt. *veler* ou *beler*, cité par De Théis et autres; c'est le mot *vela*, qui se retrouve dans le Dict. de l'Acad., sous la forme *velar*, et qui signifie également érysime, tortelle, ou herbe aux chantres. 2° Constancio conjecture que *berle* vient de l'ital. *valeriana*, valériane; d'où le port. *veleriana* et *birliana*, valériane. 3° Saumaise et Gattel forment le vocable *berle*, de *berula*, donné par les botanistes du moyen âge à cette plante, dont le véritable nom lat. est *laver*, et c'est de ce dernier mot que Roquefort tire le mot *berula*. 4° M. Delatre a écrit que *berle* paraît appartenir au groupe de *birloir, brelan*, etc. En patois de Champagne on appelle *berle* une plante nommée ailleurs chervis, d'après Tarbé.]

BERLINE, sf. Sorte de voiture suspendue, et à deux fonds. [Ainsi nommée parce qu'elle est venue de Berlin, où elle fut inventée par Philippe De la Chiesa, ingénieur piémontais au service de l'Électeur de Brandebourg, qui, voyageant en France, en donna l'idée aux Français. 1° À l'égard du nom même de *Berlin*, la plupart le dérivent de l'all. *bär*, ours, parce que cette ville fut fondée par Albert l'Ours en 1162. 2° D'autres pensent que le nom de *Berlin* n'a aucune espèce d'analogie avec celui de Albert l'Ours, *Albrecht der Beer*, et qu'il signifie en langue vandale une campagne stérile et déserte. 3° L'histoire de Berlin, au dire d'Eryès, est fort obscure; on n'en sait pas au juste l'origine. Son nom vient-il d'*Albrecht* ou *Albert*, ou du slave *berle*, qui veut dire terre inculte? 4° M. Delatre dit: « Dans les langues slaves on trouve *brémia*, fardeau, *berlio*, sceptre, ce qu'on porte à la main. La plupart des villes de Prusse ayant été fondées par les Slaves, qui furent les premiers habitants de ce pays, nous croyons que *Berlin* doit son nom à *berlio*. En faveur de la première étymologie, Werdenhagen soutient que cet Albert l'Ours, *der beer*, qui fut margrave de Brandebourg, ne fit qu'agrandir cette ville et l'entourer de murailles, et que c'est pour cela qu'elle en prit le nom; de même que *Beernaw, Beerwald, Beernstein*, et autres lieux qu'il bâtit.]

Berlingot, sm. dim. Berline à un seul fond.

BERME, sf. Prolongement régnant parallèlement et en continuité d'une route pavée, d'une chaussée, d'un ouvrage; chemin étroit entre le pied du rempart et le fossé; par anal., chemin qu'on laisse entre une levée et le bord d'un canal ou d'un fossé. [M. Diez dérive ce mot du néerl. *breme*, angl. *brim*, anglos. *brymme*, bord, sommet. *Berme* a concouru à former le mot *risberme*. Il semble singulier, dit le général Bardin, que les Anglais nous aient emprunté le mot *berme* au lieu de se servir du mot *brim* qui leur appartenait en propre. De là l'esp. et le port. *berma*, berme.]

*BERMUDES, sf.pl.géo. Plusieurs îles portent ce nom; la plus considérable est celle de S.-Georges. [Elles le doivent à un Espagnol appelé *Jean Bermudez*, qui les découvrit en 1503. Mlle Louise Osenne fait remarquer que plusieurs rois des Asturies ont porté le nom de *Bermudez. Bermudez III* périt dans la bataille de Carion en 1037. C'était le dernier de la famille des anciens rois goths.]

BERNE, sm.mar. *Pavillon de berne*. Pavillon hissé à la place ordinaire, mais roulé et non déployé, soit en signe de deuil, soit comme signal de détresse. [1° Selon Gébelin, ce mot serait de la même famille que *berg*, montagne. 2° Selon De Chevallet, c'est un mot d'origine germanique. En tudesque *baren*, tenir quelque chose élevé pour le montrer; all. *bären, beren*, élever, hausser, hisser; holl. *beuren*, id. 3° Selon Delatre, l'écossais *birn*, fardeau, explique le fr. *berne*, pavillon en *berne*; et le fr. *berne, berner*. En b. bret. *bern*, en berne.]

BERNE, sf. Tour que l'on joue à quelqu'un en le faisant sauter en l'air sur une couverture dont plusieurs personnes tiennent les coins et les côtés. [1° Selon M. Delatre, l'écossais *birn*, fardeau, explique le fr. *berne*, dans pavillon en *berne*, et le fr. *berne*, couverture pesante, et *berne*, tour que l'on joue à quelqu'un en le faisant sauter dans une couverture. 2° Selon Cujas, Ménage, Borel, Trévoux, Du Cange, Borel, de *berne*, ancien mot français signifiant habillement avec lequel on bernait, saye, sayon, *sagum*. 3° Nicot affirme que ce mot *berne* vient d'*Hibernia*, où il prétend qu'on porte encore de semblables vêtements faits d'un drap grossier et velu, qu'on appelle *bernée*. Diez adopte cette étymologie et ajoute que *berne* est l'ital. *bernia*, *shernia*, l'esp. *bernia*. 4° Eloi Johanneau soutient que *berne* est proprement une cape de *Bearn*, et que le nom doit venir de *Bearn*, et non de *hibernus*, ni de *albornoz*, ni de l'arabe. 5° D'après Covarruvias, le nom *berne* et le v. *berner* proviendraient du laconien **bernesthai*, secouer, agiter; 6° d'après Leibnitz, ils seraient issus du germ. *brellen*; 7° d'après Bullet, du celt. *bern*, élévation, montagne, élevé, haut; 8° d'après un autre, de l'all. *berg*, mont, comme *monter* de *mont*.]

Bernable, adj. Qui mérite d'être berné.
Bernement, sm. Action de berner, manière de berner.
Berner, va. Faire sauter quelqu'un en l'air dans une couverture par jeu ou par dérision; fig, railler, tourner en ridicule. *Berné, e*, p.
Berneur, sm. Celui qui berne.
Bernique, adverbe exprimant que l'espérance de quelqu'un n'est ou sera déçue. D'après la conjecture de M. Delatre, ce mot est un diminutif, et signifie propr. une petite *berne*. M. Schéler dit : « Est-ce *ber* péjoratif + *nique* ?)

BÉRYL et **BÉRIL**, sm. Pierre précieuse d'un vert bleuâtre, brillante et transparente. [Du l. *beryllus*, dérivé du g. *bérullos*, béryl. 1° Le grec *bérullos* semble venir de l'hébreu *báraq*, il a brillé, mot qui se retrouve en ar., en syr. et en éthiopien. En ar. et en turc *berraq*, brillant, resplendissant ; en turc *párláq*, brillant, clair, lumineux. 2° Il pourrait venir aussi du sanscrit *bharj*, forme guńée de *bhrij*, luire,

briller. 3° Gébelin dit que *bérullos* vient de l'oriental *bor*, briller. 4° Isidore croit que le *béryl* est venu avec son nom de l'Inde. Félibien assure que cette pierre précieuse abonde à Camboge, à Martaban, au Pégu, et dans l'île de Ceylan. Pline distingue plusieurs espèces de béryls. En ital. et port. *berillo*, esp. *berilo*, cat. *beril*, langue des Troub. *berille*, russe *virill*, béryl.]

*Béryllé, e, adj. minér. Qui présente les caractères ou les propriétés du béryl.
*Béryllium, sm. chim. Un des noms du métal qui fait la base de la glucine.
*Chrysobéryl, sm. minér. Pierre précieuse chatoyante et jaunâtre. (G. *chrusos*, or.)

BESANT, sm. Nom d'une ancienne monnaie de l'empire de Byzance; blas., pièce d'or ou d'argent que les paladins français mirent sur leur écu, pour faire voir qu'ils avaient fait le voyage de la Terre-Sainte. [De *Byzance*, ancien nom de Constantinople, où cette monnaie a été d'abord battue sous les Empereurs. Du temps des Croisades, on appelait cette ville *Bezance* et *Bexans*. L'origine étymologique du nom de Byzance est encore incertaine. 1° On l'a dérivé du g. *buzó*, remplir, et *anthos*, fleur, à cause de l'abondance des fleurs, de la riche et belle végétation de ce magnifique pays; 2° de *Byzas*, nom de ce fondateur qui, l'an 667 avant J.C., amena une colonie de Mégariens sur les côtes de la Propontide, et fonda *Byzance*. 3° Du celto-scythe et slavon *bes*, sans, et du g. *antion*, résistance. Cette dernière étymologie est hybride. La première seule convient à la fois au mot et à la chose. Dans la b. l. le besant était appelé *besans, besantus, bissantius, byzantius*; dans la langue des Troub. on disait *bezan, besant*.]

BESI, sm. Nom générique de plusieurs espèces de poires; on y ajoute le nom du pays d'où elles sont sorties. [Ménage écrit *besie*. 1° Boiste et autres, après Huet, croient que *besi* est un mot celt. 2° Selon Diez et de Chevallet, c'est un mot d'origine germanique. Diez le dérive du néerl. *bes, besie*, qui, comme le l. *bacca* et le fr. *baie*, signifie baie, graine. Il est probable, dit De Chevallet, que les arbres portant les différentes espèces de besis connues aujourd'hui proviennent d'autant d'espèces de poiriers sauvages qui ont été améliorées par la culture. Il est encore certaines sortes de *besis* qui ont un goût assez sauvage; tel le *besi* de Caissoy. En Anjou et dans le Poitou *besi* signifie petite poire sauvage. Le même auteur, après vérification faite, certifie que *besi* n'est point celt. et qu'il dérive d'un mot germ. signifiant un petit fruit en général, tel que corme, nèfle, olive, baie, fraise, mûre, etc. En goth. *basi*, fruit. Delatre rattache le goth. *basi* au sanscrit *bhakch*, manger, au gr. *phageïn*, manger, et au lat *bacca*, baie. Le goth. *basi* est identique à l'anc. all. *bese*, au bas all. *besing*, mots cités par De Chevallet. Les autres idiomes, ajoute le même auteur, ont une *r* au lieu d'une *s*; c'est ainsi que les Latins disaient; *honos* ou *honor*, *arbos* ou *arbor*, *pulvis* ou *pulver*, *cinis* ou *ciner*, *vomis* ou *vomer*. Ainsi le goth. *basi*, comme l'ont très-bien vu De Chevallet et Delatre, devient *beere* en all. Les auteurs du Tripartitum lient ces mots au latin *bacca*, *far*, au grec *purén* et à l'hébreu *bar*. M. Schœbel unit l'all. *beere*, baie, grain, graine, au sanscrit *vri*, mouiller, et au grec *puros*, au lat *far*, blé, grain de blé. En anglos. *beria, byri, berig*, angl. *berry*, baie; suéd. et dan. *baer*, anc. scandin. *ber*, anc. gothique *pasi*, holl. *bes, bees, bezie*, baie. De là : *Besi Chaumontel, Besi d'Heri* (pour Besi de Henri), *Besi de la Motte*.]

*Besier, sm. Poirier sauvage.

Framboise, sf. Petit fruit rouge bon à manger, qui croît sur un arbrisseau épineux appelé framboisier. (Les auteurs du Tripart. et De Chevallet, Diez et Delatre attribuent avec raison à ce mot une origine germ. M. Diez le dérive directement du néerl. *braambezie,* de *braam* arbuste épineux, et *bezie,* petit fruit, baie. Et, ce qui revient au même, De Chevallet rapporte le fr. *framboise* à l'all. *brambesing,* au dan. *brambœr,* mots dont la signification est celle de petit fruit d'arbuste épineux, de ronce. En goth. *brama,* arbuste épineux, ronce, et *basi,* petit fruit, baie; anc. all. *bram* et *bese,* bas all. *bram* et *besing,* holl. *braam* et *bezie, beezie.* Ainsi *framboise,* pour *bramboise*(f==b), est évidemment d'origine germ., et ne vient pas du lat. *fragrans,* ni de *francus rubus,* ni de *fragum bosci,* ni de *fragaria lignaria,* ni du langued. *fragousta,* ni du prétendu celt. *boeden,* nourriture et *flam,* rouge, ni du celt. *boise,* buisson, et du mot *franc.*)

Framboisier, sm. Arbrisseau qui porte les framboises.

Framboiser, va. Accommoder au jus de framboises. *Framboisé, e,* p.

BESICLES, sf. pl. Sorte de lunettes à branches, qui se fixent à la tête. Elles furent inventées dans le 14e s. par Alexandre Spina, dominicain de Pise. [Etymol. 1° « Ménage suppose une modification du vi. fr. *bericle* (wall. *berik*), qui vient de *beryllus,* signifiant, au moyen âge, lunette, et d'où vient également l'all. *brille* : s==r, comme dans *chaise* pour *chaire* » : Schéler ; voy. *Béryl.* 2° Du l. *bis,* double, *cyclus,* cycle, cercle : Sylvius, Trippaut, Morin, Gattel, Boiste, Diez. 3° Du l. *bis,* doublement, deux fois, et *oculi,* yeux ; par allusion aux deux verres de forme ronde dont ces lunettes sont composées : Costar, Pasquier, Noël et Carpentier].

BESOIN, sm. Nécessité, disette, privation d'une chose que nous jugeons nous être nécessaire ; indigence, dénûment ; nécessité naturelle ; manque de nourriture ; besoin du corps résultant de la digestion ; mouvement instinctif qui porte à rechercher ou à faire quelque chose ; par ext., objet du besoin, ce qui est nécessaire et utile, convenable. [1° Suivant Gébelin, Denina, Diez, les auteurs du Tripart., De Chevallet, Delatre, etc., ce mot appartient aux langues du Nord. Diez attribue une origine commune aux mots *soin, soigner, besoin, essoine, essoigne.* 2° Selon Denina, *soin, besoin, besogne,* et le v. ital. *bisognare,* pourraient bien dériver de l'all. *sorgen,* être inquiet, être ému ; avoir ou prendre soin, soigner, veiller, l'r ayant été prise dans l'écriture pour un *i.* 3° Gébelin conjecture qu'il vient du suéd. *sveing,* faim, besoin, dans Verelius ; ou du mot *sonni,* soins, nécessité, qui se trouve dans les anciennes lois saliques. 4° M. Delatre rattache *besoin* au goth. *be-sunja,* sollicitude, attention, au fr. *bi-vac* ou *bi-vouac,* à l'all. *bei-wach-e,* mot fait de *wache,* veille, garde, et de *bei,* auprès, en, sur. Au 12e s., *besoin, busuin, sunjon,* signifiaient affaire, comme l'ital. *bisogna,* dit De Chevallet, qui ajoute : On dépouilla bientôt ce mot de la signification d'*affaire,* qui seule lui appartenait, pour lui attribuer exclusivement celle de nécessité. De *besoin* l'on fit *besoingne, besoigne,* auj. *besogne,* qui a hérité de l'ancienne acception de son primitif. 5° En l. b. *sunnia, sonia,* avait le sens d'empêchement légal ; d'où l'idée de s'arrêter à une affaire difficile, de soin, d'après M. Schéler. Selon Grimm, *sunnis* serait d'origine franque, identique avec le septentr. *syn,* abnégation, et de l'all. *sunja,* vérité, *sunjon,* justifier. voy. *Soin.* 6° Besoin ne vient pas du b. breton *esom,* besoin, comme l'a cru Bullet, ni de l'all. *behuf,* besoin,

ni du latin *somnium, bissomnium,* ni de *senex, senium.* En angl. *busy,* occuper, mot que Fallon a classé dans les racines saxonnes. De là le mot angl. cité par le Tripart. et par De Chevallet, *business,* affaire. En dan. *besinde,* suéd. *besinna,* être occupé, en parl. de l'esprit, se préoccuper, méditer, dans De Chevallet. En ital. *bisogno,* besoin ; cat. *bessogn,* langue des Troub. *besonh, bezonh,* prov. *beson, besoun,* besoin. Langue des Trouv. *buisine, busuine, busuin,* besoin, *besoigner,* être besoin, nécessaire. Anc. fr. *besons, besoing,* malheur.]

Besogne, sf. Travail, occupation, ouvrage ; application aux choses de sa profession ; fam., tout ouvrage d'esprit ; toute affaire importante et embarrassante.

Besogner, vn. vi. et fam. Travailler, faire sa besogne. *Besogné,* p.

Besoigneux, euse, adj. fam. Qui est dans le besoin.

Au besoin, loc. adv. Lorsque le besoin se fait sentir. *Embesogné, e,* p. du v. inus. *embesogner,* fam. Occupé à une besogne, affairé.

BÊTE, sf. Animal privé de raison ; gros gibier, tout animal qu'on chasse à cor et à cri ; fig., personne sans esprit, sans capacité ; fig. et moral., celui qui ne cherche que les plaisirs sensuels ; sorte de jeu de cartes. [Du lat. *bestia,* bête féroce ; toute espèce d'animal. 1° Bopp a cherché l'origine du l. *bestia,* dans le sanscrit *paçu* ou *pasu,* animal, d'où le lat. *pecus,* fait lui-même de *paç,* lier, et du suffixe *u,* en zend *bas'ta,* lié ; 2° Guichard, dans l'hébreu *tsab,* espèce de lézard, ou crocodile, en renversant le mot ; 3° Bullet, dans le celt. *bes,* bois, et *t, ty,* demeure ; 4° Martinius, dans le grec *biastés,* qui exerce des violences, qui s'empare par violence ; 5° Caninius, ainsi que Nunnésius, dans le grec *boskéma,* animal qui paît, bétail, de *boskô,* faire paître ; 6° Isidore, dans le l. *vis,* force, parce que les bêtes féroces sévissent avec force ; 7° Gébelin, dans le l. *edo,* je mange, *esca,* nourriture ; 8° Un autre, dans le grec *bessai,* sentiers à travers les montagnes, halliers, broussailles, vallons ; 9° un autre, dans le l. *vestis,* vêtement, parce que les animaux servent au vêtement ainsi qu'à la nourriture des hommes ; 10° un autre, dans *Bessi,* nom des peuples de Thrace que V. Flaccus signale comme féroces et inhumains. 11° W. F. Edwards, dans le latin *vivo,* je vis, *vita,* vie ; 12° Doederlein, dans le l. **bastus,* gras, épais, et dans le grec *bathus,* gros, gras, épais ; lat. d'Isidore, *bassus,* gros, gras, épais. En valaque *vite,* bête ; all. *vieh,* bétail ; haut all. anc. *viho, vihu, vee,* holl. *vee,* bétail ; gaël écoss. et irl. *beist,* bête ; russe *bestia,* bête ; port. *bestia,* ital., esp., cat. et langue des Troubadours *bestia,* bête ; alban. *bis,* angl. *beast,* patois de Castres *bèstio,* bête. Toulous. *besso,* bête sauvage. Prov. *besti,* auvergnat *bestie,* savois. *bétie,* rouchi *bièle,* anc. fr. *beste,* bête.]

Bétail, sm. coll. Troupeau de bêtes à quatre pieds, qu'on mène paître. (En b. l. *bestiale,* au pl. *bestialia,* bestiaux.

Bête, adj. Sot, stupide. **Bêta,** sm. fam. Qui est très-bête.

Bêtes, sf. pl. Bêtes sauvages, animaux féroces ; vermine. ***Bêtes,** sf. pl. chass. Les biches.

Bêtement, adv. fam. D'une manière bête, stupide, en bête, sottement.

Bêtise, sf. fam. Défaut d'intelligence ; action bête.

Bestiaire, sm. ant. rom. Gladiateur qui combattait dans le cirque contre les bêtes féroces.

Bestial, ale, adj. Qui tient de la bête, qui appartient à la bête.

Bestialement, adv. Selon la nature de la bête ; en vraie bête.

Bestialité, sf. Commerce contre nature avec une bête.
Bestiasse, sf.injur.et pop. Personne stupide, dépourvue d'esprit, de bon sens.
Bestiaux, sm.pl. Bétail : pl. de *bétail.*
Bestiole, sf.dim.Petite bête; fig.et fam., enfant, jeune personne qui a peu d'esprit.
***Bestion,** sm.mar. Adent du bout de la guibre d'un bâtiment : on y sculptait une figure d'animal.
Abêtir, va. Rendre stupide. *Abêti, ie,* p.
Abêtir, vn.fam.Devenir bête, stupide.
***Embêter,** va.triv.etpop.Rendrebête,stupide; fig., ennuyer, importuner. **Embêté, e,* p.
Malebête, sf.fam. Personne dangereuse dont il faut se défier.(L. *mala bestia,* mauvaise bête.)
Rabêtir, va.fam. Rendre bête, stupide. *Rabêti, ie,* p.
Rabêtir, vn.fam. Devenir bête, stupide.

BÉTEL, sm. bot. C'est une plante de l'Inde qui s'attache aux arbres et y monte comme le lierre, ses feuilles ressemblent à celles du citronnier ; lorsqu'elles sont mûres elles doivent être rouges pour être bonnes. Les Indiens mangent du bétel le matin, l'après-midi, le soir, et même la nuit. Cette plante est bonne pour affermir les gencives, pour fortifier le cœur et l'estomac,et pour empêcher la puanteur de la bouche. [« Nos voyageurs, dit d'Herbelot, appellent *betlé,* ou *betré*,ce que les Persans nomment *betel.* Son nom le plus commun est *betré* ou *betlé*, dont le premier se prononce aussi *batra,* qui signifie en général chez les Indiens la feuille de quelque plante. Le mot *betlé* n'est qu'un adoucissement de *betré,* et c'est de là que les Persans ont formé celui de *betel.* » D. Francisco de Luiz affirme que *bétel* vient de *betere,* terme du Malabar. En port. *bétel, bétele, béthel,* bétel.]

BÉTOINE, sf.bot. Plante dont on fait un grand usage en médecine. [Du lat. *betonica, vetonica* ou *vettonica,* bétoine, mot employé par Pline. 1° Borel dit que *betonica,* bétoine, et *betula,* bouleau, sont des mots gaulois latinisés. 2° Pline a écrit que les *Vettons,* peuple d'Espagne, ont les premiers fait usage de cette plante,et lui ont donné leur nom. 3° Gébelin, Constancio, Bullet, De Théis et autres, rejettent l'étymologie de Pline. Les deux premiers dérivent simplement *betonica,* du celt. *bet*, rouge, vermeil ; parce que, dit Gébelin, ses feuilles sont rouges. Les tiges de la bétoine se terminent par un épi de fleurs purpurines. 4° Bullet et De Théis soutiennent que le vrai nom de la bétoine en celt. est *bentonic,* mot qu'ils forment du celt.*ben*,tête,et *ton*,bon : bon pour la tête.La bétoine est réputée céphalique. A l'époque où Pline attribuait aux *Vettons* ou *Vétons,* un nom de la *bétoine* et la découverte de ses vertus médicinales, ce peuple était encore d'une extrême simplicité. Les *Vettones* étaient si simples alors qu'ayant vu des officiers romains faire quelques tours de promenade ils crurent que ces Romains étaient hors de leur bon sens. Ils ne pouvaient s'imaginer,dit Breuzen, qu'il y eût du délassement à un pareil exercice, et ils allèrent civilement leur offrir leur bras pour les conduire dans leurs tentes. En port. *betonica,* bétoine; ital., esp., cat. et langue des Troub. *betonica,* b.l. *bettonica,vetonica, vectonica, vittonica,* bétoine. En bret. *bentonik,* écoss. *lus bheathaig,* bétoine; *lus* signifie herbe.]

BÉTON, sm. Sorte de mortier fait de chaux, de sable, et de gravier,qu'on jette dans les fondements et qui s'y durcit extrêmement. [1° Pour *blétong,* de l'angl. *blétong,* poudingue factice. 2° De l'anc. fr. *béton,* lait trouble et épais qui vient aux femmes nouvellement accouchées, et aux bêtes qui ont mis bas. 3° Du grec attique *pèttô,* épaissir, condenser, coaguler, figer, cailler. 4° De l'esp. *betun,* bitume. 5° Du grec de Suidas *betton,* tout-à-fait vil ; en b.l. *betunium,*chose de vil prix. 6° Du persan *bett, bit, pett,* glu, colle du tisserand. De toutes ces étymologies celles qui paraissent être les moins hasardées sont la première et la quatrième.]
***Bétonner,**va.Construire avec du béton.**Bétonné,e,* p.
***Bétonnage,** sm. Action de bétonner, travail de maçonnerie fait avec du béton.

BETTE, sf. Poirée, plante potagère. [Du lat. *beta,* bette, poirée. 1° Gébelin dérive du celt. *bat, bet, bed,* rouge, le lat. *beta,* plante, dit-il, communément rouge, le lat. *betula,* arbre à feuilles rougeâtres et donnant une liqueur rougeâtre, et le lat. *betonica,* bétoine, plante rougeâtre. Bullet fait à peu près de même. De Théis et C. L. déduisent *beta* du celt. *bett,* rouge. 2° Vossius, Bohin. et Daléchamp, forment le lat. *beta,* du grec *béta* nom du *b,* parce qu'étant en graine cette plante représente un B,par le moyen de sa cime qui se replie.3° Doerdelein conjecture que *beta* procède du grec *béchion,* tussilago, pas-d'âne.En ital. *beta, betiola,* bette;all. *beete,* angl.*beet,*anc.fr.*bete*,langue des Troub. *beta,*bette.]
Betterave, sf. Bette à grosse racine sucrée et ordinairement rouge.

BÉTYLE, sm. Espèce de pierre employée à faire les plus anciennes idoles, auxquelles on attribuait des vertus merveilleuses.[*Bétyle,* ou *bœtyle, bœtylos, bœtylion,* était une pierre de la forme d'un coin ou d'un cône allongé, et qui était révérée comme un symbole divin. On choisissait pour y ériger ces symboles les endroits les plus apparents. Le culte qu'on leur rendait consistait à les oindre de vin, de sang, et préférablement d'huile. On les rencontre chez les Hébreux, les Phéniciens,les Grecs et les Romains. *Bétyle* est aussi le nom d'un fils d'Uranus et de Ghé, et frère de Saturne. Les prêtres de Cybèle qui allaient mendier de ville en ville portaient sur leur sein des pierres mystérieuses qu'on a appelées. *Bœtyles,* et qui représentaient la Mère des dieux.Selon Priscien et Hésychius,*bœtyle* est le nom que les Grecs donnaient à la pierre que Saturne dévora au lieu de Jupiter. Philon de Biblos et Sanchoniaton, dans Eusèbe, ont écrit que Uranus inventa les bætyles.Damascius disait qu'il y avait des bætyles consacrés à plusieurs dieux différents. Lampridius parle de pierres semblables qui étaient dans le temple de Diane à Laodicée. On voit dans Photius qu'Asclépiade assurait qu'étant monté sur le Liban, près d'Héliopolis, il y avait vu un grand nombre de *bœtyles,* et qu'il en rapportait des choses surprenantes. On voit dans Lucien que l'on couronnait les bætyles, que l'on s'agenouillait devant eux, qu'on leur adressait d'instantes prières pour en obtenir les grâces souhaitées. 1°Une inscription étrusque finit par ces deux mots *Lapi Veithi,* qui signifient: C'est la pierre bétyle. Nous devons cette remarque au savant Passarei. Gébelin adopte cette traduction. Et comme les Étrusques étaient une colonie phénicienne, ce mot *Veithi* peut fort bien se retrouver en hébreu.Aussi Gébelin le forme,non sans quelque vraisemblance, de l'hébreu *beith-êl,* ou *veth-êl,* la maison de Dieu.L'hébreu *baith* ou *beith* ou *béth,* signifie à lui tout seul, maison de Dieu,temple; il est employé dans les saintes Écritures à l'occasion des temples des idoles, comme l'indique Gésénius. Ce substantif dérive de l'hébreu *bouth,*il a passé la nuit, ou de *bânâh,* il a édifié, il a bâti. De même le grec *domos*, maison; a été fait de *dómô*, je bâtis. L'hébr. *béth*, maison, se retrouve apparemment dans le sanscrit *vâti*, maison, dans l'arab. *baith* et dans le gaël irland. *bath*, maison. Et l'all. *bauen*, construire, ressemble assez à l'hébreu *bânâ*, il a construit. Cette étymologie est conciliable avec le passage de la Genèse où il est dit que Jacob allant en Mésopotamie, et s'étant endormi dans un lieu qu'il nomma *Béthel* à cause de la vision miraculeuse qu'il y eut d'une échelle céleste, prit à son réveil la pierre qu'il avait eue sous la tête pendant la nuit, et qu'il en dressa un monument en répandant de l'huile dessus, etc. Bochart pense que les Phéniciens imitèrent ce que Jacob avait fait, lorsque, après la vision de l'échelle mystérieuse, il éleva une pierre au même endroit, et qu'il nomma *béthel*, versant de l'huile dessus, et que c'est de là que vint cette coutume, et le nom de bétyle qui fut donné à ces pierres. 2° Falconnet pense que *bétyle* a été formé de *abadir* qui a la même signification que bétyle, et que Bochart donne comme phénicien avec la signification de pierre ronde. Les dentales *d* et *t* et les liquides *r* et *l* se permutent souvent. Cette deuxième étymologie s'accorde avec l'opinion qui attribue aux aérolithes, d'une certaine forme, l'origine des bétyles. 3° On a supposé dit Jacobi, que le nom grec *baithulos*, bétyle, venait de *baité*, étoffe de laine, parce que la pierre remise à Saturne était emmaillotée d'une telle étoffe. Cette troisième étymologie convient aussi à l'usage où l'on était, non loin du temple de Delphes, de oindre chaque jour une pierre qui passait pour celle-là même que Saturne avait dévorée, et de l'enveloppe, à l'époque des fêtes, avec de la laine qui n'avait reçu aucun apprêt. 4° Scrieck soutient que *bétyle* ou *béthel* provient du scythique *bet*, pierre, *hel*, colline. Cette quatrième étymologie répond très-bien à l'usage antique de choisir, pour y ériger ces symboles, les endroits les plus apparents; elle cadre très-bien aussi avec les paroles de Photius qui rapporte qu'Asclépiade avait vu un grand nombre de bétyles sur le mont Liban. La première étym. semble la plus probable; elle est aussi celle qui a obtenu le plus de suffrages. En grec *baitulos*, nom de la pierre que Saturne dévora au lieu de Jupiter.]

BEY, sm. Titre d'honneur toujours mis à la suite des noms propres, et donné en Orient aux chefs de districts, aux gouverneurs d'une province ou d'une ville, aux fils de pachas, aux capitaines de navire, et même à des chrétiens recommandables par leurs services et leurs talents. [*Bey* ou *beï* est un mot turc signifiant seigneur: Volney, D'Herbelot, Constancio, Pihan, etc. On écrit et l'on prononce *bâï* en Barbarie. *Beï*, *bâï*, sont employés pour *beg*, seigneur. De là *atabeg*, le seigneur père, *beglerbeg*, c-à-d, seigneur des seigneurs; *assembeï* ou *assambeg*, seigneur ou prince de Hassan; *beïlik*, gouvernement. Les mots chinois ne se retrouvent dans le dialecte de Constantinople ne sont, pour l'homme qui connaît les révolutions de la Tartarie qu'une preuve de plus de l'origine orientale des Turcs, et du séjour prolongé des armées chinoises dans l'intérieur de l'Asie. L'Egypte obéit encore à des chefs dont le titre est indubitablement chinois, et qui, plus ou moins altéré, se retrouve, selon Rémusat et Balby, sur toute la route, comme pour nous conduire à son origine. On sait que la dignité de *pe* ou prince, dans la langue vulgaire *beg* ou *bek*, fut souvent accordée à des princes tartares, disent les mêmes auteurs, qui font remarquer qu'aujourd'hui les tributaires d'Ili, d'Aksou, de Khasigar, sont appelés *bek*, par les empereurs mandchoux; et que l'on ne peut presque douter que le nom de *beg* ou *bey* n'en soit dérivé.]

Bergamote, sf. Espèce de poire fondante d'un goût délicieux, dont le plant nous vient de la Turquie par l'Italie; orange qui a une fort bonne odeur; bonbonnière. (Du turc *beg*, seigneur, *armoud*, poire; à cause de l'excellence de son goût: Perron, Gébelin, Ménage, Noël et Carpentier, Roquefort, Pihan, etc. La prononciation turque exigerait *begarmoude*. En port. *bergamota*, prov. *bergamotto*, bergamote.)

BEZESTAN, sm. En Turquie, marché public, dans une halle couverte, lieu destiné à la vente des étoffes, des bijoux, et, en général, des objets précieux. [Ce mot est turc et signifie littéralement marché à la toile: M. Pihan.]

BÉZOARD, sm. Nom donné à des concrétions ou calculs retirés des intestins de plusieurs mammifères ruminants. On ne fait plus usage des bézoards, et on ne les regarde que comme des produits résultant des maladies qui affligent quelques mammifères; chim., ce mot servait autrefois à caractériser plusieurs préparations minérales, employées comme antidotes. [1° Du persan *panzehr*, pour *padzeher*, bézoard, fait du persan *pad*, préservateur et de *zeher*, poison: contrepoison, antidote. 2° Le Trip. rattache le l. *putare*, l'ital. *potare*, et l'all. *putzen*, tailler, émonder, couper, enlever, aux mots indiens *puschna*, *puscho*, d'où le mot persan suivant eux. 3° Fungérus et Clusius ont cherché l'origine du fr. *bézoard* dans le persan *bazar*, marché, pour sorte de pierre exposée dans les ventes. 4° Il y a en Perse un bouc nommé *pazard* qui produit le bézoard. C'est de ce mot *pazard* que Ménage dérive le mot bézoard. 5° D'après Bochart et Scheler, ce mot *bezoard* proviendrait du persan *bedzahar*, formé de *bed*, remède, *zahar*, poison. En russe *bezoardd*, basque *bezarria*, bézoard, polon. *bezoar*.]

***Bézoardine**, sf. chim. Substance particulière faisant la base des bézoards orientaux.

***Bézoardique**, adj. chim. Qui tient du bézoard, qui y a rapport.

BIAIS, sm. Qui oblique, de travers; qui n'est pas taillé, coupé à angle droit; obliquité, travers, ligne oblique, sens oblique; fig. et fam., moyen détourné; face d'une affaire, moyen pour réussir. [1° M. Génin dit: « *Biais* est le même substantif qui s'écrit *bief*; le *bief* d'un moulin. L'idée de *bief* emporte toujours l'idée d'obliquité puisque tout canal est nécessairement latéral au cours d'eau sur lequel il est pris. C'est pourquoi *de biais* signifie obliquement, d'une manière détournée, comme est posé un *bief*. C'est une des mille bizarreries de notre langue, d'avoir consacré deux orthographes l'une pour le sens propre, l'autre pour le sens figuré, ce qui paraît faire deux mots distincts, lorsqu'il n'en existe qu'un. L'occasion de cela, c'est la prononciation: *bief* est l'orthographe ancienne; mais l'*f* y était muette, ce qui a donné lieu d'écrire *biais*..... *Bief*, dans la b. l. a trois formes: *bedum*, *becium*, *biesium*. La dernière paraît calquée manifestement sur la forme française; elle ne compte pas. Les deux autres sont des racines anglo-sax. latinisées; *bece* était, en anglos., un ruisseau, en all. d'aujourd'hui *bach*, d'où le nom de la célèbre abbaye du *Bec* ou du *Bec*-Helluin, parce que Helluin en était le fondateur; *bed*, qui subsiste dans l'anglais actuel avec la signification de lit, marquait le lit d'une rivière, *alveus*. C'est l'une ou l'autre de ces deux racines, qui, en traversant la b. l., nous a donné le fr. *bief*, *biais*. *Bief* est venu de *bedum*, comme *fief* de *feudum*, *lion* de *leo*, *lieu* de *locus*, *miel* de *mel*. 2° De Chevallet rapporte le fr. *biais* et *biseau*, à l'anglais *bias*, pente, obliquité, inclinaison, *to bias*, pencher, incliner, biaiser. Fallon donne ce dernier mot comme racine saxonne. 3° M. Diez cite le passage du Glossaire d'Isidore, où on lit : *bifax, duos habens obtutus*, ayant deux faces ou deux vues. De *bifax*, pour *bisfax*, pour *bis-oculus*, on a fait, selon M. Diez, le prov. *bifais*, biais; d'où l'expression *via biayssa*. En lat. barb. *bifacies,bifaciare*, biais, biaiser; anc. cat. *biais*, cat.mod. *biax*, sarde *biasciu*; port. *viez*, obliquité, biais; ital. *sbiesco*, oblique, de biais. 4° Furetière, Borel, Noël et Carp., Gattel, Mén. et Trév., dérivent *biais* de l'anc. gaulois *bihay*, de travers. 5° Bullet tire le fr. *biais*, et le latin *vieo*, tordre, tortiller, du b. bret. *bies*, biais. 6° Skinner le forme du l. *via*, chemin, voie; 7° Constancio, du l. *obliquus*, oblique, de biais; Denina, de l'ital. *bieco*, fait d'*obliquus*; 8° un autre, de l'all. *biege*, pli, inflexion, courbure; 9° un autre, de l'angl. *by*, mot marquant quelquefois un détour, comme dans *byway*, chemin détourné; 10° feu M. Faivre, du latin *ex viá*, hors du chemin.]

Biaiser, vn. Être de biais, aller de biais; fig. et fam., employer des moyens détournés. *Biaisé*, p.

Biaisement, sm. Manière d'aller en biaisant; fig., détour pour tromper.

Biseau, sm. Extrémité ou bord coupé en biais; outil dont le tranchant est en biseau; joaill., se dit des faces principales qui environnent la table d'un brillant; impr., morceau de bois à côté taillé en biais.(1° La plupart rattachent ce mot au fr. biais. 2° « Biseau ne serait-il pas dérivé de *bis* comme signifiant bordure à deux facettes taillées obliquement en talus? » M. Scheler. 3° Ménage déduit *biseau* du b. lat. *biselus*, jumeau. Le nom de *biseau*, selon lui, a été donné d'abord à la partie des pains qui, s'étant touchés au four, ont formé *baisure* ou *biseau*. Ce dernier mot, dit le général Bardin, a été emprunté par les arts mécaniques, et a signifié petit talus, partie abattue en sifflet. En esp. *bisel*, toulousain *bizel*, prov. *biseau*, biseau. 4° M. Delatre rapporte le fr. *biseau*, pour *bisel*, au fr. *bise*, le vent mordant du nord, à l'all. *bissen*, morceau, à l'angl. *bit*, morceau, mors, et au sanscrit *bhid,bhind, bhil*, battre, briser, découper.)

Biez, sm. Canal qui conduit les eaux pour les faire tomber sous la roue d'un moulin. (M. Génin a prouvé plus haut que *biez* et *biais* sont le même mot écrit de deux façons différentes. Roquefort, les auteurs du Dict. de la Convers., et autres, sont du même avis, avec la différence qu'ils forment *biez* de *biais*. Leur étym. concorde très-bien avec le mot et avec la chose. Un biez a toujours été un canal *biaisé*, un canal détournant de *biais* les eaux d'un courant naturel. Du Cange dérive *biez*, du b. latin *bedale*, ce qui revient au même. *Biez* ne vient pas de *bière*, cercueil, comme l'a supposé Trév.; ni du gr. *baptizô*, laver, plonger, comme l'a cru Gébelin; ni du lat. *via aquæ*, comme le disent Trév. et Furet. Diez est d'accord avec Génin, en liant *biez* à l'anc. fr. *bied, biez*, et à l'anglosax. *bed*, ainsi qu'au b. lat. *bietium, biezium*. En b. lat. on a dit aussi *bedum* et *bia, bea*; rouchi *biefe*, langue des Trouv. *bieus*; savois. *bi*, biez.)

Bief, sm. Voyez *Biez*, ci-dessus.

BIBLE, sf. Livre par excellence qui contient la Sainte Ecriture, l'Ancien et le Nouveau Testament. [Du lat. *biblia*, la Bible, fait de *biblus*, ou *biblos*, *bibli*, papyrus d'Egypte, plante dont les tiges battues servent de papier, mot dérivé du grec *biblos*, livre; r. *bublos*, papyrus, arbrisseau d'Egypte, son écorce; papier, livre, écrit. 1° Gésén., Benfey et autres, rapportent *bublos* à l'héb. *gabal*, il a tordu, il a contourné, il a plié, par exemple, un câble. Cet étym. est d'autant plus admissible que *b* et *g* se permutent assez souvent, que de l'écorce du *bublos* on faisait des cordages, des nattes, du papier, et que le fr. *volume* vient lui-même du l. *volvo*, rouler, tourner, en rouler. 2° Nodier attribue une origine commune aux noms suivants : *Byblos, Babel, Babylone, Baal, Bel, Belus, Balaam*. 3° Martinius pense que *bublos* vient de l'ar. *bala*, tremper, arroser; 4° ou de l'hébr. *bâlah*, il a absorbé, parce que cette plante absorbe beaucoup d'eau; 5° ou du grec *bud*, remplir, et *blud*, découler; de ce que ce végétal se remplit facilement d'eau. Les feuilles à écrire qu'on faisait avec les membranes ou les pellicules du papyrus se nommaient *biblos*, ou *philyra*, ou *charta*.)

***Bibliognostique**, sf. Connaissance des livres, de leur prix. (G. *gnôsis*, connaissance.)

Bibliographe, sm. Qui connaît les livres, leur prix, leurs éditions; ou qui écrit sur cette matière. (G. *graphô*, j'écris.)

Bibliographie, sf. Science du bibliographe.

Bibliographique, adj. De la bibliographie.

***Bibliolathe**, sm. Qui possède beaucoup de livres sans les connaître. (Dorien *latha*, oubli.)

***Bibliolithe**, sf. géol. Pierre lamelleuse portant l'empreinte de feuilles. (G. *lithos*, pierre.)

***Bibliomancie**, sf. Divination par la Bible ou par un autre livre. (G. *mantéia*, divination.)

***Bibliomancien,enne**, adj. Qui prédit par les livres.

Bibliomane, sm. Qui a la manie des livres.

Bibliomanie, sf. Manie d'avoir des livres.

***Bibliopée**, sf. Art de faire un livre. (G. *poéiô*, je fais.)

Bibliophile, sm. Qui recherche les livres rares et précieux. (G. *philéô*, j'aime.)

***Bibliotaphe**, sm. Qui ne communique pas ses livres et les enfouit dans sa bibliothèque comme dans un tombeau. (G. *taphos*, tombeau.)

Bibliothécaire, sm. Celui qui est préposé au soin d'une bibliothèque. (G. *thêkê*, boîte.)

Bibliothèque, sf. Lieu où l'on tient un grand nombre de livres rangés en ordre; livres contenus dans une bibliothèque. La fondation de la première bibliothèque est attribuée au roi d'Egypte, Osymandias. Celle d'Alexandrie eut pour fondateur Ptolémée-Philadelphe, et pour incendiaire Omar, gendre de Mahomet.

Biblique, adj. Qui appartient à la Bible.

***Bibliste**, sm. Celui qui ne reçoit pour règle de foi que le Texte de l'Ecriture, et qui n'admet ni tradition, ni interprétation infaillibles.

***Biblistique**, sf. Science des diverses éditions de la Bible.

BIBUS, sm. mép., fam. Chose de nulle valeur. [C'est un ancien terme trivial et peu usité; dont on ignore encore l'étymologie : Dict. de la Conv.]

BICHE, sf. La femelle du cerf. [1° Selon Delatre, du sanscrit *bhach*, aboyer; d'où, selon lui, le sanscrit *bacha*, et l'angl. *bitch*, chienne, et le fr. *bichon*, sorte de petit chien frisé. 2° Selon Diez, du fr. *bique*, chèvre. 3° Selon Méon, du lat. *ibex, ibicis*, chamois, d'où l'anc. fr. *ibiches*, chamois, bouc sauvage. 4° Selon Honnorat, du gr. *béké*, chèvre, à cause de la ressemblance qu'on a cru trouver entre une chèvre et une biche. 5° Selon De Chevallet, le fr. *biche* est d'origine germanique. 6° Selon Ménage, du b. lat. *bicca*, féminin de *biccus*, bouc. 7° Selon Guichard, de l'hébr. *tsebiâ*, femelle du daim. En danois *bikke*, suéd. *bikka*, b. lat. *bicca, bissa, bicha, bichia*, anc. fr. *bisse*, biche.]

BICHET, sm. Ancienne mesure de grains qui contenait environ un minot de Paris; ce que contenait cette mesure. [1° Selon M. Honnorat et M. Diez,

du grec *bikos*, vase à anses, amphore; d'où l'ital. *bicchiere*, un verre, selon ce dernier et Antonini, et l'ital. *pecchero*, grand gobelet, ainsi que l'esp. et le port. *pichel*, le basque *pitcherra*. 2° Selon Bullet, du celt. *bychet, bychan*, petit, menu, mince, en petit nombre, mot dont il forme aussi le fr. *bichon, picotin, picholine*, etc. 3° Selon Roquefort, le mot *bichet* serait de la même souche que le mot *bouc*, et signifierait propr. la contenance d'une peau de bouc. En prov. *bichet*, petit broc; et *bichot*, panier à anses; goth. *bicher*, un verre; langue des Troub. *pichier, pechier*, bichet, cruche, pot, sorte de vase en terre; ss. champ. de M. Tarbé, *pichet*, le quart d'un setier; b. *bichetus*, bichet.]

BICHON, sm. **BICHONNE**, sf. Petit chien courbe, à poil long et ondoyant. [1° Quelques-uns pensent que ce mot est de la même origine que *biche*; d'autres, qu'il en dérive. 2° Selon M. Delatre, le fr. *bichon, biche*, et l'angl. *bitch*, chienne, et le sanscrit *bacha*, chienne, se rapportent au sanscrit *hach*, aboyer. 3° Bullet dérive *bichon*, du gallois *bychan*, petit, menu, d'où selon lui le fr. *picholine, picolet, bichet*, et le comtois *pichoner*, d'où le fr. *pinocher*, selon lui. 4° De Chevallet estime que *bichon* est d'origine germanique, et qu'il se rapporte au tudesque *biz, bizo*, chien, mots qu'il retrouve dans les composés *wolfbiz, wolfbizo*, chien-loup, chien né d'un chien et d'une louve. En goth. *bœtze*, chienne; anglosaxon *bicce, bice*, anc. scandin. *bickja*, all. *büze*, angl. *bitch*, chienne.]

Bichonner, va. fam. Friser, boucler les cheveux, les rendre frisés comme la tête d'un bichon. (En picard *se bichoner*, se parer, s'adoniser; verbe usité dans les provinces du Nord.) *Bichonné, e*, p.

BICOQUE, sf. Petite ville de guerre peu fortifiée et sans défense; fam., très-petite maison. [1° Ce mot, dit Trév., vient d'une place sur le chemin de Lodi à Milan, qui était une simple maison de gentilhomme entourée de fossés, dans laquelle les Impériaux s'étant postés en l'année 1522 soutinrent l'assaut de l'armée française, du temps de François Ier; et cette bataille s'appela *la journée de la Bicoque*. 2° M. Delatre rapporte le fr. *bicoque*, l'ital. *bicocca*, petit fort bâti sur la cime d'une montagne, petit château, et le fr. *bec, pioche*, etc., au sanscrit *pich*, piler, broyer, battre, blesser. 3° Bullet le dérive du celt. *bychon, bychan*, petit. 4° Ménage doute fort que la première étym. soit la véritable: les Espagnols usant, dit-il, de *bicoca* à peu près en la même signification que nous. Il ajoute que ce mot peut avoir été fait du latin *vicus*, bourg. Roquefort a adopté cette dernière étymologie.]

BIDET, sm. Petit cheval; meuble où l'on renferme une cuvette servant à la propreté. [1° D'après M. Diez, ce mot est d'origine celt. et se rapporte au gaëlique *bideach*, très-peu, excessivement peu; *bidein*, petite créature; kymrique *bidan*, faible, débile. 2° Bullet soutient que *bidet* vient du b. bret. *bided*, bidet, mot qu'il forme du celt. *bi*, petit, et *dad*, en compos. *ded*, qui aurait signifié cheval, d'où, selon lui, le t. enfantin *dada*, cheval. 3° Ménage et Roquefort dérivent *bidet*, du l. *veredetus*, pour *veredus*, cheval de poste; 4° et Le Duchat et Géb., de *bidets*, nom d'une espèce d'écus qui eurent cours en France. En ital. *bidetto*, prov. *bidet*, savois. *bidé*, bourg. *bidai*, russe *bidé*, bidet.]

BIDON, sm. Broc de bois employé dans les vaisseaux; vase de fer-blanc où les soldats mettent leur eau. [Guillet assure que ce mot est emprunté des marins, qui nommaient ainsi un broc, un baril cerclés en fer et de quatre à cinq pintes. 1° Nous ne retrouvons nulle part l'étym. du mot *bidon*, dit le général Bardin; il dérive probablement du vénitien qui a donné tant d'autres mots à la langue de notre marine. 2° Peut-être vient-il du b. bret. *bideau*, gamelle, ou plus simplement du b. bret. *bidon*, sorte de vase, dans Bullet. 3° Le Tripart. lie le fr. *bidon* à l'all. *butte*, sorte de tonneau, au grec *pithos*, tonneau, *butiné*, sorte de bouteille; ainsi qu'au géorg. *buti* et au turc *badije*. 4° Un autre le dérive du teuton *bodden*, bouteille; 5° et Couzinié, du l. *vita*, vie. 6° Roquefort et Honnorat pensent qu'il vient simplement du fr. *bidet*, parce qu'on enfourche ce vase quand on veut s'en servir. 7° Jal conjecture qu'il provient de l'ital. *vidone*, coquille du colimaçon; 8° ou de la contraction du lat. *bibere* et *donare*, donner à boire. En patois de Castres *bidoun*, bidon; champ. *bide, bidon*, ventre, bedaine, mots qui se lient à *bidon* pour la forme et à *bedaine* pour la signification; gall. *bedon*, bret. *bidoun*, ital. *bidone*, génois *bidun*, bidon.]

BIÈRE, sf. Boisson fermentée, faite avec de l'orge, ou du froment, ou de l'avoine, ou d'autre blé et du houblon. [1° M. Edwards rattache ce mot au bret. *biorc'h*, bière, boisson fermentée, et au bret. *birvi, bervi*, bouillir, bouillonner; au gall. *berw*, bouillir, fermenter, et au l. *ferveo*, être chaud, bouillir, bouillonner: b=f. C'est ainsi que le grec *xuthos*, décoction d'orge, bière, a été fait du gr. *zéô*, bouillir, bouillonner. Leibnitz pense que le celt. *bir*, bière, procède du germ. *brauen*, cuire, bouillir; mot qu'il lie au lat. *ferveo*. Wachter dérive *bière* de l'anc. bret. *bir*, bière, fait du verbe *berwy*, bouillir, cuire, d'où l'anc. *bier*, bière, et *brauen*, brasser de la bière, selon lui. Il soutient que *bière* ne vient pas de l'hébr. *bar*, fruits, blé; ni de l'anglos. *bere*, fruits, blé; ni du grec *puros*, froment; ni du grec *pis*, bois; ni du grec *bruton*, boisson faite d'orge, chez les Thraces; ni du lat. *pirum*, poire; ni du lat. *bibere*, boire. 2° De Chevallet estime que *bière* est d'origine germ.; et cite l'anglos. *beer*, bière, qu'il dérive de *bere*, orge. Trév. dérive simplement *bière* de l'all. *bier*, bière. 3° Vossius le dérive du l. *bibere*, boire. 4° M. Delatre rapporte le fr. *bière, bièvre, fiole*, et le lat. *apis*, abeille, *piscis*, poisson, *piper*, poivre, *puteus*, puits, *sobrius*, sobre, *ebrius*, ivre, *bibere*, boire, etc., à la racine sanscrite *pâ*, boire. 5° Bullet déduit *bière* du b. bret. *byer*, bière. 6° Du celt. *bara*, pain, de Théis fait venir l'anglos. *bere*, orge, le fr. *bière*, brasser, brasserie, et le gaulois *brance*, froment, *bran*, son. Haut all. anc. *peor*, bière, dans Grimm; all. et holl. *bier*, angl. *beer*, anc. scandin. *bior*, ital. *birra*, bière.]

BIÈVRE, sm. Animal amphibie, le même que le castor. [Du lat. *fiber, fibri*, castor, bièvre, mot employé par Cicéron, Pline, Servius. 1° M. Delatre ramène le lat. *fiber*, ainsi que *bibere*, boire, *piscis*, poisson, *piper*, poivre, etc., au sanscrit *pi*, forme secondaire de la racine *pâ*, boire. 2° Géb. dérive *fiber*, du celt. *bi*, vivre, et *var, ver*, eau, prononcé *ber*. 3° Varron dit que chez les anciens *fiber* signifiait extrémité; d'où *fimbria*, extrémité de la saie, *fibra, fiber*, extrémité de foie, et *fiber*, castor, bièvre, animal que l'on voit sur les bords des fleuves. 4° Scaliger pense que *fiber*, bièvre, par cette raison, a été fait du l. *fi-nio*, je finis, comme *cribrum* de *cerno*, *suber* de *suo*, *tuber* de *tumeo*, etc. 5° Saumaise tire *fiber*, de l'éol. *phibros*, qu'il dérive du grec d'Hésychius *thibros*, mou, doux, à cause de la douceur et de la mollesse du poil de ces animaux. 6° M. Honnorat le forme du lat. *faber*, ouvrier, à cause des étonnants ouvrages que cet animal exécute; 7° et Forcell., du vi. lat. *feo*, pour *findo*, fendre, couper, soit parce que cet animal coupe les arbres, soit parce que sa morsure est terrible, comme le dit Pline. En persan *bèbre*, russe *bobre*, all. *biber*, prov. *vibre*, bièvre; ital. *bevero*, esp. *bibaro*, b.l. *bebrus, bever, beuvrum, veber*, bièvre.]

BIFFER, va. Effacer ce qui est écrit, de manière qu'on ne puisse le lire, et qu'il soit annulé. [1° D'après Nodier et Roq., ce v. serait une onomatopée moderne faite du mot fait une plume passée sur le papier. 2° Jauffret prétend que *biffer* est issu du mimologisme *buffare*, souffler; biffer, dit-il, c'est souffler sur un objet pour le faire disparaître. 3° Delatre lie le v. *biffer*, à l'esp. *befo*, lippu, à l'all. *baffen*, aboyer, à l'ital. *beffa*, plaisanterie, et à l'anc. fr. *biffe*, injure. 4° Ménage soutient que *biffer* découle du l.b. inusité *blafare*; d'où *blafard*, pour de couleur effacée. Selon lui, on aurait fait successivement *blafard, biafare, bifare, biffer*, par le chang. de *l* en *i*. Gattel suit cette dernière étym. 5° Champollion et Honnorat estiment que *biffer* dérive du celt. *biffa*, ride du visage, d'où le prov. *biffar*, rayer, effacer. Aucune de ces étym. n'est encore satisfaisante. La difficulté vient apparemment de ce que *biffer* a perdu sa signification primitive. Trév. affirme que l'anc. fr. *biffage* veut dire examen; et *biffe*, apparence. Montaigne a employé le mot *biffe* dans le sens de apparence trompeuse. La Noue explique le mot *b.ffe* au propre, par *hapelourde*, faux diamant. Cotgrave, cité par Trév., dit de même que *biffe* est une pierre précieuse contrefaite. Enfin, dans le Gloss. champ. de Tarbé, *byffes* signifie pierreries, chiffons, fantaisies; et Trév. dit que *biffer* signifie aussi examiner des comptes, et métaphor., défaire, rompre, déchirer, en parl. de qq. ouvrage. En anc. fr. *desbeffer, desbiffer*, biffer, raturer; déchirer.] *Biffé, e*, p.

***Biffement**, sm. néol. Action de biffer.

Débiffer, va. Affaiblir, déranger, gâter. *Débiffé, e*, p.; *visage débiffé*, visage d'une personne qui paraît affaiblie par quelque excès.

BIGUE, sf. mar. Nom donné à de grosses et longues pièces de bois, servant à élever ou à soutenir des fardeaux. [1° De l'angl. *big*, grand, gros: *big beam*, grande poutre, grosse branche. 2° Le Tripart. lie le fr. *bigue* à l'angl. *buy, bough*, branche. 3° Constancio le dérive du l. *vigeo*, je suis fort, je suis vigoureux; 4° et Honnorat, du celt. *biga*, poutre. Esp. et port. *viga*, poutre, solive, chevron, jalon; prov. *bigo, biguo*, bigue.]

BIJOU, sm. Ce qu'on donne ordinairement aux femmes, ou aux enfants, pour les divertir, ou pour les parer; petit ouvrage curieux ou précieux qui orne une chambre ou un cabinet; métaphor., ce qui est excellent en son genre. [1° Bullet et De Chevallet attribuent à ce mot une origine celt. Ce mot, dit ce dernier, dérive d'un primitif celt. signifiant anneau; c'est par extension qu'il a été pris dans le sens de joyau en général. En bret. *bizou, bézou, bézeu*, anneau, bague, et *biz*, doigt, primitif des précédents. Bullet écrit *bis*; gallois *byson, bys*. 2° Borel fait venir *bijou* de *bis*, joie; 3° Ménage, Roquefort et autres, du l. *bis*, doublement, et *jocus*, jeu, badinage, *joculus*, chose plaisante; 4° Langensiepen, cité par Scheler, du lat. *bijugus*, à deux dos, à deux faces. 5° Cavanagh prétend que le lat. *gemma*, pierre précieuse, et le fr. *bijou, joujou*, ainsi que l'angl. *jewel*, bijou, ne sont autre chose que *jew-el*, qui doit d'abord avoir été *el-Jew*, le Juif, la chose juive; parce que, dit-il, dans les temps les plus reculés, les Juifs ont fait le commerce des pierres précieuses; angl. *Jew*, Juif. M. Diez a suivi l'opinion de Ménage en formant *bijou*, pour *bi-jouer*, du lat. *bis-jocare*.]

Bijouterie, sf. Profession de ceux qui font commerce de bijoux et de pierres précieuses; objets de ce commerce.

Bijoutier, ière, s. Qui fait commerce de bijoux.

BILE, sf. Humeur sécrétée par le foie; elle est jaune, verdâtre, qq. fois noire; sa saveur est amère; fig., colère. [Du l. *bilis*, bile; fig., colère, méchanceté. 1° D'après Benfey et Chavée, le lat. *bilis* pour *filis*, et *fel*, fiel, pour *ghel*, et *gilvus*, jaune, ainsi que le grec *cholé*, fiel, bile, seraient venus du sanscrit *harit*, vert, *hari*, doré, jaune; par l'adoucissement de r en l. 2° Trév. dit que qq-uns dérivent *bilis* du grec *bia*, violence; parce que les bilieux sont sujets à la colère. 3° Doederlein pense que *bilis*, pour *befelis*, a été fait par syncope et par réduplication du latin *fel*, fiel; 4° ou autrement que *bilis* vient du grec *bluéin*, sourdre, jaillir, découler. 5° Selon Martinius, Nunnésius et Vossius, le grec *cholé*, bile, aurait produit le latin *bilis*, bile, et *fel*, fiel. 6° Perottus croit que *bilis* a été fait du lat. *bis*, deux fois, et *lis*, procès, querelle, débat; parce que les bilieux aiment les procès. 7° D'autres ont pensé que *bilis* provient du lat. *bullio*, bouillir. 8° Bullet prétend que *bilis* vient du gallois *mil*, jaune; 9° et ailleurs il veut que le celt. *bel, belen; fel, felen*, jaune, ait donné naissance au lat. *bilis*, bile, et *flavus*, jaune. 10° Constancio soutient que le grec *pélos*, noir, est la racine de *bilis* et que *fel* est une modification de *bilis*. Ital. et esp. *bile*, port. *bila*, patois de Castres *billo*, savois. *bila*, prov. *bilo*, auverg. *bile*, bile.]

Biliaire, adj. anat. Qui a rapport à la bile.

Bilieux, euse, adj. et s. Qui a rapport à la bile; qui abonde en bile; fig., colérique.

Atrabile, sf. Bile noire, mélancolie. (L. *atra*, noire, *bilis*, bile.)

Atrabilaire, adj. et s. Qui est dans un état de fermentation et d'angoisse, de tristesse sombre et farouche; nom donné par les anciens médecins aux mélancoliques et aux hypocondres.

BILL, sm. Projet d'acte du Parlement d'Angleterre qui, lorsqu'il a été adopté par les deux chambres, est porté ensuite à la sanction du Roi qui lui donne force de loi. [De l'angl. *bill*, mémoire, billet, mot d'origine saxonne, selon Spelmann, Fallon, etc. La Gazette de juin 1685 en fit usage pour la première fois. Le Mercure de France, mars 1727, p. 604, dit qu'à Londres on appelle *bill* toute affaire qu'on propose, sans qu'elle soit rédigée. 1° Quelques-uns ont cherché l'origine de ce mot dans le gr. *biblion*, petit livre, livre, registre, cahier, placet ; 2° Somnerus et autres, dans le latin *libellus*, petit livre, requête, mémoire; 3° d'autres, dans l'anc. fr. *bille, bil*, aujourd'hui *billet*, note écrite, billet ; 4° et Gébelin, dans l'angl. *will*, volonté. 5° Delatre, dans le sansc. *pil*, jeter, d'où le lat. *pila*, balle à jouer, *pilula*, petite boule, et le fr. *bille, billard, billot*, etc., suivant lui. 6° Selon De Chevallet, *billet* et le b. lat. *bibletus*, sont des diminutifs appartenant à une origine germanique. En tudesque *bil*, écrit, livre, d'où *billage*, livre des lois, de *bil*, livre, et *lage*, loi ; anglos. *billa, bill*, livret, lettre, billet ; angl. *bill*, petit écrit, catalogue, liste, affiche, billet, mots cités par le même auteur. 7° Selon M. Scheler, *billet*, pour *bullet*, serait un dimin. de *bulle*, sceau officiel. Voy. *Bulle*. En all. moderne *bill*, bill, *billet*, billet ; grec barb. *billos*, un livre; ital. *biglietto*, billet, valaque *bilet*, prov. *bilhet*, port. *bilheto*, esp. *billete*, billet.]

Billet, sm. Petit écrit, lettre fort courte que l'on

adresse à quelqu'un ; annonce écrite à la main ou imprimée ; carte pour entrer dans un lieu ; promesse écrite de payer ; promesse sous seing privé ; reconnaissance ; petit papier roulé portant un numéro pour tirer à la loterie ou au sort ; effet public, de banque, de commerce. (Lat. barb. *billetus*, billet.)

Billeter, va.vi. Étiqueter. *Billeté, e,* p.

Billette, sf. Petit écriteau placé où un péage est établi, pour avertir d'acquitter le droit ; blas., petit carré long en forme de billet dans les armoiries.

*****Billeté, e**, adj. blas. Chargé de billettes.

*****Billeteur**, sm.mar. Qui reçoit la paie pour les autres.

*****Billetier**, sm. Commis qui expédie les billettes.

*****Billotte**, sf. douan. Acquit que le douanier délivre aux marchands, pour justifier du paiement des droits de sortie de marchandises destinées à être embarquées pour l'étranger.

BILLE, sf. Petite boule d'ivoire avec laquelle on joue au billard ; très-petite boule de pierre ou de marbre qui sert à des jeux d'enfants ; pièce de bois de toute la grosseur de l'arbre, séparée du tronc par deux traits de scie, et destinée à être équarrie et mise en planches, etc. [1° M. Delatre rattache ce mot au fr. *billet*, au lat. *pila*, balle à jouer, et au sansc. *pil*, jeter. 2° Le Tripart. le rattache au latin *pila*, à l'angl. *pill* et au pol. *pila*. M. Honnorat, ainsi que Trév. le dérive simplement du latin *pila*. 3° Ménage dit qu'il vient du lat. *pila*; ou de *bulla*, bulle, globule. 4° Bullet le fait venir du celt.*pill*,souche,tronc ; 5° Borel, du lat. *vilis*, vil. 6° M. Diez le rapporte au haut all. moyen *bickel*, osselet, cube, dé, et au néerl. *bikkel*, osselet, petit os dont les enfants se servent pour jouer, d'où le fr.*billard, billot*, ainsi que *bille*, suivant lui. 7° Selon M. De Chevallet, *bille* et *billot* sont d'origine celt. et appartiennent au même radical, auquel il rattache l'irl. *bille*, tronc d'arbre, gros tronçon de bois, le bret. *bill,pill*,et le gall. *pill*, id. En prov. *bilho*, bille.]

Bilboquet, sm. Jouet de bois ou d'ivoire ; le jeu ; petite figure mobile toujours debout.(Du fr. *bille*, et *boquet*, petit morceau de bois : Ménage, Le Duchat, Couzinié, etc.; et non pas de *bambin, bimbelot*, comme l'a cru Nodier. Frisch, cité par Scheler, le forme de *bille* + *bocca*, bouche, trou. Le premier *bilboquet* parut, dit-on, à la cour de Henri III. Dans Rabelais, *billeboc* est le nom d'un jeu dont le nôtre paraît être renouvelé.)

Billard, sm. Jeu qui se joue avec des billes d'ivoire sur une table couverte d'un tapis vert ; cette table ; salle où elle est. (Les ordonnances du 14e s., relatives aux jeux, font mention, entre autres, de celui du billard.)

Billarder, vn. Toucher deux fois sa bille avec la queue ; ou pousser les deux billes à la fois, queuter. *Billardé, e*, p.

Billebarrer, va.propr. Couvrir de *billes* et de *barres*; fam., bigarrer par un mélange bizarre de diverses couleurs. *Billebarré, e,* p.

Billebaude, sf.fam. Confusion, désordre ; partie de chasse où chacun se place et tire à sa fantaisie. (Mot à mot bille risquée, lancée au hasard ou en vain. Anc. all. *bald*, hardi. En esp. *debalde*, en vain : Delatre).

Billevesée, sf.fam. Discours frivole, conte vain et ridicule ; idée creuse et chimérique. (Du fr. *bille*, et de *vesée*, en forme de *vessie*. La *vèse*, plus connue sous le nom de *musette*, est un instrument où l'on fait entrer le vent comme dans une vessie qu'on voudrait enfler. L'anc.fr.*vesié,vesié*,fin,subtil, adroit, ressemble, pour la forme du moins, au mot *vèse*, et à l'ital. *vezzo*, agrément, plaisir, amusement. Dans Rabelais *bilevezees*, billevesée. Dans la Mésangère *veser*, jouer de la musette.)

Billot, sm. Gros morceau de bois, court et rond, ordinairement cylindrique, d'autrefois carré ; bloc de bois ; bâton que l'on suspend en travers au cou des chiens ; pièce de bois qu'on attache au cou des bœufs et des vaches ; fig. et fam., livre très-gros. (La plupart des étymologistes rattachent ce mot à *bille*. Constancio dit que c'est un augmentatif de *bille*, pièce de bois. Trév. veut que ces mots de *bille, billard* et *billot*, viennent du lat. *billus*, bâton. En bret.**pill*, tronçon de bois, et *pilgos, pillox*, billot ; b.lat. *billonus, billus*, billot, bâton, poteau ; langue des Troub., *bilho*, billot, bâton ; gaël irl. *billead,billed*, billot.)

Billon, sm. Verge de vigne taillée de la longueur de trois ou quatre doigts. (Ce mot paraît être un diminutif de *bille*, pièce de bois, d'où *billot*. Trév. fait observer que ce terme de vigneron n'est en usage que dans la Bourgogne.)

BILLON, sm. Monnaie de cuivre pur, ou de cuivre mêlé avec un peu d'argent ; toute sorte de monnaie décriée ou défectueuse ; lieu où l'on porte toutes les monnaies défectueuses. [1° Selon Bouteroue, Ménage, Trév., Scaliger, Roquefort, etc., du lat. *bulla*, sceau : le coin de cette monnaie est rond, et la monnaie a une empreinte comme le sceau : Voyez **Bulle, Bouillir**. 2° Du Cange croit que billon a reçu ce nom, parce que c'est de l'or ou de l'argent en masse, et qu'on n'a pas encore purgé, qu'on appelait *billa*, bâton, en bass. latinité. 3° Covarruvias dérive *billon*, du latin *vellus*, par la raison que les Romains marquaient leurs monnaies de cuivre de la figure d'une brebis ; 4° et Borel, de l'anc. fr. *guillon*, tromperie ; 5° Nebrissensis, du lat. *vilis*, vil. 6° Et Constancio, du fr. *vil* et *aloi*. En b. lat. *billonus, bullio*, masse monétaire, billon, masse d'or ou d'argent. « Anciennement *bullion*, billon, signifiait le lieu où l'on monnoyait ; de là mettre au billon, c-à-d. remettre en valeur, faire refondre de la monnaie de mauvais aloi ; métaph., remettre en état, puis la locution *monnaie de billon*, mauvaise monnaie » : M. Scheler. La première étymologie paraît être la plus vraisemblable. Ménage dit que de *bulla* on a fait *bullo, bullonis, byllone*, enfin *billon*. En ital. *biglione*, esp. *vellon*, cat. *vellò*, prov. *bilhoun*, billon.)

Billonner, vn. Faire un trafic illégal de monnaies défectueuses. *Billonné*, p.

Billonnage, sm. Délit de celui qui billonne.

Billonnement, sm. Action de billonner.

Billonneur, sm. Celui qui billonne, qui se rend coupable de billonnage.

Billon, sm. Ados qu'on forme dans un terrain avec la charrue. (Ainsi dit, peut-être, à cause de sa forme. De plus, une *terre *billonnée* est une terre remise en valeur ; le sens métaph. de l'expression *mettre au billon* est : remettre en valeur, comme le dit M. Scheler. Cette étym. est suspecte. En picard *billon*, tranche de terrain labourée en dos d'âne, synonyme de ados.)

Billonnage, sm. Action de faire des billons dans un champ ; l'ouvrage qui en résulte.

*****Billonner**, va. Labourer en billons.**Billonné, e,* p.

BIRIBI, sm. Jeu de hasard qui se joue avec des boules creuses. [Ce jeu et ce nom nous viennent de l'Italie. Trévoux écrit *biriby*.]

BIS, adj.,s. et adv. Deux fois, une seconde fois, encore une fois. Ce mot s'emploie pour avertir de répéter. [Du lat. *bis*, deux fois. 1° Bopp, Benfey, Chavée, et autres indianistes, ont cherché la racine de ce mot dans le sansc. *dvis*, deux fois, *dvi*, deux; 2° Priscien, dans le lat. *duo*, deux; 3° Vossius, dans l'ancien l, *duis*; 4° Gébelin et Roquefort, dans la lettre *b*, parce qu'elle est la deuxième de l'alphabet ; 5° Doed., dans le grec *dis*, deux fois. 6° Bullet prétend qu'on ne peut pas douter que les Latins n'aient pris leur mot *bis*, du celt. 7° Le Tripart. rattache *bis* à l'anc. germ. *beede, beyde*, les deux, deux, tous deux ; au persan *bee, besch, betim*, à l'anc. scandin. *badir*, à l'angl. *both*, et au suéd. *bœda*, 8° Constancio le dérive de l'égypt. *oube* ou *ube*, contre, de front, en face, du parti opposé, et *ouai* ou *ué*, un. En zend *besh*, basque *be, bi*, deux.]

Besson, onne, adj. vi. Jumeau. (1° Du mot *bis*, deux, et du vi. fr. *hom, hon*, d'où le pronom *on*. Du lat. *bis sunt*, ils sont deux, selon Faivre et Roquefort. Du prov. *bes*, deux, et *hom*, homme ; du prov. *bes*, deux, et de l'angl. *son*, fils deux fils. 2° Borel croit que *besson* vient du fr. *baiser*, parce que, dit-il, ils se touchent, et même parfois ils sont joints, comme on appelle *beseau*, baisure, l'endroit où deux pains sont joints au four. *Besson* vient de *bis* et *homo*, comme *bigle* de *bis oculi*, *besace* de *bis saccus*, *balance* de *bis lanx*. Selon M. Scheler, ce mot est simplement formé du lat. *bis*, deux, d'où le prov. *bes*, et de la terminaison, *on*.)

Bigle, adj. et s. Louche. (1° Du latin *bis* et *oculus*, c'est-à-dire œil double, et qui regarde en deux endroits, homme qui a comme deux regards différents, selon Caseneuve, Gébelin, etc.; d'où l'esp. *bisojo*, en langued. *biscle*, savois. *biclo* (*ll* mouillées), bigle, louche. Une foule de proverbes justifient cette étymologie : *Regarder en Picardie pour voir si la Champagne brûle. Tourner un œil en Normandie et l'autre en Picardie.* Les Anglais disent: *Regarder à la fois vers la terre et vers l'étoile polaire.* Dans Aristophane : *Tourner l'œil droit du côté de la Carie et le gauche du côté de la Chalcédoine*, etc. 2° Ménage soutient que *bigle* vient du latin *obliquus*, oblique ; 3° et Constancio, qu'il vient du celtique *big* ou *pig*, petit. Cette dernière étymologie est inadmissible. Anc. fr. *biscle*, bigle, louche.)

Bigler, vn. Regarder en bigle. *Biglé*, p.

Billion, sm. Mille millions, milliard. (Du latin *bis*, comme *trillion*, de *tres*, *quatrillion*, de *quatuor*, etc.)

*****Bimolybdate**, sm. chim. Sel où l'acide molybdique contient deux fois autant d'oxygène que la base. (Lat. *bis*, et gr. *molubdos*, plomb.)

*****Bimorphe**, adj. didact. Susceptible de prendre deux formes différentes. (Gr. *morphè*, forme.)

Binaire, adj. Composé de deux unités. (Du lat. *bini*, deux, *binare*, accoupler ; r. *bis*, deux fois.)

*****Binaire**, sm. Dualisme, dualité.

Binard, sm. Chariot à deux, puis à quatre roues égales : Roquefort.

Biner, va. Donner une seconde façon à la vigne, aux terres labourables ; célébrer deux messes le même jour dans deux églises différentes. (Du lat. *bini*, deux; r. *bis*.) *Biné, e*, p.

Binage, sm. Action de biner.

*****Bine**, sf. agricult. Instrument de labour.

*****Biné, ée**, adj. h.n. Divisé profondément en deux parties.

*****Binement**, sm. Action de biner un champ.

*****Binet**, sm. agricult. Sorte de petite charrue très-légère. (Du fr. *biner*.)

Binet, sm. Petit ustensile qu'on met au-dessus du chandelier pour brûler la chandelle jusqu'au bout. (Du l. *bini*, deux ; c'est comme un second chandelier : Roquefort. Ou du vi. fr. *biner*, doubler. Selon Ménage le lat. *pipinna*, ghighi d'un enfant, aurait produit le fr. *pepin*; et le mot *pinne*, en Anjou et au Maine *binne*, au m. *bin*, d'où le dimin. *Binet*, n. pr. et *binet*, petit bout de chandelle, etc.)

*****Binette**, sf. Petite pioche de fer munie d'un manche, avec laquelle on bine la terre. (Gloss. champenois de M. Tarbé, *bignot, binette*, hoyau, bêche; *biner*, cultiver la vigne au hoyau.)

*****Binochon**, sm. agri. Petite binette.

*****Binot**, sm. Sorte de charrue légère.

*****Binotis**, sm. Façon donnée à la terre avec le binot.

*****Bipétalé, e**, adj. bot. Pourvu de deux pétales.

*****Bipenne**, sf. antiq. Hache à deux tranchants. (L. *bis*, deux, *penna* ou *pinna*, grosse plume, aile; ou du sanscrit *paksha*, côté, face : à deux faces.)

*****Biporeux, euse**, adj. hn. Qui s'ouvre par deux pores.

*****Bipustulé, e**, adj. hn. Marqué de deux pustules ou points rouges.

*****Biséqué, e**, adj. Partagé ou partageable en deux portions.

Biser, va. Teindre une seconde fois, reteindre. (Lat. *bis*, deux fois : Gattel.) *Bisé, e*, p.

*****Bispathellé, e**, adj. bot. Formé de deux spathelles.

*****Bispathellulé, e**, adj. bot. Formé de deux spathellules.

*****Bispénien**, adj. m. hn. Qui a un pénis double.

*****Bispéniens**, sm. pl. Ordre de reptiles.

*****Bisser**, vn. et a. Crier bis; faire répéter un morceau de chant, un couplet, une tirade. *Bissé, e*, p.

*****Bistéarate**, sm. chim. Sel qui contient deux fois autant d'acide stéarique que le sel neutre correspondant.

*****Bistipellé, e**, adj. bot. Pourvu de deux stipelles.

Bisque, sf. Potage de coulis d'écrevisses et de divers ingrédients. (Suivant Le Duchat et Roquefort, du l. *bis cocta*, cuite deux fois; ou du latin *bis sicca*, deux fois séchée. La première étym. est la bonne; parce que la bisque, se faisant de plusieurs béatilles, il en faut faire plusieurs cuissons séparées et réitérées.)

Demi-bisque, sf. Potage où il entre moins d'ingrédients que dans la bisque ordinaire.

*****Bistrié, e**, adj. hn. Marqué de deux stries.

*****Bisunibinaire**, adj. minér. A cristaux résultant de deux décroissements par une rangée, et de deux autres par deux rangées.

*****Bisunisénaire**, adj. minér. A cristaux résultant de deux décroissements par une rangée, et d'un autre par six rangées. (L. *bis, unus*, et *seni*, six.)

*****Bisunitaire**, adj. minér. A cristaux résultant de deux décroissements par une rangée.

*****Bitartrate**, sm. chim. Sel contenant deux fois autant d'acide tartrique que le sel neutre correspondant.

*****Biveau**, sm. Instrument qui sert aux tailleurs de pierre pour mesurer l'angle dièdre compris entre deux surfaces contiguës ; sorte d'équerre à branches mobiles, à l'usage des fondeurs de caractères. (Du lat. *bivium*, chemin fourchu; r. *bis*, deux fois, *via*, chemin, voie; à cause des deux côtés de l'angle, et des deux branches de l'instrument. On a dit aussi *beveau, beuveau, buveau*. Les ouvriers qui disent *biviau* ou *biveau* conservent mieux l'étymologie du mot *bivium* : Trévoux.)

Combiner, va. Disposer des choses deux à deux; les arranger d'après un plan; mélanger avec ordre; faire opérer une combinaison. (Lat. *combinare*, de *cum*, avec, *bini*, deux; r. *bis*.) *Combiné, e*, p.

Combinaison, sf. Action de combiner; le résultat.

***Combinable**, adj. Qui peut être combiné.
***Combinateur,trice**,adj.ets. Qui combine.
***Combinatoire**, adj.Qui a rapport aux combinaisons; qui les produit.
***Combiné, e**, adj. Se dit des caractères chinois formés de la réunion de deux ou plusieurs images simples, pour exprimer une idée.
***Débiner**,va.Donner un léger labour à la vigne pour enlever les mauvaises herbes. *Débiné, e, p.
***Obiner**, va. Planter des arbres près à près en attendant qu'on les replante. *Obiné, e, p.
***Reblnage**, sm. Troisième labour.
***Rebiner**,va. Donner un troisième labour.*Rebiné, e, p.

BIS, ISE, adj. Brun; se dit du pain, de la pâte, de la peau. [1° M. Delatre lie ce mot au fr. *bise*, vent qui mord (en gr. *boreas* de *boros*, le vent mordant), à l'all. *biss*, morsure, haut all. anc. *bizze*, morsure, à l'angl. *bit*, morceau, mors, et au sanscrit *bhid*, *bhind*, *bhil*, battre, briser, découper. 2° Selon De Chevallet nous devons cet adjectif à l'ancien ibérien; le basque qui en est l'idiome a conservé *biz*, noir, noirâtre, sombre. 3° Bullet soutient que cet adjectif est sûrement celtique, puisqu'il ne vient ni du lat., ni du gr. ni du teuton; qu'il se trouve dans le gall. *brys*, brun, noirâtre, et *r* s'insérait indifféremment dans les mots celt.; et *bys*, gris, cendré : d'où *biset*, *bisot*. 4° Un autre dérive *bis*, *bise*, brun, du gr. *phaios*, brun; 5° un autre, du lat. *fuscus*, brun, sombre, basané; 6° Vossius, de l'adj. lat. hypothétique *bysseus*, de couleur coton; 7° Diez, du l. *bombycius*, de coton; d'où basin; 8° Ménage, de *piceus*, de poix; r. lat. *pix*, poix. En b. lat. *bisus*, ital. *bigio*, esp. *bazo*, langue des Troub. *bis*, brun; anc. fr. *bis*, gris, sombre;basque *baza*, *beza*,noir,mots cités par Mahn et Scheler.]
*****Bisailler**, vn. Prendre une teinte grisâtre.
*Bisaillé, e, p.
*****Bisaille**, sf. Mélange de pois gris et de vesce; la dernière des farines.
Biser, vn.agri. Devenir bis, dégénérer d'année en année. *Bisé, e, p.
Biset,sm. Espèce de pigeon de couleur de plomb et presque noir; sa chair est plus noire que celle des autres. (Selon Scaliger, Belon, Géb., Roq., etc.,etc., de *bis*, brun. En rouchi *bisét*, biset.)
Bisette, sf. Espèce de petite dentelle de bas prix. (1° Du fr. *bis*, brun; elle est inférieure pour la blancheur et la beauté à la belle dentelle, comme le pain bis est inférieur au pain blanc.)
Bisonne, sf. Toile grise pour doublures.
Bistre,sm. Suie détrempée dont on se sert pour faire des dessins au lavis. (Du fr. *bis*, brun.)
*****Bistrer**, va. Donner la couleur du bistre, peindre en bistre. *Bistré, e, p.
Beige, adj. Se dit de la laine qui a sa couleur naturelle,qui a été employée,soit pour la chaîne, soit pour la trame, telle qu'elle a été levée de dessus le mouton ou la brebis. (Trévoux et Savary disent que c'est le nom que les Poitevins donnent à une sorte de serge noire, grise ou tannée. Cette serge étant noire ou grise ou tannée, le mot poitevin *beige* se lie très-bien à l'ital. *bigio*, gris brun, gris, de couleur cendrée; et à l'anc. fr. *bis*, *bise*, gris, sombre. En angl. *baize* ou *bays*, espèce de flanelle.)
Bisquain, sm. Peau de mouton en laine, préparée et passée par le mégissier. (Les *bisquains*, nommés communément housses, paraissent avoir reçu ce nom de leur couleur ordinairement non blanche. Les bourreliers, dit Trévoux, se servent des bisquains pour faire des couvertures aux colliers des chevaux de harnais.)

BISBILLE, sf. fam. Murmure, chuchoterie, petite querelle sur des objets futiles. [1° De *bis* et de *bille*, comme *briscambille*, *brusquembille*, de *brusquer* et de *bille* : Eloi Johanneau. 2° De l'ital. *bisbigliare*, chuchoter; *bisbiglio*, bruit sourd que l'on fait en parlant bas; onomatopée qui se retrouve dans l'ital. *pissi pissi*, petit bruit que l'on fait en parlant bas : Antonini. 3° Du celt. *bis*, petit, et *bil* de *mil*, combat : Bullet. 4° Ce dernier rattache ailleurs *bisbille* au lat. *bilbire*, faire le bruit d'un liquide sortant d'un vase;et à l'ital. *bisbiglio*.Constancio lie le port. *bulha*, bruit, fracas, bisbille, à l'ital. *bisbigliare*, *bisbiglio*.]

BISE, sf. L'un des vents cardinaux. Il est froid et sec; il règne dans le fort de l'hiver, souffle entre l'est et le septentrion, gèle les vignes et sèche les fleurs; fig., l'hiver. [1° Selon Gébelin, ce mot serait de la même origine que le fr. *bis*, brun, *biset*, *bistre*, etc. Il soutient qu'il est impossible de le dériver de *bisa*, tourbillon. Le mot *bisa* signifie en effet tourbillon en teuton, dans Schulter; mais en tudesque il veut dire bise. Gébelin fortifie son étymologie en disant que la *bise* est appelée par les Turcs *cara-cel*, vent noir; et chez les anciens *Aquilon*, qui signifie la même chose. Astruc dit que *bise* vient du celt. *bis*, noir, vent noir. C'est pourquoi, dit-il, Strabon l'appelle *Mélamboréas*,Borée noir;le nom latin d'*aquilo* venait de la même manière d'*aquilus*, noir. C'est ainsi, ajoute-t-il, que presque tous les peuples se sont accordés à regarder le septentrion comme une région couverte d'épaisses ténèbres. Bullet dit à peu près la même chose, ainsi que Wachter, Simon de Val-Hébert, Huet, Ménage, Gattel et Roquefort. 2° Delatre rapporte le fr. *bis*, brun, ital. *bigio*, esp. *bazo*, ainsi que le fr.*bise*,le vent mordant du nord,et l'anc. all. *bisa*, bise, à l'anc. haut all. *bizze*, morsure, à l'all. *biss*, morsure, à l'angl. *bit*, morceau, mors, et à la racine sanscrite *bhid*, battre, briser, découper. 3° Un anonyme dérive *bise*, du grec *phusa*, souffle, vent; 4° puis du grec *aësis*, souffle; 5° un autre, de l'anc. belge *büse*, septentrion; 6° Bergier, de l'hébreu *iz*, souffle, odeur. C'est peut-être l'hébreu *bésem*, odeur agréable, qu'il a voulu dire. 7° Selon Jauffret et Nodier, *bise* est une onomatopée. A. Thierry soutient que *bise* est une espèce d'onomatopée du sifflement que produit le vent, et dont le bruit est assez bien représenté par le mot imitatif du patois de Valence *bisa*. 8° Selon Juste Lipse, Couzinié, De Chevallet, etc., *bise* est un mot d'origine germ. En tudesque *bisa*, vent du nord, bise;anc. scandin.*bytur*, bise; anc. all.*bisswind*, de *wind*, vent *bissen*, siffler; anglosax.*hvistan*, holl.*biezen*,siffler; suisse all.*bise*, bise : dans De chevallet. En b. lat. *bixia*, patois de Castres *bizo*, bise; l. des Tr.*bisa*, *biza*,savois. *bise*, rouchi *bisse*, auverg. *biese*,bas-lim. *bidzo*, bise.]

BISMUTH, sm. Métal solide, blanc, jaunâtre, très-cassant, très-friable, d'une contexture lamelleuse. [L'auteur de la découverte de ce métal est inconnu. Le *bismuth* était déjà connu en 1520, époque à laquelle Agricola en fait mention. Ce nom est d'origine germanique, il vient de l'all. *wismuth*, bismuth, fait lui-même de l'all. *weis*, blanc, et de *matt*, fatigué, énervé, languissant, mat. Schuster unit l'all. *matt*, au l. du moyen âge *matare*, et à l'esp.*matar*, tuer, massacrer. *Mattare* peut très-bien venir du latin *mactare*, tuer, massacrer en admettant que *attare* est pour *actare* par assimilation. Voyez *Mat*. En russe *vismoute*, valaque *bismuth*, cat. *bismut*, dan. *bismut*, port. et prov. *bismuth*, bismuth.]
*****Bismuthides**, sm.plur. Famille de minéraux renfermant le bismuth.

*Bismuthifère, adj. Qui contient du bismuth.
*Bismuthique, adj. Qui a rapport au bismuth.

BISON, sm. hn. Bœuf sauvage de l'Amérique septentrionale. [Du latin *bison, tis*, bison, sorte de bœuf sauvage, dans Pline. 1° D'après Albert-le-Grand, Cuvier et autres, la racine de ce nom se trouverait dans l'all. *bisam*, musc. Cuvier dit : « Il n'y a aujourd'hui dans le nord de l'Europe qu'une seule espèce de bœuf sauvage, l'aurochs des Allemands, le zubre des Polonais, etc. Les vieux mâles sentent le musc, en all. *bisam*, musc; et c'est ce qui pourrait avoir donné lieu au nom de *bison*, comme *aurochs*, qui signifie bœuf de montagne, a fait naître celui d'*urus*. » 2° Le Tripart. rattache le lat. *bison*, bison, au germ. *wisend*. Dans le vieux poème des Niebelungen, nous voyons qu'un bœuf sauvage est mentionné sous le nom de *wisent*. Un auteur fait remarquer que le mot par lequel on a d'abord désigné, dans les pays allemands, non le véritable musc qui n'a été connu que fort tard, mais l'odeur musquée, en général, a été tiré du nom de l'animal qui la produit à un très haut degré; et que le même transport a eu lieu dans d'autres pays, où le musc a reçu le nom de *castouri*, parce que le *castoreum* y avait été longtemps le type des odeurs musquées. 3° Un autre savant conjecture que le mot *bison*, en germ. *wisent* ou *wisend*, vient originairement de l'ancien terme *bisen*, furieux, farouche, etc. 4° On pourrait encore le dériver de l'all. *wiese*, prairie, parce que cet animal si fort et si difficile à apprivoiser aime les prés marécageux. 5° Quelques-uns croient que le nom *bison* vient de celui des *Bistones*, peuples de Thrace : d'où l'on a dit aussi *bistonia grus*. 6° D'autres le dérivent du latin *bonasus*, taureau sauvage, dans Pline; en gr. *bonasos*. 7° Roquefort a adopté l'étymologie de ceux qui le dérivent tout simplement du latin *bos*, bœuf, gr. *bous*. En gr. *bisōn*, bison, dans Pausanias et dans Élien, et *bistōn*, dans Oppianus. En b. lat. *vison*, valaque *bizon*, langue des Troub. *bizon*, ital. et esp. *bisonte*, bison.]

BISQUE, sf. Au jeu de paume, coup que l'on donne gagné au joueur qui est plus faible pour égaler la partie. [1° De *biscaye*, qui au jeu de paume se disait autrefois pour *bisque*, ce qui ferait conjecturer que c'est de *Biscaye* que ce jeu nous est venu : Gattel. 2° De l'ital. *bisca*, lieu où l'on joue aux dés; académie de jeu; et *biscazza*, académie de jeu, fait du lat. *bis casus*, double chance : Roquefort. 3° Du latin *bis capit*, parce que d'ordinaire on la prend après un avantage qu'on vient d'obtenir, et qu'ainsi l'on prend deux coups en même temps : Trévoux et autres.]

Prendre bien sa bisque, prov. Profiter habilement de quelque avantage. (Métaphore prise du jeu de paume, où l'on appelle *bisque* un avantage de quinze points qu'un joueur reçoit d'un autre, et qu'il compte en tel endroit de la partie qu'il veut : Quitard.

Donner quinze et bisque à quelqu'un, C'est avoir sur qqn. une si grande supériorité, qu'elle permet de lui faire un double avantage.

*BITIAS, s. p. m. Nom d'homme, Troyen fils d'Alcanor. Il accompagna Enée en Italie, où il fut tué par les Rutules. [Du lat. *Bitias, æ*. Dans l'Enéide l. 1. v. 741. « *Tum Bitiæ dedit increpitans : ille impiger hausit spumantem pateram, et pleno se proluit auro* : » (Didon) donna ensuite le (vase) à *Bitias*, en lui reprochant sa lenteur à boire. Celui-ci, voulant avaler tout d'une gorgée, versa sur lui la liqueur dont la coupe était pleine, et en fut inondé. » L'aventure de Bitias est comique, dit le P. Catrou. C'est le seul Thersite que Virgile ait introduit dans son poème; encore a-t-il sa place. Il est à présumer que c'était un de ces plaisants qui se glissent à la cour. Ce nom de *Bitias* se rencontre plusieurs fois dans l'Enéide. Silius s'en est servi, L. 2. v. 409.]

BITUME, sm. Substance minérale épaisse, huileuse et inflammable, qui se trouve dans le lac Asphaltite, et en d'autres lieux. [Du lat. *bitumen*, bitume. 1° Martinius, J. Henricus, et autres, dérivent *bitumen* du grec *pitta*, poix; parce qu'il ressemble à la p ix, et que les Allemands le nomment *erdpech*, poix de la terre, poix minérale. Constancio le compose du grec *pissa, pitta*, poix, et *thumad*, exhaler une odeur; et Doederlein, du gr. *pittoma*, de *pittod*, poisser. En ital. *bitume*, port. *betume*, esp. *betun*, cat. et langue des Troub. *betum*, bitume.]

Bitumineux, euse, adj. Qui contient du bitume; qui en a les qualités.
*Bituminer, va. Enduire de bitume. *Bituminé, e, p.
*Bituminifère, adj. hn. Imprégné de bitume.
*Bituminiser, va. chim. Convertir en bitume.
*Bituminisé, e, p.
*Bituminisation, sf. Action de bituminiser.

BIZARRE, adj. et s. Qui s'écarte des règles générales que la nature, l'usage ou l'opinion a prescrites; extraordinaire; fantasque, capricieux; ce qui est bizarre. [1° Du persan *bizarah*, magnanime, d'après D. Francisco De S. Luiz, et le Tripart. 2° De l'ar. *baxarria*, bonne grâce, gentillesse, élégance. Trévoux dit que *bizarre* et *bizarrerie* viennent apparemment de l'esp. *bizarro*, beau, agréable, parce que la diversité des couleurs a quelque agrément, surtout quand elles sont bien ménagées. C'est pour cela, ajoute-t-il, que *bizarrerie* s'emploie aussi quelquefois pour désigner une variété bizarre, agréable. 3° Selon Diez et Ampère, *bizarre* vient du vi. fr. *bizza*, colère, mot germ., d'où l'ital. *bizzarro*, colère, colérique, bizarre; et *bis-betico*, fâcheux, difficultueux, fantasque. 4° Delatre rattache le fr. *bizarre*, l'ital. *bizza*, colère, rage, l'all. *biss*, haut all. anc. *bizze*, morsure, et l'angl. *bit*, morceau, mors, à la racine sanscrite *bhid, bhind, bhil*, battre, briser, découper. 5° Gébelin dit : « Le mot *bizarre* dont l'origine était inconnue s'écrivit *bigeare*; c'est donc un dérivé de *bi-garius*, ou *bis-varius*, formé de diverses couleurs. » Ménage avait depuis longtemps donné cette dernière étymologie, qui a été adoptée par Roquefort.]

Bizarrement, adv. D'une façon bizarre.
Bizarrerie, sf. Qualité, caractère de ce qui est bizarre; humeur, action bizarre; singularité; extravagance.

BLANC, BLANCHE, adj. Ce qui renvoie et réfléchit la lumière en toutes ses parties; ce qui est le plus éclairé, le plus aisé à apercevoir; qui est de la couleur du lait, de la neige, du camphre; qui est presque blanc; propre, qui n'est pas sale; fig. et fam., candide, innocent. [1° Guyet, Ménage, Roquef., etc., pensent que cet adjectif vient, par métathèse, du lat. *albus*, blanc, *albicans*, étant blanc. 2° L'abbé Tuet le fait venir du phénicien *laban*, ou *leban*, blanc. 3° Jauffret, de *bel*, lumière, et de *ac, eik*, possesseur. 4° Constancio ne pense pas que l'origine du mot blanc appartienne aux langues du nord; il le compose du gr. *polios*, blanc, et *chion*, neige. 5° Selon Wachter, Leibnitz, Skinner, Diez, De chevallet, le Tripart., Noël, Gattel, etc., etc., le fr. *blanc* est d'origine germ. Diez le dérive du haut all. anc. *blanch*, blanc; et Wachter, de l'anc. germ. *blinken*, reluire, briller. 6° Bopp conjecture que les mots germ. *bleich*, *blanch*,blanc, *blinchan*, briller, et l'anglos. *blican*, briller,l'angl. *bright*, brillant, et le lat. *fulgeo,flamma*, et le grec *phlégó*, brûler, se rapportent au sanscrit *bhrâg'*,luire,briller.En all. *blank*, luisant, brillant,en fr. *arme blanche*; anc.scandin. *blank-r*, luisant, brillant; suéd.,dan.,angl. et holl. *blank*, luisant, brillant; esp.*blanco*; port.*branco*,ital.*bianco*, cat. et langue des Troub.*blanc*,goth. *blanc*, blanc.]

Blanc, sm. La couleur blanche, ce qui est de cette couleur, couleur ou matière blanche.

Blanc, Blanche, s. Qui a le teint blanc, ou même olivâtre.

Blanc, sm. But où l'on tire.

Blanc,sm.Petite monnaie.(Elle était ainsi nommée parce qu'on la blanchissait. La *blanchée* était le *blanc*, qui valait cinq deniers ; d'où l'on dit encore six blancs, pour deux sous et demi : El.Johanneau.)

Blanc d'œuf, Substance glaireuse de l'œuf qui entoure le jaune.

Blanc-manger, sm. Sorte de gelée.

Blanc signé ou **Blanc seing**, Papier ou parchemin signé que l'on confie à quelqu'un pour qu'il le remplisse à sa volonté.

De but en blanc, loc.adv.fig.et fam.Inconsidérément, brusquement.

Blanc-bec, sm.fam.Jeune homme sans expérience.

*****Blancard**, sm.Toile blanche et légère que l'on fabrique en Normandie et en Silésie.

Blanchaille, sf. Menu poisson blanc, fretin.

Blanchâtre, adj. Tirant sur le blanc.

Blanche, sf. mus. Moitié d'une ronde.

Blanchement, adv. Proprement.

Blancherie, sf. Voy. *Blanchisserie*.

*****Blancherie**, sf. Atelier où l'on blanchit, où l'on nettoie les feuilles destinées à faire du fer-blanc.

Blanchet, sm.Morceau d'étoffe de laine ou de soie dont on garnit le tympan d'une presse ; drap blanc pour filtrer.

*****Blanchet**, sm. Camisole de paysan, qui était ordinairement de drap blanc ; sorte d'étoffe d'étamine ; hn. serpent du Brésil ; nom vulgaire d'un serpent,et d'une espèce de saumon;bot.,nom vulgaire de la mâche.

*****Blancheton**, sm. Variété de raisin.

Blancheur, sf. Couleur blanche, qualité qui distingue ce qui est blanc.

Blanchiment, sm. Action de blanchir, résultat de cette action.

*****Blanchinine**,sf.chim.Alcali que l'on trouve dans le quinquina blanc.

Blanchir, va. Rendre blanc ; couvrir d'une couleur blanche ; nettoyer ; purifier ; dégrossir ; vn. devenir blanc; vieillir. *Blanchi,ie*, p.

Ne faire que blanchir. (« *Blanchir* se dit aussi des coups de canon qui ne font qu'effleurer une muraille, et y laissent une marque *blanche*. En ce sens, on dit au figuré, de ceux qui entreprennent d'attaquer ou de persuader quelqu'un, et dont tous les efforts sont inutiles, que tout ce qu'ils ont fait, tout ce qu'ils ont dit, n'a fait que blanchir devant cet homme ferme et opiniâtre » : Furetière.)

Blanchissage, sm. Action de blanchir ; le résultat.

Blanchissant,ante, adj. Qui blanchit,qui paraît blanc.

Blanchisserie, sf. Lieu où l'on blanchit des toiles, de la cire.

Blanchisseur, euse, s. Qui blanchit le linge.

*****Blanchœuvrier**, sm. Qui fait et vend de gros outils tranchants.

*****Blanchot**, sm.hn. Espèce de pie-grièche.

*****Blanchotte**, sf. bot. Sorte de champignon.

Blanque, sf. Jeu en forme de loterie, avec des feuillets blancs, et des noirs. (Esp.*blanco*.)

*****Blanquet**, sm. Maladie des jeunes oliviers.

Blanquette, sf. Poire d'été à peau blanche ; sorte de raisin ; petit vin blanc de Languedoc ; ragoût à la sauce blanche.

*****Blanquette**, sf.bot.Nom vulgaire d'une ansérine ; produit de la première distillation de l'eau-de-vie ; sorte de soude qui se prépare en France.

*****Blanquier**,sm.Celui qui fait des mouvements d'horlogerie en blanc.

*****Blanquinette**,sf. Espèce de petit bouracan blanc.

Reblanchir, va. Blanchir de nouveau. *Reblanchi,ie*, p.

*****BLANDICES**, sf.pl.anc.prat. Caresses artificieuses, flatteries pour gagner le cœur, pour tromper ; selon Nodier, ce mot quoique vieux est très-bon. [Du l. *blanditiœ*,caresses,flatteries, fait du lat. *blandiri*, flatter, caresser ; r. *blandus*, caressant, flatteur,doux,agréable. 1°Cette famille de mots semble tenir au grec *abladeds*, signifiant doux, agréable aux sens ou au sentiment, dans Hésychius, et venant du gr. *bradus*, lent, nonchalant, l = r; en sanscrit *mridu*, qui affecte agréablement les sens, doux, agréable, flatteur, *b* et *m* se permutent assez souvent. 2° Vossius pense que *blandus* vient du gr. *blax*, mou ; 3° ou du grec *planos*, trompeur, menteur ; 4° ou bien qu'il a été formé, par onomatopée, de *la* et de *bla*, syllabes enfantines et relatives aux caresses. 5° Gébelin tire *blandus* de *Bal*,nom du soleil. Il a dérivé beaucoup de mots de ce nom *Bal, Bel*, et malheureusement ce sont presque autant d'erreurs. 6° Martinius trouve que *blandus* a quelque affinité avec le gr. *philéd*, j'aime ; 7° puis il se dérive du l. *planus*, égal, uni, plat ; parce que l'hébreu *châlàg* signifie également doux, uni, flatteur, caressant, glissant. En gaël irl.*blandairim, bladairim*, flatter, et *bladh, blath*, louange, *bladaire*,flatteur.Gaël écossais *bladair*, flatteur, dans Edwards. En ital. *blandire*, anc. esp. et langue des Troub. *blandir*, flatter, caresser. Langue des Trouv. *blandir*,caresser ; rouchi *blando*, flatteur, anc.fr. *blade*, flatterie, *blandie*, flatterie, caresse, cajolerie, *blande*, séduisant, flatteur ; *blader*, flatter ; *blandir*, caresser, flatter, *blanditeur*, galant.]

*****Reblandir**, vn.féod. Demander au seigneur, en retirant son aveu, la cause des saisies qu'il a pratiquées, ou les entraves qu'il met à la jouissance. **Reblandi*, p.

*****Reblandissement**, sm. Action de reblandir.

BLASER, va. Gâter,altérer,brûler,dessécher, en parl. de l'effet des liqueurs que l'on boit ; émousser, altérer par des excès le sens du goût. [Du vi.fr. *blazir*, rendre bleu, flétrir, faner, selon M. Delatre. Il ajoute : La signification de ce mot exige qu'on le rattache à l'all. *blau*, bleu, etc. Par sa forme, il se rapporte plutôt à l'angl. *blaze*, flamme, et à l'all. *blass*, pâle. Si c'est ce dernier qui nous a fourni *blazir*, il faut admettre que ses deux *s* sont le résultat d'une assimilation,et qu'on a dit *bla-ss* pour *blá-vs*, b.l. *blavus*, bleu ; vi.ital. *biavo*. 2° Du grec *blazéin*, être stupide, hébété, avoir l'esprit émoussé ; 3° ou du grec *blax*, mou : Gattel, Roquefort, Honnorat, etc. 4° Du b.bret. *glas*, douleur, mal, crampe, goutte ; affliction : Bullet ; il dit : Le *b* et le *g* se substituent réciproquement.] *Blasé, e*, p.

BLASON, sm.Devises et armes qui sont peintes sur un écu; assemblage de tout ce qui compose l'écu armorial; art héraldique, connaissance de tout ce qui est relatif aux armoiries. [1° Félix Bourquelot assure que l'étymologie la plus vraisemblable du mot blason le fait dériver de l'all. *blasen*, sonner du cor, parce que, suivant le P. Ménestrier, c'était au son du cor que le page ou l'écuyer d'un chevalier signalait son arrivée dans un tournoi. A cet appel, les hérauts allaient reconnaître les armes du nouveau venu, et l'introduisaient dans l'enceinte en proclamant ou *blasonnant* la forme et la qualité de ses armoiries. Selon Tarbé, le mot blason signifiait éloge, traité, discussion, débat, langage. *Blaser, blasonner,* c'était proclamer, causer, plaider. *Blason de cour,* c'était langage des cours, eau bénite de cour; *blason des dames et des armes,* débat des dames et des armes. *Revenir sans blason,* c'était revenir sans prévenir, sans tambour, ni trompette. 2° Bullet soutient que *blason* vient du celt. *blasoun,* blason, fait du celt.*blas,* qui, signifiant presque toutes les couleurs en particulier, aurait été pris pour couleur en général. En effet, ajoute-t-il, *blasonner* signifie peindre des armoiries avec les couleurs qui leur sont propres. 3° Ménage dérive *blason* du lat. *latio, lationis,* parce que le blason était porté par les chevaliers sur leurs écus; 4° et Borel, du lat. *laus,* louange, et *sonare,* sonner; 5° d'autres, de l'hébreu *sâbal,* il a porté. La plus commune opinion, dit Trévoux, est que *blason* est venu de l'all.*blasen,* souffler; jouer de la flûte; sonner de la trompette ou du cor. Des philologues modernes attribuent une origine commune à l'all. *blühen, blasen,* souffler, et au lat. *flare,* souffler. En norwégien *blaase,* souffler; anc. scandin. et suéd. *blasa,* dan. *blaese,* souffler; haut all. anc. *blasan,* angl. *to blow,* anglosaxon *blaesan, blawan, blaewan, blêowan, blowian,* souffler; holl. *blasen, blazen, blaazen, blaawen,* souffler. D'après M. Schœbel, l'all.*blasen* se rapporterait au lat. *flare* et au sanscrit *phval,* souffler. 6° Gébelin soutient que *blason* ne vient pas de l'all. *blasen,* et que Le Duchat a raison de le dériver du vieil all. *blas,* signe, marque; il ajoute que dans le Dict.ar.de Gieuharis, qui vivait au 10° s., on trouve le mot *bladzon,* signifiant gens, famille, maison, armoiries, *insignia,* symboles d'une maison. 7° M. Diez tire ce mot de l'anglos. *blaese,* angl. *blaze,* flambeau.]

Blasonner, va. Peindre les armoiries; les expliquer; fig. et fam., médire, critiquer, blâmer. *Blasonné, e,* p.

*****BLATÉRER**, vn. Crier comme les béliers, comme les chameaux ; comme les gens qui parlent avec assurance, mais sans suite et sans idées. [Du lat. *blaterare,* babiller, débiter, crier, dire ; débiter des mensonges, etc. 1° Gébelin et autres croient que *blaterare* est une onomatopée de la même famille que *balare,* bêler. 2° Vossius pense qu'on peut le dériver du grec *blêton,* en dorien *blaton,* du verbe *balló,* jeter, lancer ; 3° ou, selon Festus, du gr. *blax,* mou, inutile, imbécile, sot, lâche. 4° Delatre rapporte *blaterare,* ainsi que l'angl. *to bleat,* bêler, et le gr. *blêchân,* bêler, et l'all. *blœken,* bêler, au sanscr. *balh, barh,* résonner, crier. 5° Bullet le forme du celt.*blas,* fou : parler follement; 6° Gésénius le rattache au gr. *battologéin,* et à l'hébr. *bátá, bátâh,* proférer des paroles, prononcer, mot qu'il considère comme une onomatopée. 7° Le Tripart : le lie à l'all. *plaudern* et au suédois *pladdra,* parler beaucoup et avec vélocité, causer, parler, bavarder, jaser. Schuster fait de même ; ainsi que Ihre qui ajoute le suiogoth. *pladdra,* s'amuser, babiller. 8° Un autre unit *blaterare* à l'angl. *to blatter,* rugir, gronder. Dacier a adopté l'étymologie de Festus ; et Doederlein associe *bla-* *terare* au gr. *blax,* être un imbécile; un sot; r. *blax,* mou, sot, imbécile ; et au suédois *pladdra.* à l'all. *plaudern.*]

Déblatérer, vn.fam. Parler longtemps et avec violence contre quelqu'un. *Déblatéré,* p.

*****Déblatération,** sf. Action de déblatérer.

BLATTE, sf. Insecte vivant dans les maisons, où il fait beaucoup de dégâts en dévorant les aliments, le sucre, le cuir, les étoffes, etc. [Du l.*blatta,* blatte; cloporte ; mitte ; pourpre, proprement couleur semblable à celle que la blatte laissait sur la main quand on l'avait touchée. 1° Le plus grand nombre des étymologistes dérivent ce mot du grec *blaptó,* nuire, causer du dommage, blesser. 2° Doederlein l'unit au grec d'Hésychius *latté,* mouche, insecte ; et forme *blatta,* pourpre, du gr. *miltos,* vermillon, par métathèse. *Blatta* paraît avoir été fait du gr.*blaptó,* nuire, blesser, comme le fr. *mite* du sanscr. *mith, math,* frapper, blesser, couper. Benfey rapporte le grec *blaptó* au sanscr.*glâpaj,* rendre lâche, relâcher, détendre ; et Schulter, à l'hébreu *bâlah,* il a englouti, il a dévoré, il a consumé, il a perdu. En gr. on a dit aussi *blabó,* d'où *blabos* et *blabé,* lésion, tort, dommage.]

*****Blattaire,** sf.bot. Variété du bouillon-blanc. (Pline dit que la plante appelée en latin *blattaria* a reçu ce nom, parce que jetée à terre elle attire sur elle toutes les blattes d'une maison.)

*****Blattaires,** sf.pl. Famille d'insectes orthoptères.

*****Blaps,** sm. Genre d'insectes coléoptères.

*****Blapside,** adj.hn. Semblable à un blaps.

*****Blapsés** et *****Blapsides,** sm.pl. Famille d'insectes coléoptères.

*****Blapsigonie,** sf. Maladie des abeilles qui empêchait la reproduction des essaims. (Grec *blaptó; goné,* race.)

*****Blapstine,** sf. Genre d'insectes coléoptères.

BLAUDE, sf. Blouse, espèce de surtout fait d'une grosse toile, descendant au-dessous du genou. [1° La Monnoie dit: « L'ancien mot était *bliaut,* qu'on écrivait ordinairement *bliaus,* quelquefois *bleaut,* en b. lat. *blialdus, bliaudus, blisaudus,* et même *blidalis,* fait de *bladum,* blé ; parce que les premiers *bliaus* étaient de couleur de blé. » 2° Honnorat pense que le b. lat. *blialdus, bliaudus,* pourrait bien venir du celt. *blau,* bleu, couleur primitivement la plus ordinaire de cette sorte de vêtement. 3° D'après M. Schœbel, on pourrait rattacher *blaude* au grec *blaudes,* chaussure ; ou b. 4° D'après Mahn, cité par Scheler, blaude et blouse seraient d'origine arabe. En lat. b. on a dit aussi *balosius, belosius,* signifiant une sorte d'étoffe. Dans la langue des Troub. *blial, bleso, blezo,* tunique, et *blial, bliau, blizaut,* robe, habit; esp. et anc.cat.*brial,* dans Raynouard. Langue des Trouv. *bliad, bliaus,* espèce de vêtement de dessus. En anc. fr. on a dit aussi *bluiau,* robe courte, tunique.]

Blouse, sf. Voyez *Blaude.*

BLÉ, sm. Plante qui produit dans son épi le grain dont on fait le pain, plante céréale, graminée ; froment ; sa semence. [1° Selon le Tripart., Vossius, Somnerus, Spelmann, Wachter, Du Cange, Schulter, De Chevallet, etc., le mot *blé* ou *bled* est d'origine german. Un auteur le dérive de l'anglos. *blœd,* fruit, bonheur, fortune, bénédiction; le Tripart. et De Chevallet, du germ. *blatt,* feuille ; Schulter du teuton *blad, wlad, blœd,* fruits pendants, récolte pendante, De Chevallet fait remarquer que cette expression générique fut restreinte, et que *bled* désigna spécialement la récolte la plus importante pour l'homme, celle qui sert principalement à le nourrir. Le tudesq. *blad, blaed, blet*, et l'anglos. *blada, blœda*, blé, ont l'un et l'autre pour racine un mot qui dans tous les idiomes germaniques signifie feuille. En all. *blatt*, polon. *blat*, feuille, haut all. anc. *blat, plat, wlad*, feuille ; anc. scandin. *blad, bladh*, anc. sax. *blad, bladu*, anglos. *blad, blaed, bled blede*, holl., suéd. et dan. *blad*, feuille. D'après Delatre, le sansc. *palaça*, feuille, aurait donné naissance à ces mots. 2° Quelques-uns ont cru que le primitif du mot *bled* ou *blé* était le grec *blastos*, bourgeon. 3° P.J.J. Bacon dit : « Le *bluet* était jadis en telle vénération, qu'il paraît avoir été la source du nom du *blé* donné dans les Gaules au froment, en sorte que cette fleur, en apparence parasite et superflue, aurait donné son nom à cette riche et précieuse production de la terre, et que les noms de ces deux plantes se sont trouvés par là aussi alliés et aussi inséparables que ces plantes mêmes. » 4° Gébelin dit que *blé* tient au gr. *blastand*, germer, *blaston*, bourgeon ; et qu'il aimerait fort le dériver de *bal* ou *bla*, signifiant blond, doré ; et qu'aussi dit-on la blonde Cérès, et l'épi doré. 5° Bullet prétend que *blé* vient du b. bret. *blead*, moisson. 6° M. Scheler cite M. Mahn qui défend la provenance celtique de blé, et qui croit à l'existence d'un celt.*blad*, avec le sens de fruit, froment, blé. 7° Il cite aussi J. Grimm qui met en avant le kymrique *blawd*, farine ; 8° et M. Diez qui conclut à la nécessité d'une étymologie latine, laquelle lui est fournie par le part. pl. n. *ablata*, les choses enlevées ; et cite à l'appui l'all. *getreide*, qui vient de *tragen*, ainsi que *herbst*, moisson, et le gr. *karpos*, fruit, qui de même, signifient choses enlevées. On trouve en effet au moyen âge, *ablatum, abladium*, blé récolté. On rapporte que c'est Cérès qui fit connaître le blé aux hommes, et que pour cela elle fut mise au rang des dieux. Diodore de Sicile affirme que ce fut Isis, et Polydore soutient que Cérès et Isis sont la même. Les Athéniens prétendaient que l'art de cultiver la terre avait commencé chez eux. Les Crétois et les Siciliens aspiraient à la même gloire. C'est chez ces derniers du moins que Proserpine, fille de Cérès, fut enlevée par Pluton. D'après l'histoire de Joseph et celle d'Abraham, on peut conclure que l'Égypte et tout l'Orient cultivaient les blés longtemps avant tous ces temps-là. En l. b. *bladum*, blé ; ital. *biado*, cat. et langue des Troub. *blat*, prov. *blad*, bas lim *bla, blad*, anc. fr. *bled, bleif, blée*, blé. Toulous. *blat*, blé, *bladado*, rente de blé, et *ablada*, ensemencer, et par métaphore, charger ou accabler de coups, dans Goudelin.]

Blatier, sm. Marchand de blé, qui le transporte d'un marché à l'autre.

Emblaver, va. Semer une terre en blé. (Anc. fr. *bléer*, id.) *Emblavé, e*, p.

Emblavure, sf. Terre ensemencée de blé.

*****Remblaver**, va. Ressemer une terre en blé. *Remblavé, e*, p.

*****Remblavure**, sf. Terre deux fois ensemencée de blé ; action de remblaver.

Déblayer, va. Enlever les terres, débarrasser une place, ôter d'un lieu. (1° Du l. b. *debladare*, ôter, enlever le blé, d'après Roquefort, M. Scheler, et autres. Ainsi *déblayer* signifierait propr. enlever des blés, ou des terres à blé. 2° Selon M. Delatre, *déblayer* serait pour *débalayer*, et aurait été fait de balayer, *balai*.) Le sens métaphorique attaché aux mots *déblayer, remblayer* est aussi naturel que celui du toulous. *ablada*, propr. ensemencer, et qui signifie par ext. charger ou accabler de coups. *Déblayé, e*, p.

Déblai, sm. Enlèvement des terres, des décombres, pour niveler ; débarras.

Remblai, sm. Terres rapportées pour combler un creux, ou pour élever un terrain ; travail pour les employer. (Roq. dit que, chez nos pères, *remblai* signifiait action de ressemer une terre de blé, et que ce mot vient du lat. *bladum*, blé.)

Remblayer, va. Apporter des terres, du gravois, pour combler un creux ou élever un terrain. *Remblayé, e*, p.

Blaireau, sm. Quadrupède carnassier qui se terre, garnit son trou de paille et de feuilles ; pinceau de son poil. (1° Du vi. fr. *blair*, possesseur de blé, le petit *blair*, l'animal vivant dans les blés : M. Delatre. Il est vrai qu'on le trouve aussi dans les bois, dans les forêts épaisses de Suède, et dans les montagnes d'Italie, de Suisse. Du l. b. *bladarius*, dim. *bladarellus*, ital. *biadajuolo*, dim. *biadarello*: M. Diez. *Blaireau* accuse un type lat. *bladarellus*, dimin. de *bladarius*, adj. de *bladum*, blé, le blaireau a été nommé ainsi comme voleur de blé, comme destructeur des campagnes ; par la même raison que cet animal s'appelle *badger* chez les Anglais, mot qui paraît être gâté de *bladger = bladarius* : M. Scheler. 2° De *glirellus* fait du lat. *glis*, loir ; de ce que cet animal comme le loir s'engraisse en dormant : Saumaise et Roquefort. 3° De *flairer* et du celt. *blaer, flaer*, mauvaise odeur : Bullet. 4° De l'adj. kymrique *blawr*, gris de fer : en angl. *gray*, gris, taisson, pic. *grisard* : Dieffenbach. 5° De *melarellus*, formé du lat. *melis* ou *meles*, martre : Guyet. 6° De *bele*, primitif de belette : M. Littré. Selon M. Scheler, la 1re étym. suffit à toutes les exigences. Du b. l. *bladum*, blé, *bladarius*, ce dernier auteur forme encore l'anc. fr. *blaierie*, droit que l'on payait au seigneur haut justicier, pour la permission de faire paître des bestiaux sur les terres et prés dépouillés, ou dans les bois et héritages non clos.)

BLÊCHE, adj. et s. injur. Homme mou, timide, qui n'a point de fermeté, qui n'a pas la force de tenir parole. [1° « Le suéd. *blœt* (battu), faible, mou, nous a donné *blet* et *blêche*. » 2° Du grec *blax, blakos*, mou, lâche, paresseux, sot, imbécile ; comme moustache de *mustax* : Diez, Gattel, etc. 3° De l'all. *bleich*, pâle : Grandgagnage, cité par Scheler. 4° « On dit *blêche* pour *blaque*; c'est ainsi qu'on appelait autrefois les *Valaques* : Huet et Trévoux. » Ménage cite le mot normand *blèque* : *poire blèque, pomme blèque*, c-à-d. plus que molle. Au même mot suédois *blœt*, mou, ramolli, tendre, De Chevallet rattache l'adj. fr. *blette*, et le dan. *blœd*, mou, ramolli, l'all. *blöde*, et le holl. *bloode*.]

Bléchir, vn. Devenir blêche. *Bléchi*, p.

Blette, adj. *Poire blette*, Poire molle qui n'est pas encore gâtée. (En langued. *bleto*, picard, rouchi, haut bret., rémois *blet*, messin *blesse*, normand *blèque*, blet, blette. M. Scheler dit : « On ne peut s'empêcher de rapprocher de l'expression fr. *poire blette*, l'all. *blüt*, qui a le même sens. »]

BLÊME, adj. Décoloré, pâle. [Suivant Diez, De Chevallet et autres, ce mot est d'origine germ. 1° De l'anc. septentr. *blâmi*, couleur, bleuâtre, mot dont le radical est *blâ*, bleu : Diez. 2° De l'all. *bleich*, pâle, blême : De Chevallet et autres. Il semble, dit ce dernier auteur, que le primitif germ., en passant dans le latin rustique, ait pris la terminaison *imus*, qui est commune à beaucoup d'adj. latins. On aura dit *blecimus*, d'où *blecime, blesime, blesme, blême*. 3° Delatre rapporte les mots *blême, blette, blanc, blanchir*, et l'anc. all. *blich*, pâle, etc., aux racines sanscrites *bhraç* et *bhlaç*, formes secondaires de *bhrâj*, luire, briller. 4° Honnorat unit le mot *blême* au grec *blax*, mou; 5° puis au prov. *blave*, bleu : *v* et *m* se permuttant quelquefois. 6° Raynouard lie le v. roman *blemar*, *blasmar*, blèmir, s'évanouir, aux mots romans *blezir*, faner, blêmir, salir; *blaveza*, lividité, pâleur; *blavenc*, bleuâtre, et *blau*, bleu. 7° Bullet dérive *blême*, du b. bret. *blem*, pâle, blême; 8° et Skinner, du lat. *plumbeus*, plombé.]

Blêmir, vn. Pâlir, devenir blême. *Blémi*, p.

*****BLÉSER**, vn. Parler gras et avec difficulté, parler avec une espèce de grasseyement, avoir le défaut qu'on appelle blésité. *Blésé*, p. [Du lat. *blœsus*, *a*, *um*, bègue, qui balbutie, mot que l'on dérive communément 1° du gr. *blaisos*, boiteux, impotent, bègue. 2° Selon Doederlein, *blœsus* serait un dérivé du lat. *blatire*, dire, débiter, dont *blaterare* est l'intensitif. 3° Isidore croit que le lat. *blœsus*, ainsi que *balbus*, bègue, vient du lat. *balare*, bêler. 4° Bullet estime que *blœsus* et *blaisos* ont été faits du gallois *bloesg*, bègue, qui a la langue grasse. Dans la langue des Troubadours *blez*, qui articule mal, patois de Castres *bles*, bègue, qui bégaie. Dans l'anc. Guienne et en Gascogne *bless*, bègue, anc. fr. *bloiser*, bégayer, bléser.]

*****Blésement**, sm. Action de bléser, effet de la blésité.

*****Blésité**, sf. Vice de prononciation qui consiste à substituer une consonne douce à une plus rude.

BLESSER, va. Frapper, donner un coup qui fait une plaie, une fracture ou une contusion; fig. incommoder, causer une impression fâcheuse; faire tort, porter préjudice; offenser, choquer, déplaire. [1° De l'all. *be-letzen*, blesser, mot composé de *letzen*, retarder, léser, incommoder, et du mot *be* que M. Delatre rapporte au sanscrit *abhi*, à, vers. 2° Du suiogoth. *blœss*, faire une marque, marquer, d'après Ihre. 3° Un autre rapporte le fr. *blesser*, au teuton *bluthura*, blessure, *blodstodia*, émission de sang; *blotan*, sacrifier; *bluat*, *bluot*, *blut*, sang. 4° Bullet dérive du b. bret. *blecza*, *blessa*, blesser; 5° Voltaire, de l'aoriste grec de *blaptô*, *blapsô*, blesser; 6° Couziné, du grec *plêssô*, frapper; Roquefort, du gr. *blaptô* ou de *plêssô*; 7° Ménage, du lat. *lœsare*, fréquent. inus. de *lœdere*, *lœsum*, blesser, en y préposant un *b*. 8° Le Tripart. rattache le fr. *blesser*, *blessure*, au grec *plessô*, au germ. *pliete*, *plod*, à l'angl. *split*, au holl. *pluis*, etc. 9° « Diez rappelle le haut all. moyen *bletzen*, raccommoder, et *bletz*, morceau d'étoffe, d'où blesser pouvait se produire avec le sens du v. haut all. moyen *zébletzen*, mettre en morceaux. L'étym. *be-letzen* irait mieux, si l'all. présentait cette forme composée de *letzen*, aussi bien que *ver-letzen*, blesser »; M. Scheler. En patois de Castres *blassa*, blessure; anc. fr. *bléchier*, blesser, et *bleceure*, blessure.]

Se Blesser, va. pr. fig. S'offenser de qq. chose. *Blessé, e*, p.

*****Blessant, ante**, adj. Qui blesse, qui choque.

Blessure, sf. Marque faite sur la peau par un coup, rupture, déchirure, meurtrissure du corps ou d'une de ses parties; plaie; fig., chose qui offense l'honneur, la réputation, etc.

BLETTE ou **BLÈTE**, sf. Plante potagère humectante, émolliente, rafraîchissante; espèce d'amarante. [Du lat. *blitum*, blette, épinard, dérivé du grec *bliton*, blette, herbe potagère très-fade. 1° Delatre lie *blitum* et le gr. *bliton*, au grec *blittô*, exprimer le miel ou le lait, sucer, exprimer. Et Wüllner rapporte *blittô*, au grec *méli*, miel, et à *blimazô*, palper, manier. 2° Doederlein rapporte *blitum* et *bliton*, par métathèse et par syncope, à l'all. *mcld*, arroche. 3° Le Tripart. rattache *blitum* et *bliton*, au germ. *blatt*, feuille. Fée dit : « L'insipidité de la *blite* est consacrée par l'adj. lat. *bliteus*, sot, insipide, vil, homme de rien. En esp. *bledo*, blette, cat. *blet*, langue des Troub. *bleda*, champ. *blotte*, blette.]

*****Blède**, sf. bot. Un des noms de la poirée.

*****Blétie**, sf. Genre de plantes orchidées.

*****Blite**, sf. Voyez *Blette*.

BLEU, EUE, adj. De couleur d'azur, de la couleur du ciel sans nuage, azuré, livide, plombé. [1° Selon Ménage, Trévoux, de Chevallet, Diez, Du Cange, Gattel, Noël, Furetière, etc., le mot *bleu* serait d'origine germanique. 2° Selon Bullet et Astruc il viendrait du celt. *bleu*, *blau*, bleu, que les Allemands auraient adopté dans la même signification. 3° M. Delatre rapporte les mots *bleu*, *bleuette*, éblouir, *blafard*, *plomb*, le latin *plumbum*, plomb, et l'all. *blau*, bleu, au sanscrit *plu*, être liquide, couler. 4° Casaubon et Meidinger attribuent une origine commune au mot *bleu*, au lat. *pullus* et au grec *pélios*, noir. Le Trip. lie le fr. *bleu* au gr. *pélios*, noir, brun, noirâtre, et à l'all. *blau*, bleu. 5° Skinner pense que le fr. *bleu*, l'angl. *blue*, l'anglos. *bleo*, bleu, etc. viennent tous du lat. *flavus*, blond, jaune. Denina trouve que les mots *blau*, *bleu* ressemblent au lat. *flavus*. 6° Wachter estime que du lat. *viola*, violette, on a pu facilement former *violaw*, violet, d'où par contraction l'anc. germ. *blaw*, bleu. 7° D'après M. Schæbel, l'all. *blau*, bleu, ainsi que l'all. *blinken*, briller, se rapporterait au sanscrit *lauc*, briller, reluire, être coloré; et au grec *glaukos*, bleu clair, bleu de ciel, brillant, *glaussô*, briller, *leussô*, briller, et *polios*, gris, blanchâtre. En b. lat. *blavus*, *blaveus*, *blavius*, *bloius*, bleu. En slave *plavu*, pol. *blekitny*, all. *blau*, bleu; anc. scandin. *blà-r*, dan. *blaa*, holl. *blauw*, *blaauw*, lapon *blaw*, *blawes*, goth. *bla*, angl. *blue*, bleu; anglos. *bleo*, *bleow*, *bleoh*, *blio*, bleu; anc. esp. *blavo*, cat. et langue des Troub. *blau*, langue des Trouv. *blef*, *bloi*, bleu; ital. *sbiavato*, *sbiadato*, bleu clair. Dans le Gloss. champen. de M. Tarbé, *bloette*, étoffe bleue; *blau*, *blo*, *bloi*, bleu, sorte d'étoffe fabriquée au 13° s.; anc. fr. *bloe*, *bloie*, *blois*, bleue, bleu, bleue. Dans le fr. originel, dit Génin, *bloi* signifie propr. *bleu*; par ext., noir qui éblouit, et jamais blond. Cependant, dans le Compl. de l'Acad., le vi. fr. *bloi* est expliqué par blond, et *bloier*, par devenir *blond*.]

Bleu, sm. La couleur bleue; eau imprégnée d'une couleur bleue, où l'on trempe le linge.

Bleu, sm. Symbole de la mer; couleur dont se revêtent les Perses en signe de deuil.

Bleuir, va. Rendre bleu, faire devenir bleu. (Rouchi *bleuir*, teindre en bleu.) *Bleui, ie*, p.

Bleuet, sm. Voyez *Bluet*, plus bas.

*****Bleueur**, sm. Ouvrier qui affine les pointes des aiguilles.

*****Fleuissement**, sm. Passage d'une couleur au eu.

*****Bleuissoir**, sm. horl. Outil pour bleuir.

Bluet, sm. Espèce de centaurée qui croît dans les blés, et qu'on nomme ainsi, dit l'Académie, parce que la variété la plus commune a les fleurs bleues.

BLINDES, sf. pl. t. milit. Pièces de bois entrelacées pour soutenir les fascines d'une tranchée, et mettre les travailleurs à couvert. [De l'all. *blind*, aveugle; privé d'ouverture; d'où l'all. *blende*, blindes; *blenden*, aveugler; masquer, blinder. En haut all. anc. et moy. *plint*, *blint*, aveugle; anc. goth. *blinds*, anc. scandin. *blindr*, anglosax., angl., hol., suéd., dan. *blind*, aveugle. Morgan de Cavanagh, à sa manière, compose l'angl. *blind*. des quatre mots : *ib*, être, *il*, les, *eyne*, yeux, pl. de *eye*, œil, et *hid*, caché.]

Blindage, sm. Action de blinder; assemblage de blindes.

Blinder, va. Garnir de blindes une tranchée; garnir un vaisseau de tronçons de vieux câbles pour amortir le boulet. *Blindé, e*, p.

***Blende**, sf. Mine ou sulfure de zinc. (De l'all. *blenden*, aveugler, éblouir; à cause de sa ressemblance avec la galène, ou de son éclat métallique.)

BLOC, sm. Masse, amas; gros morceau informe de marbre, de pierre, de fer, etc.; assemblage de diverses choses, de plusieurs marchandises. [De l'all. *block*, bloc; gros tronçon de bois à surface plane, billot; anc. scandin. *blockk*, dan. *blok*, suéd. *block*; *pligg*, holl. *blok*, *plug*, haut all. anc. *bloch*, *block*, angl. *block*, *plug*, bloc, billot; gaël écoss. *bloc*, *blocan*, bloc, et *ploc*, bloc, masse, bouchon, bondon; bret. *bloik*, tout entier. Gall. *ploc*, bloc, et *plociaw*, bloquer.]

Blocage, sm. **Blocaille**, sf. Menu moellon, petites pierres dont on remplit les fondations.

Blocage, sm. imp. Lettre renversée, ou lettre que l'on met dans la composition pour tenir provisoirement la place d'une autre.

Blockhaus, sm. Fortin construit en bois sur un bout de colonne ou sur un gros mât bien scellé en terre. (All. *block*; et *haus*, maison.)

Blocus, sm. Investissement par lequel on bloque une ville, un port, un camp. (De *bloc*.)

Bloquer, va. Occuper avec des troupes toutes les avenues d'une place, d'un camp; ou, avec des vaisseaux, toutes les approches d'un port; remplir de blocage l'entre-deux des parements d'un mur; mar., garnir de bourre et de goudron; impr., mettre à dessein une lettre renversée pour une autre; au billard, pousser vivement dans la blouse. *Bloqué, e*, p.

Bloqué, sm. Coup par lequel on bloque une bille.

Déblocage, sm. imp. Action de débloquer.

Débloquer, va. Forcer l'ennemi à lever le blocus; imp., ôter les lettres bloquées pour les remplacer par celles qui conviennent. *Débloqué, e*, p.

En bloc, loc. adv. En gros, en totalité, sans examen, sans discussion de détails.

Ploc, sm. Composition de poil de vache et de verre pilé, que l'on met entre le doublage et le bordage d'un navire. (Ce mot dérive de la même source que *bloc*, *blocage*. En gall. *ploc*, bloc; gaël écoss. *ploc*, bloc, masse, bouchon, bondon; all. *block*, bloc, billot.)

Ploquer, va. Garnir de ploc la carène d'un bâtiment. *Ploqué, e*, p.

BLOND, ONDE, adj. Se dit de la couleur du poil, des cheveux de l'homme qui est entre le blanc et le roux, entre le doré et le châtain clair. [1° Quelques-uns dérivent cet adjectif du latin *flavus*, blond. 2° Roquefort le rapporte à l'all. *blank*, blanc, luisant et au lat. *albus*. 3° Guyet, à l'all. *albus*, blanc ; 4° Vachter, à l'all. *blank*; 5° Bullet, au celt. *belyn*, *melyn*, blond, jaune, de couleur de safran; 6° Caseneuve, ainsi que Ferrari, au lat. *apluda*, couleur de la graine de millet ; 7° ou à *ablunda*, paille, couleur de paille; 8° Eloi Johanneau, au celt. *blout*, ou *blot*, mou, tendre, délicat, d'où aussi *blette*, suivant lui; 9° Diez, au haut all. *blao*, blond, bleu, d'où aussi le fr. *bleu*, suivant lui; 10° Ménage, au l.b. *bladum*, couleur de blé; 11° Du Cange, au saxon *blonde*, mêlé, *blonden*, teint, trempé, fardé. De Chevallet justifie cette dernière étymologie adoptée par Trév.; il dit : « Les Germains et les Gaulois avaient l'habitude de se teindre les cheveux d'une couleur rougeâtre, au moyen d'une composition savonneuse. Cet usage finit par disparaître, mais le terme resta et servit à qualifier une couleur de cheveux analogue à celle que l'on obtenait au moyen de la composition colorante. » En anglos. *bland*, mixtion, et *blendan*, mêler; angl. *to blend*, mêler; anc. scandin. *bland*, mixtion, et *blanda*, mêler; b. l. *blundus*, *blondus*, blond ; anc. fr. *blans*, *blois*, blonds; langue des Troub. *blon*, *bloi*, et langue des Trouv. *bloi*, blond, ital. *biondo*, esp. *blondo*, blond.]

Blond, sm. Couleur blonde; personne blonde.

Blonde, sf. Espèce de dentelle de soie. (Ainsi nommée parce qu'elle devient rousse, blonde : Roq. et Honnorat.)

Blondin, ine, s. Qui a les cheveux blonds.

Blondin, sm. fig. et fam. Jeune homme faisant le beau, et courtisant sans cesse les dames.

Blondir, vn. Devenir blond, *Blondi*, p.

Blondissant, ante, adj. vi. Qui blondit.

SE BLOTTIR, va. pr. S'accroupir, se ramasser, se rouler sur soi-même, de manière à tenir le moins d'espace qu'il est possible. [1° De l'angl. *bolt*, all. *bolzen*, trait, flèche, M. Delatre forme, par métathèse, l'anc. fr. *blot*, perche, juchoir où se tient le faucon, et le fr. *se bloitir*, se jucher, s'accroupir. 2° Roq. déduit *se blottir* du l. *volutare*, se rouler; 3° d'autres, du l. *pila*, pelotte, parce que se blottir s'est se mettre en pelotte; 4° Géb., de l'irl. *blaidaire*, trompeur, *bladarach*, faux, inventé, d'où, selon lui, le fr. *se blouser*, et le bret. *blada*, se tapir.]

BLOUSE, sf. Chacun des trous où l'on pousse la bille de son adversaire au billard. [1° Trév. affirme que blouse signifier trou d'un billard; ou d'un tripot, où l'on jette les billes ou les balles; et que ce mot en vi. fr. signifie des *terres grasses à bled*, qui sont molles et marécageuses, qui ont tiré leur nom du *bled* qu'on y semait. Cette étymologie rappelle celle de La Monnoie, qui déduit les mots *blaude*, *blouse*, espèce de surtout, de *bladum*, blé, parce que, dit-il, les premiers *bliaus*, étaient de couleur de blé. 2° Gébelin tire le mot *blouse*, trou, du b. bret. *blada*, se tapir. 3° M. Schéler le dérive du néerl. *bluts*, trou. Ménage pense que *blouse* a passé du jeu de paume au jeu du billard.]

Blouser, va. Blouser une bille, c'est la faire entrer dans une des blouses; fig. et fam., tromper, décevoir, faire tomber dans qq. méprise. *Blousé, e*, p.

Se Blouser, va. pr. Mettre sa propre bille dans la blouse; fig. et fam. se tromper.

BLUTER, va. Séparer la farine d'avec le son, en la passant par un bluteau. [Du lat. *volutare*, tourner, d'où le bas. lat. *volutarium* et *blutorium*, blutoir, selon Ménage et Trévoux. 2° Du lat. *apluda*, criblures, menues pailles, selon Ferrari. 3° Wachter dérive *apluda*, *apludare*, du lat. *plodere*, d'où l'anc. germ. *beutel*, pour *blodel*, bluteau, selon lui. 4° Le même dit que *bluter*, *bluteau*, ne viennent pas de *apludare*, *apluda*, mais de l'anc. germ. *bloss*, nu, *blössen*, dépouiller, mettre à nu. 5° Le Tripart. rattache le fr. *bluteau* au lat. *botulus*, *vidulus*, au gr. *balantion*. au germ. *beutle*, *beutel*. 6° Du Cange et Bullet dérivent *bluter*, du b. bret. *bleut*, la farine la plus pure. 7° Diez soutient que *bluter* ne vient pas de *apluda*, ni de *volutare*, mais de *bruter*, pour *bureter*, de l'anc. fr. *bure*, d'où l'anc. fr. *buretel*; bourguignon *burteau*, ital. *buratello*, de *buratto*, bluteau, blutoir. 8° Delatre rattache le fr. *bluter* à l'ital. *buráttare*, bluter, *buratto*, tamis; au fr. *burat*, étoffe de laine brune, à l'anglos. *burn* et à l'ital. *buro*, obscur. 9° Skinner tire le fr. *bluteau*, *bluter*, du belge *buydelen;* teuton *beutel,* crible, mots qu'il forme du l. *vidulus,* valise de cuir, sacoche. 10° Honnorat le déduit du l. b. *bultellus,* blutoir, qu'on fait venir de l'all. *beutel,* d'où le suisse *butel,* blutoir. 11° Suivant Casenœuve et Gattel, *bluter* viendrait de *blutare* anc. v. barbare signifiant vider. 12° Suivant Jault et Góbelin, il viendrait du celt. *blawd,* farine, *blodio,* séparer la farine. 13° L'origine de *bluteau, bluter,* est d'origine germ. selon De Chevallet, et Honnorat cité ci-dessus. En all. *beutel,* sas, tamis, bluteau, et *beuteln,* sasser, bluter; holl. *buil, buidel,* sas, tamis, bluteau, et *buidelen, builen,* sasser, bluter; dan. *bydle,* angl. *to bolt,* tamiser, bluter, mots cités par De Chevallet. En b. lat. *budelc,* bluteau. Gloss. champ. de Tarbé, *bluteau,* étoffe de laine pour tamiser la farine; anc. fr. *blutel, buletel,* bluteau.] *Bluté, e,* p.

Bluterie, s.f. Lieu où l'on blute la farine.

Blutoir ou **Bluteau,** sm. Sas ou tamis où l'on passe la farine pour la séparer du son.

BOBÈCHE, sf. Partie supérieure d'un flambeau, ou d'un chandelier, qui est creuse, et où l'on met la chandelle ou la bougie; petite machine d'argent, de fer-blanc, ou de cuivre, etc., qu'on met dans les flambeaux, quand la chandelle est trop menue, afin qu'elle ne chancelle pas dans l'embouchure du flambeau; ou pour empêcher que la chandelle ou la bougie ne le gâte. [Ménage déclare que l'étymologie de ce mot lui est absolument inconnue. 1° Le Duchat et Gattel le forment, par corruption, de *bavesche* qui s'est dit autrefois dans le même sens, peut-être à cause de la *bave* de la chandelle qui tombe dessus. C'est ainsi qu'on appelle *bavette* la toile attachée sur la poitrine des enfants, et qui reçoit la *bave* qui découle de leurs lèvres. 2° D'autres ont cru que *bobèche* vient de *bobine;* 3° d'autres lui donnent la même racine qu'à *bimbelot;* 4° un autre a conjecturé que *bobèche* a été fait de l'ital. *bocca,* bouche, ou de l'ital. *boccia,* calice, bouton de fleur, en redoublant la première syllabe *bo.* 5° Un autre le forme de l'all. *beibiegen,* joindre, inclure, enfermer; soit parce que le mot *bobèche* désigne la partie du chandelier qui renferme la chandelle; soit parce qu'il indique aussi la petite pièce cylindrique que l'on renferme dans l'embouchure du chandelier et qui renferme elle-même la chandelle. 6° Selon Delatre, le fr. *bobèche, bobine, bube,* ont été faits du lat. *bubon,* grec *boubôn,* enflure, tumeur. 7° On pourrait supposer aussi que *bobèche* vient du champ. *bobaîche, bobèche,* chaussure faite pour en recouvrir une autre. *Bobaiche* et *bobèche* semblent être deux formes différentes du fr. *babouche,* pantoufle, mot arabe issu du persan *papousch,* pantoufle; formé lui-même du persan *pousch,* qui couvre; et pa, *pied;* zend *pade,* sanscrit *pada,* grec *pous, podos,* lat. *pes, pedis,* pied. Aucune de ces étymologies ne saurait satisfaire un esprit sérieux, excepté peut-être celle de Le Duchat, si réellement on a dit primitivement *bavesche.*]

*****Bobèche,** sf. Petit coin d'acier fin que l'on soude dans un morceau de fer ou d'acier commun, pour faire la lame d'un instrument tranchant.

*****Bobèche,** s.pr.m. Nom d'un farceur fameux qui faisait ses parades sur les boulevards de Paris; fig. et pop., mauvais bouffon, sot, niais.

BOBINE, sf. Petit cylindre de bois servant à filer au rouet, à dévider de la soie, du coton, du fil, de l'or, etc. [1° Selon Saumaise, Bourdelot, Ménage, Roquefort, Couzinié, Gattel, Honnorat, du lat. *bombyx,* dérivé lui-même du grec *bombux,* ver à soie, soie, duvet des plantes, à cause de la ressemblance qu'il y a entre une bobine garnie de fil, et le cocon d'un ver à soie; ou simplement à cause de la soie dont on garnit ordinairement les bobines, usage qui a passé de Grèce en Italie, et de l'Italie en France. 2° Selon M. Dolatre, les mots *bube,* petite élevure, pustule, *bobine,* petit cylindre, et *bobèche,* petite pièce cylindrique et à rebord, ont été faits du lat. *bubon,* enflure, tumeur, *bubo,* hibou, oiseau qui bouffe. 3° M. Diez et autres pensent que *bobine* vient du lat. *bombus,* bourdonnement, à cause du bruit que *bobine* produit lorsqu'on la dévide, lorsqu'on déroule le fil dont elle est garnie. 4° Un auteur allemand rattache *bobine* à l'all. *weife,* dévidoir. 5° Guichard le fait venir de l'hébreu *babâ,* cavité, trou, ouverture; 6° un autre, du l. *volvere,* rouler, tourner. En provençal *boumbina,* piémontais *bobina,* bobine, castrais *boubino.*]

Bobiner, va. Dévider du fil, de la soie, etc., sur la bobine. *Bobiné, e,* p.

*****Bobineuse,** sf. Machine à rouler le fil de lin sur des bobines; ouvrière qui fait ce travail.

*****Bobinière,** sf. Partie supérieure du rouet à filer l'or.

BOBO, sm. mot enfantin. Petit mal, petite douleur. [1° Suivant Le Duchat et Gattel, du mot français *beau,* souvent répété; parce que, pour faire oublier à un enfant un léger mal qui le fait pleurer, on souffle dessus en disant : *il est beau, ha! qu'il est beau!* L'Illustration, 8 janvier, 1853, conjecture que *beau-beau!* signifie ici *bellement! tout doux.* 2° Selon Turnèbe et Barbaro, d'après Varron et Pline, on nommait en latin *boa,* une maladie à laquelle les enfants sont sujets, la tumeur ainsi appelée, selon Martinius, parce qu'elle ressemblait à l'enflure que cause le *boa* ou tout autre serpent. C'est à ce mot latin *boa* que Ménage rapporte le mot fr. *bobo.* En milanais *boba,* sicilien *bubua,* toscan *bua,* picard *bobo,* bobo.]

BOCAL, sm. Bouteille de verre ou de grès à long cou et à large bouche. [1° Quelques-uns ont pensé que ce mot était de la même origine que le latin *bucca,* bouche, ouverture, cavité. 2° H. Estienne, Jault, Diez, etc., le dérivent simplement du grec *baukalion,* bocal, vase à gorge fort étroite. 3° Guichard et autres hébraïsants le dérivent de l'hébr. *bouq, bàqaq,* il a répandu, il a vidé, il a dépouillé. En maltais *bakb*̓*ki,* l'eau bout; ar. *bokka,* bulle d'eau, *bakbyka, bekbyka,* bouteille. Ces mots sont apparemment des onomatopées. En ar. *bouqal,* bocal, bouteille; b. lat. *boca,* sorte de vase; *baucale, baucalis,* et *bocale,* bocal, ital. *boccale,* id.]

BOCARD, sm. Machine à écraser la mine avant de la fondre. [De l'all. *pochen,* battre, frapper, poquer; va. casser, briser, bocarder : *b* égale *p.* Ce mot doit probablement sa naissance à l'onomatopée, et semble tenir à la même souche que le lat. *pungere,* piquer, percer. L'all. *herz pocht,* le cœur bat, fait penser au sanscrit *bukka,* cœur : Voyez *Pocher.* En suédois *boka,* holl. *beuken,* battre, frapper. Le Tripart. lie *bocard* et *bocarder* à l'anc. fr. *buquer,* à l'all. *pochen,* au suéd. *boka,* au holl. *beuken,* frapper, battre. bocarder, etc., et au l. *pugnare,* combattre].

Bocarder, va. Passer au bocard. *Bocardé, e,* p.

BŒUF, sm. Le premier des animaux entre les quadrupèdes à pieds fourchus, ruminants, et portant des cornes; taureau châtré; la chair de bœuf; pièce de bœuf bouilli; fig. et fam., homme très-corpulent. [Du lat. *bos,* bœuf, par le chang. de *o* en *œ,* de même que *cœur* de *cor, chœur* de *chorus, nœud* de *nodus. vœu* de *votum, œuf* de *ovum,* etc. 1° Bopp, Benfey et

Chavée, ont cherché l'origine du mot *bos* dans le sanscrit *gó*, taureau, bœuf, fait lui-même du sanscrit *gu*, produire un son, retentir, crier, gémir; le persan *gaw*, bœuf, taureau, est identique au sanscrit *gó*; 2° Guichard, dans l'hébreu *ébous*, lieu où l'on engraisse un troupeau, étable, fait du v. *abas*, il a nourri largement, il a engraissé un troupeau; 3° d'autres hébraïsants, dans l'hébr. *bosch*, tarder, temporiser, à cause de la lenteur de cet animal; 4° Le Bel et Doed., dans le latin *bovere*, *boare*, retentir, beugler, mugir; 5° Constancio, dans le grec *bod*, paître. 6° Gébelin, Nodier et autres, pensent que ce nom est une onomatopée désignant le cri du bœuf, et par analogie tout ce qui est gros. 7° Reiff le lie à l'all. *bulle* et au russe *vole*, taureau. En anc. latin on a dit *bovis*, bœuf, au nominatif, selon Varron. En grec *bous*, bœuf; lapon *buwo*, valaq. *bou*, angl. *beef*, bœuf; pol. *byk*, *buhaj*, *bujak*, taureau, et *byk*, bœuf, *bawol*, buffle; breton *bevin*, chair de bœuf, et *bost*, bouvier; gall. *biw*, *bu*, *buw*, bétail, et *bual*, buffle; gaël écossais *ba*, bœuf, *buabhal*, buffle, *buaile*, étable; tunquinois *bo*, bœuf; ital. *bove*, esp. *buey*, cat. *bov*, port., *boi*, bœuf; langue des Troub. *bou*, *buou*, bœuf; langue des Trouv. *boz*, bœuf, et *bofs*, *boés*, bœufs. Champ., comt. et lorrain *bue*, bœuf; picard *boeu*, *bu*, auvergnat *béo*, bœuf; rouchi, savoisi. et vosgien *bu*, bœuf; langue d'oïl antérieure au 12° s., *buefs*, *buf*, bœuf; anc. fr. *buef*, *bués*, bœuf, et *bovier*, bouvier.]

*Bœuf, sm. hn. Un des noms vulgaires d'une raie et de plusieurs oiseaux.

Le bœuf gras, sm. Bœuf très-gras que les bouchers promènent pompeusement dans Paris, pendant le carnaval.

Beugler, vn. propr. Crier comme le bœuf, le taureau, la vache, meugler, mugir; fam. et hyperbol., jeter de hauts cris. *Beuglé*, p.

Beuglement, sm. Cri du bœuf, du taureau, de la vache. (Selon Diez, du lat. *buculus*, jeune bœuf. Dans Virgile *bucula*, génisse. Gloss. d'Isidore, *buculus*, de bœuf; gall. *buciad*, *buciawl*, beuglement, *buciaw*, beugler.»

Beurre, sm. Substance alimentaire grasse, que l'on extrait de la crème en la battant. (Lat. *butyrum*, beurre, fait du gr. *bouturon*, fromage de vache, mot composé du gr. *bous*, vache, *turos*, fromage, de *turéó*, je fais cailler. En ital. *buttiro*, teut. *butter*, angl. *butter*, holl. *boter*, *butter*, anglos. *buter*, *butera*, *butere*, *buttere*, beurre; basque *burra*, champ. *buerre*, *bure*, beurre.)

Beurré, sm. Sorte de poire fondante.

Beurrée, sf. Tranche de pain recouverte de beurre.

Beurrer, va. Étendre du beurre sur du pain. *Beurré, e*, p.

*Beurrerie, sf. Lieu où l'on fait le beurre, où on le conserve.

*Beurrier, sm. Vase où l'on met du beurre.

Beurrier, ière, s. Qui vend du beurre.

*Butyracé, e, adj. De la consistance du beurre.

*Butyrate, sm. chim. Sel résultant de la combinaison de l'acide butyrique avec une base.

Butyreux, euse, adj. De la nature du beurre.

*Butyrine, sf. chim. L'une des graisses qui constituent le beurre.

*Butyrique, adj. chim. Se dit d'un acide qui a pour base les principes du beurre.

Babeurre, sm. Liqueur séreuse et blanche qui est séparée du lait, quand la partie grasse est convertie en beurre. (1° Pour *batbeurre*, de *battre* et de *beurre* : Diez. 2° Suivant un autre, du lat. *ve*, particule privative, et de *butyrum*, beurre. De ce *ve* on a fait en latin *vafaba*, petite fève, *vograndis*, avorté, petit, chétif, *vecors*, *vesanus*, etc. En sanscrit *vi*, particule de séparation, a fait *viyuj*, disjoindre; r. *yuj*, joindre. Le zend *vi* indique de même que le sansc. *vi*, le persan *bi* et le latin *ve*, la séparation, l'absence. Champ. *babure*, vase à battre le beurre, et *battabure*, baratte.)

Bifteck, sm. Tranche de bœuf grillée. (De l'angl. *beef*, bœuf, *steak*, tranche.)

Boa, sm. hn. Genre de serpents, les plus forts et les plus grands que l'on connaisse ; leur cri ressemble au beuglement des taureaux. (Roq. et Nodier rattachent ce nom à celui de *bos*, bœuf, vache. Ce dernier donne la même étym. dans deux ouvrages différents. Le nom de *boa* paraît avoir été donné par les anciens à une couleuvre de grande taille, à laquelle ils attribuaient l'habitude de se glisser au milieu des troupeaux, afin d'y sucer le lait des vaches. Le *boa*, dit Jonston, a été nommé ainsi, parce qu'il suit les troupeaux, qu'il suce les mamelles des vaches, et qu'il ne vit point d'autre chose. Sous l'empereur Claude, au rapport de Solin, on en tua un dans le corps duquel on trouva un enfant entier. Pline dit : le lait de vache est la première nourriture des serpents qu'on appelle *boas* en Italie. C'est une opinion généralement reçue, dit Cuvier, que les couleuvres tètent les vaches ; vraie ou fausse, elle explique l'étymologie du nom de *boa*, qui, étant celui d'un serpent d'Italie, n'aurait pas dû être transporté, comme cela a été fait par Linné, à un genre entièrement composé d'espèces de la zone torride et même du nouveau continent.

Boa, sm. Fourrure en forme de serpent que les femmes portent sur le cou et les épaules.

*Bohade, sf. Corvée de deux bœufs ou d'une charrette que les vassaux devaient au seigneur, lorsqu'il s'agissait d'aller chercher son vin, ou de transporter quelque chose dans son vignoble. (Dans la langue des Troub. *bov*, *buou*, bœuf ; et *boada*, bohade, redevance au sujet des bœufs.)

*Boope, adj. hn. Qui a des yeux de bœuf, de gros yeux. (Gr. *bous*, bœuf, *ops*, œil.)

*Bootès, sm. astron. La constellation du bouvier. (Gr. *bootés*, bouvier ; r. *bous*, bœuf.)

Bosphore, sm. Détroit qui sépare la Thrace de l'Asie Mineure ; détroit qui forme l'entrée de la mer d'Azof. (Gr. *bous*, bœuf, *poros*, passage : espace qu'un bœuf peut passer à la nage ; trajet du bœuf. Un habitant de l'île appelée Grœsholm y amena deux bœufs à la fin du siècle passé. Il vint de temps en temps les visiter avec sa famille. Les animaux, dit un géographe, ne voyant d'autres êtres vivants, prirent pour leurs maîtres une telle affection, que plusieurs fois, s'élançant au milieu des flots, ils suivirent le bateau à la nage comme des chiens, et ne retournaient dans l'îlot que lorsqu'on les y forçait. Ce trait sert, dit le même auteur, à démontrer la vérité de plusieurs faits historiques, entre autres celui du bœuf qui, en traversant le *Bosphore*, ouvrit la première communication entre l'Europe et l'Asie, trait que l'on avait jusqu'à présent regardé comme fabuleux.)

*Bosphorain, aine, *Bosphorien, ienne, géo. anc. Habitant du Bosphore.

Boulimie, sf. méd. Faim excessive et si pressante qu'elle cause des défaillances quand on ne la satisfait pas promptement. (1° Du grec *limos*, faim, et *bou*, particule augm., que l'on dérive de *bous*, bœuf ; littér., faim de bœuf, comme nous disons une peine de cheval. Pour exprimer une chose excessive, les Hébreux employaient le nom *Élohim*, Dieu. Dans la Genèse *verouach Élohim*, signifie un souffle ou un vent violent ; littéral. : un esprit, un vent de Dieu. 2° M. Eichhoff lie la particule grecque *bou*, à l'adverbe sanscrit *bhyas*, abondance, fait du verbe *bhû*, exister, croître. Voyez *Physique*.)

Boustrophédon, sm. La manière d'écrire alternativement de droite à gauche, et de gauche à droite, sans discontinuer la ligne. (Ce mot est une allusion à la manière dont les bœufs labourent un champ : lorsqu'ils sont arrivés au bout du sillon, ils en tracent un autre en revenant. Gr. *bous*, bœuf, *stréphô*, je tourne.)

*****Bouvart,** sm. Nom donné au jeune taureau dans le commerce des cuirs verts d'Amérique.

Bouvard, sm. Marteau dont on se servait pour frapper les monnaies, avant l'invention du balancier. (De *Bouvard*, nom de l'inventeur, fait du latin *bos*, d'où *bouvier*, *bouvart*; ou simplement de *bos*, comme *bélier*, *grue*, *chevron*, *poutre*, *chèvre*, *louve*, et autres noms d'instruments.)

*****Bouveau,** sm. dim. Jeune bœuf.

Bouverie, sf. Étable à bœufs.

*****Bouverin,** sm. Étable à bœufs.

Bouvet, sm. Charp. et menuis. Sorte de rabot à faire des rainures. (Littéral. petit bœuf. Dans les patois de l'Est *bovet*, *bové*, petit bœuf. Ce nom a sans doute été donné à cet outil, qui fait des rainures, par allusion au bœuf qui fait de grandes rainures appelées sillons. On peut compter par mille les instruments et les parties d'instrument qui ont reçu des noms d'animaux. Patois de Castres, *boubet*, et bas-breton, *boved*, bouvet.)

Bouvier, ière, s. Qui conduit et garde les bœufs; astron., constellation boréale. Elle a 53 étoiles, selon Flamsteed.

*****Bouvier,** sm.hn. Nom de plusieurs petites espèces d'oiseaux. Ces oiseaux suivent les bœufs et les vaches, à cause des mouches qu'ils trouvent à leur suite, ce qui leur a fait donner ce nom parmi nous.

Bouvillon, sm.dim. Jeune bœuf.

*****Bovidé, e,** adj.hn. Semblable à un bœuf.

*****Bovidés,** sm.pl. Famille de mammifères.

Bovine, adj. *Les bêtes bovines, la race bovine.* Les bœufs, les vaches, les taureaux.

*****Buanthropie,** sf. méd. Folie dans laquelle on se croit changé en bœuf. (G. *anthrôpos*, homme.)

*****Buanthropique,** adj. De la buanthropie.

Bubale, sm. Espèce d'antilope d'Afrique, à cornes doublées deux fois; il tient du bœuf, de la gazelle et du cerf. (Lat. *bubalus*; r. *bos*, bœuf.)

*****Bubona,** s.pr.f. myth. Déesse tutélaire des bœufs et des vaches.

Bubuline, sf.chim. Substance extraite des excréments des bêtes à cornes.

*****Bucarde,** sf. Genre de coquilles bivalves. (Gr. *bous*, bœuf, *kardia*, cœur.)

*****Bucardier,** sm.hn. Mollusque habitant les bucardes. *****Bucardite,** sf.hn. Bucarde fossile.

Bucentaure, sm. Vaisseau que montait le doge de Venise quand il faisait la cérémonie d'épouser la mer. (G. *kentauros*, centaure.)

*****Bucentaure,** sm. myth. Espèce de centaure qui avait un corps de bœuf ou de taureau.

Bucéphale, sm. Nom du cheval d'Alexandre, que l'on applique familièrement à un cheval de parade ou de bataille et même à une rosse. (G. *bous*, bœuf, *képhalé*, tête. Ce cheval n'avait pas une tête de bœuf. C'était la coutume, chez les Grecs, d'imprimer quelques marques aux chevaux. Chez les Macédoniens, les chevaux qui portaient une tête de bœuf, qu'on avait imprimée sur leur épaule, étaient les plus beaux de ceux que produisait la Thessalie.)

*****Bucéphalophore,** adj. Qui porte une tête de bœuf.

*****Bucole,** sm. Nom de certains cantons de l'Égypte où l'on nourrissait beaucoup de bœufs; il se disait aussi des habitants de ces cantons. (G. *bou-koléô*, je fais paître des bœufs, de *bous*, bœuf, *kolon*, nourriture.)

*****Bucoliasme,** sm. Chanson que les bergers grecs répétaient en menant paître leurs troupeaux.

*****Bucoliaste,** sm. Celui qui chantait ou jouait un air pastoral; auteur d'un poème pastoral.

Bucolique, adj. Se dit des poésies pastorales.

Bucoliques, sf.pl. Eglogues; fig. et fam., ramas de choses peu importantes.

*****Bucrane,** sm.archit.ant. Tête de bœuf décharnée qui était placée dans les métopes d'un temple ou aux coins d'un autel. (Gr. *kranion*, crâne.)

Buffle, sm. Espèce de bœuf plus gros et moins traitable que le bœuf ordinaire; fig. et fam., homme qui n'a point d'esprit; peau de buffle; justaucorps de buffle que les soldats portaient comme une cuirasse. (Ce mot est de la même source que *bœuf* : l. *bufalus*, *bubalus*, gr. *boubalos*, all. *büffel*, angl. *buffalo*, buffle; bret. *bual*, langue des Troub. *bubali*, *brufe*, *brufol*, ital., cat., esp. et port. *bufalo*, buffle; anc. fr. *bof*, bœuf, et *bugle*, buffle.)

Buffleterie, sf. Partie de l'équipement d'un soldat : ce sont des bandes de buffle servant à porter la giberne, le sabre.

*****Buffletin,** sm. Justaucorps en cuir de jeune buffle.

Buffletin, sm.hn. Jeune buffle.

*****Bufflonne,** sf. Femelle du buffle.

Bugle, sf.bot. Plante labiée, à rejets rampants, vantée jadis comme astringente et vulnéraire. (G. *bous*, bœuf, *glôssa*, langue. Ses feuilles ressemblent à une langue de bœuf.)

Buglose, sf.bot. Plante potagère, à feuilles en langue de bœuf.

*****Buglossoïde,** adj. bot. Semblable à la buglose.

Bugrane, sf.bot. Arrête-bœuf, genre de plantes légumineuses, à piquants dangereux et à racines très-fortes. (G.*agreuô*, je retiens.)

*****Bulithe,** sm.hn. Concrétion qui se forme dans l'estomac du bœuf. (Gr. *lithos*, pierre.)

Buphage, s.pr.m. Surnom d'Hercule qui dévorait un bœuf entier. (G. *phagéin*, manger.)

Buphage, sm.hn. Ou piquebœuf, oiseau.

*****Buphagé, e,** adj. Semblable au piquebœuf.

*****Buphagés,** sm.pl. Famille d'oiseaux.

*****Buphthalme,** sm. Genre de plantes des contrées méridionales. (Gr..*ophthalmos*, œil. Pline dit : « Le *buphthalmus* est ainsi appelé de sa ressemblance avec les yeux du bœuf. »

*****Buphthalmé, e,** adj.bot. Semblable à un buphthalme.

*****Buphthalmées,** sf.pl. Famille de plantes.

*****Buphthalmie,** sf.méd. Saillie considérable des yeux.

*****Buphthalmique,** adj. De la buphthalmie.

Bupreste, sm. Genre d'insectes coléoptères, à couleurs brillantes. (Gr.*bous*, bœuf, *prêthô*, j'enflamme. Il fait mourir d'inflammation les bœufs qui l'avalent en paissant.)

*****Buprestiades,** sm.pl. Famille d'insectes coléoptères.

*****Buprestoïde,** adj. Semblable à un bupreste.

*****Butome,** sm.bot. Jonc fleuri, espèce de jonc. (Gr. *bous*, bœuf, *tomé*, coupure, incision.)

*****Butomé, e,** adj. bot. Semblable à un butome.

*****Butomées,** sf.pl. Famille de plantes.

Butor, sm. Gros oiseau, espèce de héron, fainéant, poltron, marqué de taches rousses en forme d'étoiles; fig. et fam., homme grossier et stupide. (Aristote nomme cet oiseau *tauros*, taureau, et Pline *bos-taurus*, bœuf-taureau, parce qu'il crie le bec plongé dans la boue, et qu'il imite le beuglement du bœuf et du taureau, se faisant entendre d'une demi-lieue; d'où le fr. *butor*, étymologie adoptée par l'*Hist. des anim.*, Trévoux, Duponchel père, Couzinié, Honnorat, Jauffret, Noël, Gébelin, Roquefort, etc.)

*****Butorde**, sf. pop. Femme stupide.
*****Butorderie**, sf. La stupidité du butor.
*****Chillombe**, sf. ant. Sacrifice de mille bœufs, ou de mille victimes. (G. *chilioi*, mille, *bous*, bœuf.)

Hécatombe, sf. Sacrifice de cent bœufs, ou de cent animaux de différente espèce, que faisaient les anciens. (G. *hekaton*, cent, *bous*, bœuf. Strabon assure que l'hécatombe est venue des Lacédémoniens qui, ayant cent villes sous leur domination, faisaient tous les ans un sacrifice de cent bœufs ou de cent taureaux aux dieux protecteurs de ces villes; mais, la dépense ayant paru trop grande, on réduisit ce sacrifice à vingt-cinq. Ces sacrifices étaient aussi de cent cochons, ou de cent brebis, et souvent de cent bêtes tant de taureaux que de brebis, de chèvres et de cochons.)

*****Hécatombéon**, sm. Le premier mois des Grecs; jusqu'à l'an 450 av. J. C. c'était le septième.
*****Hécatombées**, sf. pl. Fête que l'on célébrait, le premier jour du mois Hécatombéon, en l'honneur d'Apollon.

Rosbif, sm. Du bœuf rôti. (De l'angl. *roast*, rôti, *beef*, bœuf.)

BOGHEI, sm. Sorte de cabriolet découvert. [Du nom de l'inventeur.]

BOIRE, va. Avaler un liquide pour étancher sa soif, pour se rafraîchir, pour se purger, ou pour le simple plaisir; boire avec excès, s'enivrer; absorber. [Du l. *bibere*, boire, par la suppression assez fréquente du *b* au milieu des mots, comme dans *coude* de *cubitus*, *nuée* de *nubes*, *taon* de *tabonus*. 1° Selon Bopp, le lat. *bibere* vient du sanscrit *pi* ou *pá*, boire; selon Chavée, du sanscrit *bi* affaibli de *pi*; selon Benfey et Delatre, du sanscrit *pivámi* ou *pibámi*, je bois. 2° Gébelin forme *bibere* de la lettre *b*, exprimant diverses idées relatives à l'enfance. 3° Nodier regarde le fr. *biberon* le lat. *bibax*, *bibulus*, *bibere*, *bilbire*, comme des onomatopées de la même famille. 4° Bullet dérive *bibere*, du celt. *pib* ou *bib*, canal, conduit, tuyau; flûte, tube, pipeau, etc. 5° Doederlein estime que *bibere* a été fait, par réduplication, du grec *buein*, boucher, obstruer, bourrer, remplir. 6° Martinius le fait venir du grec *pipiskô*, donner à boire, faire boire, et Vossius du grec *pinô*, boire, par le chang. de *n* en *b*; 7° et Varron, du lat. *os*, la bouche. Les labiales *p* et *b* étant très-voisines; le lat. *bibere* tient évidemment de très-près au sanscrit *pi*, *pá*, boire, *pivámi*, je bois, et au grec *pinô*, je bois, *pipiskô*, je donne à boire, ainsi qu'au latin *potare*, boire. Il est utile, pour la clarté et la facilité, de ne pas confondre la famille de *potare* avec celle de *bibere* lors même que leur identité serait démontrée comme certaine. En ital. *bevere*, *bere*, boire; esp. et port. *beber*, langue des Troub. *beure*, langue des Trouv. *beivre*, prov. *beoure*, *buoure*, *boure*, *bioure*, boire; angl. *to bib*, siroter, boire souvent. Patois de Castres et toulousain *beoure*, auverg. *biouri*, savoisien *beire*, boire. Rouchi *buvache*, action de boire. Anc. fr. *boif*, je bois, *bevez*, buvez, *boivre*, boire, et *bevront*, savois. *bevront*, ils boiront.] *Bu, e,* p.

Trop bu, Droit sur les boissons.
Boire, sm. Ce qu'on boit à ses repas.
*****Beuvasse**, sf. Droit que se réserve un maître de navire, quand il donne son vaisseau à fret.
*****Bibace**, adj. m. archéol. Se dit d'Hercule lorsqu'il est représenté tenant un vase à boire.
*****Bibacité**, sf. Passion pour la boisson.

Biberon, sm. Petit vase à bec par lequel on fait boire un petit enfant ou un malade.
Biberon, onne, s. fam. Qui aime le vin.
Boisson, sf. Liqueur à boire; ce qu'on boit. (1° Selon Noël et autres, du fr. *boire*. 2° Selon Roquefort et Delatre, du latin *potio*, *potionis*, boisson, par le chang. de *p* en *b*. Du l. *bibitio* s'est déduit *beison*, *beisson*, boisson : Scheler. En rouchi *boichon* et *bochon*, boisson. Gébelin lie simplement les mots *biberon*, *boire*, *boisson*, à *buveur*, *buvoter*, etc.)

Boite, sf. Degré où le vin devient bon à boire.
*****Boit-tout**, sm. fam. Verre à patte dont le pied est cassé, et qu'on ne peut poser sans l'avoir vidé.
Breuvage, sm. Boisson, liqueur à boire. (B.l. *biber*, *biberis*, *bibarium*, *biberagium*; ital. *beveraggio*, anc. fr. *bevrage*, breuvage. De *bibere*.)
Buire, sf. vi. Vase à mettre des liqueurs, (Du l. *bibere* ou du fr. *boire*, selon Du Cange, Gattel, Couzinié, l'abbé Corblet, Delatre, etc. En patois de Bar-le-Duc *beuëre*, picard de Valenciennes *buire*, cruche; à Nantes *bue*, à Rennes *buie*. Gloss. champ. de T. *buire*, *buirette*, vase, bouteille, flacon; et *bure*, *bureton*, cruche. Anc. fr. *buire*, *buhe*, *buion*, *buyon*, b. l. *bucheterius*, cruche, pot; espèce de vase.)
Burette, sf. Petite buire, petit vase à goulot. (C'est un dim. de *buire*. En bl. *buireta*, burette, et *bureta*, amphore; patois de Castres *bureto*, burette.)
Buvable, adj. Qui peut être bu.
*****Buvande**, sf. Piquette.
Buvant, ante, adj. Qui boit.
*****Buvard**, sm. Sorte d'album dont toutes les feuilles sont de papier brouillard qui boit l'encre d'une écriture fraîche.
*****Buvée**, sf. Eau où l'on a délayé de la farine pour la faire boire aux vaches.
Buvette, sf. Sorte de cabaret.
Buvetier, sm. Celui qui tient buvette.
Buveur, sm. Qui boit; qui boit beaucoup.
Buvotter, vn. fam. Boire fréquemment et à petits coups. *Buvotté*, p.

Abreuver, va. Faire boire, se dit part. des animaux; humecter profondément; mettre sur un fond poreux une couche d'huile, d'encollage, etc., pour en boucher les pores. (Denina a écrit : « Ce mot ne vient pas de *briva*, pont, comme le dit Casenœuve; mais du l. *bibere*, boire. L'Italien en dériva d'abord *adbeverare*, par l'addition de *ad*, et dont le Français fit *abreuver*; on en forma aussi *biberaticum*, mot plus barbare quoique d'origine bien latine, mais qui ne peut guère être formé que de *bibere*. » L. b. *abberare*, *abeuvrare*, *abeverare*, *abeavrare*, *abreuver*, et *abberagium*, *abevratorium*, abreuvoir. Langue des Troub. *abeurar*, patois de Castres *abeoura*, savois. *abeirá*, langued. *abruxá*, rouchi et picard *abruver*, anc. fr. *aberrer*, *abuxrer*, abreuver.) *Abreuvé*, e, p.
*****Abreuver**, va. Remplir d'eau un navire avant de le lancer à la mer, afin de s'assurer s'il n'y a pas des voies d'eau.
Abreuvoir, sm. Lieu où l'on abreuve les animaux.
*****Abreuvoir**, sm. L'endroit d'un ruisseau où les oiseaux vont se désaltérer et se baigner.
*****Abreuvoirs**, sm. pl. Petites tranchées faites dans les joints et les lits de pierres, afin que le mortier, ou coulis que l'on met dans ces joints, s'accroche avec les pierres et les lie.

Déboire, sm. Mauvais goût que laisse une liqueur bue; fig., tristesse, dégoût; regret; mécontentement, mortification.
*****Ébiber**, va. Boire, aspirer. *Ébibé*, e, p.
S'Emboire, va. pr. S'imbiber, se dit des couleurs et des différentes touches qui deviennent ternes, mattes, et se confondent. *Embu*, e, p.

Fourbu, ue, adj. Cheval attaqué de la fourbure pour avoir trop bu ayant chaud, ou pour avoir trop travaillé. (Comme *bu* est le participe de boire, de même *fourbu*, pour *forbu*, est le participe du vieux v. *forboire*, devenir fourbu, *se forboire*, s'enivrer. Du l. *bibere*, boire, et *foras*, hors, dehors. Henri Estienne dit qu'un *cheval forbeu* est celui qui a *bu* ayant trop chaud, qui *a bu for* le temps qu'il devait boire. Joach. Périon, Noël et Carpentier dérivent *forbu* de *foras bibitum*, ce qui revient au même; Mén. et Roq., du l. *forim butus* pour *malè imbutus*; 3° Bourgelat et Borel, Trévoux, Cardini, du lat. *foras*, hors, et *via*, voie; d'où fourvoyer.)

Fourbure, sf. Maladie d'un cheval ou de qq. autre animal fourbu.

Imbiber, va. Abreuver, pénétrer d'eau, d'un liquide. (L. *imbibere*, aspirer avec la bouche, pomper, s'imbiber de, s'imprégner; r. *in*, en, dans, et *bibere*, boire.)

S'Imbiber, va.pr. Devenir imbibé d'eau ou d'un autre liquide. *Imbibé, e,* p.

Imbibition, sf. Action d'imbiber; l'action, la faculté de s'imbiber.

Pourboire, sm.fam. Petite libéralité en signe de satisfaction.

*****Reboire,** vn. Se remettre à boire; se dit du grain qui s'humecte où le brasseur le fait germer.
*****Rebu,** p.

Ribote, sf.pop.Excès de boisson, de table; débauche. (Du l. *bibo, bibere, bibitum*, boire, d'où le fr. *boite*, le degré auquel le vin devient bon à boire. 2° Roquefort dit que *ribote* est pour *ripote*, et qu'il vient du latin *bibere*, boire. En ce cas, ce serait plus simple de dériver *ribote* du latin *repotatio*, nouveau festin, nouveau gala, ou de *repotia*, repas du lendemain des noces. Voyez *Potable*. 3° *Ribote* pourrait encore venir de l'anc.fr. *ribault*, ribaud, goujat, libertin. Mais la 1re étym. est la plus naturelle. En bret. *riboter*, riboteur.)

Riboter, vn. Faire ribote. *Riboté,* p.

Riboteur, euse, s.pop. Qui aime à riboter.

Buffet, sm. Armoire pour enfermer la vaisselle et le linge de table; dans un bal, table où sont placés des vins, des liqueurs, des mets, etc., pour ceux qui veulent boire ou manger; table où l'on met une partie de ce qui doit servir au repas; assortiment de vaisselle; toute la menuiserie où sont renfermées les orgues (1° Selon Du Cange, A. Duchalais, Eloi Johanneau, le fr. *buffet* vient du latin *bibere*, boire, d'où le latin barb. *buffetagium*, droit perçu sur le vin qui se vendait dans les tavernes; et *buffetage*, pour *buvetage, buveterie*. Johanneau dit que *buffet* doit venir, par le changement ordinaire de *b* en *f* ou en *v*, du fr. *buvette, buvant*, formés du latin *bibens*. 2° Constancio forme *buffet* du fr. *bois*, et de *fait*. 3° Delatre rattache le fr. *buffet*, à *bouffon*, *pouf*, *pouffer*, et au sanscrit *pû*, battre, souffler. Selon lui *buffet* était autrefois une sorte de gâteau, de pain. De *buffer*: les premiers buffets étant de figure courte et grosse, ou, pour mieux dire, d'une figure enflée: Ménage. De *buffer*: le lieu à *se bouffir*, le lieu *bouffi*: M. Burguy, cité par M. Scheler. La 1re étym. semble encore préférable. Anc.fr. *bufetage*, impôt sur le vin, *buffet*, vin de *buffet*, vin accommodé et composé; *buffetier*, marchand de vin qu'on appelait *buffet*.)

BOIS, sm. Substance dure et compacte qui forme le corps des arbres, et qui prend son accroissement du suc de la terre; lieu planté d'arbres; forêt; bois d'une lance; objet fait de bois; bois de lit. [1° Selon Trévoux, le Tripart., Ménage, De Chevallet et autres, ce mot est d'origine germanique. 2° Selon Spilegius, Ihre, Junius, Antonini, Gattel, Roquefort, Ferrari, Wachter, Nicot, le mot primitif de cette amille appartiendrait à la même origine que le grec *boskô*, je pais; ou bien les mots *bois, bosquet, bûche*, etc., se rattacheraient au grec *boskô*, de même que le latin *nemus*, bois, forêt, au grec *némô*, je pais. Varron semble favoriser cette étymologie par ces paroles : « Les bois où les bœufs trouvent abondamment de jeunes pousses et du feuillage à leur portée sont les lieux de pâturage qui leur conviennent le mieux. » Il est sûr, dit le général Bardin, que c'est par la filière des idiomes du Midi que les termes *bois, bouquet, bosquet, bûche, débusquer, embuscade, embusquer,* sont devenus français. 3° Delatre rapporte ces mots à la racine sanscrite *bhû*, croître, être, exister. 4° et Grimn, à un adj. du h. all. anc. et hypothétique *buwisc, buisc*, formé de *bauen*, bâtir, et signifiant ainsi matériel à bâtir, comme le dit M. Scheler. En l.b. *boscus, boscum*, bois, forêt; persan *bischeh*, bois, forêt; retraite des bêtes fauves; anc. scandin. *busk-r*, dan. et suéd. *busk*, bois, bosquet, buisson; angl. *bosch*, id.; holl. *bosch*, bois, buisson; ital. *bosco*, bois, forêt; esp. et port. *bosque*, langue des Troub. *bosc*, bois, forêt. Bas lim. *bo, bos*, bois, forêt, et *boi*, la substance des arbres; cent., rouchi, bourg., *bos*, bois; auverg. *bos* et *bou*, pic. *bos* et *bou*, bois. Savois. *boé*, champ. *boé, boès, boas, bous, boué*, bois; anc.fr. *bos, bo, bosc*, bois.]

Bois, sm. Cornes à rameaux qui tombent dans une saison régulière et repoussent ensuite, comme celles du cerf, de l'élan, etc.

Boiser, va. Garnir de menuiserie. *Boisé, e,* p.

*****Boiser,** va. Construire la carcasse d'un navire, en montant tous les membres sur la quille.

*****Boisage,** sm. Action de boiser un navire.

Boisage, sm. Action de boiser, bois employé au boisage.

Boisé, e, adj. Se dit d'un pays garni de bois.

*****Boisement,** sm. Plantation de bois; état d'un pays boisé.

Boiserie, sf. Revêtement d'un mur en bois plat.

Boiseux, euse, adj. De la nature du bois, ligneux.

Faux-bois, sm.jard. Branche sans fruit ou mal placée.

Bocage, sm. Petit bois, lieu ombragé et pittoresque. (L.b. *boscagium*, langue des Troub. *boscatge*, anc.fr. *boschage*, bocage, bosquet.)

Bocager, ère, adj. Qui hante les bocages, qui appartient aux bois, aux bocages.

*****Boscaresque,** adj. Qui appartient, qui a rapport aux bocages, aux bois.

*****Boschratte,** sm.hn. Nom d'une sarigue du Cap. (Du holl. *bosch*, bois, *ratte*, rat.)

Boquillon, sm.vi. Bûcheron. (Vi.fr. *bosqueillon*.)

*****Boquillon,** sm. Ouvrier qui coupe du bois destiné aux salines.

Bosquet, sm.dim. Petit bois.

Bouquet, sm. Assemblage d'arbres, assemblage de fleurs liées ensemble; fig., petite pièce de vers; assemblage de certaines choses; parfum qui distingue certaines qualités du vin. (De l'ital. *boschetto*, petit bois, d'où l'anc.fr. *bousquet*, en all. *büschel*, bouquet, faisceau. Breton *bouch*, touffe, toupet, bouquet. Bouquet ne vient pas du gr. *phakellos*, paquet, fagot, ni de l'hébreu *âbaq* que Guichard traduit par *lier*. En anc.fr. on a dit aussi *bocquet*, dans le sens de bosquet et de bouquet.)

Bouquets, sm.pl. vétér. Espèce de gale au museau des moutons.

Bouquetier, sm. Vase à mettre des fleurs.

Bouquetière, sf. Celle qui fait et vend des bouquets.

BOU — 205 — BOI

***Bouqueteau**, sm. eaux et for. Petit bouquet de bois.

***Boqueteau**, sm. Petit bouquet de bois.

Bûche, sf. Morceau de gros bois de chauffage; fig., personne stupide, lourde, indolente. (Anc. fr. *busche*, bois; all. *busch*, buisson, bocage, bouquet; arbrisseau, isolé, etc.)

Bûcher, sm. Lieu où l'on serre les bûches; amas de bûches sur lequel on plaçait les corps morts, les patients, pour les brûler.

Bûcher, va. Dégrossir une pièce de bois. *Bûché,e*, p.

Bûcheron, sm. Qui coupe le bois dans les forêts.

Bûchette, sf. dim. Petite bûche; menu bois ramassé dans les forêts.

Busc, sm. Lame de bois, d'ivoire, de baleine, d'acier, etc., qui sert à maintenir le devant d'un corset. (Le primitif suédois *busk*, qui a, en vi. all. le même sens que le grec *phuton*, plante, a pris dans le fr. moderne l'acception restreinte de lame très-mince : Delatre. Honnorat dérive simplement *busc*, du prov. *busca*, petite pièce de bois. Le mot *busc* était récemment introduit du temps de H. Estienne. Les premiers buscs étaient de bois.)

Busquer, va. Mettre un busc; arquer. *Busqué,e*, p. arqué. **Busquière**, sf. Endroit de la jupe où se met le busc.

Débucher, vn. Sortir du bois, en parl. des bêtes fauves. **Débucher**, va. Faire sortir une bête de son fort. *Débuché,e*, p. **Débucher**, sm. Sortie du bois; son du cor pour en avertir.

Débusquer, va. Chasser quelqu'un d'un poste avantageux. (Propr. faire sortir d'un bois, d'une forêt. On a dit aussi *débuchier*.) *Débusqué,e*, p.

Débusquement, sm. Action de débusquer.

Ébuard, sm. Coin de bois fort dur, qui sert à fendre du bois, des bûches. (Pour *ébuchard*, de bûche.)

***Ébuscheter**, va. Ramasser des brins de bois pour en faire des fagots. **Ébuscheté,e*, p.

Embûche, sf. Piége; entreprise secrète pour surprendre qqn., pour lui nuire. (La racine des mots *embûche, embusquer*, est *bois*, parce que les embûches et telles surprises se font communément dans les bois : Nicot et Génin. En all. *busche*, buisson, bouquet d'arbres.)

***Embûcher**, va. Commencer la coupe d'un bois. * *Embûché,e*, p.

***S'Embûcher**, va.pr. véner. Se dit des bêtes poursuivies qui entrent dans un bois.

***Embûchement**, sm. Action d'embûcher.

Embuscade, sf. Troupe de gens armés cachés dans un bois, dans un ravin, etc., pour surprendre les ennemis. (Ce mot était nouvellement introduit du temps de H. Estienne. Le général Bardin le forme du lat. barb. *emboscata*, de *boscus*, bois; parce que les lieux boisés sont les plus propres aux embuscades. Les Espagnols en ont fait *emboscada*, et les Italiens *imboscata*.)

Embusquer, va. Mettre en embuscade. *Embusque,e*, p.

Se Rembucher, va.pr. Se dit des bêtes sauvages lorsqu'elles rentrent dans le bois. *Rembuché,e*, p.

Rembuchement, sm. Rentrée du cerf dans son fort.

Trébucher, vn. Faire un faux pas; broncher, tomber; emporter par sa pesanteur le poids qui contrepèse; perdre l'équilibre et être sur le point de tomber. (De *tré*, en lat. *trans*, au-delà, et de *bûche*; litt. faire la culbute par dessus un tronc, une bûche, dont on ne s'aperçoit pas; et non du lat. *bucca*, bouche;

tomber dans une bouche. Borel et autres font dériver le fr. *trébuchet* du lat. *trabs, trabis*, poutre; parce que c'était une poutre qui se détachait; d'autres le tirent du grec *trupa*, ou du gr. *trapeza*, et d'autres de l'all. *trapp*. En b. lat. *trebuchare*, renverser, précipiter, faire le trébuchet. Langue des Troub. *trabucar, trabuchar, trasbuchar, trebuchar, trebucar, trebuquar*, abattre, renverser, culbuter. Patois du dépt de la Marne *abuchier, abuscier*, trébucher, heurter, aboutir. Anc. fr. *tresbuchier, trebuchier*, tomber, renverser; *tresbuchet*, sorte de petite balance. Et anc. fr. *buschel*, trébuchet; balance.) *Trébuché*, p.

Trébuchant, ante, adj. Qui trébuche; qui est de poids.

Trébuchement, sm. Action de trébucher, peu usité.

Trébuchet, sm. Piége pour attraper des oiseaux; petite balance à peser des monnaies.

Buisson, sm. Touffe d'arbrisseaux ou d'arbustes sauvages, épineux; bois de peu d'étendue. (Un des diminutifs de *bois* a été *boisson*, pour *boiscon*; aujourd'hui *buisson* : Delatre. De *boisson* l'on a fait buisson pour éviter l'homonymie avec *boisson*, ce que l'on boit. Ménage, trompé par la ressemblance de *buisson* avec *buis* et par l'usage, assez rare, d'entourer un jardin de *buis*, a dérivé buisson de *buis*. A l'égard de l'étymol. de Ménage, adoptée par quelques auteurs, le Dict. de la Conv. fait remarquer qu'il est plus rationnel de faire remonter le mot buisson à la même source d'où sont dérivés les mots *bois, bocage, bosquet, bouquet*, etc. En all. *busch*, angl. *bush*, buisson. Prov. *boysho*, buisson, et *boyssada*, it. *boscata*, bois, forêt; anc. fr. *boisson, boison*, buisson, bois taillis; lat. barb. *boissonium, boisonus, boissonus, bocius, busso*, hallier, buisson.)

Buisson-ardent, sm. Pyracanthe, espèce de néflier à fruits rouges, rassemblés en bouquets.

Buissonneux, euse, adj. Couvert de buissons.

Buissonnier, ière, adj. Se dit d'un lapin sans terrier, qui se retire dans les buissons.

Faire l'école buissonnière, Manquer à aller en classe (pour aller chercher des nids dans les buissons).

———

BOISSEAU, sm. Ancienne mesure pour mesurer le grain, la farine, le sel, les navets, la cendre, le charbon, etc.; le contenu du boisseau. [1º D'après Bullet, Skinner, Delatre, et autres, ce mot serait de la même origine que le fr. *bois*. 2º Bullet forme le fr. *boisseau*, et le lat. b. *bissellus, bossellus*, du b. bret. *boesell*, boisseau, mot qu'il compose du celt. *boes*, bois, et *twl* ou *tel*, creusé. 3º Skinner dérive *boisseau* du teut. *buschel*, faisceau, botte, fascicule. Ce *buschel* est de la famille du fr. *bûche, bouquet, buisson*. M. Delatre dit que *boissel*, en angl. *bushel*, pourrait par sa forme se rapporter au même primitif que *boite*, c'est-à-dire à *buxus*, buis; mais quel le sens s'y oppose : on conçoit, ajoute-t-il, que la *boite* soit faite de *buis*; mais le boisseau est tout simplement une mesure faite de bois ordinaire. La forme anglaise confirme cette hypothèse; *bush* (*bois*), buisson; *bushel*, boisseau. 2º Monteil dérive simplement *boisseau* de *boissel*, et *boissel* du lat. barb. *boissellus*; et Couzinié, *boissel* du lat. b. *bussellus*; Du Cange, du lat. b. *busellus*, ou *bustellus, bisellus*, dim. de *buz*, ou de *buza*, boisseau; 3º Constancio, du lat. barb. *butellus*, mot que Gébelin rapporte au latin *botulus*, boudin, boyau; 4º Roquefort, du lat. b. *bussellus, bussellum*, boisseau, qu'il forme du grec *phusaô*, enfler; 5º un autre lie *boissel, boisseau*, à l'ital. *botticello*, petit tonneau; anc. fr. *botte, bussart*, tonneau. Gloss champ. *buse*, tonneau, dans le Maine *bosse*, tonne de vin; savoisien *bossé*, jd. En lat. barb. *boissotus*, *buscellus*, *buschellus*, *bostellus*, *bossellus*, *boissellus*, *bustellus*, *boistellus*, *bussellus*, *bisellus*, boisseau ; angl. *bushel*, bret. *boèzel*, boisseau. Langue des Troub. *bossel*, sorte de mesure; castrais *bouyssel*, boisseau; prov. *boissa*, boîte. Gloss.champ. *bushele*, *buxelle*, boisseau; dans Tarb. Anc. fr. *bussel*, *bushele*, *boissel*, boisseau, et *boisel*, vase, bouteille, mesure.)

Boisselée, sf. La mesure d'un boisseau.

Boisselier, sm. Artisan qui fait des boisseaux, des mesures de capacité, et divers ustensiles en bois.

Boissellerie, sf. Art, métier du boisselier; objets que fabrique le boisselier.

Bussard, sm. Ancienne mesure de capacité.

BOLUS ou **BOL**, sm. Petite boule de drogues médicinales qu'on avale. [Du gr. *bólos*, motte, glèbe; par extension, champ; masse ; bol, pilule; d'où le lat. *bolus*, employé par Tertullien dans le sens de morceau, boucon, appât, amorce. Plaute a dit *tangere bolo*, amorcer, duper. 1° Delatre rattache le gr. *bólos*, au sanscrit *pil*, jeter, et au gr. *balló*, jeter, lancer, d'où le gr. *bolis*, trait, flèche, *bolé*, l'action de jeter, etc. 2° Martinius dérive le grec *bólos*, du grec *boó*, primitif de *boskó*, faire paître, nourrir ; 3° puis, de l'hébreu *boul*, fruit, production. 4° Gébelin dit : « Le mot g. *bólos* est très-remarquable. Il désigne le soleil, et les Grecs ont ainsi conservé l'oriental *bol*, soleil : Une masse ronde; un bol, une motte de terre, un champ, un fonds de terre. » 4° M. Schœbel met en rapport le latin *boletus*, grec *bolités*, et all. *pilz*, champignon, avec le sanscrit *pul*, s'accroître, gonfler. En ital. *bolo*, port. *bolo*, esp. cat. et langue des Troub. *bol*, bol, argile médicinale.]

Bol, sm. Terre médicinale argileuse, colorée, tonique et astringente.

Bolaire, adj. Qui tient de la nature du bol. *Terre bolaire*, Bol, argile très-fine et rougeâtre.

Brouillamini, sm. pharm. Masse de bol de la grosseur et de la longueur du doigt. (Ménage dit: « On appelle aussi *brouillamini* une sorte d'onguent pour les chevaux. En cette signification, il a été dit par corruption, au lieu de *bol d'Arménie*. Cet onguent est appelé par les apothicaires *bolus Armenius*. Cette étymologie a été remarquée par Bourdelot. » Roquefort et Gattel, etc., l'ont aussi adoptée. »)

Bolet, sm. bot. Genre de champignons de forme ronde, à chapeau sessile ou pédiculé, poreux en dessous. (Du gr. *bolités*, champignon, fait du gr. *bólos*, d'après tous les Hellénistes, ou presque tous.)

*Bolétacé, e, adj. bot. Semblable à un bolet.
*Bolétacées, sf.pl. Famille de champignons.
*Bolétate, sm.chim. Sel résultant de la combinaison de l'acide bolétique avec une base.
*Bolétiforme, adj. bot. De la forme d'un bolet.
*Bolétin, ine, adj. hn. Se dit des insectes qui vivent dans les bolets.
*Bolétique, adj. chim. Se dit d'un acide tiré des bolets.
*Bolétite, sf. hn. Polypier fossile.
*Bolétoïde, adj. bot. Qui a l'apparence d'un bolet.
*Bolétophage, sm. Genre d'insectes coléoptères. (Gr. *bolités*, champignon, *phagéin*, manger.)
*Bolétophile, sm. Genre d'insectes diptères. (Gr. *philein*, aimer.)
*Bolitobie, sf. Genre d'insectes coléoptères. (Gr. *bolités*, champignon, *bioó*, je vis.)
*Bolitochare, sm. Genre d'insectes coléoptères. (Gr. *chairô*, je me réjouis, *chara*, joie.)

Bulbe, sf. Racine ronde, oignon de plante. (Du lat. *bulbus*, bulbe, oignon de plante, dérivé du grec *bolbos*, bulbe, toute racine ronde. D'après Gébelin,

Benfey, Delatre, le grec *bolbos* appartient à la même famille que le grec *bolités*, champignon, *bólos*, motte, glèbe, champs, masse, bol, pilule. Ces deux derniers auteurs font remarquer que *bol-bos* est une forme à redoublement final. 2° Vossius pense que *bolbos* vient du grec *bolé*, l'action de lancer, trait, javelot; 3° et Martinius, du g. *bou* et *labéin*, prendre, saisir.)

Bulbe, sm. anat. Partie renflée, globuleuse.

Bulbeux, euse, adj. bot. Pourvu d'une bulbe; qui a la forme d'une bulbe.

*Bulbifère, adj. bot. Qui porte des bulbes.
*Bulbiforme, adj. bot. De la forme d'une bulbe.
*Bulbille, sf. bot. dim. Petite bulbe.
*Bulbillifère, adj. bot. Qui porte des bulbilles.
*Bulbine, sf. Genre de plantes liliacées.
*Bulbipare, adj. hn. Qui produit des bulbes. (Lat. *pario*.)
*Bulbocode, sm. Plante liliacée des Alpes.
*Bulbule, sf. bot. Petite bulbe, caïeu.

Rocambole, sf. Bulbe supérieure de l'ail; espèce d'ail doux ; graine d'ail; fig. et fam., ce qu'il y a de plus piquant dans un genre. (De l'all. *rockenbollen*, fait de *rocken*, seigle, et de *boll*, bulbe, oignon, fait lui-même du latin *bulbus*, gr. *bolbos*, et non du lat. *cœpola*, ou *cœpula*, comme l'ont cru Le Duch., Gatt., Roq., Bullet dit simplement que *rocambole*, dérivé du b. bret. *rocamboles*, rocambole. En prov. *rocambola*, *racambola*, rocambole.)

BOMBE, sf. Gros boulet creux et rempli de poudre qu'on lance avec un mortier, et qui éclate en tombant; machine de guerre; fig., complot, machination, qui sont sur le point d'éclater; fam., malheur imprévu. Les bombes furent inventées, dit-on, à la fin du 13e s. par Pandolphe Malatesta, et au 16e, par un habitant de Venloo. Le mot *bombe* est plus récent que celui de bombarde. [Cette famille de mots, comme tant d'autres, doit sa naissance à l'onomatopée. Elle est répandue sur presque tout le globe, et notamment dans les langues européennes. La bombe doit son nom au bruit qu'elle fait lorsqu'elle éclate. En latin *bombus*, bourdonnement des abeilles, bruit; bruit de trompette; bruit des pas des danseurs; applaudisment. G. *bombos*, bourdonnement des abeilles; bourdonnement; murmure; bruissement; bruit; *bombulé*, nom d'une espèce d'abeille qui bourdonne plus que les autres; vase à étroite embouchure; *bombulios*, moucheron; *bombukia*, insectes bourdonnants; *bombux*, vers à soie : onomatopée du bruit de ses ailes, dit Nodier. En malais *boubouni*, bruit, son d'une musique; lithuan. *bubnas*, tambour militaire, pol. *beben*, id. Le lith. *bubéna* se dit du bruit du tonnerre grondant faiblement, d'après Pott. Esp. *zumbar*, bourdonner ; esp. et ital. *bomba*, bombe. Anglos. *byme*, trompette. Angl. *to buzz*, bourdonner, *buzz*, bourdonnement. Celto-breton *bouda*, bourdonner, murmurer; *boud*, bourdonnement, murmure. Prov. *boumbo*, bombe, *boumbar*, *boundar*, bondir. Toulousain *bébo*, ver à soie. Bas-lim. *bomboro*, instrument de musique à vent; *boumbi*, sonner creux; faire un grand bruit; ronfler; retentir, résonner; *boumbi* et *boundi*, bondir. Rouchi *boum*, bruit que fait le tir du canon. Valaque *bombar*, *bombi*; *a bombeni*, hogner; *bombe*, bombe. All. *bums*, patois de Castres *boum*, bruit sourd que fait un corps en tombant.]

*Bombe, sf. Bouteille de verre ronde, qui n'a qu'un collet fort court.

*Bombes volcaniques, Fragments de lave fondue projetés par les volcans, et qui, en tombant, prennent une forme arrondie comme les bombes, ou s'allongent en forme de poire.

*Bombalon, sm.relat. Grande trompette marine dont se servent les nègres.

Bombarde, sf. Machine de guerre à lancer de grosses pierres; bâtiment qui porte des mortiers pour lancer des bombes; jeu d'orgue, différent du jeu de trompette en ce qu'il sonne l'octave au-dessous.

*Bombarde, sf. Grand four à briques.

*Bombardelle, sf.anc.t.milit. Petite bombarde.

Bombarder, va. Jeter, lancer des bombes. Bombardé, e, p.

Bombardement, sm. Action de bombarder.

Bombardier, sm. Artilleur qui lance des bombes.

*Bombardier, sm.hn. Insecte coléoptère qui fait entendre une petite explosion lorsqu'on le saisit.

*Bomberie, sf. Endroit d'une fonderie où l'on fond les bombes.

*Bombette, sf.anc.t.milit. Petite bombe.

Bomber, va. et n. Rendre convexe. (Propr. rendre rond comme une bombe.) Bombé, e, p.

Bombement, sm. État de ce qui est bombé.

Bombeur, sm. Qui fait et vend des verres bombés.

*Bombier, sm.t.milit. Nom primitif du bombardier.

*Bombiller, vn. Bourdonner comme l'abeille.

*Bombinateur, sm. Genre de reptiles batraciens.

*Bombinatoroïde, adj.hn. Semblable à un bombinateur.

*Bombinatoroïdes, sm.pl. Famille de reptiles batraciens.

*Bombine, sf.anc.t.milit. Petite bombe.

*Bombomydes, sf.pl. Famille d'insectes diptères. (Gr. bombos, et mua, mouche.)

*Bombyce, sm. Genre de papillons de nuit. (Gr. bombux, ver à soie.)

*Bombiate, sm.chim. Sel résultant de la combinaison de l'acide bombique avec une base.

*Bombique, adj.m.chim. Se dit d'un acide que l'on trouve dans le ver à soie.

*Bombycal, ale, adj. Semblable à un bombyce.

*Bombycide, adj. Qui ressemble à un bombyce.

*Bombycides, sm.pl. Famille d'insectes coléoptères.

*Bombicivore, adj.hn. Qui vit de bombyces.

*Bombylle, sm. Genre d'insectes diptères.

*Bombylliers, sm.pl. Famille d'insectes diptères.

*Bembèce, sm. Genre d'insectes hyménoptères. (Ils diffèrent de la guêpe par la tête. Du gr. bembix, bembikos, un bourdon, mouche; sabot, jouet d'enfant, tourbillon; rouet à filer.)

*Bembécide, adj.hn. Semblable à un bembèce.

*Bembécides, sm.pl. Famille d'insectes hyménoptères.

*Bembidion, sm. Genre d'insectes coléoptères.

Bombasin, sm. Etoffe de soie; futaine à deux envers; basin. (Lat. bombyx, bombycis, le ver bourdonnant, le ver à soie; soie, vêtement de soie; duvet des plantes. Lat. bombus, et grec bombos, bourdonnement des abeilles, bruit. Lat. bombycinum, vêtement de soie. M. Mahudel fait observer qu'Aristote, quoique le plus ancien des naturalistes, est néanmoins celui qui a donné la description d'un insecte le plus approchant du ver à soie. C'est, dit-il, en parl. des différentes espèces de chenilles qu'Aristote en décrit une qui vient d'un ver cornu, et à laquelle il ne donne le nom de bombux, que lorsqu'elle s'est renfermée dans une coque, d'où il dit qu'elle sort en papillon; changement qui, selon lui, s'accomplit en six mois. Par l'application qu'on voit qu'il fait du même nom de bombux à une espèce de guêpe qu'il décrit dans un autre endroit du même livre, où il ajoute qu'elle rend de la cire, il n'y a pas de doute que ce terme n'ait été un nom générique que les Grecs donnaient aux coques de différents insectes; soit que ces peuples tirassent son origine du bourdonnement qui est ordinaire aux insectes ailés, auxquels ils croyaient que ressemblaient les papillons qui sortent de ces coques; soit qu'ils fissent venir ce nom de la ressemblance de figure qu'ont les nymphes de chenilles, prêtes à devenir papillons, et la coque qui les renferme, à une sorte de vase ovale qu'ils appelaient bombulon. Dans le Dict. de Planche, le grec bomboulé est le nom d'une espèce d'abeille qui bourdonne plus que les autres; et de plus, le nom d'un vase à étroite embouchure. M. Diez et M. Delatre lient également le fr. bombasin et l'ital. bambagio, coton, au grec bambakion, bombux. En persan pembè, panbah, coton; valaque bumbak, turc benbe, pambouq, pamouq, coton. B.lat. bambacarius, bambacinus, bambacium bambax, bambasium, bombax, bombix, coton; bombicinus et bombicinum, vêtement de coton. Ossète bompag, coton; tchetchentse bamà, touchi bombag, ingouche bombag, coton. En picard bombasine, étoffe; Gloss. champ. bombacin, bombasin, basin. étoffe.)

*Bombacé, e, adj.bot. Semblable au cotonnier.

*Bombacées, sf.pl. Famille de plantes.

Basin, sm. Sorte d'étoffe de coton. (De bombasin, par aphérèse. M. Delatre, M. Diez, etc., attribuent une origine commune au latin bombyx, le ver bourdonnant, le ver à soie, soie, vêtement de soie, duvet des plantes, et à l'ital. bambagio, bambagia, coton. Tous ces noms doivent être également d'origine indienne; puisque les premières étoffes de coton et celles de soie vinrent de l'Inde en Grèce. On pourrait même citer le chinois pampu, étoffe velue du pays. M. Quatremère dit que basin n'a pas été fait de l'ar. bez, toile, que c'est une altération du mot bombasin qui lui-même dérivait du persan panbah, coton, que le grec vulgaire a adopté sous la forme bombax ou bambakion et l'ital. sous celle de bambagia. Ainsi, malgré l'opinion commune des étymologistes, il n'est pas sûr que le fr. basin, bombasin, le lat. bombycinum, et le grec bambakion, soient de la même origine étymologique que le latin bombus et le grec bombos, bourdonnement des abeilles, bruit. M. Jal dit : « Le duvet du cotonnier fut comparé au fil des cocons du ver à soie, comme on le voit par un passage de Pline, liv.xix, chap. 1; et l'étoffe de coton reçut en ital. le nom de bombasina aussi bien que le tissu de soie. Notre mot basin est une abréviation de l'ital. bombaggina ou du lat. bombycinum. »)

Bond, sm. Saut, rejaillissement d'une bombe, d'une balle, d'une boule, ou d'autre chose qui étant tombée se relève plus ou moins haut et produit un bruit ou un bourdonnement plus ou moins sensible. (1°Nodier, Guyet, Skinner, Honnorat, Diez, etc., regardent ce mot comme une onomatopée. Diez forme le v. bondir, du latin bombitare; r. bombus, comme retentir de tinnitare. Et Skinner tire rebondir de l'ital. ribombare, rimbombare, fait lui-même de la particule itérative re, et du latin bombus, bourdonnement; de là, suivant le même, to rebound, rebondir. 2° Ménage dérive bond de l'esp. bote, 3° et Gébelin, du celt. bon, bun, éminence, élévation. La première étymologie est la plus suivie. En provençal boumbar, bondir, rebondir, boundar, bon dir, *bound*, bond, *voun-voun*, bourdonnement. Angl. *to buzz*, bourdonner, *to bounce*, faire du bruit, bondir, faire des sauts, et *bound*, bond, saut. Lat. barb. *bonda*, son du tambour. Anc.fr. *bondîr*, retentir, gronder, résonner, mots cités par Diez. Rouchi *bonder*, *bonquer*, faire des bonds. En all. *bums*, bruit sourd que fait un corps en tombant. Bas-limousin *boumbi*, *boundi*, bondir. Langue des Troub. *bondîr*, cat. *bonir*, retentir; langue des Trouv. *rebundie*, retentissement. Picard *bondir*, sonner le tocsin pour le feu.)

Bond, sm. Saut d'un animal ou d'une personne qui s'élève subitement.

Bondir, vn. Faire un ou plusieurs bonds. *Bondi*, p.

Bondissant, ante, adj. Qui bondit, qui saute.

Bondissement, sm. Mouvement de ce qui bondit.

Faux-bond, sm. Bond oblique; fig., manquement.

Rebondir, vn. Faire un ou plusieurs bonds. *Rebondi*, p.

Rebondi, e, adj.fam. Bombé, arrondi par embonpoint.

Rebondissement, sm. Action d'un corps qui rebondit.

BON, BONNE, adj. Se dit premièrement et éminemment de Dieu; à l'égard des créatures spirituelles, se dit de ce qui perfectionne leur nature et leur acquiert l'estime des hommes; au sens physique et au sens moral, se dit de ce qui a les qualités convenables à sa nature, à sa destination, à l'emploi qu'on en doit faire; qui est conforme à la raison, à la justice, à la morale, au devoir, à l'honnêteté; qui excelle; clément, doux, miséricordieux; humain, indulgent, affectueux, facile à vivre; propre à; avantageux, favorable, utile, convenable; grand, considérable. [Du lat. *bonus, a, um*, bon, bonne. On a hasardé bien des conjectures sur l'origine du l. *bonus*. 1° Benfey le dérive du sanscrit *yuvan*, briller, éclater, dont on aurait fait *duonus*, enfin *bonus*. Après lui Chavée dit : « Prenez garde que *bonus*, *duonus* est sorti d'un verbe sanscrit *du* ou *diw* au sens de briller, récréer. » 2° Eichhoff dérive *bonus* du sansc. *punyâs*, vertueux; 3° et Doed. de l'anc. lat. *duonus*, qu'il forme du grec *dunamai*, pouvoir, être fort, puissant; 4° Fungérus, de l'hébreu *tob*, bon, en retournant le mot; 5° un autre hébraïsant, de l'hébreu *noub*, il a produit du fruit, en lisant de droite à gauche; 6° Vossius, du grec *oneios*, utile, profitable; 7° un autre, du basque *on*, turc *onat*, bon; 8° Ulpianus, du l. *beare*, rendre heureux ; 9° Gébelin, de *be* un des premiers mots du dictionnaire de l'enfance; 10° Bullet, du gall. *bain*, bon; 11° Constancio, du grec *bios*, vie, et *oniémi*, être utile, profitable. 12° Le Tripart. rattache *bonus* au bret. *vad*, à l'indien *beter*, au persan *biter*, au germ. *basz*, *bast*, *best*, et à l'angl. *bet*, *better*, *best*. 13° Morgan de Cavanagh dit : « Lorsqu'on analyse le mot *bonus*, il donne *us-be-on*, ce qui, dit-il, signifie *le-être-un*, et le mot correspondant en gr. *agathos* n'a pas un sens différent. » En ital. *buono*, bon, esp. *bueno*, cat. *bo*, port. *bom*, langue des Troub. *bon*, bon. Angl. *boon*, bon, gai, joyeux. Patois de Castres *bou*, *boun*, savois. *bon*, patois de Champ. *boun*, auverg. *bo*, valaque *bun*, normand, lorrain et picard *boin*, anc.fr. *buen*, *boen*, *boin*, bon.]

Bon, sm. Ce qui est bon, ce qu'il y a de bon, d'avantageux, d'important, de principal.

Bon, sm. Ordre, autorisation par écrit adressée à un fournisseur, à un caissier, etc., de fournir, de payer pour le compte de celui qui l'a signée.

Bon, adv. D'une manière bonne, agréable, etc.

Bons, sm.pl. Les gens de bien.

Bonace, sf. mar. Calme, tranquillité sur mer. (De l'ital. *bonaccia*, bonace; ou simplement, du fr. *bon* et de l'augmentatif *asse*, *assa*; parce que la mer n'est bonne quo lorsqu'elle est calme. En lat. barb. *bonacia*, *bonatza*, bonace; et *bonatus*, adj. *bonasse*. Port. *bononça*, bonace. Génois *bonassa*, bonace.)

Bonnette, sf. mar. Petite voile qu'on ajoute aux grandes. (« Pour *bonete*, en b.lat. *boneta*, ital. esp. et port. *boneta*, bonnette. Sans aucun doute, ce terme fut fait d'un mot ayant un rapport intime de forme et de sens avec *bonatza*, *bonança*, bonace, et par exemple, de l'ital.anc. *bonia*, devenu *bonita*, et construit du lat. *bonitas*. *Vela di bonita*, voile de bon temps, de joli temps. En esp. *bonita* a signifié jolie : » Jal.)

Bonasse, adj.fam. Simple et sans malice.

Bonbon, sm. Pâte sucrée, friandise d'enfant. (De même le b.bret. *mad-mad*, bonbon, a été fait par réduplication du celt. *mad*, bon.)

Bonbonnière, sf. Boîte à bonbons.

Bon-chrétien, sm. Excellente poire, dont les premiers plants furent apportés de l'Italie en France, sous Charles VII. (1° Gébelin dit qu'on appelait ces poires *Crustamina*, et *bona Crustamina*, du nom de la ville qui les cultivait le plus de succès. Pline en parle l. xv. Les Français adoucirent cette dénomination, et nommèrent ce fruit : *bon-chrétien*. 2° Selon Noël et Carpentier, ces poires ont été ainsi nommées parce que S. François de Paule, appelé le *bon-chrétien* à la cour de Louis XI, apporta de la graine de ce fruit en revenant du fond de la Calabre. 3° Un autre croit que ce nom est pris du nom de celui qui le premier cultiva cette poire. 4° Un autre s'est imaginé qu'il vient du gr. *pagchrestos*, tout à fait bon, tout à fait utile.)

Bon-Henri, sm. Epinard sauvage, dont les feuilles écrasées sont bonnes pour cicatriser les plaies.

Boni, sm. Somme excédant la dépense faite ou l'emploi de fonds projeté; au Mont-de-Piété, ce qui revient sur un gage qu'on a laissé vendre passé les treize mois.

Bonifier, va. Rendre meilleur, mettre en meilleur état; suppléer un déficit. *Bonifié, e*, p.

Bonification, sf. Amélioration; augmentation de valeur, de produit.

Bonite, sf.hn. Poisson de mer couvert d'une peau semblable à celle du maquereau pour la couleur et le goût; il paît l'algue, et vit d'autres poissons; sa chair est excellente et nourrissante. (1° Le Dict. de la Conv. assure que ce mot vient du fr. *bon*, à cause du bon goût que les marins lui attribuent; les gourmets l'estiment à l'égal du maquereau. Honnorat a écrit que les mots prov. *bounitoun*, *boniton*, scombre, poisson, et *bouniquet*, *boniquet*, bon, agréable, sont des diminutifs de l'adjectif *bon*. Skinner pense que *bonite* vient de l'esp. *bonito*, ou *bonico*, médiocrement bon; ou du lat. *bonus*, pour bon nageur. 2° Du port. *bonito*, bonite, que Constancio forme de *bainito*, mot ar. signif. bonite. La Pérouse dit : «......et nous commençâmes alors à prendre des *bonites* qui suivirent constamment nos frégates jusqu'aux îles Sandwich, et fournirent, presque chaque jour, pendant un mois et demi, une ration complète aux équipages. Cette bonne nourriture maintint notre santé dans le meilleur état. » En b. lat. *boniton*, sorte de poisson, dans Du Cange.)

Bonne, sf. Fille ou femme chargée de soigner un enfant et de le promener.

Bonnement, adv.fam. De bonne foi, naïvement, d'une manière simple et peu fine.

Bonté, sf. Inclination à faire le bien, à obliger; disposition de notre âme qui se complaît dans le bien-être de nos semblables; qualité de ce qui est bon; trop grande facilité, simplicité. (Anc. fr. *bontat*, bonté.)
Bontés, sf. pl. Actes de bonté, signes extérieurs et accidentels qui annoncent de la bonté.
Abonnir, va. Rendre bon. *Abonni, ie,* p.
Abonnir, vn. Devenir meilleur.
Débonnaire, adj. Doux facile, d'un bon naturel. (1° Métaphore empruntée de l'art de la vénerie: mot à mot issu d'un bon nid, de bonne extraction: *de bonne* aire. *De pute aire* exprimait le sens opposé: M. Génin. 2° De l'anc. fr. *aire*, le naturel, la nature propre d'une personne, sa manière d'être, ses dispositions, son caractère et du fr. *bon*: M. Delatre. 3° Du lat. *area*, qui, signifiait espace de terrain, a signifié, par suite, demeure, famille, ou, à cause du genre, du lat. *arvum*, territoire : M. Littré.)
Débonnairement, adv. Avec bonté, avec douceur.
Débonnaireté, sf. Bonté, douceur.
Embonpoint, sm. Bon état, ou bonne habitude du corps. (De *être en bon point*.)
Rabonnir, va. Rendre meilleur. *Rabonni, e,* p.
Rabonnir, vn. vi. Devenir meilleur.
Tout de bon, loc. adv. Sérieusement.
Toute-bonne, sf. Nom d'une espèce de sauge.
Bénin, bénigne, adj. Qui a l'inclination ou la disposition à faire du bien; qui fait ou produit le bien; doux, humain; qui tient de la faiblesse; fig., favorable, propice. (Lat. *benignus;* r. *bonus*.)
Bénignement, adv. D'une manière bénigne.
Bénignité, sf. Inclination à faire le bien comme on aime à le recevoir; douceur, bonté du supérieur à l'égard de l'inférieur.
Bien, sm. Ce qui est utile, avantageux, agréable; ce qui est juste, honnête, louable; ce que l'on possède, fortune, capital, propriété; bonheur, avantage. (L. *bonum,* bien.)
Bien, adv. Beaucoup, fort, extrêmement, très-formellement, expressément, à peu près, environ. (L. *benè*, bien; r. *bonus*.)
Bien-fonds, sm. Immeubles; terres, maisons.
Bien que, loc. conj. Quoique, encore que.
Bienveillance, sf. Affection, disposition favorable pour qqn. (De l'anc. fr. *bonevoillance*, bienveillance, mot employé par les Trouvères, et qui vient de *bonus, benè,* et de *voillance* fait de *velle*, vouloir. Roquefort soutient que ce mot procède de *bona* et de *vigilantia*, et non pas de *benevolentia*.)
Bienveillant, ante, adj. Qui a de la bienveillance, qui tient de la bienveillance.
Combien, adv. de quantité. Quelle quantité, quel nombre, quel prix; se dit aussi d'une quantité, d'un nombre considérable. (Ce mot, dit Génin, ne vient pas du latin *quantum benè*, mais de deux racines françaises *comme, bien*.)
Combien, absol. Quel prix; à quel point; subst. et fam. *le combien*.
Hé bien, loc. interj., ou exclamation, pour avertir, pour exhorter.
Si bien que, loc. conj. Tellement que, de sorte que.
Abonner, va. Contracter, au nom d'un autre et pour lui, l'engagement qu'on appelle abonnement. (1° D'après Roquefort, Ménage, etc., de l'anc. fr. *bonde, bonne*, borne, limite. On disait autrefois *abonner* ou *abourner*, en terme de palais, pour estimer, borner, réduire à une certaine somme d'argent un droit qu'on recevait, ou qu'on payait en espèces, et dont le prix était incertain. En b. lat. *abonnare* et *abonare,* borner, limiter. 2° Jal rejette l'étymologie de Ménage, de Paulin Pâris, des Bénédictins et autres qui dérivent *abonner* de borne, dans le dialecte de Vannes *bonn*, borne. « Borner et *abonner*, dit-il, sont deux mots fort différents, qui supposent des idées et par conséquent des origines tout à fait étrangères l'une à l'autre. *Borner* a été fait du celt. *bonn; abonner*, du latin *bonus*, bon. Nous n'avons pas, ajoute-t-il, le moindre doute à cet égard. *Abonnement*, en 1677, signifiait bonification accordée par l'état sur la taille, à condition de fournir un certain nombre de bois qui bouche ce trou. [1° Gébelin dé-

S'Abonner, va. pr. Faire un abonnement pour son propre compte; composer à un prix certain d'une taxe, d'une redevance casuelle. *Abonné, e,* p. et s.

BONDE, sf. Pièce de bois qui retient l'eau d'un étang; trou rond par où l'on remplit un tonneau; tampon de bois qui bouche ce trou. [1° Gébelin dérive *bonde*, du celt. *bond*, lien. Delatre rattache ce mot à l'angl. *bond*, lien, nœud, attache; à l'ital. *bando*, défense, etc., et au sanscrit *badh, bandh,* lier, attacher. 2° Pihan le dérive du persan *bend*, digue. En Turquie *bend* se dit des réservoirs eux-mêmes. 3° Un autre fait venir *bonde*, du grec *ibdé, ibdès*, bonde au fond d'un navire pour laisser écouler les eaux. 4° Le Duchat le forme de l'anc. fr. *bonde*, borne; 5° et Roquefort, du fr. *bond,* bondissement. 6° Suivant Leibnitz, Ménage, Gattel, Noël, Honnorat, De Chevallet, Couzinié, Diez, etc., le fr. *bonde* est d'origine germanique, et se rapporte à l'all. *spunt, spund,* bonde, bondon, bouchon. Holl. *spond, spon,* bonde; anc. scandin. *spons,* dan. *spunds,* polon. *szpunt,* suéd. *spund, sprund,* bonde; souabe *bunte,* suisse *punt,* breton *bount,* patois de Castres *boundo,* bonde; prov. *boundoun,* bondon. Langue des Troub. *bondon,* honde, bondon. Angl. *bung,* bondon. Lapon, *buntse,* orifice d'un vase.]

Bonder, va. mar. Remplir un bâtiment autant qu'il est possible. (M. Jal dérive ce verbe de l'angl. *to bound,* borner.) *Bondé, e,* p.

Bondon, sm. Morceau de bois bouchant la bonde d'un tonneau; la bonde même.

Bondonner, va. Boucher avec un bondon. *Bondonné, e,* p.

*****Bondonnière,** sf. Outil pour percer les tonneaux.

Débonder, va. Oter la bonde; par ext. et fam., purger, faire cesser une grande constipation. *Débondé, e,* p.

Débonder, vn. Sortir avec impétuosité, avec abondance; s'épancher tout-à-coup.

Se Débonder, va. pr. Se vider par un écoulement rapide, abondant.

Débondonner, va. Oter le bondon d'un tonneau. *Débondonné, e,* p.

BONDUC, sm. bot. Arbrisseau épineux, à fleurs légumineuses, des Indes. [Du fr. *bon,* et de *duc,* d'où le nom propre *Bonduc*. 2° De l'arabe *bondoq*, noisette. Selon Golius, *bondoq* peint le craquement de la noisette que l'on casse.]

BONNET, sm. Coiffure ordinairement d'étoffe, de peau où de tricot; coiffure de femme. L'usage des bonnets et des chapeaux a commencé en 1449; auparavant on se servait de chaperons. [1° Gébelin et Constancio forment ce mot du celt. *ban* ou *band,* lien, chose qui ceint, qui entoure, bande, ruban. 2° Selon Delatre, *bonnet* est un dimin. pour *bondet*, et se rapporte au sanscrit *badh, bandh,* lier, attacher. 3° Raynouard rattache le mot *bonnet* aux mots romans *boneta,* bonnet, barrette, *barreta, berreta,* barrette, chaperon, et *birret,* bonnet. 4° Pasquier pense que

bonnet est venu, par corruption, de *bourrelet*, parce que les chaperons qui étaient autrefois la couverture de la tête, que les gens de robe ont quittée les derniers, étaient environnés d'un *bourrelet* rond, qui couvrait la tête. 5° Le P. Pezron dérive ce mot du celt. *bonet*; 6° et Bullet, du celt. *bon*, pour *ben*, tête; *bon ned*, habitation de la tête; comme *collidi*, collet, habitation du cou; 7° Skinner, Schulter, Wachter, le font venir de l'anc. germ. *bund*, vêtement de tête, coiffure, fait lui-même de *binden*, lier, attacher, bander. 8° Comme la Flandre avait exclusivement le commerce et la fabrication des draps, il est croyable, dit le général Bardin, que le mot *bonnet* est originairement flamand. 9° Selon Caseneuve, bonnet était un certain drap, dont on faisait des chapeaux, ou habillements de tête, qui en ont retenu le nom, et qui ont été appelés *bonnets*; de même que nous appelons d'ordinaire castors les chapeaux qui sont faits de poil de *castor*. Quitard dit : « Le mot *bonnet* a une origine curieuse. Il servit primitivement à désigner une certaine étoffe qui se fabriquait, dit-on, dans la ville de *Saint-Bonnet*, par la même raison que celui de Caudebec a servi à désigner des chapeaux qui sortaient des manufactures de Caudebec. » D'après Chastelain, le nom latin *Sanctus Bonitus* est devenu *Saint Bont*, puis *Saint Bonet*, enfin *Saint Bonnet*. *Sanctus Bonitus* est né le 15 janvier, vers l'an 710. Saint Bont ou S. Bonnet, en lat. *Bonitus, Bonus, Bonifacius, Eusebius*, était d'une des meilleures familles de l'Auvergne. Il gouverna la Provence avec une douceur et une *bonté* si extraordinaires qu'il fut regardé comme le père commun de la province. Il fut nommé évêque après la mort de son frère aîné, évêque de Clermont. Si l'étymologie de M. Quitard était reconnue vraie, on pourrait, sans difficulté, rattacher le mot *bonnet* au latin *bonus* et au fr. *bon, bonne*. En b. lat. *bonetus, boneta, bonetta*, bonnet. Esp. *boneta*, port. *bonete*, bonnet; picard *bonnette*, coiffure de femme. Patois de Champ. *bounet*, Gloss. champen. de Tarbé *bonnetade*, étoffe de laine fabriquée pour faire des chaperons. Anc. fr. *bonnet*, espèce de drap, b. l. *bonetus*; gaël irl. *boinead*, gaël écoss. *bonaid, boineid*, bonnet.]

*****Bonnet**, sm. anat. Second estomac des ruminants.

*****Bonnet**, sm. hn. Partie supérieure de la tête d'un oiseau.

*****Bonnet**, sm. Partie supérieure d'un encensoir; espèce d'écrou dont le trou ne perce pas d'outre en outre; genouillère des bottes des courriers.

Un gros bonnet, fig. et fam. Personnage important.

Bonnet-à-prêtre, sm. Fusain.

Bonnetade, sf. fam. Coup de bonnet.

Bonneter, va. Saluer bassement; rendre des respects assidus et intéressés. *Bonneté, e*, p.

Bonneterie, sf. Art, métier, ouvrage du bonnetier; fabrique, commerce de bonnets.

Bonneteur, sm. fam. Celui qui prodigue les révérences et les compliments; filou poli avec bassesse.

Bonnetier, sm. Qui fait ou vend des bonnets.

Bonnette, sf. fortif. Ouvrage composé de deux faces qui forment un angle saillant, avec parapet et palissade au-devant.

BONZE, sm. Prêtre japonais ou chinois. [« *Bonzo* est le nom que donnent les Japonais aux prêtres, et aux ministres de leur culte religieux : D. Francisco de S. Luiz. » « Bonze est un nom générique donné par les Portugais aux prêtres du Japon, nom dont on ne connaît pas l'origine, et qui sert aux Européens à désigner les ministres de la Chine, de la Cochinchine et du Japon, sans distinction des sectes nombreuses dans lesquelles ils se partagent : C. M. Paffe. » En japonais *bonze* se dit *bôsi*; d'où le japonais *caghe bôsi*, bonze d'ombres, fantôme.]

BORAX, sm. Sel minéral très-propre à faciliter la fusion des métaux. Il nous est venu, de temps immémorial de l'Inde, de la Perse, de la Tartarie et de l'île de Ceylan. [Le *borax*, connu des Arabes depuis plusieurs siècles, a été nommé par eux *bourach*, d'où lui est venu le nom de *borax* qui s'est conservé jusqu'à nous. 1° Guichard a cherché l'origine de ce mot dans l'hébreu *bar*, pur, *bor*, pureté. 2° M. Delatre rapporte les mots *borax, bourache, borée*, et le gr. *bora*, nourriture, ainsi que le lat. *voraré*, manger, dévorer, etc., à la racine sanscrite *vri, var*, prendre, couvrir, garder. 3° Constancio compose le mot *borax*, de l'égypt. *bôl*, dissoudre, et *rakh*, laver, rincer, purifier. Le turc *bouraq*, borax, a été fait, par corruption, de *bevraq* et de *bouré*; en persan *bouré, bora*, nitre, borax; copte *barakon*, écume de nitre, borax; valaque *boraks*, prov. *bourras*, borax; l. b. *borax*, prov. *borakion*, russe *boura*, port. *borax*, esp. *borrax*, borax.]

Boracique, adj. De borax.

Bore, sm. chim. Corps élémentaire qui, combiné avec l'oxygène, constitue l'acide borique.

Borique, adj. chim. Formé de bore et d'oxygène.

*****Boracite**, sm. Borate de magnésie naturel.

*****Borasseau**, sm. Boîte renfermant du borax, à l'usage des sondeurs.

*****Borate**, sm. chim. Sel résultant de la combinaison de l'acide borique avec une base.

*****Boraté, e**, adj. chim. Converti à l'état de borate.

*****Borax**, sm. Nom vulgaire du borate de soude.

*****Borides**, sm. pl. Famille de minéraux qui comprennent les combinaisons du bore.

BORBORYGME, sm. Vent bruyant dans les intestins. [Ce mot est un dérivé du grec *borborugmos*, grouillement des intestins, borborysme ou borborygme, fait lui-même du v. *borboruzô*, bruire, faire un bruit sourd. Ce v. est apparemment une onomatopée.]

BORD, sm. mar. Le flanc, le côté, le pont d'un navire. [La plupart des étymologistes admettent aujourd'hui que ce mot est de provenance septentrionale. Il se rapporte à l'anc. all. *bord, bort, bret*, planche, madrier, et *bord*, membrure, bord d'un navire. Tudesque *bort, borti, borto*, ais, planche, madrier, assemblage de planches, membrure d'un navire, bord, bordage. Angl. *beard*, anglos., anc. scandin. dan. et suéd. *bord*, id.; mots cités par De Chevallet et par Meidinger. En suiogoth. *bord*, planche, ais, table, côtés d'un navire, dans Ihre. En lapon *bourde*, ais, planche, table, dans le Tripart. Gaël écoss. et irl., et corn. *bord*, planche, dans Edwards. M. Schœbel allie l'all. *bord* au lat. *partiri*, partager; au gr. *perthein*, ruiner, détruire; et au sanscrit *prith*, étendre, *parth* d'après sa transcription.]

Bord, sm. mar. Navire, vaisseau.

Bordage, sm. Planches épaisses qui revêtent le corps d'un bâtiment.

Bordée, sf. Décharge simultanée de tous les canons d'un bord de vaisseau; chemin que fait un navire sur un même bord lorsqu'il louvoie.

Bordée d'injures, fig. Grand nombre d'injures.

Border un bâtiment, mar. Revêtir sa membrure de bordages.

Border les avirons, mar. Les mettre sur

le bord d'un bâtiment à rames, prêts à nager.

Border une voile, L'arrêter, la tendre par en bas.

Bordailler, ou **Bordayer**, vn.vi.mar. Louvoyer à petits bords. *Bordaillé*, *Bordayé*, p.

Border, va. Naviguer en présentant le bord aux côtes, naviguer le long des côtes. *Bordé, e,* p.

Bordier, adj.m.mar. *Vaisseau bordier*, vaisseau qui a un bord ou côté plus haut que l'autre; qui incline plus d'un bord ou côté que de l'autre.

Aborder, va.mar. Venir à bord, joindre un vaisseau; heurter un navire. *Abordé, e,* p.

Aborder, vn.mar. Venir à bord d'un vaisseau.

Abordage, sm.mar. Choc de deux navires, action d'aborder un vaisseau ennemi.

Bâbord ou **Bas-bord**, sm.mar. La moitié du navire à gauche en partant de la poupe. (Propr. *bord de derrière*. En suéd. *bak*, dan. *bag*, angl. *back*, en arrière, derrière; d'où l'all. *backbord*, bâbord. Anc. scandin. *bakbord*, bâbord. Dans les anciens navires, le gouvernail était au tribord de l'arrière.)

Etambot, et *Etambord**, sm.mar. Pièce de bois qui soutient le gouvernail. (Propr., madrier de support. En dan. *stæven*, appui, support; et *bord*, madrier, planche. Angl. *stay*, appui, support, et *board*, madrier, planche. Holl. *steun*, appui, support, et *bord*, madrier, planche; mots cités par De Chevallet. Bret. *stambred*, pièce de bois qui sert à arrêter et à affermir le mât d'un vaisseau. *Bred*, répond à l'anglos. *bred*, planche. Jal dérive *étambot*, de l'anc.fr. *estambord*, *estambor*, qu'il compose de l'anglos. *steore*, gouvernail, et d'*ern* ou *œrn*, place : propr., place du gouvernail. Ainsi *est-am-bord* serait pour *st-ern-bord*.)

Ribordage, sm. Dommage que le choc d'un bâtiment cause à un autre, en changeant de place.

Sabord, sm.mar. Ouverture ou embrasure faite à un vaisseau, et par laquelle le canon tire. (En dan. *sidebord*, embrasure, fenêtre d'un navire; de *side*, côté, et *bord*, planche; mots cités par M. Delatre. Jal incline à croire que c'est un mot composé du fr. *port*, et d'un mot du nord; anglos. *sœ*, angl. *sea*, isl. *salt*; propr.sel, et par ext.mer : d'où *sœ-port* ou *salt-port* : d'où sabord.)

Stribord, et **Tribord**, sm. Le côté droit du navire, en allant de la poupe à la proue. (Propr. *bord du gouvernail*. En Tudesque *stiura*, gouvernail, dan. *styre*, all. *steuer*, anc.scandin. *stiorn*, *styri*. Anc.germ. *bord*, ais, planche.)

Transborder, va. Transporter tout ou partie de la cargaison d'un bâtiment dans un autre. *Transbordé, e,* p.

Transbordement, sm. Action de transborder.

Vibord, sm.mar. Grosse planche posée de champ, qui borde et embrasse le pont supérieur d'un vaisseau, le tillac, et qui lui sert de parapet. (Dan. *voerbord*, vibord; de *voer*, défense, et *bord*, planche, bord.)

Bordigue, sf. Espace retranché avec des claies sur le bord de la mer, pour prendre du poisson. (1° M. Delatre lie ce mot au fr. *bordage*, planches épaisses qui revêtent d'un bout à l'autre le corps d'un bâtiment, et à l'anc.fr. *bord*, maison de planches. 2° D'autres, avec moins de vraisemblance, le dérivent du fr. *bord*, rivage, parce que les bordigues se pratiquent sur le bord de la mer. Les auteurs du Trip. lient simplement *bordigue* au germ. *horteich*.)

Bordel, sm. t. malhonnête. Maison de débauche. (Anc.fr. *borde*, petite maison de campagne, qui se faisait primitivement de planches et de poutres; métairie. Prov. et catal. *borda*, baraque. Anc.holl. *bord*, *berd*, maison, métairie. Langue des Trouv.

bordel, bûcher, petite maison. Le radical de tous ces mots se retrouve dans le german. *bord*, planche, ais, table, etc. C'est ainsi que le lat. *taberna*, maison en planches, cabane, chaumière, échoppe, boutique, magasin, a été fait du vi. lat. *taba*, planche, d'où *tabula*, planche, ais; M. Delatre dit : « Par la même raison que *bord*, qui signifie *planche*, a fini par vouloir dire une maison, *bauche*, qui signifie une poutre, s'est pris dans le sens de *loge*, d'*échoppe* et de boutique. Lat.barb. *borda*, petite maison, cabane. Les ord. du 15° s. donnent aux lieux de débauche les noms de *bordieux*, *bourdeaux*, *bordellerie*. On a dit aussi *bordeau*, *bordiau*, *bordeax*, *bordelage*. »)

Bardeau, sm. Petit ais dont on couvre les maisons, et qu'on emploie à divers autres usages. (En tudesque *bret*, ais, planche, bardeau; all. *brett*, planche, tablette, taquet, lambris; anglos. *bred*, dan. et suéd. *braed*, planche; anc.goth. *baurd*, planche, table; anglos., dan. et suéd. *bord*, planche, table; angl. *board*, ais; gaël écoss. et irl., et corn. *bord*, planche; gallois *bardell*, bardeau, petit ais dont on couvre les maisons, grille, garde-fou, mardelle, grande pierre ronde et percée qui couvre tout le bord d'un puits; dans Bullet. Champ. *bardeau*, planche, solive mince, dans Tarbé.)

Bardis, sm. Séparation de planches que l'on fait à fond de cale, dans un navire.

BORD, sm. Ce qui termine, ce qui est à l'extrémité d'une chose, d'une surface; ruban, dentelle, galon, qu'on met aux extrémités d'un chapeau, d'une jupe, et sur des coutures, ou sur des ouvertures des habits; terrain, sol qui est le long de la mer, d'un fleuve, etc. (1° M. Delatre rattache ce mot au fr. *bordel*, *bordigue*, *bordage*, *bordée*, *bord*, côté d'un vaisseau, vaisseau; et l'angl. *board*, le dan. *bord*, planche, au sanscrit *parth*, *prithu*, large. 2° M. Diez le rattache au haut all. anc. *bort*, anc. saxon *bord*, bord, bordure; Ihre, au suiogothique *bord*, bord, extrémité; et à l'anglos. *ord*, fin, extrémité; M. De Chevallet, au tudesque *bort*, *borto*, extrémité, bord, côté, etc. 3° Skinner le dérive du danois *bort* qu'il lie au teut. *fort*, *furt*, dehors, *foras*; parce que le bord ou la bordure est la partie extrême d'une chose. 4° Constancio le forme de l'all. *bei*, près, et du latin *ora*, bord, d'où l'all. *bord*, bord, selon lui; 5° Bullet, du celt. *bord*, bord, bordure. 6° Wachter rapporte le fr. *bord* et l'anc. germ. *bord*, bord, rivage, extrémité, au grec *péras*, fin, terme, limites, extrémité; *pératos*, extérieur, à l'extrémité. 7° Ménage et Roquefort le déduisent du lat. *ora*, bord, extrémité; rivage, côte, dont on a fait *orlum*, d'où l'it. *orlo*, et le fr. *ourlet*. Trévoux soutient que *bord* est pur allemand. 8° Jal, rejetant l'étymologie de Ménage, Caseneuve, Paulin Paris, etc., rattache le fr. *bord*, dans toutes ses significations, au tudesque *bord*; et au Dict. anglos. de J. Bosworth, où *bord* est expliqué par planche, ais, table, navire, maison, et le lexicon de Raske et Miller, où *bord* est expliqué par table, bord, côte, bordure, extrémité, ais, planche, flanc de navire, etc. Selon lui, il résulte de l'article de Müller, comme de celui de Bosworth, que le sax. isl. *bord* est parfaitement synonyme de *margo*, d'*ora* et de *ripa*, et que le fr. *bord*, cité par Paris, n'est autre que le tudesque *bord*:... et que *bord* signifie rivage, en même temps que planche, table, navire, etc. En teut. *ort*, bord, extrémité; *orte*, bord; et *bord*, bord, rivage, marge, dans Schulter. All., dan., suéd. anglos. et angl. *bord*, bord. Lat. barb. *bordus*, *borda*, bord, frange, dans Du Cange. Hongr. *part*, bord, dans le Trip. Anc. scandin. *bard*, bord, dans Meidinger. Ital. *bordo*, esp. *borde*, bord.]

Bords, sm.pl. Tout ce qui s'étend vers les extrémités de quelque chose.

Les sombres bords, poét. Les bords du Cocyte, l'enfer.

Bord à bord de, loc. prép.

Bordé, sm. Galon qui sert à border.

Bordereau, sm. Le relevé des sommes additionnées que l'on place sur le bord d'un compte.

Abord, sm. Accès d'un lieu, entrée.

D'abord, Tout d'abord, Au prime abord, De prime abord, Dès l'abord, loc. adv. Dès l'entrée, sur le champ.

Abordable, adj. Qu'on peut aborder.

Inabordable, adj. Qu'on ne peut aborder; dont on ne peut approcher; fam., de difficile accès, en parl. d'une personne.

Aborder, vn. Arriver à bord, prendre terre.

Aborder, va.fig. Accoster. *Abordé, e,* p.

Déborder, vn. Dépasser le bord, en parl. des fleuves, des rivières, etc.; ou d'un écoulement abondant d'humeurs.

Déborder, vn.et a. Se dit d'une chose dont le bord ou l'extrémité dépasse le bord, ou l'extrémité d'une autre chose. *Débordé, e,* p.

Déborder, va. Oter la bordure.

Débordé, ée, adj. Débauché, dissolu.

Débord, sm. Débordement.

Débordement, sm. L'épanchement de l'eau d'un fleuve, d'une rivière, hors de ses bords, de son lit; par ext., se dit des humeurs; fig., irruption d'un peuple barbare, débauche.

Border, va. Garnir le bord d'une étoffe, d'un chapeau, d'un meuble, etc., en y cousant un ruban, un galon, etc.; s'étendre sur le bord, s'étendre le long de certaines choses. *Bordé, e,* p.

Bordure, sf. Bord qui a été travaillé d'une certaine façon par la main de l'homme, ce qui borde, ce qui entoure pour garnir, orner ou fortifier.

Bourdalou, sm. Ruban, tresse, de fil ou de soie, qui sert à border un chapeau; pot-de-chambre de forme oblongue.

Embordurer, va. Mettre une bordure à un tableau, à une estampe. *Emborduré, e,* p.

Tapababor, sm.vi. Bonnet de campagne, à bords qui se rabattent.

Reborder, va. Mettre un nouveau bord. *Rebordé, e,* p.

Rebord, sm. Bord élevé et ordin. ajouté, rapporté; bord replié, renversé.

Broder, va.propr. Garnir, embellir, enjoliver les bords d'un vêtement, d'un meuble; travailler avec l'aiguille sur une étoffe, et y faire des dessins; fig. et fam., amplifier un récit. (1° De l'anc. fr. *border*, broder, par métathèse, suivant Trévoux, Gattel, Roquefort, Noël, Monteil, Diez, Johanneau, Génin, Delatre, etc. On ne brodait autrefois que le bord des étoffes; d'où vient, dit Trévoux, que les Latins ont appelé les brodeurs *limbularii*, de *limbus*, bordure. La broderie, dit Monteil, se place ordinairement sur les bords. La broderie, dit Génin, fut inventée pour orner les bords d'un vêtement. 2° De l'hébr. *bardd*, parsemé de taches, ou *bárad*, il a répandu, il a grêlé, d'après le P. Thomassin. 3° De l'ar. *bard*, vêtement de diverses couleurs, d'après Gésénius. 4° Du breton *broud*, aiguillon, *brouda*, aiguillonner, broder, d'après Edwards. Cette dernière étymologie supposerait que la broderie est originaire de la Bretagne. Mais les Espagnols et les Portugais disent *bordar* sans métathèse *bordar*, broder. En lat. barb. *broda*, broderie, dans Du Cange, cité par le P. Papebrok, pour les mots *aurobrustus*, bordé d'or, ou *brusdus, brudatus, brodatus.*) *Brodé, e,* p.

Broderie, sf. Ouvrage que l'on fait en brodant; art de broder; ornements dans le chant; détails que l'on ajoute à un récit pour l'embellir.

Brodeur, euse, s. Celui, celle qui brode.

Rebroder, va. Refaire une broderie; broder sur ce qui est déjà brodé. *Rebrodé, e,* p.

BORÉE, sm.poét. Le vent du nord. [Du latin *boreas*, dérivé du grec *boréas*, borée, attique *borrhas*. L'origine étymologique de ce nom est encore difficile à découvrir. 1° À une époque très-reculée, le Caucase porta le nom de lit de Borée, et *borá* veut dire neige dans la langue des Albanais, qui en ont fait le nom d'une montagne toujours chargée de neiges. On peut conjecturer, dit E. Salverte, que *borá* a pu jadis appartenir à la langue gr., à laquelle il semble avoir fourni le nom du vent de la froidure. 2° Gébelin dérive *boreas*, de *bor*, mot primitif, suivant lui, et qui aurait désigné ce qui est piquant, dur, rude. 3° Quelques-uns le forment du grec *boé*, cri, clameur, et de *rhéin*, couler. 4° Vossius préfère le tirer du gr. *bora*, nourriture, parce que, dit-il, nous avons meilleur appétit lorsque ce vent souffle, ou parce que ce vent est favorable aux fruits de la terre qui sont notre nourriture, ou parce que les contrées boréales abondent en pâturages. 5° Constancio le dérive du grec *briaô*, être robuste ou puissant; 6° et J. Clericus, de l'hébreu *bri*, dans le sens de pureté, sérénité de l'air; et N.A.B., du phénicien *bor*, pureté, sérénité; parce que ce vent nettoie et purifie l'air; 7° le P. Pezron, du celt. *bore*, le matin; 8° Scrieck, de *bo-ar-as* ou *bo-ovre-as*, mot scythique et celtique signifiant, selon lui, le supérieur d'outre les eaux. En russe *boréi*, borée, ital. *borea*, esp. et port. *boreas*, persan *bir*, borée. Pol. *burza* borée, tempête; bohém. *bear*, vent. Bengali *beyar*, malabare *beyar*, vent.]

*****Borée,** s.pr.m.myth. Le vent du N. E. Hésiode le compte parmi les vents bienfaisants, et le fait naître d'Astræus et d'*Eos* ou l'Aurore. D'autres disent qu'il était fils d'Astræus et de Héribée, ou fils du Strymon, fleuve de Thrace.

*****Borée,** sm.hn. Sorte de papillon; genre d'insectes coléoptères.

Boréal, ale, adj. Du côté du nord.

Hyperborée, ou **Hyperboréen, enne,** adj. Se dit des peuples, des pays très-septentrionaux. (Les anciens appelaient Riphées et Hyperboréens les monts les plus septentrionaux qui leur étaient connus.)

BORNE, sf. Pierre, arbre, ou autre marque qui sert à séparer un champ d'avec un autre; espèce de colonne qui marquait l'extrémité de la carrière, dans les cirques des anciens; ce qui marque les limites entre les états, les contrées; pierre plantée debout le long des murailles, etc.; grosse pierre marquant les distances sur les routes; fig., limites. [Du latin barbare *bonna*, borne; *rn* est ici pour *nn* par dissimilation, dit M. Delatre. D'ailleurs, la lettre *r* est fréquemment insérée dans les mots où elle est étrangère: nous disons *Londres* au lieu de *London; fronde* vient du latin *funda; velours*, du mot *velous; perdrix*, du latin *perdix*, etc. Plusieurs étymologistes dérivent *borne* et *bonna*, du grec *bounos*, colline. *Bounos* peut bien être de la même origine que *bonna* et *borne*, mais il ne leur a pas donné naissance. Selon Diez et Scheler, *borne, bonne, boune, bousne, bosne*, b.l. *bonna*, et *bodena, bodina*, appartiendraient à la même racine que *bod*, enfler, qui nous aurait donné *bouder, boudin*; et la borne serait qq.ch. en relief, en saillie, une butte de terre. Suivant De Chevallet, les mots *borne, bout, but, butte*, appartiennent à une même origine germ. En anc. fr. *bonde, bonne*, d'où le fr. mod. *borne*. En prov. *bouina*, borne. En b.l. *butina, bodula*, *bodina, bodena, bonda, bonna*, borne, limite, dérivés de *buto, boto, botonis, bodo, nis*, petite butte, élévation de terre arrondie que l'on faisait sur les limites des champs pour servir de borne. En tudesque *but*, extrémité, borne, limite; angl. *butt*, bout, extrémité; et *bunds*, borne, limite; anc.all. *butt*, bout, extrémité; b.l. *butum*, bout. On a dit aussi en b.l. *boto, buta*, butte, petite élévation de terre arrondie que l'on faisait sur les limites des champs, pour servir de borne. Le même auteur dit encore : *butte* et *but* ont ensuite signifié une élévation de terre qui sert de point de mire. En breton *bonn*, borne, limite, dans le dialecte de Vannes. Le tudesque *but* semble se lier très-bien à l'hébreu *dádá*, séparation, et à l'arabe *banat*, séparation. Dans la langue des Trouv. *bodne*, angl. *bourne*, borne, dans Milton; b.l. *bona*, borne. Dans Rabelais *bonde*, borne. En anc. fr. on a dit aussi *bonaige*, droit que l'on payait pour le *bornage* des terres, et *bonne, boonne, bonegne*, ansi que *bonde*, borne, limite; et *bonneer*, borner.]

Bornage, sm. Action de planter des bornes.

Borner, va. Mettre des bornes, resserrer; fig., restreindre, modérer. *Borné, e*, p.

Bornoyer, va. Placer des limites ou des bornes, pour séparer deux champs; placer des jalons, pour tracer la ligne des fondations d'un mur, ou celle d'une rangée d'arbres que l'on veut planter. *Bornoyé, e*, p.

Abornement, sm. Action d'aborner.

Aborner, va. Mettre des bornes à un terrain. *Aborné, e*, p.

Borgne, adj. Qui n'a qu'un œil, qui ne peut voir que d'un œil. (M. Delatre a très-bien vu que *borgne*, en anc. fr. *borne*, est de la même racine que borne, limite. L'organe de la vue des personnes borgnes est borné à un seul œil. *Borgne*, dit-il, est pour *borgné*, comme *aveugle* d'*aboculatus* est pour aveugle. Ce sont des participes passés ayant changé leur terminaison caractéristique *é* en *e*. « L'expression *bornicle, bournicler*, pour louche, loucher (dialecte du Jura), fait supposer, dit Scheler, que le sens primitif de *borgne* pourrait bien avoir été louche »; on est alors, avec Diez, tenté de rapprocher ce terme de l'esp. *bornear*, courber, fléchir. Mais l'origine de *bornear* reste incertaine. Cependant l'étymologie de Delatre convient également au mot et à la chose, et elle est confirmée par les mots champenois *bornicaus*, qui a la vue courte, bornée, *borgnette*, maladie des yeux; mots qui se trouvent dans Tarbé. Ainsi *borgne* ne vient pas du latin *orbus*, privé, comme l'a cru Ménage, ni du fr. *morne*, dans le sens de mutilé, comme l'a imaginé Gébelin. En patois de Castres *borgne*, ital. *bornio*, rouchi *borne*, savois. *borgno*, bret. *born*, borgne.) *Borgne*, s. Personne borgne.

Bornoyer, va. Regarder d'un œil en fermant l'autre, pour mieux voir si une pierre, une planche, un mur, sont d'alignement. *Bornoyé, e*, p.

Borgnesse, sf.t.bas. Femme, fille borgne.

Eborgner, va. Rendre borgne, priver d'un œil; par exag. et fam., faire grand mal à l'œil de quelqu'un. *Eborgné, e*, p.

BOSAN, sm. Breuvage de millet bouilli dans l'eau. [Ce mot est turc: Noël. Il vient du turc *bouza*, breuvage fait de millet bouilli dans l'eau, et particulièrement estimé des Turcs. Les dictionnaires français donnent *bosan*; mais c'est une transcription vicieuse que l'on ne doit pas adopter : M. Pihan.]

BOSSE, sf. Grosseur ou saillie contre nature qui se forme au dos ou à la poitrine; grosseur naturelle sur le dos de quelques animaux; protubérance du crâne; tumeur, enflure provenant d'un coup, d'une chute; élévation dans toute superficie qui devrait être plate et unie; sculpt., relief; endroit de la muraille qui renvoie la balle dans le dedans par bricolle. [1° Le Dict. de l'Acad. dit, à la page 83, que l'aphérèse est d'un grand usage dans les étymologies, que c'est ainsi que du latin *gibbosus*, bossu, nous avons fait *bosse*. 2° Selon Génin, le premier emploi du mot bosse n'aurait pas été de traduire le latin *gibbus, gibber, gibba*, bosse : ce serait par analogie et par extension qu'on l'aurait appliqué à cet usage. Quel est, dit-il, l'expression primitive? Dans Du Cange, le lat. *bossa* signifie bosse, bubon pestilentiel, et en ital. *bozza*. Trévoux dit : Le mot *bosse*, selon Du Cange, vient de *bossa*, qu'on a dit dans la basse latinité en la même signification. 3° Génin condamne Ménage qui fait venir *bosse* du grec *phusaó*, enfler. 4° Ménage dit que *bosse* a été fait du latin **χusa*, et *pusa* du grec *phusaó*, enfler; il ajoute que de **pusa*, les Latins ont fait *pusula*, pustule, érysipèle, soufflure du pain, et *χustula*, pustule, ampoule, cloche, bulle, soufflure. 5° Guichard forme le fr. *bosse*, de l'hébr. *dabbèschéth*, bosse du chameau, en retranchant la syllabe *da*; 6° ailleurs, il forme le mot *bosse* de l'hébr. *tsdbah*, il a enflé. 7° Honnorat le dérive du celt. *boss*, bosse. 8° Delatre le rattache au holl. *buts*, excroissance, tumeur, élevure, au fr. *bout, bouton*, à l'angl. *bud*, holl. *but*, bourgeon, rejeton, et au sanscrit *bhutan*, production, fait de *bhû*, croître, être, exister. 9° Selon Diez, les mots *bosse, but*, peuvent se rapporter au haut all. moyen *bôzen*, frapper, pousser en avant. 10° Le Tripart. lie le fr. *bosse* à l'ancien adjectif allemand *bosz*, rond, d'où il dit. *boszel, bossel*, boule. 11° Jal soupçonne qu'il vient du b. lat. *borsa*, esp. et port. *bolsa, bolso*; holl. *beurs, bors, borse*, bourse, qui a fait le gr. *bursa*, cuir; l'idée d'enflure, de gonflement, de boursouflure, étant dans la *bourse* comme dans la bosse. En ital. *bozza*, langue des Troub. *bossa*, bosse, tumeur; rouchi et picard *boche*, bosse. L. b. *bossa*, bosse, tumeur, enflure; et *botius*, bosse, goitre. Gloss. champ. de Tarbé *bosse*, bouton, peste, *bossil*, bord relevé d'un fossé.]

Bosel, **Bossel**, sm.archit. Membre rond, moulure ronde au bas des colonnes.

Bossage, sm.archit. Toute saillie laissée exprès à la surface d'un ouvrage de pierre ou de bois, soit comme ornement, soit pour y faire quelque sculpture.

*****Bossage**, sm.charp. Masse de bois qu'on laisse aux pièces qu'on allégit dans les endroits des mortaises; arc formé par les bois courbes.

Bosseler, va. Travailler en bosse, bossuer. *Bosselé, é*, p. **Bosselage**, sm. Travail en bosse.

*****Bosselure**, sf. Produit du travail en bosse; bot., état d'une feuille bosselée.

Bossette, sf. Ornement en bosse attaché aux deux côtés du mors d'un cheval.

*****Bossetier**, sm. Qui fait des ouvrages en bosse; verrier qui souffle le verre en boule.

Bossu, ue, adj. Qui a une ou plusieurs bosses; au dos ou à la poitrine, par vice de conformation; inégal ou montueux, en parl. d'un terrain.

Bossu, ue, s. Personne bossue.

Bossuer, va. Faire des bosses à la vaisselle en la laissant tomber, ou de qq. autre manière. *Bossué, e*, p.

*****Demi-bosse**, sf. Genre de sculpture qui tient le milieu entre le bas-relief et la ronde bosse.

BOSSE, sf.mar. Cordage très-court, servant à tenir tendu un câble, un grelin, etc. [1° Du fr. *bosse*, selon quelques-uns. 2° Du holl. *bos*, paquet, réunion d'objets liés ensemble, selon Delatre.]

Bosser, va.mar. Retenir avec des bosses. *Bossé, e*, p.

Bossoir, sm.mar. Chacune des deux poutres en saillie qui soutiennent l'ancre. (1° Ce mot paraît avoir été fait du verbe *bosser*, comme *promenoir* de *promener*, *mouchoir* de moucher, *nageoire* de nager, etc., etc. *Bosser* signifie, en parl. d'un câble, amarrer la *bosse* qui le saisit quand l'ancre est à la mer. On dit *bosser l'ancre*, pour *tirer* ou *mettre l'ancre sur les bossoirs*, ou pièces de bois destinées à la recevoir. 2° Cependant M. Delatre et presque tous les autres étymologistes rattachent *bossoir*, à *bosse*, grosseur, saillie, tumeur, enflure; parce que les bossoirs sont deux poutres en saillie. M. Jal croit que le *bossoir* a été nommé ainsi de la corde qui le traverse, et qu'on appelle *Bosse de bout*; et il le croit d'autant plus, qu'au 17º s. on disait indifféremment *bosseur* et *bossoir*, comme nous l'apprend Guillet. En prov. *boussoir*, basq. vulg. *bossuara*, b. bret. *boussouër*, bossoir.)

Embosser, va.mar. Amarrer un vaisseau de l'avant et de l'arrière avec des *bosses* pour le fixer contre le vent ou le courant. (Selon M. Jal, *embossoir* vient d'*embossure*, et celui-ci de *bosse*. C'est, dit-il, au moyen d'une *embossure*, placer un navire dans une position qu'il ne pourrait ni prendre ni garder, s'il était retenu seulement par les câbles attachés à sa proue. Le cordage qui reçoit le nom d'embossure le tient par extension « du nœud avec un amarrage que l'on fait sur une manœuvre. » Ce nœud arrêté par un amarrage avait l'effet d'une *bosse*; il liait solidement la corde dont il était fait à celle sur laquelle on le faisait, etc.) *Embossé, e*, p.

Embossage, sm.mar. Action d'embosser, de s'embosser; état d'un vaisseau embossé.

*Embossure, sf. Câble servant à embosser un vaisseau.

BOSTANGI, sm. Jardinier turc; se dit aussi des jardiniers enrégimentés du sérail, qui sont employés à la garde du grand-seigneur. [De l'ar. *bostan*, verger; persan *bostan*, jardin de fleurs; turc *bostán*, jardin potager; et *bostándji*, jardinier, *bostándji báchi*, chef des jardiniers.]

Bostangi-bachi, sm. Chef des bostangis.

BOSTON, sm. Jeu de cartes que l'on joue à quatre. [Ce jeu tire son nom anglais de *Boston*, ville des Etats-Unis; et cette ville elle-même a reçu le sien de *Boston*, ville d'Angleterre, appelée en latin *Bostonium*. La découverte de ce jeu pendant la révolution de l'Amérique anglaise, selon Audiffret. Au lieu de *Bostonium* on a dit aussi *Fanum sancti Bostolphi*.]

BOT, adj.m. et sm. *Pied bot*. Pied contrefait. [1° De Chevallet assure que ce mot est d'origine germ. et se rapporte à l'all. *butt*, rabougri, contrefait, mousse, obtus; holl. *bot*, rabougri, bot, obtus, d'où *bothiel*, pied bot. 2° Bullet dit : « On voit par notre expression *pied bot*, pour pied rond, que le celt. *both* a signifié boule, globe, rond. » 3° El, Johanneau s'exprime ainsi : « *Bot*, en vieux langage français, signifie *crapaud*; et c'est même de ce mot que *crapaud* est formé, ainsi que *pied-bot*. Les *bots* ou *crapauds* étaient anciennement les armes de la monarchie française. » Dans le Gloss. champ. de M. Tarbé, *bot*, tortu, laid, crapaud. 4° Selon M. Scheler, le fr. pied *bot*, et *botte*, faisceau, et l'all. *bosze*, *bote*, fasciculus, paraissent appartenir à la même racine germ. *bózen*, *boszen*, goth. *bautan*, frapper, pousser, repousser, enfler, faire boule. Voy. *Bosse*, *Bossu*.]

BOTANIQUE, sf. Branche de l'histoire naturelle qui embrasse l'étude et la connaissance des végétaux. [Du gr. *botané*, plante, herbe, gazon; fourrage. La plupart des étymologistes dérivent le grec *botané*, du grec *boskó*, paître, qu'ils lient au latin *pasco*, je pais.]

Botaniste, sm. Qui s'applique à la botanique.
*Botaniser, vn. Herboriser. *Botanisé, p.
*Botaniseur, sm. Qui herborise.
*Botanographe, sm. Qui décrit les plantes.
*Botanographie, sf. Description des plantes.
*Botanographique, adj. Qui a rapport à la botanographie. (Gr. *graphó*, je décris.)
*Botanologie, sf. Traité des plantes.
*Botanologique, adj. Qui a rapport à la botanologie. (G. *logos*, traité.)
*Botanologue, sm. Qui écrit sur les plantes.
*Botanomancie, sf. Divination par l'inspection des plantes. (G. *mantéia*, divination.)
*Botanomancien, ienne, adj. Qui appartient à la botanomancie.
*Botanomancien, ienne, s. Celui, celle qui exerce la botanomancie.
*Botanophage, adj. Qui vit de végétaux.
Botanophile, adj. Qui aime la botanique.

BOTRIE, sf. bot. Arbrisseau grimpant des Indes, à baies mangeables, et à fleurs disposées en grappes. [Lat. *botryo*, *botryon*, *onis*, grappe de raisin; œufs de poissons conservés en grappe. Gr. *botruón*, grosse grappe; *botrus*, grappe de raisin, grappe. 1° Benfey a cherché l'origine du gr. *botrus* dans le sanscrit *ruh*, croître, augmenter, et *abhi*, préfixe; d'où, selon lui, le grec *embruón*, embryon, fœtus; *obria*, petits des animaux; *ophrus*, sourcil; *bruó*, pousser, croître; être rempli ou couvert; *bruonia*, brioine; *brutéa*, *brutia*, marc de raisin; 2°Guichard, dans l'hébr. *boser*, raisins aigres et non mûrs, fait du v. *básar*, être acide, aigre; 3° puis, par métathèse, dans l'héb. *pérét*, grains de raisins épars, fait du v. *párat*, il a dispersé, éparpillé; 4° Martinius et Gébelin, dans l'hébr. *batsir*, vendange, fait du verbe *bátsar*, il a coupé, il a vendangé.]
*Botrycère, sf. Genre de plantes du Cap. (Gr. *botrus*, et *kéras*, corne.)
*Botrychion, sm. Genre de fougères.
*Botryllaires, sm.pl. Famille de mollusques.
*Botrylle, sm. Genre de mollusques marins, sans coquilles, agrégés et fixés.
*Botryoïde, adj.hn. En forme de grappe de raisin.
*Botryoïde, sm. Genre d'oursins.
*Botrys, sm.bot. Espèce d'ansérine; espèce de germandrée. (Gr. *botrus*, grappe de raisin.)
*Botrytelle, sf. Genre de conferves; genre d'algues marines.
*Botrytide, sf. Genre de moisissures.
*Botrytidé, ée, adj.bot. Semblable à une botrytide.
*Botrytidées, sf.pl. Famille de moisissures.
*Botrytis, sf. La cadmie qui se rassemble à la partie supérieure des fourneaux.
*Macrobotryte, adj.bot. A fleurs ou fruits disposés en longues grappes. (G. *makros*, long.)

BOTTE, sf. Chaussure de cuir, qui contient le pied et la jambe; marchepied fixe et placé en dehors d'un carrosse. [1° Selon De Chevallet, ce mot est d'origine celt. 2° Delatre le rapporte au sansc. *badh*, *bandh*, lier, attacher; 3° Bochart le dérive du grec *bitina*, mot qui dans Suidas désigne un genre de chaussure; 4° et Ihre, de l'anc. scand. *bota*, partie supérieure des jambes, où elles sont attachées à la cuisse ; 5° Du Cange, de *botta*, botte, mot employé au 13ᵉ s. par l'écrivain anglais qui a donné la vie de S. Richard évêque de Chicester, et qu'on trouve en latin sous la forme *bota*, botte. 6° Borel le rattache au vi. fr. *bot*, trou en terre, au fr. *sabot*, chaussure de bois, et au vi. fr. *bot*, crapaud, et au latin barb. *buttum* ; parce que, dit-il, bot veut dire aussi difforme ; d'où vient qu'on dit *pied bot*, pour pied contrefait : et de là une *botte*, parce qu'elle rend le pied gros et mal fait, etc. 7° Ménage soutient que ce mot a été fait par ressemblance à de grandes bouteilles de cuir, plus larges par en haut que par en bas, dont ce sont servi les anciens, qui les ont appelées *bottes*. 8° Skinner le dérive du vi. fr. *boteau*, paquet, botte, parce que, dit-il, dans les siècles barbares, les paysans se servaient de *bottes* de paille entortillée, en guise de chaussure, de botte. 9° Martinius le tire du gr. *putiné*, espèce de bouteille ou flacon ; parce que les bottes sont des chaussures longues et larges à la façon des bouteilles ou flacons de cuir. Roquefort, ainsi que Ménage, pense que *botte* est de la même origine que *bouteille*. 10° Gébelin le déduit du celt. *bot*, pied. En teut. *but*, botte, cothurne, soulier, dans Schulter. En bret. *botez*, chaussure en général, dans Le Gonidec. En gall. *bot*, corps rond, botte, bret. *botaoui, boutaoùi*, chausser, gaël écoss. *bót*, gaël irl. *botain, butn*, botte, dans Edwards. Angl. *boot*, botte, l.b. *bota, botta*, sorte de chaussure et particulièrement de chaussure profonde ; mot cité par De Chevallet et par Du Cange.]

Botte, sf. fig. et fam. Terre qui s'attache aux pieds, à la chaussure dans un terrain gras et humide.

Botte, sf. Partie d'une manche fermée, voisine du poignet.

*****Botte**, sf. Morceau de cuir attaché avec des boucles au pied du cheval à l'endroit où il se coupe.

Botter, va. Faire des bottes à quelqu'un ; mettre des bottes à quelqu'un. *Botté, e,* p.

Bottier, sm. Cordonnier qui fait des bottes.

Bottine, sf. Petite botte d'un cuir fort mince ; botte à tige peu haute.

Débotter, va. Tirer les bottes à qqn. *Débotté, e,* p.

Débotter, sm. L'action de débotter ; le moment où l'on arrive.

Rebotter, va. Botter de nouveau. *Rebotté, e,* p.

Se Rebotter, va. pron. Remettre ses bottes.

Emboutir, va. archit. Revêtir de plomb étamé une corniche, ou tout autre ornement de bois. (M. Delatre rapporte ce mot au fr. *botte, bottine*, et à l'it. *im-bott-ire*, rembourrer.) *Embouti, e,* p.

BOTTE, sf. Assemblage de choses de même nature liées ensemble ; assemblage, poignée d'écheveaux, grand amas ; racines en paquet. [1° Du lat. *pultare*, pour *pulsare*, Roquefort dérive les mots *bouture, boutade, boutant, bouton ; bouteille, botte, chaussure ; botte, faisceau, assemblage ; boutoir, butte*, etc. 2° Au sansc. *badh, bandh*, lier, attacher, M. Delatre rapporte les mots *bande, bateau, botte, chaussure, butin, botte*, faisceau, *bouteille*, et le lat. *botulus*, boudin, saucisse, etc. 3° Comme les labiales *b* et *f* se substituent quelquefois, un autre a cru que *botte*, paquet, botte, se rapporte au lat. *fascis*, faisceau, botte, et que de même *bâton, baston*, se rattachent au l. *fustis*, bâton. 4° Bullet forme ce mot du celt. *botel*, botte, faisceau. 5° Trévoux le dérive du lat. *botulus*, qui se prend pour une espèce de farce où il y a beaucoup de différentes choses ramassées. 6° Guichard le fait venir de l'hébr. *haboth*, plié, enlacé, entrelacé. 7° Selon De Chevallet, le mot *botto*, faisceau, est d'origine germ. En anc. fr. *boste*, botte,

d'où *bostelier*, botteleur. B.l. *bostilator*, botteleur ; patois messin *boche*, botte ; prov. *buissa de carbé*, botte de chanvre. Tudesque *bozo*, botte, faisceau, fagot, javelle ; anc. all. *boss*, all. *büschel*, bas all. *botsche*, holl. *bos, bussel*, angl. *bottel*, id., mots cités par le même auteur. En angl. on dit aussi *boot*, botte, faisceau, peloton. Picard *bote*, part, paquet.]

Botteler, va. Lier en bottes. *Bottelé, e,* p.

Bottelage, sm. Action de lier en bottes.

Botteleur, sm. Qui fait des bottes de foin, de paille.

*****Botteau**, sm. Petite botte de foin.

*****Bottelette**, sf. Petite botte de foin, de paille, etc.

*****Botteloir**, sm. Instrument pour réunir les asperges en bottes d'égale dimension.

*****Bottillon**, sm. Petite botte d'herbes ou de racines que l'on apporte au marché.

*****BOUBOULER**, *****BUBULER**, vn. Crier comme le hibou. [Lat. *bubo*, hibou, *bubulare*, boubouler. 1° Le lat. *bubo*, hibou, semble avoir été fait par onomatopée, de même que le tudesque *huwen* et l'anc. all. *huwo*, hibou ; et que le grec *ibux*, sorte d'oiseau criard, *buas*, hibou, *buzó*, crier comme un chat-huant. 2° M. Chavée rapporte le latin *bubo*, le grec *buas*, hibou, et le sansc. *ghúkas*, chouette, à la racine sanscrite *gu*, crier, retentir, gémir. 3° M. Delatre rapporte *bubo* et *buas*, au sanscrit *pú*, battre, souffler. En copte *bom, bon*, hibou, et *bai*, hibou, huppe. Persan *bum*, hibou ; et *bouhad, pouhadj*, hibou (ces deux derniers mots sont pris du polonais). En port. *bufo*, valaque *buhe*, ital. *gufo*, esp. et langue des Troub. *bubo*, hibou.]

*****Boubou**, sm. Un des noms de la huppe.

BOUC, sm. Mâle de la chèvre ; sa peau ; fig. et fam., homme très-puant ; poisson qui sent très-mauvais. [1° MM. Scœbel, Eichhoff et Delatre, font venir ce mot du sansc. *bukk*, hurler, *bukkas*, bouc ; 2° Gésénius, de l'héb. *págah*, il a frappé, d'où, selon lui, le gr. *pégnu-i*, frapper, l'all. *pochen*, frapper, et *bock*, bouc, *bocken*, être en chaleur, en parl. des chèvres, sentir le bouquin ; mouvoir puissamment comme un bouc. Wachter dérive l'all. *bock*, bouc, de l'all. *pochen*, frapper, pousser ; parce que cet animal frappe avec sa corne. 3° Selon De Chevallet, *bouc* est d'origine germ. 4° Klaproth le rapporte au mandchou *bouka*, bouc. 5° Le Trip. lie le fr. *bouc, bique, biquet*, et le gr. *beké*, chèvre, bique, au germ. *bock*, bouc, et à l'indien *bukra*, bouc, *bukri*, chèvre. 6° M. Pictet forme le gaël irl. *bocan*, bouc, de *boc*, sauter. 7° De Brière pense que *bouc* procède du persan *bouc*, bouc, et que de là vinrent aussi le gr. *puthó* et le lat. *puteo*. Ce nom se retrouve en plusieurs langues. En anc. scand. *buk-r*, haut all. anc. *pouko*, bouc, anglos. *bucc, bucca*, bas-saxon mod. *buk*, dan. et holl. *bok*, all. et suéd. *bock*, angl. *buck*, gaël irl. *bocan*, gaël écoss. *boc*, br. *bouc'h*, en Vannes *boc'h*, ital. *becco*, cat. *boc*, anc. fr. *boc, bous*, langue des Troub. *boc*, b.lat. *box, bechus*, bouc.]

Bouc émissaire, sm. Dans le Lévitique, bouc chargé de malédictions que l'on chassait dans le désert ; fig. et fam., homme sur lequel on fait retomber les torts des autres.

Boucage, sm. bot. Plante ombellifère. (Ainsi nommée parce que ses racines et ses semences ont une odeur de bouc très-forte ; ou parce que les *boucs* la recherchent.)

Boucaut, sm. propr. La contenance d'une peau de bouc ; par extension, tonneau qui sert à renfermer certaines marchandises sèches. (De *bouc* : Roq, Honnorat, etc.)

Boucassin, sm. Étoffe de coton dont on fait des doublures. (Ce mot signifie propr. étoffe de poil de *bouc* ou de chèvre. Dans le Gloss. champ. de M. Tarbé, *boucassin, bourquerant, bourcassin,* étoffe de poil de chèvre. En anc. fr. *bouquacin*, sorte d'étoffe ; et *bouqueran*, sorte d'étoffe que l'on croyait faite de poil de chèvre; en turc *boghaci, bohaci,* boucassin.)

*****Bocassin**, sm. Boucassin, étoffe de coton.

Bougran, sm. Grosse toile gommée pour soutenir les étoffes. (De l'anc. fr. *bouqueran*, bougran, fait lui-même de *bouc*, parce que, dit Roquefort, cette étoffe fut d'abord faite de poil de bouc. En b. lat. *boqueranus, bucaranum, buchiranum, boracanus, bucranus,* ital. *bucherame,* bougran; esp. *boucaron,* cat. *bocaram,* langue des Troub. *bocaran,* et *boqueran,* bougran, M. Honnorat et autres disent aussi que ces mots viennent de *bouc*, parce que le *bougran* fut fabriqué d'abord avec des poils de bouc. 2° M. Diez croit que *bougran* vient de l'ital. *bucherare,* percer, trouer; 3° et Bullet forme le fr. *bougran* et le latin *aranea,* araignée, du celt. *aran,* toile. Il ajoute que *boug* de *boug-ran* vient de *boug,* délié. Dans le Gloss. champ. de M. Tarbé, *bougrand,* sorte d'étoffe commune en laine et en fil, doublure de toile. En rouchi *bougéron,* sarrau.)

*****Bougran**, sm. Toile de laine de qualité inférieure.

*****Bougraner**, va. Apprêter une toile, la rendre semblable au bougran. *Bougrané, e*, p.

*****Bougranière**, sf. Titre que l'on donnait aux lingères dans leurs lettres de maîtrise.

Bougonner, vn.fam. Gronder entre ses dents. (M. Delatre rapporte ce mot au sanscrit *bukkas,* bouc, *bukk,* hurler. M. Scheler unit *bougonner* et *bougon,* au lat. *bucca,* bouche, comme *fourgon* à *furca,* l'all. *maulen* à *maul,* bouche : Voy. *Bouche.*) *Bougonné,* p.

*****Bougon**, sm. Celui qui bougonne, qui grogne comme un bouc, qui a l'humeur grondeuse. (En rouchi *bougon,* qui est de mauvaise humeur, et *bougoner,* bouder, parler en marmottant, dans Hécart. Gloss. champ. de Tarbé, *bougon,* grondeur; et *bougonner,* gronder, murmurer.)

Bouquetin, sm. Sorte de bouc sauvage qui vit sur les plus hautes montagnes.

Bouquin, sm. Vieux bouc; satyre; lièvre mâle.

Bouquiner, vn. Se dit des lièvres qui couvrent leurs femelles. *Bouquiné,* p.

*****Rit-bock**, sm. Espèce d'antilope. (Mot holl. signifiant bouc des roseaux.)

Boucan, sm. Lieu où les sauvages de l'Amérique fument leurs viandes; gril de bois sur lequel ils les fument et les font rôtir. (M. Honnorat dérive ce mot de *bouc, bouquetin;* parce que ces animaux sont les premiers dont la chair ait été ainsi préparée. Ferd. Denis soutient, au contraire, que ce sont les Tupinambus qui ont donné le nom de *boucan* au moyen de conserver le gibier et le poisson. D'après Furetière, *boucan* est un mot dont les Caraïbes, peuples des Antilles, se servent pour signifier une claie sur laquelle ils font rôtir et fumer les prisonniers qu'ils ont pris et qu'ils mangent ensuite. Selon Achille de Vaulabelle, les mots *boucan*, lieu de la plus sale et de la plus puante débauche, c-à-d. imiter les boucs, se livrer à la lubricité, se plaire dans la puanteur, hanter les boucans, et *boucanier* homme où *boucan,* habitué des boucans, faits du mot *bouc,* animal réputé lascif et puant, ont perdu ces anciennes significations; de sorte que plusieurs aventuriers français, s'étant établis sur la côte septentrionale de Saint-Domingue, appelèrent *boucan* une espèce de loge dont l'immense foyer était couvert par une claie ou gril en bois sur lequel ils rôtissaient ou fumaient la viande, ou séchaient les peaux. L'épaisse vapeur qui remplissait cette espèce de hutte, l'odeur insupportable qu'y répandait ce mélange de chairs et de peaux soumis à l'action du feu, la malpropreté inhérente à ces préparations et aux grossières habitudes de leurs habitants, faisaient de ces loges de véritables *boucans,* dans toute la vieille acception du mot. Cette dénomination, dit Vaulabelle, doit être attribuée aux chasseurs eux-mêmes, parmi lesquels se trouvaient bon nombre d'aventuriers normands, ou bien à quelques compatriotes établis dans les îles voisines; mais non à des Caraïbes, car il n'y en avait plus depuis longtemps. L'antiquité païenne a signalé aussi la puanteur du bouc et celle de la prostitution. Hor., sat. 4 l. 1, dit : « *Pastillos Rufillus olet, Gorgonius hircum.* » Juvénal dit que Messaline portait dans le lit sacré de l'empereur l'odeur du lieu infâme où elle avait passé la nuit. Comme ces vilains lieux étaient toujours puants, Horace a eu lieu de dire : « *nullam nisi olenti in fornice stantem :* » sat. 2. l. 1.)

Boucaner, va. Préparer, faire sécher de la viande ou du poisson en les exposant longtemps à la fumée. *Boucané, e,* p.

Boucaner, vn. Aller à la chasse des bœufs sauvages.

Boucanier, sm. Autrefois pirate de l'Amérique; auj., celui qui va à la chasse des bœufs sauvages; par ext., gros et long fusil, dont se servaient les boucaniers.

Bique, sf.fam. La femelle du bouc, la chèvre. (M. Delatre rattache ce mot à l'ital. *becco,* à l'all. *bock,* bouc, et au sanscrit *bukkas,* bouc, et *bukk,* hurler. 2° D'autres le dérivent du grec *béké,* chèvre, bique. 3° Le P. Pezron soutient que le fr. *bique* et le gr. *béké* viennent tous les deux du celt. *biq,* chèvre. Quelques linguistes pensent que *bique* et *bouc* sont d'origine différente. De *becco,* bouc, les Italiens ont fait *beccaccio,* méchant bouc, et *beccone,* grand bouc. Dans le Gloss. champ. de M. Tarbé, *bicat, bichat, bichetas, biquat, biquet,* chevreau; et *bique, biquette, bouquette,* chèvre, chevrette.)

Biquet, sm. Le petit d'une bique.

Biquet, sm. Espèce de trébuchet qui sert à peser l'or et l'argent. (On pourrait peut-être calculer par milliers les instruments et les parties d'instruments auxquels les anciens et les modernes ont donné des noms d'animaux.)

*****Biqueter**, va. Peser avec un biquet. *Biqueté, é,* p.

*****Biqueter**, vn. Mettre bas, se dit des chèvres.

*****Biquier, ière**, s. Qui garde les chèvres.

BOUCARO, sm. Terre rouge, fine et odorante qui vient des Indes et dont on fait des pots, des théières, etc. [En esp. *bucaro,* boucaro. François Sobrino fait observer que ce mot était nouveau en 1721.]

*****Bujaro**, sm. Terre bolaire dont on fait en Espagne les vases appelés alcarazas. (Mot espagnol que l'on prononce *boukharo : Barré*.)

BOUCHE, sf. Ouverture qui est dans le visage de l'homme au-dessous du nez, et qui sert à boire, à manger, à respirer, à parler, à chanter, à rire; partie extérieure de la bouche; organe de la voix et de la parole; personne à nourrir; lieu où l'on apprête à manger au souverain; fig., sorte d'ouverture. [Du lat. *bucca,* bouche; au pl. joues; joueur de flûte ou de tout autre instrument à vent; déclamateur, méchant avocat; bouchée; ouverture, cavité. Il y a diversité d'opinions sur l'origine étymologique du latin *bucca*. 1° Ampère le dérive du sanscrit *bhudj,* manger; 2° Delatre, du sanscrit *bhuj*, *bhaj*, tourner, courber, recourber, aller, faire, manger; parce que *bucca* désigne la partie arrondie du visage, la joue, le creux des joues, la bouche; 3° Bopp, du sanscrit *bhaks*, manger, avaler, dévorer; 4° quelques hébraïsants, de l'hébr. *bâqaq*, il a vidé, évacué, ou *bouqâh*, vide, évacuation; 5° le P. Pezron, du celt. *boch*, bouche; 6° Constancio, du grec *buô*, boucher, remplir, fermer, cacher, et *chéô*, verser, répandre, épancher; 7° Doederlein, du grec *buktés*, qui emplit, qui gonfle; ou mugissant, bruyant; 8° et Schulter, du teut. *bac*, joue. En bret. *bôc'h*, joue; gallois *boç*, *boc'h*, joue. Ital. *bocca*, bouche; esp., port., cat. et langue des Troub. *boca*, bouche. Patois de Castres *bouco*, langue des Trouv. *buche*; b. l. *buca*, bouche, et *buccea*, *bucella*, bouchée. Gascon *bouca*, rouchi, flam. et picard *bouke*, bouche. En tchetchentse *bagga*, touchi *bak*, bouche. Prov. de Briançon *boutcho*, prov. de Nice *bocco*. Vallée de la Drôme *boutso*, bouche. Piém. mil., sarde de Sassari, bergam. et vén. *boca*, bouche. Anc. fr. *boce*, *boche*, *bouce*, bouche.]

*__Bouche__, sf. hn. Ouverture d'une coquille univalve.

__Bouche-à-feu__, Canon, mortier, etc.

__Bouches__, sf. pl. Embouchures par où de grands fleuves se déchargent dans la mer.

__Bouchée__, sf. Plein la bouche, morceau d'aliment.

__Boucher__, sm. Celui qui tue les bestiaux, et qui en vend la chair crue en détail. (1° Selon Raynouard, Scheler, Diez, Honnorat, De Valois, Delatre, etc, ce mot serait de la même racine que le mot *bouc*, et aurait signifié primitivement marchand de viande de bouc, puis de toutes sortes de viandes. 2° Turnèbe, Charles de Bovelles, Caseneuve, Jauffret, Gébelin, Gattel, Roquefort, Trévoux, Furetière, Monteil, le général Bardin, etc., rapportent ce mot à la même racine que *bouche*. Trév. dit que *boucher* vient du l. b. *buccarius*, fait de *bucca*, bouche, parce que les bouchers tranchent la viande pour la bouche, parce qu'ils travaillent pour la bouche; que c'est ainsi que l'on trouve aussi *beccarius*, de *becus*, le bec ou la bouche. Il ajoute que les bouchers, en France, ne tuent presque pas de boucs. Un autre écrivain soutient que ce mot ne paraît pas avoir été fait de *bouc* plutôt que de *bouche*, par la raison que la chair du bouc est si puante, surtout quand cet animal est en amour, qu'on n'en fait aucun usage en cuisine. Monteil dit : « Quand on veut parler d'un homme cruel et sanguinaire, on dit : c'est un boucher; cependant l'étymologie offre un sens fort doux; elle signifie l'ouvrier de la bouche. » Le général Bardin forme le fr. *boucher*, du l. b. *buccarius*, artisan de bouche. En l. b. on a dit aussi *buccerius*, *bocherius*, *boquerius*, boucher; *bocherius*, officier de la bouche; et *bocheria*, boucherie, *boquaria*, tuerie, écorcherie.)

__Boucher__, sm. fig. Homme cruel et sanguinaire; chirurgien maladroit.

__Bouchère__, sf. Femme d'un boucher; celle qui vend de la viande.

__Boucherie__, sf. Lieu où l'on rassemble et tue les animaux pour notre bouche, pour notre nourriture; étal où l'on vend la chair en détail; fig., tuerie, carnage, action de tuer une grande quantité de personnes dans un même lieu.

__Bouchoir__, sm. Grande plaque de fer qui ferme la bouche d'un four.

__Bouchelle__, sf. pêche. Entrée de la tour de la bourdigue.

*__Boucheraie__, sf. hn. Nom vulgaire de l'engoulevent.

__Buccal__, __ale__, adj. Qui a rapport à la bouche.

*__Buccellaire__, sm. ant. rom. Client, parasite.

*__Buccellation__, sf. Division en gros morceaux, en bouchées.

*__Buccellé__, __e__, adj. hn. Qui a une très-petite bouche.

__Aboucher__, va. Mettre bouche à bouche; réunir pour conférer. *Abouché*, *e*, p.

__S'Aboucher__, va. pr. Se réunir pour conférer; anat., se dit de deux vaisseaux qui se réunissent et se communiquent.

__Abouchement__, sm. vi. Entrevue, conférence; anat., union, jonction de deux vaisseaux.

__Boucher__, va. Fermer une ouverture, une communication, fermer tous les passages, les fentes, les ouvertures, par où l'air peut entrer en qq. lieu; occuper les avenues ou les passages, pour empêcher qu'il n'entre rien dans une ville, dans un camp, ou que les ennemis n'entrent dans un pays. (1° Delatre rattache ce mot à la même origine que le fr. *bois*, *bosquet*, *bouquet*; *bûche*. Le vi. fr. *buscke*, bois, sous la forme *bousche*, a produit, selon lui, le v. *boucher*, boucher, fermer avec du bois ou des broussailles; et le subst. *bouchon*, vi. fr. *bouschon*, tampon de broussailles, ou de liége dont on clôt les bouteilles; et *bouchonner*, frotter un cheval avec de la paille, etc. 2° Ménage et Morin le dérivent du gr. *buô*, boucher, remplir, d'où *bucare*. 3° Roquefort rapporte ce v. au fr. *bouche*, ouverture en général. Il dit, comme Gébelin, que *boucher* c'est fermer une ouverture au moyen d'un corps étranger qu'on y insère. L'étymologie de M. Delatre est très-séduisante, si elle n'est pas la véritable; on pourrait même y ajouter que *boucher* a été fait du vi. fr. *busche*, bois, de même que *étouper*, boucher avec de l'étoupe ou autre chose semblable, a été fait de *étoupe*. Cependant l'étymologie adoptée par Roquefort paraît encore la plus simple. Il semble très-probable que *boucher* vient de *bouche*, d'où *bouchée*, plein la bouche. C'est ainsi que l'idée de fermer, de boucher une ouverture, se trouve dans le latin *ostium*, porte, ce qui ferme une ouverture, dérivé du lat. *os*, bouche, ouverture. Cette idée se retrouve encore dans le grec *stomoô*, fermer la bouche, fait du gr. *stoma*, bouche, ouverture.) *Bouché*, *e*, p.

__Être bouché__, fig. fam. Avoir peu d'intelligence.

__Bouche-trou__, sm. Qui ne sert qu'à faire nombre.

__Bouchon__, sm. Ce qui bouche ou sert à boucher; tampon de paille ou de foin, avec quoi l'on panse un cheval et le frotte après l'avoir bien étrillé; ce qui sert à boucher une bouteille. (Génin dit que *bouchon* est un diminutif de *bouche*, comme *bestion* de *beste*, *valeton* de *valet*, *peton* de *pied*, *poupon* de *poupée*, etc. B. et Aimé Martin disent que *bouchonner*, en vi. fr., vient de *bouchon*, dim. de *bouche*, mignardise dont on se sert quelquefois en caressant un chat. Il paraît que *bouchon* (de paille ou de foin) désigne proprement un tampon pour boucher une ouverture.

__Bouchon__, sm. Cabaret. (Ce terme est une extension de *bouchon* (de taverne). Ce bouchon était fait de lierre, de houx, de cyprès, de pin et quelquefois d'un chou, etc. 1° Roquefort le rattache à *bouchon*, ce qui bouche, ce qui sert à *boucher*, et à *bouche*; 2° Delatre l'unit aux mots *bûche*, *bosquet*, *bois*, etc. 3° Ménage le dérive de *buxus*, branche de buis. L'étymologie de M. Delatre paraît être la plus simple et la plus naturelle. Voyez *bois*, *bosquet*, *bûche*. Cependant l'enseigne des tavernes appelée *bouchon* a fort bien pu être primitivement un *bouchon* ou tampon de paille ou de foin, ou qq. autre matière ayant la forme d'un bouchon de paille ou de foin, etc. Il n'y a là rien d'invraisemblable. C'est ainsi que, dans les plus anciens temps où régnait la simplicité, on portait pour enseigne militaire un faisceau de foin ou d'herbe attaché au bout d'une perche.)

Bouchonner, va. Mettre en bouchon, chiffonner.

Bouchonner un cheval, Le frotter avec un bouchon de paille. *Bouchonné, e,* p.

Bouchonnier, sm. Celui qui fait et vend des bouchons de liége.

Déboucher, va. Oter ce qui bouche. *Débouché, e,* p.

Déboucher, vn. Sortir d'un endroit resserré pour passer dans un lieu plus ouvert; se dit d'un fleuve, en parlant de l'endroit où il a son embouchure.

Reboucher, va. Boucher de nouveau.

Se Reboucher, va.pron. Se fausser, se replier. *Rebouché, e,* p.

Rebouchement, sm. Action de reboucher; l'effet.

Emboucher, va. Mettre à sa bouche un instrument à vent, afin d'en tirer des sons; manég., mettre le mors; fig.et fam., instruire quelqu'un de ce qu'il faut dire. *Embouché, e,* p.

S'Emboucher, va. pro. Se dit d'une rivière qui se jette dans une autre, ou qui se décharge dans la mer.

Etre mal embouché, pop. Avoir l'habitude de parler impertinemment.

Embouchoir, sm. Bout d'une trompette ou d'un cor, qu'on y adapte lorsqu'on veut en tirer des sons; pièce en fer ou en cuivre, de forme cylindrique, creuse, qui fixe le bois du fusil au canon près de la bouche; instrument pour élargir les bottes.

Embouchure, sf. L'entrée d'un fleuve dans la mer, d'une rivière dans un fleuve ou dans une autre rivière; partie du mors qui entre dans la bouche du cheval; manière dont on embouche certains instruments.

Embouchure de trompette, La partie de cet instrument que l'on met dans la bouche pour en jouer.

*****Embouchure,** sf. L'entrée d'un vase.

Arrière-bouche, sf. Synon. de pharynx.

*****Avant-bouche,** sf.anat. Partie de la bouche qui s'étend jusqu'au voile du palais.

*****Bauquin,** sm. Bout de la canne que le verrier pose sur ses lèvres pour souffler.

*****Boccone,** sm. *****Bocconie,** sf. Genre de plantes d'Amérique. (Ital. *boccone,* bouchée.)

*****Bogue,** sf. Couverture piquante de la châtaigne. (De l'ital. *buccia,* bogue, dérivé du lat. *bucca,* bouche; parce que, dans sa maturité, elle s'ouvre comme une bouche, et montre son fruit comme la bouche ouverte montre les dents.)

Boucon, sm.Morceau de viande empoisonnée, mets ou breuvage empoisonné. (Ital. *boccone, bouchée,* dérivé du lat. *bucca,* bouchée.)

Bouque, sf.vi. Une passe, une bouche, un canal, un détroit. (Lat. *bucca,* bouche, creux, cavité, ouverture; anc.fr. *boucque,* bouche.).

*****Bouque,** sf.pêch. Espèce d'entonnoir en filet, qui sépare les chambres des bourdigues.

Bouquer, va.et n.fam. Se dit d'un singe ou d'un enfant, lorsqu'on les force à baiser ce qu'on leur présente. (1° De l'anc fr. *boucque,* bouche. 2° Selon M. Diez, du septentr. *bucka,* fouler, affaisser, déprimer, haut all.mod. *bücken.* Il est peu probable que ce terme familier vienne du Nord; et sa signification s'accorde peu avec cette dernière étymologie.) *Bouqué, e,* p.

*****Abouquer,** va.adm. Ajouter du sel nouveau sur du vieux : Roq. *Abouqué, e,* p.

*****Abouquement,** sm. Action d'abouquer.

Débouquer, vn.mar. Sortir d'une bouque, d'un détroit, d'un canal. *Débouqué,* p.

Débouqué, e, adj. Sorti de la bouque.

Débouquement, sm.Action de débouquer; bouque, canal, détroit.

Embouquer, vn.mar. Entrer dans une bouque, dans une passe étroite, dans un canal qui est entre des terres, entre des îles. *Embouqué,* p.

Embouquement, sm.mar. Action d'embouquer; entrée d'une bouque, d'une passe étroite, d'un canal entre des terres, entre des îles.

*****Emboquer,** va. Mettre du manger dans la bouche des animaux, afin d'accélérer leur engrais. *Emboqué, e,* p.

*****Prébuccal, ale,** adj. Qui précède la bouche.

BOUCLE, sf. Espèce d'anneau de métal avec un ardillon; tout ce qui en a la forme; anneau; mèche de cheveux formant un anneau; mar., prison; gibecière; heurtoir de porte bien travaillé. [1° Selon Menage, Constancio, Martonne, Noël, Roquefort, etc.; du lat.*buccula,* petite bouche; joue; partie du casque qui protége les joues, mentonnière; bosse d'un bouclier; bouclier; tringle attachée à droite et à gauche dans la catapulte. 2° Du lat. du moyen âge *bucula,* boucle. 3° Du lat. *pluscula,* selon Caseneuve. 4° Du celt.*buccl,* boucle, selon Bullet. 5° Du gr. *plokas,* natte, boucle de cheveux frisés; ou du l.b. *bauga, bauca,* boucle, selon Honnorat. 6° Delatre rapporte le fr. *bourle,* et l'all. *buckel,* bossette, etc., au sanscrit *bhuj, bhaj,* tourner, courber, recourber, aller, faire, manger. 7° Wachter dérive *boucle* de l'all. *buckel,* bosse, tout ce qui a la forme d'une bosse, et *buckel,* du germ. *backe,* colline, petite colline, et *backe* lui-même du v. *bügen,* courber, rendre convexe. Webster a cherché l'origine de ce mot dans l'anglosaxon *bugan,* plier, fléchir. D'après Adelung et Meidinger, les mots all.*bühel,* colline, et *buckel,* bosse, sont des diminutifs de *back* et *buck,* élévation. Jault dérive simplement boucle, de l'all. *buckel,* bosse. 8° Guichard le fait venir de l'hébreu *kébél,* lien, fer, par métathèse. En esp. *bucle,* anc.esp. *bloca,* prov. *bocla,* boucle. Gaël écoss. *bucall,* gaël irl. *bucla,* boucle. Anc.fr. *bocle, blouque,* boucle.]

Boucler, va. Mettre une boucle; serrer avec une boucle. *Bouclé, e,* p.

Boucler, vn.et **Se boucler,** va.pr. Faire prendre la forme des boucles à des cheveux.

Déboucler, va. Dégager des ardillons qui l'arrêtent une courroie passée dans une boucle; déranger, défaire les boucles d'une chevelure. *Débouclé, e,* p.

Bouclier, sm. Arme défensive pour se garantir le corps. (De l'anc.fr. *bucler, bocler,* bouclier, dérivés de l'anc.fr. *bucle, bocle, boucle,* bosse du milieu du bouclier, en lat. *umbo.* En b.lat. *buccula, boucla,* désignèrent cette bosse, et *boclerius* signifia un bouclier. On dit d'abord *escu bucler, escu boucler,* pour *écu à boucle;* puis on a supprimé le substantif, et l'épithète seule est restée pour signifier cette arme défensive : De Chevallet, Wachter, Schulter, Génin, etc., etc. En Tudesque *buchel,* bosse du bouclier, et *buchelere,* bouclier. Langue des Troub. *bocla, bloca,* bosse, bosse du bouclier; et *bloquier,* bouclier. L'invention du bouclier est attribuée aux Egyptiens. Il est parlé du bouclier dans les livres de Moïse.)

BOUDER, vn. Faire la mine par humeur, par caprice; faire la moue; parler entre les dents. [1°M. Paulin Paris dit : « *Bouter,* toucher (aboutir l'un à l'autre), en signe d'intelligence. C'est peut-être e même mot que *bouder,* dont on n'a pu encore découvrir l'origine. En fauconnerie, les oiseaux *boutent* quand ils ont une haleine forte et pénible. » M. Honnorat semble favoriser cette conjecture en disant que le mot béarnais *boutec*, moue, a été formé du prov. *boutada*, boutade, caprice, saillie. 2° Le même auteur, ou un autre, forme *bouder*, du prov. *pout*, *pôt*, lèvre; par l'adoucissement de *p* en *b*, et de *t* en *d*. Le mot savois. *pota*, moue, action de bouder, semble confirmer cette étymologie. De plus les auteurs du Trip. rattachent *bouder*, à *pfut*, mot all. usité sur le Rhin, et à l'angl. *to pout*, bouder. 3° Bullet dérive ce v. du celt. *boud*, bruit ou bourdonnement du frélon, de la guêpe, et autres grosses mouches; 4° et, dans un autre passage, du gallois *mud*, *mûd*, muet, silencieux, taciturne. 5° Nodier et Roquefort rapportent les mots *bouder*, *mufle*, au mot *moue*. 6° Ménage se borne à dire que dans le Bas-Languedoc on dit *boutigna*, bouder; et que les Italiens disent *abbotinarsi*, se mutiner. En savois. *boda*, bouder; patois de Castres *bouta*, bouder; et *boutado*, boutade, bouderie, dans Couzinié.]

Bouder, va. et n. Laisser voir qu'on a de l'humeur, du ressentiment. *Boudé, e, p.*

Bouderie, sf. Action de bouder; froideur de manières.

Boudeur, euse, s. et adj. Qui boude habituellement.

Boudoir, sm. Petit réduit, cabinet fort étroit, auprès de la pièce qu'on habite; cabinet orné avec élégance, à l'usage des dames. (Ainsi nommé apparemment, parce qu'on a coutume de s'y retirer, pour *bouder* sans témoin, lorsqu'on est de mauvaise humeur : Trévoux.)

BOUDIN, sm. Boyau rempli de sang et de graisse de porc, avec l'assaisonnement nécessaire; ce qui a la forme d'un boudin; archit., le gros cordon de la base d'une colonne; petit porte-manteau de cuir; serrur., espèce de ressort formé d'une spirale de fil de fer; perruq., boucle de cheveux en spirale, ferme et un peu longue; min., fusée, mèche. [Du lat. *botulus*, *botulum*, boudin, saucisson, andouille, comme *soudain* de *subitaneus*, *subitaneum*, *coude* de *cubitus*, par l'adoucissement du *t* en *d*. 1° M. de Chevallet ne doute pas que *botulus* ne fût un des mots empruntés par les Romains à la langue des Gaulois. 2° M. Delatre rapporte *botulus*, ainsi que le fr. *boyau*, *bedaine*, *bedon*, *boudin*, l'angl. *pudding*, et l'esp. *bandujo*, tripes, à la racine sanscrite *badh*, *bandh*, lier, attacher. 3° Le Trip. lie le fr. *boudin* et l'angl. *pudding*, au germ. *bettich*, *botech*, à l'angl. *body*, à l'hébr. *beten*, ventre, et à l'ind. *bodah*. 4° Doederlein dérive *botulus*, du grec d'Hésychius *buthalon*, tout ce qui bouche, obstrue, fait lui-même du grec *buzô*, boucher, remplir, obstruer; cacher. 5° Gébelin forme *botulus* du lat. *batus*, pot, d'où *bateau*, bouteille, etc, suivant lui. En b.l. *botellus*, boudin, et *botella*, boyau. Angl. *pudding*, boudin, et *bowels*, entrailles. Bret. *bouzellen*, boyau, intestin; en Tréguier *bouellen*, en Vannes *boellen*. Irl. *putog*, gall. *poten*, boyau, boudin. Ecoss. *putag*, *putagan*, boudin. De là, dit De Chevallet, l'angl. *pudding*, boudin. Picard *boëlles*, savoisi. *boë*, boyaux. Langue des Troub. *budel*, boyau, *budelada*, tripaille; *buela*, bedaine, *en budelar*, éventrer. Langue des Trouv. *boele*, *buele*, *buaus*, *bueaus*, *buille*, boyaux. Ital. *budello*, cat. *budell*, boyau. Patois de Champ. *boudan*, boudin. Anc. fr. *poiiaus*, *boele*, intestins, boyaux, et *eboeler*, éventrer. Rouchi *boiau*, boyau.]

*Boudin, sm. mar. Liston ou bandeau placé autour d'un bâtiment à la hauteur du second pont; rouleau de tabac; outil à fût qui sert à former les moulures appelées aussi *boudins*; boue qui sort d'un tuyau que l'on dégorge avec la sonde.

*Boudinade, sf. Quartier d'agneau désossé, farci de boudins blancs et noirs, mis à la broche, et servi avec une sauce hachée.

Boudin blanc, Boudin fait avec du lait et du blanc de volaille.

Boudine, sf. Masse de verre formant une sorte de noyau au milieu d'un plateau de verre.

*Boudinage, sm. Légère torsion qu'on fait subir au fil de lin avant de le mettre sur les bobines.

*Boudiner, va. Exécuter l'opération du boudinage. *Boudiné, e, p.*

*Boudinier, sm. Qui fait ou vend des boudins.

*Boudinière, sf. Entonnoir pour faire du boudin.

*Boudinoir, sm. Machine à boudiner le fil.

Boyau, sm. Intestin, conduit sinueux des intestins; par analogie, long conduit de cuir adapté à une machine hydraulique. (Lat. *botulus*, boudin, saucisson; b.l. *botella*, *botellus*, ital. *budello*, langued. *budel*, anc. fr. *boël*, *bouële*, boyau.)

Corde de boyau, Corde faite des boyaux de certains animaux, et servant à garnir divers instruments de musique.

Boyauderie, sf. Lieu où l'on nettoie et prépare les boyaux de certains animaux.

Boyaudier, sm. Qui prépare et file des cordes à boyau.

Pouding, sm. Mets composé de mie de pain, de moelle de bœuf, de raisins de Corinthe et autres ingrédients. (Lat. *botulus*, boudin; écoss. *putag*, *putagan*, boudin ; d'où l'angl. *pudding*, boudin.)

Poudingue, sm. Agrégation de cailloux roulés dans le quartz ou unis par un ciment naturel. (De *pouding*, par analogie.)

*Poudingiforme, adj. min. De la forme d'un poudingue.

*Poudingoïde, adj. anat. Se dit d'une substance que l'on trouve dans les dents de plusieurs animaux.

BOUE, sf. La fange des rues et des chemins ; terre délayée, plus épaisse, plus sale, plus noire que la fange; dépôt d'encre épaisse, au fond de l'encrier; pus qui sort d'un abcès. (1° Roquefort dérive ce mot, ainsi que *bouse*, du lat. *bos*, *boos*, *bous*, bœuf, vache, animaux qui sont toujours couverts de bouse, lorsque leur litière n'est pas bien entretenue. *Boue* pourrait bien venir du lat. *bubile*, *bovile*, comme *souillure* et *souiller* de *suile*. 2° Quelques-uns le dérivent du lat. *fimus*, fumier, vidange. 3° Budée le fait venir du gr. *borboros*, bourbe, boue; 4° Guichard, de l'hébr. *bots*, boue; 5° un autre, du persan *bouz*, *buz*, boue. 6° Selon Gébelin, boue serait d'origine celt. Il rattache ce mot au celt. *bu*, *bou*, *bo*, eau. 7° Selon Delatre, le fr. *boue*, ainsi que *bouse*, et l'all. *bad*, bain, se rapportent au sanscrit *badd*, mouiller, baigner. 8° Ménage fait venir *boue* du flam. *broue*, boue. 9° M. Scheler dit : « On trouve *broue* p. *boue*; si cette forme est la primitive, on pourrait supposer à ce mot une communauté d'origine avec l'ital. *broda*, boue, bouillon, et par conséquent avec le fr. *brouet*. 10° De Chevallet soutient que *boue* est d'origine germ. et qu'il est de la même famille que le tudesque *both*, *botch*, boue, bourbe, fange; holl. *bagger*, id. En angl. *bog*, fondrière, bourbier; b.l. *busumsum*, fumier, boue, *bosa*, fumier, boue, bouse. Langue des Trouv. *boe*; picard *baug*, *beue*, lorrain *bodère*, bas-lim. *boudro*, boue. Dans le roman de la Rose, *beue*, *boe*, boue.)

Ame de boue, fig. Ame basse et vile.

Boues, sf. pl. Limon, marais voisins d'eaux

minérales, où l'on se plonge pour certaines maladies.

Boueur, sm. Charretier qui ôte la boue des rues.

*****Boueur,** sm. A Paris, officier qui fait nettoyer les ports.

Boueux, euse, adj. Plein de boue.

Embouer, va. pop. Couvrir de boue. *Emboué, e* p.

BOUÉE, sf. mar. Morceau de bois ou de liège, ou baril vide, qui flotte sur l'eau attaché à qq. pieu ou rocher, pour indiquer les ancres mouillées dans les ports, ou laissées dans les rades. Quelquefois ce mot se prend pour *balise;* et alors la bouée sert à marquer les passages dangereux, afin qu'on les évite. [1º Diez rattache ce mot au lat. *bojœ,* qui, dans Festus signifie une sorte de lien tant en fer qu'en bois; de *boja,* mot employé par Plaute. *Boja* dans Plaute signifie carcan, et vient, selon quelques-uns, du grec *boeia,* peau de bœuf; ion. *boëië;* r. *bous,* bœuf, lat. *bos.* Selon Scheler, bouée, en all. *boje,* est le lat. *boja,* chaîne, corde; la bouée est une pièce de bois flottant sur l'eau, et retenue par une corde, comme souvent, l'accessoire a donné le nom à la chose. 3º Selon De Chevallet, *bouée* est d'origine germanique. 2º On disait *boye,* avant de dire bouée. Jal demande d'où vient ce mot, qui se retrouve très-exactement dans le hollandais *boey,* dans l'all. *boye,* dans l'angl. *buoy,* dans l'esp. et le port. *boya.* « Les Hollandais, dit-il, ont une sorte de navire appelé *boeyer;* il marche très-mal; la *boye* ou *bouée* reste en berne; la *bouée* a-t-elle pris son nom de *boyer?* Et le proverbe marin : « Ce navire marche comme une *bouée* ou une *boye,* » contiendrait-il la véritable étymologie du mot? *Boga* est un substantif espagnol qui veut dire vogue, action de voguer. *Boya* s'est-il fait de *boga?* » 4º Le même auteur a cité plus tard N. Webster qui forme *bouée* de l'anglos. *byan,* ou *baan,* rester, demeurer. 5º Un autre a cherché l'origine du mot *bouée* dans le haut all. anc. *ufan, oba, obe, op, ob,* sur, dessus. En bret. *boé,* bouée. La bouée de sauvetage a été inventée par Conseil en 1838. En ital. *boa,* all. *boje, boye,* holl. *boey,* dan. *boie,* suéd. *boj,* génois *boa,* esp. et port. *boia,* basq. *buia, buya,* angl. *buoy,* bouée, dans Jal.]

BOUFFER, vn. fam. Enfler, gonfler ses joues en soufflant; enfler les joues exprès et par jeu; se dit des étoffes qui se soutiennent d'elles-mêmes, et qui, au lieu de s'aplatir, se bombent, se courbent en rond; se dit aussi du pain, lorsqu'il enfle dans le four par l'effet de la chaleur; et en archit., d'un mur dont l'intérieur n'a point de liaison avec les parements qui, s'écartant, y laissent du vide, et poussent au dehors. [Cette famille de mots paraît devoir son origine à l'onomatopée. Aussi, il ne doit point paraître étonnant si le P. Pujet lie le fr. *bouffer* au latin *bufo,* crapaud, animal fameux par la manière dont il s'enfle, se gonfle; et si d'autres le lient au latin *bubire, bubere,* bouffer, cri du butor. M. Delatre ne paraît point déraisonnable en rattachant à la racine sanscrite *pû, pav,* avec le sens de battre et de souffler dans les langues germaniques, qui en ont tiré *puff,* d'où l'all. *puffen,* battre, faire, souffler, etc. C'est de la même racine sanscrite que M. Benfey tire l'all. *puffen,* l'anc. latin *puvio,* d'où *pavio,* et le gr. *paiô,* je bats, je frappe. Le fr. *pouf, bouffer,* se rapporte encore évidemment au persan *puf,* souffle, action d'éteindre la lumière, et *pufiden,* souffler, éteindre une lumière en soufflant dessus. On pourrait peut-être ajouter le berbère *bek,* pouf, interjection, où l'on voit la gutturale *k* remplacer la labiale *f.* En all. *puffen,* faire pouf, éclater avec un bruit sourd; péter; tirer des coups de feu; va., donner des bourrades; absol., bouffer, dans Schuster. En holl. *puffen, poffen,* souffler; angl. *puffing,* gonflement; et *puff,* bouffée. Fallon range ce dernier mot parmi les racines saxonnes. Ihre rattache le suiogoth. *puff,* coup, et le latin *pavire* à l'all. *puffen.* En ital. *buffare,* souffler; cat., esp., port. et langue des Troub. *bufar,* souffler; basque *bufadac,* vapeur; patois de Castres *bouffa,* bouffer; prov. *bouffar,* souffler, gonfler. Gloss. champ. *buffe,* coup, soufflet, *buffier, buffoier,* souffleter, dans Tarbé. En port. *bafo,* bouffée, et *baforada,* bouffée de vin. Au germanique *puffe,* j'enfle, le Tripart. rapporte le hongrois *puffadok.* En anc. fr. *bufet,* soufflet, tape; *buffer, bouffer,* enfler les joues, b. lat. *buffare.* Anc. fr. *buffeter, buffer, buffoier, bufoier,* donner des buffes ou soufflets; et *buffe,* partie du casque qui couvrait les joues, b. l. *buffa;* et *buffe, buffet, buffeau,* coup sur la joue, soufflet; b. lat. *buffa,* anc. fr. *bouffe,* enflure, bouffissure; orgueil; et *bouffement* souffle, haleine.]

*****Bouffer,** va. Souffler une bête, un veau, un mouton, etc., pour les gonfler, et en rendre la chair plus belle. *****Bouffé, e,** p.

Bouffant, ante, adj. Qui bouffe, qui paraît gonflé.

Bouffante, sf. Petit panier qui servait aux femmes à soutenir et à faire bouffer leurs jupes; sorte de filet léger et gaufré que les femmes se nouaient autour du cou en guise de fichu.

Bouffée, sf. Souffle de vent ou courant de vapeur; halenée; fig. et fam., accès subit et passager, en parl. de la fièvre, des passions.

Bouffette, sf. Nœud de rubans un peu renflés; houppe du harnais.

Bouffir, vn. Devenir bouffi.

Bouffir, va. Enfler. *Bouffi, e,* p.

*****Bouffoir,** sm. Sorte de chalumeau en cuivre, qui servait aux rôtisseurs pour souffler ou bouffir les agneaux.

Bouffissure, sf. Enflure des chairs; fig. du style.

Bouffe, sm. Bouffon. (M. Eloi Johanneau dit : *Bouf* est le bruit que l'on fait en gonflant les joues : de là *bouffer,* et *bouffons* ces gens de néant qui, pour divertir le peuple, enflent les joues en plein théâtre, pour recevoir des soufflets. De là aussi *buffe* pour soufflet, et *rebuffer, rebuffade,* etc. Lat. barb. *buffare,* bouffer; *buffones,* bouffons.)

Les Bouffes, sm. pl. absol. et fam. Le Théâtre Italien à Paris. (Le mot *bouffon* était nouveau du temps de H. Est.)

Bouffon, onne, s. Personnage de théâtre dont l'emploi est de faire rire; plaisant de société, homme qui prend à tâche de faire rire.

Bouffon, onne, adj. Plaisant, facétieux.

Bouffonner, vn. Agir ou parler à la manière des bouffons, faire le bouffon. *Bouffonné,* p.

Bouffonnerie, sf. Ce que dit ou fait un bouffon pour faire rire.

Rebuffade, sm. fam. Mauvais accueil; refus avec mépris et paroles dures. (De l'anc. fr. *buffe,* soufflet, b. l. *buffa,* langued. *bufa.* En ital. *rabbuffare,* souffler contre, rabattre, hérisser; anc. fr. *rebuffer,* chasser avec mépris; ital. *rabbuffata, rebuffade.* Gloss. champ. *rebuffade,* soufflet, et *rebouffer,* réprimander.)

Pouffer, vn. fam. Pouffer de rire. Eclater de rire involontairement. (En flamand *puffen, poffen,* souffler; all. *puffen,* faire pouf, éclater avec un bruit sourd; péter; faire éclater; bouffer; faire bouffer.) *Pouffé,* p.

Pouf, mot qui exprime le bruit sourd que fait un corps en tombant.

Pouf, adj. invar. Se dit des pierres qui, quand on les travaille, s'égrènent, tombent en poussière, et produisent un bruit comparativement sourd.

S'Épouffer, va. pr. pop. S'enfuir secrètement, disparaître; se mettre hors d'haleine pour rien. *Epouffé*, e, p.

Épouffé, e, adj. fam. Se dit d'une personne qui s'empresse pour un sujet peu important, de manière à être toute haletante.

BOUGE, sm. Petit cabinet de décharge; logement étroit et malpropre. [1° M. Honnorat dérive ce mot de l'all. *bogen*, courbe, courbure. A l'appui de t mologie, on peut citer le grec *kamara*, voûte, ch e voûtée, fait du gr. *kamptî*, courber, fléchir, ploer, le fr. *bouge*, nom que les charpentiers donnent à un pièce de bois qui a du bombement, et qui courbe en uelque endroit; et *bouge*, demi-cercle autour du fon de l'assiette, ainsi appelé par les potiers; etc. Le uchat, qui donne la même étymologie, soutient que s bouges des maisons étaient autrefois bâtis fo e de voûte. 2° Roquefort lie le fr. *bouge* à *bu* , *ouse*, *bœuf*, etc. 3° Noël et Tarbé le dérivent u bl. *bulga*, bourse, sac, poche, chambre, chambrette, braguette. 4° Du Cange le dérive simplement du l. b. *bugia*, maison fort petite. Gébelin a suivi cette dernière étymologie. 5° D'après Casencuve, *bouge* serait d'origine germ. et pourrait se rapporter à l'all. *bauen*, bâtir, construire; au suéd. *bo*, dan. *boe*, anc. scandin. *bua*, demeurer, habiter; et surtout à l'anglos. *buan*, *byan*, *bijan*, *bugian*, demeurer, habiter. 6° Scheler unit le fr. *bouge* à l'ital. *bolgia*, vi. fr. *boge*, sac de cuir, à l'adj. lat. *bulgia*, dérivé de *bulga*, mot gaulois, d'après Festus, au gaël *builg*, an. irl. *bolg*, au haut all. anc. *bulga*, de *belgan*, enfler, et *bulg*, peau. En lat. barb. on a dit aussi *bugetum*, bouge, cabane, cahute, et *baugium*, bouge. Roquefort cite l'anc. fr. *bauche* ou *bauge*, fort petite maison, chaumière.]

BOUGER, va. Se mouvoir, se remuer, changer de lieu. [1° Selon Gébelin, ce mot peut venir de *bouge*, propr. se transporter dans un *bouge*. M. Delatre dit: « Les langues néo-latines ont tiré plusieurs verbes exprimant un mouvement, du substantif exprimant un point donné dans l'espace, une limite; ainsi, de *marche* (frontière) on a fait le verbe *marcher*, de *bouge* on a fait *bouger*; de *mont*, *monter*; etc. » 2° Leibnitz dérive le fr. *bouger*, du haut all. anc. *biugan*, haut all. mod., *biegen*, céder, fléchir, fuir; puis du haut all. anc. *bogen*, néerl. *bogen*, suisse *bogen*, anc. septentr. *beugen*, plier, courber, fléchir. Frisch a suivi cette étym. 3° Noël le dérive de l'all. *bewegen*, faire changer de place, mouvoir, remuer, agiter; mot qui est lui-même un dérivé de l'all. *weg*, chemin, et du préfixe be formé de la préposition *bei*, auprès de, près, chez; en, dans, avec; 4° Astruc et Bullet, du bas bret. *boulgein*, se remuer. 5° On pourrait encore le dériver du sanscrit *tvag*, mouvoir. 6° M. De Chevallet soutient que *bouger* est d'origine germ. Il rattache ce v. au tudesque *wegen*, bouger, remuer, se mouvoir, être agité; goth. *vagan*, *wiagan*, anc. scandin. *waga*, angl. to *wag*, suéd. *wagga*, *wœga*, id. 7° D'après Scheler, *bouger* signifierait propr. être en ébullition, et se rapporterait au prov. *bolegar*, bouger, dérivé de *bulir*, *bolir*, fr. *bouillir*, lat. *bullire*. En esp. et en port. *bojar*, langue des Troubadours *bojar*, bouger, se retirer.] *Bougé*, p.

Bougeoir, sm. Petit chandelier sans pied et à manche, pour aller çà et là dans la maison. (1° Roquefort et autres rattachent ce mot au verbe *bouger*, se

---

mouvoir, changer de lieu; et d'autres au mot *bougie*, dans le sens de chandelier où l'on met une bougie.)

BOUGETTE, sf. vi. Petit sac de cuir que l'on porte en voyage; petit sac ou poche pour les voyageurs, qu'on porte à l'arçon ou sur la croupe. [*Bougette* est un dim. de *bouge*, qui se disait autrefois dans le même sens. On prononçait dans les commencements *boulge*, dit Trévoux. *Boulge* a été fait du lat. *bulga*, mot gaulois, selon Festus, Cluvérius, M. De Belloguet, Gébelin, Varron, Wachter, le marquis de Fortia, etc. etc. *Bulga*, dans Festus, signifie sac de cuir; dans Varron, havresac; dans Lucilius, matrice. Le Tripart. et Meidinger lient le latin *follis*, soufflet, bourse de cuir, au mot *bulga*. Le grec *molgos* n'est pas étranger à *bulga*, m et b se permutent assez souvent. Vossius pense que les Gaulois ont emprunté le mot *bulga* aux Phocéens qui fondèrent Marseille. Benfey soupçonne que le grec *molgos*, sac de cuir, qq. f. espèce de chariot garni en cuir, a été formé du grec *morgos*, charrette d'osier pour charrier la paille. Les deux liquides *l* et *r* se substituent fréquemment l'une à l'autre. *Morgos* a pu venir lui-même de l'hébreu *mérekkâb*, selle, monture, d'où l'hébr. *merekkabâh*, char, voiture, attelage. Delatre rattache les mots *bougette*, petit *bouge*, espèce de petit cabinet, et *blague* (à tabac), *valise*, *baille*, demi-futaille, etc., au sanscrit *valaka* et *valka*, ce qui enveloppe, ce qui couvre, écorce, et *valaka*, *valka*, à la racine sanscrite *val*, couvrir, enceindre, rouler. Wachter dit que le lat. *bulga*, ainsi que le germ. *balg*, est un mot celt. très-anciennement usité chez les Gaulois, les Bretons, les Goths, les Saxons et les Francs. Ampère assure qu'à la tête des mots auxquels on attribue une origine celtique on doit mettre ceux qui sont donnés pour gaulois par les anciens, comme *bulga*, bourse de cuir, d'où l'anc. f. *boulge*, *boulgette*, d'où *bougette*. La bougette, ajoute-t-il, est devenue le *budget* des Anglais. En anc. scandin. *belg-r*, peau. All. *balg*, écale, peau, outre; haut all. anc. *palg*, *balk*, suéd. *balg*, dan. *balg* et *baelg*, anglos. *baelg*, belg. *tylg*, *baelge*, écale, peau, outre. Gaël écoss. et irl. *bolg*, sac de peau. Gr. vulgaire *bolgion*, ital. *bolgia*, bougette de cuir. El. Johanneau cite l'anc. fr. *bulget*, *beuget*, *bouget*, pour *bulgeta*, dim. de *bulga*, sac de cuir, bourse, d'où l'angl. *budget*.]

Blague, sf. Vessie ou petit sac de peau ou de grosse toile où les fumeurs mettent leur tabac. (Par une légère métathèse, du lat. *bulga*, sac de cuir, all. *balg*, peau, enveloppe. « A fin de contenir le tabac, on employait primitivement la blague du pélican par préférence à tout autre sac cousu ou tricoté quelconque... Au lieu de jabots, il y eut des vessies soigneusement attifées et gonflées, que les marchands de tabac suspendaient dans leurs boutiques, avec bouffettes et pendeloques en soie, à la façon des lanternes chinoises; de là peut-être aussi le proverbe: *Prendre des vessies pour des lanternes*; etc. De Maussion, A Luchet.) *Blaque*, sf. Blague.

Budget, sm. Etat annuel des dépenses que l'on présume avoir à faire, et des fonds ou revenus affectés à ces dépenses; budget de l'État qui est soumis chaque année à l'examen du corps législatif. (De l'angl. *budget*, fait lui-même du fr. *bougette*, *bogête. On doit, dit Quitard, trouver assez facile le passage de *bogète* en *budget*, surtout chez les Anglais qui donnent à l'*u* le son de l'*o*; et il faut remarquer en outre que les Languedociens ont toujours dit dans leur patois *lou bugé* ou *lou budjet* en parl. d'une garde-robe ou d'un endroit où ils renferment diverses choses.)

BOUGIE, sf. Chandelle de cire; chir., petit cylindre flexible et sans cavité, fait de cire ou d'autre matière, inventé par Aldreto, médecin portugais. [1° Denina et D. Francisco de S. Luiz disent que *bugia*, bougie, mot esp., d'où le fr. *bougie* et *bougeoir*, est universellement connu pour être pris du nom d'une ville d'Afrique, d'où l'on tirait des chandelles de cire. Barbazan, Honnorat, Roquefort, etc., disent aussi que *bougie* vient du nom de *Bugie*, ville située sur la côte d'Afrique, d'où l'on tirait beaucoup de cire et beaucoup de bougies. Selon Pihan, *bougie* vient de l'ar. *bédjaïit*, nom d'une ville d'Afrique bâtie sur la Méditerranée, à l'est d'Alger. C'est de là, dit-il, qu'anciennement on tirait la cire employée à la fabrication des chandelles connues sous le nom de bougies. 2° Le Tripart. soutient que *bougie* ne vient pas de *Bugia*, mais de l'all. *wachs*, cire, en russe *vosk*, slave *woisk*, polon. *wosk*, cire. Mais la première étym. est préférable. En 1699, on disait encore chandelle de cire. Au temps de sa prospérité Bougie, ou Bugia, ou *Bedjaïit*, entretenait des relations commerciales très-actives avec les villes maritimes de France, d'Espagne et d'Italie. Les marchands chrétiens venaient chercher dans son port, du blé, de la laine, des cuirs, de la cire. En berbère Begaïl, Bougie, ville d'Afrique. En lat. barb. *bugia; butgia, bogia*, bougie; it., esp. et port. *bugia*, langue des Troubadours *bogia*, bougie.]

Bougier, va. Passer sur la cire fondue d'une bougie allumée les bords d'une étoffe, pour empêcher qu'elle ne s'effile. *Bougié, e,* p.

BOUILLIR, vn. et a. Se dit des liquides que la chaleur fait élever en bulles, en bouillons; faire cuire dans de l'eau dans un autre liquide. [Du lat. *bullire, bullio*, bouillir; surnager au-dessus de l'eau agitée. 1° Nodier regarde ce v. comme une onomatopée du bruit que fait un liquide échauffé. 2° Bopp le rapporte au sanscrit *gval*, flamber, brûler; 3° Doederlein, au grec *bluzô*, sourdre, jaillir, par assimilation; Vossius a donné la même étymologie; 4° le P. Pezron, au celt. *buil, bul*, boule ou bouteille ronde qui se forme sur l'eau; 5°Bergier, au grec *ballô*, jeter, lancer; 6° Martinius, au grec *phluô*, bouillir, bouillonner; 7° Delatre, à la racine sanscrite *pú*, nettoyer, souffler. En ital. *bullire*, bouillir; lat. et esp. *bullir*, langue des Troubadours *bulhir, buillir, bolhir, boillir*, bouillir. En langued. *boulir*, rouchi *bouilr*, savoisien *boilli*, picard *bolir* et *boulir*, bouillir. En anc. fr. *boulir*, bouillir, et *boillant*, bouillant.] *Bouilli, e,* p.

Bouillant, ante, adj. Qui bout; fig., vif, prompt, ardent.

Bouille, sf. Perche pour troubler l'eau.

Bouiller, va. Agiter, troubler l'eau avec une bouille. *Bouillé, e,* p.

Bouilli, sm. Viande cuite dans un pot et à petits bouillons; bœuf.

Bouillie, sf. Aliment fait de lait et de farine bouillis ensemble; chiffon bouilli dont on fait le papier et le carton.

Bouilloire, sf. Vaisseau à faire bouillir de l'eau.

Bouillon, sm. Petite bulle qui se forme à la surface d'un liquide lorsqu'il bout; bulle d'air engagée dans le verre; eau bouillie avec de la viande; onde qui se forme sur un liquide agité, tombant ou jaillissant; sang qui sort abondamment du corps; par ext., gros pli rond à une étoffe.

Bouillon-blanc, sm. bot. Plante dont les feuilles et les fleurs sont employées en médecine.

Bouillonner, vn. Jaillir, tomber, ou s'agiter en formant des bouillons. *Bouillonné, e,* p.

Bouillonnant, ante, adj. Qui bouillonne

Bouillonnement, sm. Agitation d'un liquide qui bouillonne.

Bouillotte, sf. Bouilloire.

Bouillotte, sf. Espèce de brelan à cinq personnes, où l'on cède sa place quand on a perdu sa cave. (Ce jeu marche avec une vitesse propre à entraîner de grandes pertes avec le plus petit enjeu. C'est probablement ce qui lui a valu son nom: M. Frégier.)

*Bouillaison, sf. Fermentation du cidre.

*Bouillerie, sf. Distillerie d'eau-de-vie.

*Bouilleur, sm. Vase qui contient l'eau en ébullition dans une machine à vapeur; chef d'un atelier de distillation.

*Bouillie, sf. Dans les environs de Calais, boisson aigrelette préparée avec de la farine qu'on laisse fermenter dans l'eau.

*Bouilltoire, sm. monn. Opération par laquelle on fait bouillir et blanchir le métal avec de l'eau, du sel et du tartre.

*Bouillon, sm. Dégraissage des laines avant de les teindre; la première des deux manipulations que l'on fait subir aux draps avant de les teindre en écarlate; eau de fumier; pêch., grande quantité de harengs; art vétér., excroissance de chair baveuse dans les plaies des chevaux; passement., petit fil d'or ou d'argent écaché et tourné en rond; cannetille plate et luisante; bot., la camomille puante.

*Court-bouillon, sm. Sauce pour le poisson.

Débouilli, sm. Opération pour éprouver la teinture d'une étoffe, ou pour l'ôter.

Débouillir, va. Faire bouillir une étoffe pour éprouver la teinture ou l'ôter. *Débouilli, e,* p.

Ebouillir; vn. Diminuer à force de bouillir. *Ebouilli,* p.

*Ebouillanter, va. Tremper, dans l'eau bouillante, les cocons de vers à soie, pour tuer les chrysalides. *Ebouillanté, e,* p.

Ebullition, sf. Mouvement d'un liquide qui bout sur le feu; action de bouillir; chim., dégagement de bulles d'air; méd., éruption passagère sur la peau.

Rebouillir, vn. Bouillir de nouveau. *Rebouilli,* p.

*Rebouil, sm. Sorte de laine, pelade tirée des peaux de mouton et qu'on plonge dans la chaux.

Bulle, sf. Petite éminence ou globule rempli d'air qui s'élève sur l'eau bouillante, sur les eaux agitées. (L. *bulla*, bulle; r. *bullio*, bouillir.)

Bulle, sf. Petite boule d'or ou d'argent, ou d'autre métal que les enfants de patriciens portaient au cou, chez les Romains. (Cet ornement prit ce nom, parce qu'il ressemblait à ces bulles qui se forment sur l'eau quand il pleut.)

Bulle, sf. Lettre du Pape expédiée en parchemin, au bas de laquelle est un sceau de plomb de figure ronde, représentant d'un côté la tête de S. Pierre à droite, et celle de S. Paul à gauche; de l'autre côté est écrit le nom du Pape régnant, et l'année de son pontificat. (Du l. *bulla*, ornement d'or ou d'argent orbiculaire, fait en boule, fait en rond; parce que, dit Bullet, la bulle est le sceau que l'on gravait sur ces ornements. Trévoux dit que généralement tout rescrit, où il y a plomb pendant, s'appelle bulle, que la bulle n'est propr. que le sceau, et le plomb qui donne son nom au titre. Du 9e au 12e s., on a désigné constamment par le mot *bulla* les sceaux des rois de France, ceux de quelques grands seigneurs, et surtout ceux des prélats et des chapitres. Les Grecs appelaient *boulla*, l'empreinte du sceau; *boullotérion*, l'instrument avec lequel on faisait cette empreinte.)

Bulle, sf. Constitution de quelques empereurs.

Bullaire, sm. Recueil de bulles du Pape.

*Bullaire, sm. Ecrivain qui copiait ces bulles.

Bullé, e, adj. Qui est en forme authentique.

*****Bullé, e,** adj.hn. En forme de petite vessie; parsemé de bosselures.

*****Bullée,** sf.hn. Genre de coquilles univalves.

*****Bulléen, enne,** adj. Semblable à une bullée.

*****Bulléens,** sm.pl. Famille de mollusqués à coquilles univalves.

*****Bullées,** adj.f.pl.bot. Se dit des feuilles, quand le parenchyme, trop développé pour combler exactement les intervalles qui se trouvent entre les nervures, forme des saillies arrondies en dessus.

*****Buller,** va.anc.chancell. Sceller un acte avec une bulle. ***Bullé, e,** p.

*****Bullescence,** sf.bot. Etat d'une plante dont les feuilles semblent être couvertes de bulles.

Bulletin, sm.propr. Petite bulle, ou papier roulé. Petit papier sur lequel on donne par écrit son vote; petit écrit par lequel on rend compte de l'état actuel d'une chose. (Du dim. ital. *bulletino*, billet, tiré du lat. *bulla*, sceau ou cachet des bulles : Le gén. Bardin.)

*****Bullette,** sf. Droit que le seigneur prélevait dans le pays messin. Ce droit consistait dans le quarantième denier des acquisitions et des obligations. (Dans le même pays, *bullette* se disait pour sceau public.)

*****Bulleux, euse,** adj.phys. Parsemé de bulles.

*****Bullier,** sm.hn. Mollusque qui habite les bullées.

*****Bullifère,** adj.phys. Qui porte des bulles.

*****Bulline,** sf. Genre de coquilles univalves.

*****Bullulé, e,** adj.phys. Parsemé de petites bulles.

Boule, sf. Corps arrondi en tous sens, corps sphérique. (Du latin *bulla*, bulle qui se forme sur l'eau bouillante ou agitée; r. *bullio*, bouillir, suivant Ménage, Jault, De Bovelles, Béronie, Nodier, Gébelin, Gattel, Roquefort, Couzinié, Delatre, etc., etc. 2° Du latin *pila*, balle, boule, d'après Trév., Méindinger et Reiff. 3° Du grec *bôlion*, petite glèbe; d'après Dindorf. Ménage et Gattel disent que *boule* vient de *bulla*, à cause de la rondeur de la bulle et de celle de la boule. En kymrique *pol*, rond, *bolawd*, boule. En port. *bolla*, boule; esp., cat. et langue des Troub. *bola*, savois. *bola*, patois de Castres *bolo*, boule. Gall. *bwl*, bret. *boul*, *bloue*, boule.)

Boule-de-neige, sf.bot. Espèce de viorne.

*****Bouler,** va. et n. Enfler son jabot, en parl. de pigeon; enfler, en parl. du pain; enfler par la racine, en parl. du grain. (Du fr. *boule*, fait du lat. *bulla*, bulle, comme l'anc. fr. *bouler*, bouillir, du latin *bullire*.) *Boulé, e,* p.

Boulet, sm.dim. Boule de fer fondu dont on charge les canons; peine afflictive et infamante qui consiste à traîner le boulet; jointure au-dessus du paturon du cheval. (« Du lat. *bulla*, qu'on fait venir du grec *phluô*, je bouillonne ». Jal.)

Bouleté, e, adj. Se dit d'un cheval qui a le boulet mal placé.

Boulette, sf. Petite boule; viande hachée mise en boule; petite boule de pâte, ou de cire, de papier, de mie de pain.

*****Boulette,** sf.bot. Nom de plusieurs plantes à fleurs en boule.

Bouleux, sm. Cheval trapu, qui n'est bon que pour un service de fatigue; fig., homme gros et gras.

Bouleverser, va.propr. Faire tourner comme une *boule*. Renverser, ruiner, abattre; mettre en désordre, agiter violemment, troubler. *Bouleversé, e,* p.

Bouleversement, sm. Renversement qui produit un grand désordre.

Boulingrin, sm. Tapis, ou pièce de gazon soignée. (De l'angl. *bowlingreen*, qui cependant est d'origine française et qui signifie tapis de verdure sur lequel on joue aux boules; de *bowl*, boule, et *green*, verdure. Anciennement on jouait aux boules sur le gazon qui bordait les villes; cela s'appelait *bouler sur le vert*, et le lieu en retint le nom: De la Quintinie, De Théis, Ment., Gatt., Roq., Noël, Delatre, etc.)

Bouloir, sm. Instrument à tête ronde et à manche pour remuer la chaux : Roquefort.

*****Boulure,** sf. Rejeton qui pousse sur la racine d'un arbre. (Du v. *bouler*, renfler son jabot, renfler, en parl. du pain; enfler par la racine, en parl. du grain; fait du lat. *bulla*, bulle; r. *bullire*, d'où le vi. fr. *bouler*, bouillir.)

A la boule vue, A boule vue, loc. adv. et fam. Précipitamment, avec peu d'attention.

Caramboler, vn. Au jeu de billard, toucher deux billes avec la sienne du même coup. (Roquefort rattache ce v. au mot boule. Scheler suppose que *carambole* signifiait d'abord le jeu de quatre billes, comme *triambole* le jeu à trois billes, et que la syllabe *car* pour *cadr.* représente le mot *quatre*. Constancio forme ce v. de l'anc. mot *car*, angle, coin, de *amb*, deux, et de *boules*; d'où le port. *carambolar*, caramboler; et *carambola*, carambolage, tour, attrape. En rouchi *carambole*, tromperie; esp. *carambola*. De même le fr. *boule* a signifié tromperie, et *bouler*, tromper.)

Carambolage, sm. Action de caramboler.

Ebouler, vn. Tomber en roulant comme une boule, tomber en ruine, rouler en s'affaissant. *Eboulé, e,* p.

Eboulement, sm. Chute de la chose qui s'éboule; état de la chose éboulée.

Eboulis, sm. Amas de choses éboulées.

Bowl, et **Bol,** sm. Coupe en demi-globe, vase demi-sphérique, servant à prendre le lait, le punch. (Delatre affirme que le fr. *boule* a fait en angl. *bowl*, godet, grande tasse (en forme de bodlé) et *bowling*, jeu de boules. Meidinger lie l'angl. *bowl*, au norvégien *bolle*, vase rond à boire, pot; et au holl. *bolster*, écale, gousse, et *bolrond*, rond comme une boule, sphérique. Le fr. *boule* a produit aussi en angl. *bowl*, boule.)

BOUJARON, sm.mar. Petite mesure de fer-blanc qui sert, dans la cambuse, à distribuer les divers liquides à l'équipage, et qui contient le seizième d'une pinte. [M. Jal dit : « Il paraît certain que *jarre* entre en composition dans ce mot; mais que représente la syllabe *bou?* » On pourrait supposer aussi que *boujaron* tient, par métonymie, au mot *bujaro*, terre bolaire dont on fait en Espagne les vases appelés alcarazas. *Bujaro* en esp. se prononce *boukharo*].

BOULEAU, sm. bot. Sorte d'arbre de médiocre grandeur, dont les menues branches servent à faire des balais. [Du lat. *betula*, *betulla*, bouleau, dans Pline. 1° C'est un mot gaulois, dit Pline. M. Delatre dit: « Du celt. *beith*, les Latins firent *betulla*, dim.; de là le vi. fr. *bedoule*, *beoule*, *boule*, *boulel*, surdimin., bouleau. Il est remarquable, ajoute-t-il, que le mot français vienne de la forme latine, et non pas de la forme celt., comme le prouve la terminaison *oul*; lat., *ull*. Ainsi la langue nationale était si complètement éteinte dans les Gaules quand se forma le fr. qu'il tira la plupart de ses mots du latin, non pas directement du gaulois, mais indirectement du latin. » De Théis dit que le lat. *betula* vient du celt. *ô tu*, bouleau, d'où *beatha* en langue erse, et *bouleau* en fr. 2° Il a été fait du mot *bette*, que Gébelin fait venir le lat. *beta*, *betonica* et *betula*, du celt. *bat*, *bet*, *bed*, rouge. Le bouleau, dit-il, est de couleur rouge, moins une espèce. L'écorce du bouleau change de couleur suivant son âge : elle est roussâtre dans les jeunes troncs, blanche dans les plus avancés, et gersée sur les vieux pieds. L'écorce des plus petites branches est d'un rouge éclatant; mais celle des plus grosses est blanche. 3° C'est pourquoi Wachter, d'après Martinius, a autant de raison de dériver *bétula*, du germ. *wit*, blanc; car Pline a dit que ce végétal est admirable par sa blancheur, et l'anc. germ. *bik*, bouleau, a été fait de *brechen*, briller, resplendir. 4° Doederlein a cherché l'origine du lat. *betula*, dans le grec *batos*, buisson qui produit des mûres sauvages. 5° Matthiole, ainsi que J. Henricus, croit que *betula* doit son nom au *bitume*, qu'il fournit; 6° et C. L. pense que *betula* signifie propr. verge, et qu'il a été fait du latin *batuo*, je bats, je frappe. M. de Chevallet soutient aussi, d'après Pline, que *betula*, bouleau, est d'origine gauloise, et que *betulus*, *betule*, sont des dimin. du primitif celt. Le même auteur cite l'irl. *beith*, bouleau, l'écos. *beith, beithe*, le bret. *bezo, bé, beu*, le gall. *bedw*, bouleau. M. de Belloguet fait à peu près les mêmes citations. M. Guessard dit : «Le fr. *boulet*, ou *bouleau*, est le dimin. de *boul*, lequel procède, mais non pas directement, du lat. *betula*, car *betula* aurait produit *boule*, dont *boul* est la forme masculine.» Flaherty explique l'anc. irl. *beith, beithe*, non pas par *bouleau*, mais par *hêtre*. En b.-l. *bolum, boulus, betolia, vetolia*, bouleau; anc. fr. *bolaie, bool, boul, boulz, boust*, bouleau. Dans le Dict. de M. Honnorat, *bes* est le nom languedocien et montagnard du bouleau, et *bessol* est un des noms bas-limousins du bouleau. En picard *boule, bouillet*, bouleau, dans le Dict. de l'abbé Corblet. Gloss. champ. de M. Tarbé, *boof, bouf, boule*, bouleau. En rouchi *boule, boulille, bouie*, bouleau, dans Hécart. En asturien *a-vedul*, galicien *bedulo*, bouleau, mots cités dans les Ann. des Voy.]

Boulaie, sm. Lieu planté de bouleaux.

***Bouleraie**, sf. écon. rur. Terrain planté en bouleaux.

***Bétulacé, ée** adj. bot. Semblable au bouleau.

***Bétulacées**, sf. pl. Famille de plantes.

***Bétulaire**, adj. Qui a rapport au bouleau.

***Bétuline**, sf. chim. Sorte de camphre que l'on trouve dans l'épiderme du bouleau.

BOULEVARD, sm. Le terre-plein d'un rempart; tout le terrain d'un bastion ou d'une courtine; rempart; fortification avancée qui protège les autres; par ext. promenoir planté d'arbres faisant le tour d'une ville, et occupant d'ordin. l'espace où étaient d'anciens remparts; fig., place forte contre les invasions; fig. encore, tout ce qui offre à une grande réunion d'hommes, à un ou plusieurs peuples, sauvegarde et protection. [1° Le gén. Bardin dit : « Le mot *garde* dérive du l. b. *wardia*, provenu lui-même du teuton. Si l'on en croit Gébelin, on a d'abord traduit en fr. *wardia* par *vard*; cet écrivain dit que c'est en ce sens que Laurière appelle *banward*, ou gardien du ban, les gardes champêtres. Quelques remarques justifient l'opinion de Gébelin et de Laurière; ainsi le mot *boulevard* est probablement composé en partie des expressions *wardia, vard*, et Roquefort témoigne qu'on a dit d'abord *woarder*, pour *garder*, veiller à l'échauguette. » 2° On trouve, dans Du Cange, *burgvar-dum*, rempart du bourg; boule-var-d, fortification, place forte, etc., mot que M. Delatre rattache à l'all. *wart-e*, guérite, échauguette, et au sanscrit *vri-ta*, couvert, fait lui-même du sanscrit *vri, var*, prendre, couvrir, garder. 3° Selon Du Cange, Schulter, Diez, de Chevallet, Ménage, Hoffman, etc., le mot boulevard est d'origine germanique. D'après le journal la Patrie, Ier déc. 1858, cette origine est simplement l'all. *burg*, forteresse, et *ward*, garde. 4° Le Gonidec le forme du bret. *poull*, fosse ou fossé, et de *gward*, garde, défense, d'où le celto-breton *boulouard*, boulevard. 5° L'abbé Tuet le compose du fr. *boule-vert*, c'est-à-dire *vert* à boules, à jouer aux boules; parce que, du temps de Corneille, on appelait *le vert* le gazon du rempart sur lequel on se promenait. 6° D'autres le dérivent de l'ital. *baloardo*, boulevard, qu'ils forment du grec *balló*, jeter, lancer. 7° Selon De Chevallet, la signification étymologique de *boulevard* est celle d'ouvrage de défense construit avec de grosses pièces de bois; tels étaient, en effet, les anciens boulevards. En tudesque *bole*, tronc, poutre, madrier, et *werk*, ouvrage; danois *bolverk*, boulevard, de *bul*, tronc, et *verk*, ouvrage; suéd. *bolverk*, angl. *bulwark*, all. *bollwerk*, holl. *bolwerk*, boulevard, mots cités par De Chevallet; pol. *bulwark*, ital. *baluardo*, esp. et port. *baluarte*, cat. *baluart*, lang. des Troub. *balloar*, boulevard.]

BOULIN, sm. Trou dans un colombier où les pigeons se nichent; pot de terre pour le même usage; trou fait à un mur pour recevoir les pièces de bois qui portent les échafaudages. [1° Les uns dérivent ce mot du fr. *boule*, dans le sens de pot ou panier de forme ronde; 2° les autres, du grec *bólinos*, construit avec des briques.]

BOUQUIN, sm. Vieux livre de peu de valeur. [Ce mot était récemment introduit du temps de H. Estienne. De l'anc. néerl. *boeckin*, petit livre; all. *buch*, livre. Le dimin. néerl. *kin* se trouve encore en fr. dans *mannequin, brodequin, vilebrequin*. M. Scheler. Au dire de M. Ampère, les mots empruntés à l'idiome des vainqueurs ont presque toujours été marqués, par les vaincus, du cachet de leur aversion pour tout ce qui tenait à la race de leurs maîtres. On a cité souvent l'all. *land*, terre, qui est devenu en fr. *lande*, terre infertile; *buch*, livre, a donné naissance à *bouquin*, un vieux livre; *ross*, le nom poétique du cheval, est devenu une *rosse*, un méchant cheval, etc. 1° Olaus Wormius rapporte que les Scandinaves gravaient sur des tablettes de hêtre leurs caractères runiques, qui avaient pris de cet usage le nom de *bogstave*, formé de *bog*, hêtre, *stav*, branche. De là, d'après lui, l'all. *buch*, livre. Ils se servaient aussi des branches du frêne, suivant le poète Fortunat. 2° Selon Martinius, Stiernhielmius, Wachter, Schuster, etc., l'all. *buch*, livre, a été fait tout simplement de l'all. *biegen*, plier, rouler, enrouler, comme le fr. *volume*, du lat. *volvo*. 3° Cavanagh dit : « L'angl. *book*, livre, en grec, en lat., en fr. et en angl. signifie, lorsqu'on l'analyse, *la première vie*, et était dans le commencement un seul *b*, où c'est la même chose *eb*, ou *ib*, etc., etc. » 4° Le P. Kirker dérive l'all. *buch* de l'all. *buche, büche*, hêtre, parce qu'autrefois, dans le Septentrion, l'on écrivait sur des tablettes de hêtre. Par la même raison, *buch* pourrait venir aussi du lapon, *bakko*, écorce, principalement du bouleau. 5° Un autre croit que *buch* vient du lat. *fagus*, hêtre. 6° Le P. Labbe le déduit de l'all. *bock*, bouc, bouquin, ou vieux bouc; parce que, dit-il, on a appelé *bouquins* de vieux livres manuscrits couverts de bouc, ou puants de vieillesse : puant comme des boucs; 7° et Lipse, du lat. *buxus*, buis; 8° Guichard, du grec *plukion*, livre formé de feuilles pliées, fait du v. *plussó*, plier. En all. *buch*, russe *buk*, livre; anc. scandin., suéd. et holl. *bok*, dan. *bog, boog*, haut all. anc. *puoch, puoh, puah, puch*, angl. *book*, anglos. *boc, boec, bocc, bec*, livre.]

Bouquiner, vn. Chercher de vieux livres dans les boutiques. *Bouquiné*, p.

Bouquinerie, sf. fam. Amas de bouquins.

Bouquineur, sm. fam. Qui aime à bouquiner.
Bouquiniste, sm. Qui achette et vend des vieux livres.

BOULON, sm. Grosse cheville de fer à tête ronde, à bout percé et à clavette. [M. Delatre dit: En anc. fr. *bouzon* et *boulon* désignaient un gros trait d'arbalète, dont l'extrémité se terminait par une tête; et qui ressemblait en cela au matras. *Bouzon* et *boulon* sont d'origine germ. L'ital. *bolzone* et *polza* avaient la même signification. En b.l. *bolta*, *pulzo*. Le boulon doit son nom à sa forme qui était celle de l'espèce de trait appelé *bouzon*, *boulon*. Le mot *matras* offre une dérivation analogue. » Le Tripart. rattache le fr. *boulon*, l'all. *bolz*, *bolzen*, trait d'arbalète, boulon, au grec *bolis*, javelot, flèche, et à *bàlanos*, gland, verrou, fermoir. Le général Bardin pense que *boulon* est un augmentatif du fr. *boule*. M.' Honnorat le dérive du germ. *boll*, rond, ou du gr. *b ilos*, motte: M. Delatre rapporte le fr. *boulon*, se *blottir*, et l'all. *bolzen*, au gr *bolis*, javelot, flèche, *bal'd*, jeter, lancer, et au sanscrit *pil*, jeter. En angl. *bolt*, javelot, flèche, trait, verrou, boulon, cheville de fer; gall. et bret. *boltt*, trait d'arbalète; dan. et russe *bolt*, suéd. *bult*, anc. scandin. *bolti*, trait d'arbalète, boulon.]
Boulonner, va. Arrêter avec un boulon. *Boulonné, e*, p.

BOURACAN, sm. Sorte de gros camelot. [De l'anc. fr. *barracan*, bouracan. 1º Constancio forme ce mot de l'all. *bart*, en celt. *barr*, peau, poil, barbe, et de l'ital. *gonna*, robe; et soutient qu'il ne vient pas du mot persan *bargana*. 2º D'autres le dérivent de l'ar. *berkàn*, vêtement. 3º Ménage le tire simplement de l'ital. *baracane*. 4º Quelques-uns le déduisent de *varocino*, ou *varonico*, parce que, dit Trév. c'était une étoffe qui était particulièrement propre à vêtir les hommes, que les Espagnols nomment *varones*. 5º Du Cange le dérive de *barres*, parce que les fils de cette étoffe représentent des barres. 6º Hésychius dit que *barakakaï* désignait des peaux de boucs ou de chèvres chez les Celtes, mot que Bochart rend par *baracaca*, et qu'il rapporte au chald, et au syr. *berach*, bouc. Les Talmudistes ont dit en deux mots *barcha-garcha*, bouc chauve, d'où le gaulois *baracaca*, selon le même. 7º Suivant De Chevallet, le mot *bouracan* serait d'origine germ. 8º Ferrari le rapporte au phrygien *zarzacan*; 9º et Gébelin au fr. *bardé*, couverture, et cite le mot *barricanus* qui, dans S. Bernard, désigne une couverture, et le mot *bardo-cuculus*, espèce de capuchon des anciens Romains. 10º Suivant Roquefort, le mot *bouracan* serait de la même racine que *bure*, *burel*, *bureau*. etc. En l.b. *barracanus*, dan. *barkan*, suéd. *barekan*, all. *berkan*, angl. *barrakan*, holl. *barkaan*, bouracan, mots cités par De Chevallet; ital. *baracane*, cat. et esp. *barragam*, port. *barregana*, bouracan; l.b. *borrachia*, langue des Troub. *barracan*, picard *baracan*, bouracan, camelot.]

BOURBE, sf. Boue entassée, profonde, très-épaisse, qui se trouve au fond des eaux croupissantes des marais et des étangs. [1º Du grec *borboros*, bourbe, selon Nicot, Guichard, Roquefort, Pontus de Tyard, Jauffret, Constancio, Noël, Gattel, etc. 2º Selon Delatre, le grec *bolbilon*, lat. *bolbilon*, fiente (roulée), serait le primitif de *bourbe*, par le changement de l'en r. En port. *borra*, limon, lie; langue des Trouv. *borer*, bourbier; prov. *bourbo*, savois. *borba*, bourbe.]
Bourbeux, euse, adj. Plein de bourbe.
Bourbier, sm. Lieu creux et plein de bourbe.

Bourbillon, sm. Pus épaissi d'un apostème; corps blanchâtre et filamenteux qu'on trouve au centre d'un furoncle, d'un javart.
Embourber, va. Mettre dans un bourbier. *Embourbé, e*, p.
Débourber, va. Oter la bourbe. *Débourbé*, p.
Désembourber, va. Tirer hors du bourbier. *Désembourbé, e*, p.
Barboter, vn. Marcher dans la boue, dans la bourbe, dans une eau bourbeuse; s'agiter dans la bourbe comme font avec leur bec certains oiseaux aquatiques quand ils cherchent leur nourriture dans l'eau ou dans la bourbe. (M. Delatre fait observer qu'en vi.f. on disait quelquefois *barbe* pour *bourbe*, et que cette forme s'est conservée dans *barboter*. Ménage, Nodier et Roquefort estiment que *barboter* est une onomatopée, un mot formé du bruit que font les canes cherchant dans la boue de quoi manger. M. Scheler forme ce v. du fr. *barbe*, mot dont il forme aussi le v. *barbouiller*. Il cite l'expression allemande: *in den Bart brummen*. Le gr. *borborotaraxis*, littér., qui remue la bourbe, a été employé par Aristophane pour désigner un brouillon qui remplit l'état de trouble et de confusion; il vient du gr. *borboros*, bourbe, boue, et *tarassô*, troubler. Dans la langue des Trouv. *borbeter*, barboter, patauger, remuer, brasser; langued. *barbouté*, rouchi *barboter*, picard *borboter* et *barboter*, parler entre les dents.) *Barboté*, p.
Barbote, sf. Nom de la lote et de la loche, poissons qui se tiennent dans la bourbe.
Barboteur, sm. Canard domestique qui barbote dans la boue et les ruisseaux.
Barboteuse, sf. bas. Femme ou fille de mauvaise vie.
Barbotine, sf. bot. Nom donné dans le commerce à la santoline, qui est la graine de l'armoise de Judée. (Ce nom lui a été appliqué apparemment parce qu'elle fait *barboter* les intestins ou elle tue les vers avec une grande efficacité. Le nom de *barbotine* a été imposé aussi à une bouillie épaisse qui sert au potier pour coller les garnitures des pots de terre.)
Barbouiller, va. Salir, souiller, peindre grossièrement avec une brosse; vn., écrire d'une manière indéchiffrable; peindre mal; fig. et fam., prononcer mal, d'une manière peu distincte; exprimer ses idées d'une manière confuse. (Du vi. fr. *barbe* que l'on disait quelquefois pour *bourbe*, selon M. Delatre. M. Constancio lie ce verbe au fr. *bourbe*, au gr. *borboros*, bourbe, boue; et au port. *borra*, bourbe, *borrar*, barbouiller, *borradura*, barbouillage. En esp. *borrar*, barbouiller; bas-bret. *barbouilha*, barbouiller, tromper; b.-br. *bourboulla*, fouir la terre et la boue à la manière des pourceaux qui grognent en fouissant; Bullet. 2º D'après Géb. Gatt. Roq. etc., *barbouiller* aurait été fait du l.b. *barbulare*, fait de *barbula*, dimin. de *barba*, ou de *barbam olere*. Selon Scheler, de *barbe*, pris peut-être dans le sens de de gros pinceau. 3º De *bouiller*, fait de *bouille*, perche pour remuer la vase, et du radical péjoratif *bar*, d'où *barlong*.; Génin.) *Barbouillé, e*, p.
Barbouillage, sm. Enduit de couleur fait grossièrement à la brosse; mauvaise peinture; écriture mal formée; fig. discours confus, embrouillé.
Barbouilleur, sm. Artisan qui peint grossièrement des murailles avec la brosse; mauvais peintre; mauvais écrivain; fig. et fam., bavard dont les paroles sont confuses, inintelligibles.
Débarbouiller, va. Nettoyer, laver ce qui est sali. *Débarbouillé, e*, p.
*****Débarbouilloir,** sm. Serviette à débarbouiller.

BOURDE, sf. Mensonge, défaite. [1° Nodier rattache ce mot à *bourdon*, *bourdonner*, *bourdonnement*, et au vi. fr. *bourder*. *Bourder*, dit-il, est un vieux mot très-précieux qui voulait dire *rester court en chaire*, parce que le prédicateur, en cet état, ne forme plus qu'un murmure et un bourdonnement confus. Il ajoute que *bourde*, chose vague et confuse, en est clairement dérivé, et cite ce vers de Régnier : *Ils bâillent pour raison des chansons et des bourdes*. 2° Selon Génin, *bourde* est la forme corrompue de *bourle* qui n'est dans aucun dictionnaire, et qui vient de l'ital. *burla*, moquerie, et qui a ce sens dans l'expression *faire une bourle*, du Bourg. Gent. III. 14, édition de 1760. 3° Honnorat pense que le l.b. *burdare*, jouer, plaisanter, dire des sornettes, dérive probablement du lat. *versutia*, ruse, malice, etc. Couzinié déduit *bourde*, du l.b. *burla*. 4° Leibnitz le rapporte au lat. *burræ*, mot celt. conservé par Ausone, et au belge *burten*, bagatelles, jeux ; 5° et Bullet, au b. bret. *bourd*, niche, tour, tour de souplesse, facétie. 6° Delatre dit : « *Behourt* ou *Be-hourd*, v. fr. (de l'all. *ba* ou *be + hurt*, coup, choc, heurt), espèce de bâton ; de là *bourde*, bâton à grosse tête, gourdin ; fausseté, tromperie ; *calembour*, coup égal ?, la pareille ?, jeu de mots, et *calem-b-ourd-aine* contracté en *calembredaine*. (*calem* == *æqualem* ?) » 7° Selon de Chevallet, *bourde* est un mot d'origine celt. Il cite le bret. *bourd*, tromperie, ruse, malice, facétie, farce ; écoss. *burdan*, plaisanterie, raillerie, malice, moquerie, sarcasme ; irl. *burdon*, id. Cette étymologie s'accorde avec celle de Bullet. M. La Châtre déduit le mot *bourde* du celt. *bourd*, niche, plaisanterie. Bas-lim. *biarda*, mensonge, défaite, bourde ; prov. *bourda*, bourde, mensonge, et *borda*, bourde, menterie, jactance. Langue des Troub. *bourda*, bourde, menterie, jactance. Langue des Trouv. *bourde*, ruse. Patois de Castres *bourdo*, bourde. Patois de Champ. *bourdeil*, mentir. Dans le roman de la Rose *bourdes*, railleries, sornettes. Anc. f. *border*, babiller, tenir des discours frivoles ; *bourde*, mensonge, conte ; *bourdeur*, conteur, menteur ; *bourderesse*, femme menteuse.]

Bourder, vn. Se moquer, dire des mensonges, des sornettes. *Bourdé*, p.

Bourdeur, sm. Menteur, donneur de bourdes.

BOURDON, sm. Genre d'insectes ; abeille mâle ; ton qui sert de basse continue dans divers instruments. [1° Selon Nodier, les mots *bourdon*, *bourdonnement*, *bourdonner*, sont des onomatopées ; *boud*, dit-il, a signifié le bourdonnement du frelon, dans la langue celt. 2° Le Tripart. rapporte le mot *bourdon* à l'hébreu *deborah*, abeille. 3° Selon Constancio, l'origine du mot *bourdon* serait le radical *burd*, son imitatif commun à plusieurs langues primitives, de même que les monosyllabes *buz*, *bum*, *zun*. Bullet dérive bourdon du celt. *boud*, bourdonnement. 4° Quelques-uns le dérivent du latin *bombus*, gr. *bombos*, bourdonnement des abeilles. De Réaumur dit que l'abeille mâle a reçu le nom de *bourdon*, parce que son vol produit un bourdonnement plus plein et plus fort que celui de l'abeille ordinaire. En ital. *bordone*, esp. *bordon*, port. *bordão*, bourdon. Gloss. champ. de Tarbé, *bondon*, bourdon, grosse mouche, *bourdon*, cornemuse ; l.b. *burdo*, frelon.)

Bourdon, sm. Jeu d'orgue qui fait une espèce de bourdonnement ; grosse cloche.

Bourdon, sm. impr. Faute d'un compositeur qui a passé un ou plusieurs mots de la copie.

Faux-bourdon, sm. Pièce de musique dont toutes les parties se chantent note contre note.

Bourdonner, vn. Bruire sourdement.

Bourdonner, va. Chanter à demi-voix, entre ses dents. *Bourdonné*, e, p.

Bourdonnement, sm. Bruit de quelques petits oiseaux et de beaucoup d'insectes, quand ils volent, quelquefois même quand on les saisit ; bruit sourd et continuel que l'on croit entendre lorsque l'oreille interne est altérée.

Bourdonneur, adj. et sm. hn. Qui bourdonne ; surnom donné aux colibris, aux oiseaux-mouches.

BOURDON, sm. Long bâton que les pélerins portent dans leurs voyages. [1° De l'anc. fr. *bourde*, bâton à grosse tête, gourdin, mot que Delatre dérive ainsi que l'anc. fr. *behourt* ou *behourd*, de l'all. *ba* ou *be + hurt*, coup, choc, heurt. 2° Du latin *portare*, porter, supporter, soutenir, selon Constancio. 3° Du lat. *burdo*, âne, mulet, selon Ménage ; parce que le bourdon aide à marcher ; de même on appelle un bâton la haquenée des cordeliers ; de plus *bourdes* signifiait autrefois des potences. 4° De l'hébreu *dârab*, il fut pointu, d'où l'hébreu *darbon*, *darbân*, aiguillon dont se servent les laboureurs pour piquer les bœufs, selon Guichard. 5° Le Moine prétend, dit Trév., que *bourdon* est arabe, et vient d'un bâton fait du bois qui fournissait la matière au papier. 6° Roquefort et autres lient le fr. *bourdon*, bâton de pélerin à *bourdon*, esp. de grosse mouche, tuyau d'orgue, etc. 7° D'après Covarruvias et Scheler, ce vocable procède du fr. *bourde*, bâton, tiré, par métaphore, du l. *burdo*, bête de somme, mulet. De même l'esp. *muleta* signifie à la fois mulet, soutien et béquilles. En l.b. *burdo*, bâton, et *borda*, massue ; ital. *bordone*, esp. *bordon*, langue des Troub. *bordo*, bourdon, bâton de pélerin, port. *bordão*, appui, bâton de voyageur. Prov. *bordo*, patois de Castres *bourdou*, bourdon, bâton de pélerin. Borel dit qu'en anc. fr. on appelait *bourdons* et *bourdonnasses*, les lances grosses et creuses ; et *bourde*, le bâton gros au bout, dont se servent les infirmes.]

*****Bourdon**, sm. anc. t. milit. Lance à grosse poignée creuse, en forme de poire.

*****Bourdon**, sm. Bâton que l'on ajuste à l'extrémité des seines, pour tenir le filet tendu.

Bourdillon, sm. Bois de chêne refendu et propre à faire des tonneaux et des futailles.

Bourdonnet, sm. chir. Rouleau de charpie de forme oblongue (comme un bourdon), et qui sert à tamponner une plaie, à en absorber le pus.

BOURGEON, sm. Bouton un peu développé qui paraît aux arbres, et d'où il doit sortir des branches, des feuilles, ou du fruit ; fig., bouton qui vient au visage. [1° Selon M. Delatre *bourgeon* est un dimin. du vi. fr. *bours*, en all. *buerste*, brosse, vergettes, touffe de poils raides et serrés. 2° Selon M. De Chevallet, *bourgeon* appartient à la même origine que le fr. *brout*, *broutille*, *brouter*, et que le bret. *brous*, *hrout*. 3° M. Diez le dérive du haut all. anc. *burjan*, lever, élever, hausser, comme *pousse* de *pousser*, *jet* de *jeter*, *stolo* du gr. *stello*, etc. 4° Ce serait plus simple encore de le dériver de l'anc. scandin. *bara*, bourgeonner. 5° Bullet le forme du gall. *burw*, jeter, d'où le fr. *bourrasque*, selon lui ; 6° et ailleurs, du b. bret. *bourgeon*, *bourgeona*, bourgeonner. 7° Ménage, Trév., Couzinié, Roquefort, De Théis, Boiste, Honnorat, Gattel, Gébelin, etc., du l.b. *burrio*, fait de *burra* qui dans la b.l. signifiait *bourre* ; parce que les rejetons des plantes sont ordinairement velus. 8° M. Mary-Lafon rapporte le langued. *bourrou*, bourgeon, au grec *botrus*, grappe de raisin. En patois de Castres *bourrou*, *bouraou*, bourgeon, bouton. Anc. fr. *bourjon*, id.]

Bourgeon, sm. Nouveau jet de la vigne lorsqu'il est déjà en scion.

Bourgeonner, vn. *Jeter des bourgeons au printemps. Bourgeonné,* p.

Bourgeonné, e, adj. Se dit du nez, du front, du visage qui a des bourgeons.

***Bourgeonnement,** sm. Epoque du développement des bourgeons.

Ebourgeonner, va. Oter les bourgeons ou les nouveaux jets superflus. *Ebourgeonné, e,* p.

Ebourgeonnement, sm. Action d'ébourgeonner.

***Ebourgeonnoir,** sm. Outil à ébourgeonner.

BOURRASQUE, sf. Tempête soudaine et violente qui s'élève, soit sur la mer, soit sur la terre; tourbillon de vent impétueux et de peu de durée; fig., émotion populaire qui fait beaucoup de bruit et qui dure peu; fig., vexation; accès de mauvaise humeur, d'humeur bourrue et emportée. [De l'ital. *burrasca,* bourrasque, selon Ménage, Trév., etc. 1° M. Delatre rattache les mots *bourrasque, brusque, bruyère, brosse, brusc,* et le lat. *bruscum,* petit houx, à la racine sanscrite *vridh,* croître. 2° M. Honnorat pense que ce mot vient plutôt de *boreas,* vent du Nord, que du prov. *bourrar,* pris fig. pour maltraiter, pousser rudement, bien que les bourrasques fassent ces choses. Constancio, Diez et le Tripart. le dérivent aussi du lat. *boreas,* borée. 3° Selon Gébelin, Roquefort et autres, *bourrasque* serait de la même origine que *bure, bourre, bourru.* 4° « Ce mot, dit Jal, ne se trouve que dans l'italien, auquel nous l'avons évidemment pris; mais d'où vient *burrasca?* Du latin *burrire* dont nous aurions fait *bruire,* et qui signifie faire un bruit de bouillonnement. *Bourrasque* a tout l'air d'être de la famille de *bourru;* la bourrasque est, en effet un caprice de vent, et *bourru* pourrait fort bien sortir de *burrire,* car le bourru grommelle, murmure, bruit entre ses dents. » Le même auteur plus tard a dérivé *bourrasque* du grec *boréas* ou de la forme attique *borrhas,* aquilon. M. Scheler dit : L'esp. et it. *borrasca* ou *burrasca* se sont produits de *borea* ou *bora,* lat. *boreas,* vent du nord, comme l'esp. *nevasca,* une tombée de neige, de *nieve,* neige. 5° Bullet forme *bourgeon* et *bourrasque* du celt. *burw,* jeter. 6° La racine de *bourrasque* pourrait encore se retrouver dans le russe *boura,* tempête. Pallas disait, en 7bre 1769, qu'à Antonovo ainsi qu'en Tatarie on donne le nom de *bouran,* à un ouragan des plus violents. Au surplus, *boura, bouran, burrasca,* semblent tenir au lat. *boreas.* En port., cat. et esp. *borrasca,* prov. *bourrasca,* bourrasque; génois *burrasca,* ar. côte d'Afr. *bourasca,* b. bret. *bouraşk,* bourrasque.]

BOURRE, sf. Poil de plusieurs animaux, comme bœufs, vaches, chèvres, cerfs, etc., qu'on détache de leurs cuirs, quand on les prépare dans les tanneries; partie la plus grosssière de la laine, de la soie; ce qu'on met dans les armes à feu par-dessus la charge. [1° M. De Chevallet regarde ce mot comme d'origine germ., et le lie au l.b. *burra,* bourre; à l'anglos. *byrst,* poil; all. *borste,* soie de cochon, piquant de hérisson, poil d'une tige; dan. *boerste,* suéd. *borste,* holl. *borstel,* poil de cochon. 2° M. Delatre rapporte les mots *bourre, bourrique, bourgeon, bouracan, bourrer, bourru, bourreau,* etc., au sanscrit *vriddhi,* ce qui croît, ce qui pousse. 3° Comme la *bure,* en anc. lat. *burra,* était une étoffe velue, son nom serait devenu l'origine des mots *bourre, bourru,* d'après Papias, Du Cange, Ménage, Gébelin, Roquefort, etc. 4° M. Honnorat pense que *bourre* vient du lat. *burrus,* roux; parce que la bourre est ordinairement de cette couleur. 5° Bullet forme les mots *bourre* et *bourrache,* du b. bret. *bourell,* bourre, collier de cheval. 6° Du l. *burra,* singulier inusité de *burræ,* niaiseries, fadaises. Le singul. présente le sens propre; le pl. le sens métaphor. La même métaphore se rencontre dans le l. *floccus,* flocon de laine, poil d'une étoffe, et bagatelle : M. Scheler. En l.b. *burra, bura, boracium,* bourre. Ital., esp., cat., port., savois., et langue des Troub. *borra,* bourre, Anc.fr. *bourre,* poil, laine, chanvre.]

Bourras, sm. Etoffe grossière de bourre ou de laine. (Gloss. champen. de Tarbé, *bourras,* étoffe de bourre de laine; *bourras,* grosse étoffe faite de bure. Anc.fr. *bourras,* grosse toile faite d'étoupes de chanvre; l.b. *bouratium.*)

Bourrer, va. Enfoncer la bourre dans une arme à feu; fig. et fam., faire manger qq. chose avec excès; pousser avec la crosse d'un fusil, donner des coups, maltraiter. *Bourré, e,* p.

Bourrer, va. Se dit d'un chien qui, en poursuivant un lièvre, lui donne un coup de dent et lui arrache du poil.

Bourrade, sf. Action de bourrer, de maltraiter, coup du bout du fusil; atteinte du chien au lièvre; attaque ou répartie aigre et dure.

Bourrée, sf. Fagot de menues branches; sorte de danse; son air.

Bourrelet ou **Bourlet,** sm. Sorte de coussin vide par le milieu et rempli de bourre, bourré; ce qui en a la forme; coiffure des petits enfants; enflure circulaire autour des reins de l'hydropique; rond d'étoffe au haut, au bas du chaperon des docteurs; mar., cordes tressées; cordages entrelacés autour des mâts pour les fortifier; saillie en rond, renflement en anneau.

Bourrelier, sm. Artisan qui fait les harnais des bêtes de somme, et tous les enharnachements des chevaux de carosse, de charroi et de charrue. (Du fr. *bourre,* parce que ces sortes de harnais en sont communément garnis: Gatt., Roq., Del. etc. Et non du lat. *bis rotulatum,* tourné deux fois autour de la tête. L b. *borrasserius, borrellarius, borrelerius, borrelus,* bourrelier.)

Bourrellerie, sf. Métier du bourrelier.

Bourreau, sm. Exécuteur des arrêts rendus en matière criminelle; fig., homme cruel, inhumain; fig., se dit des remords de conscience qui bourrellent les coupables. (1° Roquefort rattache ce mot au fr. *bourras, bourrade, bourrer, bourre,* etc. M. Delatre le rattache aussi aux mêmes mots, et soutient que *bourreau* vient du vi. fr. *borreau,* corde de bourre, d'où *bourreau,* prop. celui qui tient la corde; qui pend les condamnés. 2° D'autres, dit Scheler, rattachent bourreau, par l'intermédiaire *bourrée,* fagot, au mot *bourre,* parce que les verges sont les premiers instruments dont se sert le bourreau. » 3° Ainsi *bourreau* ne viendrait pas du lat. *burrus,* roux, quoique les *roux,* les *rousseaux,* soient réputés violents et méchants, et qu'en divers lieux les bourreaux aient été vêtus de couleur rouge et jaune; 4° ni de *bouchereau,* petit boucher; 5° ni d'un Richard *Borel,* qui vivait en 1260; 6° ni du bourg. *buro,* flèche, dard; 7° ni du grec *boros,* qui dévore; 8° ni de l'ital. *birro,* archer, sbire; 9° ni de *borellus,* nom d'une arme prohibée; 10° ni de *boyard,* ni de *boyer eau,* dimin. de *boye,* bourreau; 11° ni de l'angl. *be,* être, et de l'ital. *reo,* un criminel, comme le soutient Morgan Cavanagh. Lat. b. *borrellus, borrellus,* anc. esp. *borerro,* bourreau. Langue des Troub. *borel,* patois de Champ. *bourrel,* anc. fr. *borreau, borel,* bourreau. En 1323, le mot *bourreau* n'était pas encore en usage, on disait encore alors *commissaire spiculateur,* au lieu de bourreau ou exécuteur. Dans les salines on appelle bourreau un sac bourré de paille que met sur son épaule l'ouvrier qui porte un panier de sel.)

Bourreler, va. Maltraiter; fig., tourmenter, en parl. de la conscience. *Bourrelé, e*, p.

Bourrelle, sf. vi. La femme du bourreau.

Bourriche, sf. Panier à gibier que l'on garnissait de bourre pour la conservation des objets qu'on y renferme : Roquefort; espèce de panier long que l'on bourre de gibier, de volaille, etc.: Delatre.

Bourrique, sf. Ânesse, âne; toute sorte de mauvais petits chevaux. (1° M. Delatre rattache ce mot au fr. *bourre*, et à l'esp. *burro*, l'âne, l'animal couvert de *bourre*; et à *borrico*, dimin. ânesse. Il ajoute : « Que le nom de poil serve à dénommer l'animal qui le porte, c'est chose très-commune dans les langues néo-latines; en esp. *borra* signifie 1° *bourre*, et 2° brebis d'un an. » D'après cela, *bourrique* ne vient ni de *boraq*, qui fut, dit-on, la monture de Mahomet; ni du grec *purrhos* ou *purrichos*, roux; ni du saxon *bœren*, porter. Saint-Jérôme explique le mot *mannus*, petit cheval, par le terme vulgaire *buricus*. Selon M. De Belloguet, *buricus* est proche parent de *burrus*, ancien mot d'origine grecque signalé par Festus. C'est du lat. *burrus* que M. Honnorat forme le fr. bourre.)

Bourriquet, sm. Surdiminutif. Petit ânon, ou âne de petite espèce; civière qui sert à enlever des moellons, etc.

Bourru, ue, adj. Qui est d'une humeur brusque, âpre et chagrine, qui a le caractère revêche d'une mauvaise bourrique. (Du fr. *bourre*, poil rude au toucher, et au fig. humeur rude, fâcheuse; d'après Gattel, Roquefort, Delatre, etc.) *Vin bourru*, vin blanc qui n'a point fermenté.

Débourrer, va. Ôter la bourre; fig. et fam., façonner qq.; lui ôter son mauvais ton. *Débourré, e*, p.

Ebourifé, e, adj. Dont la coiffure est en désordre, dont la chevelure est hérissée, ou mêlée comme de la bourre : Roq., Noël, Carp., Delatre. (Il faudrait recourir à l'aphérèse, à la métathèse, à la syncope, au changement de voyelles et de consonnes, pour dériver cet adjectif de l'ital. *rabbuffare*, mettre en désordre, houspiller, écheveler, hérisser, mot d'origine inconnue; ou du prov. *espelouſir, espalouſir, espelhouſrir, espearouſir, esparouſir*, ébourifer, mots que M. Honnorat forme de *es* priv., de *pel*, poil, de *du*, *lophia*, crinière. Ôter ou déranger le poil de la crinière, de la queue ou de la coiffure.)

*****Ébourrer**, va. corroy. Ôter la bourre des peaux. *Ébourré, e*, p.

Embourrer, va. Garnir de bourre, de crin, de laine. *Embourré, e*, p.

Rebours, sm. Le contre-poil; le sens contraire de ce qui est, ou de ce qui doit être. (Du l.b. *reburrus*, velu, hérissé, parce que les étoffes de drap étant tournées au rebours ou mises à l'envers sont plus velues : Gatt., N. et C., Roq., etc. En lat. barb. on a dit aussi *rebursus, riburrus, reburtus*, rebours.)

Rebours, ourse, adj. Revêche, peu traitable, qui se hérisse contre tout et ne donne aucune prise à la réplique.

A rebours, au rebours, loc. adv. En sens contraire, à contre-poil.

Rebrousser, va. Relever en sens contraire les cheveux, le poil; retourner subitement et arrière. (Du mot *rebours*, contre-poil. On disait autrefois *rebourser* : Gatt., Roq., etc.) *Rebroussé, e*, p.

A rebrousse poil, loc. adv. A contre-poil; fig. et fam., à contre-sens.

*****Rebroussette**, sf. Peigne à redresser le poil du drap.

Rembourrer, va. Garnir de bourre, de laine, de crin, etc. *Rembourré, e*, p.

Il s'est bien rembourré, pop. Il a beaucoup mangé.

Rembourrement, sm. Action de rembourrer; résultat de cette action.

BOURSE, sf. Espèce de petit sac de cuir ou d'autre matière, où l'on met de l'argent; petit sac de taffetas noir, où l'on enferme les cheveux par derrière; sac de cuir qui se met des deux côtés du cheval; poche de réseau pour prendre les lapins que l'on chasse au furet; le double carton couvert d'étoffe où l'on met le corporal qui sert à la messe; pension fondée dans un collége, dans un lycée; bot., enveloppe radicale des champignons; monnaie de compte dans le Levant, évaluée ordinairement à cinq cents piastres. [Du b.l. *bursa*, bourse, dérivé du grec *bursa*, cuir: anciennement les bourses étaient de cuir; et il en est encore. 1° Comme les lettres dentales sont quelquefois remplacées par des labiales, surtout chez les Éoliens, on pourrait faire venir le grec *bursa*, cuir, du sanscrit *darvi*, pellicule, enveloppe, membrane, *dri*, déchirer, dilacérer; d'où le slave *deron, drjeti*, peler, dépouiller, lett. *dihraht*, grec *dèrō*, dépouiller, écorcher. 2° Delatre dit : Si la forme primitive de *bursa* est *dursa*, ce mot peut venir du grec *dèrō*, écorcher; si la forme primitive est *bursa*, on peut le rapporter directement au sanscrit *vrikchat*, ce qui couvre. 3° Guicliard et autres hébraïsants le dérivent de l'hébr. *bâsar*, chair, viande; 4° ou du chald. *bàrzā*, dans le sens de cuir, peau. 5° Le P. Pezron prétend que *bursa* est pris du celt. *bours* et *purs*. Festus, Pedianus et Eloi Johanneau, disent qu'anciennement on faisait les bourses de la peau qui enveloppe les testicules du bélier. En all. *bœrse*, angl. *purse*, russe *birjà*, ital., savois. et langue des Troub. *borsa*, prov. *bourso*, bourse.]

Bourse, sf. Signifie encore figurément, dit l'Académie, un édifice, un lieu public où s'assemblent, à de certaines heures, les négociants, les banquiers, les agents de change, les courtiers, pour traiter d'affaires; par ext., la réunion même des négociants, etc., et le temps pendant lequel dure leur assemblée. (La première *bourse* marchande, dit-on, fut formée à Bruges, et prit son nom d'un hôtel superbe appartenant à une famille appelée *Vander-Bourse*, et dont les armes sculptées sur la façade consistaient en trois *bourses*. Gébelin condamne cette étymologie. Elle paraît être en effet un conte comme ceux que l'on a imaginés sur la tour *Byrsa*, sur le mot *Académie*, sur *mouchard*, sur *falbala, Capitole*, etc. Un auteur rapporte que l'expression *funda Tyri* n'est autre chose que le revenu qui se tirait du commerce, et de la bourse commune des marchands. Car *funda* signifie une bourse dans Macrobe, dans S. Bonaventure, et dans qq. auteurs grecs cités par Meursius au mot *phounda*; d'où peut-être il est arrivé qu'en quelques villes d'Allemagne, des Pays-Bas, et d'Angleterre, les lieux publics destinés pour le commerce et pour les assemblées des marchands ont retenu le nom de bourse).

*****Bourse**, sf. législ. Masse de deniers que les membres d'un même corps mettent en commun, pour subvenir aux charges de la société; monnaie de compte de la Turquie; pêch. synonyme de poche, de manche.

Boursal, sm. pêch. Espèce de filet conique, dont la pointe entre dans un autre filet en forme de manche.

*****Bourseau**, sm. Moulure ronde, enfaîtement de plomb aux toits en ardoises; outil pour arrondir les tables de plomb.

*****Bourset**, sm. Corps flottant qui sert à tirer un des bouts du filet de la dreige.

*****Boursette**, sf. Petite partie du sommier de l'orgue, par où passe un fil de fer sans que le vent y trouve une issue.

Bourcette, sf. pour **Boursette,** Nom vulgaire de la *bourse à berger* et de la mâche commune. (Plante ainsi nommée de ses fruits oblongs, assez larges, représentant de petites *bourses* ou de petits vases, lesquels contiennent encore un autre petit vase, où l'on trouve enfermée une semence un peu longue.)

Boursicaut, sm. Petite bourse; petite somme amassée avec économie.

Boursier, sm. Celui qui jouit d'une bourse dans un collége, dans un lycée, etc.

Boursier, ière, s. Qui fait, vend des bourses.

Boursiller, vn. fam. Contribuer à une petite dépense. *Boursillé,* p.

Bourson, sm. vi. Petite bourse à la ceinture, petite poche ou gousset.

Bursal, ale, adj. Qui a pour objet un impôt extraordinaire dans une nécessité publique.

Débourser, va. Tirer de sa bourse pour payer; payer pour quelqu'un qui doit rembourser. *Déboursé, e,* p.

Débours, sm. vi. Avances, déboursé.

Déboursé, sm. Argent déboursé pour qqn.

Déboursement, sm. Action de débourser.

Embourser, va. Mettre en bourse. *Emboursé, e,* p.

Rembourser, va. Rendre l'argent déboursé; racheter, dédommager; payer. *Remboursé, e,* p.

Remboursable, adj. Qui doit être remboursé, susceptible d'être remboursé.

Remboursement, sm. Action de rembourser.

BOUSE, sf. Fiente de bœuf ou de vache. [1° Du grec *bous,* bœuf, vache, selon Gattel et Boiste. Du grec *boustasia,* étable à bœufs, selon Ménage, Roquefort, Huet, Honnorat, Noël, Couzinié. D'après Eustathe, le grec *boustasia* veut dire aussi bouse; il a été fait du grec *bous,* bœuf et *stad,* je place, j'établis. Du lat. *bos,* bœuf, vache, et *exitum,* supin de *exeo,* sortir, d'où le port. *bosta,* bouse, selon Constamcio. 2° Delatre rattache le fr. *bouse, boue,* et le latin *balneæ,* bains, l'all. *bad,* bain, au sanscrit *badd,* mouiller, baigner. 3° Le P. Thomassin dérive le vocable bouse de l'hébr. *bots,* boue, limon, vase. 4° De Chevallet estime que *bouse* est d'origine celt.; il le lie au bret. *beuzel, bouzel, bouzil,* bouse de vache; au gall. *écoss. buachas,* irl. *buacar,* bouse. A cela M. Scheler objecte que les mots bretons allégués par De Chevallet ont l'air d'être tirés du fr.; et que les autres n'ont aucun rapport avec bouse. « Frisch rappelle l'all. *butze,* monceau: » id. Dans la langue des Troub. *boza, buza,* bouse, ordure, fiente de bœuf ou de vache; et *bozinar,* bâtir avec de la bouse, bousiller; ital. *boazza.* cat. *buina,* prov. *bousa,* patois de Castres *bouzo,* Gloss. champ. de Tarbé, *bouse, bouset, bousot, bousse,* fiente; et *bouse, bouset, bouson,* bouc, fumier, crasse qui couvre la tête des petits enfants. Savois. *bosa,* bouse. L.b. *bosa,* anc. fr. *bouxon,* boue, fange.]

Bousillage, sm. Mélange de chaume et de terre détrempée, pour faire des murs de clôture; tout ouvrage mal fait ou qui doit durer peu. (Du fr. *bouse,* fiente. Dans la langue des Troub. *boza,* bouse, et *bozinar,* bâtir avec de la bouse, bousiller.)

Bousiller, vn. Maçonner en bousillage.

Bousiller, va. et fig. Faire mal un ouvrage quelconque. *Bousillé, e,* p.

Bousilleur, euse, s. Celui, celle qui bousille.

Bousin, sm. Surface tendre des pierres de taille. (Du fr. *bouse* : Eloi Johanneau.)

*****Bouser,** va. Former l'aire d'une grange avec un mélange de terre et de bouse.

*****Bousard,** sm. Fiente du cerf, quand elle a la consistance de la bouse de vache.

*****Bousier,** sm. Genre d'insectes coléoptères qui sucent les immondices et en forment des boules pour y déposer leurs œufs.

*****Bousure,** sf. Composition pour blanchir la monnaie.

Ébousiner, va. Oter le bousin d'une pierre. *Ebousiné, e,* p.

BOUT, sm. Ce qui termine une certaine étendue; fin, extrémité, limite, borne d'une chose; ce qui est le dernier, ce qui finit une chose; côté; petite partie ou reste de qq. chose, et qui approche de ses extrémités; extrémité d'un corps, d'un espace; ce qui garnit l'extrémité de certaines choses. (D'après Du Cange, le général Bardin, Gébelin, De Chevallet, etc, les mots *bout, but, butte,* ont une commune origine. D'après De Chevallet, les mots *borne, bout, but, butte,* appartiennent à une origine germanique. En anc. fr. *bonde, bonne,* d'où le fr. mod. *borne.* En b. l. *butina, bodula, bodina, bodena, bonda, bonna,* borne, limites, dérivés de *buto, boto, nis, bodo, nis,* petite butte, élévation de terre arrondie que l'on faisait sur les limites des champs, pour servir de borne. En tudesque *but,* extrémité, bout, borne, limite; angl. *butt,* extrémité, bout; et *bunds,* borne, limite; anc. all. *butt,* bout, extrémité; b. l. *butum,* bout; *boto, buta, butte,* petite élévation de terre arrondie que l'on faisait sur les champs pour servir de borne. *Butte* et *but,* dit encore le même auteur, ont ensuite signifié une élévation de terre qui sert de point de mire. Selon M. Jal, le fr. *bout* serait venu de l'anglos. *botm,* fond, bas, qui a fait l'isl. *botn,* l'all. *boden,* le suéd. *botten,* etc.; et le grec *bathus* ne paraîtrait pas sans rapport avec l'anglos. *botm.* M. Delatre pense que *bout* et *bouton* signifient prop. excroissance. Il rapporte ces deux mots au grec *phuton,* plante, et au sanscrit *bhuti,* existence. Voyez *Borne.* Ce qui confirme les rapprochements de mots qu'on lit dans Du Cange, le général Bardin, et De Chevallet, c'est que dans le dépt. des Ardennes *about,* signifie bout, borne, limite; et *abutier, abuder,* aboutir, atteindre, appuyer. Dans la langue des Trouv. *bot, but,* bout; ital. *botizare, asbotare, asboutare, abutare, abuttare,* aboutir. Voy. *Bouter, Bouton.*)

Bout-dehors, ou **Boute-hors,** sm. Pièce de bois longue et ronde qu'on ajoute à chaque bout de vergue du grand mât et du mât de misaine.

Bouterolle, sf. Garniture au bout d'un fourreau d'épée.

Boutisse, sf. Pierre placée en long dans un mur, de manière que sa largeur paraît au dehors, et que ses deux bouts aboutissent à d'autres pierres.

Bouts-rimés, sm. pl. Rimes données pour faire des vers dont le sujet est ordinairement à volonté.

A bout, loc. adv. Au terme, au but; dans l'embarras.

A bout de, loc. prép. A l'extrémité de, à la fin de ses ressources, à la fin de.

Au bout du compte, loc. adv. et fam. Après tout, tout considéré.

De bout en bout, loc. adv. D'une extrémité à l'autre.

D'un bout à l'autre, loc. adv. D'une extrémité à l'autre, depuis le commencement jusqu'à la fin.

Et haïe au bout, loc. adv. et fam. vi. Et quelque chose de plus.

About, sm. Extrémité d'une pièce de bois depuis une entaille ou une mortaise; bout par lequel une tringle ou un tirant de fer se joint, se fixe à qq. chose.

*****Abouter,** va. Joindre bout à bout deux pièces de bois. *Abouté, e,* p.

Aboutir, vn. Toucher par un bout; fig., se terminer, tendre à, avoir pour résultat; se dit aussi d'un abcès lorsqu'il crève, lorsque le pus en sort. *Abouti, e,* p.

Aboutissant, ante, adj. Qui aboutit.

Aboutissants, sm.pl. Pièces de terre qui bornent une propriété de divers côtés; les bouts d'un champ.

Aboutissement, sm. Action d'aboutir.

Debout, adv. Sur ses pieds. (Les deux bouts de l'homme sont les pieds et la tête; être sur ses pieds, c'est être sur l'un des bouts. Les Gascons et les Poitevins disent *être de genou,* pour être à genoux: Mén.)

Rabouter, va. pop. Mettre des morceaux d'étoffe bout à bout l'un de l'autre.

But, sm. Point où l'on vise; la fin, le résultat qu'on se propose. (En tudesque *but,* extrémité, borne, bout, limite; all. *buts,* extrémité arrondie, bout, bouton; *butina, botina,* borne, limite; *butum,* bout, et *boto, buta,* butte. Gloss. champ. de M. Tarbé, *but,* bout, limite, borne; et *buder,* aboutir, toucher; pic. et norm. *buter,* s'arrêter comme si l'on était au but, dans Corblet.)

But à but, loc. adv. Egalement, sans aucun avantage de part ni d'autre.

Buter, vn. vi. Frapper au but, tendre à quelque fin. *Buté, e,* p.

Butière, adj. f. Avec quoi l'on tire au blanc.

*****Abuter,** vn. Jeter, tirer au but pour jouer le premier; mar., toucher par le bout.

Début, sm. Premier coup à certains jeux; commencement; manière dont on commence un genre de vie, une entreprise; premier essai d'un acteur sur la scène. (Du fr. *but.*)

Débutant, ante, s. Celui, celle qui débute.

Débuter, vn. Jouer le premier coup, commencer, faire son début, en être au début.

Débuter, va. Oter du but, d'auprès du but. (Anc. fr. *debouter,* ôter du but.) *Débuté, e,* p.

Butte, sf. Petit tertre, amas de terre relevée, petite élévation; colline. (Selon le général Bardin, Du Cange, Gébelin, De Chevallet, etc, les mots *bout, but, butte,* ont une origine commune. Le *but* et la *butte* des polygones d'artillerie sont une seule et même chose, dit le général Bardin.)

Butter, va. Garnir le pied d'un végétal avec des mottes de terres, amasser de la terre en *butte* au pied d'une plante; mettre en petites buttes. *Butté, e,* p.

Butter, vn. Broncher en parlant d'un cheval qui a les jambes faibles.

BOUTARGUE et **BOTARGUE,** sf. Sorte de mets préparé avec des œufs de poisson salé, confits dans le vinaigre. (Du grec *oá,* œufs, lat. *ova,* et *taricha,* salés, selon Ménage. La boutargue n'est pas un composé d'œufs de poissons, confits dans le vinaigre; mais d'œufs de poisson appelé muge, ou mulet, séché et salé. C'est donc une espèce de caviar, avec cette différence que le caviar est formé d'œufs d'esturgeon. Ce mot, dit Quatremère, paraît avoir une origine arabe; et le terme arabe dérive lui-même du grec. Et il faut reconnaître ici le mot grec *tarichion,* petit morceau de salaison, précédé de l'article copte *ou.* Et en effet, dit-il, dans la langue de l'Egypte. *boutarkhah,* et au pl. *boutárikh,* désigne ce genre de mets. On lit dans la description de l'Egypte de Makrizi: « La nourriture des habitants du Caire se compose de poisson salé et de *boutárikh.* » En it. *botarga.* prov. *boutarga,* caviar, boutargue, dans Honnorat.)

BOUTEILLE, sf. Vase à goulot destiné à contenir quelque liqueur; liqueur, ou vin contenu dans la bouteille; petite ampoule, bulle, petit globe rempli d'air, qui se forme sur un liquide. (1° Selon Denina, ce mot est vraisemblablement plus ancien dans la langue française que dans l'italienne; mais si ce nom tire son origine du grec *butis,* sorte de bouteille, comme on le dit, l'Italien en a fait *botte,* avant que le Français en ait dérivé bouteille. Le Trip. lie l'ital. *botte,* etc., au grec *butiné,* sorte de bouteille, et au gr. *pithos,* tonneau. 2° Constancio dérive bouteille du lat. *obba,* vase à mettre du vin, d'où le dim. *obbatella;* 3° du latin *batus,* mesure pour les liquides en usage chez les Juifs; ou du gr. *butis,* sorte de bouteille, mot auquel il rattache le latin *botulus,* boudin, saucisson. 4° Gébelin croit que *bouteille* est de la même origine que le lat. *botulus,* 5° Selon Ménage, Trévoux, Bernier, Eloi Johanneau, *bouteille* vient du b. lat. *buticula,* dimin. de *butta, botta,* d'où les Italiens ont fait *botte* qui signifie la même chose. Les Bollandistes le tirent du b. lat. *buto,* ou *buttones,* qui se trouve dans Anastase le Bibliothécaire. 6° Roquefort attribue une origine commune à *bouteille, bouture, boutant, bouton, botte, bottines, botte* [faisceau], *boutoir, butte,* etc. 7° Tarbé rapporte les mots *bouteille,* *bouchelle,* au lat. *buccella,* petite bouchée. Jal ne croit pas que l'ital. *botte,* ni le b.l. *butta,* le saxon *butte* ou *byt,* tonneau, flacon, soient sans analogie avec le grec *butis,* sorte de bouteille. 8° Selon De Chevallet, *bouteille* vient de la b. lat. *buticula,* id., dim. de l'anc. fr. *botte, boute,* sorte de tonneau, *bout,* outre, pot, cantine, tous mots d'origine germanique, d'après lui. 9° Du gr. *buthos,* fond, profondeur, selon Honnorat. 10° D'après M. Schœbel, du sanscrit *badh,* joindre, auquel il rapporte l'all. *bottich,* cuve, et le gr. *pithos,* sorte de grand vase, tonneau. En arabe *bafia* ou *bateja,* vase à gros ventre et à goulot étroit; d'où le port. *botija,* jarre, selon Constancio; hébreu *bath,* mesure des liquides, du vin, de l'huile, amphore; lapon *bytto,* amphore; all. *butte,* tonneau, hotte, cuve, et *bottich,* cuve. Angl. *bottle,* holl. *boetellje,* ital. *bottiglia,* esp. *botella,* cat. *botella,* port. *botelha,* bouteille, d'où le malais *botol;* bouteille. Langue des Troub. *bota,* barrique, *botelha,* bouteille; Champ. *boutiele,* anc. fr. *boutal,* bouteille.)

Bouteilles, sf.pl.mar. Lieux d'aisances dans un vaisseau, où ils sont d'ordinaire placés à la poupe.

Bouteillier, Boutillier, sm. Echanson; intendant, dégustateur de vin.

Grand bouteillier de France, Grand officier qui avait l'intendance du vin.

*****Bouteillage,** sm. Droit sur le vin et sur tous les autres breuvages, que les Bretons payaient à leurs seigneurs.

*****Bouteiller,** vn. Se remplir de bulles d'air; se dit qq. fois du verre, des glaces. **Bouteillé,** p.

Botte, sf. Sorte de tonneau. (Suivant De Chevallet et presque tous les étymologistes, ce mot appartient à la même origine que *bouteille.* Suivant Le Duchat, ce qu'on appelait anciennement *botte* en fait de liqueurs était simplement un vaisseau à liqueurs, mais d'une mesure plus ou moins grande, suivant que la *botte* est de bois, comme sont les tonneaux, ou de verre, comme sont les bouteilles, ou de cuir comme étaient, vraisemblablement, les sept cents bottes de vin qu'un marchand vénitien conduisit par mer peu avant le siége, etc. L. b. *boticella, butta, butis, butta, buza,* coupe, tonneau. Chez les anciens Cimbres *bytta,* vase à vin.)

A propos de botte, signifie, selon Pougens, Propos de bouteille, propos décousus, pensées intermittentes d'un homme ivre. (Autrefois on appelait *botte* un vase destiné à recevoir une certaine quantité plus ou moins grande de liquide.)

BOUTER, va. mar. Pousser, ancer, mettre; *bouter au large*, c'est pousser une embarcation au large. [De l'anc. fr. *boutre*, mettre, selon Lantin de Damerey. *Boutre* et *bouter* viennent apparemment du l. b. *butare, botare* et *boutare*. L'origine de ces mots n'est pas encore déterminée d'une manière claire et satisfaisante. 1° Roquefort, Boiste, Ménage, Skinner, Honnorat, Noël et Carpentier, et autres, l'ont cherchée dans le latin *puttare, pulsare*, pousser, mettre. Plaute a dit *pultatio*, action de battre, de frapper, choc, pour *pulsatio*; 2° Du Cange et Gattel, dans le b. l. *butare*, bouter, pousser, mettre; 3° Constancio, dans le lat. *petere*, atteindre, attaquer; 4° Ihre, dans le suiogoth. *bósta*, pousser; en anc. scandin. *beysta*, pousser. 5° Diez attribue une origine commune aux mots *botte*, coup, *bout, bouter, bouton, aboutir, debout*. 6° Le général Bardin trouve que le fr. *but* a une analogie marquée avec l'ital. *buttare*, pousser, jeter, et avec le v. populaire *bouter*, pousser, mettre. En bret. *pouta*, par corruption, *bouta*, pousser, bouter; gall. *pwtiaw*, gaël écoss. *put, pout*, pousser, bouter; esp. *botare*, b. l. *botare*, pousser. Langue des Troub. *botar, boutar, butar*, mettre, pousser, croître; *debotar*, rejeter, repousser; *rebotar*, repousser, rebuter; cat. et port. *botar*, mettre, pousser, heurter; rouchi, vallon, jurassin, nivernais, berrychon, picard, *bouter*, mettre, placer; anc. fr. *bouter, boter, boteir, botter*, pousser, expulser, chasser, mettre dehors. A partir du 15ᵉ s., le fr. *bouter*, mettre, pousser, faire aller, a passé de la ville au village.] *Bouté, e*, p.

Bouter, vn. Se dit d'un vin qui pousse au gras.

Boutade, sf. Caprice, saillie d'esprit ou d'humeur. (Du vi. fr. *bouter*, pousser, lancer, mettre.)

Boutant, adj. m. Voyez *arc-boutant*.

Bouté, e, p. Se dit d'un cheval qui a les jambes droites depuis le genou jusqu'à la couronne.

Boute-en-train, sm. Cheval entier dont on se sert pour mettre les juments en chaleur; petit oiseau qui sert à faire chanter les autres; fam., homme qui pousse les autres à la joie, qui met tout le monde en train.

Boute-feu, sm. Baguette servant à mettre le feu à certaines pièces de canon; incendiaire; fig., celui qui pousse à la discorde, qui excite les discordes.

Boute-hors, sm. Sorte de jeu qui n'est plus en usage; fig., celui qui tâche de débusquer un autre homme de son emploi.

Boute-selle, sf. Signal qui avertit de seller les chevaux. (Fr. *bouter*, mettre, et *selle*.)

Boutis, sm. Endroit où un sanglier a poussé son boutoir; où il a fouillé avec son boutoir; traces de cette fouille.

Boutoir, sm. Groin de sanglier. Il le pousse dans la terre quand il la fouille, et contre les chiens qu'il terrasse.

Boutoir, sm. Outil de maréchal qui sert à enlever la corne superflue du pied d'un cheval avant de le ferrer. (De *bouter*.)

Bouture, sf. Branche coupée que l'on pousse en terre, que l'on plante, afin qu'elle pousse, qu'elle prenne de l'accroissement.

Contre-boutant, sm. archt. Syn. de contre-fort.

Contre-bouter, va. Soutenir un mur par un pilier, un étai, ou par un mur posé à angle droit. (De *bouter*, pousser, mettre.)

Coup de boutoir, fig. Trait d'humeur, propos dur, repoussant, qui blesse.

Débouter, va. prat. Déclarer déchu d'une demande en justice. (Propr. repousser, r. *bouter*.) *Débouté, e*, p.

*Rebouter, va. Remettre un os cassé, un membre démis; pousser, introduire, mettre les dents d'une carde dans le cuir. **Rebouté, e*, p.

Rebouteur, sm. Renoueur.

Botte, sf. escrime. Coup que l'on porte à son adversaire. (Anc. germ. *bott*, coup, ital. *botto*, coup; langue des Troub. *botar, boutar, butar*, mettre, pousser, heurter; pousser, croître.)

Butant, adj. m. archit. Qui soutient la poussée d'une voûte. (Anc. fr. *boter, bouter*, pousser, mettre, placer, presser, chasser; toulous. *buta*, pousser.)

Bute, sf. Instrument qui sert à couper la corne des chevaux. (Voyez *boutoir, bouter*.)

Buter, va. *Buter un mur*. Soutenir un mur.

Se Buter, va. pr. Se tenir à qq. chose avec obstination, s'opiniâtrer à. **Buté, e*, p.

Rebuter, va. Repousser, rejeter avec dureté, avec rudesse; refuser; décourager; choquer, déplaire. (De *re*, et de *bouter*.) *Rebuté, e*, p.

Rebut, sm. Action de rebuter, de repousser, de rejeter; ce qu'on a repoussé, rebuté, rejeté; ce qu'il y a de plus mauvais dans chaque espèce.

Rebutant, ante, adj. Qui rebute, qui décourage; choquant, déplaisant.

BOUTIQUE, sf. Lieu où un marchand étale et vend sa marchandise, où un artisan travaille; toutes les marchandises contenues dans une boutique; par ext., bateau de pêcheur dont le fond est percé de trous, et où l'on met des poissons pour les conserver vivants. [Etym. 1° Par aphérèse, du lat. *apotheca*, lieu où l'on garde les provisions, cellier, cave, d'où le b. l. *apothecare*, emmagasiner; dérivés du g. *apothéké*, dépôt, réserve, magasin, serre; r. *apo*, loin de, *tithémi*, poser, placer; en sanscrit *dhâ*, poser, effectuer, créer, *dadhati*, il pose, il effectue, *dhâka*, boîte. Les opinions sont presque unanimes concernant cette première étymologie. D'*apothéké* provint aussi l'ital. *bottega*, d'où le fr. *boutique* : Planche, Régnier, Lancelot, etc., etc. On a dit d'abord *pothèque*, ensuite *bothèque*, puis *boutique* : Morin, Henri Estienne, Gattel, Roquefort, etc. Ce mot étant devenu populaire a revêtu successivement les formes **poteca, *potiça*, esp. *botica*, boutique : M. Delatre. Voy. **Théque, Apothicaire*. 2° D'après M. Zeuss, le cambrique *boutig*, étable, a pour racines *tig*. maison, et *bou*, vache, hibernion *bo*, lat. *bos*. Si le fr. *boutique* venait de là, il signifierait propr. étable à bœufs ou à vaches, et se rapporterait au lat. *bos*, bœuf, vache, au savois. *bu, bou*, bœuf, *bo*, étable. En b. l. *butica, butigia*, boutique. Ital. *bottega*, esp. et port. *botica*, cat. et langue des Troub. *botica*, boutique.]

*Boutique, sf. Gaîne de bois ou de cuir contenant les outils du boucher; ensemble des outils d'un artisan.

Boutiquier, sm. Marchand, artisan en boutique.

*Boutiquier, ière, adj. Des boutiques, de boutiquier.

Arrière-boutique, sf. Pièce placée immédiatement et de plein-pied derrière la boutique.

BOUTON, sm. Petit corps arrondi ou allongé que poussent les arbres et les plantes, et d'où naissent les branches, les feuilles ou les fleurs; jeune fleur avant son épanouissement; le bourgeon florifère, état des diverses parties de la fleur qui sont repliées les unes sur les autres avant qu'elles soient développées; par analogie, petite tumeur arrondie qui se forme sur la peau; petite pièce ronde et plate, quelquefois bombée, qui sert à attacher différentes parties du vêtement; par ext., ce qui a la figure d'un bouton. [1° D'après le général Bardin, Honnorat,

Constancio, Noël et Carpentier, De Chevallet, et autres, le mot *bouton* est de la même famille que *bout*. Le premier dit que *bouton* est un augmentatif de *bout*. Le dernier dérive *bout* et *bouton*, du tudesque *but*, bout, extrémité, borne. *Bout* se disait surtout des extrémités mousses ou arrondies, comme le *bout* de la mamelle, le *bout* du nez; en all. *butz*, bout. 2° Delatre rattache le fr. *bout* et *bouton*, au lat. *arbutus*, arbousier, au grec *phuton*, plante, et au sanscrit *bhuti*, existence, etc. 3° D'après ce que dit Diez, *bouton* a été fait de *bouter*, pousser; comme *drageon* du gothique *draibjan*, pousser; comme *pousse* de pousser; comme *jet* et *rejeton*, de *jeter*, rejeter; comme *bourgeon* du haut all. anc. *burjan*, lever, élever, pousser. M. Scheler déduit *bouton* de *bout*, d'où *bouter*, selon lui. 4° Du Cange, Casenueve et Couzinié, dérivent *bouton*, du b. lat. *botontini*, petite éminence de terre servant de limite. 5° Roquefort, Trévoux et Ménage le forment du vieux mot *boulton* qu'ils font venir, ainsi que *bouter*, du latin *pultare*, *pulsare*, pousser; parce qu'un bouton est une poussée. 6° Corstancio dit encore que *bouton* peut venir du grec *pétannuô*, déployer, tendre, ouvrir, épanouir. 7° Nodier pense que *bouton* est une onomatopée de la même origine que *boule*. 8° Astruc croit que *bouton* peut être venu du languedoc *bothor*, mot d'origine arabe signifiant tumeur, pustule. En ital. *bottone*, bouton; esp., Gloss. champ., savois., langue des Troub. *boton*, anc. fr. *boton*, bouton. En b. ret. *bouton*, bouton d'habits; b. lat. *botto*, bouton, et *botonei*, boutons; et anc. fr. *boston*, bouton. Voy. *Bout*, *Bouter*.]

*Bouton, sm. mar. Gros nœud au bout d'un cordage; nom donné aux petites chevilles qui fixent, par leur extrémité inférieure, les cordes de la harpe et de la guitare; morceau de bois arrondi qu'on fixe à la queue d'un violon; pointe arrondie des lames de ciseaux.

Boutonner, vn. Commencer à pousser des boutons.

Boutonner, va. Attacher au moyen des boutons. *Boutonné*, e, p. *Boutonné*, ée, adj. Couvert de boutons.

*Boutonnement, sm. bot. Action de pousser des boutons.

Boutonnerie, sf. Fabrique, marchandise ou commerce du boutonnier.

Boutonnier, sm. Qui fait et vend des boutons.

Boutonnière, sf. Petite fente où l'on passe le bouton.

*Boutonnière, sf. chir. Incision à l'artère pour sonder.

Bouton de feu, sm. chir. Instrument en forme de bouton que l'on rougit au feu pour cautériser.

Bouton de fin, ou simplement Bouton, sm. Dans les essais, petite portion d'or ou d'argent qui reste après l'opération de la coupelle.

Bouton d'or, sm. Plante à fleurs en boutons jaunes comme de l'or.

Déboutonner, va. Oter, faire sortir les boutons d'une boutonnière ou d'une ganse.

Se Déboutonner, va. pr. fig. et fam. Parler librement, ouvrir son cœur. *Déboutonné*, e, p.

Reboutonner, va. Boutonner de nouveau.

Se Reboutonner, va. pr. Reboutonner son vêtement. *Reboutonné*, e, p.

Serrer le bouton à quelqu'un, (Ce proverbe vient de ce qu'on appelle *bouton*, en t. de manège, la boucle de cuir qui glisse le long des rênes et qui les resserre. Serrer le bouton est l'équivalent de tenir en bride. *Mettre un cheval sous le bouton*, c'est raccourcir et tendre les rênes au moyen du bouton de la bride que l'on fait descendre jusque sur le crin.)

BOUVREUIL, sm. Oiseau de volière de grosseur d'une alouette, à bec noir de la forme à peu près de celui d'un perroquet, à ventre d'un beau rouge. Sa femelle a le ventre gris. [1° D'après Brisson, du grec *purrhoulas*, espèce d'oiseau de couleur rougeâtre, de *purrhos*, rougeâtre. 2° « On le forme de *pap*, syllabe moderne introduite dans le celt., qui n'est nullement radicale, qu'on trouve dans le P. Grégoire, mais qui n'est point dans le Dict. de D. Pelletier » : Le Brigand. 3° Du celt: *pabaour*, bouvreuil, suivant D. Pelletier. En breton *beuf*, bouvreuil, et *pabaour*, chardonneret, en Tréguier *pabaour*, bouvreuil, dans Legonidec; prov. *bouvet*, nom languedoc; du bouvreuil, dans Honnorat.]

BOXER, vn. Se Boxer, va. pron. Se battre à coups de poing. [1° Ce mot était à nous, disent Fr. Wey et Génin. Selon ce dernier, *boxer* signifie propr. prendre en traître; et la racine de ce mot est le germ. *bös*, méchant, pervers; d'où le lat. barb. *bauza*, *baucia*, *bausia*; d'où aussi le vi. fr. *boxeour*, traître, imposteur; *boiser*, tromper, surprendre; d'où le fr. *emboiser*, *emboiseur*. 2° M. Delatre dit : « L'all. *baxen*, l'angl. *to box*, boxer, viennent, non pas directement de la racine sanscrite (*puns*, broyer), mais du gr. *pux*, à coup de poing. Les langues germ. possèdent un grand nombre de mots empruntés soit au grec, soit au lat., et qu'il est facile de reconnaître à leur structure et à leur isolement dans ces langues. *Baxen* est de ce nombre; etc. L'essence de l'art de boxer consiste à surprendre son antagoniste à l'aide de la feinte combinée avec la force, ce qui justifie l'étymologie de Génin, qui forme aussi de l'all. *bös*, le vi. fr. *boisdie*, méchanceté, félonie, hypocrisie; d'où *boiser*, *bosser*, *boiseur*, *bosseur*. *Boxeour* est très-commun dans nos romans. Meidinger lie l'all. *bös*, méchant au latin *pessimus*, très-mauvais. En holl. *boze*, *boos*, *booze*, méchant.] *Boxé*, e, p.

Boxeur, sm. Celui qui boxe.

Emboiser, va. pop. Engager par des cajoleries et par des promesses à faire qq. chose. (1° De l'anc. fr. *boiser*, tromper, surprendre; fait de l'all. *bös*, méchant, pervers, selon Génin. 2° D'autres, avec moins de probabilité, dérivent *emboiser* du lat. barb. *imboscare*; faire entrer par adresse dans un bois; ou de l'ital. *imboscare*, dresser une embûche.) *Emboisé*, e, p. Voy. Bois.

Emboiseur, euse, s. pop. Qui emboise.

BOYARD, sm. relat. Ancien feudataire de Russie, de Transylvanie. [1° Selon Kieffer et Bianchi, le mot turc *boïar* est pris du moldave, et signifie noble valaque et moldave. On a dit que le mot *boyard* venait de *bolé*, davantage, et désignait quelqu'un de plus grand; qui a plus qu'un autre : c'est une erreur. 2° Tatischeff le tire d'un mot sarmate, *bojarik* ou *pojarik*, qui voulait dire une tête forte et prudente, éclairée. En effet, si quelque évènement grave agitait le pays, on convoquait les boyards, qui se réunissaient pour aviser au bien de l'état. 3° Un autre lie le mot *boyard* à *boyé*, *boya* ou *byé*, homme, nom que se donnent à eux-mêmes la plupart des Toungouses qui vivent en Sibérie. 4° Les mots *boyard* et *vayvodé* ont évidemment une origine commune; ils viennent l'un et l'autre du slave *voyé*, combat. On les donna sans doute à d'illustres guerriers avant qu'ils n'indiquassent un magistrat, un commandant. Les annales byzantines parlent de boyards qui exerçaient le pouvoir suprême dans la Bulgarie, pays occupé par les Slaves. Le mot *vayvodé* ne désigna d'abord qu'un chef militaire : Foreign Quarterly Review. » En russe *boiarinn*, boyard.]

Boïard, sm. Le même que *boyard*.

BRACTÉE, sf.bot. Nom de petites feuilles souvent colorées, dont le caractère principal est d'accompagner les fleurs qui naissent à leur aisselle au lieu de bourgeons, et d'offrir des formes différentes de celles des autres feuilles. [Du l. *bractea*, feuille de métal, rameau d'or. 1° Qq.-uns dérivent *bractea* du gr. *brachein*, craquer, faire du bruit, à cause du bruit que produisent ces feuilles de métal; 2° et d'autres, de l'hébreu *bâraq*, il a brillé, à cause de leur éclat. 3° Gébelin rattache le lat. *bractea* al *bracca*, au fr. *briser*, et à l'all. *bruch*, fracture. 4° Doederlein et Constancio le dérivent du gr. *brachus*, court, bref. 5° Schœbel l'unit à l'all. *prägen*, au gr. *krékein*, et au sansc. *riç*, frapper.

*Bractéaire, adj. bot. Qui a rapport aux bractées.

*Bractéate, sf. Médaille faite avec des feuilles de métal; adj. Se dit des médailles fourrées.

*Bractéen, enne, adj.bot. Qui a le caractère d'une bractée.

*Bractélfère, adj. bot. Qui porte des bractées.
*Bractélforme, adj. En forme de bractée.
*Bractéocardié, e, adj. A bractées en cœur.
*Bractéogame, adj. A bractées soudées ensemble.

*Bractéolaire, adj.bot. Relatif aux bractéoles.

*Bractéole, sf.bot. Diminutif de bractée.
*Bractéole, sf. Feuille ou lame d'or; rognure de feuilles d'or.

*Bractéolé, e, adj.bot. Muni de bractéoles.
*Bractété, e, adj.bot. Accompagné de bractées.

*Bibractéolé, e, adj.bot. Pourvu de deux bractéoles.
*Bibractété, e, adj.bot. Pourvu de deux bractées.

*Ébractéolé, e, adj.bot. Dépourvu de bractéoles.
*Ébractété, e, adj.bot. Dépourvu de bractées.
*Longibractété, e, adj.bot. A longues bractées.
*Tribractéolé, e, adj.bot. Pourvu de trois bractéoles.
*Tribractété, e, adj.bot. Pourvu de trois bractées.
*Unibractété, e, adj.bot. A bractées solitaires.

BRAI, sm. Suc résineux et noirâtre tiré du pin et du sapin; résine refondue dont on a extrait la térébenthine; espèce de goudron; mélange de gomme et d'autre matière propre à calfater. [1° D'après Ménage, Gattel, etc., du latin *brutia*, brai, dans Pline, pris de *Brutia*, colonie phénicienne, abondante en bonne poix, Gébelin et Roquefort soutiennent, au contraire, que ce sont les *Brutiens* qui ont pris leur nom de ce que leur pays abondait en poix. 2° Constancio dérive le fr. *brai*, *brayer*, et le lat. *brutia*, *bruttia*, poix, du grec *brazô*, bouillir avec violence; rejeter, pousser au dehors en bouillant, d'où, selon lui, le n.pr. *Abruzze*, en lat. *Bruttium*. 3° Au sansc. *branj*, *braj*, rompre, Delatre rapporte l'all. *brack*, sn., déchet, rebut; de là, dit-il, l'ital. *braco* ou *brago*, boue, vase; le fr. *brai*, *brayer*, etc. 4° Diez et Scheler déduisent *brai* du septentr. *brâk*, huile de poisson, et citent le wall. *briac*, bourbier. Amédé Thierry cite l'l.b. *braium*, et le gaël *brugh*, brai. D'après Dieffenbach, *braium* serait d'origine celt. En port.

breu, *breo*, brai, et *brear*, brayer; goudronner. En anc. fr. *bré*, brai, poix. [

Brayer, va. Enduire de brai liquide et chaud. *Brayé, e*, p.

*BRAHMA, sm. Nom de l'Être suprême, chez les anciens Indiens. [1° En sansc. *brahm* ou *brahmâ*, mot neutre, signifie le Grand Etre; et *brâhmah* ou *brahmâ*, le créateur ou le pouvoir créateur; *brahman*, le dieu Brahma; *brahmanê*, cause primitive, mot que Wilson et Bopp forment du sansc. *vrih*, croître, par le chang. de *v* en *b*; et du suffixe *man*. 2° Quelques-uns croient que ce nom signifie le plus grand; 3° d'autres se sont imaginé qu'il veut dire pénétrant en toutes choses. D'Herbelot partage cette dernière opinion. 4° La Croze, persuadé que la religion et les superstitions indiennes sont venues de l'Egypte, ne doute point que *brahma* ne soit un nom égyptien, signifiant un homme distingué, élevé au-dessus des autres par son pouvoir éminent, par ses talents et ses vertus; car, dit l'abbé Mignot, le mot est issu du phén. *rom* ou *roum*, élevé, l'*ou pi qui* se trouve au commencement du mot serait l'article égyptien. La Croze observe que *Brahma*, prononcé par les Indiens du Malabare *Birouma*, signifie homme. D'après l'abbé Mignot, on pourrait, sans recourir à la fois au phénic. et à l'égyp. pour former un seul nom, dériver tout simplement *Brahma* du nom hébreu *Abraham* qui signifie le père élevé de la multitude. L'étymologie de Bopp et de Wilson paraît être la seule bonne et raisonnable, parce qu'elle ne sort pas du sansc.]

*Brahma, sm. Nom de l'une des trois personnes de la Trinité des Hindous.

Brame, Bramine, Brahmane, sm. Nom de ceux qui forment la première des quatre grandes castes chez les Indiens, et qui professent la doctrine de Védas. Ils se prétendent issus de *Brahma*. (On croit que les Indiens furent gouvernés, dans l'origine, par *Brahma*, qui donna son nom aux prêtres du pays, les *Brahmes* ou *Brachmanes*.)

Brahmanique, adj. Des brahmanes.
Brahmanisme, sm. Doctrine des brahmanes.

*Burrampoutor, s.pr.m.géogr. Fleuve immense, émule du Gange, le dernier des canaux naturels de l'Inde, dont il forme la limite à l'est. (Ce terme signifie fils de *Brahma*.)

BRAIE, sf. vi. Linge que l'on place sous le derrière des enfants. [Du lat. *braca* et plus souvent *bracæ*, *arum*, braies, chausses longues et larges, serrées par le bas, à l'usage des barbares. Quoique l'usage des *braies* existât dans Rome dès le temps d'Auguste, Tacite l'appelle une sorte de vêtement barbare, parce qu'il venait des Gètes, des Sarmates, des Allemands et des Gaulois. Les Perses se servaient aussi de braies, d'après Ovide. Presque tous les étymologistes admettent que le lat. *braca* et le fr. *braies* sont d'origine celtique ou gauloise. Hest bien naturel, dit Ampère, que les Gaulois aient donné le nom de *braca* à un vêtement qui les caractérisait au point de servir à dénommer une partie de leur pays. C'est la Gaule Narbonnaise, *Gallia braccata*, Henri Estienne ne doute nullement que le mot *braies* ne vienne des Gaulois; et il s'appuie sur l'autorité de Diodore de Sicile, qui le leur attribue. Selon le Β. Pezron, cité par Trévoux, le mot celt. est *brag*. Cependant Casaubon désapprouve l'opinion de Diodore de Sicile, et Fungerus fait observer que divers peuples de l'Asie portaient ce vêtement. 1° Doederlein rattache le latin *braca* au grec *brachión*, bras, épaule. 2° Constancio tient que le radical de ce mot est commun au celt. et au gr., il l'unit au gr. *brochos*, lacet. 3° Du Cange croit que la *braie* ou *braca* était la partie du vêtement qui couvrait les cuisses, et que ce vêtement avait reçu ce nom parce qu'il était trop court. Alors *bracæ* pourrait se rapporter au grec *brachus*, court, bref. 4° Sperlingius, Stadenius, Wachter, et autres savants, pensent que ce vocable doit être dérivé du v. *brechen*, dans le sens, non de rompre, briser, mais de diviser, séparer; parce que ce vêtement est divisé entre les deux cuisses. 5° Le Trip. lie *bracæ* au germ. *breek*, *brück*, à l'angl. *breeches*, et au lapon *brakkoh*, braie. 6° Selon Gébelin, *bracæ* appartiendrait à la même origine que le fr. *brèche*, *briser*, que l'all. *brechen*, rompre, briser, et que le lat. *frangere*, rompre, briser. Junius est à peu près du même avis. 7° D'après Schœbel, *bracæ*, et le fr. *frac*, l'all. *frack*, et le gr. *brakai*, pourraient se ramener au sanscrit *arc*, prononcé *ritch*, couvrir. 8° Selon Bochart, Ihre, et autres, *bracæ* aurait été fait de l'hébreu *bérék*; genou, parce que ce vêtement allait jusqu'aux genoux, et que les Grecs ont tiré *skélaï*, sorte de haut de chausse ou caleçon, du grec *skélos*, jambe; et les Latins *femoralia* de *femore*, *talaria* de talus, *tibiala* de *tibia*, etc. En breton *bragez*, culotte, dans Le Gonidec; cornique, *bryécans*, gaël écoss. *briogais*, braies. Norm. et pic. *braies*, culottes; et pic. *braies*, ouvertures de poche, d'un jupon, dans Corblet. Gloss. champ. de Tarbé *brace*, haut de chausses; et *braie*, *braye*, caleçon. Amédée Thierry cite le mot kymr. *brykan*, et l'armor. *bragu*, braie ou pantalon. Anc. prov. *bragas*, braies; *braguers*, braguier, la partie de l'armure qui couvrait les cuisses.]

Braies, sf.pl. Culotte, caleçon.

Braguette, Brayette, sf. Fente de devant d'une culotte à l'ancienne mode.

Brayer, sm.chir. Bandage pour les hernies. (L.b. *bracherium*, *bracherolium*, de *braca*; parce qu'il se met sous les braies. On a dit aussi *bracchiale*, brayer, bandage.)

Brayon, sm. Piége pour prendre les bêtes puantes qui ruinent les garennes. (?)

Se Débrailler, va.pr. Se découvrir la gorge, l'estomac avec indécence. *Débraillé, é*, p.

BRAISE, sf. Bois réduit en charbons ardents; charbons éteints que vendent les boulangers. [1° Suivant De Chevallet, *braise* et *brandon* appartiennent tous les deux à un même primitif germ. Delatre rapporte ces deux même mots à la racine sanc. *bhrij*, *bhrâj*, luire, rôtir, griller. D'après ce dernier, l'*n* qu'on remarque dans *brandon*, etc., est la lettre caractéristique de la troisième conjugaison sanscrite; *bhrâj* fit *branâjmi*, d'où l'all. *brennen*. 2° H. Estienne, Trippault, Périon, Nicot, Trévoux, Bourdelot, Furetière, Lancelot, Gattel, Noël, Roquefort, Constancio, Denina, Raynouard, Mary-Lafon, Honnorat, Jauffret, etc., dérivent le fr. *braise*, du grec *brazō*, bouillir avec violence, être chaud et brûlant. Covarruvias tire aussi l'esp. *brasa*, braise, du gr. *brazō*; Ferrari fait de même pour l'ital. *brace*, *bracia*, *bragia*, braise. 3° Muratori le dérive du v. lombard *brusare*, brûler, et non du gr. *brazō*, dont la signification diffère. 4° Ihre rattache les mots *braise*, *brasser* la bière, *embrasement*, au gr. d'Hésychius *brazō*, être échauffé, et au grec *présai*, *préthō*, brûler. 5° Le Tripart. dérive braise, du grec *prethō*, brûler. 6° Charles de Bovelles, cité par Ménage, le forme du lat. *pruna*, charbons allumés, braise; 7° et Barthius, de l'all. *brand*, incendie; 8° Guyet, du lat. *ardeo*, *arsum*, brûler. La syllabe caractéristique de cette famille paraît être *bhr* en sanscrit, *bre* en grec, *fr* lat., *br* dans les langues germ. et dans les langues néo-lat., sauf quelques exceptions. En anc. scand. *brasa*, feu ar- dent; braise, mot cité par Wachter et que De Chevallet forme du v. *brinna*, brûler; Meidinger écrit *brenna*. 9° D'après Scheler, le vocable *braise* proviendrait du septentr. *brasa*, souder, d'où il tire aussi le fr. *braser*. En goth. *brasa*, feu; basque *brasa*, braise, dans Bullet; ital. *brace*, esp. et prov. *brasa*, port. *brasa* ou *braza*, savois. *braixa*, Gloss. champ. *frasin*, braise. Langue des Troub. *brasa*, braise; *braxal*, *brazell*, *brazier*, brasier; *bruzar*, *bruizar*, *bruslar*, brûler; *abrasar*, *embrasar*, *esbrasar*, embraser, enflammer. Lombard *brusare*, brûler. L.b. *brasa*, braise, mot espagnol selon Du Cange.]

Braiser, va. Faire cuire de la viande à la braise. *Braisé, e*, p.

Braisier, sm. Huche où l'on met la braise étouffée.

Braisière, sf. Vaisseau où l'on fait cuire à la braise.

*__Braisine__, sf. Mélange d'argile et de crotin de cheval pour tremper l'acier.

Braser, va. Joindre ensemble deux morceaux de fer par une soudure particulière faite avec du cuivre, du borax, du verre pilé, que l'on fait fondre sur un brasier ardent. *Brasé, é*, p.

Brasier, sm. Feu de charbons ardents; bassin pour la braise allumée; fig., feu de l'amour divin.

Brasiller, va. et n. Faire griller un peu de temps sur de la braise. *Brasillé, e*, p.

Brasiller, vn.mar. Se dit de la mer lorsque les rayons du soleil ou de la lune la frappent obliquement; et lorsque, dans l'obscurité, la trace du bâtiment ou du poisson brille d'une lueur qu'on attribue à l'électricité développée par le frottement.

Brasillement, sm. Effet de la mer qui brasille.

Brasque, sf. Mélange d'argile et de charbon pilé, dont on enduit la surface des creusets, l'intérieur des fourneaux de fonderie.

Brasquer, va. Enduire de brasque l'intérieur des creusets. *Brasqué, é*, p.

Brasure, sf. Endroit où deux pièces de métal sont brasées.

*__Débraiser__, va. Enlever la braise qui se forme dans un four que l'on chauffe. *Débraisé, e*, p.

*__Débraisage__, sm. Action de débraiser.

*__Ébraisoir__, sm. Pelle de fer pour tirer la braise des fourneaux; voûte d'un four à chaux où l'on met le bois ou le charbon.

Ébraser, va. Elargir en dedans la baie d'une porte, d'une croisée. (De la même racine que *braise*. Plus on ébrase, plus on donne de passage à la lumière et aux rayons du soleil.) *Ébrasé, e*, p.

Ébrasement, sm. Action d'ébraser; l'effet.

Embraser, va. Mettre en feu. *Embrasé, é*, p.

Embrasement, sm. Action ou effet d'un feu violent qui consume en jetant des flammes; brasier ardent, feu général, grand incendie; combustion; fig., grand désordre, grand trouble dans un état.

Embrasure, sf. Ouverture par où l'on tire le canon; partie d'un fourneau par où passe le col de la cornue; ouverture pratiquée dans l'épaisseur des murs d'une maison, pour y placer les portes et les fenêtres.

*__Rebraser__, va. Braser de nouveau deux morceaux de fer mal soudés. *Rebrasé, e*, p.

*__Rebrasement__, sm. Action de rebraser; le résultat.

*__Rembraser__, va. Embraser de nouveau. *Rembrasé, e*, p.

Brésil, sm. Sorte de bois rouge propre à la teinture. (Du port. *brasa* ou *braza*, braise. Le bois de teinture que les indigènes appelaient *ibirapitanga*, *araboutan*, reçut des Portugais le nom de *pao do* *brazil*, qui servit ensuite à désigner une étendue de plus de 1200 lieues de côtes. Bien avant le 16ᵉ s., on désignait sous le nom de *brazil* ou *braisil* certains bois fournissant une teinture rouge, de la couleur du feu. Cette dénomination, dit Constancio, vient du port. *braza*, braise. Elle est employée dès le 12ᵉ s. Muratori a prouvé que le bois de *Brésil* était au nombre des marchandises payant un droit aux portes de Modène en 1306. En l. b. *brasile, trasitium, bresilium*, brésil, mots que Du Cange dérive de *braise*, parce que ce bois rappelle la couleur de la braise, des charbons allumés. Maltebrun dit : « Combien d'infortunés précurseurs de Christophe Colomb, qui, engloutis dans les flots de l'Océan, ou naufragés sur quelque plage déserte, n'ont recueilli, pour fruit de leur noble audace, qu'une mort ignorée! D'autres sont revenus en Europe, ils ont fait connaître ces îles de *Brasil*, c-à-d. du feu, ou bois de couleur de feu. » En russe *brazilia*, ital. *brasile*, esp. et cat. *brasil*, langue des Troub. *brezilh*, sorte d'arbre, brésil.)

Brésiller, va. Rompre en petits morceaux menus comme de la braise, ou comme les fragments du *brésil* que l'on coupe par petites tranches. *Brésillé, e*, p.

*****Brésilline**, sf. chim. Matière colorante rouge du bois de Brésil.

*****Brésiller**, va. Teindre avec du brésil. *Brésillé, e*, p.

Brésillet, sm. L'espèce de brésil la moins estimée.

*****Brésillot**, sm. bot. Arbrisseau d'Amérique.

BRAN, sm. t. bas. Matière fécale. [1º Delatre rapporte les mots *brimborion, brindille, embrener, breneux, brin, bran*, au sansc. *bhranj*, rompre; parce que *bran* signifierait propr. la partie du son la plus grossière. 2º Selon De Chevallet, les vieux mots *bran, bren*, son, appartiennent à une origine germanique; et c'est par métaphore qu'on a dit *bran* pour la matière fécale de l'homme. 4º Ménage et Roquefort dérivent *bran*, de *brance*, vi. mot gaulois, dont il est fait mention dans Pline en parl. du son, qui est encore appelé *bran* par les Anglais. 5º Scheler assure que *bran* est un mot celt. En écoss. *bran*, gall. et irl. *bran*, savois. *brè*, bret. *bren, bren*. D'après Edwards, on peut mettre ici en rapport le gall. *braen*, le gaël irl. *brean*, pourriture, et le bret. *branu, breina*, le gaël irl. *breanaim*, pourrir, l. b. *bren, brennium*, son. Gloss. champ. de Tarbé, *bran, bren*, excrément. *bran de scie*, poussière de bois scié; et *embrenner*, souiller.]

Bran de son, sm. Partie du son la plus grossière.

Bran de scie, sm. Poudre qui tombe du bois quand on le scie.

Bran de lui, t. bas et de mépris, en parl. de qq.

Breneux, euse, adj. bas. Sali de matière fécale.

Ébrener, va. bas. Oter les matières fécales d'un enfant. *Ébrené, e*, p.

Embrener, va. bas. Salir de bran, de matière fécale. *Embrené, e*, p.

Embrènement, sm. bas. Action d'embrener.

BRANCHIES, sf. pl. hn. Organes de la respiration dans les poissons; vulg. ouïes. [Du gr. *bragchia*, branchies, fait de *bragchos*, enrouement; r. *brogchos*, gorge, gosier. 1º Benfey lie ces mots au grec *brachô*, craquer, faire du bruit, bruire, gronder; *bruchaomai*, rugir, mugir, braire, hurler; *bruché* et *bruchéma*, rugissement, braiment, mugissement. Le fr. *br-anchies*, le grec *br-agchia*, br-

og-chos, br-achô, br-uchômai, br-uché, br-uchéma, br-ogchos, semblent appartenir à la même famille que le sanscrit *bhr-an*, bruire, *br-an*, rendre un son, *br-û*, résonner, énoncer; et que le fr. *br-aire, é-br-ouer, br-éant, br-uant, br-aire, br-ailler, br-amer*, qui sont tous mots regardés comme onomatopées. Gébelin donne les mots grecs *bragchos*, enrouement, *bragchia*, branchies, et *brogchos*, gorge, gosier, comme des onomatopées en *br*, dérivées du celt. 2º Martinius forme le grec *brogchos*, du grec *brochos*, lacet, filet, licou : *ab effectu*. 3º M. Delâtre dit que le grec *brogchos*, gorge, gosier, appartient par la forme au basc. *branj*, rompre; mais qu'il est difficile de l'y rattacher par le sens. 4º M. Chavée croit que le gr. *brochos*, lacet, lacs, *brogchos*, gorge, *brochô*, j'engloutis, etc., se rattachent, par le changement de *g* en *b*, au sansc. *gribh*, encloro, engloutir, saisir avidement; racine, dit-il, qui représente les formes indiennes *grabh* et *grah*, avec chute du *b* devant *h*.]

Branchies, sf. pl. hn. Organes analogues, mais de forme plus variable, dont les têtards et les mollusques aquatiques sont pourvus.

Bronche, sf. anat. Chacun des deux conduits qui naissent à la bifurcation de la trachée-artère, et par lesquels l'air s'introduit dans les poumons. (Du gr. *brogchos*, gorge, gosier, d'où le gr. *bragchia*, branchies.)

Bronchies, sf. pl. Voy. *branchies*, ci-dessus.

Bronchique, adj. Qui a rapport aux bronches.

*****Bronchite**, sf. Maladie, irritation des bronches.

Bronchotomie, sf. chir. Ouverture faite à la trachée-artère. (Gr. *tomé*, incision.)

*****Branchial, ale**, adj. hn. Qui a rapport aux branchies; muni de branchies.

*****Branché, e**, adj. hn. Pourvu de branchies.

*****Branchifère**, adj. hn. Qui porte des branchies.

*****Branchiodèle**, adj. hn. A branchies apparentes à l'extérieur. (Gr. *délos*, apparent.)

*****Branchiodèles**, sm. pl. Famille de vers.

*****Branchiogastré**, adj. hn. A branchies sous le ventre. (Gr. *gastér*, ventre.)

*****Branchiogastres**, sm. pl. Famille de crustacés.

*****Branchiostome**, sm. hn. Ouverture par laquelle les branchies communiquent au-dehors. (Gr. *stoma*, bouche.)

*****Branchiure**, adj. hn. Qui porte ses branchies à la queue. (Gr. *oura*, queue.)

*****Bronchéal, ale**, adj. Qui a rapport aux bronches.

*****Bronchial, ale**, adj. anat. Qui a rapport aux bronches.

*****Bronchocèle**, sm. méd. Goître. (G. *kèlé*, tumeur.)

*****Bronchotome**, sm. chir. Instrument pour exécuter la bronchotomie.

*****Bronchotomique**, adj. De la bronchotomie.

*****Homobranche**, adj. hn. Dont les branchies se ressemblent. (G. *homos*, semblable.)

*****Homobranches**, sm. pl. Famille de crustacés.

BRANDIR, va. Agiter, secouer dans sa main une lance, une épée, un glaive, un épieu, etc., comme si l'on se préparait à frapper; charp., affermir deux pièces de bois l'une contre l'autre au moyen d'une cheville de bois qui les traverse. [1º Ampère dit que ce verbe procède du vi. germ. *brand*, encore usité au moyen âge, et qui signifie un glaive. Le même sa-

vant cite Du Cange qui dérive *brand*, fautivement écrit *branc*, de *branca*. Brandir est un de ces verbes expressifs qui désignent l'action par son objet. 2° Delatre rapporte *brandir* au sansc.*bhranj*, rompre. 3° Le Duchat, Faivre et Eloi Johanneau le forment de l'all.*brant* ou *brand*, feu, tison, dans le sens de brandir une épée comme un *brandon* ou tison ardent. D'après Scheler et Diez, *brandir* provient du haut all. anc. *brant*, tison, septentr. *brandr*, glaive. Pour le rapport des idées, Diez rappelle le nom d'épée espagnole *tizon*. 4° Un autre dérive de l'anc. fr.*brand*,houlette; 5° et Bullet,du celt.*branq,brand*, branche; 6° Ménage, du lat. *vibrare*, agiter. Jal pense qu'apparemment *brandir* est venu de l'isl. *brand-r*, 'ame d'épée, dont l'ital. a fait *brando*, épée. 7° Roquefort regarde ce mot et tous ceux de cette famille, comme autant d'onomatopées. En ital. *brandire*, brandir, balancer, vibrer, esp. anc. cat. et port. *brandir*, langue des Troub. *brandir*, id., et *brandar*, agiter, branler, remuer; prov. *brandar, branlar*, bret. *bransella*, savois, *branla*, patois de Castres *bralla*, anc. fr. *bransler*, branler.] *Brandi, e*, p.
Brandiller, va. Agiter deçà et delà.
Se brandiller, va.pr. fam. Se mouvoir, s'agiter en l'air par le moyen d'une corde, d'une balançoire, d'une escarpolette. *Brandillé, e*, p.
Brandillement, sm. fam. Action de brandiller.
Brandilloire, sf. fam. Balançoire de corde ou de branches entrelacées.
Branler, va. Agiter, mouvoir, remuer, faire aller deçà et delà. (Pour *brândler*, contraction de *brandoler*, ital. *brandolare*.) *Branlé, e*, p.
Branler, vn. Etre agité, osciller.
Se branler, va. pr. Se remuer, se mouvoir.
Branlant, e,adj. Qui branle; fig., mal assuré.
Branle, sm. Mouvement de ce qui branle; oscillation; première impulsion donnée à qq. chose; sorte de hamac; danse de plusieurs personnes qui se tiennent par la main; air de cette danse; fauc., vol d'un oiseau de proie qui tourne en battant des ailes.
Branle-bas, sm. mar. Ordre de détendre les branles ou hamacs pour se préparer au combat.
Branlement, sm. Mouvement de ce qui branle.
Branloire, sf. Planche ou solive aux deux bouts de laquelle deux personnes se balancent.
Ebranler, va. Donner des secousses, au pr. et au fig.; fig., émouvoir.
S'ébranler, va.pr. Etre secoué, agité; se mettre en mouvement. *Ebranlé, e*, p.
Ebranlement, sm. Secousse, agitation.
Inébranlable,adj. Qui ne peut être ébranlé.
Inébranlablement, adv. D'une manière inébranlable, fermement.

BRANDON, sm. Flambeau fait de paille tortillée; corps enflammé qui s'élève dans un incendie; tison; paille tortillée au bout d'un bâton dans un champ pour indiquer qu'il est saisi. [Ce mot est ancien dans la langue. Il vient de l'all. *brand*, combustion, incendie, brandon, mot de la même famille que l'all. *brennen*, brûler. 1° M. Delatre rattache ce mot au sansc. *bhraj*, rôtir, brûler; 2° et Wachter, au gr. *puroô*, brûler. incendier, embraser; et à *pur*, feu. 3° M. Schœbel unit l'all. *brennen* au sansc. *prush*, au grec *préthein*, et au latin *comburere*, brûler. 4° M. Scheler dérive simplement *brandon* du haut all. anc. *brant*, tison; fr. *brinnan*, brûler. En anc. scand.*brenna, brand-r*, dan. suéd. holl. et anglos. *brand*, incendie, embrasement.Gaël écoss. et irl.*brann*,brandon;l.b. *brando*,anc.cat.*brandò*,langue des Troub. *brando*, brandon. Gloss. champen. *brandon*, fagot,

torche; anc. fr. *brandon*, flambeau, torche. (Voy. *Brandir*.)
Brandonner,va. Planter des brandons dans un champ, pour marquer qu'il est saisi. *Brandonné, e*, p.
Brandade, sf. Manière d'apprêter la morue, qui consiste à l'émincir et à la faire cuire avec de la crème, des blancs d'œufs, de l'ail haché, de l'huile, etc. (All. *brand*, combustion, brûlure, ce qui a été brûlé ou cuit au four.)
Brande, sf. Sorte de bruyère, de petit arbuste qui croît dans les terres incultes, et que l'on brûle lorsqu'on veut labourer le terrain; lieu inculte où croissent ces arbustes.
Barnache ou **Bernache**,sf. Espèce de petite oie ou de canard qui se trouve sur les côtes de la mer. (1° M. Delatre dit: « Les Allemands appellent *brand-ente* (canard brûlé) la tadorne, et *bren-tgans* (oie brûlée) l'espèce d'oie que nous nommons *bern-ache* ou *barn-ache*; en vi. fr. *barn-acle*. Les Italiens appellent ce volatile *bran-ta*(=bren-t)mot qui nous met sur la voie de l'étymologie de *hal-bran* (*hal* pour *halb*,demi), jeune canard sauvage. De là *hal-bren-é*, se dit d'un oiseau de proie (qui ressemble à un halbran) ayant quelques plumes rompues; se dit aussi d'une personne qui est mouillée, déguenillée, etc. Dans tous ces mots le primitif germanique *brent*. *brand*, exprime la couleur *brune*, *roussâtre* ou *brillante*, des objets dénommés. » 2° Ménage pense que *bernache* est un mot irlandais. 3° Et Gébelin dit que la *bernache*,en irland.*ber*nac, doit son nom à son habitude de plonger dans les eaux et d'en élever le poisson; c'est pourquoi il lie ce nom au fr. *berner* et à *berne*, t. de marine. On a dit aussi *barnaque*. En l. b. *barnaces*, oiseaux semblables aux oies sauvages, dans Du Cange.)
Albran ou **Halbran**,sm. Jeune canard sauvage. (1° De l'all. *hal*,pour *alb*, demi et *bran-d*, feu, ou *bren-nen*, brûler, et *ente*, canard, d'après M. Delatre. 2° De l'all. *halb*, moitié, demi, et en tudesque *halb*, et *halber*, et *ente*, canard; d'après Le Duchat, Roquefort, Boiste, De Chevallet, etc. 3° Du gr. *hals*, la mer, et *brenthos*,espèce d'oiseau; oiseau de mer, selon Gattel et autres. De Chevallet fait remarquer que les idiomes germ. placent assez souvent l'adjectif *halb*, demi, devant un substantif pour marquer un diminutif.)
Albrené,et **Halbrené, e**,adj. fauc. Se dit d'un oiseau qui a quelques plumes rompues; fig. et fam. fatigué, mouillé, déguenillé, en mauvais équipage. (Ce mot signifie propr. qui ressemble à un *halbran*: Del.)

BRAQUE, sm. Espèce de chien de chasse, qui est bon quêteur, et qui excelle par l'odorat; fig. et fam., étourdi. [1° Selon Jault, Borel, Roquefort, et autres, cette espèce de chien aurait été appelée ainsi parce que cet animal a les pieds courts. Ainsi *braque* aurait pour racine le lat. *brevis* ou le gr. *brachus*, court, bref. 2° Selon Gébelin, ce mot serait celt. et tiendrait à *brac* pointe, vivacité, feu, ardeur. 3° Selon Ménage, Trévoux, Honnorat, De Chevallet et autres, *braque* est d'origine germ. 4° Au sansc. *branj, braj*, rompre, Delatre rapporte le lat. *fragilis*, fragile, *brevis*, bref, et le grec *brachus*, bref, l'all. *brack*, rompant, courant, chien de chasse, et le fr. *braque, bracon, braques, braquemart*, etc. 5° Bullet et Constancio dérivent *braque*, du celt. *brac*, qui pointe, qui lance, pris au figuré. 6° Skinner le forme du gr. *brachô*, faire du bruit, craquer, gronder, à cause de l'aboiement retentissant de cette espèce de chien; 7° et un autre, du suiogoth. *racka*, chienne qui ne fait que courir; par l'addition de *b*. Ce *racka* rappelle le mot roquet. L'étym. de Bullet et Const. s'accorde avec celle de Gébelin. En tudesque *brak*, chien braque. All. *brack*, braque, angl. *brach*, holl. *brak*, *braak*, braque; l.b. *bracco*, ital. *bracco*, ano. cat. *brac*, langue des Troub. *brac, bracon, braquet*, braque. Gébelin dit que les habitants de l'Artois donnent le nom de *briquets* aux petits chiens dont ils se servent pour la chasse des blaireaux et des renards. En port. *braco*, prov. *brac*, braque, chien qui a les jambes fort courtes. Anc. fr. *brache, brachet*, braque. Gloss. champ. de Tarbé, *braquet, brace*, petit chien basset, et *braconnier*, valet de chasse. Langue des Trouv. *brachez*; chiens braques.]

Braconner, vn. Chasser furtivement sur les terres d'autrui. *Braconné*, p.

Braconnage, sm. Action de braconner.

Braconnier, sm. Celui qui braconne. (On appelait autrefois *bracher*, celui qui avait soin des *braques*, qui s'appliquait à les dresser pour la chasse. Dans une charte d'Henri II, roi d'Angleterre, on lit *braconarius*, braconnier.)

BRAS, sm. Partie du corps humain qui aboutit d'un côté à l'épaule, et de l'autre à la main; la personne qui travaille, qui agit, ou qui peut travailler, agir; fig., pouvoir, puissance, force, courage guerrier; chandelier attaché au mur, à la boiserie, dont la figure autrefois était celle d'un bras; nageoire de la baleine, chose qui a avec les bras de l'homme un certain rapport de forme ou de destination. [Lat. *brachium*, bras; nageoire; branche; bras d'un fleuve, bras de mer, etc. Gr. *brachiôn*, bras; muscle du bras; épaule. Celt. *brech*, bras, chez le P. Pezron. Ital. *braccio*, esp. *brazo*, langue des Troub. *bratz*, et langue des Trouv. *bruce, brase*, bras. Bret. *bréac'h*, bras. Gall. *braic, braig*, gaël irl. et écoss. *brac*, bras.

Bracelet, sm. Ornement qui se porte au bras.

*****Bracelet**, sm. hist. Anneau de fer maillé et hérissé de pointes, que l'on portait au bras par mortification; lingot d'or allongé et roulé; outil du doreur, de l'argenteur, de l'essayeur.

*****Brache**, sf. Mesure de longueur en usage dans quelques parties de l'Allemagne.

Brachial, e, adj. Qui appartient au bras.

*****Brachide**, sm. hn. Petit bras.

*****Brachidé, e**, adj. hn. En forme de petit bras.

*****Brachié, e**, adj. Qui ressemble à un bras; pourvu de bras; qui a la forme d'un homme dont les bras sont étendus en croix.

*****Brachiocéphale**, adj. hn. Qui a des bras ou des tendons sur la tête. (G. *képhalé*, tête.)

*****Brachiocéphalique**, adj. hn. Qui est en rapport avec le bras et la tête.

*****Brachiodermien, enne**, adj. anat. Qui a rapport au bras et à la peau. (G. *derma*, peau.)

*****Brachiolé, e**, adj. hn. Qui a de très-petits bras.

*****Brachioncose**, sf. méd. Tumeur sur le bras. (G. *brachiôn*, bras, *ogkos*, enflure.)

*****Brachiopode**, adj. hn. Qui a des bras servant de pieds. (G. *pous, podos*, pied.)

*****Brachiopodes**, sm. pl. Fam. de mollusques.

*****Brachioptère**, adj. hn. A nageoires en forme de bras. (G. *ptéron*, aile, nageoire.)

*****Brachioptères**, sm. pl. Famille de poissons.

*****Brachiostome**, adj. hn. Dont la bouche est garnie de bras. (G. *stoma*, bouche.)

*****Brachiostomes**, sm. pl. Famille de polypiers.

*****Brachiotomie**, sf. Amputation du bras.

Braquer, va. Tourner, placer, dans une direction déterminée, une pièce de canon, une lunette, etc. (1° Le général Bardin assure que *braquer* c'est manœuvrer une bouche à feu, la diriger à *bras*, qu'ainsi l'indique l'ital. *braccio*, bras, qu'il faut considérer comme l'étymologie du mot *braquer*, employé depuis le temps des premières arquebuses; que c'est pour tirer le canon qu'on *braque* et qu'on pointe; mais, que *braquer* indique l'action de manier une pièce et son affût en la faisant pivoter; que *pointer* exprime celle de diriger la pièce sur son affût immobile. 2° Gébelin croit que *braquer* est de la même origine que *brac*, *braque*, chien de chasse. 3° Constancio, ainsi que Bullet, pense qu'il vient du celt. *brac*, pointe; 4° Ménage la forme du lat. *vertere*, pour *verticare*, tourner; 5° et Diez, de l'anc. septentr. *braka*, affaiblir, énerver, casser; jeter sous quelque chose. La première étymologie est la seule bonne. Elle explique aussi le t. de marine *embraquer*, tirer à force de bras une corde dans le vaisseau. En patois de Castres et prov. *bracar, abracar*, braquer.) *Braqué, e*, p.

Braquement, sm. Action de braquer.

Bras de rivière, Chaque branche d'une rivière qui se sépare en deux.

Bras de mer, sm. Partie de la mer qui passe entre deux terres assez proches l'une de l'autre.

Bras dessus, bras dessous, loc. adv. et fam. En se donnant le bras avec amitié.

Bras d'un aviron, sm. Partie par laquelle on tient l'aviron pour ramer.

Bras de balance, sm. Chaque moitié de la verge transversale, aux deux extrémités de laquelle pendent les bassins.

Bras d'une civière, sm. pl. Les deux bâtons parallèles d'une civière.

Bras d'un brancard, sm. pl. Les deux bâtons parallèles d'un brancard.

Bras d'une vergue, sm. pl. Manœuvres ou cordages amarrés à l'extrémité d'une vergue pour la gouverner selon le vent.

Brassage, sm. monnaie. Peine de l'ouvrier, dont la plus grande est celle de bien remuer avec les bras l'or et l'argent en grenaille; la somme que prenait le maître des monnaies pour les frais de fabrication et les déchets.

Brassard, sm. Armure qui couvrait les bras d'un homme de guerre.

Brasse, sf. Mesure des deux bras étendus.

*****Brasse**, sf. Mesure de longueur.

Brassée, sf. Autant que les bras peuvent entourer, contenir et porter.

Brasser, va. Remuer avec les bras, remuer à force de bras; fig. et fam., négocier secrètement; mar., mouvoir les bras d'une vergue pour changer la direction de la voile qu'elle porte. *Brassé, e*, p.

*****Brasser**, va. Agiter ou troubler l'eau avec des bouilles, pour faire donner le poisson dans les troubles ou autres filets que les pêcheurs ont tendus.

*****Brasseyage**, sm. mar. Facilité dans l'action de brasser, de mouvoir les bras d'une vergue.

Brassiage, sm. mar. Mesure à la brasse; quantité de brasses d'eau dans un endroit quelconque de la mer.

Brassières, sf. pl. Chemisette de femme qui sert à couvrir les bras et le haut du corps.

*****Brassoir**, sm. Canne de terre cuite pour brasser le métal fondu.

A bras, loc. adv. Où l'on n'emploie que la force du bras.

A bras-le-corps, loc. adv. Au moyen du bras ou des deux bras passés autour du corps.

A bras raccourci, loc. adv. Hors de mesure et de toute sa force.

A force de bras, loc. adv. A bras, avec les bras.

A tour de bras, loc. adv. De toute sa force.

Avant-bras, sm. anat. Partie du bras depuis le coude jusqu'au poignet.

***Antibrachial, e**, adj. anat. De l'avant-bras.

Embrasser, va. Serrer, étreindre avec les deux bras; serrer quelqu'un avec les deux bras, et lui donner un baiser; fig., environner, ceindre; fig., contenir, renfermer, comprendre; fig., se charger d'une chose; fig., choisir, préférer, s'attacher à. *Embrassé, e*, p.

***Embrasser**, va. manég. Se dit d'un cheval qui, maniant sur les voltes, fait de grands pas et prend beaucoup de terrain.

***Embrasseur**, sm. fam. Qui a la manie d'embrasser à tout propos; fonder., bande de fer qui embrasse les tourillons d'une pièce d'artillerie pendant le forage.

Embrassade, sf. fam. Action de deux personnes qui s'embrassent.

***Embrassant, ante**, adj. bot. Amplexicaule.

Embrassement, sm. Action d'embrasser ou de s'embrasser.

***Embrassure**, sf. charp. Assemblage des raies; fond., bandes de fer autour du mur de la galerie; autour d'une cheminée, d'une poutre.

Fier-à-bras, sm. fam. Fanfaron faisant le brave et le furieux, et voulant se faire craindre par ses menaces. (Et mieux *fierabras*. Du lat. *ferrea brachia*, bras de fer; d'où le lat. corrompu *ferrebrachia*, guerrier fort et vaillant; d'où le roman *ferabras*. Et non de *fier*, ni de *férir*: Quitard. En b. lat. *brachii ferrei*, *ferrebrachia*, fierabras, bras de fer dans Du Cange.)

Le bras séculier, La puissance temporelle.

***Rembrasser**, va. Embrasser de nouveau. **Rembrassé, e*, p.

Rebrasser, va. vi. Retrousser les manches. *Rebrassé, e*, p.

***Rebras**, sm. Partie de la peau du gant qui doit couvrir le bras.

***Octobrachidé, e**, adj. hn. Qui a huit appendices en forme de bras.

Branche, sf. Bois que pousse le tronc d'un arbre, d'un arbrisseau et qui s'allonge comme une sorte de bras, dit l'Académie; par ext., ce qui a un certain rapport de forme et de position avec les branches des arbres; fig. général., se dit des familles différentes qui sortent d'une même tige; fig., se dit aussi des différentes parties ou divisions des choses. (Anc. fr. *brance*, branche, et *branke*, branche. L. b. *branchia*, branche; et *branchea*, bras, *branca*, extrémité des bras ou des jambes. Lat. *brachium*, bras; et *brachia arborum*, branches des arbres dans Pline. De même Palladius a dit *manus fraxineæ*, les branches du frêne; et Stace: *manus innumeræ*, les bras innombrables du platane. De même en lat. *palma* a signifié main, patte, datte, palmier, branche de palmier, etc. Gattel, ainsi que Roquefort, lie simplement *branche* à *branca* qu'il forme de *brachium*. Delâtre rattache le fr. *branche*, à l'ital. *branca*, griffe, serre; au norske *bracka*, griffe, au lat. *brachium*, au grec *brachión*, bras, etc., et au sanscrit *bhranj*, *bhraj*, rompre. 2° Ménage dérive *branche* du latin *ramus*, branche, rameau. 3° Et Ihre le rapporte au suiogothique *rank*, long et menu; *ranka*, raisin; *ranka*, être dans un mouvement continuel; et *racka*, être agité. Ital. et catal. *branca*, langue des Troubad. *branca*, *branc*, *branquit*, branche; bret. *bréac'h*, bras, et *brank*, branche d'arbre. 4° De Chevallet dérive *brank* de *bar*, *barr*, branche. Gascon et langued. *branca*, norm., rouchi et pic. *branke*, branche.)

***Brancade**, sf. Chaîne à laquelle les forçats sont attachés. (Les brancades furent d'abord faites avec des branches d'arbres, dit Roquefort.)

Brancard, sm. Litière à bras, lit portatif; grosse civière; l'une des deux pièces longues du train; pièce latérale unissant les deux trains; machine pour transporter les gros fardeaux. (Du l. b. *branchada*, machine composée de plusieurs pièces de charpente, dérivé lui-même du lat. *brachium*, dans le sens de *branche*, ou de *bras*, parce qu'on la portait à bras, dit Trév. De là le champ. *banchart*, *bancart*, brancard, tombereau, dans Tarbé.)

Branchage, sm. Toutes les branches d'un arbre.

Brancher, va. vi. et fam. Pendre, attacher à une branche d'arbre. *Branché, e*, p.

Brancher, vn. Se percher sur des branches d'arbre.

Branchier, adj. m. Se dit d'un jeune oiseau qui n'a encore que la force de voler de branche en branche.

***Branchette**, sf. horticult. Petite branche.

***Branchis**, sm. fauc. Billot sur lequel on fixe l'oiseau de proie qu'on veut élever.

Branchu, e, adj. Qui a beaucoup de branches.

Ébrancher, va. Ôter les branches d'un arbre. *Ébranché, e*, p.

Ébranchement, sm. Action d'ébrancher un arbre; résultat de cette action.

***Ébranchoir**, sm. Outil pour ébrancher.

Embranchement, sm. Position d'un tuyau jointà un autre comme une branche d'arbre au tronc; rencontre de deux ou plusieurs chemins.

***Embranchement**, sm. Pièce de charpente posée de niveau dans l'enrayure d'un pavillon; géogr., chaîne secondaire de hauteurs, qui, se détachant de la chaîne principale, prend à une distance plus ou moins grande du point de départ une direction parallèle ou légèrement inclinée à l'axe de la chaîne, et forme les grandes vallées longitudinales; didact., se dit des principales divisions d'une science; admin., se dit d'un chemin moins important, qui part de la route principale.

***Embrancher**, va. Joindre plusieurs tuyaux ensemble, sous un angle plus ou moins aigu; lier l'empannon avec le coyer par une pièce de charpente; admin., réunir plusieurs routes. **Embranché, e*, p.

BRASSER de la bière, du cidre, etc. En faire. [1° Monteil dit que *brasseur* vient du fr. *brasser*, remuer le bras; on est obligé, dit-il, dans ce métier de remuer beaucoup plus les bras que dans tout autre. Trév. rejette l'étymologie de Mén. qui dérive *brasser* du lat. *brassium*, bière, et celle de Du Cange qui forme *brasser* des mots *brace*, *brasium*, *bræcium*, espèce de blé dont on faisait la bière. Il y a beaucoup plus d'apparence, dit-il, que *brasser* vient de *bras*; parce que, encore en plusieurs lieux, on nomme *brassier* un manœuvre, un homme qui vit du travail de ses bras; et que pour *brasser* la bière il faut remuer, agiter fortement la liqueur. 2° Schœbel lie le l. b. *braxare*, le gr. *brasséin*, *bruéin* et l'all. *brauen*, au sansc. *bhri*, *bhrag'g*, brûler. Honnorat pense que *brasser* vient de bras et de *ar*, agir, ou faire avec le bras; ou de *brance*, nom gaul. d'une espèce de froment dont on faisait la bière. Au mot gaul. *brace* et non *brance*, espèce de blé d'un grain très-blanc, M. De Belloguet unit le kymrique *brág*; cornique *brág*, ce qui pousse au dehors, drèche, grain fermenté; l'armor. *bragez*, germe de grain, *bragezi*, germer, *bráz*, grain mêlé ou moulu; et l'irl. et erse *braich*, drèche. 3° Selon De Chevallet, *brasser*, *brasserie*, sont d'origine german. En anc. fr. *brais*, *bray*, *brès*, orge préparée pour faire la bière; en b. l. *brasium*, *braseum*, *bracium*, *brace*. Nous avons dit *brasse* pour bière.

Il nous est resté, ajoute-t-il, *brassin, brasser, brasserie*. En all. *brauen*, brasser de la bière, *brauerey*, brasserie.] *Brassé, e,* p.

Brasserie, sf. Lieu où l'on brasse la bière.
Brasseur, euse, s. Qui brasse de la bière et qui en vend en gros.
Brassin, sm. Cuve où les brasseurs font la bière; son contenu.

BRASSICAIRE, adj.bot. Qui a rapport au chou; qui s'en nourrit. [Du lat. *brassica,* chou, légume. 1° Selon Forcellini, le lat. *brassica* aurait été fait du gr. *brassô,* secouer, faire du bruit, d'où aussi le lat. *bractea,* feuille de métal. 2° Un autre le dérive du gr. d'Hésychius *braské,* chou d'Italie. 3° J. Henricus et Tournefort le dérivent de *prasiké,* mot gr. signifiant herbe potagère, suivant eux. 4° Martinius le forme du gr. *prasia*, planche ou carré de jardin, parce que c'est là principalement qu'on plante les choux; 5° et Varron, du lat. *præsiccare,* parce qu'il se dessèche peu à peu par la tige; 6° Festus, du lat. *præsecare,* couper par le bout, rogner; 7° un anonyme, du gr. *brakana,* sorte de légume sauvage dont l'espèce est inconnue; 8° Gébelin, du celt. *bar*, fertilité, production; 9° Le P. Pezron et de Théis, du celt. *bresych,* ou *bresic,* signifiant proprement un chou.]
*****Brassicé, e,** adj.bot. Semblable au chou.
*****Brassicées,** sf.pl. Genre de plantes crucifères.

BRAVE, adj. Excellent en sa profession; vaillant, courageux, intrépide; fam., honnête, bon, obligeant; fam., vêtu, paré avec soin. [1° Du lat. *bravium, brabium* ou *brabeum*, prix de la victoire dans les jeux publics; fig. prix de la victoire, récompense du vainqueur, dérivé du gr. *brabéion*, prix du combat, selon Trévoux, Casencuve, Lancelot, Covarruvias, Ferrari, Gattel, Boiste, Noël, Jauffret, Furetière, Faivre, Roquefort, Delatre, etc., etc. 2° Du mot *bras*, en lat. *brachium,* selon Gébelin et Constancio. 3° Du lat. *probus*, selon Ihre, Wachter, Ménage, Leibnitz, les auteurs du Tripart., etc. 4° Du haut all. anc. *raw,* dans la signification de inflexible, opiniâtre, sauvage, farouche, selon Diez. 5° Du b.bret. *braw,* fort, vaillant, brave, beau, agréable, selon Bullet. 6° De Chevallet pense que *brave* est d'origine celt. Il le rattache à l'anc. fr. *bragard* et *brave*, bien vêtu, élégamment habillé; et au bret. *lrav,* beau, agréable; et *braga*, se parer de ses beaux habits. Et Schulter soutient que le teut. *brave,* probus, alacer, est un mot celt. encore usité en France et en Allemagne. La première étym. paraît être celle qui convient le mieux au mot *brave* dans toutes ses significations. Il n'est donc pas étonnant qu'elle ait obtenu le plus de suffrages. Le mot brave dérive de l'ital. *bravo,* a eu longtemps chez nous, dit un savant, un sens tout différent de celui qu'on lui donne aujourd'hui. Il désignait sous Louis XIII, de même qu'en Italie et en Espagne, des hommes qui vendaient leur épée à la vengeance du premier venu, ou plus simplement des gens gagés. Le général Bardin dérive *brave*, de l'ital *bravo*, qui a signifié anciennement un duelliste, un assassin à gages; et non de l'all., qui a emprunté ce mot du fr. Le gr. *brabéion* a été fait du gr. *brabeus*, juge d'un combat, qui donne le prix du combat, juge, arbitre, mot dérivé lui-même du sansc. *prabhavat*, principal, éminent, distingué, selon Pott, Benfey, Chavée, Delatre, etc. *Prabhavat* est composé de *pra*, avant, lat. *pro*, gr. *pro,* all. *vor*, b==p, et v==p; et de *bhavat,* fait du v. *bhû,* être, exister, croître. Delatre fait remarquer que le mot gr. passa au moyen âge dans la langue italienne, et de là dans la française, où il a fait *brave, bravor, bravade,* etc. En b.l. *bravium,* prix de la victoire, *bravium,* supériorité, excellence; *bravus,* satellite; sicaire, dans Du Cange. De là l'all. et le dan. *brav,* brave; l'angl. *brave,* le suéd. *braf* et le holl. *braaf,* brave; ital., esp. et port. *bravo,* brave.]

Brave, sm. Homme courageux, vaillant; vi., spadassin.
*****Brave,** adj. manég. Se dit d'un cheval qui montre du courage, de la vigueur, de la docilité.
Brave à trois poils, Sous Charles IX, on désignait par cette dénomination les spadassins qui portaient une longue moustache terminée en pointe de chaque côté à la levre supérieure, et un bouquet de la même forme au menton : Quitard.
Bravache, sm.fam. Faux brave.
*****Bravacherie,** sf. Bravade, menace fière et insolente.
Bravade, sf. Action, parole, manière par laquelle on brave quelqu'un.
Bravement, adv. D'une manière brave; habilement.
Braver, va. Affronter, défier. *Bravé, e,* p.
Braverie, sf.vi.et fam. Magnificence en habits.
Bravo, Adverbe emprunté des Italiens, et dont on se sert pour applaudir.
Bravo, sm. Applaudissement.
Bravoure, sf. Courage guerrier, vaillance. (Ce mot, venu avec Mazarin, parut d'abord très-bizarre et mit un grand désordre dans la république des lettres, dit un auteur du temps.)
Air de bravoure, Air de chant d'une exécution brillante et difficile.
Bravoures, sf.pl.inus. Actions de valeur.

BREBIS, sf. Animal à quatre pieds, couvert de laine, la femelle du bélier; fig., dans la langue de l'Ecriture, chrétien sous la conduite d'un pasteur. [De l'anc.fr. *berbis*, brebis, formé du lat. *berbix, becis.* ou *vervex, vervecis,* mouton. 1° Delatre dérive *vervex* ou *berbex,* du sansc. *vrichna*, bélier (*qui irrigat semine*), mot qu'il déduit de la racine sansc. *vri, vrich,* arroser; d'où, selon lui, le sansc. *vari,* eau, le gr. *ouranos,* ciel, le lat. *urina,* urine, *urinari,* plonger dans l'eau; et le gr. *bréchô,* arroser, le fr. *irrigation*, et le b.l. *brochus,* vase à mettre du vin, et le fr. *broc.* 2° Guichard a cherché l'origine du lat. *vervex* dans *herva,* mot syr. signifiant brebis, dit-il; 3° puis dans le gr. *probaton,* mouton, brebis. 4° Doederlein le compose du gr. *èrion,* laine, et du lat. *vehere,* porter; 5° et Schulter, de la syllabe *ver*, en teut. *ber, bær,* nom général d'un grand animal; et de *vihs* qui se lit dans le mot germ. *schafvih*, bêtes à laine. 6° Vossius pense que *vervex* procède du lat. *verpa,* la partie découverte par la circoncision. 7° Isidore le forme du lat. *vis, viris,* force, à cause de la force de cet animal; 8° puis du lat. *vir,* homme, parce que le bélier est le mâle du troupeau; 9° Perottus le tire du lat. *vertere,* tourner, parce que cet animal a les testicules renversés. En b.l. *vercaria, vircaria,* lieu propre à élever des moutons; ital. *berbice*; anc. cat. et langue des Troub. *berbitz,* brebis; champ. *bergine, bergis, berbis, bierbis,* rouchi, picard, Lunéville, *berbis,* comtois *barbis,* anc.fr. *berbis, berjine,* brebis; lang. d'oil avant le 12e s., *berbiz*, brebis; valaq. *berbece,* bélier; mouton.]
*****Brebis,** sm. Sommier de bois d'un pressoir à cidre.
*****Brebiage,** sm. Droit qu'on percevait sur les brebis.
*****Brebiette,** sf.vi. Petite brebis.
Berger, ère, s. Celui, celle qui garde les moutons, les brebis; fig., amant, amante. (Du b.l. *bergarius*, pour *berbicarius, berbecarius*, berger, de *berbex, berbecis*, selon Casencuve, Ménage, Scheler,

Tarbé, Pougens, Gattel, Roquefort, Delatre, etc. Et nom de l'all. *berg*, montagne, *bergen*, mettre en sûreté. C'est ainsi que *porcher* a été fait de *porc*, *bouvier* de *bœuf*, *ânier* de *âne*, *muletier* de *mulet*, *chevr.er* de *chèvre*, *chamelier* de *chameau*, *vacher* de *vache*. En anc. fr. *bei bix*, *berbis*, *bergine*, brebis; et *bercier*, *bregier*, *bersier*, berger. Langue des Trouv. *berkers*, berger; et *bregier*, berger de basse condition. Picard *berker*, champ. *bercier*, *bergerot*, *brevier*, *bergi*, *bregier*, berger.)

Bergère, sf. Grand fauteuil avec coussin.

*Bergère, sf. hm. Syn. de bergeronnette.

*Bergerette, sf. hm. Autre nom de la bergeronnette.

Bergerette, sf. dim. Jeune bergère.

Bergerette, sf. Vin mixtionné avec du miel.

Bergeronnette, sf. Ancien dim. de bergère.

Bergeronnette, sf. Petit oiseau fort joli qui se plaît dans le voisinage des troupeaux, et habite les champs parmi les bergers.

Bergerie, sf. Lieu où l'on enferme les brebis et les moutons.

Bergeries, sf. pl. vi. Petits poëmes, poésies pastorales.

Bercail, sm. Bergerie; fig., le sein, le giron de l'Eglise; (De *bergale*, pour *berbigale*, du b.l. *berbecalium*, bergerie ; anc. fr. *bercil* pour *berbecile* ou *vervecile*, bercail ; r. *vervex* : Roq., Casen., Gatt., Diez, Delatre, Scheler, etc.)

BRECHET, sm. Creux externe qui est au haut de l'estomac, au défaut des cartilages; l'os de la poitrine auquel aboutissent les côtes par devant. [On a dit aussi *brichet*. 1° Gattel pense que ce mot vient de l'all. *brechen*, briser, rompre; parce que le brechet est un os fourchu qui ressemble à une brèche. 2° Selon De Chevallet, les deux mots *brechet*, *buste*, sont de la même racine german. *Brus* dit-il, signifiait autrefois poitrine. En lang. d'Oc *bruts*, poitrine, tudesq. *brusti*, poitrine; goth. *anglos.*, *brëost*, anc. scand. *briost*; all. *brust*, dan. *bryst*, suéd. *bræst*, holl. *borst*, angl. *breast*, poitrine, mots cités par le même auteur. Selon Delatre, l'all. *burst* est un participe du verbe *bersten*, éclater, saillir. Denina rapporte l'all. *brust*, poitrine à la même origine que le gr. *prosthen*, devant, par-devant. Bullet et Bonnorat dérivent simplement brechet du bret. *bruchet*; bre chet. Ce dernier auteur conjecture que *bruchet* est un diminutif du gall. *bru*, ventre. Dans Edwards ce mot bret. est écrit *bruched* avec la signification de brechet. Gaël écoss. *braighead*, et gaël irl. *bragha*, *braghadh*, brechet.]

BREDOUILLER, vn. et a. fam. Rouler précipitamment ses paroles les unes sur les autres; les confondre dans un bruit sourd; sembler parler dans la bouche sans articuler; parler confusément et avec peine. 1° Delatre rapporte les mots *bredouiller*, *bretelle*, *bride*, au haut all. anc. *pretan*, serrer, *pritti*, rênes, longes de cuir, etc., à la racine sanscr. *pratch*, joindre, mettre ensemble, toucher. 2° Le Tripart. rattache le fr. *bredouiller* au germ. *prate*, *pradete*, à l'angl. *prate*, *prattle*, au holl. *prate*, au suéd. *pratar*, au russe *vrou*, au lap. *priddub*; et au grec *phrazô*, je parle, je dis; 3° Diez le dérive de l'anc. fr. *bredir*, *braidir*, mots qu'il lie au prov. *braidir*, resignoler, fringoter, faire du fracas, résonner. 4° Nodier et Roquefort pensent que *bredouiller* est une onomatopée. 5° Le Duchat et Gattel le forment du l. b. *bis reduplare*, redoubler; le bredouillement consistant à répéter souvent chaque syllabe. Le Dict. de la Convers. déduit *bredouille* et *bredouiller*, du lat. *reduplicare*. 6° Gébelin veut que de *berr* ou *bre* les Celtes aient fait *bred*, vite, agile. L'ital. *fretta*, hâte, semble favoriser cette étymologie. 7° Ménage, à sa manière, fait dériver bredouiller du lat. *blæsus*, bègue. 8° Dochez, cité par Schéler, le tire du celt. *b.oë*, verbiage ou broiement de paroles. 8° Scheler est tenté de rapprocher ce verbe de l'all. *brodeln*, *braudeln*, *brodeln*, qui exprime la même chose. En prov. *bredoulho*, *bardoulha*, bredouille, t. de jeu; bavard impitoyable; et *bai doutha*, trouble, division, dissension. Champ. *parler berdi berda*, c'est parler avec précipitation, bredouiller.] *Bredouillé, e*, p.

Bredi-breda, loc. adv. basse et factice qui exprime l'espèce de *bredouillage* d'une personne très-loquace, qui articule difficilement : Nodier.

Bredouillement, sm. fam. Action de bredouiller.

Bredouilleur, euse, s. Qui bredouille.

Bredouille, sf. Au jeu de trictrac, partie double, marque de deux jetons; marque indiquant que l'on a tous ses points, et que l'adversaire n'en a pas. Fig. et fam., *sortir bredouille d'un lieu, d'une assemblée*, c'est en sortir sans avoir pu rien faire de ce qu'on s'était proposé; peu usité: Acad.

Débredouiller, va. Au trictrac, faire ôter la bredouille, ou empêcher que l'adversaire ne puisse gagner partie double ou quadruple. *Débredouillé, e*, p.

BREF, brève, adj. Court, prompt, de peu de durée, de peu d'étendue. [Du lat. *brevis*, bref, court, par le chang. de *v* en *f*, comme dans *neuf* de *novus*, *bœuf* de *bos, bovis*, *cerf* de *cervus*. La lang. franç. n'admet pas de *v* final. En gr. *brachus*, sanso. *hrasva*, court, bref. En sansc. *h* pour *b*, n'est point rare, dit Benfey. En celt. *berr*, bref, court, selon le P. Pezron; gall. *ber, byr*, bret. *berr*, court, bref; it., esp. et port. *breve*, cat. et lang. des Troub. *breu*, court, b-ef.]

Bref, sm. Lettre pastorale du Pape; petit calendrier indiquant l'office de chaque jour.

Bref, adv. Enfin, pour le dire brièvement.

En Bref, loc. adv. En peu de mots.

Brève, sf. Note de plain-chant; syllabe brève.

Brevet, sm. Sorte d'expédition non scellée par laquelle le roi accordait qq. grâce, ou qq. dignité; auj., titre, diplôme, délivré au nom d'un gouvernement, d'un prince, d'un souverain. (1° du l.b. *brevittum*, pour *brevis libellus*. 2° Selon M. Pihan, *brévet* serait un dérivé de l'ar. *braat*, diplôme qui confère un privilège, un droit, une grâce, fait lui-même de l'ar. *bra*, être exempt, affranchi. Malgré la convenance de signification de l'ar. *braat*, la première étymologie est encore la plus simple et la plus naturelle. «Le neutre lat. *breve*, ayant pris, au moyen âge, le sens d'écrit officiel court, substantif, a donné le subst. *bref*, d'où *brevet*, *breveter*: M. Scheler.)

Breveter, va. Munir qqn. d'un brevet. *Breveté, e*, p.

Bréviaire, sm. Abrégé de tous les livres qui servent au chœur pour l'office divin; résumé de l'office de chaque jour; livre d'office à l'usage des ecclésiastiques; fig. et fam., livre dont on fait sa lecture habituelle.

Brief, ève, adj. Court, de peu de durée, prompt.

Brièvement, adv. En peu de mots, promptement.

Briéveté, sf. Courte durée.

*Brévetaire, sm. Porteur d'un brevet du roi en matière bénéficiale; personnage breveté.

*Bréviateur, sm. Nom que l'on donne à Rome à ceux qui délivrent les rescrits et les brefs du Pape.

*Brévité, sf. Qualité des choses brèves.

*Bréviuscule, adj. Qui est un peu court.

Abréger, va. Rendre plus court; faire paraître moins long. (Pour *abrevjer*, du b. l. *adbreviare*, de *breviarius*; r. *brevis*.) *Abrégé, e, p.*

Abrégé, sm. Réduction d'un plus grand à u moindre volume, précis sommaire.

En abrégé, loc. adv. Brièvement, sommairement.

Abréviateur, sm. Auteur qui abrège un ouvrage.

*Abréviateur, sm. Se dit, à Rome, des officiers du parquet qui dressent les minutes et les bréviatures des lettres apostoliques.

*Abréviatif, ive, adj. Qui abrége, qui marque une abréviation.

Abréviation, sf. Retranchement de lettres dans un mot; signes qui l'indiquent.

*Abréviativement, adv. Par abréviation.

*Semi-brève, sf. mus. Moitié d'une brève.

*Brachycarpe, sf. bot. A fruits courts. (Gr. *brachus*, court, bref, et *karpos*, fruit.)

*Brachychronique, adj. hn. Qui dure peu.

*Brachypore, adj. hn. Qui a de petits pores.

*Brachyptère, adj. hn. A ailes courtes.

*Brachyrhynque, adj. hn. A bec court. (Gr. *rhunchos*, groin, bec.)

*Brachysome, sm. hn. Genre d'insectes coléoptères. (Gr. *sôma*, corps.)

*Brachystachyé, e, adj. bot. Qui a des épis courts. (Gr. *stachus*, épi.)

*Brachystome, adj. hn. A petite bouche, à petite ouverture. (Gr. *stoma*, bouche.)

*Brachyure, adj. hn. A queue courte. (Gr. *oura*, queue; et *brachus*, court.)

*Brachyures, sm. pl. Famille de crustacés.

*Dibraque, sm. gramm. Pied d'un vers grec ou latin composé de *deux* brèves.

Braquemart, sm. Ancienne épée courte et large. (1° Du gr. *brachéia*, courte, *machaira*, épée, selon H. Estienne, Nicot, Ménage, Fauchet, Caseneuve, Trévoux, Gattel, Constancio, Borel, Roquefort, Noël, Trippault, etc. 2° De *branc*, épée, en anc. fr. selon Constancio, sus-nommé, et Le Duchat; 3° Du lat. *bruca*, braies, selon Le Duchat, parce qu'on attachait le *braquemart* aux braies. 4° M. Delatre rattache le fr. *braquemart*, au holl. *braak*, brisoir, au lat. *brevis*, bref; au gr. *brachus*, court, etc. En anc. fr. *braquemer*, *bracmar*, braquemart.)

BRÉHAIGNE, adj. Stérile, en parl. des femelles des animaux. [1° M. Delatre rattache ce mot aux mots *bretèche*, *bretauder*, *bretter*, *brette*, etc., et au suédois *brita*, rompre, casser. 2° M. Diez, conjecture que *bréhaigne* provient de *bar*, homme opposé à la femme, ou que *bréhaigne* signifie une femme-homme, comme l'esp. *machorra*, femelle stérile; de *macho*, mâle, prov. *tauriga* de *taur*, taureau. 3° M. De Chevallet assure que *bréhaigne* est d'origine germ. et se rapporte au tudesque *brah*, *brach*, stérile, anglos. *lar*, et angl. *barren*, stérile; l'all. *brach*, stérile, ne se dit plus que de la terre; holl. *braak*. id. Le même auteur fait remarquer que *bréhaing*, *bréhaigne*, *baraigne*, etc., signifiaient autrefois stérile, en parl. de femmes, des femelles des animaux, de la terre, des arbres, etc. 3° M. La Châtre, ainsi que Bullet, prétend que *bréhaigne* vient du celt. *brag* ou *brah*, germe, et *ancr* ou *anc*, sans. En bret. *bréhaigne*, stérile. Lat. barb. *brana*, jument stérile, bréhaigne.]

Bréhaigne, sf. Femme stérile.

BRELAN, sm. Jeu qui se joue à trois, à quatre ou à cinq, et où l'on ne donne que trois cartes à chaque joueur; par ext. et en mauvaise part, réunion où l'on joue habituellement à différents jeux de cartes. [1° M. Delatre fait remonter l'origine des mots *brelan*, *berceau*, *verser*, et du lat. *vertere*, tourner, au sansc. *vri*, *vrit*, aller, tourner, être. 2° Selon Diez, le mot *brelan* est d'origine germanique. 3° Bullet dit : « En basq. *berlances*, succès, évènement, hasard; en vi. fr. *berlens*, *berlans*, hasard; de là le jeu de *berlan*. » 4° Ménage, l'abbé Corblet et Roquefort, le dérivent du lat. barb. *berlenghum*, sorte de jeu à trois dés et jeu des osselets, fort en usage au 12° et au 13° s. 5° Qq.-uns se sont imaginé que ce jeu avait pris son nom de celui de *Berlin*; 6° d'autres, de celui de *Breland*, île d'Angleterre; 7° un autre, du celt. *brel*, forêt, parce que le lieu où l'on joue le brelan serait aussi périlleux qu'une forêt; 8° un autre, du prov. *berlo*, éclat de pierre, comme si le brelan frappait ou tuait comme un éclat de pierre. 9° Selon Génin, *berlenc* serait d'abord un *ais barlong*, et *berlenc*, *brelenc*, *brelan*, seraient des variations de forme de *barlong*. 10° Au dire de M. Scheler, *brelan* et *brelenc*, *berlenc*, signifieraient propr. la planche pour jouer aux dés, et paraîtraient venir de l'all. *bretling*, fait de *brett*, planche, mot que Schuster déduit du vi. all. *bretten*, fendre, scier. Vaugelas dit qu'on a presque toujours écrit *berlan* et prononcé *brelan*; mais qu'aujourd'hui plusieurs ne prononcent pas seulement *brelan*, qu'ils l'écrivent aussi. L. b. *berlenghum*, *belencus*, brelan. Anc. fr. *berleng*, *berland*, *berline*, *brelen*, *berlang*, *berlingue*, *bellent*, *verlenc*, brelan; dans Villon et dans Borel *barlanc*. En russe *brelann*, prov. *bertinghao*, port. *berlenguche*, champ. *bellan*, *berlan*, jeu de hasard prohibé; Gloss. champ. *brelander*, jouer, agir au hasard, aller et venir, dans Tarbé.]

Brelander, vn. Jouer continuellement aux cartes. *Brelandé*, p.

Brelandier, ière, s. injur. Qui fréquente les maisons de jeu; qui joue habituellement aux cartes

BRELOQUE, sf. Bagatelle, ou petite curiosité de peu de valeur; fam., bijou attaché à une chaîne de montre. [1° Selon Du Cange, Gattel et Trévoux, du lat. du moyen âge *bulluga*, sorte de petite pomme dont on aurait fait par corruption *breluque* et ensuite *breloque*. Roquefort dit que *breloque* vient de l'anc. fr. *bulluque*, chose de peu de valeur, en b. l.: *bullugas*, fruits sauvages. Mabillon, cité par Génin, a écrit *bollugas*. De *boluque* à *breluque* ou *breloque*, il n'y a qu'un pas, dit ce dernier auteur; et l'r, ajoute-t-il, s'est introduite dans ce mot, comme dans *fronde*, de *funda*, *chartre* de *charta*, *registre* de *regestum*, etc. Il pense que *bulluga* ou *bolluca* peut être formé du lat. *bulla*, bulle, tête de clou d'or ou d'argent, boule d'or ou d'argent, bouton de baudriers. Dans les Vosges on appelle *blus* les petits fruits que S. Colomban mangeait dans sa solitude, et que l'historien de sa vie nomme *bullugas*. 2° Le général Bardin est d'avis que *breloque* est dérivé du vieux mot *barlong* ou *berlong*, mentionné par Du Cange et Nicot, et signifiant plus long d'un côté que de l'autre, *bis longus*; et que, par analogie, *breloque* était une chose pendante, faisant pendeloque. 3° Constancio croit que *berloque* ou *breloque* vient de l'ital. *berlingare*, se réjouir, se régaler. Il a sans doute pensé à *joyau* que l'on dérive de *jocus*, jeu, amusement. 4° Le même auteur tire ailleurs *breloque* du port. *barroco*, perle baroque, d'une rondeur fort imparfaite. 5° Delatre compose le mot *breloque*, en vi. fr. *berloque*, de l'all. *beer-locke*, nœud de baies. 6° Ménage le dérive de l'ital. *fanfaluca*, dont on aurait fait *fanfreluche*, *freluche*, *breloque*. Il pouvait le dériver plus simplement de l'anc. fr. *freloque*, espèce d'ornement en forme de houppé. 7° M. Diez rapporte à l'all. *locke*, boucle, anneau, les mot *locher, loque, pendeloque, breloque.* 8° Selon Grandgagnage, *ber, bre,* de *berloque, breloque,* signifierait de travers, en biais. 9° Gébelin le forme du vi. fr. *beloque,* petite monnaie, chose de peu de valeur, mot qu'il tire du vi. fr. *belues,* pauvreté, disette. Il ajoute que *belues* est un dérivé du celt. *bell, ball,* indigence, défaut, privation. En rouchi *berloque,* chose de peu de valeur; *berloquer,* brandiller; et *berloquer,* babiller, bavarder, dans Hécart. Rémois et picard *berloke,* breloque, mot cité par l'abbé Corblet.]

Berloque, ou **Breloque,** sf.t.milit. Batterie de tambour qui annonce le repas, les distributions, le nettoyage de la caserne. (La breloque était une batterie de caisse boiteuse, rompue; les soldats l'ont comparée aux sons inégaux produits par des *breloques* ou *pendeloques* s'entre-choquant. Le décousu de cette batterie impropre à la marche a donné lieu au dicton populaire : *battre la breloque,* signifiant déraisonner. On dit aussi battre la *berloque.* Le gén. Bardin.) *Battre la breloque,* divaguer, déraisonner.

*****Brelique-breloque,** loc.adv.pop. Sans ordre, inconsidérément.

*****Breloquet,** sm. Assemblage de bijoux, tenant à une chaîne.

Breluche, sf. Etoffe mêlée de fil et de laine. (1° De *bréluque* qui a été dit pour *breloque?* 2° De *freluche,* par le changement de *f* en *b*? La 1re étym. paraît préférable en ce sens que cette étoffe est de peu de valeur.)

BRÊME, sf. Poisson d'eau douce, large et plus plat que la carpe. (Un auteur allemand anonyme rattache ce mot à l'all. *brachse,* brême. De *brachse* il forme aussi *raie,* nom d'un autre poisson. En all. on dit encore *brachsme* et *brassen,* brême. De Chevallet attribue aussi à ce mot une origine german., et cite le tudes. *brahsema, bressemo, brahsina,* brême; dan. *brasme,* angl. *bream,* holl. *breassem,* suéd. *braxen,* brême. L'*abramis,* ou l'*abramus* d'Oppien et d'Athénée, dont parlent Sebonneveld et Charleton, est selon Artédi le *cyprinus latus,* ou la *brama* des modernes, que nous appelons *brême* en fr. Un autre naturaliste a cru que *brême* vient du verbe *bramer,* crier; parce que la *brême* est appelée *bramosam* et *bramopan,* par Garidel, par la raison que cet animal demande avidement à manger, affamé qu'il est. Bullet dit que la brême n'a ni œufs, ni laitance, qu'elle est stérile, et que son nom vient du bas-breton *brehaign,* femme stérile. En lat. barb. *brema, bresmia, brasmia,* néerl. *brasem,* anc. fr. *brasme, brame, bresme,* brême.

BRETAUDER, va. Tondre inégalement. *Bretaudé, ée,* p. [1° Selon Bullet, Burguy et De Chevallet, ce mot est d'origine celt. Ce dernier le rattache à l'écoss. *bearrta,* tondu; *bearr,* couper, écourter, tondre, dérivé de *bearr,* court; et au bret. *berraat,* accourcir, rogner. 2° M. Delatre rapporte les mots *bretauder, bretailler, brette,* etc., au suéd. *brita,* rompre, casser, *brits,* épée. 3° Roquefort soutient que *bretauder,* pour *bestourder,* vient du latin *bis-tondere,* tondre deux fois. Il aurait pu citer *bertonde,* anc. mot fr. signifiant tondu à la hâte; et le mot champen. rapporté par Tarbé, *bertondé,* tondu. 4° Diez paraît séparer *bretauder* de *bertouser,* qu'il cite ailleurs comme un des composés avec *bre, ber = bis,* et que Ménage renseigne avec le sens de tondre inégalement. Le professeur allemand, tout en rappelant, pour expliquer l'origine de bretauder (rac. *bert* ou *bret*), les verbes anc. nord. *brittan,* couper en morceaux, et vha. *bretón,* mutiler, préfère rapporter le mot it. *berta* à son homonyme *berta,* instrument qui sert à enfoncer des pieux dans la terre, hie, demoiselle. Et pour ce *berta*-là, il rappelle la Berta de la mythologie german. qui s'appelle particulièrement « la piétineuse ». Diez ne veut pas décider si, en réalité, *bretauder* doit être mis en rapport avec *berta,* moquerie, et par là avec *berta,* hie, ou s'il en est indépendant; si les correspondants des autres idiomes romans ont une autre provenance que celle-là, ou non : » Scheler. 5° « Burguy présente *bertauder,* anc. *bertoder,* comme un composé d'un celt. *berth,* riche, beau, parfait, et d'une syllabe *ud,* qui signifierait propr. ôter ce qui rend beau, décompléter une personne : ». id. En anc. fr. *bertauder, bertoder,* couper inégalement les cheveux, à la façon des anciens moines; et *bert,* castrat.]

BRETELLE, sf. Bande, courroie, sangle, cordes pour porter un fardeau sur les épaules; soutien de pantalon. [1° Delatre rapporte les mots *bretelle, bredouiller, brédissure, bride,* etc., au haut all. anc. *pritil,* rênes, longes de cuir, *pretan,* serrer, et au sansc. *pritch,* joindre, mettre ensemble, toucher. 2° Le général Bardin pense que l'introduction du mot *bretelle* dans notre langue tient à l'usage de la *brette* que la *bretelle* soutenait en manière de baudrier. Cette expression aurait ensuite donné idée d'une courroie propre à porter fardeau, soit en hotte, soit en sautoir. De vieux auteurs l'ont employée comme synonyme de banderole de giberne. 3° Bullet dit que *bretelle* vient de l'anc. fr. *bertelles,* dérivé du celt. *ber,* porter; et qu'on dit encore *bertelles* à Metz. 4° H. Estienne, Ganeau, Trévoux, Ménage, Trippault, Borel, et autres, tirent ce mot du gr. *brithó,* je charge. Borel cite l'anc. fr. *bretheles,* sorte de hotte, mot qu'il dérive de *brithó.* Autrefois, dans le tarif de la douane de Lyon, *bretelle* signifiait une charge, un panier de verre. 5° Le Duchat croit que *bretelle* vient du latin *brachium,* bras. 6° Il pourrait venir du sansc. *bhrit,* portant, soutenant, fait du radical *bhri,* porter et du suffixe *t*; en lat. *ferre,* gr. *phéreín,* porter. 7° « Ce mot est probablement de la même famille que le vi. fr. *bret,* lacet, piége (dériv. *broion,* piége), et qui vient des idiomes germaniq. : agls. *bredan,* plectere, nectere, vha. *brettan,* stringere, contexere. La bretelle serait donc pr. plutôt un réseau de courroies qu'une courroie isolée. Cfr. Bride. » Scheler.]

BRETTE, sf. fam. Sorte d'épée longue et étroite. [1° Delatre rapporte ce mot, ainsi que *bretauder,* au suéd. *brita,* rompre, casser, *brits,* épée. On pourrait ajouter l'anc. norwég. *baratta,* bataille, et *beria,* frapper. 2° Suivant Ménage, Ganeau, Honnorat, le général Bardin, etc., la *brette* a été nommée ainsi, parce qu'on l'a fabriquée d'abord en Bretagne. 3° Scheler met en rapport le fr. *brette* avec le septentr. *bredda,* couteau court ou sabre.]

Bretailler, vn. Mettre sans cesse la brette à la main; fréquenter les salles d'armes; tirer souvent l'épée. *Bretaillé,* p.

Bretailleur, sm. fam. Qui bretaille, qui ferraille.

Bretteur, sm. fam. Qui aime à se battre à l'épée.

Bretteler, va. Tailler une pierre ou gratter un mur avec des instruments à dents. *Bretté, e,* p.

BREUIL, sm. Bois taillis, ou buisson fermé de murs ou de haies, dans lequel les bêtes se retirent. [1° Selon P. Lubin, ce vi. mot, très-commun en Poitou, exprime un bois embrouillé et sans route distincte, dont les Italiens auraient fait *broglio,* d'où le n. pr. Broglie. 2° Denina dit : « *Sbrolé,* verbe composé de *ex* et *brollum,* mot très-ancien, signifiant bois, veut dire en Piémont arracher les feuilles des arbres, particulièrement des mûriers. 3° De Théis et Bullet composent le mot *breuil*, du celt. *brog*, fermé, *gil*, forêt. 4° Gébelin le dérive du celt. *breuil*, *brol*, lieu plein de buissons, Il dit ailleurs que *breuil* est l'ital. *broglio*. 5° Saumaise, Skinner, Guilleterius, Luithprand, Roquefort, Hase, et autres, le dérivent du gr. *péribolion*, employé dans le Levant, au moyen âge, pour désigner un verger, un jardin cultivé devant la maison ; et ce mot aurait été rapporté en Europe par les Croisés, et aurait donné naissance à cette famille de mots. Pithon de Tournefort dit : « Le 13 juillet nous couchâmes à *Peribolia*, petit village à un mille de Retimo où l'on ne voit que des jardins,... et justement *periboli* en grec vulgaire signifie un jardin. » 6° Delatre fait remonter le fr. *breuil* et l'all. *bruchel*, breuil, au sansc. *vrih*, croître. 7° Selon Du Cange *breuil* vient de l'ancien gaulois ; et De Chevallet dit que *broil*, *breuil*, *breul*, sont d'anciens mots fr. qui signifiaient hallier, fourré, taillis, bois ; que *brosse*, *broce*, *brousse*, signifiaient broussailles, verges, menu bois, buisson ; que *brousse* nous a donné broussailles. Il rattache tous ces mots au l.b. *brolium*, lieu planté d'arbres, bois, parc, au prov. *brueil*, id. ; et *brouas*, hallier, broussailles, et au gall. *prys*, *prysg*, bois, hallier, taillis ; à l'écoss. *preas*, id. ; irl. *preas*, buisson, hallier, arbuste, etc. 8° « On croit que l'origine de *breuil* est celt. ; le kymr. *brog* signifie gonfler, idée corrélative de germer, pousser ; mais le suffixe *il*, observe Diez, accuse une extraction directe german., que la racine, en all., soit originaire ou empruntée. On trouve en outre beaucoup de noms de localités qui la représentent. Nous pensons, pour notre part, que l'idée de marécage s'attachait primitivement à *breuil* ou *brogilus*, et nous y voyons de préférence l'all. *brühl*, marais (formes variées *brogel*, *brögel*), qui vient par l'intermédiaire de *brüchl*, de *bruch*, lieux marécageux, angls. *brooc*, angl. *brook*, holl. *broek*. Voyez *Brouiller* : » Scheler. En lat. barb. on a dit aussi *broa*, *brolium*, *broale*, petit bois ; et *briolium*, *broilum*, bois, parc. Dans la langue des Troub. *bruelh*, *bruoil*, anc. ital. *broli*, bois, branchage. Prov. *brel*, bois, forêt, parc des bêtes fauves, et *broile*, bois, forêt, rejeton, dans Honxorat. Gloss. champ. de Tarbé, *breil*, *broil*, bois, buisson. Anc. fr. *brof*, branches, bois, *broudel* et *bruel*, bosquet, bois, buisson ; et *brueil*, *brueille*, *bruil*, *broel*, *bruille*, *bruiz*, buisson, bosquet.]

Brelle, sf. Assemblage de pièces de bois en radeau dont on forme un train pour flotter. (Du rom. provenç. *bruelh*, *bruoil*, bois, branchage, ou de l'anc. fr. *broi*, branche, bois, ou simplement du fr. *breil*, enclos, taillis.)

BRIBE, sf. Gros morceau de pain. [1° Selon Delatre, ce mot signifie propr. morceau, et se rapporte à la racine sansc. *bharb*, *bharv*, rompre, briser. 2° Diez le rattache au h.all.anc. *bilibi*, pain, par le chang. de *l* en *r* ; 3° et Bullet, au l.b. *bricia*, *briba*, morceau de pain ; au gall. *briw*, morceau, fragment, et au gall. *breg*, rupture, fracture. 4° Un autre affirmé est la forme ancienne de *bribe* est *brimbe*, d'où les diminutifs *brimbelle*, *brimbelette*, *brinhorion*, d'où *brimbeur*, *brimbresse*, mendiant, mendiante, quêteurs de bribes. 5° Guichard dérive le mot *bribe*, de l'héb. *bará*, manger. 6° Roquefort rattache *bribe*, *brife*, au fr. *bref*, au lat. *brevis* et au gr. *brachus*, bref, court. 7° Grandgagnage et Dieffenbach, cités par Scheler, font dériver *bribe* du kymr. *briw*, rompre, briser. 8° « La forme picarde est *brife*, de là le vi. fr. *brifer*, manger avec avidité comme un mendiant, *brifaut*, glouton : » Scheler. En b.l. *briba*, bribe, morceau de pain, pain mendié ; esp. *bribar*, mendier. Toulous. *briban*, truand, fainéant, *bribandeja*, gueuser, dans Goudelin. En angl. *brib*, gaël écoss. et irl. *brib*, ce qu'on donne pour corrompre la probité d'un homme. Picard *briber*, manger. Rouchi *briber*, mendier, quêter des bribes ; *brife*, bribe ; *brifeur*, goulu ; et *brique*, bribe, croûton, dans Hécart.]

Bribes, sf.pl.fam. Reste d'un repas ; fig. et fam., citations, phrases prises çà et là sans discernement.

BRICOLE, sf. Ancienne machine de guerre propre à lancer des pierres ; partie du harnais qui porte sur le cheval ; lanière de cuir dont se servent les porteurs de chaises ; rebond de la paume contre un mur ; au jeu de billard, coup à la bande pour revenir sur la bille. [1° Le Tripart. rattache ce mot au fr. *brique*, à l'esp. *brinco* ; et au gr. *sphrigaō*, être plein de force et de santé ; bondir ; au suéd. *springer* ; à l'angl. *spring* ; au germ. *spring*, saillie, *sprung*, saut, bond. 2° Selon De Chevallet, *bricole* est un mot d'origine germ. Il le rapporte au tudesq. *sprengjan*, *sprengjan*, lancer de tous côtés, jeter çà et là, répandre, asperger ; all. *sprengen*. 3° M. Honnorat pense que *bricole* vient du celt. *bricol*, tromperie, ou de l'esp. *brincar*, cabrioler, sauter. Trévoux donne aussi cette dernière étymologie, ainsi que Ganneau. 4° Le général Bardin cite Du Cange et Roquefort qui dérivent les mots *bricole*, *bricolée*, *briche*, *bricolle*, *brigole*, du l.b. *bricola*, *bricolla*. 5° M. Delatre lie le fr. *bricole*, *bricoler*, à l'ital. *briccia*, miette, fragment, *briccola*, machine à lancer des pierres, à l'écos. *brickle*, fragile, et au goth. *ga-brik-an*, rompre. 6° « L'étymologie *trabucculus* de Ménage, quoique approuvée par Ferrari et reproduite par Roquefort, est ridicule. De Chevallet a jeu facile de remonter de *bricole* à l'all. *springen*, sauter : » Scheler. «On appelait anciennement *bricole* une fronde de cuir, une arbalète, une machine à lancer des pierres énormes : Au 16° s. *bricole* ne s'employait plus qu'au jeu de paume, pour désigner le jet de la balle lancée de manière qu'elle revînt après avoir frappé une des murailles de côté. Dé là *bricoler*, jouer de bricole ; et au fig., comme ce coup était astucieux, biaiser, n'aller pas droit dans une affaire.»]

Bricolles, sf.pl. Espèce de rets ou de filet pour prendre des daims et des cerfs, etc.

Bricoler, vn. Jouer de bricole, soit à la paume, soit au billard. *Bricolé*, p.

De bricole, loc. adv. et fig. Indirectement.

BRIDE, sf. Assortiment de bandes de cuir et de pièces de fer, propre à tenir la tête d'un cheval sujette et obéissante ; les rênes seules ; par ext., ce qui a de l'analogie avec une bride ; points de chaînette ; sorte de boutonnière ; cordon ; anneau ; liens ; saillies ; bouts ; fig. ce qui arrête, retient. [Ce terme est commun à presque toutes les langues européennes. Les uns en ont cherché l'origine dans le sansc., les autres dans le gr. d'autres dans les langues germ., d'autres, dans le celt. quelques-uns, dans l'héb. 1° Selon M. Delatre, le sansc. *pritch*, joindre, mettre ensemble, toucher, aurait fait en haut all. anc. *pretan*, serrer, d'où *pritil*, rênes, longes de cuir ; et l'ital. *predella*, rêne de bride, et l'anc. fr. *bridel*, bride. 2° M. Diez rapporte le mot *bride* au haut all. anc. *brittil*, *prittil*, haut al. moyen *britten*, tisser, et à l'ital. *predella*. 3° Denina pense que l'angl. *bridle*, dont l'ital. a fait *briglia*, et le fr. *bride*, est totalement bret., puisque, ajoute-t-il, on n'en voit pas la racine dans le goth. ni dans le teut. 4° Poinsinet de Sivry le dérive du celt. *vred*, bride, d'où *ewred*, bonne bride, d'où *eporediæ*, ceux qui dressaient les chevaux, mot conservé par Pline. 5° Wachter, Ménage, Constancio, et autres le font venir de l'éol. *bruter*, bride, gr. *rhuter*, de *rhuô*, je tire. En russe *brozda*, bride, frein, mors. Lith. *brizgilas*, angl. *bridle*, valaque *brègle*, carni. *ber sd'a*, anglos *bridils*, *bridel*, holl. *breidel*, bret. *brid*, it. *predella*, esp., cat. et lang. des Troub. *brida*, bride.]

Brider, va. Mettre la bride à un cheval, à un mulet, etc.; serrer trop; lier par des obligations; fig., réprimer; tenir en sujétion; mar., lier ensemble deux ou plusieurs cordages tendus à peu près parallèlement. *Bridé, e*, p.

Bridon, sm. Bride légère avec un petit mors brisé.

Bredissure, sf. méd. Impossibilité d'écarter les mâchoires.

Débrider, va. Oter la bride. *Débridé, e*, p. **Sans débrider**, loc. adv., fam. Tout de suite. **Rebrider**, va. Brider de nouveau. *Rebridé, e*, p.

Bredindin, sm. Palan pour enlever de médiocres fardeaux. (1° De la même origine que *bride*, selon les uns, parce que le *bredindin* est un assemblage de poulies et de cordages; 2° du fr. *bretelle*, selon d'autres, et par la même raison. 3° Bredindin pourrait aussi se rapporter au fr. *bard*, machine à bras pour transporter des pierres etc. En prov. *bredindin*, et *berdindin*, bredindin.)

BRIGNOLE, sf. Espèce de prune excellente qu'on sèche, et qu'on envoie à Paris de la ville de Brignolles. [1° Suivant l'auteur de l'origine des premières sociétés, les n. géogra. *Briges, Brégançon, Briançon, Brie, Bregnoles* ou *Brignoles*, auraient pour racine le mot *bri*, feu, soit parce que les anciens habitants de ces lieux auraient été des incendiés ou des incendiaires, soit parce que ces endroits auraient été le théâtre de qq. embrasement. 2° Du celt. *briy*, *briva*, pont; Mary-Lafon dérive les n. géogr. *Brives, Brioude, Brivezac, Brignolles*. 3° Gébelin soutient, au contraire, que les villes de *Brignolles* et de *Cérasonte* durent leurs noms à leurs fruits, et non ceux-ci à ces villes. 4° Papon dit que *Brignole* vient d'un mot gaul. à peu près semblable, signifiant prune; et que c'est la prune appelée *perdrigon*. Jauffret pense que *Brignole, Brugnole*, viennent du lat. *prunum*, prune, ital. *prugna*, prune, à cause des prunes de ce pays. 5° Selon Diez, les deux mots *brugnon, brignole*, seraient de la même origine que leur, de l'esp. *bruno*. La Quintinie nous dit que cette sorte de prune est de couleur violette tirant sur le noir. En port. *brunho, abrunho*, esp. *bruno*, brugnon. Ital. *brugna* et *prugna*, prune. Menage veut qu'on dise *brugnole* et non *brignole*. La Quintinie dit toujours *brugnole*. Eh l.b. *brinolum*, brignole.]

Brugnon, sm. Espèce de pêche violet-foncé, dont la peau est lisse et fine. (Selon Roquefort ce mot est de la même origine que *brignole*. Ces deux fruits offrent qq. ressemblance sous le rapport de la couleur et sous celui de leur peau lisse. Voy. *Prune*.

BRIGUE, sf. Désir ambitieux pour obtenir qq. charge ou dignité, où l'on tâche de parvenir plus par adresse que par mérite; manœuvre secrète pour obtenir qqe chose; cabale, faction. [L'origine étymologique de ce mot est encore incertaine. Les langues german. n'offrent ici rien de satisfaisant, et le *briga* des idiomes celt. ne nous avance guère. 1° M. Delatre rattache les mots *brigue, brigand, brigade*, au fr. *bricole, bricoler*, à l'ital. *briccia*, miette, fragment, *briccola*, machine à lancer des pierres, et au goth. *ga-brik-an*, rompre. 2° Constancio dérive *briga*, procès, querelle, débat, affaire, et le l.b. *briga*, etc., du gr. *bremô*, en lat. *fremo*, frémir, gronder, murmurer, mugir. 3° Ihre fait venir le mot *brigue* du suigoth. *brigda*, appeler en controverse, intenter un procès sur qq. chose. 4° M Honnorat forme simplement le fr. *brigue*, de l'ital. *briga*, parti, débat, querelle, procès, combat; et Du Cange du l.b. *briga*, noise, que elle, contestation. 5° Gébelin dans son 5° vol. rattache *brigue* et *brigade*, au fr. *bras*, lat. *brachium*; et dans son 9° vol., aux mots *ber, birg, burg*, habitation, ville, bourgade. 6° Trévoux dit que quelques uns déduisent *brigue* du lat. *precari*, prier; parce qu'en effet la brigue se fait par des prières. En prov. *briga*, brigue, cabale; l.b. *briga*, brigue, anc. fr. *briche*, brigue, cabale, piège; ital. *brigare*, et lang. des Troub. *briguer*, briguer.]

Briguer, va. Tâcher d'obtenir par brigue; rechercher avidement une place, un avantage; se former un parti. *Brigué, e*, p.

Brigueur, sm. Celui qui brigue.

Brigade, sf. D'abord assemblée en général, puis troupe de soldats, corps d'armée sous un général de la moindre classe: Roq. Corps de troupe sous le commandement d'un officier général; escouade de de cavalerie; gendarmes réunis sous les ordres d'un sous-officier, dans une localité déterminée. (M. Delatre rattache les mots *brigue, brigand, brigade*, au fr. *bricole, bricoler*, à l'ital. *briccia*, miette, fragment, *briccola*, machine à lancer des pierres, et au goth. *ga-brik-an*. Le général Bardin dit : «Le mot *brigade*, qui a produit les expressions *demi-brigade, embrigader*, tire son origine, comme le témoigne Gébelin, de l'ital. *briga*, ou de l'esp. *brega*, dispute, combat; ou du vieux mot esp. *briga*, assemblée. Cette dernière opinion semble expliquer le mot fr. *brigue*, et l'ital. *brigante*, factieux, et *brigata*, tourbe, peuple, bande, assemblée. Du Cange rapporte l'origine du mot *brigade* au temps où certains aventuriers se nommaient *brigants*. Le nom du corps eût été une conséquence de la qualité des soldats; mais il prend l'effet pour la cause: il est plus croyable qu'ils s'appelèrent *brigants*, parce que les bandes qu'ils formaient s'étaient bien plus anciennement appelées en ital. *brigata, brigate*. Les espagnols ont repris aux Français leur vieux mot *brigade*.»)

Brigadier, sm. Commandant d'une brigade; sous-officier de cavalerie.

Brigadier de gendarmerie, Celui qui commande une brigade de gendarmerie.

***Embrigader**, va. Réunir deux régiments pour en former une brigade. **Embrigadé, e*, p.

***Embrigadement**, sm. Action d'embrigader.

Brigand, sm. D'abord soldat qui est d'une brigade, puis voleur, assassin de grands chemins, qui attaque à force ouverte; qui pille, qui commet des exactions, des concussions: Roq. (1° D'après Roquefort, Gébelin, Delatre, le général Bardin, et autres, ce mot appartient à la même origine que *brigade, brigue*. L'ital. *brigante* est tout simplement le part. prés. du v. *brigare*, suivant Scheler. Le mot ancien *brigant*, selon Tarbé, vient de *brigue* et signifie partisan. Dans les 14e et 15es. on nommait *brigands* des bandes d'aventuriers qui vendaient leurs services à qui en avait besoin. Indépendants et débauchés, ils pillaient les campagnes. Il y a tout lieu de croire, dit le général Bardin, que le nom de *brigants* ou *brigands* que portaient ces troupes a produit le mot *brigade*. 2° Ainsi le mot *brigand* ne vient pas du nom des *Brigantes*, peuple de la Rhétie qui donna son nom au *Lacus Brigantius* et à la ville de *Bregentz*; 3° ni de *Brigant*, nom d'une ancienne peuplade de l'île de Bretagne; 4° ni de celui de *Burgand*, insigne voleur qui ravagea la Guyenne du temps du pape Nicolas Ier; 5° ni du vi. gaul. *brig* ou *brug*, pont; 6° ni de *brugne*, nom d'une armure ancienne; 7° ni de *bri-*

gantin, parce que les pirates de Barbarie ont été longtemps à n'avoir que des galères et des *brigantins.* Le mot *brigand* vient de *brigun,* dit Delatre, comme *coquin* de *coquus,* cuisinier; *fripon* de *fripe,* guenille; *gueux* de *gueude,* corps de métier, etc. C'est ainsi, dit Trév., qu'en lat. *latro,* soldat, signifia dans la suite un voleur, parce que les soldats volaient et pillaient. En ital. *brigata,* troupe, bande; lang. des Troub. *bregan,* ital. *brigante,* brigand, soldat mal discipliné. Voy. cependant *briga* ou *brica* à la fin de la famille du mot *Pergame.*)

Brigandage, sm. Volerie, pillage, rapine, déprédation, vol sur les routes; désordre, concussion, exaction injuste.

Brigandeau, sm. fam. Petit brigand; praticien fripon.

Brigander, vn. fam. Vivre en brigand, voler, piller. *Brigandé,* p.

Brigandine, sf. Cuirasse légère qu'avaient adoptée les *brigands* ou bandes d'aventuriers qui vendaient leurs services à qui en avait besoin: Tarb.

Brigantin, sm. Petit bâtiment à voiles et à rames pour aller en course, et dont se servent les pirates. (Propr., petit bâtiment de *brigands* : Roq., Delatre, etc.)

Brigantine, sf. Voile particulière aux *brigantins*; petit bâtiment en usage dans la Méditerranée.

Brick ou **Brig,** sm. mar. Bâtiment à deux mâts, qui a son grand mât incliné vers l'autre. (M. Jal trouve que *bric* est une orthographe contraire à l'étymologie, et qui ne vaut pas mieux que celle de *brick*; que *brig,* mot fr., ang., all., holl. et dan., est une contraction de l'ital. *brigantino,* fait du b.l. *brigantinus,* brigantin à rames. Il ajoute, d'après Du Cange: «C'est que les *brigants,* pirates du moyen âge, se servaient de bâtiments légers, rapides, tirant peu d'eau, que l'on appela ainsi du nom de ces *brigands.*»)

BRILLER, vn. Reluire, jeter de la lumière, ou la réfléchir, avoir de l'éclat; fig. se faire distinguer, paraître au-dessus des autres, attirer et fixer l'attention, frapper l'imagination, exceller. [1° Muratori pense que ce verbe vient du lat. *beryllus,* béryl, à moins que ce ne soit un mot très-ancien de la lang. germ. Les savants della Crusca proposent aussi cette étymologie. Diecmannus, Wachter, etc., pensent également que le lat. *beryllus,* pierre précieuse qui brille beaucoup, a communiqué insensiblement son nom à d'autres corps qui brillent aussi, et tout d'abord au cristal, ensuite au verre, etc., et que le fr. *briller* vient également de *beryllus* et non de *perspicillum,* comme l'a cru Henischius, ni de *vibrillare,* comme l'a cru Ménage. 2° Constancio rapporte le fr. *briller,* à l'égyp. *phiri,* briller; *piré,* soleil; *tal,* miroir; 3° Bullet le forme du bret. *brilla,* reluire, briller; 4° Il est probable, écrit Denina, que *briller,* est de l'anc. celt. 5° Delatre le rattache au sansc. *bhrij, bhraj,* luire, rôtir, griller; à l'ang. *bright,* luisant, et à l'anc. haut all. *briheln,* briller. La première étym. semble mériter la préférence. C'est celle qui compte le plus de partisans. Voy. *Béryl.* En ital. *brillare,* port. *brilhar,* patois de Castres *brilha,* esp., cat. et lang. des Troub. *brillar,* briller.] *Brillé,* p.

Brillant, ante, adj. Qui brille; qui excelle.

Brillant, sm. Éclat, lustre, diamant taillé à facettes, par dessus et par dessous.

Brillamment, adv. D'une manière brillante.

Brillanter, va. Tailler des diamants à facettes dessus et dessous. *Brillanté, e,* p.

Faux-brillants, sm. pl. Diamants faux, pierreries fausses.

Faux-brillants, sm. pl. Pensées brillantes, mais dépourvues de justesse, de solidité.

*****Briller,** vn. Chasser aux oiseaux la nuit, et aux flambeaux. **Brillé,* p.

*****Brilleux,** sm. Celui qui fait chasse.

*****Brilloter,** vn. fam. Briller faiblement et dans une petite sphère. * *Brilloté, e,* p.

*****Débrillanter,** va. Oter le brillant; rendre moins brillant. **Débrillanté, e,* p.

BRIOCHE, sf. Sorte de pâtisserie que l'on fait avec de la farine déliée, du beurre et des œufs. [1° M. Delatre est d'avis que *brioche,* pour *brif-oche,* se rapporte au fr. *brife, bribe,* gros morceau de pain; au lat. *fri-o,* pour *friv-o,* émier; etc., et au sansc. *bharb, bharv,* rompre, briser. La brioche, dit-il, est une sorte de pâtisserie très-friable. 2° La Monnoie dérive *brioche,* du bourg. *brié,* broyé; *pain broyé.* On appelle ainsi à Dijon, ajoute-t-il, une sorte de pain fait de fine fleur de farine broyée longtemps à tour de bras avec des bâtons ferrés. L'instrument dont se sert le vermicellier pour donner la dernière façon à la pâte se nomme *brie,* le *brier.* C'est écraser la pâte avec la *brie.* 3° Bullet dit que *brioche* vient du gall. *brechdan,* pain fait avec du beurre; mot qu'il compose de *bras, brach, brech,* graisse, beurre, et de *tan,* ou *dan,* pain. 4° Suivant Le Duchat et Gattel, *brioche* viendrait du nom du pâtissier inventeur des brioches. Il faudrait savoir en quel temps et en quel lieu ce pâtissier fit cette invention. 5° Le P. Thomassin le dérive de l'héb. *bri,* gras, ou de *bria,* nourriture, aliment; 6° et Roquefort, du b.l. *bracellus,* gâteau, dérivé de l'all. *brodt,* pain. 7° Le Tripart. lie le fr. *brioche* au russe *pirogg,* brioche.]

BRIQUE, sf. Terre argileuse et rougeâtre, moulée en forme de carreau, puis séchée au soleil ou cuite au feu, et dont on se sert pour bâtir. [1° Wachter, Borel, Ménage, Gattel, Boiste, Roquefort et autres, dérivent ce mot, par aphérèse, ainsi que le b.l. *brica, briqua,* brique, du lat. *imbrex, imbricis,* dont se sert Virgile, et qui signifie des tuiles, fait du lat. *imber, imbris,* pluie; parce que ces tuiles, étant recourbées en demi-cercle, forment, sur un toit, des gouttières pour l'écoulement de l'eau pluviale; de là *imbricare,* couvrir de tuiles creuses. 2° Selon M. De Chevallet le mot *brique* n'aurait rien de commun avec le lat. *imbrex, imbricis*; il viendrait simplement du bret. *briken,* brique, mot qu'il forme de *pri,* terre glaise, argile, en gall. *priz,* id. ; 3° Delatre rapporte le fr. *brique, briquette, briquet,* etc., à la même souche du goth. *ga-brik-an,* rompre; écoss. *brickle,* fragile. A Lyon, à Genève, dit-il, *brique* a conservé sa signification primitive de morceau; ainsi, l'on dit : « Voilà ma jolie pipe en *brique.* » 4° Diez dérive *brique* de l'anglos. *brice,* brique; et Bullet, de l'irl. *bric,* brique, puis du b. bret. *breken,* brique de terre cuite; 5° et Gébelin, du celt. *breo,* feu; 6° Honnorat, du lat. *rubrica,* terre rouge, par aphérèse; 7° d'autres, du lat. *fabricare,* façonner, fabriquer; 8° et une autre, du b. bret. *breken, briken,* fait de *bir,* argile, et de *ken, cynne,* en celt. cuire; 9° Scheler, de l'anglos. *brice,* morceau cassé. Dans certains patois *brique* signifie morceau tout bonnement. L'acception moderne est donc secondaire. Cette étym. s'accorde avec celle de M. Delatre. En angl. *brick,* bret. *briken,* brique; gaël écoss. et irl. *brice,* bas-lim. *briquo,* brique.]

Briquetage, sm. Maçonnerie de briques; enduit qui imite la brique.

Briqueter, va. Imiter la brique avec un enduit *Briqueté, e,* p.

Briqueterie, sf. Lieu où l'on fait de la brique

Briquetier, Qui fait ou vend de la brique.

*****Briqueteur, euse,** s. Ouvrier, ouvrière en briques.

*****Briquaillons,** sm. pl. Vieux morceaux de briques cassées.

Briquette, sf.dim. Petite brique, petite masse faite de houille, ou de tourbe, ou de tan, et qui sert de combustible.

BRISE, sf. Vent frais qui règne le soir et le matin sur la mer; tout vent quand il n'est pas violent. [1° Selon De Chevallet, ce mot est d'origine german. 2° Selon Nodier le mot *brise* n'est qu'une variété du type *bise*. 3° Un autre le dérive du prov. *brisar*, briser, parce que, dit-il, ce vent brise les vagues. 4° Constancio le tire du gr. et du lat. *boreas*, qu'il forme du gr. *briaô*, être fort, puissant, robuste. 5° Un autre le fait venir de l'all. *brause*, bruissement, mugissement, *bräusen*, bruire, mugir en parl. du vent, de l'eau, s'ébrouer, etc. 6° En angl. *breeze*, vent frais, brise, *breath*, souffle, et *to breath*, souffler; anglos. *brathe*, souffle et *brathan*, souffler; mots que De Chevalet rattache à l'all. *blast*, souffle, *blasen*, souffler. 7° Selon Jal, *brise* vient peut-être du gr. *brazô*, je bous avec violence, *brassô*, j'agite, je secoue. 8° Diez et Scheler conjecturent que c'est l'ital. *rezzo*, ombre, renforcé d'un b. En ital. *brezza*, esp. *briza*, *brisa*, vent de bise, de nord-est; port. *briza*, prov. *brisa*, brise; b. bret. *bris*, basq. *brissa*, génois *brixa*, angl. *breeze*, brise.]

BROCHE, sf. Verge de fer longue et pointue avec laquelle on embroche la viande pour la faire rôtir; cheville de bois pointue servant à boucher le trou d'un tonneau; pointe de fer qui fait partie de certaines serrures; ce qui ressemble à une broche de cuisine; petite verge de fer que l'on adapte aux rouets, aux métiers à filer; fer délié que l'on passe au travers de la bobine quand on file; espèce d'épingle avec laquelle les femmes attachent leur fichu, etc.; longue aiguille de fer à tricoter; pointe de fer au milieu du carton où l'on tire au blanc. [1° Selon les uns le primitif de *broche* serait le lat. *veru*, broche, *veruca*, petite broche; 2° selon les autres, le lat. *brochus*, *brocchus*, *broccus*, celui dont les dents avancent, dont la bouche avance. 3° M. Delatre rattache les mots *broche*, *broquette*, *brocanter*, etc., à l'anglos. *brecan*, à l'angl. *to break*, et à l'all. *brechen*, rompre. 4° Bullet dérive *broche*, du celt. *broc*, pointe en général; 5° et Du Cange, du b.l. *brocca* ou *brochiœ*, pieux ou bâtons pointus ou aiguisés. En gall. et en bret. *ber*, broche, et *beria*, embrocher. Gaël irl. *beacr*, *bior*, broche. Gaël écoss. *bear*, broche. Lat. barb. *brora*, rouchi et picard *broke*, broche. Langue des Troub. *broca*, broche, pointe; *broqueta*, brochette, *brocar*, *brochar*, piquer, éperonner. Patois de Castres *broxo*, broche. L.b. *brocha*, broche; et *broccœ*, *brochiœ*, *brochiœ*, pieux, broches.]

*****Broche,** sf. Baguette sur laquelle le chandelier embroche les mèches; ustensile dont se sert le boucher pour parer la viande; c., billet de petite valeur.

*****Broches,** sf.pl. véner. Première tête du cerf et du chevreuil; défenses du sanglier; genre de coquilles univalves.

Brocher, va. Faire des étoffes à la broche, passer l'or, la soie, etc., dans une étoffe, en y figurant un dessin; plier et coudre les feuilles d'un livre, en les piquant, en les embrochant; fig., ébaucher, faire un ouvrage à la hâte. *Broché, e,* p.

*****Brocher un cheval,** Lui donner de l'éperon, l'éperonner. (Les plus anciens éperons n'avaient pas de molette, mais seulement un aiguillon, une espèce de petite broche.)

Brochage, sm. Action de brocher un livre, le résultat.

Brochant, adj. blas. Peint en passant par-dessus d'un côté et d'autre.

Brochant sur le tout, loc.adv. fig. et fam. Par-dessus le tout, en outre, par surcroît.

Brochée, sf. La quantité de viande que l'on fait rôtir à une broche en une fois.

*****Brochée,** sf. Quantité de mèches ou de chandelles placées sur une broche.

Brochet, sm. Poisson d'eau douce, à tête longue et pointue, et à dents aiguës. (Dimin. de *broche*; de même *lanceron* ou *lançon*, jeune brochet, du fr. lance; l'angl. *pike*, pique, et *pike*, brochet.)

Brocheton, sm. surdiminutif. Petit brochet.

Brochette, sf. dimin. Petite broche.

Brocheur, euse, s. Qui broche des livres.

Brochoir, sm. Instrument pour brocher; marteau de maréchal pour ferrer les chevaux.

Brochure, sf. Brochage; résultat de ce travail; son prix; petit livre qui n'est que broché.

*****Brocheter,** va. Fixer avec des brochettes; mar., mesurer à l'aide des brochettes qui sont fixées de place en place, les membres et les bordages d'un navire. *Brocheté, e,* p.

*****Brocheteur,** sm. Ouvrier qui brochette.

Brocard, sm. Raillerie piquante, ironie.

Brocarder, va. fam. Piquer par des paroles plaisantes et satiriques. *Brocardé, e,* p.

Brocardeur, euse, s. Celui, celle qui dit des brocards.

Brocart, sm. Etoffe brochée de soie, d'or ou d'argent. (Ital. *brocato*, esp. *brocado*, brocart.)

Brocatelle, sf. Etoffe fabriquée à la manière du brocart; sorte de marbre de diverses couleurs.

Brocoli, sm. Espèce de chou venu de l'Italie. (De l'ital. *broccolo*, rejeton de chou, mot de la même famille que *broche*, *broquette*, d'après Gébelin, Roquefort, Honnorat, Constancio, etc. Honnorat dit que *brocoli* a été fait du prov. *broca*, broche, tige; parce que ce chou vient par petites têtes autour d'une tige commune qu'on a comparée à une broche. Gébelin affirme que ce mot tient à la famille *broc*, poindre, parce qu'un rejeton, un tendron, sont les choses qui commencent à poindre, à percer. C'est ainsi que les chasseurs appellent *broches* la première tête du cerf et du chevreuil; et que les horticul. disent *brocher* pour poindre, pousser, en parlant d'un arbre nouvellement planté. Un celtisant forme le breton *brouskâol*, brocoli, jet ou rejeton de chou ou de navet, du bret. *brous* ou *brons*, bourgeon, jet, et de *kaol*, chou, légume.)

Broc, S'est dit autrefois pour *broche*, et il en est resté cette phrase familière, *Manger de la viande de broc en bouche*, la manger sortant de la broche. Acad. et Trév.

De bric et de broc, loc.adv. et fam. Deçà et de là, d'une manière et d'une autre. (« Métaphore empruntée des instruments de travail dont on se sert tour à tour par les deux bouts. En celt. *bric*, tête, et *broc*, pointe. » Quitard et Gébelin.)

Broquart, sm. Bête fauve d'un an, ainsi dite de ses broches : Roq.

*****Broquer,** va. Percer le petit poisson avec l'hameçon pour servir d'amorce. *Broqué, e,* p.

Broquette, sf. Sorte de petit clou de fer à tête.

Embrocher, va. Mettre en broche ou à la broche. *Embroché, e,* p.

Rebrocher, va. Brocher de nouveau. *Rebroché, e,* p.

Brocanter, va. Acheter, vendre, troquer, vendre à la foire; revendre ou troquer des marchandises de hasard. (Selon Gébelin, Roquefort, Honnorat, Delatre, ce mot appartient à la même origine que le fr. *broche, broquette, brocher,* etc. Dans les 12ᵉ et 13ᵉ s., on appelait *marchands à la broche* ceux qui vendaient du vin en détail. Comme il leur était défendu d'en délivrer en bouteille, ils se servaient d'une *broche* toutes les fois qu'il leur arrivait un marchand. On disait alors *mettre le vin en broche*, pour percer un tonneau, et *brocanter*, pour vendre en détail. De là brocanteur désigna le commerce de tous les marchands en détail : Gébelin, Roq., Honn. En l. b *abrocamentum,* achat de marchandises en gros, pour les détailler ensuite dans les foires et dans les marchés. Dans Du Cange *vinum venditum ad brocam,* vin vendu en détail, à la broche. Le Duchat dérive *brocanter,* du lat. *recantare,* se dédire; parce que les revendeurs avaient 24 heures pour se rendre ce qu'ils avaient comme acheté. Le général Bardin pense que *brocanteur* pourrait être une corruption des mots *breloque, brelocanteur.* « Nous ne déciderons pas si l'on peut voir dans *abrocator* une altération, par l'*r* euphonique intercalaire, de *abbocator,* pr. qui s'abouche (L. *bucca,* it. *bocca,*), mot qui signifiait effectivement courtier, entremetteur. Nous attendons d'autres explications; en attendant, nous rappelons l'expression acheter en *bloc*; y a-t-il, dans ce sens, rapport entre *bloc* et *broc*? Scheler. » En angl. *to broke,* faire le métier de courtier. Picard *brocante,* petite réparation de menuiserie; *brocantes,* objets que vendent les brocanteurs. Patois de Castres *brocanta,* brocanter.)

Brocantage, sm. Action de brocanter, commerce du brocanteur.

Brocanteur, euse, s. Qui brocante.

Bric-à-brac, sm. Marchand de *bric-à-brac,* marchand qui achète et vend toute sorte de vieille ferraille, de vieilleries, de marchandises de rebut. (Roquefort rattache ce mot à *broc, brocanteur, broche, broquette,* etc. *Brac* est apparemment pour *broc,* pointe; et *bric* a signifié tête. Les auteurs du Tripart. lient l'expression *bric-à-brac,* au gorman. *britsche* qui, sur le Rhin; signifie je frappe.)

Broc, sm. Vase en forme de poire, à bec évasé, pour le vin qui se vend en broc, pour tirer ou transporter du vin; ce qu'un broc peut contenir, (Roquefort lie ce mot à *brocanter, broche, broquette,* etc. Dans Du Cange *broca,* tuyau d'un tonneau; *vinum venditum ad brocam,* vin vendu en détail; et vin vendu à la broche. Anc. fr. *broche,* broc, vase, canelle, pieu, éperon. Gloss. champ. de Tarbé *broc, broche,* vase, pot, pieux, broche. Ital. *brocca,* broc; langue des Troub., gaël écoss. et irl. *broc, broc.*)

BRODEQUIN, sm. Chaussure antique pour la comédie; fig., la comédie, la tragédie; espèce de bottines, ouvertes et lacées par devant, en usage surtout pour les femmes et les enfants. [1º La racine de ce mot serait le gr. *bursa,* peau apprêtée, cuir, selon Constancio, Diez, Delatre et autres. Le mot gr. *bursa* fut adopté par les Maures, qui l'employèrent pour désigner une espèce de chaussure; de là l'esp. *borcegui,* d'où le fr. **bordegui,* puis *brodequin*: Delatre. 2º Du vallon *bottkenn,* bottine, suivant la conjecture de Ampère ; *ken* est une terminaison diminutive. 3º De *brodequin,* nom d'une espèce de cuir, selon Caseneuve. 4º De *béronikides,* mot gr. signifiant une espèce de chaussure dans Hésychius: Bochart. 5º Le Duchat conjecture que *brodequin* signifie chaussure de Prusse ou de Russie, d'où le vi. fr. *brosequin,* brodequin. 6º Le P. Labbe pense que ce mot est venu de l'ital. ou du fr. *broder.* 7º Sylvius croit que c'est un mot flam. « Du flam. *brosekin, broseken,* dimin. de *broos,* qui est supposé une tranposition de *byrsa,* cuir. » De même le flam. *leerse,* de *leer,* cuir : Kiliaen, et Scheler. En l. b. *borsegues,* ital. *borzacchino,* port. *borzequim,* pat. de Champ. *bronnequin,* brodequin.]

BRONCHER, vn. Faire un faux pas, cesser d'aller droit et ferme, pour avoir choppé, heurté contre un corps pointu ou éminent; chopper; fig., faillir. [De l'anc. fr. *broncier, brunquier,* broncher, tomber à demi. 1º Du l. b. *broquerius.* Nº 1 : Du Cange. 2º De l'anc. fr. *bronche,* buisson, broussailles, l. b. *bruscia, brossa,* broussailles. De même le lat. *cespitare,* broncher, procède du lat. *cespes,* gazon, d'où l'ital. *cespo,* buisson; et l'all. *straucheln,* trébucher, de *strauch,* buisson. 3º De l'ital., *bronco,* tronc d'arbre; d'où le port. *bronco,* grossier, rude, raboteux, comme le sont les troncs d'arbres. 4º Du celt. *bron,* montagne, colline, élévation; comme *butter,* broncher, du fr. *butte,* colline. 5º Du gr. *brochizó,* enchevêtrer. 6º Du vi. lat. *pronicare.* 7º Du lat. *truncus,* tronc. Langue des Troub. *abroncar,* broncher, heurter, trébucher; *burcar, butter, broncher; burs,* heurt, choc, coup. Pat. de Castres *brounxa, brouncha,* broncher. 8º Du lat. *broccus, bronchus,* pieu pointu : Scheler. 9º Où du h. all. anc. *bruch,* néerl. *brok,* chose cassée, tronquée, comme le prov. *burcar* pour *brucar,* broncher, de *bruc,* tronçon : id.] *Bronché,* p.

Bronchade, sf. Action de broncher.

BRONZE, sm. Alliage de cuivre, d'étain et de zinc; tout morceau de sculpture de bronze; médaille de bronze. Ce mot désigne ordinairement un alliage de cuivre avec une autre substance métallique, avec l'étain en particulier, et ne doit pas être employé pour désigner le cuivre pur. Cependant depuis plusieurs siècles, on donne le nom de bronze à toutes les antiquités qui sont faites de cuivre. On peut assurer auj. que le bronze a toujours été un alliage factice. [1º Selon Gébelin, ce mot serait de la même origine que le fr. *brandon* et que l'all. *brunst,* incendie, embrasement. Delatre rapporte le fr. *bronze,* l'ital. *bronzo,* et l'all. *brunsten,* au sansc. *braj,* rôtir, brûler. 2º Muratori lie la forme de l'ital. *bruno,* la même que *brunizzo, bruniccio,* brunâtre, brunet. 3º Ménage et Gattel dérivent *bronze* du lat. *frontis,* qui, dans la b. latinité, a eu la même signification. 4º Le Duchat le fait remonter au lat. *russus,* roux. 5º Un autre le déduit du celt. *bronez,* bronze; 6º Du Cange, du b. l. *brunea;* 7º Jault, du fr. *braise, braser;* 9º un autre, du turc *burindj,* laiton, bronze; 10º et Constancio, du gr. *brontao,* tonner, à cause du bruit que fait le bronze lorsqu'il vibre. En angl. *brass,* airain, cuivre, bronze; russe *bronss,* polon. *bronz,* ital. *bronzo.* L'étym. de Muratori semble préférable à toutes les autres.]

Bronzer, va. Peindre en couleur de bronze. *Bronzé, e,* p.

*Brouzite, sf. Substance minérale peu connue.

BROSSE, sf. Vergette; ustensile à nettoyer les vêtements, les meubles; gros pinceau. [De l'anc. fr. *brosse, broce, brousse,* broussailles, verges menu bois, buisson, mots que De Chevallet rattache à l'anc. fr. *breuil, breul, broil,* hallier, fourré, taillis, bois; et au gall. *prys, prysg,* bois, taillis; hallier; à l'écoss. *preas.* id.; irl. *preas,* buisson, hallier, arbuste. 2º M. Delatre rapporte les mots *breuil, brosse, broussailles, broussin, brout, brouter,* etc., au sansc. *vrih, vridh,* croître. 3º M. Diez lie les mots *brosse, broussaille, brouter, rebours, rebrousser,* à l'anc. sax. *brustian,* bourgeonner, pousser, germer ; au bret. *broust,* arbrisseau, buisson, *brousta,* brouter; et au gaël *bruis,* brosse. 4º Du Méril et l'abbé Corblet dérivent *brosse,* de l'isl. *brusk.* 5º Le général Bardin dit : « Du Cange tire le mot brosse du b. l. *bruscia;* d'autres de l'ital. *brusca,* brosse, ou du lat. *bruscum,* qui a génériquement signifié brossailles, broussailles. De là vient qu'en terme de vénerie *brosser* signifiait courir dans les bois. Par une analogie inattendue, le mot *brosse* et le verbe *brusquer* ont une étymologie commune.» 6° Skinner croit que *brosse* vient du teut. *burste*, soie. Selon Scheler, du h. all. anc. *burst*, *brust*, qq. chose de hérissé; all. mod. *borste*, soie, c-à-d. poil raide d'un animal, et *bürste*, brosse. 7° Le Trip. lie le fr. *brosse* au hongrois *borosta*, au german. *borste*, *borstig*, *burste*, à l'angl. *worsted*, *brush*. 8° Constancio le dérive du lat. *bruscus*. Dans Pline *bruscum*, nœud de l'érable. En l. b. *brossa*, *brossia*, *broca*, hallier, buisson, broussailles, anc. fr. *broise*, *brosse*, *brousse*, *broche*, *broce*, id.]

Brosser, va. Frotter, nettoyer avec une brosse. *Brossé*, *e*, p.

Brosserie, sf. Art, commerce du brossier; lieu où l'on fabrique les brosses.

Brossier, sm. Qui fait ou vend des brosses.

Brossailles et **Broussailles**, sf. pl. Épines, ronces et autres arbustes semblables qui croissent dans les forêts, dans les terrains incultes. (Anc. fr. *broise*, *brosse*, *brousse*, *broche*, *broce*, broussailles.)

Broussin, sm. Excroissance ligneuse qui vient sur le tronc ou sur les branches de certains arbres. (Vi. fr. *brossin*. On emploie le *broussin* d'érable dans la tabletterie. Delatre.)

BROU, sm. Écale, enveloppe verte des noix. [1° Roquefort tie ce mot au fr. *brout*, pousse des jeunes taillis au printemps, et au verbe *brouter*; c'est peut-être parce que le *brout* et le *brou* sont également verts; que le *b* ou est plus tendre que la noix qu'il renferme, de même que le brout est la partie extrême et la plus tendre des taillis et des arbres. Trèv. écrit *brou* et *brout*. 2° Gébelin lie le mot *brou* au celt. *broh*, *bros*, jupe. 3° Nicot pense que le *brou* a reçu ce nom parce qu'il *brouille* les doigts. 4° Bullet le dérive du celt. *bro*, *bru*, ce qui renferme, ce qui couvre, d'où selon lui le bret. *broh*, *bros*, jupe; et le gall. *bro*, forteresse.]

BROUET, sm. Bouillon au lait et au sucre; mauvais ragoût. Voy., dans Scheler, *brouet* et surtout *boue*. [1° Selon Edwards, ce mot serait de la même origine que le lat. *ferveo* et que le gall. *berw*, fermenter; *berwedig*, bouillant, *berwez*, ébullition, *berwi*, bouillir; en bret. *bervi*, *birvi*, bouillonner. 2° Selon Wachter, Diez, De Chevallet, et autres, le mot *brouet* serait d'origine german. 3° Delatre rapporte les mots *brouet*, *bruire*, *brûler*, *braise*, etc., au sansc. *bhraj*, rôtir, brûler. 4° Jauffret prétend que les mots *brouet*, *brouée*, *bruine*, remontent au mimologisme *bru*, *bry*, qui peint, dit-il, le bruit que fait un liquide qu'on répand. 5° Ménage a cherché l'origine de *brouet* dans le gr. d'Hésychius *bludion*, par le changement de *l* en *r*. 6° Pontanus le dérive de l'angl. *bread*, pain; 7° Bullet, du celt. *bru*, eau; 8° puis du vi. fr. *bru*, bouillon, mot qu'il rapporte au celt. *born*, fontaine; 9° et Constancio, du gr. *braz*?, bouillir avec violence; 10° Le P. Thomassin, de l'hébr. *bara*, aliment; 11° Wachter, de l'anc. germ. *brauen*, *brawen*, *brewen*, cuire; 12° Gébelin, du celt. *bar*, *bor*, *brou*, eau, dont il forme les mots *barboter*, *boue*, *be*, *brouée*, *brouillard*, etc. 13° D'après un autre auteur, le fr. *brouet* appartiendrait au même primitif qui a fourni aux Irland. *enlroth*, potage, *enbruithe*, bouillon, termes qui se trouvent dans le Gloss. de Cormac, et que l'on dérive de *broth*, *bruithe*, viande. En lat. barb. *brodum*, *brodium*, brouet. Gaël écoss. *brot*, et Gaël irl. *broth*, brouet. Tudesq. *brod*, *prod*, jus, bouillon, soupe; anglos. *brodh*, *broth*, *briv*, anc. all. *brod*, *proth*, all. *brüh*, angl. *broth*, jus, bouillon, soupe; ital. *brodo*, esp. et port. *brodio*, lang. des Troub. *bro*, brouet, bouillon. Gloss. champ. de Tarbé *brouet*, confiture de poires; anc. fr. *brouet*, chaudeau, et ce que les nouveaux mariés donnaient à leurs compagnons le jour de leurs noces.]

BROUILLER, va. Mettre le trouble, le désordre, la confusion dans les choses, mettre pêle-mêle; déranger; troubler; mettre la désunion, la mésintelligence. [1° M. Delatre rapporte les mots *brouée*, *bruine*, *brouillard*, *brouiller*, *brouet*, *bruire*, *brûler*, etc., au sansc. *bhraj*, rôtir, brûler. 2° De Chevallet rattache les mots *brouille*, *brouiller*, au bret. *brella*, brouiller, à l'écoss. *broilich*, *troileod*, confusion, désordre, tumulte, brouille, brouillerie; irl. *broileadh* et *broileadhadh*, id. 3° Muratori conjecture que le fr. *brouiller*, *embrouiller*, et l'ital. *brogliare*, ont été faits du lat. de Cicéron *embolium*, chose intercalée, accessoire, hors-d'œuvre. 4° Constancio dérive le port. *embrulhar*, embrouiller, brouiller, du lat. *imber*, pluie, gr. *ombros*. 5° Un des quartiers de la place de Venise s'appelle *Broglio*, d'un ancien breuil ou bois qui y était autrefois, et comme le sénat s'y assemble, dit Ménage, on a dit de la *farbroglio*, et *imbrogliare*, d'où selon lui, le fr. brouiller, embrouiller. 6° D'apres Scheler, de l'anglos. *brodh*, vapeur; d'où l'all. *brudeln*, *brodeln*, jeter des vapeurs, bouillonner, remuer, brouiller. En ital. *brogliare*; bret. *brella*; prov. *brouhar*, brouiller; anc. fr. *brouiller*, mouiller, salir; *brouillard* et *brouée*, fumée, vapeur humide; *bruyre*, obscurcir, couvrir de vapeurs.]

Se brouiller, va. pron. Se couvrir de nuages; se troubler. *Brouillé*, *e*, p.

Brouiller, vn. Faire les choses avec confusion.

Brouillamini, sm. Désordre, confusion, brouillerie.

Brouillard, sm. Toute vapeur froide et humide qui obscurcit l'air. (L. b. *brolhardus*, brouillard; gloss. champ. *brouillas*, *brouas*; brouillard, *brouillier*, salir, souiller; *bruière*, brouillard, pluie.)

Brouillard, sm. Sorte de registre pour écrire de suite et transcrire ensuite sur le livre-journal, sans surcharges ni ratures.

Brouillard, adj. *Papier brouillard*, sorte de papier non collé.

Brouille, sf. fam. Brouillerie.

Brouillement, sm. fam. Mélange, confusion.

Brouillerie, sf. Mésintelligence, désunion, dissension.

Brouillon, onne, adj. et s. Qui met le trouble et la confusion dans les affaires.

Brouillon, sm. Ce qu'on écrit d'abord, pour le mettre ensuite au net, papier où l'on écrit le brouillon; ten. de livres, brouillard.

Débrouiller, va. Démêler, mettre en ordre. *Débrouillé*, *e*, p.

Débrouillement, sm. Action de débrouiller.

Indébrouillable, adj. Qui ne peut être débrouillé.

Embrouiller, va. Obscurcir les choses en les dérangeant, ou en les disposant d'une autre manière; embarrasser; mettre de la confusion, de l'obscurité. *Embrouillé*, *e*, p.

S'Embrouiller, va. pr. Perdre le fil de son discours, de ses idées.

Embrouillement, sm. Confusion; embarras.

Grabuge, sm. Trouble, désordre, querelle,

rixe. (De l'ital. *garbuglio*, confusion, embrouillement, désordre; comme *fromage* de *formaggio*. La particule *gar* est all. et signifie beaucoup, fort.)

Imbroglio, sm. Désordre, embrouillement, confusion; pièce de théâtre. (Mot ital.)

BROUTER, va. Paître l'herbe dans les prés; manger le brout dans les forêts. [1° Bochart, H. Estienne et Ménage ont cherché l'origine de ce mot dans le gr. attiq. *bruttein*, mordre, ronger, manger, dévorer; 2° Gosselin, dans le gr. *brōskō*, *bibróskō*, manger, se repaître; d'où le gr. *brōtos*, mangé ou bon à manger; 3° Diez, dans le haut all. anc. *broz*, bourgeon, rejeton, scion, brout, et *brozzen*, bourgeonner; Scheler, dans l'anglos. *brustian*, bourgeonner, et dans le h. all. anc. *proz*, bourgeon; 4° Couzinié, dans le celtiq. *broust*, bourgeon; 5° Du Cange, dans le l.b. *brustum*, pâture, nourriture, action des animaux qui paissent les broussailles; 6° le P. Labbe, dans le latin *brutus*, brute : comme qui dirait manger de l'herbe ainsi que les bêtes brutes; 7° Guichard, dans l'hébr. *bârâ*, il a mangé; 8° Somnerus, dans le saxon *spryngan*, pulluler, germer, pousser; En bret. *brous*, jeune pousse, jet des végétaux, brout, *broust*, hallier, et *brousta*, brouter. Gaël irl. *brus*, petites branches d'arbre, brout, et *brusam*, brouter; gaël écoss. *brus*, brouter; angl. *browse wood*, brout, et *to browse*, brouter. En cat. *broto*, esp. *brota*, pousse, jet de l'arbre, brout. Lang. des Troub, *brot*, *broto*, pousse, jet de l'arbre, brout, et *brostar*, brouter. Langue des Trouv. *bruster*, brouter. Patois de Castres *broust*, brout, et *brouta*, brouter. Patois de la Savoie *brot*, pousse, jet, brout; *brôta*, menu bois, broutilles; et *brouta*, brouter. Gloss. champ de Tarbé, *brout*, pousse de la vigne; *ébrouter*, tailler les pousses inutiles de la vigne. Anc. fr. *broust*, pâturage; *broust*, brout; *broust*, action de brouter; et *brousteller*, *brouster*, brouter.] Brouté, e, p.

Brout, sm. Pousse des jeunes taillis au printemps; pâture que les bêtes fauves trouvent dans les taillis qui repoussent; d'où :

Bêtes de brout, véner. Toutes sortes de bêtes fauves, comme le cerf, le chevreuil, le daim, le bouquetin, le chamois.

Broutant, ante, adj. Qui broute.

Broutilles, sf. pl. Menues branches d'arbres dont on fait des fagots; fig., petites choses; babioles.

Abrouti, e, adj. eaux et f. Se dit des bois dont les premières pousses ont été broutées par le bétail.

BRU, sf. Belle-fille, la femme du fils par rapport au père et à la mère de ce fils. [1° D'après Bopp, l'origine étymol. du fr. *bru*, serait le sansc. *praudhâ*, épousée, fiancée; 2° D'après Eichhoff et Chavée, le sansc. *pri*, remplir, contenter, satisfaire, aimer, d'où les mots sansc. *prayati*, il réjouit, *priyas*, époux, *priya*, épouse, la bien-aimée, *prita*, chéri, *prayat*, heureux, *prayayati*, il rend heureux, il réjouit, il délecte; 3° d'après Delatre, ce serait le sansc. *bhâryâ*, (celle) qu'il faut nourrir; mot dérivé de la racine sansc. *bhri*, guné *bhar*, nourrir; d'où le sansc. *bhara*, nourriture, mot qui ressemble beaucoup à l'hébr. *bârâ*, il a mangé, et au gr. *bora*, nourriture. 4° Suivant le Tripart., Ihre, Denina, Wachter, Leibnitz, De Chevallet, etc., le fr. *bru* est d'origine german. 5° Wachter le forme du germ. *betrauwen*, épouser; 6° puis, du v. *beraten*, parer, orner, lat. *parare*, *paratum*; 7° Leibnitz le forme de l'all. *brüten*, animer par la chaleur, couver; 8° Helvigius, du gr. *proiemi*, envoyer en avant ou au loin; laisser aller, permettre, confier; 9° puis, du gr. *purôtê*, enflammée; 10° Bullet, du celt. *bru*, ventre; 11° Ménage et Roquefort, du lat. *nurus*, bru. 12° Guichard lui donne pour primitif l'héb. *bar*, fils. Denina fait remarquer que *bru* signifia d'abord épouse, puis belle-fille. 13° Schœbel rattache l'all. *braut*, fiancée, au sansc. *bhrt*, porter, produire, enfanter. Du Cange cite les Gloses d'Iso Magister, où il est dit que *brut* signifie une femme accordée ou fiancée. De plus l'anc. fr. *bru* signifie jeune mariée. Dans Ulphilas *bruth*, femme du fils, bru, lapon *brudes*, épouse, *brudet*, épouser; suiogothique *brud*, fiancée, all. *braut*, dan., suéd. et anc. saxon *brud*, fiancée. Anc. scandin. *brud-r*, *bruda*; haut all. anc. *brud*, *prut*, *pruth*, fiancée. Anc. goth. *bruth*, anglos. *bryd*, *brid*, néerl. *bruid*, fiancée.]

BRUCELLES, sf. pl. et **BRUXELLES**. Petites pincettes très-flexibles et légères. [Eloi Johanneau dit, dans une note, « qu'il ne doute pas que ce mot ne vienne du nom de la ville où on les fabriqua dans l'origine; que c'est ainsi qu'on nomme *bruxelles* une sorte de tapisserie qui se fabriquait dans la même ville; et que l'Académie en écrivant *brucelles* au lieu de *bruxelles* n'a pas montré la critique qu'on était en droit d'attendre d'elle. » En l.b. on appelait *bruxellensis*, et en anc. fr. *brusselles*, le drap qui se fabriquait à Bruxelles. Il reste à savoir d'où vient le nom même de la ville de Bruxelles. 1° Malte-Brun et Huot disent que l'origine de cette ville date du temps de Saint Gery, évêque d'Arras et de Cambrai, qui fonda une chapelle dans une petite île formée par la Senne, et que cette île, qui n'était qu'un marécage, en flam. *breecksel*, marécage, donna son nom au bourg qui, avec le château du Borgval, devint le bourg de Bruxelles, que sa position agréable fit choisir pour résidence aux ducs de Basse-Lorraine. 2° Les uns, dit l'abbé Mann, écrivent ce nom *Brosella*, *Brusola*, *Brocella*, *Brussella*, *Brussella*, *Brussel* et *Brussels*, et l'on suppose que cette ville a tiré ces noms des broussailles qui couvraient auparavant le lieu où elle a été bâtie; ce terrain ayant certainement été occupé par la forêt de Soignes, qui s'étendait autrefois jusqu'au bord de la Senne. 3° D'autres l'écrivent *Brughsella*, *Brugsel*, et supposent qu'elle a eu ce nom, parce que les premières maisons de Bruxelles furent bâties auprès du pont qui avait été jeté sur la Senne, à l'endroit nommé auj. Borghval, près de l'église de S.-Gery : *brughe*, en flam. signifie pont; c'est comme si l'on disait *Pontigny* et en angl. *Bridgetoun*. 4° Des auteurs, tant anciens que modernes, écrivent *Brucsella*, *Bruccella*, *Bruxella*, *Bruxella*, *Bruxelles*; et d'après cette orthographe, on peut conjecturer que ce nom signifie *pont de l'hermitage*, soit un amas de cellules ou de cabanes près du pont. 5° D'autres écrivent *Bruchsenna*, *Brugsenne*, c-à-d. *Pont de la Senne* ou *Pontsenne*, comme *Pontoise*, etc., en fr. 6° Il y en a qui supposent que son ancien nom était *Broecksel* ou *By-Ruissel*, à cause des marais, des étangs et des ruisseaux nombreux qui se trouvent dans ses environs, et qui occupaient autrefois une partie du terrain de cette ville. 7° D'autres veulent que le nom de *Brussel* vienne de *broeyssel*, qui signifie, dit Foppens, un nid; à cause du grand nombre de cygnes et d'autres oiseaux aquatiques qu'on voyait dans les étangs et les fossés de ce lieu. 8° Bullet forme le nom de *Bruxelles*, du celt. *brug*, partage, et *sell*, habitation; parce que cette ville est sur la Senne qui s'y partage. Ce qui suit confirme la 1re étymol. qui a été adoptée par Malte-Brun et Huot: Les bords de la rivière de l'Ems furent habités par les *Bructères* qui se divisaient en grands et en petits Bructères; ceux-ci habitaient la côte orientale, et ceux-là la côte occidentale de la rivière jusqu'à la Lippe. L'évêque de Furstenberg, cité par Depping, assure que le nom de *Bructères* leur vient des marais qu'ils habitaient et qui, dans le langage du pays, s'appelent *Bruch*. De là le nom de *Bruxelles*, que l'on trouve écrit en lat. *Bruxatæ*, *Bruxellæ*.]

BRUINE, sf. Petite pluie fine, froide qui tombe lentement, et qui est dangereuse pour les grains. [Du lat. *pruina*, gelée blanche, frimas, neige, hiver, selon Trév., Jauffret, Furet., Gattel, Noël, Honnorat, l'abbé Corblet, Delatre, etc., etc.; $b = p$. 1° L'origine étymologique du lat. *pruina* serait le gr. *proï*, le matin, *próx*, rosée, d'après Benfey et Doederlin; 2° le tibétain *prin*, nuage, d'après les auteurs du Trip.; 3° l'héb. *kephôr*, pruina, selon Guichard; 4° le gr. *broché*, mouillure, humidité, pluie, suivant un auteur allemand anonyme; 5° le lat. *peruro*, je brûle, je consume, selon quelques-uns, parce que l'effet de la gelée blanche est de brûler les végétaux; 6° le gr. *pur*, feu, selon d'autres, par la même raison; 7° le gr. *pur*, dans le sens de brillant, éclatant, selon Gébelin; 8° le gr. *purén*, pepin, grain, selon Constancio. 9° Les auteurs du Trip. unissent les mots *bruïne*, *brouée*, à l'all. *brodem*, vapeur chaude, fumée, et au russe *brodnü*. 10° Bullet les dérive du celt. *bru*, pluie. 11° Si le mot *bruine* est celt., on peut aussi le rattacher à l'irl. et erse *braon*, goutte d'eau, pluie; *braonach*, bruine, pluvieux. En ital. *brina*, anc. esp. *pruina*, gelée blanche. Langue des Troub. *bruyna*, gelée blanche; et *pruina*, bruine, neige, gelée blanche. Prov. *breina*, *brina*, picard *breuaine*, bruine; picard, bourg. et rouchi *brouaine*, bruine.]

Bruiner, vn. unipers. Se dit de la bruine qui tombe. *Bruiné*, p.

Brouée, sf. Bruine, brouillard.

*Embruiné, e, adj. Se dit des plantes gâtées, brûlées par la bruine.

*Pruine, sf. Poussière blanche qui couvre certains fruits. (L. *pruina*, gelée blanche, givre.)

*Pruiné, e, adj. ou *Pruineux, euse, adj. bot. Couvert de pruine.

BRUIRE, vn. Rendre un son confus. Temps usités : *Bruire*, il *bruit*, ils *bruyaient*. [Ce verbe appartient à une famille d'onomatopées qui semblent répandues dans presque toutes les langues. M. Diez donne *brugire* comme mot lat. dans le sens de bruire. Apulée s'est servi du v. lat. *burrire*, que l'on traduit par s'agiter comme une fourmilière; ou par faire un bruit sourd. En général cette famille est caractérisée par l'élément *br* suivi d'une ou de deux voyelles, pour exprimer les nuances des sons que l'on veut exprimer, et selon les tendances propres à chaque langue. En gr. *bru*, *brun*, cri des enfants, qui ne parlent pas encore, pour demander à boire; *bruchô*, mugir, rugir, grincer des dents; *brachô*, craquer, faire du bruit, gronder. M. Eichoff rattache au sansc. *bru*, résonner, énoncer, le fr. *bruire*, *braire*, le lat. *burrio*, *burrio*, l'all. *brausen*, bruire, et l'angl. *to bray*, braire. Ihre lie le fr. *bruire* à l'all. *brausen*, et au suiogoth. *brusa*, bruire, murmurer, en parl. des eaux, ou des flots de la mer qui se précipitent avec impétuosité. Ce v. *brusa* se lie très-bien aussi au gr. *braxô*, bouillir avec violence; gronder comme les ours. C'est le suéd. *brusd*, et l'all. *brausen*, bruire; en dan. *bruse*, holl. *bruissen*, bruischen, bruire. Le gall. *brud*, bruit, récit; le gaël. irl. et écoss. *bran*, son, semblent identiques au gr. *brônté*, tonnerre, bruit semblable au tonnerre; et surtout au sansc. *bru*, résonner, énoncer, et *bran*, émettre un son. En gaël irl. *bruidhean*, dispute; gall. *broth*, dispute; bret. *brud*, bruit, rumeur, et *bruda*, ébruiter, dans Edwards. En prov. *bruch*, *bria*, bruit, renommée, *brugir*, bruire, gronder, retentir, bourdonner; pol.

brzecze, russe *briouxjou*, bruire, dans le Tripart.; anc. languéd. *brountzi*, bruire sourdement; lang. des Troub. *bruzir*, *brugir*, bruire, mugir, frémir; *bruda*, bruit, *bruich*, *bruit*, *brut*, bruit, rumeur, renommée; ital. *bruito*, cat. *brugit*, bruit; bourg. *bru*, bruit; Gloss. champ. de M. Tarbé *bruire*, faire du bruit; *bruitor*, butor, oiseau; patois de Champ. *brue*, bruit. Anc. fr. *bruur*, bruit, vacarme; *bruir*, bruire, brûler, *bruient*, bruissent.]

Brouhaha, sm. fam. Bruit de ha ha, bruit confus d'approbation ou d'improbation. (En prov. *broujou*, bruit de la mer; et *brouhaha*, bruit confus du peuple ou de la multitude.)

***Broui**, sm. technol. Tuyau pour souffler la flamme de la lampe sur l'émail.

Bruissement, sm. Bruit confus.

Bruit, sm. Son, ou assemblage de sons, abstraction faite de toute articulation distincte; tumulte, trouble; dispute, querelle, démêlé; nouvelle; éclat que font certaines choses dans le monde.

Bruyamment, adv. Avec grand bruit.

Bruyant, e, adj. Qui fait du bruit, accompagné de bruit; où l'on fait beaucoup de bruit.

Ébrouement, sm. Eternuement de certains animaux domestiques; ronflement d'un cheval à la vue des objets qui le surprennent ou l'effraient. (Selon M. Scheler, la plus anc. signif. du fr. *brave*, it., esp. et port. *bravo*, prov. *brau*, est sauvage, impétueux. Diez observe que ce mot se serait produit dans l'ancienne langue sous la forme *brou* ou *breu*; et cette forme, dit Scheler, se présente en effet, avec l'acception primitive, dans les v. *ébrouer* et *rabrouer*. Elle découlerait de *brau*, comme *clouer* de *clau*. Voy. *Brave*.)

S'Ébrouer, va. pr. Se dit des animaux domestiques lorsqu'ils font une espèce d'éternuement; se dit du cheval qui fait un ronflement à la vue des objets qui le surprennent. *Ébroué, e*, p.

Ébrouer, va. Laver et passer dans l'eau une pièce d'étoffe ou de toile. (En all. *brausen*, bruire, mugir, se dit du vent et de l'eau; s'ébrouer, fermenter, bouillir.)

Ébruiter, va. Divulguer. *Ébruité, e*, p.

Rabrouer, va. fam. Rebuter qqn. avec rudesse, en imitant le son de voix ou le bruit du cheval qui s'ébroue. (De là les vieux mots inusités *rabrouée*, brusquerie, reproche, injure; *rabroueur*, qui répond avec rudesse. 1° Roquefort et autres lient *rabrouer* au fr. *ébrouer*, bruire. 2° Carpentier et Honnorat le dérivent du lat. *reprobare*, repousser. 3° Ferrari et Ménage le tirent du lat. *reimproperare*, reduplicatif d'*improperare*, faire des reproches; 4° et Le Duchat, de *reabrogare*, pour *abrogare*, annuler. En romano-castrais *rebroua*, rabrouer, dans Couzinié.)

Bréant, ou **Bruant**, sm. hn. Oiseau de la grosseur du moineau, d'un beau vert jaune, et dont le ramage est assez agréable. (Ce nom a été fait par onomatopée du bruit qu'il fait, soit en chantant, soit en volant, car son vol est *bruyant*, dit Belon: soit en formant un cri qui imite en qqe sorte l'*ébrouement* ou le hennissement du cheval lorsque celui-ci fait fuir, comme dit Aldrovande. En prov. *bruant*, bruant; picard *bruant*, hanneton; ailleurs *bruant* signifie verdier, oiseau, selon l'abbé Corblet. Dans le Gloss. champ. de Tarbé, *bruant*, crécelle de lépreux. *Bribri* est un nom vulgaire du *bruant*.)

Braire, vn. Crier, en parl. de l'âne; fig. et fam., chanter, crier, plaider, se plaindre en braillant; tenir des propos d'ignorant. (Cette onomatopée tient évidemment au fr. *bruire*, au gr. *brachéin*, craquer, faire du bruit, gronder, *brochthos*, gosier, à l'all. *brausen*, bruire, *brullen*, gronder, rugir. M. Eichhoff rapporte *bruire* et *braire*, au sansc. *brú*, résonner, retentir. Leibnitz attribue une origine commune au fr. *braire, bruit, brámer* et au germ. *brausen*. Skinner assure que le gr. *brachéin*, le l. *barrire*, et l'angl. *bray*, sont des onomatopées. En russe *briakate*, faire du bruit, *brekot*, bêler; suiogoth. *braeka*, bêler comme la chèvre; b.l. *bragare, braiare*, braire; lang. des Troub. *braire*, chanter, braire, brailler, crier, résonner; *brailar*, brailler, crier, chanter; *bramar*, bramer, braire, crier, chanter; lang. des Trouv. *brail*, *braiz*, braiments, clameurs; *braiet*, il criait; irl. *breas*, cri, clameur, *bragaim*, crier, brailler; bret. *breugi*, crier et braire; gall. *bragal*, crier, brailler; écoss. *bragainn*, crier, brailler, dans De Chevallet; angl. *to bray*, braire; anc. fr. *brais, braiz*, cri, clameur, *braire*, crier, criailler, se lamenter.)

Braiment, sm. Cri de l'âne.
Brailler, vn. Parler très-haut, beaucoup et mal à propos; crier d'une manière importune ou ridicule. (Gaël écoss. *braoilich*, brailler.) Braillé, p.
Braillard, e, adj, ets. fam. Qui braille souvent.
Brailleur, euse, adj. et s. fam. Qui braille.
Bramer, v. n. Crier, en parl. du cerf. (Nodier, qui donne ce mot comme onomatopée, le place entre *braire* et brailler; et il dit: «Ce mot se dit du cerf en certaines occasions, et en général de tous les animaux qui crient fortement. Il s'est même employé, en vieux langage, pour exprimer le cri de l'homme. Gébelin et Voltaire prétendent que *bram* signifiait un grand cri en goth. Cette racine commune dans les langues se retrouve d'ailleurs tout entière dans le gr. Si l'on veut s'assurer, au reste, que l'onomatopée n'est nulle part plus fréquente que dans les idiomes qui se rapprochent des temps primitifs, que l'on consulte Voltaire, etc.» M. Delatre lie le fr. *bramer*, à l'all. *brummen*, grondor, bourdonner, au gr. *broméô*, bruire, *bronté*, tonnerre, *brémô*, gronder, murmurer, au sansc. *bhramara*, abeille, la bourdonnante, et au sansc. *bhran*, bruire; etc. En sansc. on lit aussi *bran*, rendre un son, et *brú*, résonner, énoncer. Scheler déduit le fr. *bramer* du h. all. anc. *breman*, néerl. *bremmen*, rugir. De Chevallet lie le fr. *bramer* au tudesq. *breman*, mugir, rugir, anglos. *breman*, id., dan. *brumme*. En it. *bramare*, esp., cat., lang. des Troub. *bramar*, bramer; port. *bramar*, crier, hurler, tonner, gronder, rugir; prov. *bramar*, brailler, braire; savois. et patois de Valence *brama*, crier; patois de Castres *brama*, braire; anc. fr. *bram*, cri, et *bramer*, crier, brailler, se lamenter, pleurer.)

BRULER, va. Consumer ou endommager par le feu, réduire en cendre. [1° Selon Delatre, l'origine étymolog. de ce mot serait le sansc. *bhraj*, rôtir, brûler; 2° selon Diez, ce serait le lat. *perustus*, brûlé entièrement, d'où le fréquentatif *perusture*, devenu *prustare* par syncope, et *brustare*, par le chang. de *p* en *b*; 3° selon Muratori, l'anc. lat. *perustulare*, r. *per* et *urere*, d'où *perustulare, perussuler, brussuler, brusler, brûler*, et non du lat. *pruna*, braise; 4°selon un savant allem. anonyme, l'all. *prasseln*, pétiller; 5° selon Du Cange, le l.b. *bruscare*; mais il est incertain de l'on ait jamais écrit *bruscare* pour signifier brûler; 6° Roquefort, le gr. *bruzéin*; c'est peut être *brazéin*, bouillir avec violence, qu'il a voulu dire; car *bruzéin* ou *bruazéin* signifie se donner du bon temps. On peut citer ici probablement le h.all. moyen *bruejen* et le néerl. *broeijen*, échauffer, enflammer. Mais ici cette citation serait déplacée, s'il était prouvé que l'étym. de Muratori et de Diez est la véritable. Alors brûler et ses dérivés appartiendraient à la famille *urere, ustum*, d'où *aduste, combustion*, etc. En ital. *brucciare*, brûler. Lang. des Troub. *bruzar, bruizar, bruslar*, brûler. Lang. des Trouv.

*bruir, brûler; anc. fr. *bruir, brouir, brusler*, brûler].
Brûler, va. Se dit aussi de l'impression douloureuse causée par le feu, faire feu de quelque chose; se dit aussi des substances qui ont la propriété d'agir comme le feu; et par exager., échauffer excessivement, causer une violente chaleur, dessécher par une chaleur excessive; se dit aussi de l'effet du froid.
Brûler, vn. Être consumé par le feu; être fort chaud; être possédé d'une violente passion.
Se brûler, va. pr. Être brûlé ou atteint par le feu. *Brulé, e*, p. sm. Ce qui brûle, ou a été brûlé.
Cerveau brûlé, fig. Homme extravagant, qui porte tout à l'excès.
Brûlant, e, adj. Qui brûle, qui a une extrême chaleur; fig., très-ardent, très-animé.
*****Brûlable,** adj. Qui mérite d'être brûlé.
*****Brûlage,** sm. agric. Action de brûler ce qui est à la surface du sol.
*****Brûlebec,** sm. hn. La mactre poivrée.
*****Brûlée,** sf. Nom marchand d'une coquille univalve.
*****Brûle-gueule,** sm. pop. Pipe très-courte.
Brûlement, sm. Action de brûler; état de ce qui brûle.
*****Brûle-queue,** sm. véter. Fer rouge qu'on applique sur le bout de la queue du chien après l'avoir coupée, pour arrêter le sang.
Brûlerie, sf. Lieu où l'on brûle du vin pour en faire de l'eau-de-vie.
Brûle-tout, sm. Petit cylindre d'ivoire ou de métal, sur lequel on met un bout de bougie ou de chandelle que l'on veut brûler entièrement.
Brûleur, sm. Incendiaire.
Brûlot, sm. Navire plein de matières inflammables pour incendier les vaisseaux; par anal., aliment trop poivré.
*****Brûlotier,** sm. Marin qui dirige un brûlot.
Brûlure, sf. Action du feu, sur un corps animal, suivie de décomposition; sa trace, sa marche.
*****Débrûler,** va. chim. Désoxyder. *****Débrûlé**, p.
Brouir, va. Sécher et brûler les productions végétales, en parlant du soleil. *Broui, e*, p.
Brouissure, sf. Dommage causé par la gelée aux fleurs. (Anc. fr. *brouir, bruir, brusler*, brûler.)

BRUME, sf. Brouillard, obscurité sur la mer. [Du lat. *bruma*, l'hiver, le solstice d'hiver. 1° Varron forme le lat. *bruma*, du lat. *brevissima dies*, parce que les jours sont à cette époque les plus courts de l'année; 2° Macrobe, du gr. *brachu*, court, *êmar*, jour, par la même raison; 3° Joseph Scaliger, de *Bromius Bacchus*, parce que les sacrifices de ce dieu se faisaient environ au solstice d'hiver; 4° Bullet, du b. bret. *brum, brumen*, brouée, bruine, brouillard, brume, petite pluie de peu de durée; 5° et Gébelin, du celt. *bru*, eau, boisson. 6° Quelques-uns pensent que *bruma* vient du gr. *bora*, nourriture; parce qu'on mange plus dans cette saison que dans les autres. Denina dit qu'en Piémont on appelle *brumestia* une sorte de raisin qui n'est mangeable qu'en hiver, *in bruma*. 7° M. Theil soupçonne que *bruma* se rattache par l'étym. au lat. *frigeo, frigus*. Ital., langue des Troub. et esp. *bruma*, brume, brouillard.]
Brumaire, sm. Deuxième mois républicain; moitié d'octobre et de novembre.
*****Journée du 18 Brumaire an VII,** hist. Coup d'état qui mit fin au régime directorial, et fit cesser beaucoup de désordres et de crimes.
Brumal, e, adj. Qui appartient à l'hiver.
*****Brumé, e,** adj. Se dit de la morue couverte d'une poussière brune.
Brumeux, euse, adj. Couvert, chargé de brume.

Embrumé, e, adj. de brume, de brouillard.
*****S'embrumer,** va. pr. Se charger de brume, de brouillard. ****Embrumé, e,** p.

BRUN, UNE, adj. De couleur sombre et obscure, entre le roux et le noir. [De l'all. *braun,* brun. 1° Wachter dérive l'all. *braun,* du v. all. *brennen,* brûler; parce que ce qui est brun ressemble à ce qui est brûlé. 2° Selon Delatre, à l'all. *brunst,* incendie, se rattache l'ital. *bronzo,* d'où le fr. bronze; et en supprimant les lettres finales *st,* de *brunst* on a fait brun. 3° Chavée rapporte le fr. *brun,* le lat. *prunus,* prunier, *prunum,* prune, *pruna,* charbon, et le gr. *prouné, prounos,* prunier, ainsi que l'all. *braun,* brun, au sansc. *praushas,* combustion, gr. *présis,* combustion, mots qu'il dérive du sansc. *va* ou *av,* souffler, venter, enflammer. 4° Gundmund et Ihre rattachent le mot *brun* au suiogoth. *trinna,* brûler; parce que les choses brûlées sont ordinairement noires; cette étym. n'est point contraire à celle de Wachter, ni à celle de Delatre. 5° Bullet croit que *brun* est un mot bas-bret. 6° D'autres ont cherché l'origine de *brun* dans le lat. *prunum,* prune, à cause de la couleur des prunes. Mais il y a des prunes de plusieurs sortes de couleurs qui ne sont point brunes. En holl. *bruin,* angl. *brown,* anglos. *brun, brune,* brun; anc. scand. *brunn,* haut all. anc., dan. et suéd. *brun,* brun. Ital. et esp. *bruno,* l.b. *brunus,* brun.]

Brun, e, s. Qui est brun, a les cheveux bruns.
Brune, sf. Le commencement de la nuit.
*****Brunâtre,** adj. Tirant sur le brun.
Brunelle, sf. bot. Plante vivace de la famille des labiées. Elle est vulnéraire, astringente et détersive. (De l'all. *bräune,* couleur brune; méd.; inflammation de la gorge, esquinancie, angine; parce que la brunelle a été employée pour la guérison de cette maladie.)
Brunet, ette, adj. Diminutif de brun.
*****Brunet,** sm. hn. Espèce de merle.
Brunette, sf. Chanson champêtre qui se chante à la brune, après les travaux.
*****Brunette,** sf. hist. Sorte d'étoffe précieuse et fine de couleur presque noire.
Brunir, va. Rendre de couleur brune. *Bruni, e,* p.
Brunir, vn. Devenir de couleur brune.
Rembrunir, va. Rendre brun ou plus brun, au pr. et au fig. *Rembruni, e,* p.
Se Rembrunir, va. pr. Devenir brun, plus brun; fig. devenir triste, sombre.
Rembrunissement, sm. Etat de ce qui est rembruni.
Brunir, va. Polir, rendre brillant. (*Brunir,* polir, d'où l'all. *brunieren,* anc. *burnir,* angl. *burnish,* se rattache à la racine *bern, burn.* exprimant briller et briller, sans l'intermédiaire de *brun,* nom de couleur, qui procède de la même racine : Scheler. Le général Bardin dérive ce mot de la lang. teutone, de laquelle, dit-il, tous les idiomes actuels ont emprunté avec peu de différence le mot *brun.* Delatre rattache *brunir, brunissage* et *brun,* à l'all. *brunst,* incendie, par la suppression des lettres finales *st.* Ihre forme le fr. *brunir,* du suiogoth. *bryna,* aiguiser, d'où *brynsten,* pierre à aiguiser. De Chevalet rattache simplement *brunir,* polir, à l'all. *brunieren,* à l'anc. scandin. *bryna,* au holl. *bruineeren,* et à l'angl. *to burnish,* polir, brunir. En goth. *bruna,* polir, brunir; l.b. *brunitus,* ital. *brunito,* poli, bruni. Gloss. champen. de Ta**̂**bé *burnir,* frotter, brunir. Anc. fr. *brun, burni,* poli, bruni.) *Bruni, e,* p.

Brunissage, m. Action de brunir; le résultat.
Brunisseur, euse, s. Qui brunit l'argent, &.
Brunissoir, sm. Outil qui sert à brunir.

Brunissure, sf. Le poli d'un ouvrage bruni; l'art du brunisseur; teint., façon donnée aux étoffes pour diminuer et brunir leurs teintes, afin de mieux assortir les nuances des couleurs.

BRUSQUE, adj. Qui est d'un tempérament vif, qui parle et agit avec promptitude; rude, incivil; subit, inopiné. [1° M. Delatre rapporte au sansc. *vridh,* croître, le lat. *bruscum* ou *bruscus,* nœud de l'érable, petit houx, et le fr. *brusque, brusquer, brosse, bruyère, bourrasque,* etc. 2° Selon M. Pott, le lat. *ruscum, ruscus,* brusc, myrte épineux. petit houx, et *bruscum, b. uscus,* seraient de la même origine. 3° M. Eichhoff rapporte ces derniers mots au sansc. *ruh,* surgir, croître; *rauhas, rauhis,* plante. La consonne *b* s'ajoute ou se retranche quelquefois à la tête des mots. Le Duchat dit que *brusq,* mot employé par Rabelais, vient comme l'a fort bien jugé Erythræus, du lat. *ruscum, ruscus,* sorte de myrte épineux, dont les feuilles sont piquantes. Il ajoute que les Ital. l'appellent *brusco,* et les Franç. *brusc,* en y préposant un *b.* Selon Poinsinet, *bruscum* serait une dénomination celt. signifiant ici quelque chose de semblable au bois de myrte sauvage *ruscus aculeatus.* 4° Le général Bardin pense que le fr. *brusque, brusquer,* vient de l'ital. *brusco,* âpre, rude, dérivé lui-même du lat. *bruscum,* qui aurait produit *brosse* et *broussailles.* 5° Astruc dérive le fr. *brusque,* du celt. *bresq,* cassant; 6° et Ihre, du suiogoth. *barsk,* d'un goût acerbe. 7° M. Diez rattache le fr. *brusque* et l'ital. *brusco,* au h. all. anc. *bruttisc, brutt'sc,* sombre, noir, mélancolique, furieux, courroucé. 8° De Chevallet rapporte le fr. *brusque* à l'irl. *brisc,* prompt, vif, impétueux, brusque, écoss. *brisg* et gall. *brysg,* id. Ital., esp. et port. *brusco,* brusque; patois de la Savoie et de Castres *brusca,* brusquer.]

Brusquement, adv. D'une manière brusque.
Brusquer, va. Offenser par des paroles rudes, inciviles. *Brusqué, e,* p.
Brusquerie, sf. Caractère d'un homme brusque; action de brusquer; action ou discours brusque, insulte.

Brisque, sf. Sorte de jeu de cartes; carte qui est atout dans ce jeu. (Du l'ital. *brusco,* âpre, prompt, colère, selon Eloi Johanneau; ou simplement du gaël irl. *brisq,* prompt, vif, impétueux, brusque; prov. *bresca,* brisque, les as et les dix, cartes qui sont les plus fortes à certains jeux.)
Briscambille ou **Brusquembille,** sf. Sorte de jeu de cartes. (Selon Eloi Johanneau, ces deux mots ont dû se dire, dans l'origine, au jeu de billard, d'une manière de *brusquer la bille,* et *brisque,* au jeu de piquet. *Bruscambille* est aussi un sobriquet qui fut donné à l'un des comédiens du théâtre de l'hôtel de Bourgogne. En prov. *brusquambilho* voulait dire autrefois un jeu. On a dit en vi. fr. *bruscambille, brisc on.*)

BRUT, UTE, adj. Qui est dans l'état grossier où la nature l'a produit; âpre, raboteux; non taillé, non poli, en parl. des diamants, des pierres, etc.; fig., inachevé, non terminé; sans éducation, sans usage du monde; privé de raison. [Du lat. *brutus, a, um,* brut, stupide, insensible. Cette racine lat. comme tant d'autres, a beaucoup exercé la sagacité des étymologistes. 1° M. Delatre rapporte le lat. *brutus,* et le gr. *barus,* lourd, pesant; ainsi que le fr. *borde,* sorte d'armure de fer, à la racine sansc. *bhri,* porter, nourrir, croître. 2° Les mœurs des *Bruttiens,* ou *Brettiens* ou *Brissiens,* étaient sauvages, comme le sont encore celles des Calabrais, et de leur nom viendrait *de brute, brutus,* selon Barbier du Bocage. 3° Doederlein dérive *brutus,* par méthathèse, du gr. *moros,* obtus;

ie été, imbécile, fou, paresseux, lourd ; 4° et Bullet, du bas-bret. *brut*, brute; 5° un autre, du lat. *obrutus*, accablé, enseveli; 6° un autre, du gr. *brotos*, mortel; 7° un autre, du gr. *brótos*, sang qui coule d'une plaie; 8° un autre, du gr. *brótos*, mangé ou bon à manger; 9° un autre, du gr. *probaton*, brebis, parce que cette bête est très-stupide; 10° un autre, du gr. *barutés*, pesanteur, lourdeur; 11° un autre, du chald. *biruth*, stupidité, sotise, bétise; 12° un autre, de l'hébr. *bahar*, il a brouté, il a été brut, stupide; *bahar*, stupidité, état d'un être brut. En gaël écoss. *bruid*, gaël irl. *bruideamhail*, ital., esp., port. *bruto*, brut, stupide. Valaq., cat. et lang. des Troub. *brut*, brute, stupide, grossier.]

Brut, adj. Sans déduction des frais.
Brut, adv. Se dit par opposition à net.
Corps bruts, Minéraux.
Brutal, e, adj. Tenant de la brute; grossier, vi emporté.
Brute, s. Personne grossière, violente.
Brutalement, adv. D'une manière brutale.
Brutaliser, va. fam. Traiter durement et grossièrement. *Brutalisé, e,* p.
Brutalité, sf. Vice du brutal; passion brutale; action brutale.
Brute, sf. Animal privé de raison; bête dépourvue d'intelligence et de sensibilité; fig. et fam., personne stupide ou passionnée à la manière des brutes.
*__Brutier,__ sm. Oiseau de proie que l'on ne peut pas dresser; nom de la buse et du bihoreau.
*__Brutifier,__ va. fam. Rendre brut, abrutir. *Brutifié, e,* p.
Abrutir, va. Rendre stupide. *Abruti, e,* p.; adj. moral. Se dit de l'homme livré à ses appétits.
S'Abrutir, va. pr. Devenir brute ou comme une brute.
Abrutissant, e, adj. Qui abrutit.
Abrutissement, sm. Etat d'une personne abrutie, effet de l'ignorance, de la misère, de l'esclavage.
*__Abrutisseur,__ sm. adj. Celui qui abrutit.
*__Débrutaliser,__ va. Faire cesser d'être brutal. *Débrutalisé, e,* p.
*__Débrutir,__ va. Oter ce qu'il y a de rude et de brut. *Débruti, e,* p.
*__Débrutir,__ va. Commencer à dégrossir une glace.
*__Débrutissement,__ sm. Action d'adoucir une glace, de la polir.
Débrutissement, sm. Action de débrutir; l'effet.

*__BRUTIUM,__ sm. géogr. anc. La province la plus méridionale de la Grande-Grèce, auj. la Calabre. [Le lat. *bruttia pix*, ou *bruttia* signifiait poix de *Bruttium*. Elle était ainsi appelée parce que la meilleure poix venait de *Bruttium* ou *Brutium*. Les anciens estimaient beaucoup cette poix et la préféraient à toute autre pour poisser les tonneaux. Suivant Ortélius, les Brutiens étaient un peuple de la Grande-Grèce, habitant la partie appelée auj. la Calabre ultérieure. L'orthographe de ce nom varie beaucoup. Il est écrit *Brutii, Bruttii, Brittii* dans le code théodosien; *Brettii* sur qqs. médailles; *Brentii* dans Denis le Périégète, *Brutates* dans Festus. Le pays est appelé *Brattania*, par Polybe. 1° On prétend, dit Trév., que les *Brutiens* furent originairement des bergers des Lucaniens, qu'ils secouèrent le joug, et qu'ils furent appelés *Brutii* à cause de leur grossièreté, du lat. *brutus*, brute, stupide. 2° Le P. Pezron prétend que ce nom est de la même origine que celui des *Bretons;* 3° et Scrieck soutient qu'il vient de *bru-*

ten, mot étrusq. signifiant ceux de l'extrême devant.]

BRUYÈRE, sf. Petit arbrisseau qui n'excède guère la hauteur de cinquante centimètres. Ses racines sont longues, ligneuses et fort souples; lieu où croît la bruyère. [1° Du fr. *bruire*, selon la conjecture de Nodier, qui appuie son opinion sur ce que les tiges souples, grêles et ligneuses de cette plante *bruissent* au moindre vent. Il aurait pu ajouter que les bruyères font plus de bruit que les autres plantes, lorsqu'on marche dessus. Roquefort a adopté cette étym. 2° D'autres estiment que bruyère a été fait, par abréviation, du lat. *la-brusca*, lambruche, vigne sauvage, et que de là vint aussi le b. bret. *brug, bruc*, bruyère. 3° Selon Denina, *bruyère* ne peut guère être qu'un ancien mot gaul. 4° Trév. le tire du vi. gaul. *bruir* ou *brouir*, brûler; parce qu'on brûle les bruyères pour défricher, et en faire des terres à blé. 5° De Theis le fait venir du celt. *brug*, synonyme de *grug*, arbuste. 6° Quelques-uns croient que c'est un dérivé du gr. *bruô*, sourdre, jaillir; pousser en parl. d'une plante; abonder; parce que cette plante pousse et abonde sans culture; de même que *cresson* de *cresco*, je crois, *genet* et *gentiane* de *gigno*, le gr. *spartos* de *spéiró*, je sème. 7° M. Honnorat le forme du bas-bret. *broust*, buisson. 8° M. De Chevallet rattache le mot bruyère au bret. *brug, brugen*, bruyère; à l'écoss. *fraoch*, et au gall. *grug*, bruyère. En langued. *brughiera*, prov. *brus, brudgio*, lomb. *bruc*, bruyère; b. l. *bruarium, bruera, brugaria, brugeria, bruida, bruguera, bruguerium*, bruyère; angl. *brake*, buisson, bruyère, et *brier*, ronce, broussailles; pic. *brevière, broce*, savois. *brire*, bruyère; it. *brughiera*, lang. des Troub. *brus*, patois de Valence *bruzo*, anc. fr. *brueroi*, bret. *bruk, brug*, bruyère.]

BRYONE, sf. bot. Couleuvrée, vigne blanche, plante grimpante. Elle pousse très-vite et s'élève à une hauteur considérable. [Du lat. *bryonia*, bryone, mot employé par Columelle et par Pline, et qui vient du gr. *bruóné, brudnias, brunis*, bryone, fait du verbe *bruô*, sourdre, jaillir, sortir avec abondance, en parl. de l'eau; pousser, en parl. d'une plante; être rempli ou couvert. En sansc. *bhrú*, croître. Tous les botanistes connaissent la prodigieuse végétation de la bryone. De là l'ital., esp. et cat. *brionia*, prov. *bryouina* et *briouina*, bryone.]

*__Bryonine,__ sf. chim. Substance vénéneuse que l'on extrait de la bryone.
Bryon et **Brion,** sm. Mousse qui croît sur l'écorce des arbres, et particulièrement sur celle du chêne. (Du lat. *bryon*, mousse de chêne; grappe du peuplier blanc; sorte de plante marine, dans Pline. C'est le gr. *bruon*, bryon, fait du v. *bruô*, pousser, croître, germer; plante qui germe sur tous les corps, sur le bois, sur la pierre, sur la terre nue, etc.; de là le lat. de Pline *brya*, tamarin, bruyère.)
*__Bryon,__ sm. bot. Arbrisseau marin, qui croît près des côtes, dans la mer.
*__Bryacé, e,__ adj. bot. Ressemblant à un bryon.
*__Bryacées,__ sf. pl. Famille de mousses.
*__Bryanthe,__ adj. bot. Qui forme un gazon épais et serré. (G. *bruon*, bryon; *anthos*, fleur.)
*__Bryoïde,__ adj. b. Qui a l'apparence d'un bryon.
*__Bryoïdes,__ sf. pl. bot. Famille de mousses.
*__Bryophile,__ adj. hn. Qui aime les mousses; qui croît sur les mousses ou parmi les mousses. (G. *philéô*, j'aime.
*__Bryophylle,__ sm. bot. Genre de plantes des Moluques. (Gr. *bruon*, bryon, et *phullon*, feuille.)
*__Bryopside,__ sf. Genre d'algues. (Gr. *bruon*, bryon; mousse, algue croissant sur les rochers, et *apsis, apsidos*, liaison, arcade, voûte.)

Bryozoaires, sm.pl. Famille de polypes. (G. *zóarion*, petit animal, *bruô*, je pousse, je crois.)

Embryon, sm.anat. Fœtus qui commence à se former dans le ventre de sa mère; fig. et par mépris, fort petit homme; bot., plante à l'état de bouton, non développée. (Gr. *embruon*, embryon, fait du gr. *en*, dans, *bruô*, je pousse, je crois; dérivé du sansc. *bhrú*, croître, se développer, d'où le sansc. *bhrûna*, embryon. Benfey, Chavée, Delatre, suivent cette étym.)

Embryoctonie, sf.chir. Opération qui consiste à faire périr le fœtus dans le sein de sa mère, pour faciliter l'accouchement. (Gr. *ktonos*, meurtre.)

Embryogénie, sf.anat. Formation ou développement de l'embryon. (G. *génos*, naissance.)

Embryogénaire, adj. Relatif à l'embryogénie.

Embryographe, sm. Qui écrit sur le fœtus.

Embryographie, sf. Description du fœtus.

Embryographique, adj. Qui a rapport à l'embryographie.

Embryologie, sf. Traité sur le fœtus.

Embryologique, adj. Relatif à l'embryologie.

Embryologue, sm. Auteur d'une embryologie.

Embryoné, e, adj.bot. Pourvu d'embryons.

Embryonelle, sf.bot. Corps reproducteur des plantes cryptogames.

Embryonifère, adj.hn. Qui porte un embryon.

Embryoniforme, adj.hn. En forme d'embryon.

Embryonique et *****Embryonnaire***, adj.hn. Qui a rapport à l'embryon.

*****Embryopare***, adj.hn. Qui met au monde de simples embryons. (Lat. *pario*, j'enfante.)

*****Embriophthorique***, adj.méd. Qui tue l'embryon. (G. *phthor t*, corruption, mort.)

*****Embryoptère***, sm. Genre de plantes. (G. *ptéron*, aile.)

*****Embryotége***, sm.bot. Sorte de culotte qui recouvre une partie de l'embryon. (Gr. *tégé*, toit.)

*****Embryothlase***, sf.chir. Démembrement du fœtus dans le sein de sa mère. (G. *thla t*, je brise.)

*****Embryothlaste***, sm.chir. Instrument pour rompre les os du fœtus mort.

*****Embryotocie***, sf. nat. Monstruosité qui consiste en ce qu'une enfant vient au monde ayant déjà un fœtus dans sa matrice. (Gr. *tokéó*, être près d'accoucher.)

*****Embryotome***, sm.chir. Instrument pour l'embryotomie.

*****Embryotomie***, sf. Dissection du fœtus; chir., dépècement d'un fœtus mort. (Gr. *tomé*, incision.)

*****Embryotomique***, adj. Relatif à l'embryotomie.

*****Embryotrophe***, sm. Se dit des enveloppes et annexes de l'embryon dans une graine. (G. *trophé*, aliment.)

*****Embryulce***, sm.chir. Instrument pour arracher le fœtus.

*****Embryulcie***, sf.chir. Extraction du fœtus, à l'aide d'instruments. (Gr. *hélkó*, je tire.)

*****Inembryoné, e***, adj.bot. Privé d'embryon.

BUBE, sf. Pustule qui vient sur la peau. [Du gr. *boubón*, aine, bubon, tumeur; d'où le lat. **bubon*, tumeur à l'aine. 1° Le gr. *boubón* semble avoir été fait par réduplication, du gr. *bu*, bouche, remplir. 2° Il peut venir aussi de l'héb. *boub*, creux, évasé, fait du v. *nâbab*, il a creusé, au part.passé *naboub*, cave, creusé; 3° ou bien de l'héb. eu *âbab*, il a produit. 4° Wachter a cru voir le lat. *bufo*, crapaud, *bubo*, pustule, et le gr. *boub* 'n, id., dans le germ. *puffen*, enfler, souffler, fai e *pouf*, péter. En esp. *buba*, langue des Troub. *buba, bubo*, bubon, bube. Anc. fr. *boubon*, bubon, tumeur]

Bubon, sm. Tumeur inflammatoire.

Bubonocèle, sm. Hernie inguinale. (Gr. *boubónokêlê*, id., de *kélé*, hernie.)

*****Bubononcose***, sf. Tumeur à l'aine. (G. *ogkos*, enflure.)

*****Bubonorexie***, sf.méd. Hernie intestinale privée de sac. (Gr. *orexis*, désir, envie.)

BUCCIN, sm. Genre de mollusques à coquille univalve en forme de cornet ou de trompe. [Du lat. *buccina*, trompette, clairon, dérivé lui-même du gr. *bukané*, trompe, trompette, comme *patina*, de *patané, trutina* de *trutané* : Vossius. 1° Varron forme ce mot du l. *bucca*, bouche, et *cano*, je chante; parce que le son de la trompette ressemble à la voix. Borel a suivi cette étym. 2° Du sansc. *bhuj, bhaj*, tourner, courber, recourber, aller, faire, manger, M. Delatre fait dériver les mots *bouche* et *buccin*. 3° Festus soutient que le gr. *buk:iné*, trompe, trompette, a été fait d'après le son de cet instrument. 4° M. Eichhoff dérive ce mot du sansc. *bukk*, crier; 5° et M. Chavée, du sansc. *buk*, aboyer, beugler; d'où le sansc. *bukkana*, aboiement; *bukkati*, il aboie. 6° Perottus pense que *bukané* appartient à la même origine que le latin *bucca*, bouche, ou *bos*, bœuf; parce que cet instrument de musique imitait le beuglement des bœufs. 7° Vossius soutient, d'après Angelus Caninius, que ce mot est entièrement syriaq. et ar. Guichard pense avec lui *un mot chald*. A l'appui de l'opinion d'Angelus Caninius et de Vossius, on peut citer le mot ar., persan et turc, *bouq*, trompette, cornet, et le berbère *bouk*, la trompette, et *alouak*, celui qui sonne de la trompette. En ital. *buccina*, esp. *bocina*, lang. des Troub. *buccina* et *bozina*, t ompette. Anc. f. *buisine*, id. La trompette appelée en l. *buccina* et *buccinum* était presque entièrement courbée en ce cle.]

Buccinateur, adj. et sm.anat. Muscle qui occupe latéralement l'espace qui est entre les deux mâchoi es. (Du lat. *buccinator*, qui sonne de la trompette; parce que ce muscle agit en gonflant les joues, comme si l'on sonnait de la trompette.)

*****Buccin***, sm.mus. Instrument à vent.

*****Buccinal, e***, adj.hn. En forme de coquille.

*****Buccinateur***, sm.ant. Trompette de la milice romaine.

*****Buccine***, sf. Instrument dont jouaient les buccinateurs.

*****Bucciné, e***, adj.hn. Semblable à un buccin.

*****Buccinés***, sm.pl. Famille de coquilles univalves.

*****Bucciner***, vn.ant. Sonner de la trompette.

**Buc iné*, p.*

*****Buccinier***, sm.hn. Mollusque qui vit dans les buccins.

*****Buccinite***, sf.hn. Buccin fossile.

*****Bucanéphylle***, adj.bot. A feuilles en trompette.

BUÉE, sf.vi. Lessive. [Du lat. **butus* et *imbutus*, imbibé, imprégné; fig., imbu, pénétré de, rempli, participes de **buo, imbuo*, selon Huet, Wachter, Jault, Guttel, Roquefort, etc.; parce que la lessive consiste à faire imbiber d'eau le linge. En gr. *bu* et *embu*, boucher, remplir. 1° M. Chavée fait venir le lat. **buo, imbuo*, du sansc. *ga, gu*, couler, arroser, laver, par le chang. de *g* en *b*. 2° M. Delatre dit que le gr. *bu* et le lat. *imbuo* se rattachent, directement par la forme et indirectement par le sens, au sansc.

bhû, croître, être, exister. Le Tripart. unit le fr. *buée*, *buanderie*, au latin *luo, imbuo*, à l'ital. *bucato*. à l'esp. *bug do*, à l'angl. *buck* et au german. *bue, bune*, *buche*. 3° De Chevallet rapporte les mots *buée*, *buer*, à une origine german.: à l'anglos. *bühken*, lessiver; anc. all. *ʔ eüchen*, all. *bäuchen*, dan. *bœge*, suéd. *byka*, angl. *to buck*, lessiver. 4° De [l'it. *buca*, trou : Ferra i. 5° De l'angl. *buck*, gaël *bog*, tendre, mou : Wedgwood, cité par Scheler. En anc. fr. *buer*, laver, nettoyer, purifier, faire la lessive ; prov. *bugado*, lessive, et *bua*; savois. *boyra*, lessive; comt. *lua*, bourg. et vaud. *luie*, pic., rouchi, berr., bret. *ronois*, norm., Touraine, Maine et Anjou *buée*, lessive. L. b. *bugada*, lessive.]

Buanderie, sf. Lieu où l'on fait la lessive.
Buandier, ière, s. Qui fait le premier blanchiment des toiles neuves.
Buandière, sf. Femme chargée de faire les lessives.
Combuger, va. Remplir d'eau les futailles pour les imbiber, avant de s'en servir. (Du lat. *in*, dans, et *buere*, d'où *imbuere*, imbiber, imprégner, pénétrer; d'où le prov. *bug dar, embugadar*, lessiver, et *en bugar*, combuger.)
Imbu, ue, adj. fig. Rempli, pénétré, en parl. des opinions, des préjugés, etc. (Lat. *imbutus*, imbibé, imprégné, pénétré.)

*BUFONIE, sf. Genre de la famille des caryophyllées. [Du lat. *bufo, bufonis*, crapaud, parce que, dit-on, le crapaud aime à se cacher dans les touffes de ces plantes. 1° M. Delatre rapporte les mots *bufo*, crapaud, *bubo*, hibou, *bu lire*. bouillir, etc., et le gr. *bou ôn*, enflure, tumeur, bubon. au sansc. *pû*, battre, souffler. 2° Wachter dit que cet animal a reçu ce nom pa ce qu'il s'enfle fréquemment, ou à cause de ses joues enflées. Par cette raison, il lie le lat. *bufo*, crapaud, et *bubo*, pustule, et le gr. *boubôn*, bubon. au germ. *puffen*, enfler, souffler, faire / ouf, péter. 3° Par la même raison, Doederlein dérive *bufo* du gr. *phusa*, vent, soufflet de forge, vessie pleine d'air, par réduplication, comme *paiphlussô*, souffler avec force, r. *phusa*, d'où le gr. *phu atos*, sorte de crapaud. 4° Bullet le dérive de l'i.l. *buaf*, crapaud ; 3° et Vossius, du gr. *cc bou*, particule désignant la grandeur; parce que le crapaud est plus grand que la grenouille ; 6° Perottus, du grec *bous*, bœuf, et *zhénô*, tuer ; parce que ce vilain anima fait périr les bœufs qui ont le malheur de l'avaler ; 7° Vossius, ainsi que Martinius, du gr. *boubôn*, bubon, enflure; pa ce que cet animal est continuairement enflé, arrondi ; 8° Martinius, du gr. *bubcs*, signifiant plein, rempli ; dans le Gloss. de Phil. 8° Guichard lie *bufo* au grec *bóx*, bœuf marin ; et Gebel.n, au lat. *bes*, bœuf, *bubo*, hibou, *buteo*, butor, buse. Dans la lang. des Troub. *bufo*, crapaud.]

*Bufonite, sf. Dent molaire fossile de poisson.
*Bufonoïde, adj. hn. Qui a l'apparence d'un crapaud.
*Bufonoïdés, sm. pl. Famille de reptiles.

BUIS, sm. Arbrisseau toujours vert, dont le bois jaunâtre, très-dur, est d'un grand usage dans la tabletterie; bois de cet arbre. [Du lat. *buxum, buxus*, buis: En gr. *puxos*, buis, et *puxis*, boîte de buis; l==>b. Persan *b qs, bouqs*, buis. Ar. *bœks, buks*, *buksis, bœky*, buis, dans Méninski; berb. *beks*, buis. All. *buchs*, buis, et *büchse*, boîte; anc. scand. *box*, id. Polon. et carni *burk*, flam. et dalm. *bus*, buis. Esclav. *ʔ uk*, boh, *pos*, hongr. *ʔ us*, tart. *vuz*, buis. Angl. *box*, buis, boîte. Bret. *beuz*, buis. boest, boîte. Gall. *beuz*, buis; gaël écoss. *bugsa, bucsa*, buis. Gaël irl. *bugsa*, buis, et *boicsin*, boîte. Anc. fr., pic., savois., berr., comt., *bouis*, buis. Ital. *bosso*, port. *buxo*, cat. et esp. *box*, lang. des Troub. *bois*, buis. Gloss. champ. de l'arbr *bouis*, castrais *bouys*. buis. Lat. barb. *bussium, bussum*. buis.]

*Buissaie, *Buissière, sf. Lieu planté de buis.
*Buisse, sf. Outil pour bomber les semelles; instrument de tailleur pour rabattre les coutures.
Boîte, sf. Ustensile creux à couvercle, pour serrer des objets; son contenu; petit mortier d'artillerie; tabatière; petit coffret; ce qui emboîte, partie creuse. (Du vi. fr. *bouesle*, fait du lat. *buxus*, buis; parce que les boîtes se faisaient ordinairement en buis. Et non de l'héb. *beth*, dans le sens de enceinte, couverture, comme se''est imaginé Bergier.)
*Boîte, sf. Partie d'un vilebrequin qui emboîte la mèche pour la fixer au corps de cet instrument; morceau de bois que les tourneurs ajoutent à vis à leur mandrin quand ils veulent tourner quelque ouvrage en l'air; douille que les serruriers scellent dans un billot pour recevoir l'extrémité d'une barre et la tenir ferme; tuyau par où le vent est transmis du sommier des orgues à un jeu d'anches; coffre de fer percé de trous et placé à l'entrée d'une conduite d'eau, pour empêcher les ordures d'y passer; jonction de deux pièces d'une soupape dans une pièce hydraulique; morceau de bois, en forme d'arc, garni de ferblanc en dedans, qui sert à l'imprimeur en taille-douce pour faire tourner son rouleau; art milit., embouchure de fer ou de fonte où entre le bout de l'essieu d'un affût.

Boîter, vn. Clocher en marchant, ne pas marcher droit. (Pour *boîter*, de boîte. Ce verbe s'est dit d'abord de ceux qui avaient un os sorti de sa boîte ou de sa place, et ensuite, par ext., de tous ceux qui ne marchaient pas droit, quelle qu'en fût la cause.) Bo té, p.
*Boîtement, sm. Action de boîter.
*Boîterie, sf. véter. Claudication d'un cheval, d'une bête de somme.
Boîteux, euse, adj. et s. Qui boîte.
*Boîteuse, sf. Sorte d'allemande; air sur lequel on la dansait: cet air a beaucoup de syncopes et de contre-temps.
Boîtier, sm. Coffret à onguent.
*Boîtillon, sm. Morceau de bois d'orme emboîté dans l'œillet d'une meule de moulin.
Déboîter, va. Disloquer, faire sortir un os de sa boîte, de sa place; par ext., déjoindre. *Déboîté, e*, p.
Se Déboîter, va. pron. Se disloquer.
Déboîtement, sm. Déplacement d'un os sorti de son articulation.
*Eboîtement, sm. Action de rendre boîteux.
Emboîter, va. Enchâsser une chose dans une autre. *Emboîté, e*, p.
S'emboîter, va. pr. S'enchâsser l'un dans l'autre.
Emboîtement, sm. Le fait, l'état des choses emboîtées.
*Emboîté, e, adj. Se dit d'un pas dans lequel danseur conserve la position appelée emboîture.
*Emboîture, sf. Une des positions du corps nécessaires à la danse.
Emboîture, sf. Assemblage, agencement, complication des choses emboîtées.
Remboîter, va. Remettre à sa place ce qui était déboîté. *Remboîté, e*, p.
Remboîtement, sm. Action de remboîter; l'effet.
*Bouisse, sf. Morceau de bois concave que les fo miers préparent pour les cordonniers. (Du vi. fr. *bouis*, buis.)
Rebouiser, va. Nettoyer et lustrer un cha-

peau à l'eau simple, selon l'Académie. (Remarque. Plusieurs chapeliers de tout âge, interrogés par l'auteur, ont tous répondu que le mot *rebouiser* leur est inconnu. Ce v. a été fait du v. fr. *bouis*, buis. Dans le compl. de l'Acad., le mot *bouis* est donné dans le sens de buis, et de façon donnée aux vieux chapeaux.) *Rebouisé, e,* p.

Rebouisage, sm. Action de rebouiser.

Boussole, sf. Boîte qui contient une aiguille aimantée, laquelle, étant suspendue sur un pivot, se tourne vers le nord. (De l'ital. *bussola*, fait de l'ital. *bossolo, buxola,* boîte, fait lui-même de l'ital. *bosso,* buis: Éloi Johanneau. En l. b. *bossida, bosta, bustula, buxida, buxis,* anc. fr. *boiste,* boîte.)

Boussole, sf. fig. Guide, conducteur; astron., constellation de l'hémisphère austral.

*****Buxifollé, e,** adj. bot. A feuilles semblables à celles du buis.

*****Buxine,** sf. chim. Alcali végétal tiré du buis.

*****Buxinées,** sf. pl. Famille de plantes renfermant le buis.

*****Pyxidaire,** sf. Genre de lichens.

*****Pyxidanthère,** sf. bot. Arbuste d'Amérique. (G. *puxos,* buis; *puxis,* boîte de buis; *antheros,*) fleuri.

*****Pyxide,** sf. Petite boîte de buis.

*****Pyxide,** sf. hn. Genre de tortues.

*****Pyxide,** sf. bot. Fruit plus ou moins globuleux, s'ouvrant par le milieu comme une boîte à savonnette; urne des mousses.

*****Pyxidé, e,** adj. bot. En forme de petit gobelet.

*****Pyxidifère,** adj. bot. Qui porte des espèces de cornets.

*****Pyxidirostre,** adj. hn. Dont la mandibule supérieure du bec forme un couvercle emboîté dans l'inférieure. (G. *puxis,* boîte, et lat. *rostrum,* bec.)

*****Pyxidule,** sf. bot. Urne des mousses.

*****Pyxine,** sm. Genre de lichens.

*****Pyxiné, e,** adj. bot. Semblable à un pyxine.

*****Pyxinées,** sf. pl. Famille de lichens.

*****BUNIAS,** sm. Navet sauvage dont la graine entre dans la composition de la thériaque. [Du lat. *bunias,* sorte de navet, dérivé lui-même du gr. *bounias,* sorte de navet ou de rave longue. Tous les hellénistes rattachent le gr. *bounias* au gr. *bounos,* colline, tertre; monceau, amas; autel; sein, mamelle. C'est parce que des raves et des navets sont des plantes fort remarquables par le volume, l'élévation et la forme arrondie de leur racine. C'est par la même raison que le lat. *napus,* navet, se rattache au gr. *napé,* colline. Martinius dit : *« Bounias, in altum valdè crescit et in rotundum extuberat, undè à bounois, idest, collibus et verrucosis locis appellata.* Gébelin dit : « Eustathe prétend que *bounos* est un mot afric. et que les Gr. l'empruntèrent à cette nation, c-à-d. aux Phén.; ce qui prouve que ce mot celt., ou parlé dans toute l'Europe, n'était pas particulier à cette partie du globe. De Théis forme les mots *bunias, bunium,* du gr. *bounos,* colline; parce que, dit-il, cette plante se plaît aux lieux secs et élevés. Dindorfa écrit : «Le gr. *bounias,* désignait une espèce de navet connue autrefois de tout le monde et auj. de peu. Sa racine était très-longue et fort développée en rondeur; d'où lui vint son nom gr. » Wachter soutient que le gr. *bounos,* colline, et l'anc. germ. *bein,* mont, colline, viennent l'un et l'autre de l'anc. germ. *bann,* haut, élevé. Leibnitz lie le fr. *ban,* au gr. *bounos,* colline, à l'anc. celt. *bann;* haut; au slavon *pany,* seigneur, prince; à *bann, fahne,* d'où *funn,* et au celt. *penn,* tête. Selon Falconnet, le grec d'Hésychius *bonnoi, bómoi, b'mos,* qui ne paraît être que le synonyme du gr. *bounos,* est précisément le même mot. Rien n'é-

tait plus fréquent, dit-il, dans les dialectes ionique et dorique que le chang. de *ou* en *ô*; et pour celui de *n* en *m* il est tout aussi commun. Au gr. *bounos,* Benfey rattache, par réduplication, le gr. *boubôn,* bubon, tumeur, enflure dans les aines. Voyez *Bube, Bubon.* En pers. *bun,* racine, extrémité d'une chose quelconque; arbre, plante. En all. *bühne,* lieu élevé d'où parlent les orateurs, où jouent les acteurs; tribune, scène, théâtre; irl. *bànu,* élever, et *bant,* hauteur; gall. *bân,* élever, et *banuwg,* proéminent: *awg* est un suffixe; anc. fr. *buigne, bugne,* tumeur, enflure, contusion.]

*****Buniade,** sf. bot. Genre de plantes crucifères.

*****Buniadé, e,** adj. bot. Semblable à une buniade.

*****Buniadées,** sf. pl. Famille de plantes crucifères.

*****Bunion,** sm. Genre de plantes ombellifères.

*****Bunogastre,** adj. hn. Qui a un gros ventre. (G. *bounos,* colline, monceau, tertre, *gastér,* ventre.)

Beignet, sm. Pâte frite à la poêle, enveloppant d'ordinaire une tranche de quelque fruit, et qui s'enfle, s'élève et s'arrondit en cuisant. (En anc. lyonn. *bugne,* enflure, tumeur, et , par analogie, beignet. Langued. *lougneta,* savois. *bogneté,* esp. *buñuelo,* beignet, mots que Ménage dérive, avec raison, du gr. *bounos,* dit Roquefort. Bas-lim. *bouni,* beignet; prov. *bigneta, bougneta, bounit,* cat. *bunyol,* beignet. Champ. *beigne, bigne,* coup qui laisse trace; *beugne,* coup; et *beugnet,* beignet, dans Tarbé; toulous. *bouigneto,* beignet; *bouigno,* bosse, enflure sur la tête, bigne.)

Bigne, sf. Enflure, tumeur au front, provenant d'un coup ou d'une chute.

BURE, sf. Étoffe grossière faite de laine. [1° Trév. pense que ce mot est venu de la couleur de l'étoffe; car Festus témoigne que les anciens appelaient *burrus,* ce que l'on appela depuis *rufus,* roux, brun; et Valère-Maxime dit que c'est dans cette signifi. que tant de femmes ont porté le surnom de *Burra.* Dans Festus, *burrus* signifie aussi rouge (après avoir bu ou mangé), et *burrus* signifie substantivement vache dont la tête est rousse. Dans le Gloss. d'Isidore *turrhus, byrrhus, birrhus, birrus,* roux. Dans S. Augustin *birrum,* casaque de couleur rousse. Vossius fait observer que l'étoffe appelée chez les Lat. *burra* était si peu estimée que ce nom fut employé pour désigner des fadaises, des niaiseries. Dans Ausone, *burræ,* niaiseries, fadaises. M. Diez rapporte les mots *bure, burel, bureau,* au lat. *burrus,* rouge, roux, qu'il dérive du gr. *purrhos,* de couleur de feu, rouge ardent, rougeâtre, roux. M. Honnorat dit que la véritable *bure* ou cadis était une étoffe rousse ou couleur de la bête. 2° M. Delatre rapporte les mots *bure, burel, bureau,* ainsi que *brun, brunir, bronze, brouiller, trouillard, brûler, braise,* etc., au sanscr. *bhruj,* rôtir, brûler. 3° Le Tripart. unit l'all. *braun,* brun, de couleur entre le rouge et le noir, au lat. *burrus,* roux, et au gr. *purrhos,* de couleur de feu, rougeâtre, rouge; et à l'ind. *bura,* au mongol *borro,* au calmouk *boro* et à l'ossète *bur,* roux. Dans plusieurs langues, le même mot exprimant la couleur rouge du feu a exprimé aussi la couleur noire de ce qui est brûlé. En bret. *burel,* bure ou bureau, étoffe grossière de couleur brune. Ital. *burello,* esp. *buriel,* cat. et port. *burel,* bure. Lang. des Troub. *burel,* brun, et *bureus,* bure. Lang. des Trouv. *burel,* bure, bureau, étoffe grossière. Gloss. champ. de Tar. *bure,* grosse étoffe de laine; *burel, bureau,* serge ou drap de fabrique pour couvrir les tables de travail. Anc. fr. *buriau,* bure.]

*****Burail,** sm. C'était une espèce de serge ou de ratine.

Burat, sm. Bure grossière, étoffe commune.
*****Buraté,e,** adj. Qui tient de la bure ou du burat.
*****Buratin,** sm. Etoffe de soie et laine.
Buratine, sf. Popeline dont la chaîne est de soie, et la trame de grosse laine.
+**Buratte,** sf. Etoffe de filoselle et de laine fine.
Bureau, sm. Table à écrire ou pour serrer des papiers, et couverte autrefois de bure; lieu où l'on expédie des affaires, où l'on travaille, où l'on délibère; endroit où l'on prend des billets d'entrée pour un lieu public; établissement dépendant de l'administration publique, destiné à quelque service public; personnes employées dans un bureau; personnes tirées d'une assemblée, et qui se réunissent pour un travail particulier; le président et le secrétaire d'une commission, d'une assemblée. (Autrefois *bureau* signifiait grosse étoffe de laine, en l.b. *burellus, birrus*; il signifia aussi pièce de *bure* qui servait à couvrir les tables autour desquelles les juges s'asseyaient; puis la table elle-même.)
Buraliste, s. Personne préposée à un bureau de paiement, de recette, de distribution, etc.
+**Bureaucrate,** sm. Homme puissant dans un bureau; employé. (Gr. *kratos*, puissance.)
Bureaucratie, sf. Pouvoir des bureaux; influence abusive des commis dans l'administration.
*****Bureaucratique,** adj. De la bureaucratie.
Barrette, sf. Espèce de petit bonnet plat: bonnet carré rouge que portent les cardinaux. (Selon Trév., c'est un diminutif du b. l. *birrus*, habillement qui couvrait tout le corps, et non pas simplement un chapeau, comme le dit Ménage; ni par conséquent un chapeau à passements formant des *barres*, comme l'a cru Aimé Martin. Ce n'est donc que postérieurement que ce nom fut appliqué à des coiffures. Dans Du Cange l.b. *barretum* et *birretum*, sorte de bonnet, de coiffure. Diez fait remonter le nom de la *barrette* au lat. postérieur *birus, byrrhus*. Dans son Gloss., Isidore traduit *birrus* par *rufus*, rougeâtre. Martinius dit que *birrus* et *birretum* désignaient une espèce de vêtement, et que *birrus* paraît venir de *burrus*, rouge. En ital. *berretta*, esp. *birreta*, lang. des Troub. *barreta, berreta*, barrette. En écoss. *bairead. bioraide*, irl. *bairead*, bonnet, chapeau, casque; rouchi *barète*, bonnet, comme dans le Jura, dit Hécart; anc. fr. *birette*, barrette, sorte de bonnet.)
Berret, *Béret, sm. Toque de laine, ronde et plate; coiffure particulière aux paysans basques; coiffure à peu près de même, que les dames mettent quelquefois. (De l'esp. *birrete*, bonnet rond; mot que l'on rattache à l'ital. *berretta*, bonnet, barrette, bonnet carré, etc., d'où le turc *bereta*, bonnet de laine, bonnet de drap rouge que portaient les bostandjis.)
*****Birrète, *Birrette,** sf. Bonnet des Jésuites novices. (D'après les Bollandistes et Trév., ce bonnet vient de l'Italie, aussi bien que le nom. « Du l.b. *biretum, biretrum*, dim. de *birrhum*, on le trouve parmi les noms des habits saints ou sacerdotaux, dès le temps de S. Cyprien. Ce nom vient de la couleur rouge foncé que cet habit avait, et qui en gr. se nommait *purrhon*, dont les Lat. firent *byrrhum*. Le l.b. *birrtum* est un bonnet carré. Auj. ce qu'on appelle *birette* est rond : c'est l'ornement de tête que les hommes portaient en France il y a 350 à 400 ans. Quoique le *birrus* ou *birrum* fût un habit de corps et non de tête, son diminutif *birette* a pu se donner à ornement ou habillement de tête, parce qu'autrefois il était joint à lui et en faisait partie. Au lieu de *birette*, on dit aussi *barrette*. »)

BURLESQUE, adj. Plaisant, gaillard, tirant sur le ridicule; d'une bouffonnerie outrée; plaisant par sa bizarrerie. [De l'it. *burlesco*, plaisant, burlesque, fait du v. *burlare*, plaisanter, bouffonner, se moquer, mépriser. Sarrasin se vantait d'avoir usé le premier de ce mot. Lorsque cette expression nous vint de l'Italie, ce pays comptait déjà plusieurs poètes burlesques, dont le premier a été Bernica; ensuite Lalli, Caporali, et autres, se rendirent fameux dans le style burlesque. La racine italienne de *burlare* est *burla*, plaisanterie, bouffonnerie. 1° M. Delatre rapporte ce mot ainsi que le fr. *varlope, guirlande, berle, birloir, brelan*, à la racine sansc. *vri, vrit*, aller, tourner, être. 2° Leibnitz pense que *burla* vient du germ. *brellen*. 3° Le Tripart. le rattache au lat. *burræ*, niaiseries, fadaises, et à *burrli*, mot all. usité sur les Alpes. 4° Bullet le lie au fr. *bourde*. 5° Gébelin dit que *bor* est un mot primitif, qui désigna ce qui est piquant, dur, rude, et qu'il devint en basque *burla*, tromperie, agraffe; *bourlos*, niche, tour, jeu; d'où *bourde*, selon lui; et qu'il devint en lat. *boreas*, borée; *burræ*, contes, sornettes; *borago, bourrache; burrire*, faire un murmure; et *bruscum*, le petit houx. A l'égard du mot *burrli*, cité par le Tripart, il est à noter que dans les patois de l'Est, principalement de la Savoie, les verbes *creia, brama, borla*, signifient crier, et que *borla* c'est crier d'une manière retentissante, grossière, et en qq. sorte burlesque. Esp. et catal. *burla*, port. *bulra*, bourde, raillerie. Ital. *burlador*, moqueur, railleur. Lang. des Troub. *burga*, bourde, raillerie, et *burlador*, moqueur, railleur. Lang. des Trouv. *burlure*, tromperie. Toulous. *bourlos*, moquerie, raillerie; et *se bourla*, se gausser, rire de qqn., dans Goudelin. Port. *burlesco*, valaq. *burlesk*, burlesque; l.b. *burlare*, se moquer, railler, mépriser, jouer.]
Burlesque, sm. Genre, style burlesque.
Burlesquement, adv. D'une manière burlesque.

BUSTE, sm. Représentation d'une tête avec l'estomac, les épaules, sans bras. [L'origine étymologique de ce nom est encore incertaine. 1° De l'all. *brust*, poitrine, d'où l'it. *busto*, pour *brusto*, buste: Noël, Carpentier, Delatre, De Chevallet, Littré; 2° de *fusto*, buste, dérivé du lat. *fustis*, par le chang. de *f* en *b*, comme dans l'ital. *bioccolo* de *floccus, bonte* de *fonte* : Ferrari, Diez. 3° Du lat. *bustum*, qui, dans le moyen âge, a signifié tombeau : on plaçait ordinairement, sur les tombeaux, des portraits en bas-relief et à mi-corps : le célèbre antiquaire Visconti, et Gattel, Boiste, etc. 4° Du gr. *buô*, boucher, remplir, cacher : Constancio. 5° Du fr. *busc*, Ménage dit que les femmes mettent leurs *buscs* en cet endroit du corps que les Italiens appellent *busto* : Ménage. 6° Du mot factice *bus*, boîte : Gébelin. 7° Du mot pers. *burz*, stature, taille, suivant un autre. 8° De la même origine que le fr. *bois*, bûche : Roquefort. De l'anc. fr. *bus, buc, bu, busch*=buste, tronc humain; wallon et prov. *buc*, b.l. *buca, busco*, tronc d'arbre, mots identiques, procédant tous de *boscus, buscus*, bois. *Busca* s'est modifié en *busta*, arbre aux branches coupées, de là le fr. *buste* : Gachet et Scheler. Pour le chang. de *c* en *t*, ces deux derniers auteurs citent l'anc. fr. *mustiax*, jarret, wall *mustai*, rouchi *mustiau*, dérivés de *musculus*. En it., esp. et port. *busto*, buste; pol. *biust*, russe *biouste*, buste. Langue des Troub. *bustz*, tronc du corps, buste, et *brusc, bruc, brut*, id. Lang. des Trouv. *buste, buc, bu, busch*, l.b. *bustum*, buste.]

BUTIN, sm. sans plur. Ce qu'on a pris en guerre ou sur l'ennemi, dépouilles; prise, capture; fig., profit, richesse. [1° M. Delatre raporte les mots *botte, bottine, bouteille, butin*, etc., à la r. sansc. *badh, bandh*, lier, attacher. 2° Eloi Johanneau dit : « On-

appelait *montjoie* les tombelles ou monticules faits de main d'homme, que nous nommons auj. *buttes*; ce qui prouve, pour le remarquer en passant, que *butin* vient de *butte*... 3° Selon Gébelin, le fr. *butin* serait de la même origine que *bateau, boyau, bouteille.* 4° Selon Diez, *butin* est d'origine septentr. 5° Selon Wachter, l'origine étym. du fr. *butin* et de l'all. *beute,* butin, est l'anc. germ. *beiten, weiden,* prendre, saisir, ravir; d'où le mot germ. *freibeuten,* pirate, d'où le fr. *flibustier.* 6° Ballet dérive *butin* du celt. *bud, budd.butt,* gain, avantage; 7° et ailleurs, du gall.*bod,* milan,oiseau de proie. En all. *beute,* proie. butin;anc. scandin. *bytta,* dan. *bytte;* suéd. *byte,* et *bytta,* holl. *buit* et *buyt.it, bottino,* esp. *bot.n,* butin, proie, L.b. *botimum. butinum,* butin.]

Butiner, vn. Faire du butin. *Butiné, e,* p.

Butiner, va.fig.et poét. Se dit des abeilles qui vont recueillir le miel et la cire sur les fleurs.

Flibustier, sm.Nom d'une sorte de pirates qui couraient les mers d'Amérique. (De l'all. *freibeuter,* propr. celui qui butine de son chef; flibustier, pirate, corsaire; fait de l'all. *frei,* franc, libre, et *beut,*proie, capture :]—r. M. Jal fait observer que *fribustier* est une francisation ancienne de l'angl. *freebooter,* libre faiseur de butin,et non marin libre. En dan *fribyter,* holl. *vrybuter,* flibustier. Quelques-uns ont cru que *flibustier* avait été fait de l'angl. *to fly,* voler, fuir, et *boat,*bateau, et que les premiers aventuriers français de l'île de Saint-Domingue avaient fait leurs courses sur des *flibots* pris aux Anglais.)

*BUTIR, vn. Crier à la manière du butor. [Lat. *butire,* butir, *butio,* butor, busard. Ces mots semblent avoir été faits par onomatopée. En all. *bussaar, busshard,*buse; angl. *buzzard,*it. *bozzago,*busard. Lang. des Troub. *buzac, busart,* anc. fr. *buisson, buisart, busart,* busard. Dans le Roman de la Rose, *buysart* ou *buzart,*buse,oiseau de proie. Prov. *busa, buissa, bouissa,* buse. Port. *buz,*buse. Le *t* se change souvent en *s.* Le Trip. lie l'angl. *buzz,* au lat. *butio.*]

Buse,sf.hn.Espèce d'oiseau de proie qui ne vaut rien pour la fauconnerie, et qui passe pour être fort stupide; fig. inepte, ignorant.

Busard, sm.hn. Oiseau de rapine, espèce d'aigle.

***Busardet,** sm. Buse de l'Amérique du Nord.

***Busenne,** sf. Nom vulgaire de la buse.

***Buseral,** sm.hn. Buse de Cayenne.

***Busette,** sf.hn. Espèce de fauvette.

***Buson,** sm. Buse de Cayenne.

***Buteau,** sm. Un des noms de la buse.

***Butéonin, ine,** adj.hn. Qui ressemble à la buse.

***Butéonins,** sm.pl. Famille d'oiseaux.

***Soubuse,** sf. Femelle du busard.

***BYRSA,**sf.ant.carthag.Citadelle de Carthage, bâtie par Didon. [Du lat. *Byrsa,* du 1° On sait quelles fables les Gr. ont débitées sur la fondation de Carthage. Les uns disent que Didon a obtenu des Africains autant de terrain qu'en pouvait couvrir une peau de bœuf; les autres, qu'elle a donné, en échange du territoire qu'on lui cédait, une cargaison de peaux de bœufs, dont ses vaisseaux étaient chargés; d'autres, qu'elle l'a payé en monnaie de cuir, monnaie qui eut quelquefois cours chez les peuples anciens; et tout cela, dit Eus. Salverte, parce que *bursa,* en gr. signifie *cuir,* et que *bursa* est le nom sous lequel les Gr. connurent la partie de la ville de Carthage la plus anciennement fondée. 2° Eryès et Malte-Brun forment le nom Byrsa de l'hébr. *botsrath,* fort, lieu fortifié; 3° ou de *bor,* citerne, et de *tsar,* colline. 4° De l'hébr. *birah,* citadelle.: Walckenaër et Quatremère. H. Estienne pense que les Gr. ont dit *bursa* au lieu de *bosra,*mot dont la prononciation choquait leur délicatesse, et qui, dans les langues orientales, signifie la citadelle, le fort, la partie élevée et fortifiée de la ville; *bursa* était, comme l'observent Strabon et Appien, l'*acropolis,* le fort, la forteresse de Carthage.]

BYSSUS, sm. Matière dont les anciens fabriquaient les plus riches étoffes; c'était, dit-on,une espèce de soie jaune, ou blanche, fournie par le coquillage appelé pinne marine; on dit aussi que c'était une sorte de laine soyeuse produite par certains végétaux. En Egypte et en Syrie on portait du fin lin, du coton, et du byssus. [Du lat. *byssus,* dérivé du gr. *bussos,* byssus. En admettant que cette étoffe a reçu son nom de sa blancheur, on peut le dériver de l'hébr. *buts,* il fut blanc, en ar. *buts,* il fut d'une couleur sans mélange. Fée observe que le nom de *byssus* a été appliqué mal à propos, par Suidas et Hesychius. à la couleur pourpre. Les interprètes de l'ancien et du nouveau Testament expliquent communément le mot *byssus, bussos,* par fin lin. Leidekker et autres croient que c'était un lin très-fin et très-blanc.Trév. soutient que le *byssus* n'était aut e chose que notre coton, et qu'on peut le prouver évidemment par un grand nombre d'anciens écrivains; et entre autres par Pollux. liv. VII de son Onomast. Ce mot fut commun aux Hébr., aux Egyp., aux Aram., aux Ar.. etc. En hébr. et en chald. *buts,*arabe,*bezz, buzuz, byz,* byssus; russe *bissotze,* teut. *zisse,* ital. *bisso,* lang. des Troub. *bisso, bis,* byssus.]

Byssus, sm.bot. Espèce de lichen qui se développe en filaments très-déliés et entre acés.

Bissus, sm. Voyez *Byssus.*

***Byssacé, e,** adj.bot. Semblable à un byssus.

***Byssées,** sf.pl. Famille de plantes cryptogames.

***Byssifère,** adj.hn. Qui porte un byssus.

***Byssin, ine,** adj. De soie. dans Rabelais.

***Byssoclade,** sm. Genre de champignons.

***Byssoïde,** adj.hn. Qui a l'apparence d'un byssus.

***Byssolithe,** sf. minér. Végétation minérale en forme de soies éclatantes.

C

CABALE, sf. Connaissance de différents mystères cachés sous le sens littéral de l'Ecriture, que les Anciens d'Israël, comme les Juifs le prétendent, reçurent de Moïse : cette doctrine, que Moïse donna de vive voix, et qui de main en main a été reçue et s'est conservée jusqu'à présent, est ce que les Juifs appellent la loi orale; ils ne la révèrent pas moins que la loi écrite. Mais la cabale, qui est en usage chez les Juifs, est bien différente; elle cherche des mystères, non dans les événements et les choses rapportées par l'Ecriture, mais dans les lettres, dans les points, dans les manières d'écrire;ils prétendent par la combinaison des lettres, en abrégeant quelques mots, les allongeant, séparant les lettres numérales, trouver des mystères et des vérités cachées, le moyen même, dit-on, de se rendre familiers les anges du ciel. [De l'hébr. *qâbal,* qui, à la forme *pihel, qibbél,* signifie il a reçu, il a saisi.]

Cabaliste,sm. Savant dans la cabale des Juifs.

Cabalistique, adj. Qui appartient à la cabale des Juifs.

Cabalistique,sf. Science qui a pour objet de communiquer avec les êtres élémentaires.

CABALE, sf. Sorte de complot formé par plusieurs personnes qui ont un même dessein; propr. pratique secrète de ceux qui conspirent pour faire qq. mal; la troupe même d'une cabale; association de plusieurs contre une chose ou une personne. [1° La plupart des lexicogr. regardent ce mot comme identique à *cabale*, tradition parmi les Juifs, et disent qu'il est employé au figuré. 2° Il pourrait venir de l'hébr. *chàbal*, il a corrompu, il a dépravé, il a *agi* en corrupteur, en dépravé; il a été coupable; 3° D. Francisco de S. Luiz le dérive du chald. *chabaluh*, cabale, pratique secrète de ceux qui conspirent pour faire quelque mal. 4° Le Trip. le rattache au lat. *cavillor*, et disent qu'il est peu différent du lapon *kawal*, fin, rusé. 5° Roubaud soutient qu'il vient de *cab*, *cap*, affecté à ce qui assemble, contient, renferme, enveloppe; 6° et Roquefort le lie au fr. *cap*, promontoire, tête, chef. *Cabaler*, dit-il, c'est aller avec un chef pour former un parti.]

Cabaler, vn. Faire une cabale, être d'une cabale. *Cabalé*, p.

Cabaleur, sm. Celui qui cabale, intrigant.

CABANE, sf. Habitation construite de boue, de planches, de branches d'arbres, où loge le pauvre; petite maison couverte de chaume. [Du lat. *capana* ou *capanna*, nom que les paysans donnent aux huttes que se font les gardiens des vignes: d'après le Gloss. d'Isid. Plusieurs étym. ont été attribuées à ce mot. 1° Wachter le rattache au celt. *caban*, cabane, au b.l. *gabia*, dim. *gabiola*, d'où le fr. *geôle*, geôlier; et au germ. *kaw*, creux, *kofe*, creux, cavité, mot très-ancien, et commun à plusieurs langues. 2° Constancio le lie à l'ar. *kabbana*, cabane, baraque, au gr. *kapané*, char thessalien, derrière du siége d'un cocher, et au lat. *caupona*, auberge, taverne, cabaret. 3° Ménage le dérive simplement de l'ital. *capanna*, cabane, mot qu'il forme du gr. *kapé*, crèche, auge. 4° M. Delatre le dérive aussi de l'ital. *capanna*, et tire ce dernier mot du lat. *caupona*, cabaret; taverne. 5° Diez rapporte le fr. *cabane*, *cabinet*, l'angl. *cabin*, l'ital. *gabinetto* et l'esp. *gabinete*, au kymri. *caban* dim. de *cab*. 6° Raynouard rattache le mot roman *cabana*, cabane, au v. roman *caber*, contenir, fournir, et au lat. *capere*. 7° Selon Denina, le mot *cabane* aurait été fait du lat. *casa*, cabane, d'où le lomb. *ca*, maison, et de *benna* vieux mot gaul. ou celt. signifiant hutte, cabane. 8° J. Davies le fait venir de l'héb. *qubbá*, chambre à coucher, alcôve. 9° Morgan Cavanagh le forme de *ic*, *ca*, *bi*, *an*, signifiant l'habitation en terre à *un*, c-à-d. à l'homme; 10° puis de *ic*, *o*, *ib*, *an*, signifiant la ronde chose. 11° Roquefort le dérive du lat. *taberna*; puis du gr. *kapané*. 12° De Chevallet rapporte simplement *cabane cabine*, *cabinet*, à l'irl. *ca*, maison. *caban* maisonnette, hutte, cabane. Cette étym. diffère peu de celle de Denina. 13° Selon M. De Belloguet, le mot *capanna* est sans doute celtibér. 14° M. Jal demande si *cabane* ne vient pas du lat. *caput*, tête; abri pour cacher sa tête; et non du gr. *kapané*. En gall. *cab*, cabane, dimin. *caban*. Bret., gaël écoss. et irl. *caban*, cabane; l.b. *cabanacum*, écurie, cabane; et *cabannaria*, maison rustique. Ital. *capanna*, esp. *cabana*, prov. *cabano*, lang. des Troub. *cabana*, castrais *cabano*, cabane. Gloss. champ. *chabenne*, dans Tarbé. Lat. barb. *chabena*, anc. fr. *chabene*, *capene*, cabane.]

*****Cabane,** sf. Case où l'on place le ver à soie pour qu'il file son cocon; petite hutte de feuillage où les chasseurs se cachent à l'affût ou à la pipée; bateau à fond plat en usage sur la Loire; bachot couvert d'une toile soutenue par des cerceaux.

*****Cabaner,** vn. Se mettre sous des cabanes; chavirer. *Cabané*, *e*, p.

*****Cabaner,** va. Mettre un objet dans une position inverse de sa position naturelle.

*****Cabanage,** sm. Campement des sauvages.

Cabanon, sm. Petite cabane; cachot fort obscur.

Cabine, sf. mar. Petite chambre ou cabane, à bord de certains bâtiments de commerce. (Angl. *cabin*, cabane. C'est une modification de *cabane*.)

Cabinet, sm. Petite pièce d'un appartement presque toujours sans cheminée, et destinée à différents usages; pièce d'un appartement destinée à l'étude; lieu de travail ou d'audiences particulières; clientèle de gens d'affaires; conseil d'un souverain; lieu contenant une collection d'objets d'art; lieu couvert de verdure dans un jardin; lieux d'aisance. Denina fait observer que *cabinet* ne voulait dire que petite cabane ou petite hutte. Duviquet a noté qu'à l'époque de Molière le mot *cabinet* était exclusivement consacré à un lieu de recueillement et d'étude. E.b. *gabinetum*, it. *gabinetto*, port. *gabinete*, cabinet.)

CABARET, sm. Lieu où l'on vend du vin en détail; lieu où l'on donne à boire et à manger; plateau sur lequel on met des tasses, des soucoupes, des carafes et des verres, pour prendre du thé, du chocolat, des liqueurs; assortiment de tasses qu'on met sur le plateau. [1° Selon Bescherelles, de toutes les étym. qu'on a cherchées au mot *cabaret*, celle indiquée par Ménage est la plus naturelle: *Caupo* était chez les Rom. le nom générique du cabaretier, dérivé du gr. *kapé*, lieu où l'on mange, crèche; r. *ka ptô*, manger à goulée. La b.l. en fit *caparetum*. Frisch voit dans *cabaret* une corruption de *caponerette*, et le rapporte au l. *caupona*, auberge, taverne. Scheler. 2° Pihan dérive cabaret de l'ar. *khamârat*, taverne, fait lui-même de l'ar. *khemer*, vin. 3° Sauvages et Honnorat le forment de *cap*, tête, et *aret*, bélier, en lat. *caput arietis*, tête de bélier; parce qu'on en mettait anciennement une pour enseigne sur ces sortes de maisons; comme on le fait encore dans plusieurs endroits. 4° Bullet le déduit de l'irl. *cuberel*, petit cabaret, gargote, chaumière, fait du celt. *bor*, aliment, et *cab*, habitation, d'où *cab me*, *cabinet*; puis du celt. *cab*, habitation et *bar*, manger, *baret*, où l'on mange. L'étym. de Bullet n'est pas à dédaigner, s'il est vrai que c'est en Bretagne que pour la première fois le nom de *cabaret* a été donné aux tavernes de marchands de vin en détail. 5° Gébelin et Morin le dérivent du gr. *kapé*, crèche, auge, mangeoire pleine, ou de *kapélein*, table, lieu où l'on boit; 6° et d'autres, de l'héb. *chabar*, il a réuni, il a assemblé, d'où l'hébr. *kàber*, *kabar*, compagnon, camarade; parce qu'on s'assemble dans les cabarets, surtout lorsqu'on est en voyage. 7° Quelques-uns le tirent simplement de *cabaret*, nom d'une plante qui servoit autrefois à faire les bouchons qui se font auj. de liége. En prov. *cabaret*, sav. *cobaret*, v. *dubari*, cabaret. En anc. fr. *cabaret*, l.b. *gabia*; lieu fermé de barreaux en forme de cage, dans Du Cange.]

Cabaretier, ière, s. Celui, celle qui tient cabaret.

CABARET, sm. Nom vulgaire de la plante appelée autrement asaret. [1° Selon De Théis. Honnorat, Lemery et autres, ce nom fut donné à cette plante, de ce que l'on se servait autrefois de sa racine pour faire vomir quand on avait trop bu dans le cabaret. D'autres pensent au contraire que le nom du lieu où l'on boit a reçu son nom de celui de la plante. 2° Du lat. *combretum*, plante que l'on croit être le cabaret, mot que Doederlein rattache au gr. *komaros*, arbousier, et au germ. *hemera*, arbousier. 3° Du lat. *baccara* ou *baccaris*, cabaret, nard sauvage, se lon Daléchamp. D'après Saumaise, *combretum*, *cobretum* ou *cabaretum*, n'a pas la même signification qu'autrefois.]

CABAS, sm. Panier de jonc, où l'on met des figues. [1° Ce mot semble se rattacher au gr. *kabos*, mesure de froment, à l'héb. *qab*, petit vase concave, mesure de capacité, r. *qâbab*, il a creusé; à l'ar. *qa'b*, coupe à boire, *qa'bet*, petite boîte ou cassette; au pers. *qoufé*, panier à fruit, *qab*, vase pour contenir des liqueurs; et au lat. *cupa*, grand vase en bois. 2° Ménage pense que *cabas* a été fait de l'ital. *cabaço*, qui a été fait, suivant lui, de *cabaceus*, ou *cabacius*, qui aurait été fait lui-même du gr. *kabakos*, *kad*, *kab'i*, *kabos*, *kabakos*, cabaceus, *ka'i*, inusité. 3° Trév. dit qu'il peut venir aussi de *cabasset*, petit casque, parce qu'il a la même figure, et ressemble à une coiffe. 4° D'autres disent que c'est un mot héb. retourné, *sabac* qui signifie il a été entrelacé: Trév. 5° Borel croit qu'il vient du langued. *cab*, tête; 6° Bullet le forme du celt. *cab*, ce qui contient, ou renferme, ou couvre; 7° et Diez, du lat. *cava*, creuse, cave. En b.l. *cabacetus*, *cabacius*, *cabassio*, *cabassius*, *cabacius*, *cabacus*, cabas; et *cavagninus*, *cavagnus*, cabas, panier; esp. *capazo*, port. et cat. *cabaz*, *cabau*, prov. *cabas*, bas-lim. *coba*, toulous. *cabas*, cabas. Piémont. *cabassa*, grosse corbeille. Gloss. champ. de T. *cabas*, *cabats*, panier, sac en jonc, caisse, corbeille à pain.]

CABILLAUD, sm. Sorte de petite morue fraîche. [Du flam. *kabbeljau*, dérivé du l.b. *cabellauwus*, cabeliau. En all. *kabeljau*, suéd. *kabeljo*, dan. *kabliau*. Trév. écrit *cabeliau*, et assure que c'est un mot purement holland. Ce poisson est la principale et presque la seule nourriture des habitants de l'Islande. *Cabillaux* est le nom d'une faction qui s'éleva en Hollande en 1350, et qui signifie cabillaud.]

Cabliau, sm. Le même que cabillaud.

CÂBLE, sm. mar. Très-gros cordage servant à amarrer des vaisseaux au rivage, à attacher les ancres, etc. [Ce mot semble appartenir à la même origine que le lat. *copula*, lien, courroie, corde à coupler; que le gr. *kal's*, corde, lien; *kamilos*, gros câble; *chalinos*, bride, frein, mors; que le sansc. *gala*, corde, *khalana*, lien, frein, *kilati*, il lie; que le copte *kap*, câble; que l'ar. *habel*, câble, et que l'héb. *qav*, *qâv*, câble, cordage, *châbal*, il a serré le câble, il a entortillé, lié; *chébel*, câble, corde, ficelle, et *châbel*, câble de marine. Mais deux obstacles s'opposent à ces rapprochements : le premier, c'est que la ressemblance des mots n'est souvent que fortuite et ne tient pas à la parenté; le second, c'est que les étymolog. attribuent des étym. diverses au fr. *câble*, au lat. *copula*, et au gr. *kalôs*, *kamilos*, *chalinos*. Gr. barb. *kaplion*, b.l *capûtum*, hébr. *ch'bel*, câble de marine. Ar. *habl*, corde, câble, au pl. *hibal*, All. *kabel*, holl. *kabel*, dan. *kabeltow*, suiogoth. *kabbel*, bret. *cabl*, câble. Angl. *cable*, gaël écoss. *gabla*, *cabal*, gaël irl. *gabla*, *cabla*, câble. Ital. et cat. *cabo*, *capo*, *cavo*, esp. et port. *cabre*, câble; r=l. Russe *kabéli*, Gloss. champ. de M. T. *chable*, anc. fr. *chaable*, *cheable*, *chable*, câble.]

Câblé, sm. Gros cordon pour attacher les tableaux et pour relever les tentures.

Câbleau ou **Câblot**, sm. Sorte de petit câble qui sert à amarre aux embarcations.

Câbler, va. Faire des câbles avec des cordes. *Câblé*, *e*, p. **Câblot**, sm. Câbleau.

***Câblière**, ou *Câblure**, sf. mar. Pierre percée qui tient lieu de grappin.

***Chablage**, sm. Action de veiller à ce que les bateaux ne rencontrent aucun obstacle dans les passes difficiles.

***Chable**, sm. Grosse corde passée dans une poulie pour soulever un fardeau.

***Chableau**, sm. Longue corde pour tirer les bateaux.

***Chablot**, sm. maç. Cordage assujettissant l'échafaud.

Encâblure, sf. mar. Distance de cent vingt brasses.

CABRI, sm. Jeune chevreau, petit d'une chèvre. [Du lat. *capreolus*, cabri; de *caper*, *capri*, bouc; d'où le lat. *capra*, chèvre. 1° Selon Varron, ces mots viendraient du lat. *carpere*, cueillir, détacher; parce que les chèvres broutent avec une prédilection marquée les pousses d'arbrisseaux sauvages, et s'attaquent volontiers aux plants cultivés. 2° Les auteurs du Trip. et autres, dérivent *caper* de l'héb. *tsaphir*, bouc, fait lui-même de l'héb. *tsâphar*, il a sauté, parce que ce quadrupède aime à sauter, à cabrioler. 3° Bopp le rapporte au sansc. *ch'aga*, bouc, par le chang. de g en p: d'où le sansc. *ch'agala*, bouc; *ch'agah* et *ch'agalâ*, chèvre; *ch'aga*, bouc, chèvre. En passant d'un pays dans un autre le même mot change souvent de forme, et quelquefois de signification. Le lat. *caper* signifiait exactement la même chose que le tyrrhénien *kapros*; mais de l'autre côté de la mer chez les Gr. *kapros* désignait un sanglier, un verrat, etc. Au lat. *capra*, chèvre, semblent correspondre l'anglos. *heafre* et l'angl. *heifer*, génisse. En b.l. *cabra*, chèvre; *cabret.t*, cabriole, saut de cabri; *cabritus*, cabri; et *cabrio*, chevron; ital. *capra*, esp., port., cat. et lang. des Troub. *cabra*, chèvre. En valaq. *kapré*, pic. *cabre*, *cabe*, *cupe*, *kèvre*, *kève*, chèvre. Auv. *tsabre*, sav. *tièvra*, coml., rém., gasc., Quercy et Dordogne *catre*, chèvre. Bas-lim. *tsabro*, chèvre; *tsobri*, cabri; *tsobrotlo*, chevreuil; *tsobrou*, chevron. Toulous. *crabo*, chèvre, *crabit*, cabri, chevreau, *cabirolo*, cabriole, *cabirou*, chevron. Gall. *gawyr*, chèvre, bret. *gaow*, *gavr*, gaël écoss. et irl. *gabhar*, chèvre. Champ. *cabrette*, chèvre; *cabri*, cabri, chevreau. En valaq. *cievre*, *capra*, *kievre*, chèvre; *chevrel*, chevreau, et *chabr*, chèvre, chevreau.]

***Cabre**, sf. hn. Un des noms vulgaires de la chèvre; mar., machine à élever des fardeaux.

Se Cabrer, va. pron. S'élever sur les deux pieds de derrière, en parlant des chevaux ; fig., s'emporter de dépit ou de colère; se révolter contre une proposition, un conseil, une remontrance. (Du lat. *capra*, chèvre ; parce que les chevaux qui se cabrent ressemblent aux chèvres lorsqu'elles se dressent.) *Cabré*, *e*, p.

***Cabrillon**, sm. Petit fromage de lait de chèvre.

Cabriole, sf. Saut léger, très-élevé, pareil à celui d'une chèvre. (De l'ital. *capriola*, fait du lat. *capra*, chèvre. Dans Molière *capriole*, en angl. *caper*, cabriole.)

Cabrioler, vn. Faire la cabriole ou des cabrioles. *Cabriolé*, p.

Cabriolet, sm. Voiture légère, à deux roues, qui fait des sauts et des bonds; petit fauteuil.

Cabrioleur, sm. Faiseur de cabrioles.

***Cabrion**, sm. mar. Pièce de bois placée derrière l'affût d'un canon, pendant le gros temps, de crainte qu'il ne rompe ses bragues. (Du lat. *caper*, bouc, d'où le lat. *capra*, chèvre, et le l.b. *cabrio*, *cabro*, chevron. Un grand nombre d'animaux ont donné leur nom à des instruments et à des parties d'instrument.)

***Cabron**, sm. comm. Peau de chevreau.

***Caprate**, sm. chim. Sel résultant de la combinaison de l'acide caprique avec une base.

*Caprellin, ine, adj.hn. Semblable à une chevrolle.

*Caprellins, sm.pl. Famille de crustacés.

*Capréolaire, adj. Contourné en forme de tire-bouchon. (Le lat. *caper* a produit le lat. *capreolus* et *cap.riolus*, jeune chevreuil, binette, chevron, tendron de la vigne, d'où *capréolaire*.)

*Capréolé, e, adj.bot. Contourné comme les vrilles de la vigne.

Caprice, sm. Fantaisie, boutade, inégalité d'humeur comme celle de la chèvre; saillie d'esprit et d'imagination; fig., irrégularité, changement. (Du lat. *capra*, chèvre, à cause des sauts brusques, de la marche inégale et irrégulière de cet animal, selon Gattel, Boiste, Noël, Roquefort, Jauffret, etc. 2° De l'ital. *capo riccio*, tête hérissée, selon Gébelin et Hector Robert. Le mot *caprice*, dit Jauffret, ne vient pas de *tête hérissée*, *cap hérissé*, comme l'ont cru bien des étymolog., mais du lat. *capra*. On sait que les chèvres ont l'humeur très-fantasque. Ce mot était nouveau du temps de H. Estienne.)

Capricieux, euse, adj. et s. Qui a des caprices, qui s'écarte de la voie ordinaire par un changement subit de goût.

Capricieusement, adv. Par caprice.

Capricorne, sm. astron. Constellation zodiacale entre le Sagittaire et le Verseau, que l'on a coutume de représenter par la figure d'un bouc; nom d'un signe, et d'un tropique, parce que le soleil revient de là au haut de son cours, en montant (comme font toujours les boucs et les chèvres qui grimpent les rochers). (Du lat. *caper*, bouc, et *cornu*, corne; d'où *capricornus*.)

Capricorne, sm. Genre d'insectes coléoptères, qui ont de grandes antennes dont les inégalités ou les nœuds ont été comparées aux inégalités des cornes du bouc.

†Capricorne, s.pr.m. myth. Nom de Pan, qui se transforma en bouc, dans la guerre des Titans.

*Caprification, sf. Manière de rendre les figues sauvages bonnes à manger. (Lat. *caprificatio*, fait du lat. *caprificus*, figuier sauvage, fait lui-même du lat. *caper*, *capri*, bouc et *ficus*, figuier; parce que les boucs et les chèvres broutent les feuilles et les fruits de ces sortes de figuiers.)

*Caprifiguier, sm.bot. Figuier sauvage.

*Caprifoliacé, e, adj.bot. Semblable à un chèvrefeuille.

*Caprifoliacées, sf.pl. Famille de plantes.

*Caprimulgue, sm. Oiseau qui, dit-on, tette les chèvres; engoulevent. (Lat. *mulgere*, teter.)

*Caprimulgide, adj. Semblable à un engoulevent.

*Caprimulgides, sm.pl. Famille d'oiseaux.

*Caprine, sm.chim. Substance particulière qui existe dans le beurre de chèvre.

*Capripède, adj. A pieds de chèvre.

*Caprique, adj.chim. Se dit d'un acide produit par le beurre de chèvre.

Caprisant, adj.m.méd. Se dit d'un pouls dur et inégal. (Du lat. *capra*, chèvre, d'où *caprice*.)

*Caproate, sm.chim. Sel résultant de la combinaison de l'acide caproïque avec une base.

*Carpoïne, sf.chim. Substance grasse existant dans le beurre de chèvre.

*Caproïque, adj.chim. Se dit d'un sel particulier existant dans le beurre de chèvre.

Chèvre, sf. Femelle du bouc; machine à élever des fardeaux, des poutres, etc.; astron., constellation septentrionale; une étoile du Cocher. (Lat. *capra*, chèvre.)

Pied-de-chèvre, sm. Levier de fer.

Prendre la chèvre, c'est se faire chèvre, revêtir le caractère de la chèvre.

*Chèvre, sf. Table à trois pieds, sur laquelle on fait les fromages; support sur lequel on pose les pièces de bois que l'on veut scier.

Chevreau, sm. Petit d'une chèvre, cabri.

*Chevreaux, sm.pl. astron. Petite constellation placée dans celle du Cocher.

Chèvrefeuille, sm. Arbrisseau grimpant à fleurs odoriférantes. (Lat. *caprifolium*; r. *caper*, bouc, *folium*, feuille.)

Chèvre-pieds, adj. A pieds de chèvre.

Chèvre-pieds, sm. Satyre, faune à pieds de chèvre.

Chevrette, sf. Femelle du chevreuil.

Chevrette, sf. Petite écrevisse de mer : elle a une corne au front qui est grande à proportion des cornes, des pieds, des yeux, de son corps.

Chevrette, sf. Morceau de fer recourbé aux deux extrémités en forme de pattes, et sur lequel on pose le bois dans les poêles, pour faciliter l'action du feu.

Chevreuil, sm. Espèce de bête fauve, qui ressemble au cerf, mais elle est plus petite; le chevreuil a quelque chose de la figure de la chèvre. (Ital. *capriolo*, lat. *capreolus*.)

Chevrier, sm. Pâtre de chèvres.

Chevrillard, sm. Petit chevreuil, faon de chevrette. *Chevrolle, sf. Espèce de cloportes.

Chevron, sm. Pièce de bois qui porte les lattes d'un toit. (De *chèvre*, comme *putre* de *pullitra*, jument, *grue* de *grus*, *louve* de *lupa*, *chenet* de *canis*, *crapaudine*, de *crapaud*, *louvet*, *bouvard* de *bos*, etc., etc. Dans Vitruve *capreolus*, chevron. L.b. *cabiro*, *cabrio*, anc. fr. *chabriot*, anc. prov. *cabirou*, chevron, pièce de charpente; b.l. *caprones*, chevrons. Gloss. champ. *Chabriot*, anc. fr. *caveron*, chevron.)

Chevron, sm. Se dit de deux galons de laine, d'argent ou d'or, placés en angle sur le bras gauche, pour marquer l'ancienneté de service militaire.

*Chevronner, va. Faire ou placer des chevrons. *Chevronné, e, p.

Chevronné, e, adj.blas. A chevrons.

*Chevronnage, sm. Action de chevronner; ouvrage fait en chevrons; état, qualité, position ou ensemble des chevrons.

*Chevrotage, sm. Droit annuel que l'on payait au seigneur pour les chèvres que l'on nourrissait.

*Chevrotain, sm. Genre de mammifères assez semblables au chevreuil.

Chevroter, vn. Faire des chevreaux; sauter comme une chèvre; chanter en tremblant et par secousse; se dit aussi de la voix. *Chevroté, e*, p.

Chevrotant, ante, adj.mus. Qui chevrote.

Chevrotement, sm.mus. Action de chevroter.

Chevrotin, sm. Peau de chevreau corroyée.

Chevrotine, sf. Gros plomb pour tirer le chevreuil et autres bêtes fauves.

*CACABER ou *CACCABER, vn. Crier comme la perdrix; imiter le cri de la perdrix. *Cacabé, *Caccabé, p. [Du lat. *cacabare* ou *caccalare*, cacaber, cri ou chant de la perdrix. Les mots exprimant les cris des animaux sont généralement des onomatopées. Celui de la perdrix offre la plus grande analogie avec le bruit que fait entendre une personne qui soulage ses entrailles. Aussi Voss., Rob. Et., Saum., Pline, Pitiscus, Géb., Roq., Chavée, etc., ont-ils raison d'unir ce v. au lat. *cacare*, aller à la selle. Tous ceux qui ont entendu cet oiseau savent fort bien que son cri a une ressemblance frappante avec le

CAC — 262 — CAC

bruit exprimé par *cacare*. Buffon dit « qu'une espèce de perdrix de Candie chante au temps de l'amour, et prononce à peu près le mot *chacabis*, d'où les Lat. auraient fait *cacabare*, cacaber; ce qui peut-être a eu qq. influence sur la formation des noms *cubeth*, *cubata*, *cubiji*, etc., par lesquels on a désigné la perdrix rouge dans les Indes Orientales. » Le nom lui-même de la *perdrix* tient à une famille d'onomatopées aussi désagréables et nauséabonde que celle-ci. Voyez *Perdrix*. En gr. *kakkaba*, perdrix; *kakkabizein*, cacaber; *kakkaō*, *kakkaō*, *hhéz t*, aller à la selle; et *kakké*, excrément. En pers. *kepk*, perdrix, surtout perdrix mâle; *kebouk*, perdrix, *kiéki*, excrément d'homme; et *schaschak*, sorte de petite perdrix. En sansc. *çakrit*, excrément, ordure. Héb. inus. *chârâ*, *châre*, cacavit. En ital. *cacare*, esp. *cagar*, say. *caca*, bret. *kacha*, kier, gaël irl. *cacaim*, aller à la selle. Tartare mande. *kaka*, gall. *caç*, bret. *kach*, gaël irl. et écoss. *cac*, excrément. Gloss. champ. de M. T. *cabler*, cacaber; prov. *cacara*, *cascara*, chant de la perdrix.]

Caca, sm.t. des nourrices, des bonnes. Excrément d'enfant.

Cacade, sf.t.bas. Décharge de ventre; fig., imprudence, lâcheté.

*****Cacagogue**, adj.méd. Purgatif, laxatif. (Gr. *kakké*, excrément, et *ag i*, pousser, faire sortir.)

*****Cacatoire**, adj.méd. Se dit d'une fièvre dans laquelle le malade a d'abondantes déjections.

Chier, vn. et a.t.bas. Se décharger le ventre des gros excréments. *Chié*, e, p.

Chie-en-lit, sm. Nom donné par les enfants et les gens du peuple aux masques courant les rues les jours gras.

Chieur, euse, s.t.bas. Qui va à la selle.

Chiasse, sf. Écume de métaux.

Chiasse de mouche, de ver, Excrément de mouche, de ver.

Chiure, sf. Excrément de la mouche.

*****Caquesangue**, et *****Caguesangue**, sf. méd. Nom que l'on donnait à la dyssenterie ou flux de sang.

Gadoue, sf. Matière fécale tirée d'une fosse. (Du lat. *cacatum*, fait de *cacare*, d'où l'ital. *cacata*, *cacatura*, et l'esp. *cagada*, *cacadura*.)

Gadouard, sm. Vidangeur, cureur de privés.

Incaguer, va.fam. et vi. Défier quelqu'un, le braver, en lui témoignant beaucoup de mépris. (Du lat. *in*, sur, et *cacare*; g=c.) *Incagué*, e, p.

CACAO, sm. Amande du fruit du cacaoyer, base du chocolat. [A Duponchel dit que c'est le nom indigène à la Guyane. Dans la langue parèni, en Amérique, *cacavua*, cacao. Ce mot, dit Humbold, a-t-il été introduit par la communication avec les Européens? Il est presque identique avec le mot mexicain ou aztèque *cacava*. On dit aussi: c'est parce que les Espag. ont entendu les naturels du pays nommer ce fruit *cacahuatl*, qu'ils l'ont nommé *cacao*. D'après Nierenberg, Eusèbe, de Théis, Honnorat, les Galipons et les Galibis, peuple de la Guyane, donnent le nom de *cacao* à ce fruit. Les Mexicains appellent le cacaotier *cacaoquahuitl*; et ils donnaient le nom de *chocolatl*, dont nous avons fait chocolat, à un breuvage qui avait pour base le cacao. En turc *qâqdouh*, ital., angl., esp., port. *cacao*, russe, all. et pruss. *kakao*, dan. *kakao*, suéd. *kako*, holl. *kakau*, rouchi *caco*, japon.]

Cacaoyer, ou **Cacaotier**, sm. Arbre d'Amérique qui produit le cacao.

Cacaoyère, sf. Lieu planté de cacaoyers.

Chocolat, sm. Pâte alimentaire, composée de cacao, de sucre, de canelle, de vanille; boisson faite avec cette pâte dissoute dans de l'eau ou dans du lait. (1° Roquefort et autres lient ce mot à *cacao*. Cette étym. est très-probable, s'il est vrai, comme le disent Noël, Carpentier et Puissant, que les Espagn. aient nommé ce fruit *cacao*, parce qu'ils avaient entendu les naturels du pays le nommer *cacahuatl*. Eusèbe, Nicrenberg et de Théis écrivent *chocolat* le nom que les Mexicains donnaient à un breuvage qui avait pour base le cacao. Constancio écrit *xocalatl*. 2° D'autres pensent que ce mot mexicain signifie simplement confection. 3° Thomas Gage, cité par Trév., le forme de l'ind. *choce*, mot qui aurait été fait pour exprimer le bruit avec lequel on le prépare, et de *latté*, eau. La première étym. est encore la plus simple et la plus naturelle. En port. *cho olate*, chocolat.)

Chocolatier, sm. Qui fait et vend du chocolat.

Chocolatière, sf. Vase à faire le chocolat.

CACHALOT, sm. Grand mammifère marin, de l'ordre des cétacés, et le plus grand après la baleine. Il en diffère en ce qu'il a des dents, au lieu que la baleine n'a que des fanons. [Ce nom vient originairement des Biscayens, qui ont été les premiers et les meilleurs pêcheurs de baleines. En basq. *cachalot*, angl. *cachalot*, holl. *kaizilot*, all. *caschalot*, *caschelot*; norw. *kaskelot*, cachalot.]

CACHEMIRE, sm. Tissu très-fin fait avec le poil des chèvres ou des moutons du petit Tibet. [Du nom de *Cachemire*, capitale d'une province d'Asie du même nom. Dans la partie la plus reculée de l'Inde, au nord, la chaîne colossale de l'Himalaya forme la vallée que l'Europe appelle *Cachemire*, ou *Kachemyr*, que l'on appelle en sansc. *Kasmira*, en chin. *Kia-chi-mi-lo*, et en pers. *Kichmir*. L'origine étym. de ce nom géograph. est encore incertaine. 1° D'après Léon Vaïsse et A. Troyer, les Kachemiriens eux-mêmes appellent leur pays *Kaçyapasman*, de *mar*, demeure, et *Kaçyapa*, le père des dieux et du ciel, nommé le créateur du pays de *Kachmir*: littér. demeure de *Kaçyapa*. Il est certain, disent Lassen et Burnouf, que les noms classiques et déjà anciens de ce pays, *Kaspapuros*, *Kaspaturos*, rappellent le nom indien de *Kaç pa*. Wilson croit que le *Kaspaturos* d'Hérodote est le *Kasmura* des Indiens; que *Kasmira*, cette vaste vallée abandonnée par les eaux, fut civilisée d'abord par *Caçyapa*, et *Caçyapa* était un sage, petit-fils de Brahmâ. 2° Le sultan Baber fait venir la première partie du nom du Cachemire de celui des *Khaças*, habitants du pays montagneux qui s'étend le long du cours supérieur de l'Indus. 3° De Bohlen le dérive du sansc. *Kaç*, briller; 4° et Gunther Wahl, d'un ancien mot pers. *war*, *ware*, *veere*, *wreree*, *war ene*, signifiant source, eau, cascade, lac, plaine, vallon, pays cultivé, en changeant quelques lettres. 5° Ce nom pourrait aussi dériver, dit Troyer, d'une langue qui ne serait plus connue dans l'Inde.]

CACHER, va. Mettre une personne ou une chose en un lieu secret, où elle ne puisse être vue ni trouvée qu'avec beaucoup de difficultés; dérober une chose à la connaissance d'autrui. *Caché*, e, p. [1° Diez, avec beaucoup de vraisemblance, rapporte les mots *cache*, *cacher*, *catir*, *cachet*, *cachette*, *cachot*, *écacher*, au lat. *coactus*, poussé, condensé, serré, comme *cailler* à *coagulare*, *fléchir* à *flectere*, etc. 2° Du Cange, Gattel, Roquefort, Honnorat, etc., dérivent *cacher* du lat. *saccus*, sac; enfermer comme dans un sac. 3° Le Trip. rattache ce v. au mongol *chacho*, je cache. On pourrait aussi bien le rattacher au copte *khop* et surtout au tcherk. *gubk*, cacher. 4° Bullet le dérive simplement du bret. *coacha*, se cacher, se tapir; 5° Ménage, après Guyet, de l'ital. *cacciare*, chasser, pousser. 6° et Couzinié, de l'esp. *escarchar*. En prov. *cachar*. castrais *c axa*, cacher; b-et. *kuza*, et. par abus. *kuzat*, cacher, se cacher; en Vannes *kuc'h in*, *kuhet*, cacher, dans le Gon. et Villem.]

Se cacher, va. pron. Dissimuler.

Cache, sf. fam. Lieu secret propre à cacher qq. chose.

Cache-cache, sm. Jeu d'enfants, que l'on nomme aussi cligne-musette.

Cachet, sm. Petit sceau qu'on presse, qu'on imprime sur de la cire ou du pain à cacheter, pour cacher le contenu d'une lettre. etc.; la matière qui porte l'empreinte formée sur un cachet, cette empreinte même; fig. caractère distinctif de l'esprit, du talent.

Cacheter, va. Fermer avec un cachet, apposer un cachet. *Cacheté, e*, p.

Cachette, sf. Petite cache.

En cachette, loc. adv. En secret.

Cachot, sm. Prison basse et obscure, où l'on cache les prisonniers. (Bullet dérive *cachot* du b. br. *cachott*, cachot. mot qu'i forme du celt. *carh't*, cacher. Couzinié dérive le mot castr. *caxo*, cachot, du castr. *caxa*, cacher. 2° Le Trip. rappo te le mot *cachot* au gr. *auché*, à l'anc. germ. *keuche*, a l'héb. *kocha*. Il serait plus simple de le rapporter au gr. *keut'i*, cacher, ou au sanscr. *kut*, *kud*, couvrir, contenir, ou à l'héb. *kachad*, *kiched*, il a caché; mais la première étym. est la véritable.)

Cachotterie, sf. fam. Action secrète et cachée, manière mystérieuse d'agir ou de parler.

*****Cachottier, ère**, s. Qui fait des cachotteries.

Décacheter, va. Ouvrir ce qui est cacheté. *Décacheté, e*, p.

Recacheter, va. Cacheter de nouveau. *Recacheté, e*, p.

*****CACHINNATION**, sf. Eclat de rire; raillerie. [Lat. *cachinnatio*, id.; fait du v. *cachinnor, aris, ari*, rire aux éclats. Cette famille est caracterisée par des consonnes gutturales; elle est répandue sur tout le globe; et a évidemment pour origine l'onomatopée, l'imitation du bruit fait en riant du fond du gosier, à gorge déployée. En gr. *kaychazō, kagchala i, kachazō, kagchaōmai, kichlizō*, rire aux éclats; *gaggalizō*, faire ire en chatouillant; sansc. *kakh, kakku, khakkn gaggh, ghagh, ghaggh*, rire, rire aux éclats; héb. *sach q, tsachach*, il a ri; mong. *inijácti, ris*, dans Wüllner; ar. *chœnin*, action de ricaner; *qahh, qahqaha*, éclat de rire, *heeha, heha*, celui qui rit aux éclats; *hitha*, rire aux éclats; all. *kichern*, rire d'une voix aiguë et saccadée; holl. *gichelen*, ricaner; goth. *hlaha*, rire aux éclats; russe *c ikaiu*, angl. *chuckle*, rire beaucoup; turc *khandıden*, rire. se moquer, railler; pers. *khanduch*, dérision, raillerie; et *kykhkykh*, bruit que l'on fait en riant beaucoup; tatare mand. *kaka kiki*, lorsque plusieurs personnes rient chinois *chin*, sou re, se moquer; lang. des habitants du port du Roi George, Australie, *kaoner, kauker*, rire; lang. du golfe S. Vincent, Australie, *kanghinn*, rire; ital. *cachinno*, ris immodéré, éclat de rire.]

CACHOU, sm. Substance que l'on tire d'un arbre des Indes, et dont on fait des pastilles agréables au goût. (1° « L'arbre nommé *caschou* produit une pomme de même nom. Une excroissance que cette pomme présente en forme de rognon est proprement ce qu'on appelle *caschou*. Ce nom est brésil.: Hist. des Voy. » 2° « Du nom indien *Catechu*, nous avons fait *catechu*, d'où *cachou*, substance médicinale que l'on tire de cet arbre, et que l'on a longtemps attribuée à l'arec: De Théis. » 3° Trév. dit que la base du cachou est une gomme tirée d'un arbre que les auteurs appellent *kais*, et qu'au Brésil on nomme *cajous*. Le Dict. de la Conv. soutient que le *cachou* est principalement extrait d'une espèce d'arec ou palmier appelé au Brésil *cajous*. 4° Selon Constancio, *cachou* serait un mot asiatique. Il ajoute que cette substance est une masse composée principalement de *cachù* ou *cachou* ou terre japonaise, appelée en Asie, *cat-ché*, avec de l'ambre et du musc, et dont on fait des pastilles que l'on porte à la bouche. D'autres disent tout simplement que ce mot provient de l'ind. *catchou*, dont les Allem. ont fait *catechu*, d'où *cachou*. En port. *cachondé*, ital. *cacciù*. esp. *cuto*, cat. *catecu*. prov. *cachou*, all. *katechu, kaschu, kachout*, cachou.]

CACIQUE, sm. relat. Nom que les Espagn. ont donné à tous les princes de toutes les terres de l'Amérique. [Du haït. *cazique*, chef, selon Alexandre de Humboldt. Du temps de Colomb l'île d'Haïti était divisée en cinq royaumes, et en quelques souverainetés moins puissantes, dont les seigneurs portaient le nom de *caciques*. Ce tit e. que les Castill. trouvèrent en usage dans cette île, signifiant prince ou seigneur, dit un écrivain. Ils ont continué de l'employer dans le même sens, pour tous les monarques et souverains particuliers de leurs nouvelles conquêtes, à la réserve des empereurs du Mexique, et des Incas du Pérou.]

CACTIER, sm. Genre de plantes grasses, dont la tige est en général charnue, garnie d'aiguillons en faisceaux, et ordinairement dépourvue de feuilles. [Du gr. *k iktos*, plante épineuse, particulière à la Sicile; espèce de chardon. 1° Gébelin forme ce mot de *ac*, pointu, épineux, or, *ake*, pointe. La gutturale *k* s'ajoute et se retranche assez souvent à la tête des mots. 2° Martinius le dérive du gr. *kaein*, brûler; 3° puis du gr. *kakoun*, vexer, blesser; 4° puis du gr. *keō*, je fends; 5° enfin, et par préférence, de l'hébr. *chōcha*, buisson, hallier. 6° Doederlein croit que le grec *haktos* a été fait par réduplication, du gr. *kétō, kenté*, piquer. Parmi les Rom., Pline a employé le mot *cac'os*; il dit que c'est une plante d'un genre particulier, et qui ne vient qu'en Sicile. On croit, dit M. Fée, que le *kaktos* des Gr. n'est autre chose que le cardon. Pline appelle *o, untia* la plante que les modernes nomment *cactus*, cactier. Tertullien s'est servi du mot *cat tos*, dans le sens de épine au figuré.]

*****Cacté, e**, adj. bot. Qui ressemble à un cactier.

Cactées, sf. pl. Famille de plantes.

*****Cactiflore**, adj. bot. A fleurs semblables à celles du cactier.

*****Cactiforme**, adj. hm. En forme de cactier.

Cactus, sm. bot. Nom que Linné et autres donnent au cactier.

*****CACUMINE**, sf. Cime, sommet, faîte, comble. [Du lat. *cacumen, inis*, le sommet de tout ce qui se termine en pointe; sommet, cime; fig. comble, faîte. Etym. 1° Du sanscr. *kakudmat*, montagne: Bopp. 2° Du sansc. *çikha, çikharas*, faîte, sommet: Eichhoff. 3° Du lat. *acumen*, pointe, dard, aiguillon: Vossius, Forcellini. 4° Du primitif *co, com*, élévation, amas; d'où *cumulus*, monceau, amas: Gébelin. 5° De l'attiq. *ka i*, b úler: parce que les sommets sont ordinairement secs, brûlés: Martinius. 6° Du lát. *ubi coœunt acum na*, endroit où les pointes se réunissent: id. 7° Du sansc. *ku*, courber, être convexe, être concave: Chavée. 8° Doederlein rattaché le lat. *cacumen* à l'all. *hoch*, haut, élevé, goth. *hūhis*. D'après ce que dit Bopp, le lat. *cacumen* qui est composé du sansc. *kakud*, sommet de montagne, et du suffixe *mad*. lt. *cacume*, esp. poét. *cacumen*, sommet, cime.]

CADENETTE, sf. Cheveux noués dans leur longueur avec un ruban, longue tresse tombant plus bas que le reste des cheveux. [1° Selon Gébelin, Gattel, Roquefort, etc., du lat. *catena*, chaîne, d'où *chaînon*, *chignon*; et le fr. *cadène*, esp. *cadena*, chaîne. 2° Selon Ménage, Noël et Carpentier, du nom de *Cadenet*, parce que, disent-ils, la mode de la cadenette fut introduite par H. Albert, seigneur de *Cadenet*, maréchal de France. Ne serait-ce pas une étym. comme celle qui formait le mot *mouchard* de M. *Mouchet*, *Arlequin* de *Harlay*, etc.? Suivant le général Bardin, le terme *cadenette* signifie chaînette. Le lat. *catena*, dit-il, a produit l'esp. *cadena*, et le fr. *cadène*, *cadenas*, *cadenette*; et le vi.fr. *kaène*, *kaïene*, *kaine*. Voyez *Cadenas*.]

CADI, sm. Fonctionnaire musulman chargé de régler les contestations civiles et religieuses; il peut au besoin remplacer l'iman. [De l'ar. *al*, le, *qadhi*, juge, dérivé du v. *qadha*, décréter. Berb. *kadhi*, juge; hébr. *qatsâh*, il a taillé, coupé, il a jugé, décidé; il a terminé.]

Cadilesker, sm. Juge d'armée chez les Turcs. (De l'ar. *qadhi*, juge, et de *esker*, armée. Cette dignité n'est conférée, dit M. Pihan, qu'à deux personnages, dont l'un administre les affaires de la Turquie d'Europe, et l'autre celles de la Turquie d'Asie. Dans l'ordre religieux et judiciaire, les *cadis asker* viennent immédiatement après le mufti, chef de la loi musulmane, et peuvent prétendre à lui succéder.)

Alcade, sm. Titre de ceux qui administrent la justice en Espagne. (De l'article arabe *al*, le, et de *qadhi*, juge. Ce titre de magistrature maure a été conservé par les Espagn. De là le b.l. *alcadis*, *alcadus*, président, préteur; de là le port. *alcaide* et l'it. *alcado*, alcade.)

CADIS, sm. Serge étroite, légère, de bas prix. [Du prov. *cadis*, sorte d'étoffe de laine croisée; d'où le prov. *cadissat*, *cadissado*, fait en façon de cadis.)

CADMUS, s.pr.m. temps hér. Fils d'Agénor, frère d'Europe, inventeur des lettres, fondateur de Thèbes en Béotie. [1° De l'hébr. inusité à kal, *qâdam*, il est allé devant, il fut premier, il a précédé, il fut ancien, signification conservée en ar. De là l'héb. *qédém*, orient, antiquité, ce qui fut avant; et *qadm'n*, oriental; chald. *qedâm*, partie antérieure, devant; et *qadma*, premier temps. Ce célèbre Phénicien venait de l'Orient par rapport à la Grèce. Ainsi *Cadmus* signifie l'oriental, tandis que le nom d'*Europe*, sa sœur, fait de l'hébr. *éréb*, le soir, signifie l'occidentale. Telle est l'opinion de la plupart des philologues. Le docteur Jacobi prétend que *Cadmus* est un personnage héroïque purement gr. 2° Quelques-uns forment ce nom du gr. *kazō*, orner, décorer, étym. qui n'est pas indigne, dit Noël, d'une invention à laquelle la société doit ses plus grands ornements. 3° L'aut. de l'Orig. des pr. sociétés soutient que *Cadmus* est un personnage symbolique, dont le nom serait l'équivalent d'alphabet, et signifierait la chaîne, l'assemblage des lettres, l'accord des Muses, et que ce mot vient de *mus*, racine de *Muse*, synonyme de lettre, et de *gad*, ceinture, ou *cad*, l'accord et l'assemblage parfait de toutes les parties. Bouché de Cluny pense que ce nom, ainsi que *Thamus*, est l'emblème de l'assemblage des lettres. 4° Selon Scrieck, le nom Cadmus aurait été fait du celt. *cadein-hos*, celui qui marche haut, le haut allant. Suivant Volney, Cadmus serait un personnage phéni. qui n'aurait jamais existé comme homme. Ce nom signifierait tout ce qui marche à la tête, qui précède, qui annonce, qui est héraut; tous sens spécialement appropriés à Mercure, héraut des dieux. Mercure, sous ses noms d'Hermès, Thaut, etc., est chez les anciens, même dans Sanchoniaton, l'inventeur des lettres. On a dit que Cadmus signifie orient, oriental; mais pour la Grèce, un homme venu de Tyr et de Thèbes d'Egypte, eût été un méridional et non un oriental. 5° D'après Fréret, l'étym. du nom de *Kasmilos*, donné à Mercure, considéré comme le ministre des dieux Cabires, n'est pas d'une recherche plus difficile dans la lang. grecq. que celles de Cabire et d'Axiéros. Kasmilos doit originairement signifier ministre. Plutarque le dit expressément. Varron le cite de Callimaque. Ce nom s'écrit avec quelques variétés. Strabon et Plutarque disent *Kamilos*, *Kamillos*; Callimaque *Kasmilos*; Lycophron *Kadmilos* et *Kadmos*; Nonnus *Kadmélos*. 6° Selon Denys d'Halicarnasse, les Rom. nommaient *Camilli* ceux qui, dans les sacrifices, remplissaient les mêmes fonctions qu'avaient, dans les orgies et dans les mystères des grands dieux, ceux que les Tyrrhènes et avant eux les Pélasges nommaient *Kad'iloi*. Tous ces mots, dit le même auteur, viennent du gr. *Kédos*, qu'Hésychius rend par *thérapeia*, ministère; d'où *kédō*, et avec l'altération dorique *kazō*, je soigne, j'orne, je pare. Cette étym. rentre dans la deuxième, citée ci-dessus. De ces mots se seraient formés ceux de *Cadmus*, *Cadmilus*, *Casmilus*, *Camillus*. C'étaient, ajoute le même, des mots de la langue des plus anciens habitants de la Grèce, de ces sauvages cantons septentrionaux et occidentaux, où les colonies phéniciennes n'ont jamais pénétré. Les Pélasges d'Italie et de Toscane les avaient apportés avec eux au temps de leur passage. Le nom de *Cadmus* appartenait aux traditions des Assyriens, et des Béotiens, ainsi qu'à celles des Crétois et des Phénic. établis à Thèbes en Egypte.]

*****Cadmée**, sf.h.anc. Nom de la citadelle de Thèbes, en Béotie, ainsi appelée de *Cadmus* qui la bâtit.

*****Cadméen**, enne, adj. Qui appartient, qui est attribué à Cadmus.

*****Cadméide**, s.pr.f. Nom patronymique des filles de Cadmus; Sémélé.

*****Cadméios**, s.pr.m. Surnom de Bacchus à Thèbes.

*****Cadméa**, s.pr.f. Ancien nom de la ville de Thèbes en Béotie. (Du nom de *Cadmus*, son fondateur. La ville s'étant accrue considérablement, la partie d'en bas fut nommée Thèbes, et la partie d'en haut, qui garda l'ancien nom de *Cadmée*, fut regardée comme la citadelle de la basse ville, d'après Pausan.)

Cadmie, sf. chim. Oxyde de zinc, qui s'attache aux parois intérieures des fourneaux où l'on fond des minerais contenant une certaine quantité de ce métal. (1° Dans les Dictionn. gr. *kadméia* ou *kadmia* est traduit par *cal'mine*, pierre qui se trouvait près de Thèbes, ville appelée anciennement *Kadméia*. Hyin et L. Marcus disent que *Cadmus* enseigna aux Gr. l'art de travailler l'airain; et que voilà pourquoi, en gr., on nomme *kadméia* tout ce qui renferme beaucoup de fer ou d'airain. 2° Saumaise dit : *cadmia* vient de l'ar. *climia*, que quelques-uns prononcent *calimia*, d'où le gr. barb. *kélimia*; d'où l'on a dit dans les Gaules *calamina* et *lapis calaminaris*, que quelques-uns tirent de l'indien *calaem*, métal qui ressemble à l'étain; d'où *cadmia*, par corruption. La première étym. est encore la plus naturelle, parce que le gr. *kadmeia* ou *kadmia* paraît être plus ancien que les mots cités par Saumaise; et que l'on voit plus souvent le *d* se changer en *l* que l'*l* en *d*.)

*****Cadmium**, sm.chim. Métal solide et blanc.

*****Cadmifère**, adj.minér. Qui renferme du cadmium.

*****Cadmique**, adj. Qui a rapport au cadmium.

Calamine, sf. Cadmie fossile, oxyde de zinc

natif, qui est d'un grand usage pour affiner le cuivre et en augmenter le poids. (Elle avait reçu du nom de *Cadmus* celui qu'elle portait autrefois, et qu'elle conserve encore aujourd.; le *d* s'est changé en *l* comme dans *Ulysse* d *Odusseus*, *lacrima* de *dakruon*, etc. Constancio pense que *calamine* a été fait du gr. *chalkos*, cuivre, et *méiôn*, moindre, inférieur. Port. *calamina*, all. *galmey*, russe *galmèi*, calamine.)

Calaminaire, adj. *Pierre calaminaire*. Calamine.

Académie, sf. Jardin près d'Athènes, où s'assemblaient quelques philosophes, qui p irent le nom d'Académiciens; la secte même de ces philosophes; par ext., compagnie de savants, d'artistes; lieu où les jeunes gens apprennent l'équitation et d'autres exercices du corps; écoliers qui fréquentaient une académie; lieu où l'on donne à jouer au public; peint., figure entière peinte ou dessinée d'après un modèle nu; dans qqs pays, université; se dit encore des divisions de l'Université de France, dont chacune est dirigée par un recteur. (Fungerus rejette les diverses étym. hasardées sur ce mot avec plus ou moins de raison, et soutient que le mot *Académie* vient de *Cadmus* ou *Kadmus*, nom des Ph nic. Ne soyons pas étonnés, dit Gebelin, si c'est *Cadmus* qui apporta dans la Grèce la connaissance des lettres, et s'il y eut dans Thèbes un endroit principal appelé la *Cadmée* : ce fut la première académie de l'Europe... ce nom d'Académie passa à Athènes; il y fut également un jardin possédé par un *A-cademus*, ou un savant.)

Académicien, sm. Philosophe de la secte de l'Académie; celui qui fait partie d'une académie et exerce ses facultés intellectuelles.

Académique, adj. Qui appartient ou convient à des académiciens.

Académiquement, adv. D'une manière académique.

Académiste, sm. Celui qui appartient à une académie et exerce ses facultés corporelles; celui qui tient une académie.

CADOGAN et **CATOGAN**, sm. Nœud qui retrousse les cheveux et les attache près de la tête. [1° Roquefort lie ce mot au fr. *cadeau*, *cadenette*, *cadenas*, *chaine*. Honnorat le dérive simplement du lat. *catena*, chaine, parce qu'on les tressait. 2° Couzinié le tire du nom d'un Angl. 3° Le général Bardin suppose qu'il vient de l'allem. 4° Peut-être un jour on le fera venir du sansc. *g'ata*, chevelure entrelacée, entortillée, enveloppée, fait lui-même du verbe *g'ai*, entasser, amasser. La première étym. est encore la plus probable. En pat. de Cast. *catagan*, prov. *catagan*, catogan. Voy. *Cadenette*, *chaine*.]

CADUCÉE, sf. Verge accolée de deux serpents, que les poètes donnent pour attribut à Mercure; le bâton couvert de velours et fleurdelisé que portaient le roi d'armes et les hérauts d'armes dans les grandes cérémonies. [Du lat. *Caduceum*, *i*, et *Caduceus*, *i*, caducée, verge que portaient Mercure et les envoyés, les hérauts, etc.; dérivé lui-même du gr. *kêrukéion*, caducée; par le changement remarquable de *r* en *d*. Le gr. *kêrukéion* tient au gr. *kê. ux*, héraut, crieur public; député, prêtre; *kêrussô*, attiq. *kêruttô*, être crieur ou héraut; crier, annoncer; vanter, louer. Le principe de cette onomatopée paraît être l'onomatopée. Cette onomatopée peindrait l'action de crier et conséquemment aurait produit un nombre incalculable de mots. Voy. *Crier*. Pluche pense autrement sur l'origine du mot caducée : « En Orient, dit-il, toute personne constituée en dignité portait un sceptre ou un bâton d'honneur,

et quelquefois une lame d'or sur le front, qu'on appelait *cadosh* ou caducée, ce qui signifiait un homme saint.... ». Ainsi *caduceus* proviendrait de l'héb. *qadasch*, *qadé sch*, il fut saint ou sacré. Constancio le tire du lat. *caudex*, souche d'arbre: et Trév. du lat. *cado*, tomber, parce que le caducée faisait tomber les contestations et les guerres. La première étym. est encore préférée et semble préférable. En ital. *caducro*, esp. *caduceo*, caducée.]

*Caducéateur, sm. Héraut qui annonçait la paix.

*Caducifère, adj. Qui porte un caducée; sm. surnom de Mercure.

*CÆCIAS et *CŒCIAS, sm. Vent du nord-est. [Lat. *Cœcias*, gr. *kaikias*, Cœcias. 1° Gébelin a cherché le type de cette famille dans le gr. *kaid*, je brûle, et *kiô*, je meus, j'excite; 2° et ailleurs, dans le lat. *cœcus*, aveugle; vent qui fatigue, blesse les yeux; 3° Schrevelius, dans le gr. *kaikos*, en lat. *Caicus*, fleuve de Mysie; 4° Benfey, dans le monosyll. sansc. *çi*, d'où le sansc. *çiçira*, froid. Esp. *Cecias*, Cœcias.]

CAFARD, ARDE, adj. et s. Qui affecte une dévotion séduisante pour la faire servir à ses fins; hypocrite, bigot. [1° M. Pihan dérive les trois mots *cafard*, *cafir*, *Cafre*, de l'ar. *kiafir*, ingrat, qui méconnait Dieu; infidèle; au pl. *kuffar*, *keferé*. C'est ainsi que les Musulm. appellent tous ceux qui ne reconnaissent pas la loi de leur Prophète, et particulièrement les Chrét. et les Juifs. 2° M. Fr. Michel pense autrement : Le mot *gaffo*, dit-il, dont *Gaffet* et *Gaffet* ne sont que la contraction de *gavacho*, est un terme d'injure dont on se sert en Espagne à l'égard des Franç., et dont le féminin *gavasa* signifie fille publique. Ce mot, *Gavacho*, que les Espagn. peuvent bien avoir emprunté à leurs voisins les Gasc. qui prononcent *Gabach*, est évidemment une altération du nom des *Gabali*, peuple de montagnards dont une ville portait, du temps de Savaron, le nom de *Ghave*, et qui, de temps immémorial, vont gagner leur vie hors de leurs pays, surtout en Gascogne et en Espagne. Le mot *Gavach*, *Gavacho*, donna lieu à un accident philologique qui n'est pas assez rare pour être qualifié de phénomène. Il se forma de lui, sans que pour cela il cessât d'exister, un nouveau mot qui eut cours parallèlement avec l'autre et dont le peuple ne tarda pas à oublier l'origine : c'était *gafo*, qui s'employa d'abord dans le sens de sale, puant, et qui bientôt par ext. signifia lépreux. Ce mot dont on ne se sert plus en esp., si ce n'est pour désigner un homme qui a les mains gourdes, à son tour donna naissance aux mots *gadefad*, *gafez*, *gafi*, lèpre. *Gavacho* et *gaffo* sont tous les deux sortis d'une même souche... Les Cagots furent, à tort ou à raison, accusés d'hérésie, et cependant ils se livraient en public à toutes les pratiques du catholicisme le plus orthodoxe, le plus irréprochable. Ils allaient aux églises; mais, dit François de Belle-Forest, ce n'était que par manière d'acquit. On se crut autorisé à donner leurs noms aux hypocrites, aux faux dévots. Et ces individus ont été également appelés *cagots*, mot dont le sens est le même que celui de *cafard*, ajoute le même auteur. 3° Ainsi *cafard* ne viendrait pas de l'ar. *kiafir*, *kuffar*; ni du latin *cappa*, robe, manteau, capuchon; ni de l'héb. *chápha*, il a couvert, caché, voilé; ni du gr. *képhên*, bourdon, frelon; fig., fainéant, voleur; ni du bret. *can*, parole, et *fardd*, fardé; ni de l'héb. *kaphar*, renier, ni du l. b. *cuphardum*, sorte de coiffure; ni du gr. *kakaphara*, préméditer du mal; ni du b. br. *canfard* signifiant fanfaron, tartuffe, drôle, espiègle, selon le P. de Rostrenen; et galant, pillard, suivant Dom le Pelletier.]

Cafarderie, sm. Manière d'être, défaut du cafard; acte particulier de cafard, hypocrisie, dévotion grossièrement affectée.

Cafardise, sf. Manière d'agir du cafard, acte particulier du cafard, acte de dévotion affectée.

CAFÉ, sf. Graine du cafier, venue de l'Orient, et dont on fait une boisson agréable; liqueur de cette fève; lieu où l'on prend le café; moment où on le prend. [De l'ar. *q hvet, qahvè,* mot signifiant proprement vin; et, par extension, liqueur faite avec les grains de la plante appelés *boun,* en ar.; d'après Golius, Méninski, De Brière, Reland. D'après de Théis *qahvè* marque en ar. la force, la vigueur. En berb. *kahoua,* turc *kahveh* café. En Nouba *gahwa,* kenzy *khawagy,* café, dans Burkhardt. Tous ces mots sont d'origine ar. Il en est de même du malais *copi, cofi* (pris du holl.), de l'ital. *caffe,* de l'all. *caffee, kaffee,* angl. et holl. *coffee,* café. C'est, dit-on, Daniel Edward, marchand de Smyrne, qui introduisit le café en Europe vers le milieu du 17º s.]

Cafetier, sm. Limonadier qui tient café.

Cafetière, sf. Vase pour faire le café.

__Caféier, Cafier,__ sm. Arbre qui produit le café.

__Caféirie;__ sf. Plantation de café.

__Caféier, ière,__ s Propriétaire d'une caféirie.

__Caféine,__ sf. Substance tirée du café.

__Caféique,__ adj. m. chim. Se dit d'un acide qui existe dans le café.

__Caféomètre,__ sm. Instrument pour mesurer la pesanteur spécifique du café.

CAFETAN ou **CAFTAN,** sm. relat. Pelisse d'honneur que les souverains de l'Orient ont coutume d'offrir aux personnages de distinction, et surtout aux ambassadeurs des puissances étrangères. Cet usage a pris naissance en Turquie. [Du turc *qaftan,* caftan. Ce vêtement ressemble à celui qui porte chez les Ar. le nom de *khil'a* ou *cril'at* : M. Pihan. De là le berb. *akafthan,* le port. *caftan,* le russe *kaphtane,* caftan. En persan *kefthan,* vêtement militaire, cuirasse, dans Wilken.]

CAGNARD, ARDE, adj. et s. fam. Fainéant, paresseux. [1º Du lat. *canis,* chien, d'où l'ital. *cane,* chien, *cana,* chienne, et l'anc. fr. *cagne,* chienne; parce que les chiens choisissent les endroits où le soleil luit pour s'y coucher tout de leur long, selon Diez, Honnorat, Gébelin, Gattel, Noël et Carpentier, Le Duchat, etc. «Dans Oudin, dormir en *chien,* c'est dormir indifféremment à toute heure et en tous lieux. De là apparemment le mot *cagnard,* dit Le Duchat.» Par *cagnard* ce dernier auteur entend toute espèce d'abri où les gueux aiment à se coucher comme des chiens. Honnorat dit que de l'ital. *cagna* vint le béarn. *cagna,* chienne; ainsi que le prov. *cagna,* langueur, nonchalance, malaise occasionné par les fortes chaleurs; littéral. chienne qui reste couchée, d'où le prov. *cagnard,* cagnard, fainéant. En rém., comt., lorr. et pic. *cagne* signifie lâche, fainéant, paresseux. 2º *Cagnard* signifiait autrefois tout homme qui mendiait par fainéantise. Pasquier assure qu'en sa grande jeunesse ces fainéants avaient coutume pendant l'été de venir se loger sous les ponts de Paris; que ce lieu était appelé *caignard,* et ceux qui le fréquentaient *caignardiers;* parce que, de même que les *canards,* ils vouaient leur demeure à l'eau. Trév. dit que la police défendit ces assemblées, et qu'il y eut plusieurs cagnards de fustigés. 3º L'abbé Corblet soupçonne que cagnard vient du celt. *casnar,* qui, d'après Tacite, signifiait vieillard, d'où serait venu le pic. *acagnardi,* amolli par la paresse ou par l'âge. 4º Le mot d'argot *cagoux,* par lequel on désignait autrefois une classe de voleurs, celle des voleurs solitaires, ne paraît être à Fr. Michel qu'une altération de *cagot.* On en peut dire autant, ajoute-t-il, du même mot pris dans le sens de *cagnard,* et qu'on applique à un homme qui vit d'une manière obscure et mesquine, qui ne veut voir ni hanter personne, en un mot à un ladre; et de *cagnardier,* qu'on lit dans les auteurs du 16º s. avec le sens de fainéant, gueux, coquin. Dans Haut. Nob. de Prov. *cagnard,* avare, paresseux, fainéant, retiré, et qui fuit le grand monde, de peur d'être obligé à quelque dépense. 5º Bullet croit que *cagnard* vient du bret. *caign,* charogne, courtisane; rosse. Eloi Johanneau fait remarquer que les *canards* ou *caignards* du Bearn, c'est-à-dire les lépreux, étaient obligés de porter une patte d'oie sur l'épaule pour signe distinctif de la lèpre dont ils étaient affligés. En anc. fr. *cagnard, caignard,* chenil, lieu mal propre, lieu de débauche; gueux, fainéant; et *caigna, der,* mener une mauvaise vie; ne rien faire. Lang. des Troub. *cogonot,* dans le Berry *cagnaud,* cagnard.]

Cagnarder, vn. Vivre dans la paresse. *Cagna-dé,* part.

Cagnardise, sf. Fainéantise, paresse.

Acagnarder, va. fam. Accoutumer qqn. à mener une vie obscure et fainéante. *Acagnardé, e,* p.

S'acagnarder, va. pron. Se rend c cagnard.

CAGOUILLE, sf. vi. mar. Volute qui sert d'ornement au haut de l'éperon d'un vaisseau. [Peut-être du suéd. *kaegla,* cône, quille, ou de l'all. *kegel,* cône, quille, pignon; d'où l'all. *kegel-schencke,* volute. En anc. all. *gugel,* dan. *kegle,* holl. *kegel, keegel,* cône, quille. Cette étym. est tout-à-fait hasardée.]

CAGUE, sf. mar. Sorte de petit bâtiment hollandais qui se t à naviguer les canaux. [Du flam. *kaag,* cague, sorte de bateau de charge en usage dans les Pays-Bas; d'où le flam. *kaagman,* batelier ou maître d'une cague; et l'all. *kaag,* cague.]

CAHIER, sm. Assemblage de plusieurs feuilles de papier ou de parchemin réunies; écrits; mémoires. [1º Selon Diez, du pic. *coyer* ou *quoyer,* dérivé lui-même du lat. *codicarium, r. couex;* comme *frayeur* de *froyeur.* Nicod dérive aussi *cahier* de *codex.* 2º Selon Du Cange, du lat. *quaternio,* cahier de quatre feuille; r. *quatuor.* D'après Raynouard, du mot rom. *cazern,* ou *q aderna,* tableau à quatre colonnes, cahier, livre, dérivé du lat. *quate nus,* r. *quatuor.* On fit usage, dit-il, du mot cahier à cause de la division quaternaire des feuilles des manuscrits. 3º Selon Ménage, du l.b. *scap rium,* fait de *scapus,* employé par Pline dans le sens de main de papier. 4º D'autres prétendent que le mot *cahier* est originaire de l'Égypte. 5º D'aut es pensent qu'il vient, par métathèse, du lat. *charta,* papier, écrit, ouvrage, livre, page, feuillet.]

CAHOT, sm. Choc, agitation violente qu'on ressent dans une voiture, par l'inégalité du terrain qui lui fait faire plusieurs sauts. [1º Les mots *cahot, cahoter, cahotage,* semblent se rattacher au lat. *cado, cadere,* tomber, comme *trahir* à *tradere, envahir* à *invadere;* et surtout au port. *eu caho,* je tombe; *cahida,* chute, et *cahido,* tombe, abattu. 2º M. Honnorat pense que *cahot,* vient de l'ital. *caduta,* chute, fait du lat. *cadere;* 3º ou que c'est une onomatopée de la secousse rude qu'on désigne par ce mot. Nodier et Roquefort estiment que *cahot* est une onomatopée. Gébelin et Jauffret soutiennent qu'il vient du lat. *cado,* je tombe, et Gattel est d'avis qu'il dérive de l'ital. *caduta,* chute; ce qui revient au même, ainsi qu'à la première étym. 4° Quelques-uns tiennent qu'il provient du lat. *quatio*, secouer, ébranler, fréq. *quassi*, d'où *succuso*, secouer en trottant, porter en secouant; et *conquasso*, secouer fortement, fréq. de *concutio*. 5° Le Trip. le rapporte à l'autrich. *haudere*, et à l'écoss. *howder*, je cahote.]

Cahoter, va. Causer des cahots; fig. balloter, tourmenter. *Cahoté, e*, p.

Cahoter, vn. Éprouver des cahots.

Cahotage, sm. Suite ou répétition de cahots, mouvement fréquent qui se fait par cahots ou qui est causé par les cahots.

Cahotant, e, adj. Qui fait faire des cahots; qui fait des cahots.

CAHUTE, sf. Petite loge, hutte, cabane, maisonnette. [1° Presque tous les étymologistes ont reconnu que ce mot est d'origine germ. 2° Cependant Roquefort et Honnorat pensent qu'il vient du fr. *cahot*, comme qui dirait petite loge que le vent fait *cahoter*; 3° un autre le dérive du sansc. *kutas* ou du celto-prov. *kuto*, cabane; 4° et Bullet, du celt. *cah*, habitation. 5° Le Trip. rattache les trois mots franç. *cahute, coite, couette*, au gr. *koitê*, lit, couche, gîte, coffre, caisse; au germ. *koe, kaue*, au holl. *kove, kajuyte*, au dan. *kahyt*, cabane, chaumière, cahute; etc; et même au pers. *kac* au chin. *kia*. 6° Solon Denina, *cahute* serait un pléonasme fait de *ca, casa*, maison, et de *hutte*, maison chétive ou petite; d'où l'esp. *alcahutero*, propr. celui qui prête sa hutte pour certains rendez-vous. 7° De Chevallet rapporte simplement ce vocable au dan. *kahyt*, cabane, chaumière, cahute; au suéd. *kajuyta, kaot i, kotz*; à l'all. *koth, kotte*, à l'angl. *cot, cottage*, id.; et au holl. *kajuit*, cabine d'un navire. 8° Meidinger semble concilier la plupart de ces opinions; il lie l'angl. *cot* à l'angl. *hute*, et l'anc. scandin. *kot*, hutte, cabane, à l'all. *hütte*, hutte, cabane; et l'anglos. *cot, cota, cote, cyte*, hutte, cabane, à l'anglos. *hutte*, hutte, cabane. Les deux aspirations *h* et *c* se permutent souvent dans les lang. du Nord. 9° M. Benjamin Lafaye dit: «Quoique l'usage soit d'écrire *hutte* par deux *t* et *cahute* par un seul, leur rapport pour le sens ne permet pas d'hésiter à leur assigner le même radical, savoir l'all. *hütte*, qui exprime la même chose et tient de près au v. *hüten*, garder, préserver, garantir; d'autant plus que *cahute* a commencé par s'écrire, et se trouve encore écrit dans Trév., *cahuette*, ce qui répond exactement à *ca-hütte*. Mais d'où vient la syllabe initiale de *cahute*? On ne peut que le conjecturer. *Hutte* importé par les Francs dut paraître aux vaincus d'une prononciation rude et difficile, à cause de l'aspiration si forte en allem. de la lettre *h*. N'est-il pas probable qu'alors les Gaul. l'auront adouci, en le faisant commencer de la même manière que *cabane*, mot déjà connu et d'une acception à peu près pareille. La race franque, celle des guerriers, aura continué à appeler *huttes*, conformément au sens primitif, ce qu'aujourd'hui nos soldats nomment plus généralement baraques.» 10° M. Jal pense que *cahute* et *cabane* ne sont pas sans analogie, que le premier est peut-être une corruption de l'autre. 11° Selon M. Scheler, la forme actuelle *cahute* paraît être une contraction de l'anc. fr. *cahuette*, et le primitif serait alors *cahue*, b.l., *cahua*, et répondrait à l'all. *kaue*, réduit, angl. *coy*. Voyez *hutte, bahut, huche, hotte*. En l.b. *cahuta, cahua*, anc. f. *quaiute*, cahute, cabane.]

*CAIETE, s.pr.f. temps hér. Nourrice d'Enée, ou de Créuse, ou d'Ascagne. Elle suivit ces deux princes dans leurs voyages, et mourut en Italie. Enée lui éleva un tombeau dans l'endroit où est aujourd'hui *Gaëte*. Virgile dit : « Caïete, fidèle compagne et nourrice d'Enée, vous êtes venue mourir sur nos côtes d'Italie, et vous avez éternisé votre nom en le faisant porter à l'une de nos villes. Le respect que l'on conserve pour vous sert de sauvegarde au pays; et si c'est un honneur que d'avoir une épitaphe dans l'Hespérie, votre nom fut inscrit sur votre tombe. [Du lat. *Caieta*, Caïete On dérive ce nom du lat. *caiare* ou *cajare*, fouetter, corriger un enfant, ou comme un enfant.]

CAILLE, sf. Oiseau de passage, un peu plus gros que la grive; son plumage est grivelé. [1° Scaliger, Papias, Ménage, Nodier, Roquefort, etc., pensent que ce nom est une onomatopée, qu'il lui a été donné à cause de son cri. 2° Trév. affirme que ce nom vient de l'ital. *quiglia*, formé de *quiquila* ou *quisquila*, qui se trouvent dans la b.l. pour exprimer cet oiseau, et qui sont des mots faits sur le chant des cailles. 3° Wachter soutient que c'est mal à propos que l'on a demandé à l'onomatopée l'origine de ce nom. Il le dérive de l'all. *wachtel*, caillé; fait lui-même de l'anc. all. *wach'en*, veiller; parce que les cailles veillent la nuit, surtout dans leurs pérégrinations. *Wachtel* aurait donné naissance au b.l. *quiquita*, caille; d'où l'ital. *quaglia*; d'où, par une nouvelle altération du mot, le fr. *caille*. 4° D'après Diez, le mot *caille* appartiendrait à la même origine que l'all. *quaken*, coasser, crier, piailler. 5° Bullet prétend que ce mot procède du celt. *cal*, gras; parce que, dit-il, la caille est fort grasse. Autant vaudrait le dériver du lat. *cale*, je suis chaud ; car on dit plus souvent *chaud comme une caille*, que *gras comme une caille*. En b.l., on a dit aussi *quaquilla, quatilia, caille*. Ital. *quaglia*, esp. *cuaderviz*, angl. *quail*, anc. esp. *coalle*, lang. des Troub. *quisquila, cailla*, castrais *callo*, celt. *coailh*, holl. *quakele*, flam. *coille*, picard *co ille, coille*, caille.]

Cailleteau, sm. Jeune caille.

*Carcailler, vn. Crier comme la caille. **Carcaillé*, p.

*Carcaillot, sm. Un des noms de la caille.

Caillette, sf. fam. Femme babillarde ; se dit aussi d'un homme. (De *caille*, dit De Paulmy, parce que les cailles sont timides et jabotent sans cesse. M. Tarbé fait remarquer qu'en anc. fr. *prendre au caillé* signifiait prendre des cailles en imitant le cri de la femelle pour attirer les mâles; que c'est le métier des filles publiques qui provoquent les passants, lesquelles on nommait *cailles et caillettes;* et que jouer aux cailles, c'était fréquenter les femmes galantes. Quitard dit : « Ce mot, qu'on applique à une personne frivole et babillarde, est regardé par quelques étym. comme un diminutif de *caille*, oiseau qui jabote sans cesse, et par quelques autres comme un dérivé de *cail*, qui, en celt., désigne une jeune fille de village. » Le celt. *rail*, cité ici, semble se rapporter au sansc. *kanya*, jeune fille, comme le lat. *alius* au sansc. *anya*, autre. Mais la 1re étym. obtient encore la préférence.)

*Cailleter, vn. Faire la caillette; bavarder. **Cailleté*, p.

Cailletage, sm. fam. Bavardage de caillettes.

Courcaillet, sm. Cri des cailles.

*Courcailler, vn. Crier comme la caille. **Courcaillé*, p.

CAILLOU, sm. Petite pierre dure, quelquefois polie et luisante, d'où il jaillit des étincelles quand on la frappe avec du fer ou de l'acier. [Lat. *calculus*, caillou, petite pierre; calcul, gravelle, pierre, maladie; dame, pion; compte, calcul; et *calx, calcis*, pierre à chaux; chaux; chaux vive. Gr. *chalix, chalikos*, petite pierre; caillou, moellon, cailloutage, rocaille;

pierre à chaux; et *kachléx, kachlékos, kachlix, kachlikos.* caillou, petite pierre au fond de l'eau; gravier, sable. Ar.et pers. *kils,* chaux, dans Méninski. Sansc. *çarka,* gravier, petit caillou : l=r.Phénicien *challekim,* cailloux, dans Bochart. Hébreu *challāmisch,* silex, pierre dure. Idiome de Vanikoro, dans la Polynésie, *kele,* chaux. Aimara, Amér. mérid. *kala,* pierre; Youkaghire, Sibér. or., *kaill,* lapon *kallé,* Malabar *kallé;* Tamoule *k illa,* pierre. Kamtchatka, Asie mérid. *kouall,* et Kamtchatka, Asie or., *koual,* pierre. Syr.*kaloko,*petite pierre, caillou. Finland. *kailio,* pierre.Haut all.anc.*chalch,* chaux; anglos. *cealc,* angl. *chalk,* chaux. All.,anc. scandin., dan.,suéd.,holl. *kalk,* chaux. L.b. *calça,* ital. *calcina,* chaux; esp. et port. *cal, cat. cals,* lang.des Troub. *calz,* chaux; prov. *caus, cau, cals, chau,* chaux. Lang. des Troub. *calhaus,* caillou. Castr. *acaous,* chaux. Angl. *kale,*pierre, caillou. Champ. *caillos,*cailloux. Anc.fr.*caillaus,* cailloux,Rouchi, *caliau,* pierre, caillou; *cauche,* chaux. Gall. *calç,* gaël écoss. et irl. *calc,* chaux.]

**Caillou,*sm. Outil fait d'un caillou plat,servant à décrasser le creuset des ouvriers en cuivre.

**Caillotis,* sm. Sorte de soude ressemblant à des cailloux.

Caillot-rosat, sm. Poire pierreuse, et qui a un goût de rosat.

***Caillouasse,** sf.minér. Pierre meulière blanche, dense et en forme de moellons.

Cailloutage, sm. Ouvrage fait de cailloux.

***Cailloutage,** sm.technol. Faïence fine.

***Cailloutée,** adj.f. Se dit de la faïence fine.

***Caillouter,** va. Couvrir de cailloux. **Cailloute, e,* p.

***Caillouteur,** sm.Qui taille les pierres à fusil.

Caillouteux, euse, adj. Plein de cailloux.

***Cailloutis,** sm.Cailloux couvrant un chemin, ou destinés à le couvrir.

Calcul, sm.Pierre qui se forme dans le corps de l'homme; maladie qui en résulte. (L. *calculus.*)

***Calcul,** sm.ant.rom. Le moindre des poids; petite tessère blanche ou noire, pour absoudre ou pour condamner; sorte de dames ou de fiches; sorte de jeton pour apprendre à compter; petite pierre ronde et plate qui servait aux Gr.ainsi qu'aux Rom. pour calculer, compter.

Calcul,sm.Compte,supputation.(L.*calculus.* caillou. On s'en servait pour compter. Et non du sansc. *kal,* compter, nombrer.)

***Calcul,**sm.arith.Art d'augmenter les nombres et de les diminuer.

Calculer, va.et n. Supputer, compter. *Calculé, e,* p.

***Calculer,** va.arith. Composer et décomposer les nombres de manière à les augmenter ou à les diminuer, à l'aide de diverses opérations.

Calculable, adj. Qui peut se calculer.

Calculateur, sm. Qui s'occupe de calculs.

Calculateur, adj.m.fig. Se dit de l'esprit.

***Calculateur,**sm.ant.rom.Maître d'arithm.

***Calculatoire,** adj. Du calcul, qui sert à l'opérer.

***Calculatrice,** adj. Se dit d'une femme qui sait calculer, d'une chose qui a rapport au calcul.

Incalculable, adj. Qui ne peut se calculer; par ext., très-nombreux, très-considérable.

***Incalculablement,** adv. D'une manière incalculable.

***Incalculé, e,** adj.Qui n'a pas été calculé.

Calculeux, euse, adj.méd. Pierreux, graveleux.

Calculeux, euse, adj.et s. Attaqué de la pierre.

***Calculifrage,** adj.méd. Qui rompt, divise les calculs.

Cilice,sm.Vêtement grossier; tissu de crin, ou de quelque autre poil rude et piquant, que l'on porte sur la chair par esprit de pénitence. (Du lat. *cilicium,* tissu de poil de chèvre, fabriqué originairement en *Cilicie.* Bochart dit que la *Cilicie* comprenait deux parties l'une rude et pierreuse, l'autre champêtre; que la première partie n'a pas reçu ce nom d'un personnage fabuleux nommé *Cilice ;*mais du phénic. *challeqim* ou *challuqim,* pierreux. C'est l'hébr. *challamisch,*silex, pierre dure; mot que Gésenius lie au gr. *chalix,chalikos,*petite pierre, caillou,moellon, cailloutage. rocaille. C'est pourquoi les Gr. surnommèrent la Cilicie *tracheia;* et les Lat.*aspera,* raboteuse,rude, inégale. Les Ciliciens avaient inventé une sorte d'étoffe faite de poil de chèvre, dont on faisait des habits pour les matelots et les soldats; comme elle était grossière et d'une couleur sombre et noire, les Hébreux s'en servaient dans le deuil et dans la disgrâce.Ces cilices étaient différents de ceux dont l'esprit de pénitence a inventés depuis et qui sont de crin. Varron dit : « La tonte des chèvres est en usage en Phrygie, où l'espèce à longs poils est commune. C'est de cette contrée que nous viennent les tissus de poil que nous appelons cilices(*cilicas*), ainsi nommés, parce que c'est en Cilicie (*Cilicia*), qu'a commencé l'habitude de tondre les chèvres. » En ital.*ciliccio,*esp.et port.*cilicio,*lang. des Troub. *cilici, cirici, selitz,* cilice.)

Calcaire, adj.Se dit des pierres,etc., que l'action du feu peut changer en chaux. (Lat. *calx, calcis,* pierre à chaux, chaux; et *calculus,* caillou. Gr. *chalix, chalikos,* petite pierre, caillou.)

Calcaire, sm. Terrain calcaire.

***Calcareux, euse,** adj.minér. Qui contient des pierres calcaires ou de la chaux.

***Calcariforme,** adj.minér. De la forme d'un sel calcaire.

***Calcides,** sm.pl.chim. Famille de corps simples.

***Calcifère,** adj. Qui renferme de la chaux.

***Calcifié, e,** adj.minér. Converti en carbonate calcaire.

***Calcigène,** adj.hn. Qui se développe sur le carbonate calcaire.

***Calcilithe,** sf.minér. Pierre calcaire.

Calciner, va. Réduire à l'état de chaux, transformer du carbonate calcaire en chaux vive; soumettre des matières solides à l'action du feu. *Calciné, e,* p.

***Calcinable,** adj. Susceptible d'être calciné.

Calcination, sf. Action de calciner; l'effet.

***Calcine,** sf. Oxyde métallique en poudre, qui sert à la fabrication des émaux et des couvertures de poterie.

***Calciphyre,** sm.minér. Sorte de roche.

***Calciphyte,** sm.minér. Corps calcaire ayant l'apparence d'une plante.

***Calcique,** adj.chim. Qui a rapport à la chaux.

***Calcium,** sm.chim. Corps metallique, blanc, solide, qui fait la base de la chaux.

Castine, sf. Pierre calcaire, d'un gris blanchâtre, qui,mêlée avec certains minerais de fer, en facilite la fusion. (De l'all.. *kalkstein,* pierre calcaire,par corruption.)

***Incalciné, e,** adj. Qui n'a pas été calciné.

***Muschelkalk,** sm.géol. Groupe appartenant au nouveau grès rouge supérieur,et placé entre le calcaire magnésien et le lias. (All. *muschkel,* coquille, *kalk,* chaux.)

Chaux, sf. Pierre calcinée; terre calcaire, d'une saveur âcre, chaude, qui se solidifie avec l'eau et

forme un ciment. (L. *calæ, calcis*, pierre à chaux.)
***Chaux**, sf.chim. Oxyde de calcium.
Chauler, va. Passer le blé à l'eau de chaux avant de le semer. *Chaulé, e*, p.
Echauler, va. Chauler.
Chaulage, sm. Action de chauler le blé.
*****Chauler**, va.Jeter de la chaux dans un champ.
*****Chaulier**, sm. Qui exploite un four à chaux.
*****Enchaussener**, va. Plonger les peaux dans un bain de chaux,pour que le poil s'en détache.**Enchaussené, e,** p.
*****Enchaussenage**,sm. Act. d'enchaussener.
*****Enchaussenoir**, sm. Outil dont se sert le chamoiseur.
*****Enchaux**,sm.Chaux détrempée dans de l'eau; vase plein de chaux détrempée.

AIMACAN, sm.relat. Lieutenant du grand-[...] [1° D'après Volney et Pihan, de l'ar. *qaym*, se a t debout, et *maqâm*, lieu. 2° D'après le Trip., je *monge, kœmœku*, j'ordonne.]

CAYMAN, sm. Espèce de crocodile. [De l'ind. *cayman*, d'où l'ital.*caimano*, l'esp., le cat.et le prov. *caiman*, espèce de crocodile très-commun en Amérique. On donne aussi le nom de Cayman, en Afriq., du côté de la rivière de Rio San Domingo, à une espèce de crocodile. Les Nègres de Guinée nomment le crocodile *caïman*.]

CAIMANDER et **QUÉMANDER**, vn.vi. Mendier, faire métier d'aller chercher l'aumône dans les maisons. [1° Du lat. *mandare*, charger d'une commission,enjoindre, assigner,prescrire, mander, selon Roquefort. 2° De *cai*, fait de *casâ*, chez, et du fr. mander : M. Delatre. 3° De l'anc. fr. *guementer, guementant*, s'informer,dérivé du b.l.*quæritamentare* : Eloi Johanneau. 4° Du lat. *quæritare*, fréquentatif de *quærere*, chercher : Le Duchat et Honnorat. 5° Du celt. *cais*, qui cherche, et de *man*, homme : Bullet. 6° Du lat. *gemere*,gémir, suivant un autre.En anc.cat. *guaymentar*,lang.des Troub. *gaymentar, quaimentar, gasmentar*, gémir, se lamenter. Anc. fr. *caimanderie, caimandise*, gueuserie; *caiment*, pauvre, mendiant ; *guermenter* et *guementer*, se plaindre, s'affliger, se lamenter. Prov. *caïmar*, languir de misère, caïmander, dans Honnorat.]
Caimandeur, euse et **Quémandeur, euse**, s. vi. Qui quémande.

CAIQUE, sm. Esquif, petit bâtiment chez les Turcs; chaloupe qui servait avec les galères dans la Méditerranée. [Du turc *qaïqou, qayq*, caïque : De la Boulaye, Pihan, Constancio, etc. Humbold lie le turc *qayq* au haythien *canoa*,bateau, on ayno *cahani*, et au groënl. *kahn*, bateau. En angl. *ketch*, caïque, ital. *caicou*, prov.*caikou, caica*,caïque;port.*caikou*,caïque,saïque. Russe *kaïka*, valaq. *kaïk*, caïque.]
Quaiche, sf.mar. Petite embarcation des mers du Nord. (Ce mot serait d'origine ital., suivant Lunier; d'origine german., suivant De Chevallet. En angl.*ketch*, caïque, quaiche; flam. *kits*, mot que Halma traduit par quaiche, sorte de navire angl. ; suéd. *kag*, quaiche.)
*****Ketche**,sm.mar. Navire angl. à deux mâts et à poupe carrée.

CAISSE,sf.Coffre de bois où l'on met des marchandises; assemblage de planches en carré que l'on remplit de terre pour y mettre des arbres; coffre-fort où les marchands, les banquiers, etc., serrent leur argent et leurs effets de commerce; par ext., lieu, bureau où les banquiers, les négociants, etc., font et reçoivent les paiements;tous les fonds qu'un banquier, un négociant,une administration,etc., peut avoir à sa disposition; établissement où l'on dépose des fonds pour différentes destinations; le corps d'une voiture; cylindre d'un tambour, le tambour même; papier plié en carré avec rebords, où l'on fait cuire les biscuits et certains mets délicats. [De l'anc. fr. *capse*, caisse, dérivé du lat. *capsa*, cassette, coffre, tiroir, tablette, boîte, sac; dérivé lui-même du gr. *kapsa*, coffre,boîte; fait du v. *kamptô*, plier, fléchir, courber, d'où *kampsa*,coffre,cassette, corbeille : $ai=a$, et $ss=ps$. L'*a* des Latins se change très-souvent en *ai* en fr. Les doubles consonnes indiquent fréquemment l'assimilation d'une lettre à une autre. L'Ital., de même qu'il changea *x* ou *cs* en *ss*, a changé *ps* en *ss* : du lat. *capsa*, il a fait *cassa*; d'*ipso* il fit *isso*, d'où *esso* : Denina. M. Pihan pense que le fr. *caisse* vient de l'ar. ou pers. *kaisse*, bourse, sac où l'on met l'argent, les dépêches,etc. Bullet le dérive du celt. *cass*;cassette. La première étym. est la seule adoptée par la presque unanimité des étym. Elle est la plus probable, malgré la grande ressemblance de l'ar.*kaisse*.Il n'est guère croyable que ce mot,d'un usage vulgaire et fréquent, ait été emprunté de l'ar. ou du pers.plutôt que du lat. D'ailleurs le lat. *capsa* répond à toutes les significations du fr. *caisse*;il n'en est pas de même de l'oriental *kaisse*. En ital. *cassa*, caisse; cat. *capsa*, esp. *caxa*, port.*caixa*, caisse. Lang. des Troub. *cayssa, caissa*, caisse; et *capsa*, châsse. En all. et en flam.*kasse*,caisse, coffre-fort.Du temps de Pasquier *caisse*, dans le sens de tambour, était un mot nouveau et s'écrivait *quesse*. En b.l. *caixia, capsa*, caisse; et *capserius*, ital. *cassiere*, caissier; et *cassa, cassires*, châssis, métier; *cassa*,châsse d'un saint; *cassa*,caisse; et *cassa*, casserole.]
*****Caisse**,sf.mar.Partie d'une poulie qui renferme le rouet et son essieu; partie carrée du pied d'un mât de hune, de perroquet ou de cacatois; passant entre les élongis du mât inférieur; archit., renfoncement carré entre les modillons de la corniche corinthienne; boîte couvrant le marbre sur lequel on bât l'or; coffret en bois qui empêche le sucre que le raffineur gratte de tomber à terre.
*****Caissetin**, sm. Petite caisse en sapin où l'on enferme les raisins secs; petite caisse où l'ouvrier en soie range les cannettes, la soie, les dorures qu'il emploie.
Caissier, sm. Qui fait des caisses; qui tient la caisse.
Caisson,sm.Grande caisse sur des roues pour porter des vivres, des munitions, à l'armée.
Caisson, sm.archit. Renfoncement orné de moulures.
*****Caisson**, sm.mar. Banquette placée dans la chambre des bâtiments, et qui contient des provisions de table; ponts et ch.,coffre en charpente pour exécuter, au-dessous du niveau de l'eau, la fondation des ouvrages de charpenterie.
Casse, sf.imp. Caisse à petits compartiments pour mettre les lettres d'un caractère; bassin où est reçu le métal fondu qui découle du fourneau.
*****Casse**, sf.Chaudière de fer ou de potin; poêle de cuivre pour puiser l'eau ou le savon ; partie d'une écritoire portative où l'on met les plumes; grande cuiller pour affiner l'or; trou d'une aiguille. (En pat.de Sav.*casse*, pat. d'Als. *gyaisse*, poêle à frire.)
Casseau, sm.imp. Moitié de casse qui sert de réserve pour différents caractères.
*****Casseau**, sm. Etui du fuseau à dentelle.
Casserole,sf. Vase de cuisine qui sert à divers usages. (Gloss. champ. de Tarbé; *casse, cassélle,*

casserole, cassette, coffret, panier; b.br. de Bullet, *casserolen*, casserole; anc. fr.*casse*,cast.*cazo*,port. *caço*, petit poêlon).

*Casserolée, sf.fam.Contenu d'une casserole.

*Cassetée, sf. Le contenu d'une casse.

Cassetin, sm.imp. Compartiment de la casse; petite casse à lettres.

*Cassetin, sm. Réservoir qui, dans un fourneau, reçoit le métal entrant en fusion.

Cassette, sf. Coffret où l'on serre des objets précieux et de peu de volume; trésor d'un roi; boîte avec des casses.

*Cassette, sf. Coffret à compartiments à l'usage des tailleurs.

*Cassier, sm.impr. Armoire où l'on range des casses.

*Cassin, sm. Châssis au-dessous du métier des tisserands, où sont attachées les poulies.

Cassolette, sf. Vase où l'on fait évaporer des parfums.

*Cassolle, sf.pap. Réchaud où l'on chauffe la colle.

Casson, sm. Pain informe de sucre fin. (Ainsi dit, parce qu'on le met dans un caisson.)

Cassonade, sf. Sucre raffiné une seule fois, qu'on apporte en Europe dans des caisses. (Port. *cassonada*, fait de *casson*, grande caisse; parce que c'était dans ces sortes de coffres que les Portug. l'expédiaient autrefois du Brésil en Europe.)

Décaisser, va. Tirer d'une caisse. *Décaissé, e*, p.

*Décaisser, va. Enlever un arbuste de sa caisse pour le transporter dans une autre, ou en pleine terre.

Encaisser, va. Mettre dans une caisse. *Encaissé, e*, p.

Encaissé, e, adj. Se dit d'un fleuve, d'une rivière, dont les bords sont escarpés.

*Encaissage, sm.Act. d'encaisser une plante.

*Encaissement, sm. Action d'encaisser.

*Encaissement, sm. P. et chauss. Enceinte formée par de la charpente.

Rencaisser, va. Remettre dans la caisse. *Rencaissé, e*, p.

*Rencaisser, va. fin. Remettre en caisse.

Rencaissage, sm. Action de rencaisser.

*Rencaissement, sm. Action de rencaisser.

Châsse, sf. Caisse, boîte, coffret où l'on garde les reliques d'un saint; tout ce qui tient enchâssé, renfermé. (Du lat. *capsa*: tous les étym. Lang. des Troub. *capse*, port. *encaixe*, châsse.)

Châssis, sm. Ouvrage de menuiserie formant des carrés où l'on met des vitres, de la toile, ou des feuilles de papier huilé, pour empêcher le vent, les injures du temps, etc.; espèce de cadre sur lequel on attache, on applique, on fait tenir un tableau, etc.; ce qui enferme et enchâsse qq. chose. (De la b.l. *capsicium*, *cassa*, châssis, dérivé du lat. *capsa*. En picard *cassis*, châssis; castrais *xassis*, châssis.)

Contre-châssis, sm. Châssis de verre ou de papier que l'on met devant un châssis ordinaire.

Enchâsser, va. Mettre, faire entrer, fixer qq. chose dans du bois, dans de la pierre, de l'or, de l'argent; fig., se dit de ce qu'on insère dans un discours, dans un ouvrage d'esprit. *Enchâssé, e*, p.

Enchâssure, sf. Manière d'enchâsser; l'effet.

*Désenchâsser, va. Tirer une relique de sa châsse, une pierre précieuse de son chaton.

Capse, sf. vi. Sorte de boîte servant au scrutin d'une compagnie. (L.*capsa*, cassette, boîte, sac.)

*Capse, sf. Genre de coquilles; genre d'insectes hémiptères.

*Capsaire, sm.ant.lat. Esclave qui portait dans une botte les livres des enfants qui allaient à l'école; esclave qui gardait les habits dans les bains publics; celui qui gardait les registres de comptabilité militaire.

*Capsale, sm. Genre de crustacés.

*Capselle, sf. bot. Petite capsule.

*Capselle, sf. Genre de plantes crucifères.

*Capsicarpelle, sf. Genre d'algues marines.

*Capsicum, sm.bot. Nom latin du poivre long.

*Capsicine, sf. chim. Alcali extrait du poivre long.

*Capsier, sm. Mollusque qui habite les capses.

Capsule, sf. dim. bot. Enveloppe renfermant la semence, la graine; anat., partie en forme de sac, de poche; enveloppe membraneuse; chim., vase en forme de calotte pour l'évaporation des liquides; amorce pour les fusils à piston.

*Capsule, sf.bot. Tout fruit sec que l'on ne peut rapporter ni au follicule, ni à la silique, ni à la gousse, ni à la pyxide, etc.

Capsulaire, adj. Qui forme capsule; anat., qui dépend de certaines parties nommées capsules.

*Capsulaire, sf. Genre de vers intestinaux.

*Capsulaires, adj.m. pl. bot. Se dit des fruits indéhiscents; et des fruits déhiscents lorsqu'ils sont secs.

*Bicapsulaire, adj. bot. A deux capsules.

*Multicapsulaire, adj. A plusieurs capsules.

*Quadricapsulaire, adj. bot. A quatre capsules.

*Tricapsulaire, adj. bot. A trois capsules.

*Unicapsulaire, adj. bot. A une capsule.

CAL, sm. Durillon qui vient aux pieds, aux mains, aux genoux; chir., substance osseuse qui réunit les parties. [Du lat. *callum*, cal, calus, callosité, durillon. La plupart des étym. attribuent une origine commune au lat. *callum*, *calcare*, *callis*, *calleo*, *callidus*, *calx*. Vossius et autres disent que *callum* ou *callus*, cal, a été fait de *calx*, talon, ou de *calcare*, fouler aux pieds, parcourir, fouler; et qu'il signifie proprement le cal ou la dureté qui se forme sous le talon en marchant; ou la dureté qui vient aux pieds en marchant; qu'ensuite, par synecdoque, *callum* s'est dit aussi des durillons des mains et des autres parties du corps. Il ajoute: de *callum* vint *callosus*, calleux; et *calleo*, *callere*, propr. avoir des durillons, se durcir; et, par métaph. ce v. après avoir été appliqué au physique fut employé en parl. de l'esprit, et signifia fig. être endurci, savoir parfaitement, être versé dans, être habile en qq. chose. De *calleo* vint *callidus*, exercé à, habile, ingénieux, artificieux, rusé, comme *torridus* de *torreo*, etc. Le même et autres forment *calcare* de *calx*, *calcis*, talon, comme qui dirait fouler, presser le talon, au sens propre; et *calx*, lui-même du gr. *lax*, talon. D'autres, au contraire, forment *calx* de *calcare*. Après tout, cela revient au même. Et Benfey concilie les opinions en disant que le gr. *lax* est pour *klax*, et *laktizô*, pousser, frapper du pied, fouler, pour *klaktizô*. La plupart des étym. et des lexicogr. s'accordent aussi à lier à *callum*, *calco*, le lat. *callis*, sentier frayé et battu par les pieds des hommes ou des animaux, sentier, chemin. C'est ainsi, dit Vossius, que le gr. *tribos*, chemin battu, frayé, chemin, sentier, route, a été fait du gr.*tribô*, fouler, battre, frayer; et *patos*, chemin battu, sentier, de *pateô*, fouler aux pieds. Le v. lat. *calcare* semble se rattacher à l'héb. *halak*, il est allé, il est parti; au sansc. *c'al*, se mouvoir, aller, et *hval*, mettre en chemin, mouvoir. En all. *walke*, foulage, et *walken*, fouler. Suéd. *walka*, holl. *walken* et ital. *gualcare*, fouler; ital. *calcare*, port., anc. cat. et langue des Troub. *calcar*, fouler, enfoncer.]

Calleux, euse, adj. Où il y a des callosités.
*****Calleux, euse,** adj. Qui a la dureté d'un cal.
*****Callifère,** adj. Qui porte des callosités.
Callosité, sf. Endurcissement et épaississement de l'épiderme dans les endroits où il éprouve des frottements réitérés.
Calus, sm. Durillon qui vient aux pieds, aux genoux; soudure naturelle qui réunit les fragments d'un os rompu.
*****Calus,** sm. bot. Bourrelet produit par la soudure d'une branche rompue, d'une déchirure à l'écorce ou d'une incision faite à dessein.
Gale, sf. Maladie cutanée et contagieuse; maladie des végétaux, rugosités sur l'écorce des branches, sur les feuilles et sur les fruits. (Roquefort et autres rattachent ce mot au fr. *cal*, et au lat. *callum*. Barbazan le lie au b. bret. *calet* et au latin *callosus*, calleux. Charles de Bovelle, Nicot, Ménage, Trév., le dérivent du lat. *calla* qui a été dit pour *callus*, comme *galeux* de *callosus*. Jordanus Rufus compare la gale des chevaux à des noix de *galle* où à des avelines, ce qui pourrait donner sujet de croire que *gale* viendrait de *galle*. Mais, encore une fois, dit Ménage, *gale* vient de *callus*. *Callosus* se trouve pour *galeux* dans Adhelmus. Leb. br. *gallus*, galeux, vient du vi. fr. *galle*, *galleux*, gale, galeux, dit encore Ménage. «Néanmoins Diez croit devoir rapprocher l'all. *galle*, partie endommagée, tache, et l'angl. *gall*, écorcher. Chevallet cite le bret. *gal*, gale, éruption cutanée, et le gaël *gall*, éruption en général; reste à savoir si ces mots sont réellement celtiq : » Scheler. La *gale*, dit Nysten, est une affection cutanée consistant en vésicules multipliées et dures à leur base. En b.l. *galla*, anc. fr. *galle*, castrais *galo*, gale. Gloss. champ. de M. T. *se galer*, se gratter. Rouchi *gale*, calus, durillon; et *gale*, gale.)

Se galer, va. pr. pop. Se gratter (comme font ceux qui ont la gale). *Galé,e,* p.

Galeux, euse, adj. Qui a la gale, qui a de la gale; se dit des arbres et des plantes.

Galeux, euse, s. Personne qui a la gale.

Calcanéum, sm. anat. L'os du talon. (Lat. *calcaneum*, talon, de *calx*, talon; r. *calcare*, fouler aux pieds.)

*****Calige,** sf. ant. rom. Chaussure du soldat romain qui couvrait tout le pied. (Lat. *caliga*, de *calx*, talon, pieds de l'homme et des animaux; r. *calcare*, fouler aux pieds, marcher sur.)

*****Caligule,** sf. Peau couvrant le tars des oiseaux.

Caleçon, sm. Vêtement que l'on met sous le pantalon ou la culotte. («En ital. *calzoni*. *Caleçon* est un augmentatif du lat. *caliga*, *calceare*, chausse, d'où le b.l. *calgico* : Le général Bardin. » En b.l. on a dit aussi *calcia*, chausse, et *calcio*, caleçon. Du lat. *calceus*, Diez forme l'ital. *calzo*, *calza*, l'esp. *calza* et le prov. *caussa*, chausse. Tous ces mots tiennent au l. *calcare*, *calx*. Quelques-uns ont cherché l'origine de caleçon dans l'héb. *chalidsah*, et Wachter, dans le germ. *glitzen*, *gleissen*, luire.)

Caleçonnier, sm. Ouvrier qui fait des caleçons.

Calquer, va. Prendre le trait d'un dessin en suivant exactement ses contours avec une pointe, une plume ou ou crayon. (Selon Roquefort *calquer* signifie propr. imprimer les traces du talon, et vient du lat. *calx*, talon, *calcare*, fouler aux pieds, marcher sur; suivre, parcourir, fouler, presser, écraser. L'angl. *chalk*, craie, to *chalk*, crayonner, se rattache à la famille du l. *calx*, chaux, et non à *calx*, talon, *calcare*, fouler.) *Calqué, é,* p.

Calque, sm. Trait léger d'un dessin qui a été calqué; fig., imitation servile.

Contre-calquer, va. Faire la contre-épreuve d'un calque. *Contre-calqué, é,* p.

Décalquer, va. Reporter les traits du dessin calqué sur un autre papier, sur une autre toile. *Décalqué, e,* p.

Inculquer, va. Imprimer une chose dans l'esprit de quelqu'un à force de la répéter. (Lat. *inculcare*; r. *in*, dans, *calcare*, fouler, presser, faire entrer.) *Inculqué, e,* p.

Récalcitrer, vn. Regimber; fam., résister avec opiniâtreté. (Lat. *recalcitrare*, de *re*, et *calcare*.) *Récalcitré, e,* p.

Récalcitrant, e, adj. et s. Qui rue, regimbe, se débat et se défend, qui ne fait aucune concession.

*****Calcéiforme,** adj. hn. Qui a la forme d'une pantoufle. (L. *c ilceus*, chaussure; et *forma*.)

*****Calcéole,** sf. Genre de coquilles bivalves.

*****Calcéolé,e,** adj. hn. Semblable à une calcéole.

*****Calcéolés,** sm.pl. Fam. de coquilles bivalves.

*****Calcéoliforme,** adj. hn. En forme de sabot.

*****Calcitrape,** sf. bot. Nom d'une plante très-commune dans les champs. (L. *calx*, *calcis*, talon, pied, et celt. *trap*, piège, d'où *trape*, attraper.)

*****Calcitrapé, e,** adj. Semblable à une calcitrape.

*****Calcitrapées,** sf.pl. Famille de plantes à fleurs composées.

*****Calcitrapoïde,** adj. Qui a l'apparence d'une calcitrape.

*****Excalcéation,** sf. h. sacrée. Action de déchausser.

Chausser, va. Revêtir les pieds; les jambes; faire la chaussure. (Vi. fr. *chaucer*, lat. *calceare*, de *calx*, talon, pied, r. *calcare*.) *Chaussé, e,* p.

Chausser, vn. Porter des souliers de telle ou telle longueur.

Chaussage, sm. Droit que l'on payait au seigneur pour l'entretien d'une chaussée; ce qui est nécessaire pour entretenir quelqu'un de chaussure.

Chaussant, e, adj. Qu'on chausse facilement.

Chausse, sf. Poche de drap en forme d'entonnoir pour filtrer et clarifier les liqueurs; pièce d'étoffe que les docteurs et les membres de l'université portent sur l'épaule dans les cérémonies publiques. (1° Selon Ménage, Gattel, Roquefort, et autres, du lat. *caliga*, bottine de cuir. 2° Selon Wachter, Jault et le Trip., de l'all. *hose*, vêtement, culotte. La 1re étym. est moins forcée. Ménage cite ce passage de la vie de S. Udalric : *Abstrahens sibi fecit caligas et calceamenta, ut nudis illuc perveniret pedibus*. *Caliga* et *calceamentum* viennent de *calx*, pied, *calcare*, fouler, marcher. Lang. des Troub. *calsa, caussa*, chausse. Anc.fr. *chauce, chausse*, vêtement qui couvrait le corps des pieds à la ceinture.)

Chaussée, sf. Chemin élevé dans un lieu bas; levée, digue sur le bord de l'eau; le milieu d'une rue, d'une route pavée en dos d'âne. (Du b.l. *calcata*, dérivée du l. *calcare*; et non du l. *calx*, chaux; ni du bret. *chaucz*, tronc d'arbre. Anc. prov. *cals, caus*, chemin, rue. Lang. des Trouv. *chaussié*, chaussée. Gloss. champ. *chaucie, chaulcie, chaussiage*, pic. *cauchie*, chaussée. Rouchi *cauche*, bas, chausse, *caucher*, chausser, *cauchie, couchie*, chaussée, dans Hécart. L'anc. fr. *calcable* se disait d'un lieu où l'on peut passer. L.b. *calca, calceia, calceata, calcetum*, anc. fr. *cauchage, chaucée*, chaussée.)

*****Chausséage,** sm. vi. Droit de péage, droit de passage sur certaines chaussées.

Chausse-pied, sm. Morceau de cuir ou de corne pour chausser plus facilement un soulier.

Chausses, sf.pl. vi. Culotte, caleçon, vêtement qui couvrait depuis la ceinture jusqu'aux genoux; ce qui couvrait les jambes et les pieds, ce qu'on nomme bas.

Chaussetier, sm. Qui fait et vend des bas, des bonnets, etc.

Chausse-trape, sf. Piége à renards; assemblage de pointes de fer disposées en étoiles, et qu'on jette sur le passage de la cavalerie ennemie pour en arrêter la marche. (Du fr. *chausse,* chaussure, et du celt. *trap,* piége.)

Chausse-trape, sf. bot. Chardon étoilé, plante à fleurs armées d'épines disposées à peu près comme les pointes des chausse-trapes dont on se sert à la guerre. (Skinner et Minshew disent que cette plante a reçu ce nom, parce qu'elle s'attache aux vêtements et s'y enfonce. On ne marche pas impunément à pieds nus sur cette plante hérissée d'épines.)

*****Chausse-trape,** sf. hn. Espèce de coquille.

Chaussette, sf. Sorte de demi-bas.

Chausson, sm. Chaussure de feutre, de laine, de linge, de coton, pour le pied seulement; soulier pour danser, faire les armes, jouer à la paume; sorte de pâtisserie, tourte de pommes.

Chaussure, sf. Ce qui chausse le pied.

Déchausser, va. Oter, tirer à qqn. sa chaussure; découvrir les dents; ôter la terre du pied des arbres. *Déchaussé, e,* p.

*****Déchaussage,** sm. Action de déchausser les arbres.

Déchaussement, sm. Labour au pied des arbres, des vignes, pour les déchausser; action de déchausser une dent; état des dents lorsque les gencives sont décollées et retirées.

Déchaussoir, sm. Instrument pour déchausser les dents.

Déchaux, adj. m. pl. *Carmes déchaux,* Carmes déchaussés.

Enchausser, va. Couvrir les légumes de paille pour les faire blanchir, les étioler; pour les préserver de la gelée. *Enchaussé, e,* p.

Rechausser, va. Chausser de nouveau; archit., refaire le pied d'une vieille construction, le fortifier. *Rechaussé, e,* p.

Cauchemar, sm. Oppression ou étouffement pendant le sommeil; fig., homme très-ennuyeux, très-importun. (1° D'après De Chevallet et autres, du lat. *calcare,* fouler, presser, écraser, et du germ. *mara,* incube, épialte. 2° D'après Delatre, du lat. *calcare,* et du germ. *mar,* jument. 3° D'après Adelung, du lat. *calcare* est le mot *mar,* désinence empruntée aux lang. du Nord. 4° D'après Ménage, Lunier, Gattel, Roquefort, du b. l. *calca,* dit pour *calcatio, r. calcare,* et de *malus,* mauvais, méchant. 5° D'après Skinner, du fr. *coucher,* et de l'anglos. *mear, maere, myra, myre, mire,* rosse, jument. 6° D'après Pougens, du mot *kouch, keuch,* suffocation, toux convulsive; et de *mar, mxrra,* cauchemar. 7° D'après Boiste, du r. sclav. morlaq. *smarra,* esprit malfaisant, nocturne. La Monnoye fait le fr. *cauchemar,* du lat. *calcare,* d'où, selon lui, le bourg. *côquai,* heurter, et le fr. *caucher,* cocher, du picard *cauquemare,* anc. fr. *cauquemarre, cauquemare, cochemare,* cauchemar. La déesse infernale appelée Hel était représentée chez les Scandin., moitié blanche, moitié noire, comme la déesse Hécate chez les Gr. Le peuple prétendait voir qq. fois Hel traverser les airs, assise sur une jument. Comme cette monture s'appelle dans le Nord *mare,* Magnusem fait voir dans cette fable l'origine de la superstition du *night-mare* des Angl. et du *cauchemar* des Franç.)

Couette, sf. vi. Lit de plume. (Du lat. *culcita,* matelas, oreiller, etc., fait du lat. *calcare,* fouler, presser, introduire, faire entrer en foulant, en pressant; et non du gr. *koité,* lit. Varron a dit : « L'espèce de lit appelé *culcita,* dont l'usage s'introduisit plus tard, a tiré son nom de *inculcare,* fouler; parce que ce lit était formé de paille ou de jonc, ou de qq. autre chose de cette nature : *calcare omentum in culcita,* presser la bourre d'un matelas. C'est ainsi que les Gr. ont appelé *stibas* un lit d'herbe, de jonc, de feuillage, sur lequel on dormait ou prenait des repas, de *stibó,* presser, fouler. Cependant M. De Belloguet estime que *culcita* est d'origine gaul. Il ajoute que ce mot, dans tous les cas, devait tenir au dialec. ital., car *culcitra* se trouve déjà dans Plaute avec le sens de bonnet. Il cite le kymr. *kilkez* ou *kilchet,* tapis, couverture de lit, pl. actuel *kylchedau,* fournitures d'un lit; et l'armo. *gulé, gwelé,* lit; *kul,* dodu, potelé; *kouzked,* dormir; etc. Du lat. *culcita,* M. Scheler tire l'anc. flam. *kulckt,* l'angl. *quilt,* l'anc. fr. *coulte, colte, coute, keute, quieute, cotte,* lit de plume, et le lat. contracté *culcta;* la forme latine *culcitra,* d'où l'it. *coltrice* pour *colcitre,* l'esp. *colcedra,* prov. *cousser;* d'où l'ital. *coltra, coltre,* couverture, anc. fr. *cotre, coutre;* enfin *culcitinum, culc'tinum,* forme diminutive de *culcita,* a fourni le type à l'it. *cuscino,* esp. *coxin,* prov. *coissi,* angl. *cushion,* all. *küssen,* fr. *coussin;* d'où aussi *coutil :* Voy. *Coussin.*)

Colte, sf. Couette.

Coutil, sm. et **Coutis.** Espèce de toile faite de fil de chanvre ou de lin, propre pour faire des matelas, et surtout des lits de plume, des taies d'oreillers, etc. (Du lat. *culcita :* Mén., Gatt., Honn., etc. De là le prov. *coutis,* l'esp. et le cat. *coti,* le castrais *couti, coutil.*)

Coutier, Ouvrier qui fait des coutils.

CALAMBOUR, sm. Sorte de bois odorant qui vient des Indes. [C'est un mot indien. Trév. dit que le calambour est une sorte de bois précieux; et que c'est sans doute la même chose que la *calamba* ou *calampart,* bois d'aloès; Ménage écrit *calambouc* et affirme que cette espèce de bois odorant, qui vient des Indes, coûte, selon Tavernier, six mille francs la livre. Le Dict. de la Conv. assure que *calamba, calambac, calambouck* ou *calampart,* est une espèce de bois des Indes, la plus excellente sorte d'aloès.]

CALANDRE, sf. Sorte d'alouette. [Cet oiseau a été nommé ainsi à cause de son chant. Son nom vient du gr. *kalandra, chalandra, kalandros,* calandre, sorte d'alouette; mots que Benfey rapporte au gr. *kéladéô, kéladô,* retentir, faire du bruit, au part. prés. *kéladón,* et au sansc. *krad, krand,* crier, pleurer : l=r. En sansc. on dit aussi *kar, kal,* crier. Il est possible que la forme *kal* ait produit *kalandros, kéladéô,* et la forme *kar,* le gr. des Septante *kharadrios,* traduit par Pluvier. C'est de *kharadrios* que Scheler déduit le fr. *calandre.* En esp. *calandria,* ital., anc. cat. et lang. des Troub. *calandra,* calandre, alouette. Lang. des Trouv. *calandre,* espèce d'oiseau. Dans le R. de la Rose, *calandres,* espèce de grosse alouette. Gloss. champ. de M. T. *calandre, calandrelle,* alouette à doigts courts. Anc. fr. *kalandre,* calandre, alouette.]

*****Calandrelle,** sf. Espèce d'alouette.

*****Calandrette,** sf. Un des noms de la grive.

Céladon, sm. et adj. Vert pâle tirant sur la couleur du saule ou de la feuille du pêcher. (Du nom de *Céladon,* personnage du Rom. de l'Astrée, par D'Urfé. Ce nom a été fait lui-même du g. *kéladón,* faisant du bruit, résonnant, chantant, d'où *kalandros.* Un *céladon* est mot à mot un homme qui ennuie à force de plaire, de chanter comme la calandre ou l'alouette, ou la cigale, comme dit Faivre.)

Céladon, sm. fam. et raill. Amant délicat et passionné.

***Céladonisme,** sm. Style fade d'un céladon; manie d'un céladon.

CALANDRE, sf. Petit insecte noir qui ronge le blé dans les greniers, c'est le charançon. [1° Roquefort pense que cet insecte a reçu son nom de sa forme cylindrique; il rattache, par conséquent, ce mot au gr. *kulindros,* au lat. *cylindrus,* cylindre. 2° Gesner dérive *calandre* du lat. *celare,* cacher; parce que cet insecte se cache dans les grains du froment. Pierre *Kolbe* a donné la même étym. en 1743. C'est peut-être par la même raison qu'on a donné le nom de *calandre* à des tortues qui se cachent dans leurs écailles. Nodier et Honnorat estiment que ce nom vient du gr. *kalindéō,* je retourne, je laboure, par ironie ou contre-vérité, ce qui est commun. Cette étym. revient à celle de Roquefort, *kalindéō* et *kulindros* étant de la même famille. En b. l. *calandrus,* calandre, grillon, cigale, charançon.]

***CALATHUS,** sm. antiq. Corbeille ou panier qui jouait un grand rôle dans les mystères de Cérès. [Lat. *calathus,* panier, corbeille, coupe; calice d'une fleur; dérivé du gr. *kalathos,* panier, corbeille. En chald. *kalath, kaltha,* panier, corbeille; hébr. *keloub,* ouvrage d'osier, corbeille, panier; *kâlab,* il a plié, il a entrelacé; d'où le gr. *klōbos,* cage, trébuchet pour prendre des oiseaux. Dans Rabelais *calathe,* corbeille, jatte. « Le *calathus* était un ornement de tête, fait en forme de vase ou de panier, et l'un des attributs spéciaux de Proserpine. Dans les usages ordinaires de la vie, ce panier servait chez les Gr. à cueillir des fleurs; et la fille de Cérès en portait un lorsqu'elle fut enlevée par Pluton. Ce panier, fait ordinairement de jonc ou de bois léger, servait aussi aux ouvriers pour y mettre leur laine, et il était alors spécialement consacré à Minerve, inventrice des arts de l'aiguille. On peut croire aussi que c'étaient des corbeilles de ce genre que portaient les canéphores aux fêtes de Minerve. » Ovide a dit: *Afferat in* calatho *rustica dona puer.*

***Calathide,** sf. bot. Synonyme de capitule et d'involucre; assemblage de petites fleurs portées sur un réceptacle commun.

***Calathidiflore,** adj. bot. A fleurs disposées en calathides.

***Calathifère,** adj. b. Qui porte des calathides.

***Calathiforme,** adj. b. En forme de corbeille.

***Calathin, e,** adj. bot. En forme de coupe.

***Calathisme,** sm. antiq. Danse en l'honneur de Cérès, lors de ses fêtes, dans lesquelles le *calathus* était porté avec grand honneur.

CALATRAVA, sm. Nom d'un ordre militaire d'Espagne, institué sous le règne de Sanche III, roi de Castille, en 1158, et qui tire son nom de la ville pour la défense de laquelle il fut étabi. [Bruzen et l'Académie.]

CALCÉDOINE, sf. Agate de couleur laiteuse. [Trév. écrit *chalcédoine* et calcédoine. Du gr. *chalkēdón,* calcédoine, pierre précieuse.]

Calcédonieux, euse, adj. Se dit des pierres précieuses qui ont qq. marque, qq. tache blanche, comme celles de la calcédoine.

CALE, sf. mar. Le fond, la partie la plus basse d'un navire; châtiment infligé à bord des vaisseaux. [Selon De Chevallet, les deux ter. de mar. *cale* et *quille* appartiennent au même primitif germ. ce qui justifie son opinion c'est que l'all. *kiel* signifie quille d'un navire, et a signifié aussi cale, carène. De là l'all. *kielholen,* caréner, mettre en carène, donner la cale; propr. faire passer (un matelot) au dessous de la quille; et *das kielholen,* le carénage; la cale. En anglos. *caele, ceol, ciol, ciul,* quille, vaisseau, navire. Anc. scand. *kioel-r,* suéd. *koel,* holl. *kiel,* quille, cale. Russe *kil,* quille; prov. *cala,* cale, partie la plus basse d'un vaisseau.]

Quille, sf. mar. Longue pièce de bois qui va de la poupe à la proue d'un navire, et qui lui sert comme de fondement. (En holl. *kiel,* quille et cale d'un navire; dan. *kioel,* quille, carène; q=k, et c=k.)

Quillage, sm. *Droit de quillage,* Droit que les navires marchands paient dans les ports de France la première fois qu'ils y entrent.

CALE, sf. Morceau de bois, de pierre, etc., qu'on place sous un objet quelconque pour le mettre de niveau ou pour lui donner de l'assiette. [De l'all. *keil,* corps allongé et aplati qui diminue d'épaisseur de la base au sommet, coin, ce qui en a la forme; ce qui sert à fendre, coin, ébuard; claveau, voussoir; carreau. 1° Schuster unit l'all. *keil,* au b. sax. *kiel* et au suéd. *kil,* coin, mots qu'il met en rapport avec le lat. *conus,* cône, *cuneus,* coin, et avec l'all. *kegel,* gond, cône, quille, fusée, pignon. 2° Scheler joint l'all. *keil* à l'all. *keule,* pilon, pieu, massue, masse, et à l'all. *kaule,* boule. 3° Schœbel rattache l'all. *keil* et *keule,* au lat. *clava,* massue; et au gr. *kaulos,* tige, queue, verge, tuyau, bout, chou, *kelon,* bois sec, bois, trait, flèche, etc. En b.-sax. *kiel,* suéd. *kil,* dan. *kile,* coin.]

Caler, va. Mettre de niveau ou assujettir au moyen d'une cale. *Calé, e,* p.

CALE, sf. mar. vi. Crique, abri entre deux pointes de terre ou de rocher. [1° De l'esp. *cala;* cale, d'où les Ital. ont fait *scala* et les Franç. *échelle:* Roquefort. 2° Du prov. *calar,* abaisser, parce qu'on s'arrête dans ces endroits, et qu'on y *cale* les voiles: Honnorat. 3° De l'esp. *callar,* se taire : lieu où le vent se tait: id. 4° Du celt. *cal,* port: Bullet. 5° *Cal* chez les Celt. signifie aussi port de mer. Le mot *cala* dans le lat. du b. emp. signifiait un port, une station de navire. Le mot phén. *xal* qui se prononçait *scal* signifiait échelle venant des Phén.; nous disons encore les *échelles* du Levant, en parlant des ports des Phén.: Mém. des antiq. de Norm. M. Honnorat fait observer que les Ital. ont dit dans le même sens *scala,* d'où par une mauvaise traduction, les Franç. ont fait *échelle.* 6° M. Jal dérive ce mot cale de *chala,* forme dorique de *g.chélé,* jetée d'un port, môle. La définition du mot cale donnée par les anciens auteurs favorise cette étym. 7° Du gaël *cala,* baie, port: M. Scheler. It. *cala,* esp., cat. et lang. des Troub. *cala,* cale, crique, port.; l. b. *cale, cala,* port, station de navire.]

Echelle, sf. Nom qui a été donné aux ports de la Méditerr. de l'Asie et de l'Afrique. (Ce bizarre nom d'*Echelles* est venu chez les Provç. de l'ital. *scala,* qui lui-même vient de l'ar. *kallae, kalla,* lieu propre à recevoir des vaisseaux, rade, havre, crique. En turc *iskelé,* port de mer ou de fleuve, mot que Kieffer et Bianchi rattachent au lat. *scala.*)

Escale, sf. Faire escale dans un port, y mouiller, y relâcher. (Le Duchat dit: Faire *scale,* c'est poser l'*echelle* à terre, pour aborder; terme ital.; mot que Eloi Johanneau dérive du lat. *scala,* échelle. L'erreur de cette étym. et de celle de Kieffer et Bianchi provient sans doute de la double homonymie de l'ital. 1° *scala,* 2° *scala,* et du fr. 1° *échelle,* 2° échelle. 1° Echelle, machine, 2° port, rade, crique, échelle.)

CALEBASSE, sf. Nom donné aux fruits de plusieurs espèces de cucurbitacées et à celui du baobab; courge vide; fruit du calebassier. [1° De l'esp. *calabaça,* que Ménage et Roquefort dérivent du lat.

curvus, d'où *cucurbita*, courge. 2° Trév. et Furetière disent que, selon qqs, le mot *calebasse* est d'origine ar. Schelor conjecture qu'il vient de l'ar. *querbah*, outre, d'où le lat. *carabassa* et le prov. *carabasso*, calebasse. 3° Gébelin, à sa manière, rapporte à une origine commune le fr. *chaland, calebasse, calèche, calibre, calice*. En port. *calabaça*, calebasse, courge; prov. *carabasso*, flam. *kalabas*. câlobasse. Ménage a écrit *calbace*, et Nicot *calalace*.]

Calebassier, sm. bot. Arbre d'Amérique à fruit semblable à la courge; ce fruit est un de ceux qu'on nomme calebasses.

CALÈCHE, sf. Espèce de voiture à ressorts, à quatre roues, fort légère et ordinairement découverte; coiffure de femme qui se repliait sur elle-même. [1° D'après Adelung et Diez, du slave *kolossa*, sas, crible. 2° Selon Constancio, de l'anc. fr. *calc.* auj. *calotte*, espèce de petit bonnet, de toque. 3° Selon Mén. et Roq. du lat. *currus*, char: Cette dernière étym. est trop forcée. 4° Ce serait plus simple de rapporter le mot calèche au lith. *kallėsas*, pol. *kolaska*, calèche, r. *kolo*, roue. En ital. *calesso*, valaq. *kaleask*, prov. *calècho*, port. *caleche, caleça*, calèche.]

CALEMBOUR, sf. fam. Mauvais jeu de mots fondé sur une similitude de sons, sans égard à l'orthographe. Le calembour est appelé esprit d'un sot et sottise d'un homme d'esprit. Ne souffrons pas, disait Voltaire à M⁰ Deffant, qu'un tyran si bête usurpe l'empire du grand monde. [1° M. Delatre dit: «*Behourt* ou *be-hourd*, v. fr. [de l'all. *ba* où *be+hurt*, coup, choc, heurt], espèce de bâton; de là *b-ourde*, bâton à grosse tête, gourdin; fausseté, tromperie, *calem-b-our*, coup égal [?], la pareille [?], jeu de mots, et *calem-b-ourd-aine*, contracté en *calem-b-red-aine*. [*Calem*=*æqualem*, égal, pareil? Cfr. cali-fourchon]. 2° M. Pihan forme le fr. *calembour* de l'ar. *kelam*, parole, discours, et *baer*, confus, incertain; et *calembredaine*, de l'ar. *kelam*, parole, discours, et *bared*, froid, faible. 3° Roq. affirme que *calembour, calembourg*, est un mot inventé vers la fin du règne de Louis XV, et que l'on dérive de l'ital. *calamajo burlare*. Dochez, cité par Scheler, forme ce mot de l'it. *calamajo*, encrier, et *burlare*, railler, parce qu'on se raille des mots fixés par l'écriture. Ces trois étym. sont incertaines.]

***Calembouriste**, sm. fam. Qui a la manie des calembours.

Calembredaine, sf. fam. Bourde, vains propos, faux-fuyants. (1° M. Delatre rattache les deux mots *calembour, calembredaine*, à une même origine; 2° et M. Pihan, à une autre. Voy. ci-dessus. 3° *Calembredaine* pourrait aussi avoir été formé simplement du fr. *calembour*, et de *bourde*, mensonge, défaite, ou de *bredi-breda*, ou de *bredcuiller*; 4° Constancio conjecture que *calembredaine* peut se rapporter au port. *calabrar*, falsifier, pervertir, d'où le port. *calabreada*, marché frauduleux, tromperie, dol; mots dérivés du nom de la *Calabre*, province d'Italie, où l'on falsifiait les vins. Dans le Gloss. champ. de M. T. *calembredaine*, conte, niaiserie.)

CALENCAR, sm. Sorte de toile peinte qui vient des Indes et de la Perse. [«C'est la plus estimée de toutes les indiennes; aussi son nom signifie-t-il *faite avec la plume*, pour la distinguer de celles qui ne sont que simplement imprimées: Trév.» En prov. *calancat, calanca, caranca*, câlencar, dans le Dict. de M. Honnorat.]

CALENDER, sm. Nom d'une espèce de religieux de Perse et de Turquie. [1° Ce nom, d'après Méninski et Castel, signifie un moine, un solitaire, ou bien un vagabond qui se rase la barbe et les cheveux; de plus, un homme qui renonce au mariage, à sa famille, à tout. Selon Castel, il vient de *qal*, mis apparemment pour *kal*, tout, et de *andara*, 4° conjugaison arabe de *nadad*, dans laquelle il signifie ôter, retrancher. 2° Calender vient du turc *qâlender* qui signifie *de l'or pur*. Ce nom est donné à tous les derviches; il désigne encor généralement les derviches de l'ordre fondé par Qâlender Joucyouf Endelouci, Arabe originaire d'Espagne, qui prit lui-même ce surnom et qu'il donna ensuite à ses disciples. C'était par allusion à la pureté du cœur qu'il exigeait de ses prosélytes, selon Mourad d'Ohsson. «Un Arabe d'Andalousie, nommé Youssouf, et qui s'était surnommé lui-même *calender* or pur, repoussé par les deux ordres de derviches alors existants, à cause de son caractère hautain et intraitable, fonda lui-même une secte religieuse, dont les disciples, espèces de moines, prirent le nom. L'origine de cette secte date au plus tôt de l'année 1367: L. J.» D'après M. Pihan, *qâlender*, or pur, est un mot persan.]

CALENDES, sf.pl. Premier jour de chaque mois chez les Romains; certaines assemblées des curés de campagne, convoqués par l'ordre de l'évêque. [Du lat. *calendæ*, calendes, fait du v. *calare*, appeler, convoquer. Macrobe dit : « Anciennement avant que les Fastes eussent été divulgués au public, contre le gré du sénat, par le scribe Cn. Flavius, un pontife mineur était chargé d'observer l'apparition de la nouvelle lune; et, aussitôt après l'avoir aperçue, de la notifier au roi des sacrifices, lequel offrait aussitôt un sacrifice conjointement avec celui-ci. Après quoi le pontife mineur convoquait le peuple *calabat*, dans la curie *calabra* qui est proche de la cabane qu'habita Romulus. Il proclamait combien de jours devaient s'écouler depuis les calendes jusqu'aux nones, et annonçait en répétant cinq fois le mot gr. *kaló* que les nones devaient être le cinquième jour; ou le septième jour, en répétant sept fois le même mot. Le mot *kaló* est gr. et signifie j'appelle. De là, vient qu'on appelle *calende* le premier des jours qu'on proclamait de cette manière, et qu'on a appelé *calabra* la curie où on les proclamait.» Gésénius, avec beaucoup de vraisemblance, lie le gr. *kaléõ*, appeler, inviter, convoquer, réunir; *kélomai* et *kéleuõ*, appeler, ordonner, et le vi. lat. *calare*, appeler, au sansc. *kal*, crier, proclamer, appeler, et à l'hébr. inusité *qâl, qâhal*, appeler; *qôl*, voix; *qâhâl*, réunion, assemblée. *Celeuma*, du gr. *kéleuma, kéleusma*, ordre, cri des matelots, des rameurs, est un de ces mots portés en Espag. et en Portug. par des colonies grecq. antérieures à la domination rom. Du v. *kaléõ* les Gr. firent *klêsis*, appel, convocation; et le lat. *classis*, division du peuple rom. rangé par classes; arch. armée; flotte. En suéd. *kala*, appeler, nommer; dan. *kalde*, anc. scand. *kalla*, angl. *to call*, appeler, nommer. Russe *klikate*, suiogoth. *kalla*, appeler.]

***Calendaire**, adj.f.myth. Surnom de Junon à laquelle étaient consacrées les calendes, comme les ides à Jupiter.

***Calendaire**, sm.ant.lat. Officier subalterne aux ordres du curateur du calendrier; anc. liturg. registre où l'on inscrivait le nom des bienfaiteurs d'une église et le jour de leur mort; on y inscrivait aussi les abbés, les princes et les religieux.

Calendrier, sm. Livre ou tableau contenant l'ordre et la suite de tous les jours de l'année.

Renvoyer aux calendes grecques, C'est renvoyer à une époque chimérique. Ce qui a donné lieu à ce proverbe c'est que les Gr. n'avaient point de calendes.

Intercaler, va. Insérer, ajouter. (Du lat. *intercalare*, intercaler, fait de *inter*, entre, parmi, *calare*, appeler, assembler, réunir, insérer.) *Intercalé, é,* p.
Intercalation, sf. Action d'intercaler; le résultat.
Intercalaire, adj. Ajouté, inséré. Se dit du jour que l'on ajoute au mois de février dans l'année bissextile.
Lune intercalaire, La troizième lune qui se trouve dans une année, de trois ans en trois ans.
Glas, sm. Sonnerie pour les morts, son d'une cloche que l'on teinte pour une personne qui vient de mourir. (Du vi. fr. *clas*, glas; dérivé du lat. *classicum*, employé dans ce sens par plusieurs écrivains du moyen-âge, et qui signifie proprement le son de la trompette ou du clairon : Mén., Géb., Gatt., etc. 2° Du gr. *klad*, je pleure : Borel, Jault. En anc. fr. on a dit aussi *glais*, glas. Diez dit que *glas* vient tout simplement du lat. *class-icum*, et non du sansc. *hlas*. En ital. *chiasso*, glas; castrais *classes*, *clas*, glas; b. l. *clacitare*, sonner toutes les cloches; *claxum*, glas; et *glassus*, *glasus*, teintement, sonnerie de toutes les cloches, glas. Bret. *glâz*, gall. *glaz*, glas.)
*__Classicum__, sm. ant. rom. Signal qui se donnait avec une sorte de trompette pour convoquer le peuple aux comices; premier signal qui appelait les soldats au combat; l'air qui se jouait dans ces circonstances.
Classe, sf. Ordre dans lequel on range les personnes ou les choses; rang établi par la diversité des conditions; tous les hommes appartenant à une même circonscription; rang donné au mérite supérieur; salle de collège, d'école, où l'on étudie; écoliers qui composent la classe; leçon journalière; temps qu'elle dure; division des êtres dont une science traite. (Lat. *classis*, du gr. *klêsis*, appel, convocation, fait lui-même du v. *kaléô*, appeler, convoquer, réunir.)
*__Classe__, sf. bot. Division d'un ordre plus élevé réunissant les familles qui offrent un caractère commun d'une grande importance; se dit des objets distincts, non continus, offrant un rapport de ressemblance; mar., enrôlement de matelots.
*__Classer__, va. mar. Inscrire un marin sur le registre du quartier auquel il appartient.
Classer, va. Ranger, distribuer par classes; mettre dans un certain ordre. *Classé, e,* p.
Classement, sm. Action de classer; état de ce qui est classé.
*__Classeur__, sm. Portefeuille à compartiments pour classer des papiers.
*__Classiaire__, sm. ant. rom. Soldat qui combattait sur une flotte.
Classification, sf. Action de classer; état de ce qui est classé.
*__Classification__, sf. philos. Action de classer ensemble des objets qui se ressemblent; mode d'induction qui conduit aux classes.
Classique, adj. Se dit des auteurs du premier rang, qui sont devenus modèles dans une langue quelconque; qui sert de modèle, qui fait autorité; qui a rapport aux classes des collèges; l'opposé de romantique.
Classique, sm. Auteur du premier rang devenu modèle dans une langue.
*__Classicisme__, sm. Système de critique des classiques outrés.
*__Classificateur__, sm. Auteur de classifications.
*__Déclasser__, va. Déranger ce qui est classé. *Déclassé, e,* p.
*__Déclassement__, sm. Action de déclasser, de défaire un classement; résultat de cette action.
*__Inclassique__, adj. Qui n'est point classique.

*__Anaclétéries__, sf. pl. ant. gr. Fêtes solennelles qu'on célébrait à l'avènement des rois. (Gr. *anaklêsis*, rappel, allocution, déclaration, proclamation; du v. *anakaléô*, appeler à haute voix, rappeler; r. *ana*, de nouveau, *kaléô*, j'appelle.)
*__Anacléticon__, sm. ant. gr. Signal que donnait la trompette lorsqu'il fallait battre en retraite.
Paraclet, sm. Consolateur, en parl. du Saint-Esprit. (Gr. *paraklêtos*, consolateur, avocat, défenseur; de *parakaléô*, consoler; r. *para*, *kaléô*.)
*__Paraclétique__, adj. théol. Invocatoire.
*__Paraclétique__, sm. liturg. Livre d'office gr.
*__Procéleusmatique__, adj. et sm. Se dit d'un pied de vers gr. ou lat. composé de quatre brèves; se dit aussi d'un mètre composé de trois pieds procéleusmatiques et d'un tribraque ou anapeste. (Gr. *pro*, devant, avant, *kéleusma*, cri d'encouragement, de *kaléô*.)
Concile, sm. Assemblée de plusieurs évêques de l'Eglise catholique, pour délibérer et décider sur des questions de doctrine et de discipline. (Lat. *concilium*, assemblage, union, assemblée, réunion, conseil, concile; fait du lat. *cum*, avec, et *calare*, appeler, convoquer, de même que le gr. *xunkaléin*, du gr. *xun* ou *sun*, avec, et *kaléô*, appeler, convoquer, réunir. Fest., Voss., Mart., Funger., Doed., Gatt., Roq., etc.. ont suivi cette étym. Raynouard dérive *concile* du lat. *concilium*, conseil, Scheler le tire du lat. *conciere*, exciter, émouvoir, pousser. Festus et Vossius font remarquer que *concilium* pour *concalium* vient de *concalare*. L'*a* paraît s'être changé ici en *i* comme dans *concipio* pour *concapio*, *concido* pour *concado*, *concino* pour *concano*, etc.)
*__Concile diocésain__, Synode, assemblée où chaque évêque appelle le clergé de son diocèse.
Conciliabule, sm. Assemblée de prélats hérétiques, schismatiques, ou illégitimement convoqués; par ext., réunion secrète de gens qui ont, ou à qui l'on suppose, de mauvais desseins.
*__Conciliabule__, sm. h. rom. Lieu où les préteurs, les propréteurs, les proconsuls, tenaient leurs assemblées pour rendre la justice.
*__Conciliaire__, adj. Qui appartient au concile.
*__Concilialrement__, adv. En concile.
*__Conciliatoire__, adj. Qui a pour but de concilier.
Concilier, va. Rapprocher, accorder ensemble des personnes ou des choses qui étaient, ou semblaient être, contraires; acquérir, gagner, attirer. *Concilié, e,* p.
Conciliable, adj. Qui peut se concilier.
Conciliant, ante, adj. Propre à la conciliation; continuellement disposé à la conciliation.
Conciliateur, trice, s. Qui concilie, qui aime à concilier, qui pousse à la conciliation, qui y détermine.
Conciliation, sf. Action de concilier; réunion de personnes divisées; concordance de lois, de textes, de passages, qui paraissent être contraires.
Inconciliable, adj. Qui ne peut se concilier, ou s'accorder avec.
*__Inconciliablement__, adv. D'une manière inconciliable.
*__Inconcilié, e__, adj. Qui n'est point concilié.
Réconcilier, va. Remettre bien ensemble des personnes qui étaient brouillées; fig., concilier, accorder. *Réconcilié, e,* p.
Se Réconcilier, va. pr. Se raccommoder; rechercher la grâce par le moyen des sacrements.
Réconciliable, adj. Qui peut être réconcilié.
Réconciliateur, trice, s. Qui réconcilie des personnes brouillées.

Réconciliation, sf. Action de réconcilier; acte solennel par lequel un hérétique est réuni à l'Église, et absous des mesures qu'il avait encourues.

Irréconciliable, adj. Qu'on ne peut réconcilier.

Irréconciliablement, adv. D'une manière irréconciliable.

***Irréconcillié,e,**adj. Qui n'est pas réconcilié.

Eglise, sf. L'assemblée des fidèles gouvernés par de légitimes pasteurs; toute assemblée ou communion de personnes unies par une même foi chrétienne; l'Eglise catholique, apostolique et romaine; temple consacré à Dieu; vi. l'état ecclésiastique; le clergé en général. (Lat. *ecclesia,* église, dérivé du gr. *ekkalé*, j'appelle, j'assemble. En sansc. *kal,* crier, proclamer, appeler; *kalayati,* il appelle; *kalas,* voix. Anc. lat. *calare,* appeler.)

*Ecclésiarque, sm. hist. eccl. Titre d'un officier de l'ancienne Eglise grecque, qui était chargé d'assembler le peuple à l'église. (Gr. *archos,* chef.)

Ecclésiaste, sm. L'un des livres sapientiaux de l'anc. testament.

***Ecclésiaste,** sm. Titre que prit Luther lorsqu'il commença ses attaques contre l'épiscopat.

Ecclésiastique, adj. Qui appartient à l'Eglise, au clergé; qui concerne l'Eglise, le clergé.

Ecclésiastique, sm. Homme attaché à l'Eglise.

Ecclésiastiquement, adv. En ecclésiastique.

***Ecclésie,** sf. ant. gr. Assemblée des citoyens d'Athènes, qui se tenait dans l'Agora, le Phyx, ou dans le théâtre de Bacchus.

CALEPIN, sm. Nom d'un dictionnaire polyglotte, composé par Ambroise Calepin, corrigé et augmenté par d'autres savants, et entre autres par Passerat; par ext., tout recueil de mots, de notes d'extraits, qu'une personne compose pour son usage. [Du nom d'*Ambroise Calepinus,* célèbre lexicographe, né à *Calepio,* bourg d'Italie, d'où il tirait son nom, suivant la mode de ce temps. Calepin était un religieux de l'ordre de S. Augustin. Il mourut aveugle dans une extrême vieillesse, l'an 1510. Le bourg de *Calepio* était situé dans une vallée appelée aussi *Calepio.*]

CALER, va. mar. Baisser, en parl. des basses vergues, des mâts de hune ou de perroquet. [Ce v. se rapporte exactement au gr. *chalaomai,* caler ou carguer (la voile); (jeter l'ancre), forme moyenne du v. *chalaô,* laisser aller ou couler, ou tomber ou pendre; détendre, abaisser, lâcher. De là le lat. *chalare,* tenir en l'air, tenir suspendu, dans Vitruve. Le gr. *chalaô* semble se rapporter à l'héb. *héchél,* il a délié, il a détaché, délivré; *chálal,* il a dissous, il a ouvert; et à l'all. *hald,* pente, colline. En b.l. *calare,* abaisser, lâcher, descendre, dans Du Cange. Patois des H.-Alpes *calar,* enfoncer, jeter, baisser, dans Ladoucette. Marseill. *calar,* jeter, dans Mary Lafon. Anc. fr. *caler,* amener les voiles; prov. *calar, e,a,* descendre; et *calar,* caler les voiles.] *Calé, e,* p.

Calade, sf. manég. Pente d'un terrain par où l'on fait descendre plusieurs fois un cheval. (Ital. *calata,* anc. fr. *callate,* descente: d'où le b.l. *calata, callata,* descente.)

Calaison, sf. Etat d'un navire dont la carène est plus ou moins enfoncée dans l'eau.

Cale, sf. La partie d'un quai qui forme une pente douce jusqu'au bord de l'eau et qui facilite le chargement et le déchargement des bateaux; espace incliné vers le rivage, sur lequel on construit, ou l'on répare, les bâtiments.

Caler, va. Baisser; vn. mar., se dit d'un bâtiment dont la carène descend ou enfonce dans l'eau. *Calé, e,* p.

Discale, sf. Déchet dans le poids des marchandises, produit par l'évaporation de son humidité. (G. *dis,* deux fois, *chalaô,* laisser tomber ou couler; vn, perdre de sa force: Gatt., Boiste, Roq., etc.)

***Discaler,** vn. Perdre de son poids. *Discalé,*p.

Chalastique, adj. méd. Se dit des médicaments propres à relâcher les fibres. (G. *chalazô,* je relâche.)

CALFATER, va. mar. Boucher avec de l'étoupe les joints, les trous et les fentes d'un navire, et l'enduire de poix, de goudron, pour empêcher que l'eau n'y entre. [1° De l'ital. *calefatare* ou *calafatare,* calfeutrer, radouber; fait lui-même du lat. *calefacere,* échauffer; d'où le fr. *calfat,* et mieux *calefat*: M. Jal. Le même auteur dit ailleurs: «Nous ne savons pas si *kalafa* est un mot nouvellement introduit dans l'ar. ou s'il y est de très-ancienne date; nous tenons que *calafat, calafatar,* et tous les mots analogues exprimant la même idée, ont été faits du lat. *calefactum, calefactare,* chauffer, le calfat étant l'ouvrier qui chauffe la carène du navire pour la nettoyer, avant de la réparer et d'en remplir les coutures d'étoupe imbibée de brai. 2° De l'ar. *qalf,* calfat, action d'enduire, de fermer les ouvertures; turc *qalfat,* calfat, étoupe fourrée dans les fentes d'un navire sur lesquelles on a appliqué du brai tout bouillant; effet résultant de l'action de calfater, calfatage; d'après M. Pihan et autres. 3° De *calefatare,* qu'on a dit dans le b.l. avec la même signification: Du Cange. 4° Du gaul. *galba,* gras, selon Bullet, qui rapporte à la même origine le lat. *galbanum,* liqueur grasse qui découle d'une plante. 5° Le même dérive ailleurs *calfater* du b. br. *calefati, calfetein,* calfater. 6° Constancio compose ce verbe du gr. *koilos,* creux, cavité, et *phrassô,* fermer, garnir. Il ajoute cependant que l'ar. *qalafat* signifie la même chose que l'ital. *calafato,* port. *calafate,* ouvrier qui calfate les bâtiments. 7° Trév. dit que *calfater* vient de l'héb. *káphar,* enduire (de bitume); et M. Honnorat pense aussi qu'il vient de *káphar* ou du gr. *kalaphatés.* M. Diez cite le gr. du moyen âge *kalaphatein,* calfater, qu'il tire de l'ar. *qalafa,* luter, fermer, boucher un navire. 8° Trévoux déjà cité dérive aussi *calfater* de l'all.: Noël fait de même. 9° A la b.l. *feltrum,* ital. *feltro,* vi. fr. *feultré,* feutre, M. Delatre rattache le fr. *calfeutrer* et *calfater.* Le v. *calfeutrer,* dit-il, passa de très-bonne heure dans la lang. italien., où il devint *calafatare,* forme sous laquelle il a été adopté par la plupart des langues de l'Europe; all. *kalfatern*; suéd. *kalfatra*; gr. mod. *kalaphatizô,* etc. Nous en avons fait, ajoute-t-il, calfater qui ne se dit que du calfeutrage des navires; *calfater* est un mot all. francisé, puis italianisé, puis francisé de nouveau. L'anc. fr. *afeutré,* garni, harnaché, semble s'accorder avec l'étym. de M. Delatre. En suiogoth. *kalfatra,* belge *kalefaeten,* calfeutrer, dans Ihre. Ital. *calafatare,* cat. *calfatejar,* lang. des Troub. *calafatar* et *calefatar,* calfeutrer, calfater.] *Calfaté, e,* p.

***Calfait,** sm. mar. Ciseau pour calfater.

Calfat, sm. Ouvrier qui calfate les navires.

Calfatage, sm. mar. Action de calfater; ouvrage du calfat.

***Calfatin,** sm. mar. Apprenti calfat; valet du calfat.

Calfeutrer, va. Boucher les fentes d'une porte, d'une fenêtre, pour que le vent n'entre pas. (M. Jal dit: « Au 17° s., ce v. était un synonyme de *calfater,* dont *calfeutrer* n'est évidemment qu'une corruption. *Feutre* n'est pour rien dans calfeutrer. » *Calfeutré, e,* p.

Calfeutrage, sm. Action de calfeutrer; ouvrage de celui qui calfeutre.

CALIBRE, sm. Ouverture d'une pièce d'artillerie, et de toute autre arme à feu, par où entre et sort le boulet ou la balle, etc: c'est le diamètre intérieur d'un tube, des armes à feu, des pièces d'artillerie; par ext., grosseur du projectile; instrument à donner ou à mesurer le calibre; archit., volume, grosseur; profil découpé sur une plaque, servant à trainer les corniches de plâtre ou de stuc; tout instrument qui sert de mesure, de moule, de patron; fig., fam. et inus., qualité, valeur, état d'une personne. [1° Le Général Bardin, après Ganeau et Ménage, dérive ce terme de l'ital. *qualibra*; et du latin *æqualibrium*, équilibre, état juste des balances, niveau; talion, compensation. Aussi, dit-il, a-t-on d'abord écrit *qualibre*. Se fondant sur l'ancienne orthographe *qualibre*, Mahn déduit ce mot de *gua libra*; M. Scheler cite cet auteur, ainsi que R. Étienne et Cotgrave. Roquefort veut, au contraire, que *calibre* vienne de l'ar. *qalib*, moule. 2° M. Pihan pense que *calibre* vient de l'ar. *qalib*, moule, prototype, fait de *qalab*, modeler, donner la forme, et non du lat. *æqualibrium*. D'Herbelot donne aussi cette étym. 3° Gébelin rattache le mot *calibre* au fr. *calice*. Et Reiff le dérive du pers. *kálibed*, moule; cette étym. rentre dans celle de Roq., Pihan, Herbelot.)

Calibrer, va. Prendre, donner la mesure avec un calibre; mesurer le calibre. *Calibré, e, p.*

*Calibrage, sm. Action de calibrer une bouche à feu.

Calibrement, sm. Résultat du calibrage; état d'une pièce d'artillerie qui a été calibrée.

CALICE, sm. Vase à boire des anciens; vase sacré qui a une petite coupe posée sur un pied assez haut, et assez large par le bas, qui sert au sacrifice de la Messe, et dans lequel on met le vin que l'on consacre au sang de Jésus-Christ; fig., coupe d'amertume. [Du lat. *calix*, dérivé du gr. *kulix*, coupe, vase à boire, dérivé lui-même du sansc. *kalaça, kalikâ*, urne en terre, vase, gobelet. 1° M. Eichhoff a cherché l'origine de ces mots dans le sansc. *kul*, réunir, amasser; 2° M. Chavée, dans le sansc. *kri*, courber, être creux, être concave. 3° Vossius dérive *calix* et *kulix*, du gr. *kulió*, rouler, d'après l'opinion de ceux qui croient que ces vases se faisaient anciennement au tour. 4° Planche et autres hellénistes dérivent *kulix*, du gr. *koilos*, creux. 5° Varron dérivait *calix*, du lat. *calidus*, chaud, parce qu'on servait le potage chaud dans ces vases, et qu'il était au chaud. 6° Le Trip. rattache au lat. *calix* et au gr. *kulix*, le lb. *gello, gillo*, le germ. *kelch*, le suéd. *kalk*, le boh. *kalich*, le pol. *kielich*, le lap. *kalk* et le hongr. *kehely*. En égypt. *kelól*, vase, bassin, dans Champollion. Lith. *kylikas*, pol. *kieclich*, gaël irl. *cailis*, coupe, vase. Esp. et port. *caliz*, lang. des Troub. *calice, calici, calitz*, calice.]

CALICOT, sm. Sorte de toile de coton. [De *Calicut*, nom d'une ville située sur la côte de Malabar, et qui était le plus fameux marché de la côte en *calicots*, ou toiles, en soies, épices, or et argent, etc. Un grand nombre d'étoffes ont reçu le nom du lieu où elles ont été fabriquées primitivement. Telles sont : *mousseline, nankin, gaze, florence, madras, lévantine, masulipatan*, etc. *Calicut* ou *Kalikut* ou *Calicoda* était autrefois une des villes les plus florissantes du Dekkan, et servait de résidence au zamorin ou empereur qui dominait sur les nombreux états du Malabar. Kalikut fut le premier port indien où les Portug. débarquèrent en 1408, sous la conduite de Vasco de Gama, et ce fut de là que partit pour Lisbonne le premier navire chargé de marchandises indiennes, qui vint d'Asie en Europe par la voie du cap de Bonne-Espérance. La ville de *Calicut* fut fondée en 825 par Ceram-Perumel, empereur de toute cette partie de l'Inde. Les Turcs l'appellent *Qálikout*. Quelques-uns croient que le nom du calicot a été fait de celui de *Calcutta*, la plus grande ville de l'Hindoustan anglais. D'après William Jones et Langlès, le nom de cette dernière ville s'écrit et se prononce *Cálicátá*. Il est composé de *cátá*, le même que *Cót*, lieu fortifié, clôture; et de *Cáli*, déesse du temps et de la mort; mot à mot : enceinte ou fort de *Cáli*. De *Cálicátá* les Européens ont fait *Calcutta*.]

CALIFE, sm. Vicaire spirituel et temporel de Mahomet, et qui jouit d'une autorité absolue. [De l'ar. *khalif*, qui vient après, successeur; *khalif olmaq*, succéder à quelqu'un; *khalefi*, successif. Les successeurs de Mahomet portèrent le nom de *califes* ou vicaires. Les quatre premiers califes furent Abou-Bekr, Omar, Otsman et Ali, dont la résidence était à Médine et à la Mecque. Le Trip. lie le mot *calife* à l'all *helfe*, j'aide, je secours, à l'angl. *to help*, au suéd. *hjelpar, hjelp*, au dan. *hiælpe*, et à l'anc. scandin. *hialpa*. Et Bullet le rattache à l'anc. bret. *gall*, fameux, guerrier, vaillant; à l'irl. *gallanta*, vaillant, généreux; au l. *valeo*. Port. *califa*, calife.]

Califat, sm. Dignité de calife.

---

*CALIGINEUX, EUSE**, adj. vi. Ténébreux, sombre, obscur. [Du lat. *caliginosus*, caligineux, fait du lat. *caligo*, obscurité, ténèbres; fumée, poussière; fig., ombre, ténèbres. *Caligo* a été l'objet de diverses étym. 1° *Cali-go* semble appartenir à la même racine que *Cáli*, nom d'une déesse adorée généralement par tous les Hindous pendant la nuit, mais avec une solennité particulière, à Câlighât, environ à trois milles sud de Calcutta. Selon M. Holwell, le nom de *Cáli*, que porte cette déesse, lui vient de la couleur de son vêtement qui est noir : *cáli*, dit-il, signifie de l'encre. Le même auteur remarque en passant que, dans tout le Devonshire, le mot *cáli* désigne la couleur noire. Il laisse, dit-il, aux curieux le soin d'expliquer comment il se fait que la même combinaison de lettres présente à deux peuples si éloignés l'un de l'autre, absolument la même idée. 2° On pourrait dériver simplement *caligo*, du sansc. *kála*, ombre; 3° ou du gr. *kélainos*, noir, obscur, sombre, affreux; 4° Forcel. ainsi que Doed. le dérive du lat. *celure*, cacher; 5° ou autre, du gr. *lignus*, fumée, vapeur épaisse; 6° un autre, du lat. *squaléo, squalor*; 7° Rayn., du lat. *calidus*, chaud; et Isid., du lat. *caleo*, être chaud, parce que, dit-il, la chaleur du ciel produit ordinairement l'obscurité; 8° Vossius, du vi. lat. *cala*, bois; ou du gr. *kalon*, bois; parce que les bois produisent de l'ombre étant sur pied, et de la fumée étant au feu; 9° Martinius, du lat. *calim*, pour *clam*, secrètement et à l'insu de; 10° ou du gr. *kalios*, cabane, hutte, cachot, prison; 11° Jules Scaliger, de *calare*, appeler, et *agere*, conduire, parce que les bergers ont pour coutume, lorsque le temps est obscur, de s'appeler pour savoir où ils sont; 12° un autre, du gr. *achlus*, brouillard, nuage sombre, ténèbres, obscurité, comme *salsugo* de *salsus, albugo* de *albus*. 13° Guichard fait venir le gr. *chaos*, chaos, et le lat. *caligo*, de l'hébr. *káchad*, qui, à la forme pi., *kichéd*, signifie il a caché. 14° Et Gébelin, de *cal*, blanc, par opposition.]

*Caliginosité, sf. vi. Obscurité.

*Caligo, s. pr. myth. anc. Première origine de toutes choses; elle donna naissance au Chaos, dont elle eut ensuite la Nuit, le Jour, l'Érèbe et l'Éther.

***Caligo,** sm.méd. Tache devant la pupille qui empêche de voir.

CALIN, INE, adj.et s.fam. Niais et indolent; cajoleur.[On a hasardé plusieurs étym. sur ce mot: 1º Du grec *kéléô*,flatter; 2º de l'héb. *chàlàh*, il a flatté; 3º du gr. *chalaò*, lâcher, témoigner de l'indulgence; 4º du gr. *kalindéô*, fréquenter, être habituellement; d'où serait venu le marseillais *calignar*, être assidu; 5º du suiogoth. *kela*, flatter; 6º du prov. *calignaire, calegnaire*, galant, *calegnar*, courtiser; 7º de l'esp. *calla*, *calla*, tout doux, tout doux. 8º Le Trip. rapporte le fr. *câlin* au lat. *calon, calonis*, valet d'armée, valet de bas étage, homme stupide; et à l'anc.germ. *schalk*, au syr. *schelicha*, hongr. *szolga*, polon. *sluga*, russe *slouga*,ital. *scalco*. 9º Bullet le dérive du celt. *cal*, le même que *gwal*, négligence. 10º Selon M. Quitard, il peut venir du verbe *caler*, qui signifie au fig. céder, se soumettre, comme dans cette phrase de Montaigne : « *Eust-on ouy de la bouche de Socrate une voix suppliante? Cette superbe vertu eust-elle calé au plus fort de sa montre.* » 11º M. Scheler suppose que *câlin*, pour *catelin*, est un dérivé de *cat*, chat. Cette dernière étym. paraît être la plus simple et la plus naturelle. Si elle était reconnue vraie, l'accent circonflexe de *câlins* s'expliquerait facilement comme une compensation de la suppression du *t*. Rouchi *calin*, conferves et bysses qui couvrent les eaux tranquilles; autrefois gueux, mendiant, vaurien, vagabond, nonchalant; et *s'caliner*, couver, se préparer doucement pour éclater ensuite, en parl. du mal, de la douleur, dans Hécart. Dans le Gloss. champ. de T. *calin*, hypocrite.]

Se Câliner, va.pron.fam. Demeurer dans l'inaction, dans l'indolence. *Câliné, e*, p.

Câlinerie, sf.fam. Cajolerie.

*****CALLIOPE,** s.pr.f. myth. La première Muse, celle qui présidait à la poésie épique. On la représente ordinairement avec les tablettes et le style; dans les peintures d'Herculanum, elle est vêtue d'une tunique verte et d'un manteau blanc, sa tête est chargée d'une couronne de lierre; dans ses mains est un volume en rouleau. Quelquefois elle tient plusieurs couronnes de lauriers, et le sol à ses pieds est jonché de poèmes. [Du lat. *Calliope*, dérivé du gr. *kalliopé* ou *kalliopéia*, Calliope. 1º On forme ce nom du grec *kallos*, beauté, belle chose, bel objet, et de *ops*, voix, chant, parole, discours. Pluche et Scrieck sont peut-être les seuls qui n'aient pas suivi cette étym. 2º Le premier forme le nom *Calliope*, de l'hébr. *qali*, frit, torréfié. Il prétend que Calliope était Isis ou la Lune de juin, et que son nom signifiait provision de vivres ou le grain préparé. 3º Le second soutient qu'il vient du scyth. *cale-ophe*,signifiant *a calva summitate*, du chauve sommet. Le Dict. de la Conv. dit : « Calliope, dont le nom veut dire belle voix, passait pour la plus savante de ses compagnes, probablement à cause de ses attributions; car l'éloquence et la poésie épique sont les deux genres de littérature qui exigent le plus de talent chez les écrivains. » Platon semble confirmer cet énoncé, il dit : « Ce qui a appelé les choses par leur nom, *to kalesan*, et le beau *to kalon*, sont la même chose, à savoir l'intelligence. » Le gr.*kallos*,beauté, *kalos*, beau, semble se rapporter, pour la forme, au sansc. *kalya*,préparé,sain; point du jour,la matinée, d'où *kalyana*, heureux, bon, juste, excellent; mais Chavée le rattache au sansc. *kri*, garder, soigner, vénérer, aimer.]

Caloyer,sm. Moine gr. qui suit la règle de Saint Basile. (De l'anc.fr. *caloyer*,dérivé du gr. *kalos*,beau, t *gérôn*,vieillard;ce qui répond chez nous à révérend père et à Saint père. Les Gr. en Turquie appellent ainsi les moines et les prêtres.)

*****Callianasse,** s.pr.f.myth.gr. L'une des Néréides. (G. *kalos*, beau, *anasséin*, régir.)

*****Callianasse,** sf. Genre de crustacés.

*****Callianire,** s.pr.f.myth.gr. L'une des Néréides. (G. *anèr*, homme.)

*****Callianire,** sf. Genre d'acalèphes libres.

*****Callianiride,**adj.hn. Semblable à une callianire.

*****Callianirides,** sf.pl. Famille d'acalèphes.

*****Callicarpe,**sm.bot.Genre de plantes des deux Indes. (Gr. *karpos*, fruit.)

*****Callicère,** sf. Genre d'insectes coléoptères; genre d'insectes diptères. (Gr. *kéras*, corne.)

*****Callichrome,**sm.Genre d'insectes coléoptères. (G. *chrôma*, couleur, chair, peau.)

*****Callichthe,** sm. Genre de poissons. (G. *ichthus*, poisson.)

*****Callidice,** s.pr.f. Une des Danaïdes.(G. *diké*, procès, justice.)

*****Callidice,** sf.hn, Espèce de papillons.

*****Callidie,** sf. Genre d'insectes coléoptères. (G. *éidos*, apparence.)

*****Callimorphe,**sm.hn.Genre de papillons. (G. *kalos*, beau, *morphé*, forme.)

*****Callionyme,**sm.Genre de poissons. (G.*onuma*, nom.)

*****Calliptère,** sf. Genre de fougères. (Gr. *kalos*, et *ptéron*, aile.)

*****Callirhoé,**sf.temps hér.Fille de l'Océan et mère de Géryon; fille d'Acheloüs et épouse d'Alcméon; fille du Scamandre et épouse de Tros; etc. (G. *kalos*, et *rhoos*, cours d'eau.)

*****Callirhoé,** sf. Genre d'acalèphes libres.

*****Callisperme,** sm.bot. Arbrisseau de la Cochinchine.

*****Callistachys,** sm.bot.Arbrisseau de la Nouvelle-Hollande. (G. *stachus*, épi.)

*****Calliste,**sm.Genre de coquilles bivalves; genre d'insectes coléoptères. (G. *kallistos*, très-beau.)

*****Calliste,** sm.bot. Plante parasite de la Cochinchine.

*****Callistemme,** sm. Genre de plantes à fleurs composées. (G. *stemma*, couronne.)

*****Callistesthésie,** sf.philos. Sentiment du beau. (G. *aisthésis*, sentiment.)

*****Callisthène,** sm. Genre d'insectes coléoptères. (G. *sthénos*, force.)

*****Callisto,** s.pr.f. Constellation septentrionale.

*****Callithamnie,** sf. Genre d'algues marines. (Gr. *thamnos*, buisson, touffe épaisse de branches.)

*****Callitric,** sm. Genre d'algues marines. (Gr. *thrix*, poil.)

*****Callitriche,** sm.hn. Petit singe d'Amérique; genre de mollusques testacés.

*****Callitriché, e,** adj. Semblable à un callitric.

*****Callitrichées,** sf.pl. Famille de plantes.

*****Callixène,** sm.bot. Plante du détroit de Magellan. (G. *kalos*, beau, *xénos*, étranger.)

*****Callomye,** sf. Genre d'insectes diptères. (G. *muia*, mouche.)

*****Callopilophore,** sm. Espèce de polypier. (Gr. *kalos* et *pilos*, laine foulée, *phérô*, je porte.)

*****Callorhynque,** sm. Genre de poissons. (G. *kalos*, beau, *rhugchos*, groin, bec.)

*****Calomel** ou **Calomélas,** sm.pharm. Ancien nom du protochlorure de mercure. (Gr. *mélas*, noir.)

*****Calosome,**sm.Genre d'insectes coléoptères. (G. *kalos*, beau, *sôma*, corps.) De là les n. pr.: *Callias, Callibius, Callichore, Calliclès, Callicrate, Callimaque, Callimède, Callimène, Callinique,*

Callinoüs ou *Callinus, Callipe, Callistéphane, Callisthène, Callistone, Callistrate, Callitétés, Callixène, Calocer*, etc.

CALMANDE, sf. Etoffe de laine lustrée d'un côté comme le satin. [« Il n'y a point de pays dans les Indes, dit Tavernier, où le travail des soies s'exerce avec plus de constance et d'habileté que dans le royaume de Guzarate, surtout dans les 2 cantons de Surate et d'Amedabad ; il s'y fait non seulement toutes sortes d'étoffes, mais diverses espèces de beaux tapis, soie et or, ou soie, or et argent, ou tout de soie. Les chites ou toiles de coton peintes, qu'on nomme *calmandar*, c-à-d. faites au pinceau, se fabriquent particulièrement dans le royaume de Golconde, surtout aux environs de Masulipatant. » En esp. *calamaco*, angl. *calamanco*, calmande. « Rouchi *calemante, calamande*, sorte d'étoffe de laine qui a le grain du satin. Elle était autrefois d'un grand usage ; on en faisait de damassées » : Hécart.]

CALME, adj. Sans agitation ; fig., qui n'a point de passion. [1° Selon De Corbeil, comme une terre en *chaume* est une terre qui se repose, de là vient qu'on a dit *chômer* une fête, ne pas travailler ce jour-là, se reposer ; de là vient le mot *calme* pour repos, tranquillité. 2° Selon De Chevallet, *calme* est un mot d'origine germ. qui se rapporte à l'anc. all. *kalm*, tranquillité de la mer, bonace, calme ; holl. *kalmt* et angl. *calm*, id. Le même auteur ajoute : « On trouve dans Scaliger : « *Cum essem in navi, neque ventus flaret, calamum, vocant Histri*. » 3° Constancio a cherché l'origine de ce mot dans le celt. *cal*, abaisser, puis dans le gr. *chalaó*, abaisser ; 4° Bullet, dans le celt. *cal*, beau, en gr. *kalos*, beau ; 5° Skinner, dans le gr. *galéné*, beau temps ; 6° puis dans le gr. *kauma*, grande chaleur ; parce que l'air s'échauffe quand les vents cessent de souffler ; 7° Webster, dans le gr. *chalaó*, je laisse aller, je fais descendre, j'abaisse. 8° Quelques-uns ont cru que *calme*, par métathèse, venait du lat. *malacia*, calme, bonace. En gaël irl. *callagam*, calmer.]

Calme, sm. Cessation complète du vent ; absence d'agitation, tranquillité.

Calmer, va. Baisser, diminuer ; apaiser, rendre calme. *Calmé, e*, p.

Calmant, e, adj. Qui calme les douleurs.

Calmant, sm. Remède calmant.

Se Calmer, va. pr. Devenir calme.

CALOMNIE, sf. Fausse imputation d'un crime, médisance atroce et mal fondée, contre l'honneur et la réputation d'autrui. [Du lat. *calumnia*, calomnie, accusation fausse ; critique peu fondée, chicane. 1° La plupart des étym. dérivent *calumnia* du lat. *calvo*, tromper, échapper, et qui fait au supin *calutum*, de même que *solvo, solutum* ; *volvo, volutum*, etc. 2° Doederlein le dérive du gr. *kalupto*, cacher ; 3° Bullet, du bret. *clemm*, grief, charge, accusation, plainte ; 4° un autre, de l'héb. *kalam*, il a blessé ; *kiklim* et *keklim*, il a injurié, insulté, raillé, il a accablé de honte ; 5° un autre, du sanse. *klam*, être accablé, fatigué ; *klamyati*, il est brisé par la fatigue. L'orthographe du mot russe *klévéta*, calomnie, semble favoriser la première étym. Il n'en n'est pas de même du basq. *calonia*, calomnie. En Ital. *calonnia*, cat. port. et esp. *calumnia*, lang. des Troub. *calumpnia*, gaël écoss. *quilinme*, anc. fr. *calonge*, calomnie.]

Calomnier, va. Blesser l'honneur de qqn par de fausses imputations. *Calomnié, e*, p.

Calomniateur, trice, s. Qui calomnie.

Calomnieux, euse, adj. Qui contient des calomnies.

Calomnieusement, adv. Avec calomnie.

*****Incalomniable**, adj. Se dit d'un homme qui ne peut être calomnié, parce que sa vertu est au-dessus du soupçon, ou parce qu'il a tous les vices.

*****Incalomnié, e**, adj. Qui n'a pas été calomnié.

CALOTTE, sf. Petit bonnet qui ne couvre que le haut de la tête ; chose qui a qq. rapport de forme ou de destination avec une calotte ; coup de la main donné sur le sommet de la tête. [1° Selon Quatremère, de l'ar. *kaloutha* qui désigne un simple bonnet autour duquel on n'a pas roulé la mousseline qui forme le turban. Le mot *calota* se trouve pour la première fois dans un registre de la chambre de commerce de Marseille. On conçoit très-bien, dit-il, que les Prov. aient pu emprunter ce terme à l'Égypte, c-à-d. à un pays où ils allaient journellement faire un commerce aussi actif que lucratif. 2° On pourrait aussi le dériver du pers. *kulah*, signifiant tout ce qu'on met sur la tête, bandelette, diadème ; coiffure en laine en forme de bonnet phrygien ou de calotte. 3° J. Christ, Jahn et autres le dérivent du gr. *kalupto*, couvrir, cacher ; 4° quelques-uns, du lat. *celare*, cacher ; 5° d'autres, du lat. *calanticu* ou *calautica*, coiffure de femme ou perruque, mot que Doed. forme du lat. *celare*, cacher, couvrir. 6° Bullet dérive le lat. *calvus*, chauve, et *calantica*, couverture de tête, ainsi que le fr. *calotte*, du celt. *câl, gâl*, tête, tout ce qui est rond. 7° Ihre rapporte le fr. *calotte* et l'anc. fr. *calotte*, au suiogoth. *skalle*, scand. *skalle*, crâne. 8° On pourrait encore rapporter le fr. *calotte* à l'irl. *kulla, kualla*, capuchon, kymr. *kûl*, à l'irl. et erse, *kulaidh*, vêtement, habits ; et au lat. *cucullus*, cape, capuchon ; au basq. *cucula*, crête, sommet, *cuculcéa*, se cacher ; à l'armor. *kougoul*, cape, capuchon ; à l'irl. *kuilkeach, kochal*, capuchon ; manteau ; et à l'erse *kochull*, balle ou enveloppe du blé, coquille. 9° Scheler dit que c'est un dimin. de l'anc. *cale*, nom d'une coiffure dont, ajoute-t-il, nous ne connaissons pas la provenance. En alsac. *câle*, bonnet de femme ; savois. *calta*, bonnet d'enfant ; prov. *calota*, calotte ; et *calotar*, calotter, donner des coups du plat de la main sur la tête ; frapper sur la calotte, dans Honnorat ; b. l. *calota, calestra*, anc. fr. *calette*, calotte, sorte de bonnet.]

*****Cale**, sf. Sorte de calotte que tous les clercs portaient autrefois ; espèce de bonnet plat que les femmes portaient autrefois, et qu'elles portent encore dans qqs provinces.

*****Calot**, sm. Partie supérieure d'un schako.

*****Calotte**, sf. archit. Voûte à plan circulaire et de peu de montée ; couvercle ajusté sur le mouvement d'une montre ; forme de chapeau où le fondeur met le plomb séparé de sa branche ; pièce de métal formant la couverture d'un bouton.

*****Calottier**, sm. Ouvrier qui fait les calottes.

*****Décalotter**, va. Oter le dessus, la calotte. *****Décalotté, e*, p.

*****CALTHE**, sf. Genre de plantes renonculacées. [Du lat. *caltha*, souci, plante. 1° Plusieurs botanistes pensent que ce mot se rapporte au lat. *calathus* et au gr. *kalathos*, panier, corbeille ; comme le gr. *kistos*, ciste, et le lat. *cista*, panier, corbeille, au gr. *kisté*, panier, corbeille. « Dans Pline, *caltha*, plante indéterminée, syncope du gr. *kalathos*, corbeille : C. L. » De Théis, Daléchamp et Fée disent également que *caltha*, est une syncope du gr. *kalathos*, corbeille, à cause de la forme de sa corolle qui ressemble à une corbeille. Ce qui prouve, ajoute de Théis, que *caltha* vient de *kalathos*, contre l'opinion de Bœhmer, c'est que Pline, L. 21, c. 6., parle en même temps du *caltha* et du *calathiana*, comme de deux choses analogues. Un autre auteur nous dit que le *caltha* ressemble à la violette *calathiane*, que sa fleur est grande et d'une seule couleur. 2° Selon Guichard *châlâth* serait un mot chald. signifiant une sorte de safran, d'où serait venu le lat. *caltha*. 3° Vossius croit que *caltha* provient du gr. de Nicandre et d'Hésychius, *kalcha* signifiant souci; par le chang. de *ch* en *th*. La première étym. semble préférable à celles de Guichard et de Vossius.]

*Calthoïde, adj. bot. Qui a l'apparence d'une calthe.

CAMAIEU, sm. Propr. gemme en haut relief; pierre fine de deux couleurs; tableau peint avec une seule couleur; pierre sur laquelle, par un jeu de la nature, se trouvent plusieurs figures ou représentations de paysages et autres choses, en telle sorte que ce sont des espèces de tableaux sans peinture. [« 1° De l'ar. *camaa*, relief. On appelle *camaïeu* une espèce de peinture monochrome, c-à-d. où l'on emploie une seule couleur, et qui est destinée à imiter les bas-reliefs sculptés: G.» Cette étym. a été donnée aussi par Duchesne qui dérive également *camée* de l'ar. *camaa*, relief, bosse. 2° Les auteurs du Trip. rattachent les mots *camée*, *camayeu*, *gamahen*, au all. *gemma*, pierre précieuse, pierre gemme, perle, etc. et au germ. *kamm*, au russe *kaméne*, au boh. *kamen*, et au fr. *gemme*. 3° Trév. et Gattel dérivent *camaïeu*, par corruption, de *camehuia*, nom que les Orientaux donnent à l'onyx, lorsqu'en l'usant on trouve une autre couleur, comme qui dirait une *seconde pierre*. 4° Constancio le fait venir du gr. *koimaô*, dormir. En lb. *camahutus*, *camahelus*, *camasil*, *camaeus*, camaïeu. Pol. *kamien*, esp. *camafeo*, camaïeu. Port. *camafeo*, *camafeu*; anc. fr. *camayeu*, *camahiu*, *casmahius*, *kasmahius*, camaïeu. Voy. *Camée*, ci-dessous.]

*Gamahé ou Gamaheu, sm. Petite figure employée comme talisman propre à conjurer les esprits et les influences astrales.

Camée, sf. Pierre composée de différentes couches, et sculptée en relief; pierre fine gravée en bas-relief, à la différence de celles qui sont gravées en creux, et qu'on nomme *intailles*; par ext. tableau d'une seule couleur. (1° Selon Roquefort et autres, ce mot appartient à la même origine que *camaïeu*. La forme et la signification du mot se prêtent parfaitement à cette étym. Du même mot ar. cité ci-dessus, *camaa*, relief, bosse, Duchesne forme aussi le fr. *camée*. 2° Quelques-uns le dérivent du gr. *châmai* à terre. 3° Selon H. Noël et Carp., il aurait été fait de *came*, nom d'une espèce de coquille que l'on trouve sur le rivage de Trapani en Sicile. On la travaille dans cette ville; on en fait de petits bas-reliefs, que l'on porte en bagues ou en bracelets. 4° D'après Mahn, Scheler et les auteurs du Tripart., *camaïeu* et *camée* proviennent du lat. *gemma*, gemme, pierre précieuse; h. all. anc. *kimmâ*, id. «Quant à la forme *camahotus*, d'où les mots fr. *camaheu*, *camayeu*, *camaïeu*, se sont aussi régulièrement produits que *væu*, de *votum*, neveu de *nepotem* ; c'est une altération barb. de *cameus altus*, en vi. fr. *hault*, prov. *aut*; le *h* est un effet de l'influence du vha *hôh*, goth. *hauhs*. Le *camaïeu* exprime donc étymologiquement «une gemme en haut-relief.»: «Scheler. En ital. *cameo*, *cammeo*, camée, camaïeu. Polon. *kamien*, camée, camaïeu. All. *camee*, camée, camaïeu.)

CAMBOUIS, sm. Vieux oing qui s'amasse au bout de l'essieu. [1° Selon le gén. Bardin, ce mot est d'origine inconnue. 2° Trév. dit que *cambouis* vient de *canubium*, espèce de colle ou de glu. 3° D'après Raynouard, on pourrait le dériver du roman provençal *camois*, boue, souillure, tache; 4° et selon d'autres, du lat. *combustum*, brûlé; parce que c'est une graisse brûlée et noircie; r. *cum*, avec, et *uro*, *ustum*, brûler; le *b* est ici euphonique. Voy. *ustion*. Ce terme se trouve dans le Roman de Gérard de Rossillon. En prov. *camboy*, *cambroi*, vieux oing, cambouis; angl. *coom*, suie, cambouis; bret. dialecte de Tréguier *kampoulen*, sf. boue, crotte, fange des rues et des chemins, dans Le Gonidec.]

CAMBUSE, sf. mar. Endroit où se fait la distribution des vivres. [Quelle est l'étym. de *cambuse*, dit M. Jal? 1° Ce mot vient-il du lat. *camum*, bière; ou de l'angl. *can*, holl. *kan*, bidon? C'est bien en effet à la cambuse que se rangent les bidons; mais quelle est cette syllabe *buse*? est-ce le *huis* des Holl. qui a changé son *h* en *b*, transformation assez commune? et cambuse n'est-il autre chose que *kan-huis*, logis des bidons, comme *tuig-huis* est le logement des instruments ou arsenal, comme *bier-huis* est une maison à bière, un cabaret. Le *huis* holl. est le même mot que le vi. fr. *huis*, qui signifiait seulement la *porte*. *Can-house*, dont on voit facilement le déguisement dans *cam-buse*, est la même chose que *kan-huis*. *Buse* peut être le *bouge*, le *bouchon* ou cabaret, où l'on buvait le *camum*; d'où l'on aurait fait *camum-bouge*, ou *cam-buge*, ou, cam-buse. L'endroit où l'on fabrique de la bière s'appelait autrefois *cambage*, en vi. all. *camba*, canibage. *Camum*, selon Martinius, aurait été pris de l'héb. *chám*, chaud, selon d'autres, du gr. *kaió*, brûler, *kauma*, grande chaleur; de même le lat. *zythum*, bière, dérive du gr. *zéô*, bouillonner, échauffer. 2° D'après M. Honnorat, le mot *cambuse*, en prov. *cambusa*, aurait été fait, par apocope et addition du *b*, du lat. *camara*, voûte, arcade. Sur les galères du 18ᵉ s., la chambre appelée *cambuse* s'appelait encore la *campagne*. Le mot cambuse ne paraît s'être introduit, dans la langue des marins français, que vers la dernière moitié du 18ᵉ s. En b. bret. de Bullet, *cambuzeerr*, barillard, officier qui a soin du vin et de l'eau sur les navires. En holl. *kombuis*, russe *kambouse*, la cuisine d'un vaisseau.]

Cambusier, sm. mar. Distributeur des vivres.

CAME ou CHAME, sf. Genre de coquilles bivalves qui comprend un grand nombre d'espèces toutes marines. (Du latin *chamæ*, chames, espèce de coquillages, dans Pline. *Chamæ* vient lui-même du gr. *chêmé*, came, ou chame, coquillage; *chême*, mesure de liquides, environ un décilitre; ou le gr. *chêmosis*, chémose, maladie de l'œil, inflammation et gonflement de la cornée. Le gr. *chêmé* semble se rapporter au sansc. *kambu*, coquille. Benfey lui attribue la même origine, qu'au lat. *hiare*, *hiscere*, *oscitare*, et qu'au gr. *chaskô*, ouvrir la bouche, *chainó*, s'ouvrir, s'épanouir. Voyez *hiatus*.]

CAMELINE, sf. Genre de plantes qui croissent dans les champs cultivés de presque toute l'Europe. Sa graine fournit beaucoup de très-bonne huile; de sa tige on tire de la filasse. [1° Le Duchat dérive ce mot du lat. *calamus*, tige, roseau. Si cette étym. est vraie, il faut admettre que *cameline* est pour *calme-line*, *calame-line*. Mais il reste à expliquer la fin du mot -*line*. Line est apparemment un dérivé du latin *linum*, lin. En ce cas *came-line* signifierait littéralement roseau-lin, ou tige-lin : roseau qui comme le lin donne de l'huile et de la filasse. Henschel confirme cette explication en rendant en all. le mot *cameline* par *leindotter*, *flachsdotter*; car *lein* en all. signifie lin. 2° L'Académie fait observer que l'huile tirée de cette plante s'appelle improprement *huile de camomille*; et Trévoux écrit des deux manières le nom lat. de la cameline : *chamœlina* et *myagrum sativum;* ce qui ferait croire que ce nom vient du gr. *chamaimélon*, camomille, *chamaimélinos*, de camomille. 3° Bullet soutient que *cameline*, signifiant plante à fleurs et à graines jaunes, est un dérivé du gall. *melin*, blond, jaune, en gr. *mélinos*. L'all. *dotter*, dans *leindotter*, *flachsdotter*, a aussi cette signification. Cette étym. est fausse ou incomplète : il ne s'agit pas de *meline*, mais de *cameline*. 4° Lœuillet forme *cameline* du gr. *chamai*, à terre, et *linon*, lin. Son étym. paraît vague et peu sûre : toutes les plantes à peu près tiennent à terre ; en outre, la cameline ne rampe pas, mais s'élève droit et à la hauteur de près d'un mètre. Dans les patois du Nord, on ne s'est pas borné à dire *cameline* pour *calmeline* ou *calameline*; là, suivant les localités, on prononce *camameine*, *camemène*, *camémeine*.]

*CAMÈNE, sf. myth. lat. Muse; s'est dit anciennement de certaines nymphes auxquelles Numa consacra le bois où il allait méditer ses lois, et qui furent ensuite confondues avec les muses. Ce nom désignait, dans l'origine, des nymphes propriétesses, à la fois muses et devineresses, dont le culte appartenait à la vieille mythologie italienne, ou avait été apporté d'Arcadie dans le Latium. [Du latin *camena*, *camœna* et *camæna*, vieille forme *casmena*, muse; métaphor., poésie, chant, vers. Etym. 1° Du gr. *kata*, indiquant mouvement ou direction contraire, opposition, consistance, perfection, etc., et du lat. *mens*, esprit : Doed. 2° Ou du gr. *kata*, et de *múthos*, parole, discours, récit : id. 3° « Les anciens crurent que *camena* était de la même famille que *cano*, chanter; qu'on avait dit aussi *casmena*, et puis *carmina*, d'où était venu *carmen*, vers : ils ne pouvaient mieux dire; mais nous avons vu que ce mot appartenait à la famille *harm*, harmonie, qui s'adoucit en *carm* pour produire la famille *carmen* : Gébelin. »]

*CAMILLE, s.pr.f. Fille de Métabus, roi de Privernum, et de *Casmila*. Son père la fit allaiter par une jument, l'habitua à tous les exercices guerriers. Cette jeune amazone étant venue au secours de Turnus contre Enée, fut tuée par Aruns, malgré la protection de Diane à laquelle son père l'avait consacrée. [Du lat. *Camilla*, Camille. Virgile dit, Æn. L. 11, v. 543 : Métabus appelait sa fille *Camilla*, par un léger changement qu'il avait fait au nom de *Casmilla*, sa femme. 1° Varron assure que, suivant les Glossateurs, *Camilla* signifie *administra*, intendante, ; qu'on appelle *camillus* celui qui, dans les noces, porte la corbeille de la mariée, dont la plupart des autres serviteurs ignorent le contenu; que de là vint le nom de *Casmilus*, donné dans la Samothrace à un ministre particulier des mystères des grands dieux. Il croit que ce mot est d'origine grecque, pour l'avoir rencontré dans les poèmes de Callimaque. 2° Scrieck prétend que *Camillus* et *Camilla* proviennent de *cam-hil*, *kam-hil*, mot scyth., étrusq. et celt. signifiant : du mont des étrangers. 3° Selon Bochart, le nom *Camillus* signifierait littéralement devinou interprète des dieux, et aurait été fait de l'hébr. *qâsam*, il a deviné, et *él*, Dieu ; 4° ou bien il se rapporterait à l'ar. *chadama*, administrer. Artémidore nomme deux divinités de Samothrace dont le culte se retrouverait, dit-il, dans les îles voisines de la Gaule : ce sont Cérès et Proserpine. Un autre écrivain y ajoute Pluton et Mercure, regardé là comme le plus grand des dieux et nommé Camille comme chez les Etrusques. « On peut même dire que *Camille* n'est point un mot tosc. ; il est plutôt béot., dérivé de *chadmel*, qui, en langage phénic., signifie ministre des dieux ou Mercure : » Dom J. Martin. 5° Un anonyme soutient qu'en Orient toute personne constituée en dignité avait un bâton ou sceptre, et quelquefois une lame d'or sur le front; que l'on appelait *cadosch* ou *caducée*, un homme saint, un représentant de la divinité ou son envoyé, comme Mercure. Ec. héb. *qâdasch*, pur, saint, sacré. Il ajoute que Mercure s'appelle indifféremment *Camillus*, *Casmillus* et *Cadmillus*, nom qu'il tire de l'héb. *qadmón*, oriental. Ainsi *Camillus* et *Camilla* tiendraient à la même souche que le nom de *Cadmus*, qui en gr. serait devenu successivement *Kadmos*, *Kadmilos*, *Kasmillos*, *Kamillos*. Voyez *Cadmus*.]

*Camille, sf.hn. Petite coquille de l'Adriatique; espèce de papillons.

*Camille, s. Chez les Rom. on donnait ce nom à des jeunes gens et à des jeunes filles de naissance libre, qui assistaient les prêtres dans les cérémonies religieuses.

*Camillus, s.pr.m, myth. anc. Père des Cabires et des nymphes Cabirides de Samothrace.

CAMION, sm. Epingle déliée pour attacher des toiles fines, ou autres choses délicates; espèce de petite charrette ou de haquet, longue et très basse, pour le service du roulage. [1° Ménage dit : « L'origine de ce mot ne m'est pas connue. On dit *camions* d'Angleterre, ce qui pourrait donner quelque sujet de croire que ce mot serait angl. d'origine. » 2° Gébelin lie le mot *camion* au lat. *camelus*, chameau, parce que, dit-il, *camion* signifie proprement l'une des plus petites bosses ou têtes de ces chardons dont on se sert dans les manufactures de lainerie. En pic. *camion*, épingle fort petite. M. Henri, cité par M. l'abbé Corblet, nous dit que le mot *camion*, pris dans le sens de voiture longue montée sur deux roues, est passé du pic. dans la lang. franç. En castr. *gamioun*, traîneau à quatre roues pour le transport des marchandises, selon M. Couziné. En l. b. *campolus*, *camuleus*, camion, traîneau, haquet, dans Du Cange; anc. fr. *chamion*, sorte de chariot, et *chamion*, petite épingle, dans Borel; en fr. *gamion*, camion, haquet, mot cité par Du Cange.]

*Camionnage, sm. Transport sur des camions; frais de ce transport.

Camionneur, sm. Qui conduit un camion.

CAMOUFLET, sm. Bouffée de fumée soufflée malicieusement au nez de quelqu'un avec un cornet de papier allumé; fig. et fam., mortification. [1° Ce mot semble venir de l'ital. *camuffare*, se déguiser, se masquer, s'envelopper, attraper, tromper, mot dont l'origine est encore difficile à découvrir. 2° Borel dit que *camouflet* s'écrivait *chaumouflet* et que ce mot vient de *mufle*, parce que c'est une fumée épaisse qu'on soufflait dans les narines, pour éveiller les gens endormis. Cette étym. convient à peine au milieu du mot, bien loin de l'expliquer tout entier. 3° Gébelin le compose du celt. *cam*, creux, et *flo*, souffle; 4° un autre du fr. *chaud* et de *mufle*; 5° Ganeau, ainsi que d'autres, du lat. *calamo flatus*, soufflé à l'aide d'un chalumeau. Cette dernière étym. convient au mot et à la chose, mais elle suppose que *camouflet* est pour *calmouflet* ou *calamouflet*, de même que *cameline* pour *calameline*.]

CAMP, sm. Terrain, lieu où une armée s'arrête, se retranche, se loge, et prend ses quartiers; armée campée; lice où l'on faisait entrer des champions, pour y vider leur différend par les armes. [Du lat. *campus*, plaine, campagne cultivée, champ, terrain; surface unie; territoire; champ de Mars; exercices du champ de Mars; les comices, les élections; champ de bataille, champ, lice, carrière. M. Ampère dit : « S'il est une expression dont on puisse se rendre compte sans le secours d'étym. germ. ,c'est *une campagne*, pour une expédition pendant laquelle une armée entre en campagne. Il n'y a pas lieu à voir là, comme Wachter, et, après lui, Mourain de Sourdeval, la racine germ. *kempan*, combattre. » Au moyen âge, *campus* a pris la signification de *castra*, c-à-d. de terrain occupé par une armée. Le fr. *campagne* signifie champ et expédition militaire, de même que l'armor. *maes* et le germ. *feld*. « *Camp* et *kamp*, dit un auteur, viennent du lat. *campus*. De même le suiogoth. *felt*, plaine, place ou champ de Mars, du suiogoth. *felt*, champ, plaine. Lorsque anciennement tous les lieux étaient plantés de forêts, il fallait bien chercher des lieux convenables au déploiement des troupes; d'où vient que s'avancer dans la plaine ou dans les champs et descendre au combat signifiait la même chose. On a assigné diverses étym. au lat. *campus*: 1° Du gr. *képos*, doriq. *kapos*, jardin : A. Caninius, César Scaliger, Docd., etc. 2° Du gr. *chamai*, à terre, et *pous*, pied : Isidore. 3° Du lat. *capio*, je prends, parce que primitivement les fruits se recueillaient dans les plaines : Varron. 4° Du gr. *gaia* ou *gé*, terre, et *poa*, herbe : Constancio. 5° Du celt. *campen*, *compen*, *quempen*, uni : Bullet. 6° Du copte *koi*, champ, campagne, plaine, villa. 7° Du celt. *camp*, terrain cultivé par les mains de l'homme, champ, fait lui-même de l'or. *caph*, main : Gébelin. 8° Du sansc. *kûpas*, *kumbâ*, cavité, enceinte, *kup* et *kub*, étendre, couvrir, d'où le gr. *képos*, jardin : Eichhoff. 9° Comme Hésychius rapporte que les Siciliens appelaient *kampos*, un cirque, un hippodrome, Joseph Scaliger et Vossius conjecturent que le lat. *campus* provient du gr. *kampés*, pli, courbure, inflexion, fait lui-même du gr. *kamptô*, plier, fléchir, faire tourner. En all. *kamp*, enclos, place, mot que Schuster lie au suéd. *kamp* et au lat. campus. Basque *campo*q, campagne. Breton *kompes*, uni et *kompezen*, plaine. Gaël écoss. *camp*, et gaël irl. *campa*, plaine. ital., esp. et port. *campo*, champ. Lang. des Troub. *camp*, champ, camp, champ de bataille. Lang. des Trouv. *champ*, champ de bataille, bataille. Valaq. *kœimp*, champ, camp. Anc. prov. *cambos*, plaine cultivée, champ. Champ. *chomp*, auv. *tsam*, Gers, pic., rouchi *camp*, champ. Anc. fr. *campe*, champ, *cans*, *chans*, champs.

Campagnard, e, adj. et s. Qui vit à la campagne.

Campagne, sf. Grande étendue de pays plat et découvert, champ; l'opposé de la ville; habitation hors de la ville; séjour à la campagne; par ext., mouvement, campement, action des troupes; temps durant lequel les armées sont en campagne; fig., mouvements pour découvrir une chose; saison propre aux travaux de certains ouvriers.

Être allé à la campagne, C'est être hors de la ville, y avoir sa résidence ou s'y livrer aux délassements champêtres.

Être dans la campagne, C'est être dans les champs, hors des villes et villages.

Être en campagne, Aller en d'autres pays exercer un négoce ou une profession, sans y demeurer; être hors de chez soi pour des affaires; en parl. des corps militaires, être en mouvement hors des garnisons, des quartiers.

Campagnol, sm. Espèce de souris des champs.

*__Campanie__, s.pr.f.géo.anc. Province d'Italie, au S. du Latium. (Lat. *Campania*, nom qui tient au lat. *campus*, radical qui appartient à la lang. des Osques et à celle des Lat. Les *Campaniens* ont été ainsi appelés, dit un écrivain, parce que leur pays présente ce qu'encore à présent les lang. sorties du lat.

appellent *campi*, champs, qu'on distingue des collines, des vignobles, des prés, des forêts, des lacs, des marais. C'est une chose très-connue que la Campanie comprenait des champs très-fertiles, qui firent donner à tout le pays le nom de *Campania felix*, pays très-différent de la Calabre montueuse. Le même nom de *Campania* fut appliqué, dans le moyen âge, à une grande province de la France, par la même raison. Car la Champagne, quoiqu'elle ait aussi des collines, présente généralement plutôt des champs que des prés, des lacs et des monts. M. Tarbé nous dit que *champagne* et *plaine* étaient synony.)

Campane, sf. Ouvrage d'or, d'argent filé, avec de petits ornements en forme de cloches; ornement de sculpture d'où pendent des houppes de même forme; chapiteau corinthien représentant un panier, une corbeille entourée de fleurs. (Du vi. fr. *campane*, cloche, dérivé du lat. *campana*, cloche, fait de *Campania*, la Campanie, contrée d'Italie, où Saint Paulin, évêque de Nole, en introduisit d'abord l'usage. Les cloches ont été inventées, dit-on, l'an 2601 avant J.C., par Hoang-ti, empereur de la Chine. Port. *campainha*, it., esp., port., cat. et prov. *campana*, cloche.)

*__Campane__, sf. Nom vulgaire de plusieurs plantes à fleurs en cloche; tumeur qui survient au jarret du cheval; chaudière où le savonnier fait cuire le savon; ornement de plomb chantourné au bas du faîte d'un comble.

*__Campanacé, e__, adj. hn. En forme de cloche.
*__Campanaire__, adj. Qui a rapport aux cloches.
*__Campanelle__, sf. bot. Nom vulgaire du liseron et du narcisse. (Anc. fr. *campanelle*, petite cloche, sonnette.)
*__Campanellé, e__, adj. Semblable à une petite cloche.
*__Campaniflore__, adj. bot. A fleurs en cloche.
*__Campaniforme__, adj. En forme de cloche.
*__Campanile__, sm. archit. Petit clocher à jour ou lanterne, telle que celle qui couronne le dôme des Invalides.

Campanule, sf. bot. Plante laiteuse à fleurs en cloche.

*__Campanulacé, e__, adj. De la forme d'une cloche.
*__Campanulaire__, adj. En forme de cloche.
*__Campanulé, e__, adj. bot. Semblable à une campanule.
*__Campanulées__, sf. pl. Famille de plantes.
*__Campanuliflore__, adj. bot. A fleurs en cloche.
*__Campanuliné, e__, adj. bot. Qui approche d'une campanule.
*__Campanulinées__, sf. pl. Famille de plantes.

Camper, vn. Dresser un camp; faire arrêter une armée en un lieu, pour y séjourner. (De *camp*.)

Camper, va. Placer, faire camper; fam., appliquer, donner. *Campé, e*, p.

Se Camper, va. pr. fam. Se placer; se mettre en certaine posture.

Campement, sm. Action de camper; camp; détachement que l'on fait partir quelques jours à l'avance, pour s'emparer du terrain où doit camper l'armée, pour tracer le camp.

*__Campestre__, adj. hn. Qui vit dans les champs.
*__Campicole__, adj. hn. Qui habite les champs.
*__Campidocteur__, sm. Instructeur, ou maître d'exercice et de gymnastique dans les anciennes armées romaines.

Campine, sf. Sorte de petite poularde fine. (Trév. dit : *Campine* est un nom qui se donne à différentes petites contrées: *Campinia*. Il y a la *Campine* dans l'Andalousie. La *Campine*, contrée des Liégeois. La *Campine* brabançonne, petite contrée du Brabant. Ce mot vient de l'esp. *campina*, campagne découverte, où il n'y a aucun arbre... Ce sont les Espag. qui ont portée ce nom dans les Pays-Bas. *Campine* se dit aussi d'une espèce de petite poularde fine. » M. Barré dit : **Campine*, sf. géogr. Canton de Flandre, très-fertile, d'où vient le nom des volailles appelées campines. »)

Campos, sm. Congé que l'on donne aux écoliers pour sortir, pour aller aux champs se divertir; repos, relâche qu'on prend. (Du lat. *campus*.)

*Camaldoli, sm. géo. Village du Florentin dans la Toscane, qui a donné son nom aux *Camaldules*. (De l'ital. *campo del Maldolo*, champ d'un certain Maldolo, qui le donna à Saint Romuald, instituteur des Camaldules. Ce Maldolo ou Maldoli était un bourgeois d'Arezzo.)

Camaldule, sm. Religieux de l'ordre qui fut fondé par S. Romuald à *Camaldoli*, en Toscane.

Camaldule, sf. Maison de l'ordre des camaldules.

Champ, sm. Etendue, pièce de terre propre à être labourée, et semée de grains; fig., occasion, sujet, matière; étendue qu'embrasse une lunette d'approche; fond sur lequel on peint, ou sur lequel on grave, etc. (Du lat. *campus*, champ. Les sons *c* et *ch* coexistaient dans l'ancienne lang. franç., et, dit M. Ampère, chacun appartenait à différents dialectes. *Campagne* et *Champagne* avaient dans l'origine le même sens. Encore aujourd'hui, le son *k* remplace le son *ch* en norm. et en pic.)

Champs, sm. pl. Toutes sortes de terres, champs, prés, bois, bruyères; lieux qui ne sont point dans les villes ou dans les faubourgs.

Champs de bataille, Place où combattent deux armées.

Champ de Mars, Lieu consacré à des exercices militaires.

Champ du repos, Cimetière.

A tout bout de champ, loc. adv. et fam. A chaque instant, à tout propos.

A travers champs, Hors des routes battues.

Battre aux champs, Battre le pas ordinaire.

Mettre de champ, *Poser de champ* des briques, etc., les mettre, les poser sur la face la moins large.

Sur-le-champ, loc. adv. Sur l'heure même, sans délai.

*Champan, sm. Droit qu'avait un seigneur de prendre un certain nombre de gerbes sur les champs qui dépendaient de sa seigneurie.

Champart, sm. Droit qu'avaient les seigneurs de fiefs de lever une certaine portion des produits d'un champ. (L. b. *camparia, champagium, champardum, champaria*, champart. L. *campus*, champ, *pars*, part.)

»**Champartage**, sm. Second droit de champart dont jouissaient qqs. seigneurs.

*Champartel, elle, adj. Qui était sujet au droit de champart.

Champarter, va. Exercer le droit de champart. *Champarté, e*, p.

*Champarteresse, sf. Grange du seigneur où se mettaient les champarts.

Champarteur, sm. Celui que commettait un seigneur pour lever le champart.

*Champay, sm. anc. cout. Droit de pacage.

*Champayer, va. anc. cout. Faire paître dans les champs. **Champayé, e*, p.

Champeaux, sm. pl. vi. Prés, prairies. (Anc. fr. *champeau*, pré haut qui se trouve parmi les champs. B. l. *campellus, campicellus, campulus*, champeau.)

Champêtre, adj. Qui appartient aux champs, à la campagne; qui est éloigné des villes.

Champignon, sm. Nom générique d'une famille nombreuse de plantes cryptogames d'une consistance molle, spongieuse ou coriace, dénuées de feuilles et de racines. (Ainsi dit parce qu'il croît dans les champs : Mén., Gatt., N., Roq., etc. En pat. de Castr. *campayrol*, champignon.)

Champignon, sm. Bouton qui se forme au lumignon d'une chandelle ou d'une mèche qui brûle; méd., excroissance de chair spongieuse; support de bois en forme de champignon, pour les chapeaux, les bonnets, les perruques.

*Champignon, sm. Jet d'eau peu élevé : ses eaux, en retombant, offrent l'apparence d'un champignon.

*Champignonnière, sf. Couche de fumier, etc., où l'on fait venir des champignons; lieu où il y a des champignonnières.

Champion, sm. Celui qui combattait en champ clos pour sa querelle ou pour celle d'un autre; fig. défenseur. (Du lat. *campus*, champ, comme *tabellion*, du lat. *tabula* : Diez. Quelques-uns croient que *champion* a été fait de *pion* du champ. D'autres pensent que le fr. *champion* et le b. l. *camphio, camphius, campio*, se rapportent au germ. *kampff*, combat. C'est *kampff* qui doit être rapporté à *champion*. Ital. *campione*, esp. *campeon*, champion. Anc. fr. *campiun*.)

Championne, sf. fam. iron. Femme hardie.

Décamper, vn. Lever le camp; fig. fam., s'enfuir. *Décampé*, p. **Décampement**, sm. Action de décamper.

Echampir, va. Contourner une figure, en séparant le contour d'avec le fond. (De la particule extractive *é*, lat. *e, ex*. et du mot *champ*, lat. *campus*: tirer du champ.) *Echampi, e*, p.

Réchampir, va. Détacher les objets du fond sur lequel on peint, soit en marquant les contours, soit par l'opposition des contours; dor., réparer avec du blanc de céruse les taches ou bavochures. *Réchampi, e*, p.

Escamper, vn. pop. Se retirer, s'enfuir habilement. (En ital. *scampare*, mot que M. Diez forme du lat. *ex*, et de *campare*, r. *campus*.) *Escampé*, p.

Escampette, sf. pop. Fuite imprévue et vive.

Escapade, sf. Echappée, action de manquer à son devoir pour aller se divertir. (De l'ital. *scappata*, fait de *scappare*, échapper, fait de l'ital. *escampare*, dérivé du lat. *campus* champ : *pp* pour *mp* par assimilation.)

Echapper, vn. S'évader, s'esquiver, se sauver; sortir de... par adresse ou par violence; se soustraire à un danger; n'être pas pris, n'être pas aperçu, remarqué; ne pouvoir être connu, pénétré; ne pouvoir être acquis, obtenu; disparaître malgré quelqu'un. (De l'ital. *scappare*, échapper, propr. sortir du *camp* ou du *champ*, et non du lat. *scapha*, esquif, nidulat. *capere, captare. Scappare*, pour *scampare*, pour *excampare*, vient du lat. *ex*, de, hors de, et *campus*. M. Honnorat dit : « On a fait dériver le mot *échapper* de *scapha*, *scaphare*, s'enfuir dans un esquif; mais la véritable étymologie de ce mot est conservée dans l'ital. *escampare* et dans le prov. *descampar*; de *es*, priv. et de *camp*, champ, et de *ar*: quitter le champ ; ou de *es*, dans : courir dans les champs. M. Diez pense que *échapper* provient du lat. *cappa*, manteau, mot à mot glisser du manteau. Il cite le gr. *ekduesthai*, fait de *duô*, entrer, se glisser. Scheler cite le champ. *exuer*, et le lat. *exuere*. Denina croit que *échapper* et l'ital. *scappare* viennent du lat. *caput*, tête, retirer sa tête. Un autre dérive *échapper* du lat. *ex* et *capi*, être pris; et Leibnitz, du germ. *schůppe*, instrument qui éloigne; le Trip. de l'héb. *chafaz*, il s'est hâté, d'après sa transcription. Mais De Chevallet fait observer qu'on trouve assez souvent *escamper* pour *échapper* dans nos anciens auteurs; et que ces verbes signifient proprement se sauver du champ de bataille. Esp. port. *cat.* et prov. *escapar*, échapper.

Échapper, va. Éviter. *Échappé*, e, p.

S'Échapper, va. pr. S'évader, s'enfuir, s'esquiver; fig., s'emporter inconsidérément à faire ou à dire qq. chose contre la raison ou la bienséance; se dit d'une chose qui d'elle-même sort d'un lieu où elle était renfermée, retenue.

Échappade, sf. Trait fait accidentellement par le burin qui échappe.

Échappatoire, sf. fam. Défaite, subterfuge, moyen adroit pour se tirer d'embarras.

Échappée, sf. fam. Action imprudente par laquelle on s'écarte de son devoir; espace suffisant pour le tournant des voitures dans un carrefour, dans un passage, etc.; hauteur suffisante du berceau qui couvre une descente de cave, au-dessus des marches; distance entre les rampes d'un escalier; ce que l'on ne fait qu'entrevoir, qu'effleurer.

Échappée de vue, Vue resserrée entre des bois, des collines, des maisons.

Échappement, sm. Action de s'échapper, de sortir; mécanisme par lequel le régulateur reçoit le mouvement de la dernière roue d'une machine, et ensuite modère le mouvement de cette roue même; archit. *échappée*.

Réchapper, vn. Être délivré, se tirer d'un grand péril. *Réchappé*, p. et s m.

De là les n. pr. *Campestrinus, Campagne, Campi, Campo, Campa-formio, Campus, Champagne, Beauchamp, Deschamps, Clinchamp, Grandcamp, Grandchamp, Larchamp, Longchamp, Champdenier, Champfleury, Champi, Champigny, Champgoubert, Champremy*, etc.

CAMPÊCHE, sm. bot. Arbre résineux d'Amérique toujours vert, de la famille des légumineuses. [Il est originaire de la baie de *Campêche*, d'où il a tiré son nom. On le trouve aussi à la Jamaïque et à Saint-Domingue. Son bois est propre à la teinture. Ce nom ressemble beaucoup au sansc. *kampaka*, nom d'un certain arbre à fleurs grises et odoriférantes. Campêche est une ville du Mexique située sur une baie qui porte le même nom, dans l'état de Yucatan ou Mérida. À l'endroit où est cette ville, il y avait une grosse bourgade que les gens du pays nommaient *Kimpech*, et que François Fernandez de Cordone qui la découvrit en 1517. Lorsque les Castillans découvrirent ce pays, ils s'approchèrent d'un golfe, à la vue d'une grosse bourgade, qu'ils appelèrent *Lazare*, parce qu'en était le dimanche de l'évangile de ce nom; mais que les Indiens nommaient *Kimpech*, et qui a pris depuis le nom du pays de Campêche. Hist. gén. des voy.]

CAMPHRE, sm. Résine végétale blanche, qui provient d'une espèce de laurier des Indes. [1° Martinius, Vossius, Guichard et autres pensent que ce nom provient de l'hébr. *kopher*, poix, résine; parce que le camphre est une poix résineuse; *kopher* est un dérivé du v. *kâphar*, enduire; on s'en sert de la poix pour enduire. 2° M. Pihan fait dériver le mot camphre de l'ar. *kafûr*. 3° Il pourrait bien venir aussi du sansc. *karpûra*, camphre. Nos poètes et nos prosateurs ont déjà bien des fois comparé ce qui est blanc à la neige; mais certains auteurs ar., n'ayant pas de neige dans leur pays, se servent pour cette espèce de comparaison, du mot *kafûr*, camphre. En l. et ital. *camphora*, gr. mod. *kamphoura*, valaq. *kamfar*, russe *kamphora*, malais et hind. *capour*, cat. *canfora*, port. *canfora*, algan*fôr*, camphre, all. *campher* et *kampher*, angl. *camphire*, pol. *kamfora*.]

Camphorata, sf. Voy. *Camphrée*.

Camphré, e, adj. Qui contient du camphre.

Camphrée, sf. Plante médicinale de Provence.

Camphrier, sm. Espèce de laurier du Japon, qui donne le camphre.

Camphorate, sm. chim. Sel résultant de la combinaison de l'acide camphorique avec une base.

Camphorides, sm. pl. chim. Classe de composés organiques analogues au camphre.

Camphorique, adj. chim. Se dit d'un acide qui est produit par le camphre.

Camphrer, va. Imprégner de camphre. *Camphré, e,* p.

CANAL, sm. Tout conduit par où l'eau passe; lit d'une rivière, d'un ruisseau que la nature a fait pour écouler les eaux, pour arroser les terres; creux que l'on fait dans les terres labourées, pour en faire écouler les eaux; conduit d'eau en forme de rivière pour le transport des marchandises; pièce d'eau étroite et longue qui orne un jardin; lieu où la mer se resserre entre deux terres; anat., vaisseau, couloir; vaisseau qui conduit et reçoit la sève; place de la baguette d'une arme à feu; fig., voie, moyen, entremise. [Du latin *canalis*, canal. 1° Selon Bopp, Benfey, et autres savants modernes, le lat. *canalis* ainsi que *cuniculus*, souterrain, lapin, se rapporte au sanscrit *khan*, fouir, creuser, percer, trouer; *khanâmi*, je creuse; *khanaka, khanitri*, mineur, cultivateur, fossoyeur; *khani, khâni*, mine, *cuniculus*; *khanana*, action de creuser; *khanta*, fosse. Ce qui semble confirmer cette étym., c'est que le chin. *keng* signifie également canal naturel, fosse, creuser, renfermer. L'idée attachée au mot *canal* est inséparable de l'idée de creux, de creuser. 2° Doed. forme le mot *canalis* du lat. *canna*, canne, roseau; 3° et, Constancio, du gr. *chainô*, être ent'ouvert, s'épanouir, et de *hals*, mer, ou *louô*, laver; 4° Le P. Pezron, du celt. *canol*, canal. En br. *kân*, canal, gaël. irl. *cainneal*, all. *canal* et *kanal*, angl. *channel*, valaq. et pol. *kanal*, ital. *canale*, esp. *cugnal*, langue des Troub. *canal*, cadenel, canal. Prov. *canqu*, auver., cat. et port. *canal*, b. *canecia*, anc. fr. *chane*, *chanel*, *canel*, canal.]

Canal, sm. archit. Refouillement droit ou courbe, simple ou multiple, servant d'ornement à un chapiteau.

Canalicole, adj. et s. Qui habite les bords d'un canal.

Canaliculaire, adj. hn. Qui habite dans les canaux.

Canalicule, sm. Petit canal ou tuyau; bot. petite rainure sur les feuilles.

Canaliculé, e, adj. hn. Creusé en forme de canal.

Canaliculées, adj. f. pl. bot. Se dit des feuilles pliées longitudinalement, de manière à former, dans toute leur longueur, une sorte de gouttière arrondie en dessous.

Canalifère, adj. hn. Qui se prolonge en canal.

Canaliforme, adj. En forme de canal.

Canaliser, va. Creuser des canaux dans un pays; transformer une rivière en canal; couvrir un pays de canaux. *Canalisé, e,* p.

Canalisable, adj. Qui peut être canalisé.

Canalisation, sf. Action de canaliser.

Canalité, sf. hn. Dentale fossile, fortement striée.

Caniveau, sm. Pierre creusée dans le milieu pour faire écouler l'eau.

*****Cannelle**, pour *****canelle**, sf. Rainure pratiquée aux deux côtés du trou d'une aiguille.

Cannelure, pour **Canelure**, sf. Petit canal, ou sillon creusé du haut en bas à la surface d'une colonne, d'un pilastre. (En angl. *channel*, canal, cannelure.)

Canneler, va. Orner de cannelures. *Cannelé, e, p.*

*****Cannelon**, sm. Moule de fer-blanc cannelé pour donner la forme aux fromages, aux glaces.

*****Chanée**, sf. Gouttière qui conduit l'eau sur la roue. (Anc. fr. *canel, chanel, chane,* canal.)

*****Chancelette**, sf. papet. Gouttière d'une auge à l'autre.

Chenal, sm. Courant d'eau pour un moulin; canal par où peut passer un navire; espèce de canal pratiqué le long d'un toit pour l'écoulement des eaux.

*****Chenaler**, vn. mar. Suivre les sinuosités d'un chenal, chercher un passage dans un bas-fond.

Chéneau, sm. Conduit de plomb ou de bois qui recueille les eaux du toit, et les porte dans la gouttière. (Selon le g. Bardin, *chenal* est une corruption ou une imitation du mot *canal*, ou bien une des variétés d'idiomes de province à province dont la lang. franç. offre beaucoup d'exemples. On a dit aussi *cheneau, escheneau, escheneo, chane, chanel, chelen, chenex.*)

Cuniculaire, adj. hn. Qui a qq. rapport avec le lapin. (Du lat. *cunicularis*, de lapin, fait de *cuniculus*, lapin; souterrain, creux, cavité, conduit souterrain, mine; mot que Bopp et Benfey lient au lat. *canalis*; et au sansc. *khan*, fouir, creuser; *khani* et *khani*, mine, cuniculus. Varron affirme que *cuniculi*, espèce de lapins originaires d'Espagne, doivent leur nom aux terriers *cuniculi*, qu'ils font sous terre pour se cacher. Pline dit que les lapins ont reçu le nom de *cuniculus*, parce qu'ils pratiquent de petits canaux sous la terre. Polybe croit que *cuniculus* tire son origine d'une peuplade espagnole appelée *kounéon*. Doed. soutient que *cuniculus* n'est qu'un dimin. de *canis*, chien, gr. *kunes*. Anc. scandin. *kanina, kunina, kunis, kuning-r*, lapin. Dan. et suéd. *kanin*, holl. *konyn*, angl. *cony*, irl. *cuinin*, ital. *coniglio*, esp. *conejo*, lapin.) *****Cuniculé, e**, adj. A excavation longue et profonde.

CANARD, sm. Oiseau aquatique, à quatre doigts palmés, à bec plat, denticulé; de la famille des serrirostres. Il diffère de l'oie en ce qu'il a les pieds placés près du croupion, et que la partie antérieure de son corps paraît en porter tout le poids. [1º Selon Gattel et autres, du lat. *anas, anatis*, canard, auquel on aurait préposé un c. 2º Selon Jal, Belon, Nodier, du son *can, can,* souvent répété, qui est le cri de cet animal. 3º Selon Bullet, du bret. *can*, tortu, tortueux, courbe, boiteux, parce que cet oiseau se tord en marchant. En effet le canard vacille de la poitrine, chancelle du derrière, et semble se mouvoir difficilement. A l'égard de la première étym. on peut dire que *c*, s'ajoute et se retranche souvent à la tête des mots, et qu'aucun mot ne commence naturellement par une voyelle. Voyez *Anatifère*. De plus M. Tarbé lie le fr. *canard* et le champ. *cnas*, au lat. *anas*, canard. 4º Selon Scheler l'étym. du lat. *anas* ne peut se soutenir: *canard* proviendrait de l'anc. mot *canne*, bateau, d'où *canot*; et *cane* viendrait lui-même du néerl. *kaan*, all. *kahn*, barquette. Ainsi *canard*, par l'idée de nageur, se relierait à *cane*, bateau. Voy. *Canot*.]

Canard, arde, adj. Se dit du bois flotté, qui est resté dans l'eau; il se dit aussi d'un chien à poil épais et frisé, qui va à l'eau, et qu'on dresse à chasser aux canards; mar. se dit d'un bâtiment qui tangue beaucoup et qui reçoit des lames sur son avant.

*****Canard**, sm. Nouvelle plus ou moins absurde, à laquelle on donne cours en lui prêtant une forme vraisemblable; petit imprimé contenant le récit d'un évènement du jour; que l'on débite dans les rues de Paris. (L'Ann. de l'Acad. des Sc. de Belg., année 1851, p. 93 et la Patrie le 21 juin, 1851, expliquent ainsi l'origine de ce mot: «Pour renchérir sur les nouvelles ridicules que les journaux lui apportaient tous les matins, Cornelissen d'Anvers avait fait annoncer dans les colonnes d'une de ces feuilles qu'on venait de faire une expérience intéressante, bien propre à constater l'étonnante voracité des canards. On avait réuni vingt de ces volatiles; l'un d'eux avait été haché menu avec ses plumes et servit aux dix-neuf autres, qui en avaient avalé gloutonnement les débris: l'un de ces derniers à son tour avait servi immédiatement de pâture aux dix-huit suivants et ainsi de suite, jusqu'au dernier, qui se trouvait par le fait, avoir dévoré ses dix-neuf confrères dans un temps déterminé très-court. Tout cela, spirituellement raconté, obtint un succès que l'auteur était loin d'en attendre. Cette histoire fut répétée de proche en proche par tous les journaux et fit le tour de l'Europe. Elle était à peu près oubliée depuis une vingtaine d'années, lorsqu'elle nous revint d'Amérique avec tous les développements qu'elle n'avait point dans son origine, et avec une espèce de procès-verbal de l'autopsie du dernier survivant, auquel on prétendait avoir trouvé des lésions graves dans l'œsopage. On finit par rire du *canard*, mais le mot resta.»)

*****Canardeau**, sm. dim. hn. Petit canard.

Canarder, vn. mus. Tirer du hautbois ou de la clarinette un son nasillard et rauque imitant le cri du canard.

Canarder, vn. mar. Se dit d'un vaisseau qui plonge trop de l'avant.

Canarder, va. Tirer à couvert sur des canards; tirer sur qqn. d'un lieu où l'on est à couvert. *Canardé, e,* p.

*****Canarderie**, sf. Lieu où l'on élève des canards.

*****Canardier**, sm. Qui chasse aux canards.

Canardière, sf. Lieu préparé dans un marais ou sur un étang, pour prendre les canards sauvages; long fusil pour les tirer; ouverture dans une muraille pour tirer à couvert. (Ce nom fut d'abord appliqué à une arme propre à tuer des canards; on l'a ensuite donnée à des échauguettes de châteaux forts d'où l'on tirait de très-loin.)

Cane, sf. La femelle du canard.

Canepetière, sf. Espèce d'outarde très-délicate, qui se tapit contre terre, à la manière des canes dans l'eau.

Caneton, sm. dim. Le petit d'une cane.

Canette, sf. dim. Une petite cane.

Cannetille, sf. Fil d'or ou d'argent tortillé, dont on se sert dans les broderies; petit fil de laiton argenté et très-délié que l'on file autour d'une corde de boyau ou de métal, pour faire les grosses cordes des violons, des basses, etc. (Roquefort rattache ce mot au fr. *canne, cannelle, canelle,* etc. En effet il paraît être un dimin. de **canett* ; et ces deux mots font également penser à l'action de rouler, d'enrouler, de dévider. Mais Eloi Johanneau le rattache au fr. *cane, canette*; et La Mésangère dit: «Nos merciers vendent encore de la canetille, sorte d'agrément, qui a du rapport avec une plante aquatique dite *canetille*, parce que les jeunes canards en sont friands.»)

Caniche, adj. et s. Chien barbet, femelle du chien barbet. (Ainsi nommés parce qu'ils vont à l'eau après les canards.) Dict. des Arts et Trév.)

***Canichon**, sm. Jeune canard encore couvert de duvet.

***Canqueter**, vn. Crier comme la cane. *Canquêté.

CANCEL, sm. vi. L'endroit du chœur d'une église qui est le plus proche du grand autel. C'était ordinairement fermé d'une balustrade; lieu où l'on tenait le sceau de l'État et qui était aussi entouré d'une balustrade. (Du lat. *cancelli*, barreaux, treillis, balustrade; grillage, bornes, limites. En gr. *kigklis*, grille, barreaux; double porte ou fenêtre grillée; barrières. Le Tripl. lie l'all. *klinke*, loquet, cadole, au gr. *kigklis*. Et Schuster forme l'all. *klinke*, de l'anc. *ghlenchen*, joindre. Le suéd. *klinka*, le dan. *klinke* et le holl. *klink* signifient également loquet. En b. br. *cael*, barreaux. Du lat. *cancelli* les Allem. ont fait *kanzel*, chaire. En ital. *cancello*, barreaux, treillis. Esp. *cancelario*, pol. *kanclerz*, chancelier.)

— **Canceller**, va. jurispr. Annuler une écriture en la barrant ou croisant à traits de plume, ou en passant le canif dedans. (Ital. *cancellare*, esp. *cancelar*, port. et lang. des Troub. *cancellar*, biffer, canceller.) *Cancellé, e*.

***Cancellaire**, sf. Genre de mousses.

***Cancellaires**, sf. pl. Genre de coquilles univalves.

***Cancellariat**, sm. Dignité de chancelier.

***Cancellation**, sf. anc. cout. Action d'annuler un acte public, ou seulement qqs-unes de ses parties; anc. législ. acte par lequel on consentait qu'un autre acte fût cancellé, anéanti.

***Cancellé, e**, adj. En forme de grillage.

***Cancellées**, sf. pl. bot. Se dit des feuilles, quand le parenchyme n'existe pas et qu'elles sont simplement formées par les ramifications des nervures fréquemment anostomosées et représentant une sorte de grillage.

***Lettres cancellaresques**, sorte de grandes lettres cursives, inventées par Alde Manuce, et qui servaient dans les expéditions de la chancellerie du Papes.

***Chancel**, sm. Voy. *Cancel*, ci-dessus.

*Chanceau, sm. archit. Se dit des barreaux d'une grille qui ferme une enceinte.

Chancelier, sm. Officier chargé de garder les sceaux, chef de la justice. (Lat. *cancellarius*, de *cancelli*, barreaux, treillis qui environnaient le lieu où l'empereur rendait la justice; d'où le fr. *cancel*, lieu où l'on tenait le sceau de l'État, et qui était entouré d'une balustrade.)

Chancelière, sf. La femme du chancelier, petit meuble pour tenir les pieds chauds.

Chancellerie, sf. Lieu où l'on scelle certains actes avec le sceau du prince, de l'État; hôtel qu'habite un chancelier, ou le garde des sceaux.

Archichancelier, sm. Grand chancelier.

Vice-chancelier, sm. Celui qui fait les fonctions du chancelier absent. (Dans les universités...)

CANCER, sm. astron. Une des constellations zodiacales que l'on représente par la figure d'une écrevisse; quatrième division du zodiaque mobile, qui répond au temps de l'apparition, coïncide avec la constellation du cancer; méd. espèce de tumeur qui dégénère en ulcère, et qui vient surtout au sein chez les femmes. [Du lat. *cancer, cancri* et *cancer ri*, cancer, crabe, écrevisse, cancer, signe du zodiaque; méd. chancre, cancer. En gr. *karkinos*, cancre, crabe, écrevisse, cancer; chancre, cancer; sanscr. *karkha*, écrevisse; bengali et indoust. *korkot* cancer; si-

gne du zodiaque, crabe; pers. *kartchenk*, crabe; all. *kanker*, pop. araignée; chancre; it. *cancro*, écrevisse, *cancher*o, chancre, cancer; gangraine, esp., port., cat. et lang. des Troub. *cancer*, cancre, chancre, copte *karkinos*, astron. le cancer; zodiaque, cancre, écrevisse.]

*Cancello, sm. dim. Sorte de petit crabe.

*Cancéride, adj. hn. Semblable à un crabe.

*Cancérides, sm. pl. Famille de crustacés.

*Cancéreux, euse, adj. méd. De la nature du cancer.

*Anticancéreux, euse, adj. méd. Se dit des médicaments qui sont propres à combattre le cancer.

*Cancériforme, adj. hn. De la forme d'un crabe.

Cancre, sm. hn. Écrevisse de mer.

Cancre, smt. de mépris ou de compassion. Homme pauvre, ne pouvant faire ni bien ni mal; homme méprisable par son avarice, mauvais écolier.

*Cancrastacoïdes, sm. pl. Famille de crustacés.

*Cancride, sf. Genre de coquilles univalves.

*Cancriforme, adj. hn. De la forme d'un crabe.

*Cancrite, sf. Crustacé fossile, cancre fossile.

*Cancrivore, adj. hn. Qui se nourrit de crabes.

*Cancroïde, adj. hn. Qui a l'apparence d'un crabe.

*Cancroïde, adj. méd. Qui revêt la forme cancéreuse.

*Cancroïde, sm. Sorte de tumeur cancéreuse.

*Cancrologie, sf. Traité des crustacés.

*Cancrologique, adj. Relatif à la cancrologie.

*Cancrophage, adj. hn. Qui vit de crabes.

*Carcin, sm. hn. Genre de crustacés. (G. *karkinos*, cancre, crabe, écrevisse, cancer; chancre.)

*Carcinias, sm. ant. Pierre précieuse de la couleur d'un crabe.

*Carcinite, sf. hn. Crustacé fossile.

*Carcinoïde, adj. hn. Qui a l'apparence d'un crabe.

*Carcinologie, sf. Histoire naturelle des crustacés.

*Carcinologique, adj. Relatif à la carcinologie.

*Carcinopode, sm. Patte fossile de crustacé.

*Carcinome, sm. méd. Cancer. (G. *karkinoma*.)

*Carcinomateux, euse, adj. méd. De la nature du cancer.

*Anticarcinomateux, adj. et sm. méd. Se dit des substances propres à combattre le carcinome.

Chancre, sm. Ulcère qui ronge les chairs, maladie qui survient aux arbres et les ronge, fig. vice d'administration qui ruine l'État. (L. *cancer*, cancer, écrevisse, crabe; chancre, cancer.)

*Chancre, sm. Espèce de tartre qui s'attache au gosier et à la partie intérieure du bec du faucon.

Chancreux, euse, adj. De la nature du chancre ou du cancer; attaqué du chancre.

Échancrer, va. Tailler, évider, couper en dedans en forme de croissant. (De *chancre*, parce que ces ulcères rongent la chair en forme d'arc.) *Échancré, e*, p. et adj.

*Échancrées, adj. f. pl. bot. Se dit des feuilles, lorsque, étant munies d'une nervure longitudinale, les nervures secondaires et leur parenchyme se prolongent, soit au sommet, soit à la base de la feuille, de manière à laisser à l'une des extrémités un petit espace vide.

Échancrure, sf. Coupure faite en arc, en demi-cercle.

***Crangon**, sm. Genre de crustacés. (Br. *krank*, cancre.)

Crangonite, adj. bh. Semblable à un crangon.
Crangonites, sm. pl. Famille de mollusques.

CANDEUR, sf. Pureté, sincérité, blancheur de l'âme, sentiment intérieur qui empêche de penser qu'on puisse rien dissimuler, indiscrétion d'une belle âme qui n'a rien à déguiser. (Lat. *candor*, blancheur, éclat du jour, *qqfois* lueur, fig., *franchise*, *candeur*; du lat. *candeo*, être blanc, être blanc par l'effet du feu, être embrasé, enflammé, d'où le lat. *canus*, blanc; *candela*, chandelle. En sansc. *tcha*, briller; *tchandir*, *k'and*, briller; *ghan*, briller; *ghant*, luire, briller; *ghaládyami*, *ghantáyami*, je brille très-qqdach; il a allumé le feu, *táqad*, il a brûlé, *qádasch*, *qadesch*, pur, net, saint, sacré; chald. *qadisah*, id.; *arm. los*, éclat, brillant, blancheur; anc. scand. *kindakynla*, entretenir le feu, l'attiser; angl. *to kindle*, allumer; s'allumer; gall. *can*, splendeur; gall. irl. *cain*, blanc; pur; br. *sked*, splendeur, *qu'on blanc*; *kann*, brillant, blanc, et *kan*, pleine lune; gall. *cynneu*, allumer et *gwyn*, blanc, beau; gaël irl. *can*, blanc, *cain*, candide, et *caindeal*, chandelle; gaël ecoss. *can*, blanc, et *caindeal*, chandelle; it. *cando*, esp. *cándia*, éclat des Troub. *cans*, ardent; *touchi*, *escouder*, brûler, dessécher par le feu.

Candide, adj. Qui a de la candeur. (Vi. fr. *candide*, blanc.)
Candidement, adv. Avec candeur.
Candidat, sm. Romain vêtu de blanc qui aspirait à une charge, à une dignité; *aujour* toute personne qui postule un titre honorable, une place éminente ou lucrative. A Rome, les prétendants aux charges augmentaient par art la blancheur de leurs habits, et par là, ils étaient distingués du reste des citoyens.

*Candidat, sm. h. rom. Celui que l'empereur recommandait aux élections du peuple; *officier chargé* de lire dans le sénat les lettres, les édits et les discours de l'empereur; soldat d'élite de la garde impériale.
Candidature, sf. Etat d'un candidat; poursuite qu'il fait.
*Canitie, sf. méd. Blancheur des poils et surtout des cheveux.
*Cantal, sm. géog. Montagne de l'Auvergne, longue de plus de trois lieues, et presque toujours couverte de neige. (Du celt. *can*, blanc, *tal*, élevé. De même le pic colossal qui domine les Pyrénées s'appelle encore *Canigou*, du celt. *can*, blanc, et *gou*, sommet, selon Mary-Lafon, J. B. Bouché de Cluny, nous dit aussi que *Cantal* en celt. signifie les hautes montagnes blanches. Bullet assure pareillement que *Cantal* vient du celt. *can*, blanc, et *tal*, élevé. Gaël écoss. et irl. *can*, blanc, dans Edwards. Celt. *cain*, *cann*, blanc, dans Leibnitz. Dans Humfred Lhuyd *cain* est un mot bret. signifiant blanc. En angl. *tall*, haut, grand. Dans Boxhornus, *tal*, haut, *notest*. Gaulois *tol*, *dol*, élévation, excroissance. Gaélique *tol*, cornique, armor. *tal*, kymr. *tyl*, élévation sans Amédée Thierry. En bret. *kandia*, blanchir la toile, la cire, etc.; *kann*, blanc, brillant, *kanná*, blanchir, rendre ou devenir blanc.)

Cantal, sm. Sorte de fromage qui vient de l'Auvergne. (Ainsi dit de la montagne de *Cantal*, où il se fait.)
*Incandeur, sf. Défaut de candeur.
*Incandide, adj., Qui manque de candeur.
*Incane, adj. didact. Blanchâtre.
Chancir, vn. Se corrompre par l'humidité, moisir. (Du lat. *canus*, blanc, *canescere*, blanchir; de *canescere*, on a fait *canir*, *chancir*. Ce qui *blanchit* devient blanc, la *chancissure* est blanche ; Trév. Diez, Le Duch., Jault, Roq. etc. Bullet le dérive du celt. *can*, blanc, ce qui revient au même. On a dit aussi *chancissure*, en parl. de la fleur blanche qui nage sur le vin. De *canescere* Diez forme aussi le b. lat. *candor*, en norm. *chanir*. Gloss. champ. de T. *gensi*, moisi, gâté.) *Chanci*, e, p. et adj. Blanc de moisissure.

*Chanci, sm. Fumier où s'est développé du blanc de champignon.
Chancissure, sf. Moisissure.
Chandelle, sf. Petit flambeau de matière grasse et combustible, petit cylindre de suif ayant au centre une mèche qu'on allume pour éclairer. (Lat. *candela*, flambeau de suif, de cire ou de poix, cierge; et *candeo*, être d'une blancheur éclatante, brûler, être embrasé. En ar. *qandil*, lampe, surtout celle qu'on allume dans les églises. Les T. Ar. ont un autre mot pour désigner une chandelle, c'est le mot *cham*. En russe *kandilo*, lampe placée devant les images; Ang. *geem*, *schandel*, chandelle. Basq. *candela*, flambeau, cierge. Esp. *candil*, lampe. Lap. *kintel*, chandelle. Port. *candea*, lit., cat., esp., et lang. des Troub. *candelas*, anc. fr. *candelle*, chandelle. Toutes les chandelles ont été faites à la baguette jusqu'à la fin du 17e s. Au 15e s. les chandelles de suif étaient encore à un très-haut prix.)

Tenir la chandelle. Cette expression proverbiale s'explique par un ancien usage. Lorsqu'un nouveau marié avait pris place à côté de sa femme, nous dit Legonidec, le garçon d'honneur fermait le lit, et s'asseyait sur un escabeau avec la fille d'honneur. Ceux-ci restaient à leur poste jusqu'au moment où la chandelle usée entièrement était sur le point de leur brûler les doigts; car on n'employait point de chandelier dans cette occasion.

Candélabre, sm. Grand chandelier fait à l'antique; grand chandelier à plusieurs branches; archit. couronnement en forme de balustre qui figure une torchère. (Lat. *candelabrum*.)

Chandeleur, sf. Fête de la présentation de Notre-Seigneur au temple, et de la purification de la Vierge. (Ainsi nommée du latin *candela*, parce que, ce jour là, il se fait une procession où tous les assistants portent des chandelles de cire, ou des cierges.)

Chandelier, sm. Celui qui fait et vend de la chandelle; ustensile pour recevoir la chandelle, la bougie, un cierge.

*Chandelier, sm. Petit pilier de terre au milieu d'un fourneau, à cuire des pipes; mas. barre de fer arrondie, fixée par son pied, et posée à peu près verticalement pour soutenir les tisses du passe-avant, etc.

*Chandelière, sf. Marchande de chandelles; femme du fabricant de chandelles.

Chenu, e, adj. Tout blanc de vieillesse, dit couvert de neige, en parl. des montagnes; dépouillé en parl. des arbres. (Du lat. *canutus*, *de canus*, blanc, *candeo*. En ital. *canuto*, esp. *cano*, lang. des Troub. *cani*, chenu, blanc. Anc. fr. *chanu*, chenu, vieillard, vieillir, *chenir*, chenu, vieilli, *blanchir les cheveux*. A Paris, chenu.)

*Cicindèle, sf. Genre d'insectes coléoptères, beaux et brillants. (Dans Isid. *cicindela*, ver luisant, r. *candeo*. Dans Linné, *cicindela*, cicindèle.)
*Cicindélé, adj. Semblable au cicindèle.
*Cicindélètes, sm. pl. Famille d'insectes coléoptères.

Encens, sm. Parfum, gomme aromatique que l'on brûle en l'honneur de la divinité; fig. flatterie, louange. (Lat. bibl. *incensum*, encens, fait du lat. *incendere*, allumer, brûler, r. *in*, *candeo*, parce qu'on brûle l'encens. C'est ainsi que l'irl. *usga*, encens, se rapporte au gall. *ysu*, consumer, et au sansc. *ush*, brûler.)

Encenser, va. Donner, offrir de l'encens; fig. louer, flatter. *Encensé*, e, p.

***Encenser**, va. Se dit absol. en parl. d'un mouvement de bas en haut que fait le cheval avec sa tête.

Encensement, sm. Action d'encenser.

Encenseur, sm. Celui qui donne de l'encens.

***Encensier**, sm. Nom vulgaire du romarin officinal. Il répand, lorsqu'on le brûle, une odeur d'encens.

Encensoir, sm. Cassolette suspendue à de petites chaînes, pour encenser; fig., puissance ecclésiastique.

***Encensoir**, sm. Petite constellation de l'hémisphère austral.

Incandescence, sf. État d'un corps échauffé et pénétré de feu jusqu'à devenir blanc. (Lat. *incandesco*, s'embraser, être en feu; *in*, dans, et *candeo*, être blanc, embrasé.)

Incandescent, e, adj. Qui est en incandescence.

Incendie, sf. Grand embrasement; courant de feu mis à dessein; fig., trouble extrême des passions dans un état; grande guerre. (Lat. *incendium*; *in*, et *candeo*.)

Incendier, va. Brûler, consumer par le feu. *Incendié*, e, p.

Incendiaire, s. Auteur volontaire d'un incendie.

Incendiaire, adj. Qui peut causer un incendie; adj. et s. fig. séditieux.

***Scandebec**, sm. Comme qui dirait brûle-bec. Rondelet donne ce nom à une espèce d'huître qui a le goût piquant et qui réchauffe la bouche.

CANDI, sm. Sucre épuré et cristallisé. [1° Du lat. *candidus*, d'un blanc éclatant; blanc, brillant; *candere*, être blanc, brillant. 2° Puis. ss. *khanda*, fragment, et du gr. *kandos, anguleux à l'instar des cristaux. M. Lorett le dérive de *gand*, mel. arab. lnis saccharifera concretum. *L. saccharum candi; gand* est d'origine pers. et identique avec l'ind. *khanda*, morceau, puis sucre en morceaux, cristallisé; rac. *khad*, fendre, rompre. M. Scheler, d'après Mahmet Freytag. La 1re étym. convient parfaitement au mot et à la chose, mais cela ne suffit pas. En Perse, *gand* désigne encore auj. le sucre et la canne clarifiée par la cuisson. *Candi* ne vient pas du nom de l'île de Candie, ni de celui de *Gandia*, lieu de l'Esp. taracomaise, ni du gr. *kanthos*, coin, angle.]

Se Candir, vp. Se dit du sucre que l'on fait cristalliser. *Candi*, e, p. et adj.

***Candisation**, sf. Action de faire cristalliser le sucre.

CANÉFICIER, sm. bot. Nom vulgaire de l'arbre qui donne la casse des boutiques (cassier). [Du lat. *canna*, canne, roseau, et *facio*, je fais, je produis; parce que cet arbre produit des fruits qui ressemblent à des cannes ou bâtons suspendus, qu'on désigne vulgairement sous les noms de *casse en bâtons*, *bâtons de casse*, et *canéfices*. Si cette étym. était reconnue vraie, le mot *canéficier* ferait partie de la famille de *canne*. La casse en bâtons provient presque uniquement de l'Amér. Cailliaud a trouvé, dans la partie de la Nubie qui avoisine le Sennaar, une espèce de casse sauvage. Le canéficier a été trouvé dans presque toutes les contrées équatoriales. C'est de l'Égypte, où on le cultive seulement dans les jardins, que l'usage du fruit et la connaissance de l'arbre nous sont venus. Il est très-répandu dans l'Éthiopie, l'Inde, l'Arch. indien, la Cochinch., les Antil., et les autres parties chaudes de l'Amér.]

CANETTE, sf. Mesure de liquide, principalement pour la bière. [1° Selon Morgan, Cayanagh,

l'abbé Corblet, Génin, De Chevallet, etc., ce mot est d'origine german. Ce dernier pense que les mots *canette* et *cantine* se rapportent également au tudesq. *canna*, *channa*, *channala*, pot, cruche; anglos. *canna*, pot, cruche. 2° Constancio dérive *canette* du gr. *choinix*, chénice, mesure de capacité qui contenait environ deux setiers. 3° Morgan, Cayanagh croit que le fr. *canette*, l'angl. *can*, bidon, broc, *canette*, et le mot *coin*, monnaie, *coin*, appartiennent à une même origine. 4° Junius dérive *canette* du gr. *kantharos*, vase, coupe à boire. 5° Le Trip. le rattache au germ. *kanne*, *kanneken*, à l'angl. *can*, au russe, *kanna* au pol. *kanew*, au hongr. *kanna*, et au lat. *cantharus*, coupe à anse. 6° Bullet le lie au celt. *can*, vase; et au gr. *kanistron*, *kantharos*, et au lat. *canistrum*, *cantharus*. En all. *kanne*, pot, cruche, d'où le turc *gantla*, canette, petite cruche. Suéd. *kanna*, pot, holl. *kanne*, *kan*, anc. scandin. *kanna*, *kati*, dan. *kande*, pol. L. b. *kanna*, cruche, et *canneta*, petite cruche. Anc. fr. *cana*, *canne*, chane, chaene, sorte de cruche. Anc. fr. *canette*, pot, pinte, dans Simon Le Boucq. Rouchi *kenne*, mesure d'huile, norm. *canne*, cruche, pic. *kenne*, cruche, cruchon, pot, mesure de liquide.]

***Canon**, ou ***Cannon**, sm. pop. Petite mesure de boisson spiritueuse. (M. Barre pense que ce mot est le *kanoun* des Gr. et le *canum* de la bl. l., qui se disent l'un et l'autre d'une sorte de vase. Selon M. Génin, de même que le *pochen* (poisson) est le diminutif de *poche*, le *cannon* est le diminutif de la *canne*, et cette *canne*, mesure pour les liquides est un mot sax. conservé dans l'angl. et l'all.)

CANEZOU, sm. Sorte de spencer sans manches, généralement fait d'une étoffe claire. [1° Selon Eloi Johanneau, ce mot serait de la même origine que le lat. *cannabis*, chanvre; et le fr. *canevas*, *canesse, *canequin, *cannequin. 2° Selon le Trip. le mot *canezou* serait venu de la Perse, et appartiendrait à la même souche que le madécasse *kaneou*, tunique, mot qu'il fait venir du persan *kontouch*, d'où le fr. *contouche*, en 1750; et au hongr. *koutes*, au gr. *kanduké*, *kandus*, robe de dessus garnie de manches, chez les Perses et les Mèdes.]

CANGUE, sf. Espèce de carcan portatif, dont on fait usage en Chine et en Asie. [1° Du chin. *kang*, cou; parce que cet instrument de supplice est composé de deux planches échancrées au milieu, que l'on joint ensemble après qu'on y a inséré le cou du coupable. 2° Il est bien peu probable, que ce mot vienne du chin. *kia*, cangue; la différence entre ces deux mots est trop grande. 3° J. B. Duhalde nous dit que ce sont les Portug. qui lui ont donné le nom de *cangue*. Dumont d'Urville a écrit que les Europ. ont nommé *cangue* le supplice que les Chin. appellent *tcha*. La Loubère rapporte que la peine infamante consistant à descendre un homme le cou passé dans une sorte d'échelle, s'appelle *cangue*, en Siam. *ka*.]

CANIF, sm. Petite lame d'acier fort tranchante, garnie d'un petit manche, et servant à tailler les plumes. [1° Saumaise, Roquefort, et autres, croient que ce mot vient du lat. *canna*, canne, roseau; parce que primitivement les canifs étaient emmanchés d'un morceau de roseau. 2° Selon Ménage, Gattel, Noël, Diez, De Chevallet, Schulter, et autres, le mot canif est d'origine german. 3° Bullet soutient qu'il vient du bret. *canifl*, *canivet*, *canifet*, et suppose qu'il vient de l'ar. *qanat*, lance, au pl. *qana*, *qouna*, *qaneval*. Il aurait pu ajouter que c'est ainsi que *lancette* a été fait de *lance*, *fourchette* de *fourche*, etc. 5° Le Trip. ramène à une origine commune, le fr. *ca*-

nif, ganivet, le germ. *kneif,* tranchet, serpe, etc., et le gr. *knaphos,* chardon, instrument de torture. 6° Constancio et Wachter pensent que le fr. *canif* et l'all. *kneif,* couteau, sont de la même famille que le gr. *knaô,* gratter, racler. M. De Chevallet fait observer que *canif* signifiait autrefois un couteau à lame droite, de même que ses diminutifs *canivel, canivet, kenivet, quenivet, guénivet.* On a dit aussi *ganive, guenivete, ganivet, gayvete, quannivet.* En b. l. *canivetus, ganivetus, ganipulus, ganipula, ganivetus, ganivetly, knivus, knipulus, canipulus.* Pol. *gnyp* et boh. *knejp,* couteau. Bret. *canivf,* anc. scand. *kniff'r, knif'r,* dan. *knio,* suéd. *knif,* holl. *knyf,* angl. *knife,* anglos. *cnif, cnife,* h. all. anc. *kneip, kneipf,* tranche, serpe, couteau. Dans le dialecte norw. de Thélémarke, on omet la lettre *k* avant l'*n,* ex. *nif,* au lieu de *knif,* couteau. Basq. *canibeta,* couteau. Lang. des Troub. *canivet,* petit couteau, Castr. *ganif,* savois. en Anjou et au Maine *ganif,* dans la Touraine et dans le Boulonnais *canivet,* canif. Languedoc *canive,* grand couteau. Gaël écoss. et irl. *sgian,* couteau, canif.)

CANNE, sf. Nom générique donné à plusieurs espèces de roseaux; roseau qui a des nœuds; jonc, bâton léger; sorte de jonc pour les meubles et les voitures; tringle de fer pour brasser les métaux en fusion; mesure de longueur qui varie selon les pays. (Du lat. *canna,* canne, roseau, jonc, tuyau de flûte de Pan, flûte. Cette famille de mots est répandue dans presque tout l'ancien monde. En gr. *kanna,* ionien *kannê,* canne, roseau, jonc, osier; et *kanôn,* perche, mesure. Héb. *qanêh,* canne, roseau, chalumeau, mesure; *qânêh,* règle; et *kôn,* fil et réglé. Ar. pers. et turc *qanoun,* règle, usage, coutume. Sanscr. *khandas,* roseau. Syr. *kanio,* canne, jonc, roseau. Turc *kandara,* cannaie. Copte-*kam,* jonc. Chin. *kan,* jonc, roseau. Basq. *canibera,* gaël *cawn,* et gaël irl. *cain,* roseau. Ital. *canna,* cat. *canya, cana,* port. et lang. des Troub. *cana,* roseau, canne.)

Canne, sf. Longue tige de fer creusée pour souffler le verre; baguette que l'on passe dans les envergures des pièces.

Canna, sf. Mesure de longueur employée en Italie. (Ce mot est de la même famille que le lat. *canna,* canne, roseau, que le gr. *kannê,* ib.; et *kanôn,* perche; mesure; hébr. *qanêh,* canne, roseau, mesure; Doed. Jomard, etc., etc.)

Cannacé, e, adj. bot. Semblable au balisier.
Cannacées, sf. pl. Famille de plantes.
Cannage, sm. Mesurage des étoffes à la canne.
Cannaie, sf. Lieu planté de cannes, de roseaux.
Cannamelle, et *Cannemelle,* sf. Canne à sucre. (Inter. *canne à miel,* lat. *mel.* De ce sont les premiers.)

Canneberge, sf. Espèce d'airelle qui croît dans les marais, et qui porte de petites baies aigrelettes bonnes à manger. (P. Ce mot tient apparemment au fr. *canne,* baie, à cause de cette plante, de même que *cannes,* l'osier et les roseaux, se plaît dans les marais, et à l'anglos. *berig, beria, byrig,* angl. *berry,* baie. 2° De Théis le tire du celt. *var-aquabyerg, var berg,* baie à baie qui croît dans les marais. Il faudrait prouver que *var* ou *berg* sont réellement des mots celtiq. Voyez *Bess.* Laveaux écrivait *canneberge,* et non *canneberge.*)

Cannier, sm. Fabricant de cannes; celui qui emploie la canne pour garnir les sièges et les voitures.

Canastre, sm. Sorte de coffre ou de panier, dont les Espagnols se servaient en Amérique. (Du gr. *kanastron,* corbeille de jonc; mot que tous les hellénistes attachent au gr. *kanês,* natte ou corbeille de jonc, de roseau ou d'osier, et il *kanab* canne, jonc, roseau, osier. De là le lat. *canistrum,* pa-

nier, corbeille; et le marseill. *canastro,* corbeille, et *canisto,* claie, et l'anc. fr. *canastel,* panier, corbeille. Un hébraïs. croit que le gr. *kanastron,* vient de l'hébr. *kanas,* il a assemblé, il a réuni, il a recueilli. D'autres, *kanastron, kanês,* a été fait du gr. *kanna* ou *kannê,* canne, roseau, jonc, osier; comme l'héb. *sal,* corbeille, de l'héb. *sal,* verge flexible.)

Canéphore, sf. ant. gr. Jeune fille qui, aux fêtes de Minerve, de Bacchus et de Cérès, portait dans une corbeille les choses destinées au sacrifice; statue ayant une corbeille sur la tête, dans la décoration de l'architecture. (Gr. *kanêon,* corbeille de jonc, ou d'osier; et *phérô,* je porte.)

Canéphore, sf. ant. gr. Nom que prenaient les jeunes filles d'Athènes, lorsqu'elles allaient, avant leur mariage, déposer sur les autels de Diane des corbeilles remplies d'objets précieux.

Canéphore, sm. bot. Genre de plantes de Madagascar.

Canéphorie, sf. ant. gr. Cérémonie où les jeunes filles portaient des corbeilles.

Cannelle, sf. Écorce du cannelier; elle est roulée en forme de canne. (Du fr. *canne.* Constancio dit qu'elle nous vient en petits morceaux, semblables à des demi-cannes, d'où elle a tiré son nom. En port. *canela, canela,* cannelle.)

Cannellier, sm. Espèce de laurier, des Indes; on en tire la cannelle.

Cannelais, sm. Dragée faite avec de la cannelle.

Cannelade, ou *Cannelade,* sf. fauc. Espèce de curée faite de cannelle, de sucre, de moelle de héron.

Cannellé, e, adj. Teint couleur de cannelle.

Cannelline, sf. chim. Matière cristallisable extraite de la cannelle.

Cannelle ou *Cannette,* sf. Petit tuyau de bois, robinet de cuivre. (Du fr. *canne.*)

Cannette, sf. Petit morceau de roseau, tuyau de bois ou de carton, sur lequel on roule la soie de la traîne et que l'on place dans la navette. (C'est un diminutif de *canne.*)

Cannabis, sm. bot. Genre de plantes, parmi lesquelles se trouve le chanvre. (Du lat. *cannabis,* chanvre, mot que Martinius, Isidore, Vossius, Constancio, Géb., Doed., Req., en un mot presque tous les étym. rapportent à la même origine que le lat. *canna,* à cause de la ressemblance de ses deux mots. En gr. *kanna,* canne, roseau, jonc, osier; et *kannabis,* chanvre. Sanscr. *kandas,* roseau, et *gana,* chanvre, kirghize *kinder,* chanvre, à Kazan *kiendyr,* chanvre. Gaël. irl. *cain,* roseau, et *canaib,* canneb, chanvre, ital. *canape,* roseau, et *canape,* chanvre, dans Bullet. Turc *kanadura,* cannaie, et *kenevir, kendir,* chanvre. Bret. *kanab* a *r, qunab, qerunab,* chanvre. Ital. *canna,* canne, roseau, et *canapa,* chanvre. Cat. *canya, cana,* canne, roseau, et *canam,* chanvre. Lang. des Troub. *cana,* roseau, *canebe, canebo, canem, cambre, caram, carem,* chanvre. Esp. *kanêp* et pol. *konopie,* chanvre. Anc. fr. *caneviere,* lieu où l'on sème les roseaux, et aussi *cheneviere,* champ de chanvres de l'Amer. Caliaud *canmabin, e,* adj. bot. Qui a les caractères du chanvre.

Cannabine, sf. Plante de l'île Candie.

Cannabiné, e, adj. Semblable au chanvre.

Cannabinées, sf. pl. Famille de plantes.

Canefas, sm. Grosse toile de Hollande.

Canépin, sm. Reliure d'écorce d'arbre sur laquelle les anciens écrivaient; épiderme des peaux d'agneau et de chevreuil. (Du lat. *cannabis,* chanvre, par ressemblance avec l'écorce du chanvre. Mén. Gatt., Roq., etc. M. Honnorat forme le fr. *canepin,* du prov. *canep* ou *caneb*, chanvre; parce que cette pellicule se détache de la peau, comme la filasse de la chènevotte, et Bullet, du celt. *can*, ce qui enveloppe.)

*Canevas, sm. Grosse toile claire pour faire la tapisserie; fig., projet, ébauche d'un ouvrage. (Du lat. *cannabis*, chanvre.)

*Caneveau, sm. Sorte de toile à voiles.

*Chanvre, sm. Plante annuelle, originaire des Indes; elle est ordinairement haute de plus d'un mètre; sa tige est creuse, droite, ligneuse et tendre, couverte d'une écorce verte et filamenteuse; filasse qu'on retire de cette plante, et qui est d'un grand usage dans les arts. (Les étym. sont presque unanimes pour attribuer une origine commune au lat. *cannabis*, chanvre, et a *canna*, canne, roseau, jonc. Voyez *Cannabis*, ci-dessus.)

*Chanvenon, sm. Nom du chanvre.
*Chanvrard, sm. bot. Plante de la Virginie.
*Chanvreux, euse, adj. De la nature du chanvre.
*Chanvrier, sm. Qui prépare ou vend le chanvre.
*Chanvrière, sf. Voy. *chènevière*, plus bas.
*Chanvrin, sm. bot. Nom de la galéopside.
*Chènevière, sf. Champ où l'on sème du chanvre, champ semé de chenevis.
Chènevis, sm. Graine de chanvre.
*Chènevotte, sf. Tuyau de la plante du chanvre, quand il est sec et qu'il a été dépouillé de son chanvre; petite parcelle de ce tuyau. (De la même origine que *chanvre*; anc. *chènevile*, lat. *cannabis*.)
*Chènevotter, vn. Pousser du bois faible comme des chènevottes. *Chènevotté*, p.
*Chèneville, sf. Synonyme de *chènevotte*.
*Échanvrer, va. Oter les plus grosses chènevottes. *Échanvré*, e, p.
*Échanvroir, sm. Instrument à échanvrer.

Canon, sm. Règlement, statut, ordonnance ecclésiastique, règles, caractères d'imprimerie, catalogues des saints, prière après la préface de la messe, tableau écrit ou imprimé que l'on met sur l'autel vis-à-vis du prêtre; anc. mus., méthode, instrument pour déterminer les intervalles des sons. (Gr. *kanôn*, perche ou barre de bois longue et droite, etc., mesure; règle et *kanna*, canne, jonc, roseau, osier. En hébr. *qaneh*, mesure, règle, ou *qaneh*, canne, roseau, perche; mesure, Ar., pers. et ture *qanoun*, règle, usage, coutume, etc.)

*Canon, sm. philol. Section, chapitre d'un ouvrage; chez les grammairiens d'Alexandrie, se dit de la liste des auteurs regardés comme modèles dans chaque genre; chronol. table, tableau paléogr. règle à régler le papier; h. ecclés., règle concernant la liturgie; s'est dit dans les premiers temps de l'Église des livres de l'Écriture-Sainte qu'on lisait pendant le service divin; se dit dans l'Église grecque, d'un hymne qui se chante après les psaumes de David; anc. jurispr., redevance, prestation annuelle.

Canons, sm. pl. Décisions concernant le dogme et la foi.

*Canonarque, sm. Dans l'Église grecque, celui qui entonne les canons dans les monastères; celui qui éveillait les religieux et les convoquait à la chapelle.

Canonial, e, adj. Arrêté par l'ordre et les règles de l'Église, réglé par les canons de l'Église relatif aux chanoines.

Canonicat, sm. Bénéfice d'un chanoine.
Canonicité, sf. Qualité de ce qui est canonique.
Canonique, adj. Qui est selon les canons.
Canonique, sm. Droit des prémices qui se payait à l'évêque dans l'Église grecque.

Canoniquement, adv. Selon les canons.
Canoniser, va. Mettre dans le catalogue des Saints, suivant les règles et avec les cérémonies pratiquées par l'Église; fig., louer comme une chose sainte ou digne d'un saint. (On mettait sur les diptyques des évêques, les noms des pontifes, principalement de ceux qui s'étaient distingués par leur sainteté. Ces noms se récitaient au *canon* de la messe, avant la consécration. C'est de là que vient l'expression de *canoniser*, qui signifie propr. mettre sur le catalogue de ceux qu'on invoque au canon de la messe; Bibl. d. Chart.) *Canonisé*, e, p.

*Canoniser, va. anc. légis. Inscrire une loi dans les registres publics, pour lui donner une force exécutoire.

*Canonisable, adj. Qui peut, qui doit être canonisé.

Canonisation, sf. Action de canoniser, déclaration du Pape, par laquelle il met au nombre des saints révérés dans l'Église romaine une personne morte en odeur de sainteté.

*Canonisation, sf. ecc. Fête célébrée en l'honneur d'un saint nouvellement canonisé.

*Canoniste, sm. Savant en droit canon.
*Canoun, sm. h. ott. Se dit des règlements civils et militaires de la Turquie.

Chanoine, sm. Ecclésiastique qui possède un canonicat. (Lat. *canonicus*, pris du gr. *kanonikos*, régulier, fait de *kanon*, règle; r. *kanna*. Tous les chanoines, dans leur première institution, étaient réguliers, c.-à-d. observaient la règle de la vie commune, sans distinction. Anc. fr. *canonie*, *canoyne*, chanoine.)

*Chanoinesse, sf. Celle qui possède une prébende dans un chapitre de filles; sorte de religieuse qui suivait la règle de Saint-Augustin. (Anc. fr. *canoniesse*.)

*Chanoinie, sf. vi. Canonicat.
*Décanoniser, va. Rayer de la liste des saints.
*Décanonisé, e, p.

Deutérocanonique, adj. et sm. Se dit des sept derniers livres de l'Écriture-Sainte, qui ont été mis plus tard que les autres au rang des livres canoniques. (G. *deuteros*, second, *kanon*, règle; livres qui ont été placés les seconds dans le *canon*.)

*Incanonique, adj. Qui n'est pas canonique.
*Incanonisable, adj. Que l'on ne peut canoniser.

Protocanonique, adj. Se dit des livres sacrés qui étaient reconnus pour canoniques, avant même qu'on eût fait des *canons*. (G. *protos*, premier.)

Canon, sm. Pièce d'artillerie grosse et longue qui sert à lancer des boulets au moyen de la poudre, partie des armes à feu où l'on met la poudre et les balles ou le plomb; corps d'une seringue; partie de la jambe du cheval comprise entre le genou et le boulet, chacune des deux parties du mors qui appuient sur les barres. (De l'ital. *canone*, canon, augm. de *canna*, parce que le *canon* est droit, long et creux comme un roseau, un jonc, une canne. C'est un grand tube. C'est à ce sens de tube, tuyau, qu'il faut rapporter que dit M. Génin, les *canons*, objet de toilette, cité dans Molière. Les premiers canons figurèrent à la bataille de Crécy, en 1346.)

*Canon, sm. Pièce de serrure qui reçoit la tige de la clef; partie forée d'une clef; tuyau où aboutissent les eaux des chéneaux qui entourent un bâtiment; pot de faïence long et rond à l'usage des pharmaciens; bâton de soufre; boîte renfermant la branche du peson à ressort; demi-bas qu'il s'étendait depuis la moitié des cuisses jusqu'à mi-jambe.

Canonner, va. Battre à coups de canon. *Canonné*, e, p.

*__Canonner__, va. mar. Plier une voile en rouleau.

__Canonnade__, sf. Décharge prolongée de canons.

__Canonnage__, sm. Art du canonnier, de l'artilleur.

*__Canonnage__, sm. mar. Connaissances relatives à l'exercice du canon, à bord des vaisseaux.

__Canonier__, sm. Qui sert le canon.

__Canonnière__, sf. Ouverture faite à un mur pour y passer la bouche du canon; meurtrière pour tirer sans être vu; sorte de tente à l'usage des canonniers; petite tente en forme de toit. (Au 15e s., canonnière était le nom des embrasures des remparts, à travers lesquelles on tirait les canons, et qu'on donna, ou qu'on dut donner, aux embrasures des vaisseaux. Montell.)

__Canonnière__, sf. mieux que __Calonnière__, sf. Petit bâton de sureau creux où l'on fait entrer avec force un petit tampon de filasse ou de papier qui en sort par le moyen d'un piston.

__Chaloupe canonnière__, ou __Canonnière__, sf. Petit bâtiment de guerre à fond plat.

__Canule__, sf. Petit tuyau adapté au bout d'une seringue, sorte de tuyau ou robinet de bois qu'on met à un tonneau en perce; tuyau qu'on insère dans une plaie qui suppure. (Dimin. de *canne*, lat. *canna*.)

*__Tracanner__, va. Faire passer d'une *canne* d'un *canon* à un autre, dévider le fil, la soie, l'or façonné. (Lat. *trans*, au-delà, *canna*, canne, jonc, roseau.) *__Tracanne__, e, p.

*__Tracannoir__, sm. Instrument pour tracanner.

__CANNIBALE__, sm. Nom donné aux anthropophages d'Amérique; par ext., grand mangeur de viande; tout homme cruel et féroce. [1° « Le terme *cannibale*, originairement espag., semble dérivé, par corruption, du mot *carnivore*, pour désigner les sauvages féroces que la vengeance pousse jusqu'à la rage de l'anthropophagie : Dict. de la Convers. » 2° M. Ampère dit : « Depuis le 16e s., notre orthographe s'est éloignée de l'étym. Pourquoi, par exemple, mettre deux *n* à *cannibale* de *canis*, chien, et ne pas écrire *canibale* comme Rabelais? » 3° Selon Ferdinand Denis, *cannibale* aurait été fait du nom des *Caraïbes*, *Caribes*, dont on aurait formé *cayba*, ensuite *caniba*. La prononciation réelle des langues améric. étant très-difficile à exprimer par nos caractères, ces mutations successives sont moins étranges qu'elles ne le paraissent au premier abord.]

__CANOT__, sm. Petit bateau fait d'écorce d'arbre ou d'un tronc d'arbre creusé, petit bateau pour le service d'un grand bâtiment. [1° Alex. de Humboldt rattache ce mot au haït. *canoa*, bateau; au ayno *caha-ni*, aux langues germ. *kahn*, au groenl. *codyac*, au turc *quyk*, au samoyède *cayouc*, bateau. 2° Bullet pense que le haït. *canoa* a été fait de l'esp. *canuto*, creux, percé, fait en tuyau, mot qu'il forme du celt. *can*, creux. 3° Selon Jal, ce mot vient de *canoa*, *canot*, mot espag. et ital. anc. 4° D'après Ihre, *canot* viendrait du lat. *canna*, roseau, parce que Pline rapporte que les anciens canots étaient faits de roseaux. 5° Suivant un autre, *canot* se rapporterait au sansc. *khan*, creuser, comme le lat. *scapha*, barque, et le gr. *skapto*, canot, barque, au gr. *skapto*, je creuse. 6° D'après Scheler, le neerl. *kaan*, all. *kahn*, barquette, aurait fait l'anc. fr. *cane*, bateau, et *cane*, canard, oiseaux aquatiques. En all. *kahn*, bateau, barque, canot; suéd. *kand*, dan. *kane*, ang. *canoe*, anc. scand. *kani*, *kuena*, ang. fr. *canoue*, canot.]

__Canotier__, sm. Matelot qui conduit un canot.

__CANTHARIDE__, s. et adj. f. Scarabée, coléoptère oblong, vert-doré. [Du lat. *cantharis*, dérivé du gr. *kantharis*, sorte de scarabée, cantharide, fait lui-même du gr. *kantharos*, escarbot, d'où le lat. *cantharus*, tube à ouverture en forme de scarabot et par lequel l'eau jaillit; jet d'eau; coupe à anse, dans Virgile; sorte de poisson de mer, dans Pline. 1° Un savant rapporte le gr. *kantharos* au gr. *kanthos*, coin de l'œil, bande de fer d'une roue, jante; au haut all. anc. *kant*, bord, extrémité, coin, angle; au gr. *kanthélios*, âne, et au zend *kathva*, ânesse. C'est peut-être parce que ces choses et ces animaux offrent aux yeux qq. chose de rond, une forme arrondie, convexe. Le dos des scarabées et celui des ânes rappellent la convexité d'une jante. 2° Gébelin forme le gr. *kantharos*, escarbot, du gr. *kaino*, tuer, poignarder, parce que les cantharides sucent et piquent; 3° au Scholiaste le forme du gr. *kanthos et haros* parce que, dit-il, cet insecte naît de la semence de l'âne. En ital. *cantaride*, esp., cat., port. et lang. du Trouba. *cantarida*, cantharide.]

*__Cantharidien, ienne__, adj. Semblable à une cantharide.

*__Cantharidiens__, sm. pl. Famille d'insectes coléoptères.

*__Cantharidine__, sf. chim. Substance vésicante extraite des cantharides.

*__CANTHARUS__, sm. ant. gr. Sorte de vase à boire garni d'anses, dont on a fait l'attribut de Bacchus. [Du lat. *cantharus*, tasse, coupe à anse, dérivé du gr. *kantharos*, coupe, ou vase à boire. 1° Selon Gésénius, l'origine de ce mot serait l'héb. *tsantar*, tuyau par où l'huile coule dans les lampes, au ph. *tsantharoth*, mot dont la racine serait le v. inusité *tsanar*, il fait du bruit, onomatopée voisine de l'héb. *kanar*, faire du bruit, v. également inusité. 2° Guichard soutient que *kantharos* et *cantharus* viennent du chald. *qantar*, sorte de poids ou de mesure. 3° Doederlein dérive *cantharus* et *kantharos*, vase, du gr. *kétis*, vase, urne. 4° Quelques-uns sont d'avis que *kantharos* a pris ce nom de celui de son inventeur. 5° D'autres le tirent du gr. *kanné*, canne, roseau.]

*__CANTINE__, sf. Petit coffre divisé en plusieurs cellules, pour y mettre des bouteilles qu'on a dessein de transporter; lieu où l'on vend du vin et de la bière aux soldats, etc. [1° Ce mot est une traduction de l'ital. *cantina*, dimin. de *canto*, canton, compartiment. *Cantina* signifiait un vase, un caveau, une boîte à liqueurs. Il se retrouve dans l'esp. et le gén. Bardin. 2° D'après cette explication, on pourrait déduire le fr. *cantine* du turc *gantha*, canette, petite cruche, dérivé lui-même, apparemment, de l'all. *kanne*, cruche; ou du gr. *kantharos*, coupe, vase à boire. Mais suivant Ganeau, le mot *cantine* s'exprime, un coffre à porter des vivres, et ensuite l'entrepôt même, et la boutique où le *cantinier* garde et distribue des comestibles. 3° M. Honnorat dérive l'ital. *cantina*, du b. l. *canava*, petite cave. 4° Fergati et Roquefort le dérivent du lat. *cavus*, creux. 5° Gebelin, du mot *canne*. 6° Bullet du celt. *cant*, vase, et *gouti*, en composition *ouji*, panerase de vin; 7° un autre le dérive du sansc. *khan*, creuser; 8° un autre de l'anc. fr. *cant*, coin, par la raison que le mot *winkel* signifie coin de boutique. 9° Selon De Chevallet, les mots *canette* et *cantine* appartiennent tous les deux à une même origine germ. Voy. *Canette*. En prov. *quentina*, grande bouteille de verre, de forme cylindrique. Ital., esp., port., cat. et prov. *cantina*, cantine.]

__Cantinier, ière__, s. Qui tient une cantine.

__Décanter__, va. Transvaser doucement une liqueur. (A Lyon les liquoristes se servent, pour leurs fruits confits à l'eau de vie, de bocaux qu'ils appellent *canthes*.) *Décanté, e,* p.

Décantation, sf. Action de décanter.

*****Piscantine,** sf. Boisson faite en jetant de l'eau sur du marc de raisin, piquette.

CANTON, sm. Partie d'un pays comprise entre certaines bornes, soit naturelles, soit de convention; subdivision administrative d'un arrondissement; blas., quartier moindre que le quartier ordinaire de l'écu. [1° Les auteurs du Tripar. lient ce mot au lat. *canthus*, bande de fer que l'on met autour d'une roue d'un carrosse, au gr. *kanthos*, le coin de l'œil, bande de fer d'une roue, jante, et au perma. *kante*, etc. Denina fait observer que le germ. *kant*, de même que lit., *cantone*, a une double signification; car il signifie côté, marge, bord, et signifie assez souvent angle, cercle. De Chevallet fait remarquer que le fr. *canton* avant d'avoir la signification qu'il possède actuellement signifiait coin, recoin, encoignure, angle, que le prov. *cantoun*, *cantou*, et l'ital. *canto*, ont conservé l'ancienne acception du fr. *canton*. Il rapporte ces mots au tudesp. *kant*, coin, angle, bord, extrémité, contour. M. Benfey, de son côté, rattache *kant* et le gr. *kanthos* à une origine commune, ainsi que le O. h. *kante*, pointe, angle saillant, coin. Leibnitz rattache aussi, dans la même pensée, le fr. *canton* au gr. *kanthos*, coin de l'œil, bande de fer d'une roue, jante. 2° D. Martin croit que *canton* vient du lat. *centum*, cent; parce que Tacite a dit que chaque canton fournissait cent hommes, à qui l'on donnait le nom de *centenaires*. Il est bien plus simple de dériver *canton* de l'ital. *cantone* et ce dernier du tudesq. *kant*, et d'admettre que ces trois mots appartiennent à la même souche que le lat. *canthus* et le gr. *kanthos*, vu que la forme et la signification de ces termes s'accordent parfaitement. 3° M. Schœbel unit le lat. *canthus*, le gr. *kanthos*, et l'all. *kante*, angle, au sansc. *kat*, percer. 4° Selon Quintilien, *canthus* serait un mot ibéric, ou espag. M. De Bellloguet le croit celtib. et le trouve identique à l'armor. *kanni*, cercle, b. l. *cantus* et *cantu*. En anc. scand. *kant-r*, bret. et gall. *cant*, holl., dan. et sued. *kant*, angl. *cantle*, coin, angle, bord, extrémité. Esp. et port. *canto*, anc. cat. et lang. des Troub. *canton*, ital. *cantone*, anc. fr. *quanton*, coin, angle.]

Canton, sm. géo. Chacun des états de la République Suisse.

Cantonade, sf. Coin du théâtre, intérieur des coulisses.

Cantonnal, e, adj. Qui appartient au canton.

Cantonné, e, adj. archit. A encoignures ornées de colonnes, de pilastres; blas., accompagné dans le canton de l'écu de qqs. autres figures.

Cantonner, va. Distribuer des troupes dans plusieurs villages. *Cantonné, e,* p.

Cantonner, vn. Se dit des troupes que l'on cantonne.

Se cantonner, vp. Se retirer dans un canton pour y être en sûreté.

Cantonnement, sm. Etat des troupes cantonnées, lieu où elles se cantonnent.

Cantonnier, sm. Terrassier chargé de l'entretien des routes.

Cantonnière, sf. Tenture qui couvre les colonnes du pied du lit. (De *canton*.)

Cantonnière, sf. Morceau de fer qui sert à fortifier un coffre, pièce d'une presse d'imprimerie.

*****Canthus,** sm. Se dit de chacun des deux angles de l'œil.

Chanteau, sm. Morceau coupé d'un grand pain, morceau de pain bénit envoyé à celui qui doit rendre le pain bénit le dimanche suivant, morceau d'étoffe, pièce du fond d'un tonneau. [Eloi Johanneau rapporte ce mot ainsi que *jante*, et *jan*, t. du jeu de trictrac qui signifie coin ou côté, au lat. *canthus* et au gr. *kanthos*, à l'ital. *cantone* et au fr. *canton*. De Chevallet cite l'angl. *cantle*, coin, bord, extrémité, qui se dit particul., en parl. du pain; *a cantle of bread*, morceau coupé à l'une des extrémités d'un pain. Chanteau. L. des Troub. *cantel*, chanteau, cuir, morceau. b. l. *cantellus*, anc. fr. *cantel*, quartier, morceau. L. b. *chantellus*, anc. fr. *chanteau*, *chantille*, morceau, partie de qq. chose. (Gloss. champ. de M. T. Chanteau, *chantel*, morceau, dos de la main.)]

Chantignole, sf. Petite pièce de bois soutenant les pannes d'une charpente.

Chantignolle, sf. Espèce de brique employée pour construire les tuyaux de cheminée.

Chantourner, va. Couper en dehors ou évider en dedans une pièce de bois, de métal, de marbre, en suivant un profil donné. *Chantourné, e,* p.

Chantourné, sm. Pièce en bois revêtue ou non d'étoffe, et qui se met entre le dossier et le chevet d'un lit.

Chantournage, sm. Action de chantourner, art de chantourner.

Chantournement, sm. Contour d'une planche qui a été chantournée.

*****Echantignolle,** sf. Morceau de bois qui, dans un comble, soutient le blisseau d'une panne; morceau de bois emmortaisé pour recevoir, en dessous, l'essieu d'une charrette.

Echantillon, sm. Petit morceau d'étoffe, de toile ou d'autres choses, servant de montre; sam. force, dimension des pièces de bois servant aux constructions navales; fig., fragment de poésie, page de prose pour donner une idée d'un ouvrage. [1° M. Tarbé dit: « On nommait anciennement *chanteau* ou *chantil* d'un pain entamé. L'*échantillon* était un morceau de *chantel*, un morceau de pain. L'*échantillon* de cuisine était un os à ronger, le reste d'un mets, un morceau de pain. 2° M. Jal suppose que *échantillon* et l'anc. fr. *eschantillon*, qui sonna *escantillon*, ont été faits, non du lat. *canthus* ni du gr. *kanthos*, mais de l'isl. *skantir*, mesure, dimension; et partie, portion; part; *skamta*, diviser, mesurer. En l. b. *excantillio*, échantillon, *cantilio*, id., dim. de *cantus*, morceau, chanteau. Anc. fr. *escantillon*, échantillon. Gloss. champ. *échantillon*, morceau.]

*****Echantillon,** sm. Contre-partie de la taille sur laquelle les débitants marquent la quantité de marchandises qu'ils vendent à crédit; fond., outil pour égaliser les roues de rencontre; fondeur, outil pour former les moulures d'un canon; charp. et menuis., outil qui sert à donner aux pièces l'épaisseur convenable.

Echantillonner, va. Confronter un poids, une mesure avec son modèle. *Echantillonné, e,* p.

*****Echantillonner,** va. Couper des échantillons d'une pièce d'étoffe, corroy., couper les issues des peaux.

Jante, sf. Pièce de bois courbée, qui fait partie du cercle de la roue d'un carrosse, d'un chariot d'une charrette. (Du lat. *canthus*, jante, comme jambe de *cambu*; Diez. En l. b. *canta*, *cantes*, *gentia*, anc. fr. *chante*, *jante*, *gente*, jante.)

Jantière, sf. Machine pour assembler les jantes.

*****Jantille,** sf. Morceau de bois qu'on applique autour des jantes d'un moulin pour recevoir la chute de l'eau.

Jantiller, va. Mettre des jantilles. *Jantillé, e,* p.

Jan, sm. Au jeu de trictrac, *petit jan*, les six

premières cases; *grand-jan*, les six dernières; *jan de retour*, les six premières cases de son adversaire, quand on entre dans son jeu. (Selon Eloi Johanneau, le fr. *chanteau*, *jante*, et *jan*, t. du jeu de trictrac qui signifie coin ou côté, viennent du lat. *canthus*, du gr. *kanthos*. Ces mots du moins sont apparemment de la même famille. Le même savant dit ailleurs que *jan* doit venir de l'ital. *canto*, coin, d'où *canton* pour coin de terre. Il y en a, dit Furetière, qui dérivent *jan* de *Janus*, auquel les Romains donnaient plusieurs faces, et qui disent qu'on l'a mis en usage dans le trictrac, pour marquer la diversité des faces du jeu.)

CAOLIN, KAOLIN, sm. Nom chinois d'une terre qui entre dans la composition de la porcelaine. Acad.

CAOUTCHOUC, sm. Gomme élastique. [1° On a dit aussi *cachoutchou*. Cette dernière est l'orth. favorisée par l'opinion de Rouppefort qui tire ce mot du mot *cachou*. 2° Selon feu M. Tastu, caoutchouc serait un mot composé de l'ind. *ca*, tomber, ou le *tchou*, suc; le suc qui tombe. C'est ainsi que *résine* tient au gr. *rhéô*, couler. Les Russes disent *koutchouk*, le caoutchouc a été importé de Cayenne en France au commencement du 18° s., par Fresnou, qui le découvrit.]

CAP, sm. Tête. De pied en cap, des pieds à la tête. [Lat. *cap-ut*, tête; partie supérieure, bout, fin, extrémité d'un objet; individu, personne; tête de bétail, bête; vie; existence civile; poët, cervelle, esprit; auteur de qq. chose, chef, personnage principal, fond, point essentiel; capital, le principal d'une dette, d'une rente; ville capitale; chapitre, paragraphe, abrégé, sommaire; doctrine; source, origine. 1° Varron, et autres après lui, ont cherché l'origine de ce mot dans le lat. *capere*, prendre; parce que les organes des sens et les nerfs prennent leur source dans la tête; 2° d'autres, dans l'héb. *kapha*, il a courbé, il a fléchi, il a baissé; parce que la tête est ronde et propre à s'incliner, à se baisser; 3° que quelques-uns, dans l'héb. *gobah*, hauteur, élévation d'une montagne, d'une colline, spécialement en parl. d'un objet rond, comme la tête; 4° Festus, et Nunnesius, dans le gr. *kara*, tête; 5° Gébelin le compose de la lettre *c* indiquant lieu, place, et de la labiale *b, p*, désignant la contenance, la capacité. 6° Chavée fait venir *caput* du sansc. *ka*, courber, être convexe, être concave; 7° Lichhoff, du sansc. *kupas*, *kumba*, cavité, enceinte; 8° un autre, du sansc. *ka*, tête; 9° un autre, du dor. *kosja*, tête. Quelle que soit l'étym. du lat. *caput*, la famille à laquelle il appartient n'en est pas moins répandue sur une grande partie du globe. En gr. *képhalè*, tête, gr. mod. *kephala*, sansc. *kapâla*, crâne, hindoustani *khopri*, le crâne, Malais, *kapala*, tête, valaq. *kap*, îles du Sud, Océanie, *kabou*, japon. *kobe*, tête, Molucy, région transgangétique *koj-kok*, tête, transcription anglaise. Kamtchadale *kobbel*, *khavel*, Oukch *kgha-bel*, île de Zubu, *capala*; Sydney, *capra*, *ka-bra*, tête, Copte *kapa*, crâne, tête, ar. *qafen*, *qaffen*, cou, tête, occiput. Russe *kopha*, all. *kopf*, haut. all. anc. et holl. *kop*, tête. All. *huypt*, chef, tête; haut all. anc. *haubit*, *houbet*, *houpet*, *hoep*, *haépt*, anc. goth. *haubith*, anc. saxon *hobid*, *habtud*, anglos. *heafod*, *heafa*, *heofod*, *hevet*, *heafua*, *heafd*, holl. *hoofd*; norvég. *hovde*, anc. scand. *höfud*, suéd. *hufvud*, dan. *hovad*, ital. *capo*, tête, esp. et port. *cabo*, cat. *cap*, lang. des Troub. *cap*, *kap*, tête. Laziale de Preneste, *capu* friouł, *chiaf*, tyrol. de la vallée de Fassa supérieure, *cef*, napol. *capo*; sarde de Sassari, *cabbu*, suisse, rhénan'ien d'Alsace, rhénanien de Souabe, danubien de Bavière, *kopf*;

franconien de Transylvanie, *koft*, tête. Gall. *cop*, *copa* tête, bret. *kab*, gaël écoss. *cab*, *ceap*, gaël irl. *cab*, *capat*, *ceap*, tête. Angl. *cap*, chapeau, bonnet, caboche, tête, chef. Pat. de Castres *cap*, tête, chef, bout. Extrémité. Anc. fr. *chies*, *chief*, chef, tête.]

Cap, sm. géo. Promontoire, t'te, pointe de terre élevée qui s'avance dans la mer par. ayant du vaisseau, proue, éperon. (Anc. fr. *cap*, tête. Lat. *cap-ut*, tête, partie supérieure, bout, fin, extrémité.)

Cap, sm. Chef d'une escouade de matelots ou d'ouvriers dans un port.

Cabasset, sm. vi. Espèce de petit casque qui couvrait la tête. (On a dit aussi *cabacet*, ou *capacete*. Ce mot vient de l'esp. *cabeça*, *cabeza*, tête, et non du mot *cabas*, panier. En prov. *cab*, tête.)

Caboche, sf. fam. Tête.

*****Caboche**, sf. Clou court et à large tête, un des noms de la chevèche.

*****Cabochon**, sm. Clou très-court et à tête fort large, ancien bonnet de femme piqué et pointu, vers le front, genre de coquilles univalves.

Cabochon, sm. et adj. Pierre demi-sphérique, ou ronde, ou ovale ou bossue, qu'on n'a fait que polir sans la tailler. (Ainsi dite de sa forme.)

Caboter, vn. Naviguer de cap en cap, de port en port, le long des côtes. *Caboté*, p.

Cabotage, sm. Navigation le long des côtes, de cap en cap, de port en port. (Esp. *cabo*, tête, et *cabo*, cap.)

Caboteur, sm. Marin qui fait le cabotage.

Caboter, sm. Bâtiment pour caboter.

Cabotière, sf. Petite barque longue et étroite.

Cabotin, sm. Comédien ambulant qui court de ville en ville pour jouer la comédie; par ext., mauvais comédien.

*****Cabotiner**, vn. Faire le métier de cabotin. *Cabotiné*, p.

*****Cabotinage**, sm. État de cabotin.

Cabus, adj. Pommé. Se dit des choux à feuilles étroitement serrées les unes contre les autres, formant une espèce de tête. (Lat. *capitatus*, cabus, qui a une grosse tête, qui s'arrondit en tête; f. *caput*. De là l'ital. *cappuccio*, capuchon, laitue pommée, chou cabus; b. l. *gabusia*, chou cabus.)

Cadastre, sm. Imposition par tête, registre public où la quantité et la valeur des biens-fonds sont marqués en détail. (De l'anc. fr. *capdastre*, dérivé du b l. *capitastrum*; r. *caput*, tête, personne; on a d'abord imposé les personnes, et ensuite les biens.)

Cadastre, sm. Opération qui consiste à déterminer l'étendue et la valeur des biens-fonds.

Cadastral, e, adj. Relatif au cadastre.

Cadastrer, va. Faire le cadastre d'un terrain; le mesurer et en lever le plan. *Cadastré*, p.

*****Cadastreur**, sm. Qui fait le cadastre.

Cadet, ette, adj. et s. Puîné, puînée, second chef de la maison, petit chef, second. Puîné, chacun des puînés par rapport à tous les frères plus ayant lui moins âgé qu'un autre; moins ancien dans un corps. (De l'anc. fr. *capdet*, *capdetti*, qui est *capitetum*, dim. de *caput*. De là le port. *cadete*, cadet. *Capdet* voulait dire petit chef, par opposition à l'aîné, qui était le premier chef de tous les vassaux de la seigneurie.)

Cadette, sf. La moins longue des deux grandes queues qui servent au jeu de billard. **Cadette**, sf. Pierre de taille propre pour payer. (Du mot *cadet*, à cause du peu d'épaisseur de ces pierres.)

*****Cadetter**, va. Payer avec des cadettes. *Cadetté*, e, p.

Cape, sf. Manteau à capuchon; sorte de vêtement qui sert aux femmes pour se couvrir la tête. Du lat. *cap-ut* ou du fr. *cap*, tête, d'après tous les étym.

CAP — 294 — CAP

ou à peu près tous; parce que ce vêtement couvre la tête. De même on a fait *bracelet* de *brachium*, *genouillère* de *genou*, *chaussure* de *calx*, ital., pied; *culotte* de *culeus*, collet de *collum*, *manche* de *manus*, *scapulaire* de *scapula*, etc. *Cape* ne vient pas du gr. *κάππα*, nom de la lettre k, ni de *καππάτιον* qu'on lit dans Hésychius. En bret. *kab*, tête, bout, extrémité; *kabel*, coiffure, cap, chaperon. Angl. *cap*, chef, peau, bonnet, caboche, tête, chef. L. b. *capa*, *cappa*, espèce de vêtement appelé primitivement *caracalla* et *capella*, petite cape, dans Du Cange. Cependant Varron dérivait le lat. *capitium*, cape, non de *caput*, mais de *capere*, contenir. Génin dérive *cape* ou *chape*, du lat. *caput*, tête. « Le mot *chape* ou *cape* vient du *cap*, » selon Marbonne, « parce que destinée principalement à couvrir la tête, la partie principale avait fourni le nom du tout. » Raynouard rattache les mots romans *chapa*, *cape*, *capa*, *chape*, *capone*, *chaperon*, *capel*, chapeau, etc., p. *káp*, tête, au lat. *caput*. Le japonais *capa*, manteau, ne semble pas digne d'être cité ici. …

*Capade, sf. Certaine quantité de … de poil pour faire un chapeau.

*Capage, sm. Capitation, tribut ou taxe imposé sur les personnes et par tête.

Caparaçon, sm. prop. Grande cape, couverture de cheval qui couvre l'animal de la tête aux pieds. (Ce sont, dit Trévoux, est un augm. de *cape*.) Il dérive de la même source que *cape* et *chape*, dit le général Bardin. Roquefort et Honnorat le dérivent de l'esp. *caparazon*, augm. de *capa*, cape. On a dit aussi *caparaçon*, *caparençon*, *cuparaçon*. En port. *caparazon*, prov. *caparazon*, *caparaçon*.

*Caparaçonner, va. Mettre un caparaçon. *Caparaçonné, e, p.

*Cape, sf. Partie supérieure d'un bastion de fortification. (De *cap*, tête, bout, extrémité.)

Cape, sf. Voile d'un grand mât, situation d'un bâtiment qui à la barre du gouvernail sous le vent, et qui ne conserve que très peu de voiles.

*Capéer, vn. mar. Tenir la cape pendant un coup de vent qui ne permet pas de se servir de voiles. *Capéement …

Capelan, sm. Petit poisson de mer, dont la chair est molle, tendre et de bon … Ainsi nommé parce qu'il vit près des caps, des rochers, ou à cause de son … ou par un autre motif.)

*Capelanier, sm. Pêcheur de capelans, marin chargé de saler le capelan pour …

Capelet, sm. Espèce de loupe, de petite tumeur qui vient au train de derrière du cheval et ennemi du jarret. (De *cap*, tête. Dans le Nord on appelle *cap* les excroissances qui se forment sur le tronc des bouleaux.)

Capeline, sf. Espèce de chapeau dont les femmes se couvraient la tête contre le soleil. (De *cap*.)

*Capeler, va. mar. Attacher les haubans, les galhaubans, les étais, etc., à la tête des mâts. (De *cap*, tête. En ital. *capellare*, en b. l. *capellare*, couvrir avec un chapeau.) *Capelé, e, p.

*Capelage, sm. Action de capeler.

*Décapeler, va. mar. Ôter le capelage, les agrès, les haubans, les galhaubans d'un vaisseau.

*Décapelage, sm. mar. Action de décapeler.

Décaper, va. chim. Enlever le vert-de-gris, de cuivre, enlever la rouille, l'oxyde qu'on y voit à la surface du métal. (De la part. *dé*, privative, et du mot *cape*: ôter la cape, découvrir.) *Décapé, e, p.

Décaper, va. mar. Sortir d'entre les caps. Faire grande baie, d'un golfe. *Décapé, e.

*Encaper, vn. mar. Donner entre deux caps. *Encapé …

*Capet, s. pr. n. Premier roi de la dynastie des Ca-

pétiens. (Ce surnom lui fut donné, parce qu'il avait porté la *chape* ou la *cape*.)

*Capétien, ienne, adj. hist. Qui appartient à Hugues Capet, ou à la dynastie dont il est chef.

Capiscol, sm. Doyen ou chef d'un chapitre, d'une école. (L. *capitschola*, chef d'école.)

Capitaine, sm. Chef d'une compagnie de gens de guerre; celui qui commande un bâtiment de guerre ou de commerce; général d'armée par rapport aux qualités nécessaires pour le commandement. (Du lat. *caput*, tête, chef. Dans le 14e s., on disait *capitaine* pour gouverneur.)

*Capitaine, sm. Nom que les voyageurs ont donné à un poisson qui se pêche sur les côtes de Barb. et en Amér., parce qu'il a autour du col cinq rangs d'écailles dorées et disposées à peu près comme un hausse-col, ou bien parce qu'il est rouge partout le corps, d'après le P. Dutertre.

Capitainerie, sf. Charge de capitaine.

*Capital, e, adj. Principal, qui est à la tête, qui mérite, qui entraîne la mort. (Du lat. *caput*, *capitis*, tête, chef, principal, capital.)

*Capital, sm. Le principal d'une dette, d'une rente; fig. ce qu'il y a de principal, de plus important. *Capital, e, adj. Se dit des caractères dont se composent les anciennes inscriptions … qui porte à la tête.

*Capitale, sf. art milit. Ligne de convention qui est censée partager un bastion en deux parties égales, perpendiculairement.

Capitale, sf. Ville capitale, ville principale d'un état, d'une province; lettre capitale, ou majuscule.

*Capitalement, adv. D'une manière capitale.

*Capitaliser, va. et n. Réaliser le capital, accumuler pour former un capital. *Capitalisé, e, p.

*Capitalisation, sf. Action de capitaliser.

*Capitaliste, s. Qui a des capitaux, et qui les fait valoir.

Capitaux, sm. pl. Sommes en circulation, quantité considérable d'argent, de valeurs disponibles.

*Capitalité, sf. État de ce qui est capital.

Capitan, sm. Faux brave, fanfaron. (C'est une forme espagn. du fr. *capitaine* et de l'it. *capitano*.)

*Capitane, sf. Nom que l'on donnait autrefois à la première galère d'une armée navale. Hist. ott., nom que les Turcs donnent au vaisseau amiral.

*Capitan-pacha, sm. Amiral turc.

*Capitation, sf. Taxe par tête.

*Capité, e, adj. bt. De la forme d'une tête ou d'une petite boule; bot., se dit du stigmate, quand il est arrondi en forme de petite tête.

*Capitelle, e, adj. bt. Qui a la forme d'une très petite tête.

*Capiteux, euse, adj. Qui porte à la tête.

*Capilluve, sm. méd. Bain de tête.

*Capitole, sm. Forteresse, temple de Rome qui était consacré à Jupiter. (Lat. *capitolium*, fait de *caput*, tête, et *collis*, colline, selon Constance. Tarquin le superbe faisant travailler aux fondements d'un temple, on trouva, dit-on, bien avant dans la terre, la tête d'un homme encore en chair, ce qui donna le nom de *capitole* à ce temple, selon Furgault et autres.)

*Capitolin, adj. m. Du Capitole, épithète de Jupiter. *Capito, sm. Poisson auquel les anciens et les modernes ont donné ce nom, à cause de sa grosse tête.

*Capiton, sm. La bourre et ce qui reste de plus grossier, après qu'on a dévidé la soie. (De l'it. *capitone*, du lat. *caput*, tête.)

Capitoul, sm. Ancien nom des échevins de Toulouse.

*Capitoulat, sm. Dignité du capitoul.

Capitulaire, sm. Ordonnance et règlement sur les matières civiles, criminelles et ecclésiastiques. (L. *capitularia*, de *capitulum*, chapitre, *caput*, tête, chef, chapitre.)

Capitulaire, adj. Appartenant au chapitre, à une assemblée de chanoines ou de religieux.

Capitulairement, adv. En chapitre.

Capitulant, adj. et sm. Qui a voix dans un chapitre.

Capitulaire, sf. bot. Genre de lichens.

Capitulariacé, e, adj. bot. Semblable à une capitulaire. *Capitulariacées*, sf. pl., Famille de plantes.

Capitulation, sf. Transaction, traité pour la reddition d'une place, divisé par chapitres. (Ce mot a une étym. commune avec le mot *chapitre*, en lat. *caput*, parce que les capitulations contractuelles se rédigent par chapitres, *capitulatim*, ou par articles : le gén. Bardin.)

Capitule, sm. Espèce de petite leçon qui se dit à la fin de certains offices. (L. *capitulum*.)

*Capitule, sm. bot. Assemblage de fleurs peu ou point pédicellées, et serrées de manière à former une tête qui paraît une seule fleur.

Capitulé, e, adj. bot. Disposé en capitules.

*Capituliforme, adj. bot. En forme de capitules. **Capituler**, vn. Traiter de la reddition d'une place, au moyen de la capitulation. *Capitulé*, p.

Capian, sm. Poisson. Voy. *Capelan*.

Récapitulation, sf. Action de récapituler; résumé.

Récapituler, va. Reprendre par chapitres, résumer ce qui a été dit. *Récapitulé, e*, p.

*Récapitulateur, sm. Qui fait une récapitulation. **Récapitulatif, ive**, adj. Qui sert à récapituler.

Caponnière, sf. fortif. Logement sous terre, double chemin couvert, logement dans un fossé sec pour tirer à couvert. (Selon le g. Bardin, l'étym. de ce mot est l'ital. *caponeria*, obstination, entêtement, fait de l'ital. *capone*, grosse tête, obstiné, entêté; et caponnière signifiait primitivement, petit corps de garde, casemate, d'où l'on pouvait faire feu avec sûreté et opiniâtreté; on s'y tenait tout-à-fait cache, et feu en était traître; ces circonstances ont eu de l'analogie avec le mot trivial *capon*; elles ont fait supposer à quelques-uns qu'il était emprunté par les Franç. non du terme ital. signifiant obstiné, mais du mot signifiant chapon et appliqué dérisoirement pour signifier poltron.)

Caporal, sm. Chef d'une escouade, au-dessous du sergent. (Ce mot, dit le gén. Bardin, est dérivé peut-être des mots espag. fort anciens, *cabo, ral, cabo*, tête, Les aventuriers gascons ayant mis en vogue ce terme. Plusieurs auteurs supposent au contraire qu'il vient de l'ital. *caporale*. Rabelais employait, dans le sens de capitaine ou de chef, le mot *caporion* synonyme de caporal. Dans le siècle dernier, les chefs de quartiers de Rome s'appelaient encore *caporioni*. *Caporion* et *caporal*, ont d'abord généralement désigné un militaire en grade. Le mot *caporal* avait d'abord un sens générique. Il signifiait tête, chef, conducteur de troupe. En b. *caporalis*, pour *caporalis*, caporal, décurion, et *caporalis*, tête, chef, gouverneur, dans Du Cange. On a dit aussi *corporal*.)

*Capot, sm. Sorte de cape que portaient les chevaliers de l'ordre du Saint-Esprit; manteau à manches et à capuchon dont se couvrent les sentinelles; mar., tambour qui couvre, à bord de qqs. navires, l'ouverture de l'escalier de derrière; capuchon que les gens de mer mettent par-dessus leurs habits.

Capote, sf. Espèce de cape ou de grand manteau d'étoffe grossière; redingote à l'usage des soldats; mante; sorte de chapeau de femme. (Du lat. *caput*, parce que c'est un vêtement de tête. Voyez *Cape, Chape*, etc. Le mot *capote*, dit le gén. Bardin, est un dérivé et un augmentatif du fr. *cape*. L'emploi et le nom de la *capote* ne remontent pas au-delà du 18e s.) **Capote**, sf. Espèce de poche de toile où l'on passe la tête du cheval pour l'assujettir.

Capron ou **Caperon**, sm. Sorte de fraise à grosse tête. (1°. Du fr. *cap*, tête, selon Roq. et autres. 2°. Du fr. *câpre*, selon Gébelin, parce qu'elles aigre, dit-il, comme la câpre.)

*Capronier, ou *Caperonier, sm. Fraisier qui produit les caprons ou caperons.

Captal, sm. vi. Chef. On a dit aussi : *septal, captan, capoudal, capoudat, cheptal.*

Capuce, sm. Syn. de capuchon.

Capuchon, sm. Couverture de tête, d'un moine. (Du lat. *cuppa*, d'où *capucium*, capucin. En b. *capellum, capucium*, capuchon, capuce; espag. cape; ital. *cappucio*, froc, d'où *capuchon*.)

*Capuchon, sm. bot. Prolongement creux et conique à la partie inférieure de la capucine.

*Capuchon, sm. h.n. Nom d'un oiseau de la N. Holl., et de plusieurs coquilles.

Capuchonné, e, adj. bot. En forme de capuchon. **Capucin, ine**, s. Religieux, religieuse de l'un des ordres fondés par Saint François de Sales. (Du fr. *cuppa*, capuchon.)

*Capucin, sm. fig. fam. Homme qui affiche une grande dévotion.

*Capucin, sm. h.n. Nom vulgaire d'un singe, d'une coquille, d'un papillon et de qqs. insectes coléoptères. **Capucinade**, sf. Plat discours de morale ou de dévotion.

Capucine, sf. Plante à fleur terminée en forme de capuchon; fleur de cette plante. (Dim. de *capa* et de *capuce*. Son éperon est en forme de *capuce* ou *capuchon*.)

Capucine, sf. Pièce du fusil, anneau qui embrasse le bois et le canon. (Dim. de *capuce*.)

Capucinière, sf. fam. Demeure des capucins.

*Décapuchonner, va. Oter le capuchon.

*Décapuchonné, e, p. Peu usité.

*Encapuchonner, va. se couvrir la tête d'un capuchon; fig. se dit d'un cheval qui ramène l'extrémité de sa tête contre son poitrail. *Encapuchonné, e, p. D*ésencapuchonner, va. Oter le capuchon; faire quitter un habit de moine.

Caput-mortuum, sm. chim. Résidus d'opération dont on croyait ne pouvoir tirer aucun parti. (Littér. : tête morte.)

Cavecé, e, de noir, adj. Se dit d'un cheval, d'une jument, qui a la tête noire. (En part. *cabessa*, lat. *caput*, tête.)

Caveçon, sm. Demi-cercle en fer qu'on met sur le nez des jeunes chevaux pour les dompter. (Du port. *cabeça*, caveçon, fait lui-même du port. *cabeça*, tête, lat. *caput*, d'où le port. *cabeçada*, coup de la tête, coup de tête. On dit esp. *cabezza*, d'où prononce *cavezza*, et d'où l'ital. a pris fig. *cavezza* et le franç. caveçon. Ou de l'all. *kapzaum*, caveçon, formé de l'all. *kappe*, coiffe, mot qui se rattache au lat. *caput*, et de l'all. *zaum*, corde, mot de la même origine que le lat. *thomia*, corde, en gr. *thomia*, au gl. *team*.) **Encaveçade**, sf. manég. Secousse du caveçon, pour presser le cheval d'obéir.

Chabot, sm. Petit poisson très-commun dans les ruisseaux et dans les rivières de l'Europe; sa tête est grande, large, aplatie par le dessus et arrondie dans sa circonférence; son corps va toujours en diminuant depuis la tête jusqu'à la queue. (Du *pito*, qui a une grosse tête, chabot, nom qui lui a été donné à cause de la grosseur de sa tête. Dans Auctor et Cuba *capitatus*, chabot. Dans Gaza, Belon, Rondelet, Gesner et Aldrovande, *cottus*, chabot; *cottus* se lie très-bien au dorien *kotta*, tête.)

Chape, sf. Vêtement d'église en manteau; habit que portent les cardinaux et qui a un capuce doublé d'hermine; habit de chœur des chanoines pour l'hiver; couverture que l'on met sur un alambic; t. d'arts, ce qui sert à couvrir, à envelopper. (Du fr. *cape*, qui n'est qu'une variante du mot *cap*, et qui a été formé du latin *caput*, tête. Eloi Johanneau. Le mot *chape* n'a rien à démêler avec le gr. *kappa*, nom de la lettre *k*; mais il tient à *cap*, *cape*, *capote*, *capuchon*, *chapeau*, *coiffe*, etc. La robe appelée *chape* avait un *capuchon* pour mettre la tête. On s'en sert encore en Béarn, dit Borel, et les paysans du Languedoc en portent tous et les appellent *capes*.)

***Chape**, sf. Couvercle bombé que l'on met sur les plats pour tenir les viandes chaudes et les préserver de la poussière; partie des mitaines qui recouvre le dos de la main; morceau de métal arrondi qui borde l'extrémité supérieure d'un fourneau; enveloppe qui assujettit les différentes pièces d'un moule; composition servant à couvrir les cires pour former le moule dans les grands ouvrages de fonderie; pièce de cuivre enveloppant le touret des graveurs sur pierres fines; double futaille qui sert d'enveloppe à un baril de poudre, aux tonneaux de vin que l'on envoie dans un pays éloigné; mar. petit cône creux fixé au milieu de l'aiguille d'un compas.

***Chapé, e**, adj. liturg. Revêtu d'une chape; blas., se dit d'un écu couvert en chape.

Chapier, sm. Celui qui porte chape.

***Enchaper**, va. Enfermer un baril de poudre, ou de vin, ou de toute autre marchandise, dans un second baril. *Enchapé, e*, p.

***Chapelle**, sf. hist. Petite chape, sorte de vêtement que portaient anciennement les laïques, les moines et les clercs; couvercle d'un alambic; voûte du four des boulangers; cintre qui recouvre la roue d'une vielle.

Chapelle, sf. Petite église, petit édifice consacré à Dieu; lieu où l'on dit la messe dans une église; lieu où l'on célèbre l'office divin, dans une grande maison, dans un hospice, dans un collége; lieu où le souverain entend ordinairement la messe; bénéfice simple, dans lequel le titulaire est obligé de dire ou de faire dire la messe certains jours; parement; toute l'argenterie servant dans une chapelle. (1° Ainsi dite de ce que l'on y conservait les reliques des saints, selon Roquefort qui dérive *chapelle* de *capella*, mot qu'il rattache aux mots *chapeau*, *chape*, *caveçon*, *capuchon*, *capote*, *cape*, *cap*, etc. Rebuffe dit que le mot *capella* vient de *cappa Sancti Martini*, qui était une *chape* ou manteau que les rois de France avaient coutume de faire porter avec eux lorsqu'ils allaient à la guerre. Comme ils faisaient garder très-soigneusement cette *chape* dans des tentes particulières, on appela ces tentes *chapelles*. Trév. Sous la première race de nos rois, et avant l'usage de la messe, on donna, dit Roquefort, le nom de *chapelle* à une pièce de leurs palais, destinée d'abord à conserver les *chapes* ou manteaux des saints, ensuite des reliques, et puis à leur servir d'oratoire. Nos premiers rois avaient la plus grande vénération pour saint Martin, qui était alors le patron du royaume de Paris. Ils faisaient porter à la tête de leurs armées la chape de ce saint, qui était de couleur bleue; c'était l'étendard général. A la paix, la chape était renfermée dans l'oratoire royal, et ensuite reportée à Tours dans l'église où était déposée la dépouille mortelle du premier patron de France. Le mot *chapelle*, qui est un dérivé du mot *cape*, a produit le mot *chapelain* : le général Bardin. D'autres disent simplement que *chapelle* est un dimin. de *chape* ou *cape*, qu'on a écrit aussi *chappe*, *cape*. 2° D'après Wachter, on a donné primitivement le nom de *chapelle* à la *cape*, au *cucullus* de saint Martin; et ce vêtement était court et velu, il couvrait la tête et les épaules; mais il dérive ce mot du mot franc *chappa*, cucullus. 3° M. De Chevallet dit : « En b.l. *capsa*, *capa*, *cappa*, et leurs diminutifs *capsella*, *capella*, châsse à mettre les reliques. Du lat. *capsa*, coffre, coffret, cassette. Par métonymie, on appela *capella* un petit sanctuaire compris dans une église ou dans un palais, et destiné à renfermer une châsse contenant des reliques. C'est ainsi que nous appelons *bureau* la chambre où se trouve le bureau d'un employé. Voy. *Caisse*, *chasse*, *capsule*. 4° D'autres dérivent le mot *chapelle* du gr. *kapeleia*, petites tentes que les marchands dressaient dans les foires; 5° quelques-uns, du lat. *pellis*, peau; 6° Ménage du lat. *capella*, petite chèvre; 7° Constancio du gr. *kuphella*, nuages qui forment la voûte du ciel. La première étym. est encore préférée. En ital. *cappa*, cape, manteau; et *cappella*, chapelle. En port. *capella*, esp. *capilla*, lang. des Troub. *capella*, chapelle.)

Chapelle-ardente, Appareil funèbre autour d'un mort, luminaire nombreux qui brûle autour d'un cercueil ou de la représentation d'un corps mort.

Chapellenie, sf. Partie d'une grande église, ayant son autel propre où l'on dit la messe; bénéfice attaché à la chapelle, à la charge de certaines obligations.

Chapelain, sm. Bénéficier titulaire d'une chapelle; prêtre qui reçoit des appointements pour dire la messe dans une chapelle domestique; prêtre qui dit la messe à l'empereur, à l'impératrice.

***Chapelain**, sm. hist. Officier ecclésiastique qui était établi pour garder la *chape de saint Martin*, en temps de paix, et pour la porter à la guerre; premier chapelain qui avait l'intendance sur tous les clercs du palais, et qu'on appela ensuite archichapelain; secrétaire, notaire du roi, chancelier.

Capelan, sm. Prêtre pauvre ou cagot.

Archichapelain, sm. hist. Premier chapelain; plus tard chancelier.

Chapeau, sm. Couverture de tête dont se servent les hommes par toute l'Europe occidentale; fig., dignité de cardinal; fam., homme, par opposition à la femme; se dit de certaines coiffures de femme, dont les formes sont très-variées; bouquet artificiel sur la tête d'une mariée; tout ce qui a la forme d'un chapeau. (Du fr. *chape*, *cape*, d'où l'anc. fr. *capel*, *chapel*, *chapiau*. En b.l. *capellus*, *capellum*, *capitellum*. Les formes *al*, *el*, *ol*, sont toujours plus anciennes que les formes *au*, *eu*, *ou*, qui sont des contractions. On a dit *chapel* avant de dire chapeau; *malefol* avant de dire *maufou*. Les chapeaux ne furent point en usage en France avant Charles VI.)

***Chapeau**, sm. Pièce de bois posée horizontalement à la partie supérieure d'un ouvrage en charpente; mar. petit chapiteau placé sur deux montants, au-dessus de la cloche d'un bâtiment; mus. liaison, trait demi-circulaire dont on couvre deux ou plusieurs notes; pièce de bois mise au-dessus des étais pour soutenir des solives; pièce de bois fixée sur les couronnes d'une file de pieux; pièce conique dont la base couvre une roue que l'horloger veut serrer sur l'arbre d'une machine à fendre; bobine sur laquelle le tireur d'or roule l'or avant qu'il soit dégrossi; marc qui reste dans les alambics après certaines distillations; comm., gratification accordée par convention au capitaine, au maître, ou au patron d'un bâtiment de commerce, pour avoir remis à bon port

CAP — 197 — CAP

les effets ou marchandises chargés à fret.

Chapelet, sm. Plusieurs grains enfilés qui servent à compter le nombre des *Pater noster* et des *Ave Maria* que l'on récite en l'honneur de Dieu et de la sainte Vierge; archit., baguette ornée de petits grains ronds; machine hydraulique formée d'une chaîne et de godets; paire d'étrivières garnies de leurs objets. (De l'anc. fr. *chapelet*, petit chapeau, chapel, chapeau, couronne de fleurs, guirlande. *Chapelet* est un dimin. de *chapel*. On a dit plus anciennement *capitel*, *baphau*, couronne; *chapelet*, petite couronne de *capitel*, lat. *cap-ut*, d'où *cape*, *chefie*.)

Chapelet, sm. Machine de théâtre composée de plusieurs petits châssis sur chacun desquels est peinte une masse de nuages, et qui s'enflent sur des cordes pour former une gloire; assemblage de barreaux d'acier arrangés en croix, qui sert à tenir le noyau droit, dans la chape du moule d'une pièce de canon.

Chapelier, ière, s. Qui fait ou vend des chapeaux. **Chapellerie**, sf. Art de fabriquer les chapeaux; commerce de chapeaux.

Chaperon, sm. Ancienne coiffure de tête, ornement particulier du costume des gens de robe; ornement au dos d'une chape; espèce de coiffure de cuir, dont on couvre la tête aux oiseaux de proie; le haut d'une muraille de clôture, faite en forme de toit; impr., vit, quantité de feuilles ajoutées au nombre fixé pour l'impression. (De *cappadone*, abl. de *capparo*, fait de *caput*, et non de *cappa* Roquefort. On a dit aussi *caperon*, *chapperon*, *subrecap*. Les mots *chape* et *chaperon*, signifiant habillement de tête, ont une origine commune. 18 gén. Bardin. La mode des chaperons commença vers le milieu du 14e s. Les femmes aussi bien que les hommes portaient des chaperons. Cette coiffure se composait d'une longue pièce d'étoffe qui se repliait autour de la tête et du col, et dont les extrémités tombaient sur les épaules.)

Chaperon, sm. Espèce de camail que portaient certains religieux; petit toit que l'on place sur la lumière du canon, dessus d'une potence.

Chaperonner, va. Coiffer d'un chaperon; se dit des oiseaux de proie dressés à la fauconnerie. *Chaperonné, e*, p.

Chaperonnier, sm. Oiseau qui porte aisément le chaperon.

Déchaperonné, ée, adj. Se dit d'un mur dont le chaperon est ruiné.

Déchaperonner, va. Ôter le chaperon à un oiseau dressé pour le vol. *Déchaperonné, e*, p.

Enchaperonner, va. Couvrir la tête d'un chaperon. *Enchaperonné, e*, p.

Chapiteau, sm. Partie supérieure d'une colonne ou d'un pilastre; corniche, couronnement; ornement supérieur des armoires; couverture mobile d'un moulin; partie supérieure d'un alambic. (Du lat. *capitellum*, dimin. de *caput*, tête; chef, extrémité.)

Chapiteau, sm. Cornet placé au sommet d'une fusée volante; art milit., deux ais formant un angle d'ech. que l'on place sur la lumière d'un canon.

Chapitre, sm. Partie, division principale d'un livre, d'un compte; capitule, fig., matière, sujet; le corps des chanoines d'une église cathédrale ou collégiale. (Anc. fr. *capitre*, du lat. *capitulum*, petite tête, *chapiteau*, chapitre, dim. de *caput*, tête, chef, principal, capital, chapitre. Gloss., champ de M. Tarbé, *chapitle*, chapitre.)

Chapitrer, va. Réprimander fortement, en plein chapitre; fig., tancer. *Chapitré, e*, p.

Chef, sm. Tête, en parl. de reliques; poét. ou burl., tête de l'homme; fig., celui qui est à la tête; officier, sous-officier; général, article, point principal; bout par lequel on a commencé à fabriquer une étoffe, blas., pièce au haut de l'écu. (Lat. *cap-ut*, gr. *kephalè*, tête, chef. Dans Montaigne *chef*, cap, promontoire.)

De son chef, loc. adv. De son côté, par soi-même, de sa tête, de son propre mouvement, de son autorité privée et d'après

Chef-d'œuvre, sm. Ouvrage qui fait preuve de la capacité de l'ouvrier qui doit être reçu maître; fig., ouvrage parfait ou très-beau.

Chevecier, sm. Voy. *Chevecier* ci-dessous.

Chef-lieu, sm. Lieu principal, ville principale.

Cheptel, sm. Bail de bestiaux dont le profit doit se partager par chefs ou têtes de bêtes, entre le bailleur et le preneur. (De l'anc. fr. *chaptel*, fait du lat. *caput*, tête, chef, capital, principal d'où le lat. *capitale*, *capitale*, *etallum*, cheptel. Lang. d'oïl *chapt*, mot antérieur au 12e s. signifiant, argent prêté rapportant intérêt, se nomme principal d'une dette. Du B. l. *capitale*, id. C'est ce que Papias définit *pecunia caput*, et que nous appelons aujourd'hui le *capital*. Le mot principal dont nous nous servons dans le même sens rappelle la même idée. Par ext., *capitale*, *capitale*, *catillum*, *catellum*, *catelum*, *chiptel*, *chatel*, *cattel*, signifièrent tout bien, meubles, immeubles; puis bestiaux, et enfin tout revenu, ensuite, bien, propriété. De Chevallet. Lang. des Troub. *cabal*, *capital*, *capital*, capital, cheptel.)

Cheptel de fer, cheptel par lequel le fermier d'une métairie s'engage à laisser, à l'expiration de son bail, des bestiaux d'une valeur égale à ceux qu'il a reçus. (Du fr. *fermé*, métairie, bail, louage, etc., ou du vi. fr. *fer*, labour.)

Cheptelier, sm. Qui prend des bestiaux à cheptel.

Chevagier, sm. Celui qui payait le *chevage*, la capitation.

Chevance, sf. Le bien qu'on a, à la tête duquel on est, tout ce qu'il y a de son chef, biens, richesses; ce que l'on possède. (Ce vieux mot est formé sans doute, dit M. Lorin, du fr. *chef*, commence *pital* du lat. *capus*.)

Chevecier, sm. Titre de dignité dans les églises. (De *chefecier*, id., fait de *chef*; lat. *capus*. De non du lat. *etastollarius*, porte-clés.)

Chevel, sm. Chef, seigneur féodal, à qui l'on devait différentes espèces d'aides ou de services.

Chevet, sm. La tête d'un lit, traversin long, oreiller sur lequel on appuie sa tête quand on est dans le lit; la partie qui termine le chœur d'une église et qui en est comme la tête. (Du fr. *chef*, tête, comme le port. *cabeceira*, chevet; du port. *cabeça*, tête. Emb. *caputium*, *capitoleum*, chevet; du l. *capel*, *capet*, chevet, v. fr. *chaufcian*, chevetrin, chevets, lit.)

Chevêtre, sm. Vét., licou, charpe, pièce de bois qu'on emboîte des solives a d'un plancher; chir., bandage pour la fracture ou la luxation de la mâchoire inférieure. (De l'anc. fr. *chevêtre*, licou, monture, garniture de la tête, du lat. *capistrum* dérivé du mot lat. *capit-rum*, fait lui-même de *caput*, et non du lat. *capio*, it. *capistro*, esp. *cabestro*, cat. et port. Troub. *cabestra*, cabriau du nord *cheestre*, chevêtre.)

Chevêtrage, sm. Droit que les écuyers de province touchaient à Paris sur le foin venu par eau, pour une

Chevêtrier, sm. Pièce qui sert de support aux chevêtres, et qui a, leur service, l'emploi

Cabestan, sm. Gros cylindre de bois, en cône tronqué, planté perpendiculairement au pont d'un bâtiment, et disposé pour aider aux manœuvres de force. On tourne autour de ce cylindre le cordage sur lequel l'effort doit se faire; la machine agit pour vaincre la résistance. (M. Ld dit: «C'est dans le lat. qu'il faut aller chercher l'étym. du mot *cabestan*, non que pour désigner cette machine...»

sent une expression analogue, ils disaient *capital*, appellation employée par Vitruve, mais le moyen âge a pris, à l'ancienne langue romaine, une figure pour désigner l'objet qu'il voulait nommer. Il a imaginé que le cabestan ressemblait à une tête autour de laquelle la corde était comme un chevêtre, un licol, et *capistrum* a semblé propre à nommer la chose qu'il voulait peindre ainsi. Les Esp. et les Port. ont gardé mieux encore que les Angl. et nous cette origine. *Le cabestan* est chez eux *cabestrante, ou cabestante*, qui vient de *cabestar*, venu lui-même du lat. *capistrare*. » On se moque à tort des matelots qui disent *cabestran*, ou *capestran*. » Ainsi *cabestan* ne vient pas de l'angl. *meub. br.*, ni du lat. *caput stans*, chèvre qui se tient debout, ni de l'anc. fr. *cap*, partie de devant d'un navire et de *estail*, corde pour hisser, ni du radical du mot *cable*, ni du saxon *captein*. Au 13e s. *enchevestre* se disait pour brider un cheval, ou le retenir par le licol, et par ext. pour lui lier les jambes.)

*Capistraté, adj. h. n. Qui porte un licou, une muselière.

*Capistre, sm. chir. Sorte de bandage de tête; h. n. partie de la tête d'un oiseau qui entoure le bec.

*Déchevêtrer, va. Ôter le chevêtre d'une bête de somme. *Déchevêtré, e, p.

Enchevêtrer, va. Mettre un licol.

S'enchevêtrer, vr. pr. Se dit d'un cheval qui engage un pied dans la longe de son licol; fig. S'engager dans une affaire, dans un raisonnement dont on a peine à se tirer. *Enchevêtré, e, p.

Enchevêtrement, sm. Action d'enchevêtrer; le résultat.

Enchevêtrure, sf. Blessure que qu'un cheval se fait à un pied, en s'engageant dans la longe de son licou; cadre des solives de l'âtre.

Cheveu, sm. Poil de la tête de l'homme. (Lat. *capillus*, cheveu, contraction de *capitis pilus*, poil de la tête. Anc. fr. *cevoil, chevoil*, cheveux, chevel, chevedu.) *Capillacé, e, adj. Qui a la finesse des cheveux.

Capillaire, adj. Délié comme des cheveux. Se dit des vaisseaux, des tubes qui sont très menus.

Capillaire, sm. Fougère qu'on emploie en méd.

*Capillaire, adj. bot. Se dit d'un filet grêle comme un cheveu; du stigmate, quand il est grêle et très allongé; d'une racine, quand ses divisions sont nombreuses et fines comme des cheveux.

*Capilllament, sm. Petite fibre, filament.

*Capillarité, sf. phys. Nature des tubes capillaires.

*Capillifolié, e, adj. b. A feuilles capillaires.

*Capilliforme, adj. En forme de cheveux.

*Capilline, sf. bot. Genre de champignons à réseau chevelu. Chevelé, e, adj. blas. A cheveux d'un autre émail. *Cheveline, sf. Sorte de champignons filamenteux.

Chevelu, e, adj. Qui porte de longs cheveux.

Cuir chevelu, La peau qui couvre le crâne et qui donne naissance aux cheveux.

*Chevelée, sf. bot. Se dit des racines à filets capillaires, nombreux et très-serrés.

Chevelure, sf. Réunion de cheveux longs et bien fournis; poét. les feuilles des arbres.

Chevelure de Bérénice, Constellation.

Décheveler, va. Mettre en désordre la chevelure de qqn. Déchevelé, e, p.

Echevelé, e, adj. Qui a les cheveux épars, en désordre.

*Chevir, vn. anc. légis. Traiter, composer, capituler, sortir d'une affaire, en venir à bout. (De *chef*, que l'on prononçait *che*, comme il se prononce *ch* ainsi *chevir de* signifiant être chef on maître de. La même raison est celle du vieux mot *chevestre*, li-

cou, d'où *enchevêtre*, qui a le chef pris. M. Génin, *Chevir*, c.-à-d. venir à *chef*, à bout de qq. chose, vient de *chef* ainsi que *achever*. Nicot et A. Martin.) (*Chevi*, p.)

Achever, va. Conduire à *chef*, au bout, finir une chose commencée; porter le coup mortel à qqn qui est déjà blessé. (De *à*, et de *chef*. Lat. *ad, caput*.) Achevé, e, p.

*Achever, va. fam. Enivrer entièrement.

*Achevage, sm. Dernière façon donnée à une pièce de poterie moulée.

Achèvement, sm. Fin, exécution entière, accomplissement d'une chose; fig. perfection d'un ouvrage. *Achèvement, sm. littéral. En parl. d'un poème, se dit du point précis où se termine la dénoument.

*Acheveur, sm. Le plus grand de tous les moules dont se servent les batteurs d'or.

*Achevoir, sm. Outil pour donner la dernière façon à certains ouvrages; lieu où l'on achève certains ouvrages; dernier temps de la façon donnée à un ouvrage.

Derechef, adv. vi. Une seconde fois, de nouveau. Inachevé, e, adj. Qui n'a pas été achevé.

Méchef, sm. vi. Malheur, fâcheuse aventure. (De *me*, mal, et *chef*, fin, ou de *mecheoir*.)

Parchever, va. vi. Achever, terminer. Parchevé, e, p.

Parachèvement, sm. vi. Fin, perfection d'un ouvrage.

*Rachever, va. Donner la dernière façon à un ouvrage quelconque. *Rachevé, e, p.

*Rachevage, sm. Action de rachever.

*Rachèvement, sm. Action de rachever; dernière couche donnée aux chandelles à la baguette.

*Racheveur, euse, s. Qui rachève.

Coiffe, sf. Espèce de couverture de tête; vêtement de femme pour la tête; membrane sur la tête de quelques nouveaux-nés; partie membraneuse qui recouvre l'urne des mousses. (Que ce mot vienne de l'ar. *qafen, quffn*, coq., tête, occiput, ou du suéd. *kufwa*, coiffure, bonnet, chaperon, chapeau, il n'appartient pas moins à la même famille que le lat. *caput* et que le gr. *képhalé*, tête. Le suéd. *kufwa* est fait de *kuf-wud*, tête, mot identique au lat. *caput*, tête. En all. *haupe*, coiffe, de *haupt*, tête. Les deux gutturales *h* et *k* se permutent souvent. En anc. scandin. *hufa*, coiffe, de *hoefud*, tête. Danois *huve*, coiffe, de *hoved*, tête. En holl. *kap, kaper*, bonnet, de *kop*, tête. En b. l. *coffa, e, coufea*, coiffure qui entourait toute la tête; *coifeta, coiffeta*, casque, coiffure, coiffe. En anc. fr. *coiffe, coefe*, casque ou espèce de calotte de fer ou d'acier. M. Scheler estime que *coiffe*, en b. l. *cofea, coña, cupfia, il. cuffia, saufia*, esp. *cofia, escofia*, provient du lat. *cupa*, coupe, qui a fait le néer. *kuppa, cuppha, kupfiya*, mitre. Voy. cependant *Coupe, Cuve.*)

Coiffe de chapeau, Coiffe de taffetas ou de toile dont on garnit le dedans des chapeaux.

*Coiffe, sf. Filet à grandes mailles, fort évasé, qu'on étend autour de l'embouchure d'un filet en manche, pour déterminer le poisson à entrer dans celui-ci; mar., petit morceau de toile goudronnée dont on couvre le bout des haubans, pour les garantir des eaux.

Coiffer, va. Couvrir, parer, orner la tête; fig. fam. enivrer; chass. prendre aux oreilles; mar. se dit de la voile que colle contre le mât. Coiffé, e, p.

Coiffer, vn. Aller bien ou mal à l'usage.

Se coiffer de, va. pr. Se couvrir habituellement la tête de.

Se coiffer avec, Se parer la tête de.

Coiffeur, euse, s. Qui fait métier de couper, de friser, d'arranger les cheveux.

Coiffure, sf. Couverture et ornement de tête; manière d'arranger les cheveux.

Décoiffer, va. Ôter ce qui coiffe, ou défaire la coiffure; déranger, mettre en désordre la coiffure, les cheveux. *Décoif., r. p.*

Escoffion, sm. Ancienne coiffure à l'usage des femmes du peuple.

Recoiffer, va. Coiffer une seconde fois, réparer le désordre d'une coiffure. *Recoif., r. p.*

Coupeau, sm. vi. Sommet, cime d'une montagne. (En anc. fr. *copeis*, les sommets, les cimes des coteaux. On a dit aussi *cope, coppe, copeau, coupeau, couplet*, dans le même sens. Tous ces mots ne sont que des variantes ou des dérivés de *cap*, forme du lat. *caput*, dans le sens de tête, de sommet et de promontoire: Eloi Johanneau. En flam. *coppel*, sommet, faîte, mot de la même famille que le holl. *kop*, tête, et que le lat. *caput*.)

*****Albiceps**, adj. hn. Qui a la tête blanche. (Du lat. *albus*, blanc, et *ceps*, pour *caput*.)

*****Ancipité, e**, adj. bot. Dont la compression est portée jusqu'au point de former deux tranchants semblables à ceux d'un glaive. (Lat. *ancip* autour, et *ceps* pour *caput*, tête, bout, cime, sommet.)

Biceps, sm. anat. Muscle à deux branches, à deux têtes. (Lat. *bis*, deux.) *****Bicipital, e**, adj. anat. Qui a rapport au muscle biceps.

Bicipité, e, adj. b. A deux têtes ou sommets.

Décapiter, va. Décoller, couper la tête, par ordre de justice. (De *de* particule privative, et du lat. *caput*, tête.) *Décapité, e.*

Décapitation, sf. Action de décapiter.

Occiput, sm. Le derrière de la tête. (Lat. *ob*, devant, du côté de, et *caput*.)

Occipital, e, adj. De l'occiput.

Précipiter, va. Jeter la tête en bas, du haut, la première; jeter dans un lieu profond; fig., faire tomber dans un grand malheur, dans un grand danger, fig., hâter, accélérer; chim., séparer. (Lat. *præcipitare, r. pr.* avant, *caput*, tête.) *Précipité, e. p.*

Précipité, sm. Matière dissoute et tombée au fond d'un vaisseau.

Précipice, sm. Abîme, fig., grand malheur.

Précipitamment, adv. Avec précipitation.

Précipitant, sm. Ce qui opère la précipitation.

Précipitation, sf. Extrême vitesse, grande hâte, fig., trop d'empressement, de vivacité; chim., chute, dégagement des parties grossières d'une dissolution.

*****Imprécipitamment**, adv. Sans précipitation.

Prince, sm. propr. Premier chef, qui possède une principauté, une souveraineté, souverain qui commande dans le lieu dont on parle; fig., le premier, le plus excellent. (Du lat. *princeps*, de *primus*, premier, et *cap*, employé dans plusieurs circonstances, au lieu de *caput*, tête. Nomme, individu, chef. Dans son origine, le mot *prince* désignait un homme illustre, le principal d'un état, un seigneur très vaillant; on dit que *principes* étaient ceux qui combattaient au premier rang avec l'épée. Ce n'est que plus tard que les hastas devinrent le premier corps de la légion. On appelait *principia castrorum* l'endroit où était la tente du général; celles des tribuns militaires et des premiers officiers.)

Princeps, adj. Se dit de la première édition d'un auteur ancien.

Princerie, sf. Dignité de princier, de primicier.

Princesse, sf. Fille ou femme de prince; femme souveraine d'un état. *À la fam ou à la princesse*, femme d'une classe inférieure et d'une conduite équivoque.

Princière, e, adj. Appartenant à prince.

Princier, sm. Primicier.

*****Princillon**, sm. iron. et dénigr. Petit prince qui est pauvre, ou dont les états sont peu étendus.

Principal, e, adj. Qui est le premier, le plus considérable, le plus remarquable en son genre.

Principal, sm. Ce qu'il y a de plus important, de plus considérable; première demande, fond d'une affaire, d'une contestation; celui qui dirige un collège.

*****Principalat**, sm. Fonction de principal.

Principalement, adv. Surtout, particulièrement. **Principalité**, sf. vi. Emploi d'un principal de collège.

*****Principat**, sm. Dignité de prince, en général; titre d'un pays.

Principauté, sf. Dignité de prince; terre, seigneurie qui donne la qualité de prince.

Principautés, sf. pl. Les neuf chœurs des anges.

Principe, sm. Commencement, première cause, source, origine; phys., ce qui constitue, ce qui compose les choses matérielles; chim., corps simple ou indécomposé; philos., vérité première, évidente, qui peut être connue par la raison, point de départ d'une science quelconque; maxime, motif, règle de conduite. (Lat. *principium*, r. *primus* premier, *caput*, tête, chef, cime; sommet; source, origine, cause.)

*****Principe**, sm. Dans la logique de Kant, se dit d'un jugement à priori immédiatement certain.

*****Principe**, sm. jou., par pléonasme, Premier principe, psych. Fait inexplicable au delà duquel on ne peut remonter.

*****Principe**, sm. log. La prémisse, suivant les jugements renfermés dans tout raisonnement.

*****Principe**, sm. métaph. Le point de départ de la chose; ce par quoi chaque chose se fait le mieux; la partie essentielle et première d'où provient une chose; ce en vertu de quoi commence le mouvement ou le changement; l'être selon la volonté duquel se meut ce qui se meut, et change ce qui change; art ce qui a donné la première connaissance d'une chose: Aristote. **Principes**, sm. pl. Bons principes de morale, de religion.

*****Principes**, sm. pl. log. Termes indémontrables; le point de départ, ce par quoi il faut commencer pour arriver au but; ce dont les choses naissent; ce qui commence le mouvement et le changement; ce à quoi l'on tend de préférence; ce qui fait de mieux connaître; le primitif: Aristote.

*****Principicule**, sm. Prince naissant; jeune prince encore au berceau.

Principion, sm. iron. Petit prince, peu riche, sans pouvoir.

*****Archiprince**, sm. hist. Nom donné aux états de l'empire d'Allemagne.

Sinciput, sm. anat. Sommet de la tête. (L. *sinciput*, moitié de la tête; *semi*, demi, *caput*.)

Sincipital, e, adj. anat. Du sinciput.

Triceps, adj. s. m. Muscle divisé en trois faisceaux charnus.

Céphalique, adj. méd. Qui appartient à la tête; propre à soulager les maux de tête. (Gr. *kephalikos*, de *kephalê*, tête, mot identique à *caput*.)

Céphalalgie, sf. méd. Douleur de tête.

Acéphale, adj. Qui n'a point de tête, qui est sans point de chef. (Gr. *a* priv. *kephalê*.)

Autocéphale, sm. Évêque qui n'est pas soumis à la juridiction du patriarche. (Gr. *autos*, soi-même.)

Encéphale, adj. méd. Se dit des vers qui s'engendrent dans la tête. (Gr. *en*, dans.)

Encéphale, sm. L'organe qui est contenu dans la cavité du crâne, et dans le canal vertébral.

Encéphalique, adj. Qui a rapport, qui appartient à l'encéphale.

*Céphalacanthe, adj. hn. A tête épineuse. (Gr. *akantha*, épine.)

*Céphalacanthe, sm. Genre de poissons.

*Céphalacène, adj.hn. A tête chargée d'épines. *Céphalagraphie, sf. Description de la tête. *Céphalagre, sf. méd. Goutte dans la tête.

*Céphalaire, adj. Gros comme la tête d'un homme.

*Céphalalgique, adj. De la céphalalgie.

*Céphalalogie, sf. Description de la tête.

*Céphalalogique, adj. De la céphalalogie.

*Céphalanthe, adj. b. A fleurs réunies en tête.

*Céphalanthe, sm. Arbrisseau d'Amérique.

*Céphalanthé, e, adj. bot. Qui ressemble à un céphalante. (G. *anthos*, fleurs.)

*Céphalanthées, sf.pl. Famille de plantes.

*Céphalanthère, sf. Genre de plantes orchidées. Céphalartique, adj. et sm. méd. Propre à combattre le mal de tête.

*Céphalatomie, sf. Dissection de la tête.

*Céphalatomique, adj. De la céphalatomie.

*Céphalé, e, adj. hn. Pourvu d'une tête.

*Céphalée, sf. méd. Mal de tête chronique.

*Céphaléie, sf. Genre d'insectes hyménoptères. *Céphalémyde, adj.hn. Semblable à une mouche munie d'une grosse tête. *Céphalomydes, sm.pl. Fam. d'insectes diptères.

*Céphalémye, sf. Genre d'insectes diptères.

*Céphaléode, adj.hn. Qui marche à l'aide de tentacules fixés sur la tête.

*Céphalidien, ienne, adj. A petite tête.

*Céphalite, sf. méd. Inflammation du cerveau.

*Céphalobranche, adj. A branchies près de la tête. *Céphalobranches, sm.pl. Fam. de mollusques.

*Céphalocles, sm.pl. Genre de crustacés.

*Céphalode, sm. bot. Mode de fructification de certains lichens.

*Céphalodial, e, adj. bot. Se dit de la fructification de certains lichens.

*Céphalodien, ienne, adj. Muni de céphalodes. *Céphalodère, sm. hn. Réunion du cou et de la tête.

*Céphalogénésie, sf. Histoire du développement de la tête.

*Céphaloïde, adj.hn. Qui a l'apparence d'une tête. *Céphalomètre, sm. méd. Instrument pour mesurer la tête du fœtus.

*Céphalométrie, sf. méd. Mesure de la tête.

*Céphalomancie, sf. Divination avec la tête d'un âne. *Céphalomancien, ienne, adj. et s. Qui pratique la céphalomancie; qui concerne la céphalomancie.

*Céphalonose, sm. méd. Sorte de fièvre ou de typhus.

*Céphalope, sm. Genre d'insectes diptères.

*Céphalopholis, sm. Genre de poissons.

*Céphalophragme, sm. Cloison qui sépare en deux la tête des insectes. (G. *phragma*, cloison.)

*Céphalophyme, sm. méd. Tumeur à la tête.

*Céphalopède, adj.hn. Qui a les pieds ou les organes moteurs sur la tête. (G. *pous*, pied.)

*Céphalopodes, sm.pl. Fam. de mollusques.

*Céphaloponie, sf. méd. Mal de tête.

*Céphaloptère, adj.hn. A tête ailée.

*Céphaloptère, sm. Genre d'oiseaux; genre de poissons. (G. *ptéron*, aile.)

*Céphalopyose, sf. chir. Abcès dans la tête.

*Céphaloscopie, sf. Examen de la tête pour en déduire l'état des facultés intellectuelles.

*Céphaloscopique, adj. Qui concerne la céphaloscopie.

*Céphalosome, adj.hn. Dont le corps est gros en avant et la tête volumineuse. (G. *sôma*, corps.)

*Céphalosomes, sm.pl. Genre de poissons.

*Céphalostome, adj.hn. Dont la bouche est supportée par une tête. (G. *stoma*, bouche.)

*Céphalostomes, sm.pl. Fam. d'arachnides.

*Céphalote, adj.hn. Qui a une grosse tête.

*Céphalote, sm. Genre de chauves-souris; genre d'insectes coléoptères; plante de la N.-Holl.

*Céphalotes, sm.pl. Famille de poissons.

*Céphalothorax, sm.hn. Réunion de la tête et de la poitrine. *Céphalotomie, sf. Dissection de la tête.

*Céphalotribe, sm. chir. Instrument à broyer la tête de l'enfant mort. (Gr. *tribô*, je broie.)

*Céphalotrichion, sm. Genre de champignons. *Céphalotrichin, ine, adj. bot. Semblable à un céphalotrichion. (G. *thrix*, cheveu.)

*Céphalotrichins, sm.pl. Famille de champignons.

*Céphalotriptie, sf. chir. Broiement de la tête d'un enfant mort dans la matrice.

*Céphalotriptique, adj. chir. Qui concerne la céphalotriptie.

*Céphaloxe, sf. Sorte de jonc de la Caroline.

*Céphaloxie, sf. méd. Renversement de la tête sur l'épaule.

*Acanthocéphale, adj. hn. Se dit des animaux dont la tête est armée d'aiguillons.

*Acéphalé, e, adj. Qui n'a pas de tête.

*Acéphalie, sf. anat. Absence totale de la tête.

*Acéphalobrache, adj. anat. Qui n'a ni tête ni bras. *Acéphalobrachie, sf. anat. Etat d'un fœtus privé de tête et de bras.

*Acéphalocarde, adj. anat. Qui n'a ni tête ni cœur. *Acéphalocardie, sf. Etat d'un fœtus acéphalocarde.

*Acéphalochire, adj. anat. Qui n'a ni tête ni mains. *Acéphalocyste, sm. Ver intestinal, genre d'hydatides.

*Acéphalogastre, adj. anat. Qui n'a ni tête ni ventre. *Acéphalogastrie, sf. anat. Etat d'un fœtus acéphalogastre.

*Acéphalophore, adj. hn. Se dit d'animaux sans vertèbres dont la tête n'est point distincte du corps. *Acéphalophores, sm. pl. Classe de mollusques.

*Acéphalopode, adj. anat. Qui n'a ni tête ni pieds. *Acéphalopodie, sf. Etat d'un fœtus acéphalopode.

*Acéphalothore, adj. anat. Qui n'a ni tête ni poitrine. *Acéphalothoracie, sf. Etat d'un fœtus acéphalothore.

*Ægocéphale, adj.hn. Dont la tête ressemble à celle d'une chèvre. (G. *aix*, chèvre; *képhalé*, tête.)

*Ænéocéphale, adj. hn. A tête de couleur bronzée. *Amphicéphale, adj. hn. Qui a deux têtes opposées.

*Anacéphaléose, sf. Récapitulation des principaux chefs d'un discours. (G. *ana*, de rechef.)

*Anisocéphale, adj.hn. A fleurs disposées en têtes fort inégales. (G. *a* priv.; *isos*, égal.)

*Anomocéphale, adj. et sm. hn. Dont la tête présente accidentellement quelque difformité.

*Apodocéphale, adj. bot. A fleurs réunies en têtes et sessiles. (G. *a* priv.; *pous*, pied.)

*Aporocéphale, adj. hn. Dont la tête est peu distincte du corps. (G. *aporos*, indécis.)

*Argyrocéphale, adj.hn. A tête d'un blanc argenté. *Atrocéphale, adj.hn. A tête noire.

*Auricéphale, adj.hn. A tête de couleur d'or.

*Aurocéphale, adj. A tête d'un jaune doré.

*Batrochocéphale, adj.hn. A tête de grenouille. *Bicéphale, adj. A deux têtes.

***Brachycéphale**, sm. Genre de reptiles batraciens.

***Calocéphale**, adj. hn. Qui a une belle tête.

***Chétocéphale**, adj. A tête chevelue ou velue.

***Chirocéphale**, sm. Genre de crustacés.

***Chlorocéphale**, adj. hn. A tête jaune.

***Cinarocéphale**, adj. bot. Qui a des fleurs en tête semblables à celles de l'artichaut. (G. *kinara*, artichaut!) ***Cinarocéphalos**, sf. pl. Famille de plantes à fleurs composées.

***Cirrhocéphale**, adj. hn. Qui a la tête rousse.

***Crassocéphale**, sm. Genre de plantes à fleurs composées.

***Criocéphale**, adj. ant. et hn. A tête de bélier.

***Cryptocéphale**, adj. hn. A tête cachée.

***Dicéphale**, adj. hn. A deux têtes ou deux sommets. ***Encéphalgie**, sf. méd. Douleur dans le cerveau. **Encéphale**, adj. et s. Qui est dans la tête.

***Encéphalgique**, adj. Qui a rapport à l'encéphalgie. ***Encéphalhelcose**, sf. méd. Ulcération du cerveau. *Ehcephalique*, adj. De l'encéphale.

***Encéphalite**, sf. méd. Maladie de l'encéphale.

***Encéphalite**, sf. Inflammation de l'encéphale. **Encéphalithe**, sf. Pierre imitant un cerveau.

***Encéphalitique**, adj. Qui concerne l'encéphalite.

***Encéphalocèle**, sf. Hernie du cerveau.

***Encéphalocélique**, adj. De l'encéphalocèle. ***Encéphalodialyse**, sf. Dissolution du cerveau.

***Encéphalodialytique**, adj. De l'encéphalodialyse. ***Encéphaloïde**, adj. Qui a l'apparence de l'encéphale.

***Encéphaloïde**, sm. méd. Matière qui se forme à la place des tissus frappés de cancer.

***Encéphaloïde**, sm. Espèce de madrépore fossile. ***Encéphalolithe**, sm. méd. Concrétion cérébrale.

***Encéphalologie**, sf. Traité de l'encéphale.

***Encéphalopathie**, sf. Maladie du cerveau.

***Encéphalopathique**, adj. Qui concerne l'encéphalopathie.

***Encéphalophyme**, sf. Tumeur dans le cerveau. ***Encéphaloscopie**, sf. Etude de la structure du cerveau.

***Encéphalotisme**, sm. Contorsion cérébrale.

***Encéphalotomie**, sf. Dissection du cerveau.

***Encéphalotomique**, adj. Qui concerne l'encéphalotomie.

***Encéphalozoaire**, adj. et sm. Animal pourvu d'un cerveau.

***Endocéphale**, adj. hn. Sans tête apparente au dehors. ***Endocéphales**, sm. pl. Famille de mollusques.

***Entocéphale**, sm. hn. Une des pièces de la tête des insectes hexapodes.

***Gilvocéphale**, adj. hn. Qui a la tête grise.

***Glœocéphale**, adj. bot. Qui a la tête visqueuse.

***Lasiocéphale**, adj. bot. A fleurs disposées en têtes et entourées de poils. (G. *lasios*, velu.)

***Leucocéphale**, adj. hn. A tête blanche.

***Leucocéphale**, adj. bot. A fleurs blanches réunies en capitules. (G. *leukos*, blanc.)

***Lutéocéphale**, adj. hn. Qui a la tête jaune.

***Macrocéphale**, adj. hn. A grosse tête.

***Macrocéphalie**, sf. méd. Développement excessif du cerveau.

***Mésocéphale**, sm. Moelle qui est au milieu du cerveau.

***Mésocéphalique**, adj. Du mésocéphale.

***Microcéphalite**, sf. Inflammation du mésocéphale.

***Microcéphale**, adj. hn. A petite tête.

***Microcéphale**, adj. bot. A fleurs réunies en petites capitules. (G. *mikros*, petit.)

***Onocéphale**, adj. A tête d'âne.

***Oxycéphale**, adj. hn. A tête terminée en pointe.

***Procéphale**, adj. hn. A tête distincte.

***Spodocéphale**, adj. A tête grise cendrée.

***Polycéphale**, adj. Qui a plusieurs têtes.

***Tricéphale**, adj. A trois têtes ou sommets.

***Trigonocéphale**, adj. hn. A tête trigone.

D'où les pr. *Capito, Capitanus, Cephalion, Acéphales, Caque, Cabin, Cabanel, Cabuchet, Catuchon, Capelin, Capitaine, Cybèle, Capperonier, Capuron, Chabot, Chape, Chapelier, Chapier, Chapelle, Lacépède, Chapelain, Chaperon*, etc. Ces derniers noms sont cités par Roquefort.

CAPRIER, sm. Arbrisseau qui porte les câpres. [Du lat. *capparis*, du gr. *kapparis*, câprier, câpre. Gesenius rattache ce mot au lat. *caper*, bouc, *capra*, chèvre. 2° Quelques-uns croient qu'il a été fait de *Cypris*, un des noms de la déesse des amours, Vénus, parce que les baies du câprier étaient réputées pour exciter à l'amour. Ce qui favoriserait cette étym., c'est qu'en héb. *kapar*, signifia d'abord désir, convoitise, concupiscence, ensuite baie de câprier. Plusieurs lexicographes pensent que le nom héb. a été tiré de celui de l'île de *Chypre*, parce que, dit Constancio, cet arbuste fut toujours abondant dans cette île. En ar. *keber*, câpre; en all. *kapperban*; turc *kebière*, *guébère*, câpre; mal. *kawas*; al. *kapper*, valaq. *kapere*, câpre; it. *cappari*, esp. *alcaparras*, câpres; pers. *alcapa*, *alcapar*, *alcapareira*, câprier.]

***Câpre**, sf. Se dit des boutons du câprier qu'on confit dans le vinaigre.

***Capparidé**, e, adj. bot. Ressemblant au câprier.

***Capparidées**, sf. pl. Famille de plantes.

CAPTER, va. Attirer, gagner quelqu'un, chercher à obtenir par voie d'insinuation, surprendre astucieusement la confiance d'une personne, la séduire. [Du lat. *captare*, chercher à prendre, de saisir, de *capere*, prendre, se saisir de, faire prisonnier. On a attribué diverses étym. au lat. *capere*. 1° M. Chavée le fait dériver du sansc. *kap*, ou *kub*, ar. *kabar*, être courbé, cave; 2° M. Eikhoff, du sansc. *kup*, ou *kub*, étendre, couvrir; 3° M. Bopp, du sansc. *ap*, atteindre, saisir, ou un lieu paraissent avec *ku*, préfixe augmentatif; du sansc. *kup*, prendre, saisir; 5° du sansc. *kiu*, prendre, saisir; 6° un autre indianiste le tire du sansc. *hval*, prendre, saisir; 7° prenant syriaq. *kup*, creux de la main; 8° puis. *al*, soupirer, *happer* 9° un hébraïsant, de l'héb. *gav*, bosse, éminence; 10° un autre lexicographe, il a courbé, il a fléchi; 11° Buttmann du lat. *happer*; 12° puis, du gall. *cephu*, *cyrchu*; ôter, enlever, prendre; 13° Le Trip, le rattache au gr. *kapto*, au boh. *chopim*, au samoyède *chopium*, au tonquinois *kap*, je prends, je saisis; hol. *capio* ne paraît pas étranger à l'héb. *chab*, *chabab*, il a saisi avec la main; à l'ar. *qavi*, *quip*, *gabiz*, qui enlève, empoigne, qui ravit, au turc *gap m*, qui enlève, qui ravit. En all. *capere*, *catal. mb*, *m*, porter; esp. *tal*, des *lomb*, *cape*, contenir; gr. *kopê*, poignée, manche, garde d'une épée lith. *cxápti*, prendre, saisir; gall. *cipiaw*, arracher, *cipiad*, action de ravir; gaël écoss. *caap*, *ceapain, gabh*, attraper, retenir, gaël. irl. *cabain*, *gabhain*, id.] *Capté, e*, part.

Captateur, sm. jurispr. Celui qui surprend, par ruse, par adresse, un testament, une donation, un legs. **Captation**, sf. jurispr. Action de capter.

Captatoire, adj. Obtenu par captation.

*__Capteur__, adj. et sm. mar. Se dit d'un navire qui a fait une prise. *Captureur*, id.

Captieux, euse, adj. Qui tend à surprendre, à tromper, qui jette sur qqn une espèce de charme, pour obtenir un consentement ou un suffrage.

Captieusement, adv. D'une manière captieuse.

Captif, ive, adj. et s. Qui vient d'être pris; esclave pris à la guerre; esclave des Mahométans; prisonnier; fig., contraint, assujetti. (Lat. *captivus*.)

Captiver, va. Rendre captif; assujettir; se rendre maître des pensées, des sentiments d'un individu, par un charme secret ou reconnu, mais irrésistible. *Captivé, e*, part.

*__Captiverie__, sf. Prison des Nègres.

Captivité, sf. Détention en prison; esclavage; fig., grande sujétion.

Capture, sf. Prise au corps, arrestation d'un débiteur ou d'un criminel; ce qu'on prend sur l'ennemi; prise de navire marchand; le navire pris; saisie de marchandises prohibées.

Capturer, va. Faire une capture. *Capturé, e*, p.

Capable, adj. propr. Qui peut saisir, tenir, contenir; par ext., qui a les qualités requises pour qq. chose; qui a de l'aptitude, des dispositions à qq. chose, soit en bien, soit en mal; qui a l'âge compétent pour une charge, un bénéfice; de qui l'on peut se promettre qq. chose, relativement à ses vertus, à ses talents; habile, intelligent; qui a la capacité; qui peut produire tel ou tel effet, amener tel ou tel résultat, en parl. des choses. (Cet adjectif est de la même racine que le lat. *capax*, capable, *capere*, prendre, saisir, d'où *suscipere*, et le fr. susceptible. Il ne vient pas du lat. *caput*, tête.)

Incapable, adj. Qui n'est pas capable, qui n'est pas en état de faire une chose; qui n'a pas la capacité, le talent, l'aptitude nécessaires pour certaines choses; dont l'impossibilité de faire une chose provient du caractère, des principes ou de l'organisation.

Incapable, adj. et s. Celui que la loi prive de certains droits, ou qu'elle exclut de certaines fonctions.

Capacité, sf. Largeur et profondeur, étendue d'une chose qui contient, qui peut contenir; habileté, aptitude; jurispr., faculté de contracter, de disposer, de donner, ou de recevoir, soit par actes entre vifs, soit par testament. (Lat. *capacitas*; r. *capio*.)

Incapacité, sf. Défaut, manque de capacité.

Câpre, sm. mar. Sorte de vaisseau corsaire; matelot qui allait en course sans solde. (Selon M. Diez, du néerl. *kaper*, câpre, fait du v. *kapen*, voler, dérober, mots de la même famille que le lat. *capere*, prendre, se saisir de, s'emparer de; all. *capern*, prendre un vaisseau en faisant la course.)

Chétif, ive, adj. Faible, de peu de valeur, qui inspire le mépris ou la pitié; vil, méprisable; mauvais dans son genre. (Du lat. *captivus*, parce que *chétif* signifiait anciennement captif, selon Ménage, Caseneuve, Le Duchat. Gébelin t. V. p. 223, suit exactement cette étym.; mais dans son IXe vol. p. 1016, il rapporte *chétif* et le gr. *chatéô, chatizô* être dans le besoin, au colt. *catt*, petit. Après lui néanmoins, Gatt, Noël, Carp., Jauffret, Roq., etc.,

ont préféré la première dérivation, qui est confirmée par M. Ampère; il dit : « Le mot anglo-norm. *caitif* montre qu'à l'époque de la conquête d'Angleterre on n'articulait plus le p de *captivus*, d'où est dérivé *caitif*, qui a pris en angl. le sens général de mauvais, un peu comme le *cat'ivo* italien. Scheler dit : « De l'idée captif se déduisit naturellement, comme signification accessoire, celle de malheureux, misérable; c'est la seule qui soit restée à la forme *chétif*. Depuis on a repris le *p* en rendant au mot *captif* la signification de *captus* lat. » Lang. des Troub. *captiu, caitiu*, captif, prisonnier, *caitivet*, chétif. Lang. des Trouv., *chaitif, chaitis*, chaitive, captif, malheureux, malheureuse. Anc. fr. *caiptif, caitif, chaitif, chaitis, chétif*, captif, misérable, prisonnier de guerre; et *quetif*, captif.)

Chétivement, adv. D'une manière chétive.

*__Chétiveté__, sf. Qualité, état de ce qui est chétif.

Accaparer, va. Acheter une quantité considérable d'une denrée, pour la rendre plus chère en la rendant plus rare. (1° De l'it. *caparra*, arrhes, qu'el'on forme du lat. *capere*, prendre, ou du lat. *ad*, à, et *capere*, prendre : mot à mot, prendre tout à soi; ou du lat. *accipere*, recevoir, prendre, selon Roq. 2° Du lat. *ad parare*, acquérir; préparer à, selon Gattel.) *Accaparé, e*, p.

Accaparement, sm. Action d'accaparer; le résultat.

Accapareur, euse, s. Qui accapare. Mahomet dit que les accapareurs, les monopoleurs, *mouhtekir*, sont les plus grands fléaux d'un pays; aussi les accable-t-il d'anathèmes, et les classe-t-il parmi les meurtriers des prophètes. Ceux qui accaparent par cupidité et ceux qui accaparent pour amener des révolutions s'ignorent pas l'énormité de leur crime, ni le châtiment terrible qu'ils auraient à subir, si malheureusement ils étaient livrés à la justice populaire.

Accepter, va. Recevoir, agréer ce qui est offert, consentir à ce qu'on vous propose. (Lat. *acceptare*; r. *ad*, à, vers, et *capere*, prendre, saisir.)

Accepter, vn. Adhérer à. *Accepté, e*, p.

Acceptable, adj. Qui peut, qui doit être accepté. **Acceptation**, sf. Action d'accepter.

Accepteur, sm. comm. Celui qui accepte.

Acception, sf. Egard, préférence; gramm., signification d'un mot; application d'un même mot à des choses différentes, mais auxquelles notre esprit trouve un point de conformité.

*__Acceptant, e__, adj. Qui accepte ce qu'on a fait en sa faveur. *__Acceptation__, sf. h. eccl. Action d'accepter les constitutions des Papes, acte par lequel on les accepte.

*__Acceptilation__, sf. anc. jurisp. Paiement imaginaire qui s'opérait par la prononciation solennelle de certaines paroles combinées avec l'obligation contractée.

*__Acception__, sf. méd. Tout ce qui est reçu dans le corps, soit par la peau, soit par le canal intestinal.

Inacceptable, adj. Qu'on ne doit pas ou qu'on ne peut pas accepter.

*__Inaccepté, e__, adj. Qui n'a pas été accepté.

Acheter, va. Acquérir une chose à prix d'argent; fig.; obtenir une chose avec peine et difficulté. (Raynouard lie les verbes rom. *acaptar, acatar*, obtenir, solliciter, mendier, acheter, au v. lat. du moyen-âge *accaptare* qui a été employé dans les diverses significations d'acheter, prendre, accepter, etc. Denina dit que la b.l. n'ayant pu retenir le v. *emo, emere*, on l'a remplacé par *comparare*, et par *captare* dont, avec la préposition *ad*, on a fait *accattare* et *acheter*. Diez dit aussi que *acheter* vient de *ad* et *captare*. Constancio le forme d'*acceptare*, fréq. d'*accipere*. Tout cela revient au même. Mais *accepter* ne vient pas de l'all., ni de l'ar., ni du celt. Le v. berb. *aough*, acheter, signifie proprement saisir, prendre. L.b. *accaptare*, acheter ; port, *aceitar*, recevo:r; anc. fr. *achapter*, *achater*, *acater*, acheter. Pic. *racater*, rouchi, *acater*, acheter.] *Acheté*, *e*, p. **Achat**, sm. Emplette, acquisition faite à prix d'argent; la chose achetée.

Acheteur, sm. Celui qui achète.

*****Achetteresse**, sf. Celle qui achète.

Acabit, sm. Qualité d'une denrée que l'on veut acheter : Roq.; qualité bonne ou mauvaise de certaines choses. (Du vieux mot latin *acapitum* ou *accapitum*, achat, dérivé d'*acaptare* ou *accaptare*, d'après Honnorat, Galt., Roq. etc. Mén. rapporte les mots *acabit*, *acheter*, *accapitum*, *acaptare*, au lat. *ad caput*, ce qui est fort peu vraisemblable.)

*****Inacheté, e**. adj. Qui n'a point été acheté.

Racheter, va. Acheter ce qu'on a vendu; acheter des choses de même espèce que celles qu'on a vendues; délivrer à prix d'argent un captif, un prisonnier; délivrer; compenser, balancer; faire pardonner. *Racheter une rente*, se libérer, se décharger d'une rente. *Racheté*, *e*, p.

Rachat, sm. Action de racheter.

Rachetable, adj. Qu'on a droit de racheter.

Irrachetable, adj. Qu'on ne peut racheter.

*****Irracheté, e**, adj. Qui n'a pas été racheté.

Suracheter, va. Acheter une chose, plus qu'elle ne vaut. *Surachetè*, *e*, p.

*****Surachat**, sm. Remise que l'on faisait aux particuliers qui vendaient des métaux à la Monnaie.

Anticiper, va. Prévenir, devancer. (Lat. *anticipare*, prendre d'avance, prendre devant, anticiper; r. *ante*. devant, avant. et *capere*, prendre; et non de *caput*, tête.) *Anticipé*, *e*, p.

Anticiper sur, vn. Usurper; empiéter.

*****Anticipatif, ive**, adj. Qui anticipe.

Anticipation, sf. Action d'anticiper ; action de dépenser un revenu avant qu'il soit échu; réfutation anticipée.

*****Anticipation**, sf. rhét. Figure appelée aussi prolepse; philos., conclusion générale anticipée, c-à-d. fondée sur un trop petit nombre de faits particuliers; mus., accord d'une note qu'on entend avant le temps.

*****Biscapit**, sm. anc. législ. Double emploi dans un compte. (L. *bis*, deux fois, *capit*, il prend.)

Concevoir, va, Devenir enceinte; se dit aussi des femelles des animaux; fig., entendre bien une chose ; comprendre, créer, inventer, imaginer, en parlant de l'esprit. (Lat. *concipere*, concevoir ; r. *cum*, avec, *capere*, prendre, saisir.) *Conçu*, *e*, p.

Concevable, adj. Qu'on peut concevoir.

Concept, sm. Idée, simple vue de l'esprit.

*****Conceptacle**, sm. bot. Réceptacle des organes reproducteurs des végétaux cryptogames.

Conceptaculaire, adj. bot. Qui a le caractère d'un conceptacle.

*****Conceptaculifère**, adj. Qui porte des conceptacles.

*****Conceptible**, adj. Propre à être conçu.

*****Conceptibilité**, sf. Aptitude à se faire concevoir.

Conception, sf. Action par laquelle l'enfant est conçu dans le sein de la mère; fête de la conception de la Sainte Vierge; fig., faculté de comprendre; pensée, idée que l'esprit se forme sur un sujet.

*****Conception**, sf. psych. Faculté de concevoir ou de se représenter un objet non actuellement soumis à notre expérience; faculté de se représenter un objet absent; opération, produit de cette faculté; philos. écoss., simple appréhension d'un objet par l'intelligence.

*****Conceptionnaire**, s. Partisan de l'immaculée conception.

*****Conceptiste**, sm. Se dit des poètes espagnols qui enchérissaient sur l'école de Gongora, et qui n'admettaient en poésie que des figures inusitées.

*****Conceptualisme**, sm. Doctrine des philosophes qui pensent que l'idée générale est moins qu'un être, mais plus qu'un nom, et que c'est une conception de l'esprit. Le conceptualisme fut une sorte de conciliation entre le nominalisme et le réalisme; entre la théorie des nominaux et celle des réalistes; il considéra les universaux comme des formes de l'esprit.

*****Conceptualiste**, adj. et s. Qui appartient au conceptualisme; partisan du conceptualisme.

Inconcevable, adj. Qui ne peut être conçu, imaginé, qu'on ne peut concevoir, dont on ne peut se faire une idée.

*****Inconcevablement**, adv. D'une manière inconcevable.

*****Inconçu, e**, adj. Qui n'a pas été conçu.

*****Préconcevoir**, va. Philos. Concevoir d'abord, sans examen. **Préconçu**, *e*. p.

Décevoir, va. Séduire, abuser, tromper par des apparences spécieuses, engageantes; engager dans l'erreur ou le faux par des moyens séduisants ou spécieux. (Lat. *decipere*, tromper, attraper; r. *de* et *capere*; v=p.) *Déçu*, *e*, p.

Décevable, adj. Facile à tromper.

Décevant, e, adj. Qui trompe, qui abuse.

*****Décepteur**, sm. Trompeur.

*****Déceptif, ive**, adj. Propre à tromper.

Déception, sf. Tromperie, fausse attente.

*****Indécevant, e**, adj. Non susceptible de décevoir.

*****Indéçu, e**, adj. Qui n'a pas été déçu.

Duper, va. Tromper; faire donner dans le faux par laâbileté. (Du vi. fr. *deiper*, altéré du lat. *decipere*, tromper, duper, selon Géb., Honnorat, Gatt., Roq., Boiste, etc. 2º Du fr. *hupe*, en lat. *upupa*, oiseau sot et niais, appelé en plusieurs lieux *dupe*, selon Trév., Noël et Carp. Ils auraient pu citer le mot *dudpe*, synonyme de *huppe*, selon Rabelais. 3º D'après Frisch, on pourrait rapprocher le fr. *dupe*, *duper*, du Souabe *düppel*, imbécile. En 4re étym. paraît plus naturelle et plus exacte. « Le mot *dupe* vient du jeu de cartes oublié auj. et appelé *dupe*, fait du l. *decipere*, tromper, duper, et non de *hupe*, oiseau : Th. Tr. De *decipere* les anciens Lat. firent *decipula*, trébuchet, piège. En prov. *dupar*, pat. de Castr, et pat. de l'Est *dupa*, duper.) *Dupé*, *e*, p.

Dupe, sf. Sorte de jeu de cartes ; s. et adj. Personne trompée, jouée, ou qui est facile à tromper.

Duperie, sf. Tromperie, fourberie.

Dupeur, sm. Trompeur.

*****Disceptation**, sf. Choix, examen, discussion. (Lat. *disceptatio*, débat, dispute, de *disceptare*; r. *dis*, et *captare*, prendre, tâcher de prendre, fréq. de *capere*; et non du gr. *skeptomai*, peser. De là l'anc. fr. *discepter*, discuter, débattre, plaider.)

Excepter, va. Ne pas comprendre dans un nombre, dans une règle, dans un choix; ne pas désigner pour être compris dans. (L. *exceptare*, fréq. de *excipere*, recevoir, prendre; exclure, excepter; r. *ex*, de, hors de, *capere*, prendre.) *Excepté*, *e*, p.

Excepté, prép. Hors, hormis.

*****Excepteur**, sm. ant. rom. Greffier; anc. prat. greffier, scribe, clerc, notaire, secrétaire.

Exception, sf. Action d'excepter; ce qui doit être, ce qui est excepté; ce qui n'est pas soumis à la règle ; jurispr., fin de non-recevoir qu'on apporte pour se défendre d'une demande, pour n'y pas répondre.

A l'exception de, loc. prép. Excepté, hormis. **Exceptionnel, elle,** adj. Relatif à une exception.

*****Inexcepté, e,** adj. Qui n'a pas été excepté.

*****Exceptionnellement,** adv. D'une manière exceptionnelle.

Exciper, vn. Alléguer une exception en justice. (L. *excipere;* r. *ex, capere.*) *Excipé,* p.

Excipient, sm. Substance servant de base aux médicaments. (L. *excipiens,* recevant.)

*****Excipiendaire,** adj. pharm. Se dit des médicaments qui ont des excipients.

*****Excipule,** sf. Petit excipient ou réservoir; petite coupe. (Lat. *excipulum,* vase pour recevoir.)

*****Excipuliforme,** adj. En forme d'excipule.

Forceps, sm. chir. Grande et large tenette pour les accouchements laborieux. (Lat. *forceps,* tenailles, pincettes; r. *ferrum,* et *capio,* ou *ferveo* et *capio.* Le *forceps* fut inventé en 1651 par Palfin de Courtray.)

*****Forceps,** sm. ant. rom. Ordre de bataille d'une armée ou d'une flotte, ayant la forme d'un croissant, et présentant à l'ennemi le côté concave.

Intercepter, va. S'emparer par surprise de ce qui est adressé à quelqu'un; arrêter, interrompre. (Lat. *intercipere;* r. *inter,* entre, *capere,* prendre.) *Intercepté, e,* p.

Interception, sf. Interruption.

*****Interceptation,** sf. Action d'intercepter.

Occuper, va. Tenir, remplir un espace de lieu ou de temps; habiter; s'emparer de, se rendre maître de, demeurer maître de; jurisp., s'emparer, se saisir de; donner de l'occupation à, employer; fig., remplir, posséder, tenir. (L. *occupare;* r. *ob,* devant, *capere,* prendre, saisir, tenir.) *Occupé, e,* p. et adj.

S'occuper de, va. pr. Penser à.

S'occuper à, va. pr. Travailler à.

Occuper, vn. Se dit d'un avoué qui est chargé d'une affaire en justice.

Occupant, e, adj. et s. Qui occupe, qui est en possession.

*****Antéoccupation** et *****Occupation,** sf. rhét. Prolepse, figure par laquelle on prévient et réfute d'avance les objections de l'adversaire.

*****Se Désoccuper,** va. pr. Cesser de s'occuper.

*****Désoccupé, e,** p.; adj. Qui n'a point d'occupation, qui n'a rien à faire, qui a du loisir. (Nous devons ce mot aux écrivains de Port-Royal.)

Désoccupation, sf. Etat d'une personne désoccupée.

*****Inoccupation,** sf. Etat d'une personne, d'une chose inoccupée. *Inoccupé, e,* adj. Sans occupation.

Préoccuper, va. Occuper fortement l'esprit; prévenir l'esprit contre, donner une mauvaise opinion. (L. *Præ,* et *occupare,* d'*occipere;* r. *ob, capere.*) *Préoccupé, e,* p.

Préoccupation, sf. Disposition de l'esprit qui résulte d'une impression exclusive; prévention d'esprit, action d'occuper, de saisir l'esprit mal à propos. *****Préoccupation,** sf. rhét. Antéoccupation, prolepse.

*****Dépréoccuper,** va. Tirer d'une préoccupation, ôter la préoccupation. *****Dépréoccupé, e,** p.

*****Impréoccupé, e,** adj. Exempt de préoccupation. **Réoccuper,** va. Occuper de nouveau.

*****Réoccupé, e,** p.

*****Réoccupation,** sf. Action d'occuper de nouveau. **Percevoir,** va. Recevoir, recueillir; philos., recevoir la sensation occasionnée par les objets matériels; en concevoir l'idée. (L. *percipere;* r. *per,* et *capere.*) *Perçu, e,* p.

Percepteur, sm. Celui qui est préposé à la recette des impôts.

Perceptible, adj. Qui peut être perçu.

Perceptibilité, sf. Qualité de ce qui est perceptible. *****Perceptif, ive,** adj. philos. Qui concerne la perception.

Perception, sf. Recette, recouvrement; emploi de percepteur; philos., faculté de percevoir, faculté qui met l'âme en présence des réalités distinctes de la pensée qui s'y applique; connaissance immédiate, instinctive et irréfléchie d'un objet individuel, interne ou externe; faculté de se représenter un objet présent; opération, produit de cette faculté; faculté d'acquérir des idées, de se représenter les choses; idée.

Imperceptible, adj. Non perceptible.

Imperceptiblement, adv. D'une manière imperceptible. *****Imperceptibilité,** sf. Qualité de ce qui est imperceptible.

Apercevoir, va. Commencer à voir, ne pas voir un objet dans son entier, découvrir. (Pour *appercevoir, adpercevoir,* l. *ad, percipere;* r. *per, capere,* prendre, saisir.) *Aperçu, e,* p.

Apercevable, adj. Qui peut être aperçu.

Apercevance, sf. Faculté d'apercevoir.

*****Aperceptible,** adj. Qui peut être aperçu.

*****Aperceptibilité,** sf. Qualité de ce qui est aperceptible; faculté de percevoir les impressions.

*****Aperception,** sf. philos. Retour de l'âme sur elle-même pour connaître ses propres modifications: Leibnitz.

*****Aperception pure,** philos. Conscience primitive de nous-mêmes, qui précède toute pensée, se mêle à toute pensée, et peut se dégager absolument de tout élément sensible: Kant.

*****Monade aperceptive,** Monade qui a la faculté de se connaître elle-même et de connaître toutes ses modifications: Leibnitz.

Aperçu, sm. Première vue non approfondie d'une affaire; vue rapide jetée sur un objet; estimation au premier coup-d'œil; exposé sommaire.

Inapercevable, adj. Qui ne peut pas être aperçu.

Inaperçu, e, adj. Qui n'est point aperçu.

Précepte, sm. Règle, enseignement; leçon, commandement. (L. *præceptum,* précepte, *præcipere,* prendre d'avance; avoir un préciput; instruire, enseigner; ordonner; r. *præ,* devant, avant, *capere,* prendre.) **Précepteur,** sm. Celui qui est chargé de l'éducation d'un enfant, d'un jeune homme.

Précepteur, sm. h. eccl. Un des grands dignitaires des templiers; grand officier de l'ordre de Malte; s'est dit aussi des commandeurs de l'ordre du Saint-Esprit, résidant à Montpellier.

*****Préceptif, ive,** adj. philos. Qui contient des préceptes. **Préceptoral, e,** adj. Qui appartient au précepteur.

Préceptorat, sm. Etat, fonction de précepteur.

*****Préceptorerie,** sf. h. eccl. Charge, dignité de précepteur chez les templiers, et les chevaliers de Malte.

*****Préceptoriser,** va. et n. Traiter qqn comme le ferait un précepteur; faire le précepteur, le pédant. *****Préceptorisé, e,** p.

Préciput, sm. jurispr. Prélèvement avant le partage d'hérédité; don mutuel des époux au survivant. (L. *præcipio,* prendre d'avance; r. *præ, capio.*)

Recevoir, va. Prendre ce qu'on vous donne, ce qu'on vous envoie, ce qu'on vous présente, accepter; toucher ce qui est dû; éprouver, ressentir; retenir ce qui tombe de haut; tirer, emprunter, faire venir de; retenir; agréer, accepter; approuver; donner retraite chez soi; accueillir; admettre, se soumettre à, déférer à; installer dans une charge, dans une dignité. (L. *recipere*, recevoir; r. *re*, *capere*.) *Reçu, e*, p.

*__Recept__, sm. féod. Forteresse où l'on déposait des objets précieux, ou du butin.

*__Receit__, sm. Droit de gîte que le seigneur possédait. (On écrit aussi *recept, reret*.)

__Récépissé__, sm. Reçu de papiers; quittance.

__Réceptacle__, sm. Lieu où se rassemblent plusieurs choses, plusieurs personnes; arch., bassin destiné à rassembler des eaux; bot., fond du calice d'une fleur au milieu duquel est fixé l'ovaire; le point du sommet du pédoncule duquel partent libres ou soudées les différentes parties qui composent la fleur.*__Réceptaculaire__, adj. bot. Placé sur le réceptacle.

*__Réceptaculite__, sf. hn. Fossile indéterminé.

*__Réceptice__, adj. anc. jurisp. Réservé, mis à part.__Réception__, sf. Action de recevoir; accueil, manière de recevoir; cérémonie par laquelle qqn est installé dans une charge.

*__Réceptivité__, sf. psych. Synonyme de passivité, de capacité, d'excitabilité; faculté de recevoir des impressions.

__Recette__, sf. Ce qui est reçu en argent ou autrement; recouvrement de ce qui est dû; action, fonction de recevoir ce qui est dû; bureau où l'on reçoit les deniers; composition de certains remèdes; écrit qui l'indique; certaine méthode, certain procédé: fig. et fam., méthode de se conduire en affaires, dans le monde. (Fr. du 14e s. *recepte*, recette.)

*__Recettier__, sm. fam. Qui a des recettes pour des maux.__Recevable__,adj.Admissible, qui peut être reçu.

*__Recevabilité__, sf. prat. Qualité de ce qui est recevable. __Receveur, euse__, s. Qui a chargé de faire une recette.

*__Recevoir__, sm. Chaudron de cuivre du salpêtrier. __Reçu__, sm. Ecrit par lequel on déclare avoir reçu qq. chose.

__Récipé__, sm. Ordonnance d'un médecin; recette, formule de remède. (L. *recipe*, reçois.)

*__Récipiangle__, sm. Instrument pour mesurer les angles solides. (L. *recipere*, prendre, *angulus*, angle.)

__Récipiendaire__, sm. Celui qui se présente pour être reçu dans une compagnie; celui qu'on reçoit dans qq. corps. (L. *recipiendus*, devant être reçu.) __Récipient__, sm. Vase à recevoir les produits d'une distillation, d'une opération chimique.

*__Irrecevable__, adj. Non recevable, non admissible.

__Recouvrer__, va. Rentrer en possession d'une chose prêtée ou ravie; retrouver ce qui était perdu; récupérer; acquérir de nouveau; percevoir l'arriéré. (L. *recuperare*, reprendre ce qu'on a perdu, de *reciperere*, et *parare*, et non *parare*. It. *recuperare*, cat., esp., port. et lang. des Troub. *recobrar*, recouvrer.) *Recouvré, e*, p.

__Recouvrable__, adj. Qui peut se recouvrer.

__Recouvrance__, sf. vi. Action de recouvrer.

__Recouvrement__, sm. Action de recouvrer ce qui était perdu.

__Recouvrements__, sm. pl. Dettes actives, créances d'un avoué, d'un notaire, d'un huissier.

__Récupérer__, va. Recouvrer. *Récupéré, e*, p.

__Se Récupérer__, va. pr. Se dédommager de qq. perte. *__Récupérateur__, sm. ant. rom. Se dit de certains juges qui connaissaient des causes où il s'agissait de restitution.

*__Récupération__, sf. Action de recouvrer; astron, retour de la lumière après l'éclipse.

__Recousse__, sf. vi. Reprise d'une personne ou d'une chose emmenée, enlevée, prise par force. Par corruption, du l. *recuperatus*, ou *receptus*, recouvré, repris, selon Trévoux. En vi.fr. *recous, recousse*, délivré, rachetable, *rescosse*, recouvrement, délivrance. La racine de ces mots pourrait encore être le l. *currere*, *cursum*, d'où accourir, secourir. Lang. des Troub. *escossa*, *rescossa*, recousse. Dans Guillaume de Tudela: *A la rescossa corron*, *iratz coma leos*, ils courrent à la recousse, irrités comme des lions. Dans le roman de Rossillon, *escossa*, recousse.)

__Susceptible__, adj. Capable de recevoir certaine qualité, certaine modification; qui s'offense aisément. (L. *sub. capio*.)

__Susceptibilité__, sf. Disposition à se choquer trop aisément. __Susception__, sf. Action de prendre les ordres sacrés.

*__Suscepteur__, sm. Qui reçoit les ordres sacrés.

__Intussusception__, sf. Introduction d'un suc, d'une matière quelconque dans un corps organisé. (L. *intus, sub, capio*.)

*__CAPYS__, s.pr.m. temps hér. Guerrier troyen qui conseilla à Priam de jeter le cheval de bois à la mer, et qui suivit Enée en Italie où il fonda *Capoue*; nom d'un fils d'Assaracus et d'Hiéromnème, il épousa Thémis dont il eut Anchise; nom du sixième roi d'Albe. (L. *Capys*, g. *Kapus*. D'après Servius, Pausanias, Denis d'Halicarnasse, Dupuis, etc., la ville de *Caphyes*, bâtie par Enée. prit le nom du Troyen *Capys*; ce même Capys se fixa en Campanie; c'est de lui que les *Caphyates* ou *Capuans* d'Italie tirent leur nom. Lorsque, dit M. Rochette, peu de temps avant la mort de Jules César, une nouvelle colonie romaine fut établie à Capoue, pour renforcer celle qui y avait été déjà envoyée du temps de Sylla, les nouveaux travaux de construction que nécessitait cet établissement amenèrent la découverte et la démolition de beaucoup de tombeaux de la ville antique. Or, ces tombeaux offraient à la curiosité des colons romains des vases d'ancienne fabrique grecque, que l'on recherchait avidement; et parmi les monuments qui furent fouillés à cette occasion se trouva le tombeau de *Capys*, du fondateur de la ville, où l'on découvrit une table de bronze avec une inscription grecque gravée en caractères gr. C'est Suétone qui rapporte ce fait. Et ce fait vient de se reproduire de nos jours, par la construction du chemin de fer de Naples à Caserte. Ce chemin, qui traverse, à la station de Santa-Maria, le site de l'ancienne Capoue, a fait découvrir un millier de tombeaux antiques; et, dans la plupart de ces tombeaux, on a recueilli des vases peints, d'ancien style gr., sans compter une foule d'autres objets d'antiquité. En second lieu, il existait à *Capoue* un monument héroïque auquel la tradition locale appliquait le nom du fondateur mythologique de la ville, du Troyen *Capys*; et d'après cette tradition, le personnage en question aurait été Gr. comme la colonie dont il avait été le chef. Ce nom est essentiellement gr.:... c'est le même nom qui a produit celui d'une ville ancienne de l'Arcadie, *Kaphuai* ou *Kaphuiai*, qui se rattache par sa racine à toute une famille de noms grecs, *Kaphisos*, *Kaphisias*, *Kaphision*; d'où résulte l'étym. du nom de *Capoue*, certainement la plus plausible de toutes, au lieu de celles que les gramm. lat. cherchaient à tirer de l'étrusq., de l'osq. ou du lat., et de celle de Tite-Live, de Varron, de celle de Müller et de Stein. Niebuhr et autres savants modernes admettent le fait de l'occupation de la Campanie par un peuple d'extraction grecque, avant l'époque de l'établissement des colonies helléniques.]

CAQUE, sf. Espèce de baril où l'on met les harengs. [1º Les uns dérivent ce mot du l. *cadus*, grand vase de terre à mettre du vin; par ext., baril, tonneau. Trév. donne aussi cette étym. Les autres disent que *caque* et *cadus* appartiennent à une origine commune. Ihre soutient que le suiogoth. *kagge*, l'angl. *keg* et le fr. *caque*, doivent tous leur origine au lat. *cadus*. Ici, dit Gébelin, le *d* est changé en *q* à la Picarde. Les Pic. du reste, ne sont pas les seuls qui aient changé des dentales en gutturales : les Dor. disaient *Gémétér* pour *Démétér*, Cérès ; et les autres Gr. ont dit *géphura*, pour *diphura*, pont, *karchédon* pour *Carthago*, pour *Carthada*. Le gr. *penté*, cinq, est le *quinque* des Lat., le *penki* des Lithuan. 2º Malgré la fréquence de cette permutation ; il n'est pas encore prouvé que le lat. *cadus* et le fr. *caque* découlent de la même source. Il n'est donc pas étonnant que les auteurs du Trip. rattachent le fr. *caque*, non au lat. *cadus*, mais au lat. *cacabus*, vase en terre, marmite, ainsi qu'au germ. *kachel*, au suéd. *kachel*, au holl. *kagyel*, etc. 3º Il n'est pas étonnant non plus que l'on ait demandé l'origine du fr. *caque* au néerl. *kak*, vieux mot néer. signifiant tonne ; 4º ni que Bullet le dérive du b. br. *cacz*, caisse ; *cacz*, caquerole, casserole. Le fr. *caque* se lie à l'anc. scand. *kaggi*, tonneau, barrique, baril, *caque*; suéd. et dan. *kagge*, etc. On peut ajouter le lap. *ka,ga*, petit tonneau, barrique, baril. En anc. pic. *coquet*, caque, selon l'abbé Corblet. L. b. *c1quus*, caque, d'où les mots *caque*, *caquet*, *caquin*, *coquet* et *cocquet*, petit tonneau, d'après Du Cange.]

Caquer, va. Préparer le poisson pour le mettre en caque ; encaquer. En néerl. *kaaken*, caquer du hareng, *kaaker* et *kaker*, caqueur. Selon M. Scheler, *kaaken* signifierait propr. couper les ouïes, et le mot *caque* paraîtrait indépendant de ce verbe, et se rattacherait à *k1k*, vieux mot néer. signifiant tonne ; *kaaken*; en néerl., a fait *kaakmes*, couteau dont on se sert pour caquer les harengs. Le moyen de caquer le hareng, de le saler en caque, a été inventé à Biervliet en Zélande, par Beukels.) *Caqué, é*, p.

Caquage, sm. Façon donnée aux harengs pour les saler ; mise en caque.

Caquète, sf. Baquet où les marchandes de poissons mettent les carpes.

Caqueur, euse, s. Qui caque le hareng.

*Caquer, va. Mettre la poudre ou le salpêtre en barils. **Caqué, é*, p. ***Caquage,** sm. Action de mettre la poudre ou le salpêtre en barils.

***Caque,** sf. Baril à poudre ou à salpêtre ; tonneau de bois qui contient le suif fondu pour la chandelle moulée ; fourneau pour fondre la cire.

Encaquer, va. Mettre dans une caque ; fig. et fam., presser les gens, les entasser dans une voiture. *Encaqué, e*, p.

Encaqueur, euse, s. Qui encaque.

CAQUETER, vn. se dit au propre du bruit que font les poules quand elles veulent pondre ; au fig., babiller, se dit fam. de ceux qui parlent beaucoup sans rien dire de solide. [Cette espèce d'onomatopée se rapproche beaucoup du lat. *cucurio*, onomatopée qui exprime le chant du coq, en fr. *coqueriquer, coqueliner*. Voy. Coq. D'après M. Schœbel, le lat. *cacillare*, glousser, caqueter comme une poule, le gr. *kakkzí*; glousser, comme une poule qui pond, et l'all. *gackern*, caqueter, se rapporteraient au sanscr. *kakh*, crier. En angl. *to cakle*, glousser, babiller, caqueter. Ecoss. *keckle*, all. *gackern, gacken, gacksen*, caqueter. Holl. *gagelen, gaggelen, kakelen, kekelen*, caqueter. Gloss. champ. de M. T. *quoquet*, caquet ; et *quoquetsr*, bavarder. Anc. fr. *quaqueter*, caqueter, babiller.] *Caqueté*, p.

Caquet, sm. fam. Action de caqueter ; multitude de propos inutiles de celui qui caquette.

Caquets, sm. pl. fam. Propos malins.

Caquetage, sm. Action de caqueter ; caquets.

Caqueterie, sf. fam. Pour *caquetterie*. Action de caqueter ; pluralité ou suite de caquets.

Caqueteur, euse, s. Qui caquette, qui babille beaucoup, qui ne sait tenir un secret.

CARABINE, sf. Sorte de fusil à canon cannelé en dedans ; mousqueton ou fusil court dont la cavalerie est armée. [De l'ital. *carabina*, carabine. 1º D'après Géb., Roq., Boiste, etc., l'ital. *carabina*, pour *cannabina*, canne double, aurait été fait du lat. *binus*, double, et *canna*, canne, jonc, d'où l'ital. *canone*, canon ; et non de l'héb. *kàrab*, s'approcher, combattre, comme l'a cru Jault, ni du nom de la *Calabre*, ni de *Calabriens*, comme l'ont pensé N. et Carp. 2º Le g. Bardin soutient que ce mot vient de l'ar. *karab*, qui signifiait génériquement arme ; et non de l'ital. *canna bina*, canne ou arme double; ni du nom de la *Calabre*. 3º Ferrari et Wachter le dérivent de l'anc. sax. *cearfan*, tuer. 4º Trév. croit qu'il vient de *carabin*, et que *carabin* a été fait de l'esp. *cara*, visage, et du lat. *binus*, double ; comme qui dirait gens à deux visages, à cause de leur manière de combattre tantôt en fuyant, tantôt en faisant volte-face. M. Diez, au contraire, estime que *carabine* a précédé le masculin *carabin*. 5º Constancio forme le mot *carabine* de l'all. *kerbe*, entaille, fente ; et *bohren*, forer. 6º De la forme ancienne *calabrin*, dérivé du prov. *calabre*, instrument de guerre pour lancer des pierres, dérivé lui-même du bl. *cadabula* : d'après Diez et Scheler.]

Carabin, sf. Cavalier qui portait une carabine ; fig. et fam., homme qui se contente de hasarder quelque chose au jeu. (Le g. Bardin dérive également *caraline* et *carabin*, de l'ar. *karab*, terme que les Maures d'Esp. employaient pour exprimer génériquement un combat, une approche, et toute espèce d'arme matérielle. Ce qui donne à cette étym. une grande autorité, c'est que les Ar. sont regardés comme les inventeurs de la carabine. Les carabins furent introduits dans l'armée franç. sous les rois de Navarre Jean d'Albret et Antoine de Bourbon. Le même auteur cite Daubigné, Dupleix et Potter qui dépeignent cette cavalerie comme composée de Gasc., de Basq. et d'Esp. Le nom de carabins a amené la dénomination donnée à la *carabine* ou à l'arquebuse à rouet dont se servaient ces soldats.)

Carabin, sm. Frater, garçon chirurgien ; étudiant en médecine. (M. Honnorat dit que *carabin* est une épithète injurieuse donnée aux étudiants en médecine, parce qu'ils s'armèrent autrefois de carabines, lors d'une insurrection qui eut lieu à Paris ; d'autres disent que c'est parce qu'ils sont armés du scalpel et de la lancette.)

Carabiner, va. Creuser des raies en dedans du canon d'une arme à feu portative. *Carabiné, e*, p.

Carabiner, va. vi. Tirailler, combattre à la manière des carabins ; fig. et fam., hasarder qq. coup au jeu, comme en passant.

Carabinade, sf. fam. Tour de carabin.

Carabinier, sm. Soldat armé d'une carabine.

CARACH, CARATCH, sm. Sorte de capitation imposée par le grand-seigneur sur ceux de ses sujets qui ne sont pas Musulmans. Elle est payée par les seuls hommes faits. [De l'ar. *kherage* ou *karge*, tribut, de *kharagia*, sortir, parce que c'est un argent qui sort de la bourse de ceux qui paient ce tribut ; Jault. On écrit aussi *harach*, mais *kharatch* est préférable.]

CARACOLER, vn. manég. Se dit d'un cheval qui fait des *caracoles*, des mouvements circulaires, ou changements de direction, exécutés en bondissant. [1° De l'ar. *kàrkar*, courir en sautant : M. Pihan. 2° Mén. dérive *caracol* et *caracoler* de l'esp. *caracol*, limaçon, caracole, escalier qui va en tournoyant. Les Espag., dit-il, ont pris ce mot des Ar., qui disent *karkara*, pour dire tourner en rond, et *karkara* a été fait du chald. *kàrak*, il a entouré, il a environné, il a enveloppé. La racine hébr. inusitée *kàrak* est conservée également en syri. et en chald. Gésénius en forme l'hébr. *kikkar*, rond, cercle, espace circulaire. De *kàrkar* les Hébr. firent aussi le mot *karkob*, entaille autour de l'autel, d'où le port. *corcova*, d'après D. Francisco de S. Luiz. Le g. Bardin nous dit : Les mots *caracole*, *caracol*, empruntés à l'esp. signifient limaçon ou escalier en vis, sont d'origine ar., et venaient, suivant Ganeau, de *karak*, tourner en rond; ou, suivant Roquefort, de *carcara*. Ils étaient en usage avant l'époque où la cavalerie ne s'est plus formée que sur deux rangs; ils exprimaient l'évolution qui consiste à faire par le flanc et à décrire ensuite un cercle ou un demi-cercle. On comprend, dit M. Ampère, comment *caracoler* peut venir de *caracole*, une coquille en spirale, esp. *caracol*, quand on retrouve en wallon le sens plus général qu'avait primitivement *caracoler*, serpenter, courir en serpentant, en faisant des tours et des détours. Le substantif lui-même *caracol* pour coquille d'escargot existe en wallon. 3° Constancie compose les mots *caracol*, *caracoler*, du gr. *kéras*, corne, et *kochlos*, coquille, escargot, limaçon, sorte de fleur, escalier en caracol; et le fr. *caracoler*, le port. *caracolar*, id. En adoptant l'opinion commune de Ampère, Bardin, Ganeau, Mén., Roq., etc., on pourrait introduire *caracoler* et *caracole* dans la famille de *cercle*. 4° Scheler rattache le fr. *caracole* au gaël *carach*, tortu, tourné. En it. *caracollo*, course de cavalerie en tournoyant autour de l'ennemi; caracole: dans Antonini.] *Caracolé*, p.

Caracole, sf. man. Mouvement en rond, ou en demi-rond, qu'on fait exécuter à un cheval.

CARACTÈRE, sm. Empreinte, marque; lettre de l'alphabet; écriture d'une personne; fonte, ensemble de lettres pour l'impression; fig., titre, dignité; mission, autorité; ce qui distingue un homme d'un autre à l'égard des mœurs ou de l'esprit; présent de la nature que l'on ne montre guère dans l'état où on l'a reçu; tour d'esprit, qualité bonne ou mauvaise qui distingue un peuple des autres; expression, air expressif; par ext., expression musicale; le propre d'une chose, ce qui la distingue; bot., marque distinctive. [Latin *character*, marque, stigmate; et caractère, genre de style, dans Cicéron. Du g. *charaktér*, caractère, fait du g. *charassô*, gratter, racler, sillonner, creuser, inciser, entailler, fendre, graver, ciseler, tracer, écrire, empreindre, marquer. D'après ce que dit Benfey, on pourrait rapporter à la même origine le lat. *rado*, l'all. *kratzen*, gratter, et le gr. *charassô*, attiq. *charattô*. Cette famille de mots assez nombreuse parait devoir sa naissance à l'onomatopée, au bruit que l'on fait en grattant, en raclant, en creusant, en gravant, en incisant, etc. En héb. *chàrat*, il a coupé, incisé, entaillé, gravé; *chéret*, racloir, ratissoire, instrument à inciser, à graver, ciseler; stylet, poinçon; *chàras*, il a raclé, taillé, incisé; *chàrats*, il a coupé, incisé, entaillé; et *gàrad*, chald., syr. et ar. *gerad*, il a raclé, gratté. Persan *kharìden*, gratter, ronger, et *kharich*, gale. En chas. *khara*, gr. *karcharos*, âpre, aigu, acéré; all. *kratzen*, gratter, racler, ratisser, égratigner, mot que Schuster lie à l'ital. *grattare* et au lat. *radere*; angl. to *scratch*, to *grat*, suéd. *kratsa*, dan. *kradse*, anc. scand. *krassa*, holl. *krassen*, *kratzen*, gratter; malais *garo*, bret. *karza*, basq. *kharratcea*, savois. *grattt*, ital. *grattare*, gratter. Gaél irl. et écoss. *gearr*, couper, tailler, graver. Benfey rattache le gr. *chartés*, papier, écrit, d'où le lat. *charta*, à l'hébr. inusité *chàrat*, il a incisé, il a gravé, entaillé, et Gésénius lie le grec *charassô*, *charattô* à l'hébr. *chàrat*. Voy. *Gratter*.]

Caractériser, va. Marquer, déterminer le caractère d'une personne ou d'une chose, désigner par des traits caractéristiques. *Caractérisé, e*, p.

Caractérisme, sm. bot. Ressemblance, conformité des plantes, de leurs parties avec certaines parties du corps humain.

Caractéristique, adj. Qui caractérise.

Caractéristique, sf. math. Marque ou caractère servant à désigner qq. chose; géom., courbe résultant de l'intersection de deux surfaces enveloppées, consécutives dans la génération des surfaces enveloppantes.

*****Décaractériser**, va. Altérer le caractère. **Décaractérisé, e*, p.

Carte, sf. Carton fin taillé en carré long, sur lequel on écrit ou on imprime; petit carton marqué d'un côté, dont on se sert pour jouer à divers jeux; espèce de billet d'entrée; petite carte sur laquelle on a écrit ou fait graver son nom, et que l'on dépose à la porte des absents lorsqu'on va en visite; liste des mets que l'on trouve chez un traiteur; géogr., feuille de papier représentant qq. partie de la surface du globe terrestre; par ext., connaissance géographique d'un pays. (Du lat. *charta*, papier, écrit, dérivé du gr. *chartés*, papier, écrit, cahier, mot que Benfey rattache à l'hébr. inusité *chàrat*, il a incisé, entaillé, il a gravé, *chéret*, poinçon, burin, style, racloir, ratissoire, *chartummim*, scribes sacrés, habiles dans l'écriture sacrée, sorte de prêtres égyp. A l'hébr. *chàrat* Gésénius lie le gr. *charassô*, *charattô*, gratter, graver, racler, creuser, inciser, tracer, empreindre, marquer. En ar. *qarthas*, papier, page, cahier, pl. *qarathys*. Turc *kharthar*, *kharthal*, parchemin préparé où l'on peut écrire, et ensuite effacer ce que l'on a écrit; et *kharthy*, peau, carte. It., cat., esp., port. et lang. des Troub. *carta*, papier, lettre, épître. Bien que le lat. *charta* se puisse dire de toute sorte de feuille à écrire, Pline et les autres auteurs désignent ordinairement par ce mot le papier d'Egypte. Les cartes à jouer étaient déjà connues sous Charles V. Il y en avait en Espagne dès 1330. C'est lorsque Charles VI tomba en démence, que Jacquemin Gringonneur en imagina de particulières à la France.)

*****Carte**, sf. Carton dont se servent les artificiers.

Cartes, sf. pl. Ce que les joueurs laissent pour le paiement des cartes.

*****Cartacé, e**, adj. bot. Qui croit sur le papier humide; dont les feuilles ressemblent à celles du parchemin.

*****Cartaux**, sm. pl. anc. mar. Cartes maritimes.

Cartel, sm. Défit par écrit pour un combat singulier; traité d'échange des prisonniers. (Lat. *chartella*, dim. de *charta*; l. b. *cartellus*; it. *cartello*, petit écrit, par ext. provocation par écrit; anc. fr. *cartel*, *cartellet*, petit billet, bulletin.)

*****Cartel**, sm. mar. Bâtiment portant des prisonniers qui doivent être échangés.

*****Carterie**, sf. Art de fabriquer les cartes; atelier, bâtiment où l'on fabrique des cartes.

Cartier, sm. Qui fait et vend des cartes à jouer.

*****Cartier**, sm. Papier couvrant par derrière les cartes à jouer.

Cartisane, sf. Petits morceaux de carton fin,

CAR — 308 — CAR

autour desquels on a tortillé du fil, de l'or ou de l'argent, et qui font relief dans des dentelles et des broderies.

*Cartomancie, sf. Art de tirer les cartes et de lire. par leur moyen, dans l'avenir.(G. mantéia, divination.)*Cartomancien, ienne, s. Qui pratique la cartomancie.

Carton, sm. Carte grosse et forte, faite de papier broyé, battu et collé; boîte faite de carton: pâte dont on fait le carton; un ou plusieurs feuillets d'impression détachés d'une feuille entière; feuillet réimprimé pour corriger une erreur, ou faire un changement; grand portefeuille pour les dessins; feuille de carton ou de fer-blanc qui sert à tracer des profils.

Cartonnage, sm. Action de cartonner; ouvrage du cartonnier. Cartonner, va. Relier un livre en carton. Cartonné,e, p.

*Cartonner, va. Mettre un carton sur chaque pli du drap avant de le catir; garnir de papier le canal d'une perle fausse.

*Cartonnerie, sf. Art du cartonnier; manufacture de cartons.*Cartonneur,euse, s. Qui cartonne des livres.

Cartonnier, sm. Qui fabrique et vend du carton: celui qui travaille en carton.

*Cartonnier,ière, adj. hn. Se dit de certaines guêpes qui fabriquent une sorte de carton.

*Cartophylax, sm. Gardien des chartes; archiviste.

Cartouche, sf. Charge enveloppée dans du carton ou renfermée dans une boîte de mitraille, pour les armes à feu. (De la même racine que carte, carton. Les cartouches à balles furent inventées en 1690.)

Cartouche, sm. Ornement de sculpture ou de peinture représentant un carton roulé et tortillé par les bords.

Cartouche, sf. autrefois, Congé absolu ou limité, écrit ou scellé du sceau du régiment.

*Cartouche, sm Sorte d'anneau elliptique qui, dans les inscriptions hiéroglyphiques, entoure et isole les noms propres et les titres honorifiques.

*Cartouchier, sm. mar. Ceinture renfermant des cartouches.

Cartulaire, sm. Recueil d'actes, de titres et autres papiers d'un monastère, d'une église, d'un chapitre. *Cartulaire, sm. h. eccl. Gardien des chartes d'une église.

Encarter, va. Mettre, insérer un carton à l'endroit d'une feuille où il doit être. Encarté,e, p.

*Encartonner, va. Insérer des cartons entre les plis du drap qu'on veut catir. *Encartonné,e, p.

Incartade, sf. Espèce d'insulte brusque et inconsidérée. (Par allusion aux duellistes, aux bretteurs, aux spadassins, aux ferrailleurs, qui donnent leur carte, ou envoient un cartel; ou insulte telle, dit Le Duchat, que celle d'un joueur qui entre en cartes hors de son rang.)

Incartades, sf. pl. Extravagances, folies.

Pancarte, sf. Placard affiché pour avertir le public de quelque chose; se dit aussi, par plaisanterie, de toute sorte de papiers et d'écrits. (Gr. pan, tout, chartés, papier. A la place du gr. pan, tout, Morin et le gén. Bardin substituent le fr. pan, mot qui a été appliqué, par ext., à quantité d'objets étrangers à l'habillement, qui dérive du lat. pannus.)

Charte ou Chartre, sf. Ancien titre, lettres patentes, loi fondamentale, constitution. (Du l. charta, papier. Le mot charte servait autrefois à désigner toute espèce d'actes; on s'en sert aujourd'hui pour désigner les titres anciens.)

Charte partie, Acte par lequel on loue, on affrette un navire.

*Chartiste, sm. Partisan d'une charte quelconque. Chartrier, sm. Lieu où l'on conserve les chartres d'une abbaye, etc.; celui qui garde les chartres.

*Chartographe, sm. Qui écrit sur les chartes, auteur de chartes. (G. graphô, j'écris.)

*Chartographie, sf. Traité sur les chartes.

*Chartographe, *Cartographe, sf. Auteur de cartes de géographie.

*Chartographie,*Cartographie, sf. Recueil de cartes de géographie; art de tracer les cartes de géographie.

*Chartographique,adj. De la chartographie.

*Chartophylax, sm. Gardien des chartes de l'Église grecque. (Gr. phulax. garde.)

Gargousse, sf. Charge pour un canon, enveloppée de papier fort ou de serge, etc. (On a dit aussi gargoisse, gargouche, gargouge. Le mot gargousse, pour gardousse, cardousse, paraît être de la même origine que le mot cartouche, et il est une corruption de l'ital. cartoccio. M. Scheler dit que gargousse paraît se rattacher au même radical qui a fait l'it. gorgozza, gorge, gosier, et le fr. gargouille. L'artillerie de terre, après s'être servie d'abord du mot cartouche, a emprunté à la langue de la marine les mots gargouche, gargousse: Bardin.)

*Gargoussier, sm. Boîte ronde en bois, cylindre creux, espèce d'étui de bois ou de cuir, servant à porter les gargousses des soutes à poudre dans les batteries.

Cartésianisme, sm. Philosophie de Descartes. (De Descartes, nom du fondateur de cette école de philosophie. Ce nom est composé du franç. des, article composé, et cartes, pluriel de carte. Une foule de noms prop. franç. commencent par de, de le, de la, de l', du, des; ex.: De l'Ecluse, Desbarreaux, Desbillons, Delorme, Duchatel, Dubocage, Desormeaux, Deschamps, Duhamel, etc. etc. La syllabe initiale a disparu dans le dérivé cartésianisme, parce qu'il aurait été difficile de prononcer descartésianisme. Cartésien,ienne, adj. Qui a rapport à la doctrine de Descartes; adj. et s., partisan du cartésianisme.

CARAFE, sf. Bouteille de verre ou de cristal, pour mettre de l'eau ou des liqueurs; son contenu. [De l'ital. caraffa dérivé du pers. kérabé, carafe, bouteille. M. Scheler dit qu'on rattache le mot carafe à l'ar. geráf, mesure pour matières sèches, du v. garafa, puiser. On pourrait ajouter que de même le l. urna, urne, procède du v. urinari, plonger. En ar. garaba, vase pour les liquides, turc kerabé; castr. garrafo, carafe; port. garrafa, carafe, garrafal, gros, bombé comme une carafe; garrafão, carafon; sicil. currabla, esp. garrafa, carafe.]

Carafon, sm. Petite carafe, quart de bouteille; grosse bouteille; vaisseau de liège ou de bois pour mettre rafraîchir l'eau.

CARAGNE, sf. Résine provenant d'un arbre de l'Amérique. [On la nomme en lat. Caragna, Caranna; les It. disent Garanna, et les All. Garannagummi.]

CARAMEL, sm. Sucre à demi-brûlé et durci. [De l'esp. caramelo, pâte faite avec du sucre, de l'huile d'amandes douces, etc. Constancio croit que ce mot provient de l'ar. kora, sphère, chose ronde, et mohalla, doux, mots qu'il dérive du gr. kéras, corne, chose tortue, et méli, miel; et non du gr. kruos, gelée, glace, et mallos, toison. De là le pol. karmelek, caramel; castrais caramel.]

CARAT, sm. Chacune des parties d'or fin contenues dans une quantité d'or quelconque que l'on suppose partagée en vingt-quatre parties égales. [1° D'après James, de *kuara*, nom d'un arbre magnifique du sud et du sud-ouest de l'Abyss. Son fruit est une espèce de fève rouge avec une marque noire au milieu. Elle servait de poids aux Shangallas, dès les premiers âges du monde, dans le commerce de l'or. Cet arbre s'appelait *kuara*, et dans plusieurs contrées le mot *kuara* signifie le soleil. La fève du *kuara* est appelée *carat*, d'où dérive la manière d'estimer l'or plus ou moins fin à tant de carats. Du pays de l'or en Afr., le *carat* passa dans l'Inde, où il servit à peser les pierres précieuses, surtout les diamants. De sorte que l'on dit auj. que l'or ou les diamants sont à tant de carats. 2° M. Jomard a trouvé en usage au Kaire une mesure dont personne n'avait encore fait mention; elle est employée par les tailleurs de pierre et les carreleurs; on l'appelle *qyrât*. Il ne faut pas, dit-il, la confondre avec une mesure agraire de même nom qui est la 24e partie du *feddân*. Le *qyrat*, poids arabe, es' la 24e partie du *dynâr*. Il paraît qu'en général *qyrât* veut dire 24e partie. C'est de là, suivant cet auteur, que vient notre mot *karat* ou *carat*. 3° La Rev. brit. dit que *karat* est un mot ar.; et M. Pihan dérive aussi ce mot de l'ar. *qyrat*, carat. qu'il forme de l'ar. *qart*, couper en morceaux. 4° M. Diez soutient que le fr. *carat* et l'ar. *qyrât* viennent du gr. *kération*, fruit du caroubier, sixième du scrupule. Il aurait pu ajouter que de même le lat. *faba*, fève, a servi à désigner la troisième partie du scrupule; et *siliqua*, silique, cosse, caroube, à indiquer le sixième du scrupule; et que de même aussi le sanscr. *macha*, haricot de l'espèce dite *phaseolus radiatus*, signifie une sorte de poids. Le gr. *kération* signifie aussi fenugrec, et propr. une petite corne, mot fait du gr. *kéras*, corne. En malais *k'rat*, russe *karate*, ital. *carato*, carat. Pol. *karat*, lang. des Troub. *carrat*, *cryrat*, lat. *quilat*, esp. et port. *quilate*, carat. Lat. d'Isid. *cerates*, moitié de l'obole, sixième du scrupule. L.b. *caracca*, anc. fr. *quarat*, carat. Et anc.fr. *quaras*, *qaurats*, *karats*, proportion dans laquelle l'or entre dans les monnaies.]

Karat, sm. Le même que *Carat*.

CARAVANE, sf. Troupe de voyageurs, de pèlerins ou de marchands, qui se réunissent pour traverser avec plus de sûreté les déserts de l'Afri., de l'Arab., ou de toute autre contrée du Levant. [Selon D'Herb., Trév., Const., Pihan, etc., ce mot est d'origine pers. Quelques-uns pensent que le pers. *kearban*, *kiarvan* ou *keravan*, ou *kerwan* est composé des mots *ker* ou *kear*, travail, et de *revan*, allant, ambulant, ce qui exprime assez bien la marche active et utile d'une caravane. 2° D'autres pensent qu'il a été fait de *Cairovan* ou *Kairowan*, nom d'une ville bâtie par les premiers conquérants musulmans en Afriq. En ar. *karwan* ou *karouan* et *karban*, vulg. *kerwan*, caravane, dans Méninski. De là le valaq. *karavane*, le port. *caravana*, le lb. *caravanna*, et l'anc. fr. *karvane*, caravane.]

Caravanes, sf.pl. Courses maritimes que les chevaliers de Malte entreprenaient contre les Turcs; fig. et fam., équipées, échappées, vie dissipée, aventures dans le monde.

*****Caravane,** sf. Cabotage sur la côte des échelles du Levant.

Caravanier, sm. Conducteur des animaux qui portent les bagages dans les caravanes.

*****Caravaniste,** sm. Qui fait partie d'une caravane.

Caravansérai, sm. Grand bâtiment au milieu duquel existe une vaste cour, et où les voyageurs rencontrent pour eux-mêmes et pour leurs bêtes de somme tous les approvisionnements désirables. [Du persan *sérai*, hôtel : hôtel des caravanes.]

CARAVELLE, sf. Gros vaisseau de guerre turc; petit bâtiment dont les Portug. se servent pour aller et venir en plus grande diligence. Du turc *qaravalh*, espèce de navire en usage chez les Turcs et les Portug. [1°Du Cange, Diez et autres ont cherché l'origine de ce mot dans le l. *carabus*; d'où l'on a fait *carabella*. Dans M. Scheler, *caravelle* est donné comme dim. de *carabus*. Dans Isidore *carabus* est expliqué : petite barque d'osier et de cuir. 2° Jal doute un peu de cette étym., bien qu'elle paraisse fort vraisemblable à M. Letronne. M. Jal qui d'abord avait composé le mot *c travelle* de l'ital. *cara*, figure, *bella*, belle, a préféré ensuite l'opinion de Du Cange et de Bartol. Crescentio, qui dérivent l'ital., esp. et b.lat. *caravella*, caravelle, du lat. *carabus* ou du grec *karabos*. 3° Roq. ra tache le mot *caravelle*, au fr. *charpente*, *carrière*, *cargue*, *cargaism*, *char*, et au lat. *currus*, *carpentum*. 4° Ihre le rapporte au suiogoth. *krawel*, sorte de navire; 5° un autre, au basq. *carabela*, *carabella*, brigantin, frégate légère. 6° Cependant le Trip. rattache les deux mots *caravelle* et *corvette*, au l. *carabus*, *corbita*, à l'ital. *caravella*, *corvetta*, à l'esp. *caravala*, au suéd. *krawel*, au russe *korable*, au boh. *korab*, et au berb. *karibt*. Dans Plaute *corbita*, sorte de navire, dans Gellius *corvita*; dans un comment. des lettres de Cicéron à Atticus, *curbita*, bâtiment de transport. 7°Fée nous dit: «Suivant les étym. qui cherchent les origines lat. et grecq. dans le celto-scythe, le gr. *karuon*, (noix, corps sphérique) vient de *carv*, une nacelle, un esquif, qu'on nomme en suéd. *karf* et en finland. *carvus*, et qui offre une identité presque parfaite avec le mot gr. *karuon*, dont on a fait *caravelle*. On s'appuie encore de Pline, qui dit que les deux coquilles de la noix sont semblables à deux esquifs appliqués l'un contre l'autre. Voy. *Corvette*.]

CARBATINE, sf. Peau de bête fraîchement écorchée. [1° De *Karpa*, nom que les Ar. donnent à de gros sacs faits de peau de chameau, et servant à conserver et à transporter des grains, du beurre, etc. 2° Du gr. *karbasa* que Martinius cite dans la signification de peau molle, de cuir tendre, avec lequel se faisaient les chaussures des paysans. 3°De l'anc.all. *garawo*, préparé, prêt, qui a reçu une préparation suffisante. 4° Du l. *carpo*, *carpium*, *carpere*, arracher, détacher, couper: peau récemment arrachée ou détachée. 5° Du chald. *karbit*, morceau de peau ou de cuir, d'où serait venu le gr. *karbatiné*, et le lat. *carbatina*, sorte de chaussure des paysans:d'après Guichard.]

CARBONATE, sm. chim. Nom générique des sels composés d'acide carbonique et d'une base quelconque. [Du l. *carbo carbonis*, charbon. L'origine étym. du l. *carbo* est assez difficile à découvrir. 1° Benfey, Pott, Bopp, Chavée, l'ont cherchée dans le sansc. *ǧri*, briller, brûler, cuire, *ǧroti*, il cuit; *ǧrana*, *ǧrapita ǧrita*, cuit. 2° Guichard et autres le dérivent de l'héb. *bâraq*, éclair, éclat, éclat d'un glaive; 3° et d'autres hébraïsants, de l'héb. *charab*, il a été desséché: *charêb*, sec, dévasté; *chârêb*, sécheresse, chaleur. 4° Doed. le fait venir du gr. *karphô*, dessécher, faner, flétrir; 5°et Bullet, du celt. *car*, bois, et *bo*, noir; 6° Constancio, de l'égyp. *bo*, arbre, et du l. *uro*, brûler; 7° puis, du gr. *kai*, brûler. 8° et Isid., du l. *careo*, manquer de, parce que le charbon est une braise privée de feu; 9°Martinius, de l'héb. *serêphâ*, combustion, incendie. En valaq. *kerbune*, ital. *carbone*, esp. *carbon,* cat.*carbô,* port. *carvâo,* l. des Troub. *carbo,* anc. fr. *carbon,* charbon.]

Carbone, sm. phys. et chim. Matière inflammable qui n'a pas encore été décomposée, et qui constitue un des corps simples élémentaires; charbon dégagé de l'hydrogène et de la cendre qu'il renferme habituellement.

Carboné, e, adj. Qui contient du carbone.

Carbonique, adj. Formé de carbone et d'oxygène. **Carboniser,** va. Réduire en charbon. *Carbonisé, e,* p.

Carbonisation, sf. Action de carboniser; le résultat. **Carbonnade,** sf. Viande grillée sur le charbon.

Carbure, sf. chim. Résultat de la combinaison du carbone avec une substance simple.

***Carbazotate,** sm. chim. Sel résultant de la combinaison de l'acide carbazotique avec une base.

***Carbazotique,** adj.m. chim. Se dit d'un acide où l'azote et le carbone sont combinés avec l'oxygène.

***Carbonhydrique,** adj.m.chim. Se dit d'un acide où le carbone se combine avec l'hydrogène.

***Carbonal,** sm. Carie du froment.

***Carbonara,** sf. Femme professant les opinions des carbonari, ou appartenant à leur association. ***Carbonarisme,** sm. Principes, association des carbonari.

***Carbonaro,** sm. au pl. **Carbonari.** Membre d'une société secrète de l'Italie, et qui professe la démocratie la plus absolue; partisan de la démocratie pure. ***Carbonater,** va. Convertir en carbonate. **Carbonaté, e,* p.

***Carboncle,** sm. vi. Rubis escarboucle; vi. méd. le charbon. ***Carboneux, euse,** adj. Qui renferme du carbone.

***Carbonides,** sm. pl. chim. Famille de corps qui renferme le carbone.

***Carbonifère,** adj. chim. Qui contient du charbon.

***Carbonoxyde,** sm. min. Oxyde de carbone.

***Carbosulfure,** sm. chim. Combinaison de carbone et de soufre avec un corps simple.

***Carbosulfureux, euse,** adj. Contenant du carbosulfure.

***Carbouille,** sf. Carie du froment.

***Carburation,** sf. Conversion en carbure.

***Carburé, e,** adj. Converti à l'état de carbure.

***Bicarbonate,** sm. chim. Sel de l'acide carbonique contient deux fois autant d'oxygène que la base. ***Bicarboné, e,** adj. chim. Se dit d'un corps qui contient deux proportions de carbone.

***Bicarbure,** sm. chim. Carbure contenant deux proportions de carbone.

***Décarbonaté, e,** adj. Se dit d'un oxyde qui a perdu l'acide carbonique avec lequel il était combiné. ***Décarburer,** va. Séparer le carbone par l'affinage. **Décarburé, e,* p.

***Décarburation,** sf. chim. Destruction de l'état de carburation d'une substance.

***Deutocarboné, e,** adj. Carboné au second degré. ***Escarbille,** sf. Portion de houille qui a échappé à une combustion complète et qui est mêlée avec des cendres.

Escarboucle, sf. Pierre précieuse d'un rouge foncé, et brillant comme un charbon embrasé. (De l'anc. fr. *carbuncle,* du lat. *carbunculus,* dim. de *carbo.*) ***Protocarboné,** adj.m.chim. Se dit du gaz hydrogène, quand il contient la première des proportions de carbone qu'il peut absorber. (Gr. *prôtos,* premier.)

***Protocarbure,** sm. chim. Premier degré de combinaison d'un corps simple avec le carbone.

***Protocarburé, e,** adj. chim. Qui est à l'état de protocarbure.

***Quadricarbure,** sm. chim. Carbure contenant quatre fois autant de carbone qu'une autre combinaison du même genre.

Charbon, sm. Morceau de bois embrasé qui ne jette plus de flamme; menu bois éteint avant son entière combustion; maladie de plusieurs plantes graminées; méd., tumeur inflammatoire qui noircit et passe presque aussitôt à l'état de gangrène.

Charbon de terre, sorte de fossile dur, et inflammable.

***Charbonnage,** sm. Houillère, mine de houille. ***Charbonnaille,** sf. Composé de charbon, de sable et d'argile, servant à faire la sole des fourneaux à réverbère.

Charbonnée, sf. Morceau de porc ou de bœuf grillé sur le charbon; petit aloyau, côte de bœuf. ***Charbonnée,** sf. Lit de charbon entre deux lits de pierre à chaux; couche de charbon dans un fourneau à briques.

Charbonner, va. Réduire en charbon; noircir avec du charbon; dessiner, écrire avec du charbon; fig., esquisser, peindre grossièrement. *Charbonné, e,* p.

***Charbonner,** va. Enlever avec un charbon de bois les raies faites par la pierre ponce sur le cuivre. ***Charbonnerie,** sf. hist. Nom d'une société politique qui se forma en France, en 1820.

Charbonneux, euse, adj. De la nature du charbon. **Charbonnier, ière,** s. Qui fait ou vend du charbon.

Charbonnier, sm. Lieu où l'on met le charbon. ***Charbonnier,** sm. Celui qui dirige un fourneau; four à cuire la houille; membre de la charbonnerie; bâtiment qui transporte du charbon de terre; terres glaises et rouges où les cerfs vont frotter leur tête et la brunir; nom vulgaire de plusieurs oiseaux, reptiles, et poissons.

Charbonnière, sf. Lieu où l'on fait du charbon dans les bois.

***Charbonnière,** sf. hn. Espèce de mésange.

Charbouiller, va. Se dit de l'effet que la nielle produit sur le blé. *Charbouillé, e,* p.

***Charbouillon,** sm. Maladie des chevaux.

***Charbucle,** sf. Nielle qui brûle les blés.

CARCAN, sm. Collier de fer avec lequel on attache par le cou les criminels; cette peine; vi.; collier ou chaîne de pierreries que les femmes portaient sur la gorge. [1º Le Duchat forme ce mot de l'all. *kragen* dans le sens de collier, collet, mot dont le radical serait *ragen,* s'élever. 2º Le Trip. le rattache au russe *arkann* et au germ. *arche,* lacet, collier garni de clous. Ce serait plus simple de le rapporter au mot *arcan* qui, chez les Avares ou Circass., désigne la corde nouée au cou d'un condamné qu'ils étranglent. 3º Teulet et Trév. font venir carcan du lat. **carchesius laqueus,* collier *carchésien,* collier de mât. La racine de *carchesius* est *carchesium,* hune, cabestan; en gr. *karchésion,* hune, partie supérieure du mât; d'où il gr. *karchésioi,* cordages, câbles. 4º Gatt., Mén., Roq. et autres, le dérivent du gr. *karkinos,* cancre, à cause de la ressemblance du carcan avec les serres d'un cancre. 5º Gébelin le tire du fr. *cercle,* fait du l. *circulus,* cercle; 6º et Skinner. de l'it. *caricare,* charger et *canna,* gosier: qui charge le gosier; 7º Bullet du gall. *car,* ville, château, clos, clôture, fermé, enfermer. Conformément à la première étym., De Chevallet admet que *carcan* est d'origine germ.; il le rapporte au tudesq. *krago,* cou, gorge, comme *collier* à *col;* et le lie à l'anc. all. *kragen,* cou, gorge; à l'all. *kragen,* collier, collet, col, rabat ; à l'angl. *kraw*, le devant du cou des oiseaux, jabot. 8° Diez ou un autre le rattache à l'anc. fr. *charchant*, *cherchant* et au néerl. *karkant*, carcan. 9° Scheler le déduit du vi. haut. all. *querk*, nord. *querk*, gorge, cou ; et cite le prov. *carkol*, collier. En anc. fr. on a dit aussi *carchon*, carcan. Gloss. champ. de M. T. *carchon*, *carcan*, collier ; anc. fr. *carcan*, l.b. *carcanum*, collier; lang. des Troub. *carcol*, collier, et *carcan*, carcan. Anc. fr. *chargant*, carcan.]

CARCASSE, sf. Ossements décharnés encore réunis d'un animal ; fig., bombe en cercles ; corps, charpente de bâtiment ; fers intérieurs d'une machine, d'un édifice, d'un moule, d'un modèle ; fig. et fam., personne, animal extrêmement maigre. [1°Selon Eloi Johanneau, *carcasse* est un augmentatif de l'ital. *carga*, charge, d'où *caraque*, grand navire marchand qui porte des marchandises par mer. 2° Bullet soutient que *carcasse* provient du celt. *carc*, enfermer, et *cass*, caisse. 3° Menage, Gattel et autres, le forment du lat. *arca*, coffre en y préposant un *c*. 4° Quelques-uns le composent du lat. *caro*, chair, et *cassus*, vide ; 5° d'autres de *caro*, et de *capsa*, caisse, caisse à chair. 6° Constancio le tire du gr. *sarkazô*, ôter la chair, ronger un os.]
*Carcasse, sf. Tout ce qui soutient un ouvrage, ce qui en forme, en qq. sorte, la charpente ; charpente sur laquelle on élève les pièces d'artifice ; châssis d'un parquet d'appartement ; corbeille couverte où les pêcheurs mettent les grands poissons qu'ils ont pris.

*CARCHÉSION, sm. ant. gr. Hune d'un vaisseau ; partie supérieure du mât où sont les voiles ; grande poulie du haut du mât ; coupe, vase étroit au milieu. [Gr. *karchésion*, id.; d'où le lat. *carchesium*, hune d'un vaisseau ; vase rétréci sur les côtés ; cabestan. 1° Gébelin rapporte le gr. *karchésion* au prim. *kar*, tête ; 2° un autre hasarde de le composer du gr. *kéras*, corne, et *échô*, j'ai, je tiens.]
*Carchésien, ienne, adj. ant. gr. Se disait, chez les Gr., d'un nœud usité dans la marine, et qu'ils avaient transporté dans la pratique chirurgicale.
*Calcet, sm. mar. Se disait autrefois d'une espèce de hune ; *mâts à calcet*, mâts carrés à la tête et portant une antenne. (De l'ital. *calcese*, ou de l'esp. *calcés*, fait de *carcese*, dont on connaît une corruption : *garcez*, fait du lat. *carchesium* : Jal.)

CARDAMINE, sf. bot. Cresson des prés, plante âcre, piquante, apéritive, diurétique. [Du gr. *kardaminé*, id., dérivé du sansc. *kh'ard*, rompre, briser, vomir.]
*Scordium, sm. Germandrée aquatique, plante. (Du gr. *skordon*, ail ; mot de la même origine que *kardaminé*, à cause de son âcreté ; d'après Gébelin et Bonfey. La lettre *s* s'ajoute et se retranche souvent à la tête des mots.) **Diascordium**, sm. Opiat fait avec la plante nommée scordium.

CARDINAL, sm. Prince de l'Eglise, qui a voix active et passive dans le conclave, pour l'élection des Papes ; c'est un des soixante et dix prélats qui composent le sacré collège. [Du lat. *cardo*, gond, par allusion à la porte de l'Eglise dont les cardinaux sont regardés comme le pivot. 1° Doed. dérive *cardo*, du gr. *kradaô*, secouer, remuer, ébranler, agiter ; 2° Vossius, du g. *kradaó* ; puis du gr. *kartos* pour *kratos*, force, fermeté ; 3° Martinius, du g. *kradé*, dans le sens de pointe, machine ; 4° un autre, du g. *charax*, pieu, pal, échalas, fait de *charassô*, creuser, inciser, entailler ; 5° Servius et Isidore, du g. *kardia*, cœur, parce que de même que le cœur fait aller tout le corps, de même un gond fait mouvoir toute la porte ; 6° Gébelin, tome 5, le rattache à *cercle*, circuit ; et, tome 7, il rapporte, au contraire, *circus*, à *cardo*. 7° Guichard soutient que *cardo* se rapporte à l'héb. *kidór*, camp, retranchement, troupe rangée en bataille. 8° Si l'origine de cardo était réellement hébr. ce serait bien plus simple de le dériver de l'héb. *sarnéi*, *sarnim*, essieux d'un char ; princes. L. des Troub. *cardenal*, *cardinal*; dans Ville-Hardouin, *cardonax*, *cardonaux*, *chardonal*, cardinal ; en anc. fr. on a dit aussi *cardounnus*, *chardonaus*, cardinaux ; et *cardinail*, *cardonal*, cardinal.]
Cardinal, sm. hn. Nom donné à des oiseaux de différents genres, chez lesquels la couleur rouge domine. *Cardinal, sm. Sous le pontificat de Grég. le Grand, ce nom désignait les évêques, les prêtres et les diacres titulaires ou attachés à une église, pour les distinguer de ceux qui ne desservaient que par commission ou temporairement.
Cardinal, e, adj. Principal ; gramm., se dit d'un nombre sans marquer l'ordre ; géogr., se dit des quatre points de l'horizon auxquels on rapporte tous les autres points, et qui sont le nord, le sud, l'est et l'ouest. *Cardinal, e, adj. liturg. S'est dit en parl. du grand autel, et d'une messe solennelle.
Cardinalat, sm. Dignité de cardinal.
Cardinale, sf. bot. Nom donné à deux plantes d'Amérique à cause de la beauté de leurs fleurs.
*Cardinalice, adj. h. eccl. Qui mène au cardinalat. *Cardinaliser, va. Faire cardinal ; peint., rendre rouge. *Cardinalisé, e, p.
*Cardinifère, adj. hn. Qui porte une charnière. *Décardinaliser, va.h. Rayer de la liste des cardinaux. *Décardinalisé, e, p.
*Chardonnet, sm. p. et ch. Nom donné aux pierres des bajoyers des écluses, qui portent la feuillure dans laquelle tournent les poteaux tourillons.
Charnière, sf. Assemblage mobile de deux pièces de métal ou de bois, enclavées l'une dans l'autre, et jointes ensemble par une broche, par un clou qui les traverse. (Presque tous les étym. rattachent ce mot au lat. *cardo*, *cardinis*, gond, cavité, rainure, pivot, porte, au pr. et au fig. Mén. le forme du lat. *cardinariœ*, fait de *cardo*. Diez, avec peu de vraisemblance, le forme, par transposition, comme *carneler* et l'anc. fr. *carnel*, de *cran*. En b. l. *carneriа*, ital. *cerniera*, charnière : *ch=c*.)
Charnière, sf. hn. Partie où sont attachées ensemble les deux valves d'une coquille, et sur laquelle se font leurs mouvements. *Charnière, sf. Outil du graveur sur pierre, pour percer des trous.
*Charnon, sm. Petit cylindre creux faisant partie de la charnière d'une boîte. *Encharner, va. Mettre les charnières en place. *Encharné, e, p.

CARENCE, sf. prat. Manque, défaut ; pauvreté, insolvabilité. [Du l. *careo*, manquer de, être privé de. Les étym. attribuées à ce mot sont assez nombreuses et diverses. 1° Les uns le dérivent du l. *carus*, cher ; 2° d'autres, du gr. *kéirô*, couper, raser, *kartos*, tondu, coupé, *karsis*, action de couper, de tondre. 3° Un hébr. le dérive de l'hébr. *chasér*, il a manqué de, il fut privé de. 4° Gésénius le rattache au g. *chéros*, délaissé, isolé, veuf, célibataire ; et à l'hébr. *gárah*, il a raclé, rasé, il a détaché, enlevé. 5° D'après Joseph Scaliger, lhre le rapporte au gr. *karphô*, dessécher, rendre sec, faner, flétrir, épuiser, faire périr ; au suiogoth. *skarp*, desséché, aride ; à l'anc. scand. *skerpa*, sécher, dessécher, et à l'anglos. *scearan*, id. 6° Doed. déduit le l. *carere*, ainsi que *curtus*, du g. *keiréin*, couper, raser. 7°

Eichhoff lie *careo* au lat. *cesso*, au gr. *chatéô*, être dans le besoin, manquer de, être privé de; et au sansc. *çai*, passer, manquer. Comme *chaté* veut dire aussi désirer, demander, on peut le lier à son tour au persan *khâs'èn*,vouloir, désirer. 8° Un autre fait venir *careo*, du sansc. *krish*,tirer,entraîner.*çri*, rompre, briser, détacher; 9° et Bullet, du gall. *caredd*,péché,crime,délit,faute,défaut.Comme les analogies fortuites sont innombrables, il est tout-à-fait incertain qu'on puisse rapprocher de *careo* le malais *kouran*, manquer de, *kouran*, besoin, manque de, *kourang*, faute, manque. Priscien, Dacier et autres, disent que le l. *cassus*, comme dans *cassa nux*, noix vide, vient de *careo*, et qu'il en est le part. passé passif. En port. *carecer*, manquer de. L. des Troub. *carencia*, carence, manque.]

CARÈNE, sf.mar. C'est la quille d'un navire, c'est une longue et grosse pièce de bois, ou plusieurs mises bout à bout l'une de l'autre, de proue en poupe, pour servir de fondement au navire, et sur laquelle se fait l'assemblage; partie du vaisseau qui est depuis la quille jusqu'à la ligne de l'eau, creux du vaisseau,fond de cale;radoub d'un navire ou de ses parties basses. [Du l. *carina* qui signifie proprement la principale poutre du vaisseau,dont elle est la base et le fondement. De là vient que ce mot a été employé pour le fond du vaisseau, et pour le vaisseau entier. 1° Doed. forme le l. *carina*, du gr. *karuon*, tout fruit qui ressemble à la noix; d'où, selon lui, le gr. *ikrion*, estrade, plancher, tillac. 2° Ogério et autres le dérivent de l'héb. *qâré*, mettre la charpente, couvrir; d'où, selon eux, le gr. *ikrion*, 3° Mart. et Voss. supposent qu'il a été fait du gr. *kéirô*, couper, fendre, parce que c'est la partie du vaisseau qui fend les ondes. 4° Isidore le tire du l. *curro*, en vi. l. *curo*, je cours. 5° Gébelin le rattache au l. *curo*, *caries*, *cancer*, *carduus*, *carpo*, et au g. *keirô*. 6° Bullet le fait venir du celt. *car*, bois, d'où il tire aussi le fr. *caraque*, *cartelle*, et le l. *carpinus*, charme,*carbo*,charbon. Dans la lang. des Troub. *carina*, carène; it., cat., esp. et port. *carena*, prov. *careno*, carène.]

Carène, s.f.bot. Pétale inférieur des fleurs papilionacées; saillie longitudinale sur le dos d'une feuille. **Caréner**, va. Mettre un vaisseau sur le flanc; le calfater, le radouber. *Caréné, e*, p.

Caréné, e, adj.bot. En gouttière, qui a une carène. **Carénage**, sm.mar. Action de caréner; lieu où l'on carène.

__Carinaire__, sf.hn. Genre de coquilles univalves, à dos garni d'une carène dentée.

__Carinacé, e__, adj.hn. Semblable à une carinaire. *__Carinacées__*, sf.pl. Famille de coquilles univalves. *__Carinal, e__*, adj. En forme de carène.

__Carinifère__, adj. Qui porte une carène.

__Carinulé, e__, adj.bot. Qui a une très-légère carène. *__Bicaréné, e__*, adj.hn. A deux carènes.

__Bicarénure__,sf. Etat d'une surface qui a deux carènes. *__Quadricaréné, e__*, adj.hn. Pourvu de quatre carènes.

CARET, sm.hn. Sorte de tortue de mer, dont l'écaille sert à faire des peignes et autres ouvrages. Sa mâchoire supérieure avance sur l'inférieure et ressemble au bec d'un oiseau de proie; sa tête et son cou sont plus longs que dans les autres espèces; sa couverture supérieure, arrondie par le haut et pointue par le bas,a presque la forme d'un cœur : Lacépède. [De son nom lat. *caretta*, caret : Roq. Le Trip. rattache le fr. *caret* à l'all.*kröte*, crapaud;par extension animal qui ressemble à un crapaud; pop., petit homme méchant ou emporté.En suéd.*groda*,grenouille.]

Caret, sm. On a donné aussi ce nom à un gros fil de trois lignes de tour pour faire des cordages: Roq.; dévidoir à l'usage des cordiers.

__CAREX__,sm.bot. Sorte de plante, careiche, laîche. [Du l. *carex*, *caricis*, carex, plante dont parlo Virgile. 1° Vossius et Gébelin pensent que ce nom appartient à la même origine que *carduus*, chardon, parce que le carex étant aigu et très-dur peut être bon pour carder. 2° Doed. rattache *carex* au gr.*akoron*, acorus; 3° De Théis le dérive du l. *carere*, manquer. Les épis supérieurs de ces plantes manquent constamment de graines, parce qu'ils ne sont composés que de fleurs mâles. Les anciens qui ne connaissaient pas les parties sexuelles des plantes ont dû croire que ces épis étaient manqués ou avortés.]

__Careiche__, sf.bot. La laîche.

__Caricé, e__, adj.bot. Semblable à un *carex*.

__Caricées__, sf.pl. Famille de plantes.

__Caricoïde__,adj.bot. Qui a l'apparence d'un *carex*. *__Caricole__*, adj.hn. Qui vit sur les *carex*.

__Caricologie__, sf. Traité des carex ou laîches.

CARIE, sf. Maladie qui désorganise et décompose les tissus vivants; pourriture qui gâte les os, les dents, les blés. [Du l. *caries*, carie. 1° D'après Benfey, ce mot appartiendrait à la même origine que le l. *câro*, *cârio*, *cârere*, carder; que le g. *kéir* 1,couper, raser, déchirer, ronger, dévorer, consumer; et que le sansc. *krish*, couper, fendre. 2° Doed. le rattache simplement au g. *kéirô*; et à l'all. *Scheren*,fendre, couper. 3° Scaliger le forme du g. *kuruon*, noix, noyau, graine de pin; parce que Théophraste appliquait le mot *karuôdes* aux choses vermoulues, rongées par les vers. 4° Vossius propose de le tirer de *casus*, vieux, mot de la lang. des Osques; 5° ou de l'héb. *kâsâh*, il a couvert; parce que les choses vieilles et pourries se couvrent d'ordure : s et r se permutent souvent. 6° Gébelin l'unit au g. *kéirô*, au l. *crabro*, *crena*. 7° Martinus est d'avis qu'il vient de l'héb. *kâra*, il a creusé, en chald. *kerá*, id. 8° *Caries* pourrait bien être de la même origine que l'ar.*qarah*, ulcère, ou que le pers. *chore*, mot qui, d'après Castellus, se dit d'une chose qui en détruit une autre,maladie, lèpre, gangrène. En valaq. *karie*, b.l. *caria*, esp. *carro*, carie.]

Carier, va. Gâter, pourrir, en parl. des dents, des os, des blés. *Carié, e*, p.

__CARIQUE__,sm.Nom provençal de la figue.[Du l. *carica*,s.-ent. *ficus*, espèce de figue sèche venant de *Carie*; dans Pline,figue, en général. Ce mot vient du gr. *karikos*, Carien, de Carie; r. *kar*, *karos*, Carien, de Carie. Pline dit : Au genre des figues appartiennent les cottanes,*cottana*,les caunées.*caunææ*, les cariques, *carica*. Quant au nom de la *Carie*, en gr. *kar*, 1° Pline dit que *Car*, de qui la *Carie* tire son nom, tira le premier des augures des oiseaux. 2°Un autre conjecture qu'il vient de *karitai*, mot gr. signifiant cavaliers, brigands. 3° Gébelin soutient que ce nom est oriental et signifie le pays des laboureurs, *car*, *icar*, *agar*; 4° ailleurs il soutient que la *Carie* dut son nom à ses montagnes, et que ce nom vient du primitif *car*, montagne, lieu escarpé. 5° Bochart le dérive de l'héb. *kar*,agneau,à cause des nombreux troupeaux que l'on élevait en *Carie*.6° Quelques-uns pensent que les noms *Carie*,*Carmanie*, viennent de l'oriental *kar*, noir, que *Carmanie* exprimait l'idée de chaleur,ce pays étant au midi de la Perse; que la ressemblance des noms de *Car* et de *Carman* n'est pas la seule base sur laquelle repose cette conjecture; qu'elle s'appuie encore plus sur les habitudes et sur le culte de ces deux peuples.Ils étaient également braves et passionnés pour la guerre; l'un et l'autre avaient fait du dieu Mars leur plus grande divinité. 7° Scrieck forme le nom de la *Carie,Curia*, du scyth. *gar* ou *gare*, les réunions, les rassemblements. A une époque fort éloignée, toute la mer de Grèce s'appelait mer de *Carie*, selon Thucydide. Isocrate assure que dans les temps les plus reculés, des barbares connus sous le nom de *Cariens* vinrent s'emparer des îles de l'Archipel. La citadelle de Mégare retint le nom de *Caria*.]

***Cariqueux, euse**, adj. chir. Semblable à une figue.

***Caricon**, sm. ant. Onguent de *Carie* que les Gr. regardaient comme un excellent cathérétique.

Carvi, sm. Plante qui a tiré son nom de la *Carie*, pays de l'Asie Mineure, où les anciens l'avaient remarquée: Trév. (Du latin *cara*, *careum*, carvi, dérivé du gr. *karon*, carvi, r. *kar*, *karos*, Carie; parce que, dit Daléchamp, la Carie produit d'excellents carvis. Pline dit que cette plante est originaire de la Carie, qu'elle tire son nom du pays qui la produit; que les pays où elle réussit le mieux sont la Carie et ensuite la Phrygie. Tournefort rapporte aussi qu'elle tire son nom de la *Carie*, où les anciens avaient remarqué la plante de ce nom. En lat. *carum*, g. *karon*, ar. *kerviïa*, germ. *karbe*, angl. *caraway*, it. *carvi*, carvi. De Théis fait remarquer que *carvi* est un mot altéré du nom générique lat. *carum*, *careum*. 2° Gébelin, contrairement à l'opinion commune, soutient que le l. *careum* et le gr. *karon*, carvi, sont de la même origine que le l. *carex*, laîche, et *carduus*, chardon.)

CARLINGUE, sf. mar. Assemblage de charpente qui reçoit le pied d'un bas mât; grosse pièce de bois qui règne presque tout le long du navire, au-dessus de la quille proprement dite. [1° Un auteur rapporte ce nom à la même origine que *ralingue*, *élingue*, *boulingue*. *étalingue*, tous mots dont les deux dernières syllabes sont semblables. Voyez ces mots. 2° Skinner forme le mot *car-lingue*, du fr. *char*, l. *carrus*, et de la terminaison diminutive anglaise — *ling*. 3° Constancio le forme du fr. *carré* et du vi. fr. *laigne*, bois, l. *lignum*, M. Jal fait observer que l'étym. de *carlingue* lui est inconnue, et que le port. *carlinga* est ancien dans la marine de la Méditerranée. En b. bret. de Bullet *kerling*, *kirling*, *gwerling*, carlingue; prov. *carlingo*, carlingue.]

CARMAGNOLE, sf. Sorte de veste. [Ce nom fut donné d'abord à une espèce d'air et de danse, ensuite à une sorte de veste. On le dérive de *Carmagnole*, *Carmagnola*, nom d'une ville forte d'Italie, patrie de *Carmagnola*, célèbre capitaine du 15° s. Le nom lat. de cette ville est *Carmiola*. Denina en expose l'étym. en ces termes : «Ce que nous pouvons observer à ce sujet, c'est que dans l'Arménie, comme dans l'Afrique, le mot *Carta*, *kaert*, ou *Certa*, signifiait enceinte, enclos, lieu muré et ville; témoin *Tigrano-Certa* et *Carthago*; *Cagliari* en Sardaigne, en l. *Caralis*, *Cære*, très-ancienne ville du pays lat., dont les habitants s'appelaient *Cærites*; *Cairo* ou le grand *Caire*, c-à-d. la grande ville, capitale mod. de l'Égypte. Ce mot *kaer* est un des mots celt. les mieux constatés, et il paraît être venu d'une lang. orient. La différence de prononciation en a fait *Car*, *Cart*, *Certa*. Dans le b. l. on lui substitua le mot *carien*. Ce mot *karer* se retrouve dans *Beaucaire*, signifiant belle cité. Outre *Chieri*, *Quiers* en Italie, *Cuiro* dans le haut-Montferrat, il y a plusieurs autres villes en Piémont dont le nom est dérivé de *Car* ou *kar* ou *Ker*, comme: *Carignan*, *Cherasco*, *Caraglio*, *Caramagna*, *Carmagnola*; etc.» Voy. *Carthage*.] ***Carmagnole**, sf. h. Nom d'une chanson révolutionnaire de 1790, dont on répétait le refrain en dansant en rond.

***Carmagnole**, sm. S'est dit des membres les plus exaltés du club des Jacobins, parce qu'ils portaient de préférence la veste appelée carmagnole; ce nom a été appliqué aussi aux soldats des armées républicaines.

***CARMEL**, sm. géo. Montagne de la Palestine, au midi de la Ptolémaïde, et au nord de Dora sur la Méditerr., célèbre par la demeure du prophète Elie, et par les merveilles qu'il y fit. Elle est couverte de divers arbres toujours verts; elle a un grand nombre de sources d'eau, qqs. villages, plusieurs cavernes qui ont été de tout temps la retraite des solitaires. [1° De l'héb. *karmél*, karmel, fait de *kérém*, champ planté de plantes excellentes, en part. vigne; et de *el*, terminaison diminutive, ou de *El*, Dieu : vigne de Dieu. 2° D'après Trév., ce nom aurait été fait de l'héb. *kar*, agneau, pâturage, et de *moul*, couper, circoncire. 3° Leusden interprète le nom de *harmél*, par : la connaissance de la circoncision, ou l'agneau circoncis, ou tendresse, ou d'écarlate. 4° D'autres pensent que le mont *Carmel* a pris son nom de *Carmelus*, nom d'une divinité syrienne.]

Carme, sm. Religieux de l'ordre du Carmel. (1° Les religieux *Carmes* ont pris leur nom de cette montagne à cause des prophètes Elie et Elisée qu'ils considèrent comme leurs patriarches. 2° Le P. Hardouin prétend que ces religieux s'appelaient primitivement en France *Barrés*, *Barrati*, et qu'ils furent appelés *Carmes* vers l'an 1290, à cause de l'église ou chapelle de Sainte Marie de *Carpino*, du *Carme* ou du *charme*, dont ils furent mis en possession à Paris au mont Sainte Geneviève. Trév. cite cette étym.; mais il ajoute que S. Louis en revenant de la Terre-Sainte amena des *Carmes* en France en 1254, et les établit à Paris, ainsi qu'on fait foi une lettre de Charles-le-Bel son arrière petit-fils, de l'an 1322. Des annalistes prétendent que l'ordre religieux des *Carmes* a été fondé par Elie sur le mont *Carmel*.) **Eau des Carmes**, Eau spiritueuse dont l'invention est attribuée aux *Carmes*.

Carmélite, sf. Religieuse de l'ordre du *Carmel*. ***Carmélite**, adj. Se dit d'une étoffe de soie, dont la couleur ressemble à celle du vêtement des *Carmes*.

Carméline, adj. f. Se dit d'une laine qu'on tire de la vigogne. (Ainsi qualifiée apparemment à cause de sa couleur.)

CARONADE, sf. Grosse pièce d'artillerie courte et renflée par la culasse. [1° Elle aurait été appelée ainsi du nom de son auteur, l'écoss. *J. Caron*, qui l'inventa au commencement de ce siècle. 2° Du nom de la ville de *Carron* en Ecosse, où furent fabriquées les premières de ces pièces : Gattel. Le g. Bardin a écrit que la *caronade* ou *caronnade* ou *curronade* a été inventée ou plutôt ressuscitée à *Carron* en Ecosse, en 1774; qu'elle tire son nom de la fonderie fameuse située près de Stirling, à peu de distance de Glascow.]

CAROTTE, sf. Plante légumineuse dont la racine charnue, qui est jaune ou blanche, est d'un goût douceâtre. La racine se nomme aussi carotte. [Du l. d'Apicius, *carota*, carotte, mot que les uns dérivent: 1° du gr. *krokos*, safran, parce que cette racine est ordinairement de couleur safran; et d'autres, du lat. *caro*, chair, de ce que cette couleur est d'un jaune rouge. 3° Pena, cité par Daléchamp, prétend qu'on appelle cette plante *carotte*, parce qu'elle ressemble au *carvi*. 4° Bullet, De Théis et Lœuillet, forment le

mot *carotte*, du celt. *car*, roux. 5° Un anonyme le rattache au g. *aron*, arum, et *karton*, sorte de légume, poireau; carotte. Muratori déclare que l'origine de l'ital. *carota* lui est inconnue. 6° Le Trip. rapporte le nom *carotte* à l'héb. *garot* et à l'all. *kraut*, herbe. En it. *carota*, angl. *carrot*, champ. *courot*, carotte.]
Carotte de tabac, Assemblage de feuilles de tabac roulées les unes sur les autres, en forme de carotte.
Carotter, vn. fam. Jouer mesquinement, ne hasarder que peu. (Cette signification est apparemment une allusion à cette expression figurée : *Ne vivre que de carottes*, qui signifie vivre mesquinement. Voy. la parenthèse ci-dessous.) *Carotté*, p.
Carotteur, euse, et **Carottier, ière**, s. fam. Qui carotte en jouant, qui joue timidement.
Tirer une carotte. (Génin dit : « C'est un fait assez curieux qu'une autre locution populaire analogue à *donner dans la bosse* se retrouve également dans l'italien : c'est *tirer une carotte*. Seulement les Italiens disent *planter une carotte, plantar* ou *ficar carote*. L'origine de cette façon de parler, dit Minucci, cité par le même auteur, c'est que dans un sol meuble et doux, image de la crédulité, la carotte acquiert un développement considérable. L'expression ital. s'arrête à l'intention du semeur de carottes; le franç. considère le procédé qui les récolte. L'expression fr. a bien l'air d'un emprunt perfectionné, et d'autant que la semaille précède la récolte; cette métaphore potagère pourrait bien avoir été rapportée d'Italie par nos soldats. » Cette expression et les trois précédentes pourraient bien n'être qu'une simple allusion à ces jeux de sociétés où l'on forme une loterie en apportant chacun son lot. Lorsqu'on tire ces lots au sort, il arrive souvent que l'un d'eux ne renferme qu'une carotte. Alors on tire réellement une carotte, et celui qui l'obtient est attrapé).

CAROUBE, CAROUGE, sf. Fruit du caroubier. C'est une silique aplatie, longue de trois décimètres environ, et qui renferme une pulpe d'un goût agréable. [Boiste, Roq. et autres, pensent que ce mot est de la même racine que le gr. *kéras*, corne, à cause de la forme de ce fruit. Ce qui favorise cette étym. c'est que les Gr. donnaient le nom de *kération* au fruit du caroubier, et que *kération* signifie propr. une petite corne. 2° Qqs.-uns dérivent simplement *caroube* de l'ar. *kharoub*, caroube. En turc *kharnoub*, berb. *akharroub*, caroube; ital. *carruba*, esp. *garroba*, anc. cat. *carrobla*, l. des Troub. *carobla*, prov. *carroubi, carrubi, courroubia*, b. l. *carubium, garrofa*, caroube.]
Caroubier, sm. Arbre qui porte les caroubes. Il se plaît sur les rochers, en Afrique, en Asie, en Palestine, en Egypte, et généralement dans les contrées chaudes de l'Europe.
Carouge, sm. Variante de *Caroube*.

CARPE, sm. anat. Poignet, la partie qui se trouve entre l'avant-bras et la main. [Du gr. *karpos*, carpe, jointure du bras et de la main, poignet. 1° L'origine de ce mot paraît être du sansc. *karabha*, poignet, le carpe. 2° Ogerio le dérive de l'héb. *égr'ph*, poignet, poing. 3° Le g. *karpos*, le carpe, poignet, et le g. *karpos*, fruit de la terre, des arbres, grain, semence, pourraient bien être de la même origine, comme le gr. *daktulos*, doigt, et *daktulos*, nom d'une plante; comme le lat. *digitus*, doigt, et *digitus*, petite branche; comme le lat. *palma*, creux de la main, main, et *palma*, palmier, datte, fruit, branche du palmier, palme, etc.]
*Carpien, ienne, adj. anat. Qui appartient au carpe. ***Epicarpe,** sm. méd. Cataplasme que l'on applique autour du poignet sur le pouls.
Métacarpe, sm. anat. Seconde partie de la main située entre le carpe et les doigs, composée de cinq os parallèles. (Gr. *méta*, après).
***Métacarpien, ienne,** adj. anat. Qui appartient au métacarpe.

CARPE, sf. Poisson de rivière et d'étang très-connu. [1° Selon Diez, le fr. *carpe* est de la même racine que le lat. *cyprinus*. *Cyprinus* est le gr. *kuprinos* que les dictionn. gr. traduisent par carpe. Suivant qqs. naturalistes, le fr. *carpe* ost lo gr. *kuprinos* d'Aristote, d'Athénée, d'Oppien et d'Elien, et le l. *cyprinus* de Pline, de Woton, de Rondelet, de Belon, de Gesner, d'Aldrovande, de Jonston, de Charleton, de Willughby, de Ray, d'Artédi, de Linné et autres. *Cyprinus* est le nom générique sous lequel Artédi donne trente-trois espèces de poissons blancs. Tous les hellénistes ont lié le gr. *kuprinos*, carpe, au gr. *kupris*, Cypris ou Vénus. Selon Gesner, Martinius et autres savants, les Gr. et les Lat. ont nommé ainsi la carpe, comme qui dirait la carpe de *Cypris*, à cause de la prodigieuse fécondité de ce poisson, ou parce qu'on a cru que c'est un aliment favorable à la fécondité; ou parce que la laite du mâle est réputée aphrodisiaque; ou parce que ses écailles sont brillantes; ou parce que cet animal est cuivré, c-à-d., jaune, quand il est vieux. 2° Malgré tant d'autorités favorables à cette étym., on peut bien en douter, si l'on songe à la confusion qui a existé dans la nomenclature zoologique. D'un autre côté, le gr. *kuprinos* et le lat. *cyprinus* pourraient tout aussi bien se rapporter au sansc. *çaphara*, sm. ou *çaphari*, sf. qu'au nom de *Cypris*. Or *çaphara* ou *çaphari* désigne une sorte de poisson : *a sort of carp, Cyprinus chrysopterus* dans Wilson; et Bopp. Scheler trouve que le h. all. anc. *charpho*, l'all. mod. *karpfen* et l'angl. *carp*, carpe, paraissent être de la même famille que le gr. *kuprinos*, l. *cyprinus*. 3° Constancio croit que la *carpe* a reçu ce nom en raison des grands sauts qu'elle fait, du g. *karpaia*, sorte de danse. 4° Reiff le tire du g. *koprinos*, de boue, sale, impur. 5° Le Trip. le rattache aux lang. germ. Ce poisson se trouve déjà désigné par les auteurs de la Renaissance sous les noms de *carpo, carpa, carpena*, et dans les lang. du Nord sous le nom de *karpf, karpfen*, le nom de *carpena* se lit dans les auteurs du 6° s. Il ne paraît pas probable qu'il ait été alors le poisson auquel les Gr. appliquaient le nom de *kuprinos*, et que Pline a rendu par le mot *cyprinus*. Ce poisson est donné comme originaire de la Perse, d'après Wal.]
Carpeau, sm. Petite carpe.
Carpillon, sm. Très-petite carpe.
***Carpic,** sf. Hachis de carpe.
***Carpière,** sf. Lieu où l'on nourrit des carpes.

***CARPELLE,** sf. bot. Chacun des fruits qui proviennent d'un seul pistil. [Du gr. *karpos*, fruit de la terre, des arbres; par ext., grain, semence, fruit du ventre, fœtus; fig., produit, résultat. 1° D'après Bopp et Benfey, le gr. *karpos* se rapporte au sansc. *çro-n'a*, mûri; *çri* ou *çrai*, cuire; *crish* ou *crisch*, brûler. Ainsi *karpos* signifierait propr. ce qui est mûr, mûri, ou, ce que l'on fait cuire. 2° D'après qqns *karpos* appartiendrait à la même origine que le lat. *carpo, carpere*, cueillir, détacher, manger, arracher, couper; et que l'hébreu *karaph*, il a détaché, il a coupé; et que le sansc. *kriv, krip*, rompre, atténuer. Géb. assure que *karpos* est mot à mot ce que l'on cueille, coupe, arrache, il rapporte ce mot à *car, cra*, qui, dans son sens propre et d'onomatopée, signifia incision, entaille. 3° Martinius conjecture que *karpos* est un mot composé du gr. *kara*, *karé*, tête, et *paô*, je mange, je pais, mot à mot : tête qui se mange. La 2° étym. paraît être la plus probable.]

*Carpellaire, adj. bot. Qui appartient aux carpelles. **Carpèse*, sm. **Carpésie**, sf. Genre de plantes corymb.fères.

*Carpésié,e, adj. bot. Qui ressemble à une carpèse. **Carpésiées*, sf.pl. Famille de plantes à fleurs composées.

*Carpésion, sm. bot. Nom grec d'une plante qu'on croit être une valériane.

*Carpique, adj. bot. Qui a rapport au fruit.

*Carpoblepte, sm. Genre d'algues marines.

*Carpobole, sm. Genre de champignons.

*Carpobolé, e, adj. bot. Qui ressemble à un carpobole. **Carpodonte*, sm. bot. Arbre de la terre de Van Diémen.

*Carpodonté,e, adj. bot. Qui ressemble à un carpodonte.

*Carpodontées, sf.pl. Famille de plantes.

*Carpolithe, sm. géol. Fruit fossile.

*Carpologie, sf. Traité des fruits.

*Carpologique, adj. Relatif à la carpologie.

*Carpologue, sm. Qui se livre à l'étude des fruits. **Carpolyse*, sf. Genre de plantes liliacées.

*Carpomorphe, adj. En forme de fruit.

*Carpomyse, adj. hn. Qui suce le jus des fruits.

*Carpophage, adj. hn. Qui se nourrit de fruits.

*Carpophile, adj. bot. Qui croît sur les fruits.

*Carpophore, sm. Support de l'ovaire d'une plante. **Carpophylle*, sm. bot. Feuille qui en se plissant produit un ovaire.

*Endocarpe, sm. bot. Membrane interne du fruit. **Endocarpé, e*, adj. bot. Qui ressemble à un endocarpe.

*Endocarpées, sf. pl. Famille de lichens.

*Epicarpe, sm. Membrane extérieure du fruit.

*Epicarpé, e, adj. bot. Qui est porté par le fruit. **Epicarpique*, adj. bot. Supporté par l'ovaire ou le fruit.

*Mésocarpe, sm. bot. Syn. de *Sarcocarpe*.

*Monocarpe, adj. bot. A un seul fruit.

*Monocarpien, ienne, adj. bot. Se dit des végétaux qui ne peuvent donner du fruit qu'une seule fois, et meurent après leur fructification.

Péricarpe, sm. bot. Ensemble des parois de l'ovaire; ou enveloppe extérieure du fruit; le fruit considéré dans son ensemble. (Gr. *péri*, autour, *karpos*, fruit.)

*Péricarpien, adj. m. bot. Se dit des tubercules qui remplacent les graines dans les péricarpes.

*Péricarpial, e, adj. bot. Qui se développe sur le péricarpe, ou dans le péricarpe.

*Péricarpique, adj. bot. Qui ressemble au péricarpe; qui a rapport au péricarpe.

*Péricarpoïde, adj. bot. Se dit de la cupule qui est formée d'une seule pièce, recouvrant et cachant entièrement les fruits, s'ouvrant quelquefois régulièrement, pour les laisser échapper à l'époque de leur maturité.

*Polycarpe, adj. bot. Qui porte beaucoup de fruits. **Polycarpée*, sf. Genre de plantes.

*Polycarpellé, e, adj. bot. Se dit du fruit résulte de plusieurs carpelles soudées ensemble.

*Polycarpien, ienne, adj. bot. Qui peut porter fruit plusieurs fois.

*Sarcocarpe, adj. bot. Dont le fruit est charnu. **Sarcocarpes*, sm. pl. Famille de champignons. (G. *sarx*, *sarkos*, chair, pulpe.)

*Sarcocarpe, sm. bot. Partie vasculaire du fruit, qui se trouve placée entre l'épicarpe et l'endocarpe. **Sarcocarpien, ienne*, adj.bot. Se dit des champignons qui sont charnus, au moins dans leur premier âge.

*Syncarpe, sm. bot. Fruit multiple qui provient de plusieurs ovaires appartenant à une même fleur, soudés ou seulement réunis, même avant la fécondité, comme ceux des renoncules, des magnoliers.

CARQUOIS, sm. Etui à flèches. [1° Selon Mén., De Chev. et autres, ce mot serait d'origine german. et se rapporterait à l'all. *köcher*, carquois, au judesq. *coccare*, à l'anglos. *cocer*, *coxere*, *coxre*, au dan. *koger*, au holl. *koker*, et à l'angl. *quiver*, carquois. Les lang. néo-latines auraient transposé l'*r* devant la gutturale, parce que le mot germ. était peu en rapport avec leur mode de prononciation. 2° Le gén. Bardin dit: « Ce mot vient, suivant quelques étym., de l'all. *koecher*, carquois; mais il est plus probable qu'il dérive immédiatement du b.l. *carcaissum*, *carcassum*, qui aurait produit l'ital. *carcasso* et l'esp. *carcax*; et qui aurait une origine commune avec le fr. *carcasse*. Selon Scheler, le fr. *carquois*, pour *carquais*, anc. *carcais*, serait une simple modification de genre de l'ital. *carcosso*, carquois, fait de l'ital. *carcasa*, carcasse, mot qu'il forme du lat. *caro*, chair, et du b.l. *cassus*, poitrine, thorax: caisse de chair: squelette de la poitrine. 3° Wachter donne pour racine à ce mot le celt. *kaw*, creux; 4° et rejette l'opinion de Ferrari qui dérive *carquois* du mot *cocca*, coche d'une flèche; parce que *cocc* n'était pas connu avant le Dante. 5° Ferrari a dérivé aussi *carquois*, du lat. *arcus*, arc; 6° Constancio le forme du gr. *kéras*, corne, et *échô*, contenir, renfermer. 7° Bardin dit le tire du lat. *circus*, cercle; 8° et un autre du gr. *k'rukos*, sac de cuir, besace: 9° Bullet, du celt. *carc*, enfermer, renfermer; 10° et Faivre et autres, du l. *arca*, coffre, cassette: 11° Denina affirme que *carcasse* est d'origine ar. 12° Eloi Johanneau estime que *carcasse* et *carquois* ont pour radical le mot *cargue*, charge, d'où *cargaison*, *subrécargue*, etc. Il aurait pu ajouter que de *carquois* le gr. *pharetra*, carquois, a été fait du grec *phérô*, je porte. 13° D'après Quatremère et de Mas-Latrie, on a dit en fr. *tarquais* et *tarquois*, avant d'avoir dit *carquois*. *Carquois* serait, en effet, une altération de *tarquois*, et la traduction incontestable du mot *tarkasch* des langues orientales. Les Ital. ont retenu dans leur mot *turcasso*, carquois, le tl du radical tartare. En pers. *terkeck*, carquois; et *terk*, carquois, casque; ital. *carcasso*, esp. *carcax*, b.l. *carcaissum*, l. des Troub. *carcais*, anc.fr. *carcas*, *carcois*, *carquais*, *Carquaise*, *carquèse*, carquois.]

CARRARE, sm. Marbre blanc que l'on tire des environs de *Carrare*, ville d'Italie. [Du nom de *Carrare*, ville célèbre par ses carrières de marbre. Strabon a mentionné le port de *Luna* avec ses carrières de marbre, auj. si célèbres sous le nom de *Carrare*. 1° Ce nom propre semble tenir de la même souche que le fr. *carrière*, en b.l. *carraria*, carrière; et se rapporter au ce t. *car*, roc, pierre; et à l'anc. sax. *carr*, lieu, rocher. 2° Il pourrait encore être venu du l. *carrus*, voiture, d'où le b.l. *carrera*, chemin où une voiture peut passer. Cluvérius parle de *Carrea*, nom d'une ville située entre Pise et la rivière *Macra*. Le beau marbre qui porte le nom de *Carara* ou *Carrare*, se tire, dit un auteur, des environs de Gênes.]

CARROUSSE, sf. inusité. *Faire carrousse*, c'est faire débauche, boire avec excès. [1° *Carrouze*, sm. et non sf. comme le dit fautivement l'Acad. On dit aussi *carrousse*. Ce mot, dont l'étym. est la même que celle de *carrousel*, donne l'idée d'un *char* ou d'une machine roulante que les Ital, nommaient *carreggio*, *carrocio* : le gén. Bardin. 2° D'après l'Acad. Gatt., et Furet., Noël., Carp., Trév., Mén., ce mot aurait été fait de l'all. *garaus*, t. pop. signifiant fin, ruine; parce que l'on boit jusqu'à ce qu'il ne reste plus rien dans les bouteilles. Schuster rapporte ici l'angl. *carouse*, et l'esp. *carauz*. 3° Borel le dérive du gr. *chara*, joie. Selon Mén. on a dit d'abord *carrous*. « Faire *carrousse*, *carrousser*, d'où *carrosse*, étaient des expressions nouvellement introduites du temps de H. Estienne. »]

***CARTHAGE**, s.pr.f. géo. anc. Ville célèbre d'Afrique, fondée par une colonie de Tyriens. [Lat. *Carthago*, gr. *Karchêdôn*, Carthage; du phén. *Kartha*, ville, *hadda*, neuve: la nouvelle ville, par opposition à celle d'*Utique*, en face de laquelle elle était située et qui était bien plus ancienne qu'elle. Les Espag. changèrent *Carthada* en *Carthaga*, d'où le l. *Carthago*. Et les Gr. en firent *Karchêdôn*. 1° Quatremère dit: « Le v. *kerden*, en pers., signifie faire ». On peut croire que la forme de ce v. a été altérée par l'orthographe et la prononciation des Ar. Dans l'origine, on disait *gher den* au lieu de *kerden*; l'impératif avait la forme *gher*, et l'aoriste, celle de *gheren*, *gheri*, *ghered*... De là un substantif, celui de *ghârd*, qui entre dans la composition de plusieurs noms de villes. Il désigne propr. «l'ouvrage de». Ainsi le nom *Darabghird* signifie l'ouvrage de *Darab* ou *Darius*, la ville fondée par Darius. Le mot *gherd* se trouve aussi en arménh. avec la même signif., comme dans le nom de *Tigranocerta*. Ce terme présente une analogie visible avec le mot héb. *Kereth*, ville, qui a donné naissance aux noms de Carthage, de Cirta. Gésénius forme l'héb. *qéreth*, ville, du v. *qârâ*, qui, à la forme pihel *qêra*, signifie il a mis la charpente, il a couvert. 2° Scrieck prétend que *Carthago* vient du celt. *gar-tag*, réunion opposée. 3° D'après Cicéron, *Carthage*, fille de Melkarth, l'Hercule tyrien, aurait donné son nom à la ville de Carthage. En chald. *qartâ* ou *qarthâ*, ville. 4° Wachter pense retrouver la racine de *qartâ*, dans l'anc. germ. *gard*, fortification, ville, place forte, camp, bourg; et dans les n. pr. géogr. *Vologesocerta*, *Czarigrad*, *Novogorod*, *Belgrad*, *Stargard*, *Asgard*, *Mycklegand*, *Stutgard*, etc. 5° Les auteurs du Trip. croient retrouver le radical *kar*, *ker*, *kir*, *gir*, *hir*, dans *Carthago*, *Caraglio*, *Caralis*, *Carignan*, *Hir-schalem*, *Hier-u-salem*, Jérusalem, signifiant ville de salut. Dans Humfred L'uyd, *caer* est un mot bret. signifiant ville. Gervasius Tilberiensis et Bochard disent que *cair* ou *caër* signifie ville en phén. et en troyen.]

***Carthaginois**, adj. et s. Habitant de Carthage; qui appartient à cette ville ou à ses habitants.

***Carthagène**, s.pr.f. Ville d'Espagne, bâtie par les Carthaginois. De là les noms de villes cités dans la Bible: *Cariath*, *Cariathaim*, *Cariatharbe*, *Cariatharim*, *Cariathbaal*, *Cariathjarim*, *Cariathsepher*, *Cariathsenna*, *Carioth*, *Cartha*, *Carthan*.

CARTHAME, sm. bot. Plante originaire d'Égypte. Sa semence est appelée graine de perroquet; sa fleur d'un rouge foncé sert à former le rouge végétal. [1° De l'arabe *qartham*, safran bâtard, d'après Piban, De Théis, Forskahl. 2° Du gr. *katharmos*, purgation, dérivé du gr. *kathairô*, purger; parce que sa semence passe pour un violent purgatif: Gatt. et autres. Son nom lat. est *carthamus*.]

***Carthamé, e**, adj. bot. Qui ressemble au carthame. ***Carthamées**, sf. pl. Famille de plantes à fleurs composées.

***Carthamine**, sf. chim. Matière colorante rouge du carthame. ***Carthamique**, adj. m. chim. Se dit d'un acide qui existe dans le carthame.

CASE, sf. Maison, cabane des Nègres; au trictrac, chacune des places qui sont marquées par une sorte de flèche; aux échecs ou aux dames, un des carrés de l'échiquier; espace, compartiment disposé pour y placer séparément différents objets. [Du l. *casa*, cabane, chaumière; maisonnette; nid d'oiseaux; baraque. Cette famille de mots s'est répandue en Orient, en Occid., au Nord et au Midi. Les mots qui la composent ont altéré leur orthogr. et leur prononciation selon les pays. La combinaison *ksh* du sansc. abandonne toujours en celt. l'un de ses éléments, tantôt la gutturale, tantôt la sifflante. En sansc. *kshaya*, maison, l. *casa*, cabane, irl. *cai*, maison. Le l. *casa* et l'all. *haus* sont les mêmes noms, dit Denina, sans qu'on puisse dire si l'all. a fait de *casa* *haus*; ou le l. de *haus* casa, que l'it. a substitué à *domus*. Il en est de même de *caput* et *haupt*, de *cornu* et *horn*, de *canis* et *hund*, etc. En hébr. *kâsâ*, il a couvert; *kzsâh*, il a couvert, enveloppé, il a caché; *châsak*, il a enfermé, conservé, retenu. Pers. *kiazè*, hutte de jardin, étable d'hiver pour le gros et le menu bétail. En magyare, *haz*, maison. Les auteurs du Trip. lient le l. *casa*, au german. *haus* anc, germ. *hus*, à l'angl. *house*, au holl. *huis*, suèd. *hus*, dan. *huus*, au croat, *kuzha*, au russe *khoz*, etc. Lors de la décadence de la lang. lat., *casa* signifiait non-seulement cabane, chaumière, mais encore une maison quelconque. Esp., it., cat., port. et l. des Troub. *casa*, demeure, case, maison, famille. Florentin *hasa* ou *hausa*, valaq. *kassa*, maison. Prov. *caso*, case, demeure, maison. Toulous. *s'acasi*, se retirer, se loger, *acasit*, logé, pourvu, dans Goudelin. Anc. fr. *casèle*, petite maison; case; *casette*, petite maison, chaumière;]

***Case**, sf. Caisse placée sous le bluteau.

Casanier, ière, adj. et s. Qui aime à rester chez lui. (Ce mot était nouveau du temps de H. Est.)

Casemate, sf. Souterrain voûté à l'épreuve de la bombe, pour défendre la courtine et les fossés, ou pour loger des troupes au besoin. (De l'esp. *casamata*, qui, suivant les uns, veut dire maison basse, suivant les autres, maison cachée. On a supposé, dit le g. Bard., qu'il pouvait même signifier édifice d'où l'on tue, en employant le mot *matta*, comme dérivé du v. esp. *matar*, massacrer; *casa matar* signifie case à tuer, selon le S., 6 janv. 1861. On a dérivé aussi ce mot de l'it. *casa armata*; maison meurtrière; ou de *casa muta*, prison de soldat; enfin de *casa a mati*, loge de fous. M. Delatre pense que de l'it. *casa*, maison, et *matto*, fou, on a formé en it. *casa-matta*, maison folle, maison, loge de fous. M. Léon Feugère le compose de l'ital. *casa*, maison et *mattone*, brique. Comme on trouve *chasmate* dans Rabelais, M. Diez et autres ont pensé qu'il provient du gr. *chasmata*, gouffres. Covarruvias soutient qu'il est composé de l'esp. *casa*, maison, et *mata*, basse. Cette dernière étym. est la plus suivie. Le mot *casemate* était nouveau du temps de H. Estienne. L. b. *casamata*, casemate; *casamentum*, cabane, maison, édifice; *casanare*, habiter la maison.)

***Casemate**, sf. Trou dans lequel les renards et les blaireaux font terre aux bassets.

***Casemater**, va. Garnir un rempart de casemates; donner la forme d'une casemate. **Casematé, e*, p. **Casematé, e**, adj. Se dit d'un bastion où il y a des casemates.

Caser, vn. Au trictrac, faire une case.

Caser, va. fam. Placer qqn *Casé, e*, p.

Se caser, va. pr. fam. S'établir comme on peut

en un lieu. ***Caserette**, sf. Moule à fromage.

Casier, sm. Garniture de bureau divisée en cases pour recevoir des papiers.

Caserne, sf. Bâtiment où logent des soldats. (De l'esp. *caserna*, grande et grosse maison. Il signifiait dans cette lang., édifice voûté faisant partie des fortifications. Morgan Cavanagh dit: «Le mot *caserne* fut fait lorsque *cas* était le mot pour maison, puisqu'il signifie littéralement *maison cela dans*, c'est-à-dire *c'est dans la maison*, *c'est être* dans la maison.» Ce mot dérive du lat. *casa*, comme *caverna* de *cava*. It. *caserma*, port. *caserna*, caserne. Les premières casernes furent construites par Louvois, ministre de la guerre sous Louis XIV, pour les garnisons, qui n'en avaient pas avant lui.)

Caserner, va. Loger dans des casernes; vn. Faire caserner. *Caserné,e*, p.

Casernement, sm. Action de caserner.

*****Casernet**, sm. mar. Registre pour les maîtres.

*****Casernier**, sm. Concierge d'une caserne.

*****Casino**, sm. Lieu où l'on se réunit, salon de réunion d'une société de jeu, de lecture, de musique, de conversation, dont les frais se font par abonnement. (It. *casino*, de casa.)

Cassine, sf. Petite maison de campagne; t. milit., maison détachée au milieu des champs, où l'on peut s'embusquer et se retrancher. (De l'ital. *casina* ou *casino*, dimin. de *casa*, maison. Ce nom a passé du Piém. dans le Midi de la France. L. b. *cassa*, maison, édifice; *cassina*, petite cabane, cahute. Gloss. champ. de M. T. *cassine*, chaumière; pic. et berr. *cassine*, petite maison en mauvais état; vieille maison incommode.) *****Décaser**, va. Faire sortir de sa case; déloger qqn.; fig., déplacer, priver d'une position acquise. *Décasé, e*, p.

*****Demi-case**, sf. Flèche du jeu de trictrac sur laquelle il n'y a qu'une dame.

*****Surcase**, sf. trictr. Case où il y a plus de deux dames.

Casaque, sf. Vêtement en manteau, surtout à larges manches. (Ce mot ne vient pas du l. *sagum*, ni du nom des *cosaques*, ni de l'héb., ni du gr. *iógé*; ni du suiogoth. *jacka*, ni de *capsa*, ni de *caracalla*. De Chevallet le dérive de l'écoss. *casaq*, vêtement, long habit qui vient jusqu'aux pieds, casaque, mot qu'il forme de *cas*, pieds, jambes, par la même raison que les Lat. ont dit *vestis talaris*. Cette dernière étym. présente deux difficultés: la première est de savoir si *casaq* est réellement d'origine écoss.; la deuxième, si les Ecoss. ont, comme les Rom., pensé aux pieds, aux jambes ou aux talons en nommant ce vêtement. M. Diez, ainsi que Junius, Covarruvias, Adrien, etc., dérive *casaque*, du l. *casa*, cabane, hutte, d'où le l. b. *casula*, chasuble. Ce terme, dit le g. Bard., est analogue aux dépréciatifs ou diminutifs ital. *casaccio*, *casacchino*, habit de dessus. Denina dit: «Il est aussi étonnant de voir chercher ce mot au fond de la Russie, chez les Cosaques, qu'il l'est de voir d'autres étym. le compter parmi ceux d'origine inconnue. Il dérive du lat. *casa*, aussi sûrement que *poetica*, *rhetorica*, *physica*, dérivent de *poeta*, *rhetor*, *physis*; et il signifie un vêtement simple qu'on porte dans la maison, *in casa*; comme *zimarra*, *simarra*, veut dire l'habit qu'on tient dans la chambre, en all. *zimmer*.» C'est ainsi, du reste, que *habit*, *habitude*, *habits*, sont de la même racine que *habitation*. De même la r. qui a fait *caput* a fait aussi *cap*, *chape*, *chapeau*. D'après Agatharsidas et Juste Lipse, les Egypt. auraient appelé *casas* certains vêtements faits de feuilles; c'est de ce mot *casas* que ce dernier tire le flam. *casack*, casaque. L'idée d'abri, de protection, est commune à celle de *casa*, *case*, et de *casaque*. En b. l. *cazeta*, casaque, it. *casacca*, esp. et port. *casaca*, casaque.

Gaël irl. *casog*, Gaël écoss. *casag*, *cosach*, casaque.)

Casaquin, sm. Petite casaque; demi-robe de femme; déshabillé court.

Chasuble, sf. Ornement que le prêtre met par-dessus l'aube et l'étole pour célébrer la messe. (Selon Casen., Gatt., Roq., Géb., Du Cange, Ihre, Monteil, etc., de *casubula*, *casula*, *casa*. Les anciennes chasubles étaient si hautes, si longues, si larges, qu'elles cachaient le prêtre comme s'il eût été dans une *casa*, une petite maison d'or et de soie, dit Monteil. De même qu'une cabane, la chasuble couvre l'homme tout entier, dit Du Cange. Ainsi chasuble ne vient pas du celt. *cas*, ce qui couvre, cache, ou enveloppe; ni de *capifibula*, ni de *capsa*, ni de *capio*, *captum*. Philon, Juif cité par Dacier, a dit: *des maisons portatives*, pour *des habits*. Lang. des Troub. *cazubla*, anc. pic. *casule*, Gloss. champ. de M. T. *casure*, anc. fr. *casure*, *casuble*, b. l. *casula*, chasuble.)

Chasublier, sm. Fabricant de chasubles et d'autres ornements d'église.

Chez, prép. Dans la maison de, au logis de. (Du l. *casa*, cabane, chaumière, maisonnette, selon Denina, Diez, Constancio, Delatre, etc., etc.; et non du l. *apud*, ni de *capsa*, ni de l'it. *apo*. De là en b. l. *caya*, maison, et l'anc. fr. *chesal*, maison, demeure, et *chaiz*, ouvroirs. Denina dit: « Plusieurs étym. ont oublié d'observer que les mots lat. sont passés dans les idiomes modernes deux ou trois fois sous des formes différentes, comme beaucoup de noms grecs sont passés d'un dialecte à l'autre, puis dans le lat., différemment formés, et c'est ce qui les a fait balancer à admettre des étym. très-certaines, comme celles de *chef* et de *cap*, de *capuz*, de *caput*, d'*eau* d'*aqua*, et *chez* de *casa*. En port. *nào ter casa*, n'avoir point de chez soi. En it. *in casa*, *a casa*, anc. esp. *en cas*, chez, littér. dans la maison: *chez mon père*, signif. propr. dans la maison de mon père. Champ. *chuy*, *achiez*, *cheux*, *cheaz*, chez. Anc. fr. *chiés*, chez. Picard *cheux*, *chu*, chez. Du temps de Vaugelas, on prononçait, même à la cour, *cheu vous*, *cheu moi*.)

CASÉEUX, EUSE, adj. De la nature du fromage. [Du l. *caseus*, *i*, fromage. Etym. de *caseus* : 1° Pour *coaxeus*, du l. *coactum lac*, lait caillé: Varr. 2° Du l. *coeo*, *coitum*, se réunir: Fest. 3° Du l. *careo*, manquer de, parce que le fromage manque de petit-lait : Isidore. 4° Du l. *casa*, chaumière, parce que le fromage se fait ordinairement dans les chaumières: Jules Scaliger. 5° De l'osque *casus*, pour vieux, ancien, d'où les mots sabins *cascus*, ancien, vieux, et *casnar*, vieillard : Jos. Scaliger. 6° Du chald. *kasa*, vieillir : Voss. 7° Du sémit. *chárits*, qui aurait signifié fromage, selon Guichard. 8° Du celt. *cas*, dans le sens de caisse ou moule, comme le bret. *fourmaich* et le fr. *fromage*, de *forma*, c-à-d. de la forme dans laquelle on fait le fromage, selon Bullet, et Gébelin après 9°. Du gall. *caws*, fromage, selon Bullet, déjà cité. 10° Du celt. *caus*, fromage. Le P. Pezron. 11° De l'héb. *charits*, dans le sens de portion de lait caillé, de fromage mou; d'après Guichard. Cette dernière étym. revient à celle de Vossius. En all. *käs* fromage; h. all. anc. et moy. *chas*, *chaase*, fromage, anc. scand. *kaesir*, présure de veau; anglos. *cese*, *cyse*, sax. mod. *kese*, fromage; angl. *cheese*, holl. *kees*, *keeze*, *kaes*, *kaas*, fromage; gall. *caws*, *cosyn*, gaël écoss. *caise*, gaël irl. *cais*, it. *cacio*, esp. *queso*, port. *queijo*, lith. *kiezàs*, basq. *gasna*, b. l. *cacius*, *cagius*, fromage.]

*****Caséate**, sm. chim. Sel résultant de la combinaison de l'acide caséique avec une base.

*****Caséation**, sf. Caillement du lait, conversion du lait en fromage.

*****Caséiforme**, adj. En forme de fromage.

*****Caséine**, sf. chim. Substance qui fait la bas

fromage. *Caséique, adj. chim. Se dit d'un acide qu'on trouve dans le fromage fait.

CASIMIR, sm. Etoffe de laine croisée et légère. [1° Variante de *Cachemire*, comme on dit aussi châle de *Cachemire*. 2° De *Casimir*, nom de l'inventeur de cette étoffe. Cette dernière étym. est la plus suivie. Quant à l'origine de ce n. pr., elle n'est encore que conjecturale. En slave *kazimir*, *kazemar*, veut dire un homme célèbre, mot que l'on compose de *mar*, *mir*, seigneur, ou homme d'une haute dignité, et de l'all. *geiss*, chèvre, mot qui s'est écrit aussi *gas*, *gos*, *kos*. En pers. *mir*, seigneur; anc. germ. *mar*, prince, maître, seigneur. Dans l'anc. gaul. *mir*, prince, maître, seigneur ou homme d'une haute dignité. En syriaq. *mar*, seigneur, maître. Bochart dit que *mar*, auj. *maur*, signifie grand en bret.; et que de là vinrent les noms composés des chefs des Gaul.: *Condomarus*, *Civismarus*, *Combolomarus*, *Induciomarus*, *Viridomarus*, *Teutomarus*, etc. La forme *mir* se retrouve dans *Altmir*, *Ariomir*, *Chlodomir*, *Glitmir*, *Ingomir*, *Marcomir*, *Rainmir*, *Rigimir*, *Watmir*, etc. En gall. *mawr*, bret. *meür*, gaël écoss. et irl. *mor*, grand.]

CASQUE, sm. Armure ou habillement de tête pour la guerre; blas., représentation d'un casque sur l'écusson des armoiries. [Du l. *cassis*, *cassidis*, casque, d'où le b. l. *cassicum*, *cussicus*, *caexia*, casque. En l. on a dit aussi *cassida*, casque. On dérive encore *casque* de l'esp. *casco*, crâne; et du l. *cassus*, creux. Mais la première étym. est communément préférée. Comme les vêtements ont presque toujours reçu le nom de la partie du corps qu'ils couvrent, Doed. n'est point déraisonnable en dérivant *cassis* du dorien *kottis*, tête, c'est le gr. *kottē* ou *kottos*, tête. 2° Par la même raison, Ihre le rapporte au suiogoth. *hœs*, tête : h==c. 3° Doed. dérive aussi *cassis*, de *capsis*, casque de cuir; alors *ssis* serait pour *psis* par assimilation. En esp. *caxeo*, casque. Ce n'est que depuis le milieu du 17e s. que le mot *casque* est devenu générique pour exprimer toute espèce de coiffure de métal.

*Casque, sm. Nom que l'on donne à des cuirs extrêmement forts; hn., tubercule calleux qui surmonte la tête de qqs univalves; genre de coquilles univalves; partie de la bouche des insectes coléoptères.

*Casqué, e, adj. numism. Qui porte un casque; hn. qui porte un casque ou des tubercules en forme de casque.

Casquette, sf. Coiffure d'homme, sorte de bonnet d'étoffe ou de peau, avec ou sans visière.

*Cassidaire, sm. ant. rom. Intendant qui était chargé de l'entretien des casques de l'armée; ouvrier qui faisait des casques.

*Cassidaire, sf. Genre de coquilles univalves.

*Casside, sf. Genre d'insectes coléoptères, dont le corselet et les élytres s'avancent au-delà du corps et forment une espèce de casque.

Casoar, sm. hn. Oiseau de l'Inde, presque aussi gros, mais moins grand que l'autruche. (1° On rapporte qu'il a été nommé ainsi par ceux qui l'ont apporté, à cause du *casque* osseux qui couvre sa tête. Bontius dit à peu près la même chose. 2° Selon Clusius, ce nom aurait été fait de *cassuwaris*, nom de cet oiseau en lang. malaise. Cependant Boze dans son Dict. malais ne fait nulle mention des mots *cassuwaris*, et il nomme en cette lang. le casoar *kaldec* et *bouroung-roussa*. D'après les Mém. de l'Acad. on a appelé d'abord cet oiseau *casuel*, puis *casoar*. En angl. *cassiowary*, pol. *kazoar*, casoar. Le mot angl. *cassi-owary* se rapproche beaucoup plus du lat. *cassi-s*, casque, que le fr. *cas-oar*.]

*CASSANDRE, sf. myth. Fille de Priam et d'Hécube, obtint d'Apollon le don de prophétie, mais à condition qu'on n'ajouterait pas foi à ses prédictions. Devenue esclave d'Agamemnon, elle fut tuée avec lui par ordre de Clytemnestre. [L. *Cassandra*, g. *Kassandra*, Cassandre. Noël compose ce n. du g. *kasis*, frère ou sœur; cousin, parent; et de *aner*, *andros*, homme, homme de cœur.]

CASSAVE, sf. Farine de manioc séchée; pain fait avec cette farine. [Pison, Maryet, De Théis, nous disent que « la plante appelée par les Brésil. *mandioca* ou *mandūba*, est appelée en Amériq. *cassavi*, d'où vient le nom de *cassave*, usité parmi les habitants des villes. » Mais A. de Humbold nous apprend que le mot haït. *casabi* ou *cassave* ne s'emploie que pour le pain fait des racines du *jatropha*. Un autre voyageur rapporte que la plante dont on fait le pain aux Antilles, et que les habitants appellent *cassave*, et la boisson ordinaire qu'ils nomment *oüycou*, est un arbrisseau fort tortu et tout rempli de nœuds.]

CASSER, va. Briser, rompre; fig. annuler, déclarer nul, casser un jugement, un arrêt, un testament; affaiblir, débiliter : Académ. [Du lat. *quassare*, ébranler, secouer, briser, casser, par le chang. très-fréquent de *q* en *c*. Dans Juvén., *quassare*, casser. Ce v. est le fréquent. de *quatio*, *quatere*, *quassum*, secouer, pousser, frapper, ébranler, briser, ruiner; d'où les composés *concussare*; *conculere*, *concussum*; *incutere*, *incussum*; *percutere*, *percussum*; *discutere*, *discussum*. Cette famille semble devoir son origine à l'onomatopée, au bruit que produisent deux corps qui se choquent, s'ébranlent, s'agitent, se cassent, se renversent. Elle semble aussi s'être propagée sur la plus grande partie de l'ancien monde, en variant, selon les pays, plutôt sa forme caractéristique, que ses significations. En sansc. *kuth*, choquer, heurter, blesser, frapper, vexer, tuer; hébr. *káthath*, il a frappé, battu; *gāhasch*, il a frappé, il a ébranlé, il a brisé, cassé; *chāthath*, il a rompu, il a brisé. En gr., on pourrait citer les mots *óthéō*, pousser violemment, pousser, précipiter; *osmos*, impulsion; *othó*, mouvoir. En pers. *kikhten*, briser, casser; ar. *qacym*, qui rompt, qui brise; *qasm*, action de casser, de briser; *qaçam*, fracture; *qasmet*, fragment; copte *kach*, casser; all. *quetschen*, holl. *quetsen*, angl. *to squeeze*, suéd. *qwesa*, écraser, écacher, briser, concasser; it. *cassare*, esp. *casar*, cat., port. et lang. des Troub. *cassar*, casser, briser. Lat. *succutere*, port. *sacudir*, secouer; bl. *succussio*, anc. fr. *escous*, secousse. Lang. des Trouv. *quas*, cassé; *quassie*, cassée. Rouchi *skuer*, *scuer*, bl. *excussare*, anc. fr. *escouir*, *escourre*, secouer. Rouchi, *casser*, sav. et auv. *cassa*, casser. Anc. fr. *quasser*, battre, frapper, et *quasser*, casser; *sequeuer*, secouer, s'agiter. Des Trouv.] *Cassé*, *e*, p.

Casser, vn. Se casser, se rompre, se briser.

Cas, asse, adj. vi. Qui sonne le cassé.

Casilleux, euse, adj. Pour *cassileux*, *euse*, se dit du verre qui se casse au lieu de se couper, quand on y applique le diamant.

Cassade, sf. fam. vi. Mensonge pour servir d'excuse, de défaite, ou pour plaisanter; au brelan, renvi avec mauvais jeu. (Ce nom vient de ce qu'un Manceau, pour s'exempter de prêter son cheval à ses amis, leur disait que son cheval avait une *cassade*, qui est un vieux mot qui signifiait alors une *blessure de cheval*: Furet. et Trév.)

*Cassage, sm. Action ou opération de casser.

*Cassaille, sf. Première façon que l'on donne à la terre pour la rompre, la casser, avant de labourer. **Cassant, e**, adj. Sujet à se casser, fragile.

Cassation, sf. Acte juridique qui casse un jugement. **Cour de Cassation**, Cour suprême établie à Paris pour la révision des procès jugés par les cours impériales, et dans lesquels les formes légales n'auraient pas été observées.

Casse, sf. Peine militaire qui consiste dans la perte d'un grade.

*Casse, sf. Perte résultant des objets qui se cassent, se brisent; surface mise à nu, quand on casse un métal, du fer, ou tout autre corps.

Casse-cou, sm. Endroit où il est aisé de tomber; au jeu de Colin-Maillard, cri par lequel on avertit la personne qui a les yeux bandés qu'elle s'approche d'un endroit où elle pourrait se blesser; celui qui monte les chevaux jeunes ou vicieux; sorte d'échelle soutenue par une seule queue.

Casse-noisette ou **Casse-noix**, sm. Petit instrument à casser des noisettes ou des noix.

Casse-tête, sm. Massue dont plusieurs sauvages se servent dans les combats; fig. et fam., vin qui porte à la tête; fig. et fam., travail exigeant une forte application.

Casseur, sm. pop. Fier-à-bras, tapageur.

*Casseur, euse, s.fam. Qui casse beaucoup par maladresse.

*Casson, sm. Morceau de cacao brisé; rognure de glaces; fragment de verre cassé.

Cassure, sf. Endroit ou un objet est cassé.

*Cassure, sf. Fente qui se fait à travers une lame d'acier qu'on trempe.

Concasser, va. Briser en petits morceaux. *Concassé, e*, p.

*Concassation, sf. Action de concasser.

*Conquassant, e, adj.méd. Qui brise les forces. *Conquassation, sf. Réduction en petits fragments.

Ecacher, va. Briser, écraser, froisser. (1° Presque tous les étym. pensent que ce v. est de la même racine que le l. *quassare*, ébranler, secouer, briser, casser, fréq. de *quatere*. 2° Cependant M. Diez le rapporte au l. *coactus*, comme *cailler* à *coagulare*, *fléchir* à *flectere*. Voy. *Cacher*, *catir*. Constancio dérive directement du lat. *quassare*, le fr. *escacher*, *écacher*, le port. *escachar*, fendre avec violence, démantibuler, et le port. *queixo*, mâchoire. De ce même v. *quassare*, Rayn. tire les mots rom. *cassar*, *caissar*, et *cachar*, casser, briser. C'est au l. *quatere*, *quassare*, que Doed. lie l'all. *quetschen*, écraser, casser, écacher. En holl. *quetsen*, suéd. *qwesa*, angl. *to squash*, it. *schiacciare*, briser, casser, écacher; esp. *acachar*, *agachar*, pic. *écoacher*, anc.fr. *esquacher*, *ecacher*, *escocer*, *escacher*, briser, casser, écraser, écacher.) *Ecaché, e*, p

*Ecachement, sm. Action d'écacher; état de ce qui est écaché; écrasement, meurtrissure.

*Ecacheur, sm. Ouvrier qui écache.

Escache, sf. Mors du cheval. (De l'anc.fr. *escacher*, briser, casser, écraser; parce que le cheval semble écacher, casser, briser, broyer l'escache avec ses dents. C'est ainsi que *mors* vient de *mordre*; que l'all. *gebiss*, mors, a été fait de l'all. *beissen*, mordre, mâcher. Il est dit, ci-dessus, que Constancio dérive le port. *queixo*, mâchoire, du lat. *quassare*. En bret. *gwesken*, frein, mors, escache, mot que De Chevallet donne pour étym. au fr. *escache*, et qu'il dérive du bret. *gwask*, pression, compression; en gall. *gwasg*, id.) *Encassure, sf. Entaille que le charron fait au lissoir de derrière pour placer l'essieu.

Recasser, va. Casser de nouveau. *Recassé, e*, p.

*Recasser, va. Ecraser et ramollir une peau, avant de la chamoiser; labourer, donner un nouveau labour. *Recassis, sm. Terre qui a été recassée.

*Concussion, sf. vi. Secousse, ébranlement.

Concussion, sf. Vexation, exaction commise par un supérieur. (Mot à mot: action de secouer. Du l. *concussio*, agitation, secousse, tremblement; fig., oppression; concussion, extorsion; r. *cum*, avec, et *quatio*, secouer, agiter, ébranler, etc.)

Concussionnaire, adj. et sm. Qui fait des concussions.

*Décussation, sf. opt. Croisement des rayons de lumière. (L. *decussatio*, division en sautoir, de *decutio*, ébranler fortement; abattre en secouant; r. *de*, et *quatio*.)

*Décussatif, ive, adj. bot. Se dit de parties opposées, dont les paires se croisent à angle droit. *Décussé, e, adj. bot. Disposé en croix.

*Décussoire, sm. chir. Instrument pour déprimer la dure-mère, pour faire sortir le pus par l'ouverture que le trépan a faite.

Discuter, va. Considérer, examiner graphiquement, ou oralement, une chose quelconque avec attention; débattre une question, une affaire, avec soin, avec exactitude, et en bien considérer le pour et le contre. (Cette signification, dit Gébelin, est figurée; elle résulte de la signification physique qu'offre en l. le mot *discutere*, qui signifie 1° frapper jusqu'à ce que tout soit renversé; 2° dissiper, dissoudre; 3° résoudre, débrouiller; 4° examiner au point de tout débrouiller; r. *dis*, deux fois, *quatere*, agiter, frapper, ébranler.) *Discuté, e*, p.

*Discusseur, sm. Officier de l'empire romain qui recevait les comptes des collecteurs des tributs.

Discussif, ive, adj.méd. Fondant, résolutif, qui dissipe les humeurs par la sueur.

Discussion, sf. Action de discuter, examen; recherche; dispute, contestation. *Indiscutable, adj. Non susceptible d'être discuté.

*Indiscuté, e, adj. Qui n'a pas été discuté.

Escousse, sf.fam. Mouvement, élan que l'on prend de qq. distance pour mieux s'élancer et sauter. (Du l. *excussus*, *excussa*, p. de *excutere*, secouer, agiter: r. *ex*, *quatere*. En prov. *escoussa*, escousse.)

*Excussion, sf. Secousse, agitation, commotion. *Percuter, va. Frapper; employer la percussion comme moyen d'exploration médicale. (L. *percutere*, frapper; r. *per*, *quatere*.)

Percussion, sf. Coup, action par laquelle un corps en frappe un autre.

Répercuter, va. Repousser, faire rentrer; réfléchir, renvoyer. *Répercuté, e* p.

Répercussif, ive, adj.méd. Qui répercute.

Répercussion, sf. Action des humeurs qui refluent au dedans d'un corps; action des médicaments répercussifs; renvoi, réflexion, en parl. des sons, de la lumière, etc.

Secouer, va. Remuer fortement; ébranler; agiter pour détacher; fig., maltraiter, réprimander vivement. (L. *succussus*, secousse; r. *sub*, sous, et *quatere*, agiter, secouer, ébranler. Au lat. *succutere* M. Honnorat rapporte le prov. *socodre*, l'anc.fr. *secorre*, secouer, et l'esp. *sacudir*, secouer. Gloss. champ. de M. T. *escouer*, secouer, *escousse*, secousse. Dans le Roman de la Rose, *escout*, *sesqueue*, secoue, *escouvoir*, secouer.) *Secoué, e*, p.

Se Secouer, va.pr. Se remuer, s'agiter fortement pour faire tomber qq. chose qui incommode; se donner du mouvement, agir.

Secouement, Secoûment, sm. Action de secouer. *Secoueur, sm. Instrument pour rompre les moules, après que le métal y a été coulé.

Secousse, sf. Agitation, ébranlement de ce qui est secoué. *Insecouable, adj. Qu'on ne peut secouer, dont on ne peut se débarrasser.

*CASSIN, sm. pêch. Piége dans lequel on prend

les crustacés marins. [Du lat. *cassis*, au pl. *casses*, rets, filets, toiles pour la chasse; fig. piéges, embûches. 1° Quich. et Dav. indiquent le l. *cassus*, vide, dépourvu, comme racine de *cassis*. 2° Doëd. rattache *cassis* au gr. *kottané*, ustensile pour la pêche, et à l'all. *gatter*, grillage, grille, treillis. 3° Constancio le dérive du lat. *casare*, tomber fréquemment; 4° puis du l. *captare*, fréq. de *capere*, prendre, saisir. 5° Le Trip. le rattache au germ. *kescher*, à l'osset. *chiss*, prendre au filet. 6° Un hébr. le tire de l'hébr. *yâqosch*, il a tendu des piéges, il a pris des oiseaux, fait lui-même le nom de l'hébr. *qûsch*, il s'est courbé en arc; d'où l'hébr. *qéschéth*, arc; et *qouschâyâ*, l'arc de Jupiter, l'arc-en-ciel. En b. l. *cassidelis*, rets; suiogoth. *kasse*, filet à prendre des poissons, ou à porter des provisions de bouche.]

CASSIOPÉE, sf. astr. Constellation de l'hémisphère septentrional. [Selon la fable, *Céphée* et *Cassiopée*, roi et reine d'Ethiopie, eurent pour fille Andromède et pour gendre Persée. Leurs noms furent appliqués aux constellations les plus voisines du pôle. Du l. *Cassiope*, et *Cassiopea* ou *Cassiepæa*, en g. *Kassiope*, *Kassiopéia*, *Kassiépéia*, Cassiopée, femme de Céphée. Elle osa comparer sa beauté à celle des Néréides. Pour la punir de son orgueil, Neptune ordonna que sa fille Andromède devînt la proie d'un monstre marin. Mais Persée la délivra, et obtint de Jupiter que sa belle-mère serait mise au nombre des astres. 1° Suivant M. Jomard, on paraît tire son origine de l'ar. *qasab*, roseau. On voit en effet la figure de Cassiopée un roseau à la main. On avait mis dans le ciel ce roseau, ou la figure de l'arpenteur, pour indiquer la saison du mesurage des terres en Egypte; saison qui succédait à celle de l'inondation, à la fin du mois d'octobre. 2° Letronne dit : « Le n. pr. gr. *Kassiôdôros*, Cassiodore, se tire d'une épithète de Jupiter, *Kasios* ou *Kassios*, qui provient du mont *Casius* ou *Cassius* en Syrie, voisine de Séleucie. Aussi le nom de Jupiter *Casius* se lit sur les médailles de cette ville. Et peut-être est-il bon d'observer que la nymphe *Kassiopé* ou *Kassiopéia*, femme de Céphée et mère d'Andromède, était la fille d'Aradus, ce qui nous amène fort près du mont *Casius* ou *Cassius*. 3° Phœbus, ou le disque du soleil personnifié, est adoré chez les Indiens sous le nom du dieu Soùrya. Il a une multitude de noms, et douze épithètes ou titres indiquant ses facultés distinctes dans chacun des douze mois. Ces facultés sont appelées *Adityas*, ou enfants d'*Aditi* et de *Casyapa*, l'Uranus indien. William Jones soupçonne toute la fable de *Casyapa* et de ses enfants, d'être une allégorie astronomique, et croit que le nom gr. de *Cassiopée* y a rapport. 4° Dans la mythol. ind. il est encore un autre nom qui ressemble à celui de *Cassiopée* , c'est *Caçyapaya* ou *Cas'yapa*, que Bopp traduit par *Kas'ypus*, Marie'is filius, deorum et Asurorum pater, et décompose en trois éléments *kaç* ou *kas'*, blesser, tuer, d'où *kas'ya*, qui doit être flagellé, mots de la même famille que le lat. *cædo*, *cæsum*, couper, tuer, frapper, battre; et *pa*, buvant, et *a* suffixe. 5° D'après Pluche, le nom de *Cassiopée*, viendrait de l'hébr. *qatsah*, fin, extrémité, fait du verbe *qâtsâh*, il a coupé, retranché, et de *ob*, ennemi, Python. *Qâtsâh* tient aussi à la même souche que le lat. *cædo*, *cæsum*, 6° D'autres forment ce nom du gr. *kassia* et *ôps*, *ôpos*, aspect, visage. 7° Scrieck le tire du scythique *cass-oppe*, signifiant : celle qui marche haut, celle de la haute voie.]

*Cassiope, sf. hn. Espèce de papillon.
*Cassiopée, sf. Genre d'acalèphes libres.

CASSIS et **CACIS**, sm. Groseillier à fruit noir et aromatique; son fruit; ratafia fait avec ce fruit. [1° Les uns rattachent ce nom au fr. *casse* et au lat. *cassia*, qui se dit particulièrement de la pulpe noire, aromatique, douce et un peu sucrée, qui est contenue dans les gousses d'une espèce de casse qui croît en Egypte et aux Indes, et que l'on nomme *cassier* ou caneficier. 2° Comme en hist. nat. et surtout en bot. le genre et l'espèce se prennent souvent l'un pour l'autre, un autre pense que *cassis* est de la même étym. que le mot provençal *caisse*, graine de bromus. 3° Un autre le rattache au rouchi. *cousène*, nom du fruit noir de l'airelle. 4° Un autre, à l'ar. *kiaschim*, livèche, plante, et une autre plante du genre des ombellifères; 5° un autre, au pers. *qaïsous*, ou *qaïçous*, arbrisseau qui produit le ladanum; 6° ou au pers. *qaïsoum*, *qaïçoum*, aurone, plante. 7° Aucune de ces étym. n'étant claire et satisfaisante, il est bien permis d'en hasarder une autre, et de conjecturer, par exemple, que *cassis* se rapporte au sansc. *kashaya*, astringent, âcre; rouge, brun noir; goût âcre, en parl. de la saveur; mot fait du sansc. *kask*, blesser, tuer, v. de la même famille que le lat. *cædo*, *cæsum*. *Aya* est un suffixe. Tout le monde sait que le fruit du *cassis* est noir et d'une saveur âcre.]

CASTE, sf. Nom que l'on donne aux tribus dans lesquelles sont divisés les peuples de l'Inde; par ext., certaine classe d'hommes. [1° De l'ar. *kast*, caste. M. Reiff écrit *kisth*, part, portion. 2° D. Francisco de S. Luiz assure que ce mot est indien. 3° De l'hébr. *iachas*, race, famille, en pers. *kisch*, parent, allié. 5° Du pers. *kasa*, contrée, plage. 6° Selon le D. de la Conv., *caste* est un mot port. ou esp., dont l'origine est obscure. 7° Gébelin le dérive du basq. *casta*, race, famille; 8° et Constancio du l. *gesto*, *gestare*; 9° ou simplement, du port. *casa*, maison, logis, habitation, famille, race, case d'échiquier, de trictrac; ou plus simplement encore du port. *casta*, race, lignée, espèce, qualité, fait lui-même du port. *casa*. 10° Bullet lie le mot *caste*, à l'irl. *cach*, peuple. 11° Selon Scheler, le fr. *caste*, l'esp. et port. *casta*, caste, signifieraient propr. chaste, et auraient pour racine le l. *castus*, chaste. Les Hindous sont classés en quatre castes : celle des *Brahmes*, celle des *Kchatria*, celle des *Vaïshia*, celle de *Shoudra*. Chacune de ces castes, dit Joseph le Corsaire, comprend un grand nombre de sous-divisions, auxquelles on donne improprement le nom de *caste*, *zat*. Mais ce nom, dans l'usage familier, est susceptible d'une grande extension; il désigne le métier, la patrie d'une personne, etc. On dit *tanti ka zat*, la caste ou plutôt la profession des tisserands, puisqu'il y a des tisserands dans toutes les castes. *Kon zat toumara?* Quelle est ta nation ? En valaq. *kaste*, russe *k::sta*, port. *casta*, prov. *casto*, caste.]

CASTOR, sm. Quadrupède mammifère de l'ordre des rongeurs, amphibie, vivant en société; chapeau de son poil. [Du lat. *castor*, dérivé du gr. *kastôr*, castor. 1° Selon Bopp et Benfey, l'origine étymol. de ce nom serait le sansc. *kastûrî*, *kastûrika*, musc; 2° suivant un autre, ce serait le sansc. *kâs*, briller, luire, tousser. Cette dernière dérivation conviendrait au nom de *Castor*, frère de Pollux. 3° Servius, Isidore, Albert et autres, tirent le nom de cet animal, du lat. *castrare*, ôter la virilité; parce qu'il se coupe la virilité quand il est poursuivi, suivant une erreur ancienne et commune. 4° Qqns le dérivent du grec *gatêr*, ventre; parce que cet animal est fort ventru. Vossius a suivi cette dernière étym. 5° Gébelin rattache le mot *castor* au lat. *castrum*, château, retranchement; parce que cet animal se bâtit des cabanes dans l'eau : C'est donc à cette industrie, ajoute-t-il, que le castor doit son nom, dont l'origine était absolument inconnue, et sur laquelle on ne connaît que des fables. Morgan Cavanagh estime que *castor* signifie le propriétaire d'une maison, le grand animal qui a une maison, et que ce nom est de la même origine que *castel*, château, en lat. *castellum*, *castrum*. 6° Constancio le forme du gr. *chod*, faire une levée, et *storéó*, *storennuó*, coucher, étendre, à cause de l'industrie de cet animal. En valaq. *kastor*, ital. *castoro*, esp., port., cat. et lang. des Troub. *castor*, castor.]

Castoreum, sm. Substance semblable à un mélange de cire et de miel, de couleur brune, d'une odeur forte et fétide, qui se trouve dans des poches situées dans les aines du castor; on l'emploie en médecine comme antispasmodique.

Castorine, sf. Étoffe de laine légère et soyeuse comme le poil du castor.

*****Castorate**, sm. chim. Sel résultant de la combinaison de l'acide castorique avec une base.

*****Castorine**, sf. Graisse existant dans le castoréum. *****Castorique**, adj. Se dit d'un acide tiré du castoréum.

*****Demi-Castor**, sm. Chapeau de poil de castor mélangé; fig. et pop., femme de moyenne vertu.

CATACOMBES, sf. pl. Grottes; lieux souterrains où l'on enterrait les corps morts. [1° En anc. fr. *combe*, grotte, vallée environnée de montagnes de tous les côtés, mot que De Chevallet rattache au br. *kombant*, *koumbant*, vallée, vallon, dérivé de *kao*, *keò*, *keü*, cavité, creux, grotte, caverno; et au gall. *cwm*, cavité, vallée, vallon profond entouré de haute montagnes, et *gobant*, petit vallon, cavité, dérivé de *cw*, cavité, creux; et à l'irl. *cumar*, vallée, et *cuas*, enfoncement, cavité, creux, trou; écoss. *cuas*, *cuasan*, id. 2° Selon Delatre, *cata* de *cata-falque* et de *cata-combe*, est pour *skata*, anc. all. spectacle; suéd. *skaoda*, regarder; esp. *cat-ar*, considérer, etc.; nous avons, ajoute-t-il, le même primitif *cata* dans *catacombe*, qui est, dit-il, un mot entièrement germ. et sans aucun rapport avec le gr. *kata-kumbé*. 3° Mary-Lafon rapporte le celto-prov. *kumbo*, vallée, au sansc. *kumbá*, vallée. 4° Qqs-uns dérivent catacombes de l'abord et de la retraite des navires, que les Gr. et les L. mod. ont appelés *combes* : Trév. 5° D'autres affirment qu'on disait autrefois *cata* pour *ad*; et que *catacumbas* était à dire *ad tumbas*: id. 6° D'autres dérivent *catacombes* du gr. *kata*, et *kumbos*, lieu souterrain. 7° Nodier et Roq. tiennent que *catacombe* est une onomatopée formée du gr. *kata* qui est consacrée à l'action de descendre ou de tomber, et du vi. fr. *combe*, vallée, gorge, endroit creux, ou souterrain. 8° Un hébr. tire le mot *combe* de l'hébr. inusité *gámats*, il a creusé, d'où l'hébr. *goummats*, fosse. 9° Bellermann, cité par Scheler, déduit *catacombe* du gr. supposé *katatumbion*. 10° Scheler dit encore : *Catacombe* serait une altération de *catatombe*, forme que l'on rencontre parfois, et signifierait « tombe exposée à la vue des fidèles. » En ital. *catacomba*, port. *catacumba*, catacombe. Lang. des Troub. *cathacumba*, catacombe.]

CATAPULTE, sf. ant. Machine de guerre à lancer des traits. [Du l. *catapulta*, catapulte; trait lancé par une catapulte; dérivé du gr. *katapeltés*, catapulte, composé du gr. *palló*, secouer, agiter, brandir, jeter, lancer; et de *kata*, contre en bas, du haut en bas, etc., mot qui se retrouve dans *catalecte*, *cataracte*, etc.]

*****Catapelte**, sm. ant. gr. Instrument de torture. (G. *katapeltés*, catapulte; catapelte.)

*****Catapeltique**, sf. ant. Maniement de la catapulte.

Catadoupe, Catadupe, sf. Cataracte, chûte d'un fleuve. (Du gr. *katadoupa*, cataractes, principalement celles du Nil; formé du gr. *kata*, contre, en bas; *doupos*, bruit d'un corps qui tombe; bruit en général; d'où le gr. *haligdoupos*, voisin de la mer, *érigdoupos* et *éridoupos*, qui fait un bruit épouvantable. L'all. *toben*, s'agiter violemment et avec beaucoup de bruit semble tenir au g. *doupos*.)

Catalectique, adj. Se dit d'un vers grec ou lat. auquel il manque une syllabe. (G. *katalektikos*, de *kata*, contre, *légó*, je finis; non fini, non terminé.)

Catalectes, sm. pl. Fragments des auteurs anciens; ouvrages qui n'ont pas été achevés.

Cataracte, sf. Saut, chute des eaux d'une grande rivière. (G. *katarrhaktés*, cataracte, chute d'eau; r. *kuta*, contre, de haut en bas; et *rhégnumi*, rompre, briser, *rhéssó*, id.)

Cataracte, sf. Humeur qui, s'amassant sur le cristallin, le rend opaque et obscurcit ou ôte entièrement la vue. **Cataracté, e**, adj. méd. Affecté de la cataracte.

CATALPA, sm. bot. Arbre à fleurs d'un beau blanc ponctué de rouge, disposées en corymbes à l'extrémité des rameaux. [Cet arbre est originaire de la Caroline. Son nom est améric. ou, comme le dit un botaniste moderne, ce nom est vernaculaire.]

*****CATERVE**, sf. vi. employé par J.-J. Rousseau. Bande, troupe; ant. rom. corps de troupes, bataillon, troupe; escadron; corps d'infanterie des barbares. [Du l. *caterva*, caterve. 1° Doed. dérive ce mot du l. *quatuor*, *quadrare*, d'où le fr. *escadre*; 2° Bochart, du syriaq. *kat-herva*, troupe du mélange ou troupe mêlée; 3° et ailleurs du chald. *kathar* ou *gathar*, il fut abondant, il fut nombreux; 4° Guichard, de l'héb. *háthar* ou *gáthar*, inusité à *kal*, et signifiant il fut abondant, il fut nombreux; et du gr. *athroos*, réuni, serré, pressé, nombreux, abondant. En chald. *kathar*, ou *gathar*, il fut abondant, il fut nombreux. 5° D'après Wachter et Huet, *caterva* proviendrait de l'anc. germ. *cat*, guerre, milice, combat; 6° selon Davies, du celt. *cad*, combat, *tyrfa*, troupe; 7° selon Constancio, du l. *coeo*, *coire*, *coitum*, aller ensemble, se réunir; et de *turba*, foule; 8° selon Martinius, du h. all. anc. *ketin*, *ketene*, chaîne; 9° selon Gébelin, « du primitif *cat*, grandeur, multitude, élévation. » Dans le gloss. champ. de M. T. *caterve*, bande, foule. M. de Belloguet cite le v. tud. *katten*, lancer; et ailleurs le kym. *katyrfa*, armée, le nombre cent mille, mot qu'il formede l'ancien du kymrique *kat*, adj. *kad*, bataille, et *torf*, troupe, *tyrfa*, multitude armée. Irl. *kath*, dans Zeuss, bataille, corps de trois mille hommes, *kathfear*, homme de guerre.]

*****Catervaire**, adj. m. ant. rom. Se disait des gladiateurs qui combattaient en troupe, et non par paire.

*****Catéje** ou *****Catéle**, sf. ant. Sorte d'arme de jet qui était en usage chez les Gaul. et les Teut. et qui se lançait de près. (Du l. *cateia*, id. M. De Belloguet assure que ce mot est certainement de la même famille que *caterva*. Le même auteur unit *cateia* au tudesq. et celt. *katten*, lancer; au kymr. *katai*, arme, massue, *kateia*, couper, lancer un trait vibrant, *katau*, combattre; à l'armor. *kat*, combat; au corn. *kad*, la guerre; à l'irl. *gath*, *geat*, dard, *geathar*, être blessé; et à l'erse *gath*, dard, trait.)

CATHARTIQUE, adj. méd. Qui a la vertu de purger. [G. *kathartikos*, propre à purifier; expiatoire; méd., purgatif; fait du g. *katharos*, propre, net, pur, innocent, vrai; *kathairó*, purifier. 1° Ces mots semblent appartenir à la même souche que le l. *can-*

deo, pour *ead-eo*, être d'une blancheur éclatante; et que l'héb. *qad-esch, qad-asch*, pur, net, sain, sacré, chald.*qad-isch*,id.; et que le sancs.*k'ad,k'and*, luire, briller. 2° Matthias Martinius dérive le g. *kathaïró*, purifier, de l'héb. *qâtar*, qui, à la forme *pi, qittér*, signifie il a parfumé. Le même savant forme aussi *kathaïró*, du g. *kata* et de *aïró*, lever, soulever ; 4° puis du g. *kata* et *haïréó*, prendre, se saisir de. 5° Gébelin le dérive de l'orient. *ihér*, pur. 6°Selon leTrip. *katharos* serait de la même origine que l'all. *heiter*, transparent, clair, serein. L'all. *heiter* paraît identique au gr. *aithrios*, pur, serein.]

*Catharsie, sf. Evacuation d'une partie du corps. **Cathartine*, sf. chim. Principe purgatif du séné.

*Catherine,s.pr.f.Nom de femme.(Du gr.*katharu*, pure, nette, sincère, innocente, sans tache.)

Catin,sf. fam. et un peu libre.Femme ou fille de mauvaise vie.(Ce mot est un diminutif de *Catherine*. Primitivement il ne signifiait rien de contraire à son étym. Quelle différence ! *Catherine* ou la pure devient une impure dans son diminutif *Catin*. Telle a été la destinée du féminin de *garçon*, de l'ital. *putta, puttana*, etc.)

*Hypercatharsie,sf.méd.Purgation excessive. **Hypercathartique*, adj. méd. Qui occasionne une purgation excessive.

CATHOLIQUE, adj. Universel, répandu partout ; ne se dit que de la religion romaine,et de ce qui n'appartient qu'à elle. [L.*catholicus*, universel, général, régulier ; du g. *katholikos*, universel ; r. *kata*, par, *holos*, tout : qui est répandu par tout. En héb.*kol*, universel,tout.Arabe *ul*, tout ; et *kull*, totalité, tout, chaque. H. all. anc. *al*, tout ; all. angl., suéd., anc. sax. *al*, tout. goth. *all*, tout ; anglos. *al, eal,ael, all* ; anc. scand *all-r*, dan. *al, alle* ; holl. *al, aal, all*, tout. Gall. *oll; holl, gwill*, irl. *olle, ulle*, tout. Br. *holl*, tout, toute, tous.]

Catholique, s. Qui professe le catholicisme.

Catholiquement, adv. Conformément à la foi de l'Eglise catholique.

Catholicisme, sm. Communion ou religion catholique ; tous les pays catholiques.

Catholicité, sf. Doctrine catholique ; personnes qui en font profession ; pays catholique.

Catholicon,sm.Electuaire, purgatif universel.

CATIN, sm. chim. Bassin qui reçoit le métal fondu.[Du l.*catinum*,plat, bassin,cavité.1° D'après M. Bopp, on peut rapporter ce mot au sansc. *kathina*, dur, ferme, solide ; s.n. vase d'argile. 2° M.Chavée le fait remonter au sansc. *ka*,courber, être convexe, être concave ; d'où,selon lui, le l. *caput,apex, capio*, etc. 3° Varron le dérive du lat. *capere*,contenir; 4°puis, du g. *kapnos*, nom d'une sorte de plat où les Siciliens servaient la viande rôtie. 5°Guichard le fait venir de l'héb. *hetinim*, vases à traire le lait, mot qu'il lie au g. *outhar*, mamelle ; 6° et Gébelin, de l'héb. *kad*, dont il forme aussi le g. *kados* et le l. *cadus*, cruche, jarre, baril ; 7° Bullet, du celt. *cat*, vase, vaisseau ; 8° Constancio, du g. *chéó*, verser, répandre. 9° Doed. le rattache au g. *katanon*, et au g. *kéthis*, vase, urne, cornet, *kéthón*, coupe des Lacédémoniens, chruche à l'usage des soldats ; et au l. *coturnium*. en g. *katanos*, poêlon, casserole ; sicil, *katanon, kalinon*, plat, bassin. Ar. *qatin*, plat, bassin. Ital. *catino*, terrine, jatte. Anc. fr. *catin*, plat, bassin.]

CATIR, va.Presser le drap, en sorte qu'il soit poli, uni et luisant; donner le lustre à une étoffe. [1° M. Diez rapporte au l. *coactus*, poussé, réuni, rassemblé, condensé, serré, les v. fr. *cacher, catir* écacher, et les n. *cache, cachet, cachette, cachot*. 2° Roq. dérive *catir* du l. *captare*, dans le sens de *videre*, rendre beau à la vue ; et M. Honnorat, du l. *captivare;* parce que, dit-il, ce dernier apprêt est donné aux étoffes de laine pour les rendre plus fermes et plus lustrées. 3° Le même auteur, ainsi que Pujet, fait venir aussi *catir* du lb. *cada*, saindoux, suif, mot auquel il rattache le prov. *cadai, cati*, colle faite d'eau, de farine et de graisse, dont les tisserands enduisent la chaîne, pour en rendre les fils plus glissants ; d'où le v. *cadaissar*, donner le cati. Cependant le g. Bardin fait remarquer que *catir, cati*, signifiait primitivement serrer, presser avec force. 4° Scheler déduit ce v. du l. *quatere*. En prov. *cadis*, étoffe de laine grossière, qu'on fabrique dans la montagne,mot cité par M. Honnorat,Dans le Glos. champ. de M. T. *décatir une étoffe*, c'est consolider l'apprêt d'une étoffe de manière que l'eau ne la tache pas ; et *acatir un drap*, le lustrer.] *Cati,e*,p.

*Catir, va. Appliquer l'or dans les filets d'une pièce à dorer. **Cati, e,* p.

Cati, sm. Apprêt des étoffes, à l'aide de la presse, pour les lustrer, les affermir.

*Catisseur,sm.Ouvrier qui catit.
*Catissage, sm. Action de catir une étoffe.
*Catissoir,sm.Outil à l'usage du doreur.
*Catissoire, sf. Petite poêle où l'on met du feu, pour catir les étoffes à chaud. **Décatir**, va. Oter le cati d'une étoffe. *Décati, e*, p.

Décatissage,sm.Action de décatir ; l'effet.
Décatisseur,sm.Artisan qui décatit.

*CATULAIRE, **CATULARIENNE (Porte)*, adj.f.ant.rom. Porte de Rome située entre le mont Capitolin et le mont Quirinal. [Du l. *catularia porta*, Porte Catulaire, ainsi dite, parce que c'était près de là qu'on immolait tous les ans une chienne rousse, pour rendre les chaleurs de la canicule favorables aux moissons. *Calutaria* est un dérivé du l. *catulus*, petit chien, petit d'un animal quelconque, lionceau. 1° La plupart des linguistes regardent *catulus* comme un diminutif du l. *ca-nis*, chien, par le chang. de n en t.2° Varron dérive *catulus* du l.*catus*, fin, à cause de l'odorat subtil des chiens. De *catus* il forme aussi *canis*, chien. 3° Doed. rapporte *catulus* au g. *ktilos*, doux, apprivoisé, cultivé, familier, sm. mouton, bélier, bouc ; comme le g. *pétalon*, feuille, du g. *ptilon*, plume légère, duvet, panache ; au pl. *ptila*,poét.feuilles d'arbre, voiles de vaisseau,Dans la lang. des Troub. *cadel*, petit de chien et d'autres animaux; *cadelet* petit ou jeune chien, prov. *cadeou*, petit chien ; anc. fr. *caiaus, cauel*, petit chien, *chaiax*, petits chiens.]

*CAUNIEN, IENNE, adj.et s. Habitant de la ville de Caunus; qui appartient à cette ville ou à ses habitants; *figues cauniennes*, Cupidon caunien. [L. *cauna* et *caunea*, sorte de figue, ainsi nommée de la ville de *Caunus*. Suivant la Fable, *Caunus*, fils de Milet,se voyant aimé de sa sœur Biblis, s'enfuit dans la Carie, et y fonda une ville à laquelle il donna son nom.]

*CAUPONISER, va. Hanter les tavernes et les cabarets.[Du l. *caupo,cauponis*, aubergiste,cabaretier,hôtelier;d'où le l. *caupona*, auberge, hôtellerie, cabaret, taverne. 1° Chavée rattache le l. *caupo* au g. *kapélos*, brocanteur, cabaretier; et au sansc. *kauga-ti*, il saisit, il enlève. 2°Doed.le dérive du g. *karpos*,carpe,le poignet;3° et Scaliger,du l. *cops, copis*,riche, opulent;parce que les hôteliers,les cabaretiers doivent être bien approvisionnés; 4°un hébra.,

de l'hébr. *chábal*, il a attaché, il a pris en gage, il a été coupable;5° Le Bel,à sa manière, du l. *caleo*,j'ai chaud, et *pono*, je place, je pose:qui sert du chaud. La plupart des savants modernes lient *caupo*,à l'all. *kaufen*,acheter,échanger,acquérir;h. all. anc.*chaufan, choufan , koufen, coufen*, acheter. Anc. goth. *kaupon*, faire le commerce.Anc. sax.*kopon*, anglos. *copan, cypan, cepan, ceapan*, acheter; russe *koupiti*, acheter, se procurer. De là peut-être, suivant un Allem. le mot russe *kopeck*,monnaie de cuivre.]
*Cauponisé, p.

CAURIS ou **CORIS**, sm. Petite coquille servant de monnaie dans plusieurs contrées d'Afrique et de l'Inde. [1° La Loubère nous apprend que les Europ.appellent ainsi à Siam la basse monnaie de ce pays.Et Pallas nous dit que les Ind. ont donné le nom de *cora* aux coquillages appelés *tête de Méduse*, en l. *cypræa nodosa*. Les Chin. les vendent aux Russ. 2° Selon Constancio,*cauris* ou *coris* est un terme de la côte d'Afrique. 3°Jusqu'à plus ample information, on peut bien supposer que *cauris* ou *coris* est un dérivé du japon. *cará*, coquille, coque. Le *cauris* ou *coris* est une petite coquille blanche et gibbeuse, de la nombreuse famille des porcelaines.Il se pêche sur les hauts-fonds des groupes de Bassilan et de Soulou, principalement près les îles Dasaan et Manoughout,et sur les côtes de Bornéo et des Maldives. En prov.*coris*,cauris;port.*cauril*,*coril* et *caurim*, espèce de petit coquillage qui sert de monnaie sur la côte d'Afrique.]

***CAURUS** ***CORUS**, sm. myth. lat. Vent du nord-ouest; l'*argeste* des Gr.[L. *Caurus* ou *Corus*, id. Etym.: 1°Du l. *corbas*,vent du nord-est:un anonyme. 2° Du g. *chóros*, lieu, espace; vent propre à un lieu, à un pays:Vossius. 3° Du g. *choros*, chœur, danse, ronde;fig., cercle:cercle, réunion de vents: Isidore;4° de l'héb. *qar*, adj. froid: Vossius,déjà cité.5° De l'héb. *cháras*, il fut sec, il fut desséché,il fut ardent: Guichard. 6° Du celt. *cauwer-ho, cauwerhos*, la plus froide hauteur, ou qui est de la plus froide hauteur:Scrieck. «7°C'est une onomatopée exprimant le bruissement du vent» :Gébelin.J. Henricus dit: «Act. 27,v.12, il est appelé *chorus*, en gr. *chóros*. Il souffle entre le septentrion et le zéphyre,et il est très-froid.»]

CAUSE, sf. Principe, ce qui fait qu'une chose est, a lieu ; motif, sujet, occasion, raison ; procès qui se plaide et se juge à l'audience ; par ext. intérêt, parti. [Du l. *causa*, cause, origine ; motif ; raison ; prétexte; procès, affaire; intérêt; sujet , matière. L'origine de ce mot a beaucoup exercé l'esprit des linguistes. 1° M.Chavée le dérive du sansc. *ku,kiw*, garder,regarder, ce qu'on observe, ce qu'on juge, ce dont on *accuse*.2° Sans paraître plus arbitraire, on pourrait aller plus loin, et le dériver du chin. *kou*,cause, sujet, prétexte.3° Bullet le dérive du br. *caus*,discours, occasion, cause, motif; 4° Constancio du l.*cogo, coactum,cogere*, forcer; 5°qqns., d'après Scaurus et Vossius,du l. *cavillari*, chicaner ; 6° D'autres, du g. *kausis*, chaleur brûlante, parce que la cause, le motif, l'intérêt,enflamment les hommes et les excitent à agir ; 7° d'autres, du l. *chaos*, chaos; parce que, disent-ils, le chaos est la cause, l'origine de toutes choses;8°Isidore,du l.*casus*,cas, chute parce que, dit-il, une cause est ce qui tombe, survient, arrive. 9° Vossius, de l'anc., l. *caiso*, ou *quaiso*, pour *quæso*, je demande ; 10° ou, du l. *cautum*, supin de *cavere*, prendre ses précautions. 11° Gébelin, t. 3. p. 311, cite Bergier, et rapporte le fr. *chose* ainsi que le l.*causa*,au g. *ousia*, essence, être,

et au nom d'*Isis*; 12° le même t. 7, p. 456, soutient que le mot *causa*, avec toute sa famille, paraît tenir au teut. *kosen*, parler ; au g. *kósai*, signifiant la même chose ; au g. *kótilló*, parler beaucoup; et par la même à l'irl. *gutt*, adoucissement de *cot*, et signifiant voix, etc.13° Sous ce point de vue il semblerait aussi que l'on pourrait dériver *causa*,du sansc. *kus*, dans le sens de parler. 14° J. Clericus le forme du gr. *aitia*, cause. 15. Le l. *causa*, dit Meidinger, renferme les mêmes consonnes que l'anc. all. *saca,sacha, sach*, cause, chose, affaire. En valaq. *kauze*, cause. Ital., esp., port., cat. et lang. des Troub. *causa*, cause. Prov. et toulous. *causo*, savois. *causa*, auver. *caose*, bas-lim. *caouso*, castr. *caouzo*, pic,*keuse*, cause.]

***Cause**,sf.philos.Tout ce dont la vertu produit une chose,ce qui la fait exister;d'où l'axiome:Tout ce qui commence suppose une cause.Cet axiome revient à celui-ci : L'être ne peut commencer par lui-même ; il y a une cause incréée qui n'a pas eu de commencement. Aristote, et, après lui, les philosophes scolastiques, ont reconnu quatre espèces de *causes* : *Cause matérielle*, la chose de laquelle une autre chose est faite ; *Cause formelle*, celle par le moyen de laquelle une chose a lieu ; *Cause efficiente*, celle par laquelle une chose est opérée ; *cause finale* ; le but pour lequel une chose est faite ; jurisp. motif de droit qui produit, qui engendre une obligation.

***Causes occasionnelles**, philos.Système de Descartes et de Malebranche qui supposent que l'âme ne peut agir réellement sur le corps, ni le corps sur l'âme, mais qu'en vertu d'une loi constamment entretenue par la cause première, les actes de l'âme naissent à la suite des mouvements du corps, et les mouvements du corps à la suite des actes de l'âme.

Causal, e, adj. Voy. *Causatif*,ci-dessous.
Causalité, sf. Manière dont une cause agit.
***Causalité**,sf.philos.Rapport de la cause à l'effet; loi primitive de l'esprit humain, par laquelle il conçoit nécessairement et non empiriquement le rapdort de la cause à l'effet; phrénol. Se dit de l'une des deux facultés intellectuelles réflectives de l'homme.
***Causant, e**, adj.philos. Qui produit un effet.
***Causarien**, adj.m.h.rom. Se dit des soldats qui étaient réformés par maladie. (L. *causarius*.)
Causer,va.Etre cause,occasionner.*Causé*,e,p.
Causatif, ive, adj. Se dit des mots, des conjonctions,qu'on emploie pour énoncer la raison de ce qui a été dit.
***Causation**, sf. Action de produire un effet.
***Causativement**, adv. En agissant comme cause.

A cause de, loc.prép. En considération de.
Causer, vn. S'entretenir familièrement avec qqn.;fam., parler trop, parler inconsidérément; parler avec malice. (Ce mot est de la même famille que le l. *causa*,selon Géb.,Roq.,Bullet,etc. Il vient, disent Mén., Trév., Fur., de *causare*, dont on s'est servi dans la b.l. pour dire : *plaider une cause;* d'où il a été étendu aux entretiens familiers et aux railleries. Caseneuve dit : « Le v. *causer*, qui signifie babiller, et parler beaucoup en matière de peu de conséquence, est tiré du babil des avocats, qui, pour suppléer au défaut du droit de leurs parties par l'abondance des paroles, crient à pleine tête dans un barreau. Car *causari* signifie plaider une cause, Nonius Marcellus: *Causari, causam dicere vel defendere*, etc. » 2° Wachter dérive *causer*, de l'all. *kosen*, causer, caresser, cajoler, flatter.De Chevallet estime que *causer* appartient à une origine germ., et se rapporte au tudesq. *chosen, quedan, chuetan*, causer, jaser, babiller; à l'anglos. *cuedan*, à l'anc.all. *keden*, à l'all.*kosen*, etc. Au sujet du br. *kaozéal*, pour *kaozéa*, cau-

ser, De la Villemarqué nous dit que ce v., malgré sa physionomie franç., est br., et que l'on trouve *keuza*, dans le vocab. du 9ᵉ s. Un autre savant soutient que *causer*, parler, doit venir du l. *causa*, *causari*, plutôt que du germ. *kosen*, causer, jaser; à cause du penchant des Francs à imiter la langue lat. Les auteurs du Trip. semblent concilier toutes les opinions en rattachant le fr. *je cause* au lat. *caussor* ou *causor*, au germ. *kose* et au holl. *kooze*.) *Causé*, p.
 *Causant, e, adj. Qui cause beaucoup.
 Causerie, sf.fam. Action de causer, babil.
 Causeur, euse, adj. et s. Qui aime à causer.
 Causeuse, sf. Petit canapé qui invite à la causerie.
 *Causidique, sm. En style burlesque, avocat.
 Chose, sf. Ce qui est; se dit indifféremment de tout; ce mot désigne aussi l'opposé de personne, de nom, de mot; et fam., biens, possessions. (Du b.l. *causa*, chose, qui chez les Rom. avait le sens de cause, origine, motif, affaire, intérêt, etc.; et non de l'héb. *az* signifiant tout ce qui existe, comme le croit Bergier qui écrit *oz*; ni du g. *oikos*, maison, famille, propriété. C'est ainsi que l'all. *sache* signifie cause et chose. Denina dit : « Au substantif *res, rei*, toutes les lang. lat. ont substitué celui de *causa* dont elles ont fait *cosa, chose, cousa*; parce que l'it. supprimant l's finale, faisait *re* de *res*, et ce *re* allait se confondre avec le nom qui sortait de *rex*. Par une semblable raison il fallut substituer l'it. *costume* à *mos, moris*, abandonner *vir, viri, vis, vires*, et à *puer, pueri*, substituer *enfant*, et *fanciullo*. » En lang. d'oil, avant le 12ᵉ s., *cosa*, chose, de *causa*, que les Lat. prenaient quelquefois dans le sens de affaire; le mot chose a souvent la même signification. Lang. des Troub. *causa*, cause, et *causa*, chose. Esp., cat. et it. *cosa*, port. *cousa*, chose. Basq. *gauza*, chose. Toulous. *causo*, chose, cause. Bas-lim. *caouso*, cause, chose, Auverg. *caose*, cause, chose. Bourg. *chôse*, b.l. *cosa*, pour *causa*, chose ; champ. *chause*, savois. *chusa*, anc.fr. *cose, couse*, chose.)
 *Chosette, sf.fam. ou burl. Diminutif de chose.
 Accuser, va. Charger d'une accusation, déférer en justice, découvrir le crime; imputer, reprocher; servir d'indice, de preuve, d'accusation; déclarer au juste; peint., faire sentir les formes. (Du l. *ad*, à, pour, et *causa*, cause: mettre en cause; d'où le l. *causari*, intenter un procès; et *causidicus*, avocat. Dans la lang. des Troub. *causeiar, accusar, encusar, chausár*, accuser. Gaël écoss. *ceasad*, accusation. Gall. *cyhuzaw*, accuser, et *cyhuz*, accusation. En l., on a dit *caussa* et *causa*, *accussare* et *accusare*, comme le fait remarquer Agneus Cornutus.) *Accusé, e*, part.; et s. Qui est accusé en justice.
 Accusable, adj. Qui peut être accusé.
 *Accusataire, adj. jurisp. Qui accuse, qui soutient une accusation, qui contient une accusation.
 Accusateur, trice, s. Celui, celle qui accuse, qui poursuit le coupable devant les tribunaux.
 Accusatif, sm. gramm. Cas qui désigne principalement le régime direct des verbes.
 Accusation, sf. Action d'accuser, reproche, imputation. ***Accusation**, sf. théol. Déclaration de ses péchés. ***Accusatoire**, adj. Se disait de l'acte par lequel on motivait une accusation.
 Coaccusé, e, s. Qui est accusé avec un ou plusieurs autres. **S'Entr'accuser**, va. récipr. S'accuser l'un l'autre. *Entr'accusé, e*, p.
 *Inaccusable, adj. Qui ne peut être accusé.
 *Inaccusé, e, adj. Qui n'est point accusé.
 Excuser, va. Donner des raisons pour disculper qqn. d'une faute; recevoir les excuses que qqn. vous fait; décharger d'une imputation; pardonner, tolérer. (L. *excusare*, r. *ex, causa*.)

S'Excuser, va.pr. Donner des raisons pour se disculper. *Excusé, e*, p. **Excusable**, adj. Qui peut être excusé; digne d'excuse.
 *Excusablement, adv. D'une manière excusable. ***Excusateur**, sm. Celui qui excuse.
 Excusation, sf. Motif de démission, ou de décharge d'une tutelle, d'une charge publique.
 Excuse, sf. Raison que l'on apporte pour se disculper ou pour disculper qqn.; terme employé par civilité, afin d'engager à l'indulgence pour une faute légère.
 Faire excuse, Offrir la réparation d'une offense, d'une faute.
 *Excuseur, sm. fam. Celui qui excuse.
 Inexcusable, adj. Qui ne peut être excusé.
 *Inexcusablement, adv. D'une manière inexcusable. **Récuser**, va. Refuser de soumettre sa cause à, rejeter. *Récusé, e*, p.
 Récusable, adj. Qui de droit peut ou doit être récusé; à qui l'on ne peut pas ajouter foi.
 Récusation, sf. Action de récuser.
 Irrécusable, adj. Qui ne peut être récusé.
 *Irrécusablement, adv. D'une manière irrécusable.

 CAUTÈLE, sf. vi. Finesse, ruse; droit-can., précaution. [Du l. *cautela*, précaution, prévoyance, caution, fait de *cautum*, supin de *caveo*, se tenir sur ses gardes, prendre ses précautions, suspecter, veiller, cautionner. 1° M. Eichhoff rattache ce v. au g. *kuʹi*, et au sansc. *çaiv*, adorer, respecter, et *kêv*, honorer, respecter; 2° et M. Benfey, au sansc. *sku*, protéger, défendre, garantir, préserver, mettre à l'abri, à couvert de qq. chose. Ainsi *caveo*, serait pour *scaveo*; 3° un autre, au sansc. *gudh*, entourer, envelopper, mettre à couvert; 4° un autre, au l. *castus*, pur, chaste, religieux, pieux, et à l'all. be-*hutsam*, circonspect, avisé, précautionné, prudent. 5° Varron, Jovianus Pontanus, Géb. et autres, dérivent *caveo*, du l. *cavus*, creux, profond, soit parce que les anciens habitants du Latium faisaient leur demeure dans des cavernes où ils prenaient leurs précautions contre la chaleur et le froid et autres incommodités; soit parce qu'on ne peut marcher dans les endroits creux sans précaution, sans être sur ses gardes, sans sonder le terrain, comme quand on dit : *cave ne cadas*, prenez garde de tomber Scaliger a désapprouvé cette étym. Géb., au contraire, l'adopte, et soutient que l'origine de *caveo* paraissait impossible à découvrir. 6° Puisqu'on a recouru à l'Inde pour la découvrir, on pourrait bien aussi recourir à l'Egypte, et dériver *caveo, cautum*, du copte *kat*, qui sait, intelligent, habile, expérimenté. 7° Bullet forme *caveo*, du gall. *cadw*, sauver, conserver, défendre, veiller, garder, garantir. 8° Ailleurs, Bullet fait venir *caveo, cautum*, du celt. *cat*, chat, à cause de la prudence et de la ruse de cet animal. 9° Le Trip. rapporte *caveo* à l'ind. *sewioti*, au germ. *scheue* et au g. *sébô*, honorer, vénérer, respecter. En l. *cautio*, lang. des Troub. *cautio*, it. *cauzione*, esp. *caucion*, cat. *caucio'*, caution; ital. *cautela*, précaution, caution, et *cauto*, prudent; esp. *cauto*, prudent, avisé. Anc. fr. *caut, caute*, rusé; *cauteleux*, plein de cautèle, de ruse.]
 Cauteleux, euse, adj. Fin, rusé.
 Cauteleusement, adv. Avec ruse, avec finesse. **Caton**, s. pr. m. Nom d'un Romain célèbre par l'austérité de ses mœurs; fig. et fam., homme très-sage ou qui affecte de l'être. (Tous les philologues forment ce nom lat. du l. *catus*, sage, avisé, r. *caveo, cautum*; à l'exception peut être de Scrieck seul, qui le compose de l'étrusq. *gat-ho*, celt. *caet-ho*, qui marche hautement. Le même auteur croit retrouver en

core la première syllabe de *Caton* dans *Castor*, nom du frère de Pollux, et dans *Cassiopée*.)

Caution, sf. La sûreté, l'assurance que l'homme avisé exige; par métonymie, la personne même qui s'engage pour cette assurance, répondant.

*Caution, sf. Précaution, prudence; jurispr., sûreté; action de répondre pour un tiers.

Caution bourgeoise, Caution comme serait celle d'un bourgeois bien connu dans sa ville. (C'est une allusion à l'ancienne coutume de livrer en ôtage au vainqueur un certain nombre de principaux bourgeois : Génin.) **Cautionner**, va. Se rendre caution pour qqn. *Cautionné, e*, p. ***Cautionnage**, sm. anc.jurisp. Action de cautionner.

***Cautionnaire**, adj. Qui a rapport à la caution; donné en caution; qui se porte caution.

Cautionnement, sm. Acte par lequel on cautionne; somme versée ou bien qu'on engage pour garantir de sa responsabilité.

***Incautement**, adv. Imprudemment.

***Incautionné, e**, adj. Qui n'a pas été cautionné. **Précaution**, sf. Ce qu'on fait par prévoyance, pour éviter un mal, un inconvénient; prudence, circonspection.

Précautionner, va. Prémunir contre; donner les conseils, les moyens pour se garantir.

SePrécautionner, va.pr. Prendre ses précautions. *Précautionné, e*, p.; adj., prudent, avisé.

***Précautionneux, euse**, adj. Qui agit avec précaution.

***Imprécaution**, sf. Défaut de précaution.

***Imprécautionné, e**, adj. Manquant de précaution.

CAUCHOIS, adj.m. *Pigeons cauchois*, gros pigeons. [Cet adjectif se dit proprement des gros pigeons qui viennent de *Caux* en Normandie. Le nom géographiq. *Caux*, en l. *caletensis ager*, a été fait lui-même de *Calètes*, nom du peuple qu'il a habité. Trév. fait observer que *Caux* peut très-bien s'être formé du l. *calidus*, chaud; que dans le Nord de la France on dit *caud*, pour *chaud*, *calidus*.]

CAVAGNOLE, sm. Jeu de hasard qui nous a été apporté de Gênes vers le milieu du 18ᵉs. [Les Génois l'appellent *cavajola*, mot qui signifie nappe ou serviette. Il se joue avec de petits tableaux à cinq cases qui contiennent des figures et des numéros : Noël, Carpentier, Puissant.]

CAVATINE, sf.mus. Air mesuré et fort court, dont on coupe quelquefois le récitatif d'une scène. [De l'it. *cavatina* : Gatt.]

CAVE, adj. Creux. [Du l. *cavus*, cave, creux, 1° M. Chavée fait remonter ce mot au sansc. *ku*, courber, être convexe, être concave : d'où le sansc. *kupas*, cavité, creux, *kumbá*, cavité; 2° M. Eichhoff, au g.*kéó*, et au sansc. *çau*, couper, réduire, d'où le g. *kenéos*, vide ; et l'all. *haue*, *kaue*; 3° Constancio, au g. *skaptô*, creuser, d'où le g. *skaphé*, esquif; 4° un hébraïs. à l'hébr. *gab*, bosse, éminence; 5° un autre, au g. *ka,etos*, creux, enfoncement, et à l'héb. *idqab*, il a creusé; *iéqéb*, cuve de pressoir; 6° Varron, Festus, Vossius et autres, le dérivent du l. *chaos*, le chaos, en gr. *chaos*. Ce qu'il y a d'évident c'est que cette famille de mots semble avoir laissé des traces nombreuses presque partout, et aussi reconnaissables dans les lang. sémitiques que dans les lang. indo-européen. En héb. *qâbab*, il a creusé, voûté, il a rendu creux, il a rendu bossu; *qab*, vase concave, coupe; *gouph*, il a été creux; *kávâh*, et *iá-qab*, inus. il a creusé, il a cavé : *ná-qab*, il a cavé, creusé, foré, percé; pers. *kaviden*,

creuser, caver; *kiáviden*, creuser, faire une excavation, à l'impératif *kiav*, creuse, cave, fouille; *kiávák*, creux, vide; *guev*, cavité d'un terrain, fossé; turc *qovouq*, creux; ar.*kab* ou *kav*, creuser; *kabah* ou *kavah*, caverne; sansc. *khai*, creuser; *gouhám*, cavité, ventricule; lap. *káppe, káp*, cave, creux, concave, et *kuowat*, caver, creuser; chin. *kue*, vide, fente, manque ; *kue*, creuser, arracher; *kiao*, fosses souterraines; *ko*, antre, fosse, *ko*, nid, vide, trou; *kouan* et *hue*, vide; *keou*, vide; *kiéou* et *kien*, cage; bret. *kaó* ou *kav*, lieu souterrain, cave, caverne; *kéó* ou *keú*, creux, cavité, grotte, antre, caverne, gouffre; *kaoued*, cage; gall. *cav*, vide, et *cwb*, cavité; catal. *cau*, ital. et esp. *cavo*, lang. des Troub. *cav*, creux, cave. Rouchi *café*, cave, et *cavim*, sm. creux. Basq. *khaba*, creux, toulous. *chay*, cave dans Goudelin.]

Cave, sf. Lieu souterrain pour le vin et autres provisions ; par ext., quantité et choix des vins que l'on a en cave; caisse où l'on met des provisions de voyage; caisse où l'on met des liqueurs ou des eaux de senteur. **Cave**, sf. Fonds d'argent que les joueurs mettent devant eux pour tenir bon aux autres.

Caver, va. Faire fonds d'une certaine quantité d'argent à un jeu de renvi.

Décaver, va. Gagner toute la cave de l'un des joueurs. *Décavé, e*, p.

Caver, va. Creuser, minér. *Cavé, e*, p.

Caver, vn. Retirer le corps en avançant la tête.

Caveau, sm. Petite cave ; lieu souterrain sous une église, dans un cimetière, où l'on dépose les corps mort; espèce de cabaret où se réunissaient des gens de lettres. **Cavée**, sf. véner. Chemin creux.

Caverne, sf. Antre, grotte, lieu creux dans les rochers, dans les montagnes, sous terre; fig., rendez-vous de scélérats. (L. *caverna*, r. *cavus*.)

***Cavernaire**, adj.hn. Qui vit dans les cavernes. **Caverneux, euse**, adj. Plein de cavernes; anat., qui a de petites cavités ou cellules.

***Cavernosité**, sf. Espace vide d'un corps caverneux. **Cavet**, sm.archit. et menuis. Membre creux ou moulure concave, à profil d'un quart de cercle.

***Cavicole**, adj.hn. Qui habite dans les cavités.

***Cavin**, sm.t.milit. Lieu bas, petite fondrière.

***Caviste**, sm. Celui qui a soin de la cave.

***Cavitaire**, adj.hn. Qui vit dans les cavités; qui a des cavités dans le corps.

Cavité, sf. Creux, vide dans un corps solide.

***Cavoir**, sm. Outil pour creuser le verre.

Concave, adj. Creux et rond en dedans.

Concavité, sf. Côté concave, cavité d'un corps. ***Concavo-concave**, adj. Concave sur deux faces.

***Concavo-convexe**, adj. Concave sur une de ses faces et convexe sur l'autre.

***Biconcave**, adj. A deux faces concaves opposées.

Encaver, va. Mettre en cave. *Encavé, e*, p.

Encavement, sm. Action d'encaver.

Encaveur, sm. Qui fait métier d'encaver.

***Encavure**, sf. Ulcère profond de la cornée.

***Excaver**, va. Creuser profondément. ***Excavé, e**, p. **Excavation**, sf. Action de creuser un terrain; creux fait dans un terrain, soit de main d'homme, soit par qq. accident naturel.

***Excave**, adj. peu usité. L'opposé de concave.

Cage, sm. Petite loge portative où l'on enferme des oiseaux; archit., les quatre gros murs d'une maison. (Par le chang. très-fréquent de *v* en *g*, du lat. *cavea*, cage, r. *cavus*, cave, creux. Du Cange dit : « *A caveis theatralibus quibus includebantur feræ, dùm emitterentur :* d'où *cavea* pro *quâvis thecâ*. » De là, dit ailleurs le même auteur, le b.l. *gabia*, le fr.

cage,gabion. De là l'it. *gabbia*, lang. des Troub. *gabia,guabia*, anc. fr. *gabiole, gayolle*, cage. En b.l. *cabia*, ar. *qafs*, cage.)

Cage, sf. Enceinte à clair-voie pour préserver une plante; bâtis en charpente pour soutenir les cloches dans un jardin; coffre à poisson; grillage de bois près de la bonde d'un étang; corps d'un moulin à vent, treillis de fil d'archal servant d'étalage à l'orfèvre; sorte de loge de verre dont on couvre une pendule; espace compris entre les deux platines d'une montre pour recevoir les roues et les ressorts; assemblage de toutes les pièces qui servent à mouvoir le métier à bas; nasse en forme de cage à poulets, avec laquelle on couvre le poisson au fond de l'eau.

Cagée, sf. Les oiseaux renfermés dans une cage.

Cagerotte, sf. Forme d'osier pour faire égoutter les fromages.

Cagier, sm. Celui qui porte des faucons et autres oiseaux dans une cage pour les vendre.

Encager, va. Mettre en cage; fig. et fam. mettre en prison: *Encagé, e*, p.

Cajoler, va. fam. Tenir des propos galants et légers; chercher à plaire, à séduire pour obtenir ce que l'on souhaite; entretenir qqn. de choses qui lui plaisent. (1° Selon Géb., Noël, Carpentier, Roq., etc. etc., du fr. *cage*, à cause des oiseaux qu'on y *cajole*. Trév. affirme que *cajoler* vient de *cage* qui est le lieu où l'on apprend à parler aux oiseaux. Roubaud dit que cajoler vient de *cage*, à cause des oiseaux qui chantent en cage, ou des moyens avec lesquels on les attire pour les prendre et les mettre en cage. Selon M. Honnorat *cajoler* signifie propr. caresser, parler, jaser, chanter comme un oiseau qui est en cage. Alors *cajoler* serait le pendant de *ramager* qui signifie propr. chanter en liberté sur les rameaux des arbres, des arbrisseaux. 2° Bullet est peut-être le seul qui ne dérive pas *cajoler* de *cage*; il le forme du celt. *can*, parole, discours, et de *joli*, joli, beau; d'où, selon lui, le bret. *cangeoli, canjoli*, cajoler. M. Diez assure que « du l. *cavea* se formèrent l'it. *gabbia*, l'esp. et le port. *gavia*, l'anc. fr. *caive* et le sarde *cabbia*, cage; et le diminutif *gabbiuola* en it., *gayola* en port. et l'anc. fr. *gaole, jaiole, geôle*, d'où le fr. *geôlier, cajoler, enjôler*. » 3° M. Jal ne suit pas non plus l'étym. commune; selon lui, *cajoler* serait une traduction du lat. et ital. *cavillare*, chicaner, tromper: Voyez *Cavillation*. 4° Un autre rattache *cajoler* au b.l. *injoulare, injoquare, enjoalare*; livrer des joyaux, et au b.lat. *jocalia*, joyaux. Anc. fr. *gaiole*, cage, prison; *gaioler*, va. et n. Cajoler, caresser; gazouiller comme un oiseau apprivoisé; caqueter, babiller.) *Cajolé, e*, p.

Cajoler, vn. Se dit du cri du geai. **Cajolé*, p.

Cajolable, adj. Qui se laisse cajoler; qui mérite d'être cajolé.

Cajolerie, sf. Louange qui sent la flatterie et dont on se sert pour cajoler.

Cajoleur, euse, s. Celui, celle qui cajole.

Engeôler ou **Enjôler**, va. fam. Attirer, engager par des paroles flatteuses, tromper. *Enjôlé, e*, p. **Engeôleur, euse** ou **Enjôleur, euse**, s. Qui enjôle.

Cajot, sm. Cuve pour tirer l'huile des foies de morue.

Gabie, sf. Hune ou Cage au haut du mât. (« En b.l., it., esp., ar. côte d'Afr. *gabia*, propr. cage; du l. *cavea*, qui a fait *cavia, cabia, gavia, gabia*: Jal. »)

Gabier, sm. Matelot qui fait le quart sur la gabie.

Gabion, sm. Panier en forme de tonneau, que l'on remplit de terre, et dont on se sert dans les siéges pour couvrir les travailleurs, les soldats. (Le fr. *gabie*, qui signifiait primitivement cage, s'est pris dans le sens de guérite, échauguette, et il a eu pour augmentatif *gabion*. En it. *gabbia*, cage, gabie, d'où l'augm. it. *gabione*, gabion.)

Gabionner, va. Couvrir avec des gabions. *Gabionné, e*, p.

Gabionner, vn. Faire du gabionnage.

Gabionnade, sf. ou **Gabionnage**, sm. Ouvrage de fortification de campagne exécuté en gabions.

Gabionneur, sm. Celui qui gabionne.

Gavion, sm. pop. Gosier. (Du l. *cavus*, cave, creux : Mén., Géb., Roq., etc. En anc. fr. *gave*, gosier, gorge, *jugulum*, dans Méon. En rouchi *gavu*, pigeon qui a une grosse gorge, dans Hécart. Voyez *Jabot*.) **Gaviteau**, sm. mar. Bouée. **Gavon**, sm. mar. Petit cabinet placé vers la poupe.

Geôle, sf. Prison; demeure du geôlier. (Du b.l. *gabiola*, dim. de *gabia*, cage, fait du l. *cavea*, cage; r. *cavus*, cave, creux. *b* et *v*, *g* et *c*, se permutent souvent : Ménage, Caseneuve, Boiste, Gattel, Diez, Roquefort. 2° Bullet et De Chevallet pensent que *geôle* est d'origine celt. Mais l'étym. commune est encore la plus probable, celle qui se concilie le mieux avec l'ital. *gabbia*, cage, prison, esp. *jaule*, flam. *ghiole*; et surtout avec l'anc. fr. *gabiole, gaiole*, cage, prison, et *gaole, jaiole, jayole, cayole, jaole, jaule, jéole*, geôle. En angl. *gaol*, prison, geôle, et *jail*, prison; gall. *geol*, bret. *jol*, prison, geôle; b.l. *capiola, gabiola, gaola, gaiola, geola*, geôle.)

Geôlage, sm. Droit qu'on paie au geôlier à l'entrée et à la sortie de chaque prisonnier.

Geôlier, sm. Celui qui garde les prisonniers; concierge de la prison. (Anc. fr. *gaolier*, b.l. *geolarius*.) **Geôlière**, sf. La femme du geôlier.

Jatte, sf. Espèce de vase de bois, de faïence, de porcelaine, et qui est rond, tout d'une pièce, et sans rebord. (Du l. *gabata*, écuelle; d'où le gaul. *gata*, et le g. postérieur *gabaton*; fait du l. *cavus, cava*, creux, creuse, cave; d'après Turnèbe, Calderinus, Vossius, Caseneuve, Ménage, Noël, Carpentier, Diez, Delatre, Couzinié, Isid. Uguilus, etc. 2° De *gata* qui désignait une ancienne espèce de navire rond, selon l'abbé Corblet; 3° du gall. *iad*, eau, selon Bullet; 4° du l. *gabalus*, suivant un autre; 5° du mot *gaut*, bois, selon Honnorat. La 1re étym. est encore la plus vraisemblable et la plus suivie. Le *g* souvent a été changé en *j*; et *jatte* est venu de *gabata* pour *cavata, gavata*, sorte de vase, jatte, comme *dette* de *debita*, etc. En esp. *gabata*, castr. *xatto*, pic. *gate*, jatte. Anc. fr. *gate, guate*, l.b. *gatta*, jatte.)

Jattée, sf. Plein un jatte.

Cul-de-Jatte, sm. fig. et fam. Personne estropiée ne pouvant se servir de ses jambes ni de ses cuisses pour marcher, et qui se traîne ayant le *cul* dans une *jatte*.

Gabate, sf. ant. rom. Espèce de vase dans lequel on servait les ragoûts et les mets liquides.

Covin, sm. ant. milit. Char de guerre en usage chez les Bret. et les Belg. (En l. *covinus*, covin, mot que Franc. de S. Quercu lie au l. *covum*, trou au joug qui reçoit le timon de la charrue; Martinius, à l'all. *koben*, suéd. *kofwa*, espace creux; Gébelin à *cavus*, creux, cave; Doed. au l. *cavus*, d'où *cavea*, et *covum* : tous ces mots sont de la même famille que le l. *cavus*, creux, cave. 2° Bochart unit *covinus* au chald. *gosphan*, covin. Du l. *cavus* Varron forme le l. *cous*, la partie vide où aboutit le timon entre les deux bœufs. *Covinus* subsiste dans l'angl. *kowain*, mot cité par Forcellini; et dans le gaël. *cobhain*, kymr. *cowain*, chariot, mots cités par Amédée Thierry.)

CAVIAR, sm. Manger fort délicat dont se régalent les Russes. Ce sont des œufs de sterlet ou d'esturgeon, qui ne demandent pour être servis que fort peu de préparation. Ce mets s'expédie à l'étranger; et c'est une des branches importantes de commerce des pêcheurs de la mer Caspienne. [1° Suivant la conjecture des auteurs du Trip., le mot *caviar*, pour **ovarium*, aurait pour radical le l. *ovum*, œuf. 2° Langlès le dérive du pers. *khavyàr*, caviar. 3° Selon Martinius, il serait de la même origine que le fr. *boutargue* en gr. *otaricha*. 4° Suivant Scheler, l'origine du mot *caviar* serait inconnue. Le sansc.*kavaya*, n'a pas la même signification que caviar: c'est le nom d'un mets qui était offert aux Mânes. En it. *caviale*, esp. *cabial*, prov. *cavial*, port. *caviar*,g. mod.*kauiari*,pol. *kawiar*,turc *khabïár*, *khaviar*, caviar.]

CAVILLATION, sf. Sophisme, raisonnement captieux, fausse subtilité; dérision, moquerie. [L. *cavillatio*, fait du v. *cavillor*, *cavillatus sum*, *ari*, plaisanter, dire en plaisantant; se moquer de; vn. user de sophismes; act. interpréter faussement; railler. 1° Selon Doed., ce v. serait de la même origine que le gr.*koptó*,pousser,battre,fatiguer;*skóptó*, railler, plaisanter. 2° Vossius pense qu'il vient du l. *caveo*, prendre garde, comme *sorbillo* de *sorbeo*. 3° Quich.et Dav.estiment que le radical de *cavillor* est le l. *calvo*, tromper. 4° Les auteurs du Trip. le rattachent au russe *kaverjou*, et à l'all. *keifen*, gronder, quereller, glapir. 5° Bullet le dérive du br. *cavailha*, attaquer de paroles, *cavailh*, querelle, cabale, émotion. 6° Ailleurs, il lie le l. *cavillari*, et le fr. *gaber*, etc., au celt. *gab*, moquerie, raillerie. 7° Theil forme le l. *cavilla*, plaisanterie, raillerie, du l. *cavus*, creux: paroles creuses. Anc.fr. *cavillateur*, trompeur; *cavillement*, cavillation; *cavilleux* rusé, fin, subtil.]

CE, pron.démonstr.invar. Ex:c'est-à-dire,c'est à savoir. [Du l. *hicce*, ce, d'après Denina, Tarbé, Ampère, etc. Tarbé rapporte aussi le champ. *ece*,ce, au l. *hicce*. Peut-être, dit M. Ampère, faut-il reconnaître le fr. *ce* dans le *ce* qu'on place après *hic*, dans *hicce*,comme pour redoubler la vertu démonstrative du mot, et dans le *se* de *ipse*. D'après le même, on peut réunir ici le mot *ço* qui paraît être la base du pron. démonstratif franç., et que l'on trouve aussi écrit *so*, mot analogue au vi. l. *sum* pour *eum*, *sos* pour *eos*; en sansc. *sàs*,*sa*;goth. *sa*; irl. *so*, prov.*ço*, et *aisso*; ital. *cio*; port. *isso*; g. *ékei* ici, là; sansc. *gha* dans *tamgha*,g. gé dans *hogé*, *togé*,*hégé*;sansc. *gha* dans *jágha*; hébr. *k*‑*ih*, chald. *kah*, etc. Tous ces monosyllabes ont une signification démonstrative et semblent appartenir à un principe commun. En castr. *so*, *ço*, ce; champ. *ece*, ce; rouchi *ch*, *chu*, ce;it.*cio*, lang.desTrouv.*ceo*,*ço*,*ce*,cela.Lang.d'oil, avant le 12ᵉ s., *ezo*, *iceo*, *iço*, *ceo*, *ço*, *cho*, *che*, ce, ce, cela. Dans Roland st. 5 : *De ço avum nus asez*. De *ce* avons-nous assez. L. *hic*, *hoc*, ce.]

Ce, cet, m. **Cette,** fs. au pl. **Ces.** Adjectif démonstratif qui indique les personnes ou les choses.(*Ço* joint à *iste* a fait *c'est* d'où *cet*,et, joint à *ille*, a fait *cil* d'où *celui*. On a dit *cist* et *cest*, *cil* et *cel*; f. *ceste* et *celle*; pl. *cestes*, *celles*; *cist* et *cil* répondent à l'it.*questo* et *quello*; à l'esp. *aqueste*,*aquelle*. C'est voulait toujours dire *ce*, celui-ci; *cil* voulait dire *ce*, celui-là; et aussi *celui*, *lui*, *ces*, pl. *ceux*, eux. On en fit *icest*, *icel*, d'où *icelui*, pl. *iceux*, *icelles*; d'après M. Ampère.)

Cet, cette, au pl. **ces**, adj. démonstr. Ce.

Cependant, adv. Pendant ce, pendant cela, pendant ce temps-là; nonobstant cela, néanmoins.

Çà, adv. de lieu. Ici.

Çà, interj.fam. pour exciter, encourager.

Ça, pron.m. et familier pour *cela*.

Çà et là, loc.adv. De côté et d'autre.

Deçà, prép. De ce côté-ci.

Deçà et delà, loc.adv. D'un côté et de l'autre; de côté et d'autre.

De deçà, En deçà, Par deçà, loc. prép.

En çà, loc.adv.vi. Jusqu'à présent.

Céans, adv.vi. Ici dedans. (L. *hicce*,intùs.)

Ceci, pro.démonstr.m.s. Se dit par opposition à *cela*, pour indiquer, de deux choses, la plus proche de celui qui parle; se dit aussi pour indiquer un objet présent, un fait actuel.

Ceci, cela, fam. Tantôt une chose, tantôt une autre. **Cela,** pron.dém.ms. Se dit par opposition à *ceci*; se dit aussi pour indiquer un objet présent, un fait actuel.

Celui, m. **Celle,** f.pr.démonstr. au pl. **ceux, celles;** Il se dit des personnes et des choses. (« De *ce* et de la forme *ui*, comme dans *lui*, on fit *celui*.De *ce* et du l. *ille* on a fait aussi *cil*, *cel*, » Anc. fr. *celi*, celle-là; *ci*, *cil*, celui-là, ceux-là. Lang. des Trouv. *ciex*, celui; *celæ*, ceux.)

Celui-ci, m. **Celle-ci**, f.; pl. **ceux-ci, celles-ci,** pron.démonstr. Cet homme-ci, cette chose-ci. **Celui-là,** m. **Celle-là**, f., au pl. **ceux-là, celles-là,** pron.démonstr. Cet homme-là, cette chose-là.

*De ce que, loc.adv. et conj. Parce que.

Parce que, loc.adv. et conj. D'autant que,de ce que.

Chou blanc, Faire chou blanc, C'est échouer complètement dans une affaire. (Du rouchi *chou*, cela; littéral. cela est blanc; d'où *chou pour chou*, cela pour cela. Et non du fr. *chou*, légume. A plusieurs jeux le mot *blanc* désigne un coup qui ne produit rien; et *blanchir* se dit des coups de canon qui ne font qu'effleurer la muraille, et y laissent une marque blanche. Dans la lang. des Trouv.*chou*, ce, cela; anc. pic. *chou*, *chu*, *cou*, ce.)

Ci, adv. de lieu. Ici. Voyez *Celui-ci*.

Ci-dessus, loc.adv. Elle désigne ce qui précède. **Ci-après,** loc.adv. Marquant ce qui suit.

Ci-dessous, loc.adv.Indiquant ce qui est dessous. **Ci-contre,** loc.adv. Vis-à-vis, à côté.

Par-ci, par-là, loc.adv. En divers endroits, de côté et d'autre.

Hic, sm.fam. Indiquant le nœud ou la principale difficulté d'une affaire. (Du l. *hic*, ce.)

Hoc, sm. Jeu de cartes suivant les règles duquel six cartes dominantes servent à prendre toutes les autres; en les jouant on prononce le monosyllabe *hoc*. (Ainsi nommé, dit Gattel, parce qu'en jouant ces sortes de cartes on a coutume de dire *hoc*. Voy. *Etre hoc*.)**Hoca,**sm.Autre sorte de jeu, consistant en trente points marqués de suite sur une table, et en trente petites boules dans chacune desquelles est enfermé un billet qui porte un chiffre. (Il n'est pas sûr que ce nom soit de la même origine que le précédent. De plus quelques-uns ont écrit *hocca*. Et l'on ne sait pas encore si c'est de Rome ou de la Catalogne que ce jeu est originaire.)

Cahin, caha, adv. Tant bien que mal; de mauvaise grâce. (Selon Trév., Roq. et autres après Mén., du l. *quà hinc*, *quà hac*, et non pas *cad-hinc*, *cad-hac*, qui tombe d'ici et de là, qui vacille, comme le dit Géb. Anc. fr. *cahi caha*, tant bien que mal.)

Icelui, Icelle, adj. démonstr. ou pron. vi. fam. Il désigne une personne ou une chose dont on a parlé auparavant. (Anc. fr. *icel*, *icelui*, du lat. *eccu' ille* : Diez.) **Ici,** adv. de lieu.En ce lieu-ci, dans ce pays-ci,dans cette ville-ci; endroit que l'on désigne dans un discours,dans une narration, dans un livre; et même auteur forme le fr. *ici* du lat. *eccehic*,*eccic*; et cite l'it.*qui*,l'anc. fr. *iqui*, l'esp. *aqui*, l'it., *ci*, le cat.

assi et le valaq. *aici*. Dans le Gloss. champ. de M.T. *iche, ichi,* ici, cela, ceci, et *iqui,* ici, là. Savois. *iché,* ici. Rouchi et comt. *iki,* bourg. et dauph. *iqui,* anc. fr. *iqui, chi, ci,* ici.)

Ici, adv. de temps. Le moment présent.

Ici-bas, loc. adv. Dans ce bas monde.

Oui, adv. ou particule d'affirmation opposée à non : Il est vrai, je l'avoue, j'y consens, je le veux bien. [1° Selon Mén., Gatt., Johann., Diez, du l. *hoc,* cela, ou *hoc est,* c'est cela. 2° Du l. *velle, vouloir,* selon Fr. Wey. Scweighaeuser dit : « *Oïl* n'est pas la seule forme franç. dont on se soit servi au moyen âge pour exprimer l'affirmation dans une réponse. La première syllabe de ce mot se rencontre quelquefois seule, avec le même sens, dans des locutions toutes faites, comme, par exemple, *dire ne o ne non,* dire ni oui, ni non. Cet *o* des Franç. du Nord est évidemment le même mot que le *oc* des Provenç. *Oc* provenc. et *o* franç. viennent, à n'en pas douter, du l. *hoc,* ceci, cela. Du lat. *hoc-illud,* a été fait, par apocope, le vi. fr. *oïl,* oui, sorte de pléonasme qui n'a rien qui doive nous choquer, puisque nous le reproduisons tous les jours, sous une autre forme, quand à une interrogation nous répondons : *c'est cela*. Ainsi le fr. *oui* ne vient pas du participe *oyt, oy, oui, auditus ;* et *l* de *oïl* n'est point une lettre euphonique, comme l'a cru Génin. » En it. *oco,* cat. *hoc,* l. des Troub. *oc, hoc,* oui. Anc. fr. *lo, oil, ouail,* pic. *awi,* oui.)

Oui, S'emploie quelquefois d'une manière simplement affirmative, sans opposition directe à *non*.

Oui, S'emploie quelquefois comme subst. m.

Oui, Marque qq. fois la surprise, et signifie : Quoi, cela est vrai? **Oui,** S'ajoute aux adv. certes, vraiment, etc., pour affirmer davantage.

Oui-da, loc. adv. fam. De bon cœur, volontiers.

CÉCITÉ, sf. État d'une personne aveugle. [Ce mot a été longtemps repoussé. Buffon l'a employé un des premiers, et Delille après lui. Il vient du lat. *cæcitas,* cécité ; r. *cæcus,* aveugle. L'origine du lat. *cæcus* est encore obscure. 1° Isidore l'a cherchée dans le l. *careo,* je suis privé de ; 2° qqns. dans le l. *capio,* je prends, je saisis ; 3° Constancio, dans le l. *cæsus,* part. passé passif de *cædo,* couper, léser, et *occus,* contraction d'*oculus,* œil, en dorien *okkos,* œil ; 4° Bullet, dans l'irl. *cech,* aveugle ; 5° et ailleurs, dans le gall. *coeg,* aveugle ; 6° Doed., dans le g. *koikulló,* regarder autour de soi d'un air hébété ; 7° puis, dans le l. *celare, occulere,* cacher, *caligo,* obscurité ; 8° qqns. dans le g. *kaiō,* brûler, d'autant que la fumée aveugle ; 9° Géb., dans l'héb. *cháschak,* il est obscur, il est sombre, ou obscurci ou environné de ténèbres ; 10° d'autres, dans le sansc. *kanh,* être, devenir aveugle ; 11° Wüllner, dans le sansc. *khayâmi,* je creuse, je blesse ; *xayâmi,* je blesse, je détruis ; en hébr. *qâhâ,* il fut émoussé, ébréché ; *kéhé,* débile, affaibli, en parl. des yeux. 12° D'après Bopp, *cæcus* pourrait être un composé de *oculus,* et de l'initiale *c* dérivée du sansc. *éka,* un, chacun, unique, seul ; et auroit signifié primitivement : qui n'a qu'un œil. En goth. *haihs,* qui n'a qu'un œil. En gaël. irl. *caec, caoch, coich,* aveugle ; gaël écoss. *caec, caoch, coic,* corn. *caic,* aveugle. It. *cieco,* esp. *ciego,* l. des Troub. *cec, sec,* aveugle, l. des Trouv. *cieus, cius,* aveugles.]

*****Cécile,** sf. Genre de reptiles, réputés sans yeux. **Céciliade,** adj. hn. Qui ressemble à une cécilie.

*****Céciliades,** sf. pl. Famille de reptiles.

Cæcum, sm. anat. Branche des intestins placée entre l'intestin grêle et le colon. (L. *cæcum,* aveugle.)

*****Cæcal, e,** adj. anat. Qui a rapport au cæcum.

*****Cæciforme,** adj. hn. En forme de cul de sac.

*****Cæca,** s. pr. f. Nom de la Fortune : elle est aveugle et aveugle ses favoris, comme le dit Cicéron.

*****CÉCUBE,** sm. géo. anc. Territoire d'Italie, entre Terracine et Gaëte, célèbre par ses vins ; ant. vin de Cécube. [Dn l. *Cæcubum,* Cécube ; d'où le l. *cæcubus, a, um,* cécubien ; *cæcubum,* sous-ent. vinum, du Cécube. En g. *to kaikoubion,* Cécube.]

CÉDER, va. Transporter un droit à un autre personne ; laisser ou abandonner une chose pour un temps ou par civilité. [Du lat. *cedere, cedo, cessi, cessum,* venir, aller, passer, marcher, s'en aller, se retirer ; céder, ne pas résister ; céder la place, s'avouer inférieur, succomber, abandonner, accorder, échoir. 1° Les auteurs du Trip. et quelques hébraïs. font venir *cedere* de l'héb. *tsáhad,* il a marché, il s'est avancé lentement ; d'où l'héb. *tsahad,* pas, marche. 2° Vossius le forme, par métathèse, de l'attique *eíkató,* pour *eíkō,* se retirer, céder le passage ou le pas, reculer devant ; fig., céder, ne pas résister, se laisser aller, succomber, obéir à, abandonner, remettre, concéder ; 3° ou du g. *chazō, chazomai,* se retirer, quitter, reculer, abandonner. 4° Géb. le tire du l. *casus,* chute ; 5° et Constancio, de l'anc. rom. *kedo,* qu'il déduit du g. *eikō,* se retirer, céder, reculer, qu'il forme de **eíō,* aller, et *kiō,* marcher ; 6° Doed., du g. *kékadéin, kékadonto,* aoriste de *chazesthai,* se retirer, reculer ; puis de l'attique *kiathéin,* aller, comme *de* de *dia*. 7° Bullet, du gall. *ces,* j'obtiens ; 8° et, dans un autre passage, du gall *céd,* bienfait, commodité, avantage, don. 9° Benfey conjecture que le l. *cedere* et le g. *chazomai,* ainsi que le g. *schazō,* dans le sens de laisser aller, sont d'une origine commune. 10° Eichoff rattache *cedo* au l. *cado,* je tombe, et au sansc. *çad,* passer, tomber, et au g. *schazō ;* et fait venir le l. *cedo,* dis, parle, du sansc. *kath,* dire, énoncer. 11° Bopp dérive *cedere,* du sansc. *kat,* aller ; 12° puis, par le chang. de *r* en *d,* du sansc. *pad,* aller. 13° Schœbel unit le l. *cedere* au g. *kédéin,* inquiéter, blesser, nuire, à l'all. *schaudern,* frissonner, à la racine german. *schütten ;* et au sansc. *skad,* se mouvoir avec vitesse. En ital. *cedere,* esp. *ceder,* prov. *cedar,* auverg. et savois. *céda,* céder. Ital. *cessare,* cesser ; esp. *cesar,* cat., port. et l. des Troub. *cessar,* cesser.] *Cédé, e, p.*

Céder, vn. Se plier, se soumettre à la volonté d'autrui ; ne pas résister, ne pas s'opposer ; se reconnaître inférieur ; rompre, s'affaisser, succomber.

Cédant, e, adj. et s Qui cède son droit.

*****Incédé, e,** adj. Qui n'a pas été cédé.

Cesser, va. et n. Abandonner l'entreprise, discontinuer. (L. *cessare,* fréq. de *cessum, cedere*.) *Cessé, e,* p. **Cessant, e,** adj. Qui cesse.

*****Cessateur,** sm. Qui abandonne un ouvrage.

Cessation, sf. Discontinuation, intermission.

*****Cessation,** sf. Repos.

Cesse, sf. Répit ; d'où **Sans cesse,** loc. adv. Continuellement, toujours.

Cessible, adj. jurisp. Qui peut être cédé.

Cession, sf. Action de céder, transport, abandon. **Cessionnaire,** s. et adj. Qui a accepté une cession ; qui fait une cession de ses biens en justice.

Abcès, sm. Apostème, amas de pus dans une partie du corps. (L. *abcessus,* départ, action de se retirer, de *abscedere ;* r. *ab,* cedere.)

Abcédé, vn. chir. Se terminer par abcès. *Abcédé,* p. **Accéder,** vn. Entrer dans les engagements contractés déjà par d'autres. *Accédé,* p.

Accès, sm. Abord, facilité d'approcher ; augmentation de suffrages ; émotion, retour périodique de la fièvre ; sa durée sans intermission ; attaque d'un mal périodique ; fig., mouvement intérieur et passager en conséquence duquel on agit.

***Accès,** sm. droit. can. Faculté de posséder un bénéfice par l'incompétence d'âge, ou par la mort du titulaire.

Accessible, adj. Abordable, dont on peut approcher. ***Accessibilité,** sf. Etat, qualité de ce qui est accessible.

Accession, sf. Action d'accéder; adhésion à un acte; union d'une chose à une autre, accroissement ; augmentation ; action d'approcher. (L. *accessio*; r. *ad, cedo*.)

Accessit, sm. Récompense de celui qui approche d'un prix. (L. *accessit*, il s'est approché.)

Accessoire, adj. Qui suit, qui accompagne, qui dépend de qq. chose de principal.

Accessoire, sm. Dans les arts, partie non essentielle à la composition; au théâtre, objet qui peut être nécessaire à la représentation.

Les accessoires, sm. pl. Anat. Certains nerfs, ou muscles dont l'action fortifie ou corrige celle d'autres nerfs ou muscles qu'ils accompagnent. **Accessoirement,** adv. D'une manière accessoire.

Antécédent, e, adj. Qui précède dans l'ordre du temps, qui est auparavant; se dit de la p1io ité de temps, d'ordre, de rang, de place, de position, de marche, avec l'idée d'une certaine relation. (L. *ante*, devant, *cedens*, allant.)

Antécédent, sm. Fait passé qu'on rappelle à propos d'un fait actuel; gramm. le mot dont le pronom tient la place; log., première partie de l'enthymême; arith., le premier nombre ou terme d'un rapport par quotient ou par différence.

***Antécédent,** sm. philos. Notion ou jugement qui en précède d'autres dans l'ordre logique ou chronologique de la pensée.

Antécédemment, adv. Antérieurement.
***Antécédence,** sf. Etat de ce qui est antécédent; astron., état d'une planète qui paraît se mouvoir, contre l'ordre des signes, d'est en ouest.

Antécesseur, sm. vi. Professeur en droit.
Concéder, va. Accorder, octroyer. (L. *concedere*, r. *cum*, avec, *cedere*, céder, aller.) *Concédé, e,* p.

***Inconcédé, e,** adj. Qui n'est point concédé.
Concession, sf. Action de concéder; cession; fig., ce que l'on accorde à qqn. dans une contestation, dans un débat; rhét., figure qui consiste à céder qq. chose à son adversaire, mais pour en tirer avantage contre lui. **Concessionnaire,** s. Qui a obtenu une concession.

***Inconcessible,** adj. Que l'on ne peut concéder. **Décéder,** vn. S'en aller dans l'autre monde, mourir de mort naturelle. (L. *decedere*, r. *de*, de, loin de, *cedere*, s'en aller.) *Décédé, e,* p.

Décès, sm. Sortie de la vie, de la société de ce monde; fin du cours ou de la carrière humaine, mort naturelle de l'homme.

***Discéder,** vn. S'éloigner, s'écarter de l'opinion de qqn. *Discédé, p.

***Discession,** sf. ant. rom. Manière de recueillir les voix des sénateurs: ils quittaient leurs places et se réunissaient auprès de celui dont ils embrassaient l'opinion.

Excéder, va. Outre-passer, aller au-delà de certaines bornes; fig., fatiguer, importuner à l'excès; surpasser, dépasser; fig., tourmenter. (L. *excedere*, r. *ex*, de, loin de, *cedere*, aller, passer.)

S'excéder, va. pr. Travailler, jeûner jusqu'à l'excès; faire des débauches excessives. *Excédé, e,* p.

Excédant, ante, adj. Qui excède.
Excédant, sm. arith. Quantité qui excède.
Excès, sm. Ce qui excède les bornes de la raison, de la justice, de la bienséance, ce qui passe la mesure accoutumée, le degré ordinaire; débauche, déréglement; violence, vexations, cruauté, outrage; arith., excédant, reste ou différence.

A l'excès, Jusqu'à l'excès, loc. adv. Outre-mesure, à l'extrême.

Excessif, ive, adj. Qui passe au-delà des bornes, qui excède la règle, la mesure, le cours ordinaire; qui va à l'excès; où il y a de l'excès.

Excessivement, adv. D'une manière excessive. **Inaccessible,** adj. Dont on ne peut approcher, dont l'accès est impossible; fig., auprès de qui l'on ne peut trouver d'accès; fig., qui n'est point touché de certaines choses.

***Inaccessibilité,** sf. Qualité de ce qui est inaccessible.

***Incessant, e,** adj. Qui ne cesse pas, qui dure sans interruption.

Incessamment, adv. Sans cesse, sans délai.
Incessible, adj. Qui ne peut être cédé.
***Incessibilité,** sf. jurispr. Qualité de ce qui est incessible.

***Circumincession,** sf. théol. Existence des personnes de la Trinité l'une dans l'autre.

Intercéder, vn. propr. Entre-venir, venir entre deux. Prier pour qqn., solliciter en sa faveur. (L. *intercedere*, r. *inter*, entre, *cedere*, aller, venir.) *Intercédé, e,* p. ***Intercéder,** vn. ant. rom. Se dit de l'action des tribuns qui opposaient leur véto à un décret quelconque. **Intercesseur,** sm. Celui qui intercède. **Intercession,** sf. Action d'intercéder; prière. ***Intercesseur,** sm. Evêque qui administrait un siége vacant, jusqu'à ce qu'il fût pourvu.

Précéder, va. Aller devant, marcher devant, être le premier en ordre de rang ou de temps, prendre le pas de manière à être en tête. *Précédé, e,* p.

Précédemment, adv. Auparavant, ci-devant. **Précédent, e,** adj. Qui précède, qui a la priorité immédiate de temps, ou d'ordre.

Précédent, sm. Fait, exemple antérieur qu'on invoque comme autorité.

Précession, sf. astron. Se dit du mouvement rétrograde des points équinoxiaux.

Prédécéder, vn. jurispr. Mourir avant un autre. *Prédécédé, e,* p.

Prédécès, sm. Mort de qqn. avant celle d'un autre. **Prédécesseur,** sm. Qui a précédé qqn. dans une place.

Prédécesseurs, sm. pl. Ceux qui ont vécu avant nous dans le même pays; les souverains qui ont occupé le trône avant un autre.

***Précidanée,** sf. et adj. ant. rom. Victime qu'on immolait la veille d'une solennité, ou avant la récolte. (Du l. *præcidaneus*, pour *præcedaneus*; mot à mot, qui précède, r. *præ*, avant, devant, *cedere*, marcher, aller; par opposition à *succedaneus, succidaneus*: on dit ces adjectifs en été appliqués, non-seulement aux victimes, mais aussi aux choses; c'est pourquoi Vossius désapprouve ceux qui forment ces mots du l. *cædere*, tuer, immoler.)

Procéder, vn. Marcher en avant, aller hors de, sortir de, provenir, tirer son origine; agir judiciairement; agir en qq. affaire, en qq. chose que ce soit; agir, se comporter d'une certaine manière envers les autres. (L. *procedere*, r. *pro*, devant, *cedere*, aller, marcher.) *Procédé,* p.

Procédé, sm. Conduite, manière d'agir d'une personne envers une autre; bon procédé; méthode.

Procédure, sf. Manière, forme de procéder en justice; instruction judiciaire d'un procès; acte fait dans une instance civile ou criminelle.

***Procédurier, ière,** adj. prat. Qui entend

la procédure; qui aime la procédure, la chicane; qui allonge les procédures.

Procès, sm. Instance devant un juge sur un différend; toutes les pièces produites par l'une et par l'autre partie, pour servir à l'instruction et au jugement d'un procès. (Procès a signifié aussi: marche, intrigue, prière, projet, suite, succession de temps; anc. anat. apophyse, éminence à la surface d'un os; anc. chim., procédé.)

Procès verbal, Narré par écrit, dans lequel un officier de justice rend témoignage de ce qu'il a fait, vu ou entendu. **Faire le procès à quelqu'un**, Le poursuivre comme criminel.

Processif, ive, adj. Qui aime à intenter, à prolonger des procès.

*****Procillon**, sm.fam. Petit procès.

Procession, sf. Cérémonie religieuse où l'on marche en ordre, et en chantant des hymnes ou en récitant des prières; foule de peuple qui se succède dans un chemin; marche religieuse des anciens païens; théol., production éternelle du Saint-Esprit, qui procède du Père et du Fils. (L.*processio*.)

*****Processionnaire**, s.et adj.f.hn. Se dit des chenilles qui marchent à la suite les unes des autres, qui forment une longue procession en sortant de leur nid. **Processionnal**, sm. Livre d'église où sont notées les prières qu'on fait aux processions.

Processionnellement, adv. En procession. *****Processionneur**, sm.fam. Qui va à la procession.

Recéder, va. Rendre à qqn. ce qu'il avait cédé; céder à prix d'argent une chose qu'on a achetée. *Recédé, e*, p.

Recez, sm. Cahier des délibérations d'une diète de l'empire, de la diète suisse. (On a dit aussi *recès*. Du l.*recessus imperii*; fait de *recedere*, se retirer; r. *re*, et *cedere*; d'autant que c'était au moment de la séparation des membres de la Diète que se rédigeait ce cahier.)

Rétrocéder, va.jurispr. Remettre à qqn. le droit qu'il nous avait cédé.*Rétrocédé, e*, p.

*****Rétrocédant, e**, adj. et s. Qui fait une rétrocession. *****Rétrocessif, ive**, adj.jurispr. Par où l'on opère une rétrocession.

Rétrocession, sf. Acte par lequel on rétrocède.

*****Rétrocessionnaire**, adj.et s.jurispr. Se dit de la personne à qui l'on fait une rétrocession.

*****Sécession**, sf. Action de se retirer à part; hist. rom., retraite du peuple romain sur le Mont Sacré. (L.*secessio*,de *secedere*, se retirer, s'éloigner.)

Succédané, e, adj.méd. Se dit de médicaments que l'on peut faire *succéder* à d'autres.(L.*succedaneus*; r. *sub, cedo*.)

*****Succédanée** ou *****Succidanée**, adj.f. Se dit des victimes que les anc. Rom. immolaient après d'autres, afin de réitérer le sacrifice quand le premier n'avait point paru agréable à la divinité.(L.*succedaneus*, qui succède, qui prend la place, de *succedere*; r.*sub,cedere*, et non *cædere*.)

*****Succédanéum**, sm. bot. Arbre ainsi nommé à cause de son analogie avec le *rhus vernix*, qui fait qqf. prendre l'un pour l'autre. (Du l. *succedaneus*, qu'on substitue.)

Succéder, vn. Venir après, prendre la place de; hériter par droit de parenté; réussir, avoir une heureuse issue.(Du temps de Molière, *succéder* signifiait réussir, d'où le nom de *succès*. On en a fait *succession*.En anc.fr. *succession* était synonyme de réussite.)*Succédé*, p.

Succès, sm. Ce qui suit l'évènement, ce qui en est la conséquence heureuse, réussite.

Successeur, sm. Qui succède à un autre.

Successible, adj. Qui est ou rend habile à succéder.

Successibilité, sf. Droit de succéder.

Successif, ive, adj. Qui se succède sans interruption; qui suit de près.

Succession, sf. Action de succéder; hérédité.

Successivement, adv. L'un après l'autre.

*****Présuccession**, sf.anc.jurispr. Droit antérieur à l'hérédité; anticipation sur une succession.

*****Supercession**, sf. Arrêt par lequel le Conseil d'État prononçait la décharge des comptables.

CÉDILLE, sf. Petite marque de la forme d'un petit *c* tourné de droite à gauche, et que l'on met sous la lettre *c* pour en adoucir la prononciation. [1° De l'esp. *cedilla*, petit *c*, selon M. Honnorat. 2° Du g. *xéô* ou *skéô*,râcler,biffer,selon Constancio.3°La cédille a été inventée par les Espag. C'est pourquoi M. Scheler tire ce nom de l'esp. *cedilla* qu'il dérive de *zeta*, nom de lettre; car, dit-il, le crochet appelé ainsi est destiné à donner au *c* la valeur de *z*. En it.*zediglia*, port. *œdilha, cedilho*, prov. *cedilha*, cédille.]

CÈDRE, sm. Pin du Liban, espèce de mélèze odoriférant qui acquiert une très-grande hauteur, et dont le bois rougeâtre passe pour incorruptible.[Du l.*cedrus*, dérivé du g.*kédros*, cèdre. 1° Vossius a conjecturé d'abord que l'origine de ce mot était le g. *kéô*, brûler; ensuite le g.*kéddés*,odoriférant, fait lui-même du g.*kaiô*, brûler; 2° enfin, l'héb. *érés*, cèdre. Tr év. suit la première étym., parce que le cèdre brûlé rend une odeur fort bonne. 3° Géb. le dérive de l'héb. *qâdar*, obscurcir, ombrager; 4° et ailleurs, de l'héb.*âdar*, il fut magnifique. 5° Selon Fée et de Théis, ce nom trouverait son étym. dans l'ar. *kèdr*, puissance.Peut-on, dit ce dernier auteur, ne pas reconnaître dans son nom la racine sémitique, et notamment le nom d'action arabe *kédroun, kèdr*, puissance, à cause des idées de grandeur et de majesté attachées par les Orientaux aux cèdres du Liban,et de toutes les comparaisons qu'ils en ont faites aux rois et aux grands de la terre. Les anc. Rom. donnaient le nom de *cedrus* au véritable cèdre du Liban et à plusieurs autres conifères. Virgile a désigné comme des cèdres des arbres qu'il ne faut pas tous réunir au cèdre du Liban. Pline assure que le cèdre est un grand arbre à fruits semblables aux baies du genièvre, ronds, de la grosseur de celles du myrte. En l. on a dit aussi *cedris*, cédrat, fruit du cèdre, dans Pline; et *cedratus*, frotté d'huile de cédrat;*cedrium*,résine ou suc du cèdre; et *cedria*,gomme du cèdre. En valaq. *kedru*, russe *kèdre*, it., cat., esp., prov. *cedro*, cèdre. Lang. des Troub. *cedre, sedre*, all. *ceder*, angl. *cedar*, cèdre.]

Cédrat, sm. Espèce de citron d'une odeur fort agréable; arbre qui porte ce fruit.

Cédrie, sf. Résine qui coule du cèdre.

*****Cédratier**, sm. Arbre qui porte des cédrats.

*****Cédrélate**, sf. Arbre inconnu dont parle Pline.

*****Cédrèle**, sf. Grand et bel arbre d'Amérique.

*****Cédrelé, e**, adj.bot. Semblable à une cédrèle.

*****Cédrélées**, sf.pl. Familles de plantes.

*****Cédréléon**, sm. Huile de cèdre; espèce de résine en usage chez les anciens.(*G. éluion*, huile.)

*****Cédria**, sf.ant. Résine de cèdre.

*****Cédrite**, sf.ant. Fruit du cade ou oxycèdre.

*****Cédrino**, sm. Nom it.d'une variété de cédrat.

*****Cédrités**, sm.ant. Sorte de vin imprégné de résine de cèdre. *****Cédroste**,sf. bot. Nom grec de la bryone, dans Dioscoride.

*****Oxycèdre**, sm.Espèce de petit cèdre à feuilles pointues; cèdre de Libye. (G. *oxus*, aigu et *kédros*.)

CEINDRE, va. Mettre autour des reins qq. chose qui lie et qui serre; entourer, environner; enfermer dans un espace. [Du l. *cingere*, comme *feindre* de *fingere*, *oindre* de *ungere*, *peindre* de *pingere*, *poindre* de *pungere*, *éteindre* de *exstinguere*, *teindre* de *tingere*, etc. 1° M. Eichhoff rapporte *cingere* au sansc. *kuç* ou *kuc*, ontourer, enclore, *kiças*, globe, *kukshas*, aîne, et au g. *kochlos*, escargot, *kuklos*, cercle, rond, circuit, et au l. *coxa*, cuisse. 2° Doed. rattache *cingere* au germ. *hegen*, entourer d'une haie, clore, enclore; 3° puis, par syncope, au g. *xunéchéin*, *sunéchéin*, tenir ensemble, serrer, presser. 4° Le Trip. le rattache au g. *sphiggô*, serrer, étreindre; au germ. *zwingen*, au suéd. *tvinga*, forcer, contraindre, et à l'héb. *tsouq*, être pressé, serré, reserré; 5° Constancio, au g. *zônnuô*, ceindre, *zônê*, ceinture; et à l'égyp. *cenk* ou *çonk*, ou *cen*, *çon*, lier, serrer, étreindre, ceindre; 6° Bullet, au celt. *cin*, *cing*, entourer; 7° puis à l'irl. *ceangail*, lien. 8° Perottus le forme du l. *circumagere*, environner, entourer; 9° et Vossius, de l'héb. *hânaq*, il a orné d'un collier; puis du g. *zônnuô*, ceindre; 10 et un hébraïsant, de l'héb. *kâban*, signifiant il a lié, a attaché, dans un sens talmudique; 11° Guichard, de l'héb. *châgar*, il a ceint, environné, entouré. 12° Benfey rapporte *cingere*, pour *cingurere*, au l. *circus*, pour *circur*, tour, circuit, cercle, au l. *gyrus*, tour, rond, cercle, et au g. *guros*, id. En gaël écoss. *ceangail*, gaël irl. *ceanglain*, lier; it. *cignere*, esp. *cenir*, port. *cingir*, lang. des Troub. *cenher*, *sendre*, ceindre, environner. Langue des Trouv. *cengler*, ceindre, investir, bloquer. Prov. *cenchar*, *cengear*, *cenger*, *cegner*, *cintar*, ceindre, sangler, bander, ceindre, environner. Anc. fr. *seindre*, ceindre; *saincture* et *sainture*, ceinture; *cengler*, ceindre, sangler.] *Ceint, e,* p.

*****Ceinte,** sf. mar. Se dit d'un bordage plus épais que les autres, autour d'un navire.

Ceintrage, sm. mar. Tous les cordages servant à ceindre, à lier un bâtiment, lorsqu'il menace de s'ouvrir. *****Ceintre,** sm. mar. Sorte de ceinture placée autour d'un navire.

*****Ceintrer,** va. mar. Faire le ceintrage, passer, par-dessous la carène d'un navire, des câbles et des grelins qu'on roidit avec force pour retenir en place les bordages décloués. * *Ceintré, e,* p.

Ceinture, sf. Ruban, cordon, bande d'étoffe ou de cuir, dont on se ceint; ce qui entoure, ce qui est en forme de ceinture.

*****Ceinture,** sf.t.de danse. Se dit de la manière de porter le corps en marchant, en dansant; mar., filin que l'on fixait autrefois en dehors du bâtiment.

*****Ceinturé, e,** adj. Qui porte une ceinture.

*****Ceinturelle,** sf. mar. Bridure des haubans au-dessous du calcet ; sorte de trelingage des mâts qui portent les antennes.

*****Ceinturette,** sf. Petite bande de cuir qui entoure le cor-de-chasse.

Ceinturier, sm. Faiseur ou marchand de ceintures, de ceinturons, de baudriers.

Ceinturon, sm. Sorte de ceinture à pendants auxquels on suspend un sabre, une épée, un couteau de chasse. *****Ceinturon,** sm. hist. rom. La marque la plus honorable du service militaire.

*****Ceinturonnier,** sm. Qui fait et vend des ceinturons.

Cintre, sm. Figure en arcade, en demi-cercle; appareil de charpente sur lequel on bâtit les voûtes de pierre. (L. *cinctus*, ceint, *cinctura*, ceinture.)

Cintrer, va. Faire un cintre, bâtir en cintre, faire un ouvrage en cintre. *Cintré, e,* p.

*****Cintré, e,** adj. blas. Se dit du globe impérial entouré d'un cercle horizontal et d'un demi-cercle vertical; se dit aussi des couronnes royales qui sont fermées. *****Cinxia,** sf. hn. Espèce de papillon.

*****Déceindre,** va. Ôter la ceinture. * *Déceint, e,* p.

Décintrer, va. Ôter les cintres. *Décintré, e,* p.

Décintrement, sm. Action de décintrer.

*****Décintroir,** sm. Sorte de marteau à l'usage des maçons.

*****Demi-ceint,** sm. Sorte de ceinture où les femmes attachaient leurs clefs; archit., se dit d'une colonne qui n'est pas en plein relief, et qui ne paraît qu'à demi hors du mur.

*****Demi-ceintier,** sm. Ouvrier qui faisait les ceintures enchaînes, appelées demi-ceints.

Enceindre, va. Renfermer dans une enceinte, entourer, environner, enfermer. *Enceint, e,* p.

Enceinte, sf. Circuit, tour; étendue d'une clôture; salle dans l'intérieur d'un édifice.

Enceinte, adj. *Femme enceinte*, femme grosse. (1° Du l. *in* priv. et *cincta*, ceinte, de *cingere*, ceindre, selon Isidore, Diez, Gattel, etc.; parce que la femme dans cet état ne porte plus de ceinture. 2° Du l. *inciens*, *incientis*, grosse, enceinte; en g. *egkuô*, être enceinte, ou pleine; r. *en*, en, dans, et *kuô*, *kuéô*, être ou devenir enceinte ou pleine; d'après De Chevallet. Cette dernière étym. convient parfaitement à la chose, et moins bien à la forme du mot. La première convient parfaitement au mot et moins bien à la chose; mais elle compte le plus de partisans. Si elle n'est pas la véritable, l'Acad. et presque tous les lexicographes ont eu doublement tort de lier cet adj. au v. *enceindre* et au part. *enceint*, *enceinte*; d'abord, parce que *en* de *enceindre* vient de *in*, dans; ensuite, parce que *en* de *enceinte*, grosse, vient de *in* privatif, *non-ceinte*; enfin, de ce que, si *enceinte* vient de *inciens*, *incientis*, il n'appartient pas à la même racine que le fr. *ceindre*, *enceindre*, ni que le l. *cingere*, *cinctum*. Scheler a écrit : L'esp. dit *estar en cinta*; cela fait songer à une autre représentation de la chose, savoir : être enveloppé, être doublé, *in cinctu*, ou en mauvais lat. : *in cincta esse*... L'it. *incignere*, prov. *encenher*—engrosser, confirment cette manière de voir; ils représentent le l. *incingere*; c'est une figure moins grossière que le fr. engrosser; elle rend l'idée : donner de l'ampleur, du volume. En b. l. *incincta*, enceinte, grosse; lang. d'oil, avant le 12e s. *enceinter*, être ou devenir enceinte, grosse; et *enceintée*, enceinte, mots cités par De Chevallet; prov. *cenchar*, ceindre, et *encencha*, enceinte, grosse.)

Précinte, sf. Se dit des bordages peu élevés qui règnent tout autour d'un bâtiment, et qui en distinguent les étages. (Du l. *præcinta*, s.-ent. *tabula*; r. *præ*, et *cingere*.)

*****Précinction,** sf. ant. rom. Pallier circulaire du théâtre des anciens.

*****Renceinte,** sf. véner. Retour en cercle.

Succinct, e, adj. Court, bref; qui est dit en peu de paroles, en parl. du discours qui se débarrasse des idées inutiles, et ne choisit que celles qui sont essentielles au but. (Du l. *succinctus*, pour *subcinctus*, ceint en dessous, qui a la robe retroussée; et au fig. bref, succinct ; celui dont les vêtements sont troussés agit plus vite et avec plus d'aisance.) **Succinctement,** adv. D'une manière succinte.

Cingler, va. Frapper avec qq. chose de délié et de pliant, comme une sangle; se dit aussi d'un froid vif et perçant qui cingle le visage; se dit aussi de la pluie, de la neige, de la grêle. (Du lat. *cingulum*, ceinture.) *Cinglé, e,* p.

*****Cinglement,** sm. Action de cingler.

*****Cingulé, e,** adj. hn. Pourvu d'une ceinture.

*****Cingulés,** sm. pl. hn. Famille de mammifères.

*****Cingulifère,** adj. hn. Qui porte une ceinture.

Sangle, sf. Bande qui sert à ceindre, à serrer

et à divers autres usages. (Pour *cingle*, du l. *cingulum*, ceinture, *cingula*, sangle. Pat. de Castr. *cinglo*, sangle; angl. *cingle*, prov. *cengla* et *cingla*, anc. fr. *cengle*, sangle. Tous ces mots sont bien plus près du l. *cingula*. que sangle actuellement dit par corruption véritable, et non par dérivation.)

Sanglade, sf. Grand coup de sangle, de fouet.

Sangler, va. Ceindre, serrer avec une sangle, avec des sangles; maltraiter. *Sanglé, e,* p.

*****Sangler**, va. Envelopper (le fromage dans des bandes de toile).

*****Sanglon**, sm. Petite sangle; pièce de bois, fausses côtes qui fortifient les bateaux.

Contre-sanglon, sm. Courroie clouée sur l'arçon de la selle du cheval, et dans laquelle on passe la boucle de la sangle pour l'arrêter.

Dessangler, va. Lâcher, défaire les sangles. *Dessanglé, e,* p.

*****Seinche**, sf. Enceinte de grands filets pierrés et flottés; pêche qui s'y fait.

*****Cincta**, *****Cingula**, *****Cinxia**, s. pr. f. myth. Noms de Junon, qui était censée délier la ceinture des nouvelles mariées.

*****CÉLATE**, sm. anc. art. milit. Le devant d'un casque, et qqfois le casque lui-même. [Du l. *cœlatus, a, um*, part. de *cœlo, as, are*, graver, ciseler, buriner, orner; parce que, dit Borel, on mettait sur les casques des figures d'animaux et d'autres choses. D'après Du Cange *celate* et *salade*, casque, auraient été faits du l. *celare, celatum*, cacher; vu que les casques cachent la tête. Mais Diez dérive *salade* de *cœlare*, parce que Cicéron a employé l'expression *cassis cœlata*, casque orné, artistement travaillé. 1° Eichhoff rapporte le l. *cœlare* au g. *kláō, kolouō*, et au sansc. *hal*, creuser, labourer. 2° Doed. le dérive du g. *koilod*, creuser; 3° Vossius, du l. *cœdere*, couper, tailler, tuer; 4° Bullet, de l'héb. *chálal*, il a perforé, percé, troué; 5° Guichard, et d'autres hébraïsants, de l'héb. *qâlal*, il a sculpté, il a gravé, ciselé, buriné. 6° Le Trip. lie *cœlo* et *caula*, au germ. *höhle*, au russe *jolobliou*, et au bret. *goulloi, goulo, goule, goliu*.]

Salade, sf. Sorte de casque et d'habillement de tête pour la guerre. (De la même racine que *****celate*.) En it. *celata*, esp. *celada*, salade, morion, heaume, angl. *salet*, kymr. *saled*, mots cités par M. Diez. Borel affirme que *celates* et *salades*, heaumes, proviennent du l. *cœlatus*, gravé, ciselé, à cause de leurs gravures et ciselures; car, dit-il : « on y mettait les figures des têtes, des dépouilles des animaux qu'on avait vaincus. Avant l'invention des *celates* ou *salades*, on se revêtait de ces peaux, tel on peint Hercule affublé d'une peau de lion. » Bullet tire ce mot *salade* du celt. *cál*, tête, d'où le l. *calantia, calvus*, et le fr. *calotte*, selon lui. En b. l. *salada, selada*, pour *celata*, anc. fr. *sale*, salade, espèce de casque, dans Du Cange.)

*****Celtidé, e**, adj. bot. Semblable au micocoulier. (L. *celtis*, sorte de lotus, arbre. D'après Martinius, Géb. et autres, le l. *celtis*, burin de graveur sur pierre, et *celtis*, sorte de lotus, sont deux mots dérivés de *cœlare, cœlatum*, graver, ciseler. L'arbre appelé *celtis* est remarquable par les incisions ou fentes que présentent ses feuilles.)

*****Celtidées**, sf. pl. Famille de plantes.

CÉLÈBRE, adj. Fameux, renommé, distingué par les talents qui honorent. [Du l. *celeber, celebris, celebre*, célèbre. 1° Selon Delatre, ce mot est composé du g. *kléos*, gloire, réputation, célébrité, et *phérō*, je porte. 2° Vossius le dérive du g. *kléiō*, faire connaître, célébrer; 3° puis, du l. *celer*, prompt; parce que *celeber* a été appliqué au substantif *gradus*, pas, marche; 4° enfin, du l. *calare*, appeler, convoquer, dérivé lui-même du g. *kaléin*, appeler. 5° Doed. le dérive du l. *creber*, fréquent, comme le g. *kaluptō*, cacher, du g. *kruptō*, cacher; comme le g. *phulassō*, garder, du gr. *phrassō*. 6° Constancio le forme du l. *colere*, cultiver, honorer, et de *vir*, homme. 7° Géb. le rapporte au l. *celer*, prompt, *celsus*, élevé, et à l'hébr. *qâlal*, il fut léger; 8° Benfey, au sansc. *çruti*, cri, voix, appel, *çlōka*, id.; au slave *proclaviti*, bruit, réputation, gaël. *cliu*, id.; au g. *kléos*, bruit, célébrité, gloire; et au l. *laudare*, pour *claudare*, louer; 9° et Bopp, au sansc. *krit*, parler, dire, énoncer, rappeler, par le chang. fréquent de *r* en *l*. Ital. et esp. *celebre*, célèbre. Ital. *celebrare*, esp., cat., port. et l. des Troub. *celebrar*, célébrer.]

Célébrer, va. Exalter, louer avec éclat, publier avec éloge; solenniser. *Célébré, e,* p.

Célébrant, sm. Celui qui célèbre, qui dit la messe. **Célébration**, sf. Action de célébrer.

Célébrité, sf. Réputation étendue au loin; solennité. *****Célébrité**, sf. Personne célèbre.

Concélébrer, va. Célébrer conjointement, en commun. *Concélébré, e,* p.

*****Incélèbre**, adj. Sans célébrité.

*****Incélébrité**, sf. Manque de célébrité.

CÉLER, va. Tenir une chose cachée et secrète, taire, dissimuler; cacher; ne pas donner à connaître. [Du l. *celare, celatum*, cacher, taire, faire un mystère de, céler. 1° Bopp. rapporte *celare* au sansc. *c'il*, vêtir; à l'anc. germ. *hilu*, cacher, et à l'all. *helm*, coiffure, casque, heaume; 2° Eichhoff, au sansc. *hul*, couvrir, contenir; 3° le même, un peu plus loin, au sansc. *çal*, occuper, couvrir; 4° Doed. au g. *kéléō*, adoucir, apaiser, calmer, guérir, charmer, et au germ. *helen*; 5° Géb., au celt. *cel, cell*, cachette, grotte, cellule, maison; 6° un anonyme, au germ. *hehle. halte, hülle*, et à l'angl. *conceal*, au l. *caligo* et au gr. *eligé*. 7° Vossius fait dériver *celare*, de l'héb. *kalá*, il a fermé, il a renfermé; 8° un autre, de l'héb. *hâlam*, il a caché. En it. *celare*, lang. des Troub., cat. et esp. *celar*, cacher, céler; prov. *celar* et *selar*, céler, cacher. Gaël irl. et écoss. *ceil, cealaich*, céler, cacher. Pic., rom. du Nord, *chéler*, céler, cacher.]

Se faire céler, Faire dire qu'on n'est pas chez soi. *Célé, e,* p.

*****Célation**, sf. méd. lég. Action de céler.

*****Celle**, sf. vi. Cabane, maisonnette, cellule.

*****Cellaire**, sf. Genre de polypiers flexibles, à articulations garnies de cellules.

*****Cellarié, e**, adj. hn. Semblable à une cellaire.

*****Cellariés**, sm. pl. Famille de polypiers flexibles.

*****Cellépore**, sm. Genre de polypiers flexibles.

*****Celléporé, e**, adj. hn. Semblable à un cellépore. *****Celléporés**, sm. pl. Famille de polypiers.

Cellier, sm. Lieu où l'on serre le vin et d'autres provisions. (L. *cellarium*, garde-manger, office; r. *celare*, cacher, céler. En b. l. *cellerium, celarium, cella vinaria*, anc. fr. *chellier*, cellier. Lang. des Trouv. *celer*, cellier. Turc *kilar, kiler*, cellier, office, dépense. Bret. *cellyer, ceilher*, cellier.)

*****Cellerage**, sm. Droit du seigneur sur le vin dans le cellier. *****Cellérerie**, sf. Se disait, dans les monastères, de l'office de cellérier.

Cellérier, ière, s. Titre, dans un monastère, du religieux, de la religieuse qui prend soin de la dépense de bouche.

*****Cellicole**, adj. hn. Qui habite les caves.

Cellule, sf. Petite chambre d'un religieux ou d'une religieuse; chacun des petits logements des cardinaux assemblés dans le conclave; fig., retraite, petit appartement; alvéole où l'abeille renferme son miel et son couvain; bot., cavité renfermant la semence; anat., petite cavité. (L., it., anc. cat. et lang. des Troub. *cella*, esp. *celda*, cellule; du l. *celare*, cacher, céler. En b.l. *cellulu*, dim. de *cella*, cellule.)

Cellulaire, adj. anat. et bot. Qui a des cellules.

*****Cellulé, e**, adj. hn. A cellules, divisé en cellules. **Celluleux**, adj.m. Divisé en cellules.

Cellulie, sf. Genre de coquilles univalves.

*****Cellulifère**, adj. hn. Qui a des enfoncements cellulaires.

*****Celluliforme**, adj. hn. En forme de cellule.

*****Cellulitèle**, adj. hn. Se dit des insectes qui font des toiles celluleuses. (L. *cella*, cellule; *tela*, toile.) *****Cellulosité**, sf. Amas de cellules.

*****Intercellulaire**, adj. hn. Placé entre les cellules. *****Clanculaire**, sm. Membre d'une secte d'anabaptistes qui s'assemblent clandestinement. (L. *clanculanius*, qui se cache, de *clàm*, à l'insu, en cachette; de *celare*, cacher, céler.)

Clandestin, ine, adj. Qui se fait en cachette et contre les lois de la morale. (L. *clandestinus*.)

Clandestine, sf. bot. Plante, ainsi nommée de ce que ses tiges croissent dans la terre ou sous la mousse. **Clandestinement**, adv. D'une manière clandestine.

Clandestinité, sf. jurispr. Vice d'une chose faite en secret et contre la loi.

Déceler, va. Découvrir celui qui se cache, ou ce qui est caché, ou un secret; dévoiler. *Décelé, e*. p.

Décèlement, sm. Action de déceler.

*****Se Déceler**, va. pr. véner. Se dit d'un cerf, quand il quitte le buisson où il s'était retiré. *****Décelé, e**, p. *****Incélé, e**, adj. Qui n'est point célé.

Recéler, va. Garder et cacher une chose que l'on sait être volée; détourner, cacher les effets d'une succession, d'une société; cacher chez soi des personnes auxquelles les lois défendent de donner retraite; fig., contenir, renfermer. *Recélé, e*, p.

*****Recel**, sm. jurispr. Action de celui qui reçoit sciemment des objets volés.

Recélé, sm. Recèlement des effets d'une succession, d'une société.

Recèlement, sm. Action de recéler.

Recéleur, euse, s. Qui recèle une chose qu'il sait être volée.

Syncelle, sm. Dans l'ancienne Eglise grecque, sorte d'officier placé auprès des patriarches, des évêques, etc., pour avoir inspection sur leur conduite. (Du g. corrompu *sugkellos*, qui couche dans la même chambre qu'un autre, formé de *sun*, avec, ensemble, et de *kella*, emprunté du latin *cella*, chambre, cellule; r. *celare*, cacher, céler.)

Protosyncelle, sm. Vicaire d'un patriarche ou d'un évêque de l'Eglise grecque. (G. *prótos*, premier.)

Celtique, adj. Qui appartient aux *Celtes*, anciens peuples de la Gaule. (L. *Celtæ*, g. *Kéltai*, Celtes. 1º La plupart des philologues modernes rattachent ce mot à la même origine que le l. *celare*, cacher, *cella*, cellule; et que le bret. *kel*, ou *kell*, cloison, autrefois cabane, ermitage, cellule. D'après Amédée Thierry et autres, *Celte* vient simplement du celt. *ceil*, cacher, *coille*, forêt, *ceiltach*, qui vit dans les forêts. Les habitants de l'épaisse forêt située au pied des monts Grampiens portaient vraisemblablement dans leur idiome le nom de *Celtes*; et ce nom n'était applicable qu'aux tribus méridionales des Galls, dit Thierry. 2º Gabriel Henri forme le nom des Celtes de *keledis*, extension, à cause de l'immensité de pays que les Celtes avaient peuplés; 3º Cambden soupçonne que *Celta*, Celte, signifie un homme qui a de longs cheveux, parce que, ajoute-t-il, *gualt*, en core auj. en angl. signifie les cheveux. 4º Bochart pense que ce nom vient de l'héb. *chalta* ou *chelta*, qui dans le Talmud signifie safran; parce que, dit-il, les Celtes étaient blonds. 5º Bodin le dérive du g. *kélés*, cheval de selle, coursier; parce que, selon lui, les Celtes montaient des chevaux sans selle et sans les atteler à un char. 6º Lazius le dérive du nom *Galate*, par contraction. 7º Le P. Pezron prétend que le nom de *Celte* et celui de *Gaulois* signifient puissant, vaillant, ou valeureux. 8º Schulter le déduit de *Kilt*, homme fort et robuste, mot qui subsiste chez les Frisons et chez qqs. Saxons. 9º Et Marcus Rexellius Bassus, de *Celtus*, nom de l'un des premiers chefs des Gaules; 10º par la même raison, on pourrait aussi le tirer de *Celtine*, nom d'une fille de Britannicus, qui eut d'Hercule un fils nommé *Celtus*. 11º Gesner le dérive de l'all. *gelten*, valoir; 12º Wackter, du celt. *cily ld*, ou *ciliad*, fugitif, émigré, transfuge, à cause de leurs grandes migrations. 13º La vallée soutient que du mot celt. *guels*, les Gr. ont fait *Keltes* et les Rom. *Galli*. 14º Appien dit qu'une opinion fort commune était qu'il se nommaient ainsi de *Celte*, fils de Polyphème et de Galatée. 15º Salverte explique le nom de *Celtes* par la signification de dur, infatigable, intrépide, fait de *Caled*, qui serait la racine du nom de la *Calédonie*: mot à mot: le pays montagneux des forts, des intrépides, d'après Richards. 16º Scrieck le dérive de *Kelten*, les gens du froid; et Géb. prétend que *Celte* signifie froid, glace, terre glacée. 17º L'auteur de l'Orig. des premières sociétés prétend, au contraire, que le nom de *Gallia* n'est qu'un syn. de *celtique*, que *gal* et *cal* sont synonymes; et que *cal* est la racine du mot *calor*, chaleur. 18º Un autre tire le nom des Celtes, du germ. *zelt*, tente; 19º un autre, du germ. *helden*, héros; 20º Wackius, du nom des *Chaldéens*, comme si les Celtes étaient descendus de ce peuple. 21º Goropius estime que *kelt*, en lang. cimbrique, signifie *lue*. 22º Quelques-uns disent que *Celtes* vient de *gelt* ou *gelten*, signifiant argent en tudesq. 23º Saint-Jérôme et Isidore tirent ce nom du gr. *gala*, lait. 24º Pasumot croit qu'il vient du phén. *chaïl*, force, fort; ou du phén. *chalat*, couper, tailler. La première étym. est de beaucoup la plus simple et la plus vraisemblable. Aussi a-t-elle été adoptée par le celtisant W. F. Edwards, qui lie le nom *Celte* au gall. *celt*, habitant des bois, *celv*, *celi*, mystère, artifice, *celawer*, celui qui cache, *cél* et *cell*, abri, asyle; et au l. *cella*, cellule, *celare*, cacher, céler; etc. César dit, dans ses commentaires, que la maison d'Ambiorix était située au milieu des bois, comme le sont généralement celles des Gaulois qui, pour éviter la chaleur, cherchent le voisinage des forêts et des fleuves. Ce passage s'accorde parfaitement avec les paroles d'Amédée Thierry et de W. F. Edwards. En bret. *keltiad*, Celte.)

CÉLERI, sm. Ache, persil de Macédoine, persil des marais; herbe, plante potagère, annuelle, l'une des cinq grandes apéritives. Trév., Gatt. et Bonn. disent que ce mot nous est venu des Ital. qui nomment cette plante *celeri* ou *sceleri*. 1º Mén., Roq., Diez, Honn., Delatre, etc, dérivent ce mot du g. *sélinon*, ache ou persil. 2º Géb. pense que *celeri* est de la même origine que le l. *calx*, d'où le fr. *chaux*, *calciner*, *caillou*. 3º Bullet le rattache au celt. *caled* et *caler*, dur; parce que la racine du céleri est fort dure. La 1ʳᵉ étym. paraît être la seule bonne, quoique rien ne prouve que la plante nommée *sélinon* par les Gr. soit notre *céleri*. Les mots étendent souvent leur signification de l'espèce au genre, et la restreignent souvent aussi du genre à l'espèce. M. Diez fait voir que *céleri* est pour *séleri*; et M. Delatre fait remarquer que *céleri* vient du l. *selinum*, par le changement de *n* en *r*, comme dans *timbre* de *tympanum*, *coffre* de *cophinus*, *pampre* de *pampinus*, etc. Parmi les Gr. le mot *sélinon* était devenu le primitif de plusieurs noms de plantes ombellifères: *oréosélinon*, *selinum* des montagnes; *pétrosélinon*, *selinum* des pierres ou des rochers; *hipposélinon*, *selinum* de cheval; *bousélinon*, *selinum* des bœufs; *héléosélinon*, *selinum* des marais; *thussélinon*, *selinum* à odeur d'encens. M. Diez cite l'ital. *sédano*, et le piém. *seler*, céleri. En all. *selleri*, à Côme *selar*, Venise *seleno*, lang. des Troub. *saletz*, céleri. Les Turcs disent *hèrèviz*.]

*__Sélin__, sm. Genre de plantes d'Europe. (Du g. *sélinon*, ache ou persil, d'où le lat *selinum*.)

*__Séliné, e__, adj. bot. Semblable à un sélin.

*__Sélinées__, sf. pl. Famille de plantes ombellifères.

*__Sélinique__, adj. m. chim. Se dit d'un acide que l'on croit avoir trouvé dans les sélins.

__CÉLÉRITÉ__, sf. Promptitude, vitesse, diligence; action de faire les choses de suite, sans interruption. [Du l. *celeritas*, célérité; r. *celer*, prompt, rapide, expéditif, soudain. Le radical de cet adj. se retrouve dans le l. *celox*, prompt; dans *celeres*, célères, nom donné aux trois cents cavaliers institués par Romulus pour garder sa personne. Il semble se retrouver dans la plupart des lang. indo-europ. et des lang. sémit. En gr. *kélès*, éolien *kélèr*, céler, cheval de selle, coursier; petit vaisseau léger; *kell'i*, mouvoir; n. se mouvoir avec vitesse, courir; sansc. *c'al*, mouvoir, avancer; *c'alas*, agile, *çala*, flèche, trait, dard, javelot, gr. *kélon*, id.; sansc. *cal*, aller, courir; *çil*, aller, se mouvoir: héb. *qàl*, prompt, léger, rapide; *qàlal*, il fut léger, il fut prompt, il fut rapide; chald. et étrusq. *kuil*, prêt à, prompt. Copte *khòlem*, accélérer; promptement. Ar. *kal*, agile, prompt, léger. Syr. *kol*, se hâter. Persan, *cial*, agile, prompt; it. *celerità*, esp. *celeridad*, port. *celeridade*, anc. cat. et langue des Troub. *celeritat*, célérité.]

*__Célère__, adj. Prompt, rapide.

*__Célérifère__, sm. Voiture qui transporte très-vite.

*__Célérigrade__, adj. hn. Qui marche et court rapidement.

*__Céléripède__, adj. hn. Qui marche avec rapidité. *__Célès__, sm. ant. gr. Nom grec du *céloce*.

*__Célète__, sm. mar. Petit bâtiment léger, à rames.

*__Célète__, sm. ant. gr. Cheval de selle régi seulement par le frein; statue équestre.

*__Célétizonte__, adj. ant. gr. Qui est à cheval; équestre. *__Céloce__, sf. ant. rom. Bâtiment de course dont se servaient principalement les pirates.

__Accélérer__, va. Hâter, augmenter la vitesse, presser. *Accéléré, e*. p.

__Accélérateur, trice__, adj. Qui accélère.

__Accélération__, sf. Augmentation de vitesse; fig., prompte exécution; prompte expédition.

*__Accélérée__, adj. f. et s. Se dit de certaines voitures publiques.

*__Accélérifère__, sf. Sorte de diligence.

*__Incélérité__, sf. Défaut de célérité. De là les n. pr.: *Célée, Céler, Célérinus, Célérius*.

__CÉLIBAT__, sm. Etat d'une personne non mariée. [Du l. *cœlibatus*, célibat; r. *cœlebs*, qui vit dans le célibat. On a donné différentes étym. au l. *cœlebs*. 1° Quelques-uns le composent du l. *cœlum*, ciel, et *vivo*, je vis : qui mène une vie céleste ou digne du ciel; 2° d'autres, du l. *cœlum*, ciel, et *bito* ou *vado*: qui va au ciel; 3° Isid. et autres, du l. *cœlo beatus*: heureux dans le ciel, ou *cœli beatitudo*: bonheur du ciel. 4° Julius Modestus le dérive de *cœlus*, nom du père de Saturne, parce que celui-ci aurait ôté la virilité à son père. 5° Scaliger et beaucoup d'autres après lui le forment du gr. *koitè*, lit, et *léipô*, je laisse. 6° Géb. le fait venir de l'ar. *keli, kelv*, seul, solitaire, célibataire. 7° Morin et autres le dérivent simplement du gr. *koilobos*, pour *kolobos*, mutilé, tronqué, privé. 8° Doed. conjecture que *cœlebs* vient du gr. *koilos*, creux, concave, profond. 9° Constancio le forme du gr. *oikos*, maison, cabane, famille, et de *léipô*, je laisse. 10° Le Bel soutient que *cœlebs* signifie propr. *qui fait ses libations à part ou tout seul*, et qu'il a été fait de *cœ*, radical de *cœdere*, tuer, immoler, et de *libare*, faire une libation. 11° Guichard le déduit du chald. *koulebá*, sans femme, sans épouse. En angl. *celibate*, célibat. Ital. et esp. *celibs*, célibataire.]

__Célibataire__, sm. Qui garde le célibat.

__CENDRE__, sf. Matière terrestre, poudre qui reste du bois et autres matières combustibles, quand elles ont été consumées par le feu; poét., les restes de ceux qui ne vivent plus, par allusion à la coutume que les Gr. et les Rom. avaient de brûler les morts et d'en recueillir les cendres dans des urnes; fig., les mânes, la mémoire d'une personne. [Du lat. *cinere*, ablatif de *cinis*, cendre, comme *gendre* de *gener*, *tendre* de *tener*. 1° Voss. désapprouve l'opinion d'Isidore qui forme ce mot du l. *candeo*, être embrasé, enflammé. Ces deux mots, du moins, peuvent être de la même origine. 2° Constanc. ainsi que Voss. et autres, fait venir *cinis* du gr. *konis*, poussière, cendre, lessive. *Cinis* peut bien se rapporter au gr. *konis*, comme *is à hos*, *imber* à *ombros*, *rescens* à *kainos*, etc. Le lat. *cinis* semble tenir aussi à l'ar. *syna*, cendre, dans Golius et Méninski. En celt. *cynne*, cendre, dans Bullet; valaq. *cenusche*, cendre. Lap. *kona, kuna, kudna*, cendre. It. *cenere*, cat. *cendra*, esp. *ceniza*, port. *cinza*, lang. des Troub. *cenre, cendre, cenes*, cendre; auverg. *cindre*, savois. *findre*, pic. *chaine*, rouchi *chéné*, cendre.]

__Cendres__, sf. pl. La cendre dont le prêtre marque le front des fidèles, le 1er jour de carême; chim. et arts, poudres ou autres résidus produits par la combustion ou autre décomposition analogue.

__Cendres bleues__, Carbonate de cuivre artificiel. __Cendre de plomb__. Le plus menu plomb, dont on se sert pour tirer sur le petit gibier.

__Cendré, e__, adj. De couleur de cendre.

__Cendrée__, sf. Menu plomb servant à la chasse du petit gibier.

*__Cendrer__, va. Donner une couleur de cendre; mêler de la cendre avec qq. chose. *Cendré, e*, p.

__Cendreux, euse__, adj. Plein de cendre.

*__Cendreux, euse__, adj. Se dit de l'acier dont la surface est piquetée.

__Cendrier__, sm. Partie du fourneau où tombent les cendres du bois et du charbon.

*__Cendrier__, adj. et sm. Qui fait le commerce de cendres.

*__Cendrière__, sf. Un des noms de la tourbe.

*__Cendriette__, sf. bot. Un des noms de la cinéraire. *__Cendrillard__, sm. hn. Coucou d'Amér.

*__Cendrille__, sf. hn. Nom vulgaire de la mésange et de qqs. autres oiseaux.

*__Cendrillon__, sf. fam. Petite fille qui ne quitte pas le coin du feu; servante malpropre. (D'après Roquefort, on appelait autrefois *cendreuil*, un homme frileux qui a toujours les pieds dans les cendres. En toulous. *cendrassou*, cagnard, casanier.)

*__Cendrure__, sf. Se dit des petits trous dont la surface de l'acier est quelquefois parsemée.

*__Cinéfaction__, sf. Réduction en cendres.

*__Cinéfier__, va. Réduire en cendres. *Cinéfié, e*, p.

__Cinéraire__, adj. Se dit d'une urne renfermant les cendres d'un corps brûlé après la mort.

__Cinéraire__, sf. Genre de plantes, à feuilles cen-

.drées. ****Cinération**, sf. Réduction en cendres.
****Cinériforme**, adj. Qui a la forme, l'aspect, la consistance de la cendre.
Incinérer, va. Réduire en cendres. *Incinéré, e*, p. **Incinération**, sf. Action de réduire en cendres, état de ce qui est réduit en cendres.
****Conidie**, sf. bot. Poussière qui recouvre les lichens. (Du gr. *konis*, poussière, cendre, en l. *cinis*.)
****Coniocarpe**, sm. bot. Genre de lichens.
****Coniocarpé, ée**, adj. bot. Semblable à un coniocarpe.
****Coniocarpées**, sf. pl. Famille de lichens.
****Coniocymatiens**, sm. pl. Famille de lichens.
****Coniocyste**, sf. bot. Masse des corpuscules reproducteurs d'une fougère.
****Coniolichénées**, sf. pl. Famille de lichens.
****Coniomycètes**, sm. pl. Famille de champignons pulvérulents. (G. *mukés*, champignon).
****Coniosphore**, sm. Genre de champignons.
****Coniosporiés**, sm. pl. Fam. de champignons.
****Coniothalames**, sm. pl. Famille de lichens.
****Conisporé, e**, adj. bot. A graines pulvérulentes. ****Conistère**, sm. ant. Partie du gymnase où les lutteurs se frottaient de poussière pour donner prise à la main.

CÈNE, sf. Le souper que fit Jésus-Christ avec ses apôtres la veille de sa passion; communion, distribution de vivres aux pauvres, et le lavement de leurs pieds par un souverain, le Pape, les Prélats, etc., le jeudi saint, en mémoire de la *Cène*; communion que font les protestants sous les deux espèces. [Du l. *cœno*, je soupe, *cœna*, repas du soir, souper. 1° On dérive ce mot du g. *thoiné*, festin, banquet, plat, mets, nourriture, pâture. Telle est l'opinion de Voss., et finalement de Géb., qui, en premier lieu, tirait *cœna*, du g. *koinos*, commun: repas en commun. 2° Doed. tire *cœna* et *cunœ* berceau, dans le sens de *accubitio epularis*, du g. *koitè*, lit, qu'il forme par sync. du g. inus. *koitiné*. Il cite l'anc. l. *cœsna*, souper. C'est de là que Voss. déduit le l. *cerna*, d'où *silicernium*. 3° Bullet a demandé l'origine de *cœna*, *cœnare*, au bas-bret.; puis au gall. En valaq. *cina*, cène, et *a cina*, souper; port. *cea*, it., esp., cat. et langue des Troub. *cena*, repas, souper, cène; bret. *koan*, souper, repas du soir; en Vannes *koèniein*, souper. Rouchi *cine*, cène. Gall. *cwynosa* et gaël irl. *sene*, le souper.]

Cénacle, sm. Dans le langage de l'Ecriture sainte, salle à manger. (L. *cœnaculum*, de *cœna*. Après que Jésus-Christ fut monté au Ciel, ses disciples retournèrent à Jérusalem dans une maison, et montèrent *in cœnaculum*, au lieu le plus élevé de la maison, qui était un lieu retiré et propre à faire la prière; c'était une espèce de terrasse, parce que les Orientaux faisaient les toits de leurs maisons plats en forme de terrasse. Ils s'y retiraient pour y manger, pour s'y reposer et pour y prendre l'air. Varron dit: *Cœnaculum de cœnare*, souper; ce nom est encore auj. usité dans le temple de Junon à Lanuvium, dans le reste du Latium, à Faléries, à Cordoue. Depuis qu'on eut adopté l'usage de prendre ses repas dans le plus haut étage de la maison, cet étage reçut le nom général de *cœnaculum*. Le cénacle ayant été ensuite distribué en plusieurs parties, il y eut, comme dans les camps, le quartier d'hiver, *hibernum*.)

Cyzicène, sm. ant. gr. Grande salle exposée au nord; c'était à peu près, dit-on, ce que l'on nommait *cénacle* chez les Lat. (De *cœna*, et du nom de *Cyzique*, ville d'Asie, célèbre par la magnificence de ses édifices.)

CÉNOTAPHE, sm. Tombeau vide, dressé à la mémoire d'un mort enterré dans un autre endroit, ou dont on ne peut retrouver le corps. [Du g. *kénos*, vide, en gall. *cawn*, vide, et du g. *taphos*, tombeau, r. *thaptô*, inhumer, ensevelir, enterrer, v. que Schulter rapporte au chald. et syr. *thapha*, il est mort; et Gésenius à l'héb. *tophtén*, voirie, lieu où les idolâtres brûlaient leurs enfants en l'honneur de Molock.]

Épitaphe, sf. Inscription sur un tombeau; lame ou table qui la porte; petite pièce de vers sur la mort de qqn. (Du g. *épitaphion*, r. *épi*, sur, *taphos*, tombeau. Autrefois le mot *épitaphe* était m. Du temps de Vaugelas, on le faisait encore des deux genres.) ****Épitaphiste**, sm. Faiseur d'épitaphes.

CENS, sm. Rente seigneuriale et foncière, dont un héritage était chargé envers le seigneur de fief; quotité d'impositions nécessaires pour être électeur ou éligible; h. rom., déclaration de ses biens devant les magistrats. [Du l. *census*, cens, recensement, rôle, registre des censeurs; fig., liste, rang; fortune, richesse. *Census* vient de *censeo, es, ui, sum, ere*, compter, tenir compte de; recenser, faire un dénombrement; déclarer ses biens au censeur; mettre à prix; estimer, faire cas; être d'avis, penser, croire; décréter, prescrire. Les censeurs à Rome, appelés d'abord *censores* et ensuite *censitores*, estimaient de temps en temps les biens des particuliers, pour imposer les tributs à proportion. Depuis Romulus jusqu'au 6e roi de Rome, *census* ne signifiait pas dénombrement de tous les sujets, mais seulement une estimation ou une appréciation de biens. Ce fut Servius Tullius, 6e roi des Romains, qui institua le *cens* ou dénombrement, l'an de Rome 177. L'origine étym. du l. *censeo* ne semb'e pas facile à découvrir et à préciser. 1° M. Eichhoff lie *censeo* au l. *sentio*, et au sansc. *ças* ou *çans*, approuver, vouloir, *çansu*, opinion, *çanstri*, appréciateur. 2° *Censeo* pourrait encore se rapporter au sansc. *kans*, désirer, souhaiter du bien, d'où le sansc. *âkans*, désirer, espérer; 3° et surtout, quant à la signification, au sansc. *kint*, penser, considérer, réfléchir, méditer. 4° Quelques-uns le dérivent, par métathèse, de l'héb. *sâkan*, il a été utile, il a rendu service à; il a profité. 5° Ce serait plus simple de le tirer de l'héb. *kasas*, il a compté, il a supputé; 6° ou même de l'héb. insusité *gânaz* ou du chal. *guenaz*, il a déposé au trésor, il a caché dans le trésor. 7° Un auteur anonyme le rattache au g. *axioô*, estimer son prix, estimer, priser, évaluer; et à l'all. *schatzen*, mettre qqn. à contribution, lever des contributions, taxer qqn. 8° Bullet le forme du celt. *cen*, vue, esprit, intelligence. Les Gr. ont emprunté des Rom. quelques mots de cette famille, tels que : *kènsos* ou *kènsos; kenseuein*, censere; *kènsôr*, censeur; *sensualis*, censualis; *kensitor*, censiteur. Du l. *census* les All. firent *zins*, et les Suéd. *tins*, impôt, cens. En it. *censore*, censeur; *censo*, rente, taxe; *censura*, censure; esp. et port. *censo*, cat. *cens*, langue des Tronb. *cens*, cens, tribut.]

****Cens truant**, Cens qui n'apportait ni lods, ni rente, ni aucun profit au seigneur.
****Censable**, adj. Se dit des seigneurs qui avaient droit de cens. ****Censal**, sm. Courtier, agent de change au Levant. **Cense**, sf. peu us. Métairie.
Censé, e, adj. Réputé, regardé comme.
****Censerie**, sf. Fonctions de censal.
Censeur, sm. ant. rom. Magistrat qui tenait un registre du nombre des citoyens et de leurs biens, et qui avait en outre le droit de rechercher leurs mœurs et leur conduite; par allusion, celui qui contrôle ou qui reprend les actions d'autrui; celui qui est chargé d'examiner les livres, les journaux, les pièces de théâtre; critique qui juge les ouvrages d'esprit;

CEN — 336 — CEN

dans l'ancienne université, officier qui examinait les récipiendaires; dans les lycées, celui qui surveille les études, maintient le bon ordre, la discipline. (Varron dit : Ce nom désigne le magistrat à l'arbitrage duquel, *ad censionem*, le recensement du peuple est commis.)

Censier, adj.m. Se dit des seigneurs à qui le cens était dû, et du livre où s'enregistraient les cens.

Censier, ière, s. Qui tient une cense à ferme.

*****Censif, ive,** adj. et s. féod. Se disait de toutes les dépendances d'un fief.

Censitaire, sm. Celui qui devait cens et rente à un seigneur de fief.

*****Censiteur,** sm.ant.rom.Magistrat qui faisait la répartition des impôts, et qui maintenait la justice et l'égalité dans les impositions; magistrat qui, sous les emper., remplissait dans les provinces les fonctions de censeur.

Censive, sf. Redevance que certains biens devaient annuellement au seigneur du fief dont ils relevaient; étendue des terres roturières qui dépendaient d'un fief.

*****Censivement,** adv.anc.législ. Avec charge de cens. *****Censorial, e,** adj.ant.Qui appartient aux censeurs.

Censorial, e, adj. Relatif à la censure exercée par le gouvernement.

Censuel, elle, adj. Qui a rapport au cens.

Censurable, adj. Qui peut être censuré; qui mérite d'être censuré.

Censure, sf. Dignité et fonction de censeur, chez les anc. Rom.; répréhension précise et modifiée de ce qui blesse la vérité ou la loi, correction; examen qu'un gouvernement fait faire des livres, des journaux, etc.; corps de personnes commises à cet examen; en matière de dogme, jugement portant condamnation, excommunication, interdiction, suspension d'exercice et de charge ecclésiastique; peine de discipline que les corps de magistrature, l'ordre des avocats, les chambres des notaires et des avoués, prononcent contre ceux de leurs membres qui ont manqué gravement aux devoirs de leur profession. **Censurer,** va. Exprimer publiquement sa désapprobation; blâmer, critiquer; appliquer une peine disciplinaire ; en matière de dogme, déclarer qu'un livre, qu'une proposition contient des erreurs. *Censuré, e, p.*

*****Incensurable,** adj. Qui ne peut être censuré.

*****Incensuré, e,** adj. Qui n'a pas été censuré, qui n'a point passé à la censure.

*****Accense,** sf.anc.jurispr. Bail à ferme, bail à rente, bail à cens proprement dit; admin., dépendance, appartenance (L. *ad*, à, *census*, revenu, rente).

*****Accense,** sm.ant.rom. Nom donné, sous les emper., à une certaine classe de soldats, qui faisaient partie des troupes irrégulières, ou qui étaient, en quelque sorte, surnuméraires.

*****Accensement,** sm.anc.jurispr. Bail à cens.

*****Accenser,** va.anc. jurispr. Bailler à ferme; anc. jurispr., joindre un bien, un objet d'administration rurale à un autre comme une dépendance ; réunir deux cantons sous la même division. **Accensé*, e, p.

Accenses, sm.pl.ant.Officiers publics à Rome, huissiers qui convoquaient le peuple, introduisaient à l'audience du préteur, et qui marchaient devant le consul lorsqu'il n'avait point de faisceaux. (L. *accensus*, r. *ad* et *censeo*, et non *d'accire*, convoquer.)

*****Accenseur,** sm.anc.jurisp.Celui qui prend à accense; fermier.

Acens, sm.anc.cout. Terre, héritage tenu à cens.

Acensement, sm.L'action de donner à cens.

Acenser, va.anc.cout. Donner à cens, c-à-d., sous la redevance d'une rente. *Acensé, e, p.*

*****Anticenseur,** sm. Officier de la milice byzantine dont une des fonctions était de distribuer le terrain de campement.

*****Arrière-censive,** sf. Domaine roturier qui était dans la mouvance médiate du roi ou d'un seigneur. *****Double-cens,** sm. Droit que l'on payait au seigneur quand on faisait une acquisition ou un héritage. *****Recense,** sf. Nouveau contrôle, qu'on applique sur les pièces de bijouterie et d'orfèvrerie, quand le fisc change le poinçon.

Recensement, sm. Dénombrement de personnes, d'effets, de droits, de suffrages; nouvelle vérification de marchandises, de leur qualité, de leur quantité, de leur poids.

Recenser, va. Faire un recensement. *Recensé, e, p.* *****Recension,** sf. Comparaison d'une édition, d'un auteur ancien avec les manuscrits.

Surcens, sm. Première rente seigneuriale dont un héritage était chargé par-dessus le cens.

De là les n. pr. *Censorinus, Censorius.*

CENT, adj. numér. cardin. Dix fois dix. [Du l. *centum*, cent. S initiale, médiale, et finale du sansc. a fréquemment une gutturale pour équivalent, soit en g. soit en l. et en celt. En sansc. *çata*, cent, g. *hékaton*, bret. *kant*, gall. *cant*, gaël irl. *céat, céad,* cent. Pers. *sad*, lith. *szimta*, russe et pol. *sto*, cent. All. *hundert*, cent; h. all. anc, *hunt, hund,* auc. goth. *hund, hunda,* angl. *hundred,* anglos. *hund,* hundred, holl. *honderd,* suéd. *hundra, hundrade,* dan. *hundrede,* anc, scand. *hundrad, hundrud,* cent. It. *cento,* cat. *cent,* esp. *ciento, cien,* port. *cento, cem,* lang. des Troub. *cent.cen,* cent; valaq. *cut,* auv. *cint,* pic. *chint,* sav. *cé,* roman du Nord *chent,* cent.]

Cent, sm. Le nombre de cent; centaine.

Cent, adj. numér. ord. Centième. L'an *mil huit cent*, est pour l'an *mil huit centième*.

Centaine, sf. Nombre de cent environ.

Sentène et mieux **Centaine,** sf. Echeveau de fil ou de soie, ou de coton, de cent tours; le brin de fil ou de soie par lequel tous les fils d'un écheveau sont liés ensemble. (Du fr. *cent,* selon Roq.; 2° De *sente,* chemin, selon Géb.)

*****Centarque,** sm. Commandant de cent hommes dans la milice byzantine. (G. *archos,* chef.)

Centenaire, adj. et s. Qui a cent ans.

*****Centenaire,** sm. Nom d'une monnaie d'or qui avait cours sous le Bas-Empire.

*****Centène,** sf. au moyen-âge, Charge de centenier. *****Centenier,** sm. au moyen-âge. Officier royal subordonné aux comtes.

Centenier, sm. Dans l'Ecriture, officier qu'on appelait centurion chez les Rom. et qui commandait une troupe de cent hommes ; dans certaines villes de France, celui qui commandait cent hommes de garde bourgeoise.

Centesimal, e, adj. arith. Se dit de toute valeur faisant partie de la centaine.

*****Centésime,** sm. Usure qui consistait à prendre un pour cent d'intérêt par mois; impôt du centième établi par Auguste sur les ventes à l'enchère.

*****Centésimo,** adv.lat.Centièmement.

Centième, adj. numér.ord. de *cent.*

Centième, sm. La centième partie.

Centime, sm. Centième partie du franc.

Centuriateur, sm. Se dit des auteurs allemands luthériens qui ont composé une histoire ecclésiastique divisée par centaines d'années.

Cent-Suisses, sm.pl. Se disait d'une partie de la garde du roi, qui était composée de *Suisses,* au nombre de *cent*. Au sing. *Un cent-suisse.*

*****Centurie,** sf. Centaine; ant., cent Romains de même classe; classification par centaines. (Du temps de Romulus c'était une compagnie de cent hommes, dont elle tire son nom.)

***Centurie**, sf. h. rom. Surface carrée, dont chacun des côtés avait deux mille quatre cents pieds de longueur : Varron. **Centurion**, sm.h.rom. Commandant de cent hommes.

***Hecto**, particule, qui précède les unités génératrices du nouveau système de poids et mesures, et exprime cent fois cette unité. (G.*hékaton*,cent.)

Cep, sm. Pied de vigne. (1° Selon Bullet, de Théis, de Chev.. ce mot serait d'origine celt. Ce dernier lie les mots fr. *cep* de vigne, *cépée*, touffe de tiges, et *ceps*, ou *cep*, deux pièces de bois qui serraient les pieds du condamné, à l'écoss. *ceap*, tronc, souche, cep, grosse pièce de bois, madrier, ceps que l'on mettait aux pieds des criminels. En irl. *ceap*, tronc, souche, cep et *cerpan*, tronc, tronçon d'arbre, pièce de bois, madrier; gall. *cyf, cippyl*, tige, tronc, souche cep; bref, *kef*, tronc, souche et ceps pour les criminels. Bl. *ceppus, cippus*, it. *ceppo*, esp. *cepo*, mots cités par le même auteur. 2° Edwards lie les mots fr. *cep* et *coffre* au gall. *cippyl*, cep, et aul. *cippus*, palissade, retranchement fait avec des troncs d'arbres; cippe; borne d'un champ; et au gall. *coff*, tronc creux, ventre; au bret. *kef*, cep, boîte; au gaël écoss. *ceap*, cep, boîte, etc. 3° Selon Honnorat, le fr. *cep* proviendrait du l. *cippus;* 4° ou du l. *caput*, tête, la partie principale ; parce que les Latins disaient *caput vineæ*, pour cep de vigne. 5° Raynouard forme le fr. *cep* de vigne, du l. *stipes*, pieu, tronc, souche. 6° Le Trip. rattache le fr. *cep*, au fr. *é-chaf-aud*, au germ. *schaft*, à l'angl. *shaft*, à l'hébr. *schebet*, au g. *skapos, sképón*, et au l. *scapus, scipio, septrum*. 7° Ihre l'unit au suiogoth. *kæpp*, bâton Selon lui, les G. et les L., ayant préposé une *s* à la racine de ce mot, en firent *sképón, sképtrón; scipio, sceptrum*. 8° Un hébraïsant croit que *cep* vient de l'hébr. *guéphén*, cep de vigne, fait de *gáphan*, il fut courbé, il fut ployé ou fléchi. En it. *ceppo*, esp. et port. *cepo*, cat. *cep*, lang. des Troub. *cep, sep*, ceps, liens, entraves. Langue des Trouv. *cep*, lien, fer, chaîne. Anc. fr. *cep*, lien, *cepiel*, cep, entrave, *chep*, ceps. V. *Cippe*.]

Ceps, sm. pl. Lien, espèce de chaîne, entrave; torture. *****Cépeau**, sm. Souche, billot pour frapper les monnaies.

Cépée, sf. Touffe de tiges de bois sortant d'une même souche.

Spée, sf. Bois d'un an ou deux. (Vi. fr. *cépée*.)

*****Encéper**, va.vi.Mettre aux ceps; fig. embarrasser. *****Encépé, e*, p.

Receper, va. Tailler une vigne jusqu'au pied, des arbres et arbustes par le pied; couper des pieux, des pilotis, sur l'eau et à fleur du sol. *Recepé, e*, p.

Recepage, sm. Action de receper, le résultat.

Recepée, sf. La partie d'un bois qu'on a recepée.

CÉPHÉE, sm.astron. Constellation de l'hémisphère septentrional. [Du l. *Cepheus*, Céphée, roi d'Éthiopie, père d'Andromède; constellation. En g. *képheus*. 1° « Le conte de Persée et d'Andromède n'est, selon Pluche, qu'un langage populaire dont on a fait une fable. C'était un tour ordinaire de la lang. hébraïq. et phénic., de dire qu'une ville ou une contrée était fille des rochers, des déserts, des fleuves, ou des objets qui y paraissaient le plus..... La Palestine propre, au rapport de Strabon, n'était qu'une longue côte maritime composée de rochers, et d'une plage sablonneuse. Elle était bordée de roches ou de falaises escarpées... De là vient qu'on disait de cette longue côte, qu'elle était fille de Céphée et de Cassiopée. Chacun sait que *Cépha* signifie une pierre. » En syr. *képha*, pierre. 2°. Un hébraïsant dé-

rive *Céphée* de l'héb. *káab* ou *kaéb*, il fut affligé. Il ajoute : *kábus* est le nom que les Ar. donnaient au Pharaon du temps de Moïse. Il rappelle la douleur et les afflictions des Héb. sous son règne. Les Gr. l'appellent *Cheops, Chembès*. » On trouve aussi un *Céphée* parmi les anciens rois des Pélasges d'Arcadie, dont l'histoire se lie à celle de Méduse, que tua Persée, gendre de Céphée.]

CERBÈRE, sm.myth. Chien à trois têtes qui gardait l'entrée des enfers; fig et fam. , gardien intraitable. [Du l. *Cerberus*, dérivé du g. *kerbéros*, Cerbère. 1° Cerbère aurait pris son nom de qqn.des rois d'Égypte appelé *Chebres* ou Kebron. 2° Selon Servius, ce nom viendrait du g. *kréoboros*, celui qui dévore la chair. 3° On dérive aussi ce nom du g. *kruptó*, cacher, couvrir, voiler, obscurcir, rendre invisible. 4° De l'héb. *kálab*, il a aboyé. 5° De l'héb. *qárd*, il a crié, et de *ber*, fosse : les cris de la fosse. 6° Du primitif ou celt. *kér*, la mort, le destin, et de *bor*, qui dévore. Homère, dit-on, est le premier qui ait regardé Cerbère comme un chien, fondé sur l'ancien usage de faire garder les portes par des chiens. Enée l'apaisa à l'aide du rameau d'or. Orphée l'endormit au son de sa lyre; Hercule le vainquit et le traîna à la face du jour.]

*****Cerbère**, sm.astron. Nom d'une petite constellation boréale placée auprès de celle d'Hercule; num. ; type des médailles de Pisaurum et de celles de Lucanie, anc. chim., le salpêtre ; bot., genre de plantes des deux Indes.

CERCELLE, et **SARCELLE**, sf.hn. Oiseau aquatique du genre des canards. [Du l. *querquedula*, cercelle. 1° J. Henricus dérive ce nom du l. *querquera*, fièvre avec frisson; parce que, dit-il, cet oiseau apparaît principalement en hiver. 2° Selon Cuvier *querquedula* est un mot imité du cri de cet oiseau. 3° D'après Voss. et Géb., *querquedula* serait d'origine grecque. On donne, dans cette langue,le nom de *kerkis, kerkos*,à divers oiseaux hauts sur jambes; et Doed. est d'avis que *querquedula* vient du g. *krazó, krizo*, d'où le g. *kerkión, kerkoroné*, et le g. d'Hésychius *kerkis*, espèce d'oiseau,et dont le l. *querquedula* serait le dim., comme *acredula* est le dim. du g. *akris*. En pers. *serkes* est le nom d'une sorte d'oiseau qui chante. Le pol. *cyranka*, cercelle, vient de l'all. *kriechente*, cercelle, litter. canard rampant, selon Schuster, de *kriechen*, ramper, *ente*, canard. En b.l. *cercella, circella*, cercelle. Lith.*krykle*,lett. *krikhklis*, angl. *garganey*, cercelle. Madécasse *khririri, sirir, tsiviri*, cercelle. Port. *cerceta*,castr.*sarcelo*, lang. des Troub.*sersela*, cat. *cercella*, anc. fr. *quercerelle, cercerelle*, cercelle.]

CERCLE, sm. Figure plane terminée par une seule ligne, dont tous les points sont également éloignés d'un certain point intérieur, qu'on appelle centre; cerceau; objet de forme circulaire; ligne circulaire; particul., réunion des princesses et des duchesses assises circulairement en présence de l'impératrice ou de la reine; par ext., assemblée où l'on tient des conversations; fig.,sphère,étendue,limite; choses qui reviennent, qui se succèdent continuellement; se disait autrefois des divisions de l'empire d'Allemagne. [Les formes contractées du l. ressemblent particulièrement aux formes du fr. : c'est ainsi que *cercle* vient du l. *circlus* pour *circulus*, comme *spectacle* de *spectaclum* pour *spectaculum*,etc. *Circulus* est un dimin. de *Circus*, rond, cercle, espace circulaire, cirque; mot de la même racine que l'adverbe *circa*, autour, à l'entour,et *circum*, à l'entour, en tous sens; prép. *circa* et *circum*, autour de, Des mots appartenant à cette famille se retrouvent dans une foule de langues : En g. *kirkos*, cercle, anneau, tout corps circulaire: et, par métathèse, *krikos*, anneau, cercle; sansc. *k'akra*, roue, rond, cercle; *karàrálas*, boucle, anneau; héb. *kirkàr*, cercle; et *kàrak*, il a entouré, il a environné, mot également syr. et chald.; syr. *karko* ou *kerko*, cercle; valaq. *cerk*, cercle, et *cirk*, cirque; copte *chjour*, mordouine *sourk*, tchouvache *sourou*, cercle; all. *kringel*, *kreis*, cercle, cerceau; dan. *kringle*, anc. scand. *kring-r*,*kringla*,holl.*kring*,h.all.anc.*kring*,*krink*, *kringel*, cercle, cerceau.Suéd.*kringla*, anneau, craquelin. Pers. *kergisch*, ossète *karziga*, rond, cercle, dans le Trip.; it. *circolo*, cercle, esp. et port. *circulo*, anc. cat. *cercle*, lang. des Troub. *cercle*, *sercle*, *selcle*,cercle. Gloss.champ. de M.T. *ce chel*, *cercle*, cerceau.Anc. fr. *cerclel*, cercle. Rouchi *cherque*, cerceau.]

Cercle vicieux, log. Nom donné à la pétition de principe, lorsqu'on pose pour vrai ce qui est contesté, et qu'arrivé à une conclusion on se sert de cette conclusion même pour prouver ce qui a servi à la tirer. **Cercler,** va. Garnir, entourer de cercles, de cerceaux. *Cerclé, e,* p.

*Cerclage, sm. Action de cercler.
*Cerclé, e, adj.blas. Se dit des tonneaux dont les cercles sont d'un autre émail que les douves.
*Cerclier,sm.Ouvrier qui fait des cercles.
*Bicerclé, e, adj. hn. Qui présente deux raies colorées en forme de cercle.
*Décercler,va.Oter les cercles, les cerceaux d'une cuve.*Décerclé,e,p.

Demi-cercle,sm.géom.Figure plane terminée par la moitié de la circonférence d'un cercle, et par son diamètre; graphomètre,instrument d'arpentage. **Recercler,** va. Cercler de nouveau. *Recerclé, e,* p.

Carrick,sm.Sorte de redingote fort ample, à un ou plusieurs collets. (Ce mot, qui nous est venu des Angl., se rapporte, suivant l'opinion commune, à l'héb.*kàrak*,il a environné,il a entouré; il a enveloppé,d'où l'héb.*tokerik*, manteau: il entoure, enveloppe les autres vêtements. L'héb. *kàrak* paraît tenir à la même souche que le l. *circus*,*circa*, et que le g. *kirkos*, *krikos*.)

Caraco, sm. Sorte de vêtement de femme, qui est passé de mode, etc. (Ce nom vient de l'esp., et appartient vraisemblablement à la même origine que *carrick*.En turc, *kèrèkè*,manteau large en soie ou en camelot,avec un gousset et un bouton en fil d'or.)

Cerceau,sm.Cercle de bois ou de fer, pour lier, entourer les tonneaux,les cuves,etc.; ce qui en a la forme; cercle de bois léger que les enfants poussent devant eux avec un petit bâton; bois courbé pour soutenir la capote d'une voiture, la toile qui couvre une charrette,un bateau,ou pour former un berceau; sorte de filet pour prendre des oiseaux.(L.*circellus*, dim. de *circulus*,d'où le l. *cercellus*, cerceau.)

Cerceaux,sm.pl.Plumes du bout de l'aile des oiseaux de proie.

*Cerceau,sm. Cercle garni de crochets auxquels le cirier suspend les bougies; morceau de bois arqué dont les porteurs d'eau se servent pour porter leurs seaux.

Cerne, sm.Rond tracé sur la terre,sur le sable, rond livide autour d'une plaie,autour des yeux; cercle concentrique que l'on aperçoit sur la tranche d'un arbre coupé horizontalement. (Du vi. fr. *cerne*, cercle,dérivé du l. *circinus*, compas,cercle, révolution de l'année; en g. *kirkinos*, compas, de *kirkos*, cercle, anneau, tout corps circulaire : Gatt., Noël, Mén., Trév., Nic., Scalig., Const., etc. Et non de l'all.*schranke*, enceinte, barrières.Génin assure que du l. *circulum* on tira d'abord *cerne*, dont on a fait depuis *cercle*; que le 17e s. disait encore; il y a un *cerne* autour de la lune. En valaq., *cerk*, it. *cercine*, esp. *cercen*, cerne.)

Cerner, va. Faire un cerne autour d'une chose; couper en rond ; détacher, séparer une chose de ce qui l'environne ; par ext. entourer pour fermer les issues; entourer, investir. *Cerné,e,*p.

Cerneau, sm. La moitié du dedans d'une noix tirée de la coque avant sa maturité. (Du l. *circinellus*,dim.de *circus*,et non de l'all. *kern*, graine, pepin, noyau, ni du l. *granum*, ni du tudesq. *kerno*, fruit renfermé dans une coque,dans un noyau. L'*Illustr.* 8 janvier 1853 affirme que *cerneau* vient de ce qu'on fait un *cerne* pour tirer les cerneaux de la coquille de la noix, et que de là vint le v. *cerner*.)

*Cerquemaner, va., anc. cout. Régler l'arpentage; placer les bornes des héritages; juger les différents qui pouvaient naître au sujet du bornage. (Du l. *circare*, faire le tour, r. *circus*, et de *manerium*,fait de *manere*,demeurer.)*Cerquemané,e,p.

*Cerquemanage, sm. Bornage; recherche de limites faites par la justice; office de cerquemaneur. *Cerquemanement, sm. Action de cerquemaner.

*Cerquemaneur, sm. Juré arpenteur.

Charlatan,sm.Vendeur de drogues. d'orviétan,sur les places publiques; médecin hâbleur qui se vante de guérir toutes les maladies; toute personne qui se vante de posséder un secret merveilleux; fig., homme qui cherche à en imposer, à se faire valoir par un grand étalage de belles paroles, par le faste de ses actions. (It., *ciarlatano*, charlatan, fait de l'it. *ciarlare*, babiller, jaser, étourdir de son caquet; mot que Mén.rapporte au l.*circulator*,charlatan;brocanteur qui court les ventes à la criée; fait l'it. *circulari, circulatus sum*, se réunir en cercle; faire le charlatan; de *circus*, cercle. 2º Trév. dérive le fr. *charlatan*, de l'it. *ceretano*, charlatan, fait de *Cæretum*, bourg proche de Spolète, d'où seraient venus ces premiers imposteurs. Const., A. V. Arnault, N. Gatt., Roq., etc., préfèrent la première étym., parce qu'elle paraît moins forcée que celle de Trév. Le fr. *charlatan* était récemment introduit du temps de H. Estienne.)**Charlataner,**va.Tâcher de tromper par de belles paroles. *Charlatané,e,*p.

Charlatanerie,sf.Hâblerie, discours artificieux, flatterie pour tromper.

Charlatanisme, sm. Tromperie de charlatan.**Chercher,**va.Se donner du mouvement,du soin, de la peine, pour trouver. (Du b.l. *circare*, faire le tour de, parcourir; r. *circa*, d'où le b.l. *cercare*, *cerchare*, et l'ital. *cercare*, chercher, d'après Mén., Den., Rayn., Joss., P. Paris, Gatt., Du Cange, Ferr., Casen., Scheler, etc.; et non du l. *quærere*, ni du syr. *querquer*,ni du copte *djer*, chercher. Esp. et cat.*cercar*,lang.des Troub.*cercar*,*serquar*,chercher.Lang. des Trouv. *sercher*, champ. *charchi*, bourg. *charcher*, valaq. *a cerka*, bret. *kerc'hout* et, par abus, *kerc'hat*, kymr. *kyrchu*, chercher. Anc. fr. *carcier*, chercher, viser, atteindre; *cerchoit*, parcourait;*cerciérent*, visitèrent;*cierquier*,*cerchier*,*cercher*,*cercer*, chercher.) *Cherché, e,* p.

Chercheur, euse, s.Celui, celle qui cherche.

*Chercheur, sm.astron. Petite lunette adaptée aux télescopes, dont le champ est trop petit, et qui sert à trouver facilement un astre.

Recherche, sf. Action de rechercher, perquisition, soin, raffinement, réparation.

Recherches, sf.pl. Se dit des travaux de science et d'érudition; perquisition de la vie et des actions de qqn; poursuite que l'on fait en vue de se marier.

Rechercher, va. Chercher de nouveau; chercher avec soin; faire enquête des actions ou de la vie de qqn; tâcher de se procurer, d'obtenir; désirer de voir, de connaître, de fréquenter; réparer avec soin les moindres défauts d'un ouvrage. *Recherché, e,* p.
*****Irrecherchable,** adj. Que l'on ne peut rechercher.*****Irrecherché, e,** adj. Non recherché; naturel.
*****Circellé, e,** adj. Marqué de zones colorées. (Du l. *circellus*, dim. de *circulus*, cercle, r. *circa*.)
*****Circinal, e,** adj. bot. Roulé sur soi-même de haut en bas; se dit des jeunes feuilles qui sont roulées sur leur nervure longitudinale, du sommet à la base.*****Circiné, e,** adj. bot. Recoquillé, roulé en manière de crosse.
*****Circinotrique,** sm. Genre de champignons.
Circuit, sm. Enceinte, tour; détour. (L. *circuitus*, action de faire le tour, circuit; de *circùm*, autour, et *ire, itum,* aller. Anc. fr. *circuir*, faire le tour.)
*****Circuit,** sm. littér. Se dit en rhét. d'un discours qui appelle l'attention, d'une manière détournée, sur des choses qu'on ne veut point traiter directement.
*****Circuition,** sf. Contour; action de tourner autour d'une chose; détour.
Circulaire, adj. Rond, en cercle.
Circulairement, adv. D'une manière circulaire.*****Circulateur,** sm. Charlatan, bateleur.
Circulatoire, adj. Qui appartient, qui a rapport à la circulation du sang.
Circuler, vn. Se mouvoir en rond, en ligne courbe, aller çà et là, rouler dans les rues; passer de main en main; se propager, se répandre. (L. *circulare*.) *Circulé, e,* p.
Circulant, e, adj. Qui est en circulation.
Circulation, sf. Mouvement de ce qui circule; facilité de passer, d'aller et de venir.
*****Circum-circa,** loc. adv. Environ, à peu près.
*****Circus,** sm. Nom latin d'un oiseau de proie qui vole en rond.
Cirque, sm. Lieu circulaire, destiné, chez les anciens, aux jeux publics, aux courses de chevaux et de chars; auj., enceinte circulaire et couverte, destinée aux spectacles donnés par des écuyers.
*****Demi-circulaire,** adj. En forme de demi-cercle.
Cirre ou **Cirrhe,** sm. bot. Synonyme de vrille, mais moins usité. (1° Du l. *cirrus*; r. *circus*, à cause de la forme ronde, circulaire, tournoyante des vrilles: *rrus* pour *rcus* par assimilation; 2° Doed. le dérive du g. *korré*, chevelure; 3° d'autres, du g. *kéras*, corne; 4° d'autres, du g. *kéirō*, couper, raser; 5° un autre, du sansc. *ischar*, aller; 6° un autre, du l. *crinis*, cheveu; 7° un autre le rattache au l. *curtus*, écourté, et au sansc. *krit* pour *skrit*, racler, couper, trancher; de même que le l. *cœsaries*, chevelure, au l. *cœdere*, couper. M. Chavée rapporte avec beaucoup de vraisemblance le l. *cirrus*, cheveu frisé, au l. *circum, circulus, circus*; au g. *kirkos, krikos*, cercle, anneau, boucle; au sansc. *k'arka*, rond, cercle, roue; *kurala*, boucle, cheveu frisé, et *karkaralas* boucle, anneau.) *****Cirrifère,** adj. hn. Qui porte des cirres ou des poils frisés.
*****Cirriforme,** adj. bot. En forme de vrille.
*****Cirrigère,** adj. bot. Quiporte des vrilles.
*****Cricélasic,** sf. ant. gr. Sorte de jeu qui consistait à faire rouler un cercle de fer garni d'anneaux. (Du g. *krikos*, cercle, fait, par métathèse, du g. *kirkos*, cercle, et de *élasis*, course.)
*****Cricoïde,** adj. anat. Se dit d'un des cartilages du larynx, et qui a l'apparence d'un anneau.
*****Cricostome,** adj. hn. Qui a la bouche ronde.
Craquelin, sm. Espèce de gâteau. (1° La plupart des étymol. dérivent ce mot du fr. *craquer*, parce qu'en effet le craquelin craque sous les dents. 2° Mais il est d'autres sortes de pâtisseries qui craquent aussi; et le craquelin semble avoir plutôt reçu son nom de sa forme circulaire que du bruit qu'il produit. Ce nom se rapporte au suéd. *kringla*, cercle, anneau, craquelin; à l'all. *kringel*, cercle, craquelin, au sansc. *karkarálas*, boucle, anneau; à l'hébr. *kirkar*, g. *kirkos*, l. *circus*, cercle.)

CERCOPITHÈQUE, sm. hn. Singe à longue queue. [L. *cercops*, singe, singe monstrueux, et *cercopithecus*, singe à longue queue; du g. *kerkos*, queue, et *pithékos*, singe.]
*****Cercope,** sm. Genre d'insectes hémiptères.
*****Cercopide,** adj. hn. Semblable à un cercope.
*****Cercopides,** sm. pl. Famille d'insectes hémiptères.
*****Cercosaure,** sm. Genre de reptiles sauriens.
*****Cercose,** sf. méd. Allongement du clitoris. (G. *kerk'sis*, de *kerkos*, queue.)
*****Cercaire,** sf. Genre d'animalcules infusoires. (Du g. *kerkos*, queue. Ce genre diffère des bursaires parce que les espèces qu'il comprend ont une queue.)
*****Cercarié, e,** adj. hn. Semblable à un cercaire.
*****Cercariés,** sm. pl. Famille d'animaux infusoires. *****Cercaspide,** sm. Genre de serpents.
*****Cercocèbe,** sm. Genre de singes.
*****Cercolepte,** sm. Genre de mammifères.

CERCUEIL, sm. Bière, coffre, caisse, pour un corps mort; fig. le tombeau, la mort. [1° La plupart des étymol. font remonter ce mot au g. *sarx, sarkos*, chair, le corps; d'où l'on aurait fait dans la b.l. *sarcolium*, et ensuite en fr. *sarcueil*, comme on écrivait autrefois. 2° De Chev. et autres sont d'avis que cercueil est d'origine germ., et se rapporte au tudesq. *sarc, sarch, sarh*, cercueil, sépulcre, tombeau, et à l'all. *sarg*, caisse, cercueil, mot qui, suivant Schuster, signifiait prim't. garniture, monture: caisse, plus tard caisse, réservoir; auj. cercueil, bière. 3° Ce dernier auteur suppose que l'all. *sarg* se rapporte au g. *sórakos*, panier, corbeille, cabas, caisse. M. Schœbel pense de même. 4° Le Trip. rattache le fr. *cercueil* à l'all. *sarg*, au l. du moyen âge *sarcus*, et au l. *sarracum*, chariot. 5° Guyet et Mén. tirent le fr. *cercueil*, du l. *arcula*, dim. de *arca*, coffre, en préposant un *c*. Ceux qui ont donné la 1re étym. ont sans doute pensé au cénotaphe qui est vide, tandis que le cercueil renferme la chair, le corps d'une personne morte; et au sarcophage, un corps que les anciens ne voulaient pas brûler, et dont toute la chair s'y consumait en quarante jours. 6° Bullet croit que cercueil vient du celt. *cer*, clos. En holl. *zark*, lang. des Trouv. *sarcuz*, cercueils, *sarqueus, sarcou*, cercueil; pic. *sarkeu, sarkeul*, comt. *sarkeu*, champ. *cerquey*, anc. fr. *sarqueis, sarqueu, sarquel, sarcu*, cercueil; b.l. *sarcha*, anc. fr. *sarqueil, sarcueil, serqueu, sarcheu, serqueul*, cercueil.]

*****CERDOS** ou *****CERDOUS,** s. pr. m. myth. Surnom de Mercure. On le donnait aussi à Apollon, à cause de la vénalité de ses oracles. [Littér. qui préside au gain, ou qui procure du gain. Du g. *kerdos*, gain, lucre, profit, utilité; poét. ruse, prudence; d'où le g. *kerdōn*, mercenaire, ouvrier, et le l. *cerdo*, artisan, ouvrier de la dernière classe. Le l. *cerdo* et le g. *kerdōn, kerdos*, semblent se rapporter au g. *kreō, krainō*, faire, effectuer, au l. *creare*, créer, et au sansc. *kri*, agir, produire, faire, pers. *kerden*, faire, et *kerd'* occupation, *kirdar*, ouvrage, occupation; ar. *ghárèt*, butin, *gharaz*, intérêt; hibern. *cert*, forgeron qui faisait des statues d'airain, et *cerddchal*, atelier; gall. *cerz*, action de mettre en ordre, et *cerzawr*, artiste. Gaël écoss. et irl. *ceard*, artisan.]

*Cerdemporus, s.pr.m.myth.gr.Littér. avide de gain. Surnom de Mercure.

*Cerdoristique, sf. Science qui apprend à se rendre compte des profits et des pertes d'une entreprise en activité.

CÉRÉMONIE, sf. Forme extérieure et régulière du culte divin; assemblage de plusieurs actions, formalités, et manières d'agir, qui servent à rendre une chose plus magnifique et plus solennelle; pompe, appareil; actes de civilité; témoignage de déférence entre particuliers; politesse, civilité gênante, incommode; façons, grimaces, compliments que l'on fait, ou pour refuser qq. chose, ou pour y consentir. [Du l. cærimonia, cérémonie. Les étym .attribuées à ce mot sont assez nombreuses. 1° Du sansc. kriyamânan, soin, fait lui-même du v. kar, faire agir; d'après MM. Eichhoff et Chavée. 2° Du nom de Cœres, ville d'Etrurie, où les Rom., durant la guerre contre les Gaul., mirent leurs dieux, etc., en dépôt: plusieurs étymol. 3° Du l. Cereris munia, oblations à Cérès, d'autant qu'on faisait plus de cérémonies aux gerbes qu'on lui offrait, qu'en toute autre offrande : Trév. 4° Du l. à carendo : Macrobe, Servius Sulpitius; parce que dans les cérémonies, il fallait observer certaines abstinences. 5° Du l. cura, soin, cœrare: Doed. 6° Du g. kêdémonia, soin, sollicitude, intérêt : id. 7° Du vi.l. cerus, saint, sacré, consacré, que Wachter dérive du g. hiéros, saint, sacré. 8° De mon, nom du soleil et de la lune, en g. méné, lune, et de kair, chéri, salutation, salut, en l. carus, cher, chéri, g. chairé, bon jour. 9° De l'héb. chàram, il a fait un sacrifice à Dieu; à la forme hiphil héchérim, il a consacré; il a dévoué; v. qui se retrouve en chald.; en éthiop. et en ar. 10° Du l. cœlum, dont on aurait d'abord fait cœlimonia, et enfin cærimonia. 11° Du g. kéruæ, héraut, crieur public; kérussô, convoquer, et muéin, initier aux mystères : Constancio. En valaq. djeremonia, angl. ceremonial, ital. cerimonia, esp. et port. ceremonia, rouchi cerimonie, auv. ceremonio, cérémonie.] Cérémonial, sm. Livre, usage des cérémonies; étiquette de la cour.

*Cérémonial, sm. anc.législ. Se dit de certains usages établis par une longue coutume.

*Cérémonial,e ou *Cérémoniel, elle, adj. Qui a rapport aux cérémonies.

Cérémonieux, euse, adj. Qui fait trop de cérémonies.

*Incérémonieux, euse, adj. Qui ne fait point de cérémonies.

CÉRÈS, s.pr.f.astron. Nom donné à une planète découverte par Piazzi, à Palerme en Sicile, le 1er janvier 1801. Elle est, par rapport à la terre, placée dans le ciel au-dessus de Junon et au-dessous de Pallas, entre Mars et Jupiter. Elle parcourt son orbite en quatre ans et sept mois. [Du nom de Cérès, déesse des moissons, dérivé du l. Ceres, Cereris, Cérès. 1° Eloi Johann. pense que ce n. vient du g. kuré, pour kurié, maîtresse; 2° ou du g. kirros, jaune. 3° Varron le forme du l. gerere, porter, de l'action de porter, de produire du blé, comme qui dirait Geres. 4° Doed. le dérive du g. krithé, orge, comme Vénus du g. anthos, fleur ; 5° et Const., du g. achuron, la tige et l'épi du blé, mot qu'il compose du gr. aké, pointe, et oró, faire lever, élever, faire naître ; 6° Scrieck du scyth. cheres, celt. ceeres, mots significant, dit-il, celle qui rassemble, qui récolte ; 7° Eichhoff, du sansc. kará, productive; 8° L. Marcus et N. A. B. de l'héb. iacharosch, il a labouré, fait de chárasch, il a incisé, il a entaillé ; 9° un autre de l'héb. qárats, il a fendu, il a bouleversé ou perdu : nom qui aurait été donné à Isis pour exprimer le chang. que le déluge avait produit sur notre globe ; 10° un autre, de l'héb. gérésch, récolte, fruits, provisions, fait lui-même du v. gárasch, il a poussé, il a ravi, il a mené paître; 11° un autre, de l'héb. chérés, le soleil, auteur de tous les fruits de la terre ; 12° De Théis, du l. créare, créer, produire ; 13° un autre, du mot g. gérus, qui aurait été le nom de cette déesse, d'après Hésychius. 14° D'après les Rech. as. le n. de Cérès se retrouverait dans le n. sansc. Srî ou Chrî, au nominatif Sris, qui est du féminin et signifie heureuse, fortunée, oppulente, et qui serait la même que le l. Ceres. On voit, dans de très-anciens temples situés près de Gayâ, des images de Srî, au nomin. Sris, représentée avec des mamelles remplies de lait, et une corde nouée sous son bras, semblable à une corne d'abondance, qui ressemble beaucoup aux anciennes figures de Cérès honorées dans la Grèce et à Rome. Cette déesse indienne de l'abondance porte aussi les noms de Lakchmi, de Pedmâ et de Camalâ. Lakchmi signifie belle, et Camalâ, Pedmâ désignent le lotus, ou nymphæa. V. Cervoise.]

*Cérès, s. pr. f. myth. rom. Déesse de l'agriculture, fille de Saturne et de Rhée, et mère de Proserpine; au fig., le blé, la moisson ; astron. ancien nom de la constellation de la Vierge.

Céréale, adj.f.et s. Se dit des plantes qui produisent les grains dont on fait du pain. (L. *cerealis, qui appartient à Cérès.)

*Céréales, sf.pl.ant.rom. Fêtes de Cérès.

*Céréaliste, sm. Partisan de la non-importation des céréales en Angleterre; partisan de la loi sur les blés.

*Cérésie,sf.Genre des plantes graminées.

CERF,sm. Quadrupède fauve ruminant, dont le mâle a des cornes branchues ou bois. [Du l. cervus, cerf. comme œuf de ovum, bœuf de bos, bovis, clef de clavis, etc., f=v. Aucun mot fr. ne finit par v. 1° Varron forme ce n. du l. gerere, porter; parce que cet animal porte de grandes cornes. 2° Sous ce point de vue, Voss. préfère le dériver du g. kéras corne ; et Doed. du g. kéraos, cornu, r. kéras. 3° Géb. suit cette dernière opinion dans un endroit ; mais ailleurs il conjecture que le n. de cerf tient au celt. carm, rapide, sauteur, qui fait de grands sauts; d'où, ajoute-t-il, le bret. carecg, sauterelle, et le gall. carwnaid, saut de cerf, pour dire grand saut, mots qu'il forme du primitif car, rapide. Il aurait dû dire dans quelle lang., dans quel livre il a pris ce primitif. Benfey, à son tour, ainsi que Eichhoff, se range à l'avis de Voss. 4° Le P. Pezron le dérive du celt. caru et caro, cerf; 5° un autre du sansc. cringin, antilope ; 6° un autre, du g. charax, pieu, pal, échalas, provin. marcotte ; 7° et Guichard de l'héb. tsebi, chevreuil. Valaq. cerb, hongr. szarvas, cerf; it., cat. et port. cervo, esp. ciervo, lang. des Troub. cerv, cer, lang. des Trouv. sers, castrais, cerbi, anc. fr. ciers, ciers, cherf, cerf.]

Cerf donné aux chiens, Cerf à demi pris, chiens mis sur la voie du cerf.

*Cerf-dix-cors, véner. Cerf de sept ans.

*Cerf, sm. ant.rom. Se dit des chevaux de frise, des troncs rameux comme le bois du cerf, dont les soldats romains se servaient pour garnir les retranchements. Cerf-volant, sm. Escarbot, gros insecte volant, ainsi appelé de son vol et de ses cornes; machine de papier tendu sur des baguettes que l'on vent élevé.

Cervaison, sf. Temps où le cerf est gras et bon à chasser. Cervier, adj. Voy. Loup-cervier.

*Cervicapre,sm. Espèce d'antilope.

*Cervicorne, adj.hn. A cornes semblables à celles du cerf.

*Cervin, ine, adj.hn. Qui ressemble au cerf.

*Cervins, sm.pl.Famille des mammifères.
*Cervule, sm.Genre de cerfs.
Caribou, sm. Nom que l'on donne en Amérique au renne. (C'est un animal sauvage du nord de l'Amérique, que l'on confond avec le vrai cerf du Canada ; mais qui en diffère ayant autant de rapport avec le renne. Il est léger comme lui; il a les ongles plats et larges. Le caribou des forêts épaisses a les cornes fort petites; mais celui des forêts claires, les a fort grandes : Bomare. Eloi Johann. est persuadé que son nom vient du l. *cervus,bos,* cerf-bœuf. C'est ainsi qu'on nomme *cerf-cochon,* un animal du Cap de Bonne-Espérance. Il y avait dans la forêt d'Hercynie, en Germanie, une espèce de bœuf qui a la figure d'un cerf qui est le *bos cervi figurâ,* cité par César. Cuvier pense que c'est le renne. Chaque peuple de l'Amér. a un nom particulier pour désigner le renne. Quand les Europ. sont venus à nommer le renne améric., ils se sont servis du nom usité dans la contrée qu'ils occupaient. De là le nom de *caribou:* Balbi et Desmoulins. Le *caribou* est le *cervus burgundicus* de Jonston. En bret. *karó, karv,* cerf; celt. *carw,* cerf, dans Leibnitz.)

CERISIER, sm. Arbre qui porte les cerises. [Du l. *cerasus,* cerisier, *cerasum,* cerise. On ne connaissait pas, dit Pline, les cerisiers avant la bataille que Lucullus remporta sur Mithridate; et ces arbres ne passèrent que cent vingt ans après en Anglet. Ammien Marcellin assure que Lucullus fut le premier qui fit transporter des cerisiers de Cérasonte à Rome. Tournef. dit : « Le 21 mai, nous passâmes devant Cérasonte, ville sur la mer Noire; les environs de cette ville sont des collines couvertes de bois où les cerisiers naissent d'eux-mêmes. » 1° S. Jérome, Serv. et autres ont cru que ces sortes d'arbres avaient tiré leur nom de celui de cette ville. 2° D'autres pensent au contraire que c'est la ville qui a pris son nom de celui des cerisiers, lesquels abondent dans son territoire. 3° Voss. conjecture que *cerasum,* cerise, vient du g. *kerasai,* tempérer, modérer, à cause de la propriété de ce fruit; 4° ou du g. *korion,* coriandre, à cause de la ressemblance qui existe entre ces deux végétaux. 5° Un autre le compose du g. *karé,* tête, et du nom d'*Isis,* la même que Vesta ou la déesse du feu, dont la couleur est rouge. 6° Géb. pense aussi que ce fruit a pris son nom de celui de sa couleur, et rapporte *cerasum* au l. *caro,* chair. 7° Benfey rattache le g. *kérasos,* cerisier, au g. *kéras,* corne. 8° Const. le forme du g. *kêr, héros,* cœur; parce que, dit-il, la cerise est à peu près semblable à un cœur pour la forme et pour la couleur. Casaubon nous apprend que plusieurs écrivains ont fait mention de cet arbre, sous le même nom, longtemps avant Lucullus. D'après lui la ville de *Cérasonte* a reçu son nom de celui de cet arbre. Diphilus a parlé des cerisiers plus de deux cents ans avant la victoire de Lucullus sur Mithridate. En valaq. *ciresch,* cerisier. Turc *kirás* ou *qyras,* cerise, pers. *qarácia,* it. *ciriegia,* esp. *cereza,* cat. *cirera,* port. *cereja,* lang. des Troub. *cereira, serissa,* cerise; angl. *cherry,* holl. *kers, kerse,* anc. scand. *kristber,* dan. *kirsebaer,* suéd. *koersbaer, kersbaer,* celto-bret. *kérez,* rouchi *cherisse,* auv. *célèra,* cerise. La ville de Cérasonte existe encore sous le nom de *Keresoun.*]

Cerise, sf. Fruit rouge à noyau du cerisier; couleur de ce fruit.

Cerisaie, sf. Lieu planté de cerisiers.

*Cérasine, sf. chim. Mucilage de la gomme de cerisier. ***Cérasine,** sf. Sorte de boisson autrefois en usage. ***Cérasite,** sf. minér. Fossile semblable à une cerise pétrifiée. ***Cerisette,** sf. Espèce de prune rouge.

*Chamæcerasus, sm. Petit arbrisseau qui s'élève très peu, et dont le fruit ressemble à une cerise. (Gr. *kérasos,* cerisier, *chamai,* à terre.)

Kirsch-wasser, sm. Mot emprunté de l'all., et qui signifie eau de cerise. Il se dit d'une espèce d'eau-de-vie obtenue, par distillation, du suc des cerises sauvages.

*CERNER, va. vi. Regarder; connaître. [Du l. *cernere, cerno, crevi, cretum,* séparer, distinguer, apercevoir ; voir, regarder, contempler; décider, résoudre; débattre, combattre. En g. *krino,* trier, séparer, élire, distinguer; fig. discerner, éprouver; juger, croire, penser, estimer, regarder; décider, arrêter, résoudre; juger, être juge, mettre en jugement; citer, accuser, poursuivre; sansc. *kri,* connaître, distinguer, diviser, discerner; *kirat,* divisant, *krinat,* discernant, *karitas,* divisé.] *Cerné, e,* p.

Concerner, va. Regarder, appartenir, avoir rapport à. (L. *concernere;* r. *cum, cernere.*) *Concerné, e,* p.

Concernant, prép. Touchant, relativement à.

Décerner, va. Accorder, donner, en parl. de récompenses, d'honneurs, des prix, des peines; ordonner par un acte juridique. (L. *decernere, decretum,* estimer, juger, délibérer, décider, arrêter; décerner, donner par un décret, r. *de, cernere.*) *Décerné, e,* p.

Décret, sm. Acte particulier émané d'une autorité particulière; ordre, lorsqu'il s'agit de la puissance divine; ordonnance, décision, jugement; recueil de canons, de constitutions des Papes, et de sentences des Pères.

Décrétale, sf. Epitre, lettre des anciens Papes pour faire un règlement.

*Décrétaliste, sm.h. Docteur en droit canon.

Décréter, va. Ordonner, régler par un décret; lancer un décret contre qqn. *Décrété, e.* p.

*Décrétiste, sm. Canoniste qui expliquait les décrets de Gratien; anc. prat., celui qui poursuivait la vente, par décret, d'un bien saisi réellement.

*Décrétoire, adj.m.méd. Se dit des jours auxquels s'opèrent les crises des maladies.

Discerner, va. Voir séparément de toute autre chose, reconnaître, découvrir les signes qui empêchent de confondre une chose avec une autre, distinguer un objet d'avec un autre. (L. *discernere,* de *cernere,* et de *dis,* particule inséparable qui se retrouve en fr. sous les formes *dis-, di-.* C'est le g. *dia,* le goth. *dis-,* l'all. *zer-.* Elle marque division, séparation; et correspond à l'adv. sansc *dvis,* deux fois; r. *dvi,* deux, l. *duo,* deux.) *Discerné, e,* p.

Discernement, sm. Distinction qu'on fait d'une chose d'avec une autre; faculté de bien distinguer, de juger sainement. ***Indiscernable,** adj. Qu'on ne peut discerner.

*Indiscerné, e, adj. Qui n'est pas discerné.

*Indiscernement, sm. Manque de discernement. **Discret, ète,** adj. Avisé, judicieux, prudent, retenu; qui sait garder un secret. (L. *discretus,* fait de *discretum,* supin de *discernere.*)

Petite vérole discrète, Celle dont les boutons ne se touchent pas.

Discrètement, adv. D'une manière discrète.

Discrétion, sf. Circonspection, prudence; retenue, réserve ; ce qu'on gage ou ce qu'on joue sans le déterminer précisément. (L. *discretio,* it. *discrezione,* esp. *discrecion,* cat. *discrecio,* lang. des Troubad. *discretio, discrecio,* discrétion.)

Discrétionnaire, adj. Se dit du pouvoir, de la faculté accordée à un juge d'assises, d'agir, en certain cas, selon sa volonté particulière.

Discrétoire, sm. Lieu d'assemblée des supé-

rieurs ou supérieures de certaines communautés.
A discrétion, loc. adv. A volonté, sans conditions. **Indiscret, ète,** adj. Qui manque de discrétion; qui ne sait pas garder le secret.
Indiscret, ète, s. Personne indiscrète.
Indiscrètement, adv. D'une manière indiscrète. **Indiscrétion,** sf. Manque de discrétion; action indiscrète.
*****Discrimen,** sm., chir. Bandage pour la saignée du front. (L. *discrimen,* ce qui sert à séparer, séparation, espace; différence, distinction, r. *dis, cerno.*)
Excrément, sm. Sécrétion, toute matière solide ou fluide qui sort du corps de l'homme ou des animaux. (L. *excrementum,* criblure; excrément, fait de *excernere,* nettoyer, purger; rendre en allant à la selle; tamiser, cribler; r. *ex, cernere.*)
Excrémenteux, euse, ou **Excrémentiel, elle,** ou **Excrémentitiel, elle,** adj. méd. Qui tient de l'excrément.
Excréteur, adj. m. physiol. Se dit des vaisseaux et des conduits qui servent aux excrétions.
Excrétion, sf. Sortie des fluides sécrétés; ou leur entrée dans les réservoirs où ils doivent séjourner. **Excrétoire,** adj. Voy. Excréteur, ci-dessus.
Récrément, sm. méd. Se dit des humeurs qui sortent du sang et qui s'y remêlent.
Récrémenteux, euse, adj., ou **Récrémentitiel, elle,** adj. méd. Se dit des humeurs appelées récréments.
Merde, sf. Excrément, matière fécale de l'homme et de qqs. animaux. On évite d'employer ce mot dans la conversation. (Du l. *merda,* fait de *erda,* qui, chez les vieux Rom., signifiait en général excrément, comme on le voit dans Sénèque; d'où vient qu'on a appelé *homerda* l'excrément de l'homme; *bucerda, capricerda, mucerda, opicerda, sucerda,* l'excrément du bœuf, du rat, de la brebis, du cochon, d'après Trév.; Benfey, Chavée, etc. Ainsi *merda* est pour *hom-erda.* 1° *Erda,* dans ces deux derniers mots, est pour *cerda,* mot que Benfey et Chavée rattachent au sansc. *krit, kirtti,* excrément. Le l. *cerda* se lie au l. *cerno, critum,* au g. *krinô,* et au sansc. *kri,* diviser, distinguer, *karitas,* divisé, séparé; comme le sansc. *vishta* et *vish,* excrément, au sansc. *vish,* séparer; comme l'héb. *nôtsâ,* excrément, à l'héb. *idtsâ,* il est sorti; comme l'héb. *pérésch,* excrément, à l'héb. *pârasch,* il a séparé, il a distingué. 2° Doed. lie le l. *merda* au l. *morbus* et à l'all. *ausmärzen;* 3° Const. le dérive du l. *emergere,* sortir. Mais la 1re étym. semble préférable. En Anglos. *skearn,* excrément, mot cité par Benfey; esp. *mierda,* ital., port. et cat. *merda,* lang. des Troub. *merga,* lang. des Trouv. *merdier,* castr. *merdo.* En l. *cerno, critum,* dis. d'excrément.) **Couleur de merde,** couleur entre le vert et le jaune.
Merdeux, euse, adj. Souillé, gâté de merde.
Secret, ète, adj. Ignoré, peu ou point connu; qui sait se taire et tenir une chose secrète; qui a de la discrétion. (Du l. *secretus,* séparé, mis à part. part. de *secerno, secretum,* séparer; r. *se, cerno.*)
Secret, sm. Ce qui doit être tenu secret; discrétion, silence sur une chose confiée; dans les sciences, dans les arts, moyen connu d'une seule, ou de peu de personnes; fig., moyen que l'on met en usage pour réussir; dans qqs. arts, certains ressorts particuliers; dans les prisons, lieu séparé où l'on enferme le prisonnier. *****Secrétage,** sm. Préparation des poils pour le feutre. **Secrétaire,** sm. Confident des secrets; celui qui fait et écrit des lettres, des dépêches pour une personne a laquelle il est attaché; celui qui rédige par écrit les délibérations d'une qq. assemblée.
Secrétaire, sm. Bureau sur lequel on écrit, et où l'on renferme des papiers.

Secrétaire, sm. hn. Oiseau de l'ordre des échassiers. (Les plumes transversales qu'il porte aux deux côtés de sa tête l'ont fait comparer à un *secrétaire* ou commis ayant sa plume à écrire pressée dans ses cheveux, sur l'oreille. Lorsqu'on voit cet oiseau, on est frappé de la justesse de cette comparaison.) **Secrétaire d'État.** Titre de chacun des ministres qui ont un département.
Secrétairerie, sf. Lieu où se trouvent réunis les secrétaires d'un vice-roi, d'un gouvernement; bureau des secrétaires d'ambassades; fonctions du secrétaire d'État.
Secrétariat, sm. Lieu où un secrétaire fait et délivre ses expéditions; emploi, fonction de secrétaire; sa durée; dépôts de ses actes.
Secrète, sf. Oraison que le prêtre dit tout bas à la messe, immédiatement avant la préface.
Secrètement, adv. En secret, en particulier.
*****Secrétère,** sm. Lieu où s'assemblaient les juges ou les échevins d'une ville.
*****Secrétivité,** sf., philos. Penchant ou faculté affective, qui répond à la discrétion et à la dissimulation, dans le système de Gall.
En secret, loc. adv. D'une manière secrète, cachée; en particulier, sans témoin.
*****Insecret, ète,** adj. Qui n'est point secret.
Secréter, va. physiol. Opérer la secrétion. Secrété, e, p.
Secréteur, et **Secrétoire,** adj. physiol. Se dit des vaisseaux et des glandes où s'opèrent les secrétions.
Secrétion, sf. Séparation et filtration des humeurs alimentaires, excrémentielles et récrémentielles; urines et autres matières qui sortent du corps.
Crime, sm. Mauvaise action que les lois punissent ou doivent punir; péché mortel, faute énorme. (Du l. *crimen,* accusation, reproche, crime, faute; cause, prétexte; déshonneur, infamie, dérivé du g. *krima,* jugement, décision, décret, arrêt, condamnation, fait du v. *krinô,* trier, séparer, discerner; juger, décider; arrêter, accuser, poursuivre; en l. *cerno, critum.* Et non de l'héb. *âram,* il a mis à nu; ni du l. *carinare, carpere.* En it. *crimine,* esp. *crimen,* port. *crime,* cat., lang. des Troub. et anc. fr. *crim,* crime.)
Criminaliser, va. Rendre criminel; convertir le procès civil en criminel. *Criminalisé, e,* p.
Criminaliste, sm. Auteur qui écrit sur les matières criminelles; homme instruit en jurisprudence criminelle.
Criminalité, sf. Qualité de ce qui est criminel. *****Crimination,** sf. anc. prat. Accusation.
Criminel, elle, adj. Coupable d'un crime, qui a rapport au crime.
Criminel, s. Personne convaincue de crime; simple accusé ou prévenu; se dit de matière criminelle ou de procédure criminelle.
Criminellement, adv. D'une manière criminelle. **Incriminer,** va. Accuser qqn de crime; imputer une chose à crime. *Incriminé, e,* p.
*****Incriminable,** adj. Que l'on peut incriminer. *****Incrimination,** sf. Action d'incriminer; état de la personne incriminée.
*****Incriminel, elle,** adj. Qui n'est pas criminel. *****Incriminellement,** adv. D'une manière non criminelle.
Récriminer, vn. Répondre à des accusations, à des injures, à des reproches, par d'autres accusations, d'autres injures, d'autres reproches. *Récriminé,* p. **Récrimination,** sf. Action de récriminer; l'effet.
Récriminatoire, adj. Qui tend à récriminer. *****Crimnon,** sm. méd. anc. Grosse farine de

froment, de zéa. (Gr. *krimnon*, pour *kriménon*, grosse farine; son, il est séparé de la fine farine; du g.*krinô*, trier, séparer; l. *cerno*.)

Crise, sf. Effort de la nature, dans les maladies; sorte de combat entre la nature et la cause morbifique, lequel fait juger de l'état d'une maladie; fig. moment périlleux ou décisif d'une affaire. (G. *krisis*, triage, séparation; différend, combat; jugement, décision, crise, de *krinô*.)

*****Crise**, sf. Etat de convulsions ou d'assoupissement produit par les procédés du magnétisme animal. *****Crisiaque**, adj. et s. Qui est dans l'état de crise magnétique.

Critérium, sm. log. Evidence, clarté, marque à laquelle on reconnaît la vérité et d'autres objets intellectuels.(G.*kritérion*, ce qui sert à juger.)

*****Criticisme**, sm. Système de philosophie qui s'occupe surtout de fixer les limites et l'exercice légitime de notre faculté de connaître. Ce système soumet à la critique toutes les connaissances humaines.

*****Criticiste**, adj. et s. philos. Qui appartient au criticisme; partisan du criticisme.

Critique, adj. méd. Qui annonce une crise, qui doit amener un chang. en bien ou en mal; dangereux, inquiétant. **Critique**, adj. Qui concerne la critique, qui a pour objet la critique, la disposition à censurer trop légèrement.

Critique, sf. Examen raisonné d'un ouvrage de qq. nature qu'il puisse être; elle est souvent l'abus du jugement, le plaisir du vice et de la malignité, le prétexte de l'envie; censure maligne et caustique.

Critique, sf.prat. Examen des moyens proposés par la partie adverse, réponse qu'on y fait, témoins que l'on produit, et reproches qu'on oppose dans une enquête.

Critique, sm. Celui qui examine des ouvrages d'esprit pour en porter son jugement; celui qui examine et juge une production de l'art; censeur, celui qui trouve à redire à tout.

Critiquable, adj. Qui peut être justement critiqué. **Critiquer**, va. Censurer qqn. ou qqe. chose, trouver à redire à. *Critiqué, e*, p.

*****Anticritique**, adj. Qui est opposé à la critique; qui a pour objet de s'opposer à la critique.

*****Anticritique**, sm. Celui qui n'a nulle disposition à critiquer.

*****Anticritique**,sf. Critique qui répond à une critique. **Hypercritique**, sm. Censeur outré, critique sévère qui ne laisse passer aucune faute, qui ne pardonne rien.

*****Incritiquable**,adj. A l'abri de la critique.

*****Incritiqué,e**,adj. Qui n'a pas été soumis à la critique. *****Acrinie**, sf. méd. Diminution ou absence d'une sécrétion.

*****Acrisie**, sf. méd. Terminaison d'une maladie sans crise manifeste.

*****Acrites**,sm.pl.Groupe d'animaux dans lequel règne encore une grande confusion.

*****Acritique**,adj. méd. Sans crise, qui n'annonce pas de crise. *****Anacrise**, sf. jurispr. Examen des témoins ou de la partie même; confrontation.

Apocrisiaire,sm.Nom de dignité chez les G. du Bas Emp.; envoyé, agent qui portait les réponses d'un prince; officier public chargé de l'expédition des édits et des actes; garde du trésor dans un monastère. (Gr. *apokrisis*, réponse, d'*apokrinô*, trier, séparer, répandre; de *apo*, de, loin de, hors de, et *krinô*. S'est dit au moyen-âge de l'archichapelain de la cour.)

*****Apocrisie**, sf. méd. Excrétion, excrément.

*****Coprocritique**,adj. et sm.méd.Se dit d'un purgatif. (Gr. *kopros*, excrément, *krinô*, je sépare.)

*****Diacritique**, adj. Qui sert à distinguer.

*****Disecerise**,sf.méd.Excrétion difficile.

Eccrynologie, sf. Partie de la médecine qui traite des sécrétions (G. *ek*, de *krinô*, je sépare, *logos*, traité.)

*****Epicrise**,sf. méd. Jugement que l'on porte sur l'issue probable d'une maladie. (G. *épi*, sur.)

*****Hétérocrinie**,sf. méd. Sécrétion anormale.

*****Hypercrinie**,sf.méd.Augmentation des sécrétions. *****Hypercrise**, sf. méd. Crise plus forte que celles qu'on observe ordinairement.

*****Hypercritique**, adj. méd. Relatif à l'hypercrinie ou à l'hypercrise.

Hypocrisie, sf.Hommage caché que le vice rend à la vertu, fausse apparence de piété, de vertu, de sentiment, de probité. (G. *hupokrisis*, feinte, déguisement, d'*hupokrinô*, je feins, je masque, je réponds, je dialogue, de *hupo*, sous *krinô*, je réponds.) *****Hypocriser**, vn.Faire l'hypocrite; va. Déguiser. *Hypocrisé, e*, p.

Hypocrite,adj. et s. Qui a de l'hypocrisie; qui feint la dévotion pour cacher ses vices; qui tient de l'hypocrisie.

*****Hypocritique**, adj.ant. Qui a rapport à l'art théâtral. *****Hypocritisme**, sm. Système d'hypocrisie; hypocrisie réfléchie, systématique.

Onirocritie, sf. Explication des songes. (G. *onéiros*, songe,*krinô*, je juge.)

*****Onirocritique**, adj. et s.ant. Qui interprète les songes;h.nom de la 2e classe des mages;mythol. gr. surnom de Mercure.

*****Syncrise**, sf.chim. Coagulation de deux liquides qu'on mêle ensemble; rhét.,antithèse ou comparaison de deux personnes ou de deux choses contraires. (G. *sun*, ensemble, *krinô*, je sépare.)

*****Syncritique**, adj.méd. Astringent.

*****Métasyncrise**, sf.méd. Rétablissement de l'état primitif des pores de la peau.

*****Métasyncritique**, adj. Se dit des médicaments qui amènent la métasyncrise.

De là les n. pr.*Critias, Critobule, Critodème, Critolaüs, Criton, Abæocritus, Acrisius*, etc.

*****CERRE** et *****CERRUS**, sf. bot. Espèce de chêne. [Du l. *cerrus, i*, sf. Cerre, Cerrus.1° Doed. forme *cerrus* du g. *kartéros*, fort, robuste: *rr* pour *rt* par assimilation. C'est ainsi que le l. *robur* signifie rouvre, et force, fermeté, à cause de la force de ces arbres. 2° C'est par la même raison que Mart. dérive *cerrus* du g. *kéras*, corne. L'espèce de chêne appelée *cerrus* porte des glands petits, ronds, et presque recouverts par leur calice qui est assez âpre, et en qq. façon comme la première écorce d'une châtaigne; de ses branches pend d'ordinaire une mousse longue comme le bras. Pline et Vitruve ont parlé de cet arbre.Ce dernier fait observer que son bois est cassant et se corrompt aisément. Lang. des Troub. *coral*, chêne, ital. *cerro*, cerrus.]

CERTAIN, AINE, adj. Constant, véritable, vrai, sûr; préfix et déterminé; dans un sens vague, se dit d'une personne que l'on ne veut pas nommer, caractériser, déterminer;accept. partic , se dit pour atténuer, pour restreindre ce qu'une expression aurait de trop absolu. [Du l. *certus, certa, certum*, certain; véritable, véridique; sûr, fixe, stable, déterminé; informé; assuré; décidé, courageux; sûr de son coup; résolu, décidé à. 1° M. Eichhoff rapporte cet adj. au sansc.*critas*,obtenu, *crat*, assurément, *çri*, arriver, servir; 2° et M. Chavée,au sansc. *çri*, serrer, garantir, garder;*graddhá*,tenir pour assuré, pour certain, croire, *çrat*, garanti, assuré, et *kra, kri*, garder, regarder, respecter. 3° Selon Doed., *certus* appartient à la même origine que le g. *kartéros*, fort, robuste, violent, puissant, courageux; patient; qui domine, r. *kratos*, force, puissance. 4° Const. le dérive du l. *cerno*, distinguer. 5° Selon Cavanagh, le mot *certain* serait un composé de *ain* signifiant *le un un*, et de *cert* qu'il analyse ainsi : *it-is-er*, Dieu est. 6° Nunnésius forme le l. *certus*, du g. *atrékés*, certain, vrai, exact, véritable, par métathèse. 7° Gébelin le rattache au celt. *card*, assuré, courageux, vaillant, intrépide, et au primitif *kar*, *ker*, enceinte, ville; 8° et, ailleurs, au l. *certare*, combattre, et au l. *cor*, *cordis*, cœur. 9° Le Trip. lie le mot samoyède *charta*, certain, au l. *certus*, et *certus*, à l'anc. scand. *hirdr*, et à l'indien *kara*, *kera*. En esp. *cierto*, it. et port. *certo*, cat. et lang. des Troub. *cert*, lang. des Trouv. *cert*, *cerz*, certain; basq. *guerta*, gall. *certh*, gaël écoss. et irl. *ceart*, certain. Anc. fr. *certan*, savois. et bourg. *çartain*, auv. *certain*, certain.]

Certain, sm. Chose certaine.

*__Certain, aine__, adj. anc. prat. Instruit et fondé de pouvoirs suffisants.

*__Certain__, sm. Prix du change acquitté par une monnaie dont la valeur est fixe.

*__Incertain__, sm. Paiement d'une valeur fixe en une somme tantôt plus forte, tantôt moindre.

Incertain, a ine, adj. Non sûr, douteux; variable, mal assuré, non fixé, non déterminé, qui n'a pas une vérité irrésistible.

Incertain, sm. Ce qui est douteux.

*__Incertain, aine__, adj. Se dit d'un dessin dont les contours, n'étant pas tracés d'une main ferme, manquent de justesse et de précision; se dit aussi d'un cheval qui ne connaît pas encore bien le manége, et qui n'est pas sûr de ce qu'on lui demande.

Certainement, adv. En vérité, assurément.

Incertainement, adv. Avec doute et incertitude. **Certes**, adv. Certainement, sans mentir, assurément. (En anc. fr., les adv., les prép. et les conj. prenaient souvent, comme les subst. et les adj. une *s* à la terminaison, ex. : *certes* du lat. *certe*, *sans de sine*, *guères* de l'all. *gar* : Ampère. La Bruyère dit que, de son temps, *certes* avait beaucoup vieilli, et qu'il fallait qq. courage pour l'employer en prose.)

Certifier, va. Témoigner qu'une chose est vraie, l'assurer. (L. *certum*, certain, *facere*, faire.) *Certifié, e*, p.

Certificat, sm. Ecrit faisant foi de qq. chose.

*__Certificat__, sm. législ. Acte qui rend témoignage de la vérité d'un fait. **Certificateur**, sm. Celui qui certifie une caution, une promesse, un billet.

Certification, sf. Assurance par écrit.

*__Incertifié, e__, adj. Qui n'est pas certifié.

Certitude, sf. Assurance pleine et entière.

*__Certitude__, sf. philos. Possession du vrai en toute sécurité; conscience de la vérité; état de l'âme fortement attachée à une vérité sans crainte ni danger de se tromper; adhésion de notre âme à la vérité d'une chose; disposition de notre âme adhérant à une vérité; caractère de la vérité; adhésion complète de l'esprit à une idée considérée comme conforme à son objet; ce qui, avec l'évidence et en même temps que l'évidence, fait qu'un être est ainsi, c-à-d. qu'il est vrai, intelligible et croyable.

*__Certitude immédiate__, philos. Certitude qui se produit simultanément aux phénomènes, sans aucun intermédiaire et par leur seule évidence.

*__Certitude médiate__, philos. Certitude qui ne se produit que par qqs. intermédiaires, tels que la déduction, l'induction et le raisonnement.

*__Certitude métaphysique__, philos. Elle a pour objet les connaissances qui nous sont fournies par la raison.

*__Certitude morale__, philos. Elle a pour objet les faits de conscience et de témoignage.

*__Certitude physique__, philos. Elle a pour objet les matières qui nous sont fournies par la perception externe.

*__Certitude empirique__, Certitude fondée sur l'expérience, individuelle ou universelle.

Incertitude, sf. Etat d'une personne irrésolue sur ce qu'elle doit faire; défaut de certitude; doute, manque d'examen.

*__CÉRULÉ, E__, adj. hn. D'une teinte bleue ou bleuâtre. [Du l. *cærulus*, *cæruleus*, *a*, *um*, adj. De couleur azurée, de vert de mer; de mer, marin; d'un bleu foncé, noirâtre, noir. 1° Benfey rattache ce mot au l. *cæsius*, adj. tirant sur le vert (*s* se change souvent en *r*); au g. *kuanos*, bleu azuré, bleu foncé; noir; *kuanéios*, *kuanéos*, bleu foncé, noirâtre, noir, sombre, obscur; et au sansc. *çyáva*, brun, noir; *çyéna*, blême, pâle, blanc. 2° Doed. pense que *cœrulus*, pour *cœlulus*, est un dérivé du l. *cœlum*, ciel, comme *Parilia* de *Pales* : *l* et *r* se substituent souvent l'une à l'autre. 3° Const. le forme du l. *cœlum*, ciel, et de *luceo*, luire, briller. 4° On pourrait encore rapporter *cærulus*, au basq. *ceruan*, ciel : d'où *cereus manus*, le dieu du ciel, chez les Sabins; 5° ou au copte *karikois*, qui a les yeux bleus, *cæruli*. En port. it. et esp. *ceruleo*, bleu, azuré. L. des Troub. *cerulenc*, bleu, bleuâtre, azuré, d'azur.]

*__Cérulocéphale__, adj. hn. A tête bleue.

*__Céruline__, sf. chim. Bleu d'indigo soluble.

*__Cérulipède__, adj. hn. A pattes bleues.

*__Cérulipenne__, adj. hn. A ailes bleues.

CERVEAU, sm. Masse de substance molle logée dans la concavité du crâne; fig., esprit, entendement, jugement. [Du l. *cerebrum*, cerveau, cervelle; d'où le dim. *cerebellum*, petite cervelle. 1° M. Delatre compose le l. *cerebrum*, du g. *kara*, tête, et *phérō*, je porte. 2° Doed. le dérive du g. *koruphé*, le haut de la tête, tête, sommet, cime. 3° Géb. classe dans la même famille le l. *cerebrum*, cerveau, et *cervix*, chignon du cou; tête. 4° Voss. pense que *cerebrum*, pour *carabrum*, vient du g. *kara*, tête; 5° ou, sans chang. de voyelle, du g. *kéras*, corne, employé dans le sens de tête, au rapport d'Hésychius. Martinius, qui dit la même chose, propose aussi de le former du g. *karé baros*, poids, pesanteur de la tête. Au g. *kar*, *kara*, ionien *karé*, tête, correspond au sansc. *çiras*, *çiran*, tête, front. En valaq. *kreeri*, cerveau, cervelle. En esp. *celebro*, anc. fr. *cierviele*, cervelle, et *cervel*, cervelle, cerveau.]

*__Cerveau__, sm. Partie supérieure d'une cloche.

Cervelet, sm. Partie postérieure du cerveau.

Cervelle, sf. Nom vulgaire du cerveau; fig., esprit, entendement, jugement; cerveau des animaux morts, destinés à servir de mets.

*__Cérébral, e__, adj. anat. Du cerveau; méd., qui affecte le cerveau.

*__Cérébelleux, euse__, adj. anat. Du cervelet.

*__Cérébellite__, sf. méd. Inflammation du cervelet.

*__Cérébriforme__, adj. De la forme du cerveau.

*__Cérébrine__, s.f. chim. Graisse particulière qu'on trouve dans le cerveau.

*__Cérébrite__, sf. Inflammation du cerveau.

*__Cérébrite__, sf. hn. Polypier fossile.

*__Décerveler__, va. Faire sauter la cervelle. *__Décervelé, e__, p.

Ecervelé, e, adj. et s. Léger, sans jugement.

*__Carébarie__, sf. méd. Pesanteur de tête. (Ionien *karé*, tête, g. *baros*, poids, charge; pers. *bar*, fardeau, poids, charge.)

Carus, sm. méd. Affection soporeuse, profond assoupissement accompagné d'une complète insensibilité. (Du g. *karos*, carus, fait du g. *kara*, tête.)

Carotide, adj. et s. Chacune des deux principales artères qui conduisent le sang au cerveau. (Du g. *karotidès*, dérivé du g. *karos*, assoupissement : les anc. regardaient ces artères comme le siége de l'assoupissement.)

Carotidien, adj. m. **Canal carotidien**, anat. Conduit de l'os temporal qui donne passage à l'artère carotide.

Carotique, adj. méd. Qui a rapport au carus.

Chère, sf. Accueil, réception; bon repas; tout ce qui regarde la quantité, la qualité, la délicatesse des mets, et la manière de les apprêter. (1° L'opinion commune est que la racine de ce mot se retrouve dans le lat. *cara*, face, visage, mot employé par Corippus; et que *cara* vient du g. *kara*, tête, d'où *cerebrum*. Ménage dit : Les It. en ont fait aussi *cera* et les Esp. *cara*. Et anciennement ce mot *chère* signifiait visage, comme le témoignent ces proverbes, *Belle chère, et le cœur arrière : Belle chère vaut bien un mets.* Pathelin dans la Farce qui porte son nom : *Et quand il viendra, vous direz*
Ah parlez bas, et gémirez,
En faisant une chère fade,
Et ensuite : *Que ressemblez vous bien de chère,*
Et du tout, à vostre feu père.
On dit encore présentement dans le Langued. et dans la Guienne, *care* pour le visage; et *acarer des témoins*, pour dire *confronter des témoins*... De là, nous avons dit fig., *faire bonne et mauvaise chère*, pour dire, *être bien ou mal traité à table.* » 2° M. Delatre forme *chère* de bonne *chère*, *chère* lie, du l. *carnem*, chair, par le chang. de *a* en *è*. 3° Selon Denina l'esp. *cara*, visage, aurait été fait du l. *caru facies*, cher visage, *carum, caput*, tête chère. Ménage soutient que le l. *cara*, visage, face, vient du g. *kara*, tête; et non du g. *chara*, ni de *chaire*. M. Diez rattache *chère* à l'it. *cera*, visage, face, et à l'esp. *cara*, port, et prov. *cara*, id. De là, dit-il, l'esp. *carear*, *acarar*, l'anc. fr. *acarier*; et le fr. mod. *acariâtre*, *contre-carrer*. Gloss. champ. de M. T., *caire*, visage, accueil, tournure, état. Anc. fr. *chière*, figure, mine; *dire à chière bonne*, dire en faisant bon visage; et *chière*, chère, visage, accueil. L. des Trouv. *char*, visage, *chère*, id. Dans le Rom. de la Rose, *chiere*, tête ou visage; *chiere*, mine, visage, air; *belle chière*, bon visage, bonne réception.)

Faire chère lie, Faire bonne chère en se livrant à la gaieté.

Acariâtre, adj. propr. Qui fait mauvaise mine; fig., qui est d'une humeur fâcheuse, aigre, criarde. (De l'anc. fr. *kara*, visage, ou du l., *cara*, face, visage. Selon Bullet, de *a* paragogique, *car*, tête, et *atr*, difficile. Tous ces mots se rapportent au g. *kara*, tête. En pic. *accarienne*, acariâtre.)

__Acariâtreté__, sf. Humeur acariâtre.

__Accarer__, ou *__Acarer__*, va. anc. jurispr. Confronter les témoins avec l'accusé qui est chargé par leurs dépositions. *Accaré, e, p.*

__Accariation__ et *__Acariation__*, sf. anc. jurispr. Action d'accarer; le résultat.

Contrecarrer, va. S'opposer directement à qqn., résister en face. (Mot à mot: opposer visage contre visage : Géb.) *Contrecarré, e, p.*

Crâne, sm. La tête de l'homme et des animaux, boîte osseuse qui renferme le cerveau, le cervelet et la moelle allongée. (G. *kranion*, pour *karanion*, crâne, r. *kara*, tête, d'où le g. *kras*, tête, et le l. *cerebrum*, cerveau, cervelle. Gall. *creuan*, crâne; bret. *kern*, le haut de la tête.)

Crâne, sm. pop. Tapageur, rodomont.

Crânerie, sf. pop. Action, caractère du crâne; bravade.

__Crânien, ienne__, adj. anat. Relatif au crâne.

__Craniographe__, sm. Celui qui a fait une description du crâne. (G. *kranion*; et *graph*4, je décris.)

__Craniographie__, sf. Description du crâne.

__Craniographique__, adj. Relatif à la craniographie.

__Cranioïde__, adj. hn. Qui a l'apparence d'un crâne.

__Cranologie__, sf. Connaissance des protubérances ou bosses que présente le crâne. (G. *logos*, traité.)

__Craniométrie__, sf. méd. Mesure du crâne.

__Craniométrique__, adj. Relatif à la craniométrie. *__Cranioscopie__*, sf. Art de juger des dispositions morales d'après la forme du crâne. (G. *kranion*, crâne, *skopia*, observation.)

__Cranioscope__, sm. Qui s'occupe de cranioscopie. *__Cranioscopique__*, adj. Relatif à la cranioscopie.

__Crânique__, adj. anat. Qui a rapport au crâne.

__Acranie__, sf. anat. Absence du crâne.

__Acranien, ienne__, adj. Qui n'a pas de crâne.

__Diacrânien, ienne__, adj. anat. Qui tient au crâne d'une manière lâche seulement. (G. *dia*, auprès.) *__Epicrâne__*, sm. anat. L'ensemble des parties qui environnent le crâne. (G. *épi*, sur.)

__Epicrânien, ienne__, adj. anat. Situé sur le crâne. *__Hémicranie__*, sf. méd. Douleur qui n'occupe que la moitié de la tête. (G. *hémisus*, moitié.)

__Hémicranique__, adj. Qui a le caractère de l'hémicranie. *__Hypocrane__*, sm. méd. Abcès situé sous le crâne. *__Hypocranien, ienne__*, adj. anat. Situé sous le crâne.

__Mésocrâne__, . Partie moyenne du crâne.

Migraine, sf. Douleur qui occupe la moitié ou une moindre partie de la tête. (G. *hémisus*, moitié.)

Péricrâne, sm. anat. Membrane qui couvre le crâne. (G. *péri*, autour, *kranion*, crâne, r. *kara*, tête.)

__Syncranien, ienne__, adj. anat. Qui tient au crâne, se dit de la mâchoire supérieure. (G. *sun*, avec.)

CERVICAL, E, adj. Qui appartient au cou. [Du l. *cervis, icis*, chignon du cou, le derrière du cou; cou de l'homme et des animaux; tête, au pr. et au fig.; cou d'une bouteille; tige d'un arbre, appui, support; langue de terre; d'où le l. *cervical*, oreiller, coussin. Ces mots semblent appartenir à la même origine que le l. *cerebrum*, cerveau, cervelle. 1° D'après Bopp, la première syllabe de *cer-vix* se rapporte au g. *kara*, tête, et la seconde au l. *vincio*, joindre, attacher, littérl.: ce qui joint la tête au cou. 2° Géb. rattache à une origine commune le l. *cerebrum* et *cervix*. 3° Doed. forme le l. *cervix*, du g. *kara*, tête, et du l. *vehere, veho*, porter. On pourrait dire que de même le sansc. *cirôdhara*, cervix, a été fait du sansc. *ciras*, tête, et *dhara*, portant, au féminin. 4° On dérive aussi *cervix*, du sansc. *karpara*, crâne. 5° Isid. croit qu'il vient de *cerebri via*, chemin du cerveau. 6° Voss. est d'avis qu'il a été fait de l'héb. *horeph*, cervix; 7° ou du l. *curvus*, courbé. 8° Constancio le tire du g. *karé*, tête, et *phéro*, je porte, au futur *oisô*. En port. *cerviz*, chignon du cou.]

__Cervicobranche__, adj. A branchies au cou.

__Cervicobranches__, sm. pl. Famille de mollusques. **Cerviculé, e**, adj. hn. Qui se prolonge en une sorte de nuque.

__Intercervical, e__, adj. anat. Placé entre les vertèbres du cou.

CERVOISE, sf. Boisson faite avec du grain et des herbes. [Du l. *cerevisia* ou *cervisia*, cervoise, sorte de bière. 1° Isid., Mart., Fung., Borel, Géb., Hadrianus Junius, etc., forment ce nom de celui de *Ceres*, l'inventrice des blés; parce que cette boisson se fait avec de l'eau, du froment, ou de l'avoine, ou avec un blé quelconque. 2° Comme Pline et autres rapportent que *cerevisia* est un mot gaul. et qu'il était usité avant que les Gaul. eussent connu *Cérès* par la conquête de César, Du Cange, après Isaac Pontanus, pensé que ce mot a été formé du mot esp. très-ancien *celia* ou *ceria*, sorte de bière peu différente de la cervoise. 3° Pontanus dérive *cerevisia*, du mot dan. ou holl. *gherwis* ou *guerris*, écume ou levain de bière; et *ceria* de *ghere* ou *guere*, écume. 4° Goldast prétend qu'il vient du flam. *terwe*. 5° Un autre le tire du bret. *keirch* ou *kerc'h*, avoine; 6° un autre, de l'all. *zehren*, se nourrir; 7° ou de l'all. *gären*, fermenter. La 1re étym. est encore la plus simple et la plus probable. On a objecté que *cerevisia* est un mot gaul. et que ce mot était usité avant la conquête de César, et que *Cérès* ne fut connue dans la Gaule qu'après cette conquête. On peut très-bien répondre que tous les peuples, en général, acceptent la chose avec le nom de la chose qu'on leur apporte; que les exemples de ce fait sont innombrables, que les Gaul. n'avaient aucun intérêt à ce que le nom de *Cérès* n'accompagnât pas celui du blé dans ses importations, que le mot espag. *ceria* ou *celia*, car ce peuple change souvent r en l, et le mot lat. et gaul. *cerevisia* ou *cervisia*, se rapportent bien plus facilement au nom de *Cérès*, qu'aux mots *gherwis* ou *guerris*, *ghere* ou *guere*, *terwe*, *keirch* ou *kerc'h*, *zehren*, *gären*. Il est même vraisemblable que le bret. *keirch* ou *kerc'h*, avoine, et le gall. *cwrv*, *cwryv*, aile, bière forte, ne sont que des altérations de *cerevisia*, de *ceria*, de *Cérès*. Dans Le Gonidec, le nom bret. de la cervoise est écrit *kufr*, autrefois *koref*, et le nom gall. *kourv*, *kwrw*. Toute boisson faite avec un blé quelconque germé, soit orge, soit avoine, soit froment, porta indifféremment le nom de cervoise. La condition est toujours et partout qu'elle se fasse avec les présents de *Cérès*, et jamais avec ceux de Bacchus. De Théis soutient que *cervisia*, est dérivé de *Ceres*, nom figuré sous lequel les Lat. désignaient quelquefois le blé et autres graines céréales qui servent à faire de la bière. Cluverius, Camden et le marquis de Fortia estiment que le mot *cerevisia* ou *cervisia* est d'origine celt. De Chevall. se borne à lier le mot cervoise au gall. *cwryv*, *cwrw*, bière, cervoise, et au bret. *koref*, *kufr*; et M. Fée à dire que l'esp. *celia*, *ceria*, et le vieux mot gaul. *cervoise* avaient sans doute une même origine étym. laquelle se perd dans la nuit des temps. En it. *cervisia*, esp. *cervesa*, port. *cervejà*, cat. et l. des Troub. *cerveza*, l. des Trouv. *cerveise*, cervoise.]

CESTE, sm. myth. Ceinture de Vénus. [L. *cestus*, ceste, dérivé du g. *kestos*, piqué, brodé, *kestos himas*, ou *kestos*, ceinture brodée, ceste, particul. ceinture de Vénus. r. *kentéô*, piquer; d'où le g. *kentron*, pointe, aiguillon pour piquer, centre; et *kestros*, sorte de trait ou d'épieu, *kestra*, marteau pointu; poinçon. Burette dit: «Homère, de qui les autres Gr. ont sans doute pris ce mot, ne l'emploie que comme une épithète qui caractérise le subst. *himas*; et *kestos himas* signifie à la lettre une courroie, ou une ceinture piquée et brodée.» Il est manifeste, dit Voss. que le mot *ceste* signifie propr. une ceinture piquée à l'aiguille. Les traces de cette famille de mots semblent se retrouver dans plusieurs lang. de l'Eur. et de l'As. Elle est caractérisée partout par une gutturale suivie d'une voyelle. En sansc. *kat*, *kut* pénétrer, percer; *kantaka*, épine, pointe; *khan*, creuser; *kshana*, point central, centre; *kunta*, lance, épieu; pers. *kesthen*, piquer, blesser; *kestheh*, blessé; *schest*, *schast*, lancette, ceinture des adorateurs du feu; héb. *nâ-qad*, il a piqué, il a marqué de points. On pourrait peut-être ajouter le chin. *kiéou*, pique triangulaire;

traces, pas d'animaux; *kia*, pique; *ky*, lance; *ki*, espèce de lance. En bret. *kentr*, ergot, éperon; it., esp., cat. et port. *centro*, centre; l. des Troub. *centre*, centre. It. et esp. *cesto*, ceste. Gaël. écoss. et irl. *ceast*, ceinture.]

*Cestoïde, adj. Qui a l'apparence d'un ruban.
*Cestoïdes, sm. pl. Famille de vers intestinaux.
*Cestriforme, adj. hn. En forme de dard.
*Cestrorhin, sm. Espèce de poisson du genre des squales. (G. *kestra*, poinçon, dard ou épieu, r. *kentéô*, piquer, et *rhin*, nez.)
*Cestrum, sm. ant. Sorte de touret avec lequel on travaillait l'ivoire. (G. *kestron*, touret, poinçon.)
Centon, sm. Poésie composée de vers ou fragments de vers pris de qqs. auteurs célèbres; auteur de centons; par ext., ouvrage rempli de morceaux dérobés. (Du l. *cento*, morceaux d'étoffes diverses rapportés, cousus ensemble; centon, dérivé du g. *kentrón*, habit de plusieurs morceaux cousus ensemble; centon; r. *kentéô*, piquer, coudre.)
*Centenille, sf. Plante de la famille des gentianes. (l. *centunculus*, guenille, lambeau, dim. de *cento*.)
*Centon, sm. ant. rom. Sorte de couverture grossière, formée de morceaux d'étoffes de diverses couleurs, cousus l'un à l'autre; mus., oratorio ou opéra composé d'œuvres de plusieurs maîtres, pastiche.
*Centonaire, sm. ant. rom. Ouvrier qui préparait l'espèce de couverture nommée centon.
*Centoniser, va. etn. anc. mus. Composer un chant de traits empruntés à différents morceaux; littér., composer des centons, arranger en centons.
*Centonisé, e, p.
*Paracentérion, sm. chir. Petit trois-quarts pour faire la ponction de l'œil atteint d'hydropisie. (G. *para*, à côté, *kentérion*, pointe, alène; r. *kentéô*.)
*Paracentèse, sf. chir. Ponction au bas-ventre.
Centre, sm. Point du milieu d'un cercle, d'un globe, d'une figure en général; milieu; lieu où les choses tendent naturellement; lieu où se trouve, où se fait, où se pratique habituellement ou ordinairement une chose; fig., chose à laquelle plusieurs autres se rapportent; se dit qqfois des personnes. (G. *kentron*, pointe, aiguillon, épine; centre; de *kentéô*, piquer, d'où *kestos*, *cestus*, *ceste*.)
*Centre, sm. Les compagnies d'un bataillon placées entre les grenadiers et les voltigeurs.
Central, e, adj. Au centre; du centre.
Centraliser, va. Concentrer, réunir dans un même centre. *Centralisé, e, p.*
*Centralisateur, trice, adj. ets. Partisan, agent de la centralisation administrative.
Centralisation, sf. Action de centraliser. (Ce mot est introduit depuis la révolut. fr.)
*Centranthe, sf. Genre de plantes, à fleurs saigués. *Centré, e, adj. phys. Se dit d'une lentille lorsque son axe est perpendiculaire au plan du contour extérieur.
*Centreur, sm. Pièce du moule à chandelles qui tient la mèche au centre.
*Centriciput, sm. anat. Partie moyenne du crâne. *Centricipital, e, adj. Relatif au centriciput. Centrifuge, adj. Qui tend à fuir le centre.
*Centrine, sf. Genre de poissons voisins des squales. Centripète, adj. Qui tend à approcher du centre.
*Centripétence, sf. Tendance à se porter vers le centre.
*Centris, sm. Genre d'insectes hyménoptères.
*Centrisporées, sf. pl. Famille de plantes.
*Centrisque, sf. hn. Poisson de la Méditerranée. *Centrobarique, adj. Qui dépend du centre de gravité.
*Centrodonte, adj. hn. A dents pointues.

***Centrogastre**, sm. Genre de poissons.
***Centrolépide**, sf. bot. Petite plante du cap de Van-Diémen. (G. *lépis*, écaille, écorce.)
***Centrolépidé, e**, adj. bot. Semblable à une centrolépide.
***Centrolépidées**, sf. pl. Famille de plantes.
***Centrolophe**, sm. Genre de poissons. à tête longitudinale. (G. *lophos*, nuque, huppe. crête.)
***Centronié, e**, adj. hn. Dont le test se compose de plusieurs pièces dures accollées.
Centronote**, adj. hn. A dos épineux. (G. *nôtos*, dos.) ***Centronote, sm. Genre de poissons.
***Centrophore**, sm. Genre de plantes graminées.
***Centropome**, adj. hn. A opercule épineux. (G. *pômas*, couvercle, bouchon; *kentron*, pointe.)
***Centropome**, sm. Genre de poissons.
***Centroscopie**, sf. géom. Traité des centres, des grandeurs. (G. *skopia*, observation.)
***Centroscopique**, adj. Relatif à la centroscophie.
***Centrote**, sm. Genre d'insectes hyménoptères.
Concentrer, va. phys. Réunir au centre; chim., rapprocher sous un moindre volume les parties d'un corps. *Concentré, e*, p.
Concentration, sf. Action de concentrer; état de ce qui est concentré.
*Concentrique, adj. Se dit des cercles ou des courbes qui ont un même centre.
*Concentriquement, adv. Dans une disposition concentrique.
*Décentraliser, va. Détruire la centralisation. *Décentralisé, e*, p. *Décentralisation, sf. Action de décentraliser; l'effet.
*Diacentros, sm. astr. Le diamètre le plus court de l'orbite d'une planète. (G. *dia*, à travers.)
Excentrique, adj. géom. Se dit de deux ou plusieurs cercles engagés l'un dans l'autre, ayant des centres différents. (G. *ex*, hors de, *kentron*, centre.)
*Excentrique, adj. fig. Qui sort des bornes communes. **Excentricité**, sf. géom. Distance du centre d'une ellipse à son foyer.
*Excentricité, sf. Qualité de ce qui sort des bornes communes; originalité; bizarrerie.
*Excentrostome, adj. hn. Qui a la bouche éloignée du centre du corps. (G. *stoma*, bouche.)
*Excentrostomes, sm. pl. Famille d'oursins.
*Holocentre, sm. Genre de poissons. (G. *holos*, tout.) Homocentrique, adj. Se dit des cercles qui ont un centre commun; et que l'on nomme aussi *concentriques*. (G. *homos*, semblable, *kentron*, pointe, centre.)
*Homocentre, sm. Centre commun à plusieurs cercles. *Homocentriquement, adv. Sans changer de centre.
*Métacentre, sm. mar. Point où la ligne verticale, passant par le centre de gravité d'un navire, se rencontre avec la résultante de la pression latérale que l'eau exerce sur ce navire, quand il est penché de côté. (G. *méta*, avec, au-delà.)
*Paracentrique, adj. géom. Se dit d'une courbe sur laquelle un corps pesant se rapproche ou s'éloigne du centre en temps toujours égaux. (G. *para*, au-delà.)
*Paracentrostome, adj. hn. Qui n'a pas la bouche tout à fait au centre.

CÉSURE, sf. Dans les vers l., syllabe de reste après le 2e ou le 3e pied; dans les vers fr., repos qui doit se trouver après la 6e syllabe dans les vers de douze syllabes, et après la 4e dans les vers de dix. [L. *cœsura*, coupe, taille, incision, césure; r. *cœdo, cecidi, cœsum, cœdere*, couper, tailler, abattre, mettre en pièces. Cette nombreuse famille de mots s'est propagée dans une foule de lang. Elle offre presque partout pour caractéristiques une gutturale suivie d'une voyelle. En g. *kéazō, fendre, rompre, briser, séparer, *kéiô*, fendre; *kéasma*, morceau coupé ou fendu ; sanscr. *khash*, tuer, frapper, *khai*, creuser, blesser, tuer, *k'ash, kh'asch*, tuer, *g'ash*, blesser, tuer, mépriser, *ças*, frapper, blesser, *çash*, frapper, blesser, tuer, *çatayâmi*, je fais tomber, je taille en pièces, *kaç*, couper, fendre; *kaçat*, tranchant; héb. *qouts*, couper; *qâtab*, il a coupé, il a taillé ; *gâtal*, il a tué, *châthak*, il a coupé, il a taillé; *kâsach*, il a amputé, il a coupé, il a taillé; *kâsam*, il a tondu, il a rasé, *gâzaz*, il a coupé; *châtsats*, il a divisé ; *châtsab*, il a coupé, il a taillé, *châtab*, il a coupé, il a incisé, *gâzah*, il a coupé [un arbre], *gâzam*, il a coupé, tranché, taillé, amputé, *gâzar*, il a coupé, il a disséqué, *gâzâ* et *gazaz*, id., *gâdad*, il a coupé, il a taillé; chald. *gezar*, il a coupé, il a tranché, il a taillé, *gedad*, il a coupé, il a élagué; ar. *qath*, action de couper, *qâthy*, qui tranche, qui coupe, tranchant, *gatl*, action de tuer, *qazz*, action de couper ; pers. *kiâz*, ciseaux ; copte *khateb*, tuer; chin. *koùa*, couper un homme par morceaux, *kouey*, couper, éventrer, *kou*, diviser, couper, creuser, *ko*, couper, trancher, *kien*, châtrer un bœuf, *kouay*, trancher, couper, *kouey*, blesser, frapper, trancher, *kien*, épée à deux tranchants, *kouay*, morceau, fragment, *kouo*, couper la tête aux vaincus, *kiao, kao, koùa*, frapper, battre, *ky*, couper ou égorger des animaux dans les sacrifices; malais *cissal*, hâcher; gall. *cat*, morceau, fragment, *cwta, cota*, court, *cid*. coup, blessure, gaël irl. *cead*, id., *etsgath*, couper; bret. *kizel*, ciseau, *kizella*, ciseler; it. *cesoje*, ciseaux; ang. *chisel*, ciseau, *to cut*, couper.]

Casse, sf. Genre de plantes légumineuses, dont plusieurs espèces sont employées en médecine; la pulpe contenue dans les gousses d'une espèce de casse qui croît en Egypte et aux Indes. (Du l. *cassia* ou *quassia*, ou *casia*, cannelier, laurus-cassia, dérivé du g. *kassia* ou *kasia*, mot dont les Septante se sont servis pour rendre celui que les Héb. employaient pour désigner cet arbre, et qui est *qetsihâ*, le laurus-cassia de Linné; mot fait lui-même de l'héb. inusitée à *kal, qâtsah*, il a coupé, il a détaché en coupant. De même l'héb. *qiddâ*, casse aromatique a été fait de l'héb. *qâdad*, il a fendu, il a coupé. En l. *cædo, cæsum*, couper. L. des Troub. *cassia*, castr. *cassio*, casse.)

*Cassié, e, adj. bot. Qui ressemble à la casse.
*Cassiées, sf. pl. Famille de plantes.
Cassier, sm. Arbre qui porte la casse.
*Colocasie, sf. Espèce de gouet qui croît en Egypte. (L. *colocasia, colocasium*, grec *kolokasia, kolokasion*, fève d'Egypte, espèce d'arum. Planche et autres forment ce mot du g. *kâlos*, mutilé, écorné, et de *kasia*. Martinius le forme du g. *kolon*, gros boyau, colon, et *kazô*, orner, « quod ventrem ornet. »)
César, sm. ant. rom. Nom commun à *Jules César* et aux onze princes qui héritèrent de sa puissance; titre que portèrent les emper. et les princ. rom., quoique étrangers depuis Néron à la famille des Césars. (1° Pline dit: Ceux dont la naissance coûte la vie à leur mère, tels ont été le premier des *Césars* et le premier Scipion l'Afric., sont ainsi nommés de l'incision *cœso utero*, qui fut faite à la mère. Les Césons, *Cœsones*, tirent leur nom de la même cause. Accurtius, Nonius Marcell., Vossius, etc., etc., Suivent cette étym. 2° Doed. croit que le nom de *Cœsar* vient de l'ion. *koisé*, cheveux, chevelure. 3° De Brosses pense que *Cœsar* signifie proprement né avec des cheveux, *cœsaries*. 4° Selon Scrieck, *cass-ar* serait un mot scyth. et étrusq. et *cœs-ar* un mot

celt. signifiant également: voie sablonneuse; d'où le nom *Cæsar*, suivant lui. Un autre fait observer que *cæsaries* trouve ici sa place, parce qu'il signifie une chevelure d'homme; et que celle des femmes ne se coupe pas. La manière de tirer des enfants vivants, du sein d'une mère déjà morte, s'appelait, chez le Rom. *partus Cæsareus*. De là les *Césars* avaient eu leur surnom; parce que le premier de cette branche de la famille Julia, était venu au monde de la sorte. On vouait à Phœbus, dieu de la médecine, les enfants venus au monde par ces opérations extraordin. Ce fut pour cela que la famille des Césars retint toujours le souverain sacerdoce d'Apollon. De là l'ar. *qaisar, qaiçar*, César.)

*Césarien, ienne, adj. et s. hist. rom. Qui appartient à Jules César, ou à un César.

- *Césarien, sm. h. rom. Officier des Empereurs.

Césarienne, adj. f. chir. Se dit d'une opération qui consiste à tirer l'enfant du corps de la mère, en faisant une incision à la matrice.

Ceste, sm. Gantelet garni de fer ou de plomb, dont les anciens athlètes se servaient dans les combats du pugilat. (Du l. *cæstus*, ceste, fait du v. *cædo, cæsum*, frapper, tuer, mettre en pièces; et non du g. *kestos*, piqué, brodé: Voss., Doed., Burette, etc.)

Ciment, sm. Brique, tuile pilée, mêlée avec de la chaux; sorte de mortier; fig., lien d'amitié. (1º Du l. *cæmentum*, moellon, fait du v. *cædo, cæsum*, couper; parce que *cæmentum*, chez les Rom., désignait propr. un petit morceau coupé, détaché d'un plus grand. 2º Bullet et Géb. sont peut-être les seuls qui n'aient pas adopté cette étym. 2º Le premier dérive *ciment* du celt. *cyd*, liaison, et *man*, pierre; 3º le second forme le l. *cæmentum*, de *cham*, chaud, parce que, dit-il, les murs étaient faits de briques cuites au feu. Doed. fait remarquer que *cæmentum*, moellon, parcelle, blocage, a été fait de *cædo*, comme *ramentum*, bois sec, allumette, raclure, du l. *rado*. En port. *cimento*; lang. des Troub. *cimen*, ciment.)

Cimenter, va. Lier avec du ciment, enduire de ciment; fig., confirmer, affermir. *Cimenté, e, p.*

Cément, sm. chim. Poudre au milieu de laquelle on chauffe certains corps pour leur donner de nouvelles propriétés. (Du l. *cæmentum* les Ital. ont fait *cimento*, épreuve; parce qu'on se sert du cément pour éprouver ou purifier un métal: Roq., Gatt., Jault, etc.) Cémenter, va. Purifier les métaux au feu avec le cément. *Cémenté, e, p.*

Cémentation, sf. Action de cémenter.

Cémentatoire, adj. Relatif à la cémentation.

*Cément, sm. anat. Une des substances qui forment les dents de certains mammifères.

*Cémenteux, euse, adj. chim. Qui a les caractères du cément.

Ciseau, sm. Instrument de fer, tranchant par un bout, et emmanché de l'autre. (Du l. *cæsus*, part. de *cædere, cæsum*, couper, tailler, diviser, partager, sculpter, tuer, massacrer, selon Roq. et tous les autres étym. excepté Cas. et Gatt., qui le dérivent de l'anc. v. *sicilire*, couper, retrancher. vi. fr. *cisel*, ciseau.) Ciseaux, sm. pl. Instrument à deux branches, unies, tranchantes, et mobiles sur un axe.

Cisailles, sf. pl. Gros ciseaux servant à couper des plaques ou des feuilles de métal; rognures de la monnaie.

Cisailler, va. monn. Couper avec les cisailles les pièces fausses ou légères. —*Cisaillé, e, p.*

*Cisaillement, sm. Action de cisailler.

Ciseler, va. Travailler avec le ciselet; sculpter des figures, des ornements sur les métaux. *Ciselé, e, p.* Ciselet, sm. Petit ciseau à ciseler.

Ciseleur, sm. Ouvrier qui cisèle.

Ciselure, sf. Ouvrage, art du ciseleur.

*Cisoires, sf. pl. Gros ciseaux à manche attaché et monté sur un pied.

Accise, sf. Nom d'une taxe qui se lève sur les boissons, et autres objets de consommation, en Angl. et dans d'autres pays. (Ce mot, bien qu'appartenant plus particulièrement au diction. financier de l'Angl., est venu de l'Allem. Il a été usité en Prusse, en Saxe, en Holl.; etc. Ce mot, disent les Jésuites d'Anvers, provient du l. *accidere, accisum*, tailler; parce que c'est une taille, un retranchement. On trouve en l. mod. *accisia*, pour la taille, dit Frév. Ce qu'il y a de général dans le caractère de l'accise c'est d'être un impôt indirect. En angl. *excise*, all. *accise*, accise.)

Concis, e, adj. Exprimé avec les paroles strictement nécessaires; qui explique et énonce en très-peu de mots; qui bannit tout le surabondant; tous les mots superflus, qui évite les circonlocutions inutiles, et ne fait usage que des termes les plus propres et les plus énergiques. (L. *concisus*, r. *cum*, avec, et *cisus*, ciselé, taillé, coupé.)

Concision, sf. Qualité du style concis.

*Concision, sf. log. Elle consiste à ne rien dire qu'en peu de mots et selon un certain tour de phrase; rhét. ce genre de style va plus loin que la précision; il retranche même le nécessaire, et ne conserve que ce qui est strictement indispensable pour la clarté du sens. *Circoncire, va. Couper le prépuce. (L. *circumcidere*, r. *circum*, autour, *cædere*, couper.) *Circoncis, e, p.*

*Circonciseur, sm. Celui qui circoncit.

- *Circoncision, sf. Action de circoncire; état de celui qui est circoncis; jour où l'on célèbre la circoncision de Jésus-Christ.

*Décirconcire, va. fam. Faire renoncer à une religion qui consacre la circoncision. *Décirconcis, e, p. *Se Décirconcire, va. Renoncer à une religion qui exige la circoncision.

*Décirconcision, sf. Action de se décirconcire. Incirconcis, e, adj. Non circoncis.

Incirconcision, sf. État de celui qui est incirconcis.

Décider, va. Trancher une question, la résoudre; terminer une contestation, ou l'affaire contestée, y mettre fin; déterminer qqn à faire une chose; arrêter, déterminer ce qu'on doit faire, prendre son parti sur une chose quelconque et en faire la déclaration. (L. *decidere*, tailler, couper, retrancher; terminer une affaire; r. *de*, de, *cædere*, couper.) *Décidé, e, p.* adj. Qui est décidé, qui n'a pas besoin qu'on le décide, qui veut fermement, résolu, ferme.

Décider, vn. Ordonner.

- Décidément, adv. fam. D'une manière décidée. *Décideur, sm. Qui décide, qui tranche les questions.

Décisif, ive, adj. Qui est toujours prêt à décider, qui ne peut s'empêcher de décider, qui juge hardiment; qui fait cesser toute indécision.

Décision, sf. Jugement, résolution.

Décisivement, ad. D'une manière décisive.

Décisoire, adj. jurispr. Décisif.

Indécis, e, adj. Qui ne sait à quoi se décider; qui balance entre des opinions sans se fixer par un jugement; qui perd le temps à se décider; douteux, incertain, vague.

*Indécisif, ive, adj. Qui n'est pas décisif.

Indécision, sf. État de l'esprit lorsqu'il ne voit dans aucun objet des motifs assez puissants pour fixer son choix, indétermination; caractère d'un homme indécis. *Indécision, sf. adm. Se dit d'une partie indécise dans un compte.

Excise, sf. Impôt établi sur la bière, le cidre, et autres liqueurs, en Angl. (Du l. *excisus*, fait de *ex*, et

cædere, *cæsum*, tailler; d'où *accise*; d'après Trév., et les Jésuites d'Anvers.)

Excision, sf. chir. Action de couper, d'enlever des parties d'un petit volume.

***Fordical**, ***Hordical**, ***Fordicide**, ***Hordicide**, sm. ant. rom. Sacrifice de vaches pleines que l'on offrait à la Terre. (Du l. *forda* ou *horda*, vache pleine, et *cædo*, je tue, j'immole.)

Incise, sf. gramm. Petite phrase qui entre dans la période ou dans un membre de la période. (L. *incisum*; r. *in*, dans, *cædere*, couper.)

Inciser, va. Couper en long; faire une fente; diviser. *Incisé, e*, p.

***Incisé, e**, adj. bot. Se dit des feuilles, quand les principales ramifications des nervures sont elles-mêmes séparées par des intervalles qui ne se prolongent pas jusqu'à la côte du milieu, laquelle est de parenchyme dans toute sa longueur.

If, ive, adj. méd. Se dit des remèdes qui sont es à diviser, à atténuer les humeurs grossières; pro re à couper.

Incisi es, sf. plu., ou **Dents incisives**. e devant: elles coupent les aliments.

Incis n, sf. Fente, taillade, ouverture faite un trument tranchant.

re, va. vi. Tuer. (Lat. *occidere*; r. *ob*, et re. couper, tuer.) *Occis, e*, p.

Occiseur, sm. vi. Tueur.

Occision, sf. vi. Tuerie.

Précis, ise, adj. Fixe, arrêté, déterminé; qui a de la précision; se dit du discours qui ne s'écarte pas du sujet, qui rejette les idées qui lui sont étrangères, et méprise tout ce qui est hors de propos. (L. *præcisus*, coupé, retranché; r. *præ*, devant, *cæsus*, coupé.) **Précis**, sm. Sommaire, abrégé.

Préciser, va. Fixer, déterminer. *Précisé, e*, p.

Précisément, adv. Exactement, tout juste.

Précision, sf. Justesse, régularité; qualité du style qui consiste dans la proportion exacte entre l'idée et l'expression, entre ce qui était à dire et ce qui est dit; de manière que l'un n'excède pas l'autre, et que la mesure des pensées règle celle des paroles; et la mesure du sujet, celle de l'ouvrage.

***Précision**, sf. log. C'est ce caractère de la parole qui fait qu'elle se prête si bien au mouvement de la pensée, le suit et l'accuse si bien, en marque si sûrement tous les traits principaux, et si délicatement les détails et les nuances qu'elle est, comme la pensée, devenue sensible dans le discours; c'est la convenance et la propriété des termes; c'est leur parfaite application aux idées qu'ils représentent.

***Récision**, sf. Action de couper, de retrancher.

Suicide, sm. Action de celui qui se tue lui-même volontairement; celui qui se tue lui-même. (Du l. *sui*, de soi-même, *cædes*, meurtre. Ce mot est dû à l'abbé Desfontaines.)

Se suicider, va. pr. Se tuer soi-même. (Bien que cette expression renferme deux fois le pronom réfléchi, ce v., comme dit Génin, peut s'employer raisonnablement, attendu qu'un pronom, une préposition, entrant en composition d'un mot, abdiquent leur nature pour revêtir celle du mot où ils s'incorporent, ils ne sauraient prétendre exercer encore au sein de ce mot les mêmes privilèges dont ils jouissaient à l'état libre.) *Suicidé, e*, p.

CÉTACÉ, E, adj. hn. Se dit des grands mammifères qui ont la forme de poissons, tels que la baleine, les dauphins. [Du l. *cete, cetus*, baleine, en gén., cétacé, dérivé du g. *kètos*, primit. tout gros poisson de mer, phoque; et plus tard requin, thon, cétacé, baleine. 1° Guich. dit que *chota, chouta* est un nom chald. signifiant un grand poisson ou une baleine, et que de là vint le g. *kètos*, et le l. *cetus*. 2° Const. dérive *kètos, cetus*, du g. *keimai*, être couché, gésir: propr. masse gisante, comme dit Martin. qui donne aussi cette étym. En ar. *hout*, russe *kitt*, it., esp. et port. *ceto*, baleine.]

Cétacé, sm. hn. Animal cétacé.

***Cétacéen, enne**, adj. hn. Relatif aux cétacés.

***Cétaires**, sm. pl. ant. rom. Bas-fonds où les cétacés et les gros poissons venaient échouer dans certaines saisons de l'année. (L. *cetaria*, mot que Dacier traduit par: Étangs fort vastes, et qui sont remplis de gros poissons.)

***Cétine**, sf. chim. Matière grasse qui fait la base du blanc de baleine.

***Cétique**, adj. chim. Se dit d'un acide produit par la cétine.

***Cétographie**, sf. Description de la baleine.

***Cétographique**, adj. Relatif à la cétographie. ***Cétologie**, sf. Histoire de la baleine.

***Cétologique**, adj. Qui a rapport à la cétologie.

CÉTÉRAC, sm. bot. Nom vulgaire et pharmaceutique d'une espèce de fougère; doradille. [1° Qqs. botanistes et Mén. ont cru que ce mot venait du g. *ptérugos*, *ptérugos*, *ptéruga*, propr. aile; cétérac dans Diosc. De *pteryga* on aurait fait *ceteryga*, et par corruption *cétérach*, d'où *cétérac*, par le chang. non rare de *p* en *c*. 2° Mais Gazoph, De Théis et autres, le dérivent tout simplement de *chetherak*, nom employé par les médecins ar. et pers. pour désigner cette plante. Du Cange dit aussi que c'est un mot ar. et cite le l. *ceterah*, cétérac.)

***CÉTRA**, sf. ant. Petit bouclier en cuir. [Du l. *cetra*, cétra. 1° Doed. tire ce mot du g. *kitharos*, poitrine, fait du g. *kithara*, cithare, creux de la poitrine. 2° Qqs-uns ont cru que *cetra*, pour *ceutra*, avait été fait du g. *keuthô*, cacher, de même que *clypeus*, du g. *kaluptô* ou *kleptô*, cacher. 3° Const. pense que *cetra*, pour *cinctra*, procède du l. *cingere, cinctum*, ceindre, entourer, couvrir. 4° Bullet dit que, suivant Bochart, les Gaul. avaient une arme qu'ils appelaient *cetra*. 5° Selon De Brosses, le bouclier à la numide assez différent de celui des Rom. s'appelait, dans la l. des Numides, *cetra*: il soutient, près Voss., qu'il y a beaucoup d'apparence que ce mot est de la l. des Maures. 6° Bochart pense que les Phén. ont dit *ketera* pour *kesera*, bouclier. Un anc. scholiaste, cité par le même auteur, rapporte que les Maures nommaient ce bouclier *citura*. 7° Un autre fait venir *cetra* de l'héb. *kathar*, il a entouré, il a environné; d'où l'héb. *kéker*, diadème du roi de Perse; et le g. *kitaris, kidaris*, espèce de turban royal chez les Perses. Cette étym. peut se concilier avec celle de Bochart, vu que l'héb. et le phén. sont deux langues de la même famille, et que plusieurs noms du bouclier ont dû leur naissance à l'idée d'entourer, de couvrir, de cacher. Virgile attribue l'invention de cette espèce de bouclier aux Osques, et Plutarque, ainsi que Silius, aux Espag.: Isidore, aux Afric., et Tacite aux Bret. Hésychius nomme les boucliers des Ibères *kaitreai* ou *kaitrai*; il ajoute qu'on les appelait aussi quelquefois *kurtiai*.]

CHACAL, sm. Quadrupède carnassier qui tient le milieu entre le loup et le chien. [Du turc *tchagal*; chacal: M. Pihan. L'origine de ce nom semble appartenir à l'héb. *schâchal*, il a rugi, d'où l'héb. *schachal*, lion. Cette étym. offre qq. probabilité en ce que le nom d'une espèce d'animaux a été fort souvent appliqué à une autre. L'héb. *schachal*, suivant de Montbron, est peut-être le nom du chacal, car cet animal, que l'on rencontre fréquemment dans la Palestine, n'a point de nom en héb. ou plutôt, dit-il, a été méconnu par le troupeau servile et routinier des traduct. et des lexicogr. Méninski dit que : « Le *ciakal* des Turcs, le *ziüilan* des Ar., et le *sœgal* des Pers., est un animal qu'on prétend être né d'un loup et d'une chienne. » Desmoulins rapporte que le nom de *tchakal* est donné au loup par les Cosaq. de l'Ukraine. Vincent le Blanc assure qu'on trouve, au royaume de Casubi, des bêtes qui se tiennent ordinairement dans les cimetières, où elles déterrent les morts; et qu'il en a vu beaucoup à Fez et au Maroc, et en plusieurs autres lieux d'Afrique, où ces animaux sont appelés *chicati* par les habitants de ces différents endroits. En anc. fr. *jachal, jackal, jakal*, chacal.]

CHAGRIN, sm. Cuir grenu pris sur la croupe du cheval, de l'âne, du chameau, etc. [Du turc et pers. *saghri*, dos, croupe d'un cheval, peau de mouton, d'âne. It. *zigrino*, tartar *soghré*, chagrin.]
Chagriner, va. Préparer, convertir une peau en chagrin. *Chagriné, e*, p. ***Chagrinier**, sm. Ouvrier qui fabrique le chagrin.

CHAGRIN, sm. Déplaisir plus ou moins vif qu'on éprouve; peine qui se prolonge, affliction; colère, dépit. [1° Se'on Jault. du fr. *chagrin*, sorte de peau préparée; parce que, dit-il, le visage d'un homme chagrin et refrogné ressemble en qq. façon à cette peau inégale et raboteuse. Delatre dit : « L'idée de la souffrance est toujours rendue par des métaphores ou de métonymies. *Affliction* vient de *fligo*, battre, et signifie *abattement; douleur* est de la même racine que *dolare*, raboter, *doler; triste* vient de *tero, trivi*, écraser, triturer; *mélancolie* signifie *bile noire; chagrin* est le nom d'une peau hérissée de petites papilles âpres au toucher, de l'ar. *saghry*. » « Ce mot, étranger encore au 12e et 13e s., est, sans aucun doute, identique avec *chagrin*, cuir grenu : Diez. » « Comme on s'est servi de peaux de chagrin ou plutôt des peaux de phoque, à cause de leur rudesse pour faire des râpes et des limes, il se peut fort bien que l'on ait métaphoriquement employé le mot chagrin pour désigner une peine rongeante, le mot *lima* en it., et *scie* en fr., présentent des métaphores analogues et viennent à l'appui de cette étym.: Scheler. » 2° Bullet soutient que *chagrin* vient du gall. *gryngian*, murmurer, gronder entre ses dents, gronder comme les cochons, d'où le vi. fr. *grigne, aigrin*, chagrin. *engrigner*, chagriner; tous mots qu'il rattache à l'all. *greinen*, grimacer, pleurer, gronder, et au lat. *grunire*, grogner. 3° M.P. Paris a écrit : « En anc. fr. *grains*, triste, du l. *gravis*. Peut-être *chagrin* est-il composé des deux mots *chair grains* ou *chef grains, caput, gravis*. » Dans le l. des Trouv. *greins*, chagrin peiné.]
Chagrin,ine, adj. Triste; de mauvaise humeur. **Chagrins**, sm. pl. Accidents, maux passagers, contrariétés plus ou moins fortes.
Chagriner, va. Rendre chagrin, attrister. *Chagriné, e*, p. **Chagrinant, e**, adj. Qui chagrine. ***Chagrinement**, adv. d'une manière chagrine. ***Déchagriner**, va. Dissiper le chagrin, égayer. *Déchagriné, e*, p.

CHAINE, sf. Suite de plusieurs anneaux entrelacés les uns dans les autres ; lien de métal avec lequel on attache les criminels, les captifs, les galériens; toute la troupe des gens condamnés aux travaux forcés; fig., enchaînement, continuité, succession; pilier de pierre de taille, qui entre dans la construction d'un mur; fils tendus entre lesquels passe la trame. [Du l. *catena*, chaîne, lien. 1° Qqs.-uns forment le l. *catena*, du l. *canis* chien, et *teneo*, tenir, retenir: propr.: lien pour tenir des chiens attachés;

2° d'autres, du l. *capio*, je saisis, et *teneo*, je tiens; 3° d'autres, du g. *kath'éna*, un à un, à cause des divers anneaux qui se joignent et s'unissent dans une chaîne; 4° et plusieurs, du g. *kathéma* chaîne, collier, par le chang. de *th* en *t*, et de *m* en *n*. Qqs. hébraïs. rapportent *catena* à l'héb. *gid, attacher, lier, enchaîner; *hàgad*, il a lié, enchaîné, *àgad*, il a lié, enchaîné, *agudd'a*, lien, chaîne, *akad, il a lié, *àchad*, il a uni, il a joint. 6° Doed. lui donne la même origine qu'à l'all. *gatten*, unir, lie*, joindre. 7° Un hébraïs. le fait venir de l'héb. *zaqaq*, en chald. *zeq'iq*, il a fortement lié, il a serré. 8° *Catena* semble se rapporter bien plus aisément au sansc. *kitaydmi*, je lie, j'enchaîne; et même au sansc. *kaçe*, j'attache, je lie. 9° M. Schœbel rapporte *catena*, et l'all. *kette*, chaîne, au sansc. *kudh*, contenir. En basq. *gathea*, gaël écoss. *czithean*, chaîne, dans Edwards; lith. *schkehde*, chaîne, daus Pott; tamoul *kattou*, lien; pol. *kita*, all. *kette*, chaîne; h. all. anc. *ketin, ketene*, anc. scand. *kedia*, chaîne. Holl. *keten*, dan. *kiaede*, suéd. *ked, kedia*, chaîne. Gall. *cadwen*, it. *catena*, port. *cadea*, esp., cat. et l. des Troub. *cadena*, chaîne; pic. *cagne, carne*, rouchi *carne*, chaîne, *cainête*, chaînette. Toul. et prov. *cadeno*, bas-lim. *tsodeno*, auv. *tsène*, anc. fr. *cadene, chaaine, chaene, chaingne*, chaîne.]
*Chaîne, sf. Assemblage de pierres, de barres de fer ou de pièces en bois, destiné à consolider les édifices ; anc. jurispr., pot-de-vin, addition de prix stipulée par une femme lorsqu'elle vendait une propriété, ou consentait à une vente faite par son mari ; s'est dit d'une collection de tous les auteurs qui ont travaillé sur qqs.-uns des livres de l'Ecriture sainte. **Chaîne de diamants**, Chaîne garnie de diamants.
*Chaîné, e, adj. Formé de parties attachées bout à bout. ***Chaîner**, va. géom. Mesurer à l'aide d'une chaîne. **Chaîné, e*, p.
Chaînetier, sm. Ouvrier qui fait des chaînes.
Chaînette, sf. Petite chaîne ; espèce de voûte.
*Chaînette, sf. géom. Courbe qu'affecte un fil pesant suspendu librement par ses deux extrémités.
Chaînon, sm. Anneau d'une chaîne.
*Chaînon, sm. Bride embrassant les queues des tenailles. **Déchaîner**, va. Oter la chaîne, les chaînes; détacher de la chaîne; fig. exciter, soulever, animer. *Déchaîné, e*, p.
Se déchaîner, va. pr. S'emporter avec violence.
Déchaînement, sm. fig. Emportement.
Enchaîner, va. Lier, attacher avec une chaîne ; fig. soumettre, dompter ; retenir, contenir; captiver, lier. *Enchaîné, e*. p.
Enchaînement, sm. Ensemble, réunion de choses formant ou composant une chaîne ; liaison, rapport des choses entre-elles.
Enchaînure, sf. Enchaînement, liaison, dépendance successive que les objets d'une même nature ont entre eux ; l'état de la chose enchaînée.
*Désenchaîner, va. Oter les chaînes.
*Se désenchaîner, va. pr. Briser ses fers, au pr. et au fig. **Désenchaîné, e*, p.
*Renchaîner, va. Remettre à la chaîne. **Renchaîné, e*, p.

Cadeau, sm. Repas, fête que l'on donne à des femmes; par ext. don, présent. (1° Suivant Mén. Trév. Gatt., Boiste, Borel, Diez, etc., du l. *catellus* ou *catellum*, dimin. de *catena*, chaîne, attache, lien, enchaînement; d'où l'it. *catenella*. 2° Du l. *cado*, je tombe, selon Géb., parce qu'un cadeau échoit à qqn. sans qu'il y pense; ou parce que, dit le P. Bouhours, les buveurs chancellent et tombent, et que c'est assez ordinairement ainsi que finissent les cadeaux. 3° Suivant Bulet, du gall. *gado*, exceller, être au-dessus, faire des largesses, donner avec libéralité. 4° de l'hébr. *gadol*, grand, selon Mitalier; 5° Du l. *caduceus*, caducée, suivant un autre, parce qu'avec une baguette ou caducée, on trace des cadeaux sur le sable, sur la poussière, dit Trév. La première étym. est encore préférable; parce que primitivement on appelait *cadeaux*, les paraphes, les traits et ornements que les calligraphes font autour de leurs exemples: écriture cadelée.)

Cadenas, sm. Espèce de serrure mobile qui ferme au moyen d'un anneau. (Anc. fr. *cadenat*, r. l. *catena*. Les premiers cadenas furent fabriqués à Nuremberg, par Hermann, en 1540. Passerat fait observer que les serrures n'étaient anciennement attachées aux portes qu'avec des chaînes.)

Cadenasser, va. Fermer avec un cadenas. *Cadenassé, e*, p. **Cadène**, sf. Chaîne de fer à laquelle on attache des forçats.

*Décadenasser, va. Enlever un cadenas. *Décadenassé, e*, p. *Encadenasser, va. Enfermer, attacher. *Encadenassé, e*, p.

*Catelle, sf. Petite chaîne d'or qui se donnait, chez les Romains, comme récompense militaire. (L. *catella*, dim. de *catena*, chaîne.)

*Caténière, sf. Chaîne à laquelle sont fixés plusieurs crocs, et que les pêcheurs traînent au fond de la mer pour retrouver leurs filets.

*Caténifère, adj. Qui porte une chaîne.
*Caténiforme, adj. En forme de chaîne.
*Caténipore, sm. Genre de polypiers.
*Caténulaire, adj. Semblable à une petite chaîne. *Caténule, sf. didact. Petite chaîne.
*Caténulé, e, adj. En forme de petite chaîne.
*Concaténation, sf. Enchaînement, liaison; fig. de rhét., gradation. (L. *concatenatio*.)

Chignon, sm. Le derrière du cou; cheveux de derrière retroussés sur la tête. (De l'anc. fr. *chaînon*, chignon, partie de derrière du cou où sont les vertèbres qui joignent le cou à la tête, et qui est au-dessous de la fosse ou nuque du cou; Trév. Du l. *catena* dérive le fr. chignon, parce que Nicot a dit *chaînon d'une chaîne*, et *chaînon* du col, en occitanien *catena dòou col*: Diez. Le prov. *chignoun*, chignon, est un dim. du prov. *caïna*, de même que le prov. *tignoun*, tignon, de *tignassa*, tignasse : Honnorat. Anc. fr. *chaaignon*, d'où *chaignon*, puis *chignon*, qui signifiait aussi autrefois chaînon.)

CHAIR, sf. Substance fibreuse, molle, humide, sanguine et organique qui est entre la peau et les os de l'homme et des animaux ; viande des animaux qui nous sert d'aliment ; se dit qqfois des poissons, etc.; par ext., substance, imbibée de sucs et assez ferme, de certains fruits et même de qqs. plantes; t. de l'Écriture, l'humanité, la nature humaine, l'homme terrestre et animal, opposé à l'homme spirituel éclairé par la foi; dans la lang. ascétique, concupiscence; en parl. des personnes, la peau. [Du l. *caro, carnis*, chair, viande; le corps; la chair par oppos. à l'esprit; chair, pulpe des fruits. 1° Selon Bopp et Eichhoff, le l. *caro* et le g. *kréas*, chair, viennent du sansc. *kravya*, chair, mot qui lui-même aurait été fait du sansc. *kri*, diviser, cerner, le *krinô* des Gr. et le *cerno* des Lat. 2° Un autre les dérive du sansc. *o'arv*, manger, mâcher; 3° un autre, du sansc. *çar*, percer, pénétrer ; 4° Ogério, de l'héb. *scher*, chair ; 5° et Const. de l'égypt. *ker*, les reins, les côtes, parce que ce sont les parties les plus charnues des animaux; 6° Géb., du primit. *car*, beau ; 7° le même, du primit. *car*, force, rouge ; 8° un autre, du gr. *keirô*, tondre, raser, couper, arracher, déchirer, détacher, par exemple, des os ; 9° un autre, du gr. *kéar*, cœur ; 10° un autre, du l. *cardo*, gond. La 1re étym. paraît être la plus satisfaisante. En basq. *haraguia*, valaq. *karne*, chair; gaël écoss. et irl. *carn*, cat. et l. des Troub. *carn*, it., esp. et port. *carne*, chair. Champ. *chare*, *charre*, chair, viande. b.-bret. *car*, rouchi, pic., wallon et roman du Nord *char*, chair. Anc. fr. *car*, *char*, chair, viande, et *carnage*, usage de la viande.]

*Chair, sm. tann. Côté de la peau opposé à celui où se trouve le poil. **Chairs**, sf. pl. peint. et sculpt. Toute imitation de la chair de l'homme.

Charcutier, ière, s. Qui vend de la chair de porc cuite ou crue, des boudins, etc. (Trév. dit : On devrait dire et écrire *chaircuitier*; car ce mot est composé de *chair* et de *cuire*, et signifie un *cuitier* de chair, un homme qui vend de la chair cuite, et non crue, comme les bouchers.)

Charcuterie, sf. Etat et commerce de charcutier.

Charcuter, va. vi. Découper, hacher, tailler de la chair, comme font les charcutiers. *Charcuté, e*, p.

*Charnage, sm. pop. Temps où l'on permet de manger de la chair.

*Charnage, sm. féod. Droit que payaient au seigneur les propriétaires ou qui passaient sur leurs terres. (On a appelé en l. *carnarium de porcis*, la dîme des cochons, et *decumanus carnium*, le charnage.) **Charnel, elle**, adj. De la chair; sensuel. *Charnellement*, adv. Selon la chair.

Charneux, euse, adj. vi. Composé de chair.

Charnier, sm. Lieu où l'on garde les viandes salées ; lieu couvert où l'on met les ossements des morts. (L. b. *carnarium*, charnier.)

Charnu, e, adj. Bien fourni de chair; formé de chair ; pulpeux, succulent.

*Charnu, e, adj. bot. Se dit des feuilles dont le tissu cellulaire est très-abondant, mais présente encore une certaine consistance, comme l'aloès, la joubarbe; se dit aussi des tiges qui renferment une grande quantité de suc ou de substance aqueuse ; se dit également du trophosperme, et de la racine de la carotte, de la betterave, etc.

Charnure, sf. La chair, les parties charnues, se dit des personnes.

Charogne, sf. Corps de bête morte, exposé et corrompu. (De l'it. *carogna*, fait du lat. *caro*, *nis*, chair, le corps. Cicéron a dit : *Ego istius carnis putidæ præsidio niti volebam ?* Moi, je comptais sur l'appuide cette charogne? Et non du gr. *charônéios*, qui s'est dit des lieux remplis de vapeurs méphitiques, et qui est un dérivé de *charôn*, Charon, nôcher des enfers. L. des Troub. *carnaza*, chair morte; *carnils*, charogne; *caronhada*, *caruñhada*, chair, carcasse, corps mort, charogne. L. des Trouv. *caroine*, charogne; prov. *carougnada*, *carogno*, angl. *carrion*, lb. *carônia*, gascon *carônhe*, rouchi *carônne*, pic. *carne* et *cuione*, anc. fr. *carongne*, charogne, et *escharoigner*, déchirer les chairs. Dans un bulletin retrouvé dans l'abbaye de Lonchamp, on lit ce passage : « Et les *charrognes des mescréans*, se comme nous le poimes nombrer, furent plus de 73000.)

Acharner, va. Donner aux chiens, aux oiseaux de proie, le goût, l'appétit de la chair; exciter, irriter un animal; un homme contre un autre (Gloss. champ. de M. T. *encharnel*, acharné, vorace). *Acharné, e*. p.

Acharnement, sm. Action d'un animal qui s'attache opiniâtrement à sa proie ; fureur opiniâtre des animaux et même des hommes se battant les uns contre les autres; fig., animosité opiniâtre contre quelqu'un. **S'acharner**, va. pr. S'attacher avec fureur, avec opiniâtreté; s'attacher, s'appliquer avec excès à une chose.

Décharner, va. Dépouiller les os de la chair; amaigrir; fig., dépouiller d'agrément, en parl. du style. *Décharné, e*, p.

Écharner, va. Oter la chair du cuir. *Écharné, e,* p.

Écharnement, sm. mégiss. Action d'enlever toutes les parties charnues que le boucher a laissées adhérentes à une peau en dépouillant l'animal.

Écharnoir, sm. Outil pour écharner.

Écharnure, sf. Reste de chair ôtée du cuir; façon donnée en écharnant.

Carnage, sm. Action de mettre à mort une multitude d'être vivants, massacre, tuerie. (Lb. *carnagium,* repas composé de chairs d'animaux ; ces chairs elles-mêmes. Anc. fr. *carnage,* repas composé de viande ; chair.) ***Carnage,*** sm. véner. Action des chiens qui dévorent un animal.

Carnaire, adj. hn. Qui vit de viande.

Carnalage, sm. Droit dû en viandes à un seigneur par les bouchers de sa seigneurie.

Carnassier, ière, adj. Qui ne peut vivre que de chair, qui se repaît de chair crue, et qui est fort avide. **Carnassiers,** sm. pl. Ordre d'animaux.

Carnassière, sf. Sorte de petit sac où l'on met le gibier tué à la chasse.

Carnation, sf. peint. Chairs peintes ; leur coloris ; teint de la peau ; blas., parties du corps humain au naturel.

Carnaval, sm. Temps de divertissement où l'on avale beaucoup de chair; c'est un temps de folies et d'extravagances ; le naufrage des innocents ; l'évacuation de la bourse; le venin de la santé. (It. *carnovale,* ou *carnevale,* fait du l. *caro,* chair, et de *vale,* adieu, ou du fr. *avaler.* En b. l. *carnelevamen,* cast. *carnabal,* carnaval. Aux environs de Boulogne en Pic. *carnage,* temps où l'on mange de la viande.)

Carné, e, adj. fleurist. De couleur de chair vive.

Carnier, sm. véner. Carnassière.

Se carnifier, va. pr. méd. Acquérir la consistance des parties charnues. *Carnifié, e,* p.

Carnification, sf. Changement en chair, maladie.

Carniforme, adj. Qui a la forme de la chair.

Carnivore, adj. et s. Qui se nourrit de chair sans y être obligé de sa nature.

Carnivorité, sf. hn. Condition d'un animal carnivore.

Carnosité, sf. Chose de nature charnue.

Carogne, sf. bas. Femme débauchée, méchante femme. (It. *carogna,* gasc. *carogne,* charogne.)

Caron, sm. Pièce de lard à larder ; bande de lard dont on a ôté la partie maigre.

Caroncule, sf. anat. Petite chair ; chair glanduleuse et spongieuse ; bot., renflement de la surface de certaines graines qui entoure le hile. (L. *caruncula,* dim. de *caro.* L. des Troub. *carruncula,* caroncule.)

Caronculaire, adj. Formé de caroncules.

Caronculé, e, adj. hn. Muni de caroncules.

Caronculés, sm. pl. Famille d'oiseaux. ***Caronculeux, euse,*** adj. anat. Relatif aux caroncules.

Cartilage, sm. Chair fibreuse et solide, lisse, élastique, qui se trouve aux extrémités des os. (L. *cartilago,* cartilage ; pulpe des fruits ; du l. *caro,* chair ; pulpe des fruits : comme *fabago* de *faba, virago* de *vir,* etc. Et non du l. *crates,* grille. De là l'ital. *cartilagine,* l'esp. *cartilago,* le port. *cartilagem.*)

Cartilagineux, euse, adj. De la nature du cartilage, composé de cartilages.

Cartilagineux, sm. pl. Famille de poissons.

Se cartilaginifier, va. pro. Se convertir en cartilage. *Cartilaginifié, e,* p.

Cartilaginification, sf. physiol. Conversion d'un tissu en cartilage.

Cervelas, sm. Sorte de grosse saucisse remplie de chair salée et épicée. (Selon Géb. et Roq., etc., du l. *caro,* chair. En g. *kréas,* sansc. *kravya,* basq. *haraguia,* b-bret. *car,* chair.)

Excarner, va. anat. Détacher les chairs des os ; ôter le bois des dents du peigne de roseau, pour ne laisser que l'écorce. *Excarné, e,* p.

Excarnation, sf. anat. Action d'excarner.

Incarnadin, ine, adj. De couleur plus faible que l'incarnat ordinaire. (Du l. *in,* et *caro.*)

Incarnadin, sm. Couleur incarnadine.

Incarnat, e, adj. De couleur cerise et rose, de couleur de chair. (En gaël irl. *carn,* chair, viande, et *carnaid,* couleur rouge.)

Incarnat, sm. Couleur incarnate.

Incarnatif, ive, adj. méd. Propre à favoriser le développement des bourgeons charnus dans une plaie. **S'incarner,** va. pr. Se dit de la Divinité qui prend un corps de chair, qui se fait homme. *Incarné, e,* p. ***S'incarner,*** va. pr. Se dit, fig., de la transubstantiation qui se fait dans l'Eucharistie.

C'est un diable incarné, Se dit fig. et fam. d'une personne très-méchante.

Incarnation, sf. Action de la Divinité qui s'incarne ; le résultat de cette action.

Incarnation, sf. liturg. La première des parties de l'hostie divisée, dans la messe, selon le rit mozarabique ; chir., reproduction de la chair dans les plaies et dans les ulcères.

Créadion, sm. Genre d'oiseaux caronculés. (Du g. *kréadion,* morceau de chair, fait de *kréas,* chair, le *caro* des Lat.)

Créantine, sf. chim. Substance que l'on extrait de la chair. ***Créatophage,*** adj. hn. Carnivore. ***Créophage,*** adj. hn. Qui se nourrit de chair. (G. *kréas, kréatos,* chair ; *phagéin,* manger.)

Créophagie, sf. Action de se nourrir de chair.

Créographie, sf. Description des chairs ou parties molles du corps. (G. *graphi,* j'écris.)

Créophile, adj. hn. Qui a me la chair.

Pancréas, sm. anat. Corps charnu, glanduleux, situé dans l'abdomen, et qui verse dans l'intestin une liqueur analogue à la salive. (G. *pagkréas,* de *pan,* tout, et *kréas,* chair. Les anciens croyaient que le pancréas n'était composé que de chair.)

Pancréatique, adj. anat. Qui appartient, qui a rapport au pancréas.

Pancréatalgie, sf. Douleur dans le pancréas. ***Pancréatalgique,*** adj. méd. Qui a rapport à la pancréatalgie. (G. *algos,* douleur.)

Pancréatemphraxis, sf. méd. Obstruction du pancréas. (G. *phrassó,* clore, barrer.)

CHALAND, sm. Grand bateau plat servant à transporter les marchandises. [1º Le mot *chélande* a été, comme tant d'autres, emprunté à la lang. byzantine. On le croit dérivé du g. *chélus, chéloné,* tortue, à cause de la ressemblance que lui donnait avec la tortue le tillac bombé qui le couvrait. Cette étym. proposée par Zanetti, et adoptée par Jal, laisse peu de doute, suivant Letronne. De *chelande,* les Lat. firent *chelandria, chilandria, celendria,* les Vénit. *zalandria, galandria.* C'était une galère forte, agile, qui devait son nom à la tortue, soit à cause de la forme de son pont, soit parce que son château élevé, arrondi et prolongé jusqu'au mât, donnait à sa proue l'air d'une tortue défendue par sa carapace. Il est évident, dit le même, que *chelande* a produit *chaland* ou *chalant,* usité de nos jours. L'étym. de Diez revient au même, puisque au g. *chéludros,* tortue, serpent d'eau, r. *chélus,* tortue, et *hudór,* eau, il rapporte l'anc. fr. *chalandre,* l'anc. cat. *xelandrin,* le l. b. *chelandium, chelinda, zalandria,* le g. du moy. âge *chelandion*, chaland, bateau. Honnorat et Delaurière disent presque la même chose. En b.l. *calandra, chelandium, chelandrium, chelindrus, cholo, chalonnus, salandra*, sorte de navire, de bateau, chaland; anc. fr. *catant, catans, chalon*, sorte de bateau, chaland. Pic. et roman du Nord *chalant*, nacelle. L. b. *achelandria*, vi. fr. *chelande*, espèce de navire. L. des Trouv. *chalan*, espèce de navire.]

*Chalandeau, sm. Marin chargé de la conduite des chalans.

Chaland, adj. m. Se disait autrefois d'une sorte de pain gros, mat et blanc; ainsi dit parce qu'il venait sur les bateaux cha'ands.

Chaland, de, s. Qui achete toujours chez le même marchand; acheteur, pratique. (Du fr. *chaland*, bateau, comme *barguigner* de *baroa*, barque : Diez. En esp *calan*.)

Chalandise, sf. Habitude d'acheter chez le même marchand. Achalander, va. Procurer des chalands. *Achalandé, e,* p.

*Achanlandage, sm. Action d'achalander.

Désachalander, va. Faire perdre les chalands. *Désachalandé, e,* p.

*Rachalander, va. Faire revenir des chalands. *R .chalandé, e,* p.

*Rachalandage, sm. Action de rachalander.

Chálon, sm. Grand filet, ainsi appelé probablement, parce que les pêcheurs le trainent dans les rivières par le moyen de deux bateaux au bout desquels les côtés de ce filet sont attachés. (Anc. fr. *chalant*, bateau, *chalon, calans*, sorte de bateau, chaland. En Anjou *chalon*, bateau.]

*CHALDÉEN, ENNE, adj. et s. géo. anc. Habitant de la Chaldée; qui appartient à ce pays ou à ses habitants. [Du l. *Chaldæi*, dérivé du g. *Chaldaioi*, Chaldéens. 1° Tous les géogr. anc., dit M. Renan, placent des Cha'déens en Arménie, dans le Pont et le pays des Chalybes. Là était sans doute, dit-il, la Chaldée primitive, un repaire de belliqueux montagnards redoutés dans tout l'Orient pour leurs brigandages, servant dans les armées étrangères, et jusque dans l'Inde, comme mercenaires, parfaitement semblables en un mot, à ceux de nos jours, dans les mêmes contrées, les *Kurdes*, avec lesquels on a tant de raisons pour les identifier. En effet, entre les deux formes du nom de ce peuple, l'une hébraïq. *Kasdim*, l'autre grecq. *Chaldaioi*, on est autorisé à supposer la forme intermédiaire *kard*, voisine de la première par l'affinité des lettres *s* et *r*, et de la seconde par l'affinité des liquides *l* et *r*. Cette forme reparait, aux diverses époques, avec une persistance remarquable dans les noms de peuplades et de montagnes du *Kurdistan* : *Kardakes, Kardouchoi, Kordiaioi, Corduénoi, Gorduaoi, Kurtioi, Gordiani, Kardu*, (nom de la province d'Ararat dans la paraphrase chaldaïque, et du mont Ararat chez les Syriens) *Kurdes*; dans les inscriptions cunéiformes de Persépolis, *Kudraha* ou *Ghudráia*. Cette identité, aperçue par Michaelis, Schlœzer, Friedrich, Heeren, mais démontrée d'abord par MM. Lassen et Carl Ritter, est maintenant généralement admise. 2° Qqs-uns ont cru que le nom des Chaldéens vient du nom de *Chased*, fils de Nachor, frère d'Abraham. 3° D'autres le tirent de l'héb. *cheléd*, durée, temps. 4° Hofman le compose de l'héb. *caph*, signe de ressemblance, et du v. *schàdad*, il a dévasté; 5° et Géb. du nom d'*Arpha-schad*, fils de Sem; 6° Poinsinet, du gaul. *chald, chaud*, l. *calidus*, propr. : colonie d'incendiaires. 7° Scrieck prétend que le nom de la *Chaldée* est scyth. et signifie chauve, et qu'il aurait désigné d'abord toute la plaine unie de la Babylonie.]

Chaldéen, sm. L'idiôme du peuple chaldéen; dialecte de l'hébreu, qui se parlait à Babylone.

Chaldaïque, adj. Qui appartient aux Chaldéens.

CHALE, SCHALL, SHALL, sm. Vêtement de laine plus ou moins fine, dont les hommes et les femmes en Or. se couvrent la tête, les reins, ou les épaules. [Du pers. *schal*, châle. Dans Wilken, le pers. *schal* signifie étoffe dont les femmes se vêtent. Dans Kieffer et Bianchi, le turc *schal* signifie étoffe de laine grossière, froc des derviches; étoffe de laine fine de Barbarie et de l'Inde; *schali kechmri*, châle de Cachemire; *schâli Lahori*, châle de Lahore. Klaproth dit : « La chèvre est l'animal le plus utile des Alpes caucasiennes; son poil est employé par plusieurs tribus à la fabrication d'une espèce de drap grossier qu'on appelle *chal*; il est d'un grand débit dans les montagnes, et se vend également en Perse et en Turquie. » En 1560, sous le règne d'Ackbar, le Cachemire avait 40000 métiers de châles, et en 1804, il n'en existait plus que 1600. M. Pihan fait observer que *sc'all*, donné par plusieurs dictionn., ne peut exactement représenter le mot pers.]

CHALET, sm. Cabane suisse où l'on fait des fromages, et qui, dans l'été, sert de retraite aux vaches des montagnes. [1° Selon Géb. ce mot tient au l. *celare*, cacher, céler, au l. *cella*, maisonnette, cabane; au celt. *cal*. chaumière; et à l'esp. *cala*, port. 2° Le même ailleurs rattache ce mot au g. *k,lubé*, hutte, maisonnette de bois; au gr. *kalon*, bois, mots qu'il dérive du celt. *cal*, bois. forêt. 3° Un autre conjecture que *chalet* vient de l'irl. *ca*, maison, d'où l'irl. *caban*, maisonnette, hutte, cabane. 4° Un autre le rattache au l. *aula, caula*. au g. *aulis, kalia*, et à l'héb. *mi-kelà*, bergerie. La r. de ce dernier mot est l'héb. *kalá*, il a renfermé. 5° Selon M. Scheler, *chalet* procède du l. *casa*, maison, d'où le champ. *casalet* et l'anc. fr. *chaslet*, chalet. Voy. *case*.]

CHALEUR, sf. Qualité de ce qui est chaud; sensation que nous éprouvons lorsque notre corps est pénétré par une nouvelle quantité de calorique; sensation de chaleur ordinairement incommode; température produite par l'action du soleil ; fig. ardeur. feu, feu qui nous dévore, véhémence. [Du l. *calor, caloris*, chaleur; r. *ca-leo*, être chaud, s'échauffer, avoir de l'ardeur. Cette grande famille de mots semble subsister dans presque toutes les lang. Elle est caractérisée par une gutturale initiale suivie d'une voyelle. Cette voyelle est. le plus souvent, la lettre *a*. En héb. *qa-là*, il a rôti, il a grillé, il a fait frire; *qâ li*, rôti, grillé; blé torréfié; *cha-mam*, il a brûlé, il a été chauffé; *chà-mar*, il a bouilli, il a chauffé; *cha-m*, chaud, *chó-m*, chaleur; ar. *qa-li*, action de faire frire dans une poêle, *qa-lia*, fritures, mets frits, *qa-liè*, cendres employées dans la fabrication du savon; sansc. *gva-lâmi*, je brille, je brûle; *gva-lat, gva-litas*, chaud, brûlé; *ka-tsch*. briller, luire, *kuat'*, chauffer, brûler; g. *ké-loó*, brûler, consumer; *ké-léios, ké-léos*, brûlant; brillant; *kau-ma*, brûlure, grande chaleur, hâle, fièvre chaude, *kau-sis*, action de brûler, chaleur brûlante; *kau-stikos*, caustique, *ko-domeuó*, faire griller de l'orge, rôtir, frire; *ka-lú*, sécher, dessécher; *ka-i'i*, allumer, brûler, incendier, enflammer; attique *ka-ó*; lith. *ka-kalys*; fournaise. Kalmouk *ga-l*, pol. *cha-lupa*, chin. *klo*, feu. Kotore, Sibérie, *kho-l*, feu. Sapibocon, Amér. mérid. *ku-lti*. Acaukana, Amér. mérid. *kou-tal*, feu, Port du Roi-George, Australie *ka-l, ka-rl*, feu; Golfe Saint-Vincent, Australie *ka-lla*, brûler, et *ka-lla*, bois. Mawi *ka, ka-ka*, brûler; angl. *to s-ca-ld*, échauffer, brûler; irl. *s-ga-llaim*, it. *s-ca-ldare*, esp. et port. *es-ca-ldar*, anc. fr. *es-chau-der*; it. *ca-ldo*, chaud, et *ca-lere*, se soucier; port. *ca-li-do*, esp. *ca-lido*, chaud et *ca-lda*, bains chauds; all. *ko-hle*, charbon, suéd. *ko-l*, angl. *co-al*, charbon. L. des Troub. *ca-ld*, *cau-t*, anc. cat. et anc. fr. *cau-t*, bourg. *chau*, rouchi *kau-t*, pic. *cau-d*, chaud. Auv. *tsao*, chaud, baslim. *tso-oufa*, chauffer.)

Dans la chaleur de, Au fort de.

Chaleureux, euse, adj. Se dit des personnes qui ont beaucoup de chaleur naturelle ; fig. en parl. des choses. ***Chaleureusement**, adv. D'une manière chaleureuse.

Chaloir, vn. vi. *Il ne m'en chaut*, Il ne m'importe. (En lang. d'oïl *chieleir*, mot antérieur au 12ᵉ s., et qui s'écrivait *chaloir* dans le dialecte de l'Ile-de-France. *Chaloir* répond à l'it. *calere*, à l'esp. *caler*, qui se trouve également en lang. d'oc. Ces v. proviennent du l. *calere*, qui, de sa signification propre, être chaud, être enflammé, être brûlant, a passé à la signif. figurée, être cuisant, en parl. d'un souci, être inquiétant, inquiéter, soucier : De Chev. De même Rayn. unit *chaloir*, *nonchalance*, etc., au l. *calere*, et au mot roman *caler*, chaloir. Anc. fr. *challoir*, chaloir; *il ne chaut*, il n'importe.) **Nonchalant, e**, adj. Qui manque d'ardeur, qui craint la fatigue. **Nonchalant, e**, s. Personne nonchalante. **Nonchalamment**, adv. Avec nonchalance, mollement. **Nonchalance**, sf. Négligence, manque de soin ; mollesse, abandon.

Chaud, e, adj. Qui a de la chaleur, qui donne de la chaleur; fig. passionné, zélé, animé; brillant et vigoureux; fig., prompt; fam. récent. (L. *ca-lidus*, chaud, r. *ca-lere*, être chaud.)

Chaud, sm. Résultat de la chaleur; chaleur très-sensible, air accablant; chaleur.

A la chaude, loc. adv. et fam. Sur l'heure, dans le premier moment.

***Chaude**, sf. Degré de chaleur que l'on donne à une pièce de fer; degré de cuisson que l'on donne à la matière du verre.

***Chaudelait**, sm. Espèce de pâtisserie.

Chaudeau, sm. Sorte de brouet ou de bouillon que l'on présentait quelquefois le matin aux nouveaux époux ; toute boisson chaude.

Chaudement, adv. Avec chaleur, de manière à la conserver; fig. avec ardeur, avec vivacité.

***Chaudier**, vn. véner. Entrer en chaleur, en parl. des levrettes. ***Chaudié**, part.

Chaudière, sf. Grand vase en cuivre où l'on fait chauffer, bouillir les liquides. (l. *ca-ldaria*.)

***Chaudière**, sf. Partie du four à chaux, au-dessus du cendrier. ***Chaudrée**, sf. Quantité de soie à teindre en noir à la fois.

Chaudron, sm. Petite chaudière à une anse. (L. *ca-lidarium*, *ca-ldarium*, étuve, chaudière, chaudron; *ca-ldaria*, étuve, chaudière, *ca-ldor*, chaleur, r. *ca-lere*; b. l. *caldaria*, *caldarium*, chaudière, *ca-ldero*, chaudron ; esp. *caldera*, langued. *caudiero*, rouchi et pic. *caudière*, chaudière.)

***Chaudron**, sm. mar. Calotte de plomb percée de trous, et clouée sous le pied d'une pompe ; petite calotte de cuivre, clouée sur l'habitacle.

Chaudronnée, sf. Contenu d'un chaudron.

Chaudronnerie, sf. Art, commerce, fabrique, marchandise du chaudronnier.

Chaudronnier, ière, s. Qui fait et vend des chaudrons. **Chauffer**, va. Rendre chaud; fig., faire une chose avec promptitude, avec action. (L. *calefacere*, r. *calere* et *facere*.) *Chauffé, é*, p.

***Chauffer**, va. mar. Brûler de la paille sous la carène pour en fondre le brai ; forg. tirer le soufflet quand le fer est au feu.

Chauffage, sm. Ce qui chauffe; consommation annuelle de bois ou d'autre combustible ; droit de couper dans une forêt une certaine quantité de bois pour se chauffer. **Chauffe**, sf. fond. Lieu où se jette et se brûle le bois employé à la fonte des pièces.

ˈ**Chauffe**, sf. Opération entière de la distillation ; temps employé au chauffage d'un appareil; l'une des deux grilles du chauffé dans une fonderie.

***Chauffé**, sm. Espace où le fondeur allume le feu. **Chauffe-cire**, sm. Officier de la chancellerie qui chauffait la cire pour sceller.

Chaufferette, sf. Ustensile où l'on met du feu pour se tenir les pieds chauds.

Chaufferie, sf. Forge destinée à forger le fer qu'on veut réduire en barres.

***Chaufferie**, sf. Un des ateliers des grosses forges; partie du four à briques.

Chauffeur, sm. Ouvrier qui entretient le feu d'une forge, d'une machine à vapeur.

***Chauffeur**, sm. h. Se dit d'une bande de brigands qui, dans le Nord et l'Ouest de la France, chauffaient les pieds des habitants par un feu violent, pour se faire livrer leurs richesses.

Chauffoir, sm. Lieu de réunion pour se chauffer, dans un monastère, dans une communauté, un hôpital, un spectacle; linge chaud pour couvrir, essuyer une personne en sueur; linge de précaution des femmes. ***Chauffoir**, sm. Chambres chauffées par un poêle pour les pauvres, pendant l'hiver; caisse de tôle ou le cartier fait sécher les feuilles de carton qu'il veut coller.

***Chauffure**, sf. Défaut du fer ou de l'acier qui s'écaille ayant été trop chauffé.

Echauboulure, sf. Elevure rouge sur la peau. (Fr. *chaud*, *boule*, l. *ca-lidus*, *bulla*.)

Echauboulé, e, adj. Qui a des échauboulures.

Echauder, va. Laver avec de l'eau bouillante; fam. y tremper; en jeter sur. *Echaudé, e*, p.

Echaudé, sm. Pâtisserie très-légère, faite de pâte chaude. (L'invention en a été revendiquée par le père de l'aut. dramat. Favart. Cependant, une charte de l'église de Paris, en date de 802, fait déjà mention des *échaudes* sous le nom de *panes leves qui dicuntur echaudati*.) **Echaudoir**, sm. Lieu où l'on échaude; vase pour échauder.

***Echaudé, e**, adj. Se dit des graines qu'on a semées sur une couche très-chaude, et dont le germe périt par cette cause; se dit aussi du blé dont le grain, maigre et flétri, contient peu de farine.

***Echaudillon**, sm. Lopin de fer que l'on présente au feu, pour le souder quand il est chaud.

***Echaudoir**, sm. Chaudière où les teinturiers et les drapiers dégraissent leurs laines; chaudière où les bouchers-tripiers font cuire les abatis de leurs viandes; se dit aussi du lieu où sont placées ces chaudières. **Echauffer**, va. Donner de la chaleur à, rendre chaud; causer un excès de chaleur animale. (Du fr. *chauffer*.) *Echauffé, e*, p.

S'échauffer, va. pr. Se mettre en colère, s'emporter. **Echauffaison**, sf. Indisposition caractérisée par qq. éruption à la peau.

Echauffant, e, adj. Qui échauffe.

***Echauffée**, sf. Étuve de tanneur pour abattre le poil des cuirs. ***Echauffée**, sf. Première opération des sauniers pour chauffer le fourneau.

Echauffement, sm. Action d'échauffer; le résultat; excès de chaleur animale.

Echauffure, sf. Petite rougeur qui vient sur la peau, dans une échauffaison.

***Inchauffé, e**, adj. Qui n'est pas chauffé.

***Inéchauffé, e**, adj. Qui n'est pas échauffé.

Réchaud, sm. Ustensile de cuisine, où l'on met

du feu pour chauffer les mets et pour d'autres usages.

*Réchaud, sm. Action de passer les étoffes dans la teinture chaude.

Réchauffer, va. Chauffer, échauffer ce qui était refroidi; fig., exciter de nouveau, ranimer. Seréchauffer, va.pr. Etre, pouvoir être réchauffé. *Réchauffé, e, p. et s.

Réchauffer une couche, Y mettre du fumier neuf.

*Réchauffage, sm. Action de réchauffer; fig., plagiat; chose vieille donnée pour du neuf.

Réchauffement, sm. Se dit du fumier neuf qui sert pour réchauffer les couches refroidies.

Réchauffoir, sm. Fourneau servant à réchauffer les plats apportés d'une cuisine éloignée.

Surchauffer, va. Donner trop de chaleur au fer, le brûler. Surchauffé, e, p.

Surchauffure, sf. Défaut du fer surchauffé.

*Caldarium, sm.ant. Etuve dans les bains des Romains. Caléfaction, sf. Chaleur causée par l'action du feu.

*Caléfacteur, sm. Appareil pour la cuisson des aliments. *Calefat, sm. Se dit, dans certains couvents de la Grèce actuelle, des frères chargés de la préparation des aliments.

Calenture, sf. Fièvre chaude avec délire. Cette maladie attaque souvent les marins lorsqu'ils naviguent entre les tropiques. (Esp. calentura, fièvre, du l. calere, comme fièvre, de fervere; comme le g. purétos, fièvre, de pur, feu; comme l'héb. dalgeth fièvre, de dâlaq, il a brûlé; comme aussi l'héb. charchur, qaddachath, rescheph, fièvre, de châran, il a brûlé; qâdach, il a allumé; râschaph, il a enflammé. John Skinner rapporte qu'il existe, dans le Pérou, une espèce d'osier que les Ind. considèrent comme un spécifique contre les coliques, et qu'ils appellent calentura, parce que, en le prenant en décoction, lorsqu'on est attaqué de rhumatismes, on ressent pendant trois ou quatre heures une fièvre violente qui se termine par une transpiration abondante, après laquelle on est radicalement guéri.)

*Caliduc, sm. Tuyau de chaleur placé dans les murs ou sous les planchers. (Du lat. ca-lor, chaleur, et duco, je conduis, d'où viaduc, aqueduc.)

*Calissoire, sf. Poêle pour lustrer les étoffes.

Calorifère, sm. Grand poêle. (L. fero, je porte.) Calorique, sm. Principe de la chaleur. *Caloricité, sf. Faculté qu'ont les corps vivants de développer de la chaleur. *Calorification, sf. Action de produire de la chaleur.

*Calorifique, adj. Qui donne de la chaleur.

*Calorimètre, sm. Instrument pour mesurer le calorique spécifique des corps.

*Calorimétrie, sf. Mesure du calorique, de la chaleur; méthode pour se servir du calorimètre.

*Calorimétrique, adj. Relatif à la calorimétrie. *Calorimoteur, sm. Appareil électrique développant une très-grande chaleur.

*Causimancie, sf.ant. Divination que les mages pratiquaient par le feu. (Du g. kau-sis, brûlure, ka-iô, je brûle, ké-leos, brûlant, en l. ca-leo, je brûle; et du g. manteia, divination.)

*Causimancien, enne, adj. Qui pratique la causimancie. Caustique, adj. et sm. Brûlant, corrosif; fig. mordant, qui a une certaine malignité piquante dans l'expression.

Caustique, sf.géom. Courbe sur laquelle se rassemblent les rayons réfléchis ou rompus par une surface courbe; courbe qu'ils forment en se réunissant. (Gr. kau-stikos, brûlant.)

Causticité, sf. Propriété des substances caustiques; fig., malignité, trait mordant; propos satirique. *Caustiquement, adv. D'une manière caustique. *Caustiquer, va. Rendre caustique. *Caustiqué, e, p.

Cautère, sm. Médicament qui brûle; plaie qui en résulte. (Gr. k u térion; de ka-iô.)

Cautériser, va. Appliquer un cautère à, brûler au moyen d'un cautère. Cautérisé, e, p.

Cautérétique, adj. Qui brûle, qui consume les chairs. Cautérisation, sf. Action de cautériser; l'effet. *Causus, sm. Fièvre ardente. (G. kau-sos, chaleur.)

*Anticausotique, adj. et sm. Se dit des traitements dirigés contre le causus.

*Diacausie, sf.méd. Chaleur excessive; échauffement. (G. dia, à travers, ka-iô, je brûle.)

*Diacaustique, adj.géom. Caustique par réfraction. Encaume, sm. méd. Marque produite par le feu; ulcère de la cornée. (Gr. en, dans.)

Encaustique, sf. Peinture avec de la cire et à l'aide du feu. (G. eg-kau-stikos, marqué par le feu.)

*Encaustique, adj. Dont les couleurs sont préparées avec de la cire. *Encaustique, sf. Préparation dont la cire est le principal ingrédient.

Encre, sf. Liqueur noire pour l'écriture, pour l'impression ou le dessin. (En-c-re vient, par corruption de l'it. en-chio-stro, encre, fait du l. encaustum, dérivé du g. eg-kau-ston, r. en, dans, et ka-iô, je brûle; l. ca-leo. En esp. encausto, l. des Troub. enc'ut, encre. L'encre d'imprim. fut inventée par un Holland. Laurent Coster. C'était avec un léger pinceau que les anciens écrivaient, et leur encre n'était autre chose que du charbon de cœur de pin pulvérisé dans un mortier et détrempé auprès du feu ou au soleil, avec de la gomme pour lui donner de la consistance. L'encre la plus commune était faite avec de la suie d'un bois résineux appelé rada.)

Encrer, va.impr. Charger, enduire d'encre. Encré, e, p. *Encrage, sm. Action d'encrer.

Encrier, sm. Vase, meuble où l'on met l'encre.

*Épicaume, sm. Ulcère de la cornée transparente de l'œil. (Gr. épi, sur.)

*Holocauste, sm.ant.gr. Sacrifice dans lequel la victime entière était consumée. (G. holo-cau-ston, r. holos, tout, et ka-iô, je brûle; l. ca-leo. Tous les sacrifices furent des holocaustes jusqu'au temps de Prométhée.) Holocauste, sm. Sorte de sacrifice chez les Juifs; la victime ainsi sacrifiée.

*Holocauster, va.burl. Offrir en holocauste. *Holocrusté, e, p.

*Colin, sm.hn. Le merlan noir ou la morue noire. (De l'angl. coal-fish, poisson charbon.)

*Cousson, sm. Vapeur ardente qui brûle les bourgeons des vignes. (Du g. kau-sos, ardeur, chaleur, r. ka-iô: Jault, Trév., Gatt.)

CHALOUPE, sf. Petit bâtiment de mer fort léger, pour le service des navires. [1° Suivant Diez, Jal, De Chev., etc., ce mot est d'origine germ. 2° Le Trip. rattache le fr. chaloupe, le slave chalupa, et l'angl. shallop, sloop, au g. kalubé, tente, hutte. 2° Borel croit que chaloupe, et l'anc. f. chalant, chaland, sorte de bateau, viennent du g. kalon, bois. Mais les bateaux de toute espèce ont presque toujours été faits en bois. En angl. sloop, anglos. sloop, sloep, navire, vaisseau, bateau; holl. sloep, dan. sluppe, id. De l'it. scialupa, l'esp. et le port. chalupa, le prov. chaloupa, chaloupe.]

Sloop, sm.mar. Petit bâtiment à un seul mât.

Sloop de guerre, Grande corvette anglaise.

*Chaloupier, sm. Matelot faisant partie de l'équipage d'une chaloupe.

CHALUMEAU, sm. Tuyau de paille, de roseau, de métal, etc.; bot., tige des cypéracées et des joncs; dans les arts, tuyau recourbé fait de cuivre, d'argent ou de verre, servant à diriger la flamme sur les matières que l'on veut échauffer ou fondre; poét., toute sorte de flûtes et d'instruments à vent qui composent une musique champêtre. [Du l. *calamus*, canne, roseau; flûte de Pan; gluaux; flèche; roseau pour écrire, par ext. plume; chaume, toute espèce de tuyau. Ce mot s'est conservé dans beaucoup de lang. La seule variation notable qu'il présente, c'est le remplacement de sa gutturale initiale par la gutturale *h*, dans les lang. du Nord. En g. *kalamos*, roseau, flèche, chalumeau, pipeau, roseau ou plume pour écrire, ligne de pêcheur, gluau d'oiseleur; tige, tuyau, chaume, paille; sonde de chirurgien; endroit de la lyre où sont attachées les cordes; mesure de six coudées deux tiers; sorte de tessère ou de carte en usage au 4e s., et sur laquelle on délivrait une certaine quantité de blé; sansc. *kalama*, roseau; malais *kalam*, plume à écrire; ar. *qalem*, roseau, plume de roseau pour écrire, pers. *khaleb*, roseau pour écrire. Les deux voyelles long. de l'héb.*qamâ*, moisson sur pied, tuyau de blé, pourraient faire supposer qu'il a perdu la liquide caractéristique *l*, et qu'il répond à l'ar.*qalem*, roseau. En serbe *kalem*, h. all. anc. *halam*, *halm*, tuyau de paille, chaume. Anc. scand. *halm-r*, anglos. *healm*, *haelm*, *halm*, saxon mod., angl., all., dan., suéd. et holl. *halm*, tuyau de paille, chaume; lapon *halm*, chaume. Angl. *culm*, tuyau, tige. Lith. *kialmas*, chaume. Basq. *calamua*, le chanvre. B.l. *calma*, *calmus*, chaume. It. *calamo*. roseau, chaume, tuyau. L. des Troub. *calmeilh*, *calmeilla*, chaume; et *calamel*, *caramel*, *caramela*, chalumeau. L. des Trouv. *chalemie*, *chalemise*, chalumeau; et *chaumé*, champ de blé où la récolte a été faite; champ. Pic. *calumieu*, chalumeau. Anc.fr. *calimiel*, *chalemiel*, *chalemelle*, chalumeau, flûte champêtre; et *chalemée*, flûte, chalumeau, cornemuse; et *chaulme*, chaume.]

*__Chalumeau__, sm.mus. Instrument pastoral qui n'était dans l'origine qu'un roseau percé de plusieurs trous; espèce de petit hautbois ; chacun des tuyaux qui s'adaptent au corps de la musette; se dit encore des sons graves de la clarinette, de toutes les notes de cet instrument qui sont au-dessus du *la*.

*__Chalumer__, va.fam. Aspirer du vin ou autre liquide à l'aide d'un chalumeau.

__Chaume__, sm. Tige, paille, tuyau du blé; partie de la tige des blés qui reste dans le champ quand on les a coupés; champ où le chaume est encore sur pied; paille qui couvre les maisons de village; poét., chaumière quelconque. (Vi.fr. *chaulme*.)

__Chaumer__, va. et n. Couper, arracher du chaume. *Chaumé, e,* p.

__Chaumage__, sm. Coupe du chaume, temps auquel on le coupe. (Vi. fr. *chaulmage*.)

*__Chaumeny__, sm. Pain grossier, plein de paille.

*__Chaumet__, sm. Instrument à couper le chaume.

__Chaumière__, sf. Maison de laboureur. Elle est couverte en chaume ou en tuiles, ou en ardoises. etc.

__Chaumine__, sf.dim. Petite chaumière.

__Déchaumer__, va. Labourer un chaume, une friche, retourner une terre avec la bêche ou la charrue, pour enterrer ce qui reste de chaume après la moisson. *Déchaumé, e,* p.

*__Chomet__ et *__Chaumeret__, sm. Petit oiseau fort gras et fort délicat, qui se trouve en Normandie; et qui se perche ordinairement sur la pointe du chaume dans les champs.

__Chômer__, va. Fêter, solenniser un jour en s'abstenant de travailler. (1o Dans le principe, et même aujourd'hui, ce v. exprimait des idées relatives au culte, et au travail des champs. Ce n'est pas sans raison que des savants distingués en ont cherché l'origine dans l'agriculture plutôt qu'ailleurs. Trév. désaprouve ceux qui forment *chômer* de la b.l. *calamare*, dérivé du l. *calamus*, chaume, d'où *chômer*, pour, ne rien faire, parce que les jours de fêtes les paysans restent sous leurs chaumes, c-à-d., dans leurs maisons couvertes de chaume, sans rien faire, sans travailler; et soutient qu'il vient du b. br. *chom*, demeurer, s'arrêter, se reposer. 2o De Chev. forme le fr.*chômer*, du bret.*choum*, s'arrêter, cesser, rester, demeurer; en écoss. *cum*, arrêter. Le celtisant Bullet le rapporte au bret.*chom*, *choum*, *chemel*, demeure, habitation, loger, demeurer, s'arrêter, retardement, halte, attente, tarder; au comtois *somar*, la terre qui se repose: et au g.*k'ma*, sommeil, assoupissement profond. Géb. a suivi cette étym. 3o Qqs.-uns le dérivent de l'all. *säumen*, tarder, s'arrêter, différer, ajourner. Ces deux dernières étym. présentent une difficulté: c'est que le culte, du moins le culte catholique, n'est point venu de la Bretag. ni de l'Allemag. 4o Mén. n'a pas approuvé ceux qui tirent chômer, du b.bret. *chom* ou *choum*, demeurer; ni Vulcan. qui le forme de g. *chasmân*, être oisif, bâiller; 5o ni le P. Labbe qui le tire du l.*comus* ou de *comessatio;* 6o encore moins Le Bon qui le dérivait du l. *coma;* et il finit par déclarer franchement qu'il ne sait d'où il vient. Trév. ajoute que *chômer* s'est dit en parl. des terres qui *chôment* lorsqu'on les laisse reposer, et qu'on n'y sème point. Liger a écrit : » On brûle les *chaumes* en beaucoup d'endroits pour engraisser la terre. » Selon beaucoup de gens, ce sont les terres, qui depuis longtemps n'ont point été cultivées; et suivant le sentiment de qqs. autres, des terres où le tuyau de blé reste attaché à la terre, quand on l'a scié; car c'est un tuyau qu'on appelle *chaume*, De Corbeil, qui donne aussi la 1re étym., s'explique ainsi: « Comme une terre en *chaume* est une terre qui se repose, de là vient qu'on a dit *chômer* une fête, pour la célébrer, ne pas travailler ce jour là. Cette étym. ne peut que gagner en vraisemblance, si l'on peut s'assurer que *chaulmer* ait été l'ancienne forme de *chômer*, comme l'ont écrit les auteurs du Trip., qui le rattachent au fr. *calme* et à l'ital. *calmo*. On a écrit plus tard *chaumer*, puis chômer. Au et ou se permutent même en l.; et notre lang. avait déjà le v. *chaumer* pour : *couper le chaume*. En anc. fr. *chaulmoi*, champ inculte; champs ouvert.)

__Chômer__, vn. Ne rien faire, faute d'avoir à travailler. *Chômé, e,* p. __Chômage__, sm. L'espace de temps que l'on est sans travailler.

__Chômable__, adj. Qu'on doit chômer.

*__Calamar__, sm. Mot par lequel les Gr. modernes désignent une écritoire, ou un étui contenant tout ce qu'il faut pour écrire. (G.*kalamarion*, étui contenant des roseaux pour écrire, écritoire ; g. *kalamos*, roseau, chaume. Anc. fr. *calamar*, écritoire).

*__Calamaria__, sm.bot. L'isoète des marais.

__Calamarié, e,__ adj.bot. Qui a l'apparence d'un roseau. *__Calamariées__, sf.pl. Famille de plantes graminées.

*__Calame__, sm. Roseau dont les anciens se servaient pour écrire.

*__Calamédon__, sm. chir. Sorte de fracture oblique. (G. *kalamos*, roseau, flûte: *éidos*, forme.)

*__Calamifère__, adj. hn. Qui porte des appendices en forme de plumes ou de roseaux.

*__Calamiforme__, adj.hn. En forme de plume ou de roseau.

__Calamistrer__, va.vi. et fam. Friser les cheveux. (L. *calamister*, fer à friser, du g. *kalamis*, tuyau, tige de roseau; fer à friser.) *Calamistré, e,* p.

*__Calamite__, sf.mar. Aiguille aimantée. (It. *calamita*, du l. *calamus*, tige de blé ou de roseau; parce que dans la boussole à eau, qui précéda la boussole suspendue sur un pivot, l'aiguille aimantée flottait sur l'eau, enfermée en un chalumeau de paille ou de roseau : Jal.)

Calamite, sf. Espèce de gomme résine qui est la qualité de storax la moins estimée; et qu'on nomme ainsi parce que ceux qui la recueillent l'enferment dans des tiges de roseau : Acad., Gatt., Diez. (It. et port. *calamita*, esp. *calamida*, cat. et l. des Troub. *caramida*, culamite.)

Calamite blanche, minér. Marne ou argile blanche qui a la propriété d'attirer la salive, quand on la met dans la bouche.

*Calamite, sf. Genre de plantes fossiles. (On a désigné depuis longtemps sous ce nom des tiges qui se rencontrent très fréquemment dans les terrains houillers, et qu'on avait anciennement considérées comme des tiges de grands roseaux ou bambous.)

*Calamophile, sm. Genre d'oiseaux.

*Calamophylle, adj. bot. A feuilles pareilles à celles des graminées.

*Calamule, sf. dim. hn. Appendice, en forme de plume, du corps de certains animaux.

*Calem, sm. Nom du roseau dont les Orientaux se servent pour écrire. En Turq. *calem* se dit, par ext., des bureaux du département des finances.

Calamité, sf. Malheur qui frappe beaucoup d'individus à la fois. (1° Du l. *calamitas*, perte des récoltes causée par la grêle ou autres fléaux; calamité; fait du l. *calamus*, roseau, tuyau de blé, chaume. Tous les étym. anciens, et presque tous les modernes ont adopté cette étym. C'est que les tuyaux du blé renversés par les vents ou brisés par la grêle sont toujours une calamité, c-à-d. un malheur public. 2° Cependant M. Delatre soupçonne que *calamitas* est pour *cudamitas*. 3° Un hébraïs. le tire de l'héb. *hàlam*, il a frappé, il a battu, il a blessé. 4° Doed. le rapporte à la même origine que le l. *incolumis*, sain et sauf, et que le g. *kolobotés, kolouéin*. 5° Et Bullet le rattache au bret. *clum*, p!aindre, se plaindre, et au l. *clamo*. Maugard dit : «Beaucoup de personnes qui savent le l. ne se doutent pas que *calamitas* vient de *calamus*, chaume, la tige du blé, et signifie littér. la destruction des moissons, et par extension toute espèce de grand malheur. « *Calamitas* est un mot des champs; il signifie propr. une tempête de grêle qui brise et emporte tout. De *calamus* on a fait *calamitas*. Cicéron s'en est servi en ce sens-là : » M° Dacier.) **Calamiteux, euse,** adj. Qui abonde en calamités.

Calmar, sm.vi. Etui à plumes à écrire. (Vi. fr. *calemar, calamar*, écritoire. G. *kalamarion*, étui à roseau pour écrire; r. *kalamos*, b.l. *calamus*.)

Calmar, sm. hn. Mollusque du genre des sèches. (Cette dénomination, dit Parisot, a été appliquée par les modernes à ces mollusques, à cause de la liqueur noire qu'ils répandent. Du lat. *theca calamaria*, encrier.)

*Calmar, sm. Sorte de poisson-volant, qui a la tête entre les pieds et le ventre. (Ainsi appelé à cause du rapport qu'il a avec une écritoire par sa figure, ou parce qu'il peut fournir de l'encre pour écrire.)

*Calumet, sm.bot. Nom vulgaire donné, en Amérique, à plusieurs végétaux dont les tiges servent à faire des tuyaux de pipes. (Du l. *calamus*, roseau, tige, tuyau : C.D.O.)

Calumet, sm. Sorte de grande pipe en usage chez les sauvages, et qu'ils présentent comme un symbole de paix. (Elle est formée de la tige creuse d'une plante appelée *calumet*. A cette tige ils adaptent une tête de pipe. Du l. *calamus* : Gatt.)

*Culmifère, adj.bot. Qui porte ou produit du chaume. (Du l. *fero*, je porte, et *culmus*, tige des plantes; r. *calamus*, roseau, tige, tuyau.)

*Culmigène, adj.bot. Qui naît ou croît sur les chaumes.

CHALYBÉ, E, adj. Fait avec l'acier, chargé d'acier; chim. se dit des préparations où il entre du tartre de potasse et de fer. [Du l. *chalybeus*, d'acier, r. *chalybs*, *ybis*, fer trempé, acier; objet d'acier; dérivé lui-même du g. *chalups*, acier. 1° Qqs. étym. sur l'autorité de Pline, dérivent ce mot du nom des *Chalybes*, peuples du Pont, qui exploitaient le fer de leurs mines, le travaillaient et le vendaient aux autres peuples. Cette étym. n est pas sûre : il est probable, au contraire, que ce sont les *Chalybes* qui ont reçu ce nom du métal qu'ils travaillaient habilement. 2° Il est encore possible que le nom des *Chalybes* soit une variété de celui des *Chaldéens*. On nommait également *Chaldéen* ou *Chalybe* un peuple des montagnes où l'Euphrate prend sa source. 3° Si l'on en croit Justin, les Rom. ne dérivèrent pas le mot *chalybs* du nom des Chalybes d'Asie; mais de celui des *Chalybes* d'Hispanie, qui habitaient les bords du *Chalybs*, auj. le *Cabe*, rivière de la Galice, dont les eaux étaient renommées pour l'excellence de la trempe. Cependant les Chalybes d'Asie étaient déjà renommés du temps d'Homère pour leurs mines d'argent. Encore dans le siècle de Xénophon, ils exploitaient des mines; mais elles ne leur offraient que du fer. 4° Gébelin rattache le l. *chalybs*, au g. *chalkos*, airain, cuivre; et par ext., fer, métal, vase, outil, arme. Les labiales et les gutturales se permutent souvent; c'est ce qui aurait eu lieu ici. Benfey, de même que Géb., rapporte le g. *chalups* au g. *chalkos*. Tous les deux, quoique d'une manière différente, ont établi pour principe de cette famille de mots, des noms de couleurs. Constancio et autres dérivent simplement *chalybs*, du g. *chalkos*, cuivre, parce que l'usage du cuivre a précédé celui de l'acier. Daïmachus, cité par Eustathe, distingue parmi les aciers celui des Chalybes, celui de Sinope, celui de Lydie, celui de Laconie. On emploie, dit-il, l'acier des Chalybes pour tous les arts.]

*Chalybéiforme, adj. En forme de fil d'archal. **Chalybs,* s.pr.m. temps hér. Fils de Mars, qui donna, dit-on, son nom aux Chalybes.

Charivari, sm. Bruit tumultueux de poêles, de poêlons, de chaudrons, de casseroles, de bassins, etc., accompagné de cris et de huées, qui se fait devant la maison des femmes veuves qui se remarient; tout bruit semblable de gens attroupés témoignant à qqn. leur désapprobation de ce qu'il a fait; musique bruyante et discordante; fig., toute sorte de criaillerie, de querelles. (1° Le plus grand nombre des étym. dérivent ce mot du l. *chalybs, chalybis*, fer, acier; parce qu'on emploie dans les charivaris, des sonnettes, des poêles, des chaudrons, et autres telles batteries de cuisine faites de métal. M. Honn. dit que la véritable étym. de ce mot est celle de Scaliger qui le fait venir du g. *chalups*, acier, ou du *chalibari*, des mutations ordinaires de l en r, et de b en v. Comme c'est en effet avec des ustensiles de fer ou d'airain que l'on fait ordinairement cette bizarre symphonie, il ne reste, ajoute-t-il, aucun doute sur cette étym. 2° Ainsi le mot *charivari* ne vient pas de *cari, cari*, cri que proféraient les Pic. de Boulogne ou de Calais, pour soulever le peuple contre les exactions; 3° ni du celt. *mari*, l. *maritus*, jeu où l'on joue les mariées, où l'on se moque d'eux; 4° ni du fr. *char viré*, renversement de chars; 5° ni du g. *karu*, noix, et *marrhon*, marre; de ce que c'ét l'usage de jeter des noix dans les mariages; 6° ni du g. *karebaria*, pesanteur ou mal de tête; 7° ni du bret. *choari*, jouer, se divertir; 8° ni du g. *kardboard*, avoir la tête étourdie par des cris; 9° ni du pers. *gulban*, bruit, tintamarre; 10° ni du vi. l. *carinare*, injurier; 11° ni de l'héb. *gâhar, gârah*, il a crié ; 12° ni du sansc. *garhámi*, je dis des injures, j'injurie. En valaq. *calabalic*, charivari, suivant le Trip. L. b. *chalvaricum,chalvaritum,carivarium, charivarium*, charivari. Gloss. champ. de M. T. *calivaly,caribary*.Castrais *calibari,carribari, xarrıba i, xarribali*. Pic. *caribari,carivari*, anc. pic. *quer,boiry*. L. des Troub. *caravil*, anc. fr. *chalivali, charibari, caribari*, charivari.)

*Chalcanthum, sm. chim. Ancien nom du sulfate de cuivre. (Du g. *chalkanthon*, vitriol, couperose, fait du g. *chalkos*, airain, bronze, cuivre; par ext. fer, métal, vase, arme; chalque. 1° Benfey rapporte le g. *chalvps*, acier, et *chalkos*, au sansc. *hriku,hli-ku*, étain. 2° Gésénius dérive *chalkos* de l'héb. *chálaq*, il fut uni, il fut lisse; 3° un autre hébraïs. de l'héb. *gála*, il a grillé ou rôti, il a fait frire; d'où l'héb. *qallaehath*, marmite, chaudière. 4° Géb. soutient que *chalkos* tient à l'or. *kar kos,krakos*; il aurait dû dire de quelle langue est ce mot oriental.

*Chalcaspide, sm. ant. gr. Soldat grec qui portait un bouclier de cuivre.

*Chalcies, sf. pl. Fête que les Athéniens célébraient en mémoire de la découverte de l'airain qui leur était attribuée.

*Chalcite, sf. Vieux nom d'un minerai de cuivre.
*Chalcogastre, adj. hn. Abdomen bronzé.
*Chalcolithe, sf. Oxyde d'urane naturel.
*Chalcoptère, adj. hn. A ailes bronzées.
*Chalcopyge, adj. hn. Qui a l'extrémité de l'abdomen bronzée.
*Chalcopyrite, sf. minér. Pyrite cuivreuse.
*Chalque, sm. ant. Monnaie grecque inférieure à la drachme ; poids gr. inférieur à la drachme. (G. *chalkos*, airain, cuivre, bronze; fer, métal; chalque.)

Colcotar, sm. Oxyde rouge de fer provenant de la calcination du sulfate de fer. (Ce mot se rapporte au gr. *chalkitis lithos*, pierre d'airain, sulfate de cuivre, calamine ; mot fait du gr. *chalkos*, cuivre, métal rouge, airain, bronze, fer, métal.)

Archal, sm. Fil d'archal, fil de laiton ou de fer passé à la filière. («Qqs-uns le font dériver d'un village nommé *Archat*; mais il vient du l. *aurichalcum*: Vaugelas. » M. Diez et autres tirent le fr. *archal* et le l. *aurichalcum, orichalcum*, du gr. *oreichalkos*, laiton, archal ; mot composé du gr. *oros*, montagne, et de *chalkos*.)

CHAMAILLER, vn. et SE CHAMAILLER, va. pr. fam. Se battre pêle-mêle et avec grand bruit ; fig. et fam. disputer avec beaucoup de bruit. [1° Selon l'abbé Corblet, *camailler* signifiait primit., en pic., frapper les ennemis à grands coups d'épée, surtout sur le *camail*, armure qui couvrait la tête et le cou. 2° Suivant un autre, de l'isl. *skilmast*; v. qui, d'après Verellius, signifie la même chose que le suiogoth. *skirma*, combattre, en it. *scrimare*, fr. *escrimer*: l=r. Fureti. et Trév. disent : « Nicot pense que *chamailler* vient du fr. *maille*, parce que les anciens chevaliers en se battant frappaient sur des haubersts faits de *mailles* de fer. Il dit aussi que c. v. pourrait venir du l. *malleus*, ou de *malleare*. » 4° Le Trip. le rapporte au gr. *hamillaomai*, concourir, combattre, lutter, et au germ. *kample*. 5° Léon Feugère dit : « En ital. *palemaglio*, en fr. *p. alomaille, palemail, palemaigle*, du l. *pila*, boule, balle, et *malleus*, marteau, jeu de mail, où l'on se sert d'une espèce d'instrument appelé *mail*; c'est une petite masse cylindrique de bois garnie de fer et placée au bout d'un long manche, pour chasser avec force une boule de buis. Nicot ajoute à cette explication que les Franç. se servaient jadis en guerre d'une arme de ce genre, et, que c'est de là qu'est venu le verbe *chamailler*. »] *Chamaillé, e, p.*

Chamaillis, sm. fam. Action par laquelle on chamaille ; mêlée, combat où l'on se chamaille; dispute bruyante.

CHAMBRE, sf. Membre d'un logis, partie d'un appartement, pièce où l'on couche; bureau d'affaires ; tribunal, assemblée, réunion de personnes pour délibérer ; cavité accidentelle ou pratiquée à dessein; vide qui s'est fait à la fonte, dans un canon, dans une cloche, lorsque la matière n'a pas coulé également partout. [Du l. *camera* ou *camara*, toit voûté, voûte, arcade; plafond voûté, etc., dérivé du gr. *kamara*, voûte, chambre voûtée, et tout ce qui a une couverture en cintre; creux de l'oreille. L'idée mère de cette nombreuse famille de mots est celle de courbure, de voûte, de cambrure, de forme arquée, cintrée, de demi-cercle, de flexion. Une gutturale initiale suivie d'une voyelle, laquelle est elle-même suivie d'une labiale, en sont les lettres caractéristiques. Denina dit que *camera* est un mot g., l., celt. ou scyth. qu'il vient de *kam* signifiant une voûte, un couvert formé par des branches d'arbres courbées en forme de berceau; que cela s'est dit ensuite à peu près dans le sens actuel de chambre et de maison ; que ces chambres s'augmentant formèrent des villes. De là, selon lui, le nom de *La-Chambre*, celui de *Chambéry* en Sav., de *Cambrai* en Fland., de *Camers* en Hongr., de *Camerina*, ville d'Ital. En gr. *kampt*, courber, plier, fléchir; *kampé*, flexion, courbure ; *kamareuï*, voûter, cintrer; *gamps os*, courbé; zend *hamere*, voûter, cintrer, donner de la convexité; sansc. *kamar*, être courbe ; *kampas*, flexion ; *kampitas*, flexible; persan *khamit*, courber, plier; *khamiden*, se courber, se plier ; *kem*, courbé, recourbé, tortu ; *kemer*, ceinture, zône; partie du corps entourée par la ceinture, reins; construction en voûte; héb. *kâmar*, il a plié, il a entrelacé, contourné ; *kâbar*, id. ; *gában, gáphan*, il a été courbé, il a été ployé ; *káphaph*, il a courbé, il a recourbé; éthiop. *kamar*, voûte; *chamat*, courber ; *kamat*, pli, sinuosité; ar. *kam*, sinuosité, sein; bret. *kamma*, courber; *kamm*, courbe. Gaël irl. *camain*, courber. Gaël irl., gaël écoss. et gall. *cam*, courbe; all. *kammer*, h. all. anc. *chamara, kamera, chamer*, chambre. Holl. *kamer*, dan. *kammer*, suéd. *kammare, kamar*, chambre. Lap. *kammer*, chambre; it. *camera*, rouchi *cambe, can.pe*, esp. et port. *camara*, anc. esp. et lang. des Troub. *cambra*, chambre; celt. *cambr*, chambre, suivant le P. Pezron. Gloss. champ. de M. T. *cambry*, voûte; anc. fr. *cambry*, voûte; et *cumbre*, chambre, angl. *chambre*. De l'it. *camera* les Turcs firent *qamara*, chambre d'un vaisseau.]

Chambre noire ou obscure, Chambre dans laquelle on intercepte toute lumière extérieure, pour y introduire ensuite des rayons solaires, qu'on soumet à diverses analyses.

*Chambre, sf. Vide que l'on pratique dans une pelle, dans un bât ou un collier de cheval; creux dans la verge de plomb où le vitrier insère les carreaux de vitre; fente du peigne du tisserand par où passent deux fils ; chass. endroit de la forêt où le cerf se repose pendant le jour. *Chambrage, sm. mar. Charpente qui garnit le pied du mât de beaupré.

Chambranle, sm. Ornement saillant d'architecture, de menuiserie, autour des portes, des fenêtres, des cheminées.

Chambré, e, adj. Se dit des pièces d'artillerie qui ont des chambres. *Chambré, e, adj. hn. Se dit des coquilles qui ont plusieurs cavités séparées les unes des autres par des cloisons.

Chambrée, sf. Certain nombre de soldats logeant et mangeant ensemble; dans les théâtres, quantité de spectateurs; produit de la recette.

***Chambrée**, sf. Certain nombre d'ouvriers qui couchent dans une même chambre; se dit des différentes profondeurs d'une carrière d'ardoise.
Chambrelan, sm.pop. Ouvrier travaillant en chambre; locataire n'occupant qu'une chambre.
Chambrer, vn.vi. Etre dans la même chambre, ou **Chambrer quelqu'un**, va. Tenir qqn. enfermé pour le faire jouer; fam., entretenir qqn. en particulier. *Chambré, e*, p.
***Chambrerie**, sf. Office de chambrier.
Chambrette, sf.dim. Petite chambre.
Chambrier, sm. Certain officier claustral dans qqs. monastères rentés, dans qqs. chapitres; conseiller de grand'chambre.
Chambrière, sf. Servante de personnes de petite condition; fouet pour châtier les chevaux.
***Chambrillon**, sf.pop. Petite servante dont les gages sont peu élevés.
Antichambre, sf. La pièce d'un appartement qui est immédiatement avant la chambre.
Chambellan, sm. Officier de la chambre d'un souverain, d'un prince; une des tables que les rois tenaient pour les courtisans, et dont le grand chambellan faisait les honneurs. (Vi. fr. *chamberlan*.)
Chambellage, sm. Droit en argent que devaient certains vassaux à leurs seigneurs. (Selon Trév.) cela vient de ce que le *chambellan* du roi avait un droit sur les vassaux qui relevaient nuement de la couronne, en considération de ce qu'il les introduisait dans la *chambre* du roi, pour faire la foi et hommage : il se tenait à côté du roi, et disait à ceux qui se présentaient : *Vous devenez homme du roi, de tel fief, que vous connaissez tenir de sa couronne*. Pour cela on lui faisait un petit présent, qui a été depuis converti en droit et en obligation, etc.)
***Chambellage**, *Chambellenage**, sm. Droit dû au seigneur dominant, dans le cas de mutation de vassal.
Chambourin, sm. Espèce de pierre qui sert à faire des verres appelés verres de cristal.
Camarade, sm.f.propr. Qui loge dans la même chambre; compagnon de travail, d'études.
Camaraderie, sf.fam. Familiarité, union qui existe entre camarades. *Camaraderie, sf. Coterie littéraire et politique.
*Caméra**, sf.h. Titre des dames d'honneur de la reine d'Esp. (Esp. *camara*, chambre.)
*Camarilla**, sf. Parti des absolutistes. (Mot esp. qui signifie propr. petite chambre. C'est un dim. de l'esp. *camara*, la chambre d'honneur, la chambre par excellence du roi.)
Camérier, sm. Officier de la chambre du Pape.
Camériste, sf. Titre donné, dans plusieurs cours, aux femmes qui servent les princesses dans leur chambre.
Camerlingue, sm. Cardinal président la chambre apostolique. (Du l. *camerarius Ecclesiæ*, r. *camera*; ou de l'all. *kammer*, chambre, l. *camera*, et de *liegen*, être placé. Selon Du Cange, on a appelé aussi *camerlingues*, les trésoriers du Pape, et ceux des empereurs.) *Camerlingue, sm.h. Officier de l'ordre de la Chausse; intendant des finances du royaume de Bohême.
Camerlingat, sm. Dignité de camerlingue.
*Archicamérier**, sm.h. Dignité honorifique de la cour de Rome, et de l'empire d'Allemagne.
*Camérltèle**, adj.f.hn. Se dit d'une araignée qui tisse des toiles en forme de cellules.
*Camérule**, sf.bot. Petite chambre, ou loge.
*Concamération**, sf.hn. Cloison détachée des nautiles. **Incamérer**, va. Unir qq. terre au domaine de la chambre ecclésiastique, unir à la chambre apostolique. *Incaméré, e*, p.

Incamération, sf. Action d'incamérer.
*Désincamérer**, va. Démembrer de la chambre apostolique les terres qui lui appartiennent.
Désincaméré, e, p. *Désincamération**, sf. Action de désincamérer.
*Polycamératique**, adj. Se dit d'une horloge qui sert à plusieurs cadrans, placés au dedans et au dehors d'un édifice. (G. *polus*, plusieurs, *kamara*, voûte, chambre voûtée.)
Camard, e, adj. et s. fam. Qui a le nez plat et enfoncé vers sa racine, camus. (L. *camurus*, recourbé, tourné en dedans. Roq. dérive *camard*, du l. *camara*, voûte; et Géb., du primitif celt. *cam*, courbe, voûté, tortu, camus, sinueux, etc.)
Camus, e, adj. et s. Camard, qui a le nez petit, creux et enfoncé du côté du front. (1° De la même origine que le fr. *camard*, et que le lat. *camara, camurus*. En gall. *camu*, irl. *cam*, courber; gr. *kamptô*, courber, sansc. *kamar*, être courbe, Sylv., Mén., Bullet, Isaac Pontanus, Géb., Roq., etc., suivent cette étym. 2° Du même radical qui a fait *museau, musard*, selon M. Diez.)
*Camus**, sm.hn. Nom vulgaire du dauphin.
*Camuson**, sm.fam. Petite fille camuse.
Cambrer, va. Courber légèrement en arc. (L. *camerare*, construire en forme de voûte. Sansc. *kamar*, être courbe. G. *kamptein*, plier, courber. Bret. *kamma*, gaël irl. *camain*, courber.) *Cambré, e*, p.
*Cambre**, sf. construct. Cambrure.
*Cambreur**, sm. Ouvrier qui donne au cuir des souliers, des bottes, la cambrure convenable.
Cambrure, sf. Courbure en arc.
*Campsichrote**, adj.hn. Qui a le corps flexible. (G. *kampsis*, action de plier, courber; *chrôs*, corps.)
*Campside**, sf. Genre de plantes.
*Campsis**, sf. Incurvation contre nature.
*Camptèr**, sm.didact. Courbure.
*Campulitrope**, adj.bot. Qui se recourbe sur soi-même. (G. *kampulos*, recourbé, plié, *trepô*, je tourne.)
*Campulose**, sm. Genre de plantes graminées.
*Campulotte**, sf. Espèce de coquille fossile.
*Campyle**, sm. Genre d'insectes coléoptères.
*Campyle**, sm.bot. Arbrisseau de la Chine.
*Campylirhynque**, sm. Genre d'insectes coléoptères. (Gr. *rhunkos*, groin, bec.)
*Campylocèle**, adj.hn. A intestins flexueux.
*Campylomyze**, sf. Genre d'insectes diptères. *Campylope**, sm. Genre de mousses.
*Campylophyte**, sm.bot. Plante à corolle contournée. *Campylopode**, adj.bot. Semblable à un campylope.
*Campylopodes**, sf.pl. Famille de mousses.
*Campyloptère**, adj.hn. A plume en forme de sabre.
*Campylorhynque**, sm. Genre d'oiseaux.
*Campylosome**, adj.hn. Qui a le corps flexible. *Campylosperme**, adj.bot. A graines recourbées.
*Acampsie**, sf.chir. Ankylose, soudure d'une articulation. (G. *a* priv. *kamptô*, plier, fléchir.)
*Acampte**, adj.phys. Infléchi, inflexible; non apte à réfléchir la lumière.
*Acamptosome**, adj.hn. Dont le corps ne peut se plier. *Acamptosomes**, sm.pl. Famille d'animaux cirripèdes.
Gamelle, sf. Jatte à soupe, grande écuelle de bois ou de fer-blanc à l'usage des soldats, des matelots. (Ce mot, dit Bardin, nous est venu des chiourmes des ports de l'Ital. Du l. *camella*, vase de bois à forme recourbée, dont on se servait pour les sacrifices. Ce mot, ainsi que *camura*, coffre, cassette de for-

me arquée,et *cumera*, corbeille en jonc,vase en terre où l'on conserve le blé,est de la même origine que le l. *camurus,camerus*,recourbé,tourné en dedans, et que *camera*,voûte.a cado,plafond voûté;d'après Voss.,Géb.,etc.: *g*=*c*. Docd.regarde *camella* comme un dimin.de *camera*.G. *kamara*, voûte,chambre voûtée,tout ce qui a une couverture en cintre; sorte de barque; creux de l'oreille; d'où le g. *kamarion*, partie voûtée du crâne ou du cerveau; b.l. *camettœ, gamelum, gamellum*, anc. fr. *gamel*, ustensile de cuisine.)

Jambe, sf. Partie du corps de l'animal depuis le genou jusqu'au pied; véner., la partie qui, dans les bêtes fauves,s'étend depuis le talon jusqu'aux os,et pour les bêtes noires, celle qui va jusqu'aux gardes; fig., chacune des branches d'un compas,et des deux règles mobiles d'un compas de proportion; archit., pilier de pierres de taille, élevé à plomb pour porter les parties supérieures d'un bâtiment. (1°Selon presque tous les étym. du l.b. *campa*, jambe,dérivé du g. *kampé*, courbure, jointure des membres,r. *kamp-t i*,courber,plier, fléchir,d'où le g. *kamara* et le l. *camera*,voûte.DuCange et Saumaise dérivent directement *jambe*,du g. *kampé*.Bullet le lie au celt. *cam* ou *gam*,jambe, *cam*,*camb*,*cambe*,courbe;et au g.*kampé*. Denina dit que l'It.et le Fr.ont substitué le mot *jambe* à *crus*, mot qui n'a pu se soutenir dans la décadence et la corruption de la langue latine.Le Hot. ajoute-t-il,a retenu la racine grecque primitive**kambé*,dont il fit *ham* ou *hamme*, mais dans le sens propre de jarret.On peut ajouter que de même l'idée de courber ou de plier a présidé à la formation de l'all. *bug*, endroit où une partie du corps se plie,jarret, paleron, train de devant d'un cheval, épaule de mouton ou de veau.Le mot *jambe* ne se rapporte pas au g. *ômos*,épaule,comme le dit le Trip.,ni au sansc. *gam*,aller,comme le pense un indianiste. «Que le radical soit *cam* ou *camb*,toujours est-il qu'il y a au fond du mot *jambe* la même racine *cam*, recourbé; replié, d'où procèdent en l. *camurus*,courbe,*camera*, voûte,*camerare*, voûter,fr. *cambrer*,celt. *cam*, courbé.... Il n'y a pas de doute que le h. all. anc. *hamma*, jarret,flam.et angl. *h(?)m*, jambon, n'appartiennent à la même famille: Scheler. De Chev. présume que les mots *jambe.jambage.jambon,gambade,ngambe*, etc., appartiennent à un primitif celt. Il cite l'écoss. *gamban*, l'ital. *gamba*, jambe.M. Delatre fait venir *jambe* et *regimber* du b. lat.*gamba*, jarret des quadrupèdes. En b.l. *gamba*, it. *gamba*, picard *gambe*, l. des Troub.*camb a*, jambe. Champ. *jamme,jombe*; anc. fr.*gambe,jame*, jambe. Gaël écoss.et irl. *gamban*, jambe.)

Jambage, sm. Pied droit d'une porte, d'une fenêtre, entre deux arcades, etc.; petit mur élevé de chacun des côtés d'une cheminée, pour en porter le manteau; ligne droite de l'*m*, de l'*n*, de l'*u*. ***Jambage**, sm. **Droit de jambage**, Droit que possédaient qqs.seigneurs de poser leur jambe dans le lit d'une nouvelle mariée qui était leur vassale.

Jambe de force, Se dit de deux grosses pièces de bois qui, étant posées sur les extrémités de la poutre du dernier étage d'un bâtiment, vont se joindre dans le poinçon pour former le comble.

Jambe sous poutre, Chaîne de pierre de taille mise dans un mur pour porter la poutre.

Bien jambé, e,adj.fam. Qui a la jambe bien faite.

Jambette, sf. Petit couteau sans ressort qui ressemble à une jambe et dont la lame se replie dans le manche. ***Jambette**, sf. Petite pièce de bois debout dans la charpente d'un comble, pour soutenir la jambe de force ou les chevrons; mar., se dit des montants et des bouts d'allonge qui excèdent en hauteur les bords d'un bâtiment; espèce de fourrure de qualité inférieure que l'on tire de la martre zibeline.

Jambier,ière,adj. anat. De la jambe.**Jambier**, sm. anat.Muscle jambier.***Jambier**,sm. Morceau de bois courbe qui maintient écartées les jambes de derrière d'une bête abattue, tandis que le boucher l'habille;chacune des deux parties de l'étrier de cuir que le couvreur s'attache aux jambes pour monter le long de la corde à nœuds.

Jambon, sm. Cuisse ou épaule de porc assaisonnée de sel.(Anc. fr. *chambion*,pied ou jambon.)

Jambonneau, sm. Petit jambon. ***Jambonneau**, sm. Nom vulgaire des coquilles du genre pinne; elles ont la forme d'un jambon.

***Éjamber**, va. Enlever la côte longitudinale d'une feuille de tabac. **Enjamber**, va. Franchir en ouvrant les jambes plus qu'à l'ordinaire; avancer sur. **Enjamber**, vn. Etendre la jambe plus qu'à l'ordinaire, pour passer par-dessus qq. chose ou au delà; usurper, empiéter. *Enjambé,e*, p.

Enjambée, sf. Espace qu'on enjambe; pas, action d'enjamber.

Enjambement, sm. Sens qui commence dans un vers et finit dans une partie du vers suivant.

Gambade, sf. fam. Saut sans art et sans cadence. (De la même racine que *jambe*, selon presque tous les étym. M. Pihan pense que ce mot se lie au persan *kembed*, saut, culbute;et non à l'it. *gamba*, jambe.)

Gambader, vn. Faire des gambades. *Gambade*, p. **Gambiller**, vn. Remuer les jambes de côté et d'autre. *Gambillé*, p.

Gambit, sm. **Jouer le gambit**, au jeu des échecs, faire faire deux pas au pion du fou, après avoir poussé celui du roi et de la reine. (De l'it. *gambetto*, croc-en-jambe.)

***Gambier**, vn. mar. Marcher. ***Gambié*, p.
***Gambillard, e**, adj. et s. fam. Boiteux.

Ingambe, adj. fam. Qui se tient bien sur ses jambes, léger, dispos.

Regimber, vn. Se dit des bêtes de monture, qui ruent au lieu d'avancer, lorsqu'on les touche de l'éperon,de la houssine ou du fouet. (1° Pour *regamber*, du vi. fr. *gambe*, jambe, selon la plupart des étym. 2° Comme on a dit *regibber*, *regibeir*, pour regimber, ruer, un autre linguiste pense qu'il vient du fr. *gibet*, en ital. *giube o*, gibet, dans le Dante. Alors *regimber* désignerait propr. l'action des malheureux qui étaient secoués au gibet qu'ils repoussaient à coups de pieds. *Bb* dans *regibbeur*, celui qui regimbe, et dans *regilber*, regimber, pourrait encore être le résultat de l'assimilation de *mb* en *bb*. M. Delatre tire simplement *regimber* du b.l. *gamba*, jarret des quadrupèdes. En prov.*cembar* et *cenbar*, remuer les jambes;. écoss. *gamban*, jambe.)

CHAMEAU, sm. Animal quadrupède ruminant, qui a une ou plusieurs bosses sur le dos.[Du l. *camelus*, chameau. 1° Suivant Eichhoff, l'étym. de ce nom serait le sansc. *kramailas*, chameau, de *kram*, aller, mouvoir; c'est ainsi que le *dromadaire* a pris son nom du g. *dromas*,courir.2°Suivant Ogerio, Renan et autres, ce serait l'héb. *gâmal*, chameau. 3° Cet animal avec son nom serait venu de la Syrie, d'après Varron. 4° Pline dit que ce nom est dérivé de l'égyp. Const. le forme de l'égyp. *djamul*, altéré en *gamul*,composé de *djemho*,propre à, apte, et de *ol* ou *ul*,lever une charge.5° Bullet prétend que ce mot vient du celt. *cam* ou *gam*, voûté, bossu. Les Héb. avant les Gr. ont connu cet animal asiatique et africain. Job et Moïse en ont parlé. Les Ar. employent le chameau au transport des fardeaux, et le dromadaire à la monture des pèlerins. Laveaux dit qu'on applique le nom de dromadaire à toute l'espèce du chameau d'Arabie,ou du chameau à une seule bosse; mais qu'il doit être restreint aux individus de cette espèce, que l'on a élevés pour la course. En chald. *gamba*, copte *gamoul*, chameau. G. *kamélos*, ar. vulg. *gâmel*, à Alger *djemel*; Nouba *kamikka*, Kenzy *kumk*, chameau mâle, dans Burckhardt. It. *cammello*,port.*camelo*, esp. *camello*, cat. *camell*, l. des Troub. *camel*, chameau;en all. *kameel*,h. all. anc. *chemel*, *kemel*, anglos. *camell*, *gamul*, *gamol*, *gomel*, bret. *canval*, gall. *cumel*, gaël écoss. *camhal*, gaël irl. *camal* et *camail*; anc. fr. *camel*, *cameus*,*cœmaus*, *chameus*, *chameul*,*chamex*,*chamoille*, chameau.]

*Chameau bactrien, (Le mot *bokhti* désigne le grand chameau à deux bosses, originaire du nord-est de la Perse. C'est de ce nom que les naturalistes ont formé celui de *chameau bactrien*.)

Chamelier, sm. Conducteur de chameaux.
*Chamelle, sf. Femelle du chameau.
Chamelon, sm. dim. Petit du chameau.
Caméléopard, sm. Ancien nom de la girafe. (G. *kamélos*, chameau, *pardalis*, léopard.) ***Caméléopard,** sm.astron. Petite constellation de l'hémisphère boréal,placée entre la Grande Ourse et Cassiopée. ***Camélien, ienne,** adj.hn. Semblable au chameau.
*Caméliens, sm.pl. Famille de mammifères.
*Caméliforme, adj. en forme de chameau.
Camelot, sm. Etoffe qui se fabriquait dans l'origine avec le poil du chameau; et c'est de cet animal qu'il tire son nom. On en faisait aussi avec le poil de la chèvre; mais aujourd'hui le camelot est formé de laine, mêlée qqfois d'un peu de soie, ce qui lui donne un très-beau lustre : M.Pihan. (Ar.*djamal*,chameau, gr.*kamélos*, l.*camelus*,port.*camelo*, chameau, d'après Pihan, Gatt., Roq., etc. Le *camelot*, dit Trév., est appelé par qqs. auteurs récents *capellotum*, de *capella*, chèvre,parce qu'il se fait de poil de chèvre. De là,ajoute-t-il, s'est fait *camelot*, en chang.le *p* en *m*,*camelot*,pour *capellot*. Ce chang. a fait croire que ce mot venait de *camelus* parce qu'il se faisait de poil de chameau,ce que les Bollandistes taxent d'ignorance. Malgré cette taxation,les philologues subséquents ont continué à rattacher *camelot*, à *camelus*. M. Pihan a fait plus, il l'a dérivé directement de l'ar. *djamal*, chameau. En anc fr. le *camelot* a été appelé *camelin*, et en l. b. *camelotum*.)

*Camelote,sf.fam.Ouvrage mal fait;mauvaise marchandise. ***Cameloter,**va.et n.Imiter le camelot. ***Camelote,e,p.
*Camelotier, sm. Papier très-commun.
*Camelotine,sf. Etoffe ondée comme le camelot.

*Gamma,sm.Troisième lettre de l'alphabet gr. (Cette lettre grecque empruntée aux Phén. est le *gimel* des Héb. Le nom du *gimel* est tiré de celui du chameau, en héb. *gâmal*, chameau; et sa figure était l'image du cou du chameau, sur les monuments des Phén.,sur les monnaies des Maccabées et dans l'alphabet éthiopien. Le seul chang. que les Grecs aient fait subir à la figure de cette lettre a été de la tourner de gauche à droite. Les Phén. comme les Héb. appelaient cette lettre *gimel*, les Syr.*gomal*,les Ar. *gum* et les G. *gamma*.)

*Gamma, sm. Espèce de papillon, sur les ailes duquel on a cru reconnaître la lettre grecque appelée gamma.

Gamme, sf. Table ou échelle des notes de la musique, selon l'ordre des tons naturels. (Du nom du caractère gr.appelé *gamma*; parce que Guid'Arrézo,inventeur de cette table,après avoir désigné les six premiers sons par *a*,*b*,*c*,*d*,*e*,*f*, prit pour marquer le septième son la septième lettre de l'alphabet latin *g*, qu'il écrivit en gr. par un *gamma*; singulari é qui fit donner à toute l'échelle le nom de *gamme*. Bullet prétend que *gamme* vient « du celt.*gam*,*cam*,degré; échelle, marche, pas, allure, en all. *kommen*, marcher. »En anc.fr.*game*,*gamme*.*Game* et *gamme* voulaient dire aussi lettre, note, signe caractéristique.)

*Digamma, sm. Double gamma : lettre par laquelle les Eoliens marquaient l'aspiration. La figure du digamma était celle d'un F.

CHAMOIS, sm.Quadrupède du genre de l'antilope; il vit dans les rochers et dans les montagnes; sa peau préparée.[1°Mart.et Wacht. ne doutent pas que ce mot ne dérive du gr. *kémas*, espèce de daim, ou chevreuil ou faon, antilope pygarga; parce que, dit le premier, les choses voisines, et celles qui se ressemblent sont souvent confondues par le peuple, dont la coutume est suivie aussi par les érudits même malgré eux. Ihre et le Trip., de même que Wacht. et Mart. rattachent le germ.*gemse*, chamois, au gr. *kémas*. Belon dérive directement *chamois*,du g.*kémas*. 2° De Chev.pense que *chamois* est un mot d'orig. germ. 3° Const. le forme du castill. *gamuza*,de *gamo*, dérivé, selon lui, du l. *dama*, daim, et *exuo*, je dépouille. Diez le rapporte à l'esp. et au port. *gamo*, daim, qu'il dérive aussi du l. *dama*, par le chang.de *d* en *g*. 4° Bullet a cherché l'orig. de ce mot, dans le celt. *cam*, aller, et *moch*, vite; 5° et Pougens, dans l'ar.*djamous* ou *gâmous*,buffle,en pers. *kaumycsh*, id.;par ce que, dit-il, le bubale appartient, selon Buffon, au genre des gazelles, dont le chamois se rapproche sensiblement; 6° puis, il conjecture que ce mot peut aussi avoir été formé de l'ar.et pers. *koh*, montagne,et *mâ'iz*, chevreau,*ma'izet*, chèvre;parce que le chamois fait partie du genre des chèvres,et que comme elles, il aime les rochers. D'après M. Schœbel, on pourrait rapporter le fr.*chamois*, l'all. *gemse*, le g.*kémas*,et le lat. *capra*, au sansc. *Kup*, s'élever. En all. *gemse*, chamois, tudesq.*gams*, anc. sax.*ghemse*,suiogoth.*gumse*,pol.*giemza*,boh.*gemzyk*, *kamzyk*, chamois; ital. *camoscio*, *camozza*, chez les G is. *camuza*, chez les peuples circonvoisins de Trente *camozza*, chamois; piém. *camusa*, esp. *camuza* , *gamuza*, prov. *chamous*, *camous*, port. *camurça*, chamois ; Gloss. champ. de T.*chameulx*,chamois.Anc.fr.*chamoys*,peau de chamois.]

Couleur chamois,Couleur d'un jaune très clair.

*Chamoiser, va. Préparer une peau en façon de peau de chamois; par ext. adoucir les peaux de bœuf, de mouton, de chèvre; etc., les assouplir en substituant à la graisse propre à chaque peau, qui est trop compacte, trop dure, et surtout trop sujette à la putréfaction, une huile de baleine ou de morue qui pénètre le tissu de la peau , et la garantit contre l'humidité et la pluie. Voy. *Dégras*.***Chamoisé,e,p.
Chamoiserie,sf.Lieu où l'on chamoise;marchandise, art, du chamoiseur.
Chamoiseur, sm. Ouvrier qui chamoise.

CHANGER,va.Céder une chose pour une autre; donner des pièces de monnaie pour d'autres pièces de la même valeur;remplacer un objet par un autre; rendre une chose différente de ce qu'elle était; convertir. [Selon Bardin, de l'it. *cangiare*, corruption du b.l. *cambiare*,*cambire*, changer. C'est également de l'it. que nous sont venus les mots *change* et *échange*, puisque l'art du *cambiste* était professé par les Lomb. avant qu'on en eût aucune idée en France. Apulée et Charisius ont employé le v. *cambire*, échanger; troquer. Mén. dérive directement *changer* de *cambiare*, *cambire*. 1° Mart., Voss.,

Prisc., Diez, Honnorat, etc., dérivent le b.l. *cambire, cambio,* du g. *kamptô,* plier, fléchir, courber, faire tourner. 2° Le Trip. le rapporte au germ. *kebese* et à l'héb. *haphach.* 3° Leibnitz pense qu'il vient du l. *commu'are.* changer, échanger; 4° et Wachter, de l'anc. germ. *kam,* main : livrer de la main à la main; dans la loi salique *cham,* main. 5° Bullet le tire du br. *chaing, chang,* changer; puis du br. *kem,* change, échange. En br. *kemm,* change, troc, échange, choix, permutation; et *kemma,* changer, échanger, troquer, permuter. It. *cambiare,* cat., esp., et port. *cambiar,* et l. des Troub. *cambiar, camjar,* changer. Pic. *cunger,* anc. pic. *cangier,* anc. fr. *cangier, cuingier,* changer et *cambgeur,* changeur.] *Changé, e,* p.
Changer, vn. Quitter une chose pour une autre; changer de linge; fig., changer d'état, de mœurs, de caractère. **Changer de,** au pr. et au fig. Quitter une chose pour une autre. **Changer contre,** Troquer un objet contre un autre. **Changer en,** Transformer, transmuer, convertir, métamorphoser. **Change,** sm. Action de changer, de donner une chose que l'on possède pour une que l'on ne possède pas; troc; banque; lieu d'escompte; commerce, local des changeurs; intérêt de l'argent prêté au cours; ruse du gibier pour faire perdre sa piste; tromperie.
Changeant, e, adj. Variable, muable, inconstant, qui n'a pas plus tôt un goût qu'il en prend un autre, qui change facilement.
Changement, sm. Mutation, conversion, action de changer, passage d'un état à un autre, altération. **Changement,* sm. métaphys. C'est, dans les êtres qui changent, le passage, ou bien d'un sujet à un sujet, ou bien de ce qui n'est pas sujet à ce qui n'est pas sujet, ou bien d'un sujet à ce qui n'est pas sujet, ou bien de ce qui n'est pas sujet à un sujet; j'appelle sujet ce qui se pose par l'affirmation. Arist.
*Changeoter, va. et n. pop. Changer souvent et sans raison. **Change té, e,* p.
Changeur, sm. Qui fait le change des monnaies. **Changeuse,* sf. Femme d'un changeur; femme qui tient un bureau de change.
Cambiste, sm. Celui qui fait sur la place le commerce des lettres de change.
Echanger, va. Faire un échange; se remettre, s'envoyer réciproquement des pouvoirs, un acte. *Echangé, e,* p. **Echanger,* va. Laver le linge à l'eau pour lui enlever tout ce qu'il est possible de dissoudre sans le moyen des alcalis.
Echange, sm. Troc; change de tout ce qui est bien-fonds; diplomat., remise, communication, envoi réciproque. **Echange,* sm. Action de faire disparaître le grain du papier.
Echangeable, adj. Qui peut être échangé.
*Echangeage, sm. Action d'échanger le linge.
Echangiste, sm. inus. Qui fait un échange.
Contre-échange, sm. Echange.
Inchangé, e, adj. Non changé.
*Inchangeant, e, adj. Qui ne change pas; qui ne varie pas.
Rechange, sm. Droit d'un nouveau change.
De rechange, loc. adv. En réserve pour remplacer.

CHANTER, va. Faire par art diverses inflexions de voix agréables à l'oreille; former avec la voix une suite de sons variés et modulés; se dit des oiseaux et de la cigale; publier, louer, célébrer; fam. réciter, déclamer, raconter, dire. (Du l. *cantare,* fréq. de *cano, cecini, cantum, canere,* chanter. 1° Varron pensait que *canere,* chanter, et les composés *accanit, succanit,* ainsi que *canto, cantatio,* venaient de *Camena,* muse, par le chang. dem en n. 2° Eichh. et Chav. dérivent *canere,* du sanscr. *kan, kwan,* retentir, résonner; Bopp dit a peu près la même chose. 3° Qqs. hébraïs. le font venir de l'héb. *hânâ* ou *gânâ,* il a chanté; 4° Voss. le dérive de l'héb. *qânéh,* roseau, chalumeau, parce que les hommes de la campagne avaient autrefois l'habitude de faire de la musique sur des roseaux ou des chalumeaux; 5° et A. Caninius, de l'héb. et punique *nagan,* il a touché les cordes d'un instrument; 6° Const. ainsi que Petrus Nunnesius, du g. *chainî,* s'entr'ouvrir, être entr'ouvert, béant, dont l'aoriste était *kancn,* pour *échanon,* chez les Eoliens qui rejetaient l'augment et l'aspiration. 7° Géb. croit que cette famille de mots est due à l'onomatopée, et qu'elle se rapporte à *can,* roseau. 8° Const. dérive encore *canere,* du g. *kénos,* vide; 9° et Bull. du celt. *cana,* chanter. 10° Doed. le rattache au g. *kanachéin,* résonner, retentir; entonner un chant; et au g. *kanazéin,* mettre en désordre par un grand bruit; ainsi qu'à l'all. *hahn,* goth. *hano,* crier, chanter. En sanscr. *çanami,* je produis un son; *kanati, kwanati,* il chante, il se plaint, il résonne; *kwanas,* chant, Hind. *gâna,* chanter. Persan *kanden,* lire, réciter, chanter, nommer, convoquer, faire venir; et *kan,* lecteur, invitateur. Berb. *ghenni,* chanter, et *ghena,* chanson. Basque *can'atcea,* bret. *kana,* chanter. It. *cantare,* esp., langued., gascon, périgourdin et prov. *cantar,* chanter. Rouchi *canter,* pic. *canter, cainter,* bourg. *chantai,* chanter.] *Chanté, e,* p.
Chanter, vn. Exécuter la partie mélodieuse d'un morceau de musique; imiter le chant en lisant, en déclamant.
Chant, sm. Elévation et inflexion de voix sur différents tons avec modulation ; se dit aussi des oiseaux; manière de chanter; mélodie ; air d'une pièce de poésie que l'on chante; prononciation accentuée; toute composition en vers; division d'un poème épique ou didactique.
Plain-chant, sm. Chant ordinaire de l'Eglise catholique. (Du l. *planus,* plain, uni, et *can'us,* chant. La première forme qui fut donnée au chant dans les églises est attribuée à saint Ambroise.)
*Chantable, adj. mus. Qui peut se chanter; digne d'être chanté.
*Chantage, sm. Huage, pêche où l'on fait du bruit pour chasser le poisson dans les filets; habileté de certaines gens à extorquer de l'argent.
Chantant, e, adj. Qui se chante aisément; fort accentué.
Chante-pleure, sf. Fente dans un mur pour l'écoulement des eaux; long entonnoir à tuyau percé de plusieurs trous. (Selon Mén. Gatt., Roq., Diez, Johann., etc., du fr. *chanter* et *pleurer,* et non du l. *scandere,* monter, et *implere,* remplir. L'eau, en sortant par les trous de l'arrosoir, semble *chanter* et *pleurer,* par le bruit qu'elle fait. Cette étym., dit Johann., est certaine. En it., esp. et port. *catimplora,* chante-pleure. Pic. *champleuse,* robinet. Une source de Phrygie était appelée *Claeon,* du g. *klaéin,* pleurer; une autre source voisine s'appelait *gélon,* du g. *gélan,* rire.)
*Chantepleure, sf. Dans le Nord de la Fr., robinet d'un tonneau à vin, à cidre, à bière; anc. législ., tuyau pour tirer de l'eau d'une rivière ou d'un réservoir.
*Chantère, sm. Troubadour, chanteur prov.
Chanterelle, sf. La corde du violon, de la guitare et d'instruments semblables, qui a le son le plus aigu, et qui chante, tandis que les autres cordes accompagnent. Bouteille de verre fort mince, dont on tire des sons agréables en soufflant dessus.
Chanterelle, sf. Oiseau que l'on met dans une cage, afin que par son chant il attire les autres oiseaux. **Chanterelle,* sf. Pièce de l'arçon des

chapeliers; petite bobine à l'usage des tireurs d'or.
Chanteur, euse, s. Qui chante; qui chante des romances, des opéras. etc. : qui fait métier de chanter; se dit des oiseaux qui chantent.
*****Chanteurs,** sm. pl. Famille d'oiseaux.
Chantonner, vn. Chanter à demi-voix.
*****Chantonner,** vn. Chanter entre les dents. **Chantonné, e,** p. **Chantonnerie,** sf. fam. Musique plate et monotone.
Chantre, sm. Celui qui chante au lutrin d'une église; dignitaire qui préside au chant; fig. poète.
Chantrerie, sf. Dignité, bénéfice de chantre.
Déchanter, vn. Changer de ton, rabattre de ses prétentions, de sa vanité. *Déchanté,* p.
*****Déchant,** sm. anc. mus. Sorte de contre-point improvisé par les chanteurs.
*****Déchanter,** vn. anc. mus. Exécuter le contre-point ; chanter en partie. *Déchanté,* p.
*****Déchanteur,** sm. anc. mus. Accompagnateur qui improvisait une seconde partie.
Enchanter, va. Charmer, ensorceler par des paroles, par des figures, par la magie; fig., surprendre, engager: causer un vif plaisir, une grande admiration. (L. *incantare*,) *Enchanté, e,* p. Fait par enchantement ; merveilleux.
Enchantement, sm. Effet d'une opération magique; ce qui produit l'illusion des sens; fig. plaisir vif, ravissement; ce qui est surprenant, merveilleux; joie très-vive, satisfaction.
Enchanteur, eresse, s. et adj. Qui enchante. **Désenchanter,** va. Rompre l'enchantement, le faire finir; fig. guérir qqn. d'une passion, faire cesser l'engouement. *Désenchanté, e,* p.
Désenchantement, sm. Action de désenchanter ; l'effet. *****Désenchanteur,** adj. et sm. Qui désenchante. *****Inchantable,** adj. mus. Qui ne peut être chanté. *****Préchantre,** sm. Premier chantre d'une église. *****Préchantrerie,** sf. Dignité, fonction de préchantre.
*****Rechanter,** va. Chanter de nouveau; répéter la même chanson, la même chose. *****Rechanté, e,** p.
Chanson, sf. Espèce de petit poème lyrique qui roule ordinairement sur des sujets agréables, auquel on ajoute un air pour être chanté dans des occasions familières; fig. et fam. sornette, discours frivole. (L. des Troub. *canso, chanso,* chanson. L. des Trouv. *cançons,* chansons, *cinter,* chanter. Anc. fr. *canchon,* chanson; *canter,* chanter.)
Chansonner, va. Faire des chansons contre qqn. *Chansonné, e,* p.
Chansonnette, sf. dim. Petite chanson.
Chansonnier, ière, s. Qui fait des chansons; recueil de chansons.
Cantabile, adj. Propre, facile à chanter.
Cantaloup, sm. Sorte de melon à côtes saillantes. (De *Cantalupo,* château d'It., dans la Marche d'Ancône, d'où il vient. *Cantalupo,* signifie littér. chant du loup, ou le loup chante, chant du loup.)
Cantate, sf. Petit poème lyrique en récitatifs, et chants en musique ; ode en musique ; musique composée pour un poème de ce genre.
Cantatille, sf. Petite chanson; petite cantate.
Cantatrice, sf. Chanteuse en réputation.
*****Cantilena,** sf. mus. Nom que les It. donnaient anciennement à la musique de salon, pour la distinguer de la musique sacrée.
*****Cantilène,** sf. mus. Chant grave, lent et un peu monotone. *****Cantionnaire,** sm. liturg. Livre des cantiques.
Cantique, sm. Chant consacré à la gloire de Dieu, en action de grâces.
Accent, sm. Élévation ou abaissement de la voix ; modération de la prononciation des syllabes, produisant une harmonie ; prononciation propre à chaque langue; prononciation des personnes de province: accent tonique, petite marque sur une voyelle pour l'indiquer. (L. *accentus,* ton, intonnation, accent, formé du l. *ad,* proche, vers, et de *cantus,* chant ; qui approche du chant: *cc* pour *dc* par assimilation. Ital. et port. *accento,* esp. *acento,* cat. et l. des Troub. *accent,* accent.)
Accentuer, va. Exprimer, par les inflexions et les tons de la voix, es sentiments dont on est affecté; mettre des accents sur les voyelles qui doivent en recevoir ; prononcer suivant les véritables règles de l'accent tonique, de la prosodie. *Accentué, e,* p.
Accentuation, sf. Manière d'accentuer.
Concert, sm. Harmonie formée par plusieurs voix ou par plusieurs instruments, ou par une réunion de voix et d'instruments; par ext., sons, bruits qui se font entendre à la fois; fig., accord, union de plusieurs personnes. (Du l. *concentus,* accord de voix ou d'instruments, concert ; concours harmonieux ; acclamation du peuple au théâtre; accord, union, bonne harmonie; fait de *concinere,* r. *cum,* avec, et *canere,* chanter. Nous avons déjà vu et nous verrons encore *n* et *r* se remplacer. En ital. *concerto,* esp. *concierto,* concert. C'est fait nouveau du temps de Pasquier.) **De Concert,** loc. adv. D'intelligence. **Concerts,** sm. pl. En poés., vers, chants d'un poète.
Concertant, e, s. Qui chante ou joue sa partie dans un concert. **Concertant, e,** adj. mus. Se dit des parties qui, dans un concert ou même dans un opéra, ont qq. chant à exécuter. *****Concertante,** sf. mus. Symphonie concertante.
Concerter, va. Répéter ensemble une pièce de musique, *Concerté, e,* p.; de plus, ajusté, affecté, composé, trop étudié.
Concerter, vn. vi. Faire un concert; fig., conférer ensemble pour exécuter un dessein; pour convenir des moyens de faire réussir une affaire, une intrigue.
Concerto, sm. Pièce de musique exécutée par un orchestre, excepté qqs passages qu'un instrument joue seul. **Concetti,** sm. pl. mot it. Pensées brillantes et sans justesse.
Déconcerter, va. Troubler un concert de voix ou d'instruments; rompre les mesures de qqn ; troubler, interdire qqn. *Déconcerté, e,* p.
*****Déconcert,** sm. Mésintelligence.
*****Déconcertement,** sm. État de celui qui est déconcerté.
*****Discant,** sm. Déchant; espèce de contre-point improvisé, surtout par ceux qui chantaient les parties supérieures.
Incantation, sf. Enchantement, cérémonie de prétendus magiciens.
*****Oscène,** sm. antiq. Tout oiseau dont le chant servait de présage : le corbeau, la corneille, etc. (L. *oscen,* d'*occino;* r. *ob,* avant, devant; pour, et *cano,* je chante, je prédis, j'annonce: *cc* pour *bc* par assimilation, d'où *sc* pour *cc* par dissimilation.)
*****Précenteur,** sm. ant. rom. Chef d'un chœur de musique. (L. *præcentor,* r. *præ,* qui marque la prééminence, *cantor,* chanteur.)
*****Précentorien, ienne,** adj. ant. rom. Qui appartient au précenteur; se dit aussi de la flûte spondaïque qui servait pour donner le ton dans les chœurs. *****Siticine,** sm. antiq. Joueur de flûte ou de trompette employé dans les funérailles. (Du l. *situs,* enterré, *cano,* je chante.)
*****Succenteur,** sm. h. eccl. Sous-chantre.

CHANTIER, sm. Grosse pièce de bois qui sert de chevalet à un charpentier pour en élever une autre qu'il coupe ou qu'il façonne; grosses pièces de bois qui soutiennent la quille d'un vaisseau ou d'un navire que l'on construit ou que l'on radoube; longues pièces de bois servant à entretenir les plus plats-bords d'un bateau; pièces de bois sur lesquelles on pose les tonneaux de vin, afin qu'ils ne se pourrissent point à terre; grande enceinte où l'on empile de gros bois à brûler, des pièces de bois de charpente; lieu où l'on décharge le bois ou la pierre pour les travailler; endroit où l'on construit des vaisseaux, des navires. [La plupart des étym. dérivent ce mot du l. *cantherius* ou *canterius*, cheval hongre; rosse; chevron, appui, étançon, etc. Diez dérive également le fr. *chantier* et l'it. *cantiere*, du l. *canterius*. Perrault forme aussi *chantier* de *canterius*. Les forces en archit. sont, dit-il, des pièces de bois appelées *cantherii* en l., parce que *cantherius* signifie un cheval de somme et que ces pièces de bois, comme des chevaux, portent toute la couverture. C'est ainsi que *chevron* vient de *caper*; *poutre*, de *pullus*, etc. En b. l. *cantarium*, chantier, poutre sur laquelle reposent les tonneaux; et *chanterium*, anc. fr. *chantier*, place vague, cour. En castrais *xantiè*, chantier, dans Couzinié. Le Trip. lie le germ. *kanter* et le boh. *kantgr*, au fr. chantier. En rouchi *gantier*, chantier.]

Enchanteler, va. Mettre du bois dans le chantier. *Enchantelé, e*, p.

CHAOS, sm. Masse informe et grossière; mélange confus de tous les éléments, confusion de toutes choses au pr. et au fig. [Du l. *chaos*, dérivé du g. *chaos*, chaos. 1° Selon Trév., et la plupart des hellénistes, ce mot signifia primit. et poét. large ouverture, gouffre, et par ext. gueule d'un animal, creux, fossé, et aurait pour racine le g. *chainô*, s'ouvrir, s'entr'ouvrir, être entr'ouvert. Le g. *chain ì*, *chanô*, semble se rapporter lui-même au sansc. *khan*, creuser, d'où le l. *canalis* et *cuniculus*, suivant Bopp.]

***Chaos**, sm. myth. gr. L'espace infini où tous les corps sont plongés; le Tartare, l'Érèbe.

***Chaotique**, adj. Relatif au chaos.

CHAR, sm. Ce mot s'emploie fig. pour exprimer, dans le style élevé, toutes sortes de voitures; et au propre il signifie particulièrement des voitures d'apparat, des voitures élégantes ou riches, de beaux carrosses; antiq., voiture à deux roues dont les anciens se servaient dans les triomphes, dans les jeux, dans les combats. [Du l. *currus*, *currus*, char, chariot. Bien que ces mots se retrouvent dans plusieurs langues, 1° le P. Pezron en attribue l'origine au celt. *carr*; 2° Const. au l. *cardo*, gond; 3° Bullet, au celt. *cur*, le même, dit-il, que *car*, *carr*, *cer*, *cir*, *cor*, *cwr*, *cy*, char: 4° Voss. au l. *currere*, courir: 5° Le Trip. rattache le l. *currus*, *carruca*, à l'ind. *gari*, au pers. *kerdun*, et au g. d'Hésychius *karoucha*; et *currus*, *currus*, au germ. *karren*, au boh. *karo*, au pol. *kura*, etc, 6° Morgan Cavanagh dit : « Le mot fr. *char* [ic-iv-o-ir] signifie *double allant*, ou *guerre*, le *ch* étant ici égal au *w* dans le mot angl. *war*, guerre; mais dans le mot correspondant en l. *currus*, on fait seulement allusion au double mouvement; ce qui ne prouve pas cependant que les chars ne fussent pas dans le principe destinés au service de la guerre. » 7° Géb. dit : « De *R* désignant le mouvement rapide et bruyant, se forme le primitif *carr* qui désigne la course, les sauts, les voitures qui roulent avec bruit. » 8° Gésén. lie *curro*, *currus*, et le g. *skairô*, danser, bondir, à l'héb. *kàrar*, propr. il est allé en rond, il a sauté, il a dansé, il a couru. 9° Guichard fait venir *currus* et *currus*, de l'héb. *chàrouts*, traîneau qu'on passait sur le blé au lieu de le battre, fossé. 10° Bopp rapporte *currus* au sansc. *k'ankura*, fait de *k'ar*, aller. Mary-Lafon dit que du l. *carrus* vint le mot *car*, donné par erreur comme radical celt. Suivant Bardin, le fr. *char* a eu pour souche le l. *carrus*, corruption de *currus*, de là, dit-il, viennent aussi *carrousel* et *carrouze*. Selon les marbres d'Arondel, Erechthée, 4° roi d'Athènes, est l'inventeur des chars : L. Marcus. Pline rapporte qu'on doit aux Phryg. les chars à quatre roues. En étrusq. *kurr*, char; anc. scand. *kerra*, charrette, all. *karrn*, h. al. anc. *karr*, *karren*, angl. *cart*, *car*, anglos. *craet*, *crat*, norwég. *kare*, *kjaerre*, suéd. *kaerra*, dan. *karre*, holl. *kar*, *karre*, charrette; br. *karr*, charrette, rouet; gall. *car*, chariot, radeau, *cart*, chariot; gaël. écoss. et irl. *carr*, chariot, char, et *corb*, chariot. It., cat., esp. et port. *carro*, char. L. des Troub. *car*, char, *carre*, char; et *cargar*, charger, porter. Rouchi *car*, environs de Beauvais *ker*, chariot. Anc. fr. *cars*, char, chariot.]

Char-à-bancs, sm. Voiture légère, avec des bancs. **Chariot**, sm. Sorte de voiture à quatre roues ; quelquefois char; astron., constellation de la grande ou de la petite Ourse. (Anc. fr. *curre*, chariot; b. l. *carrocium*.)

***Charol**, sm. Bateau pour la pêche de la morue.

Charretée, sf. Charge d'une charrette.

Charretier, ière, s. Qui conduit une charrette, un chariot; celui qui mène une charrue.

Charretier, ière, adj. Par où passent les charrettes.

-***Charretin**, sm. Petite charrette sans ridelles.

Charrette, sf. Voiture à deux roues qui sert à transporter les fardeaux, et les objets nécessaires pour les besoins de l'agriculture et de la vie. (B. l. *carreta*, *carretum*, br. *karr*, ar. vulg. *kerràtuh*, charrette.) **Charriage**, sm. Action de charrier.

Charrier, va. Voiturer dans une charrette, dans un chariot; entraîner, emporter, en parl. des courants d'eau, etc. *Charrié, e*, p.

Charrol, sm. Transport par chariot, par charrette, par tombereau; corps de troupes chargé de transporter les bagages de l'artillerie.

***Droit de charrol**, féod. Droit qu'avaient certains seigneurs d'obliger les tenanciers de leur censive à voiturer au château le blé, le vin et les autres denrées de la récolte seigneuriale.

Charron, sm. Qui fait des trains de carrosse, des chariots, des voitures. (B. l. *caro*, *caronnius*.)

Charronnage, sm. Art, ouvrage du charron.

Charroyer, va. Transporter sur des chariots, charrier. *Charroyé, e*, p.

-***Charroyeur**, sm. Celui qui charroie.

Charrue, sf. Machine à labourer la terre, composée d'un train monté sur deux roues; qui a un gros fer pointu et un autre tranchant pour ouvrir et couper la terre, et y faire des sillons. (Ce mot tient au l. *carrus*, *currus*, au fr. *char*, *chariot*. Dans Grégoire de Tours *carruca*, pic. *carue*, charrue. Dans Du Cange, b. l. *carruca*, *caruca*, *carrucha*, voiture; *carruca*, chaise curule; et *carruca*, charrue. De là *charretier*, celui qui conduit la charrue. *Charrue* ne vient pas *d'aratellum*, ni de l'anc. germ. *schar*, b'essure, incision, ni de l'héb. *chàrouts*, fendu, creusé, *charals*, il a percé, perforé).

***Charruage**, sm. Droit que les seigneurs levaient sur leurs vassaux, en Champagne, à raison du nombre de charrues que ceux-ci possédaient.

***Carrabas ou Carabas**, s.m. fam. Grande et vieille voiture. (Par corruption, de *char à bancs*.)

Carrière, sf. Lice, lieu fermé de barrières pour la course des chevaux, pour les jeux publics; poét., mouvement périodique des astres; fig., cours de la vie; profession que l'on embrasse. (Du l. *currus*,

www.ingramcontent.com/pod-product-compliance
Lightning Source LLC
Chambersburg PA
CBHW060614170426
43201CB00009B/1013